Max-Planck-Institut für ausländisches öffentliches Recht und Völkerrecht

Beiträge zum ausländischen öffentlichen Recht und Völkerrecht

Begründet von Viktor Bruns

Herausgegeben von
Armin von Bogdandy · Rüdiger Wolfrum

Band 156

Julia Sommer

Verwaltungskooperation am Beispiel administrativer Informationsverfahren im Europäischen Umweltrecht

Cooperation in administrative matters with special reference to information exchange procedures in European environmental law

(English Summary)

Springer

Berlin Heidelberg New York Barcelona
Hongkong London
Mailand Paris Tokio

ISSN 0172-4770
ISBN 3-540-00368-1 Springer-Verlag Berlin · Heidelberg · New York

Bibliografische Information Der Deutschen Bibliothek

Die Deutsche Bibliothek verzeichnet diese Publikation in der Deutschen Nationalbibliografie; detaillierte bibliografische Daten sind im Internet über <http://dnb.ddb.de> abrufbar.

Satz: Reproduktionsfertige Vorlagen vom Autor

SPIN: 10906323 64/3130 x z – 5 4 3 2 1 0 – Gedruckt auf säurefreiem Papier

Vorwort

Das Gemeinschaftsrecht ist im beständigen, ja fast rastlosen Wandel. Je umfassender und detaillierter das Regelwerk der Gemeinschaft wird und je kürzer dessen Halbwertzeit, desto nötiger ist es, in den einzelnen Teilbereichen Grundstrukturen herauszuarbeiten, die einen Überblick und eine gewisse Orientierung geben. Die vorliegende Arbeit versucht sich für den Bereich der Verwaltungskooperation in einer solchen Systematisierung.

Ganz herzlich danke ich meinem Doktorvater, Prof. Dr. Dr. h.c. Schmidt-Aßmann, der die Arbeit mit großem Interesse begleitet und diese in einer rekordträchtigen Zeit durchgearbeitet hat. Herrn Prof. Dr. Beyerlin danke ich nicht nur für die freundliche Übernahme der Zweitkorrektur, sondern auch für seinen Einsatz zur Aufnahme der Arbeit in diese Schriftenreihe. Den beiden Institutsdirektoren, Herrn Prof. Dr. Wolfrum und Herrn Prof. Dr. Dr. h.c. Frowein bin ich für die Aufnahme in diese Reihe großen Dank schuldig.

Nicht vergessen werden sollen die freundlichen Geldgeber, ohne die die Erstellung der Arbeit so nicht möglich gewesen wäre. Ich danke hierfür der Studienstiftung des Deutschen Volkes und für die Zeit der Erstellung des Exposés der Lucia Pfohe Stiftung, Lüneburg.

Mein Dank gilt weiterhin all denen, die mich während der zeitweilig unendlich erscheinenden Geschichte der Erstellung dieser Arbeit mit Wort und Tat kräftig unterstützt haben, darunter v.a. Eva Sommer, Dr. Martin Gebauer und Sylvia Jung, Karen und Bruno Huppertz, Peter Kämmerer sowie Dr. Jürgen Schwarz & Kollegen.

Die Arbeit wurde im Dezember 2000 als Dissertation bei der Ruprecht-Karls-Universität Heidelberg vorgelegt. Spätere Neuveröffentlichungen in der Literatur konnten nur teilweise eingearbeitet werden, Änderungen in der Rechtslage wurden bis Ende August 2001 berücksichtigt. Spätere Entwicklungen konnten nur vereinzelt berücksichtigt werden.

Die Arbeit ist mit dem Umweltpreis der Victor und Sigrid Dulger Stiftung 2002 ausgezeichnet worden.

Frankfurt, Oktober 2001 Julia Sommer

Inhaltsübersicht

Inhaltsverzeichnis

Abkürzungsverzeichnis

a.A.	anderer Ansicht
a.a.O.	am angegebenen Ort
a.F.	alte Fassung
Abl.	Amtsblatt der Europäischen Gemeinschaften
Abs.	Absatz
AcP	Archiv für die civilistische Praxis (Zeitschrift)
Anm.	Anmerkung
AöR	Archiv des öffentlichen Rechts (Zeitschrift)
ArchVR	Archiv des Völkerrechts (Zeitschrift)
Art.	Artikel
AStV	Ausschuß der Ständigen Vertreter (= COREPER)
Aufl.	Auflage
Ausg.	Ausgabe
AWD	Außenwirtschaftsdienst (Zeitschrift, jetzt RIW)
BB	Der Betriebs-Berater (Zeitschrift)
Bd.	Band
BGBl.	Bundesgesetzblatt (der Bundesrepublik Deutschland)
Bull. EU	Bulletin der Kommission der Europäischen Gemeinschaften
BVerfG	Bundesverfassungsgericht
BVerfGE	Sammlung der Entscheidungen des Bundesverfassungsgerichts
BVerwG	Bundesverwaltungsgericht
BVerwGE	Sammlung der Entscheidungen des Bundesverwaltungsgerichts
bzgl.	bezüglich
CELEX	Communitatis Europeae Lex (Datenbank der EG über das bestehende Gemeinschaftsrecht)
CEN	Comité Européen de Normalisation

CENELEC	Comité Européen de Normalisation Electrotechnique
CITES	Convention on International Trade in Endangered Species of Wild Fauna and Flora (Washingtoner Artenschutzabkommen)
CMLR	Common Market Law Review (Zeitschrift)
COREPER	Comité des représentants permanents (Ausschuß der Ständigen Vertreter, = AStV)
ders.	derselbe
dies.	dieselben
doc.	Document (Dokument, englischsprachig)
DÖV	Die Öffentliche Verwaltung (Zeitschrift)
Drs.	Drucksache
DV	Die Verwaltung (Zeitschrift)
DVBl.	Deutsches Verwaltungsblatt (Zeitschrift)
EA	Europa-Archiv (Zeitschrift)
EAG	Europäische Atomgemeinschaft (= Euratom)
EAGFL	Europäischer Ausrichtungs- und Garantiefonds für die Landwirtschaft
EAGV	Vertrag zur Gründung der Europäischen Atomgemeinschaft
ECE	Economic Commission for Europe (U.N. Wirtschaftskommission für Europa)
EEA	Einheitliche Europäische Akte
EGKS	Europäische Gemeinschaft für Kohle und Stahl (= Montanunion)
EGKSV	Vertrag über die Gründung der Europäischen Gemeinschaft für Kohle und Stahl
EGV	Vertrag zur Gründung der Europäischen Gemeinschaft
EIONET	Europäisches Umweltinformations- und Umweltbeobachtungsnetz
ELR	European Law Review (Zeitschrift)
EMRK	Europäische Konvention zum Schutz der Menschenrechte und Grundfreiheiten
endg.	endgültig

EPL	Environmental Policy and Law (Zeitschrift)
EPIL	Encyclopedia of Public International Law (Wörterbuch des Völkerrechts)
ESA	European Space Agency (Europäische Weltraum-Agentur)
etc.	et cetera (und so weiter)
EU	Europäische Union
EUA	Europäische Umweltagentur
EuG	Europäisches Gericht erster Instanz
EuGH	Gerichtshof der Europäischen Gemeinschaften
EuGRZ	Europäische Grundrechte-Zeitschrift
EuR	Europarecht (Zeitschrift)
Euratom	Europäische Atomgemeinschaft (= EAG)
EUROSTAT	Statistisches Amt der Europäischen Gemeinschaften
EUV	Vertrag über die Europäische Union
EuZW	Europäische Zeitschrift für Wirtschaftsrecht
EWG	Europäische Wirtschaftsgemeinschaft (nunmehr EG)
EWGV	Vertrag zur Gründung der Europäischem Wirtschaftsgemeinschaft (nunmehr EGV)
EWS	Europäisches Wirtschafts- & Steuerrecht
ex	alte Artikelnumerierung im EGV vor der Änderung durch den Amsterdamer Vertrag
f.	folgende
ff.	fortfolgende
FAO	Food and Agriculture Organisation (Organisation für Ernährung und Landwirtschaft)
Fn.	Fußnote
FS	Festschrift, Festgabe
GA	General Assembly (Generalversammlung der UNO)
GFS	Gemeinsame Forschungsstelle
GG	Grundgesetz der Bundesrepublik Deutschland
ggf.	gegebenenfalls

GLP	Gute Laborpraxis
Grabitz/Hilf	Kommentar zur Europäischen Union, herausgegeben von Grabitz und Hilf
GS	Gedächtnisschrift
GTE	v.d.Groeben/Thiesing/Ehlermann (Hrsg.), Kommentar zum EU-/EG-Vertrag
GYIL	German Yearbook of International Law (= JIR)
HdUR	Handwörterbuch des Umweltrechts
HELCOM	Helsinki Kommission
EUDUR	Handbuch zum europäischen und deutschen Umweltrecht
Hrsg.	Herausgeber
Hs.	Halbsatz
IAEO	International Atomic Energy Organisation (Internationale Atomenergie-Organisation)
ICES	International Council for the Exploration of the Seas
ICJ	International Court of Justice (= IGH)
ICJ Rep.	International Court of Justice. Reports of Judgments, Advisory Opinions and Orders (Sammlung der Entscheidungen des IGH)
IDA	Interchange of Data between Administrations (Datenaustausch zwischen Verwaltungen)
i.d.F.	in der Fassung
i.d.R.	in der Regel
i.e.S.	im engeren Sinne
IGH	Internationaler Gerichtshof (= ICJ)
IKSR	Internationale Kommission zum Schutz des Rheins
ILA	International Law Association
ILM	International Legal Materials (zitiert nach Band, ILM, Seite, Jahr)
ILO	International Labour Organisation (Internatio nale Arbeitsorganisation)
IMO	International Maritime Organisation (Internationale Seeschifffahrtsorganisation)

IO	International Organization (Zeitschrift)
IOC	International Oceanographic Commission
IPBürg.	Internationaler Pakt über bürgerliche und politische Rechte
IPCC	Intergovernmental Panel on Climate Change
ISO	International Standards Organisation (Internationale Normungsorganisation)
i.V.m.	in Verbindung mit
IVU	Integrierte Vermeidung und Verminderung der Umweltverschmutzung
JbUTR	Jahrbuch des Umwelt- und Technikrechts
JIR	Jahrbuch für Internationales Recht (= GYIL)
JöR	Jahrbuch des öffentlichen Rechts
JuS	Juristische Schulung (Zeitschrift)
JZ	Juristische Zeitschrift
Kap.	Kapitel
KSE	Kölner Schriften zum Europarecht
LTRAP	Long Range Transfrontier Air Pollution (Weiträumige grenzüberschreitende Luftverunreinigung; Genfer Luftverschmutzungskonvention)
Montanunion	Europäische Gemeinschaft für Kohle und Stahl (EGKS)
NAFO	Organisation für die Fischerei im Nordwestatlantik
NdsVBl.	Niedersächsisches Verwaltungsblatt
n.F.	neue Fassung
NGO	Non Governmental Organisation (Nichtregierungsorganisation)
NJW	Neue Juristische Wochenschrift
Nr.	Nummer
NuR	Natur und Recht (Zeitschrift)
NVwZ	Neue Zeitschrift für Verwaltungsrecht
o.	oben
OECD	Organisation for Economic Cooperation and Development (Organisation für wirtschaftliche Zusammenarbeit und Entwicklung)

ÖZöRV	Österreichische Zeitschrift für öffentliches Recht und Völkerrecht
para.	Paragraph (Zitierweise in Dokumenten der UNO)
PCIJ	Publications de la Cour permanente de Justice internationale, Recueil des arrêts (Entscheidungen des StIGH)
PIC	Prior Informed Consent
RAV	Rechnungsabschlußverfahren
RIW	Recht der internationalen Wirtschaft (Zeitschrift)
RMC	Revue du Marché Commun (Zeitschrift)
Rn.	Randnummer
Rs.	Rechtssache
s.	siehe
S.	Seite
Slg.	Sammlung der Rechtsprechung des EuGH
Sp.	Spalte
StGB	Strafgesetzbuch
StIGH	Ständiger Internationaler Gerichtshof
ThürVBl.	Thüringer Verwaltungsblätter (Zeitschrift)
u.	unten
u.a.	unter anderem
u.a.m.	und anderes mehr
UAbs.	Unterabsatz
UIG	Umweltinformationsgesetz
U.N.	United Nations (Vereinte Nationen)
UNCLOS	United Nations Convention on the Law of the Sea (Seerechtsübereinkommen der UNO)
UNEP	United Nations Environment Organisation (Umweltorganisation der Vereinten Nationen)
UNESCO	United Nations Educational, Scientific and Cultural Organisation (Organisation der Vereinten Nationen für Erziehung, Wissenschaft und Kultur)

UNO	Organisation of the United Nations (Organisation der Vereinten Nationen)
UNRIAA	Sammlung der Rechtsprechung der internationalen Schiedsgerichte
UPR	Umwelt- und Planungsrecht (Zeitschrift)
UVP	Umweltverträglichkeitsprüfung
UVPG	Gesetz über die Umweltverträglichkeitsprüfung
v.a.	vor allem
v.d.	von der
verb.	verbundene
VerwArch	Archiv des Verwaltungsrechts (Zeitschrift)
VGH	Verwaltungsgerichtshof
vgl.	vergleiche
VOC	Volatile Organic Compounds (flüchtige organische Verbindungen)
VOP	Verfahrensführung, Organisation, Personalwesen (Zeitschrift)
VVDStRL	Veröffentlichungen der Vereinigung der deutschen Staatsrechtslehrer
VwVfG	Verwaltungsverfahrensgesetz
WHO	World Health Organisation (Weltgesundheitsorganisation)
WiSt	Wirtschaftswissenschaftliches Studium (Zeitschrift)
WiVerw	Wirtschaft und Verwaltung (Zeitschrift)
WMO	World Meteorological Organisation (Weltorganisation für Meteorologie)
WuW	Wirtschaft und Wettbewerb (Zeitschrift)
YIEL	Yearbook of International Environmental Law
ZaöRV	Zeitschrift für ausländisches öffentliches Recht und Völkerrecht
z.B.	zum Beispiel
ZERP	Zentrum für europäische Rechtspolitik an der Universität Bremen
ZfRV	Zeitschrift für Rechtsvergleichung

ZfW	Zeitschrift für Wasserrecht
ZG	Zeitschrift für Gesetzgebung
Ziff.	Ziffer
ZLW	Zeitschrift für Luft- und Weltraumrecht
ZRP	Zeitschrift für Rechtspolitik
z.T.	zum Teil
ZWS	Zeitschrift für Wirtschafts- und Sozialwissenschaften

Anmerkung zur Zitierweise des EG-Vertrages:

Die Artikel des EGV werden im Text i.d.R. nach der durch den *Amsterdamer Vertrag* eingeführten Numerierung zitiert. Wird eine neue Numerierung in einem Abschnitt häufig verwendet, findet sich ein Hinweis auf die alte Bezifferung nur am Anfang des Abschnitts. In Zitaten und Bezugnahmen auf Urteile, Rechtsakte und Veröffentlichungen, welche die alte Numerierung verwenden, verbleibt es bei der dort verwendeten Bezifferung. Alte Numerierungen sind durch den Zusatz „a.F." kenntlich gemacht.

Einleitung

Die Beschaffung von Informationen über den Umweltzustand, über umweltbelastende Tätigkeiten, die technischen Möglichkeiten und wissenschaftlichen Anforderungen im Sinne des „Standes von Wissenschaft und Technik" ist ein grundlegendes Problem der staatlichen Rechtsetzung und Kontrolle im Bereich des Umweltschutzes.[1] Dies zeigen u.a. die Diskussionen im deutschen Umweltrecht über die auf der polizeirechtlichen Grundlage des „Gefahrenverdachtes" zulässigen Eingriffe der Sachverhaltsermittlung und die Informationserlangung mittels konsensualen Verwaltungshandelns nach dem Kooperationsprinzip, in dessen Rahmen Behörden u.a. versuchen, im Verhandlungswege an von Unternehmen zurückgehaltene Informationen zu gelangen.[2]

---

1 *Schmidt-Aßmann* spricht vom *Steuerungsfaktor „Information"* (Zur Europäisierung des allgemeinen Verwaltungsrechts, in: FS Lerche, 1993, 513 [522]). *Mähring* bezeichnet Informationen mit Blick auch auf den privaten Sektor gar als „vierte Ressource", als treibende Produktivkraft am Ende des 20. Jahrhunderts, welche gleichrangig neben Energie und materiellen Rohstoffen aller Art steht (*Mähring*, Europäische Informationsgemeinschaft, EuZW 1991, 748 [751]); ähnlich *Schoch*, Öffentlich-rechtliche Rahmenbedingungen einer Informationsordnung, VVDStRL 57, 1998, 158 (168 und 179) mit weiteren Verweisen. Siehe auch *Kahl*, Stellung und Funktion von Umweltagenturen – eine rechtsvergleichende Typologie, JbUTR 1996, 119 (119) und *Epiney*, Umweltrecht in der Europäischen Union, 1997, 149 f. *Kahl* stellt fest, daß der Umweltschutz wie kaum eine andere Staatsaufgabe auf das Vorhandensein exakter, umfassender und aktueller Informationen angewiesen ist.

2 Vgl. u.a. *Hoffmann-Riem*, Reform des allgemeinen Verwaltungsrechts als Aufgabe – Ansätze am Beispiel des Umweltschutzes, AöR 1990, 400 (425) sowie *ders.*, Verhandlungslösungen und Mittlereinsatz im Bereich der Verwaltung, in: *Hoffmann-Riem/Schmidt-Aßmann*, Konfliktbewältigung durch Verhandlungen, Bd. 1 1990, 13 (49 ff.); *Bullinger*, Nationales Verwaltungsverfahren im Vorfeld europäischer Rechtsangleichung – Die Ermittlung des Sachverhalts, EuR Beiheft 1, 1995, 35 (47); *Schneider*, Kooperative Verwaltungsverfahren, VerwArch 1996, 38 (39, 41); *Rengeling*, Das Kooperationsprinzip im Umweltrecht, 1988, 64 ff., 118; *Dauber*, Kooperatives Verwaltungshandeln, in: *Bekker-Schwarze/Köck/Kupka/v.Schwanenflügel*, Wandel der Handlungsformen im öffentlichen Recht, 1991, 67 (80 f.) und *Schrader*, Das Kooperationsprinzip – ein Rechtsprinzip? DÖV 1990, 326 (327 f.). Kritisch *Koch*, Das Kooperationsprinzip im Umweltrecht – ein Mißverständnis?, NuR 2001, 541 (insbeson-

Noch schwieriger ist die Informationsbeschaffung, wenn es zu grenzüberschreitenden Umweltproblemen kommt. Während sich nationale Staaten kraft ihrer Hoheitsgewalt Zugang zu Informationen schaffen können, ist diese Möglichkeit zwischen verschiedenen Staaten auf der Ebene des Völkerrechts i.d.R. nicht gegeben. Eine besondere Situation ergibt sich im Rahmen der Europäischen Gemeinschaft, die zwar eine – begrenzte – Hoheitsgewalt besitzt, i.d.R. aber weder über die Befugnis noch über die Verwaltungskapazitäten verfügt, sich direkt in den Mitgliedstaaten mittels eigener hoheitlicher Sachverhaltsermittlung Informationen zu beschaffen. Sie ist auf die Kooperation der Mitgliedstaaten angewiesen.[3] Daher ist für die EG, insbesondere für die Kommission kraft ihrer Legislativ- und Exekutivfunktionen, der Informationsaustausch mit den Mitgliedstaaten und deren Verwaltungen von besonderer Wichtigkeit. Das Konzept des dezentralen Vollzuges des Gemeinschaftsrechts verlangt, wie *Schmidt-Aßmann* feststellt, zur Gewährleistung von Transparenz und Stetigkeit Netzwerke mit flexiblen Kommunikationsstrukturen und einen umfassenden Informationsaustausch.[4]

Die Europäische Gemeinschaft hat sich solche Informationszugangsrechte im Rahmen von umfangreichen Regelungen über die Zusammen-

---

dere 542). Zur Rechtsfigur des Gefahrenverdachts siehe nur *Schink*, Amtsermittlung und Gefahrerforschung – Polizeiliche Eingriffsbefugnisse bei Verdachtslagen, DVBl. 1989, 1182 ff. Siehe auch *Scholz/Pitschas*, Informationelle Selbstbestimmung und staatliche Informationsverantwortung, 1984, 104 ff., zur rechtlichen Verankerung der staatlichen Informationsaufgaben im Grundsatz der sozialen Rechtsstaatlichkeit zum Zwecke der Wahrung der Rechtssicherheit, der Gefahrenabwehr und der planenden Daseinsvorsorge.

[3] Statt vieler siehe nur *Pernice*, Befugnisse der EG auf dem Gebiet des Umwelt- und Technikrechts, DV 1989, 1 (39, 42); *Schmidt-Aßmann*, Strukturen des Europäischen Verwaltungsrechts: Einleitende Problemskizze, in: *Schmidt-Aßmann/Hoffmann-Riem*, Strukturen des Europäischen Verwaltungsrechts, 1999, 9 (15 ff.); *Zuleeg*, Deutsches und europäisches Verwaltungsrecht – wechselseitige Einwirkungen, VVDStRL 53, 1994, 155 (158); *Demmke*, Die Implementation von EG-Umweltpolitik in den Mitgliedstaaten, 1994, 265.

[4] *Schmidt-Aßmann*, Verwaltungskooperation und Verwaltungskooperationsrecht in der Europäischen Gemeinschaft, EuR 1996, 270 (270). In diesem Sinne hat *Becker* kürzlich den Erlaß eines (nationalen) Verwaltungskooperationsgesetzes vorgeschlagen, welches die Zusammenarbeit der Behörden, darunter den Informationsaustausch, im Rahmen der Anwendung von Gemeinschaftsrecht kodifizieren soll (*Becker*, Der transnationale Verwaltungsakt, DVBl. 2001, 855 ff.).

arbeit der Verwaltungen in den letzten Jahren vermehrt geschaffen.[5] In neueren umweltbezogenen Rechtsakten werden meist umfangreiche Informationspflichten der Mitgliedstaaten festgelegt und sogenannte „Informationssysteme" eingerichtet. Nach Art. 16 der *IVU-Richtlinie*[6] sind die Mitgliedstaaten z.B. verpflichtet, der Kommission die nationalen Emissionsgrenzwerte und die besten verfügbaren Techniken mitzuteilen und diese Mitteilung in Dreijahresabständen zu erneuern. Begleitend führt die Kommission einen Informationsaustausch zwischen den Mitgliedstaaten und der betroffenen Industrie durch. Art. 12 der *Verpackungsrichtlinie*[7] sieht die Einrichtung eines Informationssystems in Form von Datenbanken über Verpackungen und Verpackungsabfälle vor, welches den Mitgliedstaaten und der Kommission die Überprüfung der Richtlinienumsetzung ermöglichen soll. Zur Gewährleistung der Vergleichbarkeit der Daten müssen die Mitgliedstaaten dabei von der Kommission erstellte Tabellen benutzen. Die 1999 erlassene *VOC-Richtlinie Lösungsmittel* sieht u.a. einen mehr oder weniger formlosen Informationsaustausch zwischen den Mitgliedstaaten und den betroffenen Branchen vor. Auf der Grundlage dieses Austauschs soll die Kommission Leitlinien erarbeiten und veröffentlichen, die von den Mitgliedstaaten bei Genehmigungen und bei der Rechtsetzung zu berücksichtigen sind.[8] Ähnlich allgemeine Vorschriften enthalten die neue *Ozonschichtverordnung* Nr. 2037/2000 und die *Richtlinie* 2001/42/EG *über Umweltauswirkungen von Plänen*. Nach der neuen *Ozonschichtverordnung* soll die Kommission den Informationsaustausch und die Zusammenarbeit zwischen den nationalen Behörden untereinander sowie zwischen den nationalen Behörden und der Kommission anhand

---

5 Vgl. *Schmidt-Aßmann* in FS Lerche (Anm. 1), 522 sowie *Neßler*, Europäisches Richtlinienrecht wandelt deutsches Verwaltungsrecht, 1994, 54, der vom „Prinzip der Verwaltungskommunikation" spricht.

6 *Richtlinie* 96/61/EG vom 24.9.1996 *über die integrierte Vermeidung und Verminderung der Umweltverschmutzung* (Abl. Nr. L 257 vom 10.10.1996, 26).

7 *Richtlinie* 94/62/EG vom 20.12.1994 *über Verpackungen und Verpackungsabfälle* (Abl. Nr. L 365 vom 31.12.1994, 10).

8 Art. 7 der *Richtlinie* 1999/13/EG vom 11.3.1999 *über die Begrenzung von Emissionen flüchtiger organischer Verbindungen, die bei bestimmten Tätigkeiten und in bestimmten Anlagen bei der Verwendung organischer Lösungsmittel entstehen* (Abl. Nr.L 85 vom 29.3.1999, 1).

geeigneter Maßnahmen fördern.[9] Die jüngst erlassene Richtlinie 2001/42/EG bestimmt ganz allgemein, daß die Mitgliedstaaten und die Kommission „Informationen über die bei der Anwendung dieser Richtlinie gesammelten Erfahrungen" austauschen.[10] Und die neue *Wasserrahmenrichtlinie* läßt in Art. 12 den Verpflichtungsgehalt und die Rechtsfolgen der Zusammenarbeit auf den ersten Blick vollständig im Dunkeln, weshalb diese Vorschrift von *Reinhardt* denn auch als „Institutionalisierung sozialpädagogischer Gesprächstherapie" bezeichnet wird.[11] Aber auch in früheren Rechtsakten der EG sind bereits vielfältige Informationspflichten enthalten. Schon in den siebziger Jahren wurde – v.a. im Wege von Entscheidungen des Rates und sogenannten „Vereinbarungen" – der Informationsaustausch für einzelne umweltschutzrelevante Bereiche beschlossen.[12]

Mit der Gründung der *Europäischen Umweltagentur* als Informationssammel- und Verarbeitungsstelle für die Gemeinschaft und die Mitgliedstaaten ist die Informationsverwaltung institutionalisiert worden.[13]

---

[9] Art. 20 Abs. 5 der *Verordnung* (EG) Nr. 2037/2000 vom 29.6.2000 *über Stoffe, die zum Abbau der Ozonschicht führen* (Abl. Nr. L 244 vom 29.9.2000, 1).

[10] Art. 12 Abs. 1 der *Richtlinie* 2001/42/EG vom 27.6.2001 *über die Prüfung der Umweltauswirkungen bestimmter Pläne und Programme* (Abl. Nr. L 197 vom 21.7.2001, 30).

[11] *Richtlinie* 2000/60/EG vom 23.10.2000 *zur Schaffung eines Ordnungsrahmens für Maßnahmen der Gemeinschaft im Bereich der Wasserpolitik* (Abl. Nr. L 327 vom 22.12.2000, 1); *Reinhardt*, Wasserrechtliche Richtlinientransformation zwischen Gewässerschutzrichtlinie und Wasserrahmenrichtlinie, DVBl. 2001, 145 (154). Bei näherer Betrachtung enthält Art. 12 zumindest eine einseitig obligatorische vertikale Konsultationspflicht (näher hierzu Teil 2 Kap. 2 A.IV.2.). Die Bestimmung kann zudem im Zusammenhang mit der Rechtsprechung des EuGH zu Art. 10 EGV gesehen werden (hierzu Teil 3 Kap. 2 B.IV.).

[12] So zum Beispiel die *Vereinbarung der im Rat vereinigten Vertreter der Regierungen der Mitgliedstaaten* vom 5.3.1973 *über die Unterrichtung der Kommission und der Mitgliedstaaten im Hinblick auf die etwaige Harmonisierung von Dringlichkeitsmaßnahmen im Bereich des Umweltschutzes für das gesamte Gebiet der Gemeinschaft* (Abl. Nr. C 9 vom 15.3.1973, 1) und die *Entscheidung* 76/161/EWG vom 8.12.1975 *zur Einführung eines gemeinsamen Verfahrens für die Anlage und Fortschreibung eines Bestandsverzeichnisses der Informationsquellen auf dem Gebiet des Umweltschutzes in der Gemeinschaft* (Abl. Nr. L 31 vom 5.2.1976, 8).

[13] *Verordnung* (EWG) Nr. 1210/90 vom 7.5.1990 *zur Errichtung einer Europäischen Umweltagentur und eines Europäischen Umweltinformations- und*

Der Exekutivdirektor der Agentur, *Sr. Jiménez-Beltrán*, hat zu den Ursprüngen der noch auf *Delors* zurückgehenden Agentur festgestellt: „Delors realised that it is through information that the whole of society, especially its most active groups, can become the true guardians of our environmental capital".[14] In dem Urteil *Kiefer und Thill* wurde jüngst das Bedürfnis nach Informationen, dort im speziellen nach vollständigen und richtigen Erkenntnissen über die innergemeinschaftlichen Warenströme zum Zwecke der Vollendung des Binnenmarktes, vom Gerichtshof gar zum zwingenden Erfordernis im Rahmen der Dogmatik des freien Warenverkehrs erklärt.[15]

Im Gegensatz zu den Informationsrechten von Privatpersonen im Rahmen der Umweltinformationsrichtlinie 90/313/EWG[16] sind die ad-

---

Umweltbeobachtungsnetzes (EIONET) (Abl. Nr. L 120 vom 11.5.1990, 1), geändert durch Verordnung (EG) Nr. 933/1999 vom 29.4.1999 (Abl. Nr. 117 vom 5.5.1999, 1).

[14] Rede des Exekutivdirektors vom 17.5.1995, The Process of Sustainable Development and the Role of the European Environment Agency, abgedruckt in: European Environmental Law Review 1995, 265 (266).

[15] EuGH, Urteil vom 25.6.1997, Rs.C-114/96 (*Strafverfahren gegen René Kiefer und Romain Thill*), Slg. 1997, S.I-3629 (3655 f., Rn. 30 f.).

[16] *Richtlinie* 90/313/EWG vom 7.6.1990 *über den freien Zugang zu Informationen über die Umwelt* (Abl. Nr. L 158 vom 23.6.1990, 56). Siehe dazu u.a. *Hatje*, Verwaltungskontrolle durch die Öffentlichkeit – eine dogmatische Zwischenbilanz zum Umweltinformationsanspruch, EuR 1998, 734 ff.; *Engel*, Akteneinsicht und Recht auf Information über umweltbezogene Daten – Die Informationsrichtlinie der EG im Vergleich zur bundesdeutschen Rechtslage, 1993; *v. Schwanenflügel*, Die Richtlinie über den freien Zugang zu Umweltinformationen als Chance für den Umweltschutz, DÖV 1993, 95 ff.; *ders.*, Das Öffentlichkeitsprinzip des EG-Umweltrechts, DVBl. 1991, 93 ff.; *Hegele/Röger* (Hrsg.), Umweltschutz durch Umweltinformationen, Chancen und Grenzen des neuen Informationsanspruchs, 1993; zum deutschen Umweltinformationsgesetz siehe u.a. *Röger*, Umweltinformationsgesetz, Kommentar 1995; *Turiaux*, Das deutsche Umweltinformationsgesetz auf dem Prüfstand des EG-Rechts, EuZW 1998, 716 ff. und allgemein zum Informationszugangsrecht von Privatpersonen *Eifert*, Umweltinformation als Regelungsinstrument, DÖV 1994, 544 ff.; *Winter* (Hrsg.), Öffentlichkeit von Umweltinformationen, 1990; *Gurlit*, Die Verwaltungsöffentlichkeit im Umweltrecht, 1989 sowie kürzlich *Roßnagel*, Möglichkeiten für Transparenz und Öffentlichkeit im Verwaltungshandeln – unter besonderer Berücksichtigung des Internet als Instrument der Staatskommunikation, in: *Schmidt-Aßmann/Hoffmann-Riem*, Verwaltungsrecht in der Informationsgesellschaft, 2000, 257 ff.

ministrativen Informationsstrukturen im europäischen Zusammenhang lange nicht Gegenstand einer breiten und vertieften juristischen Diskussion gewesen.[17] Lediglich im Bereich des europäischen Kartellrechts und teilweise auch der Europäischen Gemeinschaft für Kohle und Stahl (EGKS) existiert eine umfangreiche juristische Auseinandersetzung mit den Ermittlungsrechten der Kommission, welche jedoch zu einem großen Teil aus den Anfängen der Gemeinschaft stammt und sich auf die Rechtspositionen der betroffenen Marktteilnehmer konzentriert.[18] In den Anfängen der Gemeinschaft wurden die „Durchgriffsrechte" von EWG, EAG und EGKS auf Privatrechtssubjekte als juristisch interessanter angesehen als die administrativen Informationsbeziehungen.[19] Angestoßen vom Siegeszug des *Internets* und des Ausbaus der Kommunikationsinfrastruktur hat sich die Wissenschaft in den letzten Jahren zudem verstärkt mit der Fragestellung der rechtlichen Rahmenbedingungen für den vornehmlich im gesellschaftlichen und wirtschaftli-

---

[17] Nunmehr hierzu *v. Bogdandy*, Information und Kommunikation in der Europäischen Union: föderale Strukturen in supranationalem Umfeld, in: *Schmidt-Aßmann/Hoffmann-Riem*, *ibid.*, 133 ff., mit Schwerpunkt zum Bereich der Rechtsetzung sowie der Zoll- und Agrarverwaltung sowie *Hatje*, Die gemeinschaftsrechtliche Steuerung der Wirtschaftsverwaltung, 1998, 134-149.

[18] Siehe bereits 1960 *Thomä*, Le droit de la communication dans la Communauté Economique Européenne, RMC 1960, 345 ff.; *Würdinger/Wohlfarth*, Das Auskunftsrecht gegenüber Unternehmen und Unternehmenszusammenschlüssen innerhalb internationaler Gemeinschaften, 1964; *Würdinger*, Zum Auskunftsrecht der Organe der EGKS und der EWG gegenüber privaten Unternehmen, WuW 1964, 579 ff.; *Hanebuth*, Das Auskunftsrecht im europäischen Wirtschaftsrecht, 1967; *Porteu de la Morandière*, Les Pouvoirs d'information de la communauté, RMC 1971, Teil I 300 ff., II 339 ff., III 391 ff., IV 435 ff.; *Hermanns*, Ermittlungsbefugnisse der Kartellbehörden nach deutschem und europäischem Recht, 2. Aufl. 1978 sowie neueren Datums *Gillmeister*, Ermittlungsrechte im deutschen und europäischen Kartellordnungswidrigkeitenverfahren, 1985; *Winterfeld*, Ermittlungsbefugnisse der EG-Kommission gegenüber Unternehmen am Beispiel des Kartellrechts, RIW 1992, 524 ff.; *Bechtold*, Die Stellung der Kommission und der Unternehmen im EWG-Kartellverfahren, EuR 1992, 41 ff.; *Nockelmann*, Das Durchsuchungsrecht der EG-Kommission im Kartellverfahren, 1995. Umfassender angelegt ist der Aufsatz von *Arnold*, Vereinheitlichung des Verwaltungsverfahrensrechts in der EG – unter besonderer Berücksichtigung der Regeln über die Sachverhaltsermittlung und die Verteidigungsrechte der Betroffenen, EuR 1995, 7 ff. In der sekundärrechtlichen Analyse konzentriert sich aber auch *Arnold* auf das Kartell- und Antidumpingrecht.

[19] In diesem Sinne explizit *Hanebuth*, *ibid.*, 37.

chen Bereich stattfindenden Informationsfluß als Zeichen der *Informationsgesellschaft* beschäftigt.[20] Administrative Informationsverfahren wurden hier meist nur am Rande gestreift.[21] *Von Bogdandy* spricht demgemäß davon, daß hier „manches im Argen liegt und von einer rechtlichen ‚Ordnung' nicht die Rede sein kann.[22]

Dagegen steht die zunehmende praktische und damit auch rechtliche Relevanz der administrativen Informationsstrukturen im EG-Umweltrecht. In der Zusammenfassung einer Diskussion mit *von Lersner*, dem ehemaligen Präsidenten des Umweltbundesamtes, ist zu lesen: „Ein weiterer Diskussionspunkt war der Umgang mit Informationen auf der Ebene der EG, der einige ungeklärte Rechtsfragen aufweist [...]. So sei unklar, wie der ‚Informationshunger' der EG, der sich aus ihren Aufgaben in den Bereichen der Rechtsetzung, der Verwaltung und der Aufsichtsfunktion zwangsläufig ergebe, zu befriedigen sei".[23] Diese Feststellung bestätigt bereits das *Erste Umweltaktionsprogramm* der Europäischen Gemeinschaft: „Der multidisziplinäre Charakter der Umweltprobleme weckt bei allen Betroffenen den Wunsch nach Informationen (...)".[24] Wie *Schmidt-Aßmann* festgestellt hat, schafft die Europäische

---

[20] Ausführlich hierzu *Schoch* (Anm. 1) und *Trute*, Öffentlich-rechtliche Rahmenbedingungen einer Informationsordnung, VVDStRL 57, 1998, 216 ff., beide mit umfangreichen weiteren Verweisen. Siehe auch *Roßnagel* in *Schmidt-Aßmann/Hoffmann-Riem* (Anm. 16), a.a.O. Unter dem Aspekt des Völkerrechts bereits u.a. *Frowein/Simma*, Das Problem des grenzüberschreitenden Informationsflusses und des „domaine réservé", 1979; *Weber*, Der grenzüberschreitende Datenfluß, 1993, 249 ff. sowie *Hansen/Moitinho de Almeida/Catala u.a.*, Freedom of Data Flows and EEC Law, Proceedings of 2nd CELIM Conference, 1989 vor dem Hintergrund des Gemeinschaftsrechts.

[21] Siehe nunmehr jedoch *Schmidt-Aßmann/Hoffmann-Riem* (Hrsg.), Verwaltungsrecht in der Informationsgesellschaft, 2000. Die Beiträge beschäftigen sich im Schwerpunkt mit dem nationalen Verwaltungsrecht und der informatorischen Partizipation der Öffentlichkeit.

[22] *Von Bogdandy* in *Schmidt-Aßmann/Hoffmann-Riem* (Anm. 17), 134.

[23] *Führ*, Zusammenfassung der Diskussion mit Dr. Heinrich v.Lersner, in: *Calliess/Wegener*, Europäisches Umweltrecht als Chance, 1992, 90 (91). Siehe auch *Scherer*, Das Rechnungsabschlußverfahren – Ein Instrument zur Durchsetzung europäischen Verwaltungsrechts?, EuR 1986, 52 (62), der von einem „nur schwer kontrollierbare[m] Streben der Kommission nach immer mehr und immer präziseren Informationen" spricht.

[24] *Erstes Umweltaktionsprogramm* der Europäischen Gemeinschaft, Teil II, Titel I, Kap. 11, A.1. (Abl. Nr. C 112 vom 20.12.1973, 1).

Gemeinschaft neue Strukturen von Informationsvorgängen, die im Rahmen der Diskussion um ein Europäisches Verwaltungsrecht im Sinne eines *Informationsverwaltungsrechts* rechtlich untersucht werden müssen.[25] Berichts- und sonstige Mitteilungspflichten stellen sich als eine Form der Verwaltungskooperation dar.[26] Für das nationale Recht ist eine *juristische Informationswissenschaft* bereits in den siebziger Jahren gefordert worden. Das wissenschaftliche Instrumentarium sei – ungeachtet des expandierenden Informationswesens – jedoch noch nicht verfügbar.[27] Diese Feststellung kann auf das Gemeinschaftsrecht übertragen werden. So ist denn auch im Rahmen des Gesprächsprogramms für die Verwaltungszusammenarbeit im Rahmen des Binnenmarktes von Seiten der nationalen Verwaltungsbediensteten das Bedürfnis nach *Verfahrensregeln für den Informationsaustausch* geäußert wurden.[28]

Die Schwerpunkte der vorliegenden Arbeit liegen in der Bestandsaufnahme und der Systematisierung der administrativen Informationsverfahren im Umweltschutz sowie in der Herausarbeitung der rechtlichen Grenzen der Informationsbeschaffung und -weitergabe durch die Gemeinschaftsorgane. Die Arbeit soll einen Einblick in die Vielfalt horizontal – zwischen den Mitgliedstaaten – und vertikal – zwischen der Kommission und den Mitgliedstaaten – verlaufender Informationsverfahren geben. *Nicht* untersucht werden die Informations*zugangsrechte* von Privatpersonen. Die Rechte von Privatpersonen werden nur insofern eine Rolle spielen, als sie als Auskunftspflichtige oder Betroffene einer behördlichen Sachverhaltsermittlung im Rahmen des EG-Umweltrechts in den Blickpunkt kommen. Die Untersuchung behandelt lediglich einen Ausschnitt der auftretenden rechtlichen Fragen. Insbesondere wird das horizontale Verhältnis, d.h. das Verhältnis zwischen den Mitgliedstaaten zwar berücksichtigt, kann aber aufgrund des

---

[25] *Schmidt-Aßmann*, Deutsches und Europäisches Verwaltungsrecht – Wechselseitige Einwirkungen, DVBl. 1993, 924 ff. (insbesondere 935) sowie *ders.*, Verwaltungskooperation (Anm. 4), 290 f. und in *Schmidt-Aßmann/Hoffmann-Riem* (Anm. 3), 20.

[26] Vgl. *Schmidt-Aßmann/Ladenburger*, Umweltverfahrensrecht, in: EUDUR, Bd. 1 1998, § 18 Rn. 65.

[27] *Steinmüller*, Juristische Informationswissenschaft, in: *Krawietz/Opalek/Peczenik/Schramm*, Argumentation und Hermeneutik in der Jurisprudenz, 1979, 327 (327).

[28] Bericht der Kommission vom 29.1.1996, *Verwaltungszusammenarbeit bei der Anwendung des Gemeinschaftsrechts im Rahmen des Binnenmarkts – Bericht über den Stand der Arbeiten*, KOM (96) 20 endg., 6 (Nr. 11).

Umfangs der Arbeit nicht in der Ausführlichkeit analysiert werden, wie es dem komplexen Rechtsverhältnis angemessen wäre. Die Darstellung soll einen ersten Ansatz zur rechtlichen Erfassung bieten.

Erster Teil

Die funktionale Dimension der administrativen Informationsverfahren

Informationen sind sowohl auf der Ebene der Rechtsetzung als auch auf der Ebene der Rechtsdurchsetzung Grundlage jedweden Handelns der öffentlichen Verwaltung – mit den Worten des Exekutivdirektors der Europäischen Umweltagentur: „Knowledge is at the root of choice".[1] In einem jüngeren Gerichtsverfahren zur Frage der Rechtmäßigkeit einer Statistikverordnung der Gemeinschaft haben Kommission und Generalanwalt die Bedeutung von Informationen als *Lebensnerv* und *Kernstück* der Kommission hervorgehoben.[2] Das Einholen von Informationen habe eine *übergreifende Funktion* und sei von *horizontaler Natur*. Horizontal und übergreifend in dem Sinne, als daß (dieselben) Informationen theoretisch für eine Vielzahl von Zwecken und eine Vielzahl von Politikbereichen eingesetzt werden können.

Nach einem kurzen Blick auf den Anfang und den politischen Rahmen der administrativen Informationsverfahren wird in diesem Abschnitt ein Einblick in die einschlägigen Erkenntnisse angrenzender Wissenschaftsbereiche, welche einen Beitrag zum Funktionsverständnis von Informationsverfahren leisten können, gegeben.

---

1 Rede des Exekutivdirektors vom 17.5.1995, The Process of Sustainable Development and the Role of the European Environment Agency, abgedruckt in: European Environmental Law Review 1995, 265 (265).

2 Schlußanträge des Generalanwalts *Jacobs* im Urteil des EuGH vom 9.11.1995, Rs. C-426/93 (*Deutschland/Rat*) „Unternehmensregister", Slg. 1995, 3723 (3735, Nr. 35).

Kapitel 1: Verwaltungskooperation und Informationsaustausch als Gegenstand politischer Programme der Gemeinschaft

Programmen der Gemeinschaft kommt im Verhältnis zu den Mitgliedstaaten zwar keine Rechtsverbindlichkeit zu, sie binden aber intern die Gemeinschaftsorgane im Sinne einer Pflicht zur Einleitung entsprechender Maßnahmen.[3] Sie können einen Anknüpfungspunkt für haushaltsrechtliche Mittelzuweisungen darstellen und insbesondere die Kommission verpflichten, die in den Programmen in Aussicht gestellten Gemeinschaftsaktivitäten einzuleiten.[4]

A. Die Umweltaktionsprogramme

Ihren politischen Ursprung finden viele der Informationsverfahren schon in den ersten *Umweltaktionsprogrammen* der Gemeinschaft. Mit dem Beginn einer gezielten europäischen Umweltpolitik wurde die Notwendigkeit der Informationssammlung gerade für diesen Politikbereich unterstrichen. Insbesondere der Informationsaustausch zwischen den Überwachungs- und Kontrollnetzen der Mitgliedstaaten sollte organisiert und hinsichtlich der Qualität und Vergleichbarkeit der erhobenen Daten verbessert werden.[5] Hier wird die Grundlage für die ersten *Informationssysteme* im Bereich der Überwachung des Umweltzustandes gelegt.[6] Den Anstoß für diesen Informationsaustausch gab die *Stockholmer Umweltkonferenz* der Vereinten Nationen von 1972. Die europäischen Informationsnetze sollten nach ausdrücklicher Festlegung

---

[3] Siehe nur *Bothe*, „Soft Law" in den Europäischen Gemeinschaften?, in: FS Schlochauer, 1981, 761 (765 f.); *Everling*, Zur rechtlichen Wirkung von Beschlüssen, Entschließungen, Erklärungen und Vereinbarungen des Rates oder der Mitgliedstaaten der Europäischen Gemeinschaft, in: GS Constantinesco, 1983, 133 (135); *Krämer*, Umweltpolitische Aktionsprogramme mit Leitlinien und Regelungsansätzen, in: EUDUR, Bd. 1 1998, § 14, insbesondere Rn. 47 ff. sowie *Oppermann*, Europarecht, 2. Aufl. 1999, Rn. 588.

[4] *Krämer*, *ibid.*, Rn. 15, 47 ff.

[5] Teil II Titel 1 Kap. 3, Abschnitt 1 des *Ersten Umweltaktionsprogramms* der Europäischen Gemeinschaft (Abl. Nr. C 112 vom 20.12.1973, 1).

[6] Die dort in Angriff genommenen Umweltmedien umfassen Luft, Süßwasser und Meerwasser. Kap. 11 des *Ersten Umweltaktionsprogramms* legt den Schwerpunkt auf die Verbreitung von Kenntnissen über Umweltschutztechnologien, Meß- und Analysemethoden und Informationsquellen. Eine Beschreibung der in der Folge erlassenen Rechtsakte findet sich in Teil 2 dieser Arbeit.

im *Ersten Umweltaktionsprogramm* in das von der UNO vorgesehene weltweite Überwachungssystem integriert werden. Für Umweltschutzaktionen in Grenzgebieten wurde die Notwendigkeit zwischenstaatlicher Konsultationen betont, was später zur Festlegung der verschiedensten Ausprägungen horizontaler Konsultationsverfahren im grenznachbarlichen Umweltschutz führte.[7] Gerade in den Anfängen der EG-Umweltpolitik finden sich vielfach Bezüge zur internationalen Umweltpolitik, welche häufig den Anstoß für gemeinschaftsrechtliche Maßnahmen gab und auch weiterhin gibt.[8]

Zwanzig Jahre später sind Qualität und Quantität der Informationsbeschaffung weiterhin und sogar noch expliziter Thema der EG-Umweltpolitik. Das *Fünfte Umweltaktionsprogramm* stellt unter dem Abschnitt „Verbesserung der umweltbezogenen Informationen" fest, daß ein hinreichender Schutz der Umwelt – vom Strategieentwurf bis zur Anwendung tatsächlicher Maßnahmen – letztlich nur sichergestellt werden kann, wenn die Quantität und die Qualität der relevanten Informationen ausreichend ist.[9] Informationen werden als *horizontales, begleitendes* Instrument der Gemeinschaftspolitik gesehen.[10] Horizontal deswegen, weil sie jeweils für eine Vielzahl von konkreten Sachbereichen des Umweltschutzes eingesetzt werden können und begleitend, weil sie auf jeder Stufe der gemeinschaftlichen Umweltpolitik eine Rolle spielen, von der Zielformulierung über die konkrete Rechtsetzung bis zur formellen Umsetzung, der praktischen Durchführung und der Kontrolle. Das Programm stellt eine Reihe von Lücken und qualitativen Mängeln der Informationslage in der Gemeinschaft fest. Die Vergleich-

---

7 *Erstes Umweltaktionsprogramm* (Anm. 5), Teil II Titel 1 Kap. 6, Abschnitt 3. Im Bereich der Durchsetzung von Umweltschutzvorschriften wird der politische Anstoß für die vertikalen Unterrichtungspflichten, die Harmonisierung der Kontrollverfahren und die regelmäßigen Berichterstellungpflichten der Kommission zum Zwecke der Vollzugskontrolle gegeben (Kap. 8 des *Ersten Umweltaktionsprogramms*). Zu den Konsultationsverfahren Teil 2 Kap.2 A.IV. und Kap. 5 F.

8 Näher dazu unten, Teil 5, insbesondere Kap. 2.

9 Kap. 7, 7.1 des *Programms der Europäischen Gemeinschaft für Umweltpolitik und Maßnahmen im Hinblick auf eine dauerhafte und umweltgerechte Entwicklung – Entschließung* 93/C 138/01 des Rates und der im Rat vereinigten Vertreter der Regierungen der Mitgliedstaaten vom 1.2.1993 (Abl. Nr. C 138 vom 17.5.1993, 1).

10 Zusammenfassung des *Fünften Umweltaktionsprogramms*, a.a.O., Nr. 31 Ziff. iii.

barkeit der Daten ist durch unterschiedliche Datenerhebungs- und Analysemethoden der Mitgliedstaaten eingeschränkt, es fehlen grundlegende Daten und Indikatoren für die Bewertung der Umweltbedingungen und für die Erfassung der anthropogenen, d.h. vom Menschen ausgehenden Einflüsse. Zum prioritären Aktionsbereich wird daher die quantitative Verbesserung der Datenerhebung, die Standardisierung von Informationsbeschaffung und -analyse sowie die regelmäßige Erstellung von umweltbezogenen Statistiken und Umweltberichten erklärt. Die Gemeinschaft hat in der Folge verstärkt Rechtsnormen im Bereich der Informationsrahmendaten, der Statistiken und der Informationssysteme erlassen.[11] Das *Sechste Umweltaktionsprogramm* soll nun insbesondere die Qualitätsverbesserung und Harmonisierung der Informationserhebung ins Auge fassen und sich dabei v.a. auf die Verbesserung der Durchführung des Gemeinschaftsrechts konzentrieren.[12]

B. Verwaltungskooperation als Grundkonzept des Binnenmarktmanagements

In den neunziger Jahren wurden zahlreiche Studien und Programme für eine verbesserte Ausarbeitung und Durchführung des Gemeinschaftsrechts erstellt. Diese Programme stehen im Zeichen der Aufhebung der Binnengrenzen und der Verlagerung der Kontrollen an die Außengrenzen der Gemeinschaft. Die geminderte nationale Abgrenzung nach innen macht die Europäische Gemeinschaft faktisch zu einem *gemeinsamen Verwaltungsraum*, bei dem die zu treffenden Entscheidungen notwendigerweise Informationen aus einem anderen Mitgliedstaat als Entscheidungsgrundlage mit einbeziehen müssen. Die Verwaltung dieses Raumes kann, wie *Schmidt-Aßmann* feststellt, nur durch eine intensive, gut koordinierte Kooperation der beteiligten Verwaltungen geleistet werden.[13] Schwerpunkt dieser Programme ist die Verwaltung des Bin-

---

[11] Siehe dazu unten, Teil 2.

[12] Siehe den Gemeinsamen Standpunkt vom 13.9.2001 (Dok. Nr. 11076/01), Art. 3 Abs. 2, zweiter und vierter Spiegelstrich. Ansonsten enthält das neue Aktionsprogramm vornehmlich inhaltliche Vorgaben mit dem Schwerpunkt auf Problemfeldern, für die ein völkerrechtlicher Rahmen existiert (Artenvielfalt und Treibhausgase).

[13] *Schmidt-Aßmann*, Strukturen des Europäischen Verwaltungsrechts: Einleitende Problemskizze, in: *Schmidt-Aßmann/Hoffmann-Riem*, Strukturen des Europäischen Verwaltungsrechts, 1999, 9 (14); siehe auch *ders.*, Verwaltungsko-

nenmarktes. Die Binnenmarktprogramme umfassen insbesondere die Zoll- und Steuerverwaltung, den Arzneimittelsektor, die Veterinärkontrollen und den Lebensmittelsektor. Als Querschnittspolitik, die in alle anderen Politikbereiche hineinspielt, findet der Umweltschutz aber auch im Rahmen der Verwaltung des Binnenmarktes Beachtung.[14] Das gilt v.a. für den produkt- und anlagenbezogenen Umweltschutz und die Harmonisierung umweltbezogener technischer Normen.

I. Die Mitteilung: Notwendiger Informationsaustausch zwischen Verwaltungen

In einer der ersten Mitteilungen über die Durchführung des Binnenmarktes stellt die Kommission die Notwendigkeit eines systematischen administrativen Informationsaustauschs infolge des Wegfalles der Binnengrenzen heraus.[15] Um die Grenzkontrollen abgeschaffen zu können, bedürfe es einer europaweiten *interoperablen Telematikvernetzung*.[16] Ziel eines interoperablen Systems ist es, ein *Klima gegenseitigen Vertrauens* zu schaffen und dabei in der gesamten Gemeinschaft einen gleichwertigen Datenschutz zu gewährleisten.[17] Nach der Logik des Binnenmarktes seien die Verwaltungen der Mitgliedstaaten für die Bewirtschaftung des Raumes ohne Binnengrenzen gemeinsam verantwortlich. Zur Erfüllung dieser gemeinsamen Aufgabe müßten regelmäßig Informationen über die binnenmarktrelevanten Bereiche ausgetauscht werden, weil die in einem Mitgliedstaat erlangten Informationen auch für die Verwaltungen der übrigen Mitgliedstaaten und die Kommission von Bedeutung sind. Die Kommission schlägt dann kon-

---

operation und Verwaltungskooperationsrecht in der Europäischen Gemeinschaft, EuR 1996, 270 (270 f.).

14 Gemeinschaftsrechtlich festgelegt in der *Querschnittsklausel* des Art. 6 EGV (ähnlich Art. 130r Abs. 2 S. 3 EGV a.F.). In dem Arbeitsdokument *Verstärkung der Effizienz des Binnenmarktes* (unten, Anm. 26) wird festgestellt, daß der Umweltschutz ein „Schlüsselelement für die Verwirklichung des Binnenmarktes" ist (a.a.O., I.9.iv.).

15 Mitteilung vom 7.10.1991, *Notwendiger Informationsaustausch zwischen Verwaltungen im Hinblick auf die Durchführung des Binnenmarktes*, SEK (91) 1752 endg.

16 Hierunter ist die technische Kommunikationsinfrastruktur der Datenfernübertragung zu verstehen.

17 So ausdrücklich in der Zusammenfassung der Mitteilung (Anm. 15).

krete Aktionen zur Herstellung einer solchen Kommunikationsinfrastruktur insbesondere für den Bereich der Warenkontrollen vor.[18]

Mit dem Wegfall der binneneuropäischen Grenzkontrollen und dem freien Warenverkehr wird ein zwischenbehördlicher Informationsaustausch v.a. über einzelstaatliche Kontrollergebnisse und anschließend getroffene Maßnahmen erforderlich. Hier können die Informationen entweder zwischen den mitgliedstaatlichen Behörden auf horizontaler Ebene direkt ausgetauscht oder in ein auf der Gemeinschaftsebene verwaltetes, zentrales Informationssystem eingespeichert werden, zu dem die jeweiligen Behörden freien Zugang haben. Entsprechende Kontroll- und Unterrichtungspflichten finden sich im produkt- und anlagenbezogenen Umweltschutz. Daneben findet in der Mitteilung die Notwendigkeit einer verstärkten Zusammenarbeit zwischen den zuständigen Stellen für die Messung von Schadstoffemissionen, beim Transport gefährlicher Güter und der Informationsaustausch bei Umweltkatastrophen explizit Beachtung.[19]

II. Der Sutherland-Bericht

Mit dem *Sutherland-Bericht* ist die Aufmerksamkeit auf die Verbesserung der administrativen Strukturen im Sinne einer Verwaltungskooperation bei der Durchsetzung des Gemeinschaftsrechts gelenkt worden.[20] Der Bericht prägt den Begriff der *Partnerschaft* zwischen den Mitgliedstaaten und den Gemeinschaftsorganen. Diese Partnerschaft wird als praktische Zusammenarbeit verstanden, bei der die Mitgliedstaaten für die Anwendung des Gemeinschaftsrechts zuständig bleiben und die Kommission durch Beratung und Überwachung deren Effizienz ge-

---

[18] An diese Vorschläge knüpft das Programm IDA an (dazu Teil 2 Kap. 3 E.).

[19] Zu den bestehenden Informationsverfahren siehe unten Teil 2 Kap. 2, insbesondere unter „Unterrichtungspflichten", „Kontroll- und Überwachungspflichten", „Anmelde- und Genehmigungsverfahren" sowie Kap. 5 unter „Produktbezogener Umweltschutz".

[20] Bericht der „hochrangigen Beratergruppe Binnenmarkt" vom 26.10.1992, *Der Binnenmarkt nach 1992. Die Herausforderung aufnehmen.* Hierzu auch *Schmidt-Aßmann*, Verwaltungskooperation (Anm. 13), 271; *Pühs*, Der Vollzug von Gemeinschaftsrecht, 1997, 210 ff.

währleistet.[21] Konkret soll die Partnerschaft v.a. in der Übereinkunft zwischen den Mitgliedstaaten und der Kommission über den „vollen und automatischen“ Austausch von Informationen – insbesondere in Dringlichkeitsfällen –, dem *Pooling* von Fachwissen und der Vereinbarung von Verfahren zur Regelung konkreter Streitigkeiten mit und zwischen den Behörden der Mitgliedstaaten bestehen. Der Informationsaustausch sollte v.a. über direkte Kontakte zwischen den ausführenden Behörden im Sinne eines Behördennetzwerkes erfolgen. Durch die Benennung zentraler Kontaktstellen sollten *Kontaktgruppen* eingerichtet werden, an die alle sachlich relevanten Informationen automatisch gemeldet werden. Entsprechende Ansätze gibt es zur Zeit v.a. in Form von produktbezogenen Unterrichtungs- und Notifizierungsverfahren, administrativen Streitbeilegungsverfahren, Informationsnetzen als *Wissenspool* sowie Ausschüssen, informellen *ad hoc* Zusammenkünften und Benennungspflichten zum Zwecke der Errichtung eines Behördennetzwerkes.[22] Der *Sutherland-Bericht* betont, daß es nicht so sehr um die Schaffung zusätzlicher Strukturen gehe, sondern um die Erarbeitung eines Gesamtkonzeptes als Rahmen der administrativen Zusammenarbeit. In diesem Sinne ist auch eine rechtliche Erfassung und Systematisierung der vorhandenen Bausteine der Verwaltungskooperation erforderlich.

III. Die Mitteilung: Folgemaßnahmen zum Sutherland-Bericht

Auf der Grundlage der Anregungen des *Sutherland Berichts* sind von der Kommission Folgemaßnahmen vorgeschlagen worden.[23] Diese umfassen v.a. die Einrichtung eines Netzes von nationalen Kontaktstellen für die transnationale Zusammenarbeit, die Durchführung bilateraler Gespräche bei Umsetzungsproblemen, das Erstellen von Durchführungsprogrammen seitens der Mitgliedstaaten, die Einrichtung von

---

[21] Zum Partnerschaftskonzept Abschnitt IV des *Sutherland Berichts*. Zum rechtlichen Gehalt der „Partnerschaft“ als Kooperationsform *Hatje*, Die gemeinschaftsrechtliche Steuerung der Wirtschaftsverwaltung, 1998 (132 f.). *Hatje* stellt fest, daß dieser Begriff letztlich nur die allgemeine gegenseitige Kooperationspflicht aus Art. 5 Abs. 1 EGV [a.F.] präzisiert.

[22] Hierzu im einzelnen u. Teil 2 Kap. 2, A.II., B.IV.3., C.III.; Kap. 3 A. und B sowie Kap. 4 E.

[23] Mitteilung vom 2.12.1992, *Der Binnenmarkt der Gemeinschaft nach 1992 – Folgemaßnahmen zum Sutherland-Bericht*, SEK (91) 2277 endg.

Warnsystemen in Dringlichkeitsfällen und die Aufstellung von Leitlinien für die administrative Zusammenarbeit. Unterstützend sollen transnationale Telematiknetze und Beamtenaustauschprogramme eingerichtet werden. Zusammenfassend stellt die Kommission fest, daß die Anwendung des Gemeinschaftsrechts „weniger durch Rechtsakte als vielmehr durch Kontrolle, Evaluierung und direkte Kommunikation sichergestellt" wird.[24] Insbesondere die Kommission soll zur Transparenz und Zusammenarbeit bei der Durchführung des Gemeinschaftsrechts beitragen. Die Vorschläge der Kommission bewegen sich vornehmlich im Bereich der *informellen Verwaltungskooperation.*[25]

IV. Arbeitsdokument: Verstärkung der Effizienz des Binnenmarktes

Das Konzept der partnerschaftlichen Zusammenarbeit wurde von der Kommission im Rahmen der Ausarbeitung eines einheitlichen Konzeptes für die Verwaltung des Gemeinschaftsraumes weiterverfolgt. Das Arbeitsdokument *Verstärkung der Effizienz des Binnenmarktes* enthält anhand bereits erprobter Regelungsbeispiele v.a. aus dem Agrarmarktbereich eine Vielzahl von Vorschlägen für die verbesserte Verwaltung des gesamten Gemeinschaftsraumes.[26] Bei der Umsetzungskontrolle soll die Transparenz der mitgliedstaatlichen Umsetzungsvorschriften dadurch verbessert werden, daß diese veröffentlicht oder zumindest den anderen Mitgliedstaaten zugänglich gemacht und von Sachverständigen analysiert werden. Bei der Anwendungskontrolle wird besonderes Gewicht auf Inspektionen vor Ort gelegt, die gemischt, als direkte Kontrolle bei den Wirtschaftsteilnehmern oder auch als Begutachtung der Gleichwertigkeit der Kontrollsysteme ausgestaltet sein können. Zur Aufklärung von Beschwerden privater Wirtschaftsteilnehmer bei der Kommission sollte das Instrument der Amtshilfe ausgebaut werden. Durch Auslegungsleitlinien will die Kommission die Rechtsauslegung

---

[24] Rn. 5 der Mitteilung *Folgemaßnahmen zum Sutherland-Bericht.* Wie noch näher auszuführen sein wird, bedürfen aber auch die meisten Maßnahmen der Kontrolle, Evaluierung und Kommunikation einer rechtlichen Grundlage (siehe unten Teil 3 Kap. 1).

[25] Dazu Teil 2 Kap. 3. Aber auch Programmerstellungs- und Warnungspflichten sind hier angesprochen (dazu Teil 2 Kap. 2 A.II.3.a und B.IV.2.).

[26] *Verstärkung der Effizienz des Binnenmarktes – Für ein Strategisches Programm zur Verwaltung und Weiterentwicklung des Binnenmarktes*, Arbeitsdokument der Kommission vom 2.6.1993, KOM (93) 256 endg.

in den Mitgliedstaaten vereinheitlichen und durch Datennetze den Informationsaustausch im horizontalen – zwischen den Behörden der Mitgliedstaaten – wie auch im vertikalen Verhältnis vereinfachen. Kommunikationsdefizite sollen durch den Einsatz von Ausschüssen und bilateralen Zusammenkünften behoben werden. Für die Zuständigkeit, das Verfahren und die Form von Kontrollen sei ein fester Rahmen zu schaffen, um die Gleichwertigkeit der Kontrollen zu sichern und so das Vertrauen der Mitgliedstaaten zu stärken. In die nationalen Verwaltungsstrukturen soll mittels Beamtenaustausch und einer transeuropäischen Telematikinfrastruktur „die Gemeinschaftsdimension funktionell und organisatorisch" integriert werden. Die partnerschaftliche Zusammenarbeit wird v.a. auch als Informationszusammenarbeit gesehen.[27] Viele der genannten Vorschläge finden bereits ihren Niederschlag im Umweltrecht.[28] Wo sie noch nicht voll ausgebaut sind, zeigt das Arbeitsdokument an, in welche Richtung die Entwicklung gehen wird.

V. Das Strategische Programm

Aus diesem Arbeitsdokument wurde das *Strategische Programm* als Leitfaden für die künftige Politik auf der Gemeinschaftsebene sowie auf der Ebene der einzelnen Mitgliedstaten erstellt.[29] Das Binnenmarktmanagement besteht danach insbesondere aus der Herstellung von Konformität und Transparenz der Umsetzung des Gemeinschaftsrechts und aus der Gewährleistung der Anwendungsqualität. Letztere soll v.a.

---

[27] Zu den inhaltlichen Bereichen der partnerschaftlichen Zusammenarbeit zählen v.a. die Organisation von Warnsystemen und die Anpassung von Vorschriften an neue Risiken. Bei ersterem soll u.a. die Koordination der Informationsverarbeitung auf der Gemeinschaftsebene verbessert werden (vgl. unten, Teil 2 Kap. 5 G.I.). Letzteres soll v.a. im Rahmen von wissenschaftlichen Ausschüssen stattfinden und durch ein regelmäßiges Entscheidungsverfahren institutionalisiert werden (vgl. u. zur *Legislativen Eigenkontrolle*, Teil 2 Kap. 5 B.).

[28] Siehe unten, Teil 2, v.a. unter „Duldungspflichten i.V.m. Gemeinschaftsinspektionen", „Kontroll- und Überwachungspflichten", „Ausschüsse", „Bi- und multilaterale *ad hoc* Zusammenkünfte", „Gemischte Inspektionen", „Auslegungs- und Anwendungsleitlinien", „Informationssysteme", „Vollzugskontrolle", „Legislative Eigenkontrolle" sowie zur Amtshilfe Teil 3 Kap. 3 A.

[29] Mitteilung der Kommission vom 22.12.1993 *Die optimale Gestaltung des Binnenmarkts: Strategisches Programm*, KOM (93) 632 endg. Ausdrückliche Erwähnung findet hier die Integration der Umweltpolitik (Einleitung, Nr. 6).

durch die administrative Zusammenarbeit einschließlich der Entwicklung eines Kommunikations- und Datenaustauschnetzes geschehen. Daneben soll eine systematische Evaluierung der Gemeinschaftsvorschriften dazu beitragen, Mängel zu beheben und das Gemeinschaftsrecht an Fortschritte anzupassen.[30]

VI. Die Mitteilung: Entwicklung der Zusammenarbeit der Verwaltungen

In einer Mitteilung über die *Entwicklung der Zusammenarbeit der Verwaltungen bei der Anwendung und Durchsetzung des Gemeinschaftsrechts für den Binnenmarkt* [31] stellt die Kommission als sogenannten „Gemeinschaftsrahmen" die rechtlichen und organisatorischen Vorgaben für die administrative Zusammenarbeit und deren zukünftige Entwicklung dar. Hinsichtlich des Grades der Zusammenarbeit bestünden in der Praxis erhebliche Unterschiede, welche zum Teil auf den unterschiedlichen Bedürfnissen der einzelnen Sektoren beruhen. Dennoch sollte die Zusammenarbeit in einem von der Gemeinschaft festgelegten Gesamtrahmen von Grundprinzipien erfolgen. Besonderes Gewicht wird auf den Informationsaustausch gelegt, der sowohl auf dezentralisierter Ebene zwischen den Mitgliedstaaten als auch zwischen diesen und der Kommission stattfinden und durch eine entsprechende Kommunikationsinfrastruktur gestützt werden soll. Ein solcher Informationsaustausch könnte nach Ansicht der Kommission die gegenseitige Anerkennung nationaler Vorschriften fördern und damit eine gemeinschaftsrechtliche Harmonisierung überflüssig machen.[32]

Ausgehend von der auf Art. 10 EGV (ex Art. 5) basierenden Pflicht zur gegenseitigen Unterstützung stellt die Kommission verschiedene Grundsätze der Zusammenarbeit und Pflichten der Mitgliedstaaten dar, darunter insbesondere die *Grundsätze des gegenseitigen Vertrauens* und der *Zusammenarbeit bei der Kontrolltätigkeit*.[33] Weitere Elemente des

---

[30] Die im einzelnen vorgeschlagenen Maßnahmen orientieren sich an den bereits dargestellten Berichten und Mitteilungen.

[31] Mitteilung vom 16.2.1994, KOM (94) 29 endg. Hierzu eingehend *Schmidt-Aßmann*, Verwaltungskooperation (Anm. 13), 271f. sowie *Pühs* (Anm. 20), 213 ff.

[32] A.a.O., unter I. Einleitung, Nr. 7 und 8.

[33] Zur diesbezüglichen Rechtslage näher unten, Teil 3 Kap. 2, insbesondere D.

rechtlichen Rahmens der Zusammenarbeit seien das Gebot der *Transparenz*, der *Verhältnismäßigkeitsgrundsatz* und die Pflicht zur *Vertraulichkeit*. Das Gebot der Transparenz wird vornehmlich auf die nationalen Durchführungsmechanismen und die Behördenstruktur bezogen. Die Mitgliedstaaten müßten in jedem Sektor eine zentrale Kontaktstelle als „Korrespondenzstelle" für die anderen Mitgliedstaaten und die Kommission benennen.[34] Bestandteil des Grundsatzes der Verhältnismäßigkeit sei u.a. die Vereinfachung der Verfahren durch Standardvordrucke und eine automatisierte Informationsverarbeitung sowie ein angemessenes Verhältnis zwischen Kostenaufwand und Nutzen. Der Grundsatz der Vertraulichkeit erfordere gemeinsame, nicht-diskriminierende Regeln und Verfahren über den Schutz von Geschäftsgeheimnissen und persönlichen Daten.

Für die Entwicklung der Zusammenarbeit wurde ein *Programm für sektorale Gespräche* zwischen der Kommission und den Mitgliedstaaten aufgestellt.[35] Ziel des Gesprächsprogramms ist bzw. war die Ermittlung des Informationsbedarfs und der hierfür in Betracht kommenden Verfahren, die Ausdehnung der administrativen Zusammenarbeit insbesondere im Sinne einer verbesserten Kommunikation zwischen den nationalen Instanzen der Rechtsdurchsetzung, das Erstellen einer Liste von Ansprechpartnern für die Koordinierung der Durchsetzung und schließlich die Verbesserung der Informationen über die Verwaltungsstrukturen in den einzelnen Mitgliedstaaten. Das Programm umfaßt sektorale Gespräche in bestimmten Bereichen der Binnenmarktverwaltung, darunter die Harmonisierung von technischen Normen und das Pflanzenschutzrecht. Diese Gespräche sollten in informellen Maßnahmen wie dem Erstellen von Leitlinien, dem Beamtenaustausch und der Einrichtung von Telematiknetzen münden oder bis hin zum Erlaß förmlicher Gemeinschaftsvorschriften führen.[36]

Mit der *Entschließung über die Entwicklung der Zusammenarbeit der Verwaltungen bei der Anwendung und Durchsetzung des Gemein-*

---

[34] A.a.O. [=Mitteilung: Entwicklung der Zusammenarbeit der Verwaltungen = Anm. 31], unter II. Administrative Zusammenarbeit: Elemente eines Gemeinschaftsrahmens, B., Nr. 14 ff. Die Kommission scheint hier von einer diesbezüglichen allgemeinen Rechtspflicht der Mitgliedstaaten auszugehen.

[35] A.a.O., unter III. Administrative Zusammenarbeit: Ein Programm für Gespräche.

[36] A.a.O., insbesondere Anhang I, unter B. Die Rolle der Kommission, Nr. 8.

schaftsrechts im Rahmen des Binnenmarktes[37] befürwortete der Rat die Vorschläge der Kommission und forderte die Mitgliedstaaten auf, die Zusammenarbeit der Verwaltungen untereinander sowie zwischen ihren Verwaltungen und der Kommission zu erleichtern, insbesondere indem sie der Kommission Angaben zu den Ansprechpartnern und wesentliche Informationen über ihren Verwaltungsaufbau übermitteln. Der Rat legt sein Hauptaugenmerk auf die Benennung der Ansprechpartner in den nationalen Verwaltungen zur Einrichtung eines flexiblen und kosteneffizienten Informationsaustauschs im Sinne einer Erhöhung der Transparenz zwischen den Verwaltungen, der Förderung des gegenseitigen Vertrauens und letztlich einer verbesserten Durchsetzung des Gemeinschaftsrechts. Dabei sollen „unnötig komplizierte bürokratische Verfahren und Doppelarbeit bestehender Systeme" vermieden werden. Die Kommission wird ersucht, ihr Gesprächsprogramm in den zuständigen Ausschüssen zum Zwecke der Herausarbeitung von geeigneten „Praktiken oder Verfahren" fortzusetzen.[38] Zudem soll die Schaffung der geeigneten Kommunikationsinfrastruktur vorangetrieben werden. Die Zusammenarbeit sollte vorzugsweise im Rahmen der bestehenden Ausschüsse und Institutionen erfolgen. Ggf. sollen Seminare veranstaltet und Leitfäden erstellt werden.

VII. Der Binnenmarktbericht 1994

Im *Binnenmarktbericht 1994* wird die bisherige Entwicklung der Verwaltungszusammenarbeit im Überblick zusammengefaßt und v.a. auf die Entwicklung des *Rahmens für die Zusammenarbeit* und die Fortsetzung des *Gesprächsprogramms* Wert gelegt.[39] Obwohl in den Darstellungen über die Verwaltungszusammenarbeit gerade informelle Maßnahmen wie Austauschprogramme, Seminare, der Informationsaustausch in Ausschüssen und die Verbesserung der Kommunikationsinfrastruktur einen großen Raum einnehmen, stellt der *Binnenmarktbericht* fest, daß die behördliche Zusammenarbeit in den Bereichen am besten funktioniert, wo die entsprechenden gesetzlichen Re-

---

[37] Entschließung 94/C 179/01 vom 16.6.1994 (Abl. Nr. C 179 vom 1.7.1994).

[38] Die betroffenen Politikbereiche sind im einzelnen in einem Anhang aufgeführt. Der Umweltschutz ist nicht ausdrücklich genannt, fällt z.T. aber unter die technische Harmonisierung und das Pflanzenschutzrecht.

[39] Bericht der Kommission vom 15.6.1995, *Der Binnenmarkt 1994*, KOM (95) 238 endg., Teil 1, Nr. 20 ff.

gelungen dafür erlassen wurden.[40] Der Erfolg flankierender informeller Maßnahmen hänge letztlich von der Bereitschaft der Mitgliedstaaten ab, diese Instrumente zu nutzen. Wenn nach Ablauf einer bestimmten Zeit immer noch erhebliche Unterschiede bei der Durchsetzung des Gemeinschaftsrechts zu verzeichnen seien, würden gesetzliche Maßnahmen und entsprechende Vertragsverletzungsverfahren ins Auge gefaßt.

VIII. Der Bericht über den Stand der Arbeiten

Im Anschluß an die Mitteilung der Kommission zur *Entwicklung der Zusammenarbeit der Verwaltungen* und die dazu ergangene Entschließung des Rates hat die Kommission einen *Bericht über den Stand der Arbeiten* erstellt.[41] Danach haben inzwischen alle Mitgliedstaaten für die meisten in der Entschließung aufgeführten Bereiche Ansprechpartner mit den jeweiligen Kontaktangaben wie Telefondurchwahl, Faxnummer und, falls vorhanden, *e-mail*-Adresse genannt. Das Gesprächsprogramm über die Möglichkeiten der Zusammenarbeit wurde in von der Kommission organisierten Ausschuß- und Arbeitsgruppensitzungen durchgeführt. Als fortbestehendes Kooperationsbedürfnis wurde von den nationalen Behördenvertretern dabei u.a. die *Erstellung von Verfahrensregeln für den Informationsaustausch* sowie die Anleitung bei der Auslegung von Rechtsvorschriften genannt.[42] Die jeweiligen Ergebnisse der Gespräche werden in dem Bericht gegliedert nach den Sachbereiche im einzelnen wiedergegeben. Dabei wird wiederholt auf die Notwendigkeit und die noch bestehenden Defizite des Informationsaustauschs hingewiesen.[43] Sollte sich für die Kommission ergeben, daß eine zufriedenstellende Zusammenarbeit beispielsweise im Rahmen von Art. 5 EGV (a.F., jetzt Art. 10) nicht erreicht werden kann, kündigt sie an, Vorschläge für verbindliche Regeln für die Zusammenarbeit vorzulegen.[44]

---

[40] A.a.O., Nr. 23.

[41] Bericht vom 29.1.1996, *Verwaltungszusammenarbeit bei der Anwendung des Gemeinschaftsrechts im Rahmen des Binnenmarkts – Bericht über den Stand der Arbeiten*, KOM (96) 20 endg. Hierzu auch *Schmidt-Aßmann*, Verwaltungskooperation (Anm. 13), 272.

[42] S. 6 (Nr. 11) des Berichts, a.a.O.

[43] Siehe u.a. S. 16 (Nr. 1 C III. und IV.), S. 22 (Nr. 5 IV. und V.), S. 29 (Nr. 8) sowie S. 52 (Nr. 20 I. und III.).

[44] S. 8 (Nr. 15) des Berichts, a.a.O.

IX. Ausblick

Das Thema bleibt aktuell und hat sich mit der seit Mitte der 90er Jahre verstärkt geführten Vollzugsdebatte gepaart.[45] In der *Strategie für den europäischen Binnenmarkt* der Jahre 2000 bis 2004 sieht die Kommission eine Ausweitung der Verwaltungskooperation zum Zwecke einer verbesserten Rechtsdurchsetzung vor. Geplant ist für Juni 2001 eine Mitteilung der Kommission über eine umfassende EU-Strategie für die Verwaltungskooperation zur Förderung der Rechtsdurchsetzung.[46] Die Initiativen der Kommission SEM 2000 und MAP 2000 sehen ein langfristiges Verwaltungsreformprogramm zum Zwecke der Überprüfung der Strukturen und der Verfahren der EG-Verwaltung vor.[47] Nach *Priebe* werden das Partnerschaftskonzept und der Ausbau von Netzwerken, in denen die Kommission aufgrund ihrer begrenzten Ressourcen „lediglich" eine Koordinationsrolle übernimmt, auch in Zukunft anhaltenden Auftrieb erfahren.[48]

Kapitel 2: Erkenntnisse angrenzender Wissenschaftsbereiche

Die folgende Auswahl von Wissenschaftsbereichen soll das Verständnis von Struktur und Funktion der Informationsverfahren erhöhen und Wirkungszusammenhänge aufzeigen.

A. Soziologie und Kommunikationswissenschaft

In der Soziologie wird die Funktion von Informationen im Rahmen zwischenmenschlicher Beziehungen untersucht. Der Ausschluß von und die Beteiligung an Informationsprozessen entscheiden weitgehend über die soziale Position von Menschen in organisierten Strukturen. Informiertheit ist Voraussetzung für Mitwirkung und Mitbestimmung.

---

[45] Näher dazu unten, Kap. 2 E.III.

[46] Mitteilung der Kommission vom 29.11.1999, *Die Strategie für den europäischen Binnenmarkt*, KOM (1999) 624 endg./2, unter Zielvorhaben Unternehmen 3: Die Wirksamkeit des Rechtsrahmens verbessern (19 f.).

[47] Dazu *Priebe*, Die Aufgaben des Rechts in einer sich ausdifferenzierenden EG-Administration, in: *Schmidt-Aßmann/Hoffmann-Riem*, Strukturen des Europäischen Verwaltungsrechts, 1999, 71 (92 ff.).

[48] *Ibid.* (95 f.).

Informationen regulieren das Verhalten sozialer Systeme und stellen überhaupt erst die Voraussetzung für soziales Handeln dar. Sie können in diesem Sinne als Herrschaftsmittel genutzt werden.[49] Entscheidend für das Funktionieren des Informationsaustausches ist ein zumindest teilweiser *gemeinsamer Zeichenvorrat* von Kommunikator und Rezipient.[50] In diesem Zusammenhang kann die Bedeutung der gemeinschaftsrechtlichen Vereinheitlichung von Informationsrahmendaten wie Begriffsdefinitionen und Datenerhebungsmethoden gesehen werden.[51]

Der Informationsaustausch wird häufig als „Kommunikation" bezeichnet. Kommunikation ist ein Vorgang, in dem ein Kommunikator durch ein Medium einem Rezipienten eine Aussage übermittelt.[52] Die Kommunikation stellt sich damit hauptsächlich als Informationsaustausch dar.[53] Ihr Gegenstand ist die Information, die einem Empfänger mitgeteilt wird.[54] Der Kommunikationsprozeß läuft in drei Stadien ab: Verschlüsselung, d.h. Auswahl eines Zeichens durch den Kommunikator, Übermittlung des Zeichens mittels eines ausgewählten Mediums (dem materiellen Träger der Information) und Entschlüsselung, d.h. Inter-

---

[49] Zum ganzen *Brockhaus Enzyklopädie*, Bd. 10, 19. Aufl. 1989, Stichwort „Information"; siehe auch *Steinmüller*, Juristische Informationswissenschaft, in: *Krawietz/Opalek/Peczenik/Schramm*, Argumentation und Hermeneutik in der Jurisprudenz, 1979, 327 (336) sowie *Schoch*, Öffentlich-rechtliche Rahmenbedingungen einer Informationsordnung, VVDStRL 57, 1998, 158 (180 f.).

[50] Vgl. *Burkart*, Kommunikationswissenschaft, 1983, 39 f., der den gemeinsamen Zeichenvorrat als „Bereich gemeinsamer Erlebnisdimension" und als „geteilten Bedeutungsvorrat" bezeichnet.

[51] Dazu näher unten, Teil 2 Kap. 4 A.

[52] Zum ganzen *Burkart* (Anm. 50), 26 ff. sowie jeweils unter dem Stichwort „Kommunikation" bei *Reinhold* (Hrsg.), Soziologie-Lexikon, 2. Aufl. 1992; *Brockhaus Enzyklopädie*, Bd. 12, 19. Aufl. 1990; *Meyers Großes Taschenlexikon*, Bd. 12, 5. Aufl. 1995. Der lateinische Ursprungsbegriff *communicatio* bedeutet „Mitteilung, Unterredung" (*Duden*, Das große Wörterbuch der deutschen Sprache, Bd. 4, 2. Aufl. 1994).

[53] *Reinhold, ibid.*; *Fuchs-Heinritz/Lautmann/Rammstedt/Wienold*, Lexikon zur Soziologie, 3. Aufl. 1994/1995, Stichwort „Kommunikation"; *Bertelsmann Lexikon*, Bd. 8 1990, Stichwort „Kommunikation". Siehe auch *Fischer*, Informationstechnik und Organisation in öffentlichen Verwaltungen und öffentlichen Unternehmen, 1991, 17.

[54] Vgl. *Schulz*, Kommunikationsprozeß, in: *Noelle-Neumann/Schulz/Wilke*, Publizistik, Massenkommunikation, 1994, 140 ff.

pretation des Zeichens durch den Rezipienten.[55] Kommunikation *erhöht die Bereitschaft zu Kooperation.*[56]

In der Kommunikationsforschung wird zwischen verschiedenen *Kommunikationsstrukturmustern* unterschieden. Die Kommunikationswege können dem Bild einer Kette, eines Kreises, einem Ypsilon, einem Rad oder einer sogenannten Vollstruktur, bei der jeder mit jedem vernetzt ist, entsprechen.[57] Bei reziproken Kommunikationsstrukturen wechseln die Rollen des Kommunikators und des Rezipienten zwischen den Beteiligten hin und her.[58] In der Wirklichkeit finden sich meist nicht die reinen Strukturmuster wieder. Häufig entwickeln sich spezielle Kommunikationsstrukturen für bestimmte Probleme oder Zeiten.[59] Solche spezifischen Strukturmuster können auch im Gemeinschaftsrecht gefunden werden.[60]

B. Verwaltungswissenschaft

In der Verwaltungswissenschaft ist anerkannt, daß Informationsverarbeitung und Informationsaustausch von außerordentlicher Bedeutung für die Behördenarbeit sind.[61] Organisationen sind *Systeme der Infor-*

---

[55] Siehe u.a. *Schulz*, *ibid.*, 145 ff.; *Meyers Großes Taschenlexikon*, Bd. 10, 5. Aufl. 1995, Stichwort „Information".

[56] So im Ergebnis *Bohnet/Frey*, Ist Reden Silber und Schweigen Gold? Eine ökonomische Analyse, ZWS 1995, 169 ff. (zusammenfassend 198 f.). Die Auswirkungen eines erhöhten Informationsstandes und gegenseitigen Vertrauens durch Kommunikation werden v.a. im Rahmen wirtschaftswissenschaftlicher und organisationstheoretischer Untersuchungen näher betrachtet (näher dazu u., C. und D.). Die Erkenntnisse der verschiedenen Wissenschaftsbereiche greifen jedoch ineinander über. *Bohnet/Frey* sprechen sich z.B. für die Begründung einer „ökonomischen Kommunikationstheorie" aus (a.a.O., 199).

[57] Eine anschauliche graphische Darstellung findet sich bei *Türk*, Soziologie der Organisation, 1978, 98 ff.

[58] *Burkart* weist darauf hin, daß im Grunde jedes kommunikative Geschehen reziprok ist, weil nur dann eine Kommunikation zustande kommt, wenn der Rezipient aufnehmen und verstehen kann und will (Anm. 50, 45 f.).

[59] *Türk* (Anm. 57), 100 f.

[60] Siehe unten, Teil 2 Kap. 1 C.II.2.

[61] *Becker, B.*, Öffentliche Verwaltung, 1989, 618. *Lecheler* weist jedoch darauf hin, das es sich um „eines der drückendsten Defizite in der verwaltungswissenschaftlichen Forschung" handelt (Verwaltungslehre, 1988, 280).

mationsverarbeitung.[62] Dabei wird teilweise auf die (betriebswirtschaftliche) Organisationstheorie und die Kommunikationswissenschaft zurückgegriffen. Eine zusammenfassende Darstellung findet sich bei *Becker.*[63]

Die Haupt-Verwaltungsfunktionen sind die Beobachtung, d.h. die Problemwahrnehmung und Informationssammlung, die Entwicklung von Handlungsprogrammen und die Implementation, d.h. die Durchführung der Programme.[64] Ein Verwaltungsvorgang geschieht auf der Grundlage einer *selektiven Wahrnehmung der Wirklichkeit.*[65] Die Abbildung wahrgenommener Sachverhalte unterliegt verschiedenen Beeinflussungsfaktoren und verbraucht Zeit.[66] Die Sachverhaltswahrnehmung ist ein Vorgang der Informationsverarbeitung, der als Rahmenvorgabe durch die Verfahrensgesetze des öffentlichen Rechts geleitet wird.

---

62 *Schmidt-Aßmann*, Verwaltungsorganisationsrecht als Steuerungsressource – Einleitende Problemskizze, in: *Schmidt-Aßmann/Hoffmann-Riem*, Verwaltungsorganisationsrecht als Steuerungsressource, 1997, 9 (37) sowie *Windhoff-Héritier*, Politikimplementation, 1980, 115. Eingehend hierzu *Scherzberg*, Die öffentliche Verwaltung als informationelle Organisation, in: *Schmidt-Aßmann/Hoffmann-Riem*, Verwaltungsrecht in der Informationsgesellschaft, 2000, 195 ff.

63 *Becker, B.* (Anm. 61), 618 ff. Siehe nunmehr auch *Lenk*, Außerrechtliche Grundlagen für das Verwaltungsrecht in der Informationsgesellschaft: Zur Bedeutung von Information und Kommunikation in der Verwaltung, in: *Schmidt-Aßmann/Hoffmann-Riem*, Verwaltungsrecht in der Informationsgesellschaft, 2000, 59 ff.

64 *Mayntz*, Soziologie der öffentlichen Verwaltung, 3. Aufl. 1985, 85.

65 *Becker, B.* (Anm. 61), 425 f.; *Mayntz*, Soziologie, a.a.O., 97. Vgl. auch *v.Bogdandy*, Information und Kommunikation in der Europäischen Union: föderale Strukturen in supranationalem Umfeld, in: *Schmidt-Aßmann/Hoffmann-Riem* (Anm. 63), 136 f.

66 *Becker, B.*, a.a.O., 462 ff. Zu den Selektionskriterien im Rahmen des behördlichen Instanzenzuges siehe *Mayntz*, Soziologie, a.a.O., 221 f. sowie unten, E.II.

I. Die Sachverhaltsermittlung im Rahmen des programmierten und des programmierenden Vollzuges

Hinsichtlich der zu bewältigenden Verwaltungsaufgabe wird zwischen dem programmierten Vollzug als Anwendung abstrakter Vorgaben auf den Einzelfall und dem programmierenden Vollzug im Sinne der administrativen Planung und politischen Programmentwicklung unterschieden.[67] Beim *programmierten* Vollzug geht es in der Informationsphase um die Herstellung von Sachverhalten, welche unter die vorgegebenen Entscheidungsprogramme subsummiert werden können. Die Informationsphase wird der jeweiligen Programmstruktur angepaßt. Beim *programmierenden* Verwaltungshandeln ist v.a. der freie Datenzugriff erforderlich, dem eine Einengung durch eine strenge Organisation der Informationsphase nach Ansicht *Beckers* entgegenstehe.[68] Die Sachverhaltsermittlung unterliegt jedoch dann streng formalisierten Regeln, wenn die in Aussicht genommene Lösung individualisierbare Personen oder einen konkreten Sachverhalt betrifft.[69] Verfahrensvorschriften der Beteiligung und Sachverhaltsermittlung kompensieren hier die fehlende inhaltliche Bestimmtheit des Normprogramms. Eine Sachverhaltsermittlung geht jeder Entscheidung – egal in welchem Stadium des Vollzuges – voraus.

Bei der Auswahl der geeigneten *Datenerhebungsmethode* muß zwischen der Ermittlung gegenwärtiger, vergangener und zukünftiger Zustände unterschieden werden. Methoden der Datengewinnung sind u.a. Stichprobenverfahren, mündliche oder schriftliche Befragungen, eigene Beobachtung, Dokumentenanalyse oder das Experiment zur Gewinnung künstlich erzeugter Daten.[70] Ebenso wichtig wie das Gewinnen

---

67 *Becker, B.*, a.a.O., 618.

68 *Becker, B.*, a.a.O., 619 sowie *Windhoff-Héritier* (Anm. 62), 117 f.

69 Siehe auch unten, G.III. Ein Beispiel ist die Ausarbeitung von Bebauungsplänen im deutschen Recht. Hier sind die Beteiligungsvorschriften und die Vollständigkeit der Sachverhaltsermittlung genau zu beachten.

70 Näher zu den einzelnen Methoden *Becker, B.* (Anm. 61), 773 ff., siehe auch *Lecheler* (Anm. 61), 280 ff., der darauf verweist, daß bei der Darstellung von Methoden der Datengewinnung und Datenanalyse auf andere Forschungsbereiche zurückgegriffen werden muß, insbesondere die Methoden der empirischen Sozialforschung. Ausführlich zum Informationsmanagement in der Verwaltung *Hoffmann-Riem*, Verwaltungsrecht in der Informationsgesellschaft – Einleitende Problemskizze, in: *Schmidt-Aßmann/Hoffmann-Riem* (Anm. 63), 9 (21 ff.); siehe auch *Lenk* in *Schmidt-Aßmann/Hoffmann-Riem*, a.a.O.

von Informationen sind deren Aufbewahrung und letztlich auch das Vergessen derselben.[71]

II. Vertikale, horizontale und netzartige Kommunikationsbeziehungen

Strukturell kann der administrative Informationsaustausch in *vertikale* und *horizontale* Kommunikationsbeziehungen unterteilt werden.[72] Bei ersteren verlaufen die Kommunikationswege zwischen unteren und übergeordneten Behördenstellen, bei letzteren verlaufen sie zwischen gleichgestellten Stellen. Kommunikationswege können zudem einseitig oder wechselbezüglich (*reziprok*) sein. Bürokratische Organisationen sind meist durch vertikale Kommunikationsbeziehungen geprägt, was als koordinationsbehindernd angesehen wird.[73] Dagegen gilt der Einsatz von Informationstechnologien, insbesondere in Form vernetzter Computer als koordinationsfördernd, weil dadurch freie Informationszugriffssysteme entstehen.

In teamartigen Organisationen ist die Kommunikationsstruktur nicht vertikal-hierarchisch, sondern *netzartig*. Hier stehen wichtige Informationen allen Beteiligten offen.[74] Solche netzartigen Kommunikationsstrukturen entwickeln sich mangels einer hierarchischen Verwaltungsstruktur gerade auf der internationaler Ebene im Rahmen einer Vielzahl von Gremien und Fachausschüssen. Letztlich handeln Staaten auch im Außenverhältnis selten als Einheit, sondern faktisch wie ein Behördenverbund.[75] Die einzelnen Fachbehörden können in diesen Gremien unmittelbar international eingebunden werden. Sie handeln dann als

---

[71] *Von Bogdandy* in *Schmidt-Aßmann/Hoffmann-Riem* (Anm. 65), 148.

[72] *Becker, B.* (Anm. 61), 621; *Reinhold* (Anm. 52), a.a.O.

[73] *Mayntz*, Soziologie (Anm. 64), 120 f. Vgl. *Schmidt-Aßmann*, Verwaltungsorganisationsrecht (Anm. 62), 26 und 48 f., der zwischen *weisungsgesteuerten*, *finalgesteuerten* und *realleistenden* Hierarchien unterscheidet, welche unterschiedliche Organisationsmerkmale aufweisen. Siehe auch *Lecheler* (Anm. 61), der das Bedürfnis nach „Querinformation" hervorhebt, welchem die Realität der Kanalisierung von Informationen innerhalb der „Einlinienorganisation" von Behörden entgegenstünde (a.a.O., 145).

[74] Netzartige Kommunikationsstrukturen ähneln der Strukturmuster der Vollstruktur (siehe oben, A). Zu Netzwerken eingehender unten, D.II.

[75] *Cassese*, Die Beziehungen zwischen den internationalen Organisationen und den nationalen Verwaltungen, in: *Achour/Cassese*, Aspekte der internationalen Verwaltung, 1985, 37 (61 f.).

Mittler zwischen internationalen Organen und nationaler Bürokratie. Nach *Cassese* entwickelt sich hier in Form von ***transbürokratischen Beziehungen*** quasi eine „Mitverwaltung".[76] Diese „Mitverwaltung" erfolgt im wesentlichen durch den Informationsaustausch. In der Gemeinschaft finden sich solche Kommunikationsstrukturen vermehrt in Form von administrativen Informationssystemen und Ausschüssen.[77] Für konstante Routinetätigkeiten eignen sich netzartige Informationsstrukturen dagegen nicht.[78]

Der Informationstyp der „Berichterstattung" findet sich v.a. im vertikal-hierarchisch aufgebauten Organisationsbereich. Der *Dienstweg der Amtshierarchie*, d.h. der Dienstweg von unten nach oben stellt gleichzeitig den „Berichtsweg" dar.[79] Berichtspflichten bestehen im Rahmen einer Verwaltungseinheit innerhalb der Instanzenzüge gegenüber dem Dienstherren aufgrund der beamtenrechtlichen Dienstpflichten. Sie flankieren die Legitimations- und Verantwortungsstränge durch Information. Informationen werden offiziell im Rahmen eines sogenannten *Geschäftsganges* weitergegeben, welcher die ablauforganisatorische Regelung für den allgemeinen Geschäftsbetrieb darstellt und sich nach der Geschäftsordnung richtet.[80] *Loeser* bezeichnet die innerhalb der Amtshierarchie verlaufende Berichterstattung als „unselbständige Berichterstattung", wohingegen gesetzlich angeordnete Berichtspflichten als „selbständige Berichterstattung" bezeichnet werden.[81]

Wie noch zu zeigen sein wird finden sich zwar vielfältige Berichtspflichten im europäischen Umweltrecht, eine Amtshierarchie im Sinne einer Weisungsbefugnis der Kommission gegenüber den mitgliedstaatlichen Behörden existiert dagegen nicht. Umfangreiche Berichtspflichten der Mitgliedstaaten sind daher selbständige, durch Rechtsnormen im

---

76 *Cassese, ibid.*, 71 ff.

77 Siehe unten, Teil 2 Kap. 2 C.III. und Teil 2 Kap. 3 A. und B.

78 *Mayntz*, Soziologie (Anm.64), 120 f.

79 *Loeser*, Das Berichtswesen der öffentlichen Verwaltung, 1991, 92 f. *Fischer* weist darauf hin, daß zunehmend auch ein unmittelbares Zusammenwirken von Organisationseinheiten außerhalb des Dienstweges festzustellen sei (a.a.O., 17). Siehe auch *Haunschild/Opitz*, „Kartoffeln nach Berlin", Das regelmäßige Berichtswesen in der Landesverwaltung – Ein Erfahrungsbericht, NdsVBl. 1996, 104 ff., die den Sinn und Zweck von Berichten kritisch beleuchten.

80 *Fischer*, a.a.O., 23.

81 Zum ganzen *Fischer*, a.a.O., 95-100.

einzelnen vorgesehene Pflichten. Eine Zwischenstellung nehmen dagegen die Auskunftspflichten der Mitgliedstaaten gegenüber der Kommission ein. Eine Auskunft kann durch die Kommission im Einzelfall von den Mitgliedstaaten durch eine Entscheidung verlangt werden, ohne daß jedoch durch die Kommission systematisch auf die einzelnen mitgliedstaatlichen Behörden mittels Weisung zugegriffen werden könnte.[82]

III. Die administrativen Berichtspflichten als Steuerungsinstrument

Die Funktion von inner- und zwischenbehördlichen Kommunikationsstrukturen besteht u.a. darin, das Behördenverhalten zu vereinheitlichen und einer Kontrolle zu unterwerfen. Behörden sollen „an einem Strang" ziehen.[83] Das Steuerungselement der administrativen „Berichterstattung" stellt für externe Steuerungselemente die informative Grundlage dar. Es wird von *Loeser* daher als *Querschnittssteuerungsinstrument* bezeichnet.[84] Solche indirekten Steuerungsinstrumente sind gerade bei zwischenstaatlichen Beziehungen von Bedeutung, in denen direkte Weisungsbefugnisse fehlen.

Die Steuerungstätigkeit der vorgesetzten Behörden kann trotz bestehender vertikaler Kommunikationswege v.a. durch die Qualität des Informationsflusses negativ beeinflußt werden. Die Selektion der nach oben mitgeteilten Informationen und die Darstellungsweise können die Realitätsabbildung erheblich beeinträchtigen.[85] Jahres-, Sach- und Tätigkeitsberichte büßen an objektiver Informations- und Steuerungsfunktion u.a. dadurch ein, daß sie von den erstellenden Behörden z.T. dafür genutzt werden, *die eigene Tätigkeit ins rechte Licht zu rücken* und deren Bedeutung zu unterstreichen.[86] Es ist daher keine Seltenheit, daß diese Berichte – zumindest solange sie nicht von einem unabhängigen Dritten erstellt werden – beschönigend ausfallen und die Bedeutung einzelner Sachbereiche verzerrt dargestellt wird. Aufwand und Nutzen stehen dann in keinem angemessenen Verhältnis mehr. Während vor dem Hintergrund dieser Erkenntnisse die Berichtspflichten auf natio-

---

[82] Näher dazu unten, Teil 3 Kap. 2 B.V. sowie Teil 4 Kap. 1 C.II.2.

[83] *Becker, B.* (Anm. 61), 622.

[84] *Loeser* (Anm. 79), 92 f.

[85] *Mayntz*, Soziologie (Anm. 64), 97. Näher dazu unten, E.II.

[86] *Haunschild/Opitz* (Anm. 79), 108.

naler Ebene abgebaut werden,[87] vermehren sich die an die Europäische Gemeinschaft zu erstattenden Berichte.[88]

IV. Informationsunterversorgung und Informationsüberlastung *(information overload)*

Die Kommunikationsstruktur beeinflußt die Entscheidungsqualität, indem sie die Problemerkennung und die Problemverarbeitung bedingt. Fehlerhafte Informationssysteme führen zu fehlerhaften Berichten, sinnlosen Statistiken, unvollständigen Akten etc.[89] Der Fehler eines Informationssystems kann nicht nur im Mangel an Informationen, sondern auch an einer Informationsüberlastung (*information overload*) liegen.[90] Informationsüberlastung ist die Kluft zwischen zur Verfügung stehenden *reinen* Informationen und *sinnstiftenden* Informationen, die

---

87 *Haunschild/Opitz, ibid.*

88 Zu den Berichtspflichten im einzelnen Teil 2 Kap. 2 A.III. In diesem Sinne ruft ein jüngst von der Europäischen Umweltagentur erstellter Bericht über das „Berichtswesen" zunächst einmal nach *mehr* Informationen („Reporting on environmental measures: Are we being effective ?", November 2001, Environmental issue report No. 25., unter 7. „Conclusions"). Dabei ging es allerdings um die konkrete Fragestellung, inwieweit die mitgliedstaatlichen Berichte Aufschluß über die Effektivität und Effizienz der gemeinschaftsrechtlichen Maßnahmen geben können.

89 *Becker, B.* (Anm. 61), 619.

90 Das Phänomen des *information overload* ist zunehmend ins Blickfeld der US-amerikanischen Wissenschaft und des Unternehmensmanagement geraten. In der Ausgabe vom 9.12.1996 des Wochenmagazin *Time* werden im Rahmen des Artikels „System overload – Excess information is clogging the pipes of commerce – and making people ill" amerikanische Quellen zitiert, die das Problem bildhaft deutlich machen: *„Every day, approximately 20 million words of technical information are recorded. A reader capable of reading 1,000 words per minute would require 1.5 months, reading eight hours every day, to get through one day's output, and at the end of that period he would have fallen 5.5 years behind his reading.* [...] *A weekday edition of the New York Times contains more information than an average person was likely to come across in a lifetime in 17th-century England"*. Eine Informationsüberlastung kann danach zu krankhaften Zuständen in Form von Verspannungen, Verunsicherung und einem Gefühl der Hilflosigkeit führen. *„Having too much information can be as dangerous as having too little [...] Among other problems, it can lead to a paralysis of analysis, making it harder to find the right solutions"* (44, a.a.O.).

auch als Wissen bezeichnet werden.[91] Die zur Verfügung stehenden reinen Informationen übersteigen im Fall der Überlastung die Verarbeitungskapazitäten des einzelnen.

Welche Informationen sinnstiftend sind ist relativ. Die Einordnung hängt von der jeweiligen Fragestellung des sich Informierenden ab. Daher ist das Problem der Informationsüberlastung auch mehr ein Problem der Kenntnis, Übersichtlichkeit und Vergleichbarkeit der Informationsquellen, durch die eine gezielte Suche und Selektion ermöglicht werden. Informationsüberlastung und Informationsunterversorgung können hier Hand in Hand gehen.[92] Auch bei der Umweltschutzverwaltung kommt eine Informationsüberlastung immer häufiger vor.[93] Betont wird die Notwendigkeit verbundener, möglichst computerisierter Informationssysteme.[94] Eine Informationsflut erfordert organisierte

---

[91] *Weber, U.*, Der Grenzüberschreitende Datenfluß (GDF), 1993, 30 f.; vgl. die Veröffentlichung der EUA „Europäische Umweltagentur – Informationen sinnvoll nutzen", 1994/1995, 5.

[92] Vgl. *Baram/Partan*, die bereits 1988 feststellten: *„Risk communication also creates new challenges for public officials. At national, regional and local levels, officials must grapple with a flood of new information about risk, much of which is inconclusive, and, therefore, not of practical use or application."* (Risk Information Symposium – Introduction: Multinational Corporations and their new Responsibilities to Disclose and Communicate Risk Information, Boston University International Law Journal, 1988, 1 [2]).

[93] So stellt der Exekutivdirektor der Europäischen Umweltagentur, *Sr. Jiménez-Beltrán*, fest, daß vorrangig die Informationsüberlastung und die Last der Komplexität mittels der Erstellung von Qualitätsinformationen und einer verbesserten Nutzung von Informationen reduziert werden müssen. *„Efficiency could decline with increasing volumes of garbage amongst the information provided, and could hamper the decision-making and participation process."* (Rede vom 17.5.1995, [Anm. 1], 268 f.). Bereits das *Erste Umweltaktionsprogramm* (Anm. 5) der Europäischen Gemeinschaft erwähnt die „wahre Literaturexplosion" im Bereich des Umweltschutzes. Wissenschaftliches und technisches Schriftgut wurde bereits 1973 von Jahr zu Jahr um ungefähr 4 Millionen Dokumente erweitert (Teil II, Titel 1 Kap. 11 A.1. a.a.O.).

[94] *Becker, B.* (Anm. 61), 619. Zu neuen Möglichkeiten des Informationsmanagements in der Verwaltung *Hoffmann-Riem*, Verwaltungsrecht in der Informationsgesellschaft (Anm. 70), 21 ff. sowie *Lenk* in *Schmidt-Aßmann/Hoffmann-Riem* (Anm. 63), a.a.O. In der Verwaltung gibt es seit den 90er Jahren den „kundenorientierten" Ansatz des *Data Warehouse*. Danach sollen die behördlichen Fachsysteme, Datenbanken, Register und Meßnetze selbstbedienungsgerecht organisiert und systematisiert werden. Durch eine homogene Oberfläche und gemeinsame Auswertungsmethoden soll der Zugriff

Formen des Wissenstransfers, um dem einzelnen noch eine Überschaubarkeit zu bieten.[95] Die Gratwanderung zwischen Informationsüberlastung und Informationsunterversorgung erfordert also die einheitliche Festlegung von Informationsrahmendaten und von EDV-gestützten Informationssystemen.[96]

C. *Institutionenökonomie*

In den Wirtschaftswissenschaften, d.h. speziell in der Institutionenökonomie, spielt die Informationsbeschaffung v.a. als Transaktionskostenpunkt eine Rolle.[97] Institutionen werden hier als System von Normen verstanden, die den Zweck haben, das individuelle Verhalten in eine bestimmte Richtung zu steuern.[98] Hauptzweck von Institutionen ist es,

---

auf heterogene Datenbestände erleichtert werden (*Bergmeier*, Data Warehouse – auch für die Verwaltung?, VOP 1995, 398 ff.).

95 *Derschka/Stöber*, Organisation & Information, 1978, 12.

96 Näher dazu unten, Teil 2 Kap. 2 C.III.2. und Kap. 4 A.

97 Begründet wurde der Begriff der Transaktionskosten von *Coase* in seinem Aufsatz *The Economic Nature of the Firm*, Economica 4, 1937, 386 (389 ff.). *Coase* verweist dort u.a. auf das Problem der Unsicherheit über zukünftige Ereignisse und die Informationsunvollkommenheit. Zum ganzen *Picot/Dietl*, Transaktionskostentheorie, WiSt 1990, 178 ff.; *Richter*, Institutionen ökonomisch analysiert, 1991, 5 ff.; *Föhr*, Ökonomische Analyse der internen Organisation, 1991, 52 ff. Die Erkenntnisse der Institutionenökonomie wurden durch die ökonomische Analyse des Rechts für die Rechtsetzung und die Rechtsprechung anwendbar gemacht. Umfassend zu den diesbezüglichen Ansätzen insbesondere *Posner*, Economic Analysis of Law, 5. Aufl. 1999 (unter Anwendung auf das amerikanische Recht) und für den deutschen Rechtsraum *Schäfer/Ott*, Lehrbuch der ökonomischen Analyse des Zivilrechts, 2. Aufl. 1995 mit weiteren Verweisen. Speziell zur elektronischen Datenverarbeitung *Ciborra*, Reframing the Role of Computers in Organizations – The Transaction Costs Approach, Office Technology and People, 1987, 17 ff. Kritisch zum rechtspraktischen Gebrauch ökonomischer Argumente *Horn*, Zur ökonomischen Rationalität des Privatrechts – Die privatrechtstheoretische Verwertbarkeit der „Economic Analysis of Law", AcP 1976, 307 ff. sowie *Deckert*, Effizienz als Kriterium der Rechtsanwendung, Rechtstheorie 1995, 117 ff.

98 *North*, Institutionen, institutioneller Wandel und Wirtschaftsleistung, 1998, 4 ff.; *Ebers/Gotsch*, Institutionenökonomische Theorien der Organisation, in: *Kieser*, Organisationstheorien, 3. Aufl. 1999,199 ff.; *Richter*, a.a.O., 2.

durch die Schaffung einer stabilen Ordnung die Unsicherheit menschlicher Interaktion zu vermindern.[99]

I. Transaktionskosten

Das Bestehen der sogenannten Transaktionskosten ist nach der Institutionenökonomie der Grund für das Entstehen von Institutionen im Sinne fester Regelungssysteme.[100] Transaktionskosten sind die bei der Sicherung, der Übertragung und der Nutzung von Verfügungsrechten entstehenden Kosten; vereinfacht ausgedrückt: die Kosten des In-Kontakt-Tretens und der Kooperation beim Betreiben eines Wirtschaftssystems.[101] Sie treten auf bei fehlender Kooperation, bei fehlgeschlagener Kooperation und zur Herstellung von Kooperation.[102] Dazu gehören die Kosten der Marktbenutzung – darunter die Such- und Informationskosten bei der Anbahnung von Verträgen – sowie die Kosten der Überwachung und Durchsetzung von Leistungspflichten. Vor allem bei der Überwachung spielen Informationskosten eine wichtige Rolle. Auch Verhandlungs- und Entscheidungskosten sind mit den Kosten der Informationsverarbeitung eng verknüpft. Zum Teil wird die Tatsache, daß die Erlangung von Informationen Kosten verursacht, als der entscheidende Aspekt des Transaktionskostenproblems genannt.[103] Transaktionskosten umfassen nach Schätzungen zwischen 50 und 70% des Bruttosozialproduktes.[104] Ihre Existenz verhindert nach dem *Coase Theorem* die Realisierung der effizientesten Ressourcennutzung.[105]

---

[99] *North*, a.a.O., 6.

[100] *Posner* (Anm. 97), 427 ff.; *Picot/Dietl* (Anm. 97), 178; *Ebers/Gotsch* (Anm. 98), 225 ff.; *North*, a.a.O., 32.

[101] Siehe nur *Posner, ibid.*, sowie grundlegend *Coase* (Anm. 97), a.a.O.

[102] *Raab*, Öffentliche Transaktionskosten und Effizienz des staatlichen Einnahmesystems, 1995, 31, unter Bezugnahme auf *Schmidtchen*, Evolutorische Ordnungstheorie oder: Die Transaktionskosten und das Unternehmertum, Jahrbuch für die Ordnung von Wirtschaft und Gesellschaft, 1989, 167.

[103] *North* (Anm. 98), 32; ähnlich *Picot/Dietl* (Anm. 97), 178. Bereits *Coase* ging auf Informationskosten und das Problem von Informationsunvollkommenheiten ein (Anm. 97, 390 ff.). Siehe auch *Ebers/Gotsch* (Anm. 98), 225 ff.

[104] *Richter* (Anm. 97), 5 ff. *North* nennt dagegen eine Studie, die einen Anteil von 45% des Volkseinkommens angibt (a.a.O., 33). Aufgrund der schlechten Meßbarkeit von Transaktionskosten ist die Höhe der Kosten in der Empirie schwer feststellbar (siehe auch *North*, a.a.O., 83). Versucht wird eine quantitati-

II. Informationsasymmetrie

Transaktionskosten in Sinne von Informationsbeschaffungskosten liegen an einer Informationsasymmetrie zwischen den handelnden Parteien. Während die neoklassische ökonomische Theorie noch vom Zustand vollständiger gegenseitiger Information ausging, ist dieses Bild des vollständig informiert und rational handelnden *homo oeconomicus* inzwischen relativiert worden.[106] Vertragliche Beziehungen werden vielmehr unter der Bedingung ungleicher Informationsverteilung und der Unsicherheit eingegangen.[107] Zur Kompensation werden Anreiz-, Kontroll- und Informationsmechanismen wie z.B. Rechenschaftspflichten vereinbart.[108] Eine Informationsasymmetrie kann durch die verzerrte Weitergabe von Informationen oder deren vorsätzliches Verbergen künstlich herbeigeführt bzw. verstärkt werden. Die Aufrechterhaltung von Informationsvorsprüngen (*hidden information*) zu Lasten des anderen wird unter den Begriff des *opportunistischen Verhaltens* gefaßt.[109] Auf Gemeinschaftsebene kann diesem Problem durch die Festlegung von Informationspflichten als Obliegenheiten[110] und ein effektives Sanktionssystem entgegnet werden.[111] Gerade bei langfristigen (Geschäfts-) Beziehungen (relationale Verträge) sind angesichts der fehlenden Vorhersehbarkeit der Zukunft Sicherungen gegen *ex post* op-

---

ve Abschätzung über die Feststellung der Kosten von preislich bezifferbaren Koordinationsalternativen, dazu *Föhr* (Anm. 97), 59 und *Ebers/Gotsch* (Anm. 98), 228 ff. Kritisch unter Verweis auf die fehlende Realisierbarkeit exakter quantitativer Erhebungen *Kübler* (Anm. 97), 695.

[105] *Coase*, The Problem of Social Cost, Journal of Law & Economics 3, 1960, 1 ff.; *Assmann*, Die Transformationsprobleme des Privatrechts und die ökonomische Analyse des Rechts, in: *Assmann/Kirchner/Schanze*, Ökonomische Analyse des Rechts, 1993, 17 (41); siehe auch *Bohnet/Frey* (Anm. 56), 169.

[106] Siehe nur *Picot/Dietl* (Anm. 97), 179 unter Verweis auf das Werk von *Simon*, Administrative Behaviour – A Study of Decision-Making-Processes in Administrative Organization (dazu auch unten, D.I.); *Posner* (Anm. 97), 19 ff.; *North* (Anm. 98), 35, 75; *Raab* (Anm. 102), 30 f., 47 sowie *Schäfer/Ott* (Anm. 125), 50 ff.

[107] *Ebers/Gotsch* (Anm. 98), 211 ff.

[108] *Ebers/Gotsch*, *ibid.*, 214 f.

[109] Vgl. *Picot/Dietl* (Anm. 97), 180; *Ebers/Gotsch*, a.a.O., 213 ff. und 226 ff.; *North* (Anm. 98), 35f.

[110] Dazu unten, Teil 2 Kap. 2 B.I.2.

[111] Dazu Teil 6 Kap. 2.

portunistisches Verhalten des Vertragspartners einzubauen. Hier ergibt sich auch die Notwendigkeit fortlaufender Verhandlungen zur Lösung immer neuer Probleme.[112]

III. Die Neue politische Ökonomie

Mit der sogenannten Neuen politischen Ökonomie (*public choice*) wird die ökonomische Theorie auf den Staatsbereich übertragen.[113] Politische und bürokratische Entscheidungsprozesse werden als Marktmechanismus betrachtet und infolgedessen mit Begriffen der ökonomischen Theorie beschrieben und an ökonomischen Maßstäben gemessen. So gibt es *politische Transaktionskosten.*[114] Das sind Kosten der Bereitstellung und Nutzung von staatlichen Organisationseinheiten und von Internationalen Organisationen. Sie umfassen u.a. Aufsichts- und Durchsetzungskosten. Ihre Höhe ist vom gegenseitigen *Vertrauen* der Akteure abhängig. Herrscht gegenseitiges Vertrauen und bestehen relativ einheitliche Vorstellungen über gerechte Lösungen im Konfliktfall, dann sind die Transaktionskosten niedrig.[115] Der politische Entscheidungsträger ist in seiner Entscheidungsfreiheit zum einen durch die politische Konkurrenz, zum anderen aber auch durch die Höhe der Transaktionskosten beschränkt.[116] Auch hier treten Transaktionskosten als Kosten der Informationsgewinnung auf.[117] Im Laufe der Planung, Entscheidung, Durchführung und Kontrolle staatlicher Maßnahmen findet ein Ressourcenverzehr in Form von Informations-, Koordinations- und

---

[112] *Richter* (Anm. 97), 59; siehe auch *Ebers/Gotsch* (Anm. 98), 231 ff. und *Picot/Dietl* (Anm. 97), 181.

[113] Statt vieler *Rowley*, Public Choice and the Economic Analysis of Law, in: *Mercuro*, Law and Economics, 1988, 123 ff.; zusammenfassend *Farber/Frickey*, Law and Public Choice: A Critical Introduction, 1991; kritisch auch *Rose-Ackermann*, Law and Economics: Paradigm, Politics or Philosophy, in: *Mercuro*, a.a.O., 233 ff. sowie *Posner* (Anm. 97), 572 ff.; siehe auch *Richter*, a.a.O., 53 ff.

[114] Ausführlich zur Übertragbarkeit des Transaktionskostenkonzeptes auf den öffentlichen Sektor sowie zu den Unterschieden zum privaten Sektor *Raab* (Anm. 102), 49 ff.

[115] Zum ganzen *Richter* (Anm. 97), 8 f. und *Raab*, a.a.O., 95 ff. Siehe auch die Mitteilungen der Kommission, oben, Kap. 1 B.

[116] Vgl. *North* (Anm. 98), 78 ff.; *Richter*, a.a.O., 55.

[117] So ausdrücklich *Raab* (Anm. 102), 55.

Kontrollkosten statt. Aufgrund der komplexeren Wirkungsgefüge und der mehrdimensionalen Zielsysteme sei der Informationsbedarf im öffentlichen Sektor sogar noch höher als im privaten Sektor.[118]

Das Konzept der *relationalen Verträge* wird ebenfalls auf den Staatsbereich übertragen. Beispielsweise ist eine alle Einzelheiten regelnde Verfassung angesichts der Unvorhersagbarkeit der Zukunft nicht vorstellbar.[119] Sie muß notwendigerweise Lücken lassen, die durch die einzelnen Staatsgewalten im Rahmen ihres Zuständigkeitsbereichs geschlossen werden. Dieser Entscheidungsspielraum ermöglicht *ex post* opportunistisches Verhalten, gegen das Sicherungen einzubauen sind. Solche Sicherungen können z.B. Informationspflichten der Entscheidungsträger gegenüber dem Bürger sein.[120] Eine parallele Situation im Sinne einer langfristigen Regelungsbeziehung mit Prognoseunsicherheiten besteht auf der europäischer Ebene gerade im Bereich des Umweltschutzes. Dies hat zur Einrichtung von Informationsverfahren zum Zwecke der Informationsvorsorge, der legislativen Eigenkontrolle und der Vollzugskontrolle geführt, welche einen fortlaufenden Informationsaustausch zur Lösung immer neuer Probleme ermöglichen sollen.[121]

Der Begriff der Transaktionskosten veranschaulicht die ökonomische Bedeutung von Informationsdefiziten und Informationssystemen. Dabei muß beachtet werden, daß nicht nur ein Informationsdefizit Kosten der Informationsbeschaffung hervorruft, sondern auch die Einrichtung von neuen Informationssystemen sogenannte *set up costs* mit sich bringt. Vor der Entscheidung für einzelne Informationsverfahren sollte deren Kosten-Nutzen-Relation verglichen werden.[122] Es muß z.B. ge-

---

118 *Raab*, a.a.O., 66.

119 Siehe u.a. *Posner* (Anm. 97), 677 ff.

120 *Richter* (Anm. 97), 57.

121 Näher dazu unten, Teil 2, insbesondere Kap. 5 A. und B.

122 *Raab* bezeichnet diese Situation als *trade-off* Situation, in der Kosten zusätzlicher Information mit dem Grenznutzen aus Einsparungen im Kontrollbereich und einer geringeren Wahrscheinlichkeit von Fehlentscheidungen abgewogen werden müssen (Anm. 102, 66). Siehe auch *Föhr* (Anm. 97), die unter Bezugnahme auf den privaten Sektor anhand einer Grenzkostenanalyse von externen – durch die Benutzung des Marktes entstehenden – und internen – durch die interne Organisation entstehenden – Transaktionskosten darstellt, wo die optimale Unternehmensgröße liegt (a.a.O., 55 f.). Für unser Problem der administrativen Informationsbeschaffung heißt die Fragestellung dann, bis zu welchem Punkt der Markt und andere Verwaltungsträger für die Beschaffung von Informationen genutzt werden und ab welchem Punkt solche Vorgänge in

fragt werden, ob die Kosten, die aus einem Informationsdefizit entstehen, so hoch sind, daß beispielsweise ein teuer einzurichtendes vernetztes Datenverarbeitungssystem erforderlich ist oder ob ein Auskunftsersuchen an die entsprechende Behörde im Einzelfall ebenfalls seinen Zweck erfüllen würde. Eine kontinuierliche „präventive" Information wirkt andererseits vertrauensbildend, was seinerseits die später durch Kontrollen entstehenden Transaktionskosten mindern kann.[123] Kooperationsbeziehungen sind zudem nur schwer aufrecht zu erhalten, wenn Informationen über die „Mitspieler" fehlen.[124]

D. Entscheidungstheorie, Organisationslehre und Systemtheorie

In der Betriebswirtschaft wird die Informationsverarbeitung innerhalb von Organisationen insbesondere im Rahmen der Organisationslehre, der Systemtheorie und der (betriebswirtschaftlichen) Entscheidungstheorie erörtert. Zwischen Organisationslehre, Institutionenökonomie und Entscheidungstheorie bestehen enge Verbindungen und Überschneidungen.[125]

---

die eigene Organisation durch eigenständige Datenerhebung und -analyse inkorporiert werden sollten. Vgl. *Picot/Dietl* (Anm. 97), wonach sich komplexe Situationen in hierarchischen Beziehungen transaktionskostengünstiger abwickeln lassen (a.a.O., 181).

[123] Vgl. *Raab*, a.a.O., 66.

[124] *North* (Anm. 98), 14 f. unter Bezugnahme auf die ökonomische Spieltheorie.

[125] Eine praxisorientierte Auseinandersetzung mit der unternehmensbezogenen Informationsverarbeitung enthalten z.B. *Probst/Raub/Romhardt*, Wissen managen, 1997 mit einer ausführlichen Literaturliste zu einschlägigen organisationswissenschaftlichen Untersuchungen. Zur Organisationstheorie allgemein *Kieser* (Hrsg.), Organisationstheorien, 3. Aufl. 1999 sowie die im folgenden zitierten Werke. *Derschka/Stöber* (Anm. 95) stellen eine „betriebswirtschaftliche Informationstheorie" vor, die im wesentlichen den Darstellungen der betriebswirtschaftlichen Entscheidungstheorie entspricht (a.a.O., 75).

I. Das Fällen von Entscheidungen

Die Entscheidungstheorie baut auf dem Konzept der begrenzten Rationalität von *Simon* auf.[126] Danach beabsichtigen Menschen zwar, rational zu handeln, aufgrund ihrer neurophysiologisch bedingten limitierten Informationsverarbeitungskapazität kommt es aber zu Kommunikationsproblemen und einem nur begrenzt rationalen Handeln. Das Problem tritt verstärkt in unsicheren und komplexen Situationen auf. Komplexe Situationen zeichnen sich dadurch aus, daß sie in ihren Zusammenhängen vom Menschen nicht mehr überschaut werden können.[127] Die rationale Entscheidungsfällung ist begrenzt durch die Unvollständigkeit des Wissens, die Schwierigkeiten der Bewertung zukünftiger Ereignisse und die begrenzte Auswahl an Entscheidungsalternativen.[128] Steuerungsentscheidungen sind eingebettet in Informationsverarbeitungsprozesse mit vielen Einzelschritten, Rückkopplungen und Detailentscheidungen.

Im einzelnen kann zwischen den Phasen der Problemidentifikation, der Informationssuche, der Alternativenbewertung, der Alternativenwahl – d.h. der Entscheidung i.e.S. – sowie der Ausführung der Entscheidung und letztlich der Kontrolle der Ausführung unterschieden werden.[129] In der Realität sind diese Einzelschritte miteinander verflochten. Insbesondere die Informationssuche geschieht faktisch in allen Stadien des Entscheidungsprozesses.[130] Ein gewisser Schematismus ist aber als Kompensation für die in der Entscheidungssituation bestehende Unsicherheit erforderlich. Das Informationsbedürfnis im Rahmen der Entscheidungsfindung umfaßt Informationen über den eigenen Zustand und den der jeweiligen Umwelt, Informationen über alternative Problemlösungen und ihre Konsequenzen sowie Informationen über die

---

[126] Dazu näher *Berger/Bernhard-Mehlich*, Die verhaltenswissenschaftliche Entscheidungstheorie, in: *Kieser*, a.a.O., 133 (140 ff.) sowie *Picot/Dietl* (Anm. 97), 179; siehe auch *Schäfer/Ott* (Anm. 97), 56 f.

[127] Sie lassen sich daher nach *Picot/Dietl* tendenziell über hierarchische Beziehungen transaktionskostengünstiger abwickeln (a.a.O., 181).

[128] *Berger/Bernhard-Mehlich* (Anm. 126), 140 f.

[129] *Girschner*, Theorie sozialer Organisationen, 1990, 121. Vgl. *Derschka/Stöber* (Anm. 95), die die Phasen der Informationssammlung, der Informationsspeicherung, des Abrufens der Informationen, der Entscheidungsfällung, der Ausführung und der Kontrolle unterscheiden, an welche sich u.U. eine Korrektur der Entscheidung anschließt (a.a.O., 75 f.).

[130] *Derschka/Stöber*, a.a.O., 75; ähnlich *Girschner*, *ibid.*

Ausführung der gewählten Lösung. Das Abrufen von gespeicherten Informationen setzt problemlose Verbindungswege zwischen den Informationsstellen und den Entscheidungsstellen voraus. Informationen sind im Entscheidungsprozeß letztlich gleichzeitig Entscheidungsgrundlage und Entscheidungsergebnis.[131] Die Erkenntnisse der Entscheidungstheorie können direkt auf das Verwaltungsverfahren übertragen werden. Auf sie wird im Rahmen der Auswertung der juristischen Verfahrensdogmatik noch einmal zurückgegriffen.[132]

II. Die Koordination von Akteuren – insbesondere: Netzwerke

Bei der Koordination von Akteuren innerhalb und außerhalb von Organisationen spielt die Informationsverarbeitung ebenfalls eine wichtige Rolle. Als Koordinationsinstrumente in der Unternehmensorganisation werden die Hauptelemente der persönlichen Weisung, die Selbstabstimmung sowie Programme und Pläne genannt.[133] Das Koordinationsmedium der Weisung und der Selbstabstimmung ist die unmittelbare persönliche Kommunikation. Sie verläuft im ersten Fall vertikal, im zweiten Fall horizontal. Das Instrument der Weisung ist ein flexibles Instrument, welches *ad hoc* eingesetzt werden kann. Programme und Pläne sind Instrumente der *Vorauskoordination*, Weisungen und Selbstabstimmung können sowohl der Voraus- als auch der *Feedbackkoordination* dienen. Aufgrund von Informationsvorsprüngen können sich organisatorische Einheiten verselbständigen und Koordinationsprobleme auftreten.[134]

Eine Verbindung zwischen Transaktionskostentheorie und Organisationslehre nimmt *Scharpf* in seiner Untersuchung zur positiven und negativen Koordination vor.[135] Darin stellt er die hierarchische Koordination innerhalb von Unternehmen – im übertragenen Sinne anwendbar auf alle hierarchischen Organisationen – der horizontalen Verhand-

---

[131] Zum ganzen *Derschka/Stöber*, a.a.O., 75 f.

[132] Dazu unten, G.

[133] Zum ganzen *Kieser/Kubicek*, Organisation, 3. Aufl. 1992, 103 ff.

[134] *Derschka/Stöber* (Anm. 95), 19.

[135] *Scharpf*, Positive und negative Koordination in Verhandlungssystemen, in: *Kenis/Schneider*, Organisation und Netzwerk – Institutionelle Steuerung in Wirtschaft und Politik, 1996, 497 ff.

lungskoordination gegenüber.[136] Die *hierarchische Koordination* setzt die Lösung eines Motivations- und eines Informationsproblems voraus. Zutreffende Informationen über lokale Bedingungen sind für eine problemgerechte und zeitlich angemessene Entscheidung notwendig. Meistens liegt jedoch entweder eine Informationsunterversorgung oder Informationsüberlastung der Zentrale vor.[137] Als Alternative hierzu kommt die *horizontale Verhandlungskoordination* in Betracht. Sie kann innerhalb einer Organisation oder zwischen Organisationen stattfinden. Es handelt sich um eine Selbstkoordination außerhalb von Weisungsstrukturen. Aber auch hier ergibt sich ein Informationsproblem, das sogenannte *Verhandlungsdilemma.*[138] Das Verhandlungsdilemma beschreibt das taktische Verhandlungsverhalten bei unvollständiger Information. Danach laufen Akteure, die gutwillig zur Lösungssuche beitragen, Gefahr, übervorteilt zu werden, was zu suboptimalen Lösungen führt. Ein zweites Problem, das sogenannte *Problem der großen Zahl*, ergibt sich daraus, daß bei horizontaler Verhandlungskoordination mit mehreren Akteuren die Zahl der Transaktionen, die gleichzeitig zustande kommen müssen, steigt. Dadurch werden die Informationsverarbeitungskapazitäten überfordert, so daß letztlich die Zahl der Beteiligten, unter denen komplexe, interdependente Aufgaben mittels horizontaler Koordination bewältigt werden können, beschränkt ist.[139]

Eine Lösungsstrategie stellen sogenannte *Netzwerke* dar. Netzwerke sind informelle, nicht hierarchische aber relativ dauerhafte Beziehungen zwischen mehr als zwei Akteuren.[140] Das durch die Dauerhaftigkeit der Beziehungen bestehende generalisierte Vertrauen und der generalisierte

---

[136] *Scharpf*, a.a.O., 503 ff.

[137] Vgl. zur Informationsunterversorgung und Informationsüberlastung oben, B.IV.

[138] Verwandt mit dem aus der Spieltheorie bekannten Gefangenendilemma (*prisoners' dilemma*), wo das Kooperationsverhalten von Spielern untersucht wird, die nicht miteinander kommunizieren können. Ausführlich *Bohnet/Frey* (Anm. 56), 169 ff. Einführend zur Spieltheorie *Dixit/Nalebuff*, Spieltheorie für Einsteiger, 1997. Siehe auch *March*, Ambiguity and Accounting: The Elusive Link between Information and Decision-Making, in: *ders.*, Decisions and Organizations, 1988, 384 ff.

[139] *Scharpf* (Anm. 135), a.a.O.; siehe auch *North* (Anm. 98), 14 f.

[140] *Scharpf*, a.a.O., 516. Zur Rolle von Netzwerken auch oben, B.II. Siehe auch *Mayntz*, Die Entwicklung des analytischen Paradigmas der Implementationsforschung, in: *dies.*, Implementation politischer Programme, 1980, 1 (8 f.) mit weiteren Verweisen.

Wille zur Vertrauenswürdigkeit wirken den opportunistischen Verhandlungsstrategien des Verhandlungsdilemmas entgegen.[141] Solche informellen Koordinationsstrukturen beruhen auf der Erwartung „diffuser Reziprozität".[142] Netzwerke dienen also der Koordination einer Vielzahl von Akteuren in Situationen unvollständiger Information. Sie dienen dem allseitigen Informationsaustausch und setzen gleichzeitig das Informationsbedürfnis durch die Förderung eines *generalisierten gegenseitigen Vertrauens* herab.

Auf der Gemeinschaftsebene existieren solche personengebundenen Netzwerke v.a. in Form der Ausschüsse und sonstiger Zusammenkünfte.[143] Als Reinform eines Netzwerkes ist 1992 das informelle Netz der obersten nationalen Umweltvollzugsbehörden (IMPEL) gegründet worden.[144] Daneben dienen die speziellen Umweltinformationsnetze der Herstellung eines generalisierten Vertrauens und der Minderung von Informationsdefiziten und -asymmetrien.[145] Sie ermöglichen eine dynamische, innovative Kooperation und erleichtern den Umgang mit für den Umweltschutz charakteristischen ungewissen Entscheidungssituationen.[146]

---

[141] Zum opportunistischen Verhalten oben, C.I.

[142] *Scharpf* (Anm. 135), 523.

[143] Siehe dazu unten, Teil 2 Kap. 3 A. und B. Die vertrauensbildende Funktion gerade des informellen Informationsaustauschs erwähnt ausdrücklich der Bericht der Kommission über die *Verwaltungszusammenarbeit im Rahmen des Binnenmarktes* (Anm. 41), 15 f. Vgl. *Ladeur*, Institutionelle Reformen der Europäischen Gemeinschaft, in: *Ladeur/Winter*, Verfassungsprobleme der Europäischen Gemeinschaft, 1991, 16 (27), wonach die Gemeinschaft noch nicht über ein ausreichendes Netzwerk „interorganisationaler Kontakte" verfüge, welches im Sinne eines „Langzeitgedächtnisses" funktionieren könne. Daher hätten *ad hoc* organisierte Konsultations- und Abstimmungsprozesse in der Gemeinschaft eine größere Bedeutung. Die Institutionalisierung der eigenen Informationsmöglichkeiten im Sinne eines organisierten Lernprozesses fehle hier noch. Siehe auch *Bücker/Schlacke*, Die Entstehung einer „politischen Verwaltung" durch EG-Ausschüsse, in: *Joerges/Falke*, Das Ausschußwesen der Europäischen Union, Praxis der Risikoregulierung im Binnenmarkt und ihre rechtliche Verfassung, 2000, 161 (169 ff.).

[144] Dazu näher unten, E.III. sowie Teil 2 Kap. 3 A. und B.

[145] Zu den Informationsnetzen unten, Teil 2 Kap. 2 C.III.

[146] *Ladeur*, Die Europäische Umweltagentur und die Perspektiven eines europäischen Netzwerkes der Umweltverwaltungen, NuR 1997, 8 (insbesondere 13 ff.). Netzwerke dienen danach der Entwicklung neuer Entscheidungsmetho-

III. Innen- und Außenkommunikation

Die Öffnung von Grenzen und die Vernetzung von nationalen Verwaltungen bringt auch Kommunikationsprobleme mit sich. Komplexe Verfahren und Organisationsstrukturen scheinen nur auf einem eindeutig definierten, gegenüber seiner Umwelt abgegrenzten Gebiet zu funktionieren.[147] Grenzen sichern die Eindeutigkeit des Geltungsbereiches von Normen und Organisationsstrukturen. Sie haben die Aufgabe, den Austausch mit der Systemumwelt einschließlich der Kommunikationsbeziehungen zu regulieren. Spezielle Regelungsprobleme hinsichtlich des Umgangs mit Informationen entstehen am „Grenzübergang" zwischen dem Innen- und dem Außenbereich.[148] Kommunikation nach außen ist nach systemtheoretischen Ansätzen nur bis zu dem Grad und in der Form zuzulassen, wie es für die Selbsterhaltung und die Leistungsfähigkeit des Hauptsystems erforderlich ist. Im Innenbereich sind die Kommunikationsbeziehungen dafür zu erhöhen und zu beschleunigen, um innere Energieverluste abzubauen. Die Außenkommunikation wird dann durch das jeweilige Zentrum des Innenbereichs organisiert und kontrolliert.[149]

Die Gefahren von Unübersichtlichkeit und Energieverlusten müssen bei der Gestaltung grenzüberschreitender Zusammenarbeit berücksichtigt werden. Im Rahmen der Europäischen Gemeinschaft gestaltet sich die Lage insofern anders als bei traditionellen zwischenstaatlichen Beziehungen, als daß hier Außen- und Innenbereich im Sinne der traditionellen Abgrenzung von Hoheitsgebieten bereits nicht mehr klar unterscheidbar sind. Die Grenzziehung zwischen Außen- und Innenbereich ist hier relativ und gestaltbar. Durch den dauerhaften Kontakt hat sich bereits ein System der EG-Innenkommunikation im „Hauptsystem Gemeinschaft" gebildet. Um so wichtiger ist es zur Erhaltung der Leistungsfähigkeit, die Kommunikationsbeziehungen innerhalb der Ge-

---

den im Sinne eines qualitativen Sprungs als Alternative zur rein quantitativen Vermehrung des Entscheidungswissens.

147 *Halmes*, Transformationsprozesse in den Europäischen Kernregionen?, DÖV 1995, 933 (937) mit Verweisen auf Untersuchungen aus der Systemtheorie. Vgl. auch *Smith*, The European Union and a Changing Europe: Establishing the Boundaries of Order, Journal of Common Market Studies, 1996, 5 ff. (insbesondere 13).

148 *Schmidt-Aßmann*, Verwaltungsorganisationsrecht (Anm. 62), 43 f. unter Verweis auf den Datenschutz.

149 Zum ganzen *Halmes* (Anm. 147), a.a.O.

meinschaft eindeutig zu strukturieren und Subsysteme einzurichten. Das bedeutet nicht, daß alles genauestens rechtlich durchnormiert sein müßte. Es müssen aber definierte administrative Kommunikationsgrundstrukturen vorhanden sein, die für bestimmte Sachfragen bestimmte Lösungsansätze bieten, ohne durch Unübersichtlichkeit von deren Gebrauchnahme abzuschrecken oder durch fehlende Rechtsfolgendefinition die Auswirkungen im Dunkeln zu lassen.

IV. Informationen als Signal und Symbol

Das Anhäufen von Informationen kann auch zum Selbstzweck werden. Dies haben *March* und *Feldman* in einer Untersuchung über den Gebrauch von Informationen als Signal und Symbol herausgestellt.[150] Angestoßen durch den Willen, die Qualität von Entscheidungen zu verbessern, wird ein *sich selbst verstärkendes Informationsbedürfnis* ausgelöst: je mehr Informationen vorhanden sind, desto mehr neue Fragen stellen sich und desto größer wird der Eindruck, noch nicht über ausreichend Informationen zu verfügen.[151] Informationen verlieren dann ihre Funktion als Entscheidungsgrundlage und es entstehen ähnliche Effekte wie im Fall der Informationsüberversorgung (*information overload*).[152] Während Beschwerden über zu wenig Informationen laut werden, werden bereits vorhandene übersehen oder ohne weitere Nachforschungen für nicht ausreichend, nicht einschlägig oder nicht aussagekräftig genug befunden.[153] Aufgrund der begrenzten Informationsverarbeitungskapazitäten von Menschen aber auch von Institutionen können diese Mengen an Informationen nicht mehr sinnvoll in den Entscheidungsprozeß eingebracht werden.

Nicht selten wird die Informationssammlung auch erst eingeleitet, *nachdem* eine Entscheidung zumindest im Kern bereits getroffen ist.[154] Die im nachhinein erhobenen Informationen sollen dann der Rechtfertigung dieser Entscheidung dienen. Dabei erscheint es häufig politisch opportuner, mehr Informationen zu sammeln als nötig anstatt zu we-

---

150 *Feldman/March*, Information and Organizations als Signal and Symbol, in: *March*, Decisions and Organizations, 1988, 409 ff.

151 *Feldman/March*, a.a.O., 411, 413 ff. mit Fallbeispielen.

152 Dazu oben, B.IV.

153 *Feldman/March* (Anm. 150), 414 ff.

154 *Ibid.*

nig. Denn letzteres bietet aus der rückwärts gewandten Sicht des durch den Ablauf der Ereignisse unweigerlich „Schlaueren“ immer einen unverzeihlichen Kritikpunkt. Die Informationssammlung zu einem bestimmten Thema kann auch als richtungsweisendes Signal für künftige politische Tätigkeitsbereiche dienen, im positiven Fall als erster Schritt für intendierte Maßnahmen, im negativen Fall als taktisches Ablenkungsmanöver.

Im Ergebnis verselbständigt sich die Informationssammlung – sie wird abgekoppelt vom inhaltlichen Entscheidungsprozeß.[155] Informationen dienen aus taktischen Gründen als *Symbol für Kompetenz und Legitimität* von Entscheidungen. Die „Krönung“ dieses Prozesses ist die Gründung eigenständiger Institutionen für die Informationssammlung.[156] Solche institutionalisierten Symbole setzen aber auch einen dynamischen Prozeß in Gang, in dessen Verlauf sich selbiges verselbständigen kann.[157] Insbesondere Institutionen, die zunächst lediglich als symbolische Handlung, zeitliche Verschnaufpause und Ablenkung von nicht getroffenen inhaltlichen Maßnahmen gegründet werden, können eine Eigendynamik und Aktivität entwickeln, die im Ergebnis die Entscheidungsträger zu den bislang gemiedenen inhaltlichen Entscheidungen quasi zwingen kann.[158]

E. Implementationsforschung

Die Implementationsforschung beschäftigt sich mit der Realisierung von politischen Programmen im weitesten Sinne, einschließlich der Rechtsnormen.[159] Das Ziel der Forschung ist die Entwicklung von im

---

[155] *Feldman/March* stellen resümierend fest: „*Organizational participants seem to find value in information that has no great decision relevance. They gather information and do not use it. They ask for reports and do not read them. They act first and receive requested information later*“ (a.a.O., 423).

[156] Auf der Ebene der Gemeinschaft wäre hier auf die Europäische Umweltagentur hinzuweisen (dazu unten, Teil 4 Kap. 2 B.). Noch zahlreicher sind diesbezügliche Institutionen auf der völkerrechtlichen Ebene (dazu Teil 5 Kap. 2 A.).

[157] *Feldman/March* (Anm. 150), 421 f.

[158] *Ibid.*

[159] Zur Implementationsforschung siehe u.a. *Mayntz* (Hrsg.), Implementation politischer Programme, 1980; *Windhoff-Héritier* (Anm. 62), sowie speziell unter Anwendung auf den Umweltschutz *Uebersohn*, Effektive Umweltpolitik

Hinblick auf den bestmöglichen Implementationserfolg adäquaten Programmen.[160] Zu diesem Zweck werden die Ursachen von Umsetzungsschwierigkeiten und die Wirkung bestimmter (rechtlicher) Instrumente auf die Umsetzung von politischen Zielen untersucht.

I. Die Auswahl der Handlungsinstrumente

Die Probleme von Informationsdefiziten und Informationsermittlungsaufwand werden v.a. bei der Analyse der Vor- und Nachteile einzelner Handlungsinstrumente aufgegriffen.[161] Ordnungsrechtliche Instrumente wie Gebote und Verbote haben den Nachteil, daß sie einen hohen Kontrollaufwand erfordern und den *Innovations-* und damit auch den *Informationsvorsprung* der Wirtschaft nicht nutzen. Die Dunkelziffer bei der Kontrolle der Gesetzesverletzungen ist sehr hoch.[162] Ein Nachteil der ordnungsrechtlichen Instrumente besteht also gerade im Informationsdefizit auf Seiten der Verwaltung. Dabei geht es zum einen um Informationen über tatsächlich begangene Normverletzungen, zum anderen aber auch um Informationen über technische Möglichkeiten zur Vermeidung von Umweltbelastungen.

Ökonomische Instrumente wie negative oder positive finanzielle Anreize (Abgaben und Subventionen) haben den Vorteil, daß sie die Innovationskraft und den technischen Informationsvorsprung der Wirtschaft nutzen, weil in diesem Fall die Zielerreichung stärker im Eigeninteresse des Adressaten steht.[163] Allerdings wird auch hier die Weiter-

---

– Folgerungen aus der Implementations- und Evaluationsforschung, 1990 (insbesondere 108 ff.) und *Knill/Héritier*, Neue Instrumente in der europäischen Umweltpolitik – Strategien für eine effektive Implementation, in: *Lübbe-Wolff*, Der Vollzug des europäischen Umweltrechts, 1996, 209 ff. Zum Begriff der „Implementation" siehe auch *Rengeling*, Durchführung des Europäischen Gemeinschaftsrechts – Überblick, in: EUDUR, Bd. 1 1998, § 27, Rn. 5.

[160] *Windhoff-Héritier*, a.a.O., 20.

[161] Dazu ausführlich *Windhoff-Héritier*, a.a.O., 46 ff. Zum ganzen auch *Krämer*, Direkte und indirekte Verhaltenssteuerung, in: EUDUR, Bd. 1 1998, § 15.

[162] *Windhoff-Héritier*, a.a.O., 48.

[163] *Windhoff-Héritier*, a.a.O., 50 ff.; siehe auch *Hoffmann-Riem*, Reform des allgemeinen Verwaltungsrechts als Aufgabe – Ansätze am Beispiel des Umweltschutzes, AöR 1990, 400 (422 ff.), sowie *Wicke*, Umweltökonomie, in: EUDUR, Bd. 1 1998, § 5, Rn. 12 ff.

gabe von Kenntnissen über fortschrittliche Umwelttechnologien an die Verwaltung vermieden, um nicht die Anforderungen der „allgemein anerkannten Regeln der Technik“ und den „Stand der Technik“ in die Höhe zu schrauben. Man spricht diesbezüglich vom „Schweigekartell der Ingenieure“. Kooperationslösungen sollen hier Abhilfe schaffen.[164] Dabei versucht die Verwaltung, durch Verhandlungen die technischen Umsetzungsmöglichkeiten des Normadressaten auszuloten.[165] Eine Informationskooperation im Rahmen einer informellen Vorphase fördert i.d.R. die Implementation der staatlichen Zielvorstellung.[166] Sie ist insbesondere im Rahmen der Umweltverträglichkeitsprüfung als *Scoping* und in Form umfangreicher Informationsbeibringungspflichten des Antragstellers gesetzlich vorgesehen.[167] Der Nachteil ist, daß bei einer Kooperation meist nur Kompromißlösungen erreicht werden können – vom rechtlichen und politischen Zielverwirklichungsanspruch

---

[164] Vgl. *Hoffmann-Riem*, a.a.O. (insbesondere 425 ff.); *Schneider*, Kooperative Verwaltungsverfahren, VerwArch 1996, 38 (39 ff., 53 ff.); *Windhoff-Héritier*, a.a.O., 108 ff.; *Dauber*, Kooperatives Verwaltungshandeln, in: *Becker-Schwarze/Köck/Kupka/v.Schwanenflügel*, Wandel der Handlungsformen im öffentlichen Recht, 1991, 67 (80 f.) und *Bullinger*, Nationales Verwaltungsverfahren im Vorfeld europäischer Rechtsangleichung – Die Ermittlung des Sachverhalts, EuR Beiheft 1, 1995, 35 (47) sowie *Koch*, Das Kooperationsprinzip im Umweltrecht – ein Mißverständnis?, NuR 2001, 541 (542).

[165] Vgl. *Dose/Voigt*, Kooperatives Recht: Norm und Praxis, in: *dies.*, Kooperatives Recht, 1995, 11 (12); *Schneider*, a.a.O. (insbesondere 55 f.) und *Demmke*, Die EG-Informationsrichtlinie und die Vollzugsdefizite in der EG-Umweltpolitik, in: *Hegele/Röger*, Umweltschutz durch Umweltinformationen, 1993, 33 (53).

[166] So wohl auch *Schneider*, a.a.O., 41; vgl. *Bender/Sparwasser/Engel*, Umweltrecht, 3. Aufl. 1995, Rn. 82.

[167] §§ 5 und 6 des deutschen UVPG. Näher zu den Informationspflichten im Rahmen der *UVP-Richtlinie* unten, Teil 2 Kap. 2 B.I. sowie ausführlich *Schneider*, Nachvollziehende Amtsermittlung bei der Umweltverträglichkeitsprüfung, 1991. *Koch* zeigt auf, daß inzwischen viele informale Beteiligungsverfahren in rechtlich geregelte Verwaltungsverfahren inkorporiert wurden (Anm. 164, a.a.O.). Siehe auch *Bohne*, Die integrierte Genehmigung als Grundlage der Vereinheitlichung und Vereinfachung des Zulassungsrechts und seiner Verknüpfung mit dem Umweltaudit, in: *Rengeling*, Integrierter und betrieblicher Umweltschutz, 1996, 105 (134 f.). Er betrachtet die Möglichkeit einer Einbeziehung des *Umweltauditverfahrens* in das behördliche Genehmigungsverfahren. Nach *Bohne* reichen die im Rahmen eines *Umweltauditverfahrens* vom Anlagenbetreiber erstellten Informationen mit „privatrechtlichem Charakter“ weder dem Inhalt noch der Detailgenauigkeit nach für ein Genehmigungsverfahren aus.

müssen als Gegenleistung für ein Entgegenkommen der Normadressaten Abstriche gemacht werden. Zum Ausgleich wird die tatsächliche Umsetzung der Norm erhöht.

II. Die Informationsverteilung im inneradministrativen System

Für die Vollzugsverwaltung stellt v.a. die Selektion und die Unvollständigkeit von Informationen ein Problem dar. Das Interesse der nachgeordneten Behörden an positiver Selbstdarstellung, die begrenzte Aufnahmefähigkeit der vorgesetzten Behörden, Personalfluktuationen und die selektiven Aufmerksamkeitskriterien der Steuerungsinstanz beeinflussen die Informationsverarbeitung in der Vollzugsverwaltung zum Nachteil einer effektiven Implementation.[168] Das aus der praktischen Erfahrung und dem Adressatenkontakt resultierende Detailwissen stellt die „Machtbasis der vordersten Vollzugsfront" gegenüber den übergeordneten Behörden dar.[169] Fehlende detaillierte Informationen und die mangelnde lokale Problemkenntnis erschweren die Steuerung der Implementation durch die höherrangigen Behörden, ebenso wie deren *begrenzte Informationsverarbeitungskapazitäten.*[170] Dies ist um so bedeutender, wenn eine gewisse rechtliche und/oder faktische Autonomie der beteiligten „untergeordneten" Behörde zu verzeichnen ist. Hier kann es bei der übergeordneten Behörde zu einem Eingriffsverzicht kommen. In diesen Fällen stehen nach *Mayntz* nicht das Instrument der inneradministrativen Weisung, sondern vielmehr die Motivation durch positive Anreize und das Aushandeln eines Kompromisses im Vordergrund.[171] Austauschbeziehungen zwischen den Behörden finden dann in Form eines *do ut des* – „gibst du mir geb' ich dir..." – statt. Die Implementation gleicht in diesem Fall einem *fortlaufender Verhandlungs- und Kommunikationsprozeß* zwischen den beteiligten Verwaltungsträgern.[172] „Handel" wird hier vornehmlich mit Informationen und der

---

168 *Mayntz*, Soziologie (Anm. 64), 221 f. und *Windhoff-Héritier* (Anm. 62), 121 f. Siehe auch oben, B.

169 *Mayntz*, Implementationsforschung (Anm. 140), 10 ff. Siehe auch bereits oben, B.II. und III.

170 So *Garlichs* am Beispiel des Verhältnisses von Bund und Ländern (Politikformulierung und Implementation im föderativen Staat, in: *Mayntz*, [Anm. 159], 20 [25f.]).

171 *Mayntz*, Implementationsforschung (Anm. 140), 12.

172 *Garlichs* (Anm. 170), 21 f., 27.

Zuweisung von Finanzmitteln, Personal und Bearbeitungszuständigkeiten getrieben.[173] Diese Bedingungen finden sich aufgrund der weitgehenden Autonomie der mitgliedstaatlichen Verwaltungsstruktur im Verhältnis zur Europäischen Gemeinschaft im Rahmen der europäischen Implementationsstruktur noch verschärfter.[174]

III. Der Vollzug des europäischen Umweltrechts

Die Implementation des europäischen Umweltrechts ist in jüngster Zeit verstärkt in den Blickpunkt wissenschaftlicher Untersuchungen geraten.[175] Die Vollzugssituation stellt sich danach auch im Hinblick auf die

---

[173] Vgl. *Baestlein/Konukiewitz*, Implementation der Raumordnungspolitik: Die Schwierigkeiten der Koordination, in: *Mayntz* (Anm. 159), 36 (45 ff.).

[174] Siehe unten Teil 4 Kap. 1 A. und C.II.

[175] Siehe nur die jüngst erschienen Veröffentlichungen und Tagungsberichte *Mentzinis*, Die Durchführbarkeit des europäischen Umweltrechts, 2000; *Scheuing*, Instrumente zur Durchführung des Europäischen Umweltrechts, NVwZ 1999, 475 ff.; *Albin*, Die Vollzugskontrolle des europäischen Umweltrechts, 1999; *Demmke* (Hrsg.), Europäische Umweltpolitik und nationale Verwaltungen – Rolle und Aufgaben nationaler Verwaltungen im Entscheidungsprozeß, 1998; *Engelsberger*, Der Vollzug europarechtlicher Vorschriften auf dem Gebiet des Umweltschutzes, 1998; *Nicklas*, Implementationsprobleme des EG-Umweltrechts, 1997; *Pühs*, Der Vollzug von Gemeinschaftsrecht, 1997; *Rengeling/Gellermann*, Gestaltung des europäischen Umweltrechts und seine Implementation im deutschen Rechtsraum, JbUTR 1996, 1 ff.; *Lübbe-Wolff* (Hrsg.), Der Vollzug des europäischen Umweltrechts, 1996; *Hansmann*, Schwierigkeiten bei der Umsetzung und Durchführung des europäischen Umweltrechts, NVwZ 1995, 320 ff.; *Delwing*, Umsetzungsprobleme des EG-Wasserrechts, 1995; *Kahl*, Der Vollzug des europäischen Umweltrechts, Bericht, DÖV 1995, 860; *Demmke*, Die Implementation von EG-Umweltpolitik in den Mitgliedstaaten: Umsetzung und Vollzug der Trinkwasserrichtlinie, 1994; *ders.* in *Hegele/Röger* (Anm. 165); *Lindemann/Delfs*, Vollzug des Europäischen Umweltrechts, ZUR 1993, 256 ff.; *Macrory*, The Enforcement of Community Environmental Law: Some Critical Issues, CMLR 1992, 347 ff. Als einer der ersten *Krämer*, The Implementation of Environmental Laws by the European Economic Communities, GYIL 34, 1991, 9 ff., sowie *ders.*, Du contrôle de l'application des directives communautaires en matière d'environnement, RMC 1988, 22 ff.; siehe auch *Pernice*, Gestaltung und Vollzug des Umweltrechts im europäischen Binnenmarkt – Europäische Impulse und Zwänge für das deutsche Umweltrecht, NVwZ 1990, 414 ff. Allgemein zum Vollzug des Gemeinschaftsrechts *Curtin/Mortelmans*, Application and Enforcement of Community Law by the Member States: Actors in Search of a Third Generation Script, in:

Informationspflichten der Mitgliedstaaten nicht gerade vorbildhaft dar. Nach *Pache* ist der effektive Vollzug des Gemeinschaftsrechts eher die Ausnahme als die Regel.[176] Dies gilt insbesondere für das Umweltrecht. Wie *Krämer* feststellt ist in wenigen Gebieten des Gemeinschaftsrechts der Unterschied zwischen Praxis und geschriebenem Recht so groß wie hier – ein strukturelles Problem, da im Umweltrecht die Eigeninteressen von Nutzern oder Konkurrenzunternehmen nicht so stark instrumentalisiert werden (können) wie in anderen Politikbereichen.[177]

Bei der Überprüfung der Durchführung des Gemeinschaftsrechts wird zwischen der formellen Umsetzung und der tatsächlichen Anwendung differenziert.[178] Als zahlenmäßig gewichtiger Bereich wird von der Kommission zudem die fehlende Mitteilung der nationalen Umsetzungsvorschriften eigenständig erfaßt.[179] Die formelle Umsetzung erfolgt häufig zu spät und lückenhaft, die praktische Anwendung ist meist

---

FS Schermers, 1995, 423 ff.; *Spannowsky*, Wettbewerbsverzerrende Defizite des gemeinschaftsrechtlichen Sanktions- und Vollstreckungssystems, JZ 1994, 326 (332); *Schwarze/Becker/Pollack*, Die Implementation von Gemeinschaftsrecht: Untersuchungen zur Gesetzgebungs- und Verwaltungspolitik der Europäischen Gemeinschaft und ihrer Mitgliedstaaten, 1993 sowie bereits 1988 *Siedentopf/Ziller*, L'Europe des administrations ? – La mise en oeuvre de la législation communautaire dans les états membres, Bd. 1 1988, 95 ff.

[176] *Pache*, EG-rechtliche Möglichkeiten und Grenzen einer Harmonisierung nationaler Vollzugssysteme, in: *Lübbe-Wolff*, a.a.O., 177.

[177] *Krämer*, Defizite im Vollzug des EG-Umweltrechts und ihre Ursachen, in: *Lübbe-Wolff* (a.a.O.), 7. *Krämer* spricht hier indirekt das Problem der externen Kosten an: die Kosten für die Inanspruchnahme des „Gutes" Umwelt werden den Verursachern von Umweltbelastungen meist nicht in Rechnung gestellt, sie sind von der Allgemeinheit zu tragen. Unternehmen und sonstige Umweltnutzer können als sogenannte „Trittbrettfahrer" (auch *Free Rider* genannt) die Vorteile von Umweltschutzmaßnahmen in Anspruch nehmen, ohne dafür zur Kasse gebeten zu werden, weil der Nutzen häufig (noch) nicht quantifizierbar und die Verursachungskette für Umweltbelastungen nicht eindeutig nachweisbar ist.

[178] Zu dieser Unterscheidung näher unten, Teil 2 Kap. 5 A.

[179] So die Einteilung der Kommission in den *Jahresberichten über die Kontrolle der Anwendung des Gemeinschaftsrechts* (dazu sogleich). Nach *Macrory* erfolgt die Kontrolle der Nichtmitteilung der Umsetzungsmaßnahmen durch die Kommission quasi „mechanisch" und mache fast 60% der gerichtlichen Verfahren im Umweltbereich aus. Sie beginnt mit der Versendung eines „schwarzen Briefes" (*black letter*) an die überfälligen Mitgliedstaaten (Anm. 175, 352 ff.).

mangelhaft.[180] Die Anwendungskontrolle stellt sich besonders schwierig dar, weil die Kommission in vielen Fällen nicht über die erforderlichen Informationen verfügt, um die Sachlage zu beurteilen.[181] In den von der Kommission erstellten *Jahresberichten über die Kontrolle der Anwendung des Gemeinschaftsrechts* ist jeweils eine Übersicht der Einhaltung der in den Richtlinien festgelegten Mitteilungspflichten über die einzelstaatlichen Umsetzungsmaßnahmen enthalten.[182] Danach erfolgen die Mitteilungen und Berichte oft mit Verspätung.[183] Die Kommission

---

[180] *Krämer*, Implementation (Anm. 175), 10; *ders.*, Du contrôle (Anm. 175), 24 f. sowie *Rengeling/Gellermann* (Anm. 175), 6 f. *Rengeling/Gellermann* stellen fest, daß es sich die meisten Mitgliedstaaten „mittlerweile zur (schlechten) Angewohnheit" gemacht haben, die Umsetzungsfristen mitunter beträchtlich zu überschreiten. Siehe auch *Macrory*, a.a.O.

[181] *Zwölfter Jahresbericht über die Kontrolle der Anwendung des Gemeinschaftsrechts (1994)* (Abl. Nr. C 254 vom 29.9.1995, 1) unter „Umwelt", Nr. 1.8; siehe auch den *Dreizehnten Jahresbericht über die Kontrolle der Anwendung des Gemeinschaftsrechts (1995)* (Abl. Nr. C 303 vom 14.10.1996, 1) unter „Umwelt", Nr. 1.4. Vgl. *Steinberg*, Probleme der Europäisierung des deutschen Umweltrechts, AöR 1995, 549 (571 f.).

[182] Ausführlich zu den Jahresberichten *Mentzinis* (Anm. 175), 128 ff. Siehe auch die *Mitteilung der Kommission über die Durchführung des Umweltrechts der Gemeinschaft*, 22.10.1996, KOM (96) 500 endg. Daneben existieren Durchführungsberichte für einzelne Bereiche des Umweltschutzes, so z.B. der *Bericht der Kommission über den Stand der Durchführung der Richtlinien zur Luftreinhaltung*, welcher jährlich erscheinen sollte. Die Pflicht zur Erstellung dieser Berichte ist in den jeweiligen Umweltschutzrichtlinien enthalten (näher dazu unten, Teil 2 Kap. 2 A.III. und C.I.1.).

[183] *Zwölfter Jahresbericht* (Anm. 181), unter „Umwelt", Nr. 1.2. Siehe auch den *Dreizehnten Jahresbericht* (Anm. 181), unter „Umwelt", Nr. 1.2. und 1.7. (Abl. Nr. C 303 vom 14.10.1996, 48 ff.) sowie jeweils unter dem Titel „Umwelt" der *Vierzehnte Jahresbericht über die Kontrolle der Anwendung des Gemeinschaftsrechts (1996)* (Abl. Nr. C 332 vom 3.11.1997, 1); *Fünfzehnte Jahresbericht über die Kontrolle der Anwendung des Gemeinschaftsrechts (1997)* (Abl. Nr. C 250 vom 10.8.1998, 1) und *Sechzehnte Jahresbericht über die Kontrolle der Anwendung des Gemeinschaftsrechts (1998)* (Abl. Nr. C 354 vom 7.12.1999, 1). Zu den Berichtspflichten auch Nr. 16 ff. des *Sonderberichts* Nr. 3/98 *über die Durchführung seitens der Kommission von Politik und Maßnahmen der EU zur Bekämpfung der Gewässerverschmutzung* (Abl. Nr. C 191 vom 18.6.1998, 2). Die im einzelnen eingeleiteten Vertragsverletzungsverfahren können aus dem Bulletin der EU unter der Rubrik „Kontrolle der Anwendung des Gemeinschaftsrechts" entnommen werden, darunter auch einzeln aufgeführt die Anrufung des Gerichtshofes wegen Nichtmitteilung nationaler Durchführungs-

geht in diesen Fällen allerdings weniger von einer bösen Absicht der Mitgliedstaaten als vielmehr von einer unzulängliche Koordinierung der zuständigen innerstaatlichen Behörden aus.[184] Eine wirksame Anwendung des Umweltrechts ist von der Kommission dann festgestellt worden, wenn die innerbehördlichen Stellen durch einen regelmäßigen Informationsaustausch eng zusammenarbeiten.[185] Als künftige Maßnahme für die Verbesserung der ordnungsgemäßen und fristgerechten Umsetzung sieht die Kommission die Einführung neuer Kontrollmechanismen und die Förderung und Strukturierung der administrativen Zusammenarbeit mit und zwischen den Mitgliedstaaten vor. Die Europäische Umweltagentur hat jüngst die Aussagekraft der Umweltberichte der Mitgliedstaaten unter die Lupe genommen.[185a] Sie kommt zu dem Ergebnis, daß die Berichte wenig Aufschluß über die Effektivität und Effizienz der europäischen Umweltmaßnahmen geben, was u.a. an den ungenügenden Vorgaben des Gemeinschaftsrechts – sowohl im Hinblick auf die Erstellung dieser Berichte als auch im Hinblick auf die zu erreichenden Ziele - liege.

Aus der Literatur haben anfangs insbesondere *Krämer* und *Demmke* auf das Vollzugsdefizit im europäischen Umweltrecht hingewiesen.[186]

---

maßnahmen. Die Entwicklung der absoluten Zahl der eingeleiteten Vertragsverletzungsverfahren wegen Nichtmitteilung ist nicht sehr aussagekräftig, weil sie davon abhängt, wie viele Umsetzungs- und Mitteilungsfristen im jeweiligen Jahr gerade auslaufen und wie viele Verwaltungsressourcen die Kommission zu deren Verfolgung frei hatte. Es kann aber in der Tendenz eine deutliche Steigerung festgestellt werden (siehe die Übersicht bei *Krämer*, Implementation, [Anm. 175], 16).

[184] *Dreizehnter Jahresbericht*, a.a.O., Nr. 1.2. und 1.3. Ebenso *Krämer*, Implementation, a.a.O., 17.

[185] *Zwölfter Jahresbericht* (Anm. 181), Nr. 1.4.

[185a] „Reporting on environmental measures: Are we being effective ?", November 2001, Environmental issue report No. 25.

[186] Ausführlich *Krämer*, Implementation (Anm. 175); *ders.*, Du contrôle (Anm. 175) und *ders.* in *Lübbe-Wolff* (Anm. 177); *Demmke*, Vollzug der Trinkwasserrichtlinie (Anm. 175); *ders.* in *Hegele/Röger* (Anm. 165) sowie *ders.*, Europäische Umweltpolitik (Anm. 175). Siehe auch den Tagungsbericht von *Kahl* (Anm. 175). Eine Übersicht über die verschiedenen Vollzugsinstrumente gibt *Scheuing* (Anm. 175, mit weiteren umfangreichen Literaturverweisen). Eine Analyse der die Implementation erschwerenden Systemunterschiede zwischen der europäischen und der deutschen Rechtsordnung enthalten insbesondere *Hansmann* (Anm. 175) und *Rengeling/Gellermann* (Anm. 175); hierzu auch *Scheuing*, Die Einheitliche Europäische Akte als Grundlage umweltrecht-

Demmke betrachtet die schlechte Informationslage als einen Hauptgrund für die unzureichende Implementation des europäischen Umweltrechts.[187] Vielfach kämen die Mitgliedstaaten ihren Informationspflichten nicht nach.[188] Das gelte besonders für die Erstellung der in den Rechtsakten angeordneten Durchführungsberichte, Programme und Pläne.[189] Eine systematische Verfolgung dieser Vertragsverletzungen habe die Kommission im Hinblick auf den Umfang des Vollzugsdefizits und die Trägheit der Mitgliedstaaten bei solchen umfangreichen Berichterstattungs- und Planungspflichten bislang nicht in Angriff genommen.[190] Dazu kommen die langen Verfahrensdauern vor dem Europäischen Gerichtshof.[191] Wenn die Durchführungsberichte erstellt werden, seien sie meist in der Darstellung so allgemein gehalten, daß ihr Informationsgehalt über die tatsächliche Durchführungssituation eher gering ist.[192] Auch Einzelinformationen über nationale Genehmigungen, Kontrollen und Meßergebnisse sind von den mitgliedstaatlichen

---

licher Aktivitäten der Europäischen Gemeinschaft, in: *Behrens/Koch*, Umweltschutz in der Europäischen Gemeinschaft, 1991, 46 (70 ff.) und *Pühs* (Anm. 175), 110 ff.

[187] *Demmke*, Vollzug der Trinkwasserrichtlinie, a.a.O., 215 f., 277 ff.; siehe auch *v. Lersner*, Umweltschutz im Spannungsfeld von nationalem Recht und europäischem Gemeinschaftsrecht, in: *Behrens/Koch*, a.a.O., 157 (162).

[188] *Demmke*, Vollzug der Trinkwasserrichtlinie (a.a.O.) unter Bezugnahme auf *Macrory* (Anm. 175), 266 und 366 sowie *ders.* in *Hegele/Röger* (Anm. 165), 59 f.

[189] Ebenso *Nicklas* (Anm. 175), 79 f. und 174 ff.; *Krämer* in *Lübbe-Wolff* (Anm. 177), 22 ff. sowie *Engelsberger* (Anm. 175), 79 ff. Zur Implementation der Pläne siehe auch *Reinhardt* (Anm. 11), 150, der auf den hohen Verfahrensaufwand bei der Erstellung hinweist.

[190] *Krämer*, Implementation (Anm. 175), 30, 38 und 43. Anders jedoch inzwischen im Hinblick auf bestimmte Pläne des Wasser- und Abfallrechts, dazu Teil 2 Kap. 2 B.IV., insbesondere 2.c.

[191] Auch aus diesem Grund sehe die Kommission z.T. von der Einleitung eines Vertragsverletzungsverfahrens wegen der Nichterstattung von Vollzugsberichten ab (*Krämer* in *Lübbe-Wolff*, [Anm. 177]).

[192] *Krämer*, Implementation (Anm. 175), 30 und 39. Dem soll im Hinblick auf die nationalen Durchführungsberichte durch die *Berichtsrichtlinie* 91/692/EWG abgeholfen werden, welche ein sektorübergreifendes vereinheitlichtes Berichtsverfahren enthält und die Erstellung von detaillierten Fragekatalogen vorsieht (näher dazu unten, Teil 2 Kap. 5 A.II.1.). Zur (begrenzten) Steuerungsfunktion solcher Berichte oben, B.III.

Verwaltungen aller Ebenen nur schwer zu erhalten.[193] Die Mitgliedstaaten selbst verfügten z.B. nicht über ausreichende Informationen über den Vollzug der (alten) *Trinkwasserrichtlinie*, da Meß- und Kontrollinstrumente für die Überprüfung der Wasserqualität nicht vorhanden seien. Eine Kontrolle der 62 Grenzwerte der Richtlinie sei auch schon praktisch kaum möglich und könne allenfalls stichprobenartig durchgeführt werden.[194] Hier wirkt sich in der Praxis aus, daß komplexe Regelungen höhere Steuerungsanforderungen stellen, insbesondere den Informationsbedarf erhöhen.[195] Die Widersprüchlichkeit und fehlende Bestimmtheit des Gemeinschaftsrechts tragen ihr übriges zum Vollzugsdefizit bei.[196]

Die EG-Kommission konzentriert sich zwar zunehmend auf die Verbesserung der „indirekten Kontrolle", d.h. auf die Datenlage und Informationsgewinnung einschließlich einer verbesserten Verwaltungskooperation, bevorzugt auch auf informellem Wege in Kooperation mit den unteren Verwaltungseinheiten.[197] Ihr fehlten aber geeignete Kon-

---

[193] *Krämer*, Implementation, a.a.O., 31.

[194] *Demmke*, Vollzug der Trinkwasserrichtlinie (Anm. 175), 219. Zudem führe die hohe Anzahl an Meß- und Kontrollvorschriften zu einem hohen Verwaltungsaufwand, was wiederum das Vollzugsdefizit erhöhe (*ders.*, a.a.O., 283). Ähnlich auch *Delwing* (Anm. 175), 208, in Bezug auf die *Abwasserrichtlinie* 91/271/EWG. Zu den Unzulänglichkeiten bei der Umsetzung der Meßpflichten im Bereich der Luftverschmutzung siehe die Antwort von Frau *Bjerregaard* auf die schriftliche Anfrage E-271/95 von *Noel Mamère* vom 9.2.1995 (Abl. Nr. C 209 vom 14.8.1995, 3).

[195] *Mayntz*, Die Implementation politischer Programme: Theoretische Überlegungen zu einem neuen Forschungsgebiet, in: *dies.* (Anm. 159), 236 (244). Eine kürzlich veröffentlichte Binnenmarkt-Untersuchung geht davon aus, daß durch einfacherere Regeln auf der EG- und der Mitgliedstaatenebene 50 Mrd. Euro gespart werden könnten (siehe Pressemitteilung vom 19.11.2001 auf der Homepage der EG Kommission unter „Binnenmarkt", Untersuchung erhältlich unter MARKT-A1@cec.eu.int).

[196] Dazu *Rengeling/Gellermann* (Anm. 175), 19 f.; *Steinberg* (Anm. 181), 565 ff.; *Hansmann* (Anm. 175), 321 f.; *Schwarze/Becker/Pollack* (Anm. 175), 86; *Pühs* (Anm. 175), 112 ff.; *Krämer*, Implementation (Anm. 175), 29 und 36; *Demmke*, Nationale Verwaltung und europäische Umweltpolitik – die Umsetzung und der Vollzug von EG-Umweltrecht, in: *ders.* (Anm. 175), 85 (92 ff.) sowie bereits *Siedentopf/Ziller* (Anm. 175), 101.

[197] Was allerdings ebenfalls nur von begrenztem Erfolg sei, da der Kommission die personellen Ressourcen für „Vor-Ort"-Kontakte fehlen, die Regionen und Kommunen nur beschränkt zur Zusammenarbeit bereit seien und zudem

trollmechanismen und Ressourcen, insbesondere zur gemeinschaftseigenen Datenerhebung.[198] Problematisch ist nach *Schwarze*, *Becker* und *Pollack* auch die personelle Trennung zwischen den Regierungsbeamten, die an Verhandlungen und in Ausschüssen der Gemeinschaft beteiligt sind und den mit der Rechtsanwendung betrauten nationalen Bediensteten.[199] Das Wissen über die Ziele und Vorteile der Gemeinschaftspolitiken sei auf der unteren Vollzugsebene meist nicht vorhanden, demzufolge fehle dort häufig auch die inhaltliche Akzeptanz. *Schwarze*, *Becker* und *Pollack* sprechen sich daher für eine größere Einbindung der Implementationsebenen in den Entscheidungsprozeß sowie eine verstärkte Auseinandersetzung der Regierungsbeamten mit den praktischen Implementationsproblemen aus.

Aufgrund der begrenzten Verwaltungskapazitäten der Kommission spielen Beschwerden von Privatpersonen sowie Petitionen beim Parlament eine große Rolle.[200] Besonders hilfreich sind Beschwerden von NGO's, die meist mit einem umfangreichen Dokumentationsmaterial

---

selbst nicht über ausreichend leistungsfähige Umweltinformationssysteme verfügten (*Demmke*, Vollzug der Trinkwasserrichtlinie, [Anm. 175], 253 und 277 ff.; *ders.* in *Hegele/Röger*, [Anm. 165], 35 ff.). Vgl. *v. Danwitz*, Verwaltungsrechtliches System und Europäische Integration, 1996, 197 ff. sowie *Pernice*, Befugnisse der EG auf dem Gebiet des Umwelt- und Technikrechts, DV 1989, 1 (43). Ausführlich zur informellen Informationskooperation unten, Teil 2 Kap. 3.

198 *Demmke* in *Hegele/Röger*, *ibid.* So auch die Kommission im *Sechzehnten Jahresbericht* (Anm. 183), Nr. 2.12 (S. 46). Vgl. *Steinberg* (Anm. 181), 591, wonach das Herzstück einer gestärkten Gemeinschaftsaufsicht der Ausbau von Informationssystemen sein sollte; ähnlich *Pühs* (Anm. 175), 135 f.

199 *Schwarze/Becker/Pollack* (Anm. 175), 82 ff. Hierauf verweist auch die Kommission im *Fünfzehnten und Sechzehnten Jahresbericht* (Anm. 183, 51 [Nr. 12.2] bzw. 44 [Nr. 2.12]).

200 Nach den *Jahresberichten* sind Beschwerden und Petitionen von Privatpersonen und NGO's die wichtigste Informationsquelle der Kommission im Rahmen der Anwendungskontrolle (Anm. 183, *Sechzehnter Jahresbericht* unter Nr. 2.12 [S. 46], *Dreizehnter Jahresbericht* unter Nr. 1.4). Dazu eingehend *Krämer*, Implementation (Anm. 175), 31 ff. sowie *ders.*, Du contrôle (Anm. 175), 26; siehe auch *Engelsberger* (Anm. 175), 76 ff.; *Mentzinis* (Anm. 175), 124 f.; *Breier*, Umweltschutz in der Europäischen Gemeinschaft, NuR 1993, 457 (465) und *Scheuing* (Anm. 175), 481. Die Zahl der Beschwerden ist nach dem *Sechzehnten Jahresbericht* im Jahr 1998 wieder gestiegen (a.a.O.).

versehen sind.[201] Die Kommission konzentriere sich wegen ihrer beschränkten Kapazitäten zudem zunehmend auf die Kontrolle der formellen Umsetzung des Gemeinschaftsrechts und lasse die Anwendungskontrolle immer mehr außer Acht.[202] Auf der mitgliedstaatlichen Ebene habe diese Konzentration auf die förmliche Umsetzung zur Folge, daß die Richtlinien mit ihrem umständlichen Wortlaut wörtlich in die (deutsche) Gesetzessprache übernommen würden, was im Ergebnis zu einem Nebeneinander der nationalen und der europäischen Rechtsordnung führe und wiederum für die tatsächliche Anwendung des Gemeinschaftsrechts nicht förderlich ist.[203] Zum Teil wird auch eine verstärkte Dezentralisierung der Anwendungskontrolle durch ein formalisiertes Bürgerbeschwerdeverfahren auf nationaler und lokaler Ebene vorgeschlagen.[204] Die administrative Sachverhaltsermittlung kann dadurch allerdings nicht ersetzt werden, weil die Kommission gemäß Art. 211 EGV (ex Art. 155) die Letztverantwortung für die Kontrolle der Anwendung des Gemeinschaftsrechts trägt. Zudem hat, wie *Krämer* feststellt, nahezu niemand das *Know How* und die finanziellen und personellen Ressourcen, um eine so komplexe Materie wie den Umweltschutz zu überwachen und entsprechende Informationen zu erheben und zu verarbeiten.[205] Die Informationserhebung und -auswertung durch Individuen im Rahmen eines Beschwerdeverfahrens kann nur punktuell erfolgen. Die umfassende Überwachung muß als Letztver-

---

[201] *Fünfzehnter Jahresbericht* (Anm. 183), unter Nr. 12.4. Dort auch eingehender zum Beschwerdeverfahren.

[202] *Schäfer*, Die institutionelle Weiterentwicklung der Europäischen Gemeinschaft: Überlegungen zu neuen Strukturen der EG-Institutionen, DÖV 1991, 261 (265 ff.), der von einem Kapazitätsdefizit spricht und zum Zwecke der besseren Kooperation die Schaffung von „Implementationsausschüssen" vorschlägt. Kritisch auch *Steinberg* (Anm. 181), 570 ff. *Scheuing* weist darauf hin, daß eine flächendeckende Einzelfallkontrolle durch die Kommission weder möglich noch wünschenswert sei (*Scheuing*, [Anm. 175], 478).

[203] So *Steinberg*, a.a.O., 571 f.

[204] *Pernice*, Gestaltung und Vollzug des Umweltrechts (Anm. 175), 423; siehe auch *ders.*, Befugnisse der EG, (Anm. 197 [Alter Verweis = Verweis auf Anm. 3 in der Einleitung, Titel vollständig aufgeführt in Anm. 197 von Teil 1]), 40 f.; *Steinberg*, a.a.O., 591. Dazu auch die *Durchführungsmitteilung der Kommission* vom 22.10.1996 (Anm. 182).

[205] *Krämer*, Implementation (Anm. 175), 11.

antwortlichem der Verwaltung überlassen bleiben.[206] Die Kenntnis des Anwendungsgrades der Rechtsakte und diesbezüglicher Schwierigkeiten ist zudem für das Ingangsetzen einer ggf. erforderlichen Anpassung des Gemeinschaftsrechts nötig. Sie betrifft in Form der *legislativen Eigenkontrolle* daher auch die Rechtsetzungskompetenz der Gemeinschaft.[207]

Der Rat hat in Reaktion auf die Vollzugsprobleme in zwei Entschließungen u.a. eine Verbesserung der redaktionellen Qualität der gemeinschaftlichen Vorschriften sowie der Gesamtkohärenz des Umweltrechts angekündigt und die Kommission um die frühzeitige Einbindung der „wichtigsten Akteure" einschließlich der mitgliedstaatlichen Vollzugsebene in den Rechtsetzungsprozeß gebeten.[208] In der Entschließung vom 7.10.1997 betont er die Bedeutung des informellen Netzwerkes der obersten Vollzugsbehörden (IMPEL),[209] von Beschwerden einzelner Bürger und von NGO's, lehnt aber die Schaffung eines einheitlichen Inspektionssystems auf der Gemeinschaftsebene eindeutig ab. Vielmehr sollten freiwillige Umweltbetriebsprüfungssysteme und die Eigenkontrolle gestärkt werden.[210] Als „Kompromiß" wurde die Kommission beauftragt, Mindestkriterien und Leitlinien für nationale Inspektionen und deren Überwachung vorzuschlagen.[211]

---

[206] Vgl. zum Problem der Verdrängung förmlicher Verantwortungs- und Kontrollstrukturen *Schmidt-Aßmann*, Deutsches und Europäisches Verwaltungsrecht – Wechselseitige Einwirkungen, DVBl. 1993, 924 ff. (933); siehe auch *Hatje* (Anm. 21) zur Dezentralisierung der Kontrolle durch die Umweltinformationsrichtlinie. Grundlegende Systemveränderungen stellt *Hatje* jedoch zumindest bislang nicht fest (a.a.O., 745 ff.).

[207] Hierzu näher Teil 2 Kap. 5 B.

[208] *Entschließung* vom 8.6.1993 *über die redaktionelle Qualität der gemeinschaftlichen Rechtsvorschriften* (Abl. Nr. C 166 vom 17.6.1993, 1) und *Entschließung* vom 7.10.1997 *zur Formulierung, Durchführung und Durchsetzung des Umweltrechts der Gemeinschaft* (Abl. Nr. C 321 vom 22.10.1997, 1).

[209] Dazu eingehend *Werner*, Das EU-Netzwerk für Umsetzung und Vollzug von Umweltrecht, in: *Lübbe-Wolff* (Anm. 175), 131 ff.; *Mentzinis* (Anm. 175), 117 f.; *Nicklas* (Anm. 175), 160 ff.; *Demmke*, Europäische Umweltpolitik (Anm. 196), 112 ff.; *Breier* (Anm. 200), 466 sowie der *Dreizehnte Jahresbericht* (Anm. 183), Nr. 1.7. Näher zu IMPEL unten, Teil 2, Kap. 3 B.II.

[210] Nr. 16 der Entschließung vom 7.10.1997 (Anm. 208).

[211] A.a.O., Nr. 17. Ein diesbezüglicher Entwurf wurde von der Kommission am 16.12.1998 verabschiedet (KOM[1998] 772 endg.). Der Entwurf stützt sich auf eine Studie des IMPEL Netzes. Er enthält Leitlinien mit Minimalkriterien

F. Theorie der Internationalen Beziehungen und der Internationalen Organisationen

Die Europäische Gemeinschaft bewegt sich als „Sonderorganisation" im Feld der internationalen Beziehungen. Im Außenbereich nimmt sie selbst an internationalen Verhandlungsprozessen teil. Im Binnenbereich, d.h. im Rahmen ihrer Regelungsbefugnis gegenüber den Mitgliedstaaten, ersetzt sie völkerrechtliche Verhandlungsprozesse. An die Stelle der Regeln, die zwischenstaatliche Verhandlungsprozesse leiten, tritt dann das gemeinschaftsrechtliche Rechtsetzungsverfahren. Die Gemeinschaft partizipiert also am internationalen Rechtsetzungsprozeß und substituiert ihn zugleich.[212] Zudem ist sie ihrem Ursprung nach selbst eine Internationale Organisation. Auch wenn die Kompetenzen der Gemeinschaft über die anderer Internationaler Organisationen weit hinausgehen, erfüllt sie viele der Funktionen einer solchen Organisation.

I. Internationale Verhandlungsprozesse und *regime formation*

Die Sachverhaltsermittlung begleitet alle Stadien internationaler Verhandlungsprozesse. Gerade die sogenannte *Vorverhandlungsphase* ist gekennzeichnet durch die wissenschaftliche Vorbereitung und die Problemdiagnose.[213] In der darauffolgenden *Verhandlungsphase* ist der Informationsaustausch meist durch Verfahrensregeln formalisiert, was aber die informellen Kontakte v.a. in Form von *closed meetings* keineswegs ausschließt.[214] In der *Durchsetzungsphase* tritt die Informationserhebung als Sachverhaltsermittlung im Rahmen des Erfüllungskontrollverfahrens in Erscheinung.

Im Prozeß des sogenannten *regime formation* – der Bildung eines Regelwerkes für ein bestimmtes Sachproblem auf internationaler Ebene –

---

für die Organisation, Durchführung, Überwachung und Publizität von Umweltinspektionen im Bereich von genehmigungspflichtigen Industrieanlagen.

[212] Ausführlich zu den wechselseitigen Einwirkungen von Gemeinschafts- und Völkerrecht im Bereich des Umweltschutzes unten, Teil 5, insbesondere Kap. 2 B. zur Rechtsetzung.

[213] *Zartmann*, Lessons for Analysis and Practice, in: *Sjöstedt*, International Environmental Negotiation, 1995, 265 ff.; *Hampson/Hart*, Multilateral negotiations: Lessons from Arms Control, Trade and the Environment, 1995, 25 ff.

[214] Vgl. *Hampson/Hart*, a.a.O., 27.

dient die Informationsphase im Hinblick auf die Wahrnehmung des zugrundeliegenden Sachproblems der Herbeiführung eines kognitiven Konsenses.[215] Sie findet nicht in formalisierten Bahnen statt. Die vertiefende Informationsphase liegt nicht am Anfang des Prozesses, sondern erfolgt nach dem sogenannten *agenda setting* – der Festlegung eines Ziel- und Aufgabenkataloges – und dem Aufbau eines institutionellen Rahmens. Sie setzt damit schon das Bewußtsein für das Bestehen eines Handlungsbedarfs voraus, welches meist durch augenfällige Krisen hervorgerufen wird.[216] Nach der Informationsphase folgen die Phasen der „Werbung" für bestimmte Lösungen und die Phase der Normbildung. Bei einem sogenannten *dynamischen Regime* findet nach der Normbildung eine Evaluationsphase statt, die wieder in die Informationsphase einmündet.[217] Ein ähnlicher Evaluationsprozeß findet auf der Ebene der Gemeinschaft im Rahmen der hier sobenannten *legislativen Eigenkontrolle* statt.

II. Die informationelle Tätigkeit Internationaler Organisationen

Die außenwirksame Tätigkeit Internationaler Organisationen wird traditionell in die Hauptbereiche der regulierenden und der operativen Tätigkeit unterteilt.[218] *Rittberger* nennt daneben noch den Bereich der „informationellen Tätigkeiten".[219] Gerade bei grenzüberschreitenden Umweltbelastungen spielt die informationelle Tätigkeit Internationaler Organisationen eine bedeutendere Rolle als die operative Tätigkeit.[220] An erster Stelle der Handlungsinstrumente stehe nunmehr die gegen-

---

[215] Die Darstellung erfolgt nach *Gehring*, Dynamic International Regimes, Institutions for International Governance, 1994, 428. Eine äquivalente Funktion hat die Bildung von sogenannten *epistemic communities*, dazu sogleich.

[216] Vgl. auch *Hampson/Hart* (Anm. 213), 349 ff.

[217] *Gehring* (Anm. 215), 444 f.

[218] Die operative Tätigkeit besteht v.a. aus Hilfseinsätzen vor Ort. Die regulierende Tätigkeit besteht nicht nur in der Ausarbeitung und Setzung verbindlicher Rechtsnormen. Sie umfaßt auch die Entwicklung unverbindlicher Programme und Zwischenstufen der Rechtsetzung. Ausführlicher *Sommer*, Environmental Law-Making by International Organisations, ZaöRV 1996, 628 ff.

[219] *Rittberger*, Internationale Organisationen – Politik und Geschichte, 1994, 148 ff., 226.

[220] Vgl. *Rittberger*, a.a.O., 226 und 228.

seitige Information.[221] Informationelle Tätigkeiten sind zugleich Voraussetzung und Resultat jeder regulierenden und jeder operativen Tätigkeit. In einer „Funktionsskala“, in der die Tätigkeiten Internationaler Umweltorganisationen nach einem funktionellen Ablaufschema geordnet werden, steht die Informationserhebung und -verarbeitung am Anfang und nimmt den größten Umfang ein.[222]

1. Informationssammelstelle, Informationserzeuger, Informationsbörse und *epistemic communities*

Bei der informationellen Tätigkeit treten Internationale Organisation als *Informationssammelstelle*, als *Informationserzeuger* und als *Informationsbörse* auf .[223] Sie werden in diesem Zusammenhang auch als *Informationspool* bezeichnet.[224] Sie schaffen Problembewußtsein, prägen die Wahrnehmung der Wirklichkeit und wirken als Katalysator für die politische Entscheidungsfindung.[225] Als Informationssammelstelle wer-

---

[221] *Steiger*, Entwicklungen des Rechts der natürlichen Lebenswelt, NuR 1995, 437 (441 f.). Hierbei handele es sich hauptsächlich um Informationen aus öffentlich zugänglichen Quellen.

[222] Die von *Kay/Jacobson* aufgestellte Skala ähnelt der betriebswirtschaftlichen Entscheidungstheorie (siehe oben D.I.). Sie beginnt mit der Problemerkenntnis und -feststellung, gefolgt von der Bewertung eines Umweltproblems, der Daten- und Informationssammlung, der Gefahreinschätzung sowie von Informationsauswertung, -austausch und -verbreitung, bis es zu einer koordinierenden, regulierenden und/oder operationellen Tätigkeit kommt (*Kay/Jacobsen*, Environmental Protection – The International Dimension, 1983, 14 ff.).

[223] Zum ganzen *Rittberger* (Anm. 219), 149 ff. Vgl. *Ladeur*, Institutionelle Reformen (Anm. 143), 24, wonach Organisationen die Funktion von „Wissensgeneratoren“ übernommen haben.

[224] *Geiger* in EPIL, Bd. 9 1986, Stichwort: „Legal Assistance between States in Administrative Matters“, 235 (236).

[225] Siehe auch *Haas/Keohane/Levy*, Institutions for the Earth: Sources of Effective International Environmental Protection, 1994, 398 f. *Haas/Keohane/Levy* empfehlen u.a. für die Zukunft, verstärktes Gewicht auf die unablässige Generierung und Überprüfung von Wissen (*open ended knowledge creation*) zu legen (a.a.O., 410 f.). Zu diesem Zweck sollte UNEP (*United Nations Environment Programme*) die Rolle eines *clearing house* zur Sammlung und Auswertung von Informationen übernehmen (zum Begriff des *clearing house* siehe unten, Teil 2 Kap. 2 C.III.).

den sie v.a. für die eigene (regulierende und operative) Tätigkeit aktiv, beeinflussen aber aufgrund der gesammelten und meist veröffentlichten Informationen auch andere Akteure des politischen Prozesses. Insbesondere spezialisierte, autonome Organisationen verbessern die Implementation der politischen Ziele und rechtlichen Vorgaben in ihrem Tätigkeitsbereich.[226]

Als aktiver Informationserzeuger werden sie v.a. im wissenschaftlichen Bereich durch eigene Forschungseinrichtungen, die Vergabe von Forschungsaufträgen und die Koordination wissenschaftlicher Aktivitäten tätig. In diesem Zusammenhang wirken sie bei der Bildung von sogenannten *epistemic communities* mit.[227] Darunter versteht sich ein Kreis von Experten, v.a. Forscher aber auch ökologische Interessengruppen, die auf der Grundlage des vorhanden, noch unvollständigen Wissens eine übereinstimmende Bewertung der Sachprobleme – insbesondere der zugrundeliegenden Ursachen und der zukünftigen Folgen – vornehmen.[228] Eine solche Form des ***konsensualen Wissens*** ist gerade in wissenschafts- und technologieabhängigen Politikbereichen, in denen die Unsicherheit über die gegenwärtigen und zukünftigen tatsächlichen Umstände groß ist, wichtig.[229] *Epistemic communities* der Forschung

---

[226] *Mayntz* (Anm. 195), 245.

[227] *Hampson/Hart* (Anm. 213), 349 ff.; *Rittberger* (Anm. 219), 150, 227; *Sjöstedt/Spector*, Conclusions, in: *Sjöstedt* (Anm. 213), 291 (295 ff.). Der Begriff der *epistemic communities* hat seinen Ursprung in dem griechischen Wort *Episteme*, „das Verstehen", was gleichbedeutend mit „Wissen" und „Erkenntnis" ist (siehe *Brockhaus Enzyklopädie*, Bd. 6 1988, Stichwort „Episteme"). *Epistemic communities* kann daher mit „Erkenntnis-" oder „Wissensgemeinschaft" übersetzt werden.

[228] Vgl. *Hampson/Hart*, a.a.O., 349 ff.; *Rittberger*, a.a.O., 150 und 227.

[229] Als Beispiel können insbesondere die internationale Politik zum Schutz der Ozonschicht und zum Schutz des Klimas dienen. In beiden Umweltschutzbereichen waren und sind die wissenschaftlichen Grundlagen umstritten. Zur Bildung eines Konsenses hat sich mit Hilfe von UNEP zusammen mit der WMO (*World Meteorological Organisation*) eine *epistemic community* gebildet, welche zum Abschluß der *Wiener Konvention* und des *Montrealer Protokolls* mit konkreten Reduktionszielen für ozonschichtschädigende FCKW-Emissionen geführt hat. Beratend beteiligt waren hieran der von UNEP und der WMO gegründete *Ozone Trends Panel*, eine internationale Forschungsgruppe, sowie das *Global Ozone Observing System*. Der Abschluß der *Klimarahmenkonvention* und die Verhandlungen über ergänzende Protokolle wird von der Arbeit des IPCC (*Intergovernmental Panel on Climate Change*) begleitet, einem von UNEP und der WMO berufenen Kreis von Wissenschaftlern, die den

wirken dem Argument entgegen, daß die wissenschaftlichen Unsicherheiten ein politisches (und rechtliches) Handeln verbieten.[230] Internationale Organisationen wirken hierdurch bei der Wirklichkeitswahrnehmung und der Konsensbildung mit.

Als Informationsbörse kommt den Internationalen Organisationen quasi eine Dienstleistungsfunktion für den zwischenstaatlichen Informationsaustausch zu. Sie dienen dabei nicht nur dem Austausch von wissenschaftlichen Erkenntnissen, sondern auch der Kenntnis politischer Interessen und Positionen. *Rittberger* beschreibt Internationale Organisationen in diesem Zusammenhang als „Markt, auf dem sich jeder Staat mit Informationen über andere Staaten versorgt und zugleich diese mit Informationen über sich selbst speist; sie sind so gesehen Informationsbörsen, welche die Transparenz erhöhen und die Transaktionskosten erheblich reduzieren".[231]

2. Insbesondere: Transparenz als Bedingung der Rechtsdurchsetzung

Auf der Ebene der Rechtsdurchsetzung stellen die informationellen Tätigkeiten den Hauptteil der Arbeit internationaler Institutionen dar.[232] Durch Mechanismen zur Überwachung der Umweltqualität, der Verschmutzungsquellen und der nationalen Politik (*monitoring and verification services*) tragen Internationale Organisationen zur Vertrauensbildung zwischen den Staaten bei und erhöhen damit deren Bindungsbereitschaft.[233] Voraussetzung ist zunächst eine Transparenz des bestehen-

---

wissenschaftlichen Forschungsstand zu diesem Thema auswerten und Politikempfehlungen geben. Zur Entstehungsgeschichte der *Wiener Konvention* und des *Montrealer Protokolls* siehe *Széll*, Negotiations on the Ozone Layer in: *Sjöstedt* (Anm. 213), 31 ff.; siehe auch *Rittberger*, a.a.O., 150 und 226 f.

230 Vgl. *Sjöstedt/Spector* (Anm. 227), a.a.O.

231 *Rittberger* (Anm. 219), 150; zum Begriff der Transaktionskosten oben, C.I. Ebenso *Jachtenfuchs*, Theoretical Perspectives on European Governance, European Law Journal 1995, 115 (120). Auch *Haas/Keohane/Levy* (Anm. 225) betonen, daß Internationale Organisationen durch das Bereitstellen von Verhandlungsforen die Transaktionskosten für den Informationsaustausch reduzieren (a.a.O., 404).

232 So *Birnie/Boyle*, International Law and the Environment, 1992, 160 f.

233 *Haas/Keohane/Levy* (Anm. 225), 402. Durch diese Informationssammlung soll zudem ein dynamischer Normsetzungsprozeß, welcher zu einer immer stärkeren Ausdifferenzierung der einmal gesetzten Normen führt, in Gang

den – nationalen und internationalen – Regelungssystems und der zu regelnden Sachverhalte.[234] Durch die damit verbundene *Reduktion von Transaktionskosten* erleichtert Transparenz die Koordination unabhängiger Akteure insbesondere dann, wenn ein gemeinsames Interesse an der Koordination besteht. Hier kann allein schon das Zur-Verfügung-Stellen von Informationen für die effektive Durchführung von unverbindlichen oder verbindlichen Regelungen ausreichen.[235] Neben der verbesserten Koordination dient Transparenz der *Vertrauensbildung*,[236] welche – wie dargestellt – die Bindungsbereitschaft erhöht und gleichzeitig opportunistischen, informationsverdeckenden Handlungsweisen entgegenwirkt.[237] Diese Transparenz ist besonders wichtig bei der Verwaltung von Ressourcen, die nicht im Eigentum von bestimmten Personen stehen, weil sich hier die handelnden Personen jeweils stark am Verhalten der anderen ausrichten.[238]

---

gesetzt werden (a.a.O., 413). Zur vertrauensbildenden Wirkung der Erfüllungskontrolle im Völkerrecht *Chayes/Chayes*, The New Sovereignty – Compliance with International Regulatory Agreements, 1995, 144 ff. sowie für das Gemeinschaftsrecht *van Rijn*, The Investigative and Supervisory Powers of the Commission, in: FS Schermers, 1995, 409 (410); zum ganzen auch *Beyerlin/Marauhn*, Rechtsetzung und Rechtsdurchsetzung im Umweltvölkerrecht nach der Rio-Konferenz 1992, 1997, 94 ff., insbesondere 110 ff. Zur völkerrechtlichen Dogmatik siehe nur *Charpentier*, Contrôle de l'exécution des obligation des Etats, 1984.

[234] Zum ganzen *Chayes/Chayes*, a.a.O., 135 ff. mit mehreren Beispielen aus dem Umweltvölkerrecht (u.a. der *LTRAP-Konvention* und dem *Mittelmeerübereinkommen von Barcelona*, dazu auch unten, Teil 5 Kap. 2 B.) und unter Heranziehung der ökonomischen Spieltheorie.

[235] *Chayes/Chayes*, a.a.O., 136.

[236] *Haas/Keohane/Levy* (Anm. 225), 402 sowie *Chayes/Chayes*, a.a.O., 142 ff. unter Verweis auf das *prisoners' dilemma* (siehe oben D.II., [Anm. 138]). Siehe auch *Beyerlin/Marauhn* (Anm. 233), 95; *Bothe* in EPIL, Bd. 9 1986, Stichwort „Verification of Facts", 383 (384) sowie *Lohmann*, Die rechtliche Struktur der Sicherungsmaßnahmen der Internationalen Atomenergie-Organisation, 1993, 169. Ähnlich die Kommission im *Bericht über den Stand der Arbeiten* (Anm. 41), 15 f. Zur Vertrauensbildung im Rahmen der EG-Vollzugskontrolle im einzelnen unten, Teil 2 Kap. 5 A.

[237] Siehe oben, C.III. und D.II.

[238] *Chayes/Chayes* (Anm. 233), 147 ff. unter Verweis auf *Osrom*, Governing the Commons. Ähnlich *Bohnet/Frey* (Anm. 56), 199.

Für die Datensammlung wird im Rahmen der internationalen Beziehungen häufig auf die „Selbstanzeige", d.h. die Berichterstattung des Betroffenen (*self reporting*) zurückgegriffen.[239] Besonders wichtig ist dann die Überprüfung und Ergänzung dieser Berichterstattung, welche nur den Ausgangspunkt der Datensammlung darstellen sollte.[240] Gerade im Umweltvölkerrecht fehlen hier meistens die Überprüfungsrechte und/oder -kapazitäten.[241] Häufig liegt der Schwerpunkt der Überwachung dann auch nicht in der Kontrolle des Staatenverhaltens, sondern in der Überprüfung der Funktionsfähigkeit des Regelungssystems.[242]

Auf die konkreten informationellen Tätigkeiten existierender Internationaler Organisationen wird später näher eingegangen.[243]

G. Die juristische Verfahrensdogmatik

Sowohl die Verwaltungskooperation allgemein als auch der Informationsaustausch im speziellen sind stark prozedural geprägt.[244] Ein Infor-

---

[239] Siehe *Chayes/Chayes*, a.a.O., 154 ff. mit den Beispielen des *Montrealer Protokolls* und des Berichtssystems der ILO, näher dazu unten, Teil 5 Kap. 2.B.II. *Lang* bezeichnet diese Art der Kontrolltätigkeit durch periodische Berichte und Mitteilungen als *soft control* im Vergleich zu den „harten Kontrollmitteln" wie Vor-Ort Inspektionen (Verhinderung von Erfüllungsdefiziten im Völkerrecht, in: FS Schambeck, 1994, 817 [819]).

[240] *Chayes/Chayes*, a.a.O., 162 ff. und 174 ff. mit Verweis auf die Inspektionen der IAEO (dazu unten, Teil 5 Kap. 2 B.II.) und die Satellitenfernüberwachung (siehe unten, Teil 5 Kap. 3). Eine weitere Ergänzung der Berichterstattung findet nach *Chayes/Chayes* über präventive Unterrichtungspflichten (*notification*), Auskunftsersuchen und regierungsunabhängige Datenquellen wie z.B. Wissenschaftsinstitutionen statt (a.a.O., 169 ff.). Zum begrenzten Nutzen solcher „Rechenschaftsberichte" oben, B.III.

[241] Näher zum ganzen u., Teil 3 Kap. 1 A. sowie Teil 5 Kap. 2 B.II. Die von *Chayes/Chayes* (a.a.O., 186 f.) angeführten Inspektionssysteme im Rahmen der *Wahlfangkonvention*, des *Ramsar Übereinkommens* und des *Montrealer Protokolls* benötigen durchweg das Einverständnis der betroffenen Staaten, was sie allerdings nicht nutzlos macht, solange eine Kooperationsbereitschaft vorhanden ist.

[242] *Chayes/Chayes*, a.a.O., 184 f.; siehe auch unten zur *legislativen Eigenkontrolle* Teil 2 Kap. 5.

[243] Teil 5 Kap. 2 A.

[244] Zum prozeduralen Charakter der Verwaltungskooperation *Schmidt-Aßmann*, Verwaltungskooperation (Anm. 13), 274.

mationsaustausch impliziert ein mehr oder weniger formalisiertes *Verfahren* unter Beteiligung von zwei oder mehr Parteien.[245] Das Verwaltungsverfahren umfaßt nach der Definition des deutschen Verfassungsrechts *alle Handlungsformen, die der Prüfung, Vorbereitung und Durchsetzung von Entscheidungen dienen, einschließlich der begleitenden verwaltungsinternen Mitwirkungs- und Kontrollvorgänge.*[246] Hierunter fallen alle administrativen Informationsvorgänge.[247] Der administrative Informationsaustausch stellt sich als Verwaltungsverfahren oder zumindest als Bestandteil eines solchen dar.[248] Gleichzeitig ist das Verwaltungsverfahren immer – auch und sogar zuförderst – ein Prozeß der Informationsverarbeitung.[249] Während in den Anfängen der europäischen Umweltpolitik Verfahrensregeln mehr oder weniger ein Randdasein führten,[250] ist nun gerade auch das Umweltrecht der Gemeinschaft

---

[245] *Storm*, Bericht der Arbeitsgruppe „Begriffe 'Information', 'Konsultation', 'Verhandlung', 'Kooperation', 'Abstimmung'„ in: *Bothe/Prieur/Ress*, Rechtsfragen grenzüberschreitender Umweltbelastungen, 1984, 279 (279, 281).

[246] BVerfGE 37, 363 (385, 390 f.), BVerfGE 55, 274 (320 f.); siehe auch *Broß* in *v. Münch/Kunig*, Grundgesetz, Bd. 3, 3. Aufl. 1996, Art. 84, Rn. 15 und *Lerche* in *Maunz/Dürig/Herzog/Scholz*, Grundgesetz, 7. Aufl. 1994, Art. 84, Rn. 48 ff.

[247] Zwischenbehördliche Auskunftsrechte und -pflichten sollen dagegen nach *Broß* nicht unter den Begriff des Verwaltungsverfahrens fallen, weil hierdurch nur die nach Art.35 GG ohnehin bestehende Amtshilfepflicht konkretisiert werde (*Broß*, a.a.O., Rn. 18 unter Verweis auf BVerfGE 10, 20 [49]). Diese Einschränkung erklärt sich aus der im deutschen Verfassungsrecht bestehenden Kompetenzverteilung des Art. 84 GG. Funktionell gesehen handelt es sich aber nach der abstrakten Definition ebenfalls um Verfahrensvorschriften im Sinne eines verwaltungsinternen Mitwirkungsvorgangs, unter denen die informationelle Amtshilfe eine Unterkategorie bildet. Vgl. dagegen *Schmidt-Aßmann/Röhl*, Verfahren und Sanktionen im Wirtschaftsverwaltungsrecht, EuR Beiheft 1, 1997, 87 (88 f.), die Verfahren der zwischenbehördlichen Kooperation als dritten Typus des Verwaltungsverfahrens einordnen.

[248] Vgl. *Sedemund*, Allgemeine Prinzipien des Verwaltungsverfahrensrechts, dargestellt am Beispiel des Verwaltungsverfahrens der EG in Kartellsachen, in: *Schwarze*, Europäisches Verwaltungsrecht im Werden, 1982, 45 (45).

[249] *Peters*, Die Sachverhaltsermittlung im Verwaltungsverfahren, JuS 1991, 54 (54) unter Verweis auf *Wolff-Bachof*. Ähnlich *Brühl*, Die Sachverhaltsermittlung im Verwaltungsverfahren und ihre Bedeutung für den Entscheidungsprozeß, JA 1992, 193 (194).

[250] Vgl. *Scheuer*, Grenzüberschreitende Beteiligung im Verwaltungsverfahren – Europäische Gemeinschaften, in: *Bothe/Prieur/Ress* (Anm. 245), 115 (117).

sehr stark verfahrensrechtlich geprägt.[251] Im folgenden wird zunächst die Stellung der Informationsgewinnung und -verarbeitung im Verwaltungsverfahren dargestellt, um dann auf die allgemeine Bedeutung des Verwaltungsverfahrens in der rechtlichen Dogmatik einzugehen.

I. Das Verwaltungsverfahren als Vorgang der Informationsgewinnung und -verarbeitung

Zu Beginn eines Verwaltungsverfahrens ist der Sachverhalt noch „im Werden".[252] *Schoch* hat das Verwaltungsverfahren treffend als planvoll geordneten Vorgang der Informationsgewinnung und -verarbeitung beschrieben, welcher in der Verantwortung eines Trägers der öffentlichen Verwaltung abläuft und der Hervorbringung einer administrativen Entscheidung dient.[253] Die Charakteristika eines Verwaltungsverfahrens sind die Informationsgewinnung und -verarbeitung als *input* und die Entscheidung als *output*. Dieses vereinfachte Idealbild existiert in vielfältigen Ausprägungen und verläuft keineswegs stets so gradlinig.[254] Insbesondere die Sachverhaltsermittlung kann Gegenstand eines *Vorverfahrens* sein, dessen Ergebnis noch nicht die Entscheidung selbst ist, sondern die Informationsgrundlage für spätere Entscheidungen. Endziel eines solchen Vorverfahrens ist im Ergebnis dennoch immer eine inhaltliche Entscheidung, auch wenn letztere zeitlich viel später erfolgt oder im Moment der Informationsgewinnung noch nicht einmal eine

---

[251] *Rengeling*, Europäische Normgebung und ihre Umsetzung in nationales Recht, DVBl. 1995, 945 (954); siehe auch *Ress* in *Kimminich/v.Lersner/Storm*, HdUR, Bd.1, 2. Aufl. 1994, Stichwort „Europäische Gemeinschaften", Sp. 587 f.

[252] *Wahl*, Verwaltungsverfahren zwischen Verwaltungseffizienz und Rechtsschutzauftrag, VVDStRL 41, 1983, 151 (161). *Peters* bezeichnet den Ausgangssachverhalt als „Rohsachverhalt" ([Anm. 249], 55); siehe auch *Brühl* (Anm. 249), 194 f.

[253] *Schoch*, Der Verfahrensgedanke im allgemeinen Verwaltungsrecht, DV 1992, 21 (23). Ebenso *Schmidt-Aßmann*, Europäisches Verwaltungsverfahrensrecht, in: *Müller-Graff*, Perspektiven des Rechts in der Europäischen Union, 1998, 131 (132).

[254] Siehe auch oben zur betriebswirtschaftlichen Entscheidungstheorie, welche Parallelen zum administrativen Verwaltungsverfahren aufweist (D.I.).

konkrete Problemstellung vorliegt.[255] Informationen stellen eine Vorstufe, eine Vorbereitung für zu treffende Entscheidungen dar. Sie sind damit kein Zweck an sich, sondern faktisch entscheidungsakzessorisch.

Information und Entscheidung bauen i.d.R. schichtweise aufeinander auf. Zunächst sind Informationen für die Rechtsetzung erforderlich. Die Perspektive dieses Erstentscheiders ist eine *ex ante* Perspektive.[256] Für die Durchführung der legislatorischen Entscheidung sind wiederum weitere Informationen und Entscheidungen erforderlich, ebenso wie für eine möglicherweise darauf folgende judikative Kontrolle. Die Perspektive des Gerichts ist eine *ex post* Perspektive. Das *ex ante* geregelte Problem ist als konkreter Sachverhalt eingetreten und es stellt sich nun heraus, ob die *ex ante* Perspektive Aspekte übersehen hat – mit anderen Worten, ob die damalige Informationsgewinnung und -verarbeitung Mängel aufweist. Die bei der Durchführung und Kontrolle gesammelten Erfahrungen können wiederum als Informationsgrundlage für die Einleitung eines neuen Rechtsetzungsprozesses dienen, in dem die ursprüngliche legislatorische Entscheidung überprüft und geändert wird.[257] Die Ermittlung des zu regelnden Sachverhaltes wiederholt sich. Sie stellt einen kontinuierlichen, begleitenden Prozeß dar. Die Informationsgewinnung steht zwar funktionell am Anfang eines jeweiligen Entscheidungsprozesses, in der Realität sind die verschiedenen Stadien des Entscheidungsprozesses aber häufig nicht voneinander zu trennen.[258] Es handelt sich nicht um temporal abgrenzbare Phasen, sondern um eine unregelmäßige Verteilung in der Zeitspanne zwischen Start und Endentscheidung.[259]

Auch in der Verwaltungsrechtslehre wird stellenweise inzwischen eine Informationsüberlastung festgestellt.[260] *Ladeur* spricht sich daher bei komplexen Entscheidungsverfahren für eine selektive Informationser-

---

[255] Dieses verselbstständigte Vorverfahren der Informationsgewinnung wird hier mit dem Begriff der *Informationsvorsorge* umschrieben, siehe unten Teil 2 Kap. 5 B.

[256] *Wahl* (Anm. 252), 160.

[257] Im Rahmen der Völkerrechtswissenschaft als *dynamisches Regime* bezeichnet (siehe oben, F.I.). Siehe auch unten Teil 2 Kap. 5 B. zur Informationsvorsorge und legislativen Eigenkontrolle.

[258] Vgl. oben zur betriebswirtschaftlichen Entscheidungstheorie, D.I. sowie *Lecheler* (Anm. 61), 288.

[259] Vgl. *Lecheler*, *ibid.*

[260] Siehe oben B.IV.

zeugung aus.[261] Die Menge der gewonnenen Informationen in diesen Verfahren sei möglicherweise bereits jetzt schon an der Grenze der Operationalisierbarkeit. Ist man an so einer Grenze angelangt, müsse von der Vorstellung der Amtsermittlung als einer möglichst vollständigen Sammlung von verfügbaren Informationen Abschied genommen und eine größere Flexibilität bei der Sachverhaltsbewertung zugelassen werden.[262] Die Bewertung komplexer Sachverhalte durch die Verwaltung sollte in diesen Fällen nur begrenzt durchnormiert werden und sich v.a. auf die Festlegung von Verfahrensregeln mit weiten Spielräumen für die Verwaltung konzentrieren. Eine Reduktion der Komplexität bei der Sachverhaltsermittlung könnte v.a. durch die Zulässigkeit einer Schwerpunktsetzung seitens der Verwaltung erreicht werden.[263] Hier muß allerdings die Gratwanderung zwischen Informationsunterversorgung und Informationsüberlastung gemeistert werden. Gerade bei der Entscheidung komplexer Sachverhalte unter Ungewißheitsbedingungen ist eine umfassende Informationsgewinnung zur Generierung der Entscheidungsgrundlage i.d.R. Voraussetzung für eine sachgerechte Lösung. Ein geordnetes Verfahren ist, wie *Schmidt-Aßmann* feststellt, dann für den Ausgleich von Verwaltungseffektivität und Individualrechtsschutz unabdingbar.[264]

Als Ergebnis kann festgestellt werden, daß die Informationsgewinnung und -verarbeitung den kontinuierlichen Kern des Verwaltungsverfahrens als Realvorgang ausmacht. Sie kann entweder kontinuierlich begleitend oder auch als abgetrenntes Vorverfahren erfolgen und stellt so selbst ein (Teil-)Verfahren dar. Vor dem Hintergrund dieses Ergebnisses soll nun kurz auf die Bedeutung des Verwaltungsverfahrens als Rechtsinstitution eingegangen werden.

II. Das Verwaltungsverfahren als Bewältigung komplexer Interessenkonstellationen und als staatliche Herrschaftsausübung

Das Verwaltungsverfahren dient zunehmend dem Interessenausgleich bei komplexen Sachverhalten. Gerade im Umwelt- und Raumplanungs-

---

[261] *Ladeur*, Die Zukunft des Verwaltungsakts, VerwArch 1995, 511 (522 f.).

[262] *Ibid.*

[263] *Ladeur*, a.a.O., 523 f.

[264] *Schmidt-Aßmann*, Der Verfahrensgedanke in der Dogmatik des öffentlichen Rechts, in: *Lerche/Glaeser/Schmidt-Aßmann*, Verfahren als staats- und verwaltungsrechtliche Kategorie, 1984, 3 (5).

recht stellt es einen „Entscheidungsmodus zur Bewältigung *komplexer Interessenkonstellationen*“[265] dar und fungiert in diesem Zusammenhang als Optimierungsverfahren.[266] *Schmidt-Aßmann* hat eingehend dargestellt, daß dem (Verwaltungs-)Verfahren eine Ausgleichs- und Strukturierungsfunktion zukommt. Angesichts knapper Güter und der großen Anzahl unmittelbar und mittelbar betroffener Interessen werden staatliche Entscheidungen zunehmend zu Entscheidungen über die Verteilung dieser Güter. Das Verfahren soll im Rahmen der verteilenden Entscheidungstätigkeit eine bestimmte Qualität der Entscheidung garantieren und die staatliche Entscheidungsfindung strukturieren.[267] Ihm kommt eine kollisionslösende Aufgabe im dem Sinne zu, daß es die Existenz von Kollisionen erkennbar machen und abgleichen soll.[268] Das Verfahren wird hier zum Garanten für Rationalität und Transparenz.[269]

Die verschiedenen betroffenen Interessen werden meist durch verschiedene Personen oder Institutionen repräsentiert. Durch *Beteiligungsrechte*, insbesondere durch Anhörungsrechte, können sie Informationen über ihre Verhältnisse in das Verwaltungsverfahren einbringen. Die so optimierte Entscheidungsgrundlage trägt im Ergebnis zu einer Optimierung des Interessenausgleichs bei.[270] Werden solche Beteiligungsrechte zu Beteiligungspflichten mit der Sanktion der Präklusion, dann wird die Verantwortung für die Informationsgewinnung zwischen Verwaltung und Betroffenen aufgeteilt.[271] Über die Mitwirkung der Beteiligten bei der Zusammenstellung der Entscheidungsgrundlage wird gleichzeitig die am Ende stehende Entscheidung mitbestimmt. Das

---

[265] *Schmidt-Aßmann*, Der Verfahrensgedanke, a.a.O., 4. Siehe auch *ders.*, Europäisches Verwaltungsverfahrensrecht, in: *Müller-Graff*, Perspektiven des Rechts in der Europäischen Union, 1998, 131 (133 f.).

[266] Vgl. *Wahl* (Anm. 252), der das Verwaltungshandeln als Optimierungsproblem zwischen den Zielen der Rechtmäßigkeit, Wirtschaftlichkeit, Zweckmäßigkeit und Bürgernähe sieht (a.a.O., 157).

[267] *Schmidt-Aßmann*, Der Verfahrensgedanke (Anm. 264), 10 f; siehe auch *Schmidt-Aßmann/Röhl* (Anm. 247), 89. Zur Strukturierungsfunktion auch oben, D.I.

[268] *Schmidt-Aßmann*, Der Verfahrensgedanke, a.a.O., 11.

[269] *Schmidt-Aßmann*, Europäisches Verwaltungsverfahrensrecht (Anm. 265), 134.

[270] Vgl. auch *Brühl* (Anm. 249), 195.

[271] Vgl. *Pietzcker*, Verwaltungsverfahren zwischen Verwaltungseffizienz und Rechtsschutzauftrag, VVDStRL 41, 1983, 193 (204 f.).

Verfahren stellt sich nach *Schmidt-Aßmann* heute als Ordnungsmodell dar, welches die Begegnung zwischen den Betroffenen gliedert, transparent macht und mit Rechtsfolgen versieht.[272] Als zeitgemäße Form staatlicher Herrschaftsausübung dient es der Vermittlung von Einsehbarkeit durch länger andauernde Erklärungen und Gespräche und löst das Modell der autoritären, punktuellen Anordnung ab.[273]

III. Das Verwaltungsverfahren als Konkretisierung der materiellen Rechtslage im Einzelfall

Der inhaltliche Zweck eines Verwaltungsverfahrens ist die Verwirklichung des materiellen Rechts.[274] *Wahl* hat das Verwaltungsverfahren in diesem Sinne als „Verwirklichungsmodus des Verwaltungsrechts" bezeichnet.[275] Gerade das öffentliche Recht ist verfahrensabhängig, weil es durch die öffentliche Verwaltung für den Einzelfall konkretisiert und vollzogen werden muß.[276] Die Bedeutung des Verwaltungsverfahrens ist um so größer, je weniger das Ergebnis gesetzlich vorherbestimmt ist.[277] *Schmidt-Aßmann* hat das Verfahren daher als „Aushilfe für (zunächst) inhaltlich nicht Formulierbares" beschrieben.[278] Die materiell-rechtliche Offenheit kann durch einen bewußt vom Gesetzgeber eingeräumten Entscheidungsspielraum der Verwaltung entstehen, sie kann sich aber auch durch die Komplexität oder die ungewollte Widersprüchlichkeit der Rechtslage ergeben. *Pietzcker* hat die gewollte rechtliche Offenheit als „Flucht ins Verfahrensrecht" bezeichnet, die zu einer Abwertung des materiellen Rechts führe.[279]

---

[272] *Schmidt-Aßmann*, Der Verfahrensgedanke (Anm. 264), 7 und 12; siehe auch *Schmidt-Aßmann/Röhl* (Anm. 247), 90.

[273] *Schmidt-Aßmann*, Der Verfahrensgedanke, a.a.O., 9.

[274] *Schoch* (Anm. 253), 25.

[275] *Wahl* (Anm. 252), 153.

[276] Vgl. *Wahl*, a.a.O., 153 und 161.

[277] *Schoch* (Anm. 253), 28.

[278] *Schmidt-Aßmann*, Der Verfahrensgedanke (Anm. 264), 5.

[279] *Pietzcker* (Anm. 299), 203; siehe auch *Schmidt-Aßmann*, Der Verfahrensgedanke, a.a.O., 13. Ähnlich hinsichtlich der Informationspflichten des Umweltvölkerrechts *American Bar Association – Harvard Law Review Editors*, Trends in International Environmental Law, 1992, 35 ff.

Kloepfer und *Kohler* stellen für den Bereich der grenzüberschreitenden Umweltbelastung fest, daß gerade bei Schwierigkeiten der Ermittlung, Bewertung, Festsetzung und Durchsetzung materieller Fragen Verfahrensgarantien wie Koordinations- und Kooperationspflichten besonders wichtig werden, weil die Einhaltung der Verfahrensgarantien und die Ordnungsgemäßheit des Verfahrens viel *leichter überprüfbar* ist als die Befolgung der materiellen Standards.[280] Zudem werden die in einem gerechten Verfahren unter Beteiligung aller betroffenen Staaten gefundenen Ergebnisse leichter akzeptiert und so die Durchsetzung erleichtert. Das Verwaltungsverfahren hat dann eine *legitimierende Wirkung*. Die inhaltliche Richtigkeit der Entscheidung als Legitimationsgrund wird dadurch allerdings nicht obsolet.[281] Das materielle Recht wird aber durch das Verwaltungsverfahren geprägt[282] und die – fehlende – Regelungsdichte in einem gewissen Umfang kompensiert.[283] Es besteht sozusagen eine Vermutung für die inhaltliche Richtigkeit der Entscheidung, die in einem entsprechend sorgfältig durchgeführten Verfahren entsteht. Das Verwaltungsverfahren dient damit auch der Feststellung der materiellen Rechtslage für den Einzelfall. Indem es die Entscheidungsgrundlage generiert hat es Einfluß auf die sachlichen Entscheidungsmaßstäbe. In diesem Sinne besteht eine Wechselwirkung zwischen Verwaltungsverfahren und Entscheidungsinhalt.[284]

Auf entsprechende Anwendungsbereiche im Rahmen der europäischen Informationsverfahren wurde z.T. bereits verwiesen. Im Laufe der folgenden Untersuchung wird auf die hier dargestellten Forschungsergebnisse zurückgegriffen.

---

280 *Kloepfer/Kohler*, Kernkraftwerke und Staatsgrenze, 1981, 61. Vgl. *Pietzcker*, der als Folge der Verfahrensaufwertung eine Abwertung des Gerichtsschutzes feststellt (a.a.O., 206); vgl. auch *Schmidt-Aßmann*, Der Verfahrensgedanke, a.a.O., 4.

281 *Schoch* (Anm. 253), 28 ff.; vgl. *Wahl* (Anm. 252), 164 f.

282 *Wahl*, a.a.O., 153.

283 Vgl. *Schmidt-Aßmann*, Der Verfahrensgedanke (Anm. 264), 7.

284 *Lerche* in *Maunz/Dürig* (Anm. 246), Rn. 39.

Zweiter Teil

Begriffsbildung und Bestandaufnahme

Nachdem die funktionale Bedeutung von Informationsstrukturen untersucht wurde, werden nunmehr die im europäischen Gemeinschaftsrecht bestehenden administrativen Informationsverfahren analysiert und in eine systematische Struktur gebracht. Am Anfang dieser Analyse sind zunächst einige Grundbegriffe des Untersuchungsgegenstandes zu klären und die Informationsgegenstände zu systematisieren (Kapitel 1). In den folgenden Kapiteln sollen dann die Grundbausteine der Verwaltungskooperation – die Informationspflichten – im einzelnen dargestellt werden (Kapitel 2), ergänzt durch eine Bestandsaufnahme der Informationskooperation außerhalb von konkreten Informationspflichten (Kapitel 3) und der Informationsverfahren im Rahmen von gemischt national-europäischen Verwaltungsverfahren (Kapitel 4), um dann auf der Grundlage dieser Bestandsaufnahme die Einzelbausteine, d.h. die einzelnen Informationsverfahren, bestimmten Sachverhalten zuzuordnen, in deren Regelungszusammenhang sie typischerweise auftreten (Kapitel 5).

Kapitel 1: Grundlagen

A. Der Austausch von Informationen als Mindestinhalt jeder Verwaltungskooperation

Untersuchungsgegenstand ist die Verwaltungskooperation am Beispiel administrativer Informationsverfahren. Im folgenden wird daher kurz das Verhältnis von Verwaltungskooperation und Informationsaustausch erläutert. Neben dem Begriff der „Information" wird häufig parallel der Begriff der „Daten" verwendet, weshalb auf diesen ebenfalls eingegangen wird.

I. Der Begriff der *Kooperation*

Der Begriff der Kooperation ist ein Oberbegriff für eine Vielzahl von Zusammenarbeitsformen. Er beinhaltet die Zusammenarbeit von zwei oder mehreren Personen auf Gebieten von gemeinsamen Interesse.[1] *Mindestinhalt* jeder Kooperation ist die Information.[2] Gleichzeitig erhöht Kommunikation die (weitere) Bereitschaft zu Kooperation,[3] so daß durch Offenheit in der Zusammenarbeit eine sich selbst verstärkende Dynamik ausgelöst wird. Eine Zusammenarbeit impliziert nicht notwendigerweise die Herausbildung institutioneller Strukturen oder die Abtretung von Hoheitsrechten.[4] Sie beinhaltet aber, daß sich die Beteiligten einem gewissen Einfluß der jeweils anderen Seite aussetzen.[5] Kooperationsregeln finden sich v.a. dort, wo eine am Einzelfall ausgerichtete Informationsbeschaffung und -verarbeitung rechtlich vorprogrammiert ist.[6] Als Tendenz kann festgestellt werden, daß sich auf allen Regelungsebenen die rechtlichen Strukturen zunehmend von einem Recht der „passiven", abgrenzenden Koexistenz konfligierender Interessensphären zu einem Recht der „aktiven" Kooperation, des Mitein-

---

1 *Storm*, Bericht der Arbeitsgruppe „Begriffe 'Information', 'Konsultation', 'Verhandlung', 'Kooperation', 'Abstimmung'" in: *Bothe/Prieur/Ress*, Rechtsfragen grenzüberschreitender Umweltbelastungen, 1984, 279 (282); *Welz* in: *Monar/Neuwahl/Noack*, Sachwörterbuch zur Europäischen Union, 1993, Stichwort „Kooperation", 231; ebenso *Randelzhofer/Harndt*, Grenzüberschreitende Zusammenarbeit bei der Umweltverträglichkeitsprüfung, Umweltbundesamt, Berichte 2/89, 1989, 29.

2 *Storm*, a.a.O., 279 und 285. Ebenso *Schmidt-Aßmann*, Verwaltungskooperation und Verwaltungskooperationsrecht in der Europäischen Gemeinschaft, EuR 1996, 270 (290). Siehe auch *ders.*, Strukturen des Europäischen Verwaltungsrechts: Einleitende Problemskizze, in: *Schmidt-Aßmann/Hoffmann-Riem*, Strukturen des Europäischen Verwaltungsrechts, 1999, 9 (19 f.). Danach ist die Grundfunktion des Kooperationsprinzips, den beteiligten Verwaltungen die erforderlichen Informationen zu erschließen. Vgl. auch *Hatje*, Die gemeinschaftsrechtliche Steuerung der Wirtschaftsverwaltung, 1998, 134, der Ähnliches für das Verhältnis von Information und Koordination feststellt.

3 Hierzu *Bohnet/Frey*, Ist Reden Silber und Schweigen Gold? Eine ökonomische Analyse, ZWS 1995, 169 ff. sowie oben, Teil 1 Kap. 2 A.

4 *Welz* (Anm. 1), a.a.O.

5 Vgl. *Häberle*, Der kooperative Verfassungsstaat in Recht und Gesellschaft, in: FS Schelsky, 1978, 141 (146, 171).

6 *Dose/Voigt*, Kooperatives Recht: Norm und Praxis, in: *dies.*, Kooperatives Recht, 1995, 11 (12) unter Verweis auf *Brohm*.

ander-In-Kontakt-Tretens und der Vernetzung unterschiedlicher Interessensphären entwickeln.[7] Mindestbestandteil ist dann jeweils die Kommunikation, d.h. der Austausch von Informationen zwischen den Beteiligten.

II. Der Begriff der *Information*

„Information" kommt vom lateinischen Begriff der *informatio* (Bildung, Belehrung).[8] Er kann im Deutschen u.a. für *Unterrichtung, Aufklärung, Nachricht, Mitteilung* oder auch für *Daten* stehen.[9] Der Informationsbegriff kann also sowohl den Gegenstand als auch das Verfahren, d.h. den Vorgang der Informationsübermittlung bezeichnen.[10] Wenn Informationen mit dem Begriff der „Daten" gleichgesetzt werden, dann handelt es sich meist um eine abgeschlossene Einheit von mehreren Daten, die eine Information bilden.[11] Eine Information setzt

---

[7] Vgl. nur *Verdross/Simma*, Universelles Völkerrecht, 3. Aufl. 1984, 41 ff.; *Bleckmann*, Allgemeine Staats- und Völkerrechtslehre. Vom Kompetenz- zum Kooperationsvölkerrecht, 1995 sowie *Wolfrum* in: EPIL, 2. Ausg. Bd. 2 1995, Stichwort „International Law of Cooperation", 1242 ff. zum Völkerrecht; *Schmidt-Aßmann*, Verwaltungskooperation (Anm. 2), a.a.O. zum Europarecht; *Häberle* (Anm. 5), a.a.O. zum nationalen Verfassungsrecht; *Rengeling*, Das Kooperationsprinzip im Umweltrecht, 1988 sowie *Dose/Voigt* (Hrsg.), Kooperatives Recht, 1995, zur Kooperation zwischen Staat und Gesellschaft.

[8] *Duden*, Das große Wörterbuch der deutschen Sprache, Bd. 4, 2. Aufl. 1994, Stichwort „Information"; *Brockhaus Enzyklopädie*, Bd. 10 1989, Stichwort „Information".

[9] *Meyers Großes Taschenlexikon*, Bd. 10, 5. Aufl. 1995, Stichwort „Information" und *Brockhaus, ibid.*; siehe auch *Tilch*, Deutsches Rechts-Lexikon, 2. Aufl. 1992, Stichworte „Information" und „Daten".

[10] Ebenso *Randelzhofer/Harndt* (Anm. 1), 29. Vgl. *Meyers Großes Taschenlexikon*, *ibid.*, sowie *Reinhold* (Hrsg.), Soziologie-Lexikon, 2. Aufl. 1992, Stichwort „Information" und *Fuchs-Heinritz/Lautmann/Rammstedt/Wienold*, Lexikon zur Soziologie, 3. Aufl. 1994/1995, Stichwort „Information". Danach sind unter Informationen sowohl Kenntnisse als auch der Prozeß der Verarbeitung und des Austauschs von Kenntnissen zu verstehen. Vgl. auch *Schoch*, Öffentlich-rechtliche Rahmenbedingungen einer Informationsordnung, VVDStRL 57, 1998, 158 (166), der unter Bezugnahme auf *Steinmüller/Lutterbeck/Mallmann u.a.* die Zielgerichtetheit von Informationen im Sinne einer Verhaltens- oder Zustandsveränderung betont.

[11] Vgl. *Meyers Großes Taschenlexikon* (Anm. 9), a.a.O. sowie *Schoch* (a.a.O.,

voraus, daß sich der Empfänger eine Vorstellung machen kann. Sie muß in irgend einer Weise für ihn *verständlich* sein.[12] Als Gegenstand eines Kommunikationsprozesses dient sie der Beseitigung von Ungewißheit, d.h. der Verminderung des Kenntnisgefälles zwischen Kommunikator und Rezipient.[13] Je größer das Kenntnisgefälle ist, desto höher kann der Informationsgehalt einer Mitteilung sein. Die mathematische Informationstheorie versucht, diesen Informationsgehalt zahlenmäßig zu quantifizieren.[14]

III. Der Begriff der *Daten*

Daten waren ursprünglich geschichtliche Zeitangaben. Im heutigen Sprachgebrauch ist der Begriff vornehmlich eine allgemeine Bezeichnung für (Zahlen-)Werte bestimmter Merkmalsgrößen, die aus statistischen Erhebungen, Messungen und Beobachtungen gewonnen werden.[15] In der Datenverarbeitung handelt es sich um Zeichenfolgen, die maschinell verarbeitet werden. Häufig wird der Begriff „Daten" mit dem Begriff der „Information" gleichgesetzt.[16] Daten müssen aber in ihrem Anfangszustand nicht unbedingt für den Menschen verständlich sein. Sie können z.B. aus einer Ansammlung von Zahlen bestehen, die erst durch die Aggregation und Interpretation, u.U. auch erst durch die

---

167) mit weiteren Verweisen. *Schoch* spricht von Daten als „Grundlage" von Informationen.

12 Ebenso *Weber, U.*, Der Grenzüberschreitende Datenfluß (GDF), 1993, 27 mit einem Zitat von *Carl F. von Weizsäcker* („Nur was ich verstehen kann, ist Information"). Vgl. *Reinhold* (Anm. 10), a.a.O., wonach Zeichen dann zur Information werden, wenn sie für den Kommunikator und den Kommunikanten verstehbar sind (a.a.O.). *Reinhold* weist aber auch darauf hin, daß als Information gelegentlich jedes Signal bezeichnet wird, egal ob es für den Empfänger deutbar ist. Siehe auch *Fuchs-Heinritz u.a.* (Anm. 10), *ibid.*

13 *Schulz*, Kommunikationsprozeß, in: *Noelle-Neumann/Schulz/Wilke*, Publizistik und Massenkommunikation, 1994, 140 (149).

14 Eine Einführung findet sich bei *Schulz*, *ibid.*

15 Vgl. zum ganzen jeweils unter dem Stichwort „Daten" in: *Meyers Großes Taschenlexikon*, Bd. 5, 5. Aufl. 1995; *Brockhaus Enzyklopädie*, Bd. 5 1988; *Duden*, Das große Wörterbuch der deutschen Sprache, Bd. 2, 2. Aufl. 1993; *Bertelsmann Lexikon*, Bd. 3 1990.

16 Nach *Tilch* (Anm. 9) sind Daten „allgemeine Informationen jeder Art" (a.a.O., Stichwort „Daten").

elektronische Datenverarbeitung mittels eines Computers verständlich werden. Sie bilden insofern eine *Vorstufe* und sind die kleinstmögliche, nicht weiter reduzierbare Darstellungsweise von Informationen.[17] Daten müssen zu einem für den Empfänger verständlichen Abbild der Außenwelt verarbeitet werden, um eine Information darzustellen.[18] Insofern sind Daten objektiver, absoluter als Informationen, denn der Informationsgehalt hängt von der Verarbeitungsmöglichkeit des Empfängers ab und wird dadurch relativ.[19] Die Unterscheidung zwischen Daten und Information wird u.a. im Bereich der Satellitenfernerkundung (*remote sensing*) betont. Hier müssen Daten in Form von Satellitenaufnahmen von der Erde erst zu verständlichen Informationen verarbeitet werden.[20]

Zusammenfassend kann festgehalten werden, daß Mindestinhalt jeder Kooperation der Informationsaustausch ist. Informationen wiederum können als eine Einheit subjektiv verstehbarer Daten begriffen werden. Der Informationsgehalt variiert in Abhängigkeit von der Verarbeitungskapazität des Empfängers und vom Kenntnisgefälle zwischen der Informationsquelle und dem Adressaten.

B. Die Bildung von Rechtsbegriffen als Erfordernis der Rechtssicherheit und Speicherleistung des allgemeinen Verwaltungsrechts

Im Umweltrecht der Gemeinschaft werden viele verschiedene Begriffe für die Erhebung und die Weitergabe von Informationen verwendet, ohne daß auf den ersten Blick einer einheitlichen Systematik gefolgt würde.[21] Diese Begriffe sind Bestandteil von Rechtsvorschriften, sie

---

[17] *Weber, U.* (Anm. 12), 27 f. mit weiteren Literaturverweisen zur Unterscheidung von Daten und Information. *Weber* bezeichnet den Unterschied als „quantitativ-qualitatives Gefälle“ (a.a.O., 28). Im Ergebnis ähnlich *Schoch* (Anm. 10), 167 mit weiteren Verweisen.

[18] Vgl. *Becker, B.*, Öffentliche Verwaltung, 1989, 777 sowie *Weber, U.* (a.a.O.) und *Reinhold* (Anm. 10).

[19] Ähnlich *Weber, U.*, a.a.O., 27 f., der auf die subjektive Bedeutung von Informationen hinweist, im Gegensatz zum eher formalisierten Datenbegriff.

[20] Dort wird zwischen *Rohdaten*, *vorverarbeiteten Daten* und sogenannten *analysierten Informationen* unterschieden (siehe unten, Teil 5 Kap. 3 A.).

[21] Bereits im Jahr 1971 ähnlich *H. Porteu de la Morandière*, der die Schlußfolgerung zieht, daß diesen Begriffen keine rechtliche Bedeutung zuzumessen sei (Les pouvoirs d'information de la Communauté, RMC 1971, 300 [304]).

können aber schwerlich als Rechtsbegriffe bezeichnet werden. Erst die Bestimmtheit des Inhalts macht einen Rechtsbegriff aus.[22] Dazu gehört die einheitliche Definition der Tatbestandsmerkmale und der Rechtsfolgen, um so den Verpflichtungsgehalt einer Vorschrift schnell und sicher erfassen zu können.[23] Die Bildung von Rechtsbegriffen ist damit ein Erfordernis der Rechtssicherheit.[24] Der Grundsatz der Rechtssicherheit wiederum gehört zu den Allgemeinen Rechtsgrundsätzen des Gemeinschaftsrechts.[25]

Demmke verweist in einer Untersuchung zur *Trinkwasserrichtlinie* darauf, daß die terminologischen Aspekte der Berichtspflichten dieser Richtlinie so unspezifisch gehalten sind, daß die mangelnden mitgliedstaatlichen Berichte eine logische Konsequenz dieser Unklarheiten seien (Die Implementation von EG-Umweltpolitik in den Mitgliedstaaten: Umsetzung und Vollzug der Trinkwasserrichtlinie, 1994, 264). *Jans* stellt in einer Untersuchung zu den grenzüberschreitenden Verpflichtungen im Umweltschutzrecht der Gemeinschaft als Ergebnis fest, daß die Verschiedenheit dieser Verpflichtungen, d.h. die fehlende Einheitlichkeit und Systematik der Regelungen am meisten ins Auge falle (*Jans*, Grenzüberschreitendes Umweltrecht – im niederländisch/deutschen Grenzgebiet, 1990, 76). Weiter erschwert wird diese Lage durch die sprachlichen Divergenzen zwischen den verschiedenen Amtssprachen der Gemeinschaft. Zum Problem der „Mehrsprachigkeit" vgl. *Pfeil*, Der Aspekt der Mehrsprachigkeit in der Union und sein Einfluß auf die Rechtsfortbildung des Europäischen Gemeinschaftsrechts, ZfRV 1996, 11 ff. sowie *Pühs*, Der Vollzug von Gemeinschaftsrecht, 1997, 114 ff.

[22] Ebenso *Lecheler*, Das Subsidiaritätsprinzip – Strukturprinzip einer Europäischen Union, 1993, 59.

[23] Vgl. *Schmidt-Aßmann*, Die Lehre von den Rechtsformen des Verwaltungshandelns, DVBl. 1989, 533 (533 f.). *Schmidt-Aßmann* weist auf die Bedeutung der Verknüpfung von Handlungsformen mit bestimmten Rechtsfolgen für die Steuerungsfähigkeit rechtlicher Regelungen und damit auch des Verwaltungshandelns hin.

[24] Vgl. *MacCormick*, der darauf verweist, daß die Vorstellung von *Recht* die Existenz einer Rechts*ordnung* im Sinne eines regulativen Ideals voraussetzt, welche die rechtlichen Institutionen mit Kompetenzen in Form von *bestimmten Begriffsinhalten* in Form von Kompetenzen ausstattet (Das Maastricht Urteil: Souveränität heute, JZ 1995, 797 [798]).

[25] EuGH, Urteil vom 21.9.1983, verb. Rs. 205 bis 215/82 (*Deutsche Milchkontor/Deutschland*), Slg. 1983, 2633 (2669, Rn. 30). Aus der Literatur siehe u.a. *Zuleeg*, Deutsches und europäisches Verwaltungsrecht – wechselseitige Einwirkungen, VVDStRL 1994, 155 (170); *Fromont*, Le principe de sécurité juridique, L'actualité juridique – Droit administratif, 1996 spécial, 178 ff.; *Gornig/Trüe*, Die Rechtsprechung des EuGH zum europäischen allgemeinen Verwaltungs-

Will man auch nur eine ungefähre Übersicht erhalten und die bestehenden Informationsverfahren rechtlich analysieren, so ist eine systematisierende, abstrakte Begriffsbildung erforderlich.[26] Voraussetzung einer wissenschaftlichen Bewältigung ist die Beschreibungssprache, die gleichzeitig allgemein genug und präzise genug sein muß, um mit einem vertretbaren Sprachaufwand eine greifbare Darstellung zu ermöglichen.[27] Sowohl für die Verbesserung des Vollzuges[28] als auch für die Rechtmäßigkeitskontrolle ist ein Festhalten an greifbaren Eckpunkten notwendig.[29] Das gilt insbesondere im Verhältnis zwischen der Gemeinschaft und den Mitgliedstaaten, wo im Falle der Reduktion der Rechtmäßigkeitskontrolle auf eine einzelfallbezogene Begriffsdefinition eine nur schwer kontrollierbare Rechtsanwendung durch nationale Behörden und Gerichte zu befürchten wäre.[30] Die Verallgemeinerung und Abstraktion mittels der Zuordnung von Verwaltungsvorgängen zu be-

---

recht – Teil 1, JZ 1993, 884 (890 f.); dazu auch unten, Teil 6 Kap. 1, insbesondere C.III.

26 Dies gilt um so mehr, als gerade das öffentliche Recht – in der Regel – von einem hohen Grad systematischer Durchbildung gekennzeichnet ist (so *Schmidt-Aßmann*, Zur Europäisierung des allgemeinen Verwaltungsrechts, in: FS Lerche, 1993, 513 [513]). Diese verstärkt infolge einer erhöhten Rechtssicherheit für die anwendenden Behörden und die ggf. betroffenen Bürger die Rechtskonformität staatlichen und privaten Handelns. Grundlegend zur Systembildung im Verwaltungsrecht *v. Danwitz*, Systemgedanken eines Rechts der Verwaltungskooperation, in: *Schmidt-Aßmann/Hoffmann-Riem*, Strukturen des Europäischen Verwaltungsrechts, 1999, 171 ff. sowie *Hoffmann-Riem*, Strukturen des Europäischen Verwaltungsrechts – Perspektiven der Systembildung, in: *Schmidt-Aßmann/Hoffmann-Riem*, a.a.O., 317 ff.

27 *Steinmüller*, Juristische Informationswissenschaft, in: *Krawietz/Opalek/Peczenik/Schramm*, Argumentation und Hermeneutik in der Jurisprudenz, 1979, 327 (330 f.).

28 Dazu u.a. *Demmke* (Anm. 21), a.a.O.; *Rengeling/Gellermann*, Gestaltung des europäischen Umweltrechts und seine Implementation im deutschen Rechtsraum, JbUTR 1996, 1 (20 f.) sowie *Hatje* (Anm. 2), 64 ff.; ausführlicher oben, Teil 1 Kap. 2 E.III. mit weiteren Verweisen.

29 Vgl. *Schmidt-Aßmann*, Der Verfahrensgedanke in der Dogmatik des öffentlichen Rechts, in: *Lerche/Glaeser/Schmidt-Aßmann*, Verfahren als staats- und verwaltungsrechtliche Kategorie, 1984, 3 (17 f.) zur Notwendigkeit der Regelung wesentlicher Verfahrensentscheidungen im Innenbereich staatlichen Entscheidens.

30 Hier wirken sich zudem die unterschiedlichen Verwaltungsstile der Mitgliedstaaten aus, dazu unten, Teil 3 Kap. 1 B.II.3.a.

stimmten Schlüsselbegriffen stellt nach *Schmidt-Aßmann* die „Speicherleistung des allgemeinen Verwaltungsrechts" dar.[31] Eine verallgemeinernde Begriffs- und Systembildung dient der Entlastung von Verwaltung, Gesetzgebung und Gerichten. Gleichzeitig kann sie Entwicklungsrückstände aufzeigen, Anstöße für eine Fortentwicklung des Rechts geben[32] und durch mehr Rechtssicherheit und Transparenz den Vollzug des Gemeinschaftsrechts, den Rechtsschutz für die Gemeinschaftsbürger und das öffentliche Vertrauen in den Integrationsprozeß stärken.[33]

I. Forschungs- und Regelungsdefizit

Zur Umschreibung der Informationspflichten bedarf es also im vorhinein klar definierter, abstrakter Begriffe.[34] Allgemein akzeptierte Rechtsbegriffe, die Tatbestandsmerkmale und Rechtsfolgen eindeutig festlegen, gibt es für administrative Informationsverfahren bislang noch nicht. Weder enthalten die einschlägigen Rechtsakte Legaldefinitionen, noch haben sich bislang Rechtsprechung und Literatur damit verstärkt auseinandergesetzt.[35] Nur vereinzelt gibt es Anhaltspunkte in der Rechtsprechung des EuGH zur Definition von Informationspflichten. Im Rahmen der Europäischen Gemeinschaft für Kohle und Stahl (EGKS) und dem europäischen Wettbewerbsrecht hat sich der Ge-

---

31 *Schmidt-Aßmann*, Zur Funktion des allgemeinen Verwaltungsrechts, DV 1994, 137 (139) sowie *ders.*, Rechtsformen (Anm. 23), 533. Siehe auch *v.Danwitz* in: *Schmidt-Aßmann/Hoffmann-Riem* (Anm. 26), 173.

32 *Schmidt-Aßmann*, Funktion des allgemeinen Verwaltungsrechts, a.a.O., 141.

33 Siehe auch oben, Teil 1 Kap. 2 G. Zum Aspekt des Rechtsschutzes vgl. *Schmidt-Aßmann*, Rechtsformen (Anm. 23), 534 f. Zum „Transparenzdefizit" in der Union siehe u.a. *Weidenfeld*, Innere Herausforderungen für die Europäische Union, in: FS Everling, 1995, 1641 (1645 f.) sowie unten, Teil 6 Kap. 1 C.IV.

34 Vgl. *Schmidt-Aßmann*, Rechtsformen, a.a.O., 534. Hiernach ist der erste Schritt für die Einteilung des Verwaltungshandelns in Rechtsformen eine abstrahierende Begriffsbildung.

35 Nach *Schmidt-Aßmann* gehört zu den zukünftigen Aufgaben des Verwaltungsrechts die Entwicklung einer Rechtsordnung für das gesamte öffentliche Informationswesen im Sinne eines „Informationsverwaltungsrechts" (in FS Lerche, [Anm. 26], 522 f.). Siehe auch *ders.*, Deutsches und europäisches Verwaltungsrecht – Wechselseitige Einwirkungen, DVBl. 1993, 924 (935).

richtshof wiederholt mit den Befugnissen der Kommission zum Einholen von Auskünften und der Vornahme von Nachprüfungen beschäftigt.[36] Ansonsten wird in der Rechtsprechung häufig ohne nähere Definition lediglich der Wortlaut der einschlägigen Bestimmungen wiederholt. In einem neueren Urteil hat sich der Gerichtshof näher mit dem Umfang mitgliedstaatlicher Informationspflichten auf der Grundlage von Art. 284 EGV (ex Art. 213) auseinandergesetzt.[37] Eine klare Begriffsdefinition ist jedoch auch darin nicht zu finden. Lediglich in der Völkerrechtslehre wird stellenweise auf den unterschiedlichen Verpflichtungsgehalt verschiedener Informationspflichten eingegangen. Eine allgemein anerkannte Nomenklatur hat sich aber auch hier noch nicht entwickelt.[38]

In der Literatur wird häufig der Begriff der „Information" und der „Informationspflicht" verwendet.[39] Der Begriff der Information kann, wie oben dargestellt, grundsätzlich sowohl den Gegenstand als auch das Verfahren bezeichnen.[40] Spricht man von der Informationspflicht als Verfahren, so ist damit lediglich festgelegt, daß es sich um einen Informationsaustausch handelt, an dem mindestens zwei Parteien beteiligt sind und dessen Gegenstand wiederum bestimmte Informationen sind.[41] Art und Umfang von Gegenstand und Verfahren werden durch diese Begriffe noch nicht definiert.[42] Dabei unterscheiden sich die verschiedenen Informationspflichten nach Auslösungstatbestand, Initiativlast, Zeitpunkt, Medium und Umfang der zu erbringenden Informationen erheblich.

---

36 Näher dazu unten, Teil 3 Kap. 1 B.II.

37 EuGH, Urteil vom 9.11.1995, Rs. C-426/93 (*Deutschland/Rat*) „Unternehmensregister", Slg. 1995, 3723 ff.; näher dazu unten, Teil 3 Kap. 1 B.II.1.a).

38 *Storm* (Anm. 1), 279, 281. Zu den Informationspflichten des Umweltvölkerrechts unten, Teil 5.

39 Siehe z.B. *Storm*, a.a.O., 282; *Rauschning*, Allgemeine Völkerrechtsregeln zum Schutz gegen grenzüberschreitende Umweltbeeinträchtigungen, in: FS Schlochauer, 1981, 557 (571); *Partan*, The „Duty to Inform" in International Environmental Law, Boston University International Law Journal, 1988, 43 (79).

40 Siehe Kap. 1 A.II.

41 Vgl. *Storm* (Anm. 1), 282.

42 So auch *Storm*, *ibid.*

II. *De lege ferenda:* Ein einheitliches Typenmuster für Informationsverfahren

Die Herausbildung konsistenter Verfahrenstypen der Kooperation, welche rechtsaktübergreifend in derselben Form eingesetzt werden können, stellt eine fortdauernde Herausforderung für die Rechtssetzung der Gemeinschaft dar.[43] Es liegt nicht in der Kompetenz der Wissenschaft, einheitliche Begriffsdefinitionen rechtsverbindlich festzuschreiben. Auch die Kommission der Europäischen Gemeinschaft hat ohne spezielle Ermächtigung nicht die Kompetenz der verbindlichen Auslegung, wie noch näher darzustellen sein wird. Eine rechtsverbindliche Vereinheitlichung und Begriffsdefinition ist nur durch entsprechende Rechtsakte möglich. Solche Legaldefinitionen sind entweder im Rahmen der jeweiligen Richtlinie, Verordnung oder Entscheidung oder als Rahmenakt im Sinne eines allgemeinen Informationsrechtes denkbar. Am einheitlichsten könnte eine Systematisierung durch eine unmittelbar anwendbare (Rahmen-)Verordnung geschehen, die allerdings auf kompetenzrechtliche Probleme stoßen würde, sobald durch sie auch das allgemeine Verwaltungsrecht der Mitgliedstaaten harmonisiert werden soll. Die Kompetenz zur Kodifizierung des europäischen Verwaltungsrechts im Sinne einer horizontalen, d.h. sachbereichsübergreifenden Kodifikation eines allgemeinen Verfahrensrechts wird für den indirekten Vollzug überwiegend abgelehnt.[44] Dies dürfte aber für einen lediglich intern die Gemeinschaftsorgane bindenden Beschluß nicht gelten. Denkbar wäre daher ein Beschluß, der nach dem Beispiel der *Comitologie-Beschlüsse*[45] als Typenmuster für verschiedene Informati-

[43] *Schmidt-Aßmann/Ladenburger*, Umweltverfahrensrecht, in: EUDUR, Bd. 1 1998, § 18 Rn. 72.

[44] Ausführlich dazu *Vedder*, (Teil)Kodifikation des Verwaltungsverfahrensrechts der EG ?, EuR Beiheft 1, 1995, 75 ff. (insbesondere 93 ff.); siehe auch *Hatje* (Anm. 2), 426 ff.; *Schwarze*, Convergences et divergences des droits administratifs de l'Union européenne, L'Actualité juridique – Droit administratif, 1996 spécial, 140 (145); *Zuleeg*, Die Kompetenzen der Europäischen Gemeinschaften gegenüber den Mitgliedstaaten, JöR 1971, 3 (44); *Rengeling*, Nationaler Verwaltungsvollzug von Gemeinschaftsrecht: Die Gemeinschaftskompetenzen, EuR 1974, 216 (230 f.) und *Pache*, EG-rechtliche Möglichkeiten und Grenzen einer Harmonisierung nationaler Vollzugssysteme, in: *Lübbe-Wolff*, Der Vollzug des europäischen Umweltrechts, 1996, 177 (191 ff.).

[45] *Beschluß* Nr. 1999/468/EG vom 28.6.1999 *zur Festlegung der Modalitäten für die Ausübung der der Kommission übertragenen Durchführungsbefugnisse* (Abl. Nr. L 184 vom 17.7.1999, 23) sowie als Vorgänger der aufgehobene Beschluß Nr. 87/373/EWG (Abl. Nr.L 197 vom 18.7.1987, 33); näher dazu Teil 2

onspflichten die Organe der Gemeinschaft bei der Rechtsetzung bindet. Auch parallele Teilkodifikationen einzelner Sachbereiche sind denkbar, solange sich diese im Rahmen der jeweiligen Regelungs- und Verwaltungskompetenz der Gemeinschaft halten.[46] Zudem existieren bereits für einzelne Sachbereiche Kodifikationen des allgemeinen Verwaltungsrechts,[47] eine Tendenz zur Strukturierung des europäischen Verwaltungsverfahrensrechts, die gerade in jüngerer Zeit Auftrieb erfahren hat.[48] Angesichts der Verschiedenheit der Aufgabenbereiche und der daraus resultierenden notwendig unterschiedlichen Ausgestaltung der Informationsverfahren[49] bietet sich ein solcher Rahmenbeschluß in

---

Kap. 3 A.I. und Teil 4 Kap. 2 C.II.3.b.

[46] So *Schmidt-Aßmann*, Les influences réciproques entre les droits administratifs nationaux et le droit administratif européen, L'actualité juridique – Droit administratif, 1996, 146 (148) sowie *Pache*, Der Schutz der finanziellen Interessen der Europäischen Gemeinschaften, 1994, 109 ff. Vgl. auch *Hatje* (Anm. 2), 429, der sich für Bereichkodifikationen ausspricht, weil ein übergreifender Kodex des Verfahrensrechts wegen der jeweiligen Sonderprobleme kaum praktikabel erscheine.

[47] So insbesondere die *Verordnung* (EG) Nr.659/1999 vom 22.3.1999 *über besondere Vorschriften für die Anwendung von Art. 93 des EG-Vertrages* (Abl. Nr. L 83 vom 27.3.1999, 1) zum Beihilfenverfahren sowie der 1992 erlassene *Zollkodex*, welcher auch Bestimmungen über die Sachverhaltsermittlung enthält (Abl. Nr. L 302 vom 19.10.1992, 1). Näher zu den Ermächtigungsgrundlagen für Informationsverfahren Teil 3 Kap. 1 B.

[48] Hierzu mit weiteren Beispielen *Schmidt-Aßmann*, Europäisches Verwaltungsverfahrensrecht, in: *Müller-Graff*, Perspektiven des Rechts in der Europäischen Union, 1998, 131 (144 ff.). Einen parallelen Vorschlag zur Kodifikation der gemeinschaftsrechtsbezogenen, grenzüberschreitenden Verwaltungskooperation im deutschen Verfahrensrecht macht *Becker*, Der transnationale Verwaltungsakt, DVBl. 2001, 855 (insbesondere 863 ff.).

[49] Vgl. *Würdinger*, Zum Auskunftsrecht der Organe der EGKS und der EWG gegenüber privaten Unternehmen, WuW 1964, 579 (579), der feststellt, daß aus diesem Grund der in Art. 213 EGV [a.F., jetzt Art. 284] vorgesehene Rechtsakt des Rates als übergreifender Rechtsakt nicht zu erwarten sei. Vgl. dagegen den von *Jans* erstellten Entwurf eines Ratsbeschlusses über die grenzüberschreitende Unterrichtung, Konsultation und gleiche Verfahrensbeteiligung bei Vorhaben in Grenzgebieten (Anm. 21, 195 ff.). Er kodifiziert auf der Ebene des Gemeinschaftsrechts teilweise bereits bestehendes Umweltvölkerrecht (dazu unten, Teil 5) und faßt die in mehreren EG-Rechtsakten bestehenden Regelungen – unter Ausdehnung der Verfahrensbeteiligung der nachbarstaatlichen Behörden nach dem Vorbild der *Nordischen Umweltschutzkonvention* (hierzu ausführlicher Teil 5 Kap. 2 B.I.) – zusammen.

Form eines allgemeinen Baustein-Katalogs, aus dem für die verschiedenen Sachbereiche die jeweils adäquate Regelung zu wählen wäre, an.

Für die Praxis und die Rechtswissenschaft wäre ein solcher Rahmenakt wünschenswert.[50] Ob er auch von den Organen der Gemeinschaft und den Mitgliedstaaten gewünscht wird, ist offen.[51] Denn die Weite und Offenheit der jetzigen Situation ermöglicht eher einen Kompromiß – aus der Sicht der Kommission werden die Möglichkeiten der Informationssammlung nicht zu eng umgrenzt, aus der Sicht der Mitgliedstaaten besteht aber auch keine zu genaue Verpflichtung. Letztlich handelt es sich um eine Schein-Einigung. Die Probleme bei der Rechtsetzung werden auf die Ebene der Rechtsdurchsetzung verschoben, wenn jeder der Beteiligten bei der Fassung der Rechtsnormen seine eigene Vorstellung verwirklicht glaubt.[52] Unklarheiten kommen dann in letzter „Instanz“ vor Gericht auf den Tisch. Angesichts der gerade im Europarecht verstärkten Bedeutung der Einhaltung formeller Verfahrensregeln[53] wäre eine größere Rechtssicherheit nicht nur wünschenswert, sondern würde auch die Arbeit der Gemeinschaftsorgane erleichtern.

---

[50] Vgl. *Schmidt-Aßmann*, Europäisches Verwaltungsverfahrensrecht (Anm. 48), 160 f.

[51] Vgl. *Siedentopf/Hausschild*, wonach in einigen Mitgliedstaaten die Furcht bestehe, daß der europäische Integrationsprozeß eine übermäßige Verrechtlichung der Verwaltungsbeziehungen mit sich bringt (Europäische Integration und die öffentlichen Verwaltungen der Mitgliedstaaten, DÖV 1990, 445 [455]). Dagegen ist im Rahmen des Gesprächsprogramms für die Verwaltungszusammenarbeit von Seiten der nationalen Verwaltungsbediensteten das Bedürfnis nach Verfahrensregeln für den Informationsaustausch geäußert worden (siehe oben, Teil 1 Kap. 1 B.VIII.).

[52] Diesen Zusammenhang sieht auch der Rat in seiner *Entschließung* vom 7.10.1997 *zur Formulierung, Durchführung und Durchsetzung des Umweltrechts der Gemeinschaft* (Abl. Nr. C 321 vom 22.10.1997, 1). Hierin wird die Kommission ersucht, die in den Mitgliedstaaten für die Umsetzung und die praktische Anwendung zuständigen Akteure frühzeitig zu konkreten Entwürfen von Rechtsakten zu konsultieren, „um so neben der besseren Vorbereitung der anstehenden Erörterungen die Rechtsvorschriften so zu gestalten, daß ihre Durchführung und Durchsetzung einfacher werden“ (Nr. 5 zur Formulierung gemeinschaftlicher Umweltschutzvorschriften). Werden auf der Rechtsetzungsebene einvernehmliche Lösungen gefunden, stellt sich nach *Kloepfer/Kohler* die Vollzugsfrage meistens praktisch überhaupt nicht mehr (Kernkraftwerke und Staatsgrenze, 1981, 61). Vgl. auch *Schneider*, Kooperative Verwaltungsverfahren, VerwArch 1996, 38 (46).

[53] Siehe nur *Classen*, Strukturunterschiede zwischen deutschem und euro-

III. Regelungsdichte

Für noch zu erprobende Verfahrensabläufe kann und sollte durch einen solchen Rahmenakt Freiraum gelassen werden. Wie *Schmidt-Aßmann* festgestellt hat, kann eine verfehlt frühzeitige Verrechtlichung zur Immobilität des Verfahrens führen – mit dem Ergebnis, daß die Beteiligten ausbrechen und sich paralegale Handlungsräume schaffen.[54] Gerade bei Verfahrensregeln müssen vor einer rechtlichen Verfestigung zunächst Erfahrungen gesammelt werden. Auf der anderen Seite bringt eine zu große Informalität des entscheidungsvorbereitenden Verfahrens wiederum Legitimationsprobleme mit sich, insbesondere, wenn die Beteiligten nicht festgelegt sind und die Praxis des Handelns nur schwer beobachtbar und beschreibbar ist.[55] Die rechtlichen Komponenten der Kooperationsverfahren müssen daher insoweit festgelegt sein, als daß eine hinreichende Transparenz entsteht.[56]

Dabei muß auch beachtet werden, daß gerade auf dem Verfahrensgedanken beruhende rechtliche Elemente nicht immer eindeutig isoliert werden können, weil sie sich mit einem Handeln im Zeitablauf beschäftigen.[57] Der Verfahrensgedanke bezieht sich primär auf ein Realge-

---

päischem Verwaltungsrecht, NJW 1995, 2457 (2461); *Blanke*, Normativität und Justiziabilität des gemeinschaftsrechtlichen Subsidiaritätsprinzips, ZG 1995, 193 (217); *Schwarze*, Kompetenzverteilung in der Europäischen Union und föderales Gleichgewicht, DVBl. 1995, 1265 (1267); *Dutheil de la Rochère*, Le principe de légalité, L'actualité juridique – Droit administratif, 1996 spécial, 161 (166 f.) mit weiteren Verweisen.

[54] *Schmidt-Aßmann*, Der Verfahrensgedanke (Anm. 29), 19 sowie *ders.*, Rechtsformen (Anm. 23), 540. Siehe auch oben, Teil 1 Kap. 2 G.

[55] Vgl. *Ladeur*, Die Zukunft des Verwaltungsakts – Kann die Handlungsformenlehre aus dem Aufstieg des „informalen Verwaltungshandelns" lernen?, VerwArch 1995, 511 (520).

[56] *Ibid.* Siehe auch *Schmidt-Aßmann*, Rechtsformen (Anm. 23), 538, der in Bezug auf das informale Verwaltungshandeln von einer „mittleren Generalisierungsebene" spricht. Vgl. auch *Morrow*, Modeling the forms of international cooperation: distribution versus information, IO 1994, 387 (389), der feststellt, daß eine gewisse Formalität in den Kommunikationsstrukturen die Kooperationschancen erhöht. Die Beteiligten müßten sich auf die Form, das Forum und die Interpretationsgrundlagen von Mitteilungen einigen um so die gegenseitigen Erwartungen besser aufeinander abstimmen zu können. Siehe auch oben, Teil 1 Kap. 2 C. und D.

[57] *Pietzcker*, Verwaltungsverfahren zwischen Verwaltungseffizienz und Rechtsschutzauftrag, VVDStRL 1983, 193 (221) und *Schmidt-Aßmann*, Der

schehen. Er besteht aus einem „Interaktionengefüge“ von Haupt-, Neben-, Vorbereitungs- und Nachbereitungshandlungen.[58] Einzelne Tatbestandsmerkmale sind nur schwer zu isolieren, insbesondere können auch nicht normgemäß abgelaufene Vorgänge durch andere Vorgänge kompensiert werden, so daß sich die Rechtmäßigkeit letztlich aus einer Gesamtsaldierung positiver und negativer Effekte ergibt.[59] Die Begriffsbildung selbst muß daher ausreichend flexibel und damit grob bleiben. Die Rechtmäßigkeit näher bezeichneter Informationsverfahren ergibt sich dann aus einer Abwägung verschiedener rechtlicher Gesichtspunkte.[60]

C. Systematisierung des Untersuchungsgegenstandes

I. Die unterschiedlichen Informationsgegenstände

Die Informationsverfahren beziehen sich auf unterschiedliche Informationsgegenstände. Je nach Informationsgegenstand können sich unterschiedliche Verfahrenstypen und Sanktionierungsmöglichkeiten anbieten. Dabei ist immer auch die wechselseitige Bezogenheit der Informationsgegenstände aufeinander im Auge zu behalten.

1. Umweltzustand

Informationen über den Umweltzustand basieren auf physikalischen Parametern der einzelnen Umweltmedien. Sie können auch als *Umweltqualitätsdaten* bezeichnet werden und sind eng verbunden mit Daten über Belastungsfaktoren und wissenschaftlichen Erkenntnissen über die Umweltempfindlichkeit.[61] Es kann sich um Einzeldaten oder auch

---

Verfahrensgedanke (Anm. 29), 15. Siehe auch BVerfGE 37, 363 (390 f.). Das BVerfG weist auf die enge Verbindung von materiell-rechtlichen und verfahrensrechtlichen Normen hin und stellt fest, daß ein und dieselbe Norm sowohl verfahrensrechtlichen wie materiell-rechtlichen Inhalt haben kann.

[58] *Schmidt-Aßmann*, Der Verfahrensgedanke, a.a.O., 16. Siehe auch *ders.*, Europäisches Verwaltungsverfahrensrecht (Anm. 48), 132.

[59] *Schmidt-Aßmann*, Der Verfahrensgedanke, a.a.O., 17.

[60] Hierzu eingehender Teil 6 Kap. 1.

[61] Vgl. Art. 3 Abs. 1 der *Verordnung* (EWG) Nr. 1210/90 vom 7.5.1990 *zur*

um aggregierte Daten in Form von Statistiken handeln. Umweltzustandsdaten werden durch Meß- und Beobachtungssysteme festgestellt. Auf sie bezieht sich das noch näher darzustellende *Umweltmonitoring.*[62] Die Erhebungsverfahren für Umweltzustandsdaten sind zunehmend Gegenstand von gemeinschaftsrechtlichen Harmonisierungsmaßnahmen. Darin werden u.a. zu messende Parameter, Bezugsmeßmethoden und Probenahmeverfahren festgelegt – die hier sobenannten *Informationsrahmendaten.*[63]

2. Belastungsfaktoren

Unter die Umweltbelastungsfaktoren fallen sowohl menschliche Tätigkeiten als auch Naturereignisse. Den menschlichen Tätigkeiten kommt im Rahmen der administrativen Informationsverfahren das Hauptaugenmerk zu. Es handelt sich um Tätigkeiten, die die Umwelt entweder im Sinne einer *abstrakten Gefahr* potentiell oder als *konkrete Gefahr* oder Störung akut belasten. Informationen darüber können wiederum sowohl in Form von Einzelinformationen als auch in der Form von Statistiken gesammelt werden. Vor allem *Anmelde- und Genehmigungsverfahren* beinhalten Einzelinformationen über potentiell umweltbelastende Tätigkeiten im Sinne einer abstrakten Gefahr. *Warnungen* beziehen sich dagegen auf akute Vorfälle. Sie setzen das Bestehen einer konkreten Gefahr oder Störung voraus.[64] Entsprechende Informationspflichten sind auf der Gemeinschaftsebene in großem Umfang anzutreffen. Mit der Gründung der Europäischen Umweltagentur (EUA) hat diese nunmehr die Aufgabe, im Rahmen der Beschreibung des Umweltzustandes auch Informationen über Umweltbelastungen zu erfassen.[65]

Errichtung einer Europäischen Umweltagentur und eines Europäischen Umweltinformations- und Umweltbeobachtungsnetzes (Abl. Nr. L 120 vom 11.5.1990, 1, geändert durch Verordnung EG Nr. 933/1999 vom 29.4.1999, Abl. Nr. L 117 vom 5.5.1999, 1) [im folgenden *EUA-Gründungsverordnung*].

[62] Siehe unten, Kap. 2 B.II.

[63] Dazu unten, Kap. 4 A.

[64] Näher dazu unten, Kap. 2 A.II.3.a. und c.

[65] Art. 3 Abs. 1 Ziff. ii der *EUA-Gründungsverordnung* (Anm. 61).

3. Wissenschaftliche Erkenntnisse

Wissenschaftliche Erkenntnisse sind für das Verständnis und die Bewertung komplexer ökologischer Vorgänge von besonderer Bedeutung.[66] Sie dienen v.a. dem Verständnis von Ursache-Wirkungs-Zusammenhängen und dem Erstellen von Prognosen. Die Gemeinschaft verschafft sich wissenschaftliche Erkenntnisse nicht nur durch Mitteilungspflichten der Mitgliedstaaten, sondern auch im direkten Kontakt mit den Wissenschaftlern durch Forschungsförderung und gemeinschaftseigene Forschungsvorhaben.[67] Die Aufgabe des Zusammentragens von umweltschutzrelevanten Forschungsergebnissen ist jetzt v.a. der Europäischen Umweltagentur übertragen worden. Damit rechtzeitig geeignete Vorsorgemaßnahmen getroffen werden können hat die Umweltagentur auch die Entwicklung und die Anwendung von Prognoseverfahren im Umweltbereich zu fördern.[68]

4. Technische Möglichkeiten

Kenntnisse über die Umwelttechnik sind für die Gemeinschaft erforderlich, um die Realisierbarkeit von Umweltschutznormen einschätzen und entsprechende Grenzwerte und technische Vorgaben festsetzen zu können. Neben der Festlegung von im einzelnen genau definierten technischen Anforderungen geht auch das Gemeinschaftsrecht verstärkt dazu über, in den Rechtsakten auf die *besten verfügbaren Techniken*, den *Stand der Technik* und ähnliche Maßstäbe zu verweisen.[69] Den be-

---

[66] *Von Lersner* betont, daß es keinen Politikbereich gibt, der in so hohem Maße von den Erkenntnissen der Wissenschaften abhängt wie der der Umweltpolitik (Zur Funktion einer wissenschaftlich-technischen Umweltbehörde in Europa, in: *Calliess/Wegener*, Europäisches Umweltrecht als Chance, 1992, 81 [83]).

[67] Näher dazu unten, Kap. 3 D.

[68] Art. 2 Ziff. vii der *EUA-Gründungsverordnung* (Anm. 61). Daneben muß sie Sachverständigengutachten über die Qualität, die Empfindlichkeit und die Belastungen der Umwelt im Gemeinschaftsgebiet sowie einheitliche Bewertungskriterien für Umweltdaten erstellen (Art. 2 Ziff. iii).

[69] Siehe z.B. Art. 3 *lit.* a der *Richtlinie* 96/61/EG vom 24.9.1996 *über die integrierte Vermeidung und Verminderung der Umweltverschmutzung* (Abl. Nr. L 257 vom 10.10.1996, 26) [im folgenden: *IVU-Richtlinie*]: „durch Einsatz der besten verfügbaren Techniken" (definiert in Art. 2 Nr. 11 der Richtlinie, siehe auch Art. 10, 11 und 16 Abs. 1 und 2); Art. 8 Abs. 2 der *Richtlinie*

sten verfügbaren Techniken funktional ähnlich sind die *Regeln der guten fachlichen Praxis* des landwirtschaftlichen Umweltschutzes.[70] Die neue *Ozonschichtverordnung* Nr. 2037/2000 verweist gar auf die *besten Umweltpraktiken*, über die die Kommission gegebenenfalls Merkblätter erstellen soll.[71] In der Regel sind jedoch die Mitgliedstaaten – zum Teil i.V.m. privatrechtlichen Normungsgremien – für die Ermittlung der jeweiligen besten verfügbaren Technik zuständig.[72] Gerade bei einer sol-

---

96/59/EG vom 16.9.1996 *über die Beseitigung polychlorierter Biphenyle und polychlorierter Terphenyle (PCB/PCT)* (Abl. Nr. L 243 vom 24.9.1996, 31): „die als beste verfügbare Techniken bezeichneten technischen Normen"; Art. 6 der *Richtlinie* 88/609/EWG vom 24.11.1988 *zur Begrenzung der Schadstoffemissionen von Großfeuerungsanlagen in die Luft* (Abl. Nr. L 336 vom 7.12.1988, 1, geändert; die Richtlinie wird zum 27.11.2002 bzw. im Hinblick auf einige Bestimmungen zum 1.1.2008 aufgehoben und ersetzt durch die neue *Großfeuerungsanlagenrichtlinie* 2001/80/EG vom 23.10.2001, Abl. Nr. L 309 vom 27.11.2001, 1) [im folgenden: *Großfeuerungsanlagenrichtlinie* 88/609/EWG]: „Anwendung der besten verfügbaren, aber nicht unverhältnismäßig teueren Technologie" sowie Art. 4 Abs. 2 derselben Richtlinie: „unter Berücksichtigung des Standes der Technik"; Art. 8 Abs. 1 der *Richtlinie* 84/360/EWG vom 26.6.1984 *zur Bekämpfung der Luftverunreinigung durch Industrieanlagen* (Abl. Nr. L 188 vom 16.7.1984, 20, geändert) [im folgenden: *Industrieanlagenrichtlinie*] „auf der Grundlage der besten verfügbaren Technologien, die keine unverhältnismäßig hohen Kosten verursachen" sowie Art. 13 derselben Richtlinie: „anhand der Prüfung der Entwicklung der besten verfügbaren Technologie". Die *Industrieanlagenrichtlinie* gilt während einer Übergangszeit noch in Teilen neben der *IVU-Richtlinie* fort. Sie wird elf Jahre nach Inkrafttreten der *IVU-Richtlinie* aufgehoben. Die Genehmigungsbestimmungen der *Großfeuerungsanlagenrichtlinie* 88/609/EWG gelten für Altanlagen bis zum Erlaß von diesbezüglichen Neuregelungen fort (Art. 20 *IVU-Richtlinie*).

[70] Nach der *Nitratrichtlinie* haben die Mitgliedstaaten solche Regeln gemäß näher spezifizierten Vorgaben aufzustellen. Sie sollen von den Landwirten auf freiwilliger Basis angewendet werden. Der Kommission sind alle Einzelheiten über diese Regeln zu übermitteln (Art. 4 Abs. 1 der *Richtlinie* 91/676/EWG vom 12.12.1991 *zum Schutz der Gewässer vor Verunreinigung durch Nitrat aus landwirtschaftlichen Quellen*, Abl. Nr. L 375 vom 31.12.1991, 1).

[71] Art. 17 Abs. 5 der *Verordnung* (EG) Nr. 2037/2000 vom 29.6.2000 *über Stoffe, die zum Abbau der Ozonschicht führen* (Abl. Nr. L 244 vom 29.9.2000, 1).

[72] So Art. 9 Abs. 1 und Abs. 4 i.V.m. Art. 3 *lit.* a und Art. 2 Nr. 11 der *IVU-Richtlinie* (Anm. 69). Der Einsatz der besten verfügbaren Techniken ist hiernach eine Grundpflicht des Betreibers und als solche Genehmigungsbedingung. Bei der Definition des Standes der Technik soll auch das informelle Netzwerk IMPEL mitwirken (dazu unten, Kap. 3 B.II.).

chen Dezentralisierung besteht ein Informationsbedarf der Kommission und der anderen Mitgliedstaaten über die jeweils geltenden Anforderungen. Daher sind der Kommission nach der *IVU-Richtlinie* von den Mitgliedstaaten die besten verfügbaren Techniken mitzuteilen. Zudem soll die Kommission einen Informationsaustausch zwischen den Mitgliedstaaten und der betroffenen Industrie über diese Techniken einschließlich der Entwicklungen auf diesem Gebiet einrichten.[73] Die *Gründungsverordnung* der EUA legt rechtsaktübergreifend fest, daß die Umweltagentur den Informationsaustausch über die besten verfügbaren Technologien zur Verhütung und Verringerung von Umweltschäden fördern soll.[74] Die Verbreitung von Kenntnissen über bestehende Umweltschutztechnologien wurde bereits im *Ersten Umweltaktionsprogramm* zum Gegenstand der europäischen Umweltpolitik gemacht.[75]

Technische Möglichkeiten sind entweder in verbindlichen staatlichen Vorschriften enthalten oder werden durch nichtstaatliche Institute in – zunächst unverbindliche – Normen gefaßt.[76] Wird auf letztere in Rechts- und Verwaltungsvorschriften verwiesen und eine Vermutungs-

---

[73] Art. 16 Abs. 1 und Abs. 2 der *IVU-Richtlinie* (a.a.O.). Die Mitteilungen sind in Dreijahresabständen zu erneuern. Aller drei Jahre veröffentlicht die Kommission dann die Ergebnisse des Informationsaustauschs. Die Mitgliedstaaten haben dafür zu sorgen, daß die zuständigen Behörden die Entwicklungen bei den besten verfügbaren Techniken verfolgen und darüber unterrichtet werden (Art. 11).

[74] Art. 2 Ziff. ix der *EUA-Gründungsverordnung* (Anm. 61).

[75] Mit dem Ziel, ein Verzeichnis der bestehenden Technologien – v.a. im Bereich der Abfallentsorgung –aufzustellen (Teil II, Titel 1 Kap. 11 A.2. des *Ersten Umweltaktionsprogramms*, Abl. Nr. C 112 vom 20.12.1973, 1).

[76] Hierzu mit einer eingehenden rechtlichen Analyse *Schulte*, Materielle Regelungen: Umweltnormung, in: EUDUR, Bd. 1 1998, § 17. Zur Rolle der technischen Normen privater Normungsinstitute im Rahmen der Neuen Harmonisierungsstrategie *Becker, U.*, Der Gestaltungsspielraum der EG-Mitgliedstaaten im Spannungsfeld zwischen Umweltschutz und freiem Warenverkehr, 1991, 145 ff. mit weiteren Verweisen. Siehe auch die *Entschließung* 85/C 136/01 vom 7.5.1985 *über eine neue Konzeption auf dem Gebiet der technischen Harmonisierung und der Normung* (Abl. Nr. C 136 vom 4.6.1985, 1) sowie die Mitteilung der Kommission vom 30.10.1995 *Über die Stärkere Nutzung der Normung in der Gemeinschaftspolitik*, KOM (95) 412 endg. Kritisch zu dieser faktischen Übertragung von staatlichen Entscheidungen auf externe Sachverständige *DiFabio*, Verwaltungsentscheidung durch externen Sachverstand, VerwArch 1990, 193 (insbesondere 216 ff.).

regel für die Einhaltung gesetzlicher Anforderungen daran angeknüpft, sind die Normen Inhalt von freiwilligen öffentlich-rechtlichen Vereinbarungen oder mit finanziellen Maßnahmen verbunden, so handelt es sich um sogenannte *de facto* Vorschriften, die in der *Normeninformationsrichtlinie*[77] den *de jure* geltenden staatlichen Vorschriften gleichgestellt werden. Beide fallen unter die „technischen Vorschriften", die nach Art. 8 der Richtlinie 98/34/EWG der Kommission von den Mitgliedstaaten noch im Entwurfsstadium mitzuteilen sind.

5. Umweltökonomische Daten

Umweltrelevante ökonomische Daten umfassen die Kosten von Umweltschutzmaßnahmen sowie die Monetarisierung von Umweltressourcen und -belastungen. Die Realisierbarkeit einer ökonomischen Bewertung von Umweltressourcen ist in den Wirtschaftswissenschaften umstritten.[78] Der Nutzen solcher Informationen wurde auf Gemein-

---

[77] Art. 1 Nr. 9 der *Richtlinie* 98/34/EG vom 22.6.1998 *über ein Informationsverfahren auf dem Gebiet der Normen und technischen Vorschriften und der Vorschriften im Dienste der Informationsgesellschaft* (Abl. Nr. L 204 vom 21.7.1998, 37, geändert durch Richtlinie 98/48/EG vom 20.7.1998, Abl. Nr. L 217 vom 5.8.1998, 18), als Neukodifikation der *Richtlinie* 89/189/EWG vom 28.3.1983 *über ein Informationsverfahren auf dem Gebiet der Normen und technischen Vorschriften* (Abl. Nr. L 109 vom 26.4.1983, 8, mehrfach geändert, insbesondere durch Richtlinie 94/10/EG vom 23.3.1994, Abl. Nr. L 100 vom 19.4.1994, 1, wodurch Vorschriften zum Schutz der Umwelt ausdrücklich einbezogen wurden). Näher zur Richtlinie Teil 2 Kap. 2 A.3.b.aa. sowie Teil 6 Kap. 2 B.I.2. Zur Definition der *de facto* Vorschrift im einzelnen *Fronia*, Transparenz und Vermeidung von Handelshemmnissen bei Produktspezifikationen im Binnenmarkt, EuZW 1996, 101 (103 f.).

[78] Ausführlich dazu *Sprenger/Wackerbauer/Adler/Paskuy*, Möglichkeiten und Grenzen einer umweltökonomischen Berichterstattung – dargestellt am Beispiel des geplanten EG-Berichtssystem SERIEE, 1992. Wichtigste Methoden zur monetären Bewertung von Umweltressourcen sind dabei der Schadenskostenansatz, der Reproduktionskostenansatz, der Vermeidungskostenansatz und Zahlungsbereitschaftsanalysen (a.a.O., 79 ff.). Alle vier Methoden erfordern ein umfangreiches Datenmaterial, welches zumindest zur Zeit wohl noch nicht bereitgestellt werden kann. Kritisch zu den Umweltberichtspflichten von Unternehmen im Zusammenhang mit umweltökonomischen Daten, insbesondere wegen fehlender klarer Definitionen *Tromans*, Environmental Reporting: A UK Perspective, European Environmental Law Review, 1996, 243 (246). Zur Umweltökonomie allgemein *Wicke*, Umweltökonomie, in: EUDUR, Bd. 1 1998, § 5 sowie *ders.*, Umweltökonomie, 4. Aufl. 1993.

schaftsebene schon mit Beginn der europäischen Umweltpolitik betont und deren Erstellung v.a. in Form von Umweltstatistiken angestrebt.[79] Die *Empfehlung 79/3/EWG betreffend ein Verfahren zur Berechnung der Umweltschutzkosten der Industrie* und die *Empfehlung zur Berücksichtigung von Umweltaspekten in Jahresabschluß und Lagebericht von Unternehmen* vom 30.5.2001 beschränken sich auf die unverbindliche Festlegung eines einheitlichen Ansatzes zur Berechnung der in der Privatwirtschaft angefallenen Kosten für Umweltschutzvorkehrungen bzw. den Ausweis, die Bewertung und die Offenlegung umweltschutzbedingter Aufwendungen, Verbindlichkeiten und Risiken.[80] 1987 wurde vom Statistischen Amt der Europäischen Gemeinschaft, EUROSTAT, das Projekt SERIEE – Europäisches System für die Sammlung umweltbezogener Wirtschaftsdaten – initiiert, welches die Umweltschutzkomponente in den europäischen Statistiken verstärken soll.[81] Die *Umweltstatistikentscheidung* 94/808/EG sieht nunmehr rechtsverbindlich vor, daß Wirtschafts- und Umweltdaten in Zukunft verstärkt integriert

---

[79] So das *Erste Umweltaktionsprogramm* (Anm. 75), Teil II, Titel 1, Kap. 11 A.3. unter dem Begriff der „sozio-ökonomischen“ Daten. Zu den Maßnahmen des *Eco-auditing* und *accounting* im Rahmen der UNO siehe *Sands*, Principles of International Environmental Law, Bd. 1 1995, 622 ff.

[80] Empfehlung des Rates 79/3/EWG vom 19.12.1978 (Abl. Nr. L 28 vom 9.1.1979, 5) und Empfehlung der Kommission vom 30.5.2001 (Abl. Nr. L 156 vom 13.6.2001, 33). In der Empfehlung 79/3/EWG werden bei der Berechnung zu berücksichtigende Kostengruppen aufgelistet. Bei nur teilweise dem Umweltschutz dienenden Vorkehrungen ist aus den Gesamtkosten ein genauer Betrag für den umweltschutzrelevanten Anteil festzulegen (Umweltschutz-Relevanz-Faktor). Zusammen mit den Kostenangaben soll der genaue Emissionswert vor und nach Einführung der Vorkehrungen angegeben werden, damit das jeweilige Kosten-Nutzen-Verhältnis festgelegt werden kann. Die Daten sollen der Entscheidungsfindung auf mitgliedstaatlicher und auf Gemeinschaftsebene im Hinblick auf die Auswahl der kostengünstigsten Maßnahmen und der Grenzwertfestlegung dienen. Zu diesem Zweck sollen die Untersuchungsergebnisse der Mitgliedstaaten „soweit wie möglich“ der Kommission mitgeteilt werden.

[81] Ausführlich dazu *Sprenger/Wackerbauer/Adler/Paskuy* (Anm. 78), insbesondere 25 ff. Dabei handelt es sich um die Erarbeitung eines Konzeptes zur Gewinnung umweltökonomischer Aussagen. Siehe auch den *Bericht der Kommission über die Umsetzung des Programms der Europäischen Gemeinschaft für Umweltpolitik und Maßnahmen im Hinblick auf eine dauerhafte und umweltgerechte Entwicklung – „Für eine dauerhafte und umweltgerechte Entwicklung“* vom 10.1.1996, KOM (95) 624 endg., 113 f.

werden.[82] Umweltstatistiken sollen danach die Aufstellung von Rohstoffbilanzen beinhalten. Entsprechend den Arbeitsmethoden der betriebs- und volkswirtschaftlichen Buchführung und Bilanzerstellung sollen Kontenrahmen für die Einbeziehung umweltbezogener Wirtschaftsdaten in die volkswirtschaftlichen Gesamtrechnungssysteme festgelegt werden, so daß z.B. die Aufstellung umweltökonomischer Unterbilanzen ermöglicht wird.[83]

Neben Statistiken und volkswirtschaftlichen Gesamtrechnungen enthalten inzwischen auch einzelne sachbezogene Rechtsakte Vorschriften zur Erhebung und Berücksichtigung umweltökonomischer Daten. Nach der *VOC-Richtlinie Lösungsmittel* von 1999 hat die Kommission im Rahmen eines von ihr zu organisierenden Informationsaustauschs die „wirtschaftlichen Auswirkungen, insbesondere das Kosten-Nutzen-Verhältnis der verfügbaren Alternativen" zu prüfen.[84] Auch die *Um-*

---

[82] *Entscheidung* des Rates vom 15.12.1994 *über die Annahme eines Entwicklungsprogramms mit vierjähriger Laufzeit (1994-1997) für die Umweltkomponente in den gemeinschaftlichen Statistiken* (Abl. Nr. L 328 vom 20.12.1994, 58). Das Programm wurde bislang nicht verlängert oder erneuert.

[83] Anhang A Nr. 2 Abs. 3 des *Entwicklungsprogramms*, a.a.O. Auch die Entwicklung eigenständiger umweltökonomischer Gesamtrechnungen soll durch das Programm gefördert werden. In einer Mitteilung der Kommission von Dezember 1994 zu *Leitlinien der EU über Umweltindikatoren und ein „grünes" Rechnungssystem – Die Integration von Umwelt- und Wirtschaftsinformationssystemen"*, KOM (94) 670 endg., stellt die Kommission einen Ansatz für die Erstellung einer umweltökonomischen Gesamtrechnung dar. Danach sollen die umweltökonomisch relevanten Teile der volkswirtschaftlichen Gesamtrechnung – wie z.B. der Rohstofffluß und die Bodennutzung – als getrennte „Satellitenkonten" im Rahmen der normalen Gesamtrechnung aufgeführt und monetär bewertet werden (sogenanntes Satellitenkonzept). Siehe dazu auch die Meldung „Green" Accounting Guidelines, EPL 1996, 93 f. In den derzeit geltenden Vorschriften für die volkswirtschaftliche Gesamtrechnung sind solche Satellitenkonten noch nicht enthalten (siehe *Verordnung* EG Nr. 2223/96 vom 25.6.1996 *zum Europäischen System volkswirtschaftlicher Gesamtrechnungen auf nationaler und regionaler Ebene in der Europäischen Gemeinschaft*, Abl. Nr. L 310 vom 30.11.1996, 1; *Entscheidung* Nr. 97/178/EG, Euratom der Kommission vom 10.2.1997 *zur Festlegung einer Methodologie für den Übergang zwischen dem Europäischen System Volkswirtschaftlicher Gesamtrechnungen auf nationaler und regionaler Ebene der Europäischen Gemeinschaft 1995 (ESGV 95) und dem Europäischen System Volkswirtschaftlicher Gesamtrechnungen 2. Auflage (ESGV, 2.Auflage)*, Abl. Nr. L 75 vom 15.3.1997, 44).

[84] Art.7 Abs.1 vierter Spiegelstrich der *Richtlinie* 1999/13/EG vom

weltauditverordnung sieht die Erfassung umweltbezogener Betriebsdaten vor, worunter u.a. Angaben über den Ressourcenverbrauch, die Schadstoffemissionen und das Abfallaufkommen fallen.[85] Die Teilnahme ist freiwillig. Eines der Ziele von Umweltauditverfahren ist es, einen Anreiz für die Offenlegung von umweltbezogenen Betriebsinformationen zu geben, an die die Verwaltung und die Öffentlichkeit sonst nur mit erheblichem Sanktionsaufwand und unter Inkaufnahme einer großen „Dunkelziffer" gelangen würden.[86] Die *Gründungsverordnung* der Europäischen Umweltagentur beauftragt nunmehr auch die Agentur mit der Förderung der Entwicklung von Methoden zur Bewertung der Kosten von Umweltschäden einschließlich der Vorsorge-, Schutz- und Sanierungsmaßnahmen.[87] Sie hat bei ihrer gesamten Arbeit der „sozioökonomischen Dimension" Rechnung zu tragen.[88]

11.3.1999 *über die Begrenzung von Emissionen flüchtiger organischer Verbindungen, die bei bestimmten Tätigkeiten und in bestimmten Anlagen bei der Verwendung organischer Lösungsmittel entstehen* (Abl. Nr. L 85 vom 29.3.1999, 1).

[85] Anhang VI der *Verordnung* (EG) Nr. 761/2001 vom 19.3.2001 *über die freiwillige Beteiligung von Organisationen an einem Gemeinschaftssystem für das Umweltmanagement und die Umweltbetriebsprüfung (EMAS)* (Abl. Nr. L 114 vom 24.4.2001, 1). Noch deutlicher Art. 5 *lit.* c der Vorgängerverordnung, der von „Zahlenwerten" sprach (*Verordnung* EWG Nr. 1836/93 vom 29.6.1993 *über die freiwillige Beteiligung gewerblicher Unternehmen an einem Gemeinschaftssystem für das Umweltmanagement und die Umweltbetriebsprüfung*, Abl. Nr. L 168 vom 10.7.1993, 1). Die Betriebszahlen waren als Zusammenfassung in die Umwelterklärung aufzunehmen. Zu dieser Verordnung siehe u.a. *Hansmann*, Umwelt-Audit: Verhältnis der Eigenüberwachung zur behördlichen Kontrolle, in: *Rengeling*, Integrierter und betrieblicher Umweltschutz, 1996, 207 ff.

[86] Vgl. oben, Teil 1 Kap. 2 E.I. Zur begrenzten Verwendbarkeit dieser Daten im Rahmen eines Genehmigungsverfahrens *Bohne*, Die integrierte Genehmigung als Grundlage der Vereinheitlichung und Vereinfachung des Zulassungsrechts und seiner Verknüpfung mit dem Umweltaudit, in: *Rengeling*, Integrierter und betrieblicher Umweltschutz, 1996, 105 (135); siehe auch *Sands* (Anm. 79), 622 zum *environmental accounting*.

[87] Art. 2 Ziff. viii der *EUA-Gründungsverordnung* (Anm. 61).

[88] Art. 3 Abs. 2 4.UAbs. der *EUA-Gründungsverordnung*, a.a.O.

6. Informationsquellen

Informationsquellen sind v.a. wissenschaftliche und technische Einrichtungen sowie Dokumentationsstellen. Auch die zuständigen Behörden können hierunter fallen.[89] Informationsquellen sind selbst wiederum Gegenstand von gemeinschaftsrechtlichen Informationspflichten. Neben den rechtsaktspezifischen Benennungs- und Mitteilungspflichten über die mitgliedstaatliche Behördenstruktur müssen von den Mitgliedstaaten nach der *Entscheidung zur Einführung eines gemeinsamen Verfahrens für die Anlage und Fortschreibung eines Bestandsverzeichnisses der Informationsquellen auf dem Gebiet des Umweltschutzes in der Gemeinschaft* alljährlich die notwendigen Informationen für die Aufstellung eines Bestandsverzeichnisses der Informationsquellen eingeholt und übermittelt werden.[90]

7. Staatliche Vorschriften und sonstige Maßnahmen

Unter die staatlichen Vorschriften und sonstigen Maßnahmen fallen sowohl Konditionalprogramme als auch Finalprogramme (Pläne) sowie Realhandlungen der Verwaltung. Erfaßt werden sowohl Maßnahmen, die der Umsetzung von Rechtsakten der Gemeinschaft dienen als auch solche, die auf Gemeinschaftsebene als Handelshemmnisse im Sinne des Art. 28 EGV (ex Art. 30) qualifiziert werden. Mitzuteilen sind nach fast allen Sekundärrechtsakten nationale Rechts- und Verwaltungsvorschriften, welche die Mitgliedstaaten zur formellen Umsetzung des Se-

---

89 Die *EUA-Gründungsverordnung* verpflichtet z.B. die Mitgliedstaaten zur Mitteilung der „wichtigsten Bestandteile ihres innerstaatlichen Umweltinformationsnetzes" einschließlich der zuständigen Stellen (Art. 4 Abs. 2, a.a.O.).

90 Art. 2 der Entscheidung 76/161 vom 8.12.1975 (Abl. Nr. L 31 vom 5.2.1976, 8) [im folgenden: *Informationsquellenentscheidung*]. Das Bestandsverzeichnis umfaßt wissenschaftlich-technische Informations- und Dokumentationsstellen, sogenannte Fachzentren sowie unabhängige Sachverständige und Forschungsvorhaben (Art. 1). In einem Anhang werden anhand eines Fragebogens die angeforderten Informationen präzisiert und Definitionen von bestimmten Bezeichnungen für Informations- und Dokumentationsdienste gegeben. Darunter fallen z.B. die Kategorien des *Nachweiszentrums*, des *Clearinghouse* und des *Informationsanalysezentrums*. Für den Ausbau eines Referenzzentrums für Umweltinformationen ist nunmehr die Europäische Umweltagentur zuständig (Art. 2 Ziff. iii der *EUA-Gründungsverordnung* i.d.F. von 1999, [Anm. 61]).

kundärrechts erlassen.[91] Weitere Maßnahmen sind im Rahmen des Vollzuges v.a. in Form von Durchführungsberichten mitzuteilen. Zur Stärkung der Aussagekraft und der Vergleichbarkeit der Durchführungsberichte wurde die *Richtlinie* 91/692/EWG *zur Vereinheitlichung und zweckmäßigen Gestaltung der Berichte über die Durchführung bestimmter Umweltschutzrichtlinien* erlassen.[92] Staatliche Vorschriften und sonstige Maßnahmen sind auch immer dann mitzuteilen, wenn sie eine Ausnahmeregelung zu harmonisiertem Gemeinschaftsrechts darstellen.[93] Im nichtharmonisierten Bereich sind staatliche Vorschriften meist bereits im Entwurfsstadium mitzuteilen.[94] Staatliche *Ziel*vorstellungen sind im Zusammenhang mit Planungspflichten Gegenstand administrativer Informationsverfahren.[95]

II. Strukturierung der administrativen Informationsverfahren

1. Arbeitsschritte

Informationsverfahren können in verschiedene, regelmäßig anfallende Arbeitsschritte zergliedert werden. Die Aufgaben und Befugnisse der Gemeinschaftsorgane und der Mitgliedstaaten beziehen sich jeweils nur auf bestimmte Arbeitsschritte. Unterschiedliche Arbeitsschritte stellen unterschiedliche – wenn auch miteinander verknüpfte – Sachverhalte dar. Entsprechend der Unterschiedlichkeit dieser Sachverhalte müssen auch die jeweils anknüpfenden rechtlichen Regelungen differenzieren.[96] Die folgende Aufgliederung beschränkt sich auf die Hauptschritte.[97]

---

[91] Siehe unten, Kap. 2 A.II.3.b. sowie Kap. 5 A.I.

[92] Richtlinie 91/692/EWG des Rates vom 23.12.1991 (Abl. Nr. L 377 vom 31.12.91, 48) [im folgenden: *Berichtsrichtlinie*]. Im einzelnen dazu unten, Kap. 5 A.III.

[93] Hierzu Kap. 2 B.II.3.b.bb. sowie Kap. 5 G.II.

[94] So die *Normeninformationsrichtlinie* und die *Stillhaltevereinbarungen*, dazu unten, Kap.2 A.II.3.b.aa. Hier überschneiden sich die Informationsgegenstände der „staatlichen Vorschriften" und der „technischen Möglichkeiten".

[95] Dazu Kap. 2 B.IV.

[96] Vgl. *Steinmüller* (Anm. 27), 338 f.

[97] So stellt *Fischer* für die Herausgabe eines Berichts zur Lage der Umwelt einen differenzierten Aufgabengliederungsplan vor, der verwaltungsorganisato-

Informationsverfahren beruhen zunächst auf der *Informationsbeschaffung*, der Gewinnung von IST-Informationen, d.h. der *Datenerhebung* durch Messungen, Beobachtung oder Einzelbefragungen, der darauf folgenden geordneten Aufzeichnung von Einzelinformationen sowie u.U. der *Datenaggregation*, d.h. der Zusammenfassung von Einzelinformationen zu Übersichten.[98] Letzteres spielt v.a. für das Erstellen von Statistiken eine Rolle. Nach der Datenbeschaffung folgt die *Datenbewertung* durch die Interpretation der Daten und den Vergleich mit Zielvorstellungen. In diesem Arbeitsschritt werden manche Daten erst zu aussagekräftigen Informationen verwandelt.[99] Die Datenbewertung ist eng mit der Gewinnung von SOLL-Informationen verknüpft. Auf der ermittelten Datengrundlage werden bereits getroffene Zielvorstellungen überprüft, geändert oder neue festgelegt.[100] Die nach der Datenerhebung folgenden Schritte der geordneten Aufzeichnung, der Aggregation und der (zumindest vorläufigen Erst-) Bewertung sind Bestandteil der Datenverarbeitung. Auf die erste Arbeitsphase der Informationsbeschaffung baut dann die *Informationsweitergabe* auf. Für die Kommission stellt die Weitergabe von Informationen durch die Mitgliedstaaten die Hauptinformationsquelle dar. Dabei müssen nicht alle der dargestellten Verarbeitungsschritte vorher durchlaufen werden. Die Informationsweitergabepflicht kann sich auf mehr oder weniger unverarbeitete Daten beziehen. Die Datenverarbeitung findet dann auf Gemeinschaftsebene statt.

Als letztes steht die *Entscheidungsfällung*.[101] Auf der erarbeiteten Datengrundlage werden Verwaltungsentscheidungen getroffen oder Rechtsnormen verabschiedet. Die Entscheidungsfällung ist als Zweck der Informationsverfahren immer im Auge zu behalten. Die *de lege ferenda* wünschenswerte und *de lege lata* zulässige rechtliche Ausgestal-

---

risch wichtige Zwischenschritte einbezieht, welche aber ohne rechtliche Bedeutung sind, wie z.B. die formelle Aufbereitung (*Lay-Out* Erstellung) und die Herstellung des Berichts (Drucklegung) (siehe *Fischer*, Informationstechnik und Organisation in öffentlichen Verwaltungen und öffentlichen Unternehmen, 1991, 145 f.).

98 Die Datenaggregation geht bereits in die Phase der Datenbewertung über.

99 Zur Unterscheidung von „Daten“ und „Informationen“ oben, A.II. und III.

100 Hier setzt u.a. die legislative Eigenkontrolle an, dazu unten, Kap. 5 B.

101 Vgl. *Storm* (Anm. 1), 281 f. Zum Verhältnis von Entscheidung und Informationsverfahren oben, Teil 1 Kap. 2 D.I. und G.

tung von Informationsverfahren hängt gerade im Gemeinschaftsrecht insbesondere auch vom verfolgten Zweck ab, wie die Auslegungsmethode des *effet utile* verdeutlicht.[102]

2. Verfahrensstrukturmuster

Bei den administrativen Informationsverfahren können in Anlehnung an die bereits erwähnten Kommunikationsstrukturmuster wiederholt auftretende Grundstrukturen festgestellt werden.[103] Als Grundform kann zunächst zwischen *horizontalen* und *vertikalen* Informationsverfahren unterschieden werden.[104] Horizontale Informationsverfahren finden zwischen mindestens zwei Mitgliedstaaten statt, vertikale zwischen einzelnen Mitgliedstaaten und der Gemeinschaft, namentlich der Kommission. Vertikale und horizontale Informationsverfahren können auch miteinander verknüpft sein. Das ist insbesondere dann der Fall, wenn bestimmte Informationen gleichzeitig an die Kommission und an die anderen Mitgliedstaaten weiterzugeben sind oder wenn die Kommission in ein horizontales Informationsverfahren „eintreten" darf.[105] Dann entsteht ein *Dreiecksverfahren*. Ein zweistufiges, mehrseitig vertikales Verfahren ist das *sternförmige* Informationsverfahren. In diesem Fall erhält die Kommission von einem Mitgliedstaat, einem Drittstaat oder auch einer Internationalen Organisation Informationen, welche sie an alle anderen Mitgliedstaaten weiterzuleiten hat.[106] Letztere wiederum

---

[102] Danach ist eine Vorschrift so auszulegen, daß sie effektiv in die Praxis umgesetzt wird und die hinter ihr stehenden Ziele verwirklicht werden (aus der Literatur siehe nur *Pernice* in: *Grabitz/Hilf*, Art. 164 [a.F.], Rn. 27 ff. sowie *Böhm*, Kompetenzauslegung und Kompetenzlücken im Gemeinschaftsrecht, 1985, 72 ff. mit weiteren Verweisen).

[103] Zu Kommunikationsstrukturmustern oben, Teil 1 Kap. 2 A. und B.II.

[104] In Anlehnung an die Einteilung von *Schmidt-Aßmann* zur horizontalen und vertikalen Verwaltungskooperation (Verwaltungskooperation, Anm. 2, 273). Siehe auch *Hatje* (Anm. 2), 136 ff. sowie oben, Teil 1 Kap. 2 B.II.

[105] Ein solches Eintrittsrecht der Kommission findet sich v.a. im Zusammenhang mit Konsultationspflichten. Dazu näher unten, B.IV.3.

[106] Vgl. *Neßler*, Europäisches Richtlinienrecht wandelt deutsches Verwaltungsrecht, 1994, 61 f., der in den Fällen der Weiterleitung der Informationen durch die Kommission an die anderen Mitgliedstaaten von einer „indirekten Kommunikation" spricht, bei der die Kommission als „Schaltstelle" der gemeinschaftsweiten Kommunikation fungiere.

geben ggf. die Informationen – mehr oder weniger überarbeitet – an die Öffentlichkeit weiter. Die Informationen selbst stammen z.T. von Unternehmen oder sonstigen Privatrechtssubjekten, so daß sich eine Informationskette von diesen an die zuständige nationale Behörde, weiter an die betroffenen Personen und die Öffentlichkeit, dann an die Kommission und über diese wiederum an die übrigen Mitgliedstaaten und ggf. deren Bevölkerung ergibt.[107] Zuletzt kann ein Informationsaustausch zwischen allen Mitgliedstaaten und der Kommission ohne nähere Festlegung und Begrenzung der Beteiligten stattfinden. Dann handelt es sich um eine sogenannte *Vollstruktur.*[108] Sie findet sich v.a. im Rahmen von Ausschüssen, informellen *ad hoc* Zusammenkünften sowie frei zugänglichen Informationssystemen und bildet die Kommunikationsgrundstruktur eines *Netzwerkes.*[109]

3. Mitteilungs- und Beschaffungspflichten

Entsprechend den dargestellten Arbeitsschritten der Informationsbeschaffung und Informationsweitergabe können Informationspflichten in zwei Hauptbestandteile untergliedert werden. Zum einen in die reinen Pflichten zur Mitteilung von (vorhandenen) Informationen einschließlich der Übermittlung von Dokumenten. Zum zweiten in z.T. vorgelagerte Pflichten der Informationsbeschaffung. Mitteilungspflichten können entweder auf eine bereits vorhandene Datengrundlage zurückgreifen oder mit Informationsbeschaffungspflichten verbunden sein. Sie stellen den Kern der Informationsverfahren dar. Wird die

---

[107] *Baram* stellt bei einem Vergleich der US-amerikanischen und der Informationspflichten des frühen EG-Umweltrechts fest, daß in der Gemeinschaft diese indirekte Art der Kommunikation zwischen Unternehmen und Öffentlichkeit vorherrsche. Hier vertraue die Öffentlichkeit darauf, daß die Behördenvertreter in Zusammenarbeit mit der Industrie die entsprechend erforderlichen Schritte einleiten werden. In den USA finde die Kommunikation dagegen überwiegend direkt zwischen der Bevölkerung und den betroffenen Unternehmen statt. Dort haben die Unternehmen Informationen umfassend gegenüber der Bevölkerung offenzulegen (Risk Communication Law and Implementation Issues in the United States an the European Community, Boston University International Law Journal, 1988, 21 [30]). In diese Richtung tendiert nun auch das europäische Umweltrecht.

[108] Ein Begriff aus der Kommunikationswissenschaft, siehe oben Teil 1 Kap. 2 A.

[109] Dazu näher oben, Teil 1 Kap. 2 D.II. sowie B.II.

„Übermittlung" von etwas verlangt, so handelt es sich meist um Schriftstücke. Findet sich keine ausdrückliche Differenzierung dann ist die Übermittlung von Schriftstücken in dem Begriff der Mitteilung enthalten. Die Merkmale eines Rechtsbegriffes erfüllt der Begriff der Mitteilung nicht, weil aus ihm noch kein konkreter Anhaltspunkt für die Initiativlast, den Auslösungstatbestand, den Zeitpunkt und den Umfang der jeweiligen Informationspflicht zu entnehmen ist. In den Rechtsakten der Gemeinschaft wird der Begriff häufig verwendet. Die genauen Rechtspflichten der Mitgliedstaaten ergeben sich dann aus den weiteren Vorschriften des Rechtsaktes, insbesondere aus dem Gegenstand der mitzuteilenden Informationen. Können die Pflichten hinsichtlich Zeitpunkt, Umfang und Initiativlast nicht durch Auslegung konkretisiert werden, liegt es nahe, den Mitgliedstaaten einen Ermessensspielraum oder u.U. der Kommission eine Konkretisierungsbefugnis einzuräumen.[110] Anhaltspunkt ist dann nach dem Auslegungsgrundsatz des *effet utile* v.a. der Zweck der Mitteilungspflicht.[111]

Kapitel 2: Grundbausteine der Verwaltungskooperation: Die Informationspflichten

Die verschiedenen Informationspflichten unterscheiden sich nach *Auslösungstatbestand*, *Initiativlast*, *Zeitpunkt*, *Medium* und *Umfang* der zu erbringenden Informationen erheblich. Diese Unterschiede sollen im folgenden anhand von Begriffsdefinitionen abstrakt dargestellt und durch eine systematisierende Bestandsaufnahme der bestehenden administrativen Informationsverfahren im europäischen Umweltrecht anhand von Beispielen konkretisiert werden. Im ersten Schritt wird ein begrifflicher Rahmen herausgearbeitet, welcher der Verdeutlichung des unterschiedlichen Verpflichtungsgehaltes der verschiedenen Informationsverfahren dient. Methodisch wird die Begriffsbildung in Anlehnung an den allgemeinen Sprachgebrauch und das Völkerrecht sowie induktiv aus der Analyse der gemeinschaftsrechtlichen Rechtsakte im Umweltbereich gewonnen. Sie beschränkt sich auf den deutschsprachigen Rechtsraum – eine spracheneinheitliche Begriffsfestlegung für alle Mit-

---

[110] Zu den Konkretisierungsbefugnissen der Kommission unten, Teil 3 Kap. 2 A.II.2. sowie Teil 4 Kap. 2 C.II.

[111] Die im einzelnen von der Gemeinschaft verfolgten Zwecke werden in Teil 2 Kap. 5 zusammenfassend dargestellt.

gliedstaaten würde die Kapazitäten der Arbeit bei weitem übersteigen.[112] Dabei soll keine Übertragung deutscher Rechtsbegriffe stattfinden, denn das Gemeinschaftsrecht ist nach ständiger Rechtsprechung des Gerichtshofs autonom auszulegen.[113] Feststehende Rechtsbegriffe existieren für den Bereich der Informationsverwaltung auch im deutschen Recht noch nicht. Es wird vielmehr auf der Grundlage der deutschen Übersetzung entsprechend dem Grundsatz der einheitlichen Auslegung des Gemeinschaftsrechts ein einheitlicher Sinn der Begriffe in Form einer Typisierung herausgearbeitet.[114]

---

[112] Als Arbeitshilfe hat sich der Sprachendienst der Gemeinschaft ein Begriffswörterbuch im Umweltschutzbereich erarbeitet, in dem im Gemeinschaftsrecht häufig verwendete Begriffe in die verschiedenen Amtssprachen übersetzt werden („Terminologie de l'environnement", Generalsekretariat des Europäischen Parlaments, Terminologiebüro der Direktion Übersetzung und Terminologie, hrsg. vom Erich Schmidt Verlag, Beiträge zur Umweltgestaltung, 1974, Loseblattsammlung). Darin finden sich aber keine informationsrechtlichen Begriffe.

[113] Siehe nur EuGH, Urteil vom 19.9.2000, Rs. C-287/98 (*Linster*), Rn. 43 (noch nicht in der Slg. veröffentlicht) sowie die im folgenden angeführten Urteile. Die Rechtsbegriffe des Gemeinschaftsrechts stimmen selbst bei Wortlautgleichheit nicht notwendigerweise mit denen des nationalen Rechts überein (siehe nur *Lenz/Erhard*, Das Gemeinschaftsrecht – System, Entstehung, Anwendung, in: *Lenz*, EG-Handbuch Recht im Binnenmarkt, 1994, 51 [86] sowie *Nicolaysen*, Europarecht I, 1991, 48 f.). Vergleichende Betrachtungen und die Bezugnahme auf solche nationalen Begriffe als Modell für eine eigene gemeinschaftsrechtliche Lösung sind jedoch gestattet (*Nicolaysen*, *ibid.*).

[114] Bei sprachlichen Divergenzen zwischen den verschiedenen Amtssprachen der Gemeinschaft ist nicht auf den Wortsinn in einer der Sprachen abzustellen, sondern eine einheitliche Auslegung in allen Amtssprachen anzustreben (EuGH, Urteil vom 12.11.1969, Rs. 29/69, *Stauder/Ulm*, Slg. 1969, 419 [425, Rn. 3] und Urteil vom 12.7.1979, Rs. 9/79, *Koschnike/Raad van Arbeid*, Slg. 1979, 2717 [2724, Rn. 6]). Die Notwendigkeit einer einheitlichen Auslegung ergibt sich aus der Notwendigkeit einer einheitlichen Anwendung. Daher sind die Begriffe in einem spezifisch gemeinschaftsrechtlichen Sinn zu erfassen. Das gilt zumindest solange der Rechtsakt nicht an einen Mitgliedstaat allein gerichtet ist (*ibid.*). Der Wortlaut einer Vorschrift tritt also im Zweifelsfall zurück und stellt damit keine zwingende Grenze zwischen Auslegung und Analogie dar. Abzustellen ist auf den wirklichen Willen des rechtsetzenden Organs und den von ihm verfolgen Zweck, und dies i.d.R. im Lichte aller Sprachfassungen (EuGH, *Stauder*, a.a.O.). Eingehend zur Einheitlichkeit der Auslegung als Voraussetzung eines einheitlichen Vollzuges *Hatje* (Anm. 2), 64 ff.

A. Mitteilungspflichten

Bei den im folgenden darzustellenden Informationspflichten handelt es sich, einzeln betrachtet, um „schlichte Formen punktueller Kooperation".[115] Sie stellen Grundbausteine dar, die sich meist in komplexeren Verfahren der Zusammenarbeit wiederfinden und schließlich im Rahmen bestimmter Sachzusammenhänge in unterschiedlichen Konstellationen als typische Kooperationsform identifiziert werden können.[116] Mitteilungspflichten können durch die Kategorien der Auskunftspflicht, der Unterrichtungspflicht, der Berichtspflicht und der Konsultationspflicht konkretisiert werden. Auch Duldungspflichten der Mitgliedstaaten i.V.m. Nachprüfungsrechten der Kommission fallen im weitesten Sinne unter die Weitergabe von Informationen. Bei letzteren handelt es sich um die Pflicht, einem anderen Rechtssubjekt Informationen zugänglich zu machen. Die Funktion dieser Duldungspflicht ist den Mitteilungspflichten äquivalent. Die Mitwirkung der Mitgliedstaaten wird aber auf ein Minimum reduziert und im wesentlichen in die Pflicht der Unterlassung störender Handlungen umgekehrt.

I. Auskunftspflichten

Eine Auskunft setzt ein *Ersuchen* um Informationen voraus. Sie ist die auf eine Frage hin gegebene Information.[117] Der Auskunftsverpflichtete muß nicht von sich aus initiativ werden, Auskunftspflichten sind reaktiv. Da sie eine konkrete Anfrage voraussetzen, handelt es sich um Einzelfälle, sie werden für einen bestimmten Zweck hinsichtlich einer bestimmten, aufgetretenen „Frage" erbeten. Auskünfte werden also *ad hoc* erteilt. Unter die Auskunftspflicht fallen nicht nur mündliche Auskünfte, sondern auch die Übermittlung von Schriftstücken.[118] Der

[115] *Schmidt-Aßmann*, Verwaltungskooperation (Anm. 2), 275 zu Mitteilungs- und Berichtspflichten.

[116] Dazu unten, Kap. 5.

[117] So die Definition des *Duden*, Das große Wörterbuch der deutschen Sprache, Bd. 1, 2. Aufl. 1993, Stichwort „Auskunft". Vgl. *Hanebuth*, Das Auskunftsrecht im europäischen Wirtschaftsrecht, 1967, 35 f. sowie *Fritz* in: HdUR, Stichwort „Melde- und Mitteilungspflicht", Sp. 1404, die von „Anforderung durch Einzelverfügung" und „Aufforderung" sprechen.

[118] Siehe z.B. Art. 15 Abs. 4 der *Abwasserrichtlinie* (*Richtlinie* 91/271/EWG vom 21.5.1991 *über die Behandlung von kommunalem Abwasser*, Abl. Nr. L 135 vom 30.5.1991, 40, geändert).

Umfang von Auskunftspflichten variiert, er ist aber immer auf die konkrete Fragestellung im *Einzelfall* bezogen. Ist eine umfassende Informationszusammenstellung und Analyse über längere Zeit erforderlich, so kann eher von einem Bericht als von einer Auskunft gesprochen werden.

Eine Auskunft beinhaltet Aussagen über *Tatsachen.*[119] Eine Pflicht zur Bildung und Abgabe einer Meinung wird hiervon nicht umfaßt, sie kann auch nicht erzwungen werden.[120] Meinungen können nur insofern Gegenstand einer Auskunft sein, als es um die Auskunft über die Tatsache geht, ob jemand eine bestimmte Meinung geäußert hat. Im deutschen Verwaltungsrecht werden Auskünfte als *mündliche oder schriftliche Bekundungen über Tatsachen durch amtliche Stellen oder Privatpersonen* umschrieben.[121]

In der Regel wird der Begriff der Auskunft in den Rechtsakten der Gemeinschaft mit dem hier dargestellten Verpflichtungsgehalt verwendet. Häufig finden sich aber zusätzlich die Begriffe *auf Anfrage mitteilen* oder *zur Verfügung stellen,*[122] *auf Wunsch*[123] oder *auf Antrag* hin *über-*

---

[119] So auch *Hanebuth* (Anm. 117), 62; zum deutschen Recht *Kopp/Ramsauer*, VwVfG, 7. Aufl. 2000, § 26, Rn. 17; siehe auch die Definition im *Bertelsmann Lexikon*: „Pflicht zur Mitteilung von Tatsachen" (Bd. 1 1990, Stichwort „Auskunftspflicht"); vgl. *Peters*, Die Sachverhaltsermittlung im Verwaltungsverfahren, JuS 1991, 54 56).

[120] Ebenso *Hanebuth, ibid.*

[121] *Peters* (Anm. 119), 57; *Clausen* in: *Knack*, VwVfG, 6. Aufl. 1998, § 26 Rn. 4.1. Dabei werden Aussagen, die von Beteiligten, Zeugen oder Sachverständigen stammen, ausgenommen. Diese Abgrenzung ergibt sich aus der Auflistung der Beweismittel im Verwaltungsverfahren in § 26 Abs. 1 VwVfG, worin Auskünfte, die Anhörung Beteiligter sowie die Vernehmung von Zeugen und Sachverständigen getrennt voneinander aufgeführt sind. Sie kann auf das Gemeinschaftsrecht nicht übertragen werden, weil hier keine parallele Vorschrift existiert und gerade die Vernehmung von Beteiligten sowie sonstigen Personen einheitlich als „Auskunftspflicht" bezeichnet wird.

[122] Im Rahmen der *Waldbrandschutzverordnung* und der *Waldimmissionsschutzverordnung* haben die Mitgliedstaaten der Kommission alle für die Betrugskontrolle erforderlichen Informationen „zur Verfügung" zu stellen (Art. 8 der *Verordnung* EWG Nr. 2158/92 vom 23.7.1992 *zum Schutz des Waldes in der Gemeinschaft gegen Brände*, Abl. Nr. L 217 vom 31.7.1992, 3, geändert und verlängert durch Verordnung Nr. 1485/2001 vom 27.6.2001, Abl. Nr. L 196 vom 20.7.2001, 4; Art. 14 UAbs. 2 der *Verordnung* EWG Nr. 3528/86 *über den Schutz des Waldes in der Gemeinschaft gegen Luftverschmutzung*, Abl. Nr. L 326 vom 21.11.1986, 3, geändert und verlängert durch Verordnung

mitteln, *auf Anfrage Einsicht* [124] oder *Zugang*[125] gewähren. Ist von *Übermitteln* die Rede, sind darunter meist schriftliche Auskünfte in

---

Nr. 1484/2001 vom 27.6.2001, Abl. Nr. L 196 vom 20.7.2001, 1). Nach der *Richtlinie* 2001/42/EG vom 27.6.2001 *über die Prüfung der Umweltauswirkungen bestimmter Pläne und Programme* (Abl. Nr. L 197 vom 21.7.2001, 30) sind wiederum bestimmte Informationen, die die Mitgliedstaaten der Kommission mitzuteilen haben, von der Kommission den jeweils anderen Mitgliedstaaten „zur Verfügung" zu stellen.

[123] Nach der *Schwefeldioxidrichtlinie* haben die Mitgliedstaaten der Kommission „auf deren Wunsch hin" Angaben über bestimmte Schadstoffkonzentrationen zu übermitteln (Art. 7 Abs. 3 der *Richtlinie* 80/779/EWG vom 15.7.1980 *über die Grenzwerte und Leitwerte der Luftqualität für Schwefeldioxid und Schwebstaub*, Abl. Nr.L 229 vom 30.8.1980, 30; diese Richtlinie wird z.T. zum 19.7.2001 und z.T. zum 1.1.2005 durch die Richtlinie 1999/30/EG vom 22.4.1999, Abl. Nr.L 163 vom 29.6.1999, 41, aufgehoben). Siehe auch Art. 15 S. 2 der *Richtlinie* 78/659/EWG vom 18.7.1978 *über die Qualität von Süßwasser, das schutz- oder verbesserungsbedürftig ist, um das Leben von Fischen zu erhalten* (Abl. Nr. L 222 vom 14.8.1978, 1) [im folgenden: *Fischgewässerrichtlinie*] und Art. 13 S. 3 der *Richtlinie* 79/923/EWG vom 30.10.1979 *über die Qualitätsanforderungen an Muschelgewässer* (Abl. Nr. L 281 vom 10.11.1979, 47) [im folgenden: *Muschelgewässerrichtlinie*]. Die *Fischgewässerrichtlinie* und die *Muschelgewässerrichtlinie* werden durch die *Wasserrahmenrichtlinie* zum 21.12.2013 aufgehoben (siehe Art. 22 Abs. 2 der *Richtlinie* 2000/60/EG vom 23.10.2000 *zur Schaffung eines Ordnungsrahmens für Maßnahmen der Gemeinschaft im Bereich der Wasserpolitik*, Abl. Nr. L 327 vom 22.12.2000, 1).

[124] Die *Pflanzenschutzmittelrichtlinie* sieht vor, daß die Mitgliedstaaten „auf Anfrage ... den anderen Mitgliedstaaten und der Kommission Einsicht" in die Antragsakten gewähren und ihnen „auf Antrag" alle für das volle Verständnis der Anträge notwendigen Informationen übermitteln (Art. 9 Abs. 5 S. 3 der *Richtlinie* 91/414/EWG vom 15.7.1991 *über das Inverkehrbringen von Pflanzenschutzmitteln*, Abl. Nr. L 230 vom 19.8.1991, 1, mehrfach geändert).

[125] So sieht die *Gefahrstoffrichtlinie* vor, daß die zuständigen Behörden eines Mitgliedstaates „jederzeit Zugang zu den Anmeldungsunterlagen und den zusätzlichen Auskünften" haben, falls ihnen nur Zusammenfassungen dieser Unterlagen übermittelt worden sind (Art. 20 Abs. 1 UAbs. 2 der *Richtlinie* 67/548/EWG vom 27.6.1967 *zur Angleichung der Rechts- und Verwaltungsvorschriften für die Einstufung, Verpackung und Kennzeichnung gefährlicher Stoffe*, Abl. Nr .L 196 vom 16.8.1967, 1, mehrfach geändert [im folgenden: *Gefahrstoffrichtlinie*]). Die *Abwasserrichtlinie* bestimmt, daß die von den mitgliedstaatlichen Behörden im Rahmen ihrer Überwachungspflichten gesammelten Informationen in den Mitgliedstaaten bereitgehalten werden und der Kommission „auf Anfrage" zugänglich gemacht werden (Art. 15 Abs. 4 der Richtlinie 91/271/EWG, [Anm. 118]).

Form von bestimmen Dokumenten zu verstehen.[126] In der Regel ergibt sich aus dem Zusammenhang, ob es sich bei den genannten Begriffen um Auskunftspflichten handelt. Soll zu bestimmten Informationen *Zugang* verschafft, *Einsicht gewährt* oder diese *zur Verfügung gestellt* werden, kann dies auch als Informationszugangsrecht der Kommission oder anderer Mitgliedstaaten vor Ort i.V.m. einer Duldungspflicht des informationspflichtigen Staates verstanden werden. Was von beidem gemeint ist, ergibt sich aus dem Gegenstand der Regelung. Ein Zugang zu Informationen, die in den Akten mitgliedstaatlicher Behörden enthalten sind, wird als Auskunftspflicht verstanden werden müssen. Das Recht der Kommission, in Behördenräume zu gehen und sich dort die Akten anzusehen, ist die Ausnahme und i.d.R. weder erforderlich noch von der Kommission zeitlich oder personell zu leisten. Für Mitgliedstaaten untereinander kann es im Falle des Fehlens einer eindeutigen, ausdrücklichen Regelung i.d.R. ganz ausgeschlossen werden.[127] Hat die Kommission allerdings die Befugnis zur Vornahme von Inspektionen vor Ort, kommt ihr i.d.R. implizit auch ein Auskunftsrecht zu.[128] Die Formulierung *Zur Verfügung Stellen* kann sich auch i.V.m. einer Unterrichtungspflicht finden.[129] Eine Auskunftspflicht kann im Wortlaut so-

---

[126] Im Rahmen der *Vogelschutzrichtlinie* sind die Mitgliedstaaten verpflichtet, der Kommission alle sachdienlichen Informationen zu „übermitteln", so daß diese die Koordinierung zur Herstellung eines zusammenhängenden Netzes von Vogelschutzgebieten übernehmen kann (Art. 4 Abs. 3 der *Richtlinie* 79/409/EWG vom 2.4.1979 *über die Erhaltung der wildlebenden Vogelarten*, Abl. Nr. L 103 vom 25.4.1979, 1, mehrfach geändert). Siehe auch Art.9 Abs. 5 der *Pflanzenschutzmittelrichtlinie* (Anm. 124).

[127] Näher zur „Informationshoheit" der Mitgliedstaaten Teil 3 Kap. 1 A.; zu Nachprüfungen vor Ort siehe unten, V. sowie Teil 3 Kap. 1 B.II.1.

[128] Hierzu unten, Teil 3 Kap. 1 B.II.1.c.bb.

[129] Siehe Art.14 UAbs. 2 der *Gentechnikrichtlinie* 90/219/EWG (*Richtlinie* 90/219/EWG vom 23.4.1990 *über die Anwendung genetisch veränderter Mikroorganismen*, Abl. Nr. L 117 vom 8.5.1990, 1, geändert, insbesondere durch Richtlinie 98/81/EG vom 26.10.1998, Abl. Nr. L 330 vom 5.12.1998, 13, zuletzt durch Entscheidung 2001/204/EG vom 8.3.2001, Abl. Nr. L 73 vom 15.3.2001, 32) sowie Art. 8 Abs. 2 der inzwischen aufgehobenen *Richtlinie* 82/501/EWG vom 24.6.1982 *über die Gefahren schwerer Unfälle bei bestimmten Industrietätigkeiten* (Abl. Nr. L 230 vom 5.8.1982, 1, mehrfach geändert) [im folgenden: *Seveso-Richtlinie*]. Diese sehen vor, daß Mitgliedstaaten gleichzeitig mit der Unterrichtung der Öffentlichkeit im Falle eines Unfalles „den übrigen interessierten Mitgliedstaaten" – als Grundlage für notwendige Konsultationen im Rahmen ihrer bilateralen Beziehungen – die gleichen Informationen „zur Ver-

gar als „Unterrichtung", eine Unterrichtungspflicht als „Auskunft" bezeichnet werden.[130] Bei der Auslegung der gemeinschaftsrechtlichen Wortwahl ist mangels einer einheitlichen Begriffsverwendung nicht auf die grammatikalische, sondern auf die systematische und teleologische Auslegung abzustellen.[131]

---

fügung stellen", die sie an die eigenen Staatsangehörigen verteilen. Ob es sich dabei um eine Unterrichtungspflicht in Form einer Warnung oder um eine horizontale Auskunftspflicht handelt, geht aus dem Wortlaut nicht eindeutig hervor. Zwar legen die Formulierungen *den interessierten Mitgliedstaaten* und *zur Verfügung stellen* nahe, daß erstere den Staat des Unfallortes um die Informationen ersuchen müssen. Die zeitliche Anknüpfung an die Unterrichtung der Bevölkerung im Sinne einer Gleichzeitigkeit spricht dagegen für eine aktive Unterrichtungspflicht im Sinne einer Warnung. Diese Auslegung als Warnung wird durch die Einbeziehung von Sinn und Zweck der Regelungen im Rahmen der Unfallbekämpfung gestützt. Siehe dagegen Art. 10 der *Industrieanlagenrichtlinie* (Anm. 69), der ebenfalls von „zur Verfügung stellen" spricht, der aber keine Vorschriften zur Unfallbekämpfung enthält, sondern das Genehmigungsverfahren für entsprechende Anlagen regelt. Die systematische und teleologische Auslegung sprechen hier eher gegen eine (aktive) Unterrichtungspflicht.

[130] In einer Richtlinie der Gemeinschaft zur Amtshilfe in Steuersachen findet sich eine Vorschrift zum „Automatischen Auskunftsaustausch", d.h. der Pflicht, „sich gegenseitig ohne vorheriges Ersuchen regelmäßig die in ... bezeichneten Auskünfte ..." zu erteilen sowie eine Vorschrift zum „Spontanen Auskunftsaustausch", welcher wiederum ohne vorheriges Ersuchen stattzufinden hat (Art. 3 und 4 der *Richtlinie* 77/799/EWG vom 19.12.1977 *über die gegenseitige Amtshilfe zwischen den zuständigen Behörden der Mitgliedstaaten im Bereich der direkten und indirekten Steuern*, Abl. Nr. L 336 vom 27.12.1977, 15, geändert). Diese Zusammensetzung hört sich im deutschen Sprachgebrauch widersprüchlich an. Dem Inhalt nach handelt es sich um eine Unterrichtungspflicht, nicht um eine Auskunftspflicht. Umgekehrt ist die Wortwahl in der *Stickstoffdioxidrichtlinie*. Hier haben die Mitgliedstaaten die Kommission „auf deren Antrag hin" über bestimmte Meßwerte und Maßnahmen „zu unterrichten" (Art. 7 Abs. 3 der *Richtlinie* 85/203/EWG vom 7.3.1985 *über Luftqualitätsnormen für Stickstoffdioxid*, Abl. Nr. L 87 vom 27.3.1985, 1, geändert; aufgehoben z.T. zum 19.7.2001 bzw. zum 1.1.2010 durch die Richtlinie Nr. 1999/30/EG, [Anm. 123]). Da die Mitteilung auf ein Ersuchen hin ergeht, handelt es sich der Sache nach um eine Auskunftspflicht.

[131] Siehe oben, Anm. 114 sowie die Beispiele unter Anm. 129.

II. Unterrichtungspflichten

Unterrichtungspflichten sind ebenfalls *einzelfallbezogen.*[132] Im Gegensatz zur Auskunftspflicht muß der Mitteilungspflichtige initiativ werden. Es handelt sich um eine *aktive* Informationspflicht, ein Ersuchen ist nicht erforderlich.[133] Auslösungstatbestand einer Unterrichtungspflicht sind bestimmte, in der Rechtsnorm angeführte *Ereignisse*, die im Macht- oder zumindest Kenntnisbereich des Unterrichtungspflichtigen liegen. Zum Teil sind sie verbunden mit Umweltbeobachtungs- und Meßpflichten, mittels derer der Umweltzustand im Hoheitsbereich des unterrichtungspflichtigen Mitgliedstaates festgestellt werden soll. Diese Umweltmonitoringpflichten[134] stellen sicher, daß der Eintritt des Auslösungstatbestandes – meist ein bestimmter Umweltzustand – vom unterrichtungspflichtigen Staat bemerkt wird. Unterrichtungspflichten umfassen nicht nur die mündliche Unterrichtung, sondern meist auch die Übermittlung von entsprechenden schriftlichen Unterlagen. Die für eine Unterrichtungspflicht in den Rechtsakten der Gemeinschaft verwendeten Begriffe umfassen neben dem Begriff der *Unterrichtung*[135] auch Ausdrücke wie *in Kenntnis setzen,*[136] *unterbreiten,*[137] *übermitteln,*[138] *melden,*[139] und teilweise auch die Formulierungen *zur Verfü-*

---

[132] Vgl. *Sands* (Anm. 79), 598 zum völkerrechtlichen Begriff der *notification*, welcher mit „Unterrichtung" übersetzt werden kann.

[133] Deutlich umschrieben ist dies in der *Gefahrstoffrichtlinie* (Anm. 125), Art. 14 Abs. 1: „Der Anmelder eines Stoffes ... muß die zuständige Behörde ... *auf eigene Initiative und eigenverantwortlich* schriftlich unterrichten im Falle ..." [Hervorhebungen durch den Verfasser]. Vgl. auch *Hanebuth* (Anm. 117), 35, dort als „Anzeigepflicht" benannt; ähnlich *Fritz* (Anm. 117), Sp. 1404 f.

[134] Näher dazu unten, B.II.

[135] Siehe nur Art. 7 Abs. 1 und 2 der *Schwefeldioxidrichtlinie* (Anm. 123).

[136] Zum Beispiel Art. 25 Abs. 3 der *Gefahrstoffrichtlinie* (Anm. 125); Art. 1 der *Entscheidung* 87/600/Euratom des Rates vom 14.12.1987 *über Gemeinschaftsvereinbarungen für den beschleunigten Informationsaustausch im Fall einer radiologischen Notstandssituation* (Abl. Nr. L 371 vom 30.12.1987, 76).

[137] Art. 6 Abs. 1 S. 4 und Abs. 3 S. 1 der *VOC-Richtlinie Lösungsmittel* (Anm. 84).

[138] Siehe z.B. Art. 8 Abs. 1 der *Normeninformationsrichtlinie* 98/34/EG (Anm. 77).

[139] Art. 45 Abs. 5 der *Richtlinie* 80/836/Euratom vom 15.7.1980 *zur Festlegung von Grundnormen für den Gesundheitsschutz der Bevölkerung und der Arbeitskräfte gegen die Gefahren ionisierender Strahlungen* (Abl. Nr. L 246

gung stellen[140] oder *zugänglich machen*[141] von Informationen. Aus dem Gegenstand und dem Zweck der Information ergibt sich dann die Auslegung der genannten Begriffe im Sinne einer Unterrichtungspflicht.

1. Die Notifizierung

Zunehmend wird der Begriff der *Notifizierung* verwendet.[142] Er ist eine deutsche Fassung des französisch/englischen Begriffs der *notification*, welcher wiederum mit Bekanntgabe, amtliche Mitteilung, Anzeige und Benachrichtigung übersetzt wird. Die Notifizierung beinhaltet eine Unterrichtung und hat i.d.R. einen offiziellen, rechtsförmlichen Cha-

---

vom 17.9.1980, 1). Die Richtlinie wurde zum Jahr 2000 durch die *Richtlinie* 96/29/Euratom vom 13.5.1996 *zur Festlegung der grundlegenden Sicherheitsnormen für den Schutz Gesundheit der Arbeitskräfte und der Bevölkerung gegen die Gefahren durch ionisierende Strahlen* (Abl. Nr. L 159 vom 29.6.1996, 1) aufgehoben.

140 Siehe oben unter I. zur Auslegung als Auskunfts-, Unterrichtungs- oder Duldungspflicht (insbesondere Anm. 129). Auch die Regelung in Art. 7 Abs. 5 *lit.* b der *Richtlinie* 98/83/EG vom 3.11.1998 *über die Qualität von Wasser für den menschlichen Gebrauch* (Abl. Nr. L 330 vom 5.12.1998, 32) [im folgenden: *Trinkwasserrichtlinie* 98/83/EG] ist nicht eindeutig. Danach müssen die Mitgliedstaaten bei der Verwendung alternativer Analysemethoden der Kommission alle einschlägigen Informationen „zur Verfügung stellen". Da die Mitgliedstaaten hier den Auslösungstatbestand schaffen, wird es sich wohl um eine Unterrichtungspflicht handeln. Ansonsten müßte die Kommission „ins Blaue hinein" bei den Mitgliedstaaten nachfragen.

141 Art. 13 Abs. 2 der *Richtlinie* 96/82/EG vom 9.12.1996 *zur Beherrschung der Gefahren bei schweren Unfällen mit gefährlichen Stoffen* (Abl. Nr. L 10 vom 14.1.1997, 13) [im folgenden: *Seveso-II-Richtlinie*]. Auch hier ist nicht ganz klar, ob es sich um eine Auskunfts- oder eine Unterrichtungspflicht handelt. Der Zusammenhang spricht wiederum eher für eine Unterrichtungspflicht.

142 Siehe die *Verordnung* (EWG) Nr. 259/93 vom 1.2.1993 *zur Überwachung und Kontrolle der Verbringung von Abfällen in der, in die und aus der Europäischen Gemeinschaft* (Abl. Nr. L 30 vom 6.2.1993, 1, mehrfach geändert [im folgenden *Abfallverbringungsverordnung*]; Art. 176 S. 2 EGV [ex Art. 130t]; Art. 1, 2, 5, 8 u.a. der *Verordnung* (EWG) Nr. 2455/92 vom 23.7.1992 *betreffend die Ausfuhr und Einfuhr bestimmter gefährlicher Chemikalien*, Abl. Nr. L 251 vom 29.8.1992, 13, mehrfach geändert) [im folgenden: *Chemikalienausfuhrverordnung*] sowie Art.16 der *Richtlinie* 94/62/EG vom 20.12.1994 *über Verpackungen und Verpackungsabfälle* (Abl. Nr. L 365 vom 31.12.1994, 10, geändert).

rakter. An sie knüpfen bestimmte *Rechtsfolgen* an, u.a. in Form der Auslösung von Einwendungsfristen.[143] Der Begriff wird häufig im Völkerrecht, insbesondere in umweltvölkerrechtlichen Verträgen verwendet.[144] In der *Encyclopedia of Public International Law* wird die Notifizierung als förmlicher, einseitiger Akt beschrieben, durch den Staaten andere Völkerrechtssubjekte über rechtlich relevante Tatsachen informieren.[145] Nach einer Notifizierung wird vermutet, daß der notifizierte Umstand durch den Empfänger zur Kenntnis genommen wurde, unabhängig davon, ob er den Empfang bestätigt hat oder nicht.[146] Wenn im Gemeinschaftsrecht von einer Notifizierung die Rede ist, sind *Inhalt* und *Form* der Mitteilung meist genau festgelegt.[147] Der Begriff der Notifizierung muß nicht ausdrücklich in den Rechtsakten verwendet werden. Die Förmlichkeit der Unterrichtung kann sich auch im Rahmen einer systematischen Interpretation durch die an selbige anknüpfenden Rechtsfolgen ergeben.[148] Der Begriff wird nicht nur für den zwischenstaatlichen Verkehr, sondern auch im Hinblick auf Anmeldepflichten

---

[143] Zum Beispiel ist nach der *Abfallverbringungsverordnung* und der *Richtlinie über die Verbringung radioaktiver Abfälle* die Notifizierung der grenzüberschreitenden Verbringung von Abfällen auf bestimmten Formularen Voraussetzung für deren Rechtmäßigkeit (Art. 3, 6, 12, 15 der *Abfallverbringungsverordnung* [Anm. 142; Art. 4 und 6 der *Richtlinie* 92/3/Euratom vom 3.2.1992 *zur Überwachung und Kontrolle der Verbringung radioaktiver Abfälle von einem Mitgliedstaat in einen anderen, in die Gemeinschaft und aus der Gemeinschaft*, Abl. Nr. L 35 vom 12.2.1993, 24). An deren Eingang knüpfen Einwendungsfristen der Behörden an (näher hierzu unten, 3.c.aa). Vgl. auch *Randelzhofer/Harndt* (Anm. 1), 29 f.

[144] Siehe nur *Sands* (Anm. 79), 598 und 608 ff. mit zahlreichen Beispielen sowie unten, Teil 5 Kap. 2 B.

[145] Wörtlich heißt es hier: „*Notification is a formal, unilateral act in international law by a State informing other States or organizations of legally relevant facts*" (*Dominick* in: EPIL, Bd. 9 1986, Stichwort „Notification", 288). In der umweltvölkerrechtlichen Literatur wird er z.T. umfassender für alle Formen der Unterrichtung verwendet (siehe nur *Sands*, a.a.O.).

[146] *Dominick*, *ibid.*

[147] Vgl. *Dominick* für das Völkerrecht, wonach die Notifizierung meist durch diplomatische Note oder eine andere vorgeschriebene Form erfolgt (*ibid.*).

[148] Siehe z.B. die Richtlinie 92/3/Euratom (Anm. 143), a.a.O. Dazu näher unten, 3.c.aa.

von Privatpersonen verwendet.[149] Für sie gelten dieselben Ausführungen zur Förmlichkeit. Eine Notifizierung enthält im Gemeinschaftsrecht also i.d.R. eine Unterrichtung, die an näher festgelegte Förmlichkeiten gebunden ist und bestimmte Rechtsfolgen nach sich zieht – sie ist ein rechtserhebliches, förmliches Unterrichtungsverfahren.

2. Inhaltliche und zeitliche Öffentlichkeitsakzessorietät

In einigen Fällen knüpft der Auslösungstatbestand der administrativen Unterrichtungspflicht an die vorherige Unterrichtung dritter Personen oder das Ergreifen bestimmter Maßnahmen durch den informationspflichtigen Mitgliedstaat an.[150] Die Akzessorietät der Unterrichtungspflicht bezieht sich zumeist auf die Informationsoffenlegung oder das Ergreifen von Schutzmaßnahmen zugunsten der Bevölkerung des pflichtigen Mitgliedstaates. Die hieran anknüpfende administrative

---

[149] So in der *Abfallverbringungsverordnung*, siehe unten, 3.c.aa.

[150] Art. 14 UAbs. 2 der *Gentechnikrichtlinie* 90/219/EWG (Anm. 129) sieht z.B. vor, daß die von einem Unfall betroffenen nationalen Einrichtungen unterrichtet und diese Informationen der Öffentlichkeit zugänglich gemacht werden (Art.14 *lit.* b) und sodann die „betreffenden Mitgliedstaaten [...] *gleichzeitig* den anderen betroffenen Mitgliedstaaten als Grundlage für notwendige Konsultationen im Rahmen ihrer bilateralen Beziehungen die *gleichen* Informationen zur Verfügung [stellen], die sie an ihre eigenen Staatsangehörigen verteilen" [Hervorhebungen durch den Verfasser] (zur Auslegung dieser Formulierung als aktive Unterrichtungspflicht siehe oben, Anm. 129). Eine weitgehend parallele Regelung fand sich in der inzwischen aufgehobenen ersten *Seveso-Richtlinie* (Richtlinie 82/501/EWG, Anm. 129). Weitere akzessorische Unterrichtungspflichten enthalten Art. 17 Abs. 1 i.V.m. Art. 6 und 15 Abs. 1 der *IVU-Richtlinie* (Anm. 69) und Art. 7 Abs. 1 der *UVP-Richtlinie* (*Richtlinie* 85/337/EWG vom 27.6.1985 *über die Umweltverträglichkeitsprüfung bei bestimmten öffentlichen und privaten Projekten*, Abl. Nr. L 175 vom 5.7.1985, 40, geändert, insbesondere durch Richtlinie 97/11/EG, Abl. Nr. L 73 vom 14.3.1997, 5, eine erneute Änderung ist zur Zeit im Gesetzgebungsverfahren). Art. 10 der *Richtlinie* 89/618/Euratom vom 27.11.1989 *über die Unterrichtung der Bevölkerung über die bei einer radiologischen Notstandssituation geltenden Verhaltensmaßregeln und zu ergreifenden Gesundheitsschutzmaßnahmen* (Abl. Nr. L 357 vom 7.12.1989, 31) knüpft an im einzelnen in der Richtlinie festgelegte Unterrichtungspflichten der Mitgliedstaaten gegenüber der Bevölkerung an. In Art. 2 Abs. 1 der Entscheidung 87/600/Euratom (Anm. 136) knüpft die Unterrichtungspflicht zeitlich an das Ergreifen von Schutzmaßnahmen zugunsten der eigenen Bevölkerung an.

Unterrichtungspflicht soll daher als *öffentlichkeitsakzessorische* Informationspflicht bezeichnet werden.[151] Sie dient u.a. der Vermeidung von Konflikten mit nationalen Geheimhaltungsvorschriften.[152] In der Regel handelt es sich um horizontale Informationspflichten. Manchmal finden sich aber auch vertikale öffentlichkeitsakzessorische Informationspflichten, so in der *UVP-Richtlinie.*[153] Die Akzessorietät kann sich sowohl auf den *Zeitpunkt* als auch auf den inhaltlichen *Umfang* der Unterrichtung beziehen.[154] Sie kann als Festlegung eines leicht feststellbaren objektivierten „Minimums" im Sinne einer Gleichbehandlung der

---

[151] Neben öffentlichkeitsakzessorischen Unterrichtungspflichten gibt es vereinzelt auch akzessorische *Berichtspflichten.* So z.B. der Bericht über die Trinkwasserqualität, welcher einmal im Jahr zur Information der Verbraucher zu erstellen ist und (zeitlich öffentlichkeitsakzessorisch) innerhalb von zwei Monaten nach der Veröffentlichung der Kommission zu übermitteln ist (Art. 13 Abs. 2 und 3 der *Trinkwasserrichtlinie* 98/83/EG, [Anm. 140]).

[152] So auch *Pätzold* im Hinblick auf die Anknüpfung an eine öffentliche Anhörung im Rahmen der *Empfehlung zur gegenseitigen Unterrichtung über neue Projekte im Gebiet der* [Deutsch-Französisch-Schweizerischen] *Regierungskommission* (Deutsch-Französisch-Schweizerische Zusammenarbeit im regionalen Umweltbereich, UPR 1983, 256 [257]; näher dazu unten, Teil 5 Kap. 2 A.I. und B.I.).

[153] Danach können die Mitgliedstaaten in Ausnahmefällen ein einzelnes Projekt ganz oder teilweise von den Vorschriften der Richtlinie ausnehmen. In diesem Fall müssen sie der Öffentlichkeit diesbezügliche Informationen zur Verfügung stellen und prüfen, ob weitere Informationen an die Öffentlichkeit gegeben werden. Die *Kommission* ist dann vor Erteilung der Genehmigung über die Gründe zu unterrichten und es sind ihr „die Informationen zu übermitteln, die sie [die mitgliedstaatliche Behörde] ggf. ihren eigenen Staatsangehörigen zur Verfügung stellt" (Art. 2 Abs. 3 *lit.* c der Richtlinie 85/337/EWG, [Anm. 150]). Siehe auch Art.10 der Richtlinie 89/618/Euratom (a.a.O.), der zwei vertikale öffentlichkeitsakzessorische Auskunftspflichten und eine vertikale akzessorische Unterrichtungspflicht enthält.

[154] Die Bestimmung der *Gentechnikrichtlinie* 90/219/EWG ist beispielsweise sowohl in zeitlicher als auch in inhaltlicher Hinsicht öffentlichkeitsakzessorisch (siehe oben, Anm. 150), ebenso Art. 8 der inzwischen aufgehobenen ersten *Seveso-Richtlinie* (Anm. 129) und Art. 10 der Richtlinie 89/618/Euratom (Anm. 150). Die Unterrichtungspflicht nach der Euratom Entscheidung 87/600 (Anm. 136) ist nur in zeitlicher Hinsicht akzessorisch (Art. 1 und 2), ebenso wie die Unterrichtungspflichten nach Art.7 der *UVP-Richtlinie* (Anm. 150) und Art. 17 der *IVU-Richtlinie* (Anm. 69), wonach die Genehmigungsanträge dem Nachbarstaat zum gleichen Zeitpunkt zu übermitteln sind, zu dem sie den eigenen Staatsangehörigen zur Verfügung gestellt werden.

anderen Mitgliedstaaten und der Gemeinschaft mit der Bevölkerung des unterrichtungspflichtigen Mitgliedstaates gestaltet sein und tritt dann in Kombination mit weiteren, nichtakzessorischen Informationspflichten auf.[155]

Die vorgelagerte Informationsweitergabe an die eigene Bevölkerung kann im Falle des Fehlens einer näheren gemeinschaftsrechtlichen Regelung von dem unterrichtungspflichtigen Mitgliedstaat nach eigenem Ermessen geregelt werden. Insofern ist der *Auslösungstatbestand* einer öffentlichkeitsakzessorischen Unterrichtungspflicht zwar *verobjektiviert*, aber auch *relativiert*: Die vorgelagerte Informationsweitergabe und das Ergreifen von Schutzmaßnahmen selbst sind zwar objektiv nachprüfbare Tatbestandsmerkmale, die Herbeiführung dieser Auslösungstatbestände liegt aber im Ermessen des unterrichtungspflichtigen Mitgliedstaates.[156] Zeitpunkt und Umfang der vorgelagerten Öffent-

---

[155] In der *Gentechnikrichtlinie* 90/219/EWG ist beispielsweise neben der akzessorischen Informationspflicht zudem eine Bestimmung über die inhaltlich weniger umfangreiche, dafür aber sofortige Warnung der betroffenen Mitgliedstaaten enthalten. Sie hat nach Kenntniserlangung zu erfolgen (Art. 15 Abs. 2, erster Spiegelstrich, [Anm. 129]). Hier finden sich also zwei Auslösungstatbestände – die hinsichtlich Zeitpunkt und Umfang öffentlichkeitsakzessorische Unterrichtung sowie die sofortige Warnungspflicht ab Kenntnis. Die zusätzliche Bestimmung über die sofortige Warnung legt nahe, daß es sich bei der öffentlichkeitsakzessorischen Informationspflicht vornehmlich um eine Akzessorietät hinsichtlich des Umfanges der mitzuteilenden Informationen handelt. Vgl. auch die Euratom Entscheidung 87/600 (Anm. 136). Danach sind die betroffenen Mitgliedstaaten grundsätzlich beim Eintritt bestimmter materieller Auslösungstatbestände *unverzüglich* zu warnen (Art. 1 Abs. 1). Zusätzlich enthält Art. 2 Abs. 1 eine zeitliche Öffentlichkeitsakzessorietät (siehe oben). Siehe auch Art. 7 Abs. 1 *UVP-Richtlinie* (dazu unten, 3.c.bb.).

[156] Ob z.B. im Rahmen der Euratom Entscheidung 87/600 die warnungspflichtauslösenden Schutzmaßnahmen ergriffen werden, bleibt dem Ermessen der Mitgliedstaaten überlassen (so auch ausdrücklich die Mitteilung der Kommission vom 2.12.1992, *Der Binnenmarkt der Gemeinschaft nach 1992 – Folgemaßnahmen zum Sutherland-Bericht*, SEK [91] 2277 endg., 23, Nr. 4). Der Auslösungstatbestand enthält die einer wertenden Ausfüllung bedürftigen Tatbestandsmerkmale *signifikant* und *anormal* (Art. 1 Abs. 1 der Entscheidung, a.a.O.). Verobjektiviert wird die Auslösung der Warnungspflicht durch die zusätzliche zeitliche Anknüpfung an das Ergreifen von *Schutzmaßnahmen* zugunsten der Bevölkerung (Art. 2 Abs. 1). Das Ermessen der Mitgliedstaaten hinsichtlich der Herbeiführung des Auslösungstatbestandes wird durch eine Bedenkens- und Begründungspflicht teilweise kompensiert. Werden solche Schutzmaßnahmen erwogen, „sollte“ der Mitgliedstaat zudem „möglichst“ die

lichkeitsinformation können aber auch im Gemeinschaftsrecht geregelt sein.[157] Aufgrund der Öffentlichkeitsakzessorietät sind dann indirekt auch Zeitpunkt und Umfang der administrativen Unterrichtungspflicht festgelegt.

3. Unterscheidung nach Unterrichtungsgegenstand und Auslösungstatbestand

Unterrichtungspflichten können je nach Gegenstand der Unterrichtung, dem Auslösungstatbestand und dem Zeitpunkt des Eintritts der Pflicht in verschiedene Unterkategorien eingeteilt werden.

a) Warnungen in Notfällen

Warnungspflichten sind Unterrichtungspflichten in Notfällen. Auslösungstatbestand ist i.d.R. der Eintritt eines Unfalles, einer Naturkatastrophe oder eines sonstigen Notstandes. *Adressat* der Warnung ist ein *potentiell betroffenes Rechtssubjekt*, d.h. in vorliegenden Untersuchungszusammenhang ein potentiell betroffener anderer Mitgliedstaat. Warnungen sind vornehmlich horizontale Informationspflichten. Unter Umständen kann auch die Gemeinschaft, vertreten durch die Kommission, Adressat einer Warnung oder zumindest einer nachfolgenden

---

Kommission und die potentiell betroffenen Mitgliedstaaten von dieser Absicht in Kenntnis setzen. Vgl. auch das völkerrechtliche *Frühwarnungsübereinkommen* (unten, Teil 5 Kap. 2 B.I) sowie unten, Anm. 160.

[157] So ist die Öffentlichkeit nach der *IVU-Richtlinie* (Anm. 69) und der *UVP-Richtlinie* (Anm. 150) binnen einer angemessenen Frist vor Genehmigungserteilung durch Zugänglichmachen der einschlägigen Informationen am Verfahren zu beteiligen. Ebenso ist in der Richtlinie 89/618/Euratom (Anm. 150) die Unterrichtung der Bevölkerung in radiologischen Notstandssituationen im einzelnen geregelt (hierzu auch *Grunwald*, Neuere Entwicklungen des Euratom-Rechts, EuZW 1990, 209 [210 f.]). Der Umfang der an die Bevölkerung weiterzugebenden Informationen umfaßte z.B. nach der ersten *Seveso-Richtlinie* (Anm. 129) u.a. Namen, Standort, Tätigkeit des Unternehmens, Stoffeigenschaften, potentielle Wirkungen, Verhaltensanweisungen und die Information über Stellen, bei denen weitere Informationen eingeholt werden können (Art. 8 Abs. 1 i.V.m. Anhang VII der Richtlinie 82/501/EWG, nunmehr Art. 13 Abs. 1 und Anhang V der Richtlinie 96/82/EG, [Anm. 141]). Hieran knüpfen jeweils die administrativen Unterrichtungspflichten an (siehe auch oben, Anm. 150 und Anm. 154).

Unterrichtung sein. Das ist v.a. dann der Fall, wenn sie Reaktionsmaßnahmen auf Gemeinschaftsebene einleiten kann oder die Umstände im Hinblick auf eine Verbesserung des Gemeinschaftsrechts analysieren soll.[158] Eine Warnung erfolgt *ex post*, d.h. nach dem Eintritt des Notfalles, frühestens im Zeitpunkt des Vorliegens von Umständen, die eine *konkrete Gefahrensituation* begründen. Es handelt sich v.a. um akut umweltbelastende Tätigkeiten oder Naturereignisse. Der inhaltliche Umfang einer Warnung ist meist gering gehalten. Um so wichtiger ist dafür das *zeitliche* Moment, die rasche Information der Betroffenen. Der Inhalt bezieht sich vornehmlich auf den Eintritt des Auslösungstatbestandes selbst sowie knapper Angaben über Ort, Zeitpunkt und ungefähres Ausmaß. Umfangreichere Hintergrundinformationen sind i.d.R. in einer *nachfolgenden Unterrichtung* nachzureichen und entsprechend dem Stand der Erkenntnisse zu aktualisieren.[159] Die War-

---

[158] Siehe Art. 16 Abs. 1 *lit.* b der *Gentechnikrichtlinie* 90/219/EWG (Anm. 129), wonach die Kommission so rasch wie möglich von allen Unfällen im Sinne dieser Richtlinie zu informieren ist. Ähnlich Art. 11 Abs. 1 der aufgehobenen ersten *Seveso-Richtlinie* (a.a.O.) sowie im Sinne einer nachfolgenden Unterrichtung Art. 15 der *Seveso-II-Richtlinie* (a.a.O.). Danach sind die Mitgliedstaaten verpflichtet, die Kommission so bald wie möglich über die auf ihrem Hoheitsgebiet eingetretenen schweren Unfälle zu unterrichten und ihr die im einzelnen aufgeführten Informationen einschließlich einer Analyse zu übermitteln. Die Übermittlung der Analyseergebnisse und bestimmter Einzelinformationen über den Unfall darf zurückgestellt werden, um den Abschluß gerichtlicher Verfahren zu ermöglichen, die durch eine Informationsübermittlung beeinträchtigt werden könnten (Art. 15 Abs. 2). Nach der Begründungserwägungen der ersten *Seveso-Richtlinie* soll die nachfolgende Unterrichtung der Kommission die Analyse der Gefahren schwerer Unfälle ermöglichen und der Gemeinschaft Informationen für eine eventuelle Verbesserung des Gemeinschaftsrechts liefern (hier als *legislative Eigenkontrolle* bezeichnet, näher dazu unten, Kap. 5 B.). So hat die Analyse der vergangenen Unfälle gezeigt, daß in den meisten Fällen organisatorische Mängel die Unfallursache waren, weshalb in der *Seveso-II-Richtlinie* nunmehr die Betreiber u.a. verpflichtet sind, ein „Konzept zur Verhütung schwerer Unfälle" zu erstellen (siehe die 15. Begründungserwägung und Art. 7 der *Seveso-II-Richtlinie*).

[159] So z.B. die Entscheidung 87/600/Euratom (Anm. 136): Neben der in Art. 2 Abs. 1 *lit.* a festgelegten unverzüglichen Warnung (näher dazu sogleich) sind der Kommission und den (potentiell) betroffenen Mitgliedstaaten umgehend die erforderlichen und verfügbaren Informationen für die Eindämmung der voraussichtlichen radiologischen Folgen zu liefern (Art. 2 Abs. 1 *lit.* b). Umgehend heißt, daß diese Informationen so bald möglich nachgereicht werden. Die Warnung darf dagegen nicht zeitlich durch das Zusammenstellen der Hintergrundinformationen verzögert werden. Welche Informationen beizu-

nung darf durch die Zusammenstellung dieser zusätzlichen Informationen nicht verzögert werden. Die Pflicht zur nachfolgenden Unterrichtung ist meist im Hinblick auf Umfang und Zeitpunkt öffentlichkeitsakzessorisch gestaltet. Häufig sind Warnungspflichten auch mit sich anschließenden Auskunfts- oder Berichtspflichten verknüpft. Beispiele für Warnungspflichten im europäischen Gemeinschaftsrecht finden sich in der *Euratom Entscheidung* 87/600 *über Gemeinschaftsvereinbarungen für den beschleunigten Informationsaustausch im Fall einer radiologischen Notstandssituation*[160] sowie in der *Gentechnikrichtlinie* 90/219/EWG.[161]

---

bringen sind, ist im einzelnen in Art. 3 aufgezählt (mit der Einschränkung „soweit möglich und angezeigt"). Sie sind in angemessenen Zeitabständen zu aktualisieren. Ähnlich, aber etwas unklar die Regelung der *Gentechnikrichtlinie* 90/219/EWG, Art. 14 *lit.* b i.V.m. UAbs. 2 im Vergleich zu Art. 15 Abs. 2, erster Spiegelstrich (näher dazu Anm. 129).

[160] Die Entscheidung verpflichtet die Mitgliedstaaten, die (potentiell) betroffenen Mitgliedstaaten und die Kommission *unverzüglich* von dem Eintritt eines radiologischen Notstandes *in Kenntnis zu setzen* (Art. 2 Abs. 1 *lit.* a). Der Auslösungstatbestand des „radiologischen Notfalles" ist zum einen als *Unfall*, der zu einer signifikanten Freisetzung radioaktiver Stoffe führt oder führen kann und alternativ dazu als *Feststellung anormaler Radioaktivitätswerte*, die für die öffentliche Gesundheit schädlich sein können, definiert (Art. 1 Abs. 1 der Entscheidung, Anm. 136). Der Auslösungstatbestand des „Unfalles" ist in Unterfälle aufgegliedert, welche an bestimmte Anlagen und Tätigkeiten anknüpfen (Art. 1 Abs. 1 und Abs. 2). Letztlich werden aber unabhängig von Unfallort und Unfallursache alle Unfälle, die in signifikantem Maße zur Freisetzung radioaktiver Stoffe führen können, erfaßt (so die Auffangvorschrift Art. 1 Abs. 1 *lit.* d). Zeitlich knüpft die Warnungspflicht als Mindestvorgabe an das Ergreifen von Schutzmaßnahmen zugunsten der Bevölkerung an, ist also öffentlichkeitsakzessorisch. Im Vergleich zur vorherigen Rechtslage ist die Unterrichtungspflicht der Mitgliedstaaten erheblich konkretisiert und objektiviert worden. Art. 45 Abs. 5 der *Grundnormenrichtlinie* 80/836/Euratom (Anm. 139) sah lediglich vor, daß jeder Unfall, der eine Strahlenexposition der Bevölkerung zur Folge hat, unverzüglich den benachbarten Mitgliedstaaten und der Kommission zu melden ist, *wenn die Umstände es erfordern.* Diese Richtlinie wurde zum 13.5.2000 durch die Richtlinie 96/29/Euratom (Anm. 139) ersetzt, welche jetzt vorsieht, daß die Mitgliedstaaten in Notstandssituationen „Beziehungen" aufzunehmen haben (Art. 51 Abs. 5). Die konkreten Informationspflichten ergeben sich aus der Entscheidung 87/600/Euratom.

[161] Art. 15 Abs. 2 erster Spiegelstrich der Richtlinie 90/219/EWG (Anm. 129) im Hinblick auf die anderen Mitgliedstaaten. Hier findet sich ausdrücklich der Begriff der Warnung. Inwieweit es sich hierbei um eine eigenständige Warnungspflicht handelt, geht nicht ganz eindeutig aus der Richtlinie hervor. Siehe

Die für die Unfallverhütung wegweisende erste *Seveso-Richtlinie*[162] und jetzt die *Richtlinie* 96/82/EG *zur Beherrschung der Gefahren bei schweren Unfällen mit gefährlichen Stoffen* (*Seveso-II-Richtlinie*) sehen für den Fall von schweren Industrieunfällen eher einen vor- und nachsorgenden administrativen Informationsaustausch vor, welcher nach der *Seveso-II-Richtlinie* durch den Aufbau eines in verfahrensrechtlicher Hinsicht nicht genau festgelegten „Registrier- und Informationssystems" und die Benennung von Beratungsstellen gewährleistet werden soll.[163] Über dieses Informationssystem soll auch die „rasche" Übermittlung von Unfalldaten, welche die Kommission von einem Mitgliedstaat erhalten hat, an die anderen Mitgliedstaaten erfolgen. Eine explizite horizontale Warnungspflicht findet sich in der Richtlinie nicht. Sehr indirekt könnte sich eine solche aus den von den Mitgliedstaaten zu erstellenden externen Notfallplänen, in denen Vorkehrungen zur Unterrichtung der Notfall- und Rettungsdienste anderer Mitgliedstaa-

---

auch Art. 16 Abs. 1 *lit.* b zur Unterrichtung der Kommission.

[162] Neben den vielfältigen Informationspflichten des Betreibers gegenüber der zuständigen nationalen Behörde war im Falle eines schweren Unfalls eine Informationskette vom Betreiber an die zuständigen nationalen Behörden, von diesen an die betroffenen Personen und die Öffentlichkeit, dann (öffentlichkeitsakzessorisch) an die übrigen interessierten Mitgliedstaaten sowie „so bald wie möglich" an die Kommission vorgesehen (Art. 10 Abs. 1, Art. 8 Abs. 1, Art. 8 Abs. 2, Art. 11 der *Seveso-Richtlinie*, [Anm. 129]). Die vom Betreiber mitzuteilenden und die an die Öffentlichkeit weiterzugebenen Informationen waren im einzelnen in Art. 10 und Anhang VII aufgeführt. Die erste *Seveso-Richtlinie* wurde durch die Richtlinie 96/82/EG zum Anfang des Jahres 1999 aufgehoben. Zu dieser Richtlinie und ihrer Vorbildwirkung auch für den außereuropäischen Rechtsraum *Otway*, Risk Communication and Policy in the European Communities: Background, Status and Trends, Boston University International Law Journal, 1988, 5 ff. sowie *Baram* (Anm. 107), insbesondere 31.

[163] Richtlinie 96/82/EG vom 9.12.1996 (Abl. Nr. L 10 vom 14.1.1997, 13). Die zweite Richtlinie wurde u.a. mit dem Ziel einer Verstärkung des Informationsaustauschs zwischen den Mitgliedstaaten erlassen (3. Begründungserwägung). In diesem Sinne ist von der Kommission ein *Registrier-* und *Informationssystem* einzurichten, welches „ausführliche Angaben über die im Hoheitsgebiet der Mitgliedstaaten eingetretenen schweren Unfälle enthält" (Art. 19). Nach Art. 15 ist die Kommission „so bald wie möglich" über schwere Unfälle zu unterrichten. Zudem sind die Stellen zu nennen, die hinsichtlich des Auftretens und der Verhütung von schweren Unfällen sowie der Begrenzung von Unfallfolgen informieren und die zuständigen Behörden anderer Mitgliedstaaten beraten können.

ten im Fall eines schweren Unfalls mit potentiellen grenzüberschreitenden Folgen aufzuführen sind, entnommen werden.[164] Als Lückenschließer kann hier „im Notfall" auf das Völkerrecht zurückgegriffen werden. Dieses sieht im Falle schwerer Industrieunfälle mit grenzüberschreitenden Auswirkungen sowohl im Gewohnheitsrecht als auch in der *ECE-Industrieunfällekonvention* eine zwischenstaatliche Warnungspflicht vor.[165]

b) Staatliche Normen und sonstige staatliche Maßnahmen

Häufig haben Unterrichtungspflichten geplante oder bereits erlassene staatliche Normen und Maßnahmen zum Gegenstand. Sie werden entweder vor, nach oder gleichzeitig mit Inkrafttreten der Maßnahmen ausgelöst. Gegenstand einer solchen Unterrichtungspflicht können entweder zur Umsetzung von Gemeinschaftsrecht erlassene nationale Rechtsvorschriften oder nationale Umweltschutzvorschriften im Sinne potentieller Handelshemmnisse sein.[166] Ziel der Unterrichtungspflicht ist im letzten Fall dann nicht in erster Linie der Umweltschutz, sondern umgekehrt die Vermeidung von Handelshemmnissen durch Umweltschutzvorschriften. Teilweise stellt die Unterrichtungspflicht den Anfang eines europäischen Zustimmungs- oder Streitbeilegungsverfahrens oder den Beginn einer Harmonisierung der nationalen Rechtsnormen im Sinne einer legislativen Eigenkontrolle dar.[167]

---

[164] Anhang IV, Nr. 2 *lit.* g der Richtlinie, a.a.O.

[165] Siehe Teil 5 Kap. 1 A.I. zum Gewohnheitsrecht und Art. 10 Abs. 2 der *Industrieunfällekonvention*, dazu Teil 5 Kap. 2 B.I.

[166] *Pernice* bezeichnet diese Unterrichtungspflichten als „legislativen Dialog" (*Pernice*, Befugnisse der EG auf dem Gebiet des Umwelt- und Technikrechts, DV 1989, 1 [44]), *v. Bogdandy* faßt sie unter die „Information und Kommunikation im vertikalen Rechtsetzungsverbund (Information und Kommunikation in der Europäischen Union: föderale Strukturen in supranationalem Umfeld, in: *Schmidt-Aßmann/Hoffmann-Riem*, Verwaltungsrecht in der Informationsgesellschaft, 2000, 133 [151 ff.]).

[167] Dazu näher unten, Teil 2 Kap. 4 B. und D. sowie Kap. 5 B. In diesem Sinne zur Richtlinie 83/189/EWG auch *Scheuing*, Die Einheitliche Europäische Akte als Grundlage umweltrechtlicher Aktivitäten der Europäischen Gemeinschaft, in: *Behrens/Koch*, Umweltschutz in der Europäischen Gemeinschaft, 1991, 46 (67).

aa) Im nichtharmonisierten Bereich

Unterrichtungspflichten im rechtlich nicht harmonisierten Bereich betreffen häufig die präventive Kontrolle potentieller Handelshemmnisse. Darunter fallen v.a. die *Unterrichtungs-* und *Stillhaltevereinbarungen* von 1969 und 1973, die *Normeninformationsrichtlinie* und seit 1995/1997 als „Lückenschließer" die *Unterrichtungsentscheidung Warenverkehr.*

Die *Normeninformationsrichtlinie* hat den Abbau von Handelsbeschränkungen durch nationale *technische Vorschriften* zum Ziel.[168] Die erste *Normeninformationsrichtlinie* 83/189/EWG ist durch die Richtlinie 98/34/EG vom 22.6.1998 neu kodifiziert worden.[169] Die alte wie die neue Richtlinie zeichnet sich durch besonders zahlreiche, schwer voneinander abgrenzbare Tatbestandsmerkmale aus, welche Gegenstand und Umfang der Informationspflichten der Mitgliedstaaten festlegen sollen.[170] Vorschriften zum Schutz der Umwelt fallen nach der Legaldefinition in Art. 1 der Richtlinie z.T. als „sonstige" Vorschrift unter den Anwendungsbereich der Richtlinie.[171] Der Entwurf einer technischen

---

[168] Nunmehr Richtlinie 98/34/EG vom 22.6.1998 als Neukodifikation der Richtlinie 83/189/EWG (beide Anm. 77). Die Richtlinie 83/189/EWG basierte auf Art. 100 und 213 EGV [a.F., jetzt Art. 94 und 284], die Neukodifikation auf Art. 100a, 213 und 43 EGV [a.F., jetzt Art. 95, 284 und 37] als Rechtsgrundlage. In der Begründung beider Richtlinien wird darauf verwiesen, daß die Mitgliedstaaten nach Art. 5 EGV [a.F., jetzt Art. 10 EGV] gehalten seien, der Kommission die Erfüllung ihrer Aufgabe zu erleichtern und deshalb verpflichtet seien, ihr von ihren Entwürfen auf dem Gebiet der technischen Vorschriften Mitteilung zu machen. Desgleichen müßten alle Mitgliedstaaten über die von einem anderen Mitgliedstaat geplanten technischen Vorschriften unterrichtet sein. Die Gemeinschaft betrachtet die Richtlinie als Konkretisierung der Gemeinschaftstreuepflicht (näher dazu unten, Teil 3 Kap. 2).

[169] Und bereits wieder geändert, siehe Richtlinie 98/48/EG vom 20.7.1998 (Abl. Nr. L 217 vom 5.8.1998, 18), welche den Anwendungsbereich der Richtlinie auf die „Dienste der Informationsgesellschaft" erstreckt und zu zahlreichen zusätzlichen Vorschriften und Umnumerierungen geführt hat.

[170] Die folgende Darstellung ist vereinfacht und läßt einige der Eventualregelungen, Differenzierungen, Ausnahmen und Gegenausnahmen außer Acht. Die *Normeninformationsrichtlinie* ist zudem mit der *Verpackungsrichtlinie* (Anm. 142) durch eine spezielle Unterrichtungspflicht ergänzt worden (Art. 16). Beide Unterrichtungen können durch einen einfachen Hinweis miteinander verbunden werden.

[171] Danach bestehen technische Vorschriften aus „technischen Spezifikationen" sowie „sonstigen Vorschriften". Unter die „sonstigen Vorschriften" fallen

Vorschrift sowie dessen wesentliche Änderung ist der Kommission von den Mitgliedstaaten unverzüglich zu übermitteln.[172] Voraussetzung einer technischen „Vorschrift" ist nach der Rechtsprechung des EuGH, daß diese selbst Rechtswirkungen für einzelne entfaltet und produktbezogen ist.[173] Auch die Ausdehnung des Geltungsbereichs einer technischen Vorschrift ist erneut zu notifizieren.[174] Enthält eine neue Vorschrift dagegen keine inhaltlichen Änderungen, handelt es sich nicht um einen „Entwurf" einer technischen Vorschrift im Sinne der Richtlinie.[175] Die Tatbestandsmerkmale sind vom Gesetzgeber in dem Bemühen einer möglichst umfassenden Unterrichtung der Kommission vage gelassen und bedürfen einer wertenden Auslegung.[176] Diese Aufgabe hat der Ge-

---

Umweltschutzvorschriften, wenn sie den Lebenszyklus eines Erzeugnisses nach dem Inverkehrbringen betreffen, wie z.B. „Vorschriften für Gebrauch, Wiederverwertung, Wiederverwendung oder Beseitigung, sofern diese Vorschriften die Zusammensetzung oder die Art des Erzeugnisses oder seine Vermarktung wesentlich beeinflussen können" (Art. 1 Nr. 4 i.V.m. Nr. 9 der Richtlinie 98/34/EG i.d.F. der Richtlinie 98/48/EG, [Anm. 77]). Diese Erweiterung des Anwendungsbereichs der Richtlinie unter ausdrücklicher Einbeziehung von Umweltschutzvorschriften ist erst durch die Änderung der Richtlinie im Jahr 1994 erfolgt.

[172] Art. 8 Abs. 1 der Richtlinie 98/34/EG (Anm. 77). Eingehend zur Funktion und dem Verfahren *v. Bogdandy* (Anm. 166), 151 ff.

[173] EuGH, Urteil vom 30.4.1996, Rs. C-194/94 (*CIA Security International SA/Signalson SA u. Securitel SPRL*), EuZW 1996, 379 (Rn. 23 f.) mit Anm. *Fronia*; Urteil auch in Slg.1996, S. I-2201ff. Zur Einbeziehung von sogenannten *De-facto*-Vorschriften siehe oben, Kap. 1 C. I.4. Ausführlich zur Definition der technischen Vorschrift *Fronia* (Anm. 77).

[174] Urteil des EuGH vom 1.6.1994, Rs. C-317/92 (*Kommission/Deutschland*) „Verfallsdatum von Arzneimitteln", Slg. 1994, I-2039 (2063 f., Rn. 24 ff.).

[175] EuGH, Urteil vom 3.6.1999, Rs. C-33/97 (*Colim/Bigg's Continent Noord*) Slg. 1999, S. I-3175 (3212, Rn. 22), dort auch zur Einordnung von Sprachvorschriften und Verbraucherinformationen als technische Vorschrift (a.a.O., 3213 f., Rn. 27 ff.).

[176] So heißt es in Art. 8 Abs. 1: *Wenn* es für die Beurteilung der Tragweite des Entwurfs *notwendig* ist, müssen die Mitgliedstaaten gleichzeitig den Wortlaut der hauptsächlich betroffenen Rechts- und Verwaltungsvorschriften übermitteln (UAbs. 2). Zielt der Entwurf darauf ab, das Inverkehrbringen oder die Verwendung eines Stoffes aus Gründen des Gesundheits-, Verbraucher- oder Umweltschutzes einzuschränken, haben die Mitgliedstaaten zusätzlich eine Zusammenfassung *aller zweckdienlichen Angaben* über die betroffenen Stoffe und Substitutionsprodukte zu übermitteln. Weiterhin sind, *sofern verfügbar*, die Fundstellen dieser Angaben sowie Angaben über die zu erwartenden Auswir-

richtshof mit seiner Rechtsprechung zur unmittelbaren Wirkung und Einklagbarkeit der Unterrichtungspflicht durch Privatpersonen bereitwillig angenommen und erfreut sich nun einer wachsenden Zahl diesbezüglicher Rechtssachen.[177] Im Zweifel sind der Kommission Vorschriften, die unter den Anwendungsbereich der Richtlinie fallen könnten, zu übermitteln. Den Mitgliedstaaten kommt nach der Rechtsprechung des EuGH kein Beurteilungsspielraum im Hinblick auf die Qualifizierung der Normen und die Anwendbarkeit der Richtlinie zu.[178] Es sind zudem so viele Informationen mitzuteilen, daß sich die Kommission ein *vollständiges* Bild über dessen Inhalt, Tragweite und den allgemeinen Zusammenhang verschaffen kann. Der Mitgliedstaat muß daher auch die von dem Entwurf unmittelbar betroffenen grundlegenden Rechts- und Verwaltungsvorschriften übermitteln, wenn deren Wortlaut für die Beurteilung der Tragweite des Entwurfs herangezogen werden muß.[179] Ausgenommen von den Informationsverfahren sind u.a. Vorschriften, durch die die Mitgliedstaaten verbindlichem Gemeinschaftsrecht nachkommen[180] oder Verpflichtungen aus einem

---

kungen der Maßnahme auf die Umwelt, *falls zweckmäßig* mit einer nach dem europäischen Gefahrstoffrecht durchgeführten Risikoanalyse, zu übermitteln (UAbs. 4) [Hervorhebungen durch den Verfasser].

[177] Hierzu näher unten, Teil 6 Kap. 2 B.I.2.

[178] EuGH, Urteil vom 11.1.1996, Rs. C-273/94 (*Kommission/Niederlande*) „Margarine", EuZW 1996, 117 f. Die Niederlande hatten argumentiert, daß die streitgegenständliche Vorschrift vom Sinn und Zweck her nicht unter die Unterrichtungspflicht falle, weil der Handel mit dem betroffenen Produkt – Margarine – nicht eingeschränkt, sondern erleichtert werden sollte. Der Gerichtshof wies diese Argumentation zurück und stellt fest: „Eine solche Verpflichtung kann nicht von der einseitigen Beurteilung der etwaigen Auswirkungen dieses Entwurfs auf den Handel zwischen Mitgliedstaaten abhängen, die ein Mitgliedstaat, der den Entwurf verfaßt hat, vornimmt" (Erwägung Nr. 15). Auch sind die Gründe, die für deren Erlaß maßgeblich waren, unerheblich, so u.a., daß die technische Vorschrift im Rahmen eines Strafverfahrens Anwendung findet (EuGH, Urteil vom 16.6.1998, Rs. C-226/97, *Strafverfahren gegen Johannes Martinus Lemmens*, Slg. 1998, S. I-3711 [3732, Rn. 20]).

[179] EuGH, Urteil vom 7.5.1998, Rs. C-145/97 (*Kommission/Belgien*) „Pflicht zur vorherigen Mitteilung aufgrund der Richtlinie 89/189/EWG", Slg. 1998, S. I-2643(2653, Rn. 11 f.).

[180] Dies jedoch wiederum nicht, wenn das Gemeinschaftsrecht den Mitgliedstaaten einen Gestaltungsspielraum läßt, so der EuGH im Urteil vom 26.9.2000, Rs. C-443/98 (*Unilever Italia SpA/Central Food SpA*), EuZW 2001, 153 (155, Rn. 28 f.).

internationalen, gemeinschaftsweit geltenden Übereinkommen erfüllen.[181] An die Unterrichtung schließen sich detailliert geregelte Stillhaltefristen im Hinblick auf den Erlaß der nationalen Vorschrift an.[182] Ein ausdrücklicher Genehmigungsvorbehalt findet sich in der *Normeninformationsrichtlinie* nicht.[183] Die Kommission müßte bei Zweifeln an der Gemeinschaftsrechtskonformität der nationalen Norm ein Vertragsverletzungsverfahren einleiten. Dem Hauptzweck nach dient die Richtlinie aber der Einleitung von europäischen Harmonisierungsvorschriften.

Vorläufer der ersten Normeninformationsrichtlinie 83/189/EWG war die Vereinbarung der im Rat vereinigten Vertreter der Regierungen der Mitgliedstaaten vom 28.5.1969 über die Stillhalteregelung und die Unterrichtung der Kommission.[184] Vor dem Hintergrund dieser Vereinbarung ist der Erlaß des nunmehr ausdifferenzierten und verbindlichen Informationsverfahrens nach der Normeninformationsrichtlinie zu sehen.[185] Sie hat das erste „Verfahren zur Koordinierung der einzelstaatlichen Tätigkeiten und der auf Gemeinschaftsebene zur Beseitigung von technischen Hemmnissen unternommenen Tätigkeiten" eingeführt.[186] In der Vereinbarung kommen die Mitgliedstaaten überein, daß bei bestimmten Erzeugnissen Rechts- und Verwaltungsvorschriften nicht ohne Unterrichtung der Gemeinschaft und unter Einhaltung einer fünf-

---

[181] Art. 10 der Richtlinie 98/34/EG (Anm. 77). Hierzu auch das Urteil vom 11.5.1999, Rs. C-425/97, C-426/97 und C-427/97 (*Strafverfahren gegen Albers, van den Berkmortel und Nuchelmans*), Slg. 1999, S. I-2947 ff.

[182] Dazu ausführlich *Fronia* (Anm. 77), 104 ff. sowie *v. Bogdandy* in: *Schmidt-Aßmann/Hoffmann-Riem* (Anm. 166), 154 f.; siehe auch unten, Teil 6 Kap. 2 B.I.2.

[183] Ein solcher kann auch nicht in eine Richtlinie hineininterpretiert werden, wenn kein Anhaltspunkt hierfür zu finden ist. So ausdrücklich der EuGH zu einzelnen Mitteilungspflichten der Mitgliedstaaten nach der *Abfallrichtlinie* (Urteil vom 23.5.2000, Rs. C-209/98, *Sydhavnens Sten & Grus*, Slg. 2000, S. 3743 [3805 f., Rn. 98] zu Art. 7 Abs. 3 sowie Urteil vom 13.7.1989, Rs. 380/87, *Enichem Base u.a./Commune di Cinisello Balsamo*, Slg. 1989, S. 2491 [2508, Rn. 17] zu Art. 3 Abs. 2 der Richtlinie 75/442). Näher hierzu unten, Teil 6 Kap. 2 B.I.1.

[184] Abl. Nr. C 76 vom 17.6.1969, 9, geändert durch Abl. Nr. C 9 vom 15.3.1973, 3.

[185] Zur Entwicklungsgeschichte der diesbezüglichen Rechtsetzung eingehend *v. Bogdandy* in: *Schmidt-Aßmann/Hoffmann-Riem* (Anm. 166), 158 f.

[186] Begründung der Vereinbarung vom 28.5.1969.

monatigen Stillhaltefrist erlassen werden. Die Rechtsnatur solcher Vereinbarungen war und ist in der Literatur umstritten. Stellenweise werden sie als völkerrechtlicher Vertrag vereinfachter Form qualifiziert, überwiegend werden sie jedoch – zumindest auch – dem Gemeinschaftsrecht zugeordnet.[187] In einer Fußnote der Vereinbarung stellen die Regierungsvertreter ausdrücklich fest, daß es sich um ein Gentlemen's Agreement handelt.[188] Insofern kann die Vereinbarung nicht entgegen dem ausdrücklichen Willen der Parteien als bindender Vertrag oder als verbindlicher Rechtsakt der Gemeinschaft betrachtet werden.[189] Sie kann aber bei der Auslegung des Gemeinschaftsrechts berücksichtigt werden.[190] Die Vereinbarung ist hinsichtlich der von der

---

[187] Nach *Beutler/Bieber/Pipkorn/Streil* gehören die Akte der im Rat vereinigten Vertreter der Mitgliedstaaten nur dann nicht dem Völkerrecht, sondern dem Gemeinschaftsrecht an, wenn sie vom Vertrag vorgesehen sind (Die Europäische Union, 1993, 138 und 201 f.) – was für den Umweltbereich nicht der Fall ist. *Bothe* betrachtet sie als gemeinsame Akte der Mitgliedstaaten, die aufgrund der Materie einen unmittelbaren Bezug zur Gemeinschaft haben und damit Teil des Gemeinschaftsrechts sind (*Bothe*, „Soft Law" in den Europäischen Gemeinschaften?, in: FS Schlochauer, 761 [762]). Nach *Hummer* handelt es sich dagegen um unverbindliche, „gemeinschaftsexterne" Beschlüsse der völkerrechtlichen Ebene (*Hummer*, Das „institutionelle Gleichgewicht" als Strukturdeterminante der Europäischen Gemeinschaften, in: FS Verdross, 1980, 459 [479 f.]). *Zuleeg* ordnet die Bindung wiederum als staatsrechtliche ein (*Zuleeg*, Kompetenzen, [Anm. 44, 20 f.). Siehe auch *Everling*, Probleme atypischer Rechts- und Handlungsformen bei der Auslegung des europäischen Gemeinschaftsrechts, in: *Bieber/Ress*, Die Dynamik des Europäischen Gemeinschaftsrechts, 1987, 417 ff. und *ders.*, Zur rechtlichen Wirkung von Beschlüssen, Entschließungen, Erklärungen und Vereinbarungen des Rates oder der Mitgliedstaaten der Europäischen Gemeinschaft, in: GS Constantinesco, 1983, 133 ff. (insbesondere 136). *Everling* zeigt, daß mit einer extensiveren Anwendung des Art. 235 EGV [a.F., jetzt Art. 308] und dem verstärkten Rückgriff auf Entschließungen des Rates diese Form von Beschlüssen ihr Ende gefunden hat. Siehe auch *Hilf*, Maßnahmen zur Erweiterung des Wirkungsbereichs der Verträge, in: *Bieber/Ress*, a.a.O., 251 (255 f.).

[188] Ein *Gentlemen's Agreement* ist eine lose Abmachung zwischen Staatsmännern, die lediglich auf Treu und Glauben gegründet ist und die Personen moralisch verpflichtet, ihren Einfluß und ihre Befugnisse dafür einzusetzen, daß die Abmachung erfüllt wird (*v. Haeften* in: *Strupp/Schlochauer*, Wörterbuch des Völkerrechts, Bd. 1 1960/61, 659).

[189] Ebenso *Bothe* (Anm. 187), 764.

[190] *Bothe* hält bei ständiger Nichtbeachtung der Vereinbarung eine Verletzung der Gemeinschaftstreuepflicht für – möglicherweise – gegeben, ebenso wie

Normeninformationsrichtlinie erfaßten Vorschriften überholt. Sie gilt jedoch für die nicht unter die Richtlinie fallenden Vorschriften fort.[191] Die Unterrichtungsvereinbarung ist anfangs von den Mitgliedstaaten eingehalten worden, im Laufe der Zeit aber immer mehr zum Erliegen gekommen.[192]

Die zweite Unterrichtungsvereinbarung vom 5.3.1973 über *Dringlichkeitsmaßnahmen im Bereich des Umweltschutzes* wurde anläßlich des Beginns der europäischen Umweltpolitik verabschiedet und betrifft daher speziell die Harmonisierung von Umweltschutzmaßnahmen.[193] Sie soll es der Kommission ermöglichen, ggf. harmonisierte Gemeinschaftsmaßnahmen vorzuschlagen, ohne damit primär den Abbau von Handelshemmnissen zu bezwecken. Die Kommission ist nach dieser Vereinbarung so bald wie möglich über jeden Entwurf von Rechts- oder Verwaltungsvorschriften sowie über jede internationale Initiative zum Umweltschutz zu unterrichten, wenn diese unmittelbare Auswirkungen auf den Gemeinsamen Markt haben, das Umweltprogramm der Gemeinschaft betreffen oder wegen ihrer Auswirkungen auf die anderen Mitgliedstaaten von besonderem Interesse sind. Bei unmittelbaren Auswirkungen auf den Gemeinsamen Markt unterliegen die Mitgliedstaaten einer zweimonatigen Stillhaltefrist.

---

eine Verfestigung als gemeinschaftsrechtliches Gewohnheitsrecht bei ständiger Befolgung (a.a.O., S.771ff., insbesondere S.773). Zur Berücksichtigung von atypischen Rechtsakten im Rahmen der Auslegung von Art.10 EGV, vgl. u., Teil 3 Kap.2 A.II.

[191] So ausdrücklich die Begründung der Richtlinie 98/34/EG (Anm. 77), 17. Erwägung.

[192] *Schroer*, Die Kompetenzverteilung zwischen der Europäischen Wirtschaftsgemeinschaft und ihren Mitgliedstaaten auf dem Gebiet des Umweltschutzes, 1992, 213 mit weiteren Verweisen. Praktisch gehen wohl kaum noch Mitteilungen nach dieser Vereinbarung ein (so *Becker, U.*, [Anm. 76], 122 unter Verweis auf entsprechende Berichte der Kommission).

[193] *Vereinbarung der im Rat vereinigten Vertreter der Regierungen der Mitgliedstaaten* vom 5.3.1973 *über die Unterrichtung der Kommission und der Mitgliedstaaten im Hinblick auf die etwaige Harmonisierung von Dringlichkeitsmaßnahmen im Bereich des Umweltschutzes für das gesamte Gebiet der Gemeinschaft* (Abl. Nr. C 9 vom 15.3.1973, 1 sowie Abl. Nr. C 86 vom 20.7.1974, 2). Die Vereinbarung wird ebenfalls ausdrücklich als *Gentlemen's Agreement* bezeichnet. Sie wurde im Vorfeld der Verabschiedung des *Ersten Umweltaktionsprogramms* der Gemeinschaft vom 22.11.1973 (Anm. 75) getroffen.

Die letzte Maßnahme in dieser Reihe stellt die Entscheidung zur Einführung eines Verfahrens der gegenseitigen Unterrichtung über einzelstaatliche Maßnahmen, die vom Grundsatz des freien Warenverkehrs in der Gemeinschaft abweichen, dar.[194] Sie wurde 1995 erlassen und trat 1997 in Kraft. Danach haben die Mitgliedstaaten der Kommission alle Maßnahmen mitzuteilen, die im grenzüberschreitenden Warenverkehr u.a. ein grundsätzliches Verbot von Waren, die Verweigerung einer Genehmigung zum Inverkehrbringen oder deren Rücknahme vom Markt zur Folge haben.[195] Hierunter können auch umweltschutzbezogene Maßnahmen fallen. Der (beabsichtigte) Erlaß von technischen Vorschriften wird jedoch weiterhin von der Normeninformationsrichtlinie erfaßt.

bb) Im harmonisierten Bereich (Umsetzungsakte und Ausnahmevorschriften)

Als Standardklausel findet sich am Ende jeder Richtlinie und Verordnung eine Unterrichtungspflicht in Bezug auf die zur Umsetzung erlassenen nationalen Rechts- und Verwaltungsvorschriften.[196] Sie dient der Vollzugskontrolle durch die Kommission.[197] Im Fall einer gemeinschaftsrechtlichen Harmonisierung hört der Anwendungsbereich der *Normeninformationsrichtlinie* auf: Technische Vorschriften sind nach dieser Richtlinie nicht mitzuteilen, wenn sie lediglich der Umsetzung

---

[194] Entscheidung Nr. 3052/95/EG vom 13.12.1995 (Abl. Nr. L 32 vom 30.12.1995, 1) [im folgenden: *Unterrichtungsentscheidung Warenverkehr*].

[195] Die Unterrichtungspflicht erstreckt sich nur auf Maßnahmen, die sich auf „ein Muster oder eine Art von Waren hinderlich auswirken". Ausgenommen sind also Einzelfallentscheidungen. Ausgenommen sind auch alle Maßnahmen, die aufgrund anderer Gemeinschaftsvorschriften – so insbesondere der *Normeninformationsrichtlinie* – mitzuteilen sind (Art. 3).

[196] Siehe nur Art. 15 der *VOC-Richtlinie Lösungsmittel* (Anm. 84); Art. 17 der *Trinkwasserrichtlinie* 98/83/EG (Anm. 140); Art. 21 der *IVU-Richtlinie* (Anm. 69); Art. 15 der *Schwefeldioxidrichtlinie* (Anm. 123); Art. 21 der *Richtlinie über die Verbringung radioaktiver Abfälle* (Anm. 143); Art. 22 der *Gentechnikrichtlinie* 90/219/EWG sowie Art. 2 der Änderungsrichtlinie 98/81/EG (Anm. 129); Art. 22 der *Verpackungsrichtlinie* (Anm. 142) sowie bereits Art. 8 der *Richtlinie* 73/404/EWG vom 22.11.1973 *zur Angleichung der Rechtsvorschriften der Mitgliedstaaten über Detergentien* (Abl. Nr. L 347 vom 17.12.1973, 51) [im folgenden: *Detergentienrichtlinie*].

[197] Näher dazu unten, Kap. 5 A.

harmonisierten Gemeinschaftsrechts dienen.[198] Ebenso verhält es sich mit der *Unterrichtungsentscheidung Warenverkehr.*[199] Unterrichtungspflichten im harmonisierten Bereich sind außerdem in Schutzklauseln und sonstigen Ausnahmevorschriften enthalten, nach denen die Mitgliedstaaten vom harmonisierten Gemeinschaftsrecht abweichende Vorschriften erlassen können.[200]

c) Im Rahmen von Anmelde- und Genehmigungsverfahren

Administrative Unterrichtungspflichten im Rahmen von Anmelde- und Genehmigungsverfahren knüpfen an potentiell umweltbelastende Tätigkeiten an. Die Unterrichtung ist – im Gegensatz zu Warnungen –, unabhängig vom Eintritt einer konkreten Gefahrensituation. Grund und Auslöser der Unterrichtungspflicht ist eine *abstrakte Gefahr*, hervorgerufen durch einen potentiellen Umweltbelastungsfaktor. Die Unterrichtung erfolgt präventiv, vor dem Eintritt einer konkreten Gefahr. Sie soll deshalb als Unterrichtungspflicht *ex ante* bezeichnet werden, im Gegensatz zu den *ex post* erfolgenden Warnungen. Im folgenden soll zwischen produktbezogenen und anlagenbezogenen Informationsverfahren unterschieden werden.

aa) Produktbezogene Verfahren

Produktbezogene Unterrichtungspflichten knüpfen meist an den grenzüberschreitenden Transport oder „Transfer" an. Wenn der Transport als solcher oder das Transportgut selbst umweltbelastende Gefahren mit sich bringen und ein Bezug zum Außenhandel besteht, handelt es sich häufig um formelle Notifizierungs- und Begleitscheinverfahren mit teilweise völkerrechtlichem Hintergrund.[201] Beispiele hierfür sind die *Abfallverbringungsverordnung*,[202] die *Richtlinie* 92/3/Euratom *zur*

---

[198] Art. 10 Abs. 1 der Richtlinie 98/34/EG (Anm. 77).

[199] Art. 3 Abs. 2 erster Spiegelstrich der Entscheidung (Anm. 194).

[200] Siehe z.B. Art. 176 S. 2, Art. 95 Abs. 4 und 5 EGV. Näher zu Ausnahmevorschriften Kap. 5 G.II.

[201] Zur Notifizierung oben, II.1. sowie zum Völkerrecht Teil 5 Kap. 2 B.

[202] Verordnung (EWG) Nr. 259/93 (Anm. 142). Auf völkerrechtlicher Ebene basiert die *Abfallverbringungsverordnung* auf dem *Basler Übereinkommen*, welches das Notifizierungs- und Begleitscheinverfahren in den Grundzügen festlegt (*Basler Übereinkommen über die Kontrolle der grenzüberschreitenden*

Überwachung und Kontrolle der Verbringung radioaktiver Abfälle von einem Mitgliedstaat in einen anderen, in die Gemeinschaft und aus der Gemeinschaft[203] und die *Chemikalienausfuhrverordnung.*[204]

Die *Abfallverbringungsverordnung* sieht eine Anmeldung – „Notifizierung" – einschließlich der entsprechenden Informationsbeibringungspflichten des Unternehmers mittels eines einheitlichen Begleitscheines vor. Das Notifizierungsverfahren wird als Regelfall im direkten Kontakt des Unternehmers[205] mit den Behörden des Bestimmungsortes durchgeführt. Die Mitgliedstaaten können aber im nationalen Recht bestimmen, daß an die Stelle der direkten Notifizierung durch den Unternehmer ein administratives Notifizierungsverfahren zwischen Versandstaat und Bestimmungsstaat tritt.[206] Horizontale administrative Notifizierungspflichten sind in Form der Übermittlung von Kopien des zwischen Unternehmer und einer der beteiligten Behörden stattfindenden Informationsaustauschs vorgesehen.[207] Die entsprechenden Notifizierungen lösen *Fristen* für die Erhebung von Einwänden gegen die Ab-

---

Verbringung gefährlicher Abfälle und ihrer Entsorgung, Basel, 22.3.1989, BGBl. II 1994, 2704). Zu diesem Übereinkommen *Beyerlin*, Umweltvölkerrecht, 2000, Rn. 434 ff.

203 Richtlinie 92/3/Euratom (Anm. 143).

204 Verordnung (EWG) Nr. 2455/92 (Anm. 142).

205 In der Verordnung wird der Unternehmer als „notifizierende Person" bezeichnet und durch eine Legaldefinition näher umschrieben (Art. 2 *lit.* g der *Abfallverbringungsverordnung*, [Anm. 142]).

206 Art. 3 Abs. 8, Art. 6 Abs. 8 und Art. 15 Abs. 11 der *Abfallverbringungsverordnung*, a.a.O. Die Darstellung des Verfahrens muß hier vereinfacht erfolgen, weil es je nach Art der Abfälle, dem Verbringungszweck und nach den jeweils beteiligten Staatengruppen variiert. Eine ausführlichere Darstellung findet sich bei *Sommer*, Les déchets, de l'autosuffisance et de la libre circulation des marchandises, RMC 1994, 246 ff. Zu den neueren Entwicklungen *Winter*, Die Steuerung grenzüberschreitender Abfallströme, DVBl. 2000, 657 ff.

207 Die Behörde des Bestimmungsortes hat beispielsweise den zuständigen Behörden anderer, betroffener Mitgliedstaaten nach Erhalt der Notifizierung eine Kopie der für den Unternehmer bestimmten Empfangsbestätigung sowie Kopien der Entscheidungen über die bevorstehende Verbringung zu übermitteln (Art. 4 Abs. 1 und Abs. 2 der Verordnung, a.a.O.). Außerdem hat die Behörde des Versandstaates die Behörde des Bestimmungsortes unverzüglich zu unterrichten, wenn sie nach einer bestimmten Frist vom Empfänger noch keine Nachricht über den Eingang der Abfälle erhalten hat (das gilt für zur Verwertung bestimmte Abfälle, Art. 15 Abs. 10).

fallverbringung aus.[208] Auch die Rückführung illegal verbrachter Abfälle bedarf nach dem Urteil *Beside und Besselsen* der Notifizierung des Versandmitgliedstaates durch den die Rückführung anordnenden Empfängermitgliedstaat.[209] Die Gemeinschaft übernimmt bei der Durchführung vornehmlich eine Dienstleistungsaufgabe. Sie harmonisiert die bei Anmeldung und Transport zu verwendenden Begleitscheine, deren Inhalt in der *Abfallverbringungsverordnung* näher festgelegt ist.[210] Ähnliche, wenn auch nicht ganz so detaillierte Regelungen enthält die Richtlinie 92/3/Euratom. Hier hat die transnationale Unterrichtung mittels eines einheitlichen Dokumentes allerdings i.d.R. zwischen den zuständigen Behörden stattzufinden. Sie löst eine zweimonatige Frist für die Erhebung von Einwendungen aus.[211] Obwohl die administrative Unterrichtung nicht als Notifizierung bezeichnet wird, kann sie doch als solche charakterisiert werden. Es handelt sich um ein rechtsförmliches Unterrichtungsverfahren, das in Form der Fristauslösung eine rechtserhebliche Tatsache darstellt. Die *Chemikalienausfuhrverordnung* richtet ein „gemeinsames Notifizierungs- und Informationssystem" ein und sieht eine Beteiligung am internationalen *Prior Informed Consent*

---

[208] Art.4 Nr.2 der *Abfallverbringungsverordnung*, a.a.O. Siehe auch das Urteil des VGH Baden-Württemberg vom 25.1.2001 (DÖV 2001, 427 ff.) zum „Einwand des falschen Verfahrens".

[209] EuGH, Urteil vom 25.6.1998, Rs. C-192/96 (*Beside und Besselsen/Minister van Volkshuisvesting*), Slg. 1998, S. I-4029(insbesondere 4069 ff., Rn. 56 ff.). Bei einem ordnungsgemäß begründeten Antrag darf der Versandmitgliedstaat gegen die Rückführung keine Einwände erheben (*ibid.*).

[210] In den Begleitscheinen hat der Unternehmer genaue Angaben über Ursprung, Zusammensetzung, Beseitigung, Sicherungsvorkehrungen und ähnliches zu machen (siehe *Entscheidung* 94/774/EG der Kommission vom 24.11.1994 *über den einheitlichen Begleitschein gemäß der Verordnung [EWG] Nr. 259/93 des Rates zur Überwachung und Kontrolle der Verbringung von Abfällen in der, in die und aus der Europäischen Gemeinschaft*, Abl. Nr. L 310 vom 3.12.1994, 70).

[211] Das einheitliche Dokument ist wiederum als Begleitschein bei der Verbringung mitzuführen (siehe auch *Entscheidung* Nr. 93/552/Euratom der Kommission vom 1.10.1993 *zur Einführung eines einheitlichen Begleitscheins für Verbringungen radioaktiver Abfälle gemäß der Richtlinie 92/3/Euratom des Rates*, Abl. Nr. L 268 vom 29.10.1993, 83). Nach dem Eintreffen der Abfälle haben die Behörden des Bestimmungsstaates eine Bestätigung auszustellen und eine Ausfertigung derselben den weiteren, von der Verbringung betroffenen Staaten, zu übermitteln (Art. 9 der Richtlinie 92/3/Euratom, [Anm. 143]).

Verfahren vor.[212] Durch dieses Unterrichtungsverfahren soll gewährleistet werden, daß die betroffenen Staaten über die Umwelt- und Gesundheitsrisiken, die Transport und Einfuhr der erfaßten Chemikalien mit sich bringen, informiert sind.[213]

Unterrichtungspflichten finden sich im produktbezogenen Umweltschutz zudem häufig zum Zwecke der Kontrolle potentieller Handelshemmnisse. Vor allem bei Produkt- und Typengenehmigungen, die potentielle Umweltauswirkungen haben und deren umweltschützende Auflagen sich als Handelshemmnis auswirken können, sind sie im Rahmen entsprechender Anmelde- und Genehmigungsverfahren vorgesehen. Durch die somit gewährleistete Beteiligung der Gemeinschaft und der anderen Mitgliedstaaten werden die nationalen Verwaltungsverfahren „europäisiert".[214] Die Übermittlung von Anmeldungs- und Prüfunterlagen dient dann als Nachweis für die Einhaltung der gemeinschaftsrechtlichen Bestimmungen und gewährleistet den freien grenzüberschreitenden Warenverkehr. Beispiele für das europäische Gemein-

---

[212] Hauptbestandteil des *PIC-Verfahrens* ist das Einverständnis der betroffenen Staaten mit dem grenzüberschreitenden Chemikalientransfer auf der Basis einer vorherigen Unterrichtung. Es findet zu einem großen Teil im Kontakt zwischen der Kommission mit der zuständigen internationalen Stelle, dem IRPTC (*International Register of Potentially Toxic Chemicals*), statt. Näher zum *PIC-Verfahren* unten, Teil 5 Kap. 2 B.

[213] Bei der erstmaligen Ausfuhr von notifizierungspflichtigen Chemikalien muß der Unternehmer der zuständigen Behörde seines Niederlassungsstaates bestimmte Angaben machen (Art. 4 Abs. 1 der *Chemikalienausfuhrverordnung*, [Anm. 142]). Die mitgliedstaatliche Behörde notifiziert die Behörden des Bestimmungsstaates von der beabsichtigten Ausfuhr und sendet gleichzeitig eine Kopie an die Kommission. Die Kommission gibt diese Notifizierung an die zuständigen Behörden der anderen Mitgliedstaaten und an IRPTC weiter. Gleichzeitig wird der Ausfuhr eine Bezugsnummer zugeteilt. Bei jeder darauffolgenden Ausfuhr derselben Chemikalie in dasselbe Drittland muß der Ausführer nur noch auf die Bezugsnummer verweisen (Art. 4 Abs. 2). Der Ausfuhrmitgliedstaat unterrichtet die Kommission über die Reaktion des Bestimmungsstaates. Diese Informationen gibt die Kommission sternförmig an die anderen Mitgliedstaaten weiter. Bei der beabsichtigen Einfuhr von Chemikalien aus Drittländern haben die zuständigen Behörden des Bestimmungsstaates eine Kopie der aus dem Drittland erhaltenen Notifizierung an die Kommission zu übermitteln. Diese leitet die Notifizierungen wiederum unverzüglich an die anderen Mitgliedstaaten weiter (Art. 8).

[214] Näher zu gemischt national-europäischen Verwaltungsverfahren unten, Kap. 4.

schaftsrecht finden sich u.a. in der *Detergentienrichtlinie*[215], der *Druckbehälterrichtlinie*,[216] der *Pflanzenschutzmittelrichtlinie*[217] sowie den *Gentechnikrichtlinien* 90/220/EWG und 2001/18/EG.[218] Die Unterrichtungspflichten sind hier in administrative Streitbeilegungsverfahren eingebunden, auf die später näher eingegangen wird.[219] Das Inverkehrbringen von Gefahrstoffen ist in der *Richtlinie zur Angleichung der Rechts- und Verwaltungsvorschriften für die Einstufung, Verpackung und Kennzeichnung gefährlicher Stoffe* geregelt. Die *Gefahrstoffrichtlinie* ist ein Prototyp der warenverkehrsbezogenen Informationsverfahren. Sie basiert auf Art. 100 EGV a.F. (jetzt Art. 94 EGV) und hat den Abbau von Handelshemmnissen durch die Harmonisierung der unterschiedlichen nationalen Einstufungs-, Verpackungs- und Kennzeichnungspflichten zum Ziel. Dabei sollen die nationalen Vorschriften über die Anmeldung der Stoffe, der Informationsaustausch über die ange-

---

[215] Die Richtlinie 73/404/EWG (Anm. 196) soll Handelshemmnisse durch die Harmonisierung der national unterschiedlichen Anforderungen an die biologische Abbaubarkeit von Waschmittelsubstanzen abbauen.

[216] Die *Richtlinie* 76/767/EWG vom 27.7.1976 *zur Angleichung der Rechtsvorschriften der Mitgliedstaaten über gemeinsame Vorschriften für Druckbehälter sowie über Verfahren zu deren Prüfung* (Abl. Nr. L 262 vom 27.9.1976, 153, geändert) legt Mindestbedingungen für Druckbehälterzulassungen im Wege einer EWG-Bauartzulassung und einer EWG-Prüfung fest. Hinsichtlich der Einzelheiten der Konstruktion, der Überwachung und Prüfung wird auf spezielle Folgerichtlinien verwiesen. Werden die europäischen Vorschriften beachtet, ist jeder Mitgliedstaat verpflichtet, erteilte Zulassungen anzuerkennen.

[217] Die *Pflanzenschutzmittelrichtlinie* 91/414/EWG (Anm. 124) harmonisiert die Voraussetzungen für die Zulassung von Pflanzenschutzmitteln und das Zulassungsverfahren.

[218] Die *Gentechnikrichtlinie* 90/220/EWG vom 23.4.1990 *über die absichtliche Freisetzung genetisch veränderter Organismen in die Umwelt* (Abl. Nr. L 117 vom 8.5.1990, 15, geändert) regelt u.a. das Inverkehrbringen von Produkten, die genetisch veränderte Organismen enthalten. Insbesondere die Änderung vom 18.6.1997 enthält eine Erweiterung der Informationspflichten der Anmelder. Die Richtlinie wird zum 17.10.2002 aufgehoben und durch die neue *Richtlinie* 2001/18/EG vom 12.3.2001 *über die absichtliche Freisetzung veränderter Organismen in die Umwelt* (Abl. Nr. L 206 vom 17.4.2001, 1) ersetzt. Nach der neuen Richtlinie kann das Anmeldeverfahren bei Vorliegen ausreichender Erfahrungen insbesondere im Hinblick auf die vorzulegenden Informationen vereinfacht werden, das reguläre Zulassungsverfahren bleibt aber sehr informationsintensiv (siehe Art. 6, 7 und 13).

[219] Unten, Kap. 4 E.

meldeten Stoffe und die Bewertung ihres Gefährdungspotentials angeglichen werden.[220] Zu diesem Zweck haben die Mitgliedstaaten der Kommission eine Kopie der Anmeldungsunterlagen oder eine entsprechende Zusammenfassung zu übermitteln, welche diese sternförmig an die anderen Mitgliedstaaten weiterleitet.[221] Horizontale Unterrichtungspflichten sind z.B. in der *Krafträderlärmschutzrichtlinie* enthalten. Hier müssen die zuständigen Behörden eines Mitgliedstaates den zuständigen Behörden der anderen Mitgliedstaaten binnen eines Monats eine Abschrift der Prüfbescheinigungen für jeden Kraftradtyp, der den in der Richtlinie vorgesehenen Prüfungen unterzogen worden ist, übermitteln.[222] Die anderen Mitgliedstaaten haben das Dokument als Nachweis dafür anzuerkennen, daß die in der Richtlinie vorgesehenen Prüfungen durchgeführt wurden.

bb) Anlagenbezogene Verfahren

Anlagenbezogen sind Unterrichtungspflichten, die sich auf i.d.R. immobile und potentiell grenzüberschreitende Verschmutzungsquellen beziehen. Sie konkretisieren völkerrechtliches Nachbarrecht.[223] Bereits die *Entschließung* des Rates vom 20.11.1978 *über den gegenwärtigen Informationsaustausch über Fragen der Standortwahl beim Bau von*

---

[220] So ausdrücklich Art. 1 Abs. 1 der Richtlinie 67/548/EWG (Anm. 125). Die *Gefahrstoffrichtlinie* ist durch rund 35 Änderungsrichtlinien erheblich detailliert und aktualisiert worden. So wurden v.a. die das Verwaltungsverfahren im einzelnen regelnden Art. 9 bis 23 erst 1979 eingefügt und durch die Richtlinie 92/32/EWG (vom 30.4.1992, Abl. Nr. L 154, 1992, 1) nochmals grundlegend geändert. Die Anhänge der Richtlinie mit den Details zum Verwaltungsverfahren und den konkreten Vorgaben für Einstufung, Kennzeichnung und Verpakkung der einzelnen Gefahrstoffe werden regelmäßig von der Kommission unter Beteiligung eines Ausschusses an den technischen Fortschritt angepaßt (siehe auch unten Anm. 766).

[221] Art. 17 und 18 der Richtlinie 67/548/EWG (Anm. 125). Erlangt die zuständige Behörde durch Auskunftsersuchen oder Prüfungen weitere Informationen, so hat sie der Kommission zudem Angaben über die Prüfungen, die Gründe hierfür und ggf. die Beurteilung der Ergebnisse mitzuteilen.

[222] Art. 4 der *Richtlinie* 78/1015/EWG vom 23.11.1978 *zur Angleichung der Rechtsvorschriften der Mitgliedstaaten über den zulässigen Geräuschpegel und die Auspuffanlage von Krafträdern* (Abl. Nr. L 349 vom 13.12.1978, 21, mehrfach geändert).

[223] Siehe unten, Teil 5 Kap. 1.

Kraftwerken[224] sah einen „intensiven gegenseitigen Informationsaustausch" auf der Gemeinschaftsebene vor. Dieser war allerdings noch unverbindlich und mehr oder weniger konturlos. Er sollte im Rahmen des Energieausschusses von der Kommission durchgeführt werden. Anlaß war eine Auseinandersetzung über das französische Kernkraftwerk *Cattenom* in unmittelbarer Nähe zur deutschen und luxemburgischen Grenze.[225]

Präventive anlagenbezogene Unterrichtungspflichten sind nun umfassend im Rahmen der grenzüberschreitenden Behördenbeteiligung nach der *UVP-Richtlinie* und der *IVU-Richtlinie* vorgeschrieben. Die *UVP-Richtlinie* sieht im Rahmen des Genehmigungsverfahrens für bestimmte Vorhaben ein Verfahren zur Prüfung der jeweiligen Umweltauswirkungen vor. Die horizontale administrative Unterrichtungspflicht tritt ein, wenn ein Projekt erhebliche Auswirkungen auf die Umwelt eines anderen Mitgliedstaates haben könnte.[226] In diesem Fall sind dem betroffenen Mitgliedstaat eine Projektbeschreibung einschließlich der verfügbaren Angaben über die potentiellen grenzüberschreitenden Auswirkungen sowie Angaben über die Art der möglichen Entscheidung zu übermitteln. In zeitlicher Hinsicht ist die Unterrichtungspflicht im Sinne einer Mindestbestimmung öffentlichkeitsakzessorisch: der Mitgliedstaat hat die Unterrichtung „so bald wie möglich, spätestens aber zu dem Zeitpunkt, zu dem er in seinem Land die Öffentlichkeit unterrichtet" vorzunehmen.[227] Die Beteiligung der Öffentlichkeit steht nicht im Ermessen des Mitgliedstaates, sondern ist obligatorisch. Ihr sind binnen einer angemessenen Frist vor Genehmigungserteilung die Projektinformationen zugänglich zu machen.[228] Der betroffene Mitgliedstaat hat dann innerhalb einer angemessenen Frist mitzuteilen, ob er an dem UVP-Verfahren teilnehmen möchte. Teilt er dies mit, hat der Mitgliedstaat, auf dessen Hoheitsgebiet das Vorhaben realisiert werden soll,

---

224 Abl. Nr. C 286 vom 30.11.1978, 1 [im folgenden: *Standortwahlentschließung*].

225 Zum *Cattenom-Urteil* des Gerichtshofes siehe unten, Teil 3 Kap. 2 C.II.1. Durch die *UVP-Richtlinie* (Anm. 150) ist die grenzüberschreitende Behördenbeteiligung vor der Genehmigungserteilung bei bestimmten Kraftwerken obligatorisch geworden (siehe Anhang I Nr. 2 der *UVP-Richtlinie*: Wärmekraftwerke mit einer bestimmten Wärmeleistung sowie Kernreaktoren).

226 Art. 7 Abs. 1 der *UVP-Richtlinie* (Anm. 150).

227 *Ibid.* Zum Begriff der Öffentlichkeitsakzessorietät siehe oben, 2.

228 Art. 6 Abs. 2 der *UVP-Richtlinie*, a.a.O.

spätestens jetzt dem betroffenen Mitgliedstaat die gesamten vom Vorhabenträger zusammengestellten Informationen zu übermitteln. Zu diesem Zeitpunkt darf das UVP-Verfahren noch nicht inhaltlich abgeschlossen oder gar die Genehmigung bereits erteilt worden sein. Der betroffene Mitgliedstaat – und noch weitergehender auch die dort betroffene Öffentlichkeit – haben dann die Möglichkeit, ihre Stellungnahme zu den vorgelegten Informationen abzugeben. Die beteiligten Mitgliedstaaten sollen daraufhin Konsultationen über die potentiellen grenzüberschreitenden Auswirkungen und eventuelle Gegenmaßnahmen aufnehmen. Für die Konsultationsphase ist ein „angemessener Zeitrahmen" zu vereinbaren. Die so eingeholten Informationen sind im Genehmigungsverfahren zu berücksichtigen.[229] Über die getroffene Entscheidung ist der betroffene Mitgliedstaat zu unterrichten.[230] Seit 1996 sieht die *IVU-Richtlinie* zusätzlich eine horizontale administrative Unterrichtungs- und (hilfsweise) Auskunftspflicht im konkreten Genehmigungsverfahren vor.[231] Es ähnelt der *UVP-Richtlinie*. Im Gegensatz zu dieser schließt sich aber keine gemeinschaftsrechtlich geregelte Behördenbeteiligung am Genehmigungsverfahren an, sondern ein *völkerrechtliches Konsultationsverfahren*, zu welchem die gemeinschaftsrechtlich geregelte Unterrichtung den Anlaß und die Informations-

[229] Art. 8 der *UVP-Richtlinie*, a.a.O.

[230] Einschließlich der Angabe der Hauptgründe, auf denen die Entscheidung beruht sowie der wichtigsten Maßnahmen zur Vermeidung oder Verringerung nachteiliger Auswirkungen (Art. 9 der *UVP-Richtlinie*, a.a.O.).

[231] Stellt ein Mitgliedstaat fest, daß der Betrieb einer Anlage erhebliche Auswirkungen auf die Umwelt eines anderen Mitgliedstaates haben könnte, hat der Mitgliedstaat, in dessen Hoheitsgebiet die Genehmigung beantragt wurde, dem betroffenen Mitgliedstaat die Antragsunterlagen mitzuteilen. Dasselbe gilt, wenn der potentiell betroffene Mitgliedstaat ein entsprechendes Ersuchen stellt (Art. 17 Abs. 1 der *IVU-Richtlinie*, [Anm. 69]). Zeitlich ist die Informationspflicht wiederum öffentlichkeitsakzessorisch ausgestaltet (siehe oben, 2.). Zum Anlagengenehmigungsverfahren der *IVU-Richtlinie* ausführlich *Kracht/Wasielewski*, Integrierte Vermeidung und Verminderung der Umweltverschmutzung, in: EUDUR, Bd. 1 1998 § 35; siehe auch *Koch*, Die IPPC-Richtlinie: Umsturz im deutschen Anlagengenehmigungsrecht?, JbUTR 1997, 31 ff.; *Krämer*, Der Richtlinienvorschlag über die integrierte Vermeidung und Verminderung der Umweltverschmutzung, in: *Rengeling*, Integrierter und betrieblicher Umweltschutz, 1996, 51 ff.; *Dürkop/Kracht/Wasielewski*, Die künftige EG-Richtlinie über die integrierte Vermeidung und Verminderung der Umweltverschmutzung (IVU-Richtlinie), UPR 1995, 425 ff.

grundlage liefert.[232] Die Unterrichtungspflichten der *UVP-* und der *IVU-Richtlinie* sind eng verknüpft mit entsprechenden Pflichten des Völkergewohnheits- und Völkervertragsrechts.[233]

Die Definition des Tatbestandsmerkmals der *erheblichen* potentiellen grenzüberschreitenden Umweltauswirkungen lassen beide Richtlinien offen.[234] Bestehen gemeinschaftsrechtliche *Immissionsgrenzwerte*, so ist bei einer durch die geplante Anlage veranlaßten Überschreitung dieser Grenzwerte in den Umweltmedien des Nachbarstaates von einer erheblichen Beeinträchtigung auszugehen. Sind diese Grenzwerte als Mindestnormen ausgestaltet, die durch nationale Bestimmungen verschärft werden können, dürften auch strengere nationale Grenzwerte im betroffenen Mitgliedstaat zu beachten sein. Die Überschreitung von *Emissionsgrenzwerten* im Verursacherstaat läßt dagegen noch nicht auf eine erhebliche Beeinträchtigung der Umwelt des Nachbarstaates schließen. Die Intensität der grenzüberschreitenden Auswirkungen ist hier von zusätzlichen Faktoren wie der Grenznähe der Anlage abhängig. Die Überschreitung objektiver Immissionsgrenzwerte kann gerichtlich überprüft werden. Ist die Feststellung solcher Grenzwerte nicht möglich, ist denkbar, daß die Mitgliedstaaten auf die völkervertragsrechtlich vorgesehenen Untersuchungskommissionen (*inquiry*

---

232 Im einzelnen dazu unten, unter „Konsultationspflichten" (IV.5.). Diese Regelung entspricht der alten Fassung der *UVP-Richtlinie*, welche 1997 an die konkreteren Bestimmungen des völkerrechtlichen *UVP-Übereinkommens* angepaßt wurde (siehe unten, Teil 5 Kap. 2, B.I) und nunmehr eine echte transnationale Verfahrensbeteiligung vorsieht (siehe oben).

233 Dazu unten, Teil 5 Kap. 1 A.I. und Kap. 2 B.I. Die völkergewohnheitsrechtliche Unterrichtungspflicht erstreckt sich aber über den Anwendungsbereich der Richtlinie hinaus auf alle Tätigkeiten mit erheblichen umweltrelevanten Auswirkungen.

234 Die Merkmale des Auslösungstatbestandes entsprechen der Unterrichtungspflicht des völkerrechtlichen Gewohnheitsrechts sowie der *UVP-Konvention* und der *Industrieunfällekonvention*. Das Tatbestandsmerkmal der *Erheblichkeit* ist auch dort nicht abschließend geklärt (siehe unten, Teil 5 Kap. 1 A.I. und Kap. 2 B.I.). Bei Meinungsverschiedenheiten hierüber sehen die Konventionen die Einschaltung einer Untersuchungskommission (*inquiry commission*) vor (näher dazu unten, Teil 5 Kap. 2 B.I.). Im Rahmen des Gemeinschaftsrechts kann ein Mitgliedstaat, der erheblich von einer Anlage betroffen sein könnte, aber von dem Genehmigungsstaat bislang nicht entsprechend unterrichtet wurde, auch von sich aus den anderen Staat um Mitteilung der Antrags- bzw. der UVP-Unterlagen ersuchen (Art. 17 Abs. 1 der *IVU-Richtlinie*, [Anm. 69] und Art. 7 Abs. 1 der *UVP-Richtlinie*, [Anm. 150]).

commissions) der *UVP-Konvention* und der *Industrieunfällekonvention* zurückgreifen.[235] Bei nicht beilegbaren Meinungsverschiedenheiten können die Mitgliedstaaten auch ein Vertragsverletzungsverfahren anstrengen. Dann ist gemäß Art. 227 Abs. 2 EGV (ex Art. 170) zuvor die EG-Kommission einzuschalten, welche wiederum im Rahmen von informellen bi- oder multilateralen Gesprächen oder auch im Rahmen von einschlägigen Ausschüssen die Beilegung der Streitigkeiten anstreben wird.[236]

III. Berichtspflichten

Ein Bericht beinhaltet eine *systematische*, sich über einen *längeren Zeitraum* erstreckende Informationszusammenstellung, die meist an einem bestimmten Zeitpunkt vom Berichtspflichtigen einem bestimmten Adressaten mitzuteilen ist.[237] Diese Mitteilung hat aufgrund des Umfanges meist schriftlich in einer für den Adressaten verständlichen und übersichtlichen Weise zu geschehen. Zunehmend wird bei Berichtspflichten auch ein Katalog der im einzelnen abzuhandelnden Fragestellungen festgelegt. Berichte beziehen sich vornehmlich auf den Umweltzustand[238] oder die Umsetzung und Anwendung von Gemeinschaftsrecht durch nationale Maßnahmen. Berichtspflichten sind eng verbunden mit der vorhergehenden Informationsbeschaffung, der Datenerhebung, -aggregation und -bewertung. Häufig gehen daher mit den Berichtspflichten *Umweltmonitoringpflichten* (Meß- und Beobachtungspflichten) einher, z.T. auch Auskunftspflichten von Privatpersonen. Bei der Informationsbeschaffung und der Darstellung verbleibt dem Berichtspflichtigen meist ein größerer Spielraum. Auch wenn ein fester Termin für die Abgabe eines Berichtes und ein Fragenkatalog festgelegt sind, können Berichtspflichten angesichts ihres großen Umfanges und Gestaltungsspielraumes als aktive Informationspflichten eingestuft werden.

---

[235] Eine Beschreibung findet sich in Teil 5 Kap.1 B.I.

[236] Hierzu unten, Kap. 3 A. und B.

[237] Ähnlich *Sands* (Anm. 79), 598. Vgl. auch die Definition im *Duden* (Anm. 117), wonach ein Bericht die *sachliche Wiedergabe eines Geschehens* ist (Stichwort „Bericht").

[238] Von *Schmidt-Aßmann/Ladenburger* als „Lageberichterstattung" bezeichnet (in: EUDUR, [Anm. 43], Rn. 10 f.).

Als Beispiele für Berichtspflichten über den Umweltzustand können die Entscheidung 77/795/EWG vom 12.12.1977 zur Einführung eines gemeinsamen Verfahrens zum Informationsaustausch über die Qualität des Oberflächensüßwassers in der Gemeinschaft,[239] die Abwasserrichtlinie[240] und die Nitratrichtlinie[241] genannt werden. Berichtspflichten über staatliche Durchführungsmaßnahmen sind durch die bereits erwähnte *Berichtsrichtlinie*, Richtlinie 91/692/EWG, für den Umweltbereich einheitlich geregelt worden. In dieser Richtlinie werden die in einzelnen Umweltschutzrichtlinien enthaltenen Berichtspflichten der Mitgliedstaaten über die nationale Durchführung zum Zwecke einer verstärkten Vollzugskontrolle harmonisiert und ausgedehnt. Die Mitgliedstaaten haben jeweils aller drei Jahre sogenannte sektorale Durchführungsberichte zu erstellen, die alle einschlägigen Gemeinschaftsrichtlinien des jeweiligen Umweltschutzsektors erfassen. Sie sind anhand eines von der Kommission für die einzelnen Umweltschutzsektoren jeweils zu erarbeitenden Fragebogens zu erstellen und bei dieser innerhalb von neun Monaten nach Ablauf des erfaßten Dreijahreszeitraumes einzureichen.[242] Die tatsächliche Einhaltung dieser Berichtspflichten

---

[239] Nach der *Oberflächensüßwasserentscheidung* haben die Mitgliedstaaten der Kommission jährlich zu einem bestimmten Stichtag die in den Meßstationen erzielten Ergebnisse einschließlich einer Beschreibung der angewandten Verfahren und der Probenahmehäufigkeit zu übermitteln (Art. 3 Abs. 2 bis 4 der Entscheidung 77/795/EWG, Abl. Nr. L 334 vom 24.12.1977, 29, geändert; die Entscheidung wird durch die *Wasserrahmenrichtlinie* zum 21.12.2007 aufgehoben, siehe Art. 22 Abs. 1 der Richtlinie 2000/60/EG, [Anm. 123]).

[240] Nach der *Abwasserrichtlinie* ist von den zuständigen Behörden alle zwei Jahre ein Lagebericht über die Beseitigung von kommunalen Abwässern und Klärschlamm zu veröffentlichen. Unmittelbar danach sind die Berichte an die Kommission weiterzuleiten (Art. 16 der Richtlinie 91/271/EWG, [Anm. 118]).

[241] Art. 10 i.V.m. Anhang V der Richtlinie 91/676/EWG (Anm. 70). Danach haben die Mitgliedstaaten der Kommission aller vier Jahre einen Bericht vorzulegen, der eine Darlegung fast aller nach der Richtlinie zu treffenden Maßnahmen umfaßt. Unter anderem sind in einer Karte die von den Mitgliedstaaten zu identifizierenden und klassifizierenden Gewässer und Gebiete zu verzeichnen. Über die Ergebnisse der durchgeführten Überwachungsmaßnahmen sowie über Einzelheiten der Aktionsprogramme ist eine Übersicht zu erstellen.

[242] Die Fragebögen werden im Verwaltungsausschußverfahren erstellt (Art. 6 der Richtlinie 91/692/EWG, [Anm. 92]; zum Ausschußverfahren Teil 4 Kap. 2 C.II.3.b.). Die Kommission hat inzwischen einige Fragebögen erstellt, siehe z.B. die *Entscheidung* 2000/738/EG der Kommission vom 17.11.2000 *über einen Fragebogen für die Berichte der Mitgliedstaaten über die Durchführung der Richtlinie 1999/31/EG über Abfalldeponien* (Abl. Nr. L 298 vom 25.11.2000,

läßt allerdings zu wünschen übrig,[243] ebenso wie der „Wahrheitsgehalt" und die Steuerungswirkung einer solchen Selbstberichterstattung.[244] Ergänzende Varianten finden sich in Form von Erfahrungsberichten und themenspezifischen Tatsachenberichten.[245]

IV. Konsultationspflichten

Der Begriff der *Konsultation* kommt aus dem Lateinischen und wird mit *(gemeinsamer) Beratung* umschrieben, *konsultieren* bedeutet *beratende Gespräche führen* oder *(wissenschaftlichen) Rat einholen.*[246] Konsultationen zeichnen sich durch das Miteinander-In-Kontakt-Treten der

---

24); die *Entscheidung* 1999/314/EG der Kommission vom 9.4.1999 *über den Fragebogen zur Richtlinie 96/82/EG des Rates zur Beherrschung der Gefahren bei schweren Unfällen mit gefährlichen Stoffen* (Abl. Nr. L 120 vom 8.5.1999, 43); *Entscheidung* 97/622/EG der Kommission vom 27.5.1997 *über Fragebögen zu den Berichten der Mitgliedstaaten über die Durchführung bestimmter Richtlinien auf dem Abfallsektor (Durchführung der Richtlinie 91/692/EWG des Rates)* (Abl. Nr. L 256 vom 19.9.1997, 13) und die *Entscheidung* 92/446/EWG der Kommission vom 27.7.1992 *über die Fragebögen zu den Wasserrichtlinien* (Abl. Nr. L 247 vom 27.8.1992, 10, zum Zwecke der besseren Vergleichbarkeit erheblich ausgeweitet durch die Entscheidung 95/337/EG vom 25.7.1995, Abl. Nr. L 200 vom 24.8.1995, 1). In den Fragebögen werden genaue Angaben über Meßverfahren, gemessene Werte und erteilte Genehmigungen erfragt, bei dem Fragebogen über die Durchführung der Richtlinie 96/82/EG auch umfassende Angaben über den nach der Richtlinie durchzuführenden Informationsaustausch.

243 Hierzu Teil 1 Kap. 2 E.III. Kritisch zur *Berichtsrichtlinie* die Europäische Umweltagentur in ihrer Untersuchung „Reporting on environmental measures: Are we being effective ?", November 2001, Environmental issue report No. 25., v.a. unter 3.

244 Dazu eingehend Teil 1 Kap. 2 B.III.; siehe auch unten C.I. und Kap. 5 A.

245 Nach der *Gentechnikrichtlinie* 90/219/EWG (Anm. 129) ist beispielsweise jährlich ein zusammenfassender Bericht über bestimmte Anmeldungen zu erstellen. Aller drei Jahre hat ein „Erfahrungsbericht" zu folgen (Art.18 Abs. 1 und 2). Nach der *Gentechnikrichtlinie* 90/220/EWG (Anm. 218) sind jährlich „kurze Tatsachenberichte" über die Kontrolle der Verwendung der in Verkehr gebrachten Produkte abzuliefern (Art. 18 Abs. 1).

246 Siehe jeweils unter dem Stichwort „Konsultation" *Brockhaus Enzyklopädie*, Bd. 12 1990; *Duden*, Das große Wörterbuch der deutschen Sprache, Bd. 4, 2. Aufl. 1994 sowie *Granow* in: *Strupp/Schlochauer* (Anm. 188), Bd. 2 1961, 288 ff.

beteiligten Parteien aus. Dabei werden in Form von Stellungnahmen Informationen über Tatsachen sowie Meinungen ausgetauscht.[247] Konsultationen implizieren also einen *reziproken Informationsaustausch*. Zur Einleitung von Konsultationen ist es erforderlich, daß eine der Parteien die andere um eine Konsultation oder, einfacher umschrieben, um ihre Stellungnahme zu einem bestimmten Gegenstand bittet. Der Gegenstand muß von der um Konsultation bittenden Partei näher umschrieben werden. Das impliziert einführende Informationen für die Partei, von der die Stellungnahme erbeten wird.[248] In der Stellungnahme der ersuchten Partei sind wiederum Informationen über die bei ihr vorliegenden tatsächlichen Umstände enthalten. Eine Konsultation, die sich nur auf den Meinungsaustausch beschränkt, ist zwar denkbar, aber wohl in den seltensten Fällen gegeben. Meist gehört zur Untermauerung einer Meinung im Rahmen von Konsultationen auch die Darstellung von Tatsachen. Der Ablauf von Konsultationen muß sich nicht im Austausch vieler aufeinanderfolgender Stellungnahmen vollziehen.[249]

---

[247] Eine präzise Begriffsanalyse gibt *Storm* (Anm. 1), 282 f., der betont, daß Konsultation Information voraussetzt (a.a.O., 280 und 285). Vgl. *Beyerlin*, Grenzüberschreitender Umweltschutz und allgemeines Völkerrecht, in: FS Doehring, 1989, 37 (57). Danach beinhaltet eine Konsultation, daß ein Staat, nachdem er einen anderen über ein Vorhaben informiert hat, diesem die Gelegenheit gibt, innerhalb einer angemessenen Frist Stellung zu nehmen. Die Stellungnahme beinhaltet die Darlegung der eigenen Interessenlage und die Unterbreitung von Vorschlägen zur Behebung des Umweltnutzungskonfliktes. Siehe auch *ders.*, Umweltschutz und lokale grenzüberschreitende Zusammenarbeit, in: *Bothe/Prieur/Ress* (Anm. 1), 293 (297) sowie *Randelzhofer/Harndt* (Anm. 1), 30, die das Element der Stellungnahme betonen und *Zehetner*, Verfahrenspflichten bei Zulassung umweltbelastender Anlagen, in: *Bothe/Prieur/Ress* (Anm. 1), 43 (54).

[248] Ebenso *Smets*, Verfahren der Konsultation und der Zusammenarbeit, Introduction, in: *Bothe/Prieur/Ress* (Anm. 1), 243 (243) sowie *Storm*, a.a.O., 283; ähnlich *Beyerlin*, a.a.O. *Smets* und *Storm* weisen darauf hin, daß Konsultationen nur dann sinnvoll sind, wenn die Ausgangsinformation für eine sachgemäße Stellungnahme ausreicht und komplette, glaubwürdige Informationen vorliegen. Vgl. *Jans* (Anm. 21), 65.

[249] Im Gemeinschaftsrecht wird der Begriff der Konsultation mangels einer strengen Begriffsdefinition weit verstanden. In den französischen Fassungen entspricht er stellenweise dem deutschen „anhören". Siehe z.B. Art. 262 S. 1 EGV „Le Comité est obligatoirement consulté ..." / „Der Ausschuß muß ... gehört werden", siehe auch Art. 81 Abs. 1 S. 2 EAGV, wonach in der deutschen Fassung der betroffene Mitgliedstaat „zu hören" ist, wohingegen er nach der französischen Fassung „zu konsultieren" ist – „une consultation". Siehe auch

Ein reziproker Informationsaustausch liegt auch vor, wenn eine Partei die andere über ein bestimmtes Projekt unterrichtet und sodann deren Stellungnahme einholt. Mit dem Begriff der Konsultation kann daher auch die mit einer anfänglichen Unterrichtungspflicht kombinierte Pflicht zum Einholen einer Stellungnahme umschrieben werden.[250] Konsultationen können allgemein mit *Storm* als „Stellungnahme einer Partei oder Austausch von Stellungnahmen auf Ersuchen einer Partei zu einem bestimmten Sachverhalt, über den die andere Partei sie – soweit erforderlich – informiert hat" definiert werden.[251]

Da es sich um einen reziproken Informationsaustausch handelt, der abhängig vom konkreten Konsultationsverlauf ist, sind die impliziten Informationspflichten gegenständlich nicht klar umgrenzbar. Der Informationsaustausch ist sozusagen „im Fluß" und vermischt sich mit Meinungsaustausch und Beratungen über alternative Lösungen zum aufgetretenen Problemfall. Den Konsultationsparteien kommt ein *großer Gestaltungsspielraum* hinsichtlich Zeitpunkt, Form und Umfang des Informationsaustausches zu.[252] So kann sich bei Unstimmigkeiten über

---

Hanebuth (Anm. 117), 73.

[250] Ebenso *Storm* (Anm. 1), 283; ähnlich *Randelzhofer/Harndt* (Anm. 1), 30, die eine einseitige Stellungnahme für ausreichend erachten; vgl. *Beyerlin* in: *Bothe/Prieur/Ress* (Anm. 247), a.a.O. A.A. ist wohl *Handl*, der eine Konsultationspflicht mit einer Verhandlungspflicht gleichsetzt (*Handl*, Grenzüberschreitendes nukleares Risiko und völkerrechtlicher Schutzanspruch, 1992, 82, bzgl. Konsultationen im Rahmen der Errichtung von Nuklearanlagen). Gegenstand einer Konsultation muß aber nicht eine Verhandlung zwischen zwei Konfliktparteien sein. Konsultieren kann – dem lateinischen Ursprungsbegriff entsprechend – auch heißen, daß eine andere Person zu Rate gezogen wird. Im Völkerrecht werden Konsultations- und Verhandlungspflicht (*pactum de negotiando*) deutlich voneinander getrennt. Der *pactum de negotiando* hat weiterreichende Verhaltenspflichten als die einfache Konsultationspflicht. Dazu sogleich (unten, 1.).

[251] *Storm*, a.a.O., 283. Siehe auch *Zehetner*, der die Konsultationspflicht als „Verpflichtung zum Dialog" bezeichnet, welcher aus Informationswünschen, darauf reagierenden Informationen und wiederum darauf reagierenden Stellungnahmen bestehe (Anm. 247, a.a.O.).

[252] Vgl. zur Formenvielfalt von Konsultationen im Völkerrecht *Thun-Hohenstein*, Konsultationen: Versuch einer Klassifizierung, ÖZöRV 1984, 155 ff. sowie *Dominick* in: EPIL, Bd. 9 1986, Stichwort „Consultation", 45 ff. Nach *Thun-Hohenstein* wurde der Begriff der Konsultation einmal zutreffend als „schillernder Begriff, den niemand so recht zu definieren wagt" bezeichnet (a.a.O., 155). Eine detaillierte Regelung des Verfahrens enthält z.B. der – vom

die zugrunde zu legenden Tatsachen gar die Einschaltung von eigenständigen *fact finding missions* anbieten.[253] Konsultationspflichten können *ex ante* oder *ex post* Charakter haben. Das heißt, sie können sowohl *vor* der konkreten Gefahr einer Umweltbelastung als auch *nach* dem Eintritt einer solchen Gefahr oder Störung ausgelöst werden.[254] Konsultationen sind häufig im Grenznachbarrecht vorgesehen. Beispiele für solche Konsultationspflichten finden sich v.a. im Gewässerrecht.[255]

1. Einlassungspflicht ohne Einigungspflicht

Konsultationen verlangen, daß eine echte gegenseitige Beratung stattfindet. Dafür müssen die Konsultationsparteien die jeweilige Stellungnahme der anderen Seiten nicht nur formell entgegen nehmen, sondern auch lesen, bzw. zuhören und sie ernsthaft in ihre Überlegungen einbeziehen.[256] Sie müssen sich auf die Konsultation geistig einlassen. Dem

---

Rat nie gebilligte – *Vorschlag* der Kommission vom 17.5.1979 *für eine Verordnung des Rates über die Einrichtung eines gemeinschaftlichen Konsultationsverfahrens für Kraftwerke, von denen Auswirkungen auf das Hoheitsgebiet eines anderen Mitgliedstaats ausgehen können* (Abl. Nr. C 149 vom 15.6.1979, 2; siehe hierzu *Lenaerts*, Nuclear Border Installations: A Case Study, ELR 1988, 159 [174 ff.]). Dieser Vorschlag ist letztlich in der Konsultationspflicht der 1985 erlassenen *UVP-Richtlinie* aufgegangen, ist aber hinsichtlich der Verfahrensregeln viel ausführlicher als letztere.

[253] Vorgeschlagen von *Smets* (Anm. 248), a.a.O.

[254] Als Beispiel kann die *Schwefeldioxidrichtlinie* (Anm. 123) dienen. Danach haben in Grenzgebieten horizontale Konsultationen sowohl *vor* der Festlegung von Konzentrationswerten als auch *nach* dem Eintritt der konkreten Gefahr einer Überschreitung dieser Werte stattzufinden (Art. 11).

[255] Wie der sogleich noch näher darzustellenden *Grundwasserrichtlinie*, der *Abwasserrichtlinie*, der *Nitratrichtlinie* und der *Gewässerschutzrichtlinie*. Siehe aber auch Art. 8 Abs. 6 der *Luftqualitätsrichtlinie* (unten, Anm. 371).

[256] So sind z.B. nach ausdrücklicher Bestimmung der *Richtlinie* 2001/42/EG *über Umweltauswirkungen von Plänen* (Anm. 122) die Ergebnisse der Konsultationen bei der Entscheidungsfindung „zu berücksichtigen" (Art. 8). Ebenso für das Völkerrecht *Dominick* (Anm. 252), a.a.O.; *Beyerlin* in: FS Doehring (Anm. 247), 57; *Smets* (Anm. 248), a.a.O.; *Storm* (Anm. 1), 283; *Gündling*, Völkerrechtliche und europarechtliche Aspekte der Luftreinhaltung, UPR 1985, 403 (407). *Kloepfer/Kohler* sprechen von einer gemeinsamen Beratung mit dem Ziel, zu einer Einigung zu kommen, ohne daß ein Anspruch hierauf bestünde (Anm. 52, 64).

widerspräche es, wenn eine Seite schon vor dem Eintritt in die Konsultationen eine unverrückbare Position einnimmt und diese nur noch *pro forma* durchführt. Insofern kann, je nach den Umständen, eine kurzfristige Stillhaltensperiode der agierenden Seite erwartet werden.[257] Konsultationen sind also rechtzeitig vor der Maßnahme, welche die Konsultationspflicht auslöst, einzuleiten.[258] Es dürfen *keine vollendeten Tatsachen* geschaffen werden. Insofern ähnelt die Konsultationspflicht einem Anhörungsrecht.[259] Die Pflicht einer in zeitlicher Hinsicht angemessenen Einleitung von Konsultationen ergibt sich nicht nur aus einer begriffsimmanenten, am *effet utile* orientierten Auslegung, sondern auch aus Art. 10 EGV (ex Art. 5).[260] Gleichzeitig dürfen Konsultationspflichten die Verwirklichung einer geplanten Maßnahme nicht über Gebühr verzögern. In diesem Sinne bestimmt die neue *Richtlinie* 2001/42/EG *über Umweltauswirkungen von Plänen*, daß die betroffenen Mitgliedstaaten zu Beginn ihrer Konsultationen einen angemessenen Zeitrahmen für deren Dauer vereinbaren.[261]

Einfache Konsultationspflichten beinhalten jedoch *keine Einigungspflicht* und kein Vetorecht der betroffenen Seite.[262] Zum Vergleich kann

---

[257] In diesem Sinne äußerte sich auch Generalanwalt *Reischl* zu einer vertikalen Konsultationspflicht der Mitgliedstaaten nach der *Haager Entschließung* im Bereich der Seefischerei: Eine Konsultationspflicht gehe über eine bloße Verpflichtung zur Unterrichtung der Kommission hinaus. Sinn und Zweck solcher Konsultationen sei es, ein Mindestmaß an Koordinierung nationaler Maßnahmen im Hinblick auf die Ausarbeitung einer gemeinsamen Seefischereipolitik zu gewährleisten. Sie verlange eine „Zusammenarbeit mit der Kommission, die eine echte Bereitschaft einschließt, für die Gemeinschaft akzeptable Lösungen zu suchen". Der konsultierende Mitgliedstaat müsse danach offen sein für Änderungen der von ihm vorgesehenen Maßnahmen. Er dürfe insbesondere nach der Ablehnung des ersten Entwurfs seinen eigenen nicht sogleich in Kraft setzen. Ein Vetorecht der Kommission sei in der Konsultationspflicht allerdings nicht enthalten (Schlußanträge zum Urteil vom 4.10.1979, Rs. 141/78, *Frankreich/Vereinigtes Königreich*, „Seefischerei I", Slg. 1979, 2923 [2951, Nr. 4]).

[258] Vgl. *Smets* (Anm. 248), 244.

[259] Diese Parallelität von Konsultation und Anhörung legt auch ein Vergleich der verschiedenen Sprachfassungen der Verträge nahe (siehe oben, Anm. 249). Siehe auch *Thun-Hohenstein* (Anm. 252), 167, wonach Anhörungsrechte eine der vielen Formen von Konsultationen darstellen.

[260] Dazu Teil 3 Kap. 2 C.II.

[261] Art. 7 Abs. 3 der Richtlinie 2001/42/EG (Anm. 122).

[262] Ebenso Generalanwalt *Reischl* (Anm. 257) sowie ohne Beschränkung auf

auf die insoweit weiterentwickelte völkerrechtliche Dogmatik zurückgegriffen werden. Konsultationspflichten sind im Völkerrecht von einer vertraglich festgelegten Verhandlungspflicht (*pactum de negotiando*) abzugrenzen.[263] Bei einem *pactum de negotiando* müssen die Parteien mit einer ernsthaften Einigungsbereitschaft zur Herstellung einer einverständlichen Lösung miteinander in Kontakt treten.[264] Die schlichte Berücksichtigungspflicht im Rahmen von Konsultationen ist schwächer als die bei Verhandlungspflichten auf der Ebene der Entscheidungs*findung* erforderliche Einigungsbereitschaft. Die Mitwirkung einer (lediglich) zu konsultierenden Partei kann dagegen primär der Ebene der Zusammenstellung der Entscheidungs*grundlagen* zugeordnet werden.[265] Im Gemeinschaftsrecht wird eine klare Grenze zwischen Verhandlungs- und Konsultationspflicht allerdings nicht immer gezogen. Dies gilt insbesondere für die noch näher darzustellenden Abstimmungsverfahren.[266]

Eine Konsultationspflicht impliziert also die rechtzeitige Einleitung vor der Schaffung vollendeter Tatsachen, das Einlassen auf die Gegenposition sowie u.U. eine kurze Stillhaltensfrist. Sie schließt aber sowohl eine (positive) Pflicht zur Einigung als auch ein (negatives) Vetorecht der betroffenen Seite aus. Für das Gemeinschaftsrecht können die mit einer

---

Völker- oder Gemeinschaftsrecht *Storm* (Anm. 1),283; *Thun-Hohenstein*, a.a.O., 156 f.; *Smets* (Anm. 248), a.a.O. und *Randelzhofer/Harndt* (Anm. 1), 30. Für das Völkerrecht siehe *Dominick* (Anm. 252), 48; *Beyerlin* in: FS Doehring (Anm. 247), 57 und *Kloepfer/Kohler* (Anm. 52), 64.

[263] *Beyerlin* in: *Bothe/Prieur/Ress* (Anm. 247), a.a.O.; *Storm*, a.a.O., 284; *Randelzhofer/Harndt*, a.a.O., die betonen, daß die Grenzziehung allerdings schwer zu treffen ist; vgl. *Dominick*, a.a.O. Anders wohl *Thun-Hohenstein*, a.a.O., 156 ff.

[264] Ausführlich *Beyerlin*, Pactum de contrahendo und pactum de negotiando im Völkerrecht, ZaöRV 1976, 407 (410 ff.); vgl. *ders.* in: FS Doehring (Anm. 247), 57 sowie *Randelzhofer/Harndt*, a.a.O., die in Abgrenzung zu den Konsultationspflichten das Element der *Finalität* von Verhandlungspflichten betonen. Siehe auch unten, Teil 5 Kap. 2 B.II.

[265] Vgl. *Storm*, a.a.O., 283. Siehe auch *Zehetner* (Anm. 247), a.a.O., sowie *Thun-Hohenstein* (Anm. 252), 161.

[266] Sie ähneln den völkerrechtlichen Verhandlungspflichten, beinhalten aber zusätzlich die Elemente eines Konsultationsverfahrens (dazu unter 4.). Siehe auch Art. 8 Abs. 6 der *Luftqualitätsrichtlinie* (Anm. 371). Hier konsultieren „die betroffenen Mitgliedstaaten einander mit dem Ziel, das Problem zu beheben". Eine Einigungspflicht besteht aber auch hier nicht.

Konsultationspflicht einher gehenden Verhaltenspflichten z.T. aus Art. 10 EGV hergeleitet werden.[267]

2. Zweiseitig und einseitig obligatorische Konsultationsverfahren

Die Durchführung von Konsultationen kann obligatorisch oder fakultativ sein. Eine Konsultationspflicht kann durch den Eintritt bestimmter Umstände ausgelöst werden, die für beide Seiten verpflichtend wirken. Das ist z.B. dort der Fall, wo eine Konsultation im Streitfall als obligatorisches „Vorverfahren“ der Einleitung weiterer, z.B. gerichtlicher Schritte vorgeschaltet ist. Konsultationen können aber auch *einseitig obligatorisch* bzw. einseitig fakultativ sein; so wenn beim Eintritt bestimmter Umstände die betroffene Partei das Recht aber *nicht die Pflicht* hat, die andere zum Eintritt in ein Konsultationsverfahren aufzufordern, die so aufgeforderte Seite aber einer Einlassungspflicht unterliegt.[268] Ob ein zweiseitig obligatorisches Konsultationsverfahren einen größeren Verpflichtungsgehalt impliziert, ist fraglich. Bei einer einseitig fakultativen Konsultation kommt lediglich dem auslösungsbefugten Mitgliedstaat ein Einschätzungsspielraum zu. Ein Initiativrecht eines Mitgliedstaates, verbunden mit einer Einlassungspflicht des anderen, stellt ein eindeutiges Tatbestandsmerkmal für die Pflichtenauslösung dar und garantiert einen gewissen Automatismus.

Zum Teil sind die entsprechenden Bestimmungen des Gemeinschaftsrechts sehr undeutlich formuliert. So legt die neue *Wasserrahmenricht-*

---

[267] Als sogenannte Nebenpflichten, siehe unten Teil 3 Kap. 2 C.

[268] In der *Abwasserrichtlinie* ist bei grenzüberschreitenden Abwassereinleitungen ein horizontales Abstimmungsverfahren vorgesehen, das als einseitig obligatorisches Konsultationsverfahren eingeordnet werden kann. Werden Gewässer im Gebiet eines Mitgliedstaates durch kommunale Abwassereinleitungen aus einem anderen Mitgliedstaat beeinträchtigt, so *kann* der beeinträchtigte Mitgliedstaat den Verursacherstaat und die Kommission darüber unterrichten. Die beteiligten Mitgliedstaaten veranlassen dann, ggf. gemeinsam mit der Kommission, die notwendige „Abstimmung“ zur Ermittlung der Einleitungen und über Schutzmaßnahmen an der Verschmutzungsquelle. Sobald der betroffene Mitgliedstaat den anderen und die Kommission unterrichtet hat, besteht eine Einlassungspflicht auf das Verfahren seitens des Verursacherstaates (Art. 9 der Richtlinie 91/271/EWG, [Anm. 118). Ein paralleles Konsultationsverfahren ist in der *Nitratrichtlinie* für den Fall grenzüberschreitender Verunreinigungen von Gewässern durch direkte oder indirekte Zuflüsse aus einem anderen Mitgliedstaat vorgesehen (Art. 3 Abs. 3 der Richtlinie 91/676/EWG, [Anm. 70]).

linie[269] in Art. 12 fest, daß ein Mitgliedstaat, der ein Problem feststellt, welches Auswirkungen auf die Bewirtschaftung seiner Wasserressourcen hat, von diesem Mitgliedstaat jedoch nicht gelöst werden kann, dies der Kommission und jedem anderen betroffenen Mitgliedstaat mitteilen und Empfehlungen zur Lösung dieses Problems machen kann. Die Kommission reagiert auf jeden Bericht oder jede Empfehlung der Mitgliedstaaten innerhalb einer Frist von 6 Monaten. Die Richtlinie läßt damit zunächst im Dunkeln, ob es sich um eine horizontale oder vertikale Kooperation handeln soll, ob eine reziproke Abstimmung oder nur eine reine Unterrichtung stattfinden und ob einem der Beteiligten eine Entscheidungskompetenz zukommen soll – weshalb diese Vorschrift von *Reinhardt* denn auch spitzzüngig als „Institutionalisierung sozialpädagogischer Gesprächstherapie" bezeichnet wird.[270] Bei näherer Betrachtung kann dieser Vorschrift aber zumindest eine einseitig obligatorische vertikale Konsultationspflicht entnommen werden: denn die Mitgliedstaaten sind berechtigt, aber nicht verpflichtet, die Kommission und ggf. die anderen Mitgliedstaaten mit ihrem Problem zu beschäftigen, woraufhin die Kommission zur Abgabe einer Stellungnahme verpflichtet ist, nicht aber die anderen Mitgliedstaaten[271]. Eine Entscheidungskompetenz kommt mangels diesbezüglicher Ermächtigung weder der Kommission noch den anderen Mitgliedstaaten zu, so daß diese letztlich bei dem von dem Problem betroffenen Mitgliedstaat verbleibt. Dies entspricht genau dem Verpflichtungsgehalt eines (einseitig obligatorischen) Konsultationsverfahrens. Die Bestimmung steht zudem im Zusammenhang mit der Rechtsprechung des EuGH zu Art. 10 EGV, wonach die Mitgliedstaaten bei bestimmten Umsetzungsschwierigkeiten die Kommission anrufen können, welche dann mit diesen zusammen versuchen muß, die Schwierigkeiten zu überwinden – wiederum ein einseitig obligatorisches vertikales Konsultationsverfahren.[272]

Konsultationen schließen sich häufig an eine Unterrichtungspflicht an. Entweder ist die zu unterrichtende Partei berechtigt, Konsultationen zu verlangen, insbesondere weil sie durch die Unterrichtung feststellt, daß

---

[269] Richtlinie 2000/60/EG (Anm. 123).

[270] *Reinhardt* (Anm. 480), 154.

[271] Daher liegt keine horizontale Konsultations*pflicht* vor, was allerdings den Mitgliedstaaten nicht verbietet, freiwillig in ein solches Konsultationsverfahren einzutreten.

[272] Näher hierzu Teil 3 Kap. 2 B.IV.

ihre Interessen betroffen sein könnten.[273] Oder die Partei, die Konsultationen einleiten möchte, ist zuvor zur Unterrichtung der anderen Seite verpflichtet.[274] Die Konsultationspflicht wird in beiden Fällen durch eine Unterrichtung über die grenzüberschreitende Umweltbeeinträchtigung ausgelöst. Hier vermischen sich selbständige Unterrichtung und die im Rahmen eines Konsultationsverfahrens stattfindende anfängliche Information. Konsultationspflichten können auch von der Kommission ausgelöst werden, was insbesondere im produktbezogenen Umweltschutz vorkommt. Sie dienen dann der Streitbeilegung zwischen zwei Mitgliedstaaten im Rahmen eines konkreten Verwaltungsverfahrens des grenzüberschreitenden Warenverkehrs.[275]

---

[273] Die *Grundwasserrichtlinie* sieht z.B. vor, daß bei Ableitungen in grenzüberschreitende Grundwasserschichten die zuständige Behörde des Mitgliedstaates, die beabsichtigt, diese Ableitungen zu genehmigen, die anderen betroffenen Mitgliedstaaten unterrichtet. Auf Antrag eines der betroffenen Staaten finden dann vor der Genehmigungserteilung Konsultationen statt (Art. 17 der *Richtlinie* 80/68/EWG vom 17.12.1979 *über den Schutz des Grundwassers gegen Verschmutzung durch bestimmte gefährliche Stoffe*, Abl. Nr. L 20 vom 26.1.1980, 43, mehrfach geändert; die Richtlinie wird durch die *Wasserrahmenrichtlinie* zum 21.12.2013 aufgehoben, siehe Art. 22 Abs. 2 der Richtlinie 2000/60/EG, [Anm. 123]).

[274] So die *Abwasserrichtlinie* und die *Nitratrichtlinie* (siehe oben, Anm. 268).

[275] Ein von der Kommission gesteuertes horizontales Konsultationsverfahren findet sich in Art. 5 der *Detergentienrichtlinie* (Anm. 196). Die *Detergentienrichtlinie* harmonisiert die Anforderungen an die biologische Abbaubarkeit von Waschmittelsubstanzen. Die Voraussetzungen für das Inverkehrbringen sind von den Mitgliedstaaten nach ebenfalls gemeinschaftsrechtlich harmonisierten Methoden zu kontrollieren. Entspricht eine Waschmittelsubstanz nicht den harmonisierten Anforderungen, so untersagt der Mitgliedstaat, der die Kontrolle durchgeführt hat, dessen Inverkehrbringen und Verwendung in seinem Hoheitsgebiet. Von einem solchen Verbot unterrichtet er die Kommission und den Mitgliedstaat, aus dem das Erzeugnis kommt, unverzüglich unter Angabe der Entscheidungsgründe und der Einzelheiten der Kontrolle. Wenn der Herkunftsstaat gegen die Entscheidung Einwendungen erhebt, führt die Kommission unverzüglich eine Konsultation der beiden beteiligten Mitgliedstaaten durch, ggf. unter Einbeziehung weiterer Mitgliedstaaten. Wird kein Einvernehmen erzielt, holt die Kommission innerhalb von drei Monaten nach der Unterrichtung ein Gutachten eines Labors ein und teilt den beteiligten Mitgliedstaaten das Ergebnis mit. Diese können der Kommission binnen eines Monats ihre Bemerkungen hierzu übermitteln und von ihr angehört werden. Nach der Anhörung erstellt die Kommission ggf. geeignete Empfehlungen.

3. Konsultationsstrukturmuster und Eintrittsrecht der Kommission

Wie bereits erwähnt gibt es sowohl *vertikale* als auch *horizontale* Konsultationspflichten.[276] Die vertikalen Konsultationen verlaufen zwischen Mitgliedstaaten und der Kommission,[277] die horizontalen zwischen Mitgliedstaaten untereinander.[278] Vertikale und horizontale Konsultationen können sich auch vermischen. Sie verlaufen dann in einem *Dreiecksverhältnis* zwischen mehreren Mitgliedstaaten und der Kommission.[279] Teilweise wird der Kommission ein *Eintrittsrecht* in horizontale Konsultationen gewährt. Sie ist in diesen Fällen vom Beginn der Konsultationen zu unterrichten und kann diesen beiwohnen.[280] Zweck eines solchen Eintrittsrechts ist meist, der Kommission die Möglichkeit zu geben, auf die Parteien im Hinblick auf die Einhaltung der gemein-

---

[276] Zur Bildung von Kommunikationsstrukturmustern oben, Teil 1 Kap. 2 A. sowie Teil 2 Kap. 1 C.II.2.

[277] Einfache *vertikale* Konsultationspflichten sind in der *Vogelschutzrichtlinie* enthalten. Bei der Erteilung von Verkaufsgenehmigungen für bestimmte Vogelarten müssen die Mitgliedstaaten die Kommission konsultieren (Art. 6 Abs. 3 der Richtlinie 79/409/EWG, [Anm. 126]). Selbiges gilt bei der Ansiedlung nichteuropäischer wildlebender Vogelarten (Art. 11).

[278] So z.B. Art. 7 Abs. 4 der *UVP-Richtlinie* (Anm. 150); Art. 7 Abs. 2 der *Richtlinie* 2001/42/EG *über Umweltauswirkungen von Plänen* (Anm. 122); Art.17 der *Grundwasserrichtlinie* (Anm. 273), Art. 11 der *Schwefeldioxidrichtlinie* (Anm. 123).

[279] Art. 5 Abs. 2 der *Detergentienrichtlinie* (dazu Anm. 275) sowie fakultativ nach Art. 9 der *Abwasserrichtlinie* (Anm. 118): „ggf. gemeinsam mit der Kommission"; ebenso die *Nitratrichtlinie*, Art. 3 (siehe oben, Anm. 268).

[280] So sieht die *Schwefeldioxidrichtlinie* vor, daß die Mitgliedstaaten für besonders verschmutzte und besonders schutzbedürftige Gebiete Schadstoffkonzentrationswerte festsetzen und hiervon die Kommission unterrichten. Vor der Festsetzung dieser Werte für Grenzgebiete haben sich die Mitgliedstaaten zu konsultieren. Die Kommission kann an diesen Konsultationen teilnehmen (Art. 11 Abs. 1 i.V.m. Art. 4 der Richtlinie 80/779/EWG, [Anm. 123]). Auch wenn die Gefahr einer Überschreitung der in der Richtlinie festgesetzten Konzentrationswerte besteht, müssen sich die betroffenen Mitgliedstaaten konsultieren. Die Kommission kann wiederum in die Konsultationen eintreten (Art. 11 Abs. 2). Dasselbe Verfahren enthält die *Stickstoffdioxidrichtlinie* (Art. 11 Abs. 1 und Abs. 2 der Richtlinie 85/203/EWG, [Anm. 130]) und ähnlich auch die *Grundwasserrichtlinie* (Art. 17 der Richtlinie 80/68/EWG, [Anm. 273]). Siehe auch Art. 8 Abs. 6 der *Luftqualitätsrichtlinie* (unten, Anm. 371), wonach die Kommission das Recht hat, bei den Konsultationen „anwesend" zu sein.

schaftsrechtlichen Vorschriften Einfluß zu nehmen.[281] Sie kann auch die Rolle eines vermittelnden Dritten einnehmen. Konsultationen, die zum Zwecke der Abhilfe gemeinschaftsrechtswidriger Zustände durchzuführen sind, sind insofern nicht ergebnisoffen. Das Ziel ist inhaltlich durch die gemeinschaftsrechtlichen Vorgaben vorherbestimmt, lediglich die Mittel sind im Konsultationsverfahren frei herauszuarbeiten. Hier gehen die Konsultationspflichten in ein Streitbeilegungs- oder Abstimmungsverfahren über.[282]

4. „Abstimmungspflichten" als Konsultationsverfahren

Die Verpflichtung zur *Abstimmung* bedeutet im Zusammenhang mit grenzüberschreitenden Umweltbelastungen die Verpflichtung zur Durchführung eines Konsultationsverfahrens, in dem sich die Beteiligten verstärkt um eine einverständliche Lösung im Hinblick auf die Erfüllung der gemeinschaftsrechtlichen Anforderungen bemühen.[283] Im Vergleich zu einfachen Konsultationsverfahren, die sich als ergebnisoffene reziproke Unterrichtungsverfahren mit Berücksichtigungspflichten darstellen, gibt es bei den Abstimmungspflichten meist *inhaltliche Zielvorgaben* für eine anzustrebende Einigung.[284] Insbesondere das Sekun-

---

[281] So von der Kommission in der Antwort auf die Schriftliche Anfrage Nr. 2584/85 von Herrn *Luc Beyer de Ryke* vom 24.1.1986 (Abl. Nr. C 126 vom 26.5.1986, 43) ausdrücklich hervorgehoben: Dort wo Umweltqualitätsziele von mehreren Mitgliedstaaten gemeinsam aufzustellen sind, habe die Kommission in den diesbezüglichen Gesprächen (lediglich) dafür Sorge zu tragen, daß die Rechtsakte der Gemeinschaft eingehalten werden.

[282] Zu Abstimmungsverfahren sogleich (4.), zu administrativen Streitbeilegungsverfahren unten, Kap. 4 E.

[283] Vgl. zum Begriff der Abstimmung *Storm* (Anm. 1), 284 f. Eine Abstimmung wird darin definiert als „Beteiligung einer anderen Partei an der Entscheidungsfindung mit dem Ziel der Einigung, wobei die Entscheidung von dem Einverständnis der beteiligten Partei abhängt". Sie schließt stets eine Konsultation des Abstimmungspartners ein (a.a.O.). Vgl. auch *Randelzhofer/Harndt* (Anm. 1), 30 ff., die das Element des gemeinsamen Sachzieles hervorheben.

[284] Nach der *Abwasserrichtlinie* haben die beteiligten Mitgliedstaaten – wie oben dargestellt – die *notwendige Abstimmung* zur Ermittlung der Einleitungen und über eventuelle Schutzmaßnahmen zu veranlassen (siehe oben, Anm. 268). Diese Abstimmung geschieht, „um die Übereinstimmung mit dieser Richtlinie sicherzustellen". Ebenso die *Nitratrichtlinie* (*ibid.*).

därrecht der Gemeinschaft fungiert hier als inhaltliche Zielvorgabe, ohne aber für den Einzelfall der grenzüberschreitenden Beeinträchtigung eine konkrete Lösung vorzuschreiben. Den Mitgliedstaaten kommt ein *Gestaltungsspielraum* zu. Inwieweit im Rahmen des Abstimmungsverfahrens eine echte Einigungspflicht der Mitgliedstaaten besteht, ist dem Wortlaut meist nicht genau zu entnehmen. Eine Einigungspflicht könnte zumindest nicht rechtlich durchgesetzt werden, weil wegen der Gestaltungsfreiheit der Mitgliedstaaten niemand, einschließlich des EuGH, die „Abstimmung“ ersetzen kann. Insofern handelt es sich um ein Konsultationsverfahren im weiteren Sinne. Die Regelungsbefugnis hinsichtlich ihres Hoheitsgebietes wird den Mitgliedstaaten dadurch nicht genommen. Diese Abstimmungsverfahren stellen einen gemeinschaftsrechtlichen Sonderfall des völkerrechtlichen *pactum de negotiando* dar.[285] Die Einigungsbemühungen beziehen sich dort auf die inhaltlichen Vorgaben eines im vorhinein abgeschlossenen Rahmen- oder Vorvertrages, hier auf Durchführungsmaßnahmen im Rahmen des Gemeinschaftsrechts. Der genaue Umfang und der Bezugspunkt der Abstimmungspflichten ist angesichts unklarer Satzkonstruktionen – die ein Musterbeispiel für diplomatische „Scheineinigungen“ darstellen –[286] teilweise schwer herauszulesen.[287] Stellenweise wird auch der Begriff der *Harmonisierung* verwendet.[288] Eine Abstimmungspflicht beinhaltet

---

[285] Dazu näher Teil 5 Kap. 2 B.II. sowie bereits oben, IV.1.

[286] Dazu oben, Kap. 1 A.II.

[287] Bei grenzüberschreitenden Badegewässern werden nach der *Badegewässerrichtlinie* die für die betroffenen Badegebiete „aus den gemeinsamen Qualitätszielen zu ziehenden Folgerungen nach gegenseitiger Abstimmung durch die Anrainerstaaten festgelegt“ (Art. 4 Abs. 4 der *Richtlinie* 76/160/EWG vom 8.12.1975 *über die Qualität der Badegewässer*, Abl. Nr. L 31 vom 5.2.1976, 1, geändert). Gemeint ist wohl ein Vergleich der jeweils gemeinschaftsrechtlich oder national festgelegten Qualitätsziele und eine darauffolgende Abstimmung der Qualitätsziele und zu treffenden Maßnahmen im Rahmen eines horizontalen Konsultationsverfahrens. Die Kommission kann sich an dieser gegenseitigen Abstimmung beteiligen. Die Auslegung der „Abstimmung“ als Konsultationsverfahren unterstützen die später erlassenen *Fisch-* und *Muschelgewässerrichtlinien*, die sich weitgehend nach dem Muster der *Badegewässerrichtlinie* richten. Danach treten die betroffenen Mitgliedstaaten „in Konsultationen [...] über die aus den gemeinsamen Qualitätszielen zu ziehenden Folgerungen, die nach gegenseitiger Abstimmung durch den jeweiligen Staat festgelegt werden“ (jeweils Art. 10 der Richtlinien 78/659/EWG und 79/923/EWG, [Anm. 123]).

[288] In den *Folgerichtlinien* zur *Gewässerschutzrichtlinie* ist jeweils eine Vorschrift enthalten, wonach die Mitgliedstaaten im Falle von Ableitungen, welche

also immer mindestens eine Konsultationspflicht.[289] Das *Gemeinschaftsrecht* dient im Rahmen von Abstimmungsverpflichtungen als *inhaltliche Zielvorgabe*, dessen Einhaltung i.d.R. die Kommission durch ein Eintrittsrecht gewährleisten soll.[290]

5. Vermischung völkerrechtlicher und gemeinschaftsrechtlicher Konsultationspflichten

Gemeinschaftsrechtliche und völkerrechtliche Konsultationspflichten können sich vermischen. In einigen Richtlinien ist festgelegt, daß sich die Mitgliedstaaten bestimmte Informationen *als Grundlage für notwendige Konsultationen im Rahmen ihrer bilateralen Beziehungen mitzuteilen* oder zur Verfügung zu stellen[291] bzw. *sich im Rahmen ihrer*

---

die Gewässer mehrerer Mitgliedstaaten betreffen, mit dem Ziel der Harmonisierung der Überwachungsverfahren zusammenarbeiten. Damit wird implizit ein Konsultationsverfahren vorgeschrieben, weil sich die Mitgliedstaaten zum Zwecke der Harmonisierung zunächst über die nationalen Unterschiede und mögliche Lösungen austauschen müssen. Siehe jeweils Art. 4 UAbs. 2 bzw. Art. 5 UAbs. 2 der *Richtlinie* 82/176/EWG vom 22.3.1982 *betreffend Grenzwerte und Qualitätsziele für Quecksilberableitungen aus dem Industriezweig Alkalichloridelektrolyse* (Abl. Nr. L 81 vom 27.3.1982, 29), *Richtlinie* 83/513/EWG vom 26.9.1983 *betreffend Grenzwerte und Qualitätsziele für Cadmiumableitungen* (Abl. Nr. L 291 vom 24.10.1983, 1), *Richtlinie* 84/156/EWG vom 8.3.1984 *betreffend Grenzwerte und Qualitätsziele für Quecksilberableitungen mit Ausnahme des Industriezweigs Alkalichloridelektrolyse* (Abl. Nr. L 74 vom 17.3.1984, 49), *Richtlinie* 84/491/EWG vom 9.10.1984 *betreffend Grenzwerte und Qualitätsziele für Ableitungen von Hexaclorcyclohexan* (Abl. Nr. L 296 vom 17.10.1984, 11), *Richtlinie* 86/280/EWG vom 12.6.1986 *betreffend Grenzwerte und Qualitätsziele für die Ableitung bestimmter gefährlicher Stoffe im Sinne der Liste I im Anhang der Richtlinie 76/464/EWG* (Abl. Nr. L 181 vom 4.7.1986, 16). Die *Gewässerschutzrichtlinie* und ihre *Folgerichtlinien* werden in Teilen durch die *IVU-Richtlinie* überlagert (Anm. 69). Sie gelten aber bis zu entsprechenden Neuregelungen zumindest subsidiär fort (siehe Art. 18 Abs. 2, Art. 20 und Anhang II der *IVU-Richtlinie*).

[289] So auch bei vertikalen Abstimmungspflichten, vgl. Art. 6 der *Großfeuerungsanlagenrichtlinie* 88/609/EWG (Anm. 69).

[290] Siehe oben, 3.

[291] Art. 17 Abs. 1 S. 2 der *IVU-Richtlinie* (Anm. 69); Art. 14 UAbs. 2 der *Gentechnikrichtlinie* 90/219/EWG (Anm. 129); Art. 10 der *Industrieanlagenrichtlinie* (Anm. 69); Art. 7 der *UVP-Richtlinie* (Anm. 150) i.d.F. vom 27.6.1985

bilateralen Beziehungen zu konsultieren[292] haben. Der Verweis auf die bilateralen Beziehungen ist ein Verweis auf zwischenstaatliche Kontakte, die primär vom Völkerrecht geregelt werden.

Soweit sich keine nähere gemeinschaftsrechtliche Regelung findet und keine aus der Gemeinschaftstreue fließenden Pflichten entgegenstehen, hat sich dann das Verfahren nach dem für die bilateralen Beziehungen geltenden Recht zu richten, mithin dem *Völkerrecht*. In der „Erklärung zu Art. 8" der *Seveso-Richtlinie* war beispielsweise der Zeitpunkt der Konsultationen näher ausgeführt.[293] Nach der *IVU-Richtlinie* haben die Konsultationen „auf der Basis von Gegenseitigkeit und Gleichwertigkeit" stattzufinden, ebenso nach der alten Fassung der *UVP-Richtlinie*.[294] Zur Auslegung dieses Tatbestandsmerkmals sind umfangreiche Untersuchungen gemacht worden.[295]

Insbesondere im Rahmen der ersten Formulierung wird gemeinschaftsrechtlich (lediglich) eine Unterrichtungspflicht festgelegt, welche den Anstoß für nachfolgende Konsultationen sowie deren erste Informationsgrundlage geben soll. Ob daraufhin eine Pflicht zur weiteren Konsultation besteht, richtet sich nach den „bilateralen Beziehungen", also

---

(vor der Änderung durch Richtlinie 97/11/EG), siehe auch Art. 8 Abs. 2 der inzwischen aufgehobenen ersten *Seveso-Richtlinie* (Anm. 129); näher zu den zugrundliegenden Unterrichtungspflichten oben, II. Zur Auslegung des Tatbestandsmerkmals „zur Verfügung stellen" als Auskunfts- oder Unterrichtungspflicht oben, I., insbesondere Anm. 129.

292 Anhang VII, „Erklärung zu Art. 8" der ersten *Seveso-Richtlinie*, a.a.O.

293 A.a.O.

294 Art. 17 Abs. 1 S. 2 der *IVU-Richtlinie* (Anm. 69) sowie Art. 7 S. 2 der *UVP-Richtlinie* i.d.F. vom 27.6.1985 (Anm. 150). Von *Schmidt-Aßmann* als „Äquivalenzregel" bezeichnet (Verwaltungskooperation, Anm. 2, 297; siehe auch *Schmidt-Aßmann/Ladenburger*, in: EUDUR, Anm. 43, Rn. 73).

295 Ausführlichst *Randelzhofer/Harndt*, Grenzüberschreitende Zusammenarbeit bei der Umweltverträglichkeitsprüfung – Ein Beitrag zur Auslegung von Art. 7 der EWG-Richtlinie über die Umweltverträglichkeitsprüfung mit einer Darstellung des französischen, belgischen, niederländischen und dänischen Umweltverfahrensrechtes, Umweltbundesamt, Berichte 2/89, 1989; vor Erlaß der *UVP-Richtlinie* bereits *Oppermann/Kilian*, Gleichstellung ausländischer Grenznachbarn in deutschen Verwaltungsverfahren?, Umweltbundesamt, Berichte 8/81, 1981; siehe weiterhin *Herzog*, Die Umweltverträglichkeitsprüfung im grenzüberschreitenden Bereich, 1988, 177 ff.; *Jans* (Anm. 21), 17 ff. sowie *Erbguth/Schink*, Gesetz über die Umweltverträglichkeitsprüfung, Kommentar, 2. Aufl. 1996, § 8 Rn. 3 ff.

dem Völkerrecht. Hier existieren neben dem völkerrechtlichen Gewohnheitsrecht in Form der *UVP-Konvention* und die *Industrieunfällekonvention* detaillierte vertragliche Regelungen.[296] Die Neufassung der *UVP-Richtlinie* enthält nunmehr eine eigenständige gemeinschaftsrechtliche Konsultationspflicht.[297] Durch sie werden z.T. die Vorgaben der *UVP-Konvention* umgesetzt. Alle gemeinschaftsrechtlichen Vorgaben bleiben aber hinsichtlich der Detailliertheit der verfahrensrechtlichen Anforderungen hinter den völkervertragsrechtlichen Regelungen zurück. Das gilt insbesondere im Hinblick auf die Vorschriften zur Untersuchungskommission (*inquiry commission*) bei Streitigkeiten über die „Erheblichkeit" der grenzüberschreitenden Umweltauswirkungen und der *post-project-analysis*.[298] Die gemeinschaftsrechtlichen Konsultationspflichten werden durch diese Konventionen auf der völkerrechtlichen Ebene konkretisiert.[299]

V. Duldungspflichten i.V.m. Gemeinschaftsinspektionen

Eine weitgehend „passive" Informationspflicht stellen Duldungspflichten der Mitgliedstaaten und der direkt betroffenen Personen i.V.m. Nachprüfungen vor Ort durch Inspekteure der Gemeinschaft dar. Hier handelt es sich um ein europäisches administratives Ermittlungsverfahren im Direktvollzug, in dem die Kommission selbst ermittelt und den Sachverhalt in Augenschein nimmt.[300] Neben dem Begriff der *Inspektion* werden häufig die Begriffe der *Nachprüfung* oder der *Vor-Ort-Kontrolle* verwendet.[301] Inspektionsrechte implizieren allerdings noch kein Recht zum Einsatz von Zwangsmitteln.[302]

---

[296] Eine ausführlichere Darstellung der völkerrechtlichen Regelungen findet sich unten, Teil 5 Kap. 2 B.I. sowie Kap. 1 zum Gewohnheitsrecht.

[297] Ebenso in Anlehnung hieran die neue *Richtlinie* 2001/42/EG *über Umweltauswirkungen von Plänen* (Anm. 122), Art. 7.

[298] Hierzu auch oben unter II.3.c.bb.

[299] Ähnlich *Erbguth/Schink* (Anm. 295), § 8 Rn. 3; *Wagner* in: *Hoppe*, Gesetz über die Umweltverträglichkeitsprüfung, Kommentar, 1995, § 8 Rn. 1, 5 und 9, der auf die (damals noch nicht ratifizierte) *UVP-Konvention* als Auslegungshilfe verweist. Siehe auch § 8 Abs.4 des deutschen UVPG: „Völkerrechtliche Verpflichtungen von Bund und Ländern bleiben unberührt."

[300] Von *Schmidt-Aßmann* als „Eigenverwaltungsrecht" bezeichnet (siehe Teil 4 Kap. 1).

[301] Vgl. *Hanebuth* (Anm. 117), der zudem die Begriffe der *Überwachungen*

Inspektionen vor Ort sind v.a. außerhalb des Umweltrechts vorgesehen, und zwar bereits frühzeitig im europäischen Wettbewerbsrecht,[303] im Recht der Gemeinschaft für Kohle und Stahl,[304] im Recht des Euratom-Vertrages zur Kontrolle der friedlichen Verwendung von Kernenergie,[305] bei der Verwaltung von Fördermitteln der Gemeinschaft u.a. im Rahmen des *Kohäsionsfonds* und der *LIFE -Verordnung*,[306] nunmehr zudem übergreifend im Rahmen der allgemeinen Betrugsbekämpfung für alle Bereiche des Gemeinschaftshaushalts in der *Verordnung* (Euratom, EG) Nr. 2185/96 vom 11.11.1996 *betreffend die Kontrollen und Überprüfungen vor Ort durch die Kommission zum Schutz der finanziellen Interessen der Europäischen Gemeinschaften vor Betrug und anderen Unregelmäßigkeiten*[307] und seit 1999 auch im Bereich der Beihil-

---

und der *Überprüfungen* nennt (a.a.O., 248).

[302] Siehe unten, Teil 6 Kap. 2 B.VI.

[303] Art. 14 der *Kartellverordnung* (Verordnung Nr. 17 vom 6.2.1962: *Erste Durchführungsverordnung zu den Artikeln 85 und 86 des Vertrages*, Abl. Nr. 13 vom 21.2.1962, 204); Art. 13 der *Verordnung* (EWG) Nr. 4064/89 vom 21.12.1989 *über die Kontrolle von Unternehmenszusammenschlüssen* (Abl. Nr. L 395 vom 30.12.1989, 1, geändert) [im folgenden *Fusionskontrollverordnung*].

[304] Art. 86 Abs. 4 EGKSV.

[305] Siehe unten, Teil 2 Kap. 4 B.

[306] Die Kommission ist für die Überwachung des direkt dem Umweltschutz dienenden Fonds „LIFE" zuständig (hierzu auch *Schmidt-Aßmann/ Ladenburger* in: EUDUR, [Anm. 43, Rn. 47]). Sie hat Vorkehrungen für die Nachprüfung der korrekten Ausführung und der Verfolgung von Unregelmäßigkeiten zu treffen. Zu diesem Zweck sind ihr Stichprobenkontrollen vor Ort erlaubt (Art. 9 Abs. 2 der *Verordnung* EG Nr. 1655/2000 vom 17.7.2000 *über das Finanzierungsinstrument für die Umwelt (LIFE)*, Abl. Nr. L 192 vom 28.7.2000, 1, Verordnung zur dritten Phase des Fonds [2000 bis Ende 2004]; ebenso bereits die Vorgängerverordnung). Die *Kohäsionsfondsverordnung* ermächtigt die Kommission zu komplementären Inspektionen (Art. 12 Abs. 4 der *Verordnung* EG Nr. 1164/94 vom 16.5.1994 *zur Errichtung des Kohäsionsfonds*, Abl. Nr. L 130 vom 25.5.1994, 1). Ebenso die *Waldbrandschutzverordnung* und die *Waldimmissionsschutzverordnung*, die von der Gemeinschaft teilfinanzierte „Gemeinschaftsaktionen" einrichten (Anm. 122; näher dazu unten, insbesondere Anm. 548 und Anm. 798).

[307] Abl. Nr. L 292 vom 15.11.1996, 2. Die Verordnung stattet die Kommission mit eigenen Prüfungsbefugnissen auch unmittelbar bei den Wirtschaftsteilnehmern aus. Dabei sind die Kommissionsbediensteten allerdings an die Rechtsvorschriften der Mitgliedstaaten gebunden (siehe insbesondere Art. 6 und 7). Durch die Verordnung werden bestehende bereichsspezifische Regelun-

fenkontrolle nach Art. 88 EGV (ex Art. 93).[308] Hier werden der Gemeinschaft i.d.R. direkte Inspektionsrechte bei Unternehmen und sonstigen Privatrechtssubjekten eingeräumt. In diesen Bereichen wird das Gemeinschaftsrecht – meist komplementär zu den Mitgliedstaaten –[309] direkt durch die Gemeinschaft vollzogen.

In anderen Bereichen ist Zweck der Inspektionsrechte der Gemeinschaft vorwiegend die Kontrolle der mitgliedstaatlichen Vollzugstätigkeit. Die Kommission prüft dann nicht primär die Einhaltung des Gemeinschaftsrechts durch die letztlich verpflichteten Individuen, sondern die mitgliedstaatliche Behördentätigkeit – sie nimmt also eine „Kontrolle der Kontrolle“ vor.[310] Dies gilt z.B. für die umweltschutzrelevan-

---

gen nicht aufgehoben (Art. 1 UAbs. 2). Zum ganzen *Kuhl/Spitzer*, Die Verordnung (Euratom, EG) Nr. 2185/96 des Rates über die Kontrollbefugnisse der Kommission im Bereich der Betrugsbekämpfung, EuZW 1998, 37 ff.; *Wolffgang/Ulrich*, Schutz der finanziellen Interessen der Europäischen Gemeinschaften, EuR 1998, 616 ff. sowie *Ulrich*, Kontrollen des Europäischen Amtes für Betrugsbekämpfung (OLAF) bei Wirtschaftsbeteiligten, EWS 2000, 137 (138 ff.), letzterer insbesondere auch zur Frage der Regelungskompetenz der Gemeinschaft für eine derartig umfassende Verordnung.

[308] Art. 22 der *Verordnung* (EG) Nr. 659/1999 vom 22.3.1999 *über besondere Vorschriften für die Anwendung von Art. 93 des EG-Vertrages* (Abl. Nr. L 83 vom 27.3.1999, 1) [im folgenden *Beihilfenverfahrensverordnung*]. Dazu ausführlich *Mederer* in: GTE, Bd. 2/II, 5. Aufl. 1999, Art. 93/Verordnung (EG) Nr. 659/1999; siehe auch *Sinnaeve*, Der Kommissionsvorschlag zu einer Verfahrensordnung für die Beihilfenkontrolle, EuZW 1998, 268 (272).

[309] Zum „Grundsatz der partnerschaftlichen Zusammenarbeit“ bei der komplementären Zuständigkeit von Mitgliedstaaten und Kommission im Bereich der Betrugsbekämpfung *Kuhl/Spitzer* (Anm. 307). Nach der (Rahmen-) *Verordnung* (EG, Euratom) Nr. 2988/95 vom 18.12.1995 *über den Schutz der finanziellen Interessen der Europäischen Gemeinschaften* (Abl. Nr. L 213 vom 23.12.1995, 1) sind in erster Linie die Mitgliedstaaten für die Kontrollen zuständig (Art. 8 der Verordnung).

[310] Siehe auch *Lindemann/Delfs*, Vollzug des Europäischen Umweltrechts, ZUR 1993, 256 (259 f.) mit weiteren Nachweisen sowie *Krieger*, Überwachung und Kontrolle, in: EUDUR, Bd. 2 1998, § 76, Rn. 16. Vgl. *Lohmann*, der im Rahmen der völkerrechtlichen Kontrollen der IAEO den „Grundsatz der internationalen Überwachung nationaler Kontrollen“ nennt (*Lohmann*, Die rechtliche Struktur der Sicherungsmaßnahmen der Internationalen Atomenergie-Organisation, 1993, 104). Vgl. die *GAP-Verordnung* Nr. 1258/1999 (unten, Anm. 312) die explizit auf die Kontrolle der Anwendung des Gemeinschaftsrechts durch die nationalen Verwaltungen Bezug nimmt (Art. 9 Abs. 2 *lit.* a sowie der 8. Erwägungsgrund).

ten Radioaktivitätskontrollen nach Art. 35 Abs. 2 EAGV,[311] überwiegend noch im Bereich der Gemeinsamen Agrarpolitik,[312] und z.T. auch im umweltschutzrelevanten Fischerei-Ressourcenschutz.[313] Hier beste-

---

[311] Dazu näher unten, Teil 2 Kap. 4 B.

[312] So nach Art. 9 der *Verordnung* (EWG) Nr. 729/70 vom 21.4.1970 *über die Finanzierung der gemeinsamen Agrarpolitik* (Abl. Nr. L 94 vom 28.4.1970, 13; aufgehoben durch Verordnung Nr. 1258/1999, dazu sogleich) sowie der *Verordnung* (EWG) Nr. 595/91 vom 4.3.1991 *betreffend Unregelmäßigkeiten und die Wiedereinziehung zu Unrecht gezahlter Beträge im Rahmen der Finanzierung der gemeinsamen Agrarpolitik sowie die Einrichtung eines einschlägigen Informationssystems* (Abl. Nr. L 67 vom 14.3.1991, 11). Im Unterschied zur bereichsübergreifenden *Kontrollverordnung* Nr. 2185/96 sieht die Verordnung Nr. 595/91 für den Agrarbereich ausdrücklich lediglich die Begleitung der nationalen Bediensteten durch Bedienstete der Kommission ohne eigene Kontrollbefugnisse vor (dort Art. 6, insbesondere Abs. 4). Seit 1999 sind die speziellen Kontrollrechte der Kommission im Agrarrecht in der Verordnung (EG) Nr. 1258/1999 geregelt (*Verordnung* vom 17.5.1999 *über die Finanzierung der Gemeinsamen Agrarpolitik*, Abl. Nr. L 160 vom 26.6.1999, 103). Sie enthält eine Bestimmung zu Kontrollen vor Ort (Art. 9 Abs. 2), dient aber weiterhin der „Kontrolle der Kontrolle" (siehe Art. 9 Abs. 2 *lit.* a bis c sowie die 5. Begründungserwägung). Zum ganzen *Priebe/Mögele*, Agrarrecht, in: *Dauses*, Handbuch des EU-Wirtschaftsrechts, 1999, Kap. G, Rn. 199 ff.; siehe auch das *Dienstanweisungsurteil* des EuGH (dazu unten, Teil 4 Kap. 2 C.II.4.a.).

[313] Zu den Kontrollbefugnissen im Fischereirecht siehe u.a. Art. 29 der *Verordnung* (EWG) Nr. 2847/93 vom 12.10.1993 *zur Einführung einer Kontrollregelung für die gemeinsame Fischereipolitik* (Abl. Nr. L 261 vom 20.10.1993, 1; geändert, u.a. durch Verordnung EG Nr.686/97 vom 14.4.1997, Abl. Nr. L 102 vom 19.4.1997, 1 und durch Verordnung EG Nr. 2846/98 vom 17.12.1998, Abl. Nr. L 358 vom 21.12.1998, 5, siehe dort insbesondere Nr. 17); *Verordnung* (EG) Nr. 2113/96 vom 25.10.1996 *mit Erhaltungs- und Kontrollmaßnahmen für die Fischerei in der Antarktis* (Abl. Nr. L 283 vom 5.11.1996, 1; ersetzt durch Verordnung EG Nr. 66/98 vom 18.12.1997, Abl. Nr. L 6 vom 10.1.1998, 1) sowie *Verordnung* (EG) Nr. 1721/1999 vom 29.7.1999 *zur Festlegung von Kontrollmaßnahmen für Schiffe unter der Flagge von Nichtvertragsparteien des Übereinkommens über die Erhaltung der lebenden Meeresschätze der Antarktis* (Abl. Nr. L 203 vom 3.8.1999, 14) und die *Verordnung* (EG) Nr. 1262/2000 vom 8.6.2000 *mit Kontrollmaßnahmen für Schiffe unter der Flagge von Nichtvertragsparteien der Organisation für die Fischerei im Nordwestatlantik (NAFO)* (Abl. Nr. L 144 vom 17.6.2000, 1), dazu unten, Teil 5 Kap. 2 B.III. Zur Satellitenüberwachung, welche die Vor-Ort-Inspektionen z.T. ersetzt, unten, Teil 5 Kap. 3 B. Zur Relevanz des Fischereirechts für den Umweltschutz *Booß*, Umweltschutz und Fischerei, in: EUDUR, Bd. 2 1998, § 86, Rn. 1 f. sowie *Nonnenmacher*, Das EG-Fischereiregime als supranationale Ressourcenordnung,

hen oder bestanden i.d.R. keine unmittelbaren Inspektionsrechte der Gemeinschaft gegenüber Privatrechtssubjekten im Sinne eines gemeinschaftseigenen externen Vollzuges.[314] Eher noch sind internationale Stellen zu derartigen Inspektionen berechtigt, so insbesondere im Fischereirecht, hier v.a. die NAFO[315] und im Zuge solcher Inspektionsregeln nunmehr in Ansätzen auch die Gemeinschaft. So hat das Programm zur Entsendung von Gemeinschaftsbeobachtern auf Fischereifahrzeuge im NAFO-Bereich den Charakter unmittelbarer Inspektionen, auch wenn es zurückhaltend als „Beobachtung" bezeichnet wird.[316] Ende 1998 wurde zudem die allgemeine *Fischereikontrollverordnung* dahingehend geändert, daß den Gemeinschaftsinspektoren der Kommission eigenständige Kontrollbefugnisse in Form des „Zugangs zu den einschlägigen Dateien und Unterlagen, zu den öffentlichen Räumen und Plätzen sowie zu den Schiffen und privaten Räumlichkei-

---

EuR 1989, 30 ff. Die diesbezüglichen Regelungen der Gemeinschaft werden allerdings im Rahmen der Agrarmarktordnung erlassen.

[314] So ausdrücklich für das Fischereirecht *Nicolaysen*, Europarecht, Bd. 2 1996, 438 f. und *van Rijn* in: GTE, Bd. 1, 5. Aufl.1997, nach Art. 47, Fischereirecht, Rn. 38. Häufig werden jedoch mittels Verordnung unmittelbar wirksame Informationspflichten der Fischereifahrzeuge festgelegt.

[315] Siehe die *Verordnung* (EWG) Nr. 1956/88 vom 9.6.1988 *zur Durchführung der Regelung einer gemeinsamen internationalen Inspektion der Organisation für die Fischerei im Nordwestatlantik* (Abl. Nr. 175 vom 6.7.1988, 1, geändert, u.a. durch Verordnung Nr. 3067/95, Abl. Nr. 329 vom 30.12.1995, 1) sowie die *Verordnung* (EWG) Nr. 2868/88 der Kommission vom 16.9.1988 mit *Durchführungsbestimmungen zur Regelung gemeinsamer internationaler Inspektion der Organisation für die Fischerei im Nordwestatlantik* (Abl. Nr. L 257 vom 17.9.1988, 20, geändert durch Verordnung EG Nr.494/97 der Kommission vom 18.3.1997, Abl. Nr. L 77 vom 19.3.1997, 5]). Dem NAFO-Inspekteur kommt allerdings keine inhaltliche Entscheidungsbefugnis zu, er kann aber weitere Inspektionen durch den Flaggenstaat in die Wege leiten (siehe auch *Booß* in: EUDUR, [Anm. 313], Rn. 37). Zur Vereinbarkeit der Inspektionsbestimmungen in den Durchführungsverordnungen der Kommission mit der Grundverordnung des Rates siehe das Urteil des EuGH vom 2.3.1999, Rs. C-179/97 (*Spanien/Kommission*) „Inspektion von Fischereifahrzeugen", Slg.1999, S. I-1251 ff. Ähnlich auch die von der *Antarktis-Kommission* benannten und an Bord entsandten „wissenschaftlichen Beobachter" (Verordnung Nr. 2113/96, [Anm. 313], Art. 19).

[316] Siehe die *Verordnung* (EG) Nr.3069/95 vom 21.12.1995 *zur Einführung eines EG-Systems für Beobachter an Bord von Fischereifahrzeugen der Gemeinschaft im NAFO-Regelungsbereich* (Abl. Nr. L 397 vom 31.12.1992, 78). Ebenso *van Rijn* in: GTE (Anm. 314), Rn. 51.

ten, zu Grundstücken oder Geländen und Transportmitteln" zustehen, die allerdings im Einklang mit den nationalen Verfahrensvorschriften stehen müssen.[317] Die Grenzen zwischen den beiden Bereichen sind, wie insbesondere die Beispiele in der Agrarpolitik, der Fischereipolitik und der Betrugsbekämpfung zeigen, fließend und unterliegen einem stetigen Wandel im Zuge der Gesetzgebung.[318]

Da im Rahmen der Gründung der Europäischen Umweltagentur verstärkt die Möglichkeit von Gemeinschaftsinspektionen für den Umweltschutz ins Auge gefaßt wurde,[319] sind die bestehenden Inspektionsregelungen, einschließlich der nicht direkt dem Umweltschutz zuzuordnenden Politikbereiche als Vergleichsmaßstab interessant. Insbesondere die *Kartellverordnung* diente vielfach als Vorbild für spätere Regelungen. Trotz ihres „Alters" wurde sie nie grundlegend geändert und kann angesichts der häufigen Kurzlebigkeit gemeinschaftsrechtlicher Vorschriften insofern als gelungenes Regelungswerk bezeichnet werden.[320] Auf die Nützlichkeit von Gemeinschaftsinspektionen auch im Bereich des Umweltschutzes – hier vor allem i.V.m. der Einrichtung mobiler gemeinschaftseigener Meßstationen – wurde von der Literatur wiederholt hingewiesen, vom Rat bislang allerdings abgelehnt.[321] Zu-

---

[317] Nr. 17 der Verordnung Nr. 2846/98 vom 17.12.1998, a.a.O., eingefügt als Art. 29 Abs. 3a der *Fischereikontrollverordnung* (Anm. 313).

[318] Vgl. auch *Priebe*, Die Aufgaben des Rechts in einer sich ausdifferenzierenden EG-Administration, in: *Schmidt-Aßmann/Hoffmann-Riem*, Strukturen des Europäischen Verwaltungsrechts, 1999, 71 (73 ff.).

[319] Eine Ausdehnung der Tätigkeit der Europäischen Umweltagentur auf die Überwachung durch direkte Vollzugskompetenzen war in der *EUA-Gründungsverordnung* (Anm. 61) angedacht (Art. 20 a.F.). Sie wurde durch die Änderung von 1999 aber nur in sehr beschränkten Maße realisiert (näher dazu unten, Teil 4 Kap. 2B.II.). Die Übertragung von Inspektionsbefugnissen in der Zukunft ist dadurch aber nicht ausgeschlossen.

[320] Siehe auch *Ehlermann*, Ist die Verordnung Nr. 17 noch zeitgemäß?, WuW 1993, 997 ff.

[321] *Krämer*, The Implementation of Environmental Laws by the European Economic Communities, GYIL 34, 1991, 9 (51); *Pernice* (Anm. 166), 40; vgl. *Demmke*, der auf die fehlende Bereitschaft der Mitgliedstaaten hinweist, einen derartigen Souveränitätsverzicht hinzunehmen: „Welcher Mitgliedstaat ist bereit, europäische Umweltinspektoren auf seinem Territorium zu dulden, wenn er selbst noch nicht einmal bereit ist, seinen Berichtspflichten nachzukommen?" (Die EG-Informationsrichtlinie und die Vollzugsdefizite in der EG-Umweltpolitik, in: *Hegele/Röger*, Umweltschutz durch Umweltinformationen, 1993, 33 [40 und 42]). Dagegen stellt *Krämer* fest, daß die Mitgliedstaaten zu-

mindest soll die Kommission nun Leitlinien für nationale Inspektionen und deren Überwachung ausarbeiten.[322]

Die Duldungspflichten der Mitgliedstaaten und Unternehmen beschränken sich nicht auf die rein passive Duldung, sondern beinhalten i.d.R. *Mitwirkungspflichten.*[323] Im Gegensatz zu den Mitteilungspflichten beschafft sich hier aber der fremde Hoheitsträger die Informationen im wesentlichen selbst. Es handelt sich vorwiegend um *Einzelfallkontrollen*. Eine Überwachung durch die Gemeinschaft selbst z.B. durch die Installation gemeinschaftseigener Umweltmeßstationen ist bislang nicht vorgesehen. Eine solche gemeinschaftseigene Überwachung wäre wohl weder mit den begrenzten finanziellen und personellen Ressourcen der Gemeinschaft noch mit dem Subsidiaritätsprinzip vereinbar. Dagegen findet zunehmend die *Satellitenfernerkundung* Einzug in das gemeinschaftsrechtliche Instrumentarium der Sachverhaltsermittlung. In einem gewissen Umfang ersetzt die Fernerkundung Inspektionen vor Ort oder liefert zumindest den Anfangsverdacht für das Vorliegen von Unregelmäßigkeiten und die Durchführung von weiteren Kontrollen.[324]

B. Informationsbeschaffungspflichten

Die dargestellten Mitteilungspflichten sind häufig mit Informationsbeschaffungspflichten verknüpft. Informationsbeschaffungspflichten werden gemeinschaftsrechtlich insbesondere dann festgelegt, wenn die In-

---

nehmend die Überwachungstätigkeit der Gemeinschaft akzeptieren und die Nichterfüllung der mitgliedstaatlichen Informationspflichten nicht unbedingt absichtlich verursacht wird (a.a.O., 17, 37, 50). Bereits derzeit fänden in Kooperation mit den Mitgliedstaaten in einigen Fällen Besuche vor Ort statt, die allerdings nicht als Inspektionen bezeichnet werden könnten, weil keine „regelrechten“ (zwangsweisen) Untersuchungen vorgenommen würden (a.a.O., 37). Vgl. *Führ*, Zusammenfassung der Diskussion mit Dr. Heinrich v. Lersner, in: *Calliess/Wegener*, Europäisches Umweltrecht als Chance, 1992, 90 ff., wonach das Recht der Kommission, durch Augenschein den Sachverhalt zu ermitteln, bereits zu bejahen sei (Diskussionsbeitrag *n.n.*, a.a.O., 92). Zur rechtlichen Haltbarkeit dieser Auffassung siehe unten, Teil 3 Kap. 1 A.

[322] Siehe Teil 1 Kap. 2 E.III.

[323] Zu den Mitwirkungspflichten im Rahmen von (kartellrechtlichen) Nachprüfungen u., Teil 3 Kap 1.B.II.1.c.bb. Aus der Literatur u.a. *Winterfeld*, Ermittlungsbefugnisse der EG-Kommission gegenüber Unternehmen am Beispiel des Kartellrechts, RIW 1992, 524 (525).

[324] Näher dazu unten, Teil 5 Kap. 3.

formationserhebung der Durchführung spezieller Vorschriften des Gemeinschaftsrechts dient. In diesem Zusammenhang werden häufig *Informationsrahmendaten* festgelegt.[325] Darunter fallen z.B. Meß- und Analysemethoden sowie Kataloge mit genauen Vorgaben darüber, welche Informationen unter welchen Gesichtspunkten ermittelt werden sollen. Informationsbeschaffungspflichten treten häufig als Bestandteil der Einrichtung mitgliedstaatlicher Überwachungssysteme im Sinne einer Pflicht zur kontinuierlichen Datenermittlung auf.

I. Anmelde- und Genehmigungsverfahren

Gerade im anlagen- und produktbezogenen Umweltschutz sind die Mitgliedstaaten vielfach verpflichtet, Anmelde- und Genehmigungsverfahren einzurichten. Sie beziehen sich auf *potentiell umweltbelastende Tätigkeiten*. Über diese Belastungsfaktoren sollen unabhängig von einer konkreten Gefahrenlage Informationen gesammelt werden, welche zunächst der Überprüfung der Einhaltung rechtlicher Vorgaben der präventiven Gefahrenabwehr und Vorsorge dienen. Im Fall des Eintritts einer konkreten Gefahrensituation eröffnen sie der Kommission sowie den Mitgliedstaaten die Möglichkeit, zum Zwecke der Gefahrenbeseitigung schnell auf einschlägige Informationen zurückgreifen zu können.

Anmelde- und Genehmigungsverfahren sind u.a. im Gefahrstoffrecht,[326] bei der Gentechnologie,[327] dem grenzüberschreitenden

---

[325] Dazu näher Kap. 4 A.

[326] Eines der ältesten umweltrelevanten und vielfach geänderten Anmeldeverfahren ist in der *Gefahrstoffrichtlinie* enthalten. Danach hat der Hersteller oder Importeur von bestimmten gefährlichen Stoffen diese bei der zuständigen Behörde des Mitgliedstaates, in dem die Stoffe hergestellt werden oder in dem der Importeur niedergelassen ist, unter Vorlage ausführlicher Unterlagen anzumelden (Art.7 der Richtlinie 67/548/EWG, [Anm. 125]; zu den sich anschließenden administrativen Informationspflichten siehe oben, A.II.3.c.aa. sowie unten, Kap. 4 E.II.). Dieses Anmeldeverfahren dient der Information über die Eigenschaften existierender Gefahrstoffe. Sogenannte Altstoffe, d.h. Stoffe, die sich bei Einführung dieses Anmeldeverfahrens bereits im Verkehr befanden, werden vom *European Inventory of Existing Commercial Chemical Substances* (EINECS) und seit 1993 von der *Altstoffverordnung* (dazu unten, Anm. 1016) erfaßt (Art. 13 Abs. 1 und Art. 2 Abs. 1 *lit.* h). Das EINECS ist durch die *Entscheidung* 81/437/EWG der Kommission vom 11.5.1981 *zur Festlegung der Kriterien, nach denen die Mitgliedstaaten der Kommission die Auskünfte für das Verzeichnis der chemischen Stoffe erteilen* (Abl. Nr. L 167 vom 24.6.1981, 31) zunächst aufgrund der „verfügbaren Angaben“ erstellt worden. Eine Liste die-

Warenverkehr einschließlich der Abfallverbringung[328] und der Kontrolle des Warenverkehrs mit Drittstaaten[329] enthalten. Ein einheitlich geregeltes Anlagenzulassungsrecht ist nun in der *IVU-Richtlinie* vorgesehen.[330] Anlagen, in denen die in einem Anhang näher aufgeführten industriellen Tätigkeiten vorgenommen werden, unterliegen danach einer generellen Genehmigungspflicht.[331] Bis zum Ende der Umset-

---

ser Stoffe ist von der Kommission im Abl. Nr. C 146 vom 15.6.1990, 1 veröffentlicht worden. Die Anmeldeunterlagen nach der *Gefahrstoffrichtlinie* sind von den Mitgliedstaaten an die Kommission weiterzuleiten. Diese führt eine Liste aller nach der Richtlinie angemeldeten Stoffe („ELINCS", dazu der *Beschluß* 85/71/EWG der Kommission vom 21.12.1984 *über die Liste der angemeldeten Stoffe gemäß der Richtlinie 67/548/EWG des Rates zur Angleichung der Rechts- und Verwaltungsvorschriften für die Einstufung, Verpackung und Kennzeichnung gefährlicher Stoffe*, Abl. Nr.L 30 vom 2.2.1985, 33 sowie Art. 13 und 21 der *Gefahrstoffrichtlinie*). Im Jahr 2000 erfolgte die *Fünfte Veröffentlichung des ELINCS* (Abl. Nr. C vom 11.3.2000, 1). Für Pflanzenschutzstoffe ist das Genehmigungsverfahren in der *Pflanzenschutzmittelrichtlinie* 91/414/EWG (Anm. 124) geregelt.

327 Art. 5 und 11 der Richtlinie 90/220/EWG (Anm. 218); Art. 7 bis 13 der *Richtlinie* 90/219/EWG (Anm. 150) sowie Art. 6 und 13 der Richtlinie 2001/18/EG (Anm. 218).

328 Siehe die Darstellung der *Abfallverbringungsverordnung* oben, unter A.II.3.c.aa.

329 Zum Warenverkehr mit Drittstaaten s. neben der bereits erwähnten *Abfallverbringungsverordnung* beispielsweise die *Chemikalienausfuhrverordnung* (Anm. 142, siehe auch oben, A.II.3.c.aa.), die *CITES-Verordnung* (*Verordnung* EG Nr. 338/97 vom 9.12.1997 *über den Schutz von Exemplaren wildlebender Tier- und Pflanzenarten durch Überwachung des Handels*, Abl. Nr. L 61 vom 3.3.1997, 1; zuletzt geändert durch Verordnung Nr. 1579/2001 der Kommission vom 1.8.2001, Abl. Nr. L 209 vom 2.8.2001, 14) und die *Ozonschichtverordnung* (Anm. 71). Zu den letzten beiden Verordnungen unten, Kap. 5 D.II.

330 Richtlinie 96/61/EG (Anm. 69). Sie war bis spätestens Ende 1999 in nationales Recht umzusetzen und ist auf Neuanlagen anzuwenden. Eine Änderung der Richtlinie ist zur Zeit im Gesetzgebungsverfahren.

331 Die Richtlinie legt allgemeine Grundpflichten der Betreiber fest, die durch Auflagen und Emissionsgrenzwerte konkretisiert und umgesetzt werden sollen. Die Betreiber haben in den Genehmigungsanträgen bestimmte Mindestangaben zu machen. Die Genehmigungsanträge sind sowohl der Öffentlichkeit als auch den potentiell betroffenen anderen Mitgliedstaaten zur Verfügung zu stellen (Art. 15 Abs. 1 und Art. 17 Abs. 1 der *IVU-Richtlinie*, [Anm. 69]). Näher zu den diesbezüglichen administrativen Informationsverfahren oben, A.II., v.a. 3.c.bb.

zungsfrist für die *IVU-Richtlinie* und stellenweise darüber hinaus galten und gelten für einzelne Anlagen zumindest subsidiär spezielle Genehmigungsbestimmungen, so beispielsweise für Abfallverwertungs- und –beseitigungsanlagen bereits seit 1975 nach der *Abfallrichtlinie* 75/442/EWG,[332] jetzt zudem ausführlich geregelt für die Deponierung nach der *Abfalldeponienrichtlinie* 1999/31/EG[333] sowie für die Abfallverbrennung in der neuen *Abfallverbrennungsrichtlinie* 2000/76/EG,[334] für Altölbeseitigungsanlagen in der *Altölrichtlinie*,[335] für bestimmte Industrieanlagen nach der *Industrieanlagenrichtlinie* 84/360/EWG[336] und den beiden *Seveso-Richtlinien* 82/501/EWG und 96/82/EG[337] sowie für

---

[332] Art. 9 und 10 der *Richtlinie* 75/442/EWG vom 15.7.1975 *über Abfälle* (Abl. Nr. L 194 vom 25.7.1975, 47, mehrfach geändert). Die *Abfallrichtlinie* wird in Teilen überlagert durch die *IVU-Richtlinie* (Anm. 69). Sie gilt aber bis zu einer eventuellen Neuregelung zumindest subsidiär fort (Art. 18 Abs. 2, Art. 20 und Anhang II der *IVU-Richtlinie*).

[333] *Richtlinie* 1999/31/EG vom 26.4.1999 *über Abfalldeponien* (Abl. Nr. L 182 vom 16.7.1999, 1). Die Richtlinie gilt als Konkretisierung der allgemeinen Anforderungen der *IVU-Richtlinie* (Art. 1 Abs. 2 der Richtlinie 1999/31/EG).

[334] Art.4 der *Richtlinie* 2000/76/EG vom 4.12.2000 *über die Verbrennung von Abfällen* (Abl. Nr. L 332 vom 28.12.2000, 91) [im folgenden: *Abfallverbrennungsrichtlinie*]. Die Richtlinie ersetzt zum 28.12.2005 die bereits bestehen *Verbrennungsrichtlinien* über Siedlungsmüll (näher hierzu unten, Anm. 411) sowie die *Richtlinie über die Verbrennung gefährlicher Abfälle* (hierzu unten, Anm. 354).

[335] Art. 6 und Art. 5 Abs. 4 *Richtlinie* 75/439/EWG vom 16.6.1975 *über die Altölbeseitigung* (Abl. Nr. L 194 vom 25.7.1975, 31, mehrfach geändert).

[336] Art. 3 und 6 der Richtlinie 84/360/EWG (Anm. 69). Die *Industrieanlagenrichtlinie* gilt während einer Übergangszeit noch in Teilen neben der *IVU-Richtlinie* fort. Sie wird spätestens elf Jahre nach Inkrafttreten der *IVU-Richtlinie* aufgehoben (Art. 20 der *IVU-Richtlinie*, [Anm. 69]). An die Genehmigungsverfahren der *Abfallrichtlinie* (Anm. 332) und der *Industrieanlagenrichtlinie* knüpfen die *Verbrennungsanlagenrichtlinien* (unten, Anm. 411) an. Sie ergänzen für die Verbrennungsanlagen von Siedlungsmüll die Vorschriften zu den Genehmigungsbedingungen. Die Richtlinien werden ebenfalls durch die *IVU-Richtlinie* in Teilen überlagert, sie sind aber nicht zu einem festen Zeitpunkt aufzuheben (siehe Art. 18 Abs. 2, Art. 20 und Anhang II der *IVU-Richtlinie*).

[337] Bereits 1982 in der wegweisenden ersten *Seveso-Richtlinie* 82/501/EWG (Anm. 129), nunmehr in der Richtlinie 96/82/EG (*Seveso-II-Richtlinie*, Anm. 141). Hat der Betreiber u.a. die erforderlichen Mitteilungen und Berichte nicht fristgerecht übermittelt, haben die Mitgliedstaaten die Weiterführung oder die

bestimmte Kraftwerke nach der *Großfeuerungsanlagenrichtlinie*.[338] Zudem legen die stoffbezogenen *Folgerichtlinien* der *Gewässerschutzrichtlinie* das Genehmigungsverfahren für Ableitungen der jeweiligen Stoffe in Gewässer fest.[339] Teilweise sind die jeweiligen Genehmigungsunterlagen direkt (oder zusammenfassend als Teil von Durchführungsberichten) an die Kommission sowie an die anderen (betroffenen) Mitgliedstaaten weiterzuleiten.[340]

Anstelle einer Anmeldepflicht kann auch eine Aufzeichnungspflicht des Unternehmers in Form von *Nachweisbüchern* oder *Registern* vorgesehen sein, welche dann mit einer Auskunftspflicht gegenüber den mitgliedstaatlichen Behörden verbunden wird. In diesem Fall werden die

---

Inbetriebnahme der Anlage ganz oder teilweise zu untersagen (Art. 17).

[338] Bis zum 27.11.2002 Richtlinie 88/609/EWG (Anm. 69), seit dem 27.11.2001 zudem Richtlinie 2001/80/EG (Abl. Nr.L. 309 vom 27.11.2001, 1), welche die Richtlinie 88/609/EWG mit Wirkung zum 27.11.2002 (im Hinblick auf einige Bestimmungen mit Wirkung zum 1.1.2008) aufhebt. Die Richtlinie 88/609/EWG ist bereits infolge der *IVU-Richtlinie* (Anm. 69) teilweise nur noch subsidiär anwendbar (siehe Art. 18 Abs. 2, Art. 20 und Anhang II der *IVU-Richtlinie*)

[339] Das Genehmigungsverfahren dient der Durchsetzung von Emissionsgrenzwerten und Gewässerqualitätszielen. Die Grundzüge des Verfahrens finden sich bereits in der *Gewässerschutzrichtlinie* (Art. 3 der *Richtlinie* 76/464/EWG vom 4.5.1976 *betreffend die Verschmutzung infolge der Ableitung bestimmter gefährlicher Stoffe in die Gewässer der Gemeinschaft*, Abl. Nr. L 129 vom 18.5.1976, 23, geändert; die Richtlinie wird durch die *Wasserrahmenrichtlinie* zum 21.12.2013 aufgehoben, siehe Art. 22 Abs. 2 der Richtlinie 2000/60/EG, [Anm. 123]). In den *Folgerichtlinien* ist u.a. vorgesehen, daß die Betriebe die Verfahren anzuwenden haben, die den besten verfügbaren technischen Mitteln entsprechen. Falls die geplanten Maßnahmen aus technischen Gründen diesen Mitteln nicht entsprechen, muß der Mitgliedstaat der Kommission vor jeder Genehmigung die Gründe darlegen. Die Kommission übermittelt den anderen Mitgliedstaaten unverzüglich diese Gründe und leitet allen Mitgliedstaaten so bald wie möglich einen Bericht zu, in dem ihre Stellungnahme zu der Ausnahmeregelung enthalten ist (siehe jeweils Art. 3 Abs. 4 bzw. Abs. 3 der *Folgerichtlinien*, [Anm. 288], unter Ausnahme der *Quecksilberrichtlinie* 82/176/EWG).

[340] Siehe u.a. Art. 15 Abs. 3, Art. 16 Abs. 3 und Art. 17 der *IVU-Richtlinie* (Anm. 69); Art. 7 der *UVP-Richtlinie* (Anm. 150), Art. 17 der *Gefahrstoffrichtlinie* (Anm. 125); Art. 4 der *Krafträderlärmschutzrichtlinie* (Anm. 222); siehe auch die Notifizierungsverfahren der *Abfallverbringungsverordnung* (Anm. 142), der *Chemikalienausfuhrverordnung* (Anm. 142) und der Richtlinie 92/3/Euratom (Anm. 143) (oben, A.II.1. sowie A.II.3.c.aa).

Informationen nicht auf Vorrat bei der Behörde angesammelt, sondern nur im Bedarfsfall angefordert.[341] Das behördliche Recht auf Auskunft oder Einsichtnahme dieser Register kann sogar *transnational* ausgestaltet sein.[342]

1. Informationsbeibringungspflichten der Unternehmen

Diese mitgliedstaatlichen Pflichten zur Einrichtung von Anmelde- und Genehmigungsverfahren sind mit Informationsbeibringungspflichten des entsprechenden Unternehmens verbunden, was nach *Schmidt-Aßmann* und *Ladenburger* als eine Erscheinungsform der *Verfahrensprivatisierung* eingeordnet werden kann.[343] Im Rahmen des jeweiligen

---

[341] Gerade im Abfallrecht finden sich solche Aufzeichnungspflichten häufig, so z.B. in der *PCB/PCT-Richtlinie* und der *Altölrichtlinie*. Danach haben die betroffenen Unternehmen „Nachweisbücher" bzw. „Register" über Mengen, Beschaffenheit und Herkunft der Altöle bzw. der PCB-Abfälle zu führen und auf Verlangen der zuständigen Behörde Auskunft zu erteilen bzw. ihnen Einsicht zu gewähren (Art. 11 der Richtlinie 75/439/EWG, [Anm. 335] sowie Art. 4 Abs. 6 der *PCB/PCT-Richtlinie*, [Anm. 69]). In die Register der *PCB/PCT-Richtlinie* kann nicht nur von den örtlichen Behörden, sondern auch von der Öffentlichkeit eingesehen werden. Die *Altölrichtlinie* wird in Teilen überlagert durch die *IVU-Richtlinie* (Anm. 69). Sie gilt aber bis zu einer eventuellen Neuregelung zumindest subsidiär fort (siehe Art. 18 Abs. 2, Art. 20 und Anhang II der *IVU-Richtlinie*). Nach der *Klärschlammrichtlinie* müssen die Produzenten von Klärschlamm Register über die erzeugten Schlammmengen, deren Zusammensetzung, die Art der Behandlung und die Lieferungen an Landwirte führen. Diese Register „stehen den zuständigen Stellen zur Verfügung", d.h. sie können bei Bedarf Einsicht nehmen und entsprechende Auskünfte verlangen (Art. 10 Abs. 1 und 2 der *Richtlinie* 86/278/EWG vom 12.6.1986 *über den Schutz der Umwelt und insbesondere der Böden bei der Verwendung von Klärschlamm in der Landwirtschaft*, Abl. Nr. L 181 vom 4.7.1986, 6, geändert).

[342] So in der *Gefahrstoffrichtlinie*. Hier haben die Hersteller von Gefahrstoffen bei Inanspruchnahme einer Ausnahmevorschrift genauer spezifizierte Aufzeichnungen über die betroffenen Stoffe zu führen und diese den zuständigen Behörden auf Verlangen zur Verfügung zu stellen (Art. 13 Abs. 2 der Richtlinie 67/548/EWG, [Anm. 125]). Unter die „zuständigen Behörden der Mitgliedstaaten" fallen nach dieser Bestimmung nicht nur die Behörden des Herstellungsstaates, sondern auch die Behörden des Einfuhrstaates und des Staates, in dem die wissenschaftliche Forschung und Entwicklung erfolgt.

[343] *Schmidt-Aßmann/Ladenburger* in: EUDUR (Anm. 43), Rn. 31.

Verfahrens hat der Anlagenbetreiber oder Produkthersteller Unterlagen mit einem bestimmten Mindestinhalt einzureichen.[344] Häufig unterliegt er einer *Aktualisierungspflicht* – bei Erhalt neuer Informationen oder einer Änderung der Umstände hat er die zuständige Behörde hierüber zu unterrichten.[345] In vielen Fällen wird die Ausgestaltung der Informationspflichten des Betreibers nicht dem Mitgliedstaat überlassen, sondern gemeinschaftsrechtlich festgelegt. Besonders anschaulich ist die Regelung der *UVP-Richtlinie*. Einen wesentlichen Teil der Umweltverträglichkeitsprüfung macht die Beschaffung der Informationen über

---

[344] Die *Gentechnikrichtlinien* sehen besonders umfangreiche Informationsbeibringungspflichten des sogenannten „Anwenders" vor. Sie sind nach dem jeweiligen Gefährdungspotential und den Neuheitsgrad der Tätigkeit gestaffelt (siehe Anhang II und III i.V.m. Art. 5 und 11 der Richtlinie 90/220/EWG, [Anm. 218]; Art. 5 bis 10 sowie Anhang III und V der Richtlinie 90/219/EWG, [Anm. 129]). Durch die Änderung der Richtlinie 90/220/EWG vom 18.6.1997 (Abl. Nr. L 169 vom 27.6.1997, 72) wurde der bei der Anmeldung zu beantwortende Informationskatalog des Anhang III noch einmal erheblich erweitert. Der Anmeldungsinhalt der *Gefahrstoffrichtlinie* umfaßt – variierend nach den gehandhabten Mengen – u.a. die Stoffeigenschaften und die durchgeführten Untersuchungen. Die Mitgliedstaaten haben das Recht, zusätzliche Auskünfte und Prüfungen zu fordern sowie Probenahmen durchzuführen und sind bei bestimmten Stoffen verpflichtet, eine Risikobewertung vorzunehmen (Art. 16 Abs. 1 der Richtlinie 67/548/EWG, [Anm. 125]). Bei der Genehmigung von neuen Industrieanlagen schreibt nunmehr Art. 6 der *IVU-Richtlinie* (Anm. 69) die im Rahmen des Genehmigungsantrages beizubringenden Informationen vor. Für Abfalldeponien enthält Art. 7 der Richtlinie 1999/31/EG (Anm. 333) detaillierte Vorgaben, für Abfallverbrennungsanlagen Art.4 der Richtlinie 2000/76/EG (Anm. 334).

[345] Nach den *Gentechnikrichtlinien* hat der Anwender die zuständige Behörde „so rasch wie möglich zu unterrichten" und die Anmeldungen entsprechend zu ändern, wenn er über neue sachdienliche Informationen verfügt oder seine Tätigkeit ändert (Art. 12 der Richtlinie 90/219/EWG, [Anm. 129]; Art. 5 Nr. 6 und Art. 11 Abs. 6 der Richtlinie 90/220/EWG sowie Art. 8 Abs. 1 *lit.* b und Art. 10 der Richtlinie 2001/18/EG, beide Anm. 218). Ähnlich Art. 14 der *Gefahrstoffrichtlinie* (Anm. 125), welche auch eine Nachforschungspflicht hinsichtlich der Eigenschaften von bestimmten im EINECS aufgeführten Stoffen zum Zwecke der Aktualisierung des Verzeichnisses enthält (Art. 6). Die Nachforschungspflicht dürfte durch die umfangreichen Informationserhebungspflichten über EINECS-Stoffe im Rahmen der *Verordnung* (EWG) Nr. 793/93 vom 23.3.1993 *zur Bewertung und Kontrolle der Umweltrisiken chemischer Altstoffe* (Abl. Nr. L 84 vom 5.4.1993, 1) [im folgenden: *Altstoffverordnung*] gegenstandslos geworden sein (dazu unten, Kap. 5 D.IV.). Umfangreich sind auch die Aktualisierungspflichten nach der *Seveso-II-Richtlinie*, dazu sogleich.

Umweltzustand und Umweltauswirkungen des Vorhabens durch den Vorhabenträger aus.[346] Dieser trägt damit die Erhebungslast für den größten Teil der Daten. Die Behörde wird hier (nur) in Form der „nachvollziehenden Amtsermittlung" tätig.[347] Auch *nach* einem Anmelde- oder Genehmigungsverfahren bestehen z.T. kontinuierliche oder *ad hoc* im Falle einer Überschreitung von Grenzwerten entstehende Informationsbeibringungspflichten.[348] Besonders umfangreiche Informationsbeibringungs- und Aktualisierungspflichten, die sich über die gesamte Betriebsdauer erstrecken, enthält die *Seveso-II-Richtlinie*.[349] Die Datenerhebung findet in den Betrieben statt, während z.T. bereits die Datenaggregation, v.a. aber die abschließende Datenbewertung i.d.R. den Verwaltungen der Mitgliedstaaten vorbehalten ist.

---

[346] Die Angaben des Projektträgers müssen u.a. eine Projektbeschreibung, eine Beschreibung der Maßnahmen, mit denen nachteilige Auswirkungen vermieden, eingeschränkt oder ausgeglichen werden sollen, Angaben zur Feststellung und Beurteilung der Hauptwirkungen des Projektes sowie eine nichttechnische Zusammenfassung enthalten. Eine genaue Beschreibung der unter diese Vorgaben fallenden Informationen enthält Anhang IV der Richtlinie (siehe Art. 3 und 5 der *UVP-Richtlinie*, [Anm. 150]).

[347] Hierzu *Schneider*, Nachvollziehende Amtsermittlung bei der Umweltverträglichkeitsprüfung, 1991. Von *Schmidt-Aßmann/Ladenburger* als „integratives Verfahrenskonzept" mit einer nachfolgenden behördlichen Dokumentationspflicht beschrieben (in EUDUR, [Anm. 43], Rn. 25 und 28).

[348] Siehe z.B. Art. 8, 9 und 10 *lit.* a der *VOC-Richtlinie Lösungsmittel* (Anm. 84). Diese Beibringungspflichten ergänzen die Informationspflichten nach der *IVU-Richtlinie*.

[349] Die bereits umfangreichen Informationsbeibringungspflichten nach der ersten *Seveso-Richtlinie* sind hier noch einmal beträchtlich erweitert worden. Der Betreiber bestimmter Anlagen hat die zuständige Behörde genauestens über seinen Betrieb sowie über wesentliche Änderungen der dort vorhandenen gefährlichen Stoffe zu unterrichten, ein *Konzept zur Verhütung schwerer Unfälle* auszuarbeiten, einen *Sicherheitsbericht* und *interne Notfallpläne* zu erstellen, zu bestimmten Zeitpunkten zu aktualisieren und u.a. bei Änderungen einer Anlage oder eines Verfahrens zu überprüfen, was jeweils den zuständigen Behörden mitzuteilen ist (Art. 6, 7, 9, 10 der Richtlinie 96/82/EG, [Anm. 141]). Bei einem schweren *Unfall* ist die zuständige Behörde über im einzelnen vorgegebene Punkte zu unterrichten. Diese Informationen sind zu aktualisieren. Die zuständige Behörde soll daraufhin durch „Inspektionen, Untersuchungen oder andere geeignete Mittel" die für eine vollständige Analyse erforderlichen Informationen einholen (Art. 14). Zu jeder dieser Informationspflichten sind die im einzelnen zu berücksichtigenden Punkte noch einmal in einem Anhang aufgeführt (Anhänge II, III, IV, VI).

Häufig ist die betriebliche Datenerhebung mit Kontrollbefugnissen und Kontrollpflichten der Mitgliedstaaten gekoppelt, welche die Richtigkeit der betrieblichen Angaben gewährleisten sollen.[350]

2. Informationsobliegenheiten

Die vom Betreiber im Rahmen des anfänglichen Antrags beizubringenden Informationen stellen i.d.R. keine selbständig einklagbaren Informationspflichten dar, sondern ähneln den aus dem Zivilrecht bekannten *Obliegenheiten.* Obliegenheiten sind Verhaltensanforderungen, deren Erfüllung im eigenen Interesse desjenigen liegt, dem sie auferlegt sind.[351] Die Erfüllung der Anforderungen kann nicht hoheitlich erzwungen werden.[352] Es gibt auch keine Schadensersatzpflicht im Falle der Nichterfüllung. Die Sanktionen bei Nichterfüllung bestehen in dem Verlust einer günstigen Rechtsposition oder in einem sonstigen Rechtsnachteil. Der Rechtsnachteil wäre für den Antragsteller hier die Verweigerung der beantragten Genehmigung oder einer sonstigen Vergünstigung.[353]

---

[350] Ausdrücklich insbesondere in den *Gentechnikrichtlinien* 90/219/EWG und 90/220/EWG sowie der *Seveso-II-Richtlinie* geregelt. Nach den *Gentechnikrichtlinien* haben die Mitgliedstaaten die Genauigkeit und Vollständigkeit der angegebenen Informationen sowie die Richtigkeit der Einstufung der angemeldeten Tätigkeit zu prüfen (Art. 11 Abs. 2 i.V.m. Art. 17 der Richtlinie 90/219/EWG, [Anm. 129]; im Ergebnis ähnlich Art. 6 Abs. 1 der Richtlinie 90/220/EWG, [Anm. 218]). In der *Seveso-II-Richtlinie* ist vorgesehen, daß sich die Mitgliedstaaten durch ein „angemessenes System von Inspektionen oder sonstige Kontrollmaßnahmen" u.a. darüber vergewissern, daß die in den Berichten enthaltenen Informationen „den Gegebenheiten in dem Betrieb genau entsprechen" (Art. 18 Abs. 1 3. Spiegelstrich, a.a.O.). Siehe auch Art. 16 der *Gefahrstoffrichtlinie* (Anm. 125). Insgesamt zu den Kontroll- und Überwachungspflichten unten, III.

[351] Zum Ganzen *Larenz/Wolf*, Allgemeiner Teil des deutschen bürgerlichen Rechts, 8. Aufl. 1997, § 13 Rn. 48.

[352] Hierauf weist bereits *Hanebuth* (Anm. 117) hin und bezeichnet diese Auskünfte daher als „freiwillig" oder „aufgrund freiwilliger Verpflichtung" (61 ff.).

[353] Ähnlich bereits *Nordmann*, Die Beschaffung von Beweismitteln aus dem Ausland durch staatliche Stellen, 1979, 69. Auch *Schmidt-Aßmann/Ladenburger* weisen auf die (für die Behörde günstige) Motivationslage der Antragsteller hin (in EUDUR, [Anm. 43, Rn. 31).

Besonders deutlich ist in diesem Zusammenhang die Formulierung der *Richtlinie über die Verbrennung gefährlicher Abfälle.* Erforderliche Genehmigungen für Abfallverbrennungsanlagen werden danach „nur erteilt, *wenn aus dem Antrag hervorgeht, daß* die Verbrennungsanlage in der Weise ausgelegt und ausgerüstet ist und so betrieben wird, daß die geeigneten Vorsorgemaßnahmen gegen eine Verunreinigung der Umwelt ergriffen und die Bestimmungen nach den Art. 5 bis 12 der vorliegenden Richtlinie eingehalten werden".[354] Die Natur der Obliegenheit zeigt sich auch deutlich bei Anträgen um Mittelgewährung. Die *Waldbrandschutzverordnung* sieht die finanzielle Beteiligung der Gemeinschaft an Brandüberwachungseinrichtungen vor.[355] Die zu stellenden Anträge mußten nach der *Durchführungsverordnung* Nr. 1170/93 der Kommission eine Reihe von detaillierten Informationen enthalten.[356] In der *Durchführungsverordnung* hieß es dann weiter: „Anträge, die den Anforderungen der Absätze 1 und 2 nicht genügen, *werden nicht berücksichtigt.*"[357] Weitere Sanktionen waren nicht vorgesehen und auch nicht erforderlich. Der mit einem Antrag verfolgte Zweck

---

[354] Art. 3 Abs. 1 der Richtlinie 94/67/EG vom 16.12.1994 (Abl. Nr. L 365 vom 31.12.1994, 34) [Hervorhebungen durch den Verfasser]. Siehe auch Art. 3 Abs. 4 derselben Richtlinie. Die Richtlinie wird zum einen in Teilen überlagert durch die *IVU-Richtlinie* (Anm. 69). Deren Bestimmungen gelten aber bis zu einer eventuellen Neuregelung zumindest subsidiär fort (siehe Art. 18 Abs. 2, Art. 20 und Anhang II der *IVU-Richtlinie*). Eine Neuregelung ist nunmehr in Form der *Abfallverbrennungsrichtlinie* 2000/76/EG geschehen. Sie hebt die Richtlinie 94/67/EG zum 28.12.2005 endgültig auf (Art. 18 der Richtlinie 2000/76/EG, [Anm. 334]).

[355] Die *Waldbrandschutzverordnung* (Anm. 122) begründet eine sogenannte „Gemeinschaftsaktion zum Schutz des Waldes gegen Brände". Die Gemeinschaftsaktion umfaßt die Ermittlung der Brandursachen und Gegenmaßnahmen sowie die Schaffung eines Waldbrandüberwachungssystems (dazu Anm. 548).

[356] Art. 1 Abs. 1 i.V.m. den Anhängen A und B der *Verordnung* EWG Nr. 1170/93 der Kommission vom 13.5.1993 *über Durchführungsvorschriften zu der Verordnung (EWG) Nr. 2158/92 des Rates zum Schutz des Waldes in der Gemeinschaft gegen Brände* (Abl. Nr. L 118 vom 14.5.1993, 23), aufgehoben durch Verordnung (EG) Nr. 1727/1999 der Kommission vom 28.7.1999 (Abl. Nr. L 203 vom 3.8.1999, 41).

[357] Art. 1 Abs. 3 der Verordnung Nr. 1170/93 (a.a.O.) [Hervorhebungen durch den Verfasser]. Ebenso die noch gültige *Verordnung* EG Nr. 804/94 der Kommission vom 11.4.1994 *mit Durchführungsbestimmungen zur Verordnung (EWG) Nr. 2158/92 des Rates hinsichtlich der Waldbrandinformationssysteme,* Abl. Nr. L 93 vom 12.4.1994, 11), Art. 2 Abs. 2 i.V.m. Abs. 1.

kann eben nur bei vollständiger Informationsbeibringung erreicht werden. Ist allerdings ein Antrag einmal bewilligt oder eine Genehmigung erteilt, so können weitere Informationspflichten im Rahmen der Kontrolle und Überwachung bestehen. Diese stellen dann im Zwangswege durchsetzbare Rechtspflichten dar. Zum Teil wird auch bei einem nachfolgenden Informationsbedarf der Behörde das Eigeninteresse des Betreibers zunutze gemacht und die Informationspflicht als Obliegenheit ausgestaltet.[358] Die Ausgestaltung von Informationspflichten als Obliegenheit wirkt dem Problem der *hidden information* entgegen.[359]

II. Meß- und Beobachtungspflichten *(Umweltmonitoring)*

Häufig haben die Mitgliedstaaten Systeme zu errichten, die der Überwachung des Umweltzustandes dienen. Diese Informationsbeschaffungspflichten stellen sich hauptsächlich als Pflichten *zur kontinuierlichen Beobachtung und Messung des Umweltzustandes* dar.[360] Es handelt sich dabei um gemeinschaftsrechtlich auferlegte administrative Ermittlungspflichten, die über die *ad hoc* durchzuführende Sachverhaltsermittlung im Einzelfall hinausgehen und i.d.R. nicht von einer konkreten Gefahrenlage abhängig sind.[361] Die so gewonnenen Ergebnisse können für eine Vielzahl von Zwecken verwendet werden.[362] Auf völker-

---

[358] Nach der *Gentechnikrichtlinie* 90/218/EWG kann die zuständige Behörde vom Anwender über die Anmeldungsunterlagen hinausgehende Informationen verlangen. Der Beginn des Vorhabens wird dadurch hinausgezögert. Dieses kann erst begonnen werden, wenn die zuständige Behörde aufgrund der erhaltenen Informationen ihre Zustimmung erteilt hat (Art. 11 Abs. 3 *lit.* a der Richtlinie 90/219/EWG, [Anm. 129]).

[359] Dazu oben, Teil 1 Kap. 2 C.I. und II.

[360] Vgl. zur Definition *Sachariew*, Promoting Compliance with International Environmental Legal Standards: Reflections on Monitoring and Reporting Mechanisms, YIEL 1991, 31 (34). Danach ist Monitoring *„the continuous observation, measurement and gathering of information, mostly by technical means and on a long-term basis, on the condition of a given ecosystem and its response to man-made interference"*.

[361] Ebenso *Sachariew*, a.a.O., 35, in Abgrenzung von einer *ad hoc* durchzuführenden Umweltverträglichkeitsprüfung.

[362] Vgl. *Sachariew*, a.a.O., 35 ff. mit Verweisen auf entsprechende völkerrechtliche Regelungen. Als Funktionen werden im einzelnen die Erzeugung wissenschaftlicher Daten, die Verwendung der Daten für die Rechtsetzung und die legislative Eigenkontrolle (dazu näher unten Kap. 5 B.) sowie die Vollzugs-

rechtlicher Ebene wird die kontinuierliche, systematische Überwachung des vertragsgemäßen Verhaltens der Parteien völkerrechtlicher Verträge allgemein als *Monitoring* bezeichnet.[363] In Abgrenzung hierzu soll die kontinuierliche Überwachung speziell des Umweltzustandes *Umweltmonitoring* genannt werden.[364]

Gemessen wird nicht nur der Zustand einzelner Umweltmedien, sondern auch die Größe der jeweiligen Belastungsfaktoren und deren Auswirkungen.[365] Emissions- und immissionsbezogene Überwachung überschneiden und ergänzen sich im Bereich des Umweltmonitoring. Die meisten Rechtsakte der Gemeinschaft überlassen den Mitgliedstaaten einen Spielraum, um zu entscheiden, ob die Messungen durch die Verwaltung selbst oder durch die Emittenten erfolgen sollen. Im letzten Fall handelt es sich um *betriebliche Eigenkontrollverfahren*, die zusätzlich einer administrativen Kontrolle unterliegen.[366]

Beispiele für die gemeinschaftsrechtliche Verpflichtung zum Umweltmonitoring sind zahlreich. Sie finden sich hinsichtlich der Emission von

---

kontrolle genannt.

363 *Sands* (Anm. 79), 612 f., *Adede*, International Environmental Law Digest, 1993, 108 ff. mit Beispielen aus umweltvölkerrechtlichen Verträgen, in denen entweder der Begriff *monitoring* oder der Begriff *systematic observation* verwendet wird; *Krämer*, Implementation (Anm. 321), 12 ff. für das Gemeinschaftsrecht. Für die doppelte Verwendung des Begriffs im Sinne von *monitoring environmental conditions* und *monitoring compliance* siehe *Chayes/Chayes*, The New Sovereignty – Compliance with International Regulatory Agreements, 1995, 184 f. *Beyerlin/Marauhn* verwenden den Begriff speziell für die Sammlung wissenschaftlich-technischer Daten (*Beyerlin/Marauhn*, Rechtsetzung und Rechtsdurchsetzung im Umweltvölkerrecht nach der Rio-Konferenz 1992, UBA 1995, 102).

364 Dieser Begriff gehört nach *v. Lersner* (Anm. 66) bereits zum deutschen Fachvokabular (a.a.O., 84). Siehe auch *Schmidt-Aßmann/Ladenburger* in: EUDUR (Anm. 43), Rn. 57.

365 Siehe auch Annex IV, Art. 1 des *Übereinkommens zum Schutz der Meeresumwelt des Nordostatlantiks* (*OSPAR-Übereinkommen*, BGBl. II 1994, 1360). Das Übereinkommen definiert *Monitoring* (in der deutschen Fassung mit „Überwachung" übersetzt) als wiederholte Messung (*repeated measurement*) der Umweltqualität, der natürlichen und anthropogenen Einwirkungen sowie der Auswirkungen dieser Aktivitäten. Der Begriff des *Monitoring* wird auch in der Begründung der *VOC-Richtlinie Lösungsmittel* unter Bezugnahme auf die Schadstoffmessung angeführt (21. Begründungserwägung, [Anm. 84]).

366 Näher dazu unten, III.

Treibhausgasen in der *Entscheidung über ein System zur Beobachtung der Emissionen von CO_2 und anderen Treibhausgasen in der Gemeinschaft*[367] und seit Juni 2000 in der Entscheidung Nr. 1753/2000/EG speziell für CO_2-Emissionen von Personenkraftwagen,[368] bereits seit 1980 in Bezug auf die Schwefeldioxidkonzentration in der Luft,[369] gefolgt von Monitoringpflichten über den Bleigehalt (1982) und den Stickstoffdioxidgehalt (1985)[370] und nunmehr umfassend für Luftschadstoffe im

---

[367] Entscheidung 93/389/EWG vom 24.6.1993 (Abl. Nr. L 167 vom 9.7.1993, 31), geändert durch Entscheidung 1999/296/EG vom 26.4.1999 (Abl. Nr. L 117 vom 5.5.1999, 35) [im folgenden: *Treibhausgasbeobachtungsentscheidung*]. Die Mitgliedstaaten sind hiernach verpflichtet, anhand des besten verfügbaren Verfahrens insbesondere die anthropogenen CO_2 Emissionen und deren Beseitigung durch sogenannte Senken zu ermitteln und auf dieser Grundlage entsprechende nationale Programme zur Verringerung der Emissionen aufzustellen (Art. 3 Abs. 1 i.V.m. Art. 2 Abs. 2 der Entscheidung, näher hierzu unten, Anm. 783). Die ermittelten Angaben sind der Kommission alljährlich mitzuteilen. Durch die Änderungsentscheidung wurde die bereits ausgelaufene Frist für die Vorlage der Verzeichnisse verlängert. Zudem sind der Kommission jetzt Vorausschätzungen für den Zeitraum von 2008-2012 zu übermitteln. Die nationalen Programme unterliegen einem Bewertungsverfahren und werden den anderen Mitgliedstaaten im Sternverfahren mitgeteilt (hierzu auch unten, Anm. 469). Die Entscheidung ist im Hinblick auf die Unterzeichnung der *Klimarahmenkonvention* (dazu unten, Teil 5 Kap. 2 B.) ergangen und soll die Kohärenz des von den Industrieländern einzurichtenden Beobachtungssystems sicherstellen. Sie wurde im Hinblick auf die Unterzeichnung des *Protokolls von Kyoto* geändert und ist nunmehr ein Musterbeispiel für das Zusammenspiel völkerrechtlicher und gemeinschaftsrechtlicher Regelungen.

[368] *Entscheidung* Nr. 1753/2000/EG vom 22.6.2000 *zur Einrichtung eines Systems zur Überwachung der durchschnittlichen spezifischen CO_2-Emissionen neuer Personenkraftwagen* (Abl. Nr. L 202 vom 10.8.2000, 1), siehe insbesondere Art. 3. Auf Anfrage ist der Kommission das vollständige Datenmaterial zu übermitteln (Art. 4 Abs. 5). Die Daten dienen als Grundlage für die Überwachung der von der Automobilindustrie gegenüber der Kommission eingegangen Selbstverpflichtung zur Senkung der CO_2-Emissionen (Art. 8).

[369] Die *Schwefeldioxidrichtlinie* 80/779/EWG (Anm. 123) legt Luftqualitätsnormen in Form von Immissionsgrenzwerten und Leitwerten fest. Sie verpflichtet die Mitgliedstaaten zur Einrichtung von diesbezüglichen Meßstationen. Die Meßstationen müssen an den am stärksten verschmutzten Orten sowie an für die örtlichen Verhältnisse repräsentativen Stellen gelegen sein (Art. 6).

[370] Die *Stickstoffdioxidrichtlinie* und die *Bleigehaltsrichtlinie* enthalten ähnliche Meßpflichten wie die soeben dargestellte *Schwefeldioxidrichtlinie*. Nach Art.6 der *Stickstoffdioxidrichtlinie* 85/203/EWG (Anm. 130) sind die Mitgliedstaaten verpflichtet, Meßstationen zur Ermittlung „der für die Durchführung

Rahmen der *Luftqualitätsrichtlinie* und ihren *Folgerichtlinien*.[371] Mit dem Ziel einer Verbesserung der Wasserqualität legt die *Nitratrichtlinie* den Mitgliedstaaten Meßpflichten zum Zwecke der Ausweisung gefährdeter Gebiete auf.[372] Bereits 1976 verpflichtete die *Badegewässer-*

---

dieser Richtlinie erforderlichen Daten“ einzurichten. In Anhang III werden die Rahmenvorgaben für die Messungen näher bestimmt und u.a. Kriterien für die Auswahl der Meßpunkte, die Anzahl der Meßstationen und die Meßwerterfassung festgelegt. Ähnlich Art. 4 der *Richtlinie* 82/884/EWG vom 3.12.1982 *betreffend einen Grenzwert für den Bleigehalt in der Luft* (Abl. Nr. L 378 vom 31.12.1982, 15, mehrfach geändert). Die Richtlinien werden z.T. zum 19.7.2001 und z.T. zum 1.1.2005 bzw. zum 1.1.2010 durch die Richtlinie Nr. 1999/30/EG aufgehoben (dazu sogleich).

371 *Richtlinie* 96/62/EG vom 27.9.1996 *über die Beurteilung und Kontrolle der Luftqualität* (Abl. Nr. L 296 vom 21.11.1996, 55). Die Richtlinie ist als Rahmenrichtlinie ausgestaltet. In den vom Rat zu erlassenden *Folgerichtlinien* über die Grenzwerte und Alarmschwellen der einzelnen Luftschadstoffe sind gleichzeitig Vorgaben für die durchzuführenden Messungen festzulegen (Art. 4 Abs. 3). Vor dem Erlaß dieser Richtlinien haben die Mitgliedstaaten eine Ausgangsbeurteilung der Luftqualität durch „repräsentative Meßkampagnen“ vorzunehmen (Art. 5). Als erste Folgerichtlinie wurde die *Richtlinie* 1999/30/EG vom 22.4.1999 *über Grenzwerte für Schwefeldioxid, Stickstoffdioxid und Stickstoffoxide, Partikel und Blei in der Luft* (Abl. Nr. L 163 vom 29.6.1999, 41) erlassen. Diese enthält ausführliche Bestimmungen über die Messung der genannten Luftschadstoffe und deren Bewertung einschließlich der entsprechenden Informationspflichten gegenüber der Kommission und der Öffentlichkeit. Mit der zweiten Folgerichtlinie wurden Grenzwerte, Meßbestimmungen und Bewertungsmaßstäbe für Benzol und Kohlenmonoxid festgelegt (*Richtlinie* 2000/69/EG vom 16.11.2000 *über Grenzwerte für Benzol und Kohlenmonoxid in der Luft*, Abl. Nr. L 313 vom 13.12.2000, 12). Eine weitere Richtlinie für die Festlegung von Schadstoffobergrenzen für SO_2, NO_x, VOCs und NH_3 ist im Oktober 2001 verabschiedet worden (*Richtlinie* 2001/81/EG vom 23.10.2001 *über nationale Emissionshöchstmengen für bestimmte Luftschadstoffe*, Abl. Nr.L 309 vom 27.11.2001, 22). Im Anschluß an die Festlegung der Grenzwerte ist die Luftqualität gemäß den Vorgaben der *Luftqualitätsrichtlinie* (Art. 6) durch die Mitgliedstaaten zu beurteilen. Die administrativen Mitteilungspflichten sind – getrennt von den Informationserhebungspflichten – zusammenfassend in Art. 11 geregelt, was allerdings die Erfassung des Pflichtenumfangs nicht unbedingt einfacher macht.

372 Danach ist über einen Zeitraum von einem Jahr die Nitratkonzentration im Süßwasser an bestimmten Stellen zu messen und dies mindestens aller vier Jahre zu wiederholen (Art. 6 der Richtlinie 91/676/EWG, [Anm. 70]). Mitgliedstaaten, deren gesamtes Gebiet als gefährdet ausgewiesen ist, müssen den Nitratgehalt der Gewässer kontinuierlich an ausgewählten Meßstellen überwachen

richtlinie die Mitgliedstaaten zur Überwachung der Gewässerqualität durch Probenahmen.[373] 1978 und 1979 folgten die *Fisch-* und die *Muschelgewässerrichtlinie* mit ähnlichen Vorgaben.[374] In der neuen *Trinkwasserrichtlinie* 98/83/EG sind umfangreiche Datenerhebungspflichten hinsichtlich der Trinkwasserqualität vorgesehen.[375] Eine reine Datenerhebungs- und Informationsaustauschrichtlinie ist die *Ozonrichtlinie* 92/72/EWG. Ziel der Richtlinie ist die „Festlegung eines harmonisierten Verfahrens" zur Überwachung der Luftverschmutzung durch Ozon, zum Austausch von diesbezüglichen Informationen und zur Unterrichtung der Bevölkerung.[376]

(Art. 5 Abs. 6). Für diese Überwachungspflichten können im Regelungsausschußverfahren Leitlinien ausgearbeitet werden. Über die Ergebnisse der Überwachungen ist die Kommission im Rahmen der Durchführungsberichte zu informieren (Art. 7 und Anhang V).

[373] Art. 2 bis 5 und Anhang der Richtlinie 76/160/EWG (Anm. 287). Die Probenahmen müssen mit einer bestimmten Mindesthäufigkeit, an bestimmten Stellen und anhand bestimmter Analyseverfahren erfolgen. Ob dies in den Mitgliedstaaten tatsächlich geschieht, wird zunehmend durch Kommission kontrolliert. So ist vor kurzem Schweden in einem Vertragsverletzungsverfahren wegen Nichtbeachtung der in der *Badegewässerrichtlinie* vorgeschriebenen Mindesthäufigkeit der Probenahmen verurteilt worden (EuGH, Urteil vom 14.6.2001, Rs. C-368/00, *Kommission/Schweden*, „Badegewässerrichtlinie", Rn. 17 – noch nicht in der Slg. veröffentlicht).

[374] Jeweils Art. 6, 7 und Anhang der Richtlinien 78/659/EWG und 79/923/EWG (beide Anm. 123).

[375] Siehe Art. 7 und die Anhänge I-III der Richtlinie 98/83/EG (Anm. 140).

[376] Art.1 Abs. 1 der *Richtlinie* 92/72/EWG vom 21.9.1992 *über die Luftverschmutzung durch Ozon* (Abl. Nr. L 297 vom 13.10.1992, 1). Die Mitgliedstaaten müssen Meßstationen, welche die in der Richtlinie festgelegten Daten liefern können, bezeichnen und ggf. errichten. Die Auswahlkriterien für die Meßstationen und die zu verwendenden (Referenz-)Methoden sind genau festgelegt. Einmal jährlich sind der Kommission Angaben über gemessene Höchst- und Mittelwerte sowie Zahl, Zeitpunkt und Dauer der Überschreitungen bestimmter Schwellenwerte mitzuteilen. Außerdem ist die Kommission bei Überschreitungen der Schwellenwerte zu unterrichten, die das Warnsystem zur Unterrichtung der Bevölkerung auslösen. Die Daten werden von der Kommission an die Europäische Umweltagentur weitergegeben. Eine neue Richtlinie ist derzeit im Gesetzgebungsverfahren. Diese Richtlinie wird durch die neue *Ozonrichtlinie* 2002/3/EG mit Wirkung zum 9.9.2003 aufgehoben (Art.16 der *Richtlinie* 2002/3/EG vom 12.2.2002 *über den Ozongehalt der Luft*, Abl. Nr. L 67 vom 9.3.2002, 14). Die neue *Ozonrichtlinie* geht in ihrem materiellen Regelungsgehalt weiter als die Richtlinie 92/72/EWG.

Bei der Analyse des Gemeinschaftsrechts muß zwischen reinen Mitteilungspflichten hinsichtlich bereits *vorhandener* Umweltdaten und gemeinschaftsrechtlich eingerichteten *Monitoring*pflichten unterschieden werden. Die *Verordnung zur Errichtung einer Europäischen Umweltagentur und eines Europäischen Umweltinformations- und Umweltbeobachtungsnetzes* enthält zum Beispiel keine unmittelbaren Monitoringpflichten. Wie noch näher dargestellt werden wird, können solche erst durch öffentlich-rechtlichen Vertrag mit den einzelstaatlichen Behörden einvernehmlich festgelegt werden oder ergeben sich aus anderen Rechtsakten der Gemeinschaft.[377] Auch die *Oberflächensüßwasserentscheidung* enthält überwiegend keine administrativen Ermittlungspflichten, sondern Informationsweitergabepflichten hinsichtlich der nach nationalem Recht regelmäßig erhobenen Daten.[378] Der gemeinschaftsrechtliche Einfluß liegt hier v.a. in der Harmonisierung der *Informationsrahmendaten*, d.h. der Probenahme- und Meßmethoden sowie der zu messenden Parameter.[379] Ähnlich verhielt es sich mit der inzwischen ausgelaufenen *Luftmeßnetzentscheidung* 82/459/EWG.[380] Die neue *Entscheidung* 97/101/EG *zur Schaffung eines Austauschs von Informationen und Daten aus den Netzen und Einzelstationen zur Messung der Luftverschmutzung in den Mitgliedstaaten* bezieht sich ausdrücklich nur auf den Austausch bereits vorhandener oder aufgrund anderer gemeinschaftsrechtlicher Normen zu erhebender Umweltdaten, hier speziell der *Luftqualitätsrichtlinie*.[381] Eigenständige Umweltmoni-

---

[377] Siehe unten, Teil 4 Kap. 2 B.II.

[378] Entscheidung 77/795/EWG (Anm. 239). Das gemeinsame Informationsverfahren basiert auf bestehenden Meßstationen und bereits gemessenen Parametern (siehe insbesondere Art. 6 und Anmerkung 2 in Anhang II der Entscheidung).

[379] Hierzu unten, Kap. 4 A.

[380] *Entscheidung* 82/459/EWG vom 24.6.1982 *zur Einführung eines gegenseitigen Austausches von Informationen und Daten aus Meßnetzen und einzelnen Stationen zur Erfassung der Luftverschmutzung in den Mitgliedstaaten* (Abl. Nr. L 210 vom 19.7.1982, 1). Die Entscheidung erfaßte nur fest installierte Meßstationen, die bereits kontinuierlich über einen ausreichend langen Zeitraum betrieben wurden (Art. 1). Daten über Schadstoffe waren zu übermitteln, „soweit sie von in den Mitgliedstaaten befindlichen Stationen gemessen werden" (Art. 2 Abs. 1).

[381] Entscheidung des Rates vom 27.1.1997 (Abl. Nr. L 35 vom 5.2.1997, 14) [im folgenden: *Luftmeßnetzentscheidung* 97/101/EG]. Art. 2 der Entscheidung

toringpflichten sind in der Entscheidung nicht enthalten. Die Datenerhebung wird aber indirekt über die in zahlreichen Anhängen zu findenden Informationsrahmendaten und den von der Kommission im einzelnen festzulegenden Regeln über das Austauschverfahren mitgesteuert.[382] Im Rahmen von gemeinschaftsrechtlichen Finanzierungsinstrumenten können sich Datenerhebungspflichten implizit ergeben. Das ist der Fall bei der Gewährung von Zuschüssen für die Einrichtung von Meß- und Beobachtungsnetzen. Eine Datenerhebungspflicht ergibt sich dann nicht aus den Bestimmungen des Rechtsaktes selbst, sondern erst im Zusammenhang mit der Bewilligung des Zuschußantrages. Ein Beispiel ist die *Waldimmissionsschutzverordnung*.[383]

III. Kontroll- und Überwachungspflichten

Auch gemeinschaftsrechtlich verankerte Kontrollpflichten der Mitgliedstaaten dienen der Informationsbeschaffung. Durch sie soll zum

---

verweist auf die nach der *Luftqualitätsrichtlinie* und ihren *Folgerichtlinien* zu erfassenden Schadstoffe. Daten hinsichtlich anderer Schadstoffe sind nur zu übermitteln, „insoweit die entsprechenden Daten ... vorliegen und fortlaufend in den Mitgliedstaaten gemessen werden". Eigenständige Datenerhebungspflichten bestehen nur hinsichtlich der Organisationsstruktur der nationalen Meßstationen, also nicht im Hinblick auf Umweltdaten (Art. 4).

[382] Siehe insbesondere Art. 7 und Art. 5 Abs. 5 der *Luftmeßnetzentscheidung* 97/101/EG (a.a.O.). Siehe hierzu auch unten, Kap. 4 A.

[383] Verordnung (EWG) Nr. 3528/86 (Anm. 122). Durch die Verordnung soll die Einrichtung eines Beobachtungsnetzes zur harmonisierten Erhebung von Waldschäden gefördert werden. Die Kommission kann zu diesem Zweck Durchführungsbestimmungen hinsichtlich der Erfassung, der Art und Vergleichbarkeit sowie der Übermittlung der Daten im Wege des Regelungsausschußverfahrens erlassen (Art. 2 Abs. 3). Umfassend sind diese Pflichten geregelt in der *Durchführungsverordnung* (EG) Nr.1091/94 (Abl. Nr. L 190 vom 19.7.1994, 3, mehrfach geändert, Art. 2 aufgehoben). Diese Verordnung enthält ausführliche Bestimmungen zu den Messungen und dem Verfahren der Datenübermittlung. Siehe auch die Verordnung (EG) Nr. 1390/97 der Kommission zur Änderung der Durchführungsverordnung Nr. 1091/94 (Abl. Nr. L 190 vom 19.7.1997, 3). Darin werden die Mitgliedstaaten verpflichtet, Dauerbeobachtungsflächen einzurichten. Mit der *Verordnung* (EG) Nr. 2278/1999 der Kommission vom 21.10.1999 *mit Durchführungsbestimmungen zu der Verordnung (EWG) Nr. 3528/86 des Rates über den Schutz des Waldes in der Gemeinschaft gegen Luftverschmutzung* (Abl. Nr. L 279 vom 29.10.1999, 3) sind diese Maßnahmen nun zu „nationalen Programmen" zusammenzufassen (Art. 1).

einen ermittelt werden, inwieweit das Gemeinschaftsrecht im Einzelfall eingehalten wird und zum zweiten die Entscheidung über weitere Schritte zur Durchsetzung ermöglicht werden. Stellenweise sind Einzelfallkontrollen und Umweltmonitoringpflichten nicht genau voneinander zu trennen.[384] Sind regelmäßige Kontrollen vorgesehen, die sich mit den Meß- und Beobachtungspflichten des Umweltmonitoring überschneiden, so ist häufig von *Überwachung* die Rede.[385] Einzelne Kontrollen finden dann mit einer bestimmten Regelmäßigkeit im Rahmen eines Gesamtkonzeptes der Überwachung statt. Gegenstand der Kontrolle und Überwachung sind vornehmlich *Umweltbelastungsfaktoren*,

---

[384] Zum Beispiel in der *Grundwasserrichtlinie* (Anm. 273). Sie führt Genehmigungs- und Prüfungspflichten hinsichtlich direkter und indirekter Ableitungen von Stoffen ein, die in zwei Listen aufgeführt sind. Die Ableitungen der Stoffe aus der Liste I sind i.d.R. durch Verbote zu verhindern, während Ableitungen aus der Liste II zu begrenzen sind (Art. 3). Die vorzunehmenden Prüfungen müssen die Feststellung ermöglichen, ob die Ableitung in das Grundwasser vom Gesichtspunkt des Umweltschutzes aus eine angemessene Lösung darstellt. Sie umfassen z.B. eine Untersuchung der hydrogeologischen Bedingungen, der Reinigungskraft des Bodens und der Gefahr einer Grundwasserbeeinträchtigung. Ähnlich wie beim Umweltmonitoring werden Daten über das betroffene Umweltmedium erfaßt. Da es sich aber um eine Einzelfallprüfung in Zusammenhang mit einem potentiellen Belastungsfaktor handelt, handelt es sich gleichzeitig um eine präventive Kontrollpflicht der Mitgliedstaaten.

[385] Die *Abwasserrichtlinie* verpflichtet die zuständigen Behörden der Mitgliedstaaten, Abwassereinleitungen, eingebrachte Klärschlämme und bestimmte betroffene Gewässer zu „überwachen". Für die Einleitungen aus kommunalen Abwasserbehandlungsanlagen werden in einem Anhang das Kontrollverfahren und die zu überprüfenden Parameter festgelegt (Art. 15 Abs. 1 bis 3 der Richtlinie 91/271/EWG, [Anm. 118]). Ähnlich auch die *Trinkwasserrichtlinie* 98/83/EG (Anm. 140), wo unter der Überschrift „Überwachung" und „Überwachungsprogramme" sowohl regelmäßige Kontrollen als auch Einzelfallkontrollen erfaßt werden (Art. 7 und Anhang II der Richtlinie). Die *Titandioxidrichtlinie* sieht unter der Überschrift „Überwachung und Kontrolle" sowohl die Kontrolle der Belastungsfaktoren als auch die mit bestimmter Regelmäßigkeit stattzufindende Überwachung der betroffenen Umweltmedien vor (Anhang II und Art. 7 der *Richtlinie* 78/176/EWG vom 20.2.1978 *über Abfälle aus der Titandioxid-Produktion*, Abl. Nr. L 54 vom 25.2.1978, 19, mehrfach geändert). Die in der Folge erlassene *Richtlinie über die Einzelheiten der Überwachung und Kontrolle der durch die Ableitungen aus der Titandioxidproduktion betroffenen Umweltmedien* legt genauere Vorgaben für die Überwachung der betroffenen Umweltmedien fest (Richtlinie 82/883/EWG vom 3.12.1982, Abl. Nr. L 378 vom 31.12.1982, 1, geändert) [im folgenden *Titandioxidkontrollrichtlinie*].

d.h. Emissionen, wohingegen der Schwerpunkt des Umweltmonitoring auf der Erhebung von Immissionsdaten in Bezug auf ein bestimmtes Umweltmedium liegt.

Kontrollpflichten der Mitgliedstaaten bestehen v.a. zum Zwecke der Betrugsbekämpfung sowie zur Überprüfung der Richtigkeit betrieblicher Angaben im Rahmen von Anmelde- und Genehmigungsverfahren. Kontroll- und Überwachungspflichten haben *vertrauensbildende Funktion*, sowohl für die anderen Mitgliedstaaten, die entsprechende Genehmigungsentscheidungen des nationalen Verwaltungsverfahrens im Rahmen der Warenverkehrsfreiheit anerkennen müssen, als auch für die anderen Wirtschaftsteilnehmer.[386]

1. Regelungsdichte und Gestaltungsspielraum der Mitgliedstaaten

Kontroll- und Überwachungspflichten werden häufig mit Ausdrücken wie *Überprüfung*,[387] *Untersuchung*[388] oder einfach *Prüfung*[389] und

---

[386] Vgl. z.B. die *Richtlinie über die Inspektion und Überwachung der Guten Laborpraxis (GLP)*. Danach sind die Mitgliedstaaten zur Kontrolle ihrer Laboreinrichtungen hinsichtlich der Einhaltung der Guten Laborpraxis verpflichtet (Richtlinie 88/320/EWG vom 9.6.1988, Abl. Nr. L 145 vom 11.6.1988, S.35, geändert, der Anhang zuletzt durch *Richtlinie* 1999/12/EG der Kommission vom 8.3.1999 *zur zweiten Anpassung des Anhangs der Richtlinie 88/320/EWG des Rates über die Inspektion und Überprüfung der Guten Laborpraxis (GLP)*, Abl. Nr. L 77 vom 23.3.1999, 22). Die Überprüfung der GLP soll die Qualität der von den Laboren erstellten Prüfdaten sichern, welche die Grundlage für grenzüberschreitend anzuerkennende Verwaltungsentscheidungen im Gefahrstoffrecht darstellen (so ausdrücklich die Begründung der Richtlinie 88/320/EWG sowie Anhang, A. Einleitung). Siehe auch den Bericht der Kommission vom 29.1.1996, *Verwaltungszusammenarbeit bei der Anwendung des Gemeinschaftsrechts im Rahmen des Binnenmarktes – Bericht über den Stand der Arbeiten*, KOM(96) 20 endg., 15 f. sowie oben, Teil 1 Kap. 2 F.II.2.

[387] Die Kontrollmaßnahmen nach der *Abfallverbringungsverordnung* können „Überprüfungen" von Anlagen und Unternehmen und stichprobenartige „Überprüfungen" von Abfallverbringungen umfassen. Sie sollen durch die Einsichtnahme in Dokumente und ggf. durch die Kontrolle der Beschaffenheit der Abfälle erfolgen (Art. 30 der Verordnung Nr. 259/93, [Anm. 142]).

[388] Art. 20 Abs. 3 der *Ozonschichtverordnung* Nr. 2037/2000 (Anm. 71) sowie bereits Art.18 der Vorgängerverordnung Nr. 3093/94 vom 15.12.1994 (Abl. Nr. L 333 vom 22.12.1994, 1; aufgehoben zum 1.10.2000). Näher hierzu unten.

[389] Art. 4, 5 und 7 der *Grundwasserrichtlinie* (Anm. 273).

Kontrolle[390] umschrieben. Sie finden sich in einer Vielzahl von Rechtsakten der Gemeinschaft.[391] Nach der *GLP-Überprüfungsrichtlinie* sind ganze *Überwachungsprogramme*,[392] nach der *Seveso-II-Richtlinie* sogenannte *Inspektionsprogramme*[393] zu erstellen. In diesen Rechtsakten werden durch die Gemeinschaft meistens die Rahmendaten für die Kontrolle und Überwachung festgelegt. Sind sie nicht in dem Rechtsakt selbst enthalten, so sind i.d.R. der Rat oder die Kommission mit der Ausarbeitung solcher Informationsrahmendaten beauftragt.[394] Spezielle Kontrollpflichten sind Inspektionspflichten und Stichprobenkontrollen. Ist die Vornahme von *Inspektionen* vorgesehen, so handelt es sich um Kontrollen vor Ort, welche die Augenscheinnahme und die Ein-

---

[390] Siehe u.a. Art. 7 Abs. 6 und Anhang II der *Trinkwasserrichtlinie* 98/83/EG (Anm. 140).

[391] Vgl. *Krieger* (Anm. 310), der für den Abfallbereich feststellt, daß es allgemein an einem umfassenden System fehle und viele Pflichten wenig konkret und unbestimmt seien (Rn. 2 und 10).

[392] Im Anhang der *GLP-Überprüfungsrichtlinie* (Anm. 386) ist ein Leitfaden für die Überwachung von Laboren und insbesondere die Vornahme von Inspektionen enthalten. Danach ist ein nationales GLP-Überwachungsprogramm aufzustellen, das routinemäßige Laborinspektionen und spezielle Inspektionen auf Ersuchen einer Behörde umfassen soll. Werden erhebliche Abweichungen festgestellt, war nach der a.F. zu prüfen, ob darüber die anderen OECD-Mitgliedstaaten unterrichtet werden. Die Inspektionsverfahren sollen jeweils mit einem Inspektionsbericht enden. Das Verfahren ist nach der Neufassung des Anhangs von 1999 nunmehr ausführlichst geregelt, angefangen von den „Vorinspektionen", über die „Einführungsbesprechung" bis hin zu den im einzelnen zu beachtenden Prüfungspunkten. Die zu überwachenden Labore führen Prüfungen von Chemikalien zum Schutz von Umwelt und Gesundheit durch. Sie sind v.a. im Rahmen der *Gefahrstoffrichtlinie* von Bedeutung. Die von den Laboren einzuhaltenden Bestimmungen der Guten Laborpraxis finden sind in der *Richtlinie* 87/18/EWG vom 18.12.1986 *zur Angleichung der Rechts- und Verwaltungsvorschriften für die Anwendung der Grundsätze der Guten Laborpraxis und zur Kontrolle ihrer Anwendung bei Versuchen mit chemischen Stoffen* (Abl. Nr. L 15 vom 17.1.1987, 29).

[393] Danach müssen die Mitgliedstaaten „ein angemessenes System von Inspektionen oder sonstigen Kontrollmaßnahmen" einrichten (Art. 18 Abs. 1 der Richtlinie 96/82/EG, [Anm. 141]). Die Inspektionen haben eine „planmäßige und systematische Prüfung" des Betriebes zu ermöglichen. Die danach aufzustellenden Inspektionsprogramme sollen zumindest alle 12 Monate eine Vor-Ort-Inspektion pro Betrieb vorsehen und mit einem Inspektionsbericht enden (Art. 18 Abs. 2).

[394] Näher dazu unten, Kap. 4 A.

sicht in vor Ort befindliche Unterlagen, das Entnehmen von Proben und die Vornahme anderer Messungen einschließen können.[395] *Stichprobenkontrollen* sind v.a. im produktbezogenen Umweltschutz zur Überprüfung von Produkten vorgesehen.[396] Das Stichprobenverfahren ist z.T. durch die Angabe der statistischen Methoden und des Stichprobenumfanges näher geregelt.[397] Eine darüber hinausgehende Kontrolle

---

[395] Nach der *Abfalldeponienrichtlinie* haben beispielsweise die zuständigen nationalen Behörden die Deponie vor Beginn des Betriebes und vor Genehmigungserteilung zu „inspizieren" (Art. 8 *lit.* c der Richtlinie 1999/31/EG, [Anm. 333]). Ebenso nach der *Altfahrzeugrichtlinie* im Hinblick auf Verwertungsbetriebe (Art. 6 Abs. 2 *lit.* b der *Richtlinie* 2000/53/EG vom 18.9.2000 *über Altfahrzeuge*, Abl. Nr. L 269 vom 21.10.2000, 34). Nach den *Gentechnikrichtlinien* sind durch die zuständigen Behörden „Inspektionen und gegebenenfalls sonstige Kontrollmaßnahmen" durchzuführen (Art. 4 Abs. 3 sowie Art. 6 Abs. 1 der Richtlinie 90/220/EWG, [Anm. 218]; Art. 17 der Richtlinie 90/219/EWG, [Anm. 129]; ebenso die neue Richtlinie 2001/18/EG, [Anm. 218], Art. 4 Abs. 5). Besonders ausführlich geregelt wurden in letzter Zeit die Inspektionspflichten der Mitgliedstaaten in Bezug auf Schiffe (siehe die *Richtlinie* 95/21/EG *zur Durchsetzung internationaler Normen für die Schiffssicherheit, die Verhütung von Verschmutzung und die Lebens- und Arbeitsbedingungen an Bord von Schiffen, die Gemeinschaftshäfen anlaufen und in Hoheitsgewässern der Mitgliedstaaten fahren (Hafenstaatkontrolle)* (Abl. Nr.L 157 vom 7.7.1995, S.1, verschärft durch Richlinie 2001/106/EG vom 19.12.2001, Abl. Nr.L 19 vom 22.1.2002, 17).

[396] Siehe z.B. Art. 20 Abs. 3 der *Ozonschichtverordnung* Nr.2037/2000 (Anm. 71); Art. 3 Abs. 1 *lit.* b i.V.m. Art. 6 Abs. 2 der *Richtlinie* 86/594/EWG vom 1.12.1986 *über die Geräuschemissionen von Haushaltsgeräten* (Abl. Nr.L 344 vom 6.12.1986, 24) [im folgenden: *Haushaltsgeräterichtlinie*]. Umfangreiche Kontrollpflichten sieht auch die *Fischereikontrollverordnung* vor. Die Mitgliedstaaten haben u.a. die Logbücher und die Anlandungen durch Stichproben zu kontrollieren. Dafür ist jeweils ein Stichprobenplan zu erstellen und der Kommission zu übermitteln (Art. 6, Art. 13 Abs. 6, Art. 14 Abs. 1 und Abs. 4 der Verordnung Nr. 2847/93, [Anm. 313]). Hinsichtlich der Anlandungen muß für den Stichprobenplan die Genehmigung der Kommission eingeholt werden. Siehe auch *Schmidt-Aßmann*, Verwaltungskooperation (Anm. 2), 283.

[397] Bereits nach Art. 4 der *Richtlinie* 93/12/EWG vom 23.3.1993 *über den Schwefelgehalt bestimmter flüssiger Brennstoffe* (Abl. Nr. L 74 vom 27.3.1993, 81) a.F. [im folgenden: *Brennstoffschwefelgehaltsrichtlinie*] hatten die Mitgliedstaaten den Schwefelgehalt durch Stichproben zu kontrollieren. Die statistische Auswertung der Kontrollergebnisse war nach einer ISO-Norm vorzunehmen. Art. 4 wurde zum 1.7.2000 gestrichen und durch eine noch etwas detailliertere Regelung in Art. 6 der *Richtlinie* 1999/32/EG vom 26.4.1999 *über eine Verringerung des Schwefelgehalts bestimmter flüssiger Kraft- oder Brennstoffe und zur*

jeder einzelnen Ware kann unter dem Gesichtspunkt der Gewährleistung gleicher Wettbewerbsbedingungen im Binnenmarkt verboten sein. Dies gilt insbesondere beim grenzüberschreitenden Warenverkehr.[398] Bei der Finanzkontrolle ist häufig die Sammlung, Aufbewahrung und ggf. Übermittlung von *Belegen* ein speziell angeordnetes Kontrollmittel.[399]

In einigen Rechtsakten ist pauschal die Vornahme der *entsprechenden Kontrollen*,[400] der *geeigneten Maßnahmen*[401] oder der *erforderlichen Maßnahmen*[402] vorgesehen. Wenn die Befugnis einer näheren Bestim-

---

Änderung der Richtlinie 93/12/EWG (Abl. Nr. L 121 vom 11.5.1999, 13) ersetzt. Nunmehr müssen die Probenahmen mit „ausreichender Häufigkeit" vorgenommen werden und „repräsentativ" sein. Die Bestimmung des Schwefelgehaltes und die statistische Auswertung haben bestimmten ISO-Normen zu folgen. Siehe auch Art. 3 Abs. 2 der Richtlinie 78/1015/EWG (Anm. 222) sowie Art. 30 der *Abfallverbringungsverordnung* (Anm. 142).

398 Näher hierzu unten, Teil 3 Kap. 2 D.

399 Besonders ausführlich geregelt in der *Durchführungsverordnung* Nr. 2278/1999 (Anm. 383) zur *Waldimmissionsschutzverordnung*, worin sich auch eine Legaldefinition des Begriffs „Beleg" findet (Art. 2 erster Spiegelstrich). Früher bereits die *Verordnung* (EWG) Nr. 1696/87 der Kommission vom 10.6.1987 *mit Durchführungsbestimmungen zu der Verordnung (EWG) Nr. 3528/86 des Rates über den Schutz des Waldes in der Gemeinschaft gegen Luftverschmutzung (Zahlung des Zuschusses)* (Abl. Nr. L 161 vom 22.6.1987, 1). Ebenso Art. 2 *lit.* a i.V.m. Art. 1 Abs. 1 der *Durchführungsverordnung* Nr. 1727/1999 zur *Waldbrandschutzverordnung*; früher bereits in der *Durchführungsverordnung* Nr. 1170/93 (beide Anm. 356).

400 Nach der *Altölrichtlinie* müssen Altölsammelunternehmen „entsprechenden Kontrollen" unterzogen werden. Beseitigungsunternehmen sind regelmäßig auf die Einhaltung der Genehmigungsbedingungen zu überprüfen (Art. 5 Abs. 4 und Art. 13 Abs. 1 der Richtlinie 75/439/EWG, [Anm. 335]).

401 Zur Verhinderung indirekter Ableitungen bestimmter Stoffe müssen die Mitgliedstaaten nach der *Grundwasserrichtlinie* (Anm. 273) „die geeigneten Maßnahmen" treffen und die Kommission davon unterrichten.

402 Die *Abfallverbringungsverordnung* sieht vor, daß die Mitgliedstaaten die „erforderlichen Maßnahmen" treffen, um die Einhaltung der Verordnungsbestimmungen sicherzustellen. Die in Betracht kommenden Maßnahmen sind dann allerdings näher aufgeführt (Art. 30 der Verordnung EWG Nr. 259/93, [Anm. 142]). Eine ähnlich unbestimmte Regelung findet sich in der *Waldimmissionsschutzverordnung*. Danach haben die Mitgliedstaaten „die erforderlichen Maßnahmen" zu treffen, um die ordnungsgemäße Durchführung sicherzustellen, um Unregelmäßigkeiten vorzubeugen und verlorengegangene Beträge

mung der Kontrollmodalitäten auf die Kommission übertragen ist, sind diese meist in Durchführungsbestimmungen unter Beteiligung eines Ausschusses festzulegen.[403] Sind keine näheren Bestimmungen in dem Rechtsakt über die Art und Weise der Kontrollen und der kontinuierlichen Überwachung enthalten, so haben die Mitgliedstaaten die geeigneten Kontrollverfahren selbst zu gestalten. Sie müssen dabei die ordnungsgemäße Anwendung des Gemeinschaftsrechts in der Praxis sicherstellen.[404] Da die Vornahme von Kontrollen eine Beschränkung der Warenverkehrsfreiheit darstellt, sind gerade in den produktbezogenen Rechtsakten der Gemeinschaft häufig Formulierungen dahingehend zu finden, daß die Mitgliedstaaten „das Recht" haben, Kontrollen vorzunehmen bzw. solche vornehmen „dürfen" oder „können".[405] Sind solche Kontrollbefugnisse nicht explizit vorgesehen, aber auch keine näheren Bestimmungen zur Überwachung der Einhaltung der gemeinschaftsrechtlichen Bestimmungen durch die Wirtschaftsteilnehmer gemacht, dann sind die Mitgliedstaaten nach Art. 10 EGV (ex Art. 5) dennoch gehalten, durch entsprechende (Kontroll-)Maßnahmen für die Einhaltung des Gemeinschaftsrechts zu sorgen.[406] Teilweise enthalten

---

wieder einzutreiben (Art. 14 UAbs. 1 der Verordnung Nr. 3528/86, [Anm. 122]). Hier ist die Befugnis zur Festlegung der Kontrollmodalitäten aber der Kommission übertragen worden. Die Einzelheiten der Finanzkontrolle sind dann in den *Durchführungsverordnungen* der Kommission enthalten (siehe Anm. 383). Siehe auch Art. 7 Abs. 1 S. 3 der *Trinkwasserrichtlinie* 98/83/EG (Anm. 140).

[403] Zum Beispiel Art.15 der *Abwasserrichtlinie* (Anm. 118), wonach Leitlinien für die Überwachung im Regelungsausschußverfahren ausgearbeitet werden können; Art. 2 Abs. 3 und Art. 4 Abs. 4 i.V.m. Art. 7 Abs. 3 und Art. 8 Abs. 2 der *Waldimmissionsschutzverordnung*, a.a.O. Zu den Ausschußverfahren unten, Teil 4 Kap. 2 C.II.3.b.

[404] Näher dazu unten, Teil 3 Kap.2 C.III. sowie Teil 4 Kap. 1 C.

[405] Siehe z.B. Art. 16 Abs. 1 der *Gefahrstoffrichtlinie* (Anm. 125), wonach die Anmeldebehörden *das Recht haben*, zusätzliche Auskünfte und Prüfungen zu fordern und Probenahmen durchzuführen sowie Art. 4 Abs. 5 der *Pflanzenschutzmittelrichtlinie* (Anm. 124), wonach die Zulassungen überprüft werden *können*, wenn etwas darauf hindeutet, daß die Zulassungskriterien nicht mehr erfüllt sind. Im Falle eines solchen Verdachts können die Mitgliedstaaten den Antragsteller auffordern, die für die Überprüfung erforderlichen zusätzlichen Informationen vorzulegen. Siehe auch Art. 30 der *Abfallverbringungsverordnung* (Anm. 142), wonach die Kontrollmaßnahmen bestimmte Überprüfungen umfassen *können*.

[406] Näher dazu Teil 3 Kap. 2 C.III. sowie Teil 4 Kap. 1 C.

die Rechtsakte der Gemeinschaft auch Regelungen zur Ausstattung der mitgliedstaatlichen Kontrollbehörden.[407] Solchen Vorgaben sind allerdings im Hinblick auf die *institutionelle Autonomie* der Mitgliedstaaten Grenzen gesetzt.[408]

Zum Teil kann die Durchführung der Kontroll- und Überwachungspflichten auf die zu kontrollierenden Wirtschaftsteilnehmer selbst übertragen werden, was als *betriebliche Eigenkontrolle* oder *-überwachung* bezeichnet werden soll.[409] Das ist v.a. dort der Fall, wo kontinuierliche Messungen von Umweltbelastungen erforderlich sind.[410] Hier kann bereits das Gemeinschaftsrecht die Rahmendaten für

---

[407] Art. 12 Abs. 2 der *CITES-Verordnung* (Anm. 329), wonach den nationalen Zollstellen *ausreichend* und *entsprechend ausgebildetes* Personal zur Verfügung zu stellen ist.

[408] Dazu Teil 4 Kap. 1 C.II.1.

[409] Ausdrücklich in der *Abfalldeponienrichtlinie*, der *Richtlinie über die Verbrennung gefährlicher Abfälle*, der *IVU-Richtlinie*, der *VOC-Richtlinie Lösungsmittel*, der *Großfeuerungsanlagenrichtlinie* 88/609/EWG, den *Verbrennungsanlagenrichtlinien* sowie nunmehr der *Abfallverbrennungsrichtlinie* vorgesehen. Die genauen Vorgaben für die Messungen sind z.T. von den zuständigen Behörden in den erteilten Genehmigungen als Auflagen festzulegen (Art. 10 der Richtlinie 94/67/EG, [Anm. 354]; Art. 9 Abs. 5 der *IVU-Richtlinie*, [Anm. 69]; Art. 10 Abs. 2 der Richtlinie 2000/76/EG, [Anm. 334]). Nach der *Grundwasserrichtlinie* obliegt es den Behörden, die kontinuierliche nachfolgende Überwachung der Einhaltung der Genehmigungsbedingungen und der Auswirkungen der Ableitungen auf das Grundwasser sicherzustellen (Art. 13 der Richtlinie 80/68/EWG, [Anm. 273]). In den Genehmigungen selbst sind erforderlichenfalls „Maßnahmen zur Überwachung“ des Grundwassers festzulegen (Art. 10). Den Mitgliedstaaten scheint es damit freigestellt zu sein, ob sie eine betriebliche Eigenüberwachung anordnen oder ein behördliches Fremdüberwachungsverfahren durchführen. So wohl auch die *Industrieanlagenrichtlinie* (Anm. 69), Art. 11.

[410] Nach der *VOC-Richtlinie Lösungsmittel* (Anm. 84) müssen entweder kontinuierliche oder periodische Messungen durchgeführt werden (Art. 8). Die Messungen dienen dem Betreiber zum Nachweis gegenüber den Behörden, daß bestimmte Emissionsgrenzwerte eingehalten sind (Art. 9). Genauere Angaben zu den Messungen sind in Art. 8, 9 und den Anhängen der Richtlinie enthalten. Siehe auch die *Quecksilberrichtlinie* (Anm. 288). Darin heißt es „Um zu überprüfen, ob die Ableitungen den Emissionsnormen genügen, die entsprechend den in diesem Anhang festgelegten Grenzwerten festgesetzt wurden, muß ein Kontrollverfahren eingeführt werden“. Dieses Verfahren sieht vor: „täglich die Entnahme einer repräsentativen Probe aus den Abflüssen von 24 Stunden und die Messung der Quecksilberkonzentration in dieser Probe“ sowie „die Mes-

die betrieblichen Eigenkontrollverfahren bestimmen.[411] Die korrekte Durchführung dieser Eigenkontrolle ist dann wiederum von den Behörden zu kontrollieren, was meist durch Stichproben geschieht.[412] Eine besonders umfassende Regelung findet sich in der *IVU-Richtlinie*.[413]

---

sung des Gesamtabflusses in diesem Zeitraum". Die Häufigkeit der vorzunehmenden Messungen implizieren eine betriebliche Eigenkontrolle, wenn auch eine solche nicht ausdrücklich in der Richtlinie vorgesehen ist. Zur *Großfeuerungsanlagenrichtlinie* 88/609/EWG und den *Verbrennungsanlagenrichtlinien* sogleich.

[411] Siehe die ausführlichen Vorgaben der *VOC-Richtlinie Lösungsmittel*, a.a.O. Die *Verbrennungsanlagenrichtlinien* legen die Rahmendaten für die betrieblichen Messungen selbst fest. Die Meßergebnisse sind in einer Form aufzuzeichnen und aufzubereiten, daß sie von den zuständigen Behörden auf die Einhaltung der vorgeschriebenen Bedingungen hin überprüft werden können. Die im einzelnen verwendeten Verfahren und die Entnahme- und Meßpunkte sind von den zuständigen Behörden vorher zu genehmigen (jeweils Art. 6 Abs. 3 und Abs. 4 der *Richtlinie* 89/369/EWG vom 8.6.1989 *über die Verhütung der Luftverunreinigungen durch neue Verbrennungsanlagen für Siedlungsmüll*, Abl. Nr. L 163 vom 14.6.1989, 32 und der *Richtlinie* 89/429/EWG vom 21.6.1989 *über die Verringerung der Luftverunreinigungen durch bestehende Verbrennungsanlagen für Siedlungsmüll*, Abl. Nr. L 203 vom 15.7.1989; ähnlich Art. 13 der *Großfeuerungsanlagenrichtlinie* 88/609/EWG, [Anm. 69]). Diese Richtlinien werden zum einen in Teilen überlagert durch die *IVU-Richtlinie* (Anm. 69). Sie gelten aber bis zu einer eventuellen Neuregelung zumindest subsidiär fort (siehe Art. 18 Abs. 2, Art. 20 und Anhang II der *IVU-Richtlinie*). Eine Neuregelung ist nunmehr in Form der *Abfallverbrennungsrichtlinie* (Richtlinie 2000/76/EG, [Anm. 334]) geschehen. Sie hebt die *Verbrennungsanlagenrichtlinien* zum 28.12.2005 endgültig auf (Art. 18 der *Abfallverbrennungsrichtlinie*).

[412] Siehe hierzu auch *Wicke*, Umweltökonomie, 3. Aufl. 1991, 215 f.

[413] Sie legt explizit fest, daß die Genehmigung angemessene Anforderungen für die Überwachung der Emissionen enthalten muß, darunter zur Meßmethodik, Meßhäufigkeit, dem Bewertungsverfahren sowie eine Verpflichtung des Betreibers, der zuständigen Behörde die erforderlichen Daten für die Prüfung der Einhaltung der Genehmigungsauflagen zu liefern. Der Betreiber hat die Behörde regelmäßig über die Ergebnisse der Überwachung sowie über alle Störfälle mit erheblichen Umweltauswirkungen zu unterrichten (Art. 14, zweiter Spiegelstrich) und ihr jede notwendige Unterstützung bei etwaigen Überprüfungen der Anlage und der Probenahmen und jeder anderen Informationserhebung zu gewähren (Art. 14, dritter Spiegelstrich). Konkretisiert werden die Meßpflichten der Betreiber für *Abfalldeponien* in der Richtlinie 1999/31/EG (Anm. 333, Art. 12 und Anhang III).

In einigen wenigen Fällen kann die Kommission die Durchführung von Kontrollen im Einzelfall anordnen, so nach der *Ozonschichtverordnung*.[414] Die Mitgliedstaaten haben hier die „Untersuchungen" durchzuführen, die die Kommission für erforderlich hält. Bei diesen Untersuchungen können die nationalen Behörden durch Beamte der Kommission unterstützt werden, wenn eine entsprechende Vereinbarung mit der zuständigen Behörde getroffen wurde. Die Anordnungsbefugnis der Kommission ergibt sich daraus, daß die *Ozonschichtverordnung* die Außenhandelskompetenz der Gemeinschaft berührt und direkt durch die Kommission vollzogen wird. Nach anderen Rechtsakten kann die Kommission Kontrollen *verlangen*,[415] die Mitgliedstaaten darum *ersuchen*[416] oder sie dazu *auffordern*.[417] Etwas unklar ist in dieser Hinsicht die *CITES-Verordnung*. Danach kann die Kommission die zuständigen Behörden der Mitgliedstaaten auf Bereiche *hinweisen* in denen sie Er-

---

[414] Verordnung Nr. 2037/2000 (Anm. 71), Art. 20 Abs. 3 und 4. Ebenso bereits Art.18 der Vorgängerverordnung Nr. 3093/94 (Anm. 388). Danach konnte die Kommission die Untersuchungen ausdrücklich „anordnen".

[415] Art. 38 Abs. 2 UAbs. 3 der *Verordnung* (EG) Nr. 1260/1999 vom 21.6.1999 *mit allgemeinen Bestimmungen über die Strukturfonds* (Abl. Nr. L 161 vom 26.6.1999, 1) [im folgenden: *Strukturfondsverordnung*].

[416] So der Wortlaut aus Art. 12 Abs. 1 der *Fusionskontrollverordnung* und Art.13 Abs. 1 der *Kartellverordnung* (beide Anm. 303). Aus der Zuständigkeit der Kommission für den diesbezüglichen Verwaltungsvollzug und dem restlichen Wortlaut („Auf Ersuchen der Kommission nehmen die zuständigen Behörden der Mitgliedstaaten diejenigen Nachprüfungen vor, die die Kommission .... für erforderlich hält") ergibt sich die Verbindlichkeit des Ersuchens im Sinne einer Anordnung. Siehe auch *Pernice* in: *Grabitz/Hilf*, Nach Art. 87 [a.F.], Verordnung Nr. 17 (Art. 13), Rn. 4. Anders dagegen die *GAP-Verordnung* Nr. 1258/1999 (Anm. 312), Art. 9 Abs. 2 UAbs. 4, wonach die zuständigen Stellen eines Mitgliedstaaten Prüfungen *„Auf Ersuchen* der Kommission *und im Einvernehmen* mit dem betreffenden Mitgliedstaat" durchführen.

[417] Vom Verpflichtungsgehalt her nicht eindeutig waren die Regelungen der inzwischen aufgehobenen *Durchführungsverordnungen* der *Waldbrandschutzverordnung* und der *Waldimmissionsschutzverordnung*. Hier konnte die Kommission die Mitgliedstaaten „auffordern", ihre Kontrollen zu verstärken (Art. 2 Abs. 3 der Verordnung Nr. 1170/93, [Anm. 356]; Art. 1 Abs. 2 der Verordnung Nr. 1696/87, [Anm. 399]). Eine zwingende Anordnungsbefugnis hinsichtlich konkreter Kontrollen vor Ort ergab sich daraus nicht explizit, die Kommission konnte und kann aber im Rahmen der Finanzkontrolle z.T. selbst Inspektionen vor Ort durchführen (näher dazu oben, A.V).

mittlungen als notwendig erachtet.[418] Die Mitgliedstaaten haben die Kommission dann über das Ergebnis der darauf folgenden Ermittlungen zu unterrichten. Aufgrund des eher unverbindlichen Wortlautes scheint hier keine Weisungsbefugnis vorzuliegen, der entsprechende Mitgliedstaat wird aber nach der Gemeinschaftstreuepflicht dem Verdacht i.d.R. nachgehen und ein Absehen von einer Kontrolle der Kommission gegenüber begründen müssen. Die *Verbrennungsmotorenrichtlinie* 97/68/EG und die Neufassung der *Fischereikontrollverordnung* von 1998[419] enthalten sogar die Möglichkeit eines *horizontalen* Prüfungsverlangens. Nach der *Verbrennungsmotorenrichtlinie* dürfen andere Mitgliedstaaten im Fall der nachgewiesenen Nichtübereinstimmung von produzierten Motoren mit der Typengenehmigung die Vornahme einer Prüfung der Produktion *verlangen*.[420] Diese Regelung ist das Korrelat zur transnationalen Wirkung der Typengenehmigung – letztere gilt auch in allen anderen Mitgliedstaaten – und der gleichzeitigen alleinigen Genehmigungszuständigkeit des Mitgliedstaates, in dem der Typengenehmigungsantrag gestellt worden ist. Das Verfahren und die Ermittlungsbefugnisse der nationalen Behörden richten sich in allen diesen Fällen nach dem nationalen Recht. Die Kommission kann von diesen nur nach nationalem Recht Mögliches verlangen.[421]

Wählt der Gemeinschaftsgesetzgeber nicht ausdrücklich den Wortlaut „anordnen" oder „anweisen", liegt im Hinblick auf die institutionelle Autonomie der Mitgliedstaaten i.d.R. auch keine Einzelweisungsbefugnis der Kommission vor.[422] Eine Anordnungsbefugnis liegt aber dann nahe, wenn es sich um Sachbereiche handelt, die in die ausschließliche Kompetenz der Gemeinschaft fallen und von der Kommission direkt

---

[418] Art. 14 Abs. 2 der Verordnung Nr. 338/97 (Anm. 329).

[419] Art. 34a Abs. 2 UAbs. 2 der Verordnung Nr. 2847/93 i.d.F. der Verordnung Nr. 2846/98 (Anm. 313), dort Nr. 21; als Bestandteil einer Regelung über horizontale „Amtshilfepflichten".

[420] *Richtlinie* 97/68/EG vom 16.12.1997 *zur Angleichung der Rechtsvorschriften der Mitgliedstaaten über Maßnahmen zur Bekämpfung der Emission von gasförmigen Schadstoffen und luftverunreinigenden Partikeln aus Verbrennungsmotoren für mobile Maschinen und Geräte* (Abl. Nr. L 59 vom 27.2.1998, 1; zuletzt geändert durch Richtlinie 2001/63/EG der Kommission vom 17.8.2001, Abl. Nr. L 227 vom 23.8.2001, 41). Eine Änderungsrichtlinie ist zur Zeit im Gesetzgebungsverfahren.

[421] So der EuGH im Urteil „Ermittlungsgeheimnis", näher hierzu unten, Teil 4 Kap. 1 A. und Kap. 2 C.II.4.b.

[422] Dazu näher unten, Teil 4 Kap. 1 C.II.2.

vollzogen werden könnten, so z.B. bei der Verwaltung des Außenhandels. Für die im Bereich der Gemeinsamen Agrarmarktorganisation gewährten Beihilfen hat beispielsweise das Gericht Erster Instanz in der Rechtssache *Nutral* die Verbindlichkeit einer Aufforderung der Kommission an die Mitgliedstaaten, bestimmte Abgaben nachzukontrollieren und wieder einzutreiben, mangels diesbezüglicher Ermächtigung nach der damaligen Rechtslage verneint.[423] Werden die Mitgliedstaaten durch eine – unverbindliche – Aufforderung der Kommission oder einen entsprechenden Hinweis auf Verdachtsmomente für einen Verstoß gegen das Gemeinschaftsrecht aufmerksam gemacht, sind sie nach Art. 10 EGV verpflichtet, diesen Sachverhalt aufzuklären.[424] In der *Entschließung zur Formulierung, Durchführung und Durchsetzung des Umweltrechts der Gemeinschaft* wurde die Kommission nun vom Rat beauftragt, Mindestkriterien und Leitlinien für nationale Inspektionen und deren Überwachung vorzuschlagen.[425]

2. Transparenz der mitgliedstaatlichen Kontrollstrukturen

In manchen Rechtsakten ist die eingehende Unterrichtung der Gemeinschaft über die mitgliedstaatlichen Kontroll- und Überwachungsverfahren und die zuständigen Einrichtungen vorgesehen.[426] Reine Informati-

---

[423] Und die Klage des betroffenen Unternehmens mangels angreifbarem Rechtsakt wegen Unzulässigkeit abgewiesen (EuG, Beschluß vom 21.10.1993, verb. Rs. T-492/93 und T-492/93 R, *Nutral/Kommission*, Slg. 1993, S.II-1023 [1033f., Rn. 26 ff.]). Weitere Rechtsprechungsverweise unten, Teil 4 Kap. 1 C.II.2.

[424] Denn sie sind hiernach verpflichtet, für eine ordnungsgemäße Anwendung des Gemeinschaftsrechts Sorge zu tragen (siehe Teil 3 Kap. 2 C.III., Teil 4 Kap. 1 C.).

[425] Entschließung vom 7.10.1997 (Abl. Nr. C 321 vom 22.10.1997, 1), Nr. 17.

[426] Besonders ausführlich geregelt in der *Luftmeßnetzentscheidung* 97/101/EG (Anm. 381). Danach sind die Mitgliedstaaten verpflichtet, der Kommission „Informationen betreffend die typischen Merkmale der Meßstationen, die Meßgeräteausstattung und die in diesen Stationen angewandten Verfahren sowie die Struktur und Organisation der Netze, denen die Stationen angehören" zu übermitteln (Art. 4 Abs. 1). Die Kommission kann die zu übermittelnden Mindestinformationen festlegen. Siehe auch Art. 11 Nr. 1 *lit.* d der *Luftqualitätsrichtlinie* (Anm. 371). Eine Transparenz der Kontrollverfahren ordnen auch die *Durchführungsverordnungen* der Kommission zur *Waldimmissionsschutzverordnung* und zur *Waldbrandschutzverordnung* an. Die Mit-

onspflichten über die Ausstattung von nationalen Überwachungsbehörden und Meßstellen sind auch unter dem Gesichtspunkt der institutionellen Autonomie rechtlich unbedenklich.[427] Werden die Kontrollen durch *private Einrichtungen* durchgeführt, so obliegen den Mitgliedstaaten wiederum Kontrollpflichten hinsichtlich der Kontrolleure. Das diesbezügliche Verfahren ist besonders ausführlich in der *GLP-Überprüfungsrichtlinie* und der *Verordnung über den ökologischen Landbau und die entsprechende Kennzeichnung der landwirtschaftlichen Erzeugnisse und Lebensmittel* geregelt.[428] Eine Transparenz des

---

gliedstaaten haben der Kommission eine Beschreibung der Kontroll- und Verwaltungsverfahren, mit denen die wirksame Umsetzung der entsprechenden Maßnahmen gewährleistet werden soll, zu übermitteln (Art. 2 dritter Spiegelstrich i.V.m. Art. 1 Abs. 1 der *Durchführungsverordnung* Nr. 2278/1999, [Anm. 383], sowie Art. 2 *lit.* c der Verordnung Nr. 1727/1999, [Anm. 356]). Ähnlich auch Art. 38 Abs. 1 *lit.* b der *Strukturfondsverordnung* (Anm. 415). Ein weiteres Beispiel ist die *Kohäsionsfondsverordnung* (Art. 12 der Verordnung Nr. 1164/94, [Anm. 306]). Die Mitgliedstaaten haben die Kommission über die getroffenen Maßnahmen der Finanzkontrolle und das Verwaltungsverfahren zu unterrichten und ihr Prüfberichte zu übermitteln (ausführlich geregelt in der *Verordnung* EG Nr. 1831/94 der Kommission vom 26.7.1994 *betreffend Unregelmäßigkeiten und die Wiedereinsetzung zu Unrecht gezahlter Beträge im Rahmen der Finanzierung des Kohäsionsfonds sowie die Einrichtung eines einschlägigen Informationssystems*, Abl. Nr. L 191 vom 26.7.1994, 9). Siehe auch die Regelung der *Gentechnikrichtlinie* 90/220/EWG (Anm. 218), wonach die Mitgliedstaaten jährlich über die vorgenommenen Kontrollen einen „kurzen Tatsachenbericht" zu erstellen und der Kommission zu übermitteln haben (Art. 18 Abs. 1). Vgl. die *Entschließung* 94/C 179/01 des Rates vom 16.6.1994 *über die Entwicklung der Zusammenarbeit der Verwaltungen bei der Anwendung und Durchsetzung des Gemeinschaftsrechts im Rahmen des Binnenmarkts* (Abl. Nr. C 179 vom 1.7.1994, 1), in der der Rat die Mitgliedstaaten auffordert, die Kommission über ihren Verwaltungsaufbau zu unterrichten.

[427] Hierzu Teil 4 Kap. 1 C.II.

[428] Die Verordnung (EWG) Nr. 2092/91 vom 24.6.1991 (Abl. Nr. L 198 vom 22.7.1991, 1, mehrfach geändert) sieht ein umfassendes Kontrollsystem vor, an welchem die Teilnahme allerdings freiwillig ist. Sie berechtigt zu einer speziellen – werbewirksamen – Etikettierung der Produkte. Die teilnehmenden Unternehmen unterliegen Meldepflichten und einem Kontrollverfahren (Art. 8 und 9). Die Kontrollstellen können private Stellen sein. Sie müssen allerdings bestimmte Kriterien erfüllen: Sie müssen ein Standardkontrollprogramm vorweisen, Sanktionen verhängen können, eine geeignete personelle, administrative und technische Ausstattung besitzen und die Zuverlässigkeit und Objektivität gegenüber den Unternehmen wahren. Die mitgliedstaatlichen Behörden haben nach der Zulassung der Kontrollstellen die Aufgabe, deren Objektivität zu ge-

Kontrollsystems wirkt vertrauensbildend.[429] Sind die Ergebnisse der Kontrollen der Kommission mitzuteilen, so kann diese bei mangelnder Durchsetzung des Gemeinschaftsrechts zu eine Vertragsverletzungsklage einleiten. Im Vorfeld solcher Klagen liegen meist informelle Gespräche über Verbesserungsmöglichkeiten. Die Kommission kann zudem die Änderung des Gemeinschaftsrechts zur Effektivierung der mitgliedstaatlichen Durchführung einleiten.[430]

IV. Identifikations- und Planungspflichten

Identifikations- und Planungspflichten der Mitgliedstaaten ist gemeinsam, daß hier die *Datenbewertung* primär durch die Mitgliedstaaten zu geschehen hat, welche diesbezüglich über einen gewissen *Beurteilungsspielraum* verfügen. Ihr geht eine umfassende Datenerhebung voraus. Das Ergebnis ist im Regelfall der Kommission mitzuteilen und enthält dann auch die verarbeitete Datengrundlage. Vom Umfang der Datenerhebung her ähneln Planungspflichten den Berichtspflichten.

1. Identifikations- und Klassifikationspflichten

Die Verpflichtung zur Identifikation und Klassifikation (Einteilung) von umweltrelevanten Faktoren besteht im Gemeinschaftsrecht v.a. hinsichtlich der Auswahl bestimmter, für den Umweltschutz bedeutsamer

---

währleisten, die Wirksamkeit der Kontrollen zu überprüfen und die festgestellten Verstöße zu erfassen. Zu diesem Zweck haben die Behörden Zugang zu den Diensträumen und Einrichtungen der Kontrollstellen. Letztere sind „in dem Maße auskunfts- und unterstützungspflichtig, wie dies der zuständigen Behörde zur Erfüllung ihrer Aufgaben nach dieser Verordnung geboten erscheint" (Art. 9 Abs. 8 *lit.* a). Zudem haben sie der zuständigen Behörde jährlich einen zusammenfassenden Bericht über die teilnehmenden Unternehmen und die durchgeführten Kontrollen vorzulegen. Die Mitgliedstaaten haben dann jährlich einen Bericht über die Überwachungsmaßnahmen abzufassen und der Kommission eine Liste der zugelassenen Kontrollstellen, der Rechts- und Verwaltungsstruktur, der Standardkontrollprogramme und der Sanktionsregelung zu übermitteln (Art. 15). Diese Listen werden im Amtsblatt veröffentlicht (siehe Abl. Nr. C 61 vom 27.2.1997, 3). Zur *GLP-Überprüfungsrichtlinie* siehe oben, Anm. 392.

[429] Vgl. dazu oben, Teil 1 Kap. 2 insbesondere F.II.2.

[430] Näher hierzu Kap. 3 insbesondere A. und B.

Gebiete. Gemeinschaftsrechtlich festgelegt werden i.d.R. Kriterien und Ziel der Einteilung. Meist handelt es sich um die Ermittlung besonders schutzbedürftiger oder besonders sanierungsbedürftiger *Gebiete*. Die Bewertung obliegt den Mitgliedstaaten, denen hierbei ein gewisser Beurteilungsspielraum zukommt. Sie impliziert eine vorhergehende Informationserhebung. Beispiele für Identifikations- und Klassifikationspflichten finden sich u.a. in der *Nitratrichtlinie* hinsichtlich der von Nitratverunreinigungen betroffenen Gewässer,[431] in der *Waldbrandschutzverordnung* für Gebiete mit einem bestimmten Waldbrandrisiko,[432] in der *Richtlinie über gefährliche Abfälle* zum Zweck der Klassifikation von Abfalltypen,[433] in der *Abwasserrichtlinie* für sogenannte „empfindliche Gebiete",[434] in der *Flora-Fauna-Habitat-Richtlinie* im Rahmen des Konzeptes „Natura 2000"[435] und in der *Vogelschutzrichtli-*

---

[431] Sie müssen von den Mitgliedstaaten nach in einem Anhang festgelegten Kriterien bestimmt werden. Auf dieser Grundlage weisen die Mitgliedstaaten bestimmte Einzugsgebiete als „gefährdete Gebiete" aus und unterrichten hiervon die Kommission. Die Einstufung ist aller vier Jahre zu überprüfen und die Kommission von jeder Änderung zu unterrichten (Art. 3 der Richtlinie 91/676/EWG, [Anm. 70]).

[432] Sie sieht vor, daß die Mitgliedstaaten ein Verzeichnis von nach dem Waldbrandrisiko abgestuften Gebieten erstellen. Das Verzeichnis ist der Kommission zu übermitteln und einem Genehmigungsverfahren zu unterziehen (Art. 2 Abs. 5 der Verordnung EWG Nr. 2158/92, [Anm. 122]). Die Genehmigung wird im Wege des Regelungsausschußverfahrens unter Beteiligung des Ständigen Forstausschusses erteilt (Art. 9).

[433] Danach müssen die Mitgliedstaaten sicherstellen, daß gefährliche Abfälle überall dort, wo sie abgelagert werden, registriert und identifiziert werden (Art. 2 Abs. 1 der *Richtlinie* 91/689/EWG vom 12.12.1991 *über gefährliche Abfälle*, Abl. Nr. L 377 vom 31.12.1991, 20, geändert). Die Richtlinie wird in Teilen überlagert durch die *IVU-Richtlinie* (Anm. 69). Sie gilt aber bis zu einer eventuellen Neuregelung zumindest subsidiär fort (siehe Art. 18 Abs. 2, Art. 20 und Anhang II der *IVU-Richtlinie*).

[434] Die *Abwasserrichtlinie* legt den Mitgliedstaaten Abwassersammlungs- und -behandlungspflichten auf. Zusätzliche Anforderungen werden an „empfindliche Gebiete" gestellt. Diese sind von den Mitgliedstaaten nach Kriterien, die ebenfalls in einem Anhang festgelegt sind, auszuweisen und aller vier Jahre auf Ergänzungen zu überprüfen (Art. 5 der Richtlinie 91/271/EWG, [Anm. 118]), ebenso wie „weniger empfindliche" Gebiete.

[435] Art. 4 der *Richtlinie* 92/43/EWG vom 21.5.1992 *zur Erhaltung der natürlichen Lebensräume sowie der wildlebenden Tiere und Pflanzen* (Abl. Nr. L 206 vom 22.7.1992, 7), von *Schmidt-Aßmann* als „kooperative Konzeptentwicklung" bezeichnet (*Schmidt-Aßmann*, Verwaltungskooperation, [Anm. 2], 289;

nie.[436] Trinkwasserschutzgebiete können nach der *Wasserrahmenrichtlinie* festgelegt werden, welche auch die Mitgliedstaaten verpflichtet, ein Verzeichnis wasserbezogener Schutzgebiete zu erstellen – man mag fast meinen, um den Überblick nicht zu verlieren.[437]

Aus Anlaß der nach der *Vogelschutzrichtlinie* von den Mitgliedstaaten auszuwählenden „besonderen Schutzgebiete" hat sich auch der EuGH im *Leybucht-Urteil* eingehender zu den Identifikations- und Klassifikationspflichten geäußert.[438] Danach verfügen die Mitgliedstaaten über einen Beurteilungsspielraum, wenn sie die hierfür geeignetsten Gebiete bestimmen.[439] Ist die Erklärung aber einmal gemacht, kommt ihnen nicht der gleiche Beurteilungsspielraum hinsichtlich einer flächenmäßigen Veränderung der Gebiete zu. Andernfalls könnten sich die Mitgliedstaaten einseitig ihren sich an die Klassifikation anschließenden besonderen Verpflichtungen entziehen.[440] In einem jüngeren Verfahren zur *Flora-Fauna-Habitat-Richtlinie* grenzt der EuGH den Beurteilungsspielraum der Mitgliedstaaten weiter ein.[441] Andere als naturschutzbezogene Kriterien dürfen bei der Identifikation von besonderen Schutzgebieten im Sinne des Art. 4 Abs. 1 der *Flora-Fauna-Habitat-Richtlinie* keine Rolle spielen. Insbesondere sind Anforderungen von Wirtschaft, Gesellschaft und Kultur bei der Auswahl der der Kommission zu meldenden Gebiete unbeachtlich.[442] Zudem ist ein förmlicher

---

ebenso *Schmidt-Aßmann/Ladenburger* in: EUDUR, [Anm. 43], Rn. 71).

[436] Art. 4 Abs. 1 der Richtlinie 79/409/EWG (Anm. 126).

[437] Art. 6 und Anhang IV der Richtlinie 2000/60/EG (Anm. 123).

[438] EuGH, Urteil vom 28.2.1991, Rs. C-57/89 (*Kommission/Deutschland*) „Leybucht", Slg. 1991 I, 883 (930f., Rn. 20); siehe auch Urteil des EuGH vom 18.3.1999, Rs. C-166/97 (*Kommission/Frankreich*) „Besondere Schutzgebiete", Slg. 1999, S. I-1719 (1736 ff., Rn. 11 ff.).

[439] Ebenso zu Art. 4 der *Flora-Fauna-Habitat-Richtlinie* (Anm. 435) das BVerwG, Urteil vom 24.8.2000, NuR 2001, 382 (383).

[440] EuGH „Leybucht", a.a.O.

[441] EuGH, Urteil vom 7.11.2000, Rs. C-371/98 (*First Corporate Shipping Ltd.*), DVBl. 2000, 1841 (Rn. 15 ff.).

[442] EuGH, a.a.O., Rn.23. Hiervon ging bereits das BVerwG aus (Anm. 439, S.384, mit weiteren Verweisen auf seine frühere Rechtsprechung), ohne dies allerdings im konkreten Fall abschließend entscheiden zu müssen.

Benennungsakt erforderlich, damit die Kommission die Einhaltung der entsprechenden Verfahrensvorschriften überprüfen kann.[443]

Die Aussagen dieser Urteile können auf die Identifikations- und Klassifikationspflichten im allgemeinen übertragen werden. In Ermangelung anderweitiger Anhaltspunkte in dem betreffenden Rechtsakt kommt den Mitgliedstaaten ein Beurteilungsspielraum hinsichtlich des Vorliegens der gemeinschaftsrechtlich vorgegebenen Identifikations- und Klassifikationsmerkmale zu.[444] Die Beurteilungskriterien haben sich allerdings im Rahmen des Zwecks des jeweiligen Rechtsaktes zu halten. Ist dies der Naturschutz, dürfen wirtschaftliche und kulturelle Kriterien keine Rolle spielen. In den einschlägigen Rechtsakten können zudem spezielle Anforderungen an den Nachweis des Vorliegens bestimmter inhaltlicher Anforderungen gestellt werden.[445] Ist eine Klassifikation einmal vorgenommen und knüpfen sich daran bestimmte Rechtspflichten der Mitgliedstaaten an, kann diese *nicht mehr willkürlich rückgängig* gemacht werden. Eine Umstufung oder flächenmäßige Veränderung ist danach nur bei einer veränderten Sachlage oder aus außerordentlichen Gründen des Gemeinwohls möglich. Ein Beurteilungsspielraum entbindet selbstverständlich nicht von einer *zutreffenden Sachverhaltsermittlung*. Diese muß den aus Art. 10 EGV (ex Art. 5) folgenden Qualitätsanforderungen entsprechen.[446]

---

[443] So der EuGH zur *Flora-Fauna-Habitat-Richtlinie*, Urteil vom 7.12.2000, Rs.C-374/98 (*Kommission/Frankreich*) „Besondere Schutzgebiete", Rn. 53 (noch nicht in der Slg. veröffentlicht).

[444] Zur weiteren Eingrenzung des Beurteilungsspielraums siehe Urteil vom 19.5.1998, Rs. C-3/96 (*Kommission/Niederlande*), „Besondere Schutzgebiete", Slg. 1998, S. I-3031 (3070 f., Rn. 60 ff.).

[445] Nach der *Abwasserrichtlinie* (Anm. 118) ist beispielsweise „anhand umfassender Studien" gegenüber der Kommission nachzuweisen, daß bei der Ausweisung weniger empfindlicher Gebiete die Umwelt nicht geschädigt wird (Art. 6). Die Beweislast für die Berufung auf die Ausnahmebestimmung wird ausdrücklich den Mitgliedstaaten übertragen und gleichzeitig das zu erbringende Beweismittel, die „umfassenden Studien", festgelegt.

[446] In diesem Sinne auch der EuGH zu Art.7 der *Gewässerschutzrichtlinie*: Programme müssen auf einer Untersuchung der Gewässer basieren und sind in einer Form mitzuteilen, die der Kommission die mühelose Prüfung ermöglicht. Siehe Urteil vom 25.5.2000, Rs. C-384/97 (*Kommission/Griechenland*) „Gewässerschutzrichtlinie" Slg. 2000, S. I-3823(Rn.41) und Urteil vom 21.1.1999, Rs. C-207/97 (*Kommission/Belgien*) „Gewässerschutzrichtlinie", Slg. 1999, S. I-275 (304, Rn. 39 ff.); vgl. auch Urteil vom 11.6.1998, Rs. C-232/95 und C-233/95 (*Kommission/Griechenland*) „Gewässerschutzrichtlinie", Slg. 1998, S. I-3343

2. Planungs- und Programmerstellungspflichten

Planungen sind staatliche Finalprogramme, denen die Erhebung von IST-Informationen als Planungsgrundlage vorausgeht. Dabei handelt es sich vielfach um Informationen über Belastungsfaktoren.[447] Zu dieser Informationsgrundlage gehört auch das Vorausschätzen zukünftiger Situationen, d.h. die Prognosenerstellung.[448] Selbst wenn die Mitgliedstaaten durch das Gemeinschaftsrecht hinsichtlich der Planungsziele gebunden sind, kommt ihnen ein großer Gestaltungsspielraum zu. Die Kommission kann die Planerstellung durch die Mitgliedstaaten nicht durch eigene Pläne ersetzen. Sie kann nur kontrollieren, ob die Pläne überhaupt erstellt wurden, ob die gemeinschaftsrechtlichen Planungsvorgaben eingehalten wurden und insbesondere von einer *zutreffenden Sachverhaltsermittlung* ausgegangen wurde, die bestimmten Qualitätsanforderungen entsprechend muß.[449] Pläne und Programme sind Instrumente der *Vorauskoordination*.[450]

a) Zielkonkretisierende Pläne und Durchführungsprogramme

Zielkonkretisierende Pläne sind der Prototyp der mehr oder weniger frei gestaltbaren Planungen. Beispiele finden sich u.a. als *Alarm-, Gefahrenabwehr- und Notfallpläne* in den beiden *Seveso-Richtlinien*,[451] als

---

(3361 ff., Rn. 31 ff.). Zu den Qualitätsanforderungen eingehender unten, Teil 3 Kap. 2 C.

[447] So haben z.B. die Abfallbewirtschaftungspläne „Art, Menge und Ursprung der zu verwertenden oder zu beseitigenden Abfälle" zu umfassen, mithin IST-Informationen über Belastungsfaktoren (Art. 7 der Richtlinie 75/442/EWG, [Anm. 332]).

[448] Vgl. *Becker, B.* (Anm. 18), 499, der die Prognosenerstellung als *das* Kernproblem der Planung bezeichnet. Zu den mit einer Programmerstellungspflicht verbunden Informationspflichten vgl. das EuGH, Urteil vom 1.10.1998, Rs. C-285/96 (*Kommission/Italien*) „Gewässerschutzrichtlinie", Slg. 1998, S. I-5935 (5951, Rn. 19). Näher dazu unten, Teil 3 Kap. 2 A.II.1.

[449] Siehe oben, Anm. 446 sowie im einzelnen unten, Teil 3 Kap.2 C.

[450] Siehe oben, Teil 1 Kap. 2 D.II.

[451] „Alarm- und Gefahrenabwehrpläne" nach der inzwischen aufgehobenen ersten *Seveso-Richtlinie* (Art. 7 der Richtlinie 82/501/EWG, [Anm. 129]), „Notfallpläne" nach der *Seveso-II-Richtlinie* (Anm. 141), und zwar durch die Mitgliedstaaten als *externe* Notfallpläne (Art. 11 *lit.* b). Die Anlagenbetreiber haben *interne* Notfallpläne aufzustellen (Art. 11 *lit.* a). Die in die Pläne aufzunehmenden Informationen sind im einzelnen in Anhang IV aufgeführt.

Aktionspläne in der *Luftqualitätsrichtlinie*[452] und im Rahmen der *Waldbrandschutzverordnung* in Form von *Schutzplänen*.[453] Die *Abfallrichtlinie* sieht die Erstellung von *Bewirtschaftungsplänen* vor[454] und die *VOC-Richtlinie Lösungsmittel* spricht von *Plänen zur Reduzierung* von Emissionen.[455] Häufig kommen bei medienbezogenen Umweltschutzrichtlinien *Sanierungspläne* vor, die von den Mitgliedstaaten bei Überschreitung bestimmter Grenzwerte für die betroffenen Gebiete aufzustellen sind.[456] Das Erstellen von Schutzplänen im Rahmen der

---

[452] Die Aktionspläne müssen Maßnahmen angeben, die im Fall der Gefahr einer Überschreitung von Grenzwerten kurzfristig zu ergreifen sind (Art. 7 Abs. 3 der Richtlinie 96/62/EG, [Anm. 371]). Sie ähneln damit den Gefahrenabwehrplänen.

[453] Art. 3 der Verordnung Nr. 2158/92 (Anm. 122).

[454] Art. 7 der Richtlinie 75/442/EWG (Anm. 332). Im Rahmen der *Badegewässerrichtlinie* sind Bewirtschaftungspläne bei in Ausnahmefällen erforderlichen Abweichungen von den Qualitätswerten aufzustellen (Art. 4 der Richtlinie 76/160/EWG, [Anm. 287]). Die Kommission prüft diese und unterbreitet ggf. dem Rat entsprechende Vorschläge.

[455] Richtlinie 1999/13/EG (Anm. 84), Art. 6. Diese Pläne dienen als Alternative zu den in der Richtlinie vorgesehenen Maßnahmen. Die in den Plänen zu berücksichtigenden Punkte sind in der Richtlinie enthalten, lassen aber noch genügend Gestaltungsspielraum für die Mitgliedstaaten. Sie unterliegen einem Prüfungsverfahren durch die Kommission. Ergibt diese Prüfung, daß die Maßnahmen nicht ausreichen, um die Einhaltung der Planziele zu gewährleisten, müssen die Mitgliedstaaten wiederum die genauen Emissionsvorgaben der Richtlinie erfüllen. Nach dem Beschluß Nr. 2000/541/EG (siehe unten, Anm. 476) muß der Mitgliedstaat u.a. nachweisen, daß er über „detaillierte Kenntnisse der derzeitigen Emissionen" verfügt (Anhang, A.).

[456] Nach der *Schwefeldioxidrichtlinie* hatten die Mitgliedstaaten Pläne zur schrittweisen Verbesserung der Luftqualität aufzustellen und der Kommission zu übermitteln, wenn sie der Auffassung waren, daß die Schadstoffkonzentration nach dem 1.4.1983 trotz der in der Richtlinie vorgesehenen Maßnahmen überschritten werden könnte (Art. 3 Abs. 2 der Richtlinie 80/779/EWG, [Anm. 123]). Die Pläne waren anhand von diesbezüglichen Daten über die Art, den Ursprung und die Entwicklung der Verschmutzung zu erstellen und hatten insbesondere die von dem Mitgliedstaat getroffenen oder noch zu treffenden Maßnahmen und Verfahren zu beschreiben. Ähnliche Regelungen enthalten die *Stickstoffdioxidrichtlinie* und die *Bleigehaltsrichtlinie* (Art. 3 der Richtlinie 85/203/EWG, [Anm. 130]; Art. 3 der Richtlinie 82/884/EWG, [Anm. 370]) sowie nunmehr die *Luftqualitätsrichtlinie* (Anm. 371). Danach müssen die Mitgliedstaaten einen „Plan oder Programm" ausarbeiten, wodurch die in den Folgerichtlinien festgelegten Grenzwerte erreicht werden können (Art. 8). Der In-

Waldbrandschutzverordnung ist Vergabevoraussetzung für die Finanzierung forstwirtschaftlicher Maßnahmen.[457] Insofern handelt es sich bei dieser Planungspflicht wie bei den Informationspflichten im Rahmen eines Genehmigungsverfahrens um eine Obliegenheit.[458]

Zum Teil wird der Begriff des „Programms" verwendet. Programme dienen i.d.R. der umfassenden Aufstellung staatlicher Maßnahmen zur *Durchführung* der gemeinschaftsrechtlichen Anforderungen. Das planende, gestaltende Element tritt hier in den Hintergrund.[459] Die Veranlassung einer korrekten Durchführung der gemeinschaftsrechtlichen Anforderungen ist dann Hauptziel der Programmerstellungspflicht. Durch die sich anschließende Mitteilungspflicht sollen die nationalen Durchführungsstrukturen transparent gemacht werden.[460] Die Rede ist hier von *Vollzugsprogrammen*,[461] *Aktionsprogrammen*,[462] *Maßnahmen-*

---

halt dieser (der Kommission mitzuteilenden) Pläne ist ausführlichst in Anhang IV festgelegt. Nach der *Trinkwassergewinnungsrichtlinie* mußten die Mitgliedstaaten einen systematischen Plan einschließlich Zeitplan für die Sanierung bestimmter Oberflächengewässer festlegen (Art. 3 Abs. 2 der *Richtlinie* 75/440/EWG vom 16.6.1975 *über die Qualitätsanforderungen an Oberflächenwasser für die Trinkwassergewinnung in den Mitgliedstaaten*, Abl. Nr. L 194 vom 25.7.1975, 34; die Richtlinie wird durch die *Wasserrahmenrichtlinie* zum 21.12.2007 aufgehoben, siehe Art. 22 Abs. 1 der Richtlinie 2000/60/EG, [Anm. 123]). Die Pläne sind von der Kommission eingehend zu prüfen, ggf. werden dem Rat geeignete Vorschläge vorgelegt.

457 Art. 3 Abs. 5 der Verordnung Nr. 2158/92 (Anm. 122).

458 Siehe oben, I.2.

459 Besonders deutlich wird dies beim Vergleich der „Überwachungsprogramme" und „Maßnahmenprogramme" auf der einen Seite sowie der „Bewirtschaftungspläne" der neuen *Wasserrahmenrichtlinie* auf der anderen Seite (Art. 4 und 13 i.V.m. Anhang VII im Vergleich zu Art. 8 i.V.m. Anhang V, insbesondere 1.3. und Art. 11 der Richtlinie 2000/60/EG, [Anm. 123]).

460 Nach der Mitteilung *Folgemaßnahmen zum Sutherland-Bericht* (Anm. 156) soll die Aufstellung von Durchführungsprogrammen verstärkt werden (Rn. 26). Vgl. oben, Teil 1 Kap. 2 F.II.2.

461 Nach der *Abwasserrichtlinie* sind „Vollzugsprogramme" aufzustellen, welche der Kommission mitzuteilen und aller zwei Jahre fortzuschreiben sind (Art. 17 der Richtlinie 91/271/EWG, [Anm. 118]). Die Kommission überprüft und bewertet aller zwei Jahre die erhaltenen Informationen und veröffentlicht darüber einen Bericht. In ähnlicher Weise haben die Mitgliedstaaten nach der *Fisch-* und der *Muschelgewässerrichtlinie* Programme zur Einhaltung der Qualitätswerte aufzustellen (Art. 5 der Richtlinie 78/659/EWG und Art. 5 der Richtlinie 79/923/EWG, beide Anm. 123).

programmen[463], *Überwachungsprogrammen,*[464] *Inspektionsprogrammen,*[465] *Sonderprogrammen*[466] oder auch von *Projekten und Programmen.*[467]

Planender Charakter und Durchführungscharakter können auch so ineinander übergehen, daß letztendlich kein Schwerpunkt mehr zu erkennen ist, so, wenn in den Programmen gleichzeitig Qualitätsziele festzulegen sind.[468] Die nach der *Treibhausgasbeobachtungsentschei-*

---

462 Die *Nitratrichtlinie* sieht vor, daß die Mitgliedstaaten für gefährdete Gebiete „Aktionsprogramme" mit Gewässerschutzmaßnahmen festlegen. Diese Programme sind aller vier Jahre fortzuschreiben und haben die verfügbaren wissenschaftlichen und technischen Daten sowie die Umweltbedingungen zu berücksichtigen. Der Kommission ist eine Übersicht über die Programme im Rahmen der zu erstattenden Durchführungsberichte mitzuteilen (Art. 5 und Anhang V der Richtlinie 91/676/EWG, [Anm. 70]).

463 Art. 11 der *Wasserrahmenrichtlinie* (Anm. 123).

464 Überwachungsprogramme sind insbesondere im Wasserrecht zu finden. Zur Beurteilung der Wirksamkeit der Aktionsprogramme nach der *Nitratrichtlinie* (a.a.O.) sorgen die Mitgliedstaaten für das Aufstellen von „Überwachungsprogrammen". Gegenstand solcher Überwachungsprogramme sind v.a. Monitoringpflichten (siehe auch EuGH, Urteil vom 8.3.2001, Rs. C-266/00, *Kommission/Luxemburg*, Rn. 35 – noch nicht in der Slg. veröffentlicht). Zur Erfüllung ihrer Überwachungspflichten aus der neuen *Trinkwasserrichtlinie* haben die Mitgliedstaaten „Überwachungsprogramme" einzurichten, die bestimmten, in einem Anhang näher festgelegten Mindestanforderungen entsprechen (Art. 7 Abs. 2 i.V.m. Anhang II der *Richtlinie* 98/83/EG, [Anm. 140]). Auch die *Wasserrahmenrichtlinie* spricht von „Programmen zur Überwachung" des Gewässerzustandes (Art. 8 und Anhang V der Richtlinie 2000/60/EG, a.a.O.).

465 Art. 18 Abs. 2 *lit.* a der *Seveso-II-Richtlinie* (Anm. 141).

466 In den *Folgerichtlinien* der *Gewässerschutzrichtlinie* sind „Sonderprogramme" für einzelne Stoffe vorgesehen (siehe z.B. Art. 4 Abs. 1 der Richtlinie 84/156/EWG; Art. 5 Abs. 1 der Richtlinie 86/280/EWG, [Anm. 288]).

467 Im Rahmen der *Waldbrandschutzverordnung* haben die Mitgliedstaaten der Kommission jedes Jahr ihre „Projekte und Programme" zur Verbesserung des Waldbrandschutzes mitzuteilen. Diese Projekte und Programme müssen sich in die von der Kommission befürworteten Pläne einfügen, sie dienen also der Durchführung der besagten Pläne (Art. 4 der Verordnung EWG Nr. 2158/92, [Anm. 122]).

468 Vgl. Art. 9 der *Titandioxidrichtlinie* 78/176/EWG (Anm. 385); Art. 6 der *Richtlinie* 91/157/EWG vom 18.3.1991 *über gefährliche Stoffe enthaltende Batterien und Akkumulatoren* (Abl. Nr. L 78 vom 26.3.1991, geändert). Siehe

dung zu erstellenden *nationalen Programme* sind ein Musterbeispiel für das Zusammenspiel der völkerrechtlichen, gemeinschaftsrechtlichen und staatlichen Regelungsebenen.[469] Nach der 1999 erfolgten Änderung der Entscheidung sind nunmehr die in den Programmen zu behandelnden Fragen sehr detailliert geregelt. Sie richten sich nach den Anforderungen der *Klimarahmenkonvention* und des *Protokolls von Kyoto*. Die Programme sind der Kommission zu übermitteln. Sie werden nach einer von der Kommission im Regelungsausschußverfahren festgelegten Methode im Hinblick darauf bewertet, ob die Fortschritte in der Gemeinschaft insgesamt zur Erfüllung der auf völkerrechtlicher Ebene gesetzten Ziele ausreichen.

b) Vergleichende Beurteilung

Gemeinsam ist den verschiedenen Planungspflichten, daß die Kommission vielfach eine *Bewertung*,[470] *Prüfung*,[471] *vergleichende Beurteilung*,[472] *Gegenüberstellung*[473] oder einen *wertenden Vergleich*[474] der

---

auch Art. 7 der *Gewässerschutzrichtlinie* (Anm. 339).

[469] Entscheidung 93/389/EWG (Anm. 367). Ziel der Programme ist die Begrenzung der anthropogenen Treibhausgase, insbesondere der CO_2-Emissionen. Sie dienen der Erfüllung der sich aus der *Klimarahmenkonvention* ergebenden Verpflichtungen der Gemeinschaft.

[470] Siehe die Programmerstellungspflicht nach der *Treibhausgasbeobachtungsentscheidung* (dazu soeben) sowie nach der *Abwasserrichtlinie* (Art. 17, dazu oben, Anm. 461).

[471] Art. 3 der *Trinkwassergewinnungsrichtlinie* (dazu oben, Anm. 456); Art. 4 der *Badegewässerrichtlinie* (dazu Anm. 454); Art. 6 Abs. 5 *lit.* b der *VOC-Richtlinie Lösungsmittel* (Anm. 84).

[472] Die „vergleichende Beurteilung" der Pläne für die Bewirtschaftung gefährlicher Abfälle dient auch der Information der anderen Mitgliedstaaten. Sie ist den zuständigen Behörden der Mitgliedstaaten auf Anfrage zur Verfügung zu stellen (Art. 6 Abs. 2 der Richtlinie 91/689/EWG, Anm. 433). Nach der *Großfeuerungsanlagenrichtlinie* 88/609/EWG (Anm. 69) sind die von den Mitgliedstaaten aufzustellenden Emissionsverringerungsprogramme zum Zwecke einer Harmonisierung auf Gemeinschaftsebene von der Kommission zusammen mit den Mitgliedstaaten zu vergleichen (Art. 16 Abs. 3 UAbs. 1).

[473] Die nach der *Gewässerschutzrichtlinie* aufzustellenden Programme und die Ergebnisse ihrer Durchführung werden der Kommission in zusammenfassenden Übersichten mitgeteilt. Die Kommission nimmt dann mit den Mitgliedstaaten regelmäßig eine „Gegenüberstellung" dieser Programme im Hinblick

Pläne und Programme vorzunehmen hat. Das nach der *Waldbrandschutzverordnung* zu erstellende Verzeichnis ist gar einem Genehmigungsverfahren zu unterziehen.[475] Für die *VOC-Richtlinie Lösungsmittel* hat die Kommission mit dem Beschluß Nr. 2000/541/EG im Sinne einer besseren Nachvollziehbarkeit und Nachprüfbarkeit eigens Kriterien für die Bewertung aufgestellt.[476] Das Beurteilungsverfahren kann Ausgangspunkt sowohl für ein Vertragsverletzungsverfahren als auch für eine Überprüfung des Gemeinschaftsrechts im Rahmen der legislativen Eigenkontrolle sein.[477] Zum Teil wird den Mitgliedstaaten auch die Gelegenheit zu *Nachbesserungen* gegeben.[478] Dienen die Programme und deren Beurteilung seitens der Kommission der Vollzugskontrolle, müssen sie nach der Rechtsprechung des Gerichtshofes der Kommission in einer Form mitgeteilt werden, die ihr deren „mühelose Prüfung" im Hinblick auf einen Vergleich und auf ihre harmonisierte Durchführung in allen Mitgliedstaaten ermöglicht.[479]

---

auf eine ausreichende Harmonisierung der Durchführung vor (Art. 7 der Richtlinie 76/464/EWG, Anm. 339). Zu diesen Programmen ist in den letzten Jahren eine umfangreiche Rechtsprechung ergangen. Bislang haben Deutschland, Italien, Spanien, Griechenland und Belgien entsprechende Vertragsverletzungsurteile kassiert.

[474] Nach der *Titandioxidrichtlinie* 78/176/EWG (Anm. 385) hatte die Kommission dem Rat nach einem „wertenden Vergleich" der nationalen Programme geeignete Vorschläge für deren Harmonisierung zu unterbreiten(Art. 9 Abs. 3), was schließlich zum Erlaß der Richtlinie 89/428/EWG mit der Festlegung EG-einheitlicher Zielvorgaben führte (*Richtlinie* 89/428/EWG vom 21.6.1989 *über die Modalitäten zur Vereinheitlichung der Programme zur Verringerung und späteren Unterbindung der Verschmutzung durch Abfälle der Titandioxid-Industrie*, Abl. Nr. L 201 vom 14.7.1989, 56; ersetzt durch die gleichnamige Richtlinie 92/112/EWG vom 15.12.1992, Abl. Nr. L 409 vom 31.12.1992, 11).

[475] Siehe Anm. 432.

[476] *Beschluß* Nr.2000/541/EG der Kommission vom 6.9.2000 *über Kriterien für die Bewertung der einzelstaatlichen Pläne gemäß Art. 6 der Richtlinie 1999/13/EG des Rates* (Abl. Nr.L 230 vom 12.9.2000, 16).

[477] Im letzteren Sinne insbesondere das Verfahren nach der *Titandioxidrichtlinie* (a.a.O.). Zur legislativen Eigenkontrolle unten, Kap.5 B.

[478] So Art. 6 Abs. 5 *lit.* b der *VOC-Richtlinie Lösungsmittel* (Anm. 84).

[479] Urteil vom 21.1.1999 „Gewässerschutzrichtlinie" (*Belgien*) (Anm. 446), 304 (Rn. 1).

c) Quantifizierung und zeitliche Fixierung

Die Pflicht zum Aufstellen von Programmen und Plänen wird von den Mitgliedstaaten häufig nicht zur Zufriedenheit der Kommission erfüllt.[480] Der Hauptgrund wird neben dem hohen Verfahrensaufwand[481] in der nicht ausreichend detaillierten Festlegung von Inhalt und Ziel dieser Maßnahmen in den Rechtsakten der Gemeinschaft gesehen.[482] Auf der anderen Seite ist gerade eine gewisse inhaltliche Unbestimmtheit *Hauptmerkmal* von Planungs- und Programmerstellungspflichten, mittels derer den Mitgliedstaaten ein gestalterischer Spielraum gelassen und zukünftige Entwicklungen sowie regionale Bedingungen flexibel einbezogen werden sollen.

Das Erstellen von Plänen und Programmen dient der Quantifizierung von gemeinschaftsrechtlichen Zielen durch konkrete mitgliedstaatliche Maßnahmen und deren zeitlicher Fixierung. Daher sind die Mitgliedstaaten verpflichtet, entsprechend detaillierte Programme und Pläne aufzustellen (und der Kommission mitzuteilen), welche einen genauen *Zeitplan* und einen Katalog mit *quantifizierten, konkreten Maßnahmen* enthalten.[483] Quantitative und zeitliche Angaben sind nach der Recht-

---

[480] *Krämer*, Arbeit und Konzeption der EG-Kommission in der Umweltpolitik, in: *Calliess/Wegener* (Anm. 66), 33 (41) sowie *Reinhardt*, Wasserrechtliche Richtlinientransformation zwischen Gewässerschutzrichtlinie und Wasserrahmenrichtlinie, DVBl. 2001, 145 (150). Siehe u.a. die Urteile des EuGH vom 21.1.1999 „Gewässerschutzrichtlinie" (*Belgien*) (Anm. 446), a.a.O., und vom 10.5.1995, Rs. C-422/92 (*Kommission/Bundesrepublik Deutschland*) „Abfallbeseitigungspläne", EuZW 1995, 614 ff.

[481] So *Reinhardt*, *ibid.*

[482] *Krämer* (Anm. 480), a.a.O. In diesem Sinne auch das Urteil des EuGH vom 21.1.1999 „Gewässerschutzrichtlinie" (*Belgien*), a.a.O., 304 (Rn. 39 ff.). *Reinhardt* nennt dagegen die zu hohe Regelungsdichte (Anm. 480, a.a.O.). Genauer umschrieben sind die von den Mitgliedstaaten zu beachtenden Punkte in den neueren Rechtsakten, so z.B. Art. 6 der *VOC-Richtlinie Lösungsmittel* (Anm. 84) und Anhang V der *Wasserrahmenrichtlinie*, welcher seitenweise Vorgaben für die zu berücksichtigenden Komponenten und deren Bewertung enthält (Richtlinie 2000/60/EG, Anm. 123).

[483] EuGH, Urteil vom 5.10.1994, Rs. C-255/93 (*Kommission/Frankreich*) „Verpackungen für flüssige Lebensmittel", Slg. 1994, S. I-4949 (4968, Rn. 24 ff.) zu Art.3 der inzwischen aufgehobenen *Richtlinie* 85/339/EWG *über Verpackungen für flüssige Lebensmittel* (Abl. Nr. L 176 vom 6.7.1985, 18). Art. 3 der Richtlinie sah die Aufstellung von Programmen zur Verringerung der besagten Verpackungen vor. Sie waren der Kommission mitzuteilen und aller vier Jahre zu überprüfen. Die Richtlinie selbst enthielt keine quantifizierten Zielvorgaben.

sprechung des EuGH für die Beurteilung der Zweckmäßigkeit der mitgliedstaatlichen Maßnahmen unerläßlich.[484] Zum Teil sind diese Vorgaben auch explizit in den Rechtsakten enthalten.[485] Rechtlich verbindliche Maßnahmen sind nicht in jedem Fall erforderlich, freiwillige Vereinbarungen können genügen.[486] Der Beschluß von lediglich ein oder zwei Einzelmaßnahmen genügt nach der Rechtsprechung des EuGH einer Programmerstellungs- oder Planungspflicht ebensowenig[487] wie ein „Komplex punktueller Maßnahmen".[488] Erforderlich ist ein *koordi-*

Ähnlich die Urteile des EuGH vom 21.1.1999 „Gewässerschutzrichtlinie" (*Belgien*) (Anm. 446), 304 (Rn. 39 ff.) und vom 11.6.1998 „Gewässerschutzrichtlinie" (*Griechenland*) (Anm. 446), 3361 ff. (Rn. 31 ff.) zu den nach Art. 7 der *Gewässerschutzrichtlinie* zu erstellenden „spezifischen" Programmen: Auf der Grundlage einer Untersuchung der betroffenen Gewässer sind konkrete stoffbezogene Qualitätsziele festzulegen. Hier ergibt sich die Pflicht zur Festlegung von Qualitätszielen allerdings schon aus der Richtlinie (Art. 7 Abs. 3).

[484] EuGH „Verpackungen für flüssige Lebensmittel", a.a.O., S. I-4968 f. (Rn. 25). Davon ist auch die Kommission in ihrer *Entscheidung* vom 22.12.1998 *zur Bestätigung der von Österreich gemäß Art. 6 Abs. 6 der Richtlinie 94/62/EG des Europäischen Parlaments und des Rates über Verpackungen und Verpackungsabfälle notifizierten Maßnahmen* (Abl. Nr. L 14 vom 19.1.1999, 24) ausgegangen. Im Hinblick auf eine fehlende Quantifizierung bestimmter Werte mußte Österreich bestimmte Zahlenangaben nachreichen, was das ganze Bestätigungsverfahren um mehrere Monate hinauszögerte (siehe unter I.2. der Entscheidung).

[485] Die von den Mitgliedstaaten nach der *Großfeuerungsanlagenrichtlinie* 88/609/EWG (Anm. 69) zu erstellenden Emissionsverringerungsprogramme müssen Terminpläne und die Einzelheiten der Durchführung enthalten (Art. 3 Abs. 1). Nach Art. 4 Abs. 2 der *Trinkwassergewinnungsrichtlinie* (Anm. 456) hatten die Mitgliedstaaten einen „systematischen Plan mit Zeitplan für die Sanierung von Oberflächenwasser" zu erstellen (dazu EuGH, Urteil vom 17.10.1991, Rs. C-58/89, *Kommission/Deutschland*, „Trinkwassergewinnungsrichtlinie", Slg. 1991, S. I-4983 [5025 ff., Rn. 22ff.]).

[486] EuGH „Verpackungen für flüssige Lebensmittel" (Anm. 483), 4967 f. (Rn. 22 f.).

[487] Vgl. EuGH, a.a.O., 4968 (Rn. 25) i.V.m. 4966 (Rn. 16 f.) zur Unterscheidung von „Maßnahmen" und „Programmen".

[488] EuGH, Urteil vom 25.2.2000 (*Griechenland*) (Anm. 446), Rn. 40; Urteil vom 11.11.1999, Rs. C-184/97 (*Kommission/Deutschland*) „Gewässerschutzrichtlinie", EuZW 2000, 52 (55, Rn. 56); Urteil vom 21.1.1999 „Gewässerschutzrichtlinie" (*Belgien*) (Anm. 446), 304 (Rn. 40); siehe auch Urteil vom 8.3.2001, Rs. C-266/99 (*Kommission/Frankreich*) „Trinkwassergewinnungsrichtlinie", Rn. 30 (noch nicht in der Slg. veröffentlicht).

nierter Kontext oder mit anderen Worten ein *kohärentes Gesamtkonzept*, d.h. ein organisiertes und gegliedertes System.[489] Dies ist nach einer juristischen Großoffensive der Kommission zu den nach der *Gewässerschutzrichtlinie* zu erstellenden Programmen inzwischen ständige Rechtsprechung. Entsprechen die der Kommission mitgeteilten Programme nicht diesen Anforderung, dann werden die Mitgliedstaaten wegen einer Verletzung der Programmerstellungspflicht selbst verurteilt, nicht wegen der unterbliebenen Mitteilung vorschriftsmäßiger Programme.[490]

3. Benennungspflichten

In fast allen Richtlinien werden die Mitgliedstaaten verpflichtet, die für die Durchführung der Richtlinie zuständigen mitgliedstaatlichen Behörden zu benennen.[490a] Hier handelt es sich nicht um eine Informationsbeschaffungspflicht i.e.S., sondern vielmehr um eine Pflicht zur staatlichen Willensbildung. Benennungspflichten dienen der Errichtung eines *Behördennetzwerkes*. Neben der Erleichterung vertikaler Informationspflichten vereinfachen und beschleunigen sie den *horizontalen* Informationsaustausch.[491] Letzteres wird besonders deutlich bei der *Seveso-II-Richtlinie*.[492] Regelmäßig schließt sich eine Pflicht zur Unter-

---

[489] EuGH, Urteil vom 8.3.2001 „Trinkwassergewinnungsrichtlinie", a.a.O., Rn.29; Urteil vom 25.5.2000 (*Griechenland*), a.a.O. sowie Urteil vom 25.11.1998, Rs. C-214/96 (*Kommission/Spanien*) „Gewässerschutzrichtlinie", Slg. 1998, S. I-7661(7681 f., Rn. 27 ff.), wiederum in Bezug auf die Programme des Art. 7 der *Gewässerschutzrichtlinie*. Siehe auch Urteil vom 11.11.1999 „Gewässerschutzrichtlinie" (*Deutschland*), a.a.O.

[490] EuGH, „Verpackungen für flüssige Lebensmittel" (Anm. 483), 4970 (Rn. 29). Vgl. auch das Urteil des EuGH vom 1.10.1998 „Gewässerschutzrichtlinie" (*Italien*) (Anm. 448), a.a.O.

[490a] Zur „Benennungspflicht" siehe auch EuGH, Urteil vom 13.9.2001, Rs. C-417/99 (*Kommission/Spanien*), NVwZ 2001, 1390 (1391).

[491] Zur Funktion von Netzwerken siehe oben, Teil 1 Kap.2 D.II. sowie B.II. Siehe auch die *Entschließung über die der Zusammenarbeit der Verwaltungen* (Anm. 426, näher dazu oben, Teil 1 Kap. 1 B.VI.) sowie den Bericht der Kommission vom 29.1.1996, *Verwaltungszusammenarbeit bei der Anwendung des Gemeinschaftsrechts im Rahmen des Binnenmarkts – Bericht über den Stand der Arbeiten*, KOM (96) 20 endg., 6 (Nr. 12). Hierzu oben, Teil 1Kap. 1 B.VIII.

[492] Danach müssen die Mitgliedstaaten der Kommission die Stellen benennen, welche „gegebenenfalls Informationen über schwere Unfälle besitzen und

richtung der Kommission über die getroffene Entscheidung an.[492a] Meist sind die nationalen Behörden zu benennen, die für die Durchführung des Rechtsaktes zuständig sind.[493] Sie dienen als Ansprechstelle für die Kommission und andere Mitgliedstaaten. Teilweise sind speziell für den Informationsaustausch sogenannte *Kontaktstellen*,[494] *Anlaufstellen* und *themenspezifische Ansprechstellen*,[495] *nationale Koordinatoren*,[496]

---

die zuständigen Behörden der übrigen Mitgliedstaaten bei der Bekämpfung solcher Unfälle beraten können" (Art. 15 Abs. 3 der Richtlinie, Anm. 141). Informationen über diese Stellen werden in das für Mitgliedstaaten, bestimmte Interessengruppen, Internationale Organisationen und Forschungseinrichtungen zugängliche *Registrier- und Informationssystem* eingestellt (Art. 19 Abs. 2 *lit.* d. und Abs. 3). Ähnlich bereits in Art. 11 Abs. 2 der inzwischen aufgehobenen ersten *Seveso-Richtlinie* (Anm. 129).

[492a] In diesem Sinne unterscheidet auch der EuGH in einem jüngeren Urteil zwischen der „Benennungspflicht" und der sich anschließenden „Informationspflicht" (Anm. 490a).

[493] Als Beispiel sei nur auf Art. 4 der *VOC-Richtlinie Lösungsmittel* (Anm. 84); Art. 3 i.V.m. Art. 11 Nr. 1 der *Luftqualitätsrichtlinie* (Anm. 371), siehe hierzu das Urteil des EuGH vom 13.9.2001 (Anm. 490a); Art. 16 der *Seveso-II-Richtlinie* (Anm. 141); Art. 7 der *Waldbrandschutzverordnung* (Anm. 122); Art. 3 der *Informationsquellenentscheidung* (Anm. 90) und Art. 11 Abs. 1 der *Gentechnikrichtlinie* 90/219/EWG (Anm. 129) verwiesen.

[494] Die Euratom-Entscheidung 87/600 (Anm. 136) verpflichtet die Mitgliedstaaten, der Kommission die zuständigen innerstaatlichen Behörden und „Kontaktstellen" für die Entgegennahme und Weiterleitung der entsprechenden Informationen zu nennen. Die Kontaktstellen und die zuständige Dienststelle der Kommission müssen jederzeit erreichbar sein (Art. 5 Abs. 4). Die „Kontaktstellen" der *Unterrichtungsentscheidung Warenverkehr* (Anm. 194) dienen nicht nur dem inneradministrativen Informationsaustausch, sondern auch als Anlaufstelle für Unternehmen und Verbraucher (Art. 7 UAbs. 2 i.V.m. der 11. Begründungserwägung). Die nach Art. 7 UAbs. 1 mitzuteilenden nationalen „Behörden" dienen speziell dem administrativen Informationsaustausch.

[495] „Innerstaatliche Anlaufstellen" und „themenspezifische Ansprechstellen" sind in der *EUA-Gründungsverordnung* (Anm. 61) der Europäischen Umweltagentur im Hinblick auf das EIONET vorgesehen. Letztere werden vom Verwaltungsrat der Agentur gemäß der vom Mitgliedstaat getätigten Auswahl benannt (zum ganzen näher unten, C.III.1. sowie Teil 4 Kap. 2 B.I.). Ebenso sieht die *Abfallverbringungsverordnung* die Benennung nationaler „Anlaufstellen" vor. Sie sind der Kommission unter Angabe der genauen Adresse, Telefonnummer und Faxnummer zu nennen (Art. 37 und 38 der Verordnung EWG Nr. 259/93, Anm. 142). Sie dienen vornehmlich als Ansprechstelle für Unternehmen.

Zentralorgane[497] oder schlicht Behörden[498] zu benennen. Solche Benennungspflichten dienen der Transparenz der mitgliedstaatlichen Verwaltungsstrukturen. Zum Teil wird eine Liste der benannten Behörden im Amtsblatt veröffentlicht.[499] In diesem Fall sollen die nationalen Behörden auch den Unternehmen und ggf. sogar einer breiteren Öffentlichkeit als Ansprechpartner zur Verfügung stehen. Durch die Schaffung eines „Behördennetzwerkes" führen Benennungspflichten zu einer Verbesserung der horizontalen und vertikalen Verwaltungskooperation. Ihnen wird vom Rat und der Kommission eine hohe Bedeutung beigemessen.[500]

C. *Informationsweitergabe durch die Kommission an die Mitgliedstaaten*

Die Weitergabe von Informationen durch die Kommission an andere Verwaltungsträger dient der Herstellung *administrativer Transparenz*. Zum einen erhöht die Kenntnis der Mitgliedstaaten sowie der Gemeinschaftsorgane von Vorgängen in einem der Mitgliedstaaten den politischen Druck zur korrekten Durchführung des Gemeinschaftsrechts und dient der Vertrauensbildung.[501] In anderen Fällen tritt die Kon-

---

[496] Die alte *Luftmeßnetzentscheidung* 82/459/EWG sah vor, daß die Mitgliedstaaten einen „nationalen Koordinator" benennen, der mit der Auswahl der Meßstationen, der Erfassung und Übermittlung von Informationen sowie der Verbindung zur Kommission in allen einschlägigen Fragen beauftragt wird (Art. 3 der Entscheidung 82/459/EWG, Anm. 380). Die Bezeichnung der neuen *Luftmeßnetzentscheidung* 97/101/EG (Anm. 381) beschränkt sich auf einfache „Stellen" (Art. 6), was aber an ihrer Funktion als nationaler Koordinator für die Durchführung nichts ändert.

[497] Die *Oberflächensüßwasserentscheidung* sieht vor, daß die Mitgliedstaaten Zentralorgane benennen, über welche der Kommission die einschlägigen Informationen zugeleitet werden. Von der Benennung ist die Kommission zu unterrichten (Art. 3 Abs. 1 und 2 der Entscheidung 77/795/EWG, Anm. 239).

[498] Art. 16 Abs. 4 der *IVU-Richtlinie* (Anm. 69).

[499] Siehe nur die Liste der zuständigen Behörden für die Durchführung der *Abfallverbringungsverordnung*, Abl. Nr. C 126 vom 6.5.1999, 1.

[500] Näher dazu oben, Teil 1 Kap. 1 B., insbesondere die unter II., VI. und VIII. abgehandelten Mitteilungen. Die Bedeutung der Benennung von Kontaktstellen für den vertikalen und horizontalen Informationsaustausch unterstreicht auch *Hatje* (Anm. 2), 433.

[501] Siehe oben, Teil 1 Kap. 2 F.II.2. sowie C.III. und D.II. Zur Vollzugskon-

trollfunktion zurück und die Kommission fungiert als *Dienstleistungsstelle* für die Mitgliedstaaten.[502] Hier handelt es sich vornehmlich um die Weitergabe wissenschaftlicher und technischer Kenntnisse, praktischer Erfahrungen mit der Durchführung des Gemeinschaftsrechts und die Weiterleitung von Informationen im Rahmen von administrativen Streitbeilegungsverfahren.[503]

Häufig ist die Kommission auch gegenüber anderen Gemeinschaftsorganen, insbesondere dem Rat zur Vorlage von Informationen verpflichtet. Solche Berichtspflichten sind meist im Rahmen der – hier als *legislative Eigenkontrolle* bezeichneten – Überprüfung gemeinschaftsrechtlicher Vorschriften und der Vorbereitung neuer Rechtsnormen vorgesehen.[504] Die Kommission informiert dabei *indirekt* auch die Mitgliedstaaten. Art. 208 Alt. 1 EGV (ex Art. 152) ist Ausdruck dieser interorganschaftlichen Informationspflicht der Kommission.[505] Direkte Informationszugangsrechte der Mitgliedstaaten sich häufiger auf Einzelvorgänge bezogen als die indirekten. Bei letzteren überwiegen die Berichtspflichten.

---

trolle unten, Kap. 5 A.

[502] Vgl. *Gleckmann*, Proposed Requirements for Transnational Corporations to Disclose Information on Product and Process Hazards, Risk Information Symposium, Boston University International Law Journal 1989, 89 ff. *Gleckmann* stellt fest, daß im Vergleich zu den US-amerikanischen und den völkerrechtlichen Regelungen in der Gemeinschaft die nationalen Behörden und die Kommission bei der Weitergabe von unternehmensbezogenen Informationen eine viel größere Rolle spielen. Während in den USA und nach dem einschlägigen *soft law* des Völkerrechts den Unternahmen direkte transnationale Offenlegungspflichten auferlegt werden, läuft im Gemeinschaftsrecht des Informationsverfahren meist von dem jeweils betroffenen Unternehmen über den zugehörigen Mitgliedstaat, dann an die Kommission und über diese weiter an die anderen Mitgliedstaaten.

[503] Dazu näher unten, Kap.4 E.

[504] Siehe u.a. die umfangreichen Berichtspflichten der Kommission in Art. 4 der *Richtlinie* 98/69/EG vom 13.10.1998 *über Maßnahmen gegen die Verunreinigung der Luft durch Emissionen von Kraftfahrzeugen und zur Änderung der Richtlinie 70/220/EWG des Rates* (Abl. Nr. L 350 vom 28.12.1998, 1), der *Emissions-Richtlinie* 2001/81/EG (Anm. 371), Art. 9 und nach Art. 11 der *Unterrichtungsentscheidung Warenverkehr* (Anm. 194). Zur legislativen Eigenkontrolle unten, Kap. 5 B. mit weiteren Beispielen.

[505] Näher zu Art. 208 EGV unter Teil 3 Kap. 3 B II.2. sowie Teil 4 Kap. 2. C.II.

I. Zusammenfassung von Staatenberichten und Einzelangaben

Auch die Kommission unterliegt umfangreichen Berichtspflichten. Sie basieren weitgehend auf vorgelagerten Berichtspflichten der Mitgliedstaaten. Die Kommission hat dann die Aufgabe, diese Berichte auszuwerten und für die Gemeinschaftsorgane und die Mitgliedstaaten zusammenzufassen. Zum Teil sind solche Pflichten mit einer *Veröffentlichungspflicht* gekoppelt. Zweck der Veröffentlichung ist eine über die administrative Transparenz hinausgehende Einbeziehung der Öffentlichkeit. Manchmal hat die Kommission den Mitgliedstaaten jeweils im vorhinein den Teil des zusammenfassenden Berichtes zu übermitteln, der die von dem jeweiligen Mitgliedstaat übermittelten Informationen betrifft. Dies geschieht zum Zweck der Überprüfung der sachlich richtigen Wiedergabe mitgliedstaatlicher Informationen vor der Weitergabe der endgültigen Fassung an alle Mitgliedstaaten.[506] Ähnliche Pflichten sind bei Informationen vorgesehen, die in Form von Datenbanken „veröffentlicht" werden sollen.[507]

1. Zusammenfassende Durchführungsberichte

Häufig müssen die Mitgliedstaaten Durchführungsberichte erstellen. Durch die *Berichtsrichtlinie* 91/692/EWG sind zahlreiche Richtlinien der Gemeinschaften im Umweltschutzbereich mit einer einheitlichen Pflicht zum Erstellen nationaler sektoraler Durchführungsberichte aus-

---

[506] So hat die Kommission die nach der *Oberflächensüßwasserentscheidung* zu erstellenden mitgliedstaatlichen Berichte und sonstige Angaben in einem Berichtsentwurf alle drei Jahre zusammenzufassen (Art. 3 Abs. 5 der Entscheidung 77/795/EWG, Anm. 239). Der Berichtsentwurf wird zur Überprüfung und Korrektur den nationalen Zentralorganen übermittelt, anschließend veröffentlicht und den Mitgliedstaaten zugesandt. Siehe auch Art. 12 Abs. 2 der *Vogelschutzrichtlinie* (Anm. 126). Die Kommission scheint zudem auch ohne eine entsprechende ausdrückliche Verpflichtung den Mitgliedstaaten ihre Zusammenstellungen zur Zustimmung vorzulegen. Das legt für den Bereich des Luft- und Wasserschutzes die Antwort von Frau *Bjerregaard* vom 28.4.1995 zur schriftlichen Anfrage E-271/95 von *Noël Mamère* (Abl. Nr. C 209 vom 14.8.1995, 3) nahe.

[507] So sieht die neue *Luftmeßnetzentscheidung* 97/101/EG (Anm. 381) vor, daß die von der Kommission in eine gemeinschaftseigene Datenbank aufgenommenen Informationen von den Mitgliedstaaten korrigiert, geändert und/oder ergänzt werden können (Art. 4 Abs. 3 und 5).

gestattet worden.[508] Ebenso einheitlich ist die Verpflichtung der Kommission, innerhalb von neun Monaten nach Erhalt der sektoralen Durchführungsberichte einen Gemeinschaftsbericht über die Durchführung der jeweiligen Richtlinie zusammenzustellen und zu veröffentlichen. Aber auch außerhalb des Anwendungsbereichs der *Berichtsrichtlinie* hat die Kommission häufig zusammenfassende Durchführungsberichte zu erstellen.[509] Leider krankt diese Berichtspflicht der Kommission in der Praxis an ihrer *Abhängigkeit* von der vorangehenden Berichterstattung durch die Mitgliedstaaten. Da diese häufig nicht oder nur mangelhaft erfolgt, konnte die Kommission bislang auch keine regelmäßigen zusammenfassenden Gemeinschaftsberichte erstellen.[510]

2. Umweltzustandsberichte

Berichte der Kommission über den Zustand der Umwelt in der Gemeinschaft basieren ebenfalls überwiegend auf Angaben der Mitgliedstaaten. Ihnen sind zu diesem Zweck *Umweltmonitoringpflichten* mit anschließenden Berichts- und Unterrichtungspflichten auferlegt.[511] Solche Berichte sind von der Kommission meist zusammen zu fassen. Bei einer entsprechenden Durchführungskompetenz kann sie die Modalitäten der Berichtspflichten – häufig unter Beteiligung eines Regelungs-

---

[508] Näher dazu oben, Kap.2 A.III. und unten Kap. 5 A.II.1.

[509] Die Kommission hat z.B. fünf Jahre nach Inkrafttreten der neuen *Luftmeßnetzentscheidung* 97/101/EG (Anm. 381) einen Bericht über die Durchführung der Entscheidung zu erstellen. Über die Durchführung der *Kohäsionsfondsverordnung* ist von der Kommission an das Europäische Parlament, den Rat und den Wirtschafts- und Sozialrat zu berichten (Art.14 der Verordnung EG Nr.1164/94, Anm. 306). Informationen dafür erhält sie über Unterrichtungspflichten der Mitgliedstaaten hinsichtlich der nationalen Kontrollmaßnahmen sowie über einzelne Prüfberichte. Auf der Grundlage der nach der *Nitratrichtlinie* von den Mitgliedstaaten zu erstellenden umfassenden Durchführungsberichte hat die Kommission einen zusammenfassenden Bericht zu veröffentlichen und ihn dem Europäischen Parlament und dem Rat zu übermitteln (Art.11 der Richtlinie 91/676/EWG, Anm. 70).

[510] *Krämer*, Defizite im Vollzug des EG-Umweltrechts und ihre Ursachen, in: *Lübbe-Wolff*, Der Vollzug des europäischen Umweltrechts, 1996, 7 (24 f.) sowie *Sach*, Kontrolle der Durchführung und der Beachtung von Gemeinschaftsrecht, in: EUDUR, Bd. 1 1998, § 44, Rn. 54 f.

[511] Kap. 2 B.II. zum Umweltmonitoring.

ausschusses – festlegen.[512] Seit 1977 hat die Kommission mehr oder weniger regelmäßig einen umfassenden Bericht über den Umweltzustand veröffentlicht.[513]

Inzwischen ist die *Europäischen Umweltagentur* mit der Aufgabe der Erfassung, Zusammenstellung, Bewertung und der Verbreitung von Informationen über den Umweltzustand betraut worden.[514] Sie hat aller fünf Jahre einen Bericht über den Zustand der Umwelt zu veröffentlichen sowie bei Bedarf Berichte über spezifische Schwerpunktthemen.[515] Auf welchen Informationsquellen diese Umweltzustandsberichte beruhen, wird aus der Verordnung nicht deutlich. Die rechtliche Analyse ergibt jedoch, daß der Umweltagentur keine eigenen hoheitlichen Meß- und Beobachtungsbefugnisse auf dem Staatsgebiet der Mitgliedstaaten zukommen.[516] Neben einer vertraglich mit den mitgliedstaatlichen Behörden zu vereinbarenden Informationskooperation[517] wird sie daher auch auf Umweltzustandsberichte der Mitgliedstaaten zurückgreifen müssen, welche sie durch eine Methodenüberprüfung und einen Datenabgleich mit anderen Quellen auf ihre Aussagekraft hin überprüfen kann. In der *Gründungsverordnung* wird betont, daß der Gemeinschaft und den Mitgliedstaaten durch die Agentur objektive, zuverlässige und vergleichbare Umweltinformationen zur Verfügung gestellt werden sollen.

---

[512] Die *IVU-Richtlinie* (Anm. 69) sieht z.B. die Veröffentlichung eines Verzeichnisses der wichtigsten Emissionen und ihrer Quellen anhand der von den Mitgliedstaaten übermittelten Informationen vor (Art. 15 Abs. 3). Die Kommission kann die Form und die charakteristischen Angaben für die Übermittlung der Informationen im Regelungsausschußverfahren festlegen. Sie kann in diesem Verfahren gleichzeitig Maßnahmen vorschlagen, die gewährleisten sollen, daß die Angaben mit den Angaben anderer Verzeichnisse und Informationsquellen vergleichbar sind. Siehe auch Art. 3 Abs. 5 der *Oberflächensüßwasserentscheidung* (Anm. 239).

[513] *Krämer*, Arbeit und Konzeption der EG-Kommission (Anm. 480), 42.

[514] Art. 2 Ziff. iii der *EUA-Gründungsverordnung* (Anm. 61).

[515] Art. 2 Ziff. vi der *EUA-Gründungsverordnung* i.d.F. der Verordnung Nr. 933/1999, a.a.O.

[516] Näher zum ganzen unten, Teil 4 Kap. 2 B.II.

[517] Dazu Teil 4 Kap. 2 B.II.3.

3. Erfahrungsberichte

Zum Teil hat die Kommission – im Vergleich zu den Durchführungsberichten *formlosere* – Erfahrungsberichte über die Anwendung des jeweiligen Rechtsaktes und dabei aufgetretene Probleme zu erstellen.[518] Sie basieren auf den Erfahrungen der Kommission mit der Umsetzung des Rechtsaktes und den der Kommission mitzuteilenden Erfahrungen der Mitgliedstaaten. Häufig sollen die Erfahrungsberichte Vorschläge der Kommission zur Verbesserung der Durchführung und der Änderung des betroffenen Rechtsaktes enthalten.[519] In diese Fall dienen sie

---

[518] Vorgesehen sind sie z.B. in Art. 8 der *Benzolrichtlinie* 2000/69/EG (Anm. 371); Art. 14 der *Abfallverbrennungsrichtlinie* (Richtlinie 2000/76/EG, Anm. 334); Art. 17 der *Altölrichtlinie* (Anm. 335) als Mitteilung der „technischen Erkenntnisse sowie der Erfahrungen und Ergebnisse" bei der Anwendung der nationalen Umsetzungsnormen durch die Mitgliedstaaten (ausdrücklich zusätzlich zur Erstellung von sogenannten Durchführungsberichten); der *Entschließung des Rates über den Informationsaustausch bei der Standortwahl von Kraftwerken* (Anm. 224) über die Ergebnisse dieses Informationsaustauschs; Art. 5 Abs. 4 und Art. 6 der *Treibhausgasbeobachtungsentscheidung* (Anm. 367) an das Europäische Parlament und den Rat über die Bewertung der mitgliedstaatlichen Programme; in der *Abwasserrichtlinie* hinsichtlich der Überprüfung der Vollzugsprogramme (Art. 17 Abs. 5 der Richtlinie 91/271/EWG, Anm. 118) sowie nach Art. 18 Abs. 2 und 3 der *Gentechnikrichtlinie* 90/219/EWG (Anm. 129) als Zusammenfassung der nationalen Erfahrungsberichte. Die *UVP-Richtlinie* sieht einen allgemeinen Erfahrungsaustausch zwischen den Mitgliedstaaten und der Kommission vor. Auf der Grundlage dieses Informationsaustauschs hatte die Kommission fünf Jahre nach Bekanntgabe der Richtlinie dem Europäischen Parlament und dem Rat Bericht über „Anwendung und Nutzeffekt" zu erstatten (Art. 11 Abs. 3 der Richtlinie 85/337/EWG, Anm. 150).

[519] Nach Art. 14 der *Richtlinie über die Verbrennung gefährlicher Abfälle* (Anm. 354) hat die Kommission z.B. dem Rat bis zum 31.12.2000 einen Bericht „unter Berücksichtigung der zu erwartenden technischen Entwicklungen, der Erfahrungen beim Betrieb der Anlagen (...) sowie unter Zugrundelegung der Erfahrungen bei der Anwendung dieser Richtlinie (...)" vorzulegen. Dieser ist mit Vorschlägen für die Überprüfung der Emissionsgrenzwerte und der damit zusammenhängenden Richtlinienbestimmungen zu verbinden. Nach Art. 11 der *Normeninformationsrichtlinie* (Anm. 77) erstattet die Kommission dem Europäischen Parlament, dem Rat und dem Wirtschafts- und Sozialausschuß alle zwei Jahre einen Bericht über die Ergebnisse der Anwendung der Richtlinie. Zudem ist dem mit derselben Richtlinie gegründeten, aus Vertretern der Mitgliedstaaten und der europäischen Normungsgremien bestehenden Normungsausschuß ein Bericht über die Anwendung des Informationsverfahrens vorzulegen. Gleichzeitig hat die Kommission dem Ausschuß Vorschläge zur Beseiti-

der legislativen Eigenkontrolle und sind an den Rat und das Europäische Parlament zu adressieren. Nicht selten münden sie dann in der Aufhebung eines Rechtsaktes und dem Erlaß eines neuen, überarbeiteten Regelungssystems.[520] Die Daten werden von der Kommission z.T. für die Mitgliedstaaten aufbereitet und diesen zur Verfügung gestellt, was inzwischen zunehmend durch die Errichtung von Datenbanken mit unmittelbarer Zugriffsmöglichkeit der nationalen Behörden geschieht, so z.B. im Rahmen des *Registrier- und Informationssystems* der *Seveso-II-Richtlinie.*[521] Erfahrungsberichte vermischen sich dann mit der Errichtung von Informationssystemen der Gemeinschaft, in denen die Kommission als „serviceorientierte" Informationssammelstelle fungiert. Sie überschneiden sich mit den Umweltzustandsberichten, wenn sie die Zusammenstellung von Umweltmonitoringergebnissen der Mit-

---

gung der bestehenden oder voraussichtlichen Handelshemmnisse zu unterbreiten (Art. 6 Abs. 2). Nach der *Abwasserrichtlinie* hat die Kommission einen vergleichenden Bericht über die von den Mitgliedstaaten aufgestellten Anforderungen an industrielle Direkteinleiter zu erstellen und „gegebenenfalls einen geeigneten Vorschlag" zu unterbreiten (Art. 13 der Richtlinie 91/271/EWG, Anm. 118).

[520] So war z.B. nach Art. 4 der *Entscheidung* 86/85/EWG vom 6.3.1986 *zur Errichtung eines gemeinschaftlichen Informationssystems zur Überwachung und Verringerung der Verschmutzung der Meere und der wichtigsten Binnengewässer durch Öl und andere gefährliche Stoffe* (Abl. Nr. L 77 vom 22.3.1986, 3) an den Rat und das Europäische Parlament ein Bericht über das Funktionieren des Systems zu erstatten. Die Entscheidung wurde 1988 erst geändert und im Dezember 2000 vollständig ersetzt durch die *Entscheidung* 2850/2000/EG vom 20.12.2000 *über einen gemeinschaftlichen Rahmen für die Zusammenarbeit im Bereich der unfallbedingten oder vorsätzlichen Meeresverschmutzung* (Abl. Nr. L 332 vom 28.12.2000, 1). Näher hierzu unten, III.1.

[521] Zum Zwecke der Unfallverhütung hat die Kommission nach der *Gentechnikrichtlinie* 90/219/EWG sowie nach der inzwischen aufgehobenen ersten *Seveso-Richtlinie* ein Verzeichnis der auf dem Hoheitsgebiet der Mitgliedstaaten eingetretenen schweren Unfälle mit einer Ursachenanalyse sowie einer Darlegung der gesammelten Erfahrungen und der getroffenen Maßnahmen zu erstellen (Art. 16 Abs. 2 S. 2 der Richtlinie 90/219/EWG; Art. 12 der Richtlinie 82/501/EWG; beide Anm. 129). Diese Verzeichnisse sind den Mitgliedstaaten zum Zwecke der Unfallverhütung zur Verfügung zu stellen. Das Verzeichnis nach der *Seveso-Richtlinie* ist inzwischen zu einem umfassenden *Registrier- und Informationssystem* ausgeweitet worden (Art. 19 der *Seveso-II-Richtlinie*, [Anm. 141]).

gliedstaaten umfassen und werden in diesen Fällen auch als *technischer Bericht* bezeichnet.[522]

II. Weitergabe von Einzelinformationen

Neben der Erstellung von Berichten ist die Kommission vielfach verpflichtet, die im Rahmen einer Mitteilungspflicht der Mitgliedstaaten erhaltenen Informationen weiterzuleiten. Adressaten sind hier vornehmlich die anderen Mitgliedstaaten, insbesondere diejenigen, welche von dem Verwaltungsvorgang unmittelbar betroffen sind. Die Informationsweitergabe kann automatisch oder auf Anfrage, d.h. *ad hoc* geschehen.

1. Automatisch – Insbesondere: Sternverfahren

Die automatische Weitergabe von Informationen knüpft entweder an einen *materiellen* Auslösungstatbestand oder *formell* an den Eingang der weiterzuleitenden Informationen an. Sie ist insbesondere bei abstrakten Gefahrenlagen, d.h. bei potentiell umweltschädlichen Aktivitäten vorgesehen, welche grenzüberschreitende Umweltbelastungen mit sich bringen können oder eine Auswirkung auf den Warenverkehr haben. Besonders ausführliche Regelungen finden sich hier im Rahmen von warenverkehrbezogenen administrativen Streitbeilegungsverfahren.[523] Die automatische Informationsweitergabe findet sich v.a. im

---

[522] So in der *Luftmeßnetzentscheidung* 97/101/EG (Anm. 381), Art. 4 Abs. 5 und Art. 5 Abs. 6.

[523] Nach Art. 3 Abs. 5 und Art. 4 Abs. 4 der *Schwefelgehaltsrichtlinie* 1999/32/EG (Anm. 397) werden z.B. die anderen Mitgliedstaaten durch die Kommission über jede Mitteilung eines Mitgliedstaates hinsichtlich der Inanspruchnahme einer Ausnahmevorschrift unterrichtet. Näher zum anschließenden Verfahren unten, Anm. 813 sowie allgemein zu den Streitbeilegungsverfahren Kap. 4 E. (mit weiteren Beispielen). Außerhalb des harmonisierten Gemeinschaftsrechts werden nationale technische Normen, die potentiell den Warenverkehr behindern, von der *Normeninformationsrichtlinie* erfaßt. Die Mitgliedstaaten müssen der Kommission derartige Normen mitteilen (siehe oben, Kap. 2 A.II.3.b.aa.). Die Kommission unterrichtet die anderen Mitgliedstaaten unverzüglich über den Entwurf einer solchen technischen Vorschrift (Art. 8 Abs. 1 UAbs. 5 der Richtlinie 98/34/EG, [Anm. 77]). Die Kommission und die Mitgliedstaaten können dann bei dem Mitgliedstaat, der den Entwurf einer technischen Vorschrift unterbreitet hat, Bemerkungen und Stellungnahmen vorbrin-

Rahmen von Anmelde- und Genehmigungsverfahren und ist häufig als *Sternverfahren* ausgestaltet.[524] Bei Sternverfahren werden Informationen, die die Kommission von einer dritten Stelle – einer Internationalen Organisation, einem Drittstaat oder auch einem Mitgliedstaat – erhält, gleichzeitig an alle (anderen) Mitgliedstaaten weitergeleitet.[525] Aber auch außerhalb von Genehmigungsverfahren existieren automatische, sternförmige Informationsweitergabepflichten, u.a. in Form von sternförmigen Warnungen[526] und im Zusammenhang mit dem Erstellen von Programmen.[527] Sternverfahren werden auch zum Zwecke der Herstellung einer *horizontalen Transparenz* eingesetzt.[528] Sie dienen dann u.a. einer Verbesserung der Vollzugsmoral.[529] Aufgabe der Kommission ist in diesem Zusammenhang zunehmend die Organisation der – im Kern horizontalen – Informationsverfahren im Sinne einer *Dienstleistungsstelle*, so insbesondere im Rahmen von dezentral vollzogenen Anmelde- und Genehmigungsverfahren. In diesem Rahmen kommen ihr dann

---

gen, welche letzterer soweit wie möglich zu berücksichtigen hat (Art. 8 Abs. 2).

[524] So sieht z.B. die *Gefahrstoffrichtlinie* vor, daß die Kommission den Mitgliedstaaten eine Kopie der erhaltenen Anmeldungsunterlagen sowie aller sonstigen Informationen, die sie aufgrund der Richtlinie gesammelt hat, übermittelt (Art. 18 Abs. 1 der Richtlinie 67/548/EWG, Anm. 125). Siehe auch die Regelungen der *Gentechnikrichtlinie* 90/220/EWG//2001/18/EG (dazu unten, E.II.) und der *CITES-Verordnung* (Anm. 329), Art. 6 Abs. 2 (dazu näher unten, Kap. 5 D.II.).

[525] Siehe auch oben Kap. 1 C.II.2.

[526] Die Entscheidung 87/600/Euratom (Anm. 136) sieht z.B. vor, daß die Kommission die im Falle eines radiologischen Notfalles erhaltenen Informationen umgehend den zuständigen Behörden aller anderen Mitgliedstaaten übermittelt (Art. 5 Abs. 1). Zudem hat sie alle ihr zugehenden Informationen über radiologische Notstandssituationen in Drittländern sternförmig weiterzuleiten.

[527] Die nach der *Treibhausgasbeobachtungsentscheidung* aufzustellenden nationalen Programme sind von der Kommission an die anderen Mitgliedstaaten weiterzuleiten. Ebenso die Bestandsaufnahmen, siehe Art. 3 Abs. 3 und Art. 5 Abs. 2 der Entscheidung 93/389/EWG (Anm. 367).

[528] Besonders deutlich in der *Schwefeldioxidrichtlinie*. Danach übermittelt die Kommission den Mitgliedstaaten jährlich die erhaltenen Informationen über Grenzwertüberschreitungen (Art. 7 der Richtlinie 80/779/EWG, [Anm. 123]). Nach der *Unterrichtungsentscheidung Warenverkehr* (Anm. 194) übermittelt sie allen anderen Mitgliedstaaten die mitgeteilten Warenverkehrsbeschränkungen (Art. 4 Abs. 3).

[529] Näher hierzu unten, Kap. 5 A.

vielfach – inhaltlich untergeordnete – rechtsetzende Durchführungskompetenzen zu.[530] Sowohl bei der *Gentechnikrichtlinie* 90/220/EWG als auch neuen Richtlinie 2001/18/EG sind die automatischen Informationsweitergabepflichten der Kommission in ein Anmeldeverfahren eingebunden, das zu einem kleineren Informationssystem ausgebaut werden soll. Danach hat die Kommission bei der absichtlichen Freisetzung von genetisch veränderten Organismen „ein System für den Austausch der in den Anmeldungen enthaltenen Informationen" einzurichten.[531] Die zuständigen Behörden der Mitgliedstaaten müssen zu diesem Zweck innerhalb von dreißig Tagen der Kommission eine Zusammenfassung der erhaltenen Anmeldungen übermitteln. Die Kommission übermittelt diese Zusammenfassung umgehend den übrigen Mitgliedstaaten, welche innerhalb von dreißig Tagen um weitere Auskünfte ersuchen und Anmerkungen vorbringen können. Der formale Aufbau der Zusammenfassung wird von der Kommission im Regelungsausschußverfahren erarbeitet. Die zuständige Behörde teilt dann den übrigen Mitgliedstaaten und der Kommission die endgültige Entscheidung mit.[532]

2. Ad hoc

Die Informationsweitergabe *ad hoc* gleicht einer Auskunftspflicht der Kommission. Sie ist in diesem Fall verpflichtet, den Mitgliedstaaten auf deren Anfrage hin bestimmte Informationen zu übermitteln, die sie selbst von anderen Mitgliedstaaten oder Gremien erhalten hat. Meist handelt es sich um schriftliche Unterlagen über produktbezogene Anforderungen oder nationale Umweltschutzmaßnahmen mit grenzüber-

---

[530] So sollen z.B. die Modalitäten der Weiterleitung von Warnungen nach der Euratom Entscheidung 87/600 (Anm. 136) von der Kommission nach Absprache mit den zuständigen Behörden der Mitgliedstaaten festgelegt und in regelmäßigen Zeitabständen erprobt werden. Die Meldung wird per Telex mit Hilfe eines Standardformulars übermittelt. Geplant ist eine Umstellung auf elektronische Post (*e-mail*) (Mitteilung der Kommission vom 16.12.1993 zur *Behandlung dringender Fälle im Rahmen der Anwendung des Gemeinschaftsrechts, Folgemaßnahmen zum Sutherland-Bericht*, KOM [93] 430 endg., 23, Nr. 4).

[531] Art. 9 Abs. 1 der Richtlinie 90/220/EWG, Art. 11 der Richtlinie 2001/18/EG (beide Anm. 218).

[532] Ähnliche Regelungen enthalten die *Pflanzenschutzmittelrichtlinie* (Anm. 124, Art. 12 Abs. 2) und die *Gefahrstoffrichtlinie* (Anm. 125, Art. 17 und 18).

schreitender Relevanz. Eine *ad hoc* Informationsweitergabepflicht der Kommission wird häufig mit den Worten *auf Ersuchen*[533] oder *zur Verfügung stellen*[534] umschrieben. Die Formulierung „zur Verfügung stellen" drückt aus, daß die Mitgliedstaaten bei Bedarf hierauf zugreifen können. Zunehmend werden solche Zugangsrechte der Mitgliedstaaten im Rahmen von umfassenderen EDV-gestützten Informationssystemen wahrgenommen. Ein Musterbeispiel für diese Entwicklung ist der Übergang von den den Mitgliedstaaten „zur Verfügung" zu stellenden Unfallverzeichnissen der ersten *Seveso-Richtlinie* zum Registrier- und Informationssystem der *Seveso-II-Richtlinie*, welches gleichzeitig einen breiteren Interessentenkreis einbindet.[535] Die Rechte der von den In-

---

[533] Im Rahmen der *Gefahrstoffrichtlinie* kann die zuständige Behörde jedes Mitgliedstaates nach Erhalt der Anmeldungsunterlagen die Anmeldebehörde oder die Kommission um Mitteilung besonderer Einzelheiten aus den Anmeldungsunterlagen oder um die Mitteilung der Risikobewertung „ersuchen" und die Durchführung weiterer Prüfungen, das Einholen weiterer Informationen oder die Änderung der Risikobewertung vorschlagen (Art. 18 Abs. 2 der *Gefahrstoffrichtlinie* 67/548, [Anm. 125]). Nach der *Oberflächensüßwasserentscheidung* übermittelt die Kommission den Mitgliedstaaten, „die dies verlangen", jährlich die erhaltenen Meßergebnisse, Verfahrensbeschreibungen und Häufigkeitswerte (Art. 3 Abs. 5 S. 1 der Entscheidung 77/795/EWG, Anm. 239]). Die alte *Luftmeßnetzentscheidung* 82/459/EWG sah vor, daß die Kommission alle erhaltenen Daten speichert und „auf Ersuchen" an die betreffenden Mitgliedstaaten Übersichten in Tabellenform herausgibt (Art. 5 Abs. 2 der Entscheidung 82/459/EWG, [Anm. 380], siehe auch unten, III.1.).

[534] Durch die Richtlinie 98/34/EG sind die nationalen Normungsgremien verpflichtet, die Kommission sowie die anderen Normungsgremien über die neu in ihr Normungsprogramm aufgenommenen Gegenstände zu unterrichten. Die Kommission kann zudem die Übermittlung der Normungsprogramme verlangen. Diese Informationen stehen den Mitgliedstaaten bei der Kommission „zur Verfügung", und zwar in einer Form, die eine Beurteilung und den Vergleich der verschiedenen Normungsprogramme gestattet (Art. 2 Abs. 1 und Abs. 3 der *Normeninformationsrichtlinie*, Anm. 77]). Nach der *Richtlinie über gefährliche Abfälle* sind den Mitgliedstaaten die vergleichende Beurteilung von Abfallbewirtschaftungsplänen sowie bestimmte Daten über Beseitigungs- und Verwertungsanlagen auf Ersuchen „zur Verfügung" zu stellen (Art. 6 Abs. 2 und Art. 8 Abs. 3 der Richtlinie 91/689/EWG, [Anm. 433]). Siehe auch die *Entscheidung* 96/302/EG der Kommission vom 17.4.1996 *über die Erstellung eines Formulars zur Informationsübermittlung nach Art. 8 Absatz 3 der Richtlinie 91/689/EWG des Rates über gefährliche Abfälle* (Abl. Nr. L 116 vom 11.5.1996, 26).

[535] Die Unfallverzeichnisse enthielten auf dem Hoheitsgebiet der Mitgliedstaaten eingetretene schwere Unfälle einschließlich einer Ursachenanalyse

formationen betroffenen Personen und Staaten werden meist durch Vertraulichkeitsvorschriften geschützt.[536] Die Weitergabe von Informationen, die die Kommission über eigene Inspektionen erlangt hat, ist im Sekundärrecht i.d.R. nicht vorgesehen. Zum Teil sind von der Kommission in diesem Fall verallgemeinernde, anonymisierte Berichte zu erstellen. Der Gerichtshof hat jedoch im *Zwartfeld-Beschluß* eine auf Art. 10 und 211 EGV (ex Art. 5 und 155) basierende Informationshilfepflicht der Kommission gegenüber nationalen Behörden angenommen, soweit es um die Durchsetzung von Gemeinschaftsrecht geht.[537]

III. Informationsnetze – Die Gemeinschaft als *Clearinghouse*

Die Errichtung von Informationssystemen impliziert umfassende Informationsbeschaffungs- und -weitergabepflichten der Mitgliedstaaten. Charakteristisch für Informationssysteme ist, daß die Informationen unabhängig von bestimmten Gefahrenlagen sowohl für die Gemeinschaftsorgane als auch für die Mitgliedstaaten *zugriffsbereit* aufbewahrt, d.h. in den meisten Fällen elektronisch gespeichert werden.[538] Die Informationssammlung geschieht für den *späteren, potentiellen Gebrauch*.[539] Die Kommission fungiert als Informationssammel- und z.T. auch Analysestelle. Sie wird primär als Dienstleistungsinstanz tätig. Der Kommission können die Informationssysteme aber auch zur Kontrolle der Wirksamkeit gemeinschaftsrechtlicher Vorschriften und zur Fest-

---

durch die Kommission sowie einer Darlegung der gesammelten Erfahrungen und getroffenen Maßnahmen (Art. 12 der Richtlinie 82/501/EWG, [Anm. 129], aufgehoben). Die Informationen sollten von den Mitgliedstaaten zur besseren Unfallverhütung verwendet werden. Die Verzeichnisse beruhten auf einer Unterrichtungspflicht der Mitgliedstaaten. Zur Neuregelung der *Seveso-II-Richtlinie* (Anm. 141) sogleich (unter III.1.).

[536] Näher dazu unten, Teil 6 Kap. 1 C.IV. und D.II.

[537] Hierzu eingehend später (Teil 3 Kap. 3 A.II.).

[538] Vgl. *Derschka/Stöber*, die Informationssysteme als *programmierten Verbund von Informationsgewinnung und Informationsbereitstellung* bezeichnen (Organisation & Information, 1978, 75) sowie *Tilch* (Anm. 9), wonach Informationssysteme umfangreiche, i.d.R. automatisierte Systeme der Datenverarbeitung zur Erfüllung öffentlicher oder privater Aufgaben sind (a.a.O., Stichwort „Informationssysteme").

[539] Daher ihre besondere Bedeutung für die Informationsfürsorge (siehe unten, Kap. 5 B.).

stellung des Regelungsbedarfs auf Gemeinschaftsebene dienen.[540] Zum Teil können kleinere, vollzugsorientierte Informationssysteme einzurichten sein, die bei der Durchführung eines konkreten Verwaltungsverfahrens die Beteiligung der anderen Mitgliedstaaten und der Kommission garantieren.[541]

In allen Fällen kommen der Kommission *Organisationsaufgaben* zu. Ist ihr durch den Rechtsakt die Durchführungsbefugnis übertragen, kann sie i.d.R. die Informationsverfahren hinsichtlich Zeitpunkt, Medium, Darstellungsart und Inhalt näher ausgestalten.[542] Das gilt, soweit der betreffende Rechtsakt einen Regelungsspielraum beläßt. Je unspezifischer das Informationssystem darin ausgestaltet ist, desto weiter ist der Gestaltungsspielraum der Kommission.[543] Mit der Terminologie der *Informationsquellenentscheidung* kann man diese Funktion der Gemeinschaft als *Clearinghouse* und *Informationsanalysezentrum* bezeichnen. Ein *Clearinghouse* ist danach eine Organisation, die Forschungsunterlagen sammelt und verwaltet, entsprechende Daten beschafft und in Verbindung damit Nachfrager zu anderen Informationsquellen hinleitet. Ein Informationsanalysezentrum ist eine Organisati-

---

[540] Hier als legislative Eigenkontrolle bezeichnet, siehe unten, Kap. 5 B.

[541] So das oben (C.II.1.) beschriebene Informationssystem der *Gentechnikrichtlinie* 90/220/EWG bzw. 2001/18/EG (Anm. 218).

[542] Zu den diesbezüglichen Kompetenzen der Kommission näher unten, Teil 4 Kap. 2 C.II. sowie und Teil 3 Kap. 2, insbesondere A.II. und C.

[543] So hat die Kommission z.B. aus der Pflicht der Mitgliedstaaten nach der *IVU-Richtlinie*, Informationen über die wichtigsten Emissionen an die Kommission weiterzuleiten, ein *Europäisches Schadstoffemissionsregister* gemacht, welches ins Internet gestellt werden soll (*Entscheidung* 2000/479/EG der Kommission vom 17.7.2000 *über den Aufbau eines Europäischen Schadstoffemissionsregisters (EPER) gemäß Art. 15 der Richtlinie 96/61/EG des Rates über die integrierte Vermeidung und Verminderung der Luftverschmutzung (IPPC)*, Abl. Nr. L 192 vom 28.7.2000, 36). Ähnlich weit ist die neue *Ozonschichtverordnung* Nr. 2037/2000. Danach soll die Kommission den Informationsaustausch und die Zusammenarbeit zwischen den nationalen Behörden untereinander sowie zwischen den nationalen Behörden und der Kommission anhand geeigneter Maßnahmen fördern (Art. 20 Abs. 5 der Verordnung Nr. 2037/2000, [Anm. 71]). Auch nach Art. 12 Abs. 1 der jüngst erlassenen *Richtlinie* 2001/42/EG *über Umweltauswirkungen von Plänen* (Anm. 122) haben die Mitgliedstaaten und die Kommission allgemein „Informationen über die bei der Anwendung dieser Richtlinie gesammelten Erfahrungen" auszutauschen. Was die Kommission aus diesen beiden Vorschriften machen wird, bleibt abzuwarten.

on, welche die in einem bestimmten Bereich geleistete Arbeit kritisch auswertet.[544] Werden der Kommission Koordinations- und Auswertungsaufgaben übertragen, hat sie die Verfahrensherrschaft inne. Zur Begrenzung ihrer Regelungsbefugnisse sind diese i.d.R. an ein Regelungs(ausschuß)verfahren gebunden.[545] Im Rahmen der Koordination hat die Kommission insbesondere die Aufgabe, die Vergleichbarkeit der Daten zu gewährleisten. Zu diesem Zweck werden die *Informationsrahmendaten* wie Probenahme- und Meßmethoden, erfaßte Parameter und Darstellungsart gemeinschaftsrechtlich festgelegt.[546]

Informationsnetze bewirken, wie *v.Bogdandy* feststellt, indirekt eine starke Vernetzung der nationalen Verwaltungen. Durch die gemeinsame Datenbasis und das damit entstehende einheitliche Wissen wirken sie indirekt koordinierend. Die Steuerung der nationalen Verwaltungen besteht dann vornehmlich im Aufzeigen von Reaktionsoptionen und einer kooperativen Problemanalyse.[547]

1. Bestehende Informationssysteme und -netze – Insbesondere: das EIONET

Informationssysteme werden auf Gemeinschaftsebene häufig als *gegenseitiger Informationsaustausch* bezeichnet. Die Vielzahl der Netze läßt dabei schnell den Überblick verlieren. Für viele Umweltmedien existieren häufig nicht nur ein, sondern gleich mehrere Informationssysteme und -netze. So gibt es für den Bereich des Waldes u.a. das *Waldbrandinformationssystem*, dessen Ziel es ist, den Informationsaustausch über den Waldbrand zu fördern, die Ergebnisse der Brandschutzaktionen auszuwerten, die Gefährdungslage zu beurteilen und Brandschutzstrategien zu entwickeln, [548] das *europäische Informations- und Kom-*

---

[544] Anhang der Entscheidung 76/161/EWG (Anm. 90) unter „Informations- und Dokumentationsdienste".

[545] Zu den Ausschußverfahren unten, Teil 4 Kap. 2 C.II.3.b.

[546] Dazu näher Kap. 4 A.

[547] *Von Bogdandy* in: *Schmidt-Aßmann/Hoffmann-Riem* (Anm. 166), 194 und 173 ff.

[548] Eingerichtet durch die *Waldbrandschutzverordnung* (Anm. 122). Die Kommission hat die Aufgabe, die Mitgliedstaaten bei der Errichtung des Informationssystems zu unterstützen und kann zu diesem Zweck im Regelungsausschußverfahren zusammen mit dem Ständigen Forstausschuß Durchführungsvorschriften erlassen (so geschehen, siehe die Verordnung Nr. 804/94,

munikationssystem für die Forstwirtschaft[549] und die *gemeinschaftliche Aktion zum Schutz des Waldes gegen Luftverschmutzung.*[550] Der *gegenseitige Austausch über die Luftverschmutzungsdaten* ist nun umfassend in der *Luftmeßnetzentscheidung* 97/101/EG geregelt, stammt aber

---

[Anm. 357]). Diese sollen u.a. die Art, Vergleichbarkeit und Erfassung der Informationen sowie den Informationszugang regeln. Die Koordinierung und Betreuung ist von der Kommission zu übernehmen. Sie kann sich dabei Forschungsinstitute und wissenschaftliche oder technische Berater zu Hilfe nehmen (Art. 5 Abs. 1). Die ursprünglich zeitlich nur begrenzte Aktion wurde bis Ende 2001 verlängert (Verordnung EG Nr. 308/97 vom 17.2.1997, Abl. Nr. L 51 vom 21.2.1997, 11). Die Änderungsverordnung Nr. 308/97 wurde vom Gerichtshof wegen der Wahl einer falschen Rechtsgrundlage für nichtig erklärt. Deren Wirkungen wurden jedoch in vollem Umfang aufrecht erhalten, bis der Rat innerhalb einer angemessenen Frist eine neue Verordnung mit demselben Gegenstand erlassen hat (EuGH, Urteil vom 25.2.1999, verb. Rs. C-164/97 und C-165/97, *Parlament/Rat*, „Waldbrandschutz- und Waldimmissionsschutzverordnung", Slg. 1999, S. I-1139[1162 ff., Rn. 12 ff.]). Dies ist nunmehr mit der Verordnung (EG) Nr. 1485/2001 vom 27.6.2001 (Abl. Nr. L 196 vom 20.7.2001, 4) geschehen.

549 Genannt EFICS, siehe die *Verordnung* (EWG) Nr. 1615/89 vom 29.5.1989 *zur Einführung eines europäischen Informations- und Kommunikationssystems für die Forstwirtschaft* (EFICS) (Abl. Nr. L 165 vom 15.6.1989, 12, verlängert durch Verordnung EG Nr. 400/94, Abl. Nr. L 54 vom 25.2.1994, 5 und nochmals verlängert und geändert durch Verordnung EG Nr. 1100/98, Abl. L 157 vom 30.5.1998, 10).

550 Die *Waldimmissionsschutzverordnung* entspricht dem Muster der *Waldbrandschutzverordnung*. Die dadurch errichtete „gemeinschaftliche Aktion zum Schutz des Waldes gegen Luftverschmutzung" dient der harmonisierten Datenerhebung. Zu diesem Zweck wird durch die Gemeinschaft die Einrichtung eines Beobachtungsnetzes, anhand dessen regelmäßige Erhebungen von Waldschäden durchgeführt werden sollen, finanziell und organisatorisch gefördert. Die Kommission ist für die Koordinierung der Aktion und die Datenauswertung zuständig. Sie kann dafür Forschungsinstitute und wissenschaftliche Berater heranziehen. Zum Zweck der Datenauswertung muß sie ein Programm ausarbeiten, das nach Anhörung des Ständigen Forstausschusses verabschiedet wird (Art. 4a der Verordnung Nr. 3528/86, [Anm. 122]). Auch diese Aktion wurde bis Ende 2001 verlängert (Verordnung EG Nr. 307/97 vom 17.2.1997, Abl. Nr. L 51 vom 21.2.1997, 9). Auch diese Änderungsverordnung wurde vom Gerichtshof wegen der Wahl einer falschen Rechtsgrundlage für nichtig erklärt. Deren Wirkungen wurden jedoch in vollem Umfang aufrecht erhalten, bis der Rat innerhalb einer angemessenen Frist eine neue Verordnung mit demselben Gegenstand erlassen hat (EuGH „Waldbrandschutz- und Waldimmissionsschutzverordnung", [Anm. 548], a.a.O.).

in seinen Grundzügen aus den Anfängen der europäischen Umweltschutzpolitik. Die Mitgliedstaaten sind hiernach verpflichtet, Daten über die nach der *Luftqualitätsrichtlinie* zu messenden Schadstoffe und über weitere Schadstoffe, die in den Mitgliedstaaten gemessen werden sowie Informationen über die eigenen Meßstationen und Netze an die Gemeinschaft in Form von Datenbanken zu übermitteln. Die Aufbereitung der Meßergebnisse muß bestimmten Kriterien genügen, um die Vergleichbarkeit und Repräsentativität der Daten zu gewährleisten. Die Informationsrahmendaten und die Verfahrensvorschriften sind z.T. in den Anhängen der Entscheidung enthalten, z.T. werden sie von der Kommission festgelegt.[551] Das ebenfalls aus den Anfängen der europäischen Umweltschutzpolitik stammende *gemeinsame Verfahren für den Informationsaustausch über die Qualität des Oberflächensüßwassers* beinhaltet ein Informationsaustauschverfahren über die Meßergebnisse der Probenahmen- und Meßstationen von Oberflächensüßwasser und soll den Verschmutzungsgrad der Flüsse kennzeichnen sowie die Verbesserungen, die sich aus der Anwendung des Gemeinschaftsrechts und des nationalen Rechts ergeben, langfristig beobachten.[552] Das *gemeinschaftliche Informationssystem zur Überwachung der Meeresverschmutzung* umfaßt Bestandsverzeichnisse, die in Zusammenarbeit mit den Mitgliedstaaten schrittweise von der Kommission erstellt wer-

---

[551] Entscheidung 97/101/EG (Anm. 381) und Richtlinie 96/62/EG (Anm. 371).

[552] Das Informationssystem ist durch die *Entscheidung* 77/795/EWG *zur Einführung eines gemeinsamen Verfahrens zum Informationsaustausch über die Qualität des Oberflächensüßwassers in der Gemeinschaft* (Anm. 239) errichtet worden. Gegenstand des Informationsaustauschs sind die von Probenahme- und Meßstationen erzielten Meßergebnisse, die Beschreibung der angewandten Verfahren sowie die Probenahmehäufigkeit. In Anhang II werden die zu messenden Parameter spezifiziert. Die betroffenen einzelstaatlichen Stationen sind in Anhang I einzeln aufgelistet. Diese Liste kann auf Antrag des betreffenden Mitgliedstaates von der Kommission unter bestimmten Bedingungen, welche die flächendeckende Messung gewährleisten sollen, geändert werden. Die Mitgliedstaaten müssen die bezeichneten Informationen der Kommission über ein von ihnen zu benennendes Zentralorgan jährlich zuleiten. Die Meßmethoden sind in Ansätzen harmonisiert. Die Listen der Parameter und der Bezugsmeßmethoden können an den technischen Fortschritt im Wege des Regelungsausschußverfahrens angepaßt werden. Die Informationsweitergabe erfolgt durch zusammenfassende Berichte der Kommission und *ad-hoc* Informationszugangsrechte der Mitgliedstaaten. Die Kommission bewertet die Wirksamkeit des Informationsverfahrens und kann dem Rat Verbesserungsvorschläge unterbreiten.

den.[553] Sie ist „für die Anwendung des Informationssystems" zuständig. Das Informationssystem ist von der neuen *Entscheidung* 2850/2000/EG *über einen gemeinschaftlichen Rahmen für die Zusammenarbeit im Bereich der unfallbedingten oder vorsätzlichen Meeresverschmutzung* übernommen und nochmals ausgeweitet worden.[554]

Besonders stark zugenommen haben in den neueren Rechtsakten mehr oder weniger informelle Informationssysteme unter Beteiligung der sogenannten *interessierten Kreise*, d.h. von Industrie, Interessenverbänden und Betroffenen. Das *Registrier- und Informationssystem* der *Seveso-II-Richtlinie* ist aus den Unfallverzeichnissen der ersten *Seveso-*

---

[553] Mit der *Entscheidung* 86/85/EWG vom 6.3.1986 *zur Errichtung eines gemeinschaftlichen Informationssystems zur Überwachung und Verringerung der Verschmutzung der Meere und der wichtigsten Binnengewässer durch Öl und andere gefährliche Stoffe* (Abl. Nr. L 77 vom 22.3.1986, 3, geändert, inzwischen aufgehoben durch Entscheidung 2850/2000/EG, [Anm. 520]) ist ein gemeinschaftliches Informationssystem errichtet worden, das den zuständigen Behörden der Mitgliedstaaten die für die Überwachung erforderlichen Daten zur Verfügung stellen soll. Inhalt des Informationssystems sind u.a. nationale Einsatzpläne, ein Bestandsverzeichnis der Bekämpfungsmittel, eine Sammlung über die Eigenschaften von Öl sowie über entsprechende Behandlungsmethoden. Der Inhalt ist in den Anhängen detailliert festgelegt. Die Informationen waren von den Mitgliedstaaten zu sammeln, der Kommission zu übermitteln und von dieser in einheitliche Bestandsverzeichnisse einzuarbeiten. Sie wurden von der Kommission an die Mitgliedstaaten weitergegeben. Die Informationen waren jährlich zu aktualisieren. Die Kommission sorgte dafür, daß jeder Mitgliedstaat eine Kopie sämtlicher im Informationssystem enthaltenen Informationen erhielt. Das Informationssystem war auf die Sammlung und Weitergabe der verfügbaren Daten beschränkt, Umweltmonitoringpflichten waren nicht enthalten (siehe insbesondere die Anhänge jeweils unter B. Abs. 2 Spiegelstrich 1: „Die Mitgliedstaaten sammeln die für sie verfügbaren Informationen ...").

[554] Entscheidung vom 20.12.2000 (Anm. 520), 20. Begründungserwägung sowie Art. 2 *lit.* a. Die Entscheidung schafft für den Zeitraum vom 1.1.2000 bis zum 31.12.2006 einen sogenannten „Kooperationsrahmen" für die Zusammenarbeit auf dem Gebiet der Meeresverschmutzung. Er umfaßt sowohl die Zusammenarbeit zum Zwecke der Prävention als auch die Verbesserung der Techniken und Verfahren bei Einsätzen sowie die operative Unterstützung der Mitgliedstaaten in Notfällen. Nach Anhang I soll sich das Informationssystem auf ein modernes Datenverarbeitungssystem stützen und über Internetseiten Hintergrundinformationen sowie Informationen über die einzelstaatlichen Interventionsmittel zur Verfügung stellen. Die auf den nationalen Internetseiten einzustellenden Informationen sind im einzelnen aufgeführt. Ein Muster hierfür kann im Ausschußverfahren festgelegt werden.

Richtlinie entstanden und enthält nunmehr – im Zuge der neuen Transparenzpolitik und der *Umweltinformationsrichtlinie* 90/313/EWG – ein sehr weitreichendes Zugangsrecht für „alle Regierungsstellen der Mitgliedstaaten, Industrie- und Handelsverbände, Gewerkschaften, Nichtregierungsorganisationen im Bereich des Umweltschutzes und sonstigen im Umweltschutz tätigen internationalen Organisationen oder Forschungseinrichtungen".[555] Es enthält zudem Angaben über Stellen, die „hinsichtlich des Auftretens und der Verhütung von schweren Unfällen sowie der Begrenzung der Unfallfolgen informieren und beraten können". Dadurch wird das Entstehen eines *informellen Netzwerkes* zwischen den interessierten Personen sowie den für die Unfallverhütung und -bekämpfung zuständigen Behörden ermöglicht.[556] Die *VOC-Richtlinie Lösungsmittel* von 1999 sieht die Einrichtung eines Informationsaustauschs zwischen den Mitgliedstaaten und den betroffenen Branchen vor. Auf der Grundlage dieses Austauschs soll die Kommission Leitlinien erarbeiten und veröffentlichen, die von den Mitgliedstaaten bei Genehmigungen und bei der Rechtsetzung zu berücksichtigen sind.[557] Auch die Veröffentlichung von Datenbanken im Internet trägt zur Entstehung solcher Informationssysteme bei.[558]

Einige der Informationssysteme haben eine lange Geschichte hinter sich. Sie wurden meist zu Beginn der Umweltpolitik der Gemeinschaft als Pilotprojekt im Hinblick auf einzelne Schadstoffe gegründet und im Laufe der Zeit immer umfassender ausgestaltet. Manche dieser Informationssysteme „der ersten Stunde" haben einen völkerrechtlichen Hintergrund.[559] Dies gilt insbesondere für die Bereiche der Luftver-

---

[555] Art. 19 Abs. 3 der Richtlinie 96/82/EG (Anm. 141). Zum Inhalt des Informationssystems näher oben, Anm. 163.

[556] Art. 19 Abs. 2 *lit.* d; siehe auch Art. 15 Abs. 3, a.a.O.

[557] Art. 7 der Richtlinie 1999/13/EG (Anm. 84). Siehe auch Art. 3 Abs. 1 der Entscheidung 2000/479/EG (Anm. 543) der Kommission, wonach Vertreter der Industrie bei der Erstellung eines Leitfadens für die Umsetzung des *Schadstoffemissionsregisters* zu beteiligen sind. Auch im *Ausschuß für das Umweltzeichen der Europäischen Union* wirken „Vertreter interessierter Kreise" als Mitglied an der Erstellung von produktspezifischen Vorgaben für die Vergabe des Umweltzeichens mit (siehe unten, Kap. 3 A.III.).

[558] Siehe Art. 4 Abs. 2 der Entscheidung 2000/479/EG der Kommission (Anm. 543) sowie Anhang I der Entscheidung 2850/2000/EG (Anm. 520, zum Inhalt siehe Anm. 554).

[559] Näher dazu unten, Teil 5 Kap. 2.

schmutzung[560] und der Meeresverschmutzung[561]. Im Rahmen des noch näher darzustellenden EIONET sollen einige dieser Informationssysteme in ein *übergreifendes Netzwerk* eingebunden werden, durch welches der Weg zu den einschlägigen Informationsquellen erleichtert werden soll.

Auch das Erstellen von einfachen *Verzeichnissen* kann den Kriterien eines Informationssystems entsprechen.[562] Neben den großen Informati-

---

[560] Die neue *Luftmeßnetzentscheidung* 97/101/EG (Anm. 381) basiert auf der Vorgänger-Entscheidung 82/459/EWG *zur Einführung eines gegenseitigen Austausches von Informationen und Daten aus Meßnetzen und einzelnen Stationen zur Erfassung der Luftverschmutzung in den Mitgliedstaaten* (Anm. 380). Diese löste wiederum die *Entscheidung* 75/441/EWG *zur Einführung eines gemeinsamen Verfahrens für einen Informationsaustausch zwischen den Überwachungs- und Kontrollnetzen betreffend die Daten über die Luftverschmutzung durch bestimmte Schwefelverbindungen und durch Schwebstoffe* (Abl. Nr. L 194 vom 25.7.1975, 40) ab. Die von der Entscheidung 82/459/EWG erfaßten Meßstationen waren zunächst die nach der Entscheidung 75/441/EWG benannten Stationen. Der Informationsaustausch wurde erweitert durch die Auswahl zusätzlicher Meßstationen seitens der Mitgliedstaaten. Nach der neuen *Luftmeßnetzentscheidung* kommt der Kommission eine weitreichende Regelungsbefugnis zu (näher dazu Anm. 772). Auch sind die Daten nunmehr nicht erst „auf Ersuchen", sondern automatisch in Form von Datenbanken an die Mitgliedstaaten zu „verteilen" (siehe unten, III.2.).

[561] Ein diesbezügliches Informationssystem existiert – begrenzt auf die Ölverschmutzung des Meeres – bereits seit 1981 (*Entscheidung* 81/971/EWG vom 3.12.1981 *zur Errichtung eines gemeinschaftlichen Informationssystems zur Überwachung und Verringerung der Ölverschmutzung des Meeres*, Abl. Nr. L 355 vom 10.12.1981, 52). Das Informationssystem ist durch die Entscheidung 86/85/EWG (dazu Anm. 553) auf andere gefährliche Stoffe ausgeweitet worden. Gleichzeitig wurde die Entscheidung 81/971/EWG aufgehoben. Seit 28.12.2000 ist nun auch die Entscheidung 86/85/EWG aufgehoben und durch die neue Entscheidung 2850/2000/EG (Anm. 520) ersetzt worden, welche das bestehende Informationssystem übernimmt und in einen „Kooperationsrahmen" stellt (näher hierzu Anm. 554). Die Begründung dieser Entscheidung verweist u.a. auf das *OSPAR-Übereinkommen*, das *Übereinkommen von Barcelona* und das *Helsinki Übereinkommen*. Näher zum völkerrechtlichen Rahmen unten, Teil 5 Kap. 2 B.I.

[562] Die *Informationsquellenentscheidung* richtet ein – einfach ausgestaltetes – Informationssystem in Form von Bestandsverzeichnissen über die nationalen Informationsquellen auf dem Gebiet des Umweltschutzes ein. Die Bestandsverzeichnisse sollen „allen Benutzern in der Gemeinschaft, insbesondere den für die Überwachung, den Schutz und die Pflege der Umwelt Verantwortlichen, den Zugang zu den vorhandenen Informationsquellen erleichtern" und eventu-

onssystemen gibt es insbesondere im Rahmen von Anmelde- und Genehmigungsverfahren kleinere Informationsaustauschverfahren. Sie werden in den Rechtsakten z.T. ebenfalls als „Informationssystem" bezeichnet, mit der Intention, die Einzelheiten des Informationsverfahrens offenzulassen. Die Organisation des Informationsflusses wird dann der Kommission übertragen.[563] Diese hat insbesondere die Art und Weise der Informationsübermittlung zu regeln. Zum Teil faßt die Kommission auch einzelne, thematisch zusammengehörige Informationspflichten organisatorisch zusammen, verbindet diese mit weiteren Verarbeitungsschritten und Informationsangeboten für die Mitgliedstaaten und schafft so ein *faktisches* Informationssystem – so z.B. das *Büro für schwere Unfälle*, welches bei der Gemeinsamen Forschungsstelle in Ispra eingerichtet wurde und die Kommission bei der Überwachung der Gefahren schwerer Industrieunfälle wissenschaftlich und technisch unterstützen soll.[564]

Das umfassendste Informationssystem ist durch die Verordnung Nr. 1210/90 vom 7.5.1990 zur Errichtung einer Europäischen Umwelta-

---

elle Koordinierungs- und Harmonisierungsmaßnahmen oder die Errichtung neuer Informationssysteme ermöglichen (2. Begründungserwägung der Entscheidung 76/161/EWG, [Anm. 90]). Vgl. auch die Bestandsverzeichnisse der *Meeresverschmutzungsentscheidung* 86/85/EWG, a.a.O., sowie die Emissionsverzeichnisse nach der *IVU-Richtlinie* (Anm. 69), Art. 15 Abs. 3. Die Unfallverzeichnisse der ersten *Seveso-Richtlinie* (dazu Anm. 534) sind nunmehr zu einem umfassenderen *Registrier-* und *Informationssystem* ausgebaut worden (dazu bereits oben sowie Anm. 163).

[563] Siehe z.B. Art. 9 Abs. 1 der *Gentechnikrichtlinie* 90/220/EWG (Anm. 218), wie oben dargestellt (II.1.); Art. 12 Abs. 2 der *Pflanzenschutzmittelrichtlinie* (Anm. 124), wonach ein einheitliches Informationssystem unter Beteiligung eines beratenden Ausschusses einzuführen ist, durch das der Informationsaustausch über die zugelassenen Pflanzenschutzmittel erleichtert werden soll. Die entsprechenden Unterrichtungspflichten werden in Art. 12 der Richtlinie selbst festgelegt. Auch das *Registrier-* und *Informationssystem* nach der *Seveso-II-Richtlinie* ist von der Kommission zu „errichten" (Art. 19 Abs. 2). Zu den Gestaltungsbefugnissen der Kommission siehe auch Teil 4 Kap. 2 C.II.

[564] Mitteilung der Kommission vom 9.2.1996, *Büro für schwere Unfälle*, KOM (96) 7 endg. Durch das Büro werden ein gemeinschaftliches Dokumentationszentrum für industrielle Risiken, ein Berichtssystem für schwere Unfälle sowie der diesbezügliche Informationsaustausch miteinander verbunden und auf EDV-Technik in Form von Datenbanken umgestellt. Zudem soll die Kommission bei der Organisation von Seminaren und Workshops mit den einzelstaatlichen Behörden unterstützt werden.

gentur und eines Europäischen Umweltinformations- und Umweltbeobachungsnetzes[565] (EIONET) eingerichtet worden. Das Umweltinformationsnetz dient der Sammlung, Aufbereitung und Analyse von Umweltdaten. Darunter fallen schwerpunktmäßig Daten über die Umweltqualität, über Umweltbelastungen und über die Umweltempfindlichkeit. Aufgabe der Agentur ist es, die über das Umweltinformationsnetz erhaltenen Informationen zu verarbeiten und für die Gemeinschaft und die Mitgliedstaaten bereitzustellen.[566] Das Netz soll „in Zusammenarbeit mit den Mitgliedstaaten" eingerichtet und von der Umweltagentur koordiniert werden.[567] Zu diesem Zweck sind die Mitgliedstaaten verpflichtet, der Agentur die „wichtigsten Bestandteile ihrer innerstaatlichen Umweltinformationsnetze" mitzuteilen.[568] Seit 1999 sind sie zudem ausdrücklich verpflichtet, sich gemäß dem Arbeitsprogramm der Agentur am EIONET zu beteiligen, „indem sie landesweit Daten sammeln, zusammenfassen und analysieren". Eine verbindliche Konkretisierungsbefugnis hinsichtlich dieser Zusammenarbeitspflicht ist der

---

[565] Abl. Nr. L 120 vom 11.5.1990, 1 (geändert durch Verordnung EG Nr. 933/1999 vom 29.4.1999, Abl. Nr. L 117 vom 5.5.1999, 1). Die Verordnung trat Ende Oktober 1993 in Kraft.

[566] Art. 2 der *EUA-Gründungsverordnung* (Anm. 565).

[567] Art. 2 Ziff. i der *EUA-Gründungsverordnung*. *Kahl* bezeichnet die EUA in diesem Zusammenhang als „Knotenpunkt, bildlich gesprochen die Spinne in diesem Netz, bei der alle Fäden zusammenlaufen und die diese Fäden in filigraner Weise zu einem funktionierenden Ganzen zusammenführt" (Stellung und Funktion von Umweltagenturen – eine rechtsvergleichende Typologie, JbUTR 1996, 119 [132]). Zum Aufbau und den Aufgaben und Befugnissen der Agentur siehe unten, Teil 4 Kap. 2 B.

[568] Art. 4 Abs. 2 der *EUA-Gründungsverordnung*, a.a.O. Dies ist zwischenzeitlich geschehen (siehe die Antwort von Frau *Bjerregaard* im Namen der Kommission vom 10.2.1995 auf die Schriftliche Anfrage E-2717/94 von *Mihail Papayannakis*, Abl. Nr. C 312 vom 17.5.1995, 1). Nach Einschätzung der Kommission sind allerdings erst wenige nationale Netze so weit entwickelt, wie es in der Verordnung „vorgesehen ist". Wörtlich stellt die Kommission fest: „Hinsichtlich der Verpflichtung zum Aufbau eines funktionsfähigen und effizienten Netzes hätten sich die Mitgliedstaaten sowohl im eigenen als auch im Interesse des gemeinsamen EUIUBN [Europäischen Umweltinformations- und Umweltbeobachtungsnetzes] mehr anstrengen können und sollen" (*ibid.*). Wie noch näher ausgeführt werden wird, enthält die *EUA-Gründungsverordnung* aber gerade keine konkreten Verpflichtungen der Mitgliedstaaten zur Einrichtung bestimmter Meßnetze und der Erhebung bestimmter Daten (dazu eingehend Teil 4 Kap. 2 B.II.).

Agentur nicht übertragen worden.[569] Auch darf die Agentur ohne Einverständnis der Mitgliedstaaten keine eigenen Meßstationen auf deren Hoheitsgebiet einrichten. Das EIONET setzt sich vielmehr aus freiwillig neu zu errichtenden und bereits bestehenden nationalen Meßstellen zusammen.[570] Letztere wurden z.T. auf der Grundlage der bereits dargestellten speziellen sekundärrechtlichen Umweltmonitoringpflichten eingerichtet.[571]

Sind die Modalitäten der Bereitstellung der Informationen nicht näher geregelt, kann die EUA mit den mitgliedstaatlichen Stellen Verwaltungsverträge abschließen, in denen der Datenaustausch auf freiwilliger Ebene vertraglich geregelt wird.[572] Art. 6 der *Gründungsverordnung* bestimmt, daß die der Agentur übermittelten Umweltdaten veröffentlicht werden können. Die Vertraulichkeitsregeln „der Kommission und der Mitgliedstaaten für die Verbreitung von Informationen" müssen dabei beachtet werden. Zum einen werden hierunter die für die Gemeinschaftsorgane allgemein verbindlichen Vorschriften der Wahrung des Amtsgeheimnisses (Art. 287 EGV, ex Art. 214) fallen. Zum zweiten sind der *Beschluß* der Umweltagentur *über den Zugang der Öffentlichkeit zu den Dokumenten* der Agentur zu beachten. Er enthält auch Bestimmungen über den Geheimnisschutz.[573] Speziell für den Statistikbereich gilt hinsichtlich der Übermittlung von Daten an EUROSTAT die *Statistikgeheimnisverordnung* Nr. 1588/90.[574]

---

[569] Art. 4 Abs. 2 UAbs. 2 S. 2 der *EUA-Gründungsverordnung* i.d.F. der Verordnung Nr. 933/1999 (a.a.O.). Näher dazu unten, Teil 4 Kap. 2 B.II.

[570] 1995 waren bereits 450 nationale Informationszentren beteiligt (siehe die Rede des Exekutivdirektors der EUA, *Sr. Jiménez-Beltrán*, vom 17.5.1995, The Process of Sustainable Development and the Role of the European Environment Agency, abgedruckt in: European Environmental Law Review 1995, 265 [267]).

[571] Siehe oben, B.II.

[572] Zum ganzen unten Teil 4 Kap. 2 B.II. sowie Teil 3 Kap. 1 A.

[573] *Beschluß* 97/C 282/04 der Europäischen Umweltagentur vom 21.3.1997 *über den öffentlichen Zugriff auf Dokumente der Europäischen Umweltagentur* (Abl. Nr. C 282 vom 18.09.1997, 5). Siehe auch unten, Teil 6 Kap. 1 C.IV. und D.II.

[574] *Verordnung* (Euratom, EWG) Nr. 1588/90 vom 11.6.1990 *über die Übermittlung von unter die Geheimhaltungspflicht fallenden Informationen an das Statistische Amt der Europäischen Gemeinschaften* (Abl. Nr. L 151 vom 15.6.1990, 1).

Das EIONET baut auf den Erfahrungen des ausgelaufenen *Versuchsvorhabens* CORINE auf und setzt dessen Arbeit auf der hierdurch bereits vorhandenen Datengrundlage fort.[575] Es integriert implizit die bestehenden Umweltinformationsnetze in ein umfassendes Informationssystem. Die in Art. 3 Abs. 2 aufgeführten Vorranggebiete umfassen nahezu alle Bereiche des medialen und kausalen Umweltschutzes. Sie werden stellenweise bereits von den dargestellten Informationssystemen und Umweltmonitoringpflichten des Gemeinschaftsrechts erfaßt.[576] Das EIONET macht sich insofern die bestehenden Informationsnetze zu nütze, als daß sich hoheitliche Umweltmonitoring- und Informationspflichten der Mitgliedstaaten nur aus diesen speziellen Rechtsakten ergeben.[577]

2. Elektronische Datenverarbeitung

Gerade in letzter Zeit wird im Gemeinschaftsrecht zunehmend das *Informationsmedium* festgeschrieben. Um im Umweltbereich die Datenmenge bewältigen zu können sind gemeinschaftsrechtlich verpflichtend Datenbanken anzulegen. Sie dienen häufig als Informationsmedium im Rahmen von Informationssystemen. So sieht Art. 12 der *Verpackungsrichtlinie* die Einrichtung eines Informationssystems in Form von „Datenbanken" über Verpackungen und Verpackungsabfälle vor, welches

---

[575] *Entscheidung* 85/338/EWG vom 27.6.1985 *über die Annahme eines Arbeitsprogramms der Kommission für ein Versuchsvorhaben für die Zusammenstellung, Koordinierung und Abstimmung der Informationen über den Zustand der Umwelt und der natürlichen Ressourcen in der Gemeinschaft* (Abl. Nr. L 176 vom 6.7.1985, 14; verlängert durch Entscheidung 90/150/EWG vom 22.3.1990, Abl. Nr. L 81 vom 28.3.1990, 38)); siehe Art. 2 Ziff. i der *EUA-Gründungsverordnung* (Anm. 565) sowie *Kahl* (Anm. 567), 128. Die Anfänge des Aufbaus eines umfassenden europäischen Umweltinformationssystems finden sich schon in dem *Beschluß* 75/200/EWG des Rates vom 18.3.1975 *zur Festlegung eines ersten Dreijahres-Aktionsplanes für wissenschaftlich-technische Information und Dokumentation* (Abl. Nr. L 100 vom 21.4.1975, 26).

[576] Im einzelnen werden aufgeführt: Luftqualität und atmosphärische Emissionen; Wasserqualität, Schadstoffe und Wasserressourcen; Zustand des Bodens, der Tier- und Pflanzenarten und der Biotope; Nutzung des Bodens und der natürlichen Hilfsquellen; Abfallbewirtschaftung; Geräuschemissionen; umweltgefährdende Chemikalien; Schutz der Küstengebiete (Art. 3 Abs. 2 der *EUA-Gründungsverordnung*, a.a.O.).

[577] Näher dazu unten, Teil 4 Kap. 2 B.II.

den Mitgliedstaaten und der Kommission die Überprüfung der Richtlinienumsetzung ermöglichen soll. Zur Gewährleistung der Vergleichbarkeit der Daten müssen die Mitgliedstaaten dabei von der Kommission im Regelungsausschußverfahren erstellte Tabellen benutzen.[578] In der *Luftmeßnetzentscheidung* sind die zum Einsatz kommenden Datenbanken gar in der Entscheidung namentlich bezeichnet.[579] Nach der *Altstoffrichtlinie* wird das einzusetzende Computerprogramm den Herstellern dieser Stoffe direkt von der Kommission auf Diskette zur Verfügung gestellt, unentgeltlich, wie die Verordnung bestimmt.[580] Ein weiterer Schritt ist dann, den Mitgliedstaaten eine elektronische Datenerhebung und –übermittlung zum Zwecke der Veröffentlichung im *Internet* aufzugeben, wie für das *Europäische Schadstoffemissionsregister*[581] vorgesehen, oder gar gleich die Mitgliedstaaten zur Einrichtung von nationalen Internetseiten zu verpflichten.[582] Bereits die *Informationsquellenentscheidung* und die alte *Luftmeßnetzentscheidung* sprechen von „speichern", „Software" und „automatisierter Behandlung", damals noch unter Einsatz von „Magnetbändern".[583] Auf Formblättern übermittelte und anschließend in die Dateien aufgenommene Daten wurden lediglich als „vorläufig" betrachtet. Sie waren von den Mitgliedstaaten auf ihre Korrektheit zu überprüfen. Auf Magnetband übermittelte Daten wurden dagegen als „korrekt" betrachtet. Durch diese Regelung wollte die Gemeinschaft eine Fehlerquelle ausschließen und gleichzeitig

---

[578] Richtlinie 94/62/EG (Anm. 142); letzteres im einzelnen geregelt in der Entscheidung 97/138/EG der Kommission vom 3.2.1997 (Abl. Nr. L 52 vom 22.2.1997, 22).

[579] Datenbank „Netz-Stationen" und Datenbank „Ergebnisse" (siehe Art. 4 Abs. 3 bis 5 und Art. 5 Abs. 5 und 6 der Entscheidung 97/101/EG, [Anm. 381]). Diese Datenbanken bauen auf bereits vorhandenen auf. Das technische Verfahren wird im einzelnen von der Kommission festgelegt.

[580] Art. 6 der *Altstoffverordnung* (Anm. 345); näher zu dieser Verordnung unten, Kap. 5 D.IV.

[581] Art. 4 Abs. 1 und 2 der Entscheidung 2000/479/EG (Anm. 554).

[582] So die Entscheidung 2850/2000/EG über die *Zusammenarbeit auf dem Gebiet der unfallbedingten und vorsätzlichen Meeresverschmutzung* (Anm. 520). Näher hierzu oben, Anm. 554.

[583] Art. 4 der *Informationsquellenentscheidung* (Anm. 90); Art. 5 der *Luftmeßnetzentscheidung* 82/459/EWG (Anm. 380).

durch die Vermutung für die Richtigkeit bei gespeicherten Daten einen Anreiz zum Einsatz der EDV-Technik geben.[584]

Neben den speziellen Datenbanken des Umweltschutzes soll auf europäischer Ebene ein allgemeiner „Telematikverbund der Verwaltungen" hergestellt werden.[585] Gemeinsame Verarbeitungs- und Darstellungsregeln führen nicht nur zu einer verbesserten Verwendbarkeit der Informationen, sondern prägen gleichzeitig die Darstellung der Wirklichkeit und damit auch die Wahrnehmung derselben.[586] Besonders detailliert ist die EDV-Verarbeitung in den Vorschriften zur Beihilfenkontrolle im Agrarbereich, der Fischereikontrolle und der Zusammenarbeit der Polizei-, Zoll- und Steuerbehörden[587] geregelt. Sie soll v.a. einen *Datenabgleich* zu Kontrollzwecken ermöglichen. Aus diesem Grund sind informatisierte Datenbanken Bestandteil des „integrierten Verwaltungs- und Kontrollsystems" für die landwirtschaftlichen flächenbezogenen Beihilfen.[588] Im Fischereirecht wird mittels vernetzter elektronischer Datenverarbeitung eine gemeinschaftsweite Transparenz der Einhaltung der Fangquoten geschaffen. Nach der *Fischereikontrollverordnung* ha-

---

[584] Auf der Basis des wiederholten Informationsaustauschs ist eine Datenbank geschaffen worden, die Tages- und Stundenwerte von ausgewählten Meßstationen in 163 Städten enthält (Antwort der Kommission zur schriftlichen Anfrage E-271/95, [Anm. 506]). Auf sie kann in den Mitgliedstaaten zugegriffen werden. Für die Koordination in Form der Entwicklung einer einheitlichen Software war bereits nach der alten Entscheidung die Kommission zuständig.

[585] Dazu näher unten, Kap. 3 E.

[586] Vgl. oben, Teil 1 Kap. 2 A.

[587] Siehe die Art. 7 ff. des *Europol-Übereinkommens* (Rechtsakt vom 26.7.1995 über die Fertigstellung des *Übereinkommens aufgrund von Art. K.3 des Vertrags über die Europäische Union über die Errichtung eines Europäischen Polizeiamtes* (Abl. Nr. C 316 vom 27.11.1995, 1) sowie den Rechtsakt vom 26.7.1995 über die Fertigstellung des *Übereinkommens über den Einsatz der Informationstechnologie im Zollbereich*, Abl. Nr. C 316 vom 27.11.1995, 33); Art. 4-6 der *Verordnung* EWG Nr. 218/92 *über die Zusammenarbeit der Verwaltungsbehörden auf dem Gebiet der indirekten Besteuerung* (Abl. Nr. L 24 vom 1992, 1). Zum ganzen auch *v.Bogdandy/Arndt*, Die Zusammenarbeit der Finanzverwaltungen in der Europäischen Union, EWS 2000, 1 ff. (2 f. zum Zollinformationssystem) sowie *v.Bogdandy* in: *Schmidt-Aßmann/Hoffmann-Riem* (Anm. 166), 184 ff. (insbesondere 186 und 188).

[588] Begründung und Art. 2 der *Verordnung* EWG Nr. 3508/92 vom 27.11.1992 *zur Einführung eines integrierten Verwaltungs- und Kontrollsystems für bestimmte gemeinschaftliche Beihilferegelungen* (Abl. Nr. L 355 vom 5.12.1992, 1).

ben die Mitgliedstaaten die Anlandungen von Fischereifahrzeugen aufzuzeichnen und Stichprobenkontrollen vorzunehmen. Die angelandeten Mengen sind der Kommission monatlich über EDV mitzuteilen. Die anderen Mitgliedstaaten erhalten *auf elektronischem Wege Einblick* in die eingegangen Mitteilungen.[589] Auch die Ausstattung der Behörden mit EDV-Technik wird hier geregelt.[590] Insbesondere EDV-Datenbanken, auf die die Mitgliedstaaten und die Kommission *online* zugreifen können, können in einem großen Umfang traditionelle Auskunfts- und Unterrichtungspflichten ersetzen und selbst Vor-Ort-Inspektionen durch die Gemeinschaft teilweise überflüssig machen.[591]

IV. Statistiken

Zur Erstellung von Statistiken werden den Mitgliedstaaten Erhebungs- und Berichts-, Unterrichtungs- oder Auskunftspflichten auferlegt. Die-

---

[589] Art. 15 der Verordnung Nr. 2847/93 (Anm. 313). Die von den Fischereifahrzeugen übermittelten Daten müssen in computerlesbarer Form aufgezeichnet und drei Jahre gespeichert werden (Art. 3 Abs. 7, 8, 9 der *Fischereikontrollverordnung* Nr.2847/93 i.d.F. der Verordnung EG Nr. 686/97 vom 14.4.1997, Abl. Nr. L 102 vom 19.4.1997, 1). Die EDV-Pflichten wurden nochmals erweitert durch die Änderungsverordnung (EG) Nr. 2846/98 vom 17.12.1998 (Anm. 313), dort Nr. 13. Bestimmte Daten müssen danach von den Mitgliedstaaten „möglichst umgehend" in eine Datenbank eingegeben werden. Die Mitgliedstaaten haben die erforderlichen Vorkehrungen zu treffen, um die Erfassung der Daten, ihre Validierung und Quervergleiche zu erleichtern. Auch die Kartei für Fischereifahrzeuge ist als elektronische Datenbank einzurichten. Die Angaben sind von den Mitgliedstaaten bereits elektronisch zu erfassen (*Verordnung* EG Nr.109/94 der Kommission vom 19.1.1994 *über die Kartei für Fischereifahrzeuge der Gemeinschaft*, Abl. Nr. L 19 vom 22.1.1994, 5).

[590] Die Änderungsverordnung Nr. 686/97 (a.a.O.) fügt Vorgaben für die EDV-Ausstattung im Rahmen der Satellitenüberwachung hinzu. Danach müssen die Überwachungszentren „mit der notwendigen Hard- und Software für die automatische Datenverarbeitung und die elektronische Datenübertragung ausgestattet" sein. Für den Fall eines Systemausfalls muß ein Wiederinbetriebnahme- und Sicherungsverfahren vorgesehen sein.

[591] So insbesondere geregelt in der *Fischereikontrollverordnung* i.d.F. der Verordnung Nr. 2846/98 vom 17.12.1998 (Anm. 313). Danach muß der Kommission „auf besonderen Antrag hin Fernzugriff auf duplizierte Computerdateien mit den einschlägigen Informationen" gewährt werden (Nr. 13 der Änderungsverordnung Nr. 2846/98, Art. 19 Abs. 5 S. 2 n.F. der *Fischereikontrollverordnung*).

se Pflichten sind meist in speziellen Statistikverordnungen enthalten.[592] Teilweise werden gemeinschaftsweite Statistiken auch über eine freiwillige, informelle Zusammenarbeit der nationalen statistischen Ämter mit dem Statistischen Amt der Gemeinschaft, EUROSTAT, erstellt.[593] Über Verwaltungsvereinbarungen können Gegenstand und Darstellungsweise der mitzuteilenden Daten festgelegt werden.

Umweltstatistiken waren bereits im *Rahmenprogramm für prioritäre Maßnahmen im Bereich der statistischen Information 1993-1997* [594] vorgesehen. Das Rahmenprogramm war durch bereichsspezifische Einzelmaßnahmen auszufüllen, was der Rat mit der Verabschiedung eines Entwicklungsprogrammes für den Umweltbereich getan hat. Die *Entscheidung über die Annahme eines Entwicklungsprogramms mit vierjähriger Laufzeit (1994-1997) für die Umweltkomponente in den gemeinschaftlichen Statistiken* hat Umweltdaten erstmals zu einem umfassenden Bestandteil der regelmäßigen amtlichen Statistiken gemacht.[595] Sie sollen für alle Mitgliedstaaten verfügbar sein und zusammen mit den Daten der Europäischen Umweltagentur den Informationsbedarf der Gemeinschaft in bezug auf die Umweltpolitik und die umweltpolitischen Aspekte anderer Gemeinschaftspolitiken decken. Die Durchführung oblag der Kommission. Das Programm beinhaltete Methodik- und Konzeptstudien, praktische Studien, Piloterhebungen sowie die diesbezügliche Datensammlung und -verbreitung. Dabei war besonders dar-

---

[592] Vgl. *Poppenhäger*, Die Übermittlung und Veröffentlichung statistischer Daten im Lichte des Rechts auf informationelle Selbstbestimmung, 1995, 221 ff.

[593] Zu EUROSTAT näher unten, Teil 4 Kap. 2 D.

[594] Angenommen durch die Entscheidung 93/464/EWG vom 22.6.1993 (Abl. Nr. L 219 vom 28.8.1993, 1).

[595] Entscheidung 94/808/EG vom 15.12.1994 (Abl. Nr. L 328 vom 20.12.1994, 58). Ziel des Programms war es, regelmäßige Reihen von Umweltdaten bereitzustellen, die sich in andere amtliche Statistiken einbeziehen lassen. Es bezog sich vornehmlich auf Informationen über anthropogene Umweltbelastungen sowie „Reaktionen von Wirtschaft und Gesellschaft auf die Umweltpolitik und auf Umweltveränderungen". Welchen genauen Inhalt statistische Erhebungen zu dem letzten Punkt haben sollten, war nicht ganz eindeutig. In einem Anhang werden die Arbeitsbereiche und Erhebungsmethoden genauer umgrenzt. Bestehende gemeinschaftliche Statistiken sollten ggf. auf Daten über Produktionsprozesse einschließlich der Umwelttechniken, über das Abfallaufkommen, die Nutzung natürlicher Ressourcen und die Aufstellung von Rohstoffbilanzen erweitert werden. Die Arbeiten Internationaler Organisationen über Umweltstatistiken waren zu berücksichtigen.

auf zu achten, daß Unternehmen und Einzelpersonen durch Befragungen möglichst gering belastet werden.

Für den Umweltbereich bedeutsame Statistiken existierten bereits in den siebziger Jahren u.a. über die *Energieversorgungslage* in der Gemeinschaft.[596] Diese Statistikverordnungen wurden zwar nicht aus einer umweltpolitischen Motivation heraus erlassen, sie waren aber unter dem Aspekt des Ressourcenschutzes auch für den Umweltschutz relevant. Weitere umweltbezogene Statistikverordnungen finden sich im *Fischereisektor* und dem *Verkehrsbereich*.[597] Die Statistikverordnungen legen meist unmittelbar den Unternehmen die erforderlichen Mitteilungspflichten auf. Durchgeführt wird die Datensammlung aber i.d.R. durch Einschaltung der Mitgliedstaaten. Auf Gemeinschaftsebene kommen der Kommission und EUROSTAT die Durchführungsfunktion, meist einschließlich der erforderlichen regulatorischen Kompeten-

---

[596] Sie können als Beispiel für die Ausgestaltung von Statistikverordnungen der Gemeinschaft dienen. Die anläßlich der Erdölkrise 1972 erlassene *Verordnung* (EWG) Nr. 1055/72 vom 18.5.1972 *über die Mitteilung der Einfuhr von Kohlenwasserstoffen an die Kommission* (Abl. Nr. L 120 vom 25.5.1972, 3, aufgehoben durch die Verordnung EG Nr. 546/96, Abl. Nr. L 80 vom 30.3.1996, 2) sah vor, daß die Mitgliedstaaten der Kommission halbjährlich die getätigten Einfuhren von Rohöl und Erdgas, aufgeschlüsselt nach den Unternehmen, und eine Gesamtübersicht mit den Angaben über die voraussichtlichen Einfuhren im folgenden Jahr übermitteln. Die Einzelheiten richteten sich nach einer in einem Anhang festgelegten Liste, welcher ggf. Erläuterungen beizufügen waren. Die Kommission hatte dem Rat eine Übersicht über die eingeholten Angaben zu unterbreiten. Ähnliche Regelungen enthält die *Verordnung* (EWG) Nr. 1056/72 vom 18.5.1972 *über die Mitteilung der Investitionsvorhaben von gemeinschaftlichem Interesse auf dem Erdöl-, Erdgas- und Elektrizitätssektor an die Kommission* (Abl. Nr. L 120 vom 25.5.1972, 7, geändert). Siehe nunmehr die *Verordnung* (EG) Nr.2964/95 vom 20.12.1995 *zur Schaffung eines Registrierungssystems für Rohöleinfuhren und -lieferungen in der Gemeinschaft* (Abl. Nr. L 310 vom 22.12.1995, 5).

[597] Siehe u.a. die *Verordnung* (EG) Nr. 1172/98 vom 25.5.1998 *über die statistische Erfassung des Güterkraftverkehrs* (Abl. Nr. L 163 vom 6.6.1998, 1) und die *Verordnung* (EG) Nr. 1543/2000 vom 29.6.2000 *zur Einführung einer gemeinschaftlichen Rahmenregelung für die Erhebung und Verwaltung der Daten die zur Durchführung der gemeinsamen Fischereipolitik erforderlich sind* (Abl. Nr. L 176 vom 15.7.2000, 1) sowie die Durchführungsverordnung der Kommission, *Verordnung* (EG) Nr. 1639/2001 vom 25.7.2001 *über das Mindestprogramm der Gemeinschaft zur Datenerhebung im Fischereisektor und einzelne Durchführungsbestimmungen zur Verordnung (EG) Nr. 1543/2000 des Rates* (Abl. Nr. L 222 vom 17.8.2001, 53).

zen, zu. Häufig umfaßt die Durchführungsbefugnis im Fall des Eintritts bestimmter Umstände ein Auskunftsrecht der Kommission über Einzelfälle.[598]

Die Geheimhaltung der übermittelten Daten wird durch die Verordnung über die Übermittlung von unter die Geheimhaltungspflicht fallenden Informationen an das Statistische Amt der Europäischen Gemeinschaften geregelt.[599] Durch diese Verordnung soll sichergestellt werden, daß die einzelstaatlichen Vorschriften über das Statistikgeheimnis nicht der Übermittlung vertraulicher statistischer Daten an EUROSTAT entgegenstehen.[600] Die Klassifizierung von Daten als vertraulich ist akzessorisch. Sie knüpft an die entsprechenden mitgliedstaatlichen Regelungen an und kann daher von Mitgliedstaat zu Mitgliedstaat unterschiedlich sein.[601] Die Verwendung der als vertraulich

---

598 Wenn die Kommission beispielsweise im Rahmen der *Verordnung* (EWG) Nr. 1729/76 vom 21.6.1976 *betreffend die Mitteilung von Informationen über die Energieversorgungslage der Gemeinschaft* (Abl. Nr. L 198 vom 23.7.1976, 1) nach Anhörung des Energieausschusses feststellte, daß die Entwicklung der Versorgungsbedingungen in einem oder mehreren Mitgliedstaaten besorgniserregend verlief und daher eine raschere und ausführlichere Kenntnis der Energieversorgungslage erforderlich war, hatte sie die Mitgliedstaaten hiervon zu unterrichten. Daraufhin waren die Mitgliedstaaten verpflichtet, der Kommission detailliertere Angaben in kürzeren Abständen zu unterbreiten. Nach der Verordnung Nr. 1055/72 (Anm. 596) konnte die Kommission unter bestimmten Voraussetzungen auch detailliertere, nach einzelnen Unternehmen aufgeschlüsselte Informationen verlangen und Durchführungsbestimmungen in bezug auf die Form, den Inhalt und sonstige Einzelheiten der Mitteilungen erlassen.

599 Verordnung (EWG) Nr. 1588/90 vom 11.6.1990 (Abl. Nr. L 151 vom 15.6.1990, 1) [im folgenden *Statistikgeheimnisverordnung*].

600 So ausdrücklich Art. 3 Abs. 2 der *Statistikgeheimnisverordnung* (a.a.O.).

601 Danach fallen unter die vertraulichen statistischen Daten alle Daten, die von den Mitgliedstaaten nach ihren nationalen Rechtsvorschriften oder Gepflogenheiten als solche deklariert werden (Art. 2 Nr. 1). Die Übermittlung der Daten erfolgt dann in aggregierter, anonymisierter Form (Art. 3 Abs. 3 UAbs. 2). Nicht anonymisierbare Daten über natürliche Personen brauchen nicht übermittelt werden (Art. 3 Abs. 4). Die übermittelten statistischen Daten sind i.d.R. nur den Beamten von EUROSTAT zugänglich und dürfen nur für statistische Zwecke verwendet werden (Art. 5 Abs. 2). Die Kommission hat im Verwaltungsausschußverfahren alle erforderlichen Maßnahmen (einschließlich interner Organisationsregelungen für EUROSTAT) zu treffen, um die vertrauliche Behandlung der Daten zu gewährleisten (Art. 4). Die Verordnung findet nur auf das Statistikgeheimnis Anwendung. Sie läßt andere Geheimhaltungsvorschriften des Gemeinschaftsrechts und des nationalen Rechts unberührt (so

klassifizierten Daten unterliegt einer Zweckbindung ausschließlich für statistische Zwecke, was die Verwendung für „administrative, juristische, steuerliche oder Kontrollzwecke gegen die befragten Einheiten" ausschließt.[602] Eine Ermächtigung zur Erhebung statistischer Daten gibt die Verordnung nicht. Sie knüpft vielmehr an die speziellen gemeinschaftsrechtlichen Statistikverordnungen und sonstige diesbezügliche Normen an.[603]

Die 1997 erlassene bereichsübergreifende *Verordnung über die Gemeinschaftsstatistiken*[604] enthält allgemeine Regeln über die Erstellung, die Verbreitung und die Geheimhaltung von Statistiken, welche von den Gemeinschaftsorganen selbst erstellt werden. Die Erstellung von Gemeinschaftsstatistiken soll durch die Grundsätze der *Unparteilichkeit*, der *Zuverlässigkeit*, der *Erheblichkeit*, der *Kostenwirksamkeit* und der *Transparenz* geleitet werden.[605] Diese Grundsätze sind z.T. mit dem *Vertrag von Amsterdam* im EGV verankert worden (Art. 285 Abs. 2 EGV).

Kapitel 3: Informationskooperation außerhalb von formalisierten Informationsverfahren

Der Informationsaustausch zwischen den Mitgliedstaaten und der Kommission erschöpft sich nicht in rechtlich geregelten Verfahren. Ei-

---

ausdrücklich Art. 1 Abs. 2). Näher zu dieser Verordnung *Poppenhäger* (Anm. 592), 214 ff.

[602] Art. 2 Nr. 4 i.V.m. Art. 5 Abs. 2 der *Statistikgeheimnisverordnung*, a.a.O.; sogenannte „verlängerte Geheimhaltung" (*Poppenhäger*, a.a.O., 219 f.). Siehe weiterhin die Amtsverschwiegenheitspflichten der Mitglieder der Organe und Ausschüsse der Gemeinschaft sowie der EG-Bediensteten nach Art. 287 EGV und Art. 17 ff. des *Statuts der Beamten der Europäischen Gemeinschaft* (Abl. Nr. L 56 vom 4.3.1968, 1, mehrfach geändert). Hierdurch wird die Geheimhaltungspflicht „der Gemeinschaft" für die dort beschäftigten natürlichen Personen konkretisiert und festgelegt, daß Berufsgeheimnisse auch nach der Beendigung ihrer Amtstätigkeit nicht preisgegeben werden dürfen. Für Aussagen vor Gericht eine Aussagegenehmigung erforderlich.

[603] So ausdrücklich Art. 3 Abs. 2 der *Statistikgeheimnisverordnung* (a.a.O.).

[604] Verordnung (EG) Nr. 322/97 vom 17.2.1997 (Abl. Nr. L 52 vom 22.2.1997, 1).

[605] Art. 10 der Statistikverordnung, a.a.O.

nen großen Teil der benötigten Informationen beschafft und verbreitet die Kommission im Bereich des rechtlich mehr oder weniger Ungeregelten, der Verwaltungskooperation außerhalb von konkreten Informationspflichten.[606] Allerdings wird auch dieser Bereich von der generellen Rechtspflicht der Gemeinschaftstreue (Art. 10 EGV, ex Art. 5) umspannt. Inwiefern aus Art. 10 EGV oder ggf. auch aus Art. 284 EGV (ex Art. 213) administrative Informationspflichten herzuleiten sind, die den Bereich der informellen Verwaltungskooperation ins rechtlich Geregelte ziehen, ist noch genauer zu untersuchen.[607] Die Kommission zumindest geht von einer umfassenden rechtlichen Verpflichtung der Mitgliedstaaten in diesem Bereich aus.[608] Das Funktionieren der informellen Verwaltungskooperation wird nicht nur rosig gesehen. Im *Binnenmarktbericht 1994* stellt die Kommission fest, daß die behördliche Zusammenarbeit am besten funktioniere, wenn hierfür gesetzliche Regeln bestehen.[609] Von den nationalen Verwaltungsbediensteten ist denn auch im Rahmen des Gesprächsprogramms für die Verwaltungszusammen-

---

606 Dieser Bereich der Zusammenarbeit wird besonders in den Programmen und Mitteilungen zur Verwaltungszusammenarbeit im Binnenmarktbereich betont (dazu Teil 1 Kap. 1 B.). Siehe v.a. die *Entschließung über die der Zusammenarbeit der Verwaltungen* (Anm. 426); vgl. den *Sutherland-Bericht* (Bericht der „hochrangigen Beratergruppe Binnenmarkt" an die Kommission der Europäischen Gemeinschaften vom 26.10.1992, *Der Binnenmarkt nach 1992. Die Herausforderung aufnehmen*) zur informellen Partnerschaft zwischen Kommission und Mitgliedstaaten (Abschnitt IV, „Durchsetzung der Regeln im Wege der Partnerschaft"). *Porteu de la Morandière* (Anm. 21) stellt bereits 1971 fest, daß die Kommission zum Zwecke der Informationserlangung sogar vorzugsweise auf informelle Vorgehensweisen zurückgreife (394). Zur steigenden Tendenz informeller Steuerungsmittel siehe auch *v. Borries*, Verwaltungskompetenzen der Europäischen Gemeinschaft, in: FS Everling, 1995, 127 (145 f.); *v. Danwitz*, Die Eigenverantwortung der Mitgliedstaaten für die Durchführung von Gemeinschaftsrecht, DVBl. 1998, 421 (insbesondere 422), ausführlich *ders.*, Verwaltungsrechtliches System und Europäische Integration, 1996, 197 ff.; ebenso bereits *Weber, A.*, Rechtsfragen der Durchführung des Gemeinschaftsrechts, 1988, 67.

607 Dazu unten, Teil 3 Kap. 1 B. und Kap. 2.

608 Siehe die Mitteilung der Kommission vom 16.2.1994, *Über die Entwicklung der Zusammenarbeit der Verwaltungen bei der Anwendung und Durchsetzung des Gemeinschaftsrechts für den Binnenmarkt*, KOM (94) 29 endg., I.3. und II.A. Näher hierzu Teil 1 Kap. 1 B.VI.

609 Bericht der Kommission vom 15.6.1995, *Der Binnenmarkt 1994*, KOM(95) 238 endg., Nr. 23; dazu ausführlicher oben, Teil 1 Kap. 1 B.VII.

arbeit im Binnenmarkt das Bedürfnis nach *Verfahrensregeln für den Informationsaustausch* geäußert worden.[610]

Zum Teil vermischen sich die Bereiche des rechtlich Unverbindlichen und der formellen Rechtsbeziehungen. Das ist insbesondere dann der Fall, wenn der Rahmen der Verwaltungskooperation rechtlich geregelt ist, das Ob und Wie des Informationsaustausches aber nicht. Als Beispiel können hier die noch darzustellenden Ausschüsse sowie der Bereich der Forschungskooperation genannt werden. Häufig werden auch vormals freiwillige Verfahren nach einer gewissen Probezeit rechtlich bindend festgeschrieben.[611] Beispiele dafür sind das Informationsverfahren über Normen und technische Vorschriften nach der *Normeninformationsrichtlinie* sowie die *Meeresverschmutzungsentscheidung*.[612] Die unverbindliche Informationskooperation findet v.a. im Rahmen von Ausschüssen statt. Aber auch Ausbildungs- und Austauschprogramme, die Erarbeitung von unverbindlichen Auslegungs- und Anwendungsleitlinien durch die Kommission, bi- und multilaterale Gespräche sowie die Forschungskooperation sind Bestandteil des kooperativen, mehr oder weniger unverbindlichen Informationsaustauschs. Zuletzt soll noch die Errichtung einer Kooperationsinfrastruktur durch die Gemeinschaft erwähnt werden, welche die Durchführung des Informationsaustauschs technisch erleichtert.

A. Ausschüsse

Ausschüsse sind für die Kommission aufgrund ihrer begrenzten Ressourcen eine unverzichtbare Kontaktstelle der Informationsgewinnung

---

[610] *Bericht über den Stand der Arbeiten* (Anm. 386), 6 (Nr. 11). Hierzu sowie zu dem Gesprächsprogramm oben, Teil 1 Kap. 1 B.VI. und VII.

[611] Bereits 1977 stellt *Constantinesco, L.*, einen „Trend von losen zu strengen Konsultationsverfahren" fest. Zunächst gelegentliche, informelle Kontakte führten in der Folge zu ständigen und teilweise rechtlich verbindlichen Einrichtungen (Das Recht der Europäischen Gemeinschaften, Bd. 1 1977, 254).

[612] Die erste und die zweite *Normeninformationsrichtlinie* (Richtlinie 83/189/EWG und 98/34/EG) basieren auf den Erfahrungen mit zwei unverbindlichen *Unterrichtungsvereinbarungen* der mitgliedstaatlichen Regierungsvertreter (siehe oben, Kap. 2 A.II.3.b.aa.). In der Begründung zu den beiden Richtlinien wird ausdrücklich auf diese Vereinbarungen und ihre Unzulänglichkeiten Bezug genommen. Zur *Meeresverschmutzungsentscheidung* siehe unten, Anm. 652. (Anm. 614).

und –vermittlung.[613] Die Zahl der Ausschüsse der Europäischen Gemeinschaft ist nicht mehr genau festzustellen. Sie wurde im Jahr 1988 bereits auf über 1000 geschätzt.[614] Das liegt insbesondere daran, daß die Ausschüsse nicht formell abgeschafft, sondern bei fehlendem Bedarf einfach nicht einberufen werden. Sie können dann nach jahrelangem Schweigen plötzlich wieder zum Leben erweckt werden.[615] Eine bestimmte Sitzungszahl oder Periodizität der Einberufungen ist i.d.R. nicht vorgesehen. Auf ihr Fortbestehen kann man aus ihrer Auflistung in einem Haushaltstitel der Gemeinschaft schließen.[616] Nach dem neuen *Comitologie-Beschluß* soll zumindest für die existierenden „Comitologie-Ausschüsse" durch die Kommission eine Liste sowie regelmäßig ein Jahresbericht über deren Arbeit erstellt werden.[617] Besonders stark

---

[613] *Schmidt-Aßmann*, Strukturen des Europäischen Verwaltungsrechts: Einleitende Problemskizze, in: *Schmidt-Aßmann/Hoffmann-Riem* (Anm. 318), 9 (16). Ausführlich zu den Ausschüssen der Europäischen Union die Beiträge in *Joerges/Falke* (Hrsg.), Das Ausschußwesen der Europäischen Union, 2000, unter dem Oberthema der „Risikoregulierung" im Binnenmarkt, u.a. mit Bezugspunkten zu den Politikwissenschaften. Zum ganzen auch *Falke/Winter*, Management and regulatory committees in executive rule-making, in: *Winter*, Sources and Categories of European Union Law, 1996, 541 ff.

[614] *Hummer* in: *Grabitz/Hilf*, Art. 162 EGV [a.F.], Rn. 34. Ebenso für das Jahr 1990 *Buitendijk/van Schendelen*, Brussels Advisory Committees: A Channel for Influence?, ELR 1995, 37 (40). Von *Hilf* wurde sie noch auf „mehrere hundert" beratende Ausschüsse geschätzt (*Hilf*, Die Organisationsstruktur der Europäischen Gemeinschaften, 1982, 113) während *Schmitt v. Sydow* bereits 1980 von über 1000 Ausschüssen ausging (*Schmitt v. Sydow*, Die Kommission, 1980, 132). Zum Teil bilden Ausschüsse zudem wiederum nachgeordnete Unterausschüsse (*Schmitt v. Sydow*; a.a.O., 133 sowie *Falke/Winter*, a.a.O., 566). Dabei können sich die Mitglieder in den Ausschüssen und den Unterausschüssen unterscheiden. In Unterausschüssen werden nach *Falke/Winter* häufiger die technischen Sachverständigen aus den spezialisierten Behördenagenturen eingesetzt. Siehe auch die umfassende Bestandsaufnahme bei *Falke*, Komitologie – Entwicklung, Rechtsgrundlagen und erste empirische Annäherung, in: *Joerges/Falke*, a.a.O., 43 (76 ff.).

[615] *Schmitt v. Sydow*, *ibid.*

[616] So die Untersuchung von *Buitendijk/van Schendelen* (Anm. 614), 40 f.

[617] Art. 7 Abs. 4 des *Beschlusses* Nr. 1999/468/EG vom 28.6.1999 *zur Festlegung der Modalitäten für die Ausübung der der Kommission übertragenen Durchführungsbefugnisse* (Abl. Nr. L 184 vom 17.7.1999, 23). Näher zu diesen Ausschüssen sogleich sowie unten, Teil 4 Kap. 2 C.II.3.b.

entwickelt ist das „Ausschußwesen" in der Generaldirektion XI (Umwelt).[618]

I. Die verschiedenen Ausschußtypen

Es gibt der Kommission zugeordnete Ausschüsse und dem Rat zugeordnete. Letztere sind vornehmlich Untergliederungen des *Ausschusses der Ständigen Vertreter der Mitgliedstaaten* (AStV oder COREPER), welcher die Aufgabe hat, die Arbeiten des Rates vorzubereiten und sonstige ihm vom Rat übertragene Aufgaben auszuführen.[619] Grundlage der Vorbereitung der Ratssitzungen sind die Vorschläge der Kommission. Auch der COREPER greift damit auf die Sachverhaltsermittlung der Kommission zurück. Die Ausschüsse, die der Kommission zugeordnet sind, können wiederum durch einen Ratsbeschluß oder einen Beschluß der Kommission errichtet worden sein. Sind sie durch die Kommission errichtet worden, so handelt es sich um rein beratende Ausschüsse. Sind sie durch den Rat errichtet worden, so wirken sie meist über die Beratung hinaus am Rechtsetzungsverfahren mit, und zwar dann, wenn der Kommission entsprechende regelnde Durchführungsbefugnisse übertragen worden sind.[620] Einige der Ausschußtypen sind durch den sogenannten *Comitologie-Beschluß* des Rates von 1987 in Form eines bei der zukünftigen Rechtsetzung zu verwendenden Mu-

---

[618] *Buitendijk/van Schendelen* (Anm. 614), 40 f.

[619] Art. 207 Abs. 1 EGV [ex Art. 151] sowie Art. 19 und 21 der *Geschäftsordnung des Rates* (Beschluß 2000/396/EG vom 5.6.2000, Abl. Nr. L 149 vom 23.6.2000, 21, zuletzt geändert durch Beschluß 2001/840/EG vom 29.11.2001, Abl. Nr. L 313 vom 30.11.2001, 40). Ausführlich zum COREPER *Röhl*, Die Beteiligung der Bundesrepublik Deutschland an der Rechtssetzung im Ministerrat der Europäischen Union, EuR 1994, 409 (insbesondere 418 ff.) sowie *v. Bogdandy* in: *Schmidt-Aßmann/Hoffmann-Riem* (Anm. 166), 164 ff. Siehe auch unten, Teil 4 Kap. 2. D.

[620] Ausführlich hierzu *Demmke/Haibach*, Die Rolle der Komitologieausschüsse bei der Durchführung des Gemeinschaftsrechts und in der Rechtsprechung des EuGH, in: *Demmke*, Europäische Umweltpolitik und nationale Verwaltungen, 1998, 57 ff. *Demmke/Haibach* zählen für das Haushaltsjahr 1996 409 solcher Ausschüsse, was im Vergleich zu den anderen Ausschüssen die größte Anzahl ausmache (a.a.O., 59). Eingehend zur „Information und Kommunikation im vertikalen Rechtsetzungsverbund" *v. Bogdandy* in: *Schmidt-Aßmann/Hoffmann-Riem*, a.a.O., 140 ff.

sters festgeschrieben worden.[621] Es handelt sich um die Kategorien der beratenden Ausschüsse, der Verwaltungsausschüsse und der Regelungsausschüsse.[622] Sie werden durch den entsprechenden Rechtsakt gegründet und sind bei der Durchführung genau dieses Rechtsaktes zu beteiligen. Zum Teil wird auch auf für bestimmte Sachbereiche bereits existierende Ausschüsse zurückgegriffen, so v.a. auf den Gefahrstoffausschuß und den Ständigen Forstausschuß. Durch den neuen *Comitologie-Beschluß* von 1999 soll das Verfahren durch Unterrichtungs-, Veröffentlichungs- und Berichtspflichten der Kommission transparenter gemacht werden. Die Kommission muß hiernach u.a. eine Liste der existierenden *Comitologie-Ausschüsse* sowie regelmäßig einen Jahresbericht über deren Arbeit veröffentlichen.[623] Es gelten zudem die Grundsätze über den Zugang der Öffentlichkeit zu den Kommissionsdokumenten.

In der Literatur ist das Ausschußwesen insbesondere unter dem Schlagwort der *Comitologie* behandelt worden. Ausgangsfrage der Untersuchungen war dabei die Rechtmäßigkeit von Entscheidungsbefug-

---

[621] *Beschluß* 87/373/EWG des Rates vom 13.7.1987 *zur Festlegung der Modalitäten für die Ausübung der der Kommission übertragenen Durchführungsbefugnisse* (Abl. Nr. L 197 vom 18.7.1987, 33); nunmehr aufgehoben und ersetzt durch den Beschluß Nr. 1999/468/EG vom 28.6.1999 (Anm. 617); dazu auch unten, Teil 4 Kap. 2 C.II.3.b. Das Ausschußwesen hat sich im Rahmen der Agrarmarktorganisation mit der Einsetzung von sogenannten Verwaltungsausschüssen entwickelt. Ausführlich zum Comitologie-Beschluß von 1987 *Falke* (Anm. 614), 52 ff. Näher zur Geschichte der Ausschüsse *Meng*, Die Neuregelung der EG-Verwaltungsausschüsse – Streit um die „Comitologie", ZaöRV 1988, 208 ff. sowie *Schmitt v. Sydow* (Anm. 614), 139 ff. und *Demmke*/Haibach, a.a.O., 59 ff.

[622] Diese Einteilung ist im Beschluß Nr. 1999/468/EG beibehalten worden (a.a.O.).

[623] Art. 7 Abs. 4 des Beschlusses Nr. 1999/468/EG, a.a.O. Zudem haben sich die Ausschüsse eine Geschäftsordnung zu geben, was in den jeweiligen Rechtsakten rechtsverbindlich angeordnet wird (siehe z.B. Art. 21 Abs. 3 der *Wasserrahmenrichtlinie* (Anm. 123). Ein Beispiel für eine Geschäftsordnung findet sich in der *Entscheidung* 2000/730/EG der Kommission vom 10.11.2000 *zur Einsetzung des Ausschusses für das Umweltzeichen der Europäischen Union und zur Festlegung seiner Geschäftsordnung* (Abl. Nr. L 293 vom 22.11.2000, 24), welche allerdings nicht vom Ausschuß selbst, sondern von der Kommission erlassen wurde.

nissen dieser Ausschüsse im Rechtsetzungsverfahren.[624] Inzwischen wird in der Rechtsprechung und der Literatur die Rechtmäßigkeit der Einbeziehung solcher Ausschüsse durch den Rat anerkannt. Auch die Organisationsgewalt der Kommission zur Bildung rein beratender Ausschüsse wird allgemein anerkannt.[625]

II. Informationsfunktion und Arbeitsweise der Ausschüsse

Insbesondere rein beratende Ausschüsse dienen der Deckung des ständigen Informationsbedarfs der Kommission bei der Vorbereitung von Rechtsakten und der Überwachung ihrer Durchführung.[626] Als „Lückenfüller" fungiert der *Beratende Binnenmarktausschuß*. Er wird bei Problemen mit dem Funktionieren des Binnenmarktes von der Kommission gehört, wenn keine anderen – formellen oder informellen – Informationsverfahren eingreifen.[627]

---

[624] Dabei ging es v.a. um die Ausgrenzung des Europäischen Parlaments, das Evokationsrecht des Rates zu Lasten der Kommission und die Beteiligung von mitgliedstaatlichen Beamten am Entscheidungsprozeß der Kommission. Eingehender dazu unten, Teil 4 Kap. 2 C.II.3.b.

[625] Näher hierzu unten, Teil 4 Kap. 2 A. und C.II.5. Speziell zu den Ausschüssen *Hilf* (Anm. 614), 115.

[626] *Hilf* (Anm. 614), 114. Siehe auch *Krämer*, Arbeit und Konzeption der EG-Kommission (Anm. 480), 41.

[627] So ausdrücklich Art. 2 Abs. 1 des *Beschlusses* der Kommission vom 23.12.1992 *über die Einrichtung eines Beratenden Ausschusses für Koordinierung im Bereich des Binnenmarktes* (Abl. Nr. L 26 vom 3.2.1993, 18) zur Einberufung des Ausschusses: „Der Ausschuß kann von der Kommission zu jeglichem .... praktischen Problem gehört werden, das das Funktionieren des Binnenmarktes betrifft und nicht erfaßt wird durch Maßnahmen gemäß Vorkehrungen für Mitteilungen an die Kommission und/oder den Informationsaustausch zwischen den Mitgliedstaaten und der Kommission, welche in anderen anwendbaren Maßnahmen der Gemeinschaft festgesetzt werden oder auf ein bestehendes System für praktische Zusammenarbeit zwischen der Kommission und den Mitgliedstaaten gegründet sind". Siehe auch die *Mitteilung der Kommission zur Behandlung dringender Fälle* (Anm. 530), 38 (Nr. 10). In dieser Mitteilung stellt die Kommission heraus, daß der *Beratende Binnenmarktausschuß* „in erster Linie für die notwendige Zusammenarbeit und den Informationsaustausch zwischen den Mitgliedstaaten und der Kommission im Binnenmarktbereich zu sorgen" hat. In dessen Rahmen sollten auch i.d.R. die Gespräche zum Gesprächsprogramm für die administrative Zusammenarbeit stattfinden (*Mitteilung zur Zusammenarbeit der Verwaltungen*, [Anm. 608], Anhang 1,

Aber auch die sogenannten *Verwaltungs- und Regelungsausschüsse* dienen dem vertikalen und horizontalen Informationsaustausch.[628] Sie bestehen jeweils aus Vertretern der Mitgliedstaaten und einem Vertreter der Kommission, welcher den Vorsitz führt. Ihre Aufgabe ist es, sich mit den Vorschlägen der Kommission zu befassen und dazu Stellungnahmen abzugeben. Im Rahmen der Abgabe dieser Stellungnahmen findet ein Informationsaustausch über die jeweiligen nationalen Erfahrungen und Probleme mit den bestehenden Gemeinschaftsvorschriften und den potentiellen Vor- und Nachteilen des Kommissionsvorschlages statt.[629] Mangels eigenständiger Entscheidungsbefugnisse ist die eigentliche Funktion der Ausschüsse nicht die „Verwaltung" oder die „Regelung" einer entsprechenden Materie, sondern die Information und politische Kontrolle der Kommission.[630] Ein Verwaltungsausschuß soll eine *ständige Konsultation* gewährleisten, die der Orientierung der Kommission bei der Ausübung der ihr vom Rat übertragenen Befugnisse dient und dem Rat die Möglichkeit geben, anstelle der Kommission tätig zu werden.[631] Zur Vorbereitung der Rechtsetzung gibt das Ausschußverfahren der Kommission die Möglichkeit, Eingriffsmaßnahmen in enger

---

Nr. 22; näher zu diesem Gesprächsprogramm oben, Teil 1 Kap. 1 B.VI.).

[628] Vgl. *Schäfer*, Die institutionelle Weiterentwicklung der Europäischen Gemeinschaft: Überlegungen zu neuen Strukturen der EG-Institutionen, DÖV 1991, 261 (264). Ausführlich zur Arbeitsweise und Informationsfunktion der Ausschüsse *Schmitt v.Sydow* (Anm. 614), 157 ff. sowie *ders.*, Die Zusammenarbeit nationaler und europäischer Beamter in den Ausschüssen der Kommission, EuR 1974, 63 ff.

[629] In der *GLP-Überprüfungsrichtlinie* wird z.B. die Informationsfunktion des Gefahrstoffausschusses der Richtlinie 67/548/EWG explizit erwähnt. Danach kann der Ausschuß von sich aus oder auf Antrag eines Mitgliedstaatenvertreters jede vorgelegte Frage in bezug auf die Durchführung der Richtlinie prüfen. Darunter fallen v.a. Fragen der Zusammenarbeit zwischen den von den Mitgliedstaaten benannten Stellen in technischen und Verwaltungsangelegenheiten sowie Fragen des Informationsaustauschs über die Ausbildung von Inspektoren (Art. 7 Abs. 1 der Richtlinie 88/320/EWG, [Anm. 386]). Auch die Begründung unterstreicht den Beitrag, den der Ausschuß zum Informations- und Erfahrungsaustausch leisten kann (7. Begründungserwägung, a.a.O.).

[630] Hierzu noch näher unten, Teil 4 Kap. 2 C.II.3.b.

[631] So ausdrücklich der EuGH in der Rs. *Köster* (Urteil vom 17.12.1970, Rs. 25/70, *Einfuhr- und Vorratsstelle Getreide/Köster*, Slg. 1970, 1161 [1173, Rn. 9]). Siehe auch *Cassese*, Die Beziehungen zwischen den internationalen Organisationen und den nationalen Verwaltungen, in: *Achour/Cassese*, Aspekte der internationalen Verwaltung, 1985, 37 (71 ff.).

Fühlungnahme mit den nationalen Behörden auszuarbeiten, welche die betroffenen Marktsektoren zu verwalten haben.[632] Es handelt sich dabei um einen *kollektiven Beratungsmechanismus*, in dem die Mitgliedstaaten ihre Interessen geltend machen, während die Kommission durch ihre Maßnahmen etwaige Interessenkonflikte im Hinblick auf das Allgemeininteresse ausgleicht.[633] Vor dem ersten offiziellen Entwurf der Kommission werden die Vorschläge in den Fachausschüssen beraten, um – möglichst fernab des vornehmlich politisch geprägten Interessenwiderstreites der Mitgliedstaaten in den Ratssitzungen – die aus Expertensicht fachlich zu berücksichtigenden Punkte festzulegen.[634] Informiert wird die Kommission über die in den Mitgliedstaaten bestehenden Regelungen, die Durchführungsstrukturen und die potentiellen oder aktuellen Probleme mit der geplanten oder bereits existierenden

---

[632] Das hebt der Gerichtshof in dem Urteil vom 14.3.1973, Rs. 57/72 (*Westzucker GmbH/Einfuhr- und Vorratsstelle Zucker*), Slg. 1973, 321 (341, Rn. 17) hervor. In der *Entschließung* des Rates vom 7.10.1997 *zur Formulierung, Durchführung und Durchsetzung des Umweltrechts der Gemeinschaft* (Abl. Nr. C 321 vom 22.10.1997, 1) ersucht der Rat die Kommission um eine frühzeitige Einbindung der auf der nationalen Ebene für die Umsetzung und die praktische Anwendung zuständigen „Akteure" in die Vorbereitung neuer Rechtsakte, um so die Durchführung und Durchsetzung zu vereinfachen (Nr. 5). Siehe auch *Buitendijk/van Schendelen* (Anm. 614), 37 f.; *Demmke/Haritz*, Die Europäisierung des öffentlichen Dienstes in den Mitgliedstaaten und die Rolle der einzelstaatlichen Bediensteten im Entscheidungsprozeß, in: *Demmke* (Anm. 620), 9 (15 ff.) mit einer Fallstudie zur Rechtsetzung im Bereich der alten und neuen *Trinkwasserrichtlinie* sowie eingehend zu „Information und Kommunikation im vertikalen Rechtsetzungsverbund" *v. Bogdandy* in *Schmidt-Aßmann/Hoffmann-Riem* (Anm. 166), 140 ff.

[633] So wörtlich der EuGH in der Rs. *Westzucker*, a.a.O.

[634] Vgl. *Siedentopf/Hausschild*, Europäische Integration und die öffentlichen Verwaltungen der Mitgliedstaaten, DÖV 1990, 445 (448 f.), die diese Kooperation der Verwaltungsspezialisten als „policy-networks" und unter Verweis auf *Wagener* auch als „Fachbruderschaften" bezeichnen. Zur Funktion von Netzwerken oben, Teil 1 Kap. 2 B.II. und D.II. Kritisch zur frühzeitigen Beteiligung der nationalen Bediensteten *Herzog*, Doppelte Loyalität, 1975, 64 f. wegen der Gefahr der Instrumentalisierung der Kommissionsbediensteten für nationale Zwecke. Vgl. *Schmitt v. Sydow* (Anm. 614) zur Gefahr der Kompetenzvermischung und der „Macht der Fachinteressen" (169 ff.). *Schmitt v.Sydow* weist zu Recht darauf hin, daß letzteres kein spezielles Problem der Gemeinschaft ist. Letztlich kann den Einwänden entgegnet werden, daß den Ausschüssen keine Entscheidungskompetenzen zukommen, sondern alle „nur" beratende Funktion haben (hierzu näher unten, Teil 4 Kap. 2 C.II.3.b.).

Gemeinschaftsregelung in dem betreffenden Sachgebiet. Vor dem Hintergrund dieser Informationen kann sich die Kommission ein Bild von den in Frage kommenden Durchführungsregelungen machen. Sollten diese Vorabinformationen nach Ansicht der Beamten der Mitgliedstaaten nicht ausreichend berücksichtigt worden sein, kann ein Verwaltungs- oder Regelungsausschuß dies mit einer ablehnenden Stellungnahme ausdrücken und so eine Entscheidung durch den Rat ermöglichen. Das Sachwissen und die Detailkenntnis der nationalen Beamten fördert so die Qualität des Gemeinschaftsrechts[635] und bedingt auch eine gewisse *Abhängigkeit* der Gemeinschaftsorgane von den nationalen Experten.[636] Gleichzeitig werden die Ausschußmitglieder im Sinne einer zunehmenden Gemeinschaftsfreundlichkeit „europäisiert".[637]

In den Ausschüssen wird ein großer Teil der Zeit auf die Einigung über eine gemeinsame Auslegung der Rechtsvorschriften verwendet.[638] Hier werden von den Beamten u.a. mündlich Beanstandungen über bestimmte Verwaltungspraktiken in anderen Mitgliedstaaten zum Zwecke der schnellen informellen Klärung vorgebracht.[639] Die Kommission nimmt in diesen Fällen eine im Interesse des gesamten Gemeinschaftsrechts tätigen *Schlichterrolle* ein.[640] In diesem Fall dienen die Ausschüsse als Forum für ein freiwilliges Konsultationsverfahren im Dreiecksverhältnis, das bei der Herbeiführung einer Einigung ein förmliches Vertragsverletzungsverfahren entbehrlich macht.

---

635 *Schmitt v.Sydow*, a.a.O., 166.

636 *Demmke/Haritz* (Anm. 632), 46, sowie *Demmke/Haibach* (Anm. 620), 74. Die Gefahr einer sich verselbständigenden „Technokultur" mit einer einseitigen Wirklichkeitskonstruktion sieht auch *v. Bogdandy* in *Schmidt-Aßmann/Hoffmann-Riem* (Anm. 166), 150 f.

637 *Schmitt v. Sydow* (Anm. 614), 166; siehe auch *Falke* (Anm. 614), 51.

638 So die Kommission im *Binnenmarktbericht 1994* (Anm. 609), Teil 1, Nr. 23.

639 Vgl. *Schäfer* (Anm. 628), 264, der die Ausschüsse als Instrument der (horizontalen) Kontrolle für die Mitgliedstaaten sieht. Ebenso *Nicoll*, Qu'est-ce que la Comitologie?, RMC 1987, 185 (186).

640 Vgl. *Schmitt v. Sydow* (Anm. 614), 30 – nach *Schmitt v. Sydow* eine „Maklerrolle". Er weist darauf hin, daß die Fachbeamten nicht dagegen gefeit seien, Interessen fremder Fachbereiche, Wirtschaftsgruppen und Bevölkerungskreise ungenügend zu berücksichtigen oder sich sogar im Tauschhandel gegenseitig bestimmte Vertragsverstöße zuzugestehen.

Auf die Bedeutung des *Arbeitsklimas* für das Gelingen von Ausschußsitzungen und die Offenheit beim Austausch von Informationen hat *Schmitt v.Sydow* hingewiesen. Cocktailempfänge am Abend und inoffizielle Korridorgespräche spielen hier ebenso eine Rolle wie das durch die gegenseitige kontinuierliche Bekanntschaft geförderte *Vertrauen* der Ausschußmitglieder untereinander und zur Kommission.[641] Will die Kommission die formelle Funktion der Regierungsvertreter zum Zwecke eines offeneren Informationsaustauschs lockern, werden Verwaltungs- und Regelungsausschüsse auch als „Sachverständigengruppe" einberufen, um so den sachverständigen Regierungsvertretern eine Meinungsäußerung als „unabhängige" Sachverständige im eigenen Namen zu ermöglichen.[642] In einer empirischen Untersuchung haben *Buitendijk* und *van Schendelen* festgestellt, daß der rechtliche Status eines Ausschusses letztlich nicht entscheidend ist – in der Praxis nähern sich die Funktionen der Ausschüsse als Informations- und Einflußkanal einander an.[643] Der jeweilige Einfluß der Ausschüsse wird von den Ausschußmitgliedern selbst stark in Abhängigkeit von der Offenheit des Informationsaustauschs gesehen.[644]

Mittels des von Rat und Parlament unabhängigen Informationsaustauschs in den Ausschüssen ermöglicht sich die Kommission eine eigenständige Definition des jeweiligen Gemeinschaftsinteresses.[645] Durch ihre Initiativkompetenz und ihre Hauptrolle bei der Informationsverwaltung bestimmt diese Definition des Gemeinschaftsinteresses die Sichtweise der anderen Organe der Gemeinschaft entscheidend mit. Ausschüsse bilden ein *Netzwerk* aus den jeweils sachlich zuständigen Regierungsvertretern und den Vertretern der Kommission.[646] Sie dienen

---

[641] *Schmitt v. Sydow* in EuR (Anm. 628), 64 ff. sowie *ders.* (Anm. 614), 158, 160 f.; in diesem Sinne auch die Mitteilung *Notwendiger Informationsaustausch zwischen Verwaltungen* (siehe Teil 1 Kap. 1 I.). Zur Bedeutung der Vertrauensbildung für den Informationsaustausch siehe auch oben, Teil 1 Kap. 2 C.III., D.II. und F.II.

[642] *Schmitt v. Sydow* in EuR, a.a.O., 65; *ders.* (Anm. 614), 137. Kritisch im Hinblick auf die dann fehlende Abstimmung der persönlichen Position mit der offiziellen Regierungshaltung *Demmke/Haritz* (Anm. 632), 15 f.

[643] *Buitendijk/van Schendelen* (Anm. 614), 42 f., 46.

[644] Siehe die Untersuchungsergebnisse von *Buitendijk/van Schendelen*, a.a.O., 48 ff.

[645] Vgl. *Hilf* (Anm. 614), 114.

[646] Zur Funktion von Netzwerken oben, Teil 1 Kap. 2 B.II. und D.II. Spezi-

– unabhängig von der jeweiligen Hauptaufgabe – allesamt zumindest zeitweilig als *Informationskanal* zwischen den in den Mitgliedstaaten für die Durchsetzung zuständigen Verwaltungen, sowohl untereinander als auch zwischen diesen und der Kommission.[647] Der Gebrauch von Ausschüssen dürfte sich mit der Aufforderung des Rates an die Kommission, frühzeitig die in den Mitgliedstaaten für die Umsetzung und die praktische Anwendung zuständigen „Akteure" in die Vorbereitung von neuen Rechtsakten einzubeziehen, noch einmal verstärken.[648]

III. Beratende Ausschüsse bei der Kommission im Bereich des Umweltschutzes

Von der Kommission gegründete Ausschüsse im Bereich des Umweltschutzes sind insbesondere der Ausschuß für Abfallwirtschaft,[649] der Wissenschaftliche Ausschuß für die Prüfung der Toxizität und Ökotoxizität chemischer Verbindungen,[650] der Wissenschaftliche Ausschuß für Schädlingsbekämpfungsmittel[651] und der Beratende Ausschuß auf

---

ell zur Netzwerkstruktur von Ausschüssen *Bücker/Schlacke*, Die Entstehung einer „politischen Verwaltung" durch EG-Ausschüsse – Rechtstatsachen und Rechtsentwicklungen, in: *Joerges/Falke* (Anm. 613), 161 (169 ff.).

[647] Vgl. den *Binnenmarktbericht 1994* (Anm. 612), Nr. 22.

[648] Nr. 5 der *Entschließung zur Durchsetzung des Umweltrechts* vom 7.10.1997 (Anm. 52).

[649] Er hat die Aufgabe, die Kommission u.a. bei den Maßnahmen technischer, wirtschaftlicher, behördlicher und rechtlicher Art zur Verringerung des Abfallaufkommens, zur Abfallverwertung und -beseitigung sowie bei der Anwendung und Ausarbeitung neuer Richtlinien zu beraten (Art. 2 des *Beschlusses* der Kommission 76/431/EWG vom 21.4.1976 *zur Einsetzung eines Ausschusses für Abfallwirtschaft*, Abl. Nr. L 115 vom 1.5.1976, 73).

[650] Der Ausschuß ist zur Eignung neuer Verfahren und Bewertungsmethoden zu hören und berät die Kommission auf ihr Ersuchen hin in allen sonstigen Fragen (*Beschluß* 78/618/EWG der Kommission vom 28.6.1978 *zur Einsetzung eines Beratenden wissenschaftlichen Ausschusses für die Prüfung der Toxizität und Ökotoxizität chemischer Verbindungen*, Abl. Nr. L 198 vom 22.7.1978, 17).

[651] Dieser Ausschuß kann die Kommission auch aus eigener Initiative auf Fragen der Verwendung von Schädlingsbekämpfungsmitteln und deren Wirkung aufmerksam machen (Art. 2 des *Beschlusses* der Kommission 78/436/EWG vom 21.4.1978 *zur Einsetzung eines wissenschaftlichen Ausschusses für Schädlingsbekämpfungsmittel*, Abl. Nr. L 124 vom 12.5.1978, 16, geändert).

dem Gebiet der Überwachung und Verringerung der Meeresverschmutzung durch Öl und andere gefährliche Stoffe.[652] Der rechtlich noch unstrukturierte Informationsaustausch im Rahmen des letztgenannten Ausschusses ist kurz darauf durch die Meeresverschmutzungsentscheidung formalisiert worden. Neu ist die Anhörung eines Ethikausschusses, was nun in der Gentechnikrichtlinie 2001/18/EG vorgesehen ist.[653] Das übergreifend zuständige Europäische Beratende Forum für Umwelt sowie dauerhafte und umweltgerechte Entwicklung wurde 1993 eingerichtet und 1997 „angesichts des Erfolgs der bisherigen Tätigkeiten des Forums beim Ausbau eines Dialogs" in seiner Stellung gestärkt.[654] Zudem kann der Beratende Binnenmarktausschuß mit Fragen zur Vereinbarkeit von Umweltschutzmaßnahmen mit der Warenverkehrsfreiheit beschäftigt werden. Teilweise haben auch die vom Rat gegründeten Ausschüsse einen rechtsaktübergreifenden beratenden Wirkungsbereich und beschränken sich nicht im Sinne der beiden *Comitologie-Beschlüsse* auf die Verwaltung nur eines speziellen Rechtsaktes. Für den Umweltschutzbereich relevant sind hier u.a. der Ständige Aus-

---

[652] Dieser Ausschuß hat die Aufgabe, Stellungnahmen zu sämtlichen Problemen der Durchführung diesbezüglicher Gemeinschaftsmaßnahmen abzugeben und bestehende Informationen und Erfahrungen in den Mitgliedstaaten einzuholen. Dadurch soll die Koordinierung der auf einzelstaatlicher, internationaler und Gemeinschaftsebene durchgeführten oder geplanten Maßnahmen erleichtert werden (*Beschluß* der Kommission 80/686/EWG vom 25.6.1980 *zur Einsetzung eines beratenden Ausschusses auf dem Gebiet der Überwachung und Verringerung der Meeresverschmutzung durch Öl und andere gefährliche Stoffe*, Abl. Nr. L 188 vom 22.7.1980, 11).

[653] Art. 29 der Richtlinie 2001/18/EG (Anm. 218).

[654] 1993 eingerichtet als *Allgemeines Beratendes Forum für Umweltfragen* (*Beschluß* 93/701/EG der Kommission vom 7.12.1993 *zur Einrichtung eines Allgemeinen Beratenden Forums für Umweltfragen*, Abl. Nr. 328 vom 29.12.1993, 53, aufgehoben), 1997 umbenannt und modifiziert durch den *Beschluß* 97/150/EG vom 24.2.1997 *zur Einrichtung eines Europäischen Beratenden Forums für Umwelt sowie dauerhafte und umweltgerechte Entwicklung* (Abl. Nr. L 58 vom 27.2.1997, 48); 7. Begründungserwägung. Das Forum soll als „eine Stätte der Konsultation und des Dialogs zwischen diesen verschiedenen Bereichen und den Dienststellen der Kommission" dienen (Begründung des Beschlusses 93/701/EG). Es kann von der Kommission zu allen Problemen gehört werden und auch von sich aus eine solche Anhörung nahelegen. Seit 1997 können auch Persönlichkeiten aus EWR-Ländern und assoziierten Ländern beteiligt werden. Siehe auch *Falke* (Anm. 614), 138 f.

schuß für Pflanzenschutz,[655] der Beratende Ad-hoc-Ausschuß für die Aufarbeitung bestrahlter Kernbrennstoffe [656] sowie mehrere Ausschüsse im landwirtschaftlichen, tiermedizinischen und Lebensmittelbereich.[657] Die Kommission hat z.T. ergänzend zu den aus Regierungsvertretern bestehenden Ausschüssen beratende wissenschaftliche Ausschüsse eingesetzt.[658] Eine besonders „informelle" Organisationsform ist in der Empfehlung des Rates zur Kraft-Wärme-Kopplung vorgesehen.[659] Darin wird den Mitgliedstaaten empfohlen, beratende Organe oder Ausschüsse im Bereich der Wärme/Krafterzeugung einzusetzen. Obwohl es sich um Ausschüsse auf der Ebene der Mitgliedstaaten handelt, sollen sie nicht nur dem Informationsaustausch und der Zusammenarbeit auf nationaler, sondern auch auf der Gemeinschaftsebene

---

655 Der Ausschuß soll ein „Verfahren für eine enge Zusammenarbeit zwischen den Mitgliedstaaten und der Kommission" ermöglichen (Begründung des *Beschlusses* 76/894/EWG vom 23.11.1976 *zur Einsetzung eines Ständigen Ausschusses für Pflanzenschutz*, Abl. Nr. L 340 vom 9.12.1976, 25). Zur Erlangung wissenschaftlich-technischer Informationen hat die Kommission in Ergänzung zum *Ständigen Pflanzenschutzausschuß* einen *Wissenschaftlichen Ausschuß für Schädlingsbekämpfungsmittel* gegründet (Beschluß 78/436/EWG, [Anm. 651]).

656 *Beschluß* 80/237/Euratom vom 18.2.1980 *über die Einsetzung eines Beratenden Ad-hoc-Ausschusses für die Aufarbeitung bestrahlter Kernbrennstoffe* (Abl. Nr. L 52 vom 26.2.1980, 9). Wie der Name *„ad hoc"* bereits sagt wurde der Ausschuß für die Prüfung einzelner Fragen bei der Aufarbeitung von Kernbrennstoffen einberufen. Er hatte seine Arbeit mit einem Bericht abzuschließen.

657 Siehe u.a. den *Beschluß* 66/399/EWG des Rates vom 14.6.1966 *über die Einsetzung eines Ständigen Ausschusses für das landwirtschaftliche, gartenbauliche und forstwirtschaftliche Saat- und Pflanzengutwesen* (Abl. Nr. 125 vom 11.7.1966, 2289); *Beschluß* 68/361/EWG des Rates vom 15.10.1968 *über die Einsetzung eines Ständigen Veterinärausschusses* (Abl. Nr. L 255 vom 18.10.1968, 23); *Beschluß* 70/372/EWG des Rates vom 20.7.1970 *über die Einsetzung eines Ständigen Futtermittelausschusses* (Abl. Nr. L 170 vom 3.8.1970, 1); *Entscheidung* 89/367/EWG des Rates vom 29.5.1989 *zur Einsetzung eines Ständigen Forstausschusses* (Abl. Nr. L 165 vom 15.6.1989, 14).

658 Siehe z.B. den *Beschluß* 87/76/EWG vom 7.1.1987 *zur Einsetzung eines Beratenden Ausschusses für Futtermittel* (Abl. Nr. L 45 vom 14.2.1987, 19) und den *Beschluß* 87/89/EWG vom 7.1.1987 *zur Einsetzung eines Beratenden Veterinärausschusses* (Abl. Nr. L 45 vom 14.2.1987, 56).

659 *Empfehlung* 77/14/EWG des Rates vom 25.10.1977 *betreffend die Einsetzung beratender Organe und Ausschüsse in den Mitgliedstaaten zur Förderung der kombinierten Wärme/Krafterzeugung und der Valorisierung von Abwärme* (Abl. Nr. L 295 vom 18.11.1977, 5).

dienen. Zu diesem Zweck soll u.a. zu einem regelmäßigen Erfahrungsaustausch und zur Zusammenarbeit auf der Gemeinschaftsebene unter Schirmherrschaft der Kommission angeregt werden.[660]

Diese von der Kommission gegründeten, beratenden Ausschüsse sind meist mit sachverständigen Regierungsvertretern[661], unabhängigen (externen) *Sachverständigen*[662] oder sogenannten *Vertretern interessierter Kreise*[663] besetzt. Bei sogenannten „komplexen Verwaltungsentscheidungen", die an technisch und naturwissenschaftlich schwer überschaubare Entscheidungsgrundlagen anknüpfen, wird in den Rechtsnormen häufig auf außerjuristische Wissenschaftskenntnisse und Prognosen verwiesen.[664] Die Ausfüllung dieser Tatbestandsmerkmale kann dann zum Zwecke der Reduktion von Sachkomplexität *externalisiert* und der – verbindlichen oder unverbindlichen – Beurteilung von Sachverständigengremien übertragen werden.[665] Die Verwaltung kann in

---

660 Der Kommission sollen zudem regelmäßig die getroffenen Maßnahmen sowie deren tatsächliche und zu erwartende Auswirkungen mitgeteilt werden (a.a.O.).

661 Die Mitglieder des *Ausschusses für Abfallwirtschaft* (Anm. 649) werden von der Kommission nach Anhörung der Mitgliedstaaten aus den „hohen Regierungssachverständigen" ausgewählt, die für die genannten Gebiete zuständig sind. Der *Beratende Ausschuß auf dem Gebiet der Meeresverschmutzung* (Anm. 652) besteht aus zwei Regierungssachverständigen je Mitgliedstaat, die von der Kommission auf Vorschlag der Mitgliedstaaten ernannt werden. Der *Ausschuß für Toxizität und Ökotoxizität* (Anm. 650) besteht aus von der Kommission ernannten Sachverständigen aus den Mitgliedstaaten. Der *Beratende Ausschuß für bestrahlte Kernbrennstoffe* (Anm. 656) besteht aus von den Regierungen zu benennenden Sachverständigen der öffentlichen Stellen und Unternehmen. Siehe auch *Falke/Winter*, die darauf verweisen, daß in den von den Ausschüssen selbst gebildeten Unterausschüssen meist wiederum technisch spezialisierte Beamte sitzen (Anm. 613, 566).

662 Zum Teil finden wohl auch innerhalb der Ausschüsse sogenannte „Sachverständigensitzungen" statt, in denen die sachverständigen Regierungsvertreter nicht als Vertreter der Regierung, sondern als unabhängige Sachverständige im eigenen Namen diskutieren (*Schmitt v. Sydow*, [Anm. 614], 137).

663 Besonders weit gefächert ist die Zusammensetzung des *Ausschusses für das Umweltzeichen der Europäischen Union* (AUEU), eingesetzt durch die Entscheidung 2000/730/EG (Anm. 623).

664 Zur „komplexen Verwaltungsentscheidung" *Schmidt-Aßmann*, Verwaltungsverantwortung und Verwaltungsgerichtsbarkeit, VVDStRL 34, 1976, 221 (insbesondere 223 f.).

665 Ausführlich, auch zu den Grenzen der Externalisierung im Hinblick auf

diesen Fällen durch die Benennung der zuständigen Sachverständigen sowie die Unverbindlichkeit ihrer Wertungen die Verfahrensherrschaft bewahren, was allerdings die Arbeitserleichterung verringert.

Bei den in das *Beratende Forum für Umwelt sowie dauerhafte und umweltgerechte Entwicklung* berufenen Persönlichkeiten handelt es sich dagegen überwiegend um im Umweltbereich engagierte Persönlichkeiten des politischen und wirtschaftlichen Lebens.[666] Wie sich aus der Zusammensetzung ergibt, geht es der Kommission hier nicht primär um den technisch-wissenschaftlichem Sachverstand, sondern mehr um eine Ideensammlung und Abwägung der politischen und sozialen Machbarkeit von Umweltschutzmaßnahmen. Die Mitglieder des Forums stellen eine Art direkte „Vertretung" der von den Maßnahmen betroffenen Bevölkerungsgruppen dar. Ihre Konsultation durch die Kommission dient u.a. der höheren *Legitimation* europäischer Umweltschutzpolitik. Aufgrund der Interessenvielfalt in der Umweltschutzpolitik verläßt sich die Kommission bei der Informationssammlung nicht allein auf die nationalen Regierungen. Eine nicht formalisierte, nach allen Seiten hin offene Informationserhebung ist v.a. im Rahmen des programmierenden Vollzuges notwendig.[667]

Nach Art. 7 des *Beschlusses zur Einsetzung eines beratenden Ausschusses auf dem Gebiet der Meeresverschmutzung* kann die Kommission „nötigenfalls ... Mitglieder mit besonderer Qualifikation in dem betreffenden Bereich persönlich einberufen". Die Kommission kann also

---

die Gewaltenteilung und das demokratische Verantwortungssystem, *DiFabio* (Anm. 76), 195 f., 216 ff. Zur Tätigkeit der wissenschaftlichen beratenden Ausschüsse in den Bereichen der Risikobewertung, des Risikomanagements und der Risikomitteilung *Falke* (Anm. 614), 133 f. Beispielhaft zur Rolle wissenschaftlicher Argumente in der Willensbildung der Ausschüsse die Darstellung der Diskussion über die Klassifizierung gefährlicher Zubereitungen bei *Falke/Winter* (Anm. 613), 567 ff.

[666] Das *Beratende Forum für Umwelt sowie dauerhafte und umweltgerechte Entwicklung* (Anm. 654) setzt sich aus von der Kommission ernannten Persönlichkeiten u.a. der Unternehmen, der regionalen und örtlichen Behörden, der Berufsverbände und Gewerkschaften und der Umweltschutz- und Verbraucherorganisationen zusammen. Das Forum selbst kann wiederum Sachverständige zu seinen Sitzungen einladen (Art. 1 und Art. 8 des Beschlusses). *Schmitt v. Sydow* spricht bei einem solchen Gremien von *Sachverständigengruppe*, nicht von *Ausschuß* (Anm. 614, 137).

[667] Hierzu Teil 1 Kap. 2 B.I. Kritisch zur Beeinflussung der Kommission durch Konsultationen mit Interessenvertretern *Herzog* (Anm. 634), 66.

nicht nur auf den Ausschuß als Ganzes, sondern auch auf einzelne Mitglieder zwecks Auskunftserteilung zurückgreifen. Hier wird die Frage aufgeworfen, ob diese Mitglieder einer Auskunftspflicht unterliegen. Dafür muß zunächst die Frage beantwortet werden, ob die Mitgliedstaaten als solche einer allgemeinen Informationspflicht unterliegen sowie in der Folge die Frage, an wen ggf. ein solches Auskunftsersuchen gerichtet werden darf.[668]

IV. Informationspflichten der Ausschußmitglieder?

Ob die in den Ausschüssen zu beteiligenden Stellen verpflichtet sind, Vertreter zu entsenden, ist fraglich. Für die Vertreter von gesellschaftlichen Interessengruppen ist dies dann zu verneinen, wenn der entsprechende Rechtsakt der Kommission für sie keine Bindungswirkung entfaltet. Für die Vertreter der Mitgliedstaaten kommt eine Verpflichtung auf der Grundlage von Art. 10 Abs. 1 S. 2 EGV i.V.m. dem sekundärrechtlichen Gründungsakt in Betracht.[669] Meist wird eine Entsendung von Vertretern allerdings im Eigeninteresse der Mitgliedstaaten liegen.

Näher zu untersuchen bleibt, ob die Ausschußmitglieder etwaigen *Informationspflichten* unterliegen. Solche Informationspflichten können im Gründungsrechtsakt oder anderen Rechtsakten des Rates festgelegt sein. Explizite Informationspflichten unter konkreter Bezugnahme auf einen Ausschuß sind selten zu finden.[670] Außerhalb von expliziten Informationspflichten kommen allgemeine Informationspflichten auf der Grundlage der Gemeinschaftstreue in Betracht. Nach Art. 10 Abs. 1 S. 2 EGV könnte sich zumindest für die Vertreter der Mitgliedstaaten eine Auskunftspflicht ergeben. Da die Mitgliedstaaten einer Auskunftspflicht gegenüber der Kommission im Rahmen des für die Erfüllung der Aufgaben der Gemeinschaft Erforderlichen unterliegen,[671] kann diese Auskunftspflicht auch im Rahmen eines Ausschusses aktualisiert werden. Den Vertretern der Mitgliedstaaten muß allerdings Gelegenheit ge-

---

[668] Zur Beantwortung muß auf die später erfolgende rechtliche Analyse von Art. 10 und 284 EGV [ex Art. 5 und 213] und der institutionellen Autonomie der Mitgliedstaaten zurückgegriffen und gleichzeitig verwiesen werden (Teil 3 Kap. 2 sowie Teil 4 Kap. 1 C.II und Kap. 2 C.II.).

[669] So *Hilf* (Anm. 614), 114.

[670] Hierzu als Ausnahme Art. 4 Abs. 2 der *GLP-Überprüfungsrichtlinie* (Anm. 386).

[671] Dazu näher unten, Teil 3 Kap. 2 B.V.

geben werden, sich mit ihren Dienstherren insbesondere im Hinblick auf das Vorliegen von Auskunftsverweigerungsgründen abzusprechen.[672] Den Gemeinschaftsorganen kommt im Grundsatz *kein Einzelweisungsrecht* gegenüber den einzelnen mitgliedstaatlichen Beamten zu. Sie können nicht auf die mitgliedstaatlichen Fachbehörden wie auf einen eigenen Verwaltungsunterbau zugreifen, insbesondere *nicht im direkten Durchgriff* unter Umgehung der Regierungsspitze.[673] Die Auskunftspflicht hat der Mitgliedstaat durch seine legitimierten Vertreter zu erfüllen. Wen er dafür legitimiert und welche internen Kontrollen und Rücksprachepflichten er einrichtet, ist kraft seiner personellen und institutionellen Autonomie ihm überlassen.[674] Auskunftsverpflichteter ist nicht der einzelne mitgliedstaatliche Beamte, sondern der Mitgliedstaat als ganzes. Dieser hat sicherzustellen, daß dem Auskunftsersuchen im Ergebnis effektiv entsprochen wird. Wie er das tut, liegt in seinem Ermessen. Er kann den einzelnen Vertretern eine generelle Aussagebefugnis erteilen oder sie auch nur zu Entgegennahme und Weiterleitung solcher Ersuchen ermächtigen. Ersteres wird vornehmlich bei der Entsendung von sachverständigen Regierungsvertretern der Fall sein. Entscheidender für den offenen Informationsaustausch innerhalb der Ausschüsse ist in der Praxis ggf. sogar das Arbeitsklima und das gegenseitige Vertrauen der Mitglieder.

B. Bi- und multilaterale ad hoc *Zusammenkünfte*

Außerhalb des institutionalisierten Forums eines Ausschusses existieren vielfältige Formen eines noch formloseren Informationsaustauschs.

---

[672] Siehe unten, Teil 6 Kap. 1 C.IV.2. Vgl. *Rengeling*, Gemeinschaftskompetenzen (Anm. 44), 237, der vor dem Hintergrund des Auskunftsverweigerungsrechtes nach Art. 223 Abs. 1 *lit.* b EGV [a.F., jetzt Art. 296] bei Auskunftspflichten von nationalen Verwaltungsorganen eine detaillierte Regelung durch den Rat selbst verlangt.

[673] Zum Weisungsrecht unten, Teil 4 Kap. 1 C.II.2. sowie Teil 4 Kap. 1 C.II.1. zum (nicht bestehenden) Durchgriffsrecht.

[674] Vgl. zum Verfahren der innerstaatlichen Abstimmung bei der Erarbeitung einer Position im AStV *v. Bogdandy* in: *Schmidt-Aßmann/Hoffmann-Riem* (Anm. 166), 167 ff. Zur institutionellen Autonomie im einzelnen oben, Teil 4 Kap.1 C.II.

I. Bilaterale „Gespräche" und „Paketsitzungen" in der Phase der Durchführung

Vor allem zur Verbesserung der Durchführung von Rechtsakten führt die Kommission informelle *ad hoc Gespräche* mit den einzelnen mitgliedstaatlichen Behörden durch. Sie dienen der Feststellung von Schwierigkeiten und dem Austausch über mögliche Behebungsstrategien.[675] Im Rahmen von bi- oder multilateralen Zusammenkünften kann dann auch eine – informelle – Einigung über die Auslegung des Gemeinschaftsrechts stattfinden, welche auf mitgliedstaatlicher Ebene dem Verwaltungsvollzug zugrundegelegt wird.[676] Bilaterale Gespräche werden häufig dem formellen Vorverfahren nach Art. 226 Abs. 1 EGV (ex Art. 169) vorgeschaltet.[677] Seit 1990 organisiert die Kommission sogenannte *Paketsitzungen* mit den nationalen Vollzugsbeamten, in denen die Sach- und Rechtslage anläßlich einer behaupteten Vertragsverletzung oder bei einfachen Durchführungsproblemen erörtert werden.[678] An diesen Paketsitzungen nehmen im Idealfall die in einem Mitgliedstaat mit der Durchführung beschäftigten Beamten auf lokaler, regionaler und nationaler Ebene teil.[679] Die Einleitung eines formellen Ver-

---

[675] Vgl. u.a. die Beispiele im *Zwölften Jahresbericht über die Kontrolle der Anwendung des Gemeinschaftsrechts (1994)*, von der Kommission vorgelegt am 7.6.1995 (Abl. Nr.C 254 vom 29.9.1995, 1), Nr. 1.7., 2.1., 2.6. Vgl. *Herzog* (Anm. 634), 67, der neben den bilateralen Gesprächen auch private Kontakte wie eine gemeinsame Bahnfahrt oder private freundschaftliche Beziehungen unter die informellen Kontakte faßt.

[676] *Binnenmarktbericht 1994* (Anm. 612), Nr. 23 und Mitteilung der Kommission vom 2.6.1993 *Verstärkung der Effizienz des Binnenmarktes – Für ein Strategisches Programm zur Verwaltung und Weiterentwicklung des Binnenmarktes*, Arbeitsdokument der Kommission, KOM [93] 256 endg., 11 f.

[677] *Scheuing*, Instrumente zur Durchführung des Europäischen Umweltrechts, NVwZ 1999, 475 (477); *Krämer*, Implementation (Anm. 321), 13.

[678] *Krämer*, *ibid*. Nach dem *Dreizehnten Jahresbericht über die Kontrolle der Anwendung des Gemeinschaftsrechts (1995)* haben sich diese Sitzungen als sehr nützlich erwiesen (Abl. Nr. C 303 vom 14.10.1996, 1, unter „Umwelt", Nr. 1.4.). Dazu auch der *Fünfzehnte Jahresbericht über die Kontrolle der Anwendung des Gemeinschaftsrechts (1997)* (Abl. Nr. C 250 vom 10.8.1998, 1, unter „Umwelt", Nr. 12.3) und der *Sechzehnte Jahresbericht über die Kontrolle der Anwendung des Gemeinschaftsrechts (1998)* (Abl. Nr. C 354 vom 7.12.1999, 1, unter „Umwelt", Nr. 2.12).

[679] Nach *Krämer* sind die Sitzungen v.a. dann wirksam, wenn die Vertreter der unteren Behörden anwesend sind. Lediglich Italien, Frankreich und Spanien

tragsverletzungsverfahrens und insbesondere die Klage vor dem Gerichtshof ist für die Kommission das letzte Mittel nach einer Vielzahl informeller Kontakte. Auf sie wird nur in einem Bruchteil der Fälle zurückgegriffen.[680] Mit dem informellen Vorverfahren beginnt die Sachverhaltsaufklärung, welche mit dem formellen Vorverfahren nach Art. 226 EGV i.d.R. abgeschlossen wird.[681] Vor dem Gerichtshof werden meist nur noch Rechtsfragen erörtert.[682] Bilaterale Gespräche können auf Anfrage eines Mitgliedstaates oder auf Initiative der Kommission auch präventiv zur Vorbereitung der Durchführung neuer Rechtsakte stattfinden.[683] Weiterhin hält die Kommission über die Verbindungsbüros der Gemeinschaft in den Mitgliedstaaten Kontakt zu den nationalen Verwaltungen.[684]

Ein Problem des freiwilligen Informationsaustauschs ist, daß Mitgliedstaaten für eine Informationsbereitschaft faktisch „bestraft“ werden, wenn diese Informationen die Feststellung von Vertragsverletzungen ermöglichen.[685] Um die Mitgliedstaaten hier nicht zu demotivieren und

---

schicken regelmäßig Vertreter dieser Behörden (*Krämer* in: *Lübbe-Wolff*, [Anm. 510], 13 f.).

[680] *Krämer*, Implementation (Anm. 321), 14 sowie *ders.*, Du contrôle de l'application des directives communautaires en matière d'environnement, RMC 1988, 22 (23).

[681] *Krämer*, Implementation, a.a.O., 15.

[682] Vgl. *Rausch*, Die Kontrolle von Tatsachenfeststellungen und -würdigungen durch den Gerichtshof der Europäischen Gemeinschaften, 1994, 178 ff. sowie *Schwarze*, European Administrative Law, 1992, 1227.

[683] Nach der Mitteilung der Kommission über *Folgemaßnahmen zum Sutherland-Bericht* (Anm. 156) bietet die Kommission zunehmend die Gelegenheit für einen Erfahrungs- und Informationsaustausch an (a.a.O., Rn. 17). Vgl. auch den *Binnenmarktbericht 1994* (Anm. 612), wonach zur Gewährleistung einer optimalen Umsetzung der Produktsicherheitsrichtlinie vor deren Inkrafttreten bilaterale Beratungen mit den Mitgliedstaaten durchgeführt wurden (a.a.O., Nr. 160) sowie das *Strategische Programm* (Anm. 676), Nr. 14. Siehe auch *Krämer*, Implementation (Anm. 321), 13 und *ders.,* Du contrôle (Anm. 680), 23, wonach solche unregelmäßigen *ad hoc* Zusammenkünfte v.a. im Abfall- und Gefahrstoffrecht stattfinden.

[684] *Folgemaßnahmen zum Sutherland-Bericht*, a.a.O., Rn. 45.

[685] Siehe nur *Demmke* in: *Hegele/Röger* (Anm. 321), 42. Dieses Problem wird im Rahmen des oben dargestellten *Verhandlungsdilemmas* angesprochen (Teil 1 Kap. 2 D.II.). Dasselbe Problem tritt im Rahmen der Vollzugsberichterstattung der Mitgliedstaaten auf (hierzu oben, Kap. 2 A.III. sowie unten, Kap. 5

zu einem *opportunistischen Verhalten*[686] anzuregen, wird die Kommission zur Vertrauensbildung in einen reziproken Informations- und Verhandlungsprozeß eintreten, in dessen Rahmen möglichst eine einverständliche Lösung ausgearbeitet wird.

II. Multilaterale *ad hoc* „Arbeitsgruppen", „Dialoggruppen" und „Netzwerke" zum Zwecke des Erfahrungsaustauschs

Mehrseitige Zusammenkünfte zum Zwecke des Informationsaustauschs finden vornehmlich im Rahmen der einzelnen Ausschüsse statt. Sie können aber auch von der Kommission *ad hoc* organisiert werden. Neben den institutionalisierten Ausschüssen und den *ad hoc* organisierten Einzelgesprächen finden vielfältige Zwischenformen der Kontaktaufnahme statt, wie die Organisation von *informellen Arbeitsgruppen, Dialoggruppen* und sonstigen *Netzen* der Vollzugsbeamten.[687] Solche *ad hoc* Zusammenkünfte können auch in entsprechenden Rechtsakten vorgesehen sein. So sieht die *Abfallverbringungsverordnung* vor, daß die Kommission auf Verlangen der Mitgliedstaaten oder wenn anderweitig Bedarf dafür besteht „Versammlungen" von Vertretern der nationalen Anlaufstellen abhält, um mit ihnen Fragen im Zusammenhang mit der Durchführung der Verordnung zu erörtern.[688] Ähnliche Vorschriften enthalten die *Gentechnikrichtlinien* 90/220/EWG und 2001/18/EG[689] sowie die *Wasserrahmenrichtlinie*. Nach letzterer beruft die Kommission ggf. eine „Konferenz der an der Wasserpolitik der

---

A.II.).

[686] Siehe oben, Teil 1 Kap. 2 C.I. und D.II.

[687] Siehe z.B. die Antwort von Frau *Bjerregaard* im Namen der Kommission auf die schriftliche Anfrage E-844/95 von *Anita Pollack* vom 24.3.1995 (Abl. Nr. C 196 vom 31.7.1995, 51) zur Einsetzung einer „Arbeitsgruppe" über die Durchführung von CITES. Zu den „Dialoggruppen" siehe den *Zwölften Jahresbericht über die Kontrolle der Anwendung des Gemeinschaftsrechts* (Anm. 675), Nr. 1.8. Zu Beamten-„Netzwerken" im Rahmen der europäischen Regionalpolitik *Demmke* in: *Hegele/Röger* (Anm. 321), 58.

[688] Art. 37 Abs. 2 der Verordnung Nr. 259/93 (Anm. 142).

[689] Sie sehen regelmäßige „Zusammenkünfte" der Kommission und der Mitgliedstaaten zum Zwecke des Erfahrungsaustauschs vor, die bei der Verhütung von Gefahren im Zusammenhang mit der Freisetzung von genetisch veränderten Organismen gesammelt wurden (Art. 22 Abs. 1 der Richtlinie 90/220/EWG, Art. 31 der neuen Richtlinie 2001/18/EG, beide Anm. 218).

Gemeinschaft interessierten Stellen aus den einzelnen Mitgliedstaaten" ein.[690] Deren Zweck ist die Kommentierung des Durchführungsberichts der Kommission sowie der Erfahrungsaustausch. Die *Industrieanlagenrichtlinie* und die *UVP-Richtlinie* sprechen von einem „allseitigen Erfahrungsaustausch".[691] Die *Seveso-II-Richtlinie* ermöglicht im Rahmen des Registrier- und Informationssystems die Bildung eines informellen Netzwerkes der für die Unfallverhütung und -bekämpfung zuständigen Behörden, ggf. unter Einschluß der in diesem Bereich tätigen Interessengruppen.[692] *Ad hoc* organisierte Zusammenkünfte finden sich nicht nur im Rahmen der Durchführung von Rechtsakten, sondern auch im Stadium der Rechtsetzung. Der informelle Informationsaustausch dient dann der Vorbereitung von Rechtsakten und liefert der Kommission Hinweise auf die zu erwartende Haltung der Mitgliedstaaten und die Zweckmäßigkeit eines Rechtsetzungsvorschlags.[693] Er findet sowohl auf der Verwaltungsebene als auch auf der Ebene der politischen Entscheidungsträger statt.[694] Die Durchführungsmodalitäten dieser Zusammenkünfte bleiben offen. In allen Fällen dürfte zumindest i.V.m. Art. 10 EGV (ex Art. 5) i.d.R. eine Teilnahmepflicht bestehen. Die – zu begründende – Ausnahme ist darin impliziert. Über entsprechende Informationspflichten ist damit allerdings noch nichts gesagt. Wie bei den Sitzungen der Ausschüsse können sich solche Pflichten entweder aus den speziellen Rechtsakten der Gemeinschaft oder auch – wie noch näher darzulegen ist – aus Art. 10 EGV ergeben.[695]

---

[690] Art. 18 Abs. 5 der Richtlinie 2000/60/EG (Anm. 123).

[691] Hier sollen sich die Mitgliedstaaten untereinander und mit der Kommission über ihre Erfahrungen und Kenntnisse über den Stand der Maßnahmen, die technischen Verfahren und die Luftqualitäts- und Emissionsgrenzwerte (Art. 7 der *Industrieanlagenrichtlinie*, [Anm. 69]) bzw. allgemein über ihre Erfahrungen bei der Anwendung der Richtlinie (Art. 11 Abs. 1 der *UVP-Richtlinie*, [Anm. 150]) austauschen.

[692] Art. 15 Abs. 3 und Art. 19 Abs. 2 *lit.* g der Richtlinie 96/82/EG (Anm. 141); dazu auch oben, Kap. 2 C.III.1.

[693] *Krämer*, Arbeit und Konzeption der EG-Kommission (Anm. 480), 38 sowie *ders.*, Implementation (Anm. 321), 12. *Krämer* stellt fest, daß die Mitgliedstaaten aufgrund dieser Gespräche zum Zeitpunkt des Erlasses eines Rechtsaktes eigentlich genau wissen müßten, was auf sie im Hinblick auf die Umsetzung und den Vollzug zukommt.

[694] *Krämer*, Arbeit und Konzeption der EG-Kommission, *ibid.*

[695] Dazu unten, Teil 3 Kap. 2; vgl. oben, A.III. zur Informationspflicht der Ausschußmitglieder.

Den Prototyp des Netzwerkes stellt das 1992 gegründete informelle Netz der obersten nationalen Umweltvollzugsbehörden dar, genannt „IMPEL“, welches nunmehr verstärkt in die Anwendungs- und Durchführungskontrolle des Gemeinschaftsrechts einbezogen wird.[696] Neben der Kontrolle der Durchführung des Gemeinschaftsrechts soll es beratend bei der Erarbeitung von Rechtsnormen und der Definition des Standes der Technik mitwirken, Mustergenehmigungsbescheide erarbeiten und insgesamt dem Erfahrungsaustausch dienen. Primäres Tätigkeitsfeld ist die Anlagengenehmigung und -überwachung.[697] Der Rat erwägt zudem eine Ausstattung diese Netzwerkes mit angemessenen finanziellen Mitteln und einem Sekretariat.[698] Netzwerke dienen der Koordination einer Vielzahl von Akteuren in Situationen unvollständiger Information. Sie erleichtern den allseitigen Informationsaustausch und setzen gleichzeitig das Informationsbedürfnis durch die Förderung eines *generalisierten gegenseitigen Vertrauens* herab.[699]

III. Unspezifische horizontale Kooperationspflichten

Neben vornehmlich *vertikalen* informellen Zusammenkünften gibt es auch unspezifische *horizontale* Kooperationspflichten. Sie sollen ebenfalls der Durchführung des Gemeinschaftsrechts dienen. Kooperationspflichten implizieren als Mindestbestandteil stets einen – nicht näher geregelten und daher informellen – Informationsaustausch.[700] Solche

---

[696] Dazu *Werner*, Das EU-Netzwerk für Umsetzung und Vollzug von Umweltrecht, in: *Lübbe-Wolff*, Der Vollzug des europäischen Umweltrechts, 1996, 131 ff. (diese insbesondere ausführlich zur Entstehungsgeschichte); *Mentzinis*, Die Durchführbarkeit des europäischen Umweltrechts, 2000, 117 ff.; *Albin*, Die Vollzugskontrolle des europäischen Umweltrechts, 1999, 246 f.; *Nicklas*, Implementationsprobleme des EG-Umweltrechts, 1997, 160 ff. Letztere kritisch zur personellen Besetzung der Sitzungen des Netzwerkes, welche hauptsächlich aus Abgesandten der Ministerialverwaltungen bestünden (a.a.O., 162). Siehe auch den *Dreizehnten Jahresbericht über die Kontrolle der Anwendung des Gemeinschaftsrechts* (Anm. 678), „Umwelt“, Nr. 1.7.

[697] *Sach*, in: EUDUR (Anm. 510), Rn. 69 f.

[698] Nr. 23 der *Entschließung* des Rates vom 7.10.1997 *zur Formulierung, Durchführung und Durchsetzung des Umweltrechts der Gemeinschaft* (Abl. Nr. C 321 vom 22.10.1997, 1).

[699] Näher hierzu oben, Teil 1 Kap. 2 D.II.

[700] Siehe oben, Kap. 1 A.I.

unspezifischen Kooperationspflichten können im Gemeinschaftsrecht rechtsverbindlich vorgesehen sein. Die Art und Weise der Zusammenarbeit bleiben ungeregelt. Unspezifische horizontale Kooperationspflichten liegen insbesondere dort vor, wo die Mitgliedstaaten verpflichtet werden, bei einer bestimmten Frage *zusammenzuarbeiten*,[701] Maßnahmen untereinander *abzustimmen*[702] oder *abzusprechen*[703]. Wie der darin implizierte Informationsaustausch gestaltet wird, ist in das Ermessen der Mitgliedstaaten gestellt und hängt von der zu behandelnden Sachfrage ab. Je nach den näheren Regelungen des Sachgebietes kann insbesondere die Pflicht zur „Abstimmung" eine Konsultationspflicht beinhalten.[704] In diesen Fällen können keine konkreten Informations*pflichten* festgestellt werden, im Ergebnis muß aber ein irgendwie gearteter Kontakt in Form eines Informationsaustauschs stattgefunden haben.

In neueren Rechtsakten ist sogar vorgesehen, daß ein solcher Informationsaustausch unter Einschluß der Industrie erfolgt, so in der *VOC-Richtlinie Lösungsmittel* und der *IVU-Richtlinie*.[705] Die Kommission

---

[701] Nach der *Abfallrichtlinie* (Anm. 332) haben die Mitgliedstaaten bei der Erstellung der Abfallbewirtschaftungspläne ggf. mit anderen Mitgliedstaaten und der Kommission „zusammenzuarbeiten" (Art. 7 Abs. 2). Die *Krafträderlärmschutzrichtlinie* 78/1015/EWG (Anm. 222) sieht vor, daß die Mitgliedstaaten erforderlichenfalls „in Zusammenarbeit" mit den zuständigen Behörden der übrigen Mitgliedstaaten die gebotenen Maßnahmen treffen, um die Übereinstimmung der Produktion mit dem Typ, für den die Bescheinigung ausgestellt wurde, zu überwachen (Art. 3 Abs. 2). Ebenso sieht die *Verordnung* (Euratom) Nr. 1493/93 vom 8.6.1993 *über die Verbringung radioaktiver Stoffe zwischen den Mitgliedstaaten* (Abl. Nr. L 148 vom 19.6.1993, 1) vor, daß die zuständigen Behörden der Mitgliedstaaten „zusammenarbeiten", um die Anwendung und Durchsetzung der Verordnung zu gewährleisten (Art. 7). Vgl. Art. 13 der *Altstoffverordnung* (Anm. 345), der eine unspezifische *vertikale* Zusammenarbeit – d.h. zwischen den Mitgliedstaaten und der Kommission – im Bereich der Durchführung der Verordnung vorschreibt.

[702] Nach Art. 8 Abs. 2 der *Titandioxidrichtlinie* 78/176/EWG (Anm. 385) haben die Mitgliedstaaten bestimmte Abhilfemaßnahmen „abzustimmen", wenn mehrere Mitgliedstaaten betroffen sind.

[703] Art. 16 Abs. 1 *lit.* a der *Gentechnikrichtlinie* 90/219/EWG (Anm. 129) sieht vor, daß die betroffenen Mitgliedstaaten das Aufstellen und die Durchführung von Notfallplänen „absprechen".

[704] Siehe dazu oben Kap. 2 A.IV.4.

[705] Nach Art. 7 der *VOC-Richtlinie Lösungsmittel* (Anm. 84) „stellt" die Kommission „sicher, daß zwischen den Mitgliedstaaten und den betroffenen

kann auch ermächtigt sein, die Zusammenarbeit und insbesondere den Informationsaustausch näher zu regeln, so nach der *Gentechnikrichtlinie* 90/219/EWG[706] oder zumindest zu fördern, so nach der neuen *Ozonschichtverordnung* Nr. 2037/2000. Generalklauselartig bestimmt diese, daß die Kommission „den Informationsaustausch und die Zusammenarbeit zwischen den nationalen Behörden untereinander sowie zwischen den nationalen Behörden und der Kommission anhand geeigneter Maßnahmen" fördern soll.[707] Dann kann sie – im Rahmen des für den Sachgegenstand Erforderlichen – auch Inhalt, Zeitpunkt und Darstellung der auszutauschenden Informationen festlegen.[708]

C. *Ausbildungs- und Austauschprogramme*

Ausbildungs- und Austauschprogramme der Gemeinschaft für nationale Beamte sollen die *Kenntnis* der gemeinschaftsrechtlichen Anforderungen verbessern, das gegenseitige *Vertrauen* der nationalen Behörden fördern und *Vorurteile* abbauen.[709] Systematische Ausbildungsmaß-

---

Branchen ein Informationsaustausch über die Verwendung organischer Stoffe und ihrer potentiellen Ersatzstoffe stattfindet". Dabei hat sie bestimmte Einzelpunkte zu prüfen, u.a. die potentiellen Auswirkungen für Gesundheit- und Umwelt sowie das Kosten-Nutzen-Verhältnis. Auf der Grundlage dieses Austauschs erstellt die Kommission Leitlinien, welche von den Mitgliedstaaten bei der Genehmigungserteilung und der Rechtsetzung zu berücksichtigen sind. Nach Art. 16 Abs. 2 der *IVU-Richtlinie* (Anm. 69) „führt" die Kommission „einen Informationsaustausch zwischen den Mitgliedstaaten und der betroffenen Industrie über die besten verfügbaren Techniken, die damit verbundenen Überwachungsmaßnahmen und die Entwicklungen auf diesem Gebiet durch". Die Ergebnisse des Informationsaustauschs sind aller drei Jahre zu veröffentlichen.

[706] Art. 16 Abs. 2 S. 1 der Richtlinie 90/219/EWG (Anm. 129), wonach die Kommission „in Rücksprache mit den Mitgliedstaaten ein Verfahren zum Informationsaustausch gemäß Absatz 1" einrichtet. Neben expliziten Regelungsbefugnisse kommt auch die implizite Übertragung einer derartigen Befugnis in Betracht, so insbesondere bei der *VOC-Richtlinie Lösungsmittel* und der *IVU-Richtlinie* (a.a.O.; siehe auch unten, Teil 4 Kap. 2 C.II.2.a.).

[707] Art. 20 Abs. 5 der Verordnung (Anm. 71).

[708] Zu den Voraussetzungen und den Grenzen einer derartigen Regelungsbefugnis unten, Teil 4 Kap. 2 C.II.; siehe auch Teil 3 Kap. 1 B. sowie Kap. 2.

[709] Vgl. den *Binnenmarktbericht 1994* (Anm. 612), Nr. 25 und die Mitteilung der Kommission *Verstärkung der Effizienz des Binnenmarktes* (Anm. 683), 25

nahmen für nationale Beamte gibt es auf der Gemeinschaftsebene nicht, gelegentlich werden aber Seminare und Fortbildungskurse über spezielle Fachfragen durchgeführt.[710] Die Austauschprogramme dienen nicht nur dem vertikalen, sondern auch dem horizontalen Informationsaustausch, insbesondere dann, wenn es um den grenzüberschreitenden Warenverkehr geht. Für die Zollbeamten der Mitgliedstaaten existiert das Austauschprogramm MATTHAEUS, bis Ende 1999 gab es außerdem das Programm KAROLUS für den Binnenmarkt. Im Rahmen von KAROLUS arbeiteten die Fachbeamten aus zwei verschiedenen Mitgliedstaaten für rund zwei Monate vor Ort zusammen. Ziel des Programms war die Harmonisierung der Auslegung des Gemeinschaftsrechts sowie seine einheitliche Anwendung.[711] Der Beamtenaustausch führt über einen Informations- und Meinungsaustausch zu einem besseren Verständnis zwischen den mit gleichen Aufgaben befaßten Beamten der einzelnen Mitgliedstaaten.[712] Letztlich entsteht dadurch ein „Netz persönlicher Kontakte", welches für die spätere Zusammenarbeit förderlich ist.[713]

(Nr. 41); siehe auch *Schwarze/Becker/Pollack*, Die Implementation von Gemeinschaftsrecht: Untersuchungen zur Gesetzgebungs- und Verwaltungspolitik der Europäischen Gemeinschaft und ihrer Mitgliedstaaten, 1993, 83.

[710] Zum ganzen Mitteilung der Kommission *Verstärkung der Effizienz des Binnenmarktes, ibid.* Exemplarisch der Seminarbericht von *Friedrich*, EU-Seminar „Chemische Unfälle", Notfallvorsorge 1995, 25 ff., in dem u.a. über die in einzelnen Mitgliedstaaten bestehenden Informationssysteme über gefährliche Stoffe berichtet wurde. Siehe auch die Mitteilung über das *Büro für schwere Unfälle* (Anm. 564).

[711] Eingerichtet durch die *Entscheidung* 92/481/EWG des Rates vom 22.9.1992 *über einen Aktionsplan für den zwischen den Verwaltungen der Mitgliedstaaten vorzunehmenden Austausch nationaler Beamter, die mit der zur Verwirklichung des Binnenmarkts erforderlichen Durchführung des Gemeinschaftsrechts betraut sind* (Abl. Nr. L 286 vom 1.10.1992, 65, einmalig verlängert durch die Entscheidung 889/98/EG vom 7.4.1998, Abl. Nr. L 126 vom 28.4.1998, 6). Siehe auch den *Binnenmarktbericht 1994* (Anm. 612), Nr. 25 sowie die *Mitteilung der Kommission über die Zusammenarbeit der Verwaltungen* (Anm. 608), Anhang I, B. Nr. 9.

[712] *Schwarze/Becker/Pollack* stellen fest, daß gerade die unteren Verwaltungsinstanzen mit den Gemeinschaftsvorgaben nicht vertraut sind, was durch derartige Austauschprogramme behoben werden soll (Anm. 709, 80).

[713] *Binnenmarktbericht 1994* (Anm. 612), Nr. 26.

D. Forschungskooperation

Forschungsarbeiten dienen dem Erkenntnisgewinn und damit der Generierung von Informationen über die Wirklichkeit – den IST-Zustand, seine zukünftige Entwicklung und die entsprechenden Wirkungszusammenhänge. Der Aktionsbereich der europäischen Forschungspolitik ist durch den *Vertrag von Maastricht* auf die wissenschaftliche Unterstützung *aller* anderen Gemeinschaftspolitiken, mithin auch des Umweltschutzes, ausgedehnt worden.[714] Auf Gemeinschaftsebene werden zu diesem Zweck zum einen eigene Forschungsarbeiten durchgeführt und zum anderen die Arbeiten von nationalen Forschungsinstituten, Internationalen Organisationen, Hochschulen und Unternehmen finanziell und organisatorisch unterstützt, sogenannte „direkte" und „indirekte FTE-Aktionen".[715] Die gemeinschaftseigene Forschung findet vornehmlich im Rahmen der Gemeinsamen Forschungsstelle (GFS) statt, seit der Gründung der Europäischen Umweltagentur (EUA) auch in Kooperation mit dieser.[716] Bei der Unterstützung nationaler For-

---

714 Art. 163 Abs. 1 EGV [ex Art. 130]. Zu den Aufgaben und Befugnissen der Gemeinschaft im Rahmen der Forschungspolitik siehe Art. 163-173 EGV. Siehe auch *Tietmann*, Förderung der Umweltforschung in der Europäischen Union, in: EUDUR, Bd. 1 1998, § 3. Skeptisch zum Erkenntnisgewinn durch die europäische Forschung und Forschungsförderung das Expertengespräch „Der europäische Mehrwert – Forschung und Forschungsförderung in Europa", Süddeutsche Zeitung vom 22.9.1995, 11. Schon vor Inkrafttreten des *Maastrichter Vertrages* fand sich im 3. Rahmenprogramm (1990-1994) bereits ein beachtlicher Anteil an Umweltforschung, obwohl Art. 130 f EWGV a.F. die Forschungspolitik zunächst auf den Bereich der Industrieforschung beschränkte.

715 Art. 1 *lit.* b und c des *Beschlusses* 1999/65/EG des Rates vom 22.12.1998 *über Regeln für die Teilnahme von Unternehmen, Forschungszentren und Hochschulen sowie für die Verbreitung der Forschungsergebnisse zur Umsetzung des Fünften Rahmenprogramms der Europäischen Gemeinschaft (1998-2002)* (Abl. Nr. L 26 vom 1.2.1999, 46). Aus der Literatur siehe nur *Ullrich*, Forschungs- und Technologiepolitik, in: *Dauses*, Handbuch des EU-Wirtschaftsrechts, 1999, Kap. N, Rn. 2 ff.; *Mariën-Dusak*, Wissenschaft, Forschung und Entwicklung, in: *Röttinger/Weyringer*, Handbuch der europäischen Integration, 2. Aufl. 1996, 1010 ff.; *Glaesner*, Gemeinschaftspolitik im Bereich von Wissenschaft und Technologie, in: *Schwarze/Bieber*, Das europäische Wirtschaftsrecht vor den Herausforderungen der Zukunft, 1985, 55 (65); zur Organisation der Forschungspolitik *Schmidt-Aßmann*, Organisationsfragen der europäischen Forschungspolitik, in: FS Everling, 1995, 1281 ff.

716 Die Umweltagentur stellt jedoch keine Forschungsinstitution i.e.S. dar, d.h., sie führt selbst keine Forschungsprojekte durch, sondern bereitet von an-

schungsvorhaben werden Forschungsverträge geschlossen, weshalb dieser Bereich auch als *Vertragsforschung* bezeichnet wird.[717] Im Rahmen der europäischen Forschungspolitik sollen zudem die nationalen und europäischen Forschungstätigkeiten koordiniert werden.[718]

Bei der Forschungskooperation handelt sich in dem Sinne um eine informelle Zusammenarbeit, als daß keine Beteiligungspflicht besteht. Ist aber einmal ein Forschungsvertrag geschlossen worden, sind der Ablauf und insbesondere die Verwendung und Verbreitung der Ergebnisse rechtlich genau geregelt. Für die Nutzung und Verbreitung der Erkenntnisse aus den Forschungsprogrammen der Gemeinschaft sind spezielle *Verfahrensregeln* aufgestellt worden, ebenso wie für die Beteiligung von Unternehmen und Forschungsinstitutionen der Mitgliedstaa-

---

deren Stellen gewonnene Forschungs- und Meßergebnisse auf. Zu den Forschungsaufgaben der GFS siehe die *Entscheidung* 1999/176/Euratom vom 25.1.1999 *über ein von der Gemeinsamen Forschungsstelle durch direkte Aktionen für die Europäische Atomgemeinschaft durchzuführendes spezifisches Programm für Forschung und Ausbildung* (1998-2002) (Abl. Nr. L 64 vom 12.3.1999, 154) sowie Art. 1 *lit.* c des *Beschlusses* 1999/65/EG, a.a.O. Näher zur GFS und der EUA unten, Teil 4 Kap. 2 B. und D.; siehe auch *Glaesner*, a.a.O., 65.

[717] Ausdrücklich angesprochen in Art. 6 *lit.* a EAGV und Art. 1 *lit.* b, Art. 12 des *Beschlusses* 1999/65/EG *über Regeln für die Teilnahme und Verbreitung der Forschungsergebnisse* (Anm. 715); siehe auch Art. 3 Abs. 3 2. Spiegelstrich des *Beschlusses* 85/593/Euratom der Kommission vom 20.11.1985 *über die Reorganisation der Gemeinsamen Forschungsstelle (GFS)* (Abl. Nr. L 373 vom 31.12.1985, 6), wonach Forschungsverträge mit Dritten durch den Generaldirektor der GFS abzuschließen sind. Dabei kann es sich entweder um sogenannte *Kostenteilungsverträge* oder um *Assoziationsverträge* handeln. Bei Kostenteilungsverträgen wird der Gegenstand der Arbeiten, die Finanzierung und das Recht an den Ergebnissen per Vertrag festgelegt. Bei Assoziationsverträgen wird komplementär in verschiedenen nationalen Forschungseinrichtungen zu einem gemeinsamen Thema geforscht. Die Durchführungsentscheidungen werden dann in einem Lenkungsausschuß getroffen. Zuletzt gibt es sogenannte *konzertierte Aktionen*, bei denen die Gemeinschaft v.a. die Koordinierung und die entsprechenden Koordinierungskosten übernimmt. Hier wird der Rahmen des Forschungsprogramms auf Gemeinschaftsebene festgelegt (*Glaesner*, [Anm. 715], 68 ff.; siehe auch *Mariën-Dusak*, [Anm. 715], 1025 ff.).

[718] Art. 165 EGV [ex Art. 130 h]. Für die Europäische Atomgemeinschaft ist das Koordinationsverfahren für nationale Forschungsvorhaben bereits im Vertrag geregelt (Art. 5 EAGV). Zur gegenseitigen Unterrichtung und Konsultation kann die Kommission auch Tagungen mit Vertretern öffentlicher und privater Forschungszentren einberufen .

ten.[719] Als Grundregel gilt für die Verwendung der Ergebnisse, daß alle Kenntnisse, an denen der Gemeinschaft das geistige Eigentum oder entsprechende Nutzungsrechte zukommen, Dritten, die diese Kenntnisse im Interesse der Gemeinschaft nutzen wollen, zur Verfügung gestellt werden.[720] Bei der Vertragsforschung auf Kostenteilungsbasis ist i.d.R. der Vertragspartner der Gemeinschaft geistiger Eigentümer der Erkenntnisse.[721] Der Vertragspartner ist dann zur Nutzung der Kenntnisse verpflichtet, andernfalls sind die Kenntnisse zu verbreiten, was ggf. durch die Kommission selbst geschehen kann.[722] Die Einzelheiten hierzu werden im Rahmen der jeweiligen Forschungsverträge festgelegt.[723] Unter Beachtung der geistigen Eigentumsrechte und in Abhängigkeit von der jeweiligen Kostenbeteiligung der Gemeinschaft soll die Kommission die Verbreitung der durch die Forschung erworbenen Kenntnisse „betreiben".[724] Mitgliedstaaten sollen „aus Gründen der öffentlichen Ordnung und in besonderen Fällen auf Antrag ohne unnötige Verzögerung" *Zugang* zu den Kenntnissen erhalten, die *für politische Entscheidungen* von Bedeutung sind.[725]

Den inhaltlichen Rahmen für die Forschungsarbeit legt das aller fünf Jahre neu erstellte *Forschungsrahmenprogramm* fest.[726] Das Rahmen-

---

719 Für das aktuelle Forschungsrahmenprogramm gelten der *Beschluß* 1999/65/EG *über Regeln für die Teilnahme und Verbreitung der Forschungsergebnisse* (Anm. 715) sowie für Euratom der *Beschluß* 1999/66/EURATOM vom 22.12.1998 *über Regeln für die Teilnahme von Unternehmen, Forschungszentren und Hochschulen zur Umsetzung des Fünften Rahmenprogramms der Europäischen Atomgemeinschaft* (Abl. Nr. L 26 vom 1.2.1999, 56).

720 Art. 18 des Beschlusses 1999/65/EG, a.a.O.

721 Art. 15 Abs. 2, a.a.O.

722 Art. 17 und Art. 19, a.a.O.

723 Vgl. Art. 12 und Art. 18 des Beschlusses 1999/65/EG, a.a.O. Siehe auch *Glaesner* (Anm. 715), 76 sowie *Mariën-Dusak* (Anm. 715), 1027 zu den entsprechenden Vertragsbestimmungen.

724 Art. 19 des Beschlusses 1999/65/EG, a.a.O.

725 Art. 19 Abs. 3, a.a.O.

726 Das derzeit geltende ist das 5. Rahmenprogramm: *Beschluß* 182/1999/EG vom 22.12.1998 *über das Fünfte Rahmenprogramm der Europäischen Gemeinschaft im Bereich der Forschung, technologischen Entwicklung und Demonstration (1998-2002)* (Abl. Nr. L 26 vom 1.2.1999, 1); zum Vorgängerprogramm siehe den *Beschluß* 1110/94/EG vom 26.4.1994 *über das Vierte Rahmenprogramm der Europäischen Gemeinschaft im Bereich der Forschung, technologischen*

programm wird durch spezielle Programme inhaltlich konkretisiert. Für den Umweltschutz legt derzeit das von 1998 bis 2002 geltende *Programm für Forschung, technologische Entwicklung und Demonstration auf den Gebieten Energie, Umwelt und nachhaltige Entwicklung* die inhaltlichen Forschungsthemen fest.[727] Daneben existieren spezielle Forschungsprogramme, zur Zeit u.a. zum nachhaltigen Wachstum und zum Management lebender Ressourcen.[728] Ein besonderer Schwerpunkt liegt im Bereich der Energiewirtschaft und insbesondere der Kernenergieforschung.[729] Ein weiteres Forschungsprogramm sollte die Harmonisierung der Informationsrahmendaten, genauer der Meß- und Prüfver-

---

Entwicklung und Demonstration (1994-1998) (Abl. Nr. L 126 vom 18.5.1994, 1).

[727] *Entscheidung* 1999/170/EG vom 25.1.1994 *über ein spezifisches Programm für Forschung* [....] (Abl. Nr. L 64 vom 12.3.1999, 58).

[728] *Entscheidung* 1999/167/EG vom 25.1.1999 *über ein spezifisches Programm für Forschung, technologische Entwicklung und Demonstration auf dem Gebiet „Lebensqualität und Management lebender Ressourcen"* (1998-2002) (Abl. Nr. L 64 vom 12.3.1999, 20); *Entscheidung* 1999/169/EG vom 25.1.1999 *über ein spezifisches Programm für Forschung, technologische Entwicklung und Demonstration auf dem Gebiet „Wettbewerbsorientiertes und nachhaltiges Wachstum"* (1998-2002) (Abl. Nr. L 64 vom 12.3.1999, 40).

[729] *Entscheidung* 647/2000/EG vom 28.2.2000 *über ein Mehrjahresprogramm zur Förderung der Energieeffizienz* (SAVE) (1998-2002) (Abl. Nr.L 79 vom 30.3.2000, 6); *Entscheidung* 646/2000/EG vom 28.2.2000 *über ein Mehrjahresprogramm zur Förderung der erneuerbaren Energieträger in der Gemeinschaft (Altener)* (1998-2002) (Abl. Nr. L 79 vom 30.3.2000, 1); *Entscheidung* 1999/21/EG, Euratom vom 14.12.1998 *über ein mehrjähriges Rahmenprogramm für Maßnahmen im Energiesektor und flankierende Maßnahmen* (1998-2002) (Abl. Nr. L 7 vom 13.1.1999, 16); *Entscheidung* 1999/22/EG vom 14.12.1998 *zur Festlegung eines Mehrjahresprogramms für Studien, Analysen, Prognosen und damit verbundene Arbeiten im Energiebereich* (1998-2002) (Abl. Nr. L 7 vom 13.1.1999, 20); *Entscheidung* 1999/24/EG vom 14.12.1998 *über ein Mehrjahresprogramm für technologische Maßnahmen zur Förderung der sauberen und effizienten Nutzung fester Brennstoffe* (1998-2002) (Abl. Nr. L 7 vom 13.1.1999, 28); *Beschluß* 1999/64/Euratom vom 22.12.1998 *über das Fünfte Rahmenprogramm der Europäischen Atomgemeinschaft (Euratom) für Maßnahmen im Bereich der Forschung und Ausbildung* (1998-2002) (Abl. Nr. L 26 vom 1.2.1999, 34); *Entscheidung* 1999/175/Euratom vom 25.1.1999 *über ein Forschungs- und Ausbildungsprogramm (Euratom) auf dem Gebiet der Kernenergie* (1998-2002) (Abl. Nr. L 64 vom 12.3.1999, 142). Im aktuellen Umweltforschungsprogramm nimmt die Energieforschung rund die Hälfte der Forschungsgelder ein (Anhang I der Entscheidung 1999/170/EG, [Anm. 727]).

fahren voranbringen.[730] Eine zusammenfassende Darstellung der vergangenen Forschungstätigkeiten sowie einen Ausblick auf die zukünftigen Vorhaben gibt der jeweilige Jahresbericht der Kommission über *Tätigkeiten der Europäischen Union im Bereich der Forschung und technologischen Entwicklung.*

Der Kommission kommt im Forschungsbereich eine Koordinationsrolle zu.[731] Mit der Koordinationszuständigkeit kann eine Regelungsbefugnis einhergehen.[732] Nach der *Vogelschutzrichtlinie* sollen beispielsweise Forschungsarbeiten zu bestimmten in einem Anhang aufgelisteten Themen von der Kommission koordiniert werden. Zu diesem Zweck müssen die Mitgliedstaaten der Kommission alle notwendigen Informationen mitteilen.[733] Mit der Gründung der *Europäischen Umweltagentur* ist mittelbar auch die umweltbezogene Forschungsarbeit institutionell verankert worden. Die Umweltagentur ist selbst keine Forschungseinrichtung, sie bereitet aber einschlägige Forschungsergebnisse für die Mitgliedstaaten, die Öffentlichkeit und die Organe der

---

[730] *Entscheidung* 94/803/EG vom 23.11.1994 *zur Annahme eines spezifischen Programms für Forschung und technologische Entwicklung, einschließlich Demonstration, im Bereich Normung, Meß- und Prüfverfahren* (1994-1998) (Abl. Nr. L 334 vom 22.12.1994, 47).

[731] Art. 165 Abs. 2 EGV.

[732] Zu den Koordinationsbefugnissen der Kommission siehe unten, Teil 4 Kap. 2 C.II.2.

[733] Art. 10 Abs. 2 der Richtlinie 79/409/EWG (Anm. 126). Eine ähnliche Regelung enthielt die alte *CITES-Verordnung* (Art. 18 der Verordnung EWG Nr. 3626/82, Abl. Nr. L 384 vom 31.12.1982, 1, geändert und aufgehoben). Diese Koordinationsrolle ist mit der Neufassung von 1997 durch die Einrichtung einer *Wissenschaftlichen Prüfgruppe* institutionalisiert worden (Art. 17 der Verordnung Nr. 338/97, [Anm. 329]). Sie beschäftigt sich allerdings weniger mit der Förderung von Forschungsarbeiten als vielmehr mit deren Auswertung im Hinblick auf die daraus zu ziehenden praktischen Konsequenzen. Die wissenschaftliche Prüfgruppe besteht aus Vertretern der wissenschaftlichen Behörden eines jeden Mitgliedstaates. Die von ihr erarbeiteten Stellungnahmen gehen an den Regelungsausschuß, welcher zusammen mit der Kommission bestimmte Maßnahmen im Bereich der Anwendung und Aktualisierung der *CITES-Verordnung* treffen kann.

Gemeinschaft auf.[734] Sie soll mit den Umweltforschungsprogrammen der Europäischen Gemeinschaft sowie der GFS zusammenarbeiten.[735]

E. Kommunikationsinfrastruktur

Die Tätigkeit der Gemeinschaft zur Schaffung einer Kooperationsinfrastruktur hat in den letzten Jahren besonders an Gewicht gewonnen.[736] Vor allem durch Förder- und Forschungsprogramme sollen die Informationstechnologien verbessert und durch Normungsprogramme gesamteuropäisch harmonisiert werden. Unter dem Stichwort der *Informationsgesellschaft*[737] und der *transeuropäischen Netze*[738] soll eine ge-

---

[734] So explizit seit der Änderung der *EUA-Gründungsverordnung* von 1999, Art. 2 *lit.* xiii. n.F. (Anm. 565).

[735] Art. 15 Abs. 1 der *EUA-Gründungsverordnung*, a.a.O. Dabei soll jegliche Doppelarbeit vermieden werden (Art. 15 Abs. 3). Siehe auch unten, Teil 4 Kap. 2 B.

[736] Einen Einblick in die Geschichte der Informations- und Kommunikationstechniken der öffentlichen Verwaltung in Europa geben die Beiträge im Jahrbuch für europäische Verwaltungsgeschichte 1997, „Informations und Kommunikationstechniken der öffentlichen Verwaltung".

[737] Siehe insbesondere die Mitteilung der Kommission vom 19.7.1994 *Europas Weg in die Informationsgesellschaft – Ein Aktionsplan*, KOM (94) 347 endg. und die *Mitteilung* der Kommission vom 31.5.1995 *über eine Methodik zur Realisierung der Anwendung der Informationsgesellschaft*, KOM (95) 224 endg. Im Anschluß hieran erging u.a. die *Entscheidung* Nr. 1336/97/EG vom 17.6.1997 *über Leitlinien für transeuropäische Telekommunikationsnetze* (Abl. Nr. L 183 vom 11.7.1997, 12). Die Informationsgesellschaft soll insbesondere durch die schrittweise Liberalisierung des Telekommunikationssektors, durch die Entwicklung der Telekommunikationsnetze und die Harmonisierung der Postdienste verwirklicht werden. Hierunter fällt das EURONET-DIANE, ein gemeinsames Datennetz der Postverwaltungen der EG-Mitgliedstaaten, welches als gemeinschaftsweite Netzstruktur den Zugriff auf über 300 Datenbanken aus allen EG-Staaten ermöglichen soll. Auf der Konferenz der sieben führenden Industrienationen (G 7) vom 25./26.2.1995 über die „Informationsgesellschaft" sind mit der Gemeinschaft Pilotprojekte beschlossen worden, von denen eines das Ziel hat, die elektronische Verbindung dezentralisierter Umweltdatenbanken zu verstärken (siehe „Konferenz der G 7 über die Informationsgesellschaft", Bull. EU 1995, 159 ff. sowie „Informationsgesellschaft und Umweltschutz", UPR 1995, 189). Zur Entwicklungsgeschichte der europäischen Ansätze für eine Informationsgesellschaft siehe *Riché-Magnier/Metthey*, Société de l'information: „New Deal" libéral ou nouveau modèle de société?, RMC 1995,

samteuropäische Kommunikationsinfrastruktur geschaffen werden, welche die technischen Voraussetzungen für den Informationsaustausch liefert. Sie soll allen Teilnehmern offenstehen. Diese Infrastruktur wird durch die Einführung transeuropäischer Basisdienste und Basisnetze realisiert. Unter die Basisdienste fallen elektronische Post (*e-mail*), Dateitransfersysteme, *Online*-Zugang zu Datenbanken und Videodienste sowie die Integration neuer Dienstleistungselemente wie automatische Übersetzungen und Spracherkennung.[739]

Seit 1995 ist man dabei, einen *Transeuropäischer Telematikverbund für den Datenaustausch zwischen Verwaltungen* (IDA) zu entwickeln.[740]

---

417 ff.; zum EURONET auch *Bothe/Kilian*, Rechtsfragen grenzüberschreitender Datenflüsse, 1992, 76.

[738] Der Titel XV über *Transeuropäische Netze* ist durch den *Vertrag von Maastricht* [damals Titel XII] in den EG-Vertrag eingefügt worden. Darunter fallen die Verkehrs-, die Telekommunikations- und die Energieinfrastruktur (Art. 154 Abs. 1 EGV [ex Art. 129 b]). Auf Gemeinschaftsebene soll der Verbund und die Interoperabilität der einzelstaatlichen Netze sowie der Zugang zu diesen Netzen gefördert werden. Zu Datennetzen im öffentlichen und privaten Sektor siehe auch *Mähring*, Europäische Informationsgemeinschaft. Systematik, Dimension, Forcierung, EuZW 1991, 748 ff.

[739] Siehe die *Leitlinien für transeuropäische Telekommunikationsnetze* (Anm. 737), Anhang I, Nr. 2 „Basisdienste" und Nr. 3 „Basisnetze". Basisnetz ist insbesondere das Netz Euro-ISDN. Der *IDA-Beschluß* Nr. 95/468/EG (unten, Anm. 740) stellt für die Einführung von *e-mail* bei den Verwaltungen Finanzmittel zur Verfügung (Art. 2 Abs. 1 erster Spiegelstrich).

[740] Für den Zeitraum von August 1999 bis Ende 2004 (2. Phase) siehe den *Beschluß* Nr. 1720/1999/EG vom 12.7.1999 *über Aktionen und Maßnahmen zur Gewährleistung der Interoperabilität transeuropäischer Netze für den elektronischen Datenaustausch zwischen Verwaltungen und des Zugangs zu diesen Netzen (IDA)* (Abl. Nr. L 203 vom 3.8.1999, 9) sowie die *Entscheidung* Nr. 1719/1999/EG vom 12.7.1999 *über Leitlinien einschließlich der Festlegung von Projekten von gemeinsamem Interesse für transeuropäische Netze zum elektronischen Datenaustausch zwischen Verwaltungen (IDA)* (Abl Nr. L 203 vom 3.8.1999, 1). Für beide Rechtsakte wird derzeit ein Änderungsvorschlag diskutiert, durch den das Programm nochmals ausgeweitet werden soll (siehe Vorschläge vom 10./16.1.2002, 2001/0210 [COD] bzw. /0211 [COD]). Für 1995 (1. Phase) siehe den *Beschluß* Nr. 95/468/EG vom 6.11.1995 *betreffend den Gemeinschaftsbeitrag für den Informationsverbund für den Datenaustausch zwischen Verwaltungen in der Gemeinschaft (IDA)* (Abl. Nr. L 269 vom 11.11.1995, 23), wegen der Wahl einer falschen Rechtsgrundlage vom Gerichtshof mit Urteil vom 28.5.1998, Rs. C-22/96 (*Parlament/Rat*) „IDA", Slg. 1998, S. I-3231 (3249 ff., Rn. 22 ff.) für nichtig erklärt, aber in seinen Wirkungen im

Ziel der Aktion IDA ist die Herstellung der Interoperabilität der verschiedenen nationalen Verwaltungskommunikationssysteme[741] einschließlich eines Informationsverbundes mit der Europäischen Umweltagentur.[742] Gegebenenfalls soll der Privatsektor einbezogen werden.[743] Nach einer inzwischen erfolgten Evaluierungsphase sollen die beiden IDA-Entscheidungen etwas konkretisiert und erweitert werden.[744] Unter anderem wird hierin die Rolle des *Ausschusses für Telematik zwischen den Verwaltungen* (*Telematics between Administrations Committee*) als Netzwerk zwischen den Verwaltungen betont. Durch die Aktion soll die Durchsetzung des Gemeinschaftsrechts gestärkt und gleichzeitig effizienter und kostengünstiger gemacht werden. Für eine Verbesserung der Kommunikationsinfrastruktur zwischen den Gemeinschaftsorganen und zwischen diesen und den Mitgliedstaaten, insbesondere deren Ständigen Vertretungen bei der Gemeinschaft, sollte schon frühzeitig das Programm INSIS sorgen.[745] Die Datenbank CE-

---

Hinblick auf die getroffenen Durchführungsmaßnahmen aufrecht erhalten. Siehe auch die diesbezüglichen Kommissionsvorschläge vom 27.9.1995, KOM (95) 436 endg. (Abl. Nr. C 318 vom 29.11.1995, 13) und von 1993 KOM (93) 69 endg. (Abl. Nr. C 105 vom 16.4.1993, 10).

[741] Durch IDA sollen die Vorarbeiten, Durchführbarkeitsstudien, Entwicklungs- und Validierungsmaßnahmen für die im einzelnen festgelegten Projekte organisiert und (mit-) finanziert werden (Art.1 Abs.1 und Art.5 bis 9 der *IDA-Leitlinien*, Entscheidung Nr.1719/1999, a.a.O.). Der Beschluß Nr. 1720/1999/EG (a.a.O.) enthält die wegweisenden Vorgaben für die diesbezügliche Gemeinschaftspolitik und legt den Finanzrahmen fest, befindet aber selbst noch nicht über konkrete Maßnahmen. Einen Einblick in den konkreten Arbeitsbereich des IDA-Programms geben die Ausschreibungen *IDA-Programm Zoll und indirekte Steuern* (Abl. Nr.C 188 vom 22.7.1995, S.15) und *Programm für den Austausch von Daten zwischen Verwaltungen (IDA)* (Abl. Nr.C 188 vom 22.7.1995, 17).

[742] Art. 2 Abs. 1 fünfter Spiegelstrich des Beschlusses Nr. 95/468/EG (Anm. 740). Die Projekte dieses Beschlusses sollen nach den neuen *IDA-Leitlinien* fortgesetzt werden (Anhang, Nr. A.2 und 3. der Entscheidung Nr. 1719/1999, Anm. 740).

[743] Art. 1 Abs. 1 *lit.* a des Beschlusses Nr. 1720/1999/EG, a.a.O.

[744] Siehe die Mitteilung der Kommission vom 14.9.2001 *IDA II Evaluation* einschließlich der beiden Vorschläge zur Änderung der Entscheidungen Nr. 1719/1999/EG und Nr. 1720/1999/EG, KOM (2001) 507 endg.

[745] *INter-institutional integrated Services Information System*, siehe den *Beschluß* 82/869/EWG vom 13.12.1982 *über die Koordinierung der Tätigkeiten der Mitgliedstaaten und der Gemeinschaftsorgane zur Ermittlung der Notwen-*

LEX enthält eine Dokumentation des Gemeinschaftsrechts einschließlich der Urteile des EuGH.[746] Bereits ausgebaut ist der Einsatz von informationstechnischen Systemen im europäischen Agrarmarkt.[747] Besonders zu erwähnen ist hier der EDV-Verbund der Veterinärbehörden, genannt ANIMO, welcher im weitesten Sinne auch Relevanz für den Umweltschutz hat.[748] Speziell zum Zwecke des Umweltschutzes sollen die transeuropäischen Netze im Hinblick auf die Überwachung des Umweltzustandes, d.h. das Umweltmonitoring, und das Management von Notsituationen ausgebaut werden.[749] Die meisten Programme konzentrieren sich allerdings auf die Verwaltung des Binnenmarktes, bei welcher der Umweltschutz meist nur indirekt eine Rolle spielt.[750]

Mit den Telematikprogrammen sollen die technischen Voraussetzungen für den Informationszugriff der Verwaltungen bei der Durchführung

---

digkeit und Ausarbeitung von Vorschlägen für ein interinstitutionelles Informationssystem der Gemeinschaft (Abl. Nr. L 368 vom 28.12.1982, 40). Siehe auch *Mähring* (Anm. 738), 750.

[746] Sie wurde auf der Grundlage einer Entschließung des Rates vom 26.11.1974 (Abl. Nr. C 20 vom 28.1.1975, 2) errichtet und soll nunmehr verstärkt auch den Zugang zu den Texten der nationalen Umsetzungsvorschriften ermöglichen (siehe die *Entschließung* vom 20.6.1994 *zur elektronischen Verbreitung des Gemeinschaftsrechts und der einzelstaatlichen Durchführungsbestimmungen sowie zur Verbesserung der Zugangsbedingungen* (Abl. Nr. C 179 vom 1.7.1994, 3). Zu CELEX auch *Mähring, ibid.*

[747] Siehe dazu den *Jahresbericht* der Kommission vom 14.4.1993 *über den Einsatz der CADDIA-Telematiksysteme und die Verwirklichung des langfristigen Entwicklungsprogramms*, KOM (93) 84 endg. Das Programm CADDIA war ein Vorläufer von IDA und ist am 1.6.1992 ausgelaufen (siehe KOM [93] 69 endg., [Anm. 740], I.7.). Es umfaßte die Bereiche Zoll, Landwirtschaft und Statistik.

[748] *Entscheidung* 91/398/EWG der Kommission vom 19.7.1991 *über ein informatisiertes Netz zum Verbund der Veterinärbehörden* (Abl. Nr. L 221 vom 9.8.1991, 30, geändert und ergänzt durch zahlreiche Folge-Entscheidungen, u.a. durch Entscheidung der Kommission Nr. 2000/287/EG vom 27.3.2000, 12); finanziell gefördert über das IDA-Programm, siehe den Beschluß Nr. 95/468/EG (Anm. 740), Art. 2 Abs. 1.

[749] Anhang I Nr. 1 der *Leitlinien für transeuropäische Telekommunikationsnetze* (Anm. 737) unter „Telematik im Dienste der Umwelt". Siehe auch oben zu den Informationsnetzen, Kap. 2 C.III.

[750] Zur Verwaltung des Binnenmarktes siehe oben, Teil 1 Kap. 1 B.; Art. 4 sowie Anhang, Nr. A.5 und B.12 der *IDA-Leitlinien*, Entscheidung Nr. 1719/1999 (Anm. 740).

des Gemeinschaftsrechts verbessert werden. Aber nicht nur die Rechtsdurchsetzung, sondern auch die Erarbeitung gemeinsamer politischer Vorgaben erfordert einen „grenzenlosen" Informationszugriff, der durch die Verbesserung der Kooperationsinfrastruktur erleichtert werden soll. Die entsprechenden Mitteilungen, Vorschläge und Entscheidungen beschäftigen sich lediglich mit der technischen Durchführung des Informationsaustauschs. Konkrete administrative Informationspflichten enthalten sie nicht. Etwas anderes gilt dann, wenn durch einen rechtsverbindlichen Akt ein spezielles Informationssystem eingerichtet wird. Hier können auch konkrete Informationspflichten enthalten sein.

Kapitel 4: Gemischt national-europäische Verwaltungsverfahren

Bei diesen Mischformen regelt die Gemeinschaft Fragen, die in den Mitgliedstaaten i.d.R. eine obere Behörde im Rahmen dienstrechtlicher Anweisungen klären würde.[751] Verwaltungsintern stellt sich das Verfahren als gemischt national-europäisches Verwaltungsverfahren dar. Nach außen tritt zwar meist allein die vollziehende (nationale) Behörde auf. Im internen Verhältnis sorgen aber administrative Informationsverfahren für eine entsprechende Abstimmung und Einflußnahme der Gemeinschaft und teilweise auch der anderen Mitgliedstaaten. Diese *partizipatorische* Verwaltungskooperation geht über reine Informationspflichten hinaus, beinhaltet die oben dargestellten Grundbausteine aber als notwendigen Bestandteil. Bei der Festlegung von Informationsrahmendaten leitet die Gemeinschaft mittels detaillierter rechtlicher Vorgaben die Sachverhaltsermittlung und ersetzt sich so den ihr fehlenden *Behördenunterbau*. Vollzugselemente wie gemischte Inspektionen, bei denen die Kommission zusammen mit den mitgliedstaatlichen Behörden tätig wird, füllen Befugnislücken der Gemeinschaft bei der Informationsbeschaffung aus. Das gilt v.a. für die Datenerhebung vor Ort. Durch Zustimmungsverfahren wird die Kommission mittels der Genehmigungsunterlagen über Einzelfragen des mitgliedstaatlichen Vollzuges informiert und an der Entscheidung beteiligt. Durch Auslegungs- und Anwendungsleitlinien soll im Falle des Fehlens von gemeinschafts-

[751] Zur getrennten Behördenstruktur und den fehlenden aufsichtsbehördlichen Weisungsbefugnissen der Kommission näher unten, Teil 4 Kap. 1 A. und C.II. Vgl. *Stettner*, Verwaltungsvollzug, in: *Dauses*, Handbuch des EG-Wirtschaftsrechts, 1999, Kap. B.III., Rn. 27 f.

rechtlichen Zustimmungspflichten die Durchführung auf mitgliedstaatlicher Ebene soweit möglich im vorhinein beeinflußt werden. Die Kommission übt in diesen Fällen *faktisch* die Funktion einer oberen *Fach- oder Rechtsaufsichtsbehörde* aus. Besonders deutlich zeigt sich der Charakter des gemischt national-europäischen Verwaltungsverfahrens im Rahmen der administrativen Streitbeilegungsverfahren. In diese Verfahren sind, wie noch näher darzustellen sein wird, umfangreiche Informationspflichten eingebunden. Insbesondere diese Art der Mitwirkung an Entscheidungen stellt eine qualifizierte Form der Kooperation dar.[752] Die gemischt-national-europäischen Verwaltungsverfahren sollen im folgenden auch im Hinblick auf das „Gebot der Verantwortungsklarheit“[753] in ihren Elementen näher betrachtet werden, um diese den einzelnen Akteuren zuordnen zu können und die Einfluß- und Verantwortungslinien zu verdeutlichen.

A. Harmonisierung der Informationsrahmendaten

Unter *Informationsrahmendaten* sollen die technischen Angaben über die Art und Weise der Beschaffung, der Darstellung und der Interpretation von Informationen verstanden werden. Darunter fallen *Meßmethoden* und *Probenahmeverfahren*, zu messende *Parameter* und *Analysemethoden*, *Formblätter*[754] und *Fragebögen*,[755] *Mindestangaben* im

---

[752] Vgl. *Schmidt-Aßmann*, Verwaltungskooperation (Anm. 2), 276.

[753] *Schmidt-Aßmann*, Verwaltungskooperation, a.a.O., 296 f. In besonderem Maße gilt dieses Gebot für Entscheidungen, die private Dritte (potentiell) belasten. Hier muß der Belastungsgehalt von Teilentscheidungen feststellbar sein (*Schmidt-Aßmann*, a.a.O., 297).

[754] Die *Entscheidung* 93/481/EWG der Kommission *über die Formblätter für die Mitteilung einzelstaatlicher Programme, die in Art. 17 der Richtlinie 91/271/EWG des Rates vorgesehen sind* (Abl. Nr. L 226 vom 7.9.1993, 23) enthält 34 Tabellen, in denen die nach der *Abwasserrichtlinie* mitzuteilenden Angaben in Form von Bestandsaufnahmen nach Gemeindegrößen, Anlagenkapazitäten und Jahreszahlen genau aufgeschlüsselt sind. Siehe auch die zahlreichen Formblätter der *Verordnung* (EG) Nr. 1808/2001 der Kommission vom 30.8.2001 *mit Durchführungsbestimmungen zur Verordnung (EG) Nr. 338/97 des Rates über den Schutz von Exemplaren wild lebender Tier- und Pflanzenarten durch Überwachung des Handels* (Abl. Nr. L 250 vom 19.9.2001, 1).

[755] Fragebögen sind für die mitgliedstaatliche Durchführungsberichterstattung nach der *Berichtsrichtlinie* (Anm. 92) vorgesehen. Für die Gewässerschutzrichtlinien hat die Kommission die *Entscheidung* 92/446/EWG *über die Frage-*

Rahmen von Anmelde- und Genehmigungsverfahren[756] sowie *Bewertungs- und Zulassungskriterien*, u.a. in Form von *Begriffsdefinitionen*[757]. Sie bilden den Rahmen der von den Mitgliedstaaten zu beschaffenden und an die Kommission weiterzuleitenden Informationen. Die Festlegung einheitlicher Informationsrahmendaten ist vor dem Hintergrund der Gratwanderung zwischen Informationsunterversorgung und *information overload* v.a. für die Verwendbarkeit der Daten von Bedeutung.[758] Ein Vergleich der von verschiedenen Mitgliedstaaten erhobenen Daten ist nur möglich, wenn sie nach einheitlichen oder zumindest vergleichbaren Kriterien erhoben wurden.[759] Sie sind daher regelmäßig dort vorgesehen, wo die Informationsbeschaffung im indirekten Vollzug dezentral durch die Mitgliedstaaten stattfindet.[760] Fehlen genauere

---

bögen zu den Wasserrichtlinien (Anm. 242) erlassen, die durch die Entscheidung 95/337/EG bereits wieder geändert wurde (*ibid.*). Die Fragebögen wurden nach Anraten des einschlägigen Ausschusses erheblich erweitert und durch „feinabgestimmte Tabellen" detailreicher gestaltet und mit Erläuterungen versehen, um so „sicherzustellen, daß die von den Mitgliedstaaten der Kommission gelieferten Informationen, umfassend, konsistent und vergleichbar sind" (3. Begründungserwägung der Entscheidung 95/337/EG). Auch für die Abfallrichtlinien und die Richtlinie 96/82/EG existieren Fragebögen (siehe Anm. 242).

[756] Siehe dazu oben, Kap. 2 B.I.

[757] So enthält die *Wasserrahmenrichtlinie* zu Beginn allein 41 Begriffsbestimmungen (Art. 2 der Richtlinie 2000/60/EG, [Anm. 123]).

[758] Dazu oben, Teil 1 Kap. 2 B.IV. Im Hinblick auf die Optimierung der Verwendbarkeit umweltbezogener Daten erklärt das *Fünfte Umweltaktionsprogramm* (Abl. Nr. C 138 vom 17.5.1993, 1) die Standardisierung von wissenschaftlichen und technischen Aspekten der Informationsbeschaffung, -zusammenstellung und -interpretation als eine dringliche Aufgabe im Rahmen der Verbesserung umweltbezogener Informationen (a.a.O., Kap. 7, Nr. 7.1). Siehe auch die Veröffentlichung der EUA „Europäische Umweltagentur – Informationen sinnvoll nutzen", 1994/1995, 5, in der ausdrücklich auf den Bedarf an „echten Informationen", d.h. an endnutzerorientierten Zusammenfassungen und Darstellungen hingewiesen wird.

[759] Hierzu auch *Schmidt-Aßmann/Ladenburger* in: EUDUR (Anm. 43), Rn. 59 sowie *v. Lersner* (Anm. 66), 84.

[760] Diesen Gesichtspunkt greift die Begründung der *Altstoffbewertungsverordnung* der Kommission ausdrücklich auf. Darin heißt es: „Da die Mitgliedstaaten für die Risikobewertung zuständig sind, ist es jedoch zweckmäßig, auf Gemeinschaftsebene allgemeine Bewertungsgrundsätze festzulegen, um Unterschiede zwischen den Mitgliedstaaten zu vermeiden, die nicht nur das Funktionieren des Binnenmarkts beeinträchtigen, sondern auch nicht gewährleisten

Bestimmungen über Meßverfahren und Meßstandorte, können diese willkürlich festgelegt werden um dadurch günstige Emissions- und Immissionswerte zu erzielen.[761]

Ausführlich geregelt sind die zu messenden Parameter bei der Qualitätskontrolle des Wassers. Sie enthalten umfangreiche Listen hinsichtlich zu berücksichtigender „mikrobiologischer Parameter", „chemischer Parameter" und „Indikatorparameter", welche selbst nur Mindestanforderungen darstellen. Hinsichtlich der Analyseverfahren verweist die *Trinkwasserrichtlinie* 98/83/EG zudem auf im einzelnen angegebene CEN- und ISO-Verfahren,[762] ähnlich auch die neue *Wasserrahmenrichtlinie*[763] und die *Abfallverbrennungsrichtlinie* 2000/76/EG.[764] Im Gefahrstoffrecht ist die Harmonisierung der Informationsrahmendaten zur Herstellung gleicher Wettbewerbsbedingungen besonders wichtig. Die *Gefahrstoffrichtlinie* harmonisiert die Einstufungskategorien, die Prüfungsmethoden und die Bewertung des Gefährdungspotentials. Die Einstufungskategorien werden durch die Definition von als gefährlich betrachteten Eigenschaften festgelegt.[765] Die Anhänge der Richtlinie mit den Vorgaben für die einzelnen Stoffe werden regelmäßig an den technischen Fortschritt angepaßt. Die 28. Anpassung umfaßt allein 330 Seiten im Amtsblatt, die 21. brachte es gar auf 1500 Seiten.[766] Mit der Abfassung und der regelmäßigen Aktualisierung

---

würden, daß überall in der Gemeinschaft ein gleich hohes Schutzniveau für Mensch und Umwelt eingehalten wird" (2. Begründungserwägung der *Verordnung* EG Nr. 1488/94 der Kommission vom 28.6.1994 *zur Festlegung von Grundsätzen für die Bewertung der von Altstoffen ausgehenden Risiken für Mensch und Umwelt gemäß der Verordnung EWG Nr. 793/93 des Rates*, Abl. Nr. L 161 vom 29.6.1994, 3).

[761] Siehe u.a. *Uebersohn*, Effektive Umweltpolitik, 1990, 432 zur Plazierung von Meßstellen. Ähnlich *Pache*, Harmonisierung nationaler Vollzugssysteme (Anm. 44), 196 sowie *Krämer* in: *Lübbe-Wolff* (Anm. 510), 17 f.

[762] Siehe die Anhänge I bis III der *Trinkwasserrichtlinie* 98/83/EG (Anm. 140). Siehe auch Art. 6 der *Badegewässerrichtlinie* (Anm. 287); jeweils Art. 7 der *Fischgewässerrichtlinie* und der *Muschelgewässerrichtlinie* (beide Anm. 123) sowie die Richtlinie 79/869/EWG, a.a.O.

[763] Anhang V 1.3.6. der Richtlinie 2000/60/EG (Anm. 123).

[764] Anhang III Nr. 2 der Richtlinie 2000/76/EG (Anm. 334).

[765] Art. 4 und Art. 2 Abs. 2 der Richtlinie 67/548/EWG (Anm. 125).

[766] 28. Anpassung im Abl. Nr. L 225 vom 21.8.2001, 1; 21. Anpassung im Abl. Nr. L 381 vom 31.12.1994, 1.

von Bewertungsgrundsätzen ist die Kommission im Rahmen eines Regelungsausschußverfahrens beauftragt worden.[767] Die Prüfungsmethoden richten sich zudem nach der *GLP-Richtlinie* 87/18/EWG, welche eine Entscheidung der OECD in Gemeinschaftsrecht umsetzt.[768] Die Einhaltung der Prüfungsbedingungen soll durch im einzelnen geregelte Inspektionen sichergestellt werden. Ein detaillierter Leitfaden für die Durchführung der Inspektionen ist in der *GLP-Überprüfungsrichtlinie* festgelegt.[769] Sehr detaillierte Vorschriften über das Prüfungsverfahren und die Auswertung der Ergebnisse enthält die *Verbrennungsmotorenrichtlinie*.[770] Die dort in den Anhängen enthaltenen Vorgaben umfassen rund 60 Seiten des Amtsblattes.

In den meisten umweltschutzbezogenen Rechtsakten sind Informationsrahmendaten zu finden. Die genaue Ausgestaltung wird immer häufiger der Kommission überlassen und an ein *Regelungs(ausschuß)verfahren*[771] gebunden, so daß der Rat bei Unstimmigkeit im Ausschuß die Entscheidungsbefugnis an sich ziehen kann.[772] In dem

---

767 Sie hat zu diesem Zweck die *Richtlinie* 93/67/EWG der Kommission vom 20.7.1993 *zur Festlegung von Grundsätzen für die Bewertung der Risiken für Mensch und Umwelt gemäß der Richtlinie 67/548/EWG des Rates notifizierten Stoffen* (Abl. Nr. L 227 vom 8.9.1993, 9) erlassen, welche das Bewertungsverfahren, die inhaltlichen Grundsätze und die zu treffenden Schlußfolgerungen festlegt.

768 Art. 3 Abs. 1 der Richtlinie 67/548/EWG (Anm. 125).

769 Richtlinie 88/320/EWG. Hierzu Anm. 386 und Anm. 392, siehe auch unten D.

770 Richtlinie 97/68/EG (Anm. 420).

771 Näher zum Regelungs(ausschuß)verfahren unten, Teil 4 Kap. 2 C.II.3.b.

772 Die Durchführungsbestimmungen zur Erfassung, Vergleichbarkeit und Übermittlung von Daten im Rahmen der *Waldimmissionsschutzverordnung* werden im Regelungsverfahren festgelegt (Art. 8 Abs. 2 *lit.* a i.d.F. der Verordnung Nr. 1484/2001, [Anm. 122]), ebenso wie die Methoden und Formblätter für die Mitteilung der Vollzugsprogramme im Rahmen der *Abwasserrichtlinie* und die Anpassung der Meßparameter und der Referenzmeßmethoden nach der *Titandioxidkontrollrichtlinie* (Art. 9 bis 11 der Richtlinie 82/883/EWG, [Anm. 385 sowie Art. 17 und 18 der Richtlinie 91/271/EWG, [Anm. 118]). Siehe auch die im Regelungsausschußverfahren erlassene Richtlinie 93/67/EWG zu Bewertungsgrundsätzen für Gefahrstoffe (oben, Anm. 767) sowie Art. 10 Abs. 4 der *Altölrichtlinie* (Anm. 335); Art. 10 der *Richtlinie* 87/217/EWG vom 19.3.1987 *zur Verhütung und Verringerung der Umweltverschmutzung durch Asbest* (Abl. Nr. L 85 vom 28.3.1987, 40, geändert) [im folgenden: *Asbestrichtlinie*]; Art. 7c der *Detergentienrichtlinie* (Anm. 196) und Art. 6 bis 8 der *Oberflä-*

zugrundeliegenden Rechtsakt des Rates sind dann häufig grobe Rahmendaten enthalten, die von der Kommission zu spezifizieren sind. Besonders weitgehend und ausführlich ist die Regelung der neuen *Luftmeßnetzentscheidung* 97/101/EG, wonach die Kommission in Zusammenarbeit mit einem Ausschuß das Informationsverfahren ausarbeiten und aktualisieren, die Anhänge überarbeiten und neue meßtechnische Konzepte „berücksichtigen" darf. Zudem legt sie das „technische Verfahren" für die Datenübermittlung fest und ist ganz allgemein für die Durchführung des gegenseitigen Datenaustauschs zuständig.[773] Einen weiten Spielraum läßt auch die *IVU-Richtlinie*. Danach kann die Kommission im Regelungsausschußverfahren selbst die Rahmendaten für die Übermittlung der Emissionsdaten durch die Mitgliedstaaten festlegen und gleichzeitig für die Vergleichbarkeit dieser Angaben mit den Angaben anderer Verzeichnisse und Informationsquellen sorgen.[774] Die Kommission hat diese Befugnis zur Einrichtung des *Europäischen Schadstoffemissionsregisters* (EPER) genutzt, welches gar im Internet veröffentlicht werden soll.[775] Den Mitgliedstaaten stehen allerdings nach der *IVU-Richtlinie* die weiten Informationsverweigerungsrechte der *Umweltinformationsrichtlinie* 90/313/EWG zu.[776] Teilweise enthalten diese Entscheidungen und Richtlinien administrative Informationspflichten hinsichtlich der verwendeten Meß- und Analysemethoden. Zum Beispiel sind nach der *Luftmeßnetzentscheidung* 97/101/EG der Kommission die von den Meßstationen angewandten Verfahren einschließlich der Meßgeräteausstattung mitzuteilen.[777] Ist der Kommissi-

---

chensüßwasserentscheidung 77/795/EWG (Anm. 239).

[773] Art. 1 Abs. 2, Art. 4 Abs. 4, Art. 5 Abs. 5 und Art. 7 der Entscheidung 97/191/EG (Anm. 381).

[774] Art. 15 Abs. 3 und 4 der Richtlinie 96/61/EG.

[775] Entscheidung 2000/479/EG (Anm. 543), siehe insbesondere Art. 4 Abs. 1 und 2.

[776] Art. 15 Abs. 4 der *IVU-Richtlinie* (Anm. 69) i.V.m. Art. 3 Abs. 2 und 3 der Richtlinie 90/313/EWG vom 7.6.1990 *über den freien Zugang zu Informationen über die Umwelt* (Abl. Nr. L 158 vom 23.6.1990, 56). Die Richtlinie 90/313/EWG soll im Hinblick auf eine Ratifizierung der *Aarhus Konvention* durch die EG insbesondere in Bezug auf die in der Richtlinie festgelegten Geheimnisschutzbestimmungen geändert werden (hierzu im einzelnen *Gassner/Pisani*, Umweltinformationsanspruch und Geheimnisschutz – Zukunftsperspektiven, NuR 2001, 506 ff.).

[777] Art. 4 Abs. 1 der Entscheidung (Anm. 381). Nach der *Richtlinie 79/869/EWG* des Rates vom 9.10.1979 *über die Meßmethoden sowie über die*

on nicht die Regelungsbefugnis übertragen worden, werden die Informationsrahmendaten meist in *Folgerichtlinien* durch den Rat festgelegt. So gibt die *Luftqualitätsrichtlinie* dem Rat auf, in den stoffbezogenen Folgerichtlinien „Kriterien und Techniken" für die Auswahl und Mindestzahl der Probenahmestellen, die Referenzmeßtechniken u.a. festzulegen.[778] Sie können aber auch schon in Anhängen des eigentlichen Rechtsaktes des Rates enthalten sein.[779] Im Rahmen der Statistikerstellung werden die Erhebungsmethoden und die Anforderungen an die Darstellung der Daten durch Einschaltung des Statistischen Amtes der Gemeinschaft (EUROSTAT) in Zusammenarbeit mit den Statistischen

---

Häufigkeit der Probenahmen und der Analysen des Oberflächenwassers für die Trinkwassergewinnung in den Mitgliedstaaten (Abl. Nr. L 271 vom 29.10.1979, 44, mehrfach geändert; die Richtlinie wird durch die *Wasserrahmenrichtlinie* zum 21.12.2007 aufgehoben, siehe Art. 22 Abs. 1 der Richtlinie 2000/60/EG, [Anm. 123]) müssen die Mitgliedstaaten der Kommission auf Anfrage alle einschlägigen Angaben in bezug auf die angewandten Analysemethoden und deren Häufigkeit übermitteln (Art. 8 Abs. 1). Die Kommission erstellt anhand dieser Angaben in regelmäßigen Zeitabständen einen zusammenfassenden Bericht.

[778] Art. 4 Abs. 3 der Richtlinie 96/62/EG (Anm. 371). Geschehen für Schwefeldioxid, Stickstoffdioxid, Stickstoffoxide und Blei (Richtlinie 1999/30/EG) sowie für Benzol und Kohlenmonoxid (Richtlinie 2000/69/EG) (beide Anm. 371). Ähnlich bereits Art. 5 der *Trinkwassergewinnungsrichtlinie* (Anm. 456). Die darin enthaltenen Rahmendaten für Probenahmen werden durch die Richtlinie 79/869/EWG (a.a.O.) konkretisiert. Auch die *Gewässerschutzrichtlinie* wird von stoffspezifischen *Folgerichtlinien* konkretisiert (siehe Anm. 288). In diesen *Folgerichtlinien* sind die Rahmendaten für die Überwachungs- und Kontrollverfahren einschließlich der Meßmethoden festgelegt. Ebenso die *Detergentienrichtlinie.* Sie wird hinsichtlich der Meßverfahren und Referenzmethoden durch die beiden *Folgerichtlinien* des Rates über nichtionische und anionische Substanzen ausgefüllt (*Richtlinie* 73/405/EWG vom 22.11.1973 *zur Angleichung der Rechtsvorschriften der Mitgliedstaaten über die Methoden zur Kontrolle der biologischen Abbaubarkeit anionischer grenzflächenaktiver Substanzen*, Abl. Nr. L 347 vom 17.12.1973, 53, geändert; sowie *Richtlinie* 82/242/EWG vom 31.3.1982 *zur Angleichung der Rechtsvorschriften der Mitgliedstaaten über die Methoden zur Kontrolle der biologischen Abbaubarkeit nichtionischer grenzflächenaktiver Substanzen und zur Änderung der Richtlinie 73/404/EWG*, Abl. Nr. L 109 vom 22.4.1982, 1).

[779] Zum Beispiel sind die Probenahme- und Analysemethoden für die Meßpflichten der *Schwefeldioxidrichtlinie* (Anm. 123), der *Bleigehaltsrichtlinie* (Anm. 370), der *Stickstoffdioxidrichtlinie* (Anm. 130) und der *Ozonrichtlinie* (Anm. 376) in Anhängen zu diesen Richtlinien. Siehe auch die umfangreichen Anhänge zur *Luftmeßnetzentscheidung* 97/101/EG (Anm. 381).

Ämtern der Mitgliedstaaten geregelt.[780] In Zukunft sollen die Informationsrahmendaten verstärkt in Form von technischen Normen erarbeitet werden.[781]

Der Grad der Detailliertheit der Informationsrahmendaten scheint unaufhaltsam zu steigen. Dabei gibt es die verschiedensten Stufen, angefangen von der einfachen Koordinierung bis hin zur vollständigen Harmonisierung der Informationsrahmendaten. Verschiedenste Stufen der Koordinierung und Harmonisierung der Informationsrahmendaten innerhalb eines einzigen Rechtsaktes zeigt die *Oberflächensüßwasserentscheidung*.[782] Zudem werden mit der steigenden Detailliertheit von diesbezüglichen völkervertragsrechtlichen Vorschriften diese z.T. ausdrücklich in das Gemeinschaftsrecht inkorporiert, z.T. dienen sie als mittelbare Vorgabe für entsprechende Regelungen der Gemeinschaft. So inkorporiert die *Treibhausgasbeobachtungsentscheidung* seit 1999 die Vorgaben der *Klimarahmenkonvention* und des *Protokolls von Kyoto*. Die Bestandsaufnahme der Treibhausgase richtet sich nunmehr nach dem vom IPCC (*Intergovernmental Panel on Climate Change*) und der Vertragsstaatenkonferenz für die *Klimarahmenkonvention* festgelegten Verfahren. Es kann von der Kommission in Zusammenarbeit mit einem Regelungsausschuß an künftige Beschlüsse der Vertragsparteien zur *Klimarahmenkonvention* angepaßt und im Hinblick auf die Vergleichbarkeit und Transparenz der nationalen Verfahren konkretisiert werden.[783] Informationsrahmendaten können auch lediglich als unverbindliche „Empfehlung" festgelegt sein. Handelt es sich um Meß- und

---

[780] Zu EUROSTAT unten, Teil 4 Kap. 2 D.

[781] *Mitteilung* der Kommission vom 30.10.1995 *über die stärkere Nutzung der Normung in der Gemeinschaftspolitik*, KOM (95) 412 endg., 24.

[782] Danach sind bzw. waren die Mitgliedstaaten zunächst verpflichtet, auf nationaler Ebene einen gegenseitigen Vergleich der Bezugsmeßmethoden durchzuführen, um die Vergleichbarkeit der benutzten Methoden sicherzustellen (Art. 4 Abs. 1 der Entscheidung 77/795/EWG, [Anm. 239]). Die Kommission hatte im Bedarfsfall eine vergleichende Evaluierung der von den Mitgliedstaaten angewandten Meßmethoden vorzunehmen und darüber einen Bericht zu erstellen, der den Mitgliedstaaten zu übermitteln war. In Art. 4a, welcher später hinzugefügt wurde und möglicherweise auf einer solchen vergleichenden Evaluierung beruht, werden die Meßmethoden in Ansätzen harmonisiert.

[783] Entscheidung 93/389/EWG i.d.F. von 1999 (Anm. 367). Näher zum Ineinandergreifen gemeinschaftsrechtlicher und völkerrechtlicher Regeln unten, Teil 5.

Analysemethoden, wird meist von *Referenzmethoden*[784] oder *Bezugsmeßmethoden*[785] gesprochen. Die Mitgliedstaaten können dann i.d.R. jede andere Methode anwenden, wenn sie der Kommission die Einhaltung von im einzelnen näher festgelegten Kriterien[786] oder allgemein die Gleichwertigkeit mit der Referenzmethode nachweisen.[787] Die Beweislast für die Einhaltung der gemeinschaftsrechtlichen Datenerhebungsanforderungen wird damit umgekehrt. Ist den Mitgliedstaaten die Methodenwahl vollständig freigestellt, muß die Kommission im Rahmen des Vertragsverletzungsverfahrens nachweisen, daß durch die gewählten

---

[784] Art. 4 Abs. 3 der *Luftqualitätsrichtlinie* (Anm. 371); Art. 6 Abs. 2 der *Schwefelgehaltsrichtlinie* 1999/32/EG (Anm. 397); Art. 10 der *Stickstoffdioxidrichtlinie* 85/203/EWG (Anm. 130); Art. 8 der *Bleigehaltsrichtlinie* 82/884/EWG (Anm. 370); Art. 4 Abs. 1 der *Ozonrichtlinie* 92/72/EWG (Anm. 376); Art. 6 Abs. 5 der *Badegewässerrichtlinie* (Anm. 287) und jeweils Art. 7 Abs. 5 der *Fischgewässerrichtlinie* und der *Muschelgewässerrichtlinie* (Anm. 123). Siehe auch die *Entscheidung* 2001/68/EG der Kommission vom 16.1.2001 *zur Festlegung von zwei Referenzmethoden zur Bestimmung des PCB-Gehalts gemäß Art. 10 Buchstabe a) der Richtlinie 96/59/EG des Rates vom 16.9.1996 über die Beseitigung polychlorierter Biphenyle und polychlorierter Terphenyle (PCB/PCT)* (Abl. Nr. L 23 vom 25.1.2001, 31).

[785] Im Rahmen der *Oberflächensüßwasserentscheidung* werden die Bezugsmeßmethoden in einem Anhang vorgegeben. Laboratorien, die andere Meßmethoden anwenden, müssen sich vergewissern, daß die erzielten Ergebnisse vergleichbar sind. Die Probenahmen müssen stets an den gleichen Orten und nach dem gleichen Verfahren vorgenommen werden (Art. 4 i.V.m. dem Anhang der *Oberflächensüßwasserentscheidung*, Anm. 239).

[786] Art. 10 Abs. 1 der *Schwefeldioxidrichtlinie* 80/779/EWG (Anm. 123).

[787] Art. 7 Abs. 5 *lit.* b der *Trinkwasserrichtlinie* 98/83/EG (Anm. 140); Art. 10 der *Stickstoffdioxidrichtlinie* (Anm. 130); Art. 8 der *Bleigehaltsrichtlinie* (Anm. 370); Art. 4 Abs. 1 der *Ozonrichtlinie* (Anm. 376). In mehreren Gewässerqualitätsrichtlinien sind Referenzmethoden für die Analyseverfahren vorgegeben, von denen die Labore abweichen dürfen, wenn sie sich „vergewissern", daß die erzielten Ergebnisse gleichwertig oder vergleichbar sind (zur *Oberflächensüßwasserentscheidung*, siehe Anm. 785, sowie Art. 6 Abs. 5 der *Badegewässerrichtlinie*, [Anm. 287], und jeweils Art. 7 Abs. 5 der *Fischgewässerrichtlinie* und der *Muschelgewässerrichtlinie*, [Anm. 123], vgl. auch Art. 6 Abs. 2 i.V.m. Anhang IV der *Nitratrichtlinie*, [Anm. 70]). Von einer Nachweispflicht ist dann zwar nicht ausdrücklich die Rede. Da den Laboren aber die diesbezügliche Prüfungspflicht obliegt, werden diese bzw. die entsprechenden Mitgliedstaaten vor der Kommission und dem Gerichtshof nachweisen müssen, daß eine solche Prüfung mit dem Ergebnis der Gleichwertigkeit oder Vergleichbarkeit stattgefunden hat.

Datenerhebungsmethoden den gemeinschaftsrechtlichen Anforderungen nicht entsprochen wird. Werden dagegen „empfehlende" Vorgaben gemacht, von denen nur unter Nachweis der Einhaltung bestimmter Kriterien im Sinne einer Gleichwertigkeit abgewichen werden kann, liegt die Beweislast für die Gemeinschaftsrechtskonformität bei den Mitgliedstaaten.

Zum Teil kann die Kommission verpflichtet sein, die *Gleichwertigkeit* der angewendeten Verfahren und Methoden zu beobachten. Zu diesem Zweck haben die Mitgliedstaaten die Kommission über ihre Probenahme- und Analyseverfahren zu unterrichten und die erforderlichen Angaben für die Beurteilung der Eignung dieser Verfahren und Methoden zu übermitteln.[788] Referenzmeß- und -analysemethoden sind häufig durch die Kommission im Regelungs(ausschuß)verfahren an den wissenschaftlichen und technischen Fortschritt anzupassen.[789]

B. Gemischte Inspektionen, subsidiäre und komplementäre Nachprüfungsrechte der EG

Die Zuständigkeit für die Vornahme der üblichen, regelmäßigen Inspektionen würde die Verwaltungskapazitäten der Gemeinschaft überschreiten. Die Kommission soll vielmehr gewährleisten, daß die entsprechenden Kontrollen durch die Mitgliedstaaten korrekt durchgeführt werden und damit das Vertrauen in das Funktionieren des Binnenmarktes gestärkt wird.[790] Als Mittelweg werden daher verstärkt gemischte Inspektionen bei den Wirtschaftsteilnehmern und Inspektionen der Gemeinschaft bei den Verwaltungen der Mitgliedstaaten ins Auge

---

[788] So nach Art. 6 Abs. 2 und 3 der *Asbestrichtlinie* (Anm. 772). Sie müssen entweder den in einem Anhang festgelegten Referenzverfahren entsprechen oder zu gleichwertigen Ergebnissen führen. Die Kommission erstattet dann dem Rat nach fünf Jahren Bericht über die Gleichwertigkeit. Die *Asbestrichtlinie* wird in Teilen von den Bestimmungen der *IVU-Richtlinie* (Anm. 69) überlagert. Sie gilt aber bis zu einer entsprechenden Neuregelung zumindest subsidiär fort (siehe Art. 18 Abs. 2 und Art. 20 i.V.m. Anhang II der *IVU-Richtlinie*).

[789] Siehe u.a. Art. 10 Abs. 4 der *Altölrichtlinie* (Anm. 335); Art. 10 der *Asbestrichtlinie* (Anm. 772); Art. 7c der *Detergentienrichtlinie* (Anm. 196) und Art. 6 bis 8 der *Oberflächensüßwasserentscheidung* 77/795/EWG (Anm. 239).

[790] Mitteilung der Kommission *Verstärkung der Effizienz des Binnenmarktes* (Anm. 683), Nr. 20. Zur vertrauensbildenden Funktion von internationalen Kontrollen Teil 1 Kap. 2 F.II.2.

gefaßt. In der Mitteilung *Verstärkung der Effizienz des Binnenmarktes* schlägt die Kommission vor, in jedem Mitgliedstaat eine „Inspektion" (Inspektionsstelle) einzurichten, deren Inspekteure an Kontrollen eines anderen Landes teilnehmen können. Gemischte Inspektionen können entweder aus nationalen Beamten und Kommissionsbediensteten oder aus Beamten zweier Mitgliedstaaten bestehen. Finden Kontrollen bei den Verwaltungen der Mitgliedstaaten statt, dienen sie der „Kontrolle der Kontrolle", d.h. der Kontrolle der mitgliedstaatlichen Behörden und nicht der unmittelbaren Rechtsdurchsetzung gegenüber den verpflichteten Wirtschaftsteilnehmern.[791] Es können auch nationale Kontrollen durch die Kommission angeordnet oder angeregt werden.[792] Inspektionen zum Zwecke der Kontrolle der Kontrolle finden sich z.B. in Art. 35 Abs. 2 EAGV[793] und dem Fischereirecht. Die *Fischereikontrollverordnung* sieht i.d.F. von 1998 gar die Begleitung der Kommission durch Beobachter eines anderen Mitgliedstaates vor, dies jedoch nur, wenn der Mitgliedstaat, in dem die Kontrollen stattfinden sollen, sein Einverständnis erklärt hat.[794] Eine ähnliche Regelung enthält die *Strukturfondsverordnung*.[795]

---

[791] Siehe oben, Kap. 2 A.V.

[792] Dazu Teil 2 Kap. 2 B.III.1.

[793] Nach Art. 35 EAGV sind die Mitgliedstaaten verpflichtet, die notwendigen Einrichtungen zur ständigen Überwachung des Radioaktivitätsgehalts der Luft, des Wassers und des Bodens zu schaffen. Die Kommission hat zu den Überwachungseinrichtungen Zugang und kann ihre Arbeitsweise und Wirksamkeit nachprüfen. Die Kommission hat hier ein umfassendes Ermittlungsrecht, welches Vor-Ort-Inspektionen mit Betretensrechten und Mitwirkungspflichten der Mitgliedstaaten umfaßt. Von den gemeinschaftseigenen Inspektionen werden nur die Überwachungseinrichtungen erfaßt, eine unmittelbare gemeinschaftseigene Kontrolle der gesamten Tätigkeit, insbesondere der Nuklearbetriebe, findet nicht statt (nach *Ladwig*, EURATOM und der Unfallschutz bei Atomunfällen, 1995, 146 ff., handelt es sich um eine „Kontrolle der Kontrollmechanismen"). Wie im Kartellrecht umfaßt die Nachprüfung das Recht, die Vorlage von Unterlagen sowie Auskünfte zu verlangen (zum Umfang der Kontrollen siehe *Grunwald*, Tschernobyl und das Gemeinschaftsrecht, EuR 1986, 315 [330 ff.]; *Ladwig*, a.a.O., 152). Unmittelbaren Zwang dürfen die Kommissionsbediensteten dagegen nicht anwenden (vgl. unten, Teil 6 Kap. 2 B.VI.). Derartige Inspektionen vor Ort werden in der Praxis nicht häufig durchgeführt (siehe *Grunwald*, Neuere Entwicklungen, [Anm. 157], 211, wonach sich die Kommission 1990 entschieden habe, ihr Nachprüfungsrecht *künftig* vor Ort auszuüben; ebenso *Ladwig*, a.a.O.).

[794] Siehe insbesondere Art. 29 sowie Art. 34b Abs. 1 der *Fischereikontroll-*

Inspektionsbefugnisse der Gemeinschaft bei Unternehmen und Gemeinschaftsbürgern finden sich häufiger im Bereich des überwiegend direkten Gemeinschaftsvollzuges einer Sachmaterie. Sie sind meist komplementär oder subsidiär zu den Kontrollpflichten der Mitgliedstaaten und können auch als gemischte Inspektionen im Sinne eines Beteiligungsrechtes des betroffenen Mitgliedstaates am regulär stattfindenden Gemeinschaftsdirektvollzug ausgestaltet sein.[796] Hier ist die Gemeinschaft primärrechtlich gesehen grundsätzlich berechtigt, die Einhaltung des Gemeinschaftsrechts durch die Wirtschaftsteilnehmer selbst zu kontrollieren. Aufgrund der begrenzten Verwaltungskapazitäten der Gemeinschaft werden die Mitgliedstaaten durch die jeweilige sekundärrechtliche Regelung ebenfalls zur Durchführung von Inspektionen berechtigt und verpflichtet, meist auch im Sinne einer „Erstzuständigkeit" für Routinekontrollen hierfür primär verantwortlich gemacht. Die Gemeinschaft kann dann *komplementär* – nach eigenem Ermessen – oder *subsidiär* – nur beim Vorliegen bestimmter Verdachtsmerkmale – selbst Inspektionen durchführen. Beispiele finden sich neben der außenhandelsbezogenen *Ozonschichtverordnung* bei der Finanzkontrolle, hier z.B. im Rahmen der *Kohäsionsfondsverordnung*,[797] der *Waldbrandschutz-* und der *Waldimmissionsschutzverordnung*[798] sowie der allgemeinen Betrugsbekämpfung nach der *Rahmen-*

---

verordnung Nr. 2847/93 i.d.F. der Verordnung Nr. 2846/98 vom 17.12.1998 (Anm. 313). Siehe auch oben, Kap. 2 A.V.

795 Art. 38 Abs. 2 der Verordnung Nr. 1260/1999 (Anm. 415).

796 Die Vollzugsaufgaben sind selbst in den Bereichen, in denen der Gemeinschaft die Kompetenz zum Eigenvollzug zukommt, häufig zwischen dieser und den Mitgliedstaaten gemischt verteilt (so auch *Priebe*, [Anm. 318], 73 f.).

797 Die Finanzkontrolle obliegt hier hauptsächlich den Mitgliedstaaten. Die Kommission kann aber Stichproben vor Ort vornehmen (Art. 12 Abs. 4 der *Kohäsionsfondsverordnung*, [Anm. 306]).

798 Für die von der *Waldbrandschutzverordnung* (Anm. 122) gegründete „Gemeinschaftsaktion zum Schutz des Waldes gegen Brände" (dazu oben, insbesondere Anm. 548) stellt die Gemeinschaft Finanzmittel zur Verfügung und legt – z.T. gleichzeitig als Vergabevoraussetzung – ein umfangreiches Kontrollsystem fest. In der Hauptsache obliegt die Überwachung der ordnungsgemäßen Verwendung der Gemeinschaftsmittel den Mitgliedstaaten. Sie stellen zudem der Kommission alle für diese Zwecke erforderlichen Informationen zur Verfügung. Die Kommission hat das Recht, Kontrollen, die sie „im Rahmen der Verwaltung der Gemeinschaftsfinanzierung ggf. für erforderlich hält und zu denen auch Kontrollen vor Ort gehören", durchzuführen (Art. 8). Die Mitgliedstaaten haben alle Maßnahmen zur Erleichterung der Kontrollen zu treffen. Die *Wal-*

verordnung Nr. 2988/95 und der *Kontrollverordnung* Nr. 2185/96.[799] Die *Ozonschichtverordnung* macht die Beteiligung der Gemeinschaft an den nationalen Inspektionen allerdings von einer Vereinbarung mit den zuständigen Behörden abhängig.[800] Nach der *Kontrollverordnung* kann die Kommission im Einvernehmen mit dem betreffenden Mitgliedstaat zudem Beauftragte anderer Mitgliedstaaten um Unterstützung ersuchen. Sie fungieren dann als Beobachter, über deren Sachkompetenz und Unabhängigkeit die Kommission wacht. Die Kommission hat sich an die Verfahrensvorschriften des betroffenen Mitgliedstaates zu halten. Die Kontrollberichte können als Beweismittel in nationalen Verwaltungs- oder Gerichtsverfahren herangezogen werden. Widersetzt sich der kontrollierte Wirtschaftsteilnehmer, haben die Mitgliedstaaten der Kommission die erforderliche Unterstützung zu gewähren.[801] Alte und gleichzeitig wegweisende Inspektionsbefugnisse finden sich im Euratom-Vertrag zum Zwecke der Kontrolle der friedlichen Nutzung der Kernenergie[802] und im Wettbewerbsrecht.[803] Die Befugnisse nach Art.

---

dimmissionsschutzverordnung dient der (Teil-)finanzierung einer „gemeinschaftlichen Aktion zum Schutz des Waldes gegen Luftverschmutzung" und enthält im wesentlichen dieselben Regelungen wie die *Waldbrandschutzverordnung*. Die Kommission kann „im Rahmen der Verwaltung der gemeinschaftlichen Finanzierung" die von ihr als notwendig erachteten Kontrollen, zu denen auch Kontrollen an Ort und Stelle gehören, vornehmen (Art. 14 der Verordnung EWG Nr. 3528/86, [Anm. 122]). Zur Erleichterung dieser Kontrollen müssen die Mitgliedstaaten „alle Maßnahmen" treffen und die Kommission davon unterrichten.

[799] Nach Art. 8 der *Rahmenverordnung* Nr. 2988/95 (Anm. 309) sind die Mitgliedstaaten für die Kontrollen zuständig. Unbeschadet dieser Zuständigkeit räumt die *Kontrollverordnung* Nr. 2185/96 (Anm. 307) der Kommission umfassende direkte Inspektionsrechte ein (siehe die 6. Begründungserwägung der Verordnung Nr. 2185/96). Art. 6 der *Kontrollverordnung* bestimmt, daß an diesen Kontrollen „die der Kommission von den Mitgliedstaaten als abgeordnete nationale Sachverständige zur Verfügung gestellten Personen" teilnehmen dürfen. Siehe auch oben, Kap. 2 A.V. sowie zum ganzen *Kuhl/Spitzer* (Anm. 307), 40 ff.

[800] Art.18 der Verordnung Nr.3093/94 (Anm. 388).

[801] Art. 6 Abs. 2, Art. 6 Abs. 1 UAbs.3 i.V.m. Art. 7, Art. 8 Abs. 3 und Art. 9 der Verordnung Nr. 2185/96 (Anm. 307).

[802] Art. 81 ff. EAGV. Im Unterschied zu Art. 35 Abs. 2 EAGV handelt es sich hier um Inspektionen, die direkt bei den Betreiberunternehmen stattfinden können. Nach Art. 81 EAGV darf die Kommission in die Hoheitsgebiete der Mitgliedstaaten Inspektoren entsenden. Vor der ersten Inspektion ist der Mit-

81ff. EAGV stehen im internationalen Zusammenhang des *Atomwaffensperrvertrages* und der Kontrollaufgaben der IAEO.[804] Die dargestellten Mischformen können Modellcharakter *de lege ferenda* für die Einführung von umfassenderen Umweltinspektionsrechten durch die Europäische Umweltagentur oder durch andere Gemeinschaftsorgane haben.[805]

Neben den gemischten und den komplementären Gemeinschaftsinspektionen wird die Kontrolltätigkeit der Mitgliedstaaten über die Festlegung der *Kontrollrahmenbedingungen* gesteuert. Es handelt sich um einen Unterfall von Informationsrahmendaten, welche sich auf die Bedingungen der Sachverhaltsermittlung vor Ort beziehen. Hier werden die zu kontrollierenden Parameter, die Häufigkeit der Inspektionen

---

gliedstaat anzuhören. Die Inspektoren haben jederzeit zu allen Orten, Unterlagen und Personen Zugang. Auf Antrag des betroffenen Staates werden die Inspektoren von nationalen Behördenvertretern begleitet, wodurch aber keine Behinderung oder Verzögerung der Inspektionsaufgabe eintreten darf. Widerspricht der Staat einer Überwachungsmaßnahme, so hat die Kommission beim Präsidenten des EuGH das Mandat zur Durchführung der Inspektion im Zwangswege zu beantragen. Bei Gefahr im Verzug kann die Kommission die Inspektionen durch eine eigene Entscheidung anordnen, die dem EuGH zur nachträglichen Genehmigung vorzulegen ist. Daraufhin sind die betroffenen mitgliedstaatlichen Behörden verpflichtet, den Inspektoren Zugang zu den entsprechenden Orten zu verschaffen.

[803] Modellcharakter hat die *Kartellverordnung* (Anm. 303): Art. 10 regelt die Zusammenarbeit mit den Behörden der Mitgliedstaaten, welche – zumindest – berechtigt sind, zu den Verfahren Stellung zu nehmen (Art. 10 Abs. 2). Auskunftsverlangen an die Unternehmen sind parallel an die Behörden der Mitgliedstaaten zu übermitteln (Art. 11 Abs. 2). Auf Ersuchen der Kommission haben die nationalen Behörden Nachprüfungen vorzunehmen und können dabei – auf Antrag der Mitgliedstaaten – von der Kommission unterstützt werden (Art. 13). Bei Nachprüfungen durch die Kommission selbst können die nationalen Behörden – auf Antrag der Kommission oder der Behörde selbst – die Kommission unterstützen (Art. 14 Abs. 5). Widersetzt sich ein Unternehmen, müssen die Mitgliedstaaten der Kommission Amtshilfe leisten (Art. 14 Abs. 6 sowie Art. 85 Abs. 1 S. 2 EGV). Siehe auch *Schmidt-Aßmann*, Verwaltungskooperation (Anm. 2), 277 f. Ähnliche Regelungen finden sich in der parallel ausgestalteten *Fusionskontrollverordnung* (Anm. 303), Art. 12 ff. Siehe auch unten, Teil 3 Kap. 1 B.II.1.c.bb.

[804] Hierzu Teil 5 Kap. 2 A. und B.III.

[805] Zur Umweltagentur und der diesbezüglichen Diskussion unten, Teil 4 Kap. 2 B.

bis hin zur Ausbildung der Kontrolleure mehr oder weniger detailliert festgelegt.[806]

C. Zustimmungsverfahren bei mitgliedstaatlichen Maßnahmen

Bei administrativen Zustimmungsverfahren wird im vertikalen Verhältnis zwischen Mitgliedstaat und Kommission über die Zulässigkeit bestimmter mitgliedstaatlicher Maßnahmen entschieden. Sie sind ein Instrument wechselseitiger Einwirkungen.[807] Die Entscheidungsgrundlage für Zustimmungsverfahren liefern Informationsbeibringungspflichten in Form von Antrags- und Begründungsunterlagen. Die Entscheidung hat meist *ex ante* im Sinne einer Einwilligung zu erfolgen. Sie kann aber auch als nachträgliche Genehmigung einzuholen sein. Die nachträgliche Genehmigung ist häufig in Dringlichkeitsfällen vorgesehen. Zustimmungsverfahren sind teilweise im Primärrecht, teilweise im Sekundärrecht verankert. Für den Umweltschutz war im Primärrecht vornehmlich der hinsichtlich seiner Rechtsfolgen umstrittene Art. 100a Abs. 4 EGV a.F. von Bedeutung, welcher im Gewand des Art. 95 Abs. 4 ff. EGV i.d.F. des *Amsterdamer Vertrages* nun ausdrücklich als Zustimmungsverfahren geregelt und seinen Tatbestandsmerkmalen ausdifferenziert wurde.[808] Im Atomrecht verlangt Art. 34 Abs. 2 EAGV bei potentiell grenzüberschreitenden Auswirkungen von besonders gefährlichen Versuchen eine Zustimmung der Kommission. Damit einhergehend sind entsprechende Informationen über die Versuche und deren Auswirkungen vorzulegen. Art. 34 EAGV war 1995 Grundlage für eine Aufforderung der EU-Kommission an Frankreich, Informationen über die Auswirkungen seiner Atomversuche auf dem Muroroa Atoll vor-

---

[806] Ein Beispiel ist die *GLP-Überprüfungsrichtlinie* (Richtlinie 88/320/EWG, [Anm. 386]). Hier werden die Nachprüfungspflichten der Mitgliedstaaten und der unterstaatlichen Inspektionsdienste festgelegt und inhaltlich über sogenannte „Leitlinien" gesteuert (siehe oben, Kap. 2 B.III und unten, D.). Im Streitfall über die Einhaltung dieser Vorschriften kann ein administratives Streitbeilegungsverfahren eingeleitet werden (dazu näher unten, E.).

[807] *Rengeling*, Deutsches und europäisches Verwaltungsrecht – wechselseitige Einwirkungen, VVDStRL 53, 1994, 202 (219), der die mit Zustimmung der Kommission zu erlassenden Verwaltungsakte der mitgliedstaatlichen Behörden auch als „Mischverwaltung" bezeichnet.

[808] Näher hierzu unten, Teil 6 Kap. 2 B.I. Zur Relevanz dieser Vorschrift für den Bereich des Umweltschutzes siehe nur *Becker, U.* (Anm. 76), 106 ff.

zulegen.[809] Im Sekundärrecht kommen die unterschiedlichsten Kontrollverfahren im Anschluß an Schutz- und Abweichklauseln vor.[810] Besonders ausführlich geregelt ist das Zustimmungsverfahren zu Abweichungen nach Art. 9 der *Trinkwasserrichtlinie* 98/83/EG. Es ist als Stufensystem ausgestaltet. Danach kann ein Mitgliedstaat über die erste Abweichung von höchstens drei Jahren noch alleine entscheiden. Über die nochmalige Abweichung ist die Kommission unter Angabe der Gründe zu unterrichten. Vor der dritten Zulassung einer Abweichung ist dann ein „Antrag auf Zulassung" bei der Kommission zu stellen.[811]

---

[809] Denn das englische Hoheitsgebiet der Pitcairn-Inseln grenzte nahe an das Atomtestgebiet. Einem Expertenteam der EU-Kommission wurde nach Zeitungsberichten der Zutritt zu den Anlagen zum Zwecke der Inspektion verweigert. Abgesehen von der damals umstrittenen Frage, ob durch die unterirdischen Versuche wirklich die Möglichkeit einer Belastung des englischen Gebietes bestand und ob es sich um „besonders gefährliche" Versuche handelte, war zudem umstritten, ob sich Frankreich darauf berufen konnte, daß militärische Versuche nicht unter diese Vorschrift fallen (a.A. bereits 1986 *Grunwald*, Tschernobyl, [Anm. 793], 336, der auch feststellt, daß im Nuklearsektor die Grenze zwischen „normal gefährlichen" und „besonders gefährlichen" Versuchen schwer zu ziehen ist). Die aufgeworfenen rechtlichen Fragen sind letztlich nicht gerichtlich geklärt worden, da die Kommission keine Vertragsverletzungsklage anhängig machte und eine Klage von mehreren Privatpersonen vom EuG als unzulässig abgewiesen wurde. Siehe zum ganzen die Meldungen der *Süddeutschen Zeitung* vom 3.10.1995 „Der nächste Nukleartest wird stärker – Neue Proteste in Frankreich und in den Niederlanden/EU hat weiter Grund zu klagen", 8; Meldung vom 13.10.1995 „EU stellt Paris Ultimatum – Informationen sollen bis 23. Oktober übermittelt werden", 8; Meldung vom 23.10.1995 „Straßburg gegen Atomtests: Die Halbwertzeit der Bounty-Meuterei", 3; Meldung vom 24.10.1995 „EU-Kommission scheut Streit mit Frankreich – Keine Neigung zu juristischen Schritten wegen der Atomversuche im Südpazifik", 11 und Meldung vom 26.10.1995 „Große Schäden durch Atomtests – Risse in Atollen/Tote Fische in zwei Kilometer Umkreis", 8 sowie *Pelzer*, Das Umweltrecht der Europäischen Atomgemeinschaft, in: EUDUR, Bd. 2 1998, § 60, Rn. 15 ff.

[810] Hierzu näher Kap. 5 G.II.; siehe dazu Art. 95 Abs. 10 EGV und 174 Abs. 2 UAbs. 2 EGV.

[811] „Die Zulassung" (nicht ganz eindeutig ist, ob es sich hier um den Antrag auf Zulassung oder die Kommissionsentscheidung selbst handelt) muß umfangreiche Angaben enthalten, u.a. über den Grund, die betroffenen Parameter, das geographische Gebiet, ein Überwachungsprogramm und einen Plan für Abhilfemaßnahmen und die Dauer der Abweichung (Richtlinie 98/83/EG, [Anm. 140]).

Die Zustimmung ist bei der Inanspruchnahme von sekundärrechtlichen Ausnahmevorschriften häufig im Rahmen eines Regelungs(ausschuß)verfahrens einzuholen.[812] An das Zustimmungsverfahren kann sich ein Schiedsverfahren anschließen.[813] Bei der Inanspruchnahme von Schutzklauseln in dringlichen Fällen ist das Zustimmungsverfahren meist nicht *ex ante* im Sinne einer vorherigen Einwilligung, sondern als nachträgliche Genehmigung bzw. als nachträgliche Verbotsbefugnis der Gemeinschaft durchzuführen.[814] Hier überschneiden sich Zustim-

---

[812] Siehe u.a. Art. 8 Abs. 2 der *Haushaltsgeräterichtlinie* (Anm. 396); Art. 31 der *Gefahrstoffrichtlinie* (Anm. 125, dazu näher sogleich); Art. 7 der *Richtlinie* 79/117/EWG vom 21.12.1978 *über das Verbot des Inverkehrbringens und der Anwendung von Pflanzenschutzmitteln, die bestimmte Wirkstoffe enthalten* (Abl. Nr. L 33 vom 8.2.1979, 36, mehrfach geändert); Art. 8 Abs. 4 der *Pflanzenschutzmittelrichtlinie* 91/414/EWG (Anm. 124); hierzu ebenfalls sogleich. Erlassen die Mitgliedstaaten Vorschriften im Rahmen einer Ausnahmevorschrift der *Richtlinie über gefährliche Abfälle*, sind diese der Kommission drei Monate vor dem Inkrafttreten mitzuteilen. Nach Anhörung der Mitgliedstaaten schlägt die Kommission die „endgültige Festlegung" im Regelungsausschußverfahren vor (Art. 3 Abs. 4 der Richtlinie 91/689/EWG, [Anm. 433]). Festlegen kann dieser auf der Gemeinschaftsebene anzusiedelnde Ausschuß die nationalen Bestimmungen zwar nicht in dem Sinne, daß er sie anstelle des zuständigen nationalen Gremiums erläßt, weil ihm sowie der Kommission dazu die Befugnis fehlt. Eine Rechtsetzungsbefugnis hätte die Kommission allenfalls für den Erlaß gemeinschaftseigener Regelungen. Der Rechtswirkung nach handelt es sich daher auch hier um eine vorherige Zustimmung zu den nationalen Bestimmungen.

[813] Hierzu unten, E.

[814] Eine Schutzklausel in der *Gefahrstoffrichtlinie* erlaubt den Mitgliedstaaten, Gefahrstoffe aufgrund neuer Informationen zur Verhinderung einer Gefahr für Mensch und Umwelt vorläufig anders einzustufen, deren Inverkehrbringen an bestimmte Bedingungen zu knüpfen oder zu untersagen (Art. 31 der Richtlinie 67/548/EWG, [Anm. 125]). Diese Maßnahmen sind der Kommission und den anderen Mitgliedstaaten unter Angabe von Gründen unverzüglich mitzuteilen. Die Kommission hat dann im Regelungsausschußverfahren über die Maßnahmen zu entscheiden. Das heißt, sie kann ihre Vereinbarkeit mit dem Gemeinschaftsrecht prüfen und ggf. unter Festsetzung von Bedingungen genehmigen. Sie kann auch eine technische Anpassung der Anhänge in Gang setzen. Ähnliche Regeln enthalten die *Pflanzenschutzmittelrichtlinie* 79/117/EWG (Anm. 812, Art. 7) und die *Pflanzenschutzmittelrichtlinie* 91/414/EWG (Anm. 124, Art. 8 Abs. 4). Danach können die Mitgliedstaaten unter besonderen Umständen für eine Dauer von höchstens 120 Tagen außerhalb des Zulassungsverfahrens der Richtlinie das Inverkehrbringen von Pflanzenschutzmitteln erlauben, wenn dies aufgrund einer unvorhersehbaren Gefahr notwendig ist. Der betreffende Mitgliedstaat unterrichtet die anderen Mitgliedstaaten und die

mungsverfahren und Streitbeilegungsverfahren. Teilweise ist die Qualifizierung eines Verfahrens als Zustimmungsverfahren nicht ganz eindeutig. Die Kommission ist dann ermächtigt, „die erforderlichen Maßnahmen zu treffen", ohne daß eindeutig daraus hervorgeht, ob ihr eine Entscheidungsbefugnis im Einzelfall zukommen soll.[815] Unter den „erforderliche Maßnahmen" kann auch die Einleitung eines Vertragsverletzungsverfahrens zu verstehen sein. Kommt der Kommission eine Entscheidungsbefugnis zu, ist die getroffene Entscheidung zumindest justiziabel. Die Kommission kann zudem ermächtigt sein, erforderlichenfalls technische Anpassungen der Richtlinien im Regelungsausschußverfahren zu beschließen. Ist das der Fall, kann der Mitgliedstaat, der Schutzmaßnahmen getroffen hat, diese bis zum Inkrafttreten der Anpassungen beibehalten.[816] Ist vorgesehen, daß die „geeigneten Maßnahmen" im Verwaltungs- oder Regelungs(ausschuß)verfahren[817] getroffen werden, kann i.d.R. von einer Entscheidungsbefugnis der Gemeinschaft im Sinne eines Zustimmungsverfahrens ausgegangen werden.[818] Gleiches gilt, wenn der betroffene Rechtsakt auf der Grundlage

---

Kommission unverzüglich. Der Regelungsausschuß entscheidet dann darüber, ob die Maßnahme verlängert bzw. wiederholt werden kann oder widerrufen werden muß. Ähnlich in Art. 11 der Richtlinie 91/414/EWG für den Fall eines vorrübergehenden Verbotes eines bereits zugelassenen Pflanzenschutzmittels zum Zweck der Gefahrbekämpfung.

[815] Nach der *Normeninformationsrichtlinie* ist es den Mitgliedstaaten „aus dringenden Gründen, die durch eine ernste und unvorhersehbare Situation entstanden sind" erlaubt, in kürzester Frist technische Vorschriften unverzüglich zu erlassen und die Kommission entsprechend zu unterrichten (Art. 9 Abs. 7 der Richtlinie 98/34/EG, [Anm. 77]). Die Kommission äußert sich zu dieser Mitteilung und trifft bei mißbräuchlicher Anwendung „die erforderlichen Maßnahmen". Eine ähnliche Regelung findet sich in der *Druckbehälterrichtlinie* (Richtlinie 76/767/EWG, [Anm. 216]). Hier hat die Kommission bei Inanspruchnahme einer Schutzklausel nach der Konsultation der betreffenden Mitgliedstaaten ihre Stellungnahme abzugeben und die „entsprechenden Maßnahmen" zu treffen (Art. 21 der Richtlinie 76/767/EWG). Ähnlich unklar auch Art. 6 Abs. 6 der *Verpackungsrichtlinie* (Anm. 142), wonach die Kommission über verstärkte Umweltschutzmaßnahmen zu unterrichten ist. Die Kommission hat diese Maßnahmen auf ihre Gemeinschaftsrechtskonformität zu überprüfen und dann zu „bestätigen".

[816] So wörtlich Art. 21 Abs. 3 Hs. 2 der Richtlinie 76/767/EWG (Anm. 216).

[817] Näher zu diesen Ausschußverfahren Teil 4 Kap. 2 C.II.3.b.

[818] So z.B. in der *Abwasserrichtlinie.* Nach Art. 6 i.V.m. Art. 8 Abs. 5 der Richtlinie 91/271/EWG (Anm. 118) kann in außergewöhnlichen Umständen

von Art. 95 EGV (ex Art. 100a) erlassen worden ist und die Ausnahmevorschrift inhaltlich der *ratio* der Absätze 4 bis 6 entspricht.[819] Anders verhält es sich dagegen wenn lediglich von einer „Prüfung" der Maßnahmen durch die Kommission gesprochen wird. Die Unterrichtung der Kommission hat dann meist innerhalb einer bestimmten *Stillhaltefrist* vor dem endgültigen Erlaß der Maßnahmen zu erfolgen. Die präventive Prüfungsbefugnis, verbunden mit der Stillhaltefrist der Mitgliedstaaten sichert für das Fehlen eines echten administrativen Zustimmungsverfahrens die ggf. erforderliche Einleitung eines Vertragsverletzungsverfahrens.[820] Sind für die Anwendung von Ausnahmevorschriften ***bestimmte Zeitgrenzen*** festgelegt, ersetzen diese als mißbrauchsbegrenzendes Tatbestandsmerkmal meist das Erfordernis der Zustimmung. Lediglich über eine etwaige Verlängerung muß dann im gemeinschaftsrechtlichen Zustimmungsverfahren entschieden werden.[821]

---

für Abwassereinleitungen in weniger empfindliche Gebiete eine weniger gründliche Abwasserbehandlung stattfinden. Die Mitgliedstaaten legen in derartigen Fällen der Kommission zuvor die maßgeblichen Unterlagen vor. Die Kommission prüft die Fälle und trifft im Regelungsausschußverfahren die geeigneten Maßnahmen.

[819] So im Fall von Art. 6 Abs. 6 der *Verpackungsrichtlinie* (siehe oben, Anm. 815). Im Sinne des *PCP-Urteils* des EuGH zu Art. 100a Abs. 4 EGV [a.F.] und im Sinne der diesbezüglichen Neufassung in Art. 95 Abs. 4 ff. EGV (näher dazu unten, Teil 6 Kap. 2 B.I.1.) wird man hier wohl von einer Entscheidungsbefugnis der Kommission ausgehen müssen. Ein Beispiel für dieses Verfahren ist die *Entscheidung* der Kommission vom 22.12.1998 *zur Bestätigung der von Österreich notifizierten Maßnahmen* (Anm. 484). Aus dieser Entscheidung ergibt sich auch, daß es im damit befaßten Ausschuß eine Diskussion über die beizubringenden Informationen gab. Nach Auffassung einiger Mitgliedstaaten sollten diese in einem mit der Kommission zu vereinbarenden Verfahren festgelegt werden (unter I.3. der Entscheidung).

[820] Beispiele sind das Unterrichtungsverfahren der *Normeninformationsrichtlinie* (siehe oben, Kap. 2 A.II.3.b.aa.) und die *Richtlinie* 85/210/EWG vom 20.3.1985 *zur Angleichung der Rechtsvorschriften der Mitgliedstaaten über den Bleigehalt von Benzin* (Abl. Nr. L 96 vom 3.4.1985, 25) [im folgenden: *Benzinbleigehaltsrichtlinie*], Art. 2 Abs. 4 und 5.

[821] So die oben dargestellte Regelung der *Trinkwasserrichtlinie*; siehe auch Art. 2 Abs. 2 und Art. 3 der *Benzinbleigehaltsrichtlinie*, a.a.O.

D. Auslegungs- und Anwendungsleitlinien

Leitlinien zur Auslegung und Anwendung des Gemeinschaftsrechts werden von der Kommission v.a. der in Form von Mitteilungen und Empfehlungen an die Mitgliedstaaten abgefaßt. Durch sie informiert die Kommission von ihren Vorstellungen über die Anforderungen des Gemeinschaftsrechts und empfiehlt den Mitgliedstaaten ggf. ein bestimmtes Vorgehen. Die Praxis der Herausgabe von Mitteilungen hat sich seit den achtziger Jahren verstärkt.[822] Zum Zwecke der Umsetzungskontrolle hat die Kommission ein systematisches Mitteilungsverfahren eingerichtet, wonach Mitgliedstaaten, die drei Monate vor Ablauf der Umsetzungsfrist die Kommission noch nicht über die nationalen Umsetzungsvorschriften unterrichtet haben, einen Brief erhalten, in dem die Kommission die Mitgliedstaaten an ihre Umsetzungspflicht erinnert und die herzustellende Rechtslage darlegt.[823] Im Rahmen des Bereichs der Warenverkehrsfreiheit legt die Kommission den Mitgliedstaaten z.T. in der Form von allgemeinen Mitteilungen die Grundsätze dar, von denen sie sich bei der Anwendung des Gemeinschaftsrechts leiten läßt. Sie enthalten dann u.a. eine abstrahierte, generalisierte Wiedergabe von einzelnen Urteilen des Gerichtshofes und werden meist im Amtsblatt der Gemeinschaft veröffentlicht.[824] Ähnlich verhält es sich mit den sogenannten „Gemeinschaftsrahmen", die die Kommission im Beihilfen-

---

[822] *Meier*, Die ‚Mitteilung der Kommission': Ein Instrument der Normsetzung der Gemeinschaft?, in: FS Steindorff, 1990, 1303 (1303 f.). Sie betreffen nach *Meier* vornehmlich den innergemeinschaftlichen Warenverkehr, insbesondere die Auslegung von Art.28 EGV [ex Art. 30] (a.a.O., 1305 f.). Eingehend zu den verschiedenen Typen der Kommissionsmitteilungen *Adam/Winter*, Commission guidance addressed to member state agencies, in: *Winter*, Sources and Categories of European Union Law, 1996, 629 (631 ff.).

[823] *Krämer*, Implementation (Anm. 321), 13.

[824] *Meier* (Anm. 822) schreibt diesen Leitlinien daher einen „Quasi-Normcharakter" zu. *Winter/Adam* ordnen diese Leitlinien in die Nähe von deutschen Verwaltungsvorschriften ein (Anm. 822, 634). Näher dazu unten, Teil 4 Kap. 1 C.II.2., Kap. 2 C.II.1. sowie Teil 3 Kap. 2 A.II.2. Auch *Schmitt v. Sydow* spricht noch von einer „rôle semi-législatif" und einer „soft law" Funktion dieser Mitteilungen (*Schmitt v. Sydow*, La place des communications dans la politique de la commission: les objectifs poursuivis, in: *Schwarze/Govaere/Hélin/van den Bossche*, The 1992 Challenge at National Level, Reports and Conference Proceedings 1989, 670 ff.).

recht erläßt.[825] Anwendungsleitlinien können auch in umfangreicheren Handbüchern zusammengefaßt sein.[826] Diese Leitlinien werden von der Kommission nicht nur in Eigeninitiative, quasi als „Einmischung" erarbeitet, für sie besteht auch eine echte Nachfrage auf Seiten der Mitgliedstaaten.[827] Sie werden von ihr auch daher als „Unterstützung der Mitgliedstaaten" bei der Anwendung des Gemeinschaftsrechts angesehen.[828]

Grundsätzlich erkennt die Kommission inzwischen an, daß diese Auslegungs- und Anwendungsleitlinien kein Ersatz für einen Rechtsakt sind und auch nicht die Wirkung einer nationalen innerdienstlichen Anweisung oder Verwaltungsvorschrift haben.[829] Es wird aber dennoch

---

[825] So z.B. der *Gemeinschaftsrahmen für staatliche Umweltschutzbeihilfen*, Mitteilung der Kommission vom 3.2.2001 (Abl. Nr. C 37 vom 3.2.2001, 3). Darin teilt die Kommission mit, unter welchen Bedingungen diesbezügliche staatliche Beihilfen gerechtfertigt sein können. Diese Mitteilungen sind als solche nicht verbindlich. Vom EuGH ist hier ausdrücklich eine Regelung im gegenseitigen Einverständnis, d.h. in Vertragsform, verlangt worden (Urteil vom 15.4.1997, Rs. C-292/95, *Spanien/Kommission*, „Rahmen für staatliche Beihilfen in der Kfz-Industrie", Slg. 1997, 1931 [1957 ff., Rn. 28 ff.]). Siehe auch *Uerpmann*, Kooperatives Verwaltungshandeln im Gemeinschaftsrecht: Die Gemeinschaftsrahmen für staatliche Beihilfen, EuZW 1998, 331 (332 ff.) zu Vereinbarungen zwischen der Kommission und den Mitgliedstaaten im Bereich der Beihilfenaufsicht. Nunmehr ist das diesbezügliche Verwaltungsverfahren einschließlich der Befugnisse der Kommission in der *Beihilfenverfahrensverordnung* Nr. 659/1999 (Anm. 308), Art. 17 ff. geregelt.

[826] Eine Auflistung einiger binnenmarktrelevanter Auslegungsmitteilungen und umfangreicherer „Handbücher" enthält das *Strategische Programm* (Anm. 676), 14.

[827] So geäußert im *Bericht über den Stand der Arbeiten* (Anm. 386), 6 (Nr. 11).

[828] Mitteilung der Kommission *Verstärkung der Effizienz des Binnenmarktes* (Anm. 683), Nr. 21. Siehe auch *Schmitt v. Sydow* (Anm. 824), 667 ff. sowie die diesbezügliche Regelung der neuen *Ozonrichtlinie* 2002/3/EG (Anm. 376), Art. 12.

[829] Siehe die Mitteilung der Kommission *Verstärkung der Effizienz des Binnenmarktes* (Anm. 683), Nr. 21 sowie den *Bericht über die Anwendung des Artikels 37 Euratom-Vertrag von Juli 1990 bis Juni 1994*, 10.7.1995, KOM (95) 328 endg., 7, in Bezug auf die Unverbindlichkeit einiger der im Verfahren nach Art. 37 EAGV von der Kommission regelmäßig eingeforderten Informationen. So auch die eindeutige Rechtsprechung des EuGH, Urteil vom 20.3.1997, Rs. C-57/95 (*Frankreich/Kommission*), „Pensionsfonds", Slg. 1997, S. I-1627ff. sowie EuR 1998, 85 ff. (insbesondere Rn. 23 ff.) mit Anm. *Gundel* (dazu eingehender

versucht, die kommissionseigene Auslegung im Falle einer entgegenstehenden Auffassung der Mitgliedstaaten außerhalb eines ordentlichen Gerichtsverfahrens durchzusetzen.[830] Ein Beispiel ist das Rechnungsabschlußverfahren (RAV) des europäischen Agrarrechts.[831] In diesem Verfahren werden den Mitgliedstaaten entsprechend der Einhaltung oder Nichteinhaltung des in den Mitteilungen konkretisierten Gemeinschaftsrechts Abzüge bei den Verrechnungen der Agrarmarktausgaben gemacht.[832] Hier werden unverbindliche Mitteilungen und „Informationsvermerke" von der Kommission mittelbar durchgesetzt, mit dem Ergebnis, daß schlichten Informationen die Funktion von rechtsverbindlichen Auslegungen und Weisungen zukommt. Die Kommission hat dann faktisch die Stellung einer Rechts- und Fachaufsichtsbehörde gegenüber den nationalen Dienststellen inne.[833]

Beispiele für Auslegungs- und Anwendungsleitlinien im Umweltschutzbereich sind die *Empfehlung* 79/3/EWG *zur Umweltschutzko-*

---

unten, Teil 4 Kap. 1 C.II.2. und Kap. 2 C.II.1.). Siehe dagegen noch die *Empfehlung* vom 3.2.1982 *betreffend die Anwendung von Art. 37 des Euratom-Vertrages* (Abl. Nr. L 83 vom 29.3.1982, 15), deren Wortlaut („Der Kommission sind mitzuteilen") noch auf eine andere Rechtsansicht der Kommission hindeutet. Ausführlicher zum Ganzen Teil 4 Kap. 2 C.II., insbesondere 1.

[830] U.a. haben diese Leitlinien eine Indikatorwirkung für die Einleitung eines Vertragsverletzungsverfahrens (vgl. *Winter*, Reforming the sources and categories of European Union Law: A summary, in: *Winter*, [Anm. 822], 13 [55 f.]).

[831] Im einzelnen dazu *Scherer*, Das Rechnungsabschlußverfahren – Ein Instrument zur Durchsetzung europäischen Verwaltungsrechts?, EuR 1986, 52 ff. Im Rahmen des RAV wird die Höhe der laufenden jährlichen Ausgaben der Mitgliedstaaten zur Intervention auf den Agrarmärkten überprüft und dann entschieden, ob sie von der Gemeinschaft, d.h. dem Europäischen Ausrichtungs- und Garantiefonds für die Landwirtschaft, übernommen werden. Siehe auch *Weber, A.*, Rechtsfragen der Durchführung des Gemeinschaftsrechts in der Bundesrepublik, 1988, 50 f., 65 f. sowie *Hatje*, Die gemeinschaftsrechtliche Steuerung der Wirtschaftsverwaltung, 1998, 163 ff.

[832] *Scherer*, a.a.O., 72 f. Auf die beschränkte Verwendbarkeit solcher Verfahren im Bereich des Umweltrechts weist *Pache* hin, denn dieses setzt eine Gemeinschaftsfinanzierung des mitgliedstaatlichen Vollzuges voraus, was im Umweltbereich nur in Ausnahmefällen gegeben ist (Harmonisierung nationaler Vollzugssysteme, [Anm. 44, 200 f.).

[833] *Scherer*, a.a.O., 53; *Hatje* (Anm. 831), 167. Diese Stellung der Kommission wird zudem durch eine Beweislastumkehr gestärkt, siehe EuGH, Urteil vom 22.4.1999, Rs. C-28/94 (*Niederlande/Kommission*) „RAV, Beweislast des Mitgliedstaates", Slg. 1999, S. I-1973 (2009, Rn. 40 f.).

stenberechnung,[834] die *Empfehlung* 91/4/Euratom *betreffend die Anwendung von Art. 37 Euratom-Vertrag*,[835] die jährlich zu erlassenden *Leitlinien für Qualitätskontrollverfahren für die Analyse von Schädlingsbekämpfungsmittelrückständen*,[836] die *Leitlinien für Demonstrationsvorhaben im Rahmen von LIFE-Umwelt*[837] und die in der Mitteilung der Kommission über die *Entwicklung der Zusammenarbeit der Verwaltungen* vorgesehenen Leitlinien für die Verwaltungszusammenarbeit.[838] Nach der neuen *Ozonschichtverordnung* Nr. 2037/2000 soll die Kommission gegebenenfalls *Merkblätter* über die besten verfügbaren Technologien erstellen und verbreiten.[839]

Auch von der Europäischen Umweltagentur werden Leitlinien erstellt. Der Anhang der *EUA-Gründungsverordnung* sieht z.B. vor, daß die Umweltagentur Meßmethoden und -instrumente harmonisiert und Datenformate normt. Da der Umweltagentur keine Befugnis hoheitlicher Rechtsetzung zukommt,[840] kann es sich dabei – solange sie nicht in einen Rechtsakt der Gemeinschaft inkorporiert werden – nur um unverbindliche Leitlinien handeln. Daneben hat auch das Statistische Amt die Aufgabe, Leitlinien für eine harmonisierte Statistikerstellung aufzu-

---

834 Siehe oben, Kap. 1 C.I.5.

835 Empfehlung der Kommission vom 7.12.1990 (Abl. Nr.L 6 vom 9.1.1991, 16). Die dort enthaltenen Informationsverfahren gehen weit über die Unterrichtungspflicht des Art. 37 EAGV hinaus, was die Kommission selbst in ihrem *Bericht über die Anwendung des Artikels 37* feststellt (siehe oben, Anm. 829). Ebenso bereits die *Vorgänger-Empfehlung* vom 3.2.1982 (Anm. 829), insbesondere Nr. 5.

836 Für 1999 siehe die *Empfehlung* 1999/333/EG vom 3.3.1999 *für ein koordiniertes Kontrollprogramm der Gemeinschaft für das Jahr 1999 zur Sicherung der Einhaltung der Rückstandshöchstgehalte von Schädlingsbekämpfungsmitteln auf und in Getreide und bestimmten Erzeugnissen pflanzlichen Ursprungs, einschließlich Obst und Gemüse* (Abl. Nr. L 128 vom 21.5.1999, 25).

837 *Leitlinien für Demonstrationsvorhaben im Rahmen von LIFE-Umwelt gemäß Art. 4 Abs. 4 der Verordnung (EG) 1655/2000 des Europäischen Parlaments und des Rates über das Finanzierungsinstrument für die Umwelt (LIFE)* (Abl. Nr. C 308 vom 27.10.2000, 2).

838 Mitteilung vom 16.2.1994 (Anm. 608); näher dazu oben, Teil 1 Kap. 1 B.VI.

839 Art. 17 Abs. 5 der Verordnung vom 29.6.2000 (Anm. 71).

840 Näher dazu unten, Teil 4 Kap. 2 B.II.

stellen.[841] Im *Sutherland-Bericht* wird die Erstellung von nationalen „Rechtsdurchsetzungsleitfäden" für jeweils eine Gruppe von zusammengehörigen Richtlinien vorgeschlagen. Die Kommission sollte diese Leitfäden dann zu einem gemeinschaftsweiten, umfassenden Leitfaden für die Anwendung des Gemeinschaftsrechts zusammenfassen.[842]

Teilweise ist aus den zugrundeliegenden Rechtsakten nicht eindeutig zu entnehmen, ob es sich wirklich nur um unverbindliche Leitlinien handeln soll. Die in der *GLP-Überprüfungsrichtlinie* 88/320/EWG vorgesehenen Leitlinien zum Inspektionsverfahren bei der Überwachung der Laborpraxis im Bereich der Chemikalienprüfung wurden in der Rechtsform eines Anhangs zu dieser Richtlinie erlassen.[843] Sie setzen einen für die OECD-Mitgliedstaaten verbindlichen Beschluß der OECD um. Ihrer Rechtsform nach sind sie daher nicht unverbindlich, enthalten aber z.T. sehr vage Formulierungen, die hinsichtlich ihres Verpflichtungsgehaltes denen eines „Leitfadens" entsprechen. Für die rechtliche Einordnung muß zwischen den *eigeninitiierten* Mitteilungen über die Umsetzung und Anwendung des Gemeinschaftsrechts und den konkretisierenden Leitlinien, zu deren Ausarbeitung die Kommission durch einen Rechtsakt beauftragt wurde, unterschieden werden. Eigeninitiierte Mitteilungen sind rechtlich *unverbindlich*. Der Kommission kommt nur dort die Befugnis zu, Rechtspflichten der Mitgliedstaaten aufzustellen, wo ihr vom Vertrag oder vom Rat eine Rechtsetzungsbefugnis zuerkannt wurde.[844] Die verbindliche Auslegung von Gemeinschaftsrecht obliegt dem Gerichtshof, die Kommission hat i.d.R. keinen Beurteilungsspielraum. Die Bindungswirkung von Leitlinien, deren Erlaß im Sekundärrecht vorgesehen ist, hängt von der Auslegung dieser sekundärrechtlichen Bestimmungen ab. Sind diese in Zusammenarbeit mit einem (Regelungs-)Ausschuß von der Kommission in Form eines

---

[841] Zu EUROSTAT unten, Teil 4 Kap. 2 D.

[842] *Sutherland-Bericht* (Anm. 606), Abschnitt IV „Transparenz der Rechtsdurchsetzung", 81; begrüßt vom Rat in der *Entschließung über die Zusammenarbeit der Verwaltungen* (Anm. 426).

[843] Anhang der Richtlinie 88/320/EWG (Anm. 386), Abschnitt A: *Überarbeiteter Leitfaden für die Verfahren zur Überwachung der Einhaltung der Guten Laborpraxis (GLP)* und Abschnitt B: *Überarbeitete Leitlinien für die Durchführung von Inspektionen einer Prüfeinrichtung und die Überprüfung von Prüfungen* (geändert durch die Richtlinie 1999/12/EG, a.a.O.).

[844] Näher dazu unten, Teil 3 Kap. 2 A.II.2. sowie Teil 4 Kap. 1 C.II.2. und Kap.2 C.II.

Rechtsaktes zu erlassen, kommt ihnen Bindungswirkung zu.[845] Ein klares Indiz für die Unverbindlichkeit ist hingegen die Bezeichnung als „Empfehlung" – wie die erwähnte Empfehlung 79/3 – und die Veröffentlichung in der Amtsblattserie Nr. C. Deutet der Wortlaut auf einen Auswahlspielraum der Mitgliedstaaten hin – wie der im Anhang der *GLP-Überprüfungsrichtlinie* häufig verwendete Begriff „sollten" – so liegt ebenfalls keine strikte Rechtspflicht vor.[846] Aufgrund der Verbindlichkeit des zugrundeliegenden Rechtsaktes sind die Mitgliedstaaten hier aber gehalten, die Leitfäden zur Kenntnis zu nehmen und deren Anwendbarkeit zu prüfen sowie deren Nichtanwendung bei Nachfrage zu begründen. Im Ergebnis ist dann ein Regel-Ausnahme-Verhältnis herzustellen, d.h. die Anwendung ist die Regel, die Nichtanwendung die zu begründende Ausnahme.

E. Administrative Streitbeilegungsverfahren

Im produktbezogenen Umweltschutz findet meist ein grenzüberschreitender Warenverkehr statt, der Anlaß zu Meinungsverschiedenheiten zwischen den Mitgliedstaaten hinsichtlich der Einhaltung gemeinschaftsrechtlicher und der Anwendbarkeit nationaler Umweltschutzvorschriften geben kann. Zur Beilegung solcher Streitigkeiten sind in den produktbezogenen Rechtsakten häufig Informationspflichten enthalten, welche die Grundlage eines gemischt national-europäischen Verwaltungsverfahrens bilden.[847] Oft stehen sie im Zusammenhang mit einem *transnationalen Verwaltungsakt*, d.h. einem Verwaltungsakt einer nationalen Behörde, der gemeinschaftsweite

---

[845] So z.B. die *Leitlinien für die Risikobewertung gemäß Anhang III der Gentechnikrichtlinie 90/219/EWG*, erlassen als Entscheidung 2000/608/EG der Kommission vom 27.9.2000 (Abl. Nr. L 258 vom 12.10.2000, 43).

[846] Das gilt im Hinblick auf die im Anhang festgelegten konkreten Inspektionsbedingungen. Die grundsätzliche Kontrollpflicht ist in Art. 2 der Richtlinie rechtsverbindlich festgelegt.

[847] Von *Pernice* als „Effektivierung des Gemeinschaftsrechts im kooperativen Prozeß" bezeichnet (Anm. 166, 46). Siehe auch *Rengeling*, Durchführung des Europäischen Gemeinschaftsrechts – Überblick, in: EUDUR, Bd. 1 1998, § 27, Rn. 19, der von der „streitentscheidenden Verwaltung" als Mischform zwischen indirektem und direktem Vollzug spricht. Kritisch zu den Auswirkungen inneradministrativer Kooperationsverfahren im Hinblick auf die Rechtsschutzmöglichkeiten von Privatpersonen *Lienhard*, Der mehrstufige gemeinschaftliche Verwaltungsakt am Beispiel der Freisetzungsrichtlinie, NuR 2002, 13ff.

Rechtswirkungen zeitigt.[848] In einem solchen Verwaltungsverfahren entsteht eine Verwaltungsentscheidung durch die zuständige Behörde eines Mitgliedstaates unter Beteiligung der Behörden der anderen Mitgliedstaaten und im Streitfall auch der Kommission. Der Streitbeilegung dienen zunächst einfache vertikale oder horizontale Konsultationsverfahren, aber auch speziellere Streitbeilegungsverfahren mit umfangreicheren Informations- und Beteiligungsrechten der anderen Mitgliedstaaten und der Kommission an der Entscheidungsfällung. Sie sollen als administrative Schlichtungsverfahren und administrative Schiedsverfahren bezeichnet werden. Mit ihnen gehen im einzelnen festgelegte Informationsverfahren einher, die meist aus *hintereinander geschalteten Unterrichtungs- und Auskunftspflichten* i.V.m. automatischen *sternförmigen*[849] *Weiterleitungspflichten* bestehen. Im Unterschied zu i.d.R. *ex ante* durchzuführenden Zustimmungsverfahren im vertikalen Verhältnis zwischen Mitgliedstaaten und der Kommission handelt es sich bei den Streitbeilegungsverfahren um ein nach der Manifestation einer Meinungsverschiedenheit auf horizontaler Ebene *ex post* durchführendes Verfahren, in dem die Kommission mangels Einigungsbereitschaft der Mitgliedstaaten als vermittelnder oder entscheidender Dritter auftritt.

Ein gemischt national-europäisches Verwaltungsverfahren ist i.d.R. eingebunden in *Anmelde- und Genehmigungsverfahren.*[850] Die entsprechenden Unterlagen sind der Kommission zu übermitteln, welche sie automatisch an die anderen Mitgliedstaaten weiterleitet. Diese haben innerhalb einer bestimmten Frist die Möglichkeit, Einwendungen zu erheben. Von der getroffenen Entscheidung sind meist die Kommission

[848] Zum Konzept des transnationalen Verwaltungsaktes *Schmidt-Aßmann*, Deutsches und europäisches Verwaltungsrecht (Anm. 35), 935 f.; ausführlich *Neßler* (Anm. 106), 5ff.; *ders.*, Der transnationale Verwaltungsakt – Zur Dogmatik eines neuen Rechtsinstituts, NVwZ 1995, 863 ff.; siehe weiterhin *Schmidt-Aßmann*, Les influences réciproques (Anm. 46), 157, der auch auf das in diesem Zusammenhang sich stellende Problem des administrativen Informationsaustauschs hinweist; *ders.*, Verwaltungskooperation (Anm. 2), 299 f.; *Fastenrath*, Die veränderte Stellung der Verwaltung und ihr Verhältnis zum Bürger unter dem Einfluß des europäischen Gemeinschaftsrechts, DV 1998, 277 (301 ff.) und jüngst *Becker*, Der transnationale Verwaltungsakt, DVBl. 2001, 855 ff. mit weiteren Verweisen.

[849] Zu diesem Verfahrensstrukturmuster oben, Kap. 1 C.II.2. sowie Kap. 2 C.II.1.

[850] Dazu mit Beispielen oben, Kap. 2 B.I.1.

und/oder die anderen Mitgliedstaaten zu unterrichten. Dieses *feedback* dient der Information über den Stand des Verwaltungsverfahrens und damit indirekt der Kontrolle über die Einhaltung der gemeinschaftsrechtlichen Vorgaben. Je nach Intensität der Einschränkung der Entscheidungsbefugnis der „federführenden" mitgliedstaatlichen Behörde handelt es sich um ein einfaches Konsultationsverfahren, ein administratives Schlichtungsverfahren oder ein administratives Schiedsverfahren. Für die rechtliche Charakterisierung von Konsultationsverfahren kann nach oben verwiesen werden.[851]

I. Administrative Schlichtungsverfahren

Bei einem administrativen Schlichtungsverfahren tritt die Kommission als Schlichter, d.h. als neutraler, vermittelnder Dritter zwischen zwei uneinigen Mitgliedstaaten auf, hat aber selbst *keine Entscheidungsbefugnis*.[852] Administrative Schlichtungsverfahren können zweiseitig obligatorisch oder einseitig fakultativ sein.[853] Die Kommission ist im Hinblick auf die beteiligten Mitgliedstaaten neutral, d.h. sie ist keine Vertreterin der Interessen eines der Beteiligten. Sie hat auf die Einhaltung des Gemeinschaftsinteresses, insbesondere des Gemeinschaftsrechts, zu achten. Die Kategorie der administrativen Schlichtungsverfahren überschneidet sich mit den oben beschriebenen, im Dreiecksverhältnis verlaufenden Konsultationsverfahren.[854] Letztere treten im Gegensatz zu den administrativen Schlichtungsverfahren auch bei der Festlegung von Rechtsnormen im Bereich nachbarrechtlicher Sachverhalte auf. Administrative Schlichtungsverfahren sind dagegen i.d.R. im Rahmen eines konkreten Verwaltungsverfahrens *ex post* durchzuführende Verfahren zur Beilegung von sich im *Vollzugsfall* manifestierenden Streitigkei-

---

[851] Siehe Kap.2 A.IV.

[852] Zur Definition der Schlichtung siehe *Röhl, K.*, Rechtssoziologie, 1987, 206, 474 ff.; vgl. auch *Raiser*, Das lebende Recht – Rechtssoziologie in Deutschland, 1995, 305 ff., der die Schlichtung im oben genannten Sinne als „Vermittlung" bezeichnet und unter dem Begriff der Schlichtung ein Schiedsverfahren mit einem entscheidenden Dritten versteht. Ebenso *Rehbinder*, Rechtsoziologie, 4. Aufl. 2000, Rn. 155 und 165.

[853] Zu den Bezeichnungen oben, Kap. 2 A.IV.2.

[854] Vgl. die oben dargestellten Konsultationsverfahren des Wasserrechts, Kap. 2 A.IV.3. und 4.

ten.[855] In den Rechtsakten werden einzelne Abschnitte dieser Schlichtungsverfahren häufig als „Konsultation" bezeichnet.[856] Da der Kommission keine Entscheidungsbefugnis zukommt, kann sie nur versuchen, anhand zusätzlichen Tatsachenmaterials und entsprechenden Vermittlungsbemühungen eine einvernehmliche Lösung herbeizuführen. Nötigenfalls kann sie eine Entscheidung des Gerichtshofes durch die Einleitung eines Vertragsverletzungsverfahrens herbeiführen.

---

[855] Dieser Charakter zeigt sich besonders deutlich an dem Schlichtungsverfahren der *Verbrennungsmotorenrichtlinie* 97/68/EG und der *Druckbehälterrichtlinie* 76/767/EWG. Hat ein Mitgliedstaat nach der *Druckbehälterrichtlinie* eine Bauartzulassung erteilt und ist ein anderer Mitgliedstaat der Ansicht, daß die in der Richtlinie aufgeführten Widerrufsgründe vorliegen, so unterrichtet er den genehmigenden Staat hierüber (Art. 9 Abs. 4 der Richtlinie 76/767/EWG, [Anm. 216]). Sind sich die zuständigen Behörden der beiden Mitgliedstaaten nicht einig über die Zweckmäßigkeit oder Notwendigkeit eines Widerrufs, wird die Kommission unterrichtet. Diese führt erforderlichenfalls Konsultationen durch, welche geeignet sein sollen, eine Lösung herbeizuführen. Der Widerruf einer Bauartzulassung selbst kann nur von dem Mitgliedstaat ausgesprochen werden, der sie erteilt hat. Er unterrichtet hierüber unverzüglich die anderen Mitgliedstaaten und die Kommission. Im Streitfall über die Übereinstimmung von Motoren mit der erteilten Typengenehmigung nach der *Verbrennungsmotorenrichtlinie* haben sich die Mitgliedstaaten zunächst zu bemühen, den Streitfall untereinander beizulegen. Die Kommission ist hierüber auf dem laufenden zu halten. Sie darf ggf. „die zur Beilegung des Streits erforderlichen Konsultationen" vornehmen (Art. 12 Abs. 5 der Richtlinie, [Anm. 420]).

[856] Siehe die soeben dargestellte Regelung der *Verbrennungsmotorenrichtlinie* 97/68/EG. Ein weiteres Beispiel ist die *Detergentienrichtlinie*. Stellt ein Mitgliedstaat durch eine Kontrolle fest, daß ein Detergens nicht den näher festgelegten gemeinschaftsrechtlichen Anforderungen entspricht, untersagt er dessen Inverkehrbringen und Verwendung in seinem Hoheitsgebiet und unterrichtet davon unverzüglich den Herkunftsmitgliedstaat und die Kommission unter Angabe der Entscheidungsgründe und der Kontrollbedingungen. Wenn der Herkunftsmitgliedstaat gegen die Entscheidung Einwendungen erhebt, „führt die Kommission unverzüglich eine Konsultation der beiden beteiligten Mitgliedstaaten" sowie ggf. anderer Mitgliedstaaten durch (Art. 5 Abs. 2 der Richtlinie 73/404/EWG, [Anm. 196]). Wird zwischen diesen Mitgliedstaaten kein Einvernehmen erzielt, muß die Kommission innerhalb von drei Monaten nach der Unterrichtung das Gutachten eines näher bestimmten Labors einholen. Sie teilt dann den beteiligten Mitgliedstaaten das Gutachten mit. Diese können innerhalb eines Monats der Kommission Bemerkungen übermitteln und von der Kommission gehört werden. Danach erstellt die Kommission „gegebenenfalls geeignete Empfehlungen". Eine Entscheidungsbefugnis kommt ihr nicht zu.

II. Administrative Schiedsverfahren

Administrative Schiedsverfahren unterscheiden sich von den Schlichtungsverfahren dadurch, daß dem Dritten, d.h. hier einem Organ der Gemeinschaft, die Entscheidungsbefugnis über den Streitfall zukommt. Die *Entscheidungsbefugnis* wird der Kommission i.d.R. im Rahmen eines Verwaltungs- oder Regelungs(ausschuß)verfahrens übertragen, so daß der Rat bei abweichender Stellungnahme der mitgliedstaatlichen Vertreter die Entscheidungsbefugnis an sich ziehen kann.[857] Ist kein solches Ausschußverfahren vorgesehen, so wird meist die Stellungnahme eines beratenden Ausschusses einzuholen sein.[858] Der Kommission

---

[857] Ein solches Schiedsverfahren ist z.B. bei Streitigkeiten über die Vergleichbarkeit von Versuchen und Analysen im Rahmen des Zulassungsverfahrens der *Pflanzenschutzmittelrichtlinie* vorgesehen. Akzeptiert ein Mitgliedstaat die in einem anderen Mitgliedstaat durchgeführten Analysen nicht, wird im Regelungsausschußverfahren entschieden, ob die Vergleichbarkeit gegeben ist (Art. 10 Abs. 3 der Richtlinie 91/414/EWG, [Anm. 124]). Ist dies nicht der Fall, kann über Auflagen zum Zwecke der Herstellung der Vergleichbarkeit entscheiden werden. Siehe auch das Schiedsverfahren der *GLP-Überprüfungsrichtlinie* (unten, Anm. 871) und der *Gentechnikrichtlinie* 90/220/EWG bzw. 2001/18/EG (dazu sogleich). Zum Regelungs(ausschuß)verfahren unten, Teil 4 Kap. 2 C.II.3.b.

[858] So z.B. in Art. 8 Abs. 1 und Art. 3 Abs. 5 der Richtlinie 1999/32/EG (Anm. 397) und in der *Haushaltsgeräterichtlinie* (Richtlinie 86/594/EWG, [Anm. 396]). Letzteres regelt Streitigkeiten bei der Anwendung innerstaatlicher Lärmschutznormen, die eine Übernahme von durch CEN und CENELEC herausgegebenen Normen darstellen sollen (siehe auch oben, Kap. 1 C.1.4.). Die Anwendung der genannten Normen begründet die Vermutung der Übereinstimmung mit den gemeinschaftsrechtlichen Anforderungen und garantiert den freien Warenverkehr. Ist ein Mitgliedstaat oder die Kommission der Auffassung, daß die innerstaatlichen Normen eines Mitgliedstaates nicht den harmonisierten Normen entsprechen, kann er den Normungsausschuß der Richtlinie 83/189/EWG [jetzt Richtlinie 98/34/EG] anrufen (Art. 9 der Richtlinie 86/594/EWG). Dieser gibt im Dringlichkeitswege eine Stellungnahme ab. Nach Maßgabe der Stellungnahme teilt die Kommission den Mitgliedstaaten mit, ob sie die innerstaatlichen Normen zurückziehen müssen oder nicht. Dieselbe Regelung findet sich in Art. 8 Abs. 1 der *Richtlinie* 89/336/EWG vom 3.5.1989 *zur Angleichung der Rechtsvorschriften der Mitgliedstaaten über die elektromagnetische Verträglichkeit* (Abl. Nr. L 139 vom 23.5.1989, 19, geändert). Eine Variante findet sich in Art. 9 dieser Richtlinie. Dieses Schiedsverfahren bezieht sich auf die Einhaltung der Richtlinienbestimmungen im Einzelfall, nicht auf die Konformität von technischen Normen. Stellt ein Mitgliedstaat fest, daß ein mit einer EG-Konformitätserklärung versehenes Gerät nicht den Schutzanforderungen entspricht, kann er alle zweckdienlichen Maßnahmen ergreifen, um das

kommt dann die alleinige Entscheidungsbefugnis zu. Inwieweit sie dabei von der Stellungnahme des Ausschusses abweichen darf, geht meist nicht eindeutig aus den Richtlinien hervor. Zumindest handelt es sich in diesen Fällen nicht um ein Verwaltungs- oder Regelungs(ausschuß)verfahren, in dem der Rat die Entscheidungsbefugnis an sich ziehen kann.

Schiedsverfahren finden sich zunehmend in den Rechtsakten jüngeren Datums. Exemplarisch ist das administrative Schiedsverfahren der *Gentechnikrichtlinie* 90/220/EWG für das Inverkehrbringen von Produkten, die genetisch veränderte Organismen enthalten, welches sich auch in der neuen Richtlinie 2001/18/EG findet.[859] Solche Produkte sind vom Hersteller unter Beibringung von im einzelnen genau festgelegten Informationen anzumelden. Die zuständige mitgliedstaatliche Behörde hat im Falle der Befürwortung die Akte mit ihrer Stellungnahme an die Kommission weiterzuleiten. Die Akte enthält eine Kurzfassung der Anmeldung.[860] Die Kommission übermittelt diese Akte – ggf. mit ergänzenden Informationen – sternförmig an die zuständigen Behörden aller anderen Mitgliedstaaten. Diese haben daraufhin 60 Tage Zeit, um mit einer Begründung versehene Einwendungen zu erheben. Sind keine Einwendungen erhoben worden, darf die zuständige Behörde dem Anmelder ihre Zustimmung erteilen. Sie hat hiervon die Kommission und die anderen Mitgliedstaaten zu unterrichten. Erhebt die Behörde eines anderen Mitgliedstaates einen Einwand, sollen die Mitgliedstaaten zunächst versuchen, sich innerhalb der genannten Frist zu einigen. Ist eine solche Einigung nicht möglich, geht die Entschei-

---

Inverkehrbringen des Gerätes zu beschränken. Er muß hiervon die Kommission unterrichten. Diese tritt umgehend mit den betroffenen Parteien in ein Konsultationsverfahren ein, entscheidet über die Rechtfertigung der Maßnahmen und unterrichtet hiervon unverzüglich die beteiligten Mitgliedstaaten. Unter bestimmten Umständen ist die Stellungnahme des Normungsausschusses einzuholen.

[859] Dieses Streitbeilegungsverfahren ist von dem oben dargestellten Informationssystem des Art. 9 der Richtlinie 90/220/EWG zu unterscheiden (siehe oben, Kap. 2. C.II.1.). Ersteres findet auf das Inverkehrbringen Anwendung, letzteres auf andere Arten der Freisetzung genetisch veränderter Organismen. Eingehend zum Verwaltungskooperationsverfahren der *Gentechnikrichtlinie* auch *Lienhard* (Anm. 847) 14 ff.

[860] Art. 12 Abs. 2 und 3 der Richtlinie 90/220/EWG (Anm. 218); hierzu auch die *Entscheidung* 92/146/EWG der Kommission vom 11.2.1992 *betreffend den formalen Aufbau der Zusammensetzung der Anmeldung gemäß Art.12 der Richtlinie 90/220/EWG* (Abl. Nr. L 60 vom 5.3.1992, 19).

dungsbefugnis auf die Kommission im Regelungsausschußverfahren über. Die Kommission kann in diesem Verfahren der zuständigen Behörde erlauben, dem Anmelder die Zustimmung zu erteilen oder ihr einen solchen Verwaltungsakt versagen.[861] Die Kommission erteilt dabei nicht selbst den Verwaltungsakt, sondern willigt in die Erteilung eines nationalen Verwaltungsaktes ein oder verbietet diesen.[862] Über die folgende Erteilung der Zustimmung hat die mitgliedstaatliche Behörde wiederum die anderen Mitgliedstaaten und die Kommission zu unterrichten. Eine Zustimmung sichert den freien Warenverkehr für das in Frage stehende Produkt innerhalb der Gemeinschaft – es darf von den anderen Mitgliedstaaten weder verboten, noch eingeschränkt, noch behindert werden.[863] Zur Information der mitgliedstaatlichen Behörden und anderer Wirtschaftsteilnehmer veröffentlicht die Kommission ein Verzeichnis aller Produkte, für die eine endgültige schriftliche Zustimmung erteilt worden ist, im Amtsblatt der Europäischen Gemeinschaft.[864] Nach der neuen Richtlinie 2001/18/EG sind zudem Register mit den Anbaustandorten einzurichten.[865]

Die *Gefahrstoffrichtlinie* sieht ein administratives Schiedsverfahren speziell für den Fall der *Uneinigkeit über horizontale Auskunfts- und Nachprüfungsersuchen* im Rahmen des gefahrstoffrechtlichen Anmeldeverfahrens vor.[866] Der Kommission ist eine Kopie der Anmeldungsunterlagen oder eine Zusammenfassung derselben zu übermitteln. Diese werden von der Kommission an die Mitgliedstaaten weitergegeben, ebenso wie alle sonstigen Informationen, die die Kommission aufgrund der Richtlinie gesammelt hat.[867] Darunter fallen der Bericht über die Risikobewertung einzelner Stoffe, durch Auskunftsersuchen und sonstige

---

[861] Das Schiedsverfahren ist in Art. 13 der Richtlinie 90/220/EWG (a.a.O.) bzw. Art. 15 und 18 der neuen Richtlinie 2001/18/EG (Anm. 218) festgelegt.

[862] Wird die Gültigkeit der Kommissionsentscheidung in Frage gestellt, muß hierzu im Rahmen eines Rechtsstreites der EuGH angerufen werden (EuGH, Urteil vom 21.3.2000, Rs. C-6/99, *Greenpeace*, Slg. 2000, S. I-1651 ff., Rn. 47 ff.). Kritisch *Lienhard* (Anm. 847), insbesondere 16 f.

[863] So ausdrücklich Art. 15 und Art. 13 Abs. 5 der Richtlinie 90/220/EWG (a.a.O.).

[864] Art. 17 der Richtlinie 90/220/EWG (a.a.O.).

[865] Art. 31 Abs. 2 und 3 der Richtlinie 2001/18/EG (Anm. 218).

[866] Zum Anmeldeverfahren oben, Kap. 2 A.II.3.c.aa. sowie allgemein Kap. 2 B.I.

[867] Art. 18 Abs. 1 der Richtlinie 67/548/EWG (Anm. 125).

Kontrollen erlangte Informationen sowie Informationen über die Inanspruchnahme von Ausnahmeregeln.[868] Die zuständige Behörde jedes Mitgliedstaates kann die Anmeldebehörde oder die Kommission um Mitteilung besonderer Einzelheiten aus den Anmeldungsunterlagen sowie um die Mitteilung der Risikobewertung ersuchen.[869] Außerdem kann sie die Durchführung weiterer Prüfungen, das Einholen weiterer Informationen oder die Änderung der Risikobewertung vorschlagen. Falls die Anmeldebehörde den Ersuchen bzw. Vorschlägen nicht nachkommt, hat sie den ersuchenden Behörden der anderen Mitgliedstaaten ihre Gründe darzulegen. Kommt daraufhin keine Einigung zustande und erachtet eine der ersuchenden Behörden die zusätzlichen Informationen für tatsächlich notwendig, kann sie die Kommission unter Darlegung der Gründe um Entscheidung im Regelungsausschußverfahren ersuchen.

Zum Teil kann den Rechtsakten nicht eindeutig entnommen werden, ob es sich um ein Schieds- oder ein Schlichtungsverfahren handeln soll.[870] Die Kommission ist dann befugt, „die geeigneten Maßnahmen“ zu treffen.[871] Ob diese Maßnahmen auch die Befugnis zur Streitentscheidung im konkreten Fall enthalten oder lediglich die Einleitung eines

---

[868] Siehe Art. 17, Art. 20, Art. 13 Abs. 2 sowie Art. 25 Abs. 3 der Richtlinie 67/548/EWG (a.a.O.).

[869] Art. 18 Abs. 2 der Richtlinie 67/548/EWG (a.a.O.).

[870] Vgl. *Schmidt-Aßmann*, Verwaltungskooperation (Anm. 2), 284 zur *Niederspannungsrichtlinie*.

[871] Siehe bereits oben C. Ein Beispiel ist die *GLP-Überprüfungsrichtlinie*. Das Streitbeilegungsverfahren soll Meinungsverschiedenheiten über die Einhaltung von Informationsrahmendaten, genauer über die Ergebnisse der Überprüfung der Grundsätze der Guten Laborpraxis (GLP) abhelfen. Grundsätzlich sind die Ergebnisse von von den Prüfeinrichtungen eines Mitgliedstaates nach der *GLP-Überprüfungsrichtlinie* vorgenommenen Inspektionen für die anderen Mitgliedstaaten verbindlich (Art. 5 Abs. 1 der Richtlinie 88/320/EWG, [Anm. 386]). Ist ein Mitgliedstaat der Meinung, daß eine Prüfeinrichtung in einem anderen Mitgliedstaat die GLP in einem konkreten Fall nicht beachtet hat, kann er von dem Mitgliedstaat Auskunft über Einzelheiten verlangen und ihn um die Vornahme von Kontrollen ersuchen. Kommt daraufhin keine Einigung zwischen den Mitgliedstaaten zustande, haben sie die anderen Mitgliedstaaten und die Kommission unter Angabe von Gründen davon unverzüglich zu unterrichten (Art. 6 Abs. 1). Die Kommission kann dann Sachverständigengutachten einholen und im Regelungsausschußverfahren „die geeigneten Maßnahmen“ treffen, insbesondere auch Änderungen der Richtlinie in Gang setzen (Art. 6 Abs. 2 und 3).

Rechtsetzungsverfahrens bzw. eines Vertragsverletzungsverfahrens vor dem Gerichtshof beinhalten, ist dann nicht eindeutig. Wenn es sich um ein förmliches Regelungs- oder Verwaltungs(ausschuß)verfahren handelt, in dem der Rat notfalls die Entscheidungsbefugnis an sich ziehen kann, ist wohl ersteres anzunehmen.[872] Auch ein Ineinanderübergehen von vertikalem *ex ante* Zustimmungsverfahren und horizontalem *ex post* Schiedsverfahren ist möglich. Der Zustimmungscharakter des Verfahrens ergibt sich dann aus der vorab einzuholenden Entscheidung, der Schiedsverfahrenscharakter aus dem horizontalen Element, d.h. der Einleitung des Verfahrens aufgrund einer Uneinigkeit zwischen zwei Mitgliedstaaten.[873]

---

[872] Zu den Ausschußverfahren unten, Teil 4 Kap. 2 C.II.3.b.

[873] So die *Druckbehälterrichtlinie* (Richtlinie 76/767/EWG, [Anm. 216]). In den *Folgerichtlinien* der *Druckbehälterrichtlinie* können Bestimmungen benannt werden, von denen bei der Zulassung abgewichen werden kann. Macht ein Mitgliedstaat hiervon Gebrauch, übermittelt er den übrigen Mitgliedstaaten die einschlägigen Unterlagen. Letztere teilen binnen vier Monaten danach ihr Einverständnis oder ihre Mißbilligung mit. Sie können auch Bemerkungen einreichen, Fragen und zusätzliche Forderungen stellen oder zusätzliche Prüfungen verlangen (Art. 17 der Richtlinie 76/767/EWG). Die Mitgliedstaaten können bei Unstimmigkeiten beantragen, daß der im Rahmen der Richtlinie eingesetzte Ausschuß um eine Stellungnahme gebeten wird. Gibt der Ausschuß eine positive Stellungnahme ab, kann der Mitgliedstaat die Abweichklauseln anwenden – ggf. unter den vom Ausschuß vorgeschlagenen Bedingungen. Die Rechtsfolgen einer negativen Stellungnahme sind nicht ausdrücklich geregelt. Die Stellungnahme ist „nach dem in Art. 20 vorgesehenen Verfahren" einzuholen. Bei diesem Verfahren handelt es sich um ein Regelungsausschußverfahren, wonach bei einer negativen Stellungnahme der Rat die Entscheidungsbefugnis an sich ziehen kann. Geschieht dies nicht, verbleibt sie bei der Kommission. Da auf das gesamte Verfahren des Art. 20 verwiesen wird, ist anzunehmen, daß bei einer negativen Stellungnahme dem Rat und subsidiär der Kommission die Schiedsfunktion zukommen soll. Hat kein Mitgliedstaat seine Mißbilligung vor Fristablauf ausdrücklich mitgeteilt, genehmigt der Mitgliedstaat die beantragte Abweichung und unterrichtet hiervon die übrigen Mitgliedstaaten und die Kommission. Auch das Verfahren der *Richtlinie über die elektromagnetische Verträglichkeit* überschneidet sich mit einem Zustimmungsverfahren (siehe oben, Anm. 858 f.).

Kapitel 5: Zusammenfassung: Herausbildung von Standardverfahren

Ausgehend von der Bestandsaufnahme der Grundbausteine – den (einfachen) Informationspflichten, der informellen Verwaltungskooperation und den gemischt national-europäischen Verwaltungsverfahren – bieten sich in Korrespondenz zu bestimmten Sachverhaltsmerkmalen und Informationszwecken jeweils bestimmte Informationsverfahren an. Die Anknüpfungspunkte des Informations*gegenstandes* und des Informations*zweckes* implizieren die Wahl entsprechender Regelungseinheiten. In den Rechtsakten der Gemeinschaft wiederholen sich denn auch die Informationsverfahrenselemente in Abhängigkeit von diesen Anknüpfungspunkten – die verschiedenen Bausteine treten häufig in *typischen Kombinationen* im Sinne von Standardverfahren auf. Sind mehrere Anknüpfungspunkte verschiedener Typen vorhanden, können sich die Standardverfahren überschneiden und entsprechend kombiniert werden. Sie stehen sich nicht in einem Verhältnis der Ausschließlichkeit gegenüber. Ihre Herausbildung dient der Systematisierung und Übersicht über die vielfältigen Informationspflichten im Gemeinschaftsrecht. Sie können als *Interpretationshilfe* für den Verpflichtungsgehalt einzelner Bestimmungen im Rahmen einer teleologischen Argumentation – insbesondere dem Argument des *effet utile* – verwendet werden und im Rahmen der *Rechtsetzung* Anhaltspunkte für die Wahl der Instrumente geben. Die unter den Standardtypen aufgeführten Elemente erheben keinen Anspruch auf Vollständigkeit. Die Darstellung konzentriert sich auf die typischen Grundbausteine.[874] Auch kann ihre Ausgestaltung im Detail von Fall zu Fall variieren, v.a. weil eine Harmonisierung der Rechtsakte der Gemeinschaft meist erst nach einer „experimentellen" Phase mit verschiedenen Formulierungen und Detailausprägungen erfolgt.[875]

---

[874] Vgl. *Rebentisch*, Überwachung, Kontrolle, Berichtspflichten, in: EUDUR, Bd. 2 1998, § 55, Rn. 5. *Rebentisch* weist auf die Notwendigkeit einer bereichsadäquaten Differenzierung des Überwachungsarsenals hin.

[875] Das wird besonders deutlich an der *Berichtsrichtlinie* (siehe oben Kap. 2 A.III.), der *Normeninformationsrichtlinie* und den vorangegangenen *Stillhaltevereinbarungen* (siehe oben Kap.2 A.II.3.b.aa; zur Entwicklungsgeschichte der Richtlinie eingehend *v. Bogdandy* in: *Schmidt-Aßmann/Hoffmann-Riem*, *Anm.* 166, 158 f.), den Informationssystemen im Luft- und Wasserrecht (dazu Kap. 2 C.III.) sowie den *Comitologie-Beschlüssen* (dazu oben, Kap. 3 A. sowie unten, Teil 4 Kap.2 C.II.3.b.). Siehe auch *Schmidt-Aßmann*, Der Verfahrensgedanke (Anm. 29), 19 sowie oben, Kap. 1 B.III.

A. *Vollzugskontrolle*

Bestimmte Informationsverfahren dienen speziell der Vollzugskontrolle.[876] Die Vollzugskontrolle setzt sich zum einen aus der *Transformationskontrolle* und zum anderen aus der *Anwendungskontrolle* zusammen. Die Transformationskontrolle überprüft, ob der nationale Gesetzgeber das Gemeinschaftsrecht formell richtig in nationales Recht umgesetzt hat. Die Anwendungskontrolle beschäftigt sich mit der Frage, ob die nationalen Behörden die gemeinschaftsrechtlichen Anforderungen auch tatsächlich beachten. Vollzugskontrolle kann nur beim indirekten Vollzug von Gemeinschaftsrecht – nach einer neueren Terminologie, außerhalb des „Eigenverwaltungsrechts" der Gemeinschaft – stattfinden.[877] Vollzieht die Gemeinschaft ihre Rechtsakte selbst ohne Einschaltung der mitgliedstaatlichen Behörden, müssen und können diese auch nicht kontrolliert werden.[878] Die im Folgenden darzustellenden Elemente finden sich speziell zum Zwecke der Vollzugskontrolle bei den verschiedensten Sachverhalten wieder.

Immer häufiger sind Informationen über die nationale Vollzugssituation von der Kommission zu *veröffentlichen* oder zumindest in Form eines zusammenfassenden Durchführungsberichts der Kommission an den Rat und indirekt über diesen an alle Mitgliedstaaten weiterzugeben. Die Weitergabe der Informationen über die nationale Vollzugssituation an die anderen Mitgliedstaaten schafft *horizontale* (zwischen den Mitgliedstaaten bestehende) *Transparenz*. Sie dient der *peer* Kontrolle, d.h. der sozialen Kontrolle durch die anderen Mitgliedstaaten.[879] Die Offenlegung der mitgliedstaatlichen Verhältnisse ist ein Motivationsfaktor

---

[876] Zum Vollzug des Gemeinschaftsrechts auch Teil 1 Kap. 2 E.III. Zum Begriff der „Kontrolle" als Soll-Ist-Vergleich *Albin* (Anm. 696), 49 f.

[877] Hierzu näher oben, Teil 4 Kap. 1; zur Systematisierung insbesondere *Schmidt-Aßmann*, Europäisches Verwaltungsverfahrensrecht (Anm. 48), 136 f.

[878] Wobei der Fall des reinen gemeinschaftseigenen Vollzuges selten ist. Meist bindet die Gemeinschaft – schon aus Kostengründen – die Mitgliedstaaten in der einen oder anderen Form in den Vollzug ein.

[879] Der Begriff der *peer* Gruppe stammt aus der Soziologie und bezeichnet eine Gruppe von (jugendlichen) Gleichaltrigen, die einander altersgemäße Orientierungsmuster vermitteln (*Reinhold* [Hrsg.], Soziologie-Lexikon, 2. Aufl. 1992, Stichwort „peer group"; *Fuchs-Heinritz/Lautmann/Rammstedt/Wienold*, Lexikon zur Soziologie, 3. Aufl. 1994/1995, Stichwort „peer group"). Er wird hier im Sinne von „Gleichgestellten" verwendet.

für die korrekte Durchführung des Gemeinschaftsrechts.[880] Ist der mitgliedstaatliche Vollzug korrekt, so wird durch horizontale Transparenz das *Vertrauen* der Mitgliedstaaten in das Funktionieren der Gemeinschaft gestärkt.[881] Die Mitgliedstaaten sollen in Erfahrung bringen können, auf welchem Durchführungsstand sie im Verhältnis zu den anderen Mitgliedstaaten stehen und feststellen können, daß von dem Zeitpunkt an, zu dem eine Richtlinie in den meisten Mitgliedstaaten umgesetzt wurde, die für die Nichtumsetzung zur Rechtfertigung vorgebrachten Argumente ihre Stichhaltigkeit verlieren.[882]

I. Transformationskontrolle

Unterrichtungspflichten stellen den Grundbaustein zur Sachverhaltsermittlung im Rahmen der Transformationskontrolle dar. Da der zu ermittelnde Sachverhalt die „auf dem Papier" feststellbare formelle Rechtslage ist, welche aufgrund der Publikationspflicht von Rechtsnormen auch nicht „versteckt" werden kann, genügen solche Unterrichtungspflichten für eine wirksame Vollzugskontrolle i.d.R. dann, wenn den Mitgliedstaaten konkrete Umsetzungspflichten auferlegt worden sind.[883] Als Standardklausel ist in allen in nationales Recht umzusetzenden Sekundärrechtsakten die Pflicht enthalten, die Kommission unverzüglich über die zur Umsetzung erlassenen Rechts- und Verwaltungsvorschriften zu unterrichten.[884] Die Kommission hat für diese

---

[880] Vgl. *Krämer*, Implementation (Anm. 321), 50.

[881] Zur vertrauensbildenden Wirkung der Erfüllungskontrolle im Völkerrecht *Chayes/Chayes* (Anm. 363), 144 ff.; siehe auch *van Rijn*, The Investigative and Supervisory Powers of the Commission, in: FS Schermers, 1995, 409 (410); *Beyerlin/Marauhn* (Anm. 363), 95 sowie *Lohmann* (Anm. 310), 169. Ausführlicher dazu oben, Teil 1 Kap. 2 F.II.2.

[882] So ausdrücklich die Mitteilung der Kommission *Verstärkung der Effizienz des Binnenmarktes* (Anm. 683), Nr. 10 ff.

[883] Kritisch zur Konzentration der Kommission auf die Transformationskontrolle *Steinberg*, Probleme der Europäisierung des deutschen Umweltrechts, AöR 1995, 549 (570 ff.); siehe auch *Schäfer* (Anm. 628), 265 sowie oben, Teil 1 Kap. 2 E.III.

[884] Die meist im vorletzten Artikel zu findende Klausel ist im Wortlaut weitgehend einheitlich: „Die Mitgliedstaaten erlassen die erforderlichen Rechts- und Verwaltungsvorschriften, um dieser Richtlinie innerhalb von.../ bis zum... nachzukommen; sie setzen die Kommission unverzüglich davon in Kenntnis" (Belegstellen siehe oben, Teil 2 Kap.2 A.II.3.b.bb).

Umsetzungsvorschriften eine Datenbank im Rahmen des *online* Dienstes CELEX eingerichtet, auf die auch alle Mitgliedstaaten zugreifen können. Darin sind für jeden Rechtsakt die entsprechenden Fundstellen der nationalen Umsetzungsnormen der Mitgliedstaaten enthalten – soweit diese von ihnen mitgeteilt wurden. Um den tatsächlichen Verpflichtungsgehalt der Umsetzungsvorschriften im nationalen Rechtssystem besser beurteilen zu können, ist der Kommission (zudem) der Wortlaut aller im Regelungsbereich der Richtlinie erlassenen nationalen Rechtsvorschriften mitzuteilen, ohne daß die Vorschriften speziell zur Umsetzung des Gemeinschaftsrechts erlassen worden sein müssen.[885] In einem Urteil vom 22.10.1998 betont der EuGH, daß die Mitgliedstaaten im Rahmen dieser Standardklausel verpflichtet sind, *alle* Rechtsvorschriften mitzuteilen, die sie auf dem einschlägigen Gebiet erlassen. Es darf weder nach der Ebene der Rechtssetzung im Rahmen eines Bundesstaates noch nach der angewandten Gesetzestechnik differenziert werden.[886] Auf freiwilliger Grundlage teilen einige Mitgliedstaaten der Kommission außerdem sogenannte „Konkordanztabellen" mit, aus denen die Entsprechung zwischen den nationalen und gemeinschaftlichen Vorschriften ersichtlich wird.[887]

Kurz vor Ablauf der Umsetzungsfristen weist die Kommission die Mitgliedstaaten hierauf noch einmal hin und bittet um Mitteilung der entsprechenden nationalen Vorschriften.[888] Aufgrund der großen Bedeutung dieser Unterrichtungspflichten für die Transformationskontrolle wird bei fehlender Mitteilung der Umsetzungsmaßnahmen systematisch ein Vertragsverletzungsverfahren eingeleitet.[889] Festgestellte Umset-

---

[885] Die Standardformulierung lautet hier: „Die Mitgliedstaaten teilen der Kommission den Wortlaut der innerstaatlichen Vorschriften mit, die sie auf dem unter diese Richtlinie fallenden Gebiet erlassen." Sie ist meist im zweiten Absatz des vorletzten Artikels enthalten.

[886] EuGH, Urteil vom 22.10.1998, Rs. C-301/95 (*Kommission/Deutschland*) „UVP-Richtlinie", Slg. 1998, S. I-6135 (6161 f., Rn. 22 ff.) zu Art. 12 Abs. 2 der *UVP-Richtlinie* [a.F.].

[887] Siehe den *Sechzehnten Jahresbericht über die Kontrolle der Anwendung des Gemeinschaftsrechts* (Anm. 678), unter „Umwelt", Nr. 2.12 (Abl. S.45).

[888] *Fünfzehnter Jahresbericht über die Kontrolle der Anwendung des Gemeinschaftsrechts* (Anm. 678), unter „Umwelt", Nr. 12.2 (Abl. S.51).

[889] *Sechzehnter Jahresbericht über die Kontrolle der Anwendung des Gemeinschaftsrechts* (Anm. 678), unter „Umwelt", Nr. 2.12 (Abl. S.44). Die Kommission spricht davon, daß es sich um ein „unverzichtbares Instrument" zur Erfüllung ihrer Kontrollaufgabe handele (im Urteil vom 25.5.1982, Rs. 96/81,

zungsdefizite führen dann meist zunächst zu informellen *bi- oder multilateralen Gesprächen* in oder außerhalb der entsprechenden Fachausschüsse, bis ggf. ein förmliches Vertragsverletzungsverfahren nach Art. 226 EGV (ex Art. 169) eingeleitet wird.[890] Die einfache Verletzung der Unterrichtungspflicht begründet für sich schon eine Vertragsverletzung, selbst wenn die erforderlichen nationalen Rechtsvorschriften erlassen worden sind. Sie war und ist häufiger Gegenstand von Vertragsverletzungsklagen vor dem EuGH.[891] Aufgrund der von den Mitgliedstaaten erteilten Informationen stellt die Kommission fest, ob die Mitgliedstaaten den Bestimmungen der Richtlinie in ausreichendem Maße nachgekommen sind.[892] Da es die Kommission erhebliche Verwaltungskapazitäten kosten würde, die jeweilige mitgliedstaatliche Rechtslage zu recherchieren und mit den gemeinschaftsrechtlichen Anforderungen zu vergleichen, ist sie sehr auf die Einhaltung dieser Mitteilungspflichten bedacht. Eine eventuelle Nachkontrolle über die Richtigkeit und Vollständigkeit der Darstellungen ist dann zumindest auf Einzelfragen beschränkt und erheblich weniger verwaltungsintensiv. Die Erörterung solcher Einzelfragen findet z.T. im Rahmen von Ausschüssen oder sogenannten „Paketsitzungen“ statt.[893]

Die Unterrichtungspflichten der Mitgliedstaaten fungieren als *faktische Beweiserleichterung* für die Kommission. Diese muß dann nur noch nachweisen, daß eine entsprechende formelle Unterrichtung nicht erfolgt ist, anstatt die schwerer nachzuweisende Nichtumsetzung in nationales Recht darzulegen, bei der sich die Kommission und der Gerichtshof auf eine Diskussion über die Wirkungen der Umsetzungsvorschriften im Rahmen der nationalen Rechtsordnung einlassen müssen.[894] Funktional handelt es sich um eine „unechte“ Beweislastum-

---

Kommission/Niederlande, „Badegewässerrichtlinie“, Slg. 1982, 1791 [1789, Nr. 3]).

[890] Siehe oben, Kap. 3 A. und B.I.

[891] Nach *Macrory* machen diesbezügliche Vertragsverletzungsklagen 60 % der Gerichtsverfahren im Umweltbereich aus (The Enforcement of Community Environmental Law: Some Critical Issues, CMLR 1992, 347 [353 f.]). Siehe auch oben, Teil 1 Kap. 2 E.III.

[892] Vgl. hierzu das Vorbringen der Kommission in der Rs. „Badegewässerrichtlinie“ (Anm. 889), a.a.O.

[893] Siehe oben, Kap. 3 A. und B.I.

[894] Vgl. *Macrory* (Anm. 891), 354 f.

kehr.[895] Unecht deswegen, weil der Tenor des Urteils auf Vertragsverletzung wegen Nicht*mitteilung*, nicht wegen Nicht*umsetzung* lautet. Ein Anreiz der Mitgliedstaaten zum Erlaß der Umsetzungsmaßnahmen ist aber auch bei Verurteilung wegen Nichtmitteilung der Maßnahmen gegeben. Er stellt den eigentlichen Zweck dieser Vertragsverletzungsverfahren dar.[896] Die entsprechenden Umsetzungsvorschriften werden über die Datenbank CELEX den anderen Mitgliedstaaten zugänglich gemacht.[897] Die Transparenz der Umsetzungsinstrumente dient der Herstellung gegenseitigen Vertrauens zwischen den einzelstaatlichen Verwaltungen und der *peer* Kontrolle.[898] Die horizontale Transparenz der nationalen Transformation soll in Zukunft dadurch verstärkt werden, daß die einzelstaatlichen Umsetzungsvorschriften als Textsammlung veröffentlicht und in alle Gemeinschaftssprachen übersetzt werden.[899]

Neben diesen Unterrichtungspflichten wird als Mittel der Vollzugskontrolle die Pflicht zur Aufstellung von nationalen *Durchführungs- und Überwachungsprogrammen* eingesetzt. Die Programme sind jeweils der Kommission mitzuteilen.[900] In Form dieser staatlichen Planungen werden die für die Zukunft noch zu ergreifenden staatlichen Maßnahmen dargelegt. Sie sollen die nationalen Verwaltungsstrukturen und -verfahren transparent machen.[901]

---

[895] Eine echte Beweislastumkehr hat der Gerichtshof dagegen abgelehnt, s.u. Teil 6 Kap.2 B.II.

[896] So ausdrücklich *Krämer*, Du contrôle (Anm. 680), S.24 sowie *ders.*, Implementation (Anm. 321), 17.

[897] Siehe auch die Entschließung des Rates vom 20.6.1994 (Anm. 746), worin zudem eine Vernetzung von CELEX mit den mitgliedstaatlichen Rechtsdatenbanken ins Auge gefaßt wird.

[898] Dazu ausführlicher oben, vor I.

[899] Mitteilung der Kommission *Verstärkung der Effizienz des Binnenmarktes* (Anm. 683), Nr. 12.

[900] Als Beispiele sind v.a. die *Abwasserrichtlinie* und die *Treibhausgasbeobachtungsentscheidung* zu nennen (siehe oben, Kap. 2 B.IV.2., insbesondere Anm. 461 und 469).

[901] Der Rückgriff auf Durchführungsprogramme soll nach Mitteilung der Kommission verstärkt werden (*Folgemaßnahmen zum Sutherland Bericht*, Anm. 156, Rn. 26). Zu den Programmen im einzelnen oben, Kap. 2 B.IV.2.

II. Anwendungskontrolle

1. Berichts- und Auskunftspflichten

Zur Kontrolle der tatsächlichen Anwendung des Gemeinschaftsrechts haben die Mitgliedstaaten (sektorale) *Durchführungsberichte* zu erstellen.[902] Die Anforderungen an die Berichte sind für den Umweltschutzbereich durch die *Berichtsrichtlinie* 91/692/EWG harmonisiert worden.[903] Der genaue Inhalt kann von der Kommission in Form eines Fragebogens oder Schemas festgelegt werden. Mit dieser Richtlinie soll die Qualität der nationalen Durchführungsberichte verbessert werden, die häufig zu allgemein gehalten oder gar nicht erst erstellt werden.[904] Hinderlich für die Offenheit der Mitgliedstaaten (und ein entsprechend hartes Durchgreifen der Kommission) ist hier der Charakter der Berichte als „Eigenberichterstattung", was die Gefahr der Selbstbelastung impliziert.[905] Ein von der Kommission zu erstellender zusammenfassender Gemeinschaftsbericht wird veröffentlicht und dadurch allen Interessierten zugänglich gemacht.[906] Neben den Durchführungsberichten können die weniger formalisierten *Erfahrungsberichte* der Anwendungskontrolle dienen.[907] In Bezug auf Einzelfragen kann der Kommission zudem nach dem einschlägigen Sekundärrecht ein *generelles Auskunftsrecht* gegenüber den Mitgliedstaaten zustehen.[908] Inwieweit eine

---

[902] Von *Schmidt-Aßmann/Ladenburger* als „Vollzugsberichterstattung" bezeichnet (in EUDUR, Anm. 43, Rn. 12 und Rn. 65).

[903] Näher dazu Kap. 2 A.III. Mit der Harmonisierung erhofft sich die Kommission eine verbesserte Einhaltung der Berichtspflichten durch die Mitgliedstaaten sowie eine bessere Vergleichbarkeit der Berichte (siehe *Krämer*, Arbeit und Konzeption der EG-Kommission, Anm. 480, 40 f.).

[904] Dazu oben, Teil 1 Kap. 2 E.III.

[905] Siehe *Krämer* in: *Lübbe-Wolff* (Anm. 510), 24 f.; *Sach* in: EUDUR (Anm. 510), Rn. 54 f. *Albin* weist zudem darauf hin, daß die Kommission mit der Auswertung von detaillierten Berichten auch personell überfordert wäre und schlägt vor diesem Hintergrund eine Berichterstattung durch mehr oder weniger unabhängige Dritte vor (Anm. 696, 261 ff.).

[906] Siehe oben, Kap. 2 C.I.1., dort auch zu den diesbezüglichen Schwierigkeiten in der Praxis.

[907] Zu den Erfahrungsberichten oben, Kap. 2 C.I.3.

[908] Aus jüngerer Zeit siehe Art. 14 Abs. 3 der *Geräuschemissionsrichtlinie* (*Richtlinie* 2000/14/EG vom 8.5.2000 *zur Angleichung der Rechtsvorschriften*

generelle Auskunftspflicht der Mitgliedstaaten auch ohne sekundärrechtliche Festlegung auf der Grundlage der Gemeinschaftstreuepflicht besteht, wird noch zu untersuchen sein.[909]

Ergänzt werden die administrativen Informationspflichten durch *Beschwerden* von Privatpersonen und NGO's unmittelbar bei der Kommission.[910] Sie decken nationale Vollzugsdefizite in Einzelfällen auf. Auf der Grundlage dieser Beschwerden kann die Kommission weitere Ermittlungen in Form von Auskunftsersuchen und informellen bilateralen Gesprächen einleiten, bis es dann ggf. zur Einreichung einer Ver-

---

der Mitgliedstaaten über die Geräuschemissionen von zur Verwendung im Freien vorgesehenen Geräten und Maschinen, Abl. Nr. L 162 vom 3.7.2000, 1). Bereits 1978 in der *Fischgewässerrichtlinie* und 1979 in der *Muschelgewässerrichtlinie* vorgesehen. Darin heißt es: „Ganz allgemein übermitteln die Mitgliedstaaten der Kommission auf deren mit Gründen versehenen Wunsch die zur Anwendung dieser Richtlinie erforderlichen Angaben" (Art. 15 S. 2 der Richtlinie 78/659/EWG und Art. 13 S. 3 der Richtlinie 79/923/EWG, Anm. 123). Auch die *Titandioxidrichtlinie* 78/176/EWG sieht eine umfassende Auskunftspflicht der Mitgliedstaaten über Genehmigungen, durchgeführte Kontrollen und Abhilfemaßnahmen „für die Zwecke der Anwendung dieser Richtlinie" vor (Art. 13 Abs. 1 der Richtlinie 78/176/EWG, Anm. 385). Nach Art. 20 Abs. 1 und 2 der *Ozonschichtverordnung* Nr. 2037/2000 (Anm. 71) ist die Kommission befugt, alle erforderlichen Informationen von den Regierungen der Mitgliedstaaten, den zuständigen Behörden und den Unternehmen selbst einzuholen. Richtet sie ihr Auskunftsersuchen an ein Unternehmen, hat sie der zuständigen Behörde des Sitzstaates eine Durchschrift des Ersuchens zu übermitteln. Ebenso bereits Art. 18 der Vorgängerverordnung Nr. 3093/94 (Anm. 388). Das Auskunftsrecht dient hier nur z.T. der Anwendungskontrolle gegenüber den Mitgliedstaaten. Letztlich soll es den unmittelbaren Gemeinschaftsvollzug der Verordnung unterstützen.

[909] Siehe Teil 3 Kap. 2, insbesondere B.I. und V.

[910] Das nichtförmliche Beschwerdeverfahren hat gerade für den Umweltbereich eine große Bedeutung (siehe *Krämer*, Arbeit und Konzeption der EG-Kommission, Anm. 480, 44 f.; *Scheuing, Anm.* 677, 481; *Demmke* in: *Hegele/Röger*, Anm. 321, 43 ff.). Eine Beschreibung des Verfahrens findet sich im *Fünfzehnten Jahresbericht über die Kontrolle der Anwendung des Gemeinschaftsrechts* (Anm. 678), unter Nr. 12.4 sowie bei *Krämer*, Implementation (Anm. 321), 31 ff.; *Engelsberger*, Der Vollzug europarechtlicher Vorschriften auf dem Gebiet des Umweltschutzes, 1998, 76 ff. und *Albin* (Anm. 696), 213 ff. Die Kommission hat ein Standardformular für die Einreichung einer Beschwerde erstellt, welches jedoch nicht verbindlich ist (neue Fassung in Abl. C 119 vom 30.4.1999, 5).

tragsverletzungsklage kommt.[911] Die Möglichkeiten der Substantiierung solcher Beschwerden sind durch das Informationszugangsrecht von Privatpersonen auf nationaler Ebene im Rahmen der *Umweltinformationsrichtlinie* 90/313/EWG ausgebaut worden.[912] Die Verifizierung derartiger Beschwerden gestaltet sich allerdings vor dem Hintergrund der weiten räumlichen Entfernung der Kommission und der fehlenden Befugnisse bzw. Kapazitäten zur Vornahme von Vor-Ort Kontrollen und sonstigen Überprüfungen als praktisch schwierig.[913]

2. Mitgliedstaatliche Informationserhebungspflichten und Inspektionsrechte der Kommission

Neben den Mitteilungspflichten spielen im Rahmen der Anwendungskontrolle Informationserhebungspflichten der Mitgliedstaaten eine große Rolle. Hier muß der tatsächliche Sachverhalt zunächst einmal von den nationalen Behörden ermittelt werden. Das geschieht durch *Umweltmonitoringpflichten*, *Kontroll-* und *Überwachungspflichten.* Die Korrektheit der mitgliedstaatlichen Sachverhaltsermittlung kann dann wiederum durch die Gemeinschaft mittels Inspektionen nachgeprüft werden. *Vor-Ort-Inspektionen der Kommission* dienen der Vollzugskontrolle, genauer gesagt der Anwendungskontrolle. Durch Inspektionen wird im Einzelfall nachgeprüft, ob das Gemeinschaftsrecht richtig angewendet wird. Um die Verwaltungskapazitäten der Gemeinschaft nicht zu sprengen, werden verstärkt Formen der gemischten und der subsidiären oder komplementären Inspektionen eingesetzt[914] sowie – soweit technisch und finanziell möglich – auf Daten der Satellitenfer-

---

[911] Siehe nur den *Dreizehnten Jahresbericht über die Kontrolle der Anwendung des Gemeinschaftsrechts* (Anm. 678), den *Vierzehnten Jahresbericht über die Kontrolle der Anwendung des Gemeinschaftsrechts (1996)* (Abl. Nr. C 332 vom 3.11.1997, 1); den *Fünfzehnten Jahresbericht* (Anm. 678) und den *Sechzehnten Jahresbericht* (Anm. 678), jeweils unter dem Titel „Umwelt". Zu den informellen Gesprächen oben, Kap. 3 B.I.

[912] *Schmidt-Aßmann/Ladenburger* sprechen vom „Verfahrenskonzept der informierten Öffentlichkeit" (in EUDUR, Anm. 43, Rn. 4 ff.).

[913] So ausdrücklich die Kommission im *Sechzehnten Jahresbericht über die Kontrolle der Anwendung des Gemeinschaftsrechts* (Anm. 678), unter „Umwelt", Nr. 2.12 (Abl. S.46); ebenso der *Fünfzehnte Jahresbericht* (Anm. 678), unter „Umwelt", Nr. 12.4 (Abl. S.53).

[914] Dazu oben, Kap.4 B.

nerkundung zurückgegriffen.[915] Insbesondere horizontal gemischte Inspektionen haben vertrauensbildende Funktion für die Mitgliedstaaten. Inspektionsrechte werden häufig kombiniert mit vorangehenden Unterrichtungs- und Berichtspflichten. Werden diese Pflichten korrekt durchgeführt, können – und müssen – beim Fehlen gegenläufiger Verdachtsmomente die Inspektionen reduziert und auf Stichproben beschränkt werden.[916]

Ziel der Vollzugskontrolle ist die Kontrolle der Behörden. Werden Unternehmen und Individuen von der Kommission direkt kontrolliert, handelt es sich nicht um die Kontrolle des mitgliedstaatlichen Vollzuges, sondern um den direkten Vollzug des EG-Rechts durch die Gemeinschaft selbst. Zur Illustration können auf der einen Seite die Inspektionsrechte der Kommission im Rahmen der Atomgemeinschaft nach Art. 35 Abs. 2 EAGV[917] und auf der anderen Seite solche nach der *Ozonschichtverordnung*[918] angeführt werden. Erstere dienen der administrativen Vollzugskontrolle – die Kommission darf die gegenüber Privatrechtssubjekten bestehenden Untersuchungsrechte der für den Vollzug zuständigen nationalen Behörden nicht selbst wahrnehmen, kontrolliert wird vielmehr der Verwaltungsvollzug der mitgliedstaatlichen Behörden. Letztere sind ein der Kommission im Wege des Gemeinschaftsvollzuges zustehendes Nachprüfungsrecht bei den Unternehmen und den betroffenen Personen selbst. Sie dienen der Feststellung, ob das Gemeinschaftsrecht im Einzelfall durch ein Unternehmen verletzt wurde, nicht, ob die mitgliedstaatlichen Behörden es richtig angewendet haben. Die nationalen Behörden müssen in diesen Fällen schon aus Gründen der begrenzten Verwaltungskapazitäten der Kommission zwar meist ebenfalls kontrollierend tätig werden. Ihre Tätigkeit ist aber – zumindest primär – nicht selbst Gegenstand der Nachprüfungsrechte der Kommission.

---

[915] Hierzu eingehend Teil 5 Kap. 3.

[916] Vgl. *Lohmann* (Anm. 310), 155 zu den Inspektionen der IAEO und den entsprechenden Aufzeichnungspflichten der Vertragsstaaten sowie Teil 6 Kap. 1 C.I.

[917] Dazu oben, Anm. 793.

[918] Hier können nationale Inspektionen von der Kommission angeordnet und ggf. als gemischte Inspektion durchgeführt werden. Sie finden im Rahmen eines weitgehenden gemeinschaftseigenen Vollzuges der Verordnung statt. Zu weiteren Beispielen Teil 2 Kap. 4 B. sowie Kap. 2 A.V.

III. Informationsaustausch in Ausschüssen und *ad hoc* Zusammenkünften

Ergänzt werden die Mitteilungspflichten durch den auch und sogar vornehmlich zum Zwecke der Vollzugskontrolle stattfindenden informellen Informationsaustausch im Rahmen der vielfältigen Ausschüsse und *ad hoc* Zusammenkünfte.[919] Hierunter fallen v.a. die Ausschüsse, die sich aus mitgliedstaatlichen Vertretern zusammensetzen. Wie dargestellt haben sie neben der Vorbereitung der Rechtsetzung häufig auch die Aufgabe, Probleme des Vollzuges zu erörtern. Die Zielsetzung dieses Informationsaustausches ist vornehmlich die schnelle Behebung eines Vollzugsdefizits. Ein Erfahrungsaustausch soll zudem die gleichmäßige Durchführung der Rechtsakte sicherstellen und den Mitgliedstaaten untereinander einen Informationsaustausch ermöglichen, der zur Vermeidung von Fehlern und zur Übernahme erfolgversprechender Ansätze führt.[920] Der Informationsaustausch dient nicht nur der repressiven Kontrolle sondern auch der Prävention und der Vertrauensbildung zwischen den Mitgliedstaaten.[921] Die Vertreter der Mitgliedstaaten sind dabei allerdings an ggf. vorliegende Weisungen ihrer nationalen Dienstherren gebunden. Konkrete Informationspflichten der Ausschußmitglieder selbst bestehen i.d.R. nicht, wohl aber der Mitgliedstaaten auf der Grundlage des Art. 10 EGV i.V.m. Art. 226 oder 284 EGV.[922]

IV. Geheimnisschutz

Unterrichtungspflichten über nationale Rechts- und Verwaltungsvorschriften werden i.d.R. nicht durch Geheimhaltungsvorschriften begrenzt. Sie enthalten weder Geschäfts- und Betriebsgeheimnisse oder personenbezogene Daten, noch widerspricht die Preisgabe nationaler Rechtsvorschriften wesentlichen Sicherheitsinteressen der Mitgliedstaaten, da sie ohnehin zu veröffentlichen sind. Ein Geheimhaltungsschutz kommt lediglich für technische Daten, die in entsprechende Normen eingeflossen sind sowie für nicht zu veröffentlichende Verwaltungsvorschriften im Sicherheitsbereich in Betracht. Die Mitglied-

---

[919] Dazu oben, Teil 2 Kap. 3 A. und B.

[920] *Krämer*, Arbeit und Konzeption der EG-Kommission (Anm. 480), 41.

[921] Siehe dazu auch oben, Teil 1 Kap. 2 D.II.

[922] Siehe oben, Kap. 3 A.III. sowie unten, Teil 3 Kap. 2 B.

staaten sind zur Verweigerung der Mitteilung an die Kommission berechtigt, wenn wesentliche Sicherheitsinteressen dies erfordern.[923] Die Geheimhaltung stellt die Ausnahme dar. Das Regel-Ausnahme-Verhältnis ist z.B. in der *Normeninformationsrichtlinie* ausdrücklich verankert. Danach gelten die der Kommission mitzuteilenden Entwürfe nicht als vertraulich, es sei denn, dies wird von dem notifizierenden Mitgliedstaat ausdrücklich beantragt und begründet.[924] In der Regel sind individuelle Geschäfts- und Betriebsgeheimnisse der Unternehmen oder individualisierte personenbezogene Daten auch nicht in den sektoralen Durchführungsberichten enthalten. Zumindest werden sie in dem von der Gemeinschaft zu veröffentlichenden Gesamtbericht nicht als individualisierte Daten erscheinen. Nach deren Mitteilung an die Gemeinschaft unterliegen sie dem Schutz des Amtsgeheimnisses des Art. 287 EGV (ex Art. 214). Sie begründen kein Informationsverweigerungsrecht seitens der Mitgliedstaaten.[925]

B. Informationsvorsorge und Legislative Eigenkontrolle

Die Datensammlung zum Zweck der Informationsvorsorge ist im Grunde zwecklich gerade nicht gebunden.[926] Sie dient der Herstellung eines *Datenvorrates* für die Gemeinschaft und die Mitgliedstaaten, auf den im Bedarfsfall zurückgegriffen werden kann.[927] Die einzelnen Daten werden entweder unabhängig von einer konkreten Gefahr und von einem unmittelbaren, konkreten Zweck zusammengetragen oder es

---

[923] Art. 296 Abs. 1 *lit.* a EGV [ex Art. 223], siehe dazu unten, Teil 6 Kap. 1 C.IV.2.

[924] Art. 8 Abs. 4 der Richtlinie 98/34/EG (Anm. 77).

[925] Siehe dazu unten, Teil 6 Kap. 1 D.II.

[926] Der Begriff ist von *Scholz* und *Pitschas* im Zusammenhang mit der staatlichen Informationssammlung geprägt worden (*Scholz/Pitschas*, Informationelle Selbstbestimmung und staatliche Informationsverantwortung, 1984, insbesondere 103 ff.). Siehe auch *Schmidt-Aßmann*, Zur Europäisierung des allgemeinen Verwaltungsrechts, in: FS Lerche, 1993, 513 (522), der unter Verweis auf *Hufen* von dem „Vorsorgefaktor Information" spricht.

[927] Vgl. *Scholz/Pitschas*, die darauf verweisen, daß die Informationsvorsorge nicht nur ein Annex zur jeweiligen Staatsaufgabe ist, sondern eine Notwendigkeit des politischen Planungsprozesses insgesamt und ein Bestandteil des Grundsatzes der sozialen Rechtsstaatlichkeit (a.a.O., 103 f. unter Abgrenzung vom Volkszählungsurteil des BVerfG, BVerfGE 65, 1 [47]).

werden gleichzeitig mehrere Zwecke ins Auge gefaßt. Besonders deutlich wird diese Zweckvielfalt in der Begründung der *Ozonrichtlinie.*[928] Die Informationsvorsorge unterliegt im Hinblick auf den *Daten- und Geheimhaltungsschutz* rechtlichen Einschränkungen. Zum Teil wird in den Sekundärrechtsakten explizit festgelegt, daß bestimmte mitgeteilte Daten nur zu dem Zweck verwendet werden dürfen, zu dem sie erhoben und mitgeteilt worden sind.[929] Eine *Zweckgebundenheit* der Daten widerspricht dem Konzept der Informationsvorsorge.[930] Von der Zweckgebundenheit sind allerdings meist *nur individualisierte* oder zumindest individualisierbare Daten erfaßt.[931] In der Regel werden im Rahmen der Informationsvorsorge daher öffentlich zugängliche, freiwillig erteilte oder zumindest nicht individualisierbare Daten zusammengestellt.

---

[928] Richtlinie 92/72/EWG (Anm. 376): „Die im Rahmen der Richtlinie erfaßten Informationen sind in regelmäßigen Zeitabständen auszuwerten, damit die Entwicklung der Luftverschmutzung durch Ozon verfolgt, die Auswirkungen der einzelstaatlichen und gemeinschaftlichen Vorschriften über die Verminderung ... nachgeprüft und später neue Bestimmungen über Ozon und die Luftqualität festgelegt werden können". Sie vereinigt damit die Zwecke der Kontrolle des Umweltmediums Luft, die Vollzugskontrolle und gleichzeitig die legislative Eigenkontrolle. Ähnlich Art. 7 der *Entscheidung* 97/138/EG der Kommission vom 3.2.1997 *zur Festlegung der Tabellenformate für die Datenbank gemäß der Richtlinie 94/62/EG des Europäischen Parlaments und des Rates über Verpackungen und Verpackungsabfälle* (Abl. Nr. L 52 vom 2.2.1997, 22). Danach soll mit Hilfe der Tabellendaten in erster Linie geprüft werden, ob die Ziele der *Verpackungsrichtlinie* erreicht wurden. Darüber hinaus sollen die Angaben „zu Informationszwecken" dienen und die „Grundlage für künftige Entscheidungen" liefern.

[929] So z.B. Art. 13 der *Titandioxidrichtlinie* (Anm. 385), der in Abs. 1 eine umfassende Mitteilungspflicht der Mitgliedstaaten hinsichtlich erteilter Genehmigungen, durchgeführter Kontrollen, getroffener Maßnahmen und von den Unternehmen im Rahmen des Genehmigungsverfahrens erhaltener technischer Informationen enthält und in Absatz 3 eine Zweckbindung ausspricht. Siehe auch Art. 5 Abs. 2 i.V.m. Art. 2 Nr. 4 der *Statistikgeheimnisverordnung* (Anm. 599), dazu näher oben, Kap. 2 C.IV.

[930] Zur Zweckbindung auch Teil 6 Kap. 1 D.II.1.

[931] Siehe z.B. Art. 13 Abs. 3 und 4 der *Titandioxidrichtlinie* (Anm. 385); Art. 13 Abs. 1 der ersten *Seveso-Richtlinie* (Anm. 129, Richtlinie aufgehoben) sowie Art. 3 und Art. 5 Abs. 4 der *Statistikgeheimnisverordnung* (a.a.O.) wonach vertrauliche Daten von den Mitgliedstaaten anonymisiert werden sollen und dann nur verbreitet werden dürfen, wenn keinerlei direkte oder indirekte Identifizierung möglich ist.

I. Potentielle Zweckbestimmungen

Die Informationsvorsorge dient u.a. als Informationsgrundlage für die zukünftige Rechtsetzung. Existieren noch keine gemeinschaftsrechtlichen Vorschriften, so kann festgestellt werden, ob ein Regelungsbedarf besteht. Ist Gemeinschaftsrecht bereits vorhanden, soll dieses durch eine breite Informationsgrundlage auf seine Effektivität und einen eventuellen Anpassungsbedarf an den wissenschaftlichen und technischen Fortschritt überprüft werden. Diese Effektivitäts- und Anpassungskontrolle soll als *legislative Eigenkontrolle* bezeichnet werden. Die legislative Eigenkontrolle dient der *Dynamisierung* des Gemeinschaftsrechts.[932] Der Informationsbedarf in diesem Bereich umfaßt alle oben dargestellten Informationsgegenstände.[933] Die legislative Eigenkontrolle ist häufig verbunden mit Berichtspflichten der Kommission gegenüber dem Rat und dem Europäischen Parlament.[934]

Auch für die spätere *Vollzugskontrolle* kommt ein Rückgriff auf die Daten der Informationsvorsorge in Betracht. Bei den Berichtspflichten der Mitgliedstaaten zum Zwecke der Vollzugskontrolle handelt es sich um Selbstauskünfte. Sie werden von den Mitgliedstaaten über ihre eigene legislative und administrative Arbeit verfaßt. Um Unstimmigkeiten in Selbstauskünften der Mitgliedstaaten herauszufinden, wird die Kommission daher – soweit rechtlich und tatsächlich möglich – einen Abgleich mit bereits vorhandenen Daten vornehmen. Die Verwendung von Informationen sowohl zum Zwecke der Vollzugskontrolle als auch der legislativen Eigenkontrolle ist beispielsweise in den Informationssy-

---

[932] Dem europäischen Umweltrecht kommt damit der Charakter eines *dynamischen Regimes* zu (siehe oben, Teil 1 Kap. 2 F.I.). Vgl. *Ladeur*, Institutionelle Reformen der Europäischen Gemeinschaft, in: *Ladeur/Winter*, Verfassungsprobleme der Europäischen Gemeinschaft, 1991, 16 (32 ff.), der es für wünschenswert hält, daß die Gemeinschaft ihre „Selbstbeobachtungsfähigkeit" und die Prognosekapazitäten verbessert, um so im Hinblick auf die Prozeßhaftigkeit von Entscheidungen eine Selbstrevision zu institutionalisieren. Siehe auch *Neßler*, Europäisches Richtlinienrecht wandelt deutsches Verwaltungsrecht, 1994, 57, der von einem „Feed-Back-Mechanismus" spricht.

[933] Teil 2 Kap. 1 C.I.

[934] Siehe nur Art. 12 Abs. 3 der *Richtlinie* 2001/42/EG *über Umweltauswirkungen von Plänen* (Anm. 122); Art. 7 Abs. 2 *lit.* b der *Altfahrzeugrichtlinie* (Anm. 395); Art. 8 der *Benzolrichtlinie* 2000/69/EG (Anm. 371). Dazu auch oben, Kap. 2 C.I., insbesondere 3.

stemen der *Verpackungsrichtlinie*[935] und der *Chemikalienausfuhrverordnung*[936] impliziert.

Eine weitere Verwendungsmöglichkeit von Daten der Informationsvorsorge liegt in der Belieferung der Mitgliedstaaten mit Informationen. Die Kommission und insbesondere auch die Europäische Umweltagentur werden dann als *Dienstleistungsstelle* für die Mitgliedstaaten tätig. Die Gemeinschaft stellt hier ein Informationsanalysezentrum und *Clearinghouse* dar.[937] Unbenommen bleibt dabei ein mittelbares Eigeninteresse der Gemeinschaft an der Bereitstellung von Informationen zum Zwecke der effektiveren Umsetzung des europäischen Umweltrechts und in diesem Zusammenhang auch der (horizontalen) *peer* Kontrolle der Mitgliedstaaten.[938]

II. Bausteine der Informationsvorsorge

Das wichtigste Element der Informationsvorsorge sind *Informationssysteme*, insbesondere solche in Form von *elektronischen Datenbanken*.[939] Diese Daten können z.T. *online* abgerufen werden und ersetzen dann Mitteilungspflichten und Inspektionen vor Ort.[940] Als umfassendstes

---

[935] Dieses soll „dazu beitragen, daß die Mitgliedstaaten und die Kommission die Erreichung der in dieser Richtlinie dargelegten Zielvorgaben überprüfen können" (Art. 12 Abs. 1 der Richtlinie 94/62/EG, Anm. 142). Die Überprüfung kann der Vollzugskontrolle dienen, sie schließt aber auch eine Überprüfung der in der Richtlinie festgelegten Zielvorgaben im Sinne einer legislativen Eigenkontrolle nicht aus.

[936] Danach haben die Mitgliedstaaten der Kommission regelmäßig Informationen über das Funktionieren des vorgesehenen Notifizierungssystems zu übermitteln (Art. 9 der Verordnung Nr. 2455/92, Anm. 142). Die Kommission erstellt daraufhin regelmäßig einen Bericht für das Europäische Parlament und den Rat. Siehe auch Art.4 Abs.1 der *Grundwasserrichtlinie* (Anm. 273), wonach die Mitgliedstaaten vornehmlich zum Zwecke der Vollzugskontrolle die Kommission von bestimmten Maßnahmen unterrichten müssen. Die Kommission kann „im Lichte dieser Information" dem Rat Vorschläge zur Änderung der Richtlinie unterbreiten.

[937] Die Begriffe stammen aus der *Informationsquellenentscheidung* (Anm. 90), Anhang Informations-/Dokumentationsdienste. Zu den Definitionen oben Kap. 2 C.III.

[938] Zu diesem Begriff bereits oben, A.

[939] Vgl. *Krämer*, Implementation (Anm. 321), 13

[940] Siehe oben, Kap. 2 C.III.2.

Informationssystem ist hier v.a. das von der Umweltagentur koordinierte EIONET zu nennen.[941] Auf die oben dargestellten weiteren Beispiele wird verwiesen.[942] Die darin erfaßten Daten betreffen überwiegend wissenschaftlich-technische Fragen sowie Informationen über den Umweltzustand und die Belastungsfaktoren. Diese Daten werden in großem Umfang über Umweltmonitoringpflichten gewonnen.[943] Ebenfalls der Informationsvorsorge dienen die Erkenntnisse der europäischen *Forschungsvorhaben* sowie die auf Gemeinschaftsebene erstellten *Statistiken*.[944] Flankierend sollen Verzeichnisse über weitere Informationsquellen den schnellen Zugriff im Bedarfsfall erleichtern und sind damit ein typischer Bestandteil der Informationsvorsorge.[945] Ein wichtiger Baustein der legislativen Eigenkontrolle ist die Arbeit in den Ausschüssen, vornehmlich in den mit Sachverständigen besetzten Gremien.[946] Daneben dienen der Eigenkontrolle Durchführungs- und Erfahrungsberichte[947] sowie einzelne Unterrichtungspflichten.[948] Insbe-

---

941 Dazu näher oben, Kap. 2 C.III.1. Vgl. die Rede des Exekutivdirektors der Agentur, *Sr. Jiménez-Beltrán*, vom 17.5.1995, The Process of Sustainable Development and the Role of the European Environment Agency, wiedergegeben in: European Environmental Law Review 1995, 265 (266 f.).

942 Siehe oben Kap. 2 C.III.

943 Vgl. *Sachariew* (Anm. 360), 35 f.

944 Zu Statistiken siehe Kap. 2 C.IV.; zu Forschungsvorhaben Kap. 3 D.

945 Zur *Informationsquellenentscheidung* Kap. 1 C.I.6.

946 Vgl. die Mitteilung der Kommission *Verstärkung der Effizienz des Binnenmarktes* (Anm. 683), Nr. 35.

947 Siehe dazu oben, Kap. 2 A.III. und C.I.1. und 3. Zur – begrenzten – Verwendbarkeit der derzeitigen Berichte für die Evalutation der Effektivität und Effizienz des Gemeinschaftsrechts siehe den jüngst erschienenen Bericht der Europäischen Umweltagentur „Reporting on environmental measures: Are we being effective ?“, November 2001, Environmental issue report No. 25.

948 So z.B. Art. 7 und 8 Abs. 1 der *Altölrichtlinie* (Anm. 335). Danach haben die Mitgliedstaaten die Kommission über einzelne Maßnahmen im Zusammenhang mit der Aufbereitung und der Verwendung von Altölen als Brennstoff zu unterrichten. Auf der Grundlage dieser Informationen soll die Kommission dem Rat einen Bericht erstatten und ggf. geeignete Vorschläge machen (Art. 8 Abs. 1 wird zum 28.12.2005 aufgehoben, siehe Art. 18 der *Abfallverbrennungsrichtlinie*, Anm. 334). Ebenso Art. 7 der *Großfeuerungsanlagenrichtlinie* 88/609/EWG (Anm. 69), wonach die Kommission zu unterrichten ist, wenn aus unvorhergesehenen Gründen der Emissionsgrenzwert nicht eingehalten werden kann. Die Kommission muß daraufhin die Bestimmungen des Artikels über-

sondere die *Erfahrungsberichte* sind häufig von der Kommission in einen gemeinschaftsweiten Erfahrungsbericht zusammenzufassen, der im Anschluß dem Rat und dem Europäischen Parlament vorzulegen und mit etwaigen Vorschlägen im Hinblick auf die zukünftige Rechtsetzung zu verbinden ist.[949]

Seit der Gründung der *Europäischen Umweltagentur* ist die Informationsvorsorge im Umweltbereich institutionalisiert worden. Ihre Aufgabe ist die Versorgung der Gemeinschaft und der Mitgliedstaaten mit objektiven und vergleichbaren Informationen, anhand derer die notwendigen Umweltschutzmaßnahmen ergriffen und die Ergebnisse dieser Maßnahmen bewertet werden können.[950] Ihr Aufgabenbereich liegt in der technischen und wissenschaftlichen Unterstützung der Gemeinschaft und der Mitgliedstaaten. Neben der Umweltagentur kommt der *Kommission* eine Bewertungs- und Koordinationsrolle zu. Diese Funktion wird ihr v.a. bei Informationssystemen und im Bereich der Planung ausdrücklich übertragen.[951] Das in der *Altstoffverordnung* detailliert geregelte Verfahren zur Bewertung der Risiken bestimmter Chemikalien soll z.B. die Kommission befähigen, über die Erforderlichkeit von Verwendungsbeschränkungen oder anderer Maßnahmen zu entscheiden.[952]

---

prüfen und dem Rat einen daraus folgenden Vorschlag übermitteln. Siehe auch Art. 5 Abs. 7 der *CITES-Verordnung* (Anm. 329). Danach hat die zuständige wissenschaftliche Behörde jedes Mitgliedstaates die nationale Vollzugsbehörde zu unterrichten, wenn sie der Auffassung ist, daß bestimmte Ausfuhren beschränkt werden müssen. Letztere hat hierüber wiederum die Kommission zu unterrichten. Die Kommission schlägt dann ggf. Ausfuhreinschränkungen im Regelungsausschußverfahren vor.

[949] Umfangreiche Berichtspflichten finden sich in Art. 4 der *Kfz-Richtlinie* 98/69/EG (Anm. 504). Besonders deutlich kommt der Zweck der legislativen Eigenkontrolle bei der *Brennstoffschwefelgehaltsrichtlinie* (Art. 2 Abs. 2 UAbs. 2 der Richtlinie 93/12/EWG, Anm. 397) und der *Großfeuerungsanlagenrichtlinie* 88/609/EWG (Art. 3 Abs. 4, Anm. 69) zum Ausdruck. Im einzelnen siehe oben, Kap. 2 C.I.3.

[950] Art. 1 Abs. 2 der *EUA-Gründungsverordnung* (Anm. 565). Zur Umweltagentur im einzelnen Teil 4 Kap. 2 B.

[951] Siehe dazu oben, Kap. 2 B.IV., C.III. Siehe zudem die *Ozonrichtlinie*, wonach die Kommission die von den Mitgliedstaaten gesammelten Daten in regelmäßigen Abständen bewertet und zum Zwecke der Koordinierung der Maßnahmen der Mitgliedstaaten und der Gemeinschaft mit den Mitgliedstaaten Konsultationen führt (Art. 7 der Richtlinie 92/72/EWG, Anm. 376).

[952] Art. 10 bis 13 der Verordnung, insbesondere Art. 11 Abs. 3 (Anm. 345, siehe auch unten, Anm. 1016).

Zur Überprüfung des Anpassungsbedarfs des Gemeinschaftsrechts an den wissenschaftlichen und technischen Fortschritt werden z.T. *Ausschüsse* gebildet, in deren Rahmen ein Informationsaustausch und die Informationsbewertung zum Zwecke der legislativen Eigenkontrolle stattfinden.[953] Schon zu Beginn der europäischen Umweltpolitik sah der Rat in einer Entschließung vor, Ausschüsse zur Anpassung der Umweltschutzvorschriften an den wissenschaftlichen und technischen Fortschritt einzusetzen und zu diesem Zweck in den Rechtsakten der Gemeinschaft jeweils ein Regelungs(ausschuß)verfahren vorzusehen.[954] Umgesetzt wurde dieser Entschluß u.a. in der *Oberflächensüßwasserentscheidung,*[955] in der *Abfalldeponienrichtlinie*[956] und der *Abfallrichtlinie,*[957] der *Luftqualitätsrichtlinie,*[958] der *Chemikalienausfuhrverordnung*[959] und der *Wasserrahmenrichtlinie*[960]. Auch die Anhänge der *Pflanzenschutzmittelrichtlinie* 91/414/EWG, welche v.a. die Informationspflichten der Unternehmen regeln, werden „unter Berücksichtigung des Standes der wissenschaftlichen und technischen Kenntnisse" im Regelungsausschußverfahren geändert.[961]

---

[953] Vgl. *Krämer* (Anm. 321), 42.

[954] *Entschließung* vom 15.7.1975 *über die Anpassung der Richtlinien oder anderer gemeinschaftlicher Regelungen zum Schutz und zur Verbesserung der Umwelt an den technischen Fortschritt* (Abl. Nr. C 168 vom 25.7.1975, 5). Zu den Ausschußverfahren unten, Teil 4 Kap. 2 C.II.3.b. Vgl. *Scheuing* in: *Behrens/Koch* (Anm. 167), 56.

[955] Bezogen auf die Anpassung der zu messenden Parameter und Bezugsmeßmethoden (Art. 6 bis 8 der Entscheidung 77/795/EWG, Anm. 239).

[956] Art. 16 der Richtlinie 1999/31/EG (Anm. 333).

[957] Hier sollen die Anhänge zu Abfallgruppen und Beseitigungsverfahren an den wissenschaftlichen und technischen Fortschritt angepaßt werden (Art. 17 der Richtlinie 75/442/EWG, Anm. 332).

[958] Art.12 der Richtlinie 96/62/EG (Anm. 371).

[959] Die Überprüfung bezieht sich ebenfalls auf die Anhänge und ist von der Kommission auf der Basis der gesammelten Erfahrungen und der erhaltenen Informationen durchzuführen (Art. 11 der Verordnung EWG Nr. 2455/92, Anm. 142). Änderungen der Anhänge werden dann vom Rat auf Vorschlag der Kommission beschlossen.

[960] Art. 20 der Richtlinie 2000/60/EG (Anm. 123).

[961] Art. 18 Abs. 2 der Richtlinie 91/414/EWG (Anm. 124); insbesondere Anhang II: *Anforderungen an die Unterlagen zum Antrag auf Aufnahme eines Wirkstoffes in Anhang I* sowie Anhang III: *Anforderungen an die dem Antrag*

C. *Umweltmedienkontrolle*

Die *Umweltmedienkontrolle* hat die Kontrolle der Qualität des Umweltzustandes zum Gegenstand. Sie konzentriert sich im Gemeinschaftsrecht auf die Medien Luft und Wasser. Der mediale Umweltschutz der Gemeinschaft umfaßt insbesondere *Umweltmonitoring-* und *Planungspflichten*. Während die Medien Luft und Wasser im Sinne von *shared natural resources*[962] häufig das Staatsgebiet von mehreren Mitgliedstaaten berühren, setzen die Monitoring- und Planungspflichten selbst bei binnenstaatlichen Sachverhalten an. Kommt es zu Berührungspunkten mit anderen Mitgliedstaaten, sind meist horizontale Konsultationen oder „Abstimmungen" vorgesehen.[963] Planungspflichten werden häufig durch die Überschreitung von bestimmten Grenzwerten ausgelöst und dann *Sanierungspläne* genannt.[964] Die Informationsweitergabe an die Kommission erfolgt durch Auskunfts-, Unterrichtungs- und Berichtspflichten. Inspektionen vor Ort zum Zwecke der Umweltmedienkontrolle sind im Kernbereich des Umweltschutzes bislang nicht vorgesehen. Sie finden sich aber bei der Ressourcenbewirtschaftung im Fischereirecht.[965]

Das Regelungsschema der Umweltmedienkontrolle beinhaltet die Festlegung von Grenzwerten und Leitwerten für die Schadstoffkonzentration in dem betreffenden Medium und enthält zu deren Durchsetzung Umweltmonitoring-, Auskunfts- und Berichtspflichten für den Normalfall, Unterrichtungs- und Planungspflichten insbesondere bei Grenzwertüberschreitungen sowie horizontale Konsultationspflichten mit Eintrittsrecht der Kommission bei binneneuropäischen Grenzgebieten. Im Zusammenhang mit den Umweltmonitoringpflichten werden i.d.R. auch die entsprechenden Informationsrahmendaten festgelegt. Bei potentiellen grenzüberschreitenden Umweltbelastungen knüpfen an die Umweltmonitoringpflichten häufig *Konsultationspflichten* der betroffenen Nachbarstaaten an. Diese sind meist einseitig obligatorisch und sehen ein Eintrittsrecht der Kommission vor. Es

---

auf Zulassung eines Pflanzenschutzmittels beizufügenden Unterlagen, die eine umfangreiche Liste der beizubringenden Informationen enthalten und Anhang VI: *Einheitliche Grundsätze für die Bewertung von Pflanzenschutzmitteln.*

[962] Näher zu diesem Begriff Teil 5 Kap. 1 A.I.

[963] Hierzu im einzelnen Kap. 2 A.IV. sowie unten, F.

[964] Siehe oben, Kap. 2 B.IV.2.

[965] Siehe oben, Kap. 2 A.V. und Kap. 4 B.

handelt sich damit um potentielle Dreiecksverfahren.[966] Der Informationsaustausch ist dann nicht im Detail geregelt. Er findet vornehmlich im Dreiecksverhältnis zwischen der Kommission und den Mitgliedstaaten statt. Exemplarisch für das herkömmliche Regelungsmodell der Umweltmedienkontrolle ist (bzw. war) die bereits 1982 erlassene *Richtlinie betreffend einen Grenzwert für den Bleigehalt in der Luft.*[967] Ähnliche Umweltmonitoring-, Auskunfts-, Unterrichtungs- und Planungspflichten finden (bzw. fanden) sich in der *Schwefeldioxidrichtlinie* und der *Stickstoffdioxidrichtlinie.*[968] Das klare Regelungsschema dieser Richtlinien aus der Zeit der „ersten Sanierung" ist mit der neuen *Luftqualitätsrichtlinie* und ihren Folgerichtlinien nicht fortgesetzt worden. Statt dessen beherrschen jetzt zwar detailliert festgelegte Grenzwerte aber gleichzeitig auch ein unspezifischerer Informationsaustausch im

[966] Zur Terminologie siehe oben, Kap. 2 A.IV.

[967] Richtlinie 82/884/EWG (Anm. 370). Durch die Richtlinie soll der Bleigehalt der Luft kontrolliert werden. Zu diesem Zweck wird ein Grenzwert für die Bleikonzentration in der Luft festgelegt, der nicht überschritten werden darf. Die Mitgliedstaaten sind zur Errichtung und zum Betrieb von Meßstationen an bestimmten gefährdeten Orten verpflichtet. Die Probenahme- und Analysemethoden sind in einem Anhang festgelegt. Eine andere Analysemethode kann dann verwendet werden, wenn der Kommission zuvor der Nachweis gleichwertiger Ergebnisse erbracht worden ist (Art. 8 der Richtlinie). Auf Verlangen der Kommission haben die Mitgliedstaaten dieser Angaben über die Probenahmeorte und über die Probenahme- und Analyseverfahren zu machen (Art. 5 Abs. 1). Neben dem üblichen sektoralen Durchführungsbericht nach dem Muster der *Berichtsrichtlinie* 91/692/EWG haben die Mitgliedstaaten der Kommission jährlich die Orte mitzuteilen, an denen der Grenzwert überschritten wurde. Dabei sind die festgestellten Konzentrationen anzugeben. Ein halbes Jahr später ist die Kommission über die getroffenen Gegenmaßnahmen zu unterrichten. Die Kommission übermittelt allen Mitgliedstaaten jährlich die erhaltenen Auskünfte über Probenahmeorte und -verfahren, Analyseverfahren, die Grenzwertüberschreitungen und die Gegenmaßnahmen. Bei voraussichtlicher Überschreitung des in der Richtlinie vorgeschriebenen Grenzwertes müssen die Mitgliedstaaten die Kommission davon unterrichten, um – wie es in der Begründung der Richtlinie heißt – „eine Wiederholung dieser Überschreitung auszuschließen". Gleichzeitig sind die Mitgliedstaaten verpflichtet, Pläne für die schrittweise Verbesserung der Luftqualität an diesen Orten zu erstellen. Diese sind anhand der relevanten Daten über Art, Ursprung und Entwicklung der Verschmutzung aufzustellen und müssen insbesondere die angewandten und beabsichtigen Gegenmaßnahmen beschreiben.

[968] Richtlinie 80/779/EWG, siehe oben, Kap. 2 B.II. und Richtlinie 85/203/EWG (Anm. 130).

Rahmen übergreifender, z.T. auch der Öffentlichkeit zugänglicher Informationssysteme die Umweltmedienkontrolle. Konkrete Verfahrensregeln für den Informationsaustausch sind dann z.T. von der Kommission zu erlassen.[969]

D. Produktbezogener Umweltschutz – Grenzüberschreitender Warenverkehr

Der produktbezogene Umweltschutz auf europäischer Ebene dient häufig – primär oder als Nebenwirkung – der Abschaffung von Handelshemmnissen.[970] Einzelstaatliche produktbezogene Umweltschutznormen werden meist unter dem Blickwinkel des freien Warenverkehrs und dementsprechend als – unerwünschtes – Hindernis betrachtet. Die Harmonisierung der Umweltschutznormen dient dann der Schaffung gleicher Wettbewerbsbedingungen in einem freien Binnenmarkt. Mit der Verankerung des Umweltschutzes im EG-Vertrag durch die Einheitliche Europäische Akte als eigenständige Gemeinschaftspolitik hat sich der Schwerpunkt des produktbezogenen Umweltschutzes von der Zielrichtung der Garantie des freien Warenverkehrs zugunsten eines echten kausalen Umweltschutzes verlagert. Das Regelungsschema bleibt allerdings dasselbe. Informationspflichten in diesem Bereich knüpfen entweder an die Produktion oder die grenzüberschreitende Verbringung von Produkten an. In der Mehrzahl handelt es sich um administrative *Auskunfts-* und *Unterrichtungspflichten* im Rahmen von Anmelde- und Genehmigungsverfahren, z.T. in Form von *förmlichen Notifizierungsverfahren.*[971] Insbesondere die grenzüberschreitende Verbringung von Waren ist beim dezentralen Vollzug in europäische Informationsverfahren eingebunden, welche die Beteiligung der anderen Mitgliedstaaten und der Kommission am konkreten nationalen Verwaltungsverfahren sichern. Diese Informationsverfahren bestehen im Kern aus Unterrichtungs- und Auskunftspflichten der Mitgliedstaaten i.V.m. automatischen, meist *sternförmigen* Informationsweiter-

---

[969] Siehe oben, insbesondere Kap. 2 B.II. und C.III.1.

[970] Zum produktbezogenen Umweltschutzrecht allgemein *Becker, U.* (Anm. 76) 24 ff. *Becker* grenzt den produktbezogenen Umweltschutz vom Verbraucherschutz und dem Arbeitsschutz ab, da es sich dort um speziellere Gefährdungslagen handelt. Dieser Abgrenzung wird hier gefolgt.

[971] Siehe dazu oben, Kap. 2 A.II., insbesondere 1. sowie 3.b und c.aa.

gabepflichten der Kommission[972] und stehen oft im Zusammenhang mit sogenannten *transnationalen Verwaltungsakten.*[973]

Als Alternative zu den einzelfallbezogenen Mitteilungspflichten werden vermehrt *personenbezogene* oder *automatisierte Informationsnetze* in Form von Datenbanken eingerichtet, auf die die Mitgliedstaaten bei Bedarf zugreifen können. Geht es um technische Fragen, soll der Informationsaustausch inzwischen vermehrt Vertreter aus den einschlägigen Branchen einschließen.[974] Ergänzend sorgen die mit sachverständigen Mitgliedern besetzten Ausschüsse für den Austausch der erforderlichen Kenntnisse.[975] Die Beteiligung der Kommission und der anderen Mitgliedstaaten am nationalen Verwaltungsverfahren kann sich bis zur Form eines *administrativen Streitbeilegungsverfahrens* verfestigen. Grundlage für die Mitteilungspflichten ist die Sachverhaltsermittlung durch Warenkontrollen, häufig i.V.m. der Einrichtung entsprechender Anmelde- und Genehmigungsverfahren. Für Ausnahmefälle sind meist *Schutz- und Abweichklauseln* vorgesehen, die jeweils zumindest eine vertikale Unterrichtungspflicht enthalten. Hier überschneidet sich der produktbezogene Umweltschutz mit den weiter unten darzustellenden Ausnahme- und Dringlichkeitsfällen. Besonderes Gewicht erhält im produktbezogenen Umweltschutz der Geheimnisschutz. Produktdaten fallen häufig unter das Betriebs- und Geschäftsgeheimnis.[976]

I. Harmonisierungsgrad

Der produktbezogene Umweltschutz bezieht sich vornehmlich auf Gebrauchs- und Verbrauchsgüter. Diesbezügliche Umweltschutzvorschriften können auf der Gemeinschaftsebene entweder vollständig, teilweise oder gar nicht harmonisiert sein.[977]

---

[972] Zu den Unterrichtungspflichten der Mitgliedstaaten siehe oben Kap. 2 A.II., insbesondere 3.c.; zu den Informationsweitergabepflichten der Kommission siehe Kap. 2 C.

[973] Zum Konzept des transnationalen Verwaltungsaktes siehe die Verweise in Anm. 848.

[974] Siehe oben, Kap. 3 B.III. und Kap. 2 C.III.1.

[975] Siehe oben, Kap. 3 A.

[976] Näher dazu unten, Teil 6 Kap. 1 D.II.

[977] Vgl. *Becker, U.* (Anm. 76), 104 ff. zur den verschiedenen Harmonisierungsformen und 145 ff. zur neuen Harmonisierungsstrategie, jeweils mit wei-

1. Vollharmonisierung

Sind die produktbezogenen Anforderungen auf der Gemeinschaftsebene vollständig harmonisiert,[978] so sind i.d.R. nur wenige administrative Informationsverfahren vorgesehen. Im Rahmen der Vollharmonisierung treten vornehmlich zwei Typen von Informationsverfahren auf. Zum einen handelt es sich um administrative *Streitbeilegungsverfahren* und zum anderen um Informationspflichten bei der Inanspruchnahme von *Schutz-* und *Abweichklauseln.* Administrative Streitbeilegungsverfahren finden sich bei Unstimmigkeiten zwischen den mitgliedstaatlichen Behörden über das tatsächliche Vorliegen der gemeinschaftsrechtlichen Anforderungen im Rahmen eines konkreten Verwaltungsverfahrens.

Als Beispiel können die *Kraftfahrzeug-* und *Dieselmotorenrichtlinien* angeführt werden.[979] Diese Richtlinien harmonisieren die Emissionsvorgaben, welche die Motoren zur Erteilung von Typengenehmigungen und Betriebserlaubnissen erfüllen müssen. Da die Anforderungen einschließlich der Prüfungsbedingungen und -verfahren im Detail geregelt sind und in diesem Rahmen keine Anerkennung von möglicherweise gleichwertigen Vorschriften vorgesehen ist, sind nur wenige Informationsverfahren enthalten.[980] Die Übermittlung der Prüfungsbescheini-

---

teren Literaturverweisen. *Schroer* führt als Harmonisierungsformen für den Umweltbereich die Kategorien *totale Integration*, *Mindestintegration*, *alternative Integration* und *optionelle Integration* an (Anm. 192, 259 ff.).

[978] *Becker, U.* (a.a.O., 105) bezeichnet diesen Fall als „Totale Harmonisierung". Ähnlich *Schroer, ibid.*

[979] Siehe v.a. *Richtlinie* 70/220/EWG vom 20.3.1970 *zur Angleichung der Rechtsvorschriften der Mitgliedstaaten über Maßnahmen gegen die Verunreinigung der Luft durch Emissionen von Kraftfahrzeugen* (Abl. Nr. L 76 vom 6.4.1970, 1, mehrfach geändert, v.a. durch die *Kfz-Richtlinie* 98/69/EG,]Anm. 504]); *Richtlinie* 72/306/EWG vom 2.8.1972 *zur Angleichung der Rechtsvorschriften der Mitgliedstaaten über Maßnahmen gegen die Emission verunreinigender Stoffe aus Dieselmotoren zum Antrieb von Fahrzeugen* (Abl. Nr. L 190 vom 20.8.1972, mehrfach geändert); *Richtlinie* 77/537/EWG vom 28.6.1977 *zur Angleichung der Rechtsvorschriften der Mitgliedstaaten über Maßnahmen gegen die Emission verunreinigender Stoffe aus Dieselmotoren zum Antrieb von land- oder forstwirtschaftlichen Zugmaschinen auf Rädern* (Abl. Nr. L 220 vom 29.8.1977, 38, geändert).

[980] Horizontale Informationspflichten über die erteilten oder versagten Betriebserlaubnisse und ein Schiedsverfahren bei bestimmten nationalen Ausnahmen finden sich v.a. in der *Richtlinie* 70/156/EWG vom 6.2.1970 *zur Angleichung der Rechtsvorschriften der Mitgliedstaaten über die Betriebserlaubnis für*

gung an die übrigen Mitgliedstaaten ist als Nachweis dafür vorgesehen, daß die erforderlichen Prüfungen durchgeführt wurden. Zudem enthält die *Kfz-Richtlinie* 98/69/EG eine Unterrichtungspflicht der Mitgliedstaaten im Hinblick auf die geplante Einführung nationaler steuerlicher Anreize.[981] Ähnlich verhält es sich mit der *Gefahrstoffverwendungsrichtlinie* 76/769/EWG,[982] der *VOC-Richtlinie Kraftstoff*[983] und der *Geräuschemissionsrichtlinie* 2000/14/EG.[984] Bei Erfüllung der detaillierten, meist in einem Anhang aufgeführten Bedingungen ist eine weitergehende Beschränkung der Warenverkehrsfreiheit nicht möglich. Administrative Informationsverfahren enthält die *VOC-Richtlinie* lediglich im Rahmen von Schutz- und Abweichklauseln. Auch die *Verbrennungsmotorenrichtlinie* 97/68/EG harmonisiert die Emissionsvorgaben für mobile Maschinen und Geräte vollständig. Für Motoren, die den Anforderungen dieser Richtlinie genügen, dürfen keine anderen nationalen Emissionsvorschriften erlassen werden.[985] Im Rahmen der konkreten Typengenehmigungsverfahren und insbesondere zum Zwekke der administrativen Streitbeilegung enthält die Richtlinie dann zahl-

---

Kraftfahrzeuge und Kraftfahrzeuganhänger (Abl. Nr. L 42 vom 23.2.1970, 1, mehrfach geändert, u.a. durch die Richtlinie 98/14/EG vom 6.2.1998, Abl. Nr. L 91 vom 25.3.1998, 1).

981 Art. 5 der *Kfz-Richtlinie* 98/69/EG (Anm. 504).

982 *Richtlinie* 76/769/EWG vom 27.7.1976 *zur Angleichung der Rechts- und Verwaltungsvorschriften der Mitgliedstaaten für Beschränkungen des Inverkehrbringens und der Verwendung gewisser gefährlicher Stoffe und Zubereitungen* (Abl. Nr. L 262 vom 27.9.1976, 201, mehrfach geändert).

983 *Richtlinie* 94/63/EWG vom 20.12.1994 *zur Begrenzung der Emissionen flüchtiger organischer Verbindungen (VOC-Emissionen) bei der Lagerung von Ottokraftstoff und seiner Verteilung von den Auslieferungslagern zu den Tankstellen* (Abl. Nr. L 365 vom 31.12.1994, 24). Die *VOC-Richtlinien* setzen die von der Gemeinschaft eingegangenen Verpflichtungen des *VOC-Protokolls* der *Genfer Luftverschmutzungskonvention* (LTRAP, dazu unten, Teil 5 Kap. 2 B.I.) um. Die Richtlinie *Kraftstoff* sieht Konstruktions- und Betriebsvorschriften für Lagertanks und sonstige Behältnisse zur Lagerung, Umfüllung und Beförderung von Ottokraftstoff vor.

984 Ebenso wie bei den Kfz-Bestimmungen sind die betroffenen Maschinen und Geräte von den nationalen Behörden auf einheitlich festgelegte Standards für Geräuschemissionen zu überprüfen. Im Übereinstimmensfall ist eine „EG-Konformitätserklärung“ auszustellen, die den freien Warenverkehr garantiert (Art. 4, 6 bis 8 der Richtlinie 2000/14/EG, Anm. 908).

985 So ausdrücklich die 10. Begründungserwägung und Art. 8 Abs. 1 und 2 der Richtlinie 97/68/EG (Anm. 420).

reiche, v.a. horizontale Informationspflichten der Mitgliedstaaten.[986] Ebenfalls der Klärung von Unstimmigkeiten im Verwaltungsverfahren dient die allgemeine Auskunftspflicht der Mitgliedstaaten nach Art. 14 Abs. 3 der *Geräuschemissionsrichtlinie*.[987]

2. Teilharmonisierung

Bei einer Teilharmonisierung werden gemeinschaftsrechtlich einzuhaltende Zielwerte im Sinne von Rahmenbestimmungen oder Vergleichsmaßstäben festgelegt.[988] Zwingend festgelegt werden dann i.d.R. nur grundlegende Sicherheitsanforderungen. Dabei orientiert sich die Gemeinschaft an den Anforderungen der *Cassis-de-Dijon*-Rechtsprechung und harmonisiert die „zwingenden Erfordernisse", welche mangels gemeinschaftsrechtlicher Regelung im Rahmen des freien Warenverkehrs zu nationalen Alleingängen ermächtigen.[989] Genauer bestimmt sind in diesen Fällen meist die *Informationsrahmendaten*, insbesondere die Vorschriften über die Prüfverfahren anläßlich der Genehmigungserteilung, die *Überwachung* und *Kontrolle* der Wirtschaftsteilnehmer und entsprechende *Informationsbeibringungs-* und *Kennzeichnungspflichten* der Unternehmen. Die Sicherheitsanforderungen werden i.d.R. durch technische Normen von privaten europäischen Normungsinstitutionen im Sinne einer Konformitätsvermutung für die Einhaltung der gemein-

---

[986] So muß die Genehmigungsbehörde jedes Mitgliedstaates den Genehmigungsbehörden der übrigen Mitgliedstaaten jeden Monat eine Liste der Motoren übermitteln, deren Genehmigung sie erteilt, verweigert oder entzogen hat und auf Ersuchen eine Abschrift des gesamten Typengenehmigungsbogens nachreichen (Art. 4 Abs. 4). Über erteilte Ausnahmegenehmigungen ist innerhalb eines Monats unter Beifügung der jeweiligen Begründung zu unterrichten (Art. 10 Abs. 2 7. Spiegelstrich). Das administrative Streitbeilegungsverfahren ist in Art. 12 geregelt (dazu oben, Anm. 855).

[987] Sie besteht gegenüber den anderen Mitgliedstaaten und der Kommission und setzt eine „begründete Anfrage" zu im Laufe des Konformitätsbewertungsverfahrens aufgetretenen Fragen voraus (Richtlinie 2000/14/EG, Anm. 908).

[988] *Becker, U.*, unterteilt die Fälle der Teilharmonisierung noch einmal in die optionelle Harmonisierung, die Harmonisierung von Mindestanforderungen und die alternative Harmonisierung (Anm. 76, 105 f.). Ähnlich *Schroer* (Anm. 192), 259 ff.

[989] Siehe *Pernice* (Anm. 166), 47 f. sowie zur Dogmatik des Freien Warenverkehrs auch unten, Teil 3 Kap. 2 D. mit weiteren Verweisen.

schaftsrechtlichen Vorschriften konkretisiert. Die Unternehmen können den Beweis antreten, daß die gemeinschaftsrechtlichen Vorgaben trotz Nichteinhaltung der technischen Normen erfüllt sind.[990] Die Mitgliedstaaten sind bei Einhaltung der grundlegenden Sicherheitsanforderungen und der Verfahrensvorschriften verpflichtet, die entsprechenden Konformitätsnachweise der anderen Mitgliedstaaten als gleichwertig anzuerkennen. *Neßler* bezeichnet diesen Fall als „gegenseitige Anerkennung von Sachverhalten", bei denen als Kompensation für den Verzicht auf eigene Nachforschungen i.d.R. ein horizontales oder vertikales Informationsverfahren geschaffen wird, durch das sich jeder Mitgliedstaat die vorhandenen Informationen beschaffen kann. [991] Eng verbunden damit ist der Grundsatz der *Herkunftslandkontrolle*, wonach administrative Kontrollen i.d.R. von dem Mitgliedstaat durchgeführt werden, der die Tätigkeit genehmigt hat. Die Teilharmonisierung ist v.a. mit der *Neuen Normungspolitik* der Gemeinschaft seit Mitte der achtziger Jahre verstärkt verfolgt worden.[992]

Informationsbeibringungspflichten der Wirtschaftsteilnehmer sind meist in ein Anmelde- oder Genehmigungsverfahren eingebunden, das den Mitgliedstaaten einen gewissen inhaltlichen Entscheidungsspielraum beläßt. Zugang zu den Informationen erhalten die anderen Mitgliedstaaten dann über die konkreten *Anmelde-* und *Genehmigungsunterlagen* oder entsprechende *Datenbanken*.[993] Beispiele sind die *Ge-*

---

[990] Anhang II der *Entschließung* des Rates vom 7.5.1985 *über eine neue Konzeption auf dem Gebiet der technischen Harmonisierung und der Normung* (Abl. Nr. C 136 vom 4.6.1985, 1). Siehe auch *Schulte* (Anm. 76), Rn. 44.

[991] *Neßler* (Anm. 932), 24 ff. und 36 ff.

[992] Siehe die *Entschließung über eine Neue Konzeption* (Anm. 990) insbesondere Anhang II; sowie die Mitteilung der Kommission vom 30.10.1995 *Über die stärkere Nutzung der Normung in der Gemeinschaftspolitik*, KOM (95) 412 endg. Näher dazu *Becker, U.* (Anm. 76), 145 ff.; *Schulte* (Anm. 76), Rn. 36 ff. sowie *Pernice* (Anm. 166), 46 ff.

[993] Vgl. auch die Mitteilung der Kommission vom 7.10.1991, *Notwendiger Informationsaustausch zwischen Verwaltungen im Hinblick auf die Durchführung des Binnenmarktes*, SEK [91] 1752 endg. Darin stellt die Kommission als Grundsatz fest, daß bei einer Pflicht zur gegenseitigen Anerkennung bestimmter Vorschriften alle Mitgliedstaaten die Möglichkeit haben müssen, sich regelmäßig bzw. systematisch von anderen Mitgliedstaaten informieren zu lassen, um die Rechtmäßigkeit eines bestimmten Sachverhalts nachprüfen zu können. Die einschlägigen Informationen befänden sich entweder bei der zuständigen Verwaltungsbehörde des Ursprungsmitgliedstaates, welche dann der Verwaltungsbehörde eines anderen Mitgliedstaates auf Wunsch hin mitzuteilen seien,

fahrstoffrichtlinie einschließlich der *GLP-Richtlinie* und der *GLP-Überprüfungsrichtlinie* sowie die *Druckbehälterrichtlinie*[994] und die *Richtlinie über die elektromagnetische Verträglichkeit.*[995] Administrative Informationspflichten sind zudem in administrative Streitbeilegungsverfahren eingebunden, bei denen es vornehmlich um die Frage der ordnungsgemäßen Kontrolle und das Vorliegen der Gleichwertigkeit geht.[996] Mit den verstärkten politischen Bemühungen um eine *Transparenz der Verwaltungsstrukturen* im Rahmen des Binnenmarktmanagements zum Zwecke der Schaffung eines gegenseitigen Vertrauens in die Effektivität der jeweiligen Aufsichtsmaßnahmen und im Namen des Grundsatzes der Herkunftslandkontrolle wird wohl auch zunehmend die Pflicht zur detaillierten Unterrichtung über die mitgliedstaatlichen Vollzugsverfahren und die entsprechende Behördenstruktur eingeführt werden.[997]

3. Keine Harmonisierung

Ist kein harmonisiertes Gemeinschaftsrecht vorhanden, gelten die allgemeinen Anforderungen der Art. 28, 30 EGV (ex Art. 30, 36) sowie ergänzend des Art. 10 EGV (ex Art. 5). Danach ist im Prinzip der freie Warenverkehr zuzulassen, zum Zwecke des Umweltschutzes können aber nichtdiskriminierende und sich im Rahmen der Verhältnismäßig-

---

oder sie seien in ein zentrales System eingespeichert, das von allen Mitgliedstaaten gespeist und benutzt werde (a.a.O., II.1.).

[994] Siehe oben, Kap. 2 A.II.3.c.aa., B.I. und III. sowie Kap. 4 A. und D.

[995] Die Richtlinie 89/336/EWG (Anm. 858) enthält ähnliche Informationsverfahren wie die *Druckbehälterrichtlinie*. Sie dient dem Abbau von Handelshemmnissen durch die Einführung einer EG-Konformitätserklärung. Bis zur Festlegung von vollständig harmonisierten Normen soll der freie Warenverkehr durch die Anerkennung der nationalen technischen Normen, die nach einem gemeinschaftsrechtlichen Kontrollverfahren für zulässig erklärt wurden, erleichtert werden. Das Anerkennungsverfahren variiert ebenso wie bei der *Druckbehälterrichtlinie* danach, ob es sich um die nationale Umsetzung von auf europäischer Ebene durch CEN und CENELEC harmonisierten Normen handelt oder um eigenständige nationale Normen.

[996] Eingehender hierzu sogleich (III.).

[997] Siehe oben, Teil 1 Kap. 1 B., Teil 2 Kap. 2 B.III.2. und Teil 6 Kap. 1 C.IV. sowie *Neßler* (Anm. 932), 38.

keit bewegende einzelstaatliche Vorschriften erlassen werden.[998] Die Einhaltung dieser Umweltschutzvorschriften einschließlich der u.U. anzuerkennenden Gleichwertigkeit der Vorschriften des Herkunftsstaates kann von dem Zielstaat kontrolliert und in diesem Zusammenhang die Vorlage diesbezüglicher Informationen verlangt werden. Damit diese Kontrollen aber nicht ihrerseits eine unverhältnismäßige Behinderung des freien Warenverkehrs darstellen, sind die Mitgliedstaaten zur *Informationskooperation* auf der Verwaltungsebene verpflichtet.[999]

Neben diesen einzelfallbezogenen Informationspflichten im Vollzugsstadium werden die Mitgliedstaaten durch das Sekundärrecht in großem Umfang zur *ex ante* oder *ex post* Unterrichtung über die einschlägigen nationalen Rechtsakte, technische Normen und sonstige Maßnahmen verpflichtet. Zu nennen ist hier v.a. die *Normeninformationsrichtlinie* und die *Unterrichtungsentscheidung Warenverkehr* [1000], aber z.B. auch die *Nitratrichtlinie*, welche zur Unterrichtung über einzelstaatlich geltende technische Standards verpflichtet.[1001] Sie dienen der Evaluierung eines Harmonisierungsbedarfs und der unterschiedlichen Lösungsmöglichkeiten und decken damit einen Informationsbedarf der Gemeinschaft im Stadium der *Rechtsetzung*. Solche Unterrichtungsverfahren stellen den „Beginn eines Dialogs und einer Zusammenarbeit zwischen den Mitgliedstaaten und der Kommission" dar.[1002] Zudem haben sie indirekt die Funktion, durch die dadurch erzeugte Transparenz von der Einführung neuer Handelshemmnisse abzuschrecken.[1003]

---

[998] Hierzu mit Verweisen Teil 3 Kap.2 D.

[999] Ausführlich zu diesen Informationspflichten unten, Teil 3 Kap. 2 D.

[1000] Richtlinie 98/34/EG (Anm. 77) und Entscheidung 3052/95/EG (Anm. 194), hierzu Kap. 2 A.II.3.b.aa.

[1001] Die *Nitratrichtlinie* (Anm. 70) verpflichtet zur Erstellung von Datenbanken über die gute fachliche Praxis. Vgl. auch die anlagenbezogene *IVU-Richtlinie* (Anm. 69), die zur Mitteilung der besten verfügbaren Technologien verpflichtet. Näher dazu oben, Kap. 1.C.I.4.

[1002] Mitteilung der Kommission *Verstärkung der Effizienz des Binnenmarktes* (Anm. 683), Nr. 24. Siehe auch *Neßler* (Anm. 932), 58, der hier von einer „Präventivkontrolle" spricht. Ähnlich *v. Bogdandy* in: *Schmidt-Aßmann/Hoffmann-Riem* (Anm. 166), 152.

[1003] *Strategisches Programm* (Anm. 676), 15. Darin wird die *Normeninformationsrichtlinie* als „bemerkenswertes Beispiel für Wege, wie die Gemeinschaft neue Handelshemmnisse durch Transparenz verhindern kann" aufgeführt.

II. Außengrenzenüberwachung

Bei der Verwaltung des Außenhandels, d.h. der Überwachung der Außengrenzen der Gemeinschaft, tritt die Kommission verstärkt als durchführende Instanz der zugrundeliegenden Verordnungen auf. Informationsverfahren finden dann über den direkten Kontakt *zwischen Unternehmer und Kommission* statt.[1004] Begleitet wird dieser Informationsaustausch im Durchgriff von einem meist *parallelen vertikalen* Informationsaustausch. Den Behörden wird dann eine Kopie der entsprechenden Anträge und Entscheidungen übermittelt. Ein direkter horizontaler Informationsaustausch ist im Fall des *zentralen*, gemeinschaftseigenen Vollzuges i.d.R. nicht vorgesehen. So wird beispielsweise die Einfuhr von bestimmten Wildtierprodukten in die Gemeinschaft generell verboten.[1005] Ausnahmen werden durch die Kommission entschieden. Informationsvorschriften kommen in der Verordnung nicht vor.[1006]

[1004] So beispielsweise die *Ozonschichtverordnung*. Sie regelt u.a. den Handelsverkehr mit Drittstaaten und wird z.T. zentral durch die Kommission durchgeführt. Die *Ozonschichtverordnung* dient der Erfüllung des *Wiener Übereinkommens zum Schutz der Ozonschicht* und des *Montrealer Protokolls* (näher dazu unten, Teil 5 Kap.2 B.). Die Gemeinschaft ist durch die *Entscheidung* 88/540/EWG vom 14.10.1988 (Abl. Nr. L 297 vom 31.10.1988, 8) Vertragspartei beider Abkommen. Die Kommission vergibt allgemeine Lizenzen für die Einfuhr, die Ausfuhr und die Verwendung der geregelten Stoffe. Die Lizenzen werden direkt an die Im- und Exporteure oder die Verwender erteilt. Die Mitgliedstaaten werden hiervon lediglich informiert (Art. 15 der Verordnung Nr. 2037/2000, *Anm.* 71). In bestimmten Fällen können die Mitgliedstaaten Erlaubnisse erteilen. Dann haben sie die Kommission von ihrer Absicht vorab zu unterrichten (Art. 3). Zur Kontrolle der Ausführung hat die Kommission ein umfangreiches Auskunftsrecht gegenüber den Regierungen der Mitgliedstaaten, den zuständigen Behörden und den Unternehmen selbst (Art. 20). Sie kann auch Kontrollen durch die mitgliedstaatlichen Behörden anordnen. Siehe weiterhin unten, Anm. 1018 f.

[1005] *Verordnung* (EWG) Nr. 3254/91 vom 4.11.1991 *zum Verbot von Tellereisen in der Gemeinschaft und der Einfuhr von Pelzen und Waren von bestimmten Wildtierarten aus Ländern, die Tellereisen oder den internationalen humanen Fangnormen nicht entsprechende Fangmethoden anwenden* (Abl. Nr. L 308 vom 9.11.1991, 1, geändert).

[1006] Ähnlich verhält es sich mit der *Richtlinie* 83/129/EWG vom 28.3.1983 *betreffend die Einfuhr in die Mitgliedstaaten von Fellen bestimmter Jungrobben und Waren daraus* (Abl. Nr. L 91 vom 9.4.1983, 30, mehrfach geändert). Hier haben die Mitgliedstaaten lediglich das entsprechende Verbot zu erlassen und

Werden die Rechtsakte *dezentral* durchgeführt, so bestehen anstelle der parallelen vertikalen Informationspflichten entsprechende *parallele horizontale Informationspflichten* zwischen den am Warenverkehr direkt beteiligten Mitgliedstaaten.[1007] Horizontale Unterrichtungspflichten können sich auf die pathologischen Fälle beschränken, d.h. die Fälle, in denen die Warensendung zurückgewiesen wird oder bestimmte Auflagen gemacht werden. Im Falle der Genehmigung wird ein *Begleitschein* ausgestellt, der vom Wirtschaftsteilnehmer i.d.R. bei der Warensendung mitzuführen ist.[1008] Hier haben die *Kontrollpflichten* der Mitgliedstaaten einen hohen Stellenwert. Dem abfertigenden Mitgliedstaat kommt gegenüber den übrigen Mitgliedstaaten eine besondere Verantwortung bei der Sachverhaltsermittlung zu, weil er dies zu einem gewissen Umfang stellvertretend für alle anderen Mitgliedstaaten tut.[1009] Letztere müssen nach dem Prinzip der Herkunftslandkontrolle die durchgeführten Kontrollen und die erteilten Verwaltungsakte i.d.R. anerkennen.[1010] Für Streitfälle und Sonderumstände sind z.T. administrative

---

die Kommission darüber zu unterrichten. Die Kommission greift für die Vollzugskontrolle auf die Import-Export Statistiken der Mitgliedstaaten zurück (*Krämer*, Implementation, Anm. 321, 18). Ein Informationsaustausch kann auch im Rahmen von entsprechenden Ausschüssen stattfinden.

[1007] Als Beispiele können die oben dargestellte *Abfallverbringungsverordnung*, die *Chemikalienausfuhrverordnung* und die *Richtlinie über die Verbringung radioaktiver Abfälle* angeführt werden (Kap. 2 A.II.3.c.aa.).

[1008] Siehe insbesondere Art. 5 Abs. 3 der *Abfallverbringungsverordnung* (Anm. 142); vgl. Art.10 der *CITES-Verordnung* (Anm. 329).

[1009] Vgl. Mitteilung der Kommission *Informationsaustausch zwischen Verwaltungen* (Anm. 993), I.1.a. sowie bereits oben, I.2.

[1010] Nach der *CITES-Verordnung* (Anm. 329) sind Entscheidungen über die Ein- und Ausfuhr dezentral von den zuständigen Behörden der Mitgliedstaaten zu treffen und im Regelfall gegenseitig anzuerkennen (Art. 11 Abs. 1, Abs. 2 *lit.* a, Art. 6 Abs. 4). Zu diesem Zweck sind dem Antragsteller entsprechende Dokumente auszustellen, die er bei den jeweiligen Behörden vorzulegen hat (Art. 4 Abs. 1; Art. 7 der *Verordnung* EWG Nr. 3418/83 der Kommission vom 28.11.1983 *mit Bestimmungen für eine einheitliche Erteilung und Verwendung der bei der Anwendung des Übereinkommens über den internationalen Handel mit gefährdeten Arten freilebender Tiere und Pflanzen in der Gemeinschaft erforderlichen Dokumente*, Abl. Nr.L 344 vom 7.12.1983, S.1; hierzu ausführlich *Böhne*, Art.7 EG-Artenschutzverordnung – Abweichungen von der Dokumentenpflicht, NuR 2001, S.257ff.). Siehe nunmehr auch die *Durchführungsverordnung* der Kommission Nr.1808/2001 (Anm. 754). Die materiell-

Streitbeilegungsverfahren oder Schutz- und Abweichklauseln vorgesehen. Die Kommission übernimmt im Rahmen des dezentralen Vollzuges meist eine *Dienstleistungsfunktion.* Sind bestimmte Informationen für alle Mitgliedstaaten von Interesse, so sind sie der Kommission mitzuteilen und werden von ihr im Amtsblatt veröffentlicht oder an die anderen Mitgliedstaaten – sternförmig, automatisch oder *ad hoc* auf Anfrage – weitergeleitet.[1011] Auf diese Art kann die Kommission auch horizontale Informationspflichten ersetzen. Solche Informationspflichten bestehen insbesondere auch über die nationale Behördenstruktur. Ihnen gehen dann entsprechende Benennungspflichten voraus.[1012]

Die für den Warenverkehr zu verwendenden *Dokumente* – die Informationsrahmendaten – werden überwiegend durch die Gemeinschaft harmonisiert. Die Kommission übernimmt auch den Informationsaustausch mit *internationalen Institutionen.* Zu diesem Zweck sind ihr be-

---

rechtlichen Vorgaben sind in der *CITES-Verordnung* festgelegt und beruhen wiederum auf den Regelungen des *CITES-Übereinkommens.*

[1011] Die Gemeinschaft übernimmt z.B. bei der Durchführung der *CITES-Verordnung* vornehmlich solche Dienstleistungs- und Koordinationsaufgaben. Sie harmonisiert die zu verwendenden Dokumente (Art. 19 Nr. 1 Ziff. i, a.a.O., vgl. zur alten *CITES-Verordnung* die Verordnung Nr. 3418/83 der Kommission, a.a.O.), veröffentlicht ein von den Mitgliedstaaten zu übermittelndes Verzeichnis der nationalen Vollzugsbehörden im Amtsblatt (Art. 12 Abs. 3) und kann im Regelungsausschußverfahren die Modalitäten eines horizontalen Konsultationsverfahrens im Falle von Wiederausfuhren festlegen (Art. 5 Abs. 5). Im Falle der Ablehnung von Genehmigungsanträgen leitet die Kommission diese Informationen sternförmig an die übrigen Mitgliedstaaten weiter, „um eine einheitliche Durchführung dieser Verordnung sicherzustellen" (Art. 6 Abs. 2). Sie ist zuvor von dem ablehnenden Mitgliedstaat hierüber zu unterrichten. Gegenseitige vertikale Informationspflichten sind in einer generalklauselartigen Vorschrift vorgesehen. Nach Art. 15 Abs. 1 haben die Mitgliedstaaten und die Kommission die zur Durchführung notwendigen Informationen auszutauschen. Ein vertikaler und gleichzeitig horizontaler Informationsaustausch findet zudem im Rahmen der *Wissenschaftlichen Prüfgruppe* statt, die sich aus Vertretern der zuständigen nationalen wissenschaftlichen Behörden (welche nach Art. IX des *CITES-Übereinkommens* zu benennen sind, siehe Art. 2 *lit.* r der Verordnung) und einem Vertreter der Kommission als Vorsitzendem besteht (Art. 17). Sie hat die Aufgabe, wissenschaftliche Fragen im Zusammenhang mit der Verordnung zu prüfen und diesbezügliche Stellungnahmen abzugeben, welche u. a. im Rahmen des Regelungsausschußverfahrens zu beachten sind. Weitere Beispiele finden sich unter Kap. 2 C.II.

[1012] Hierzu im einzelnen oben, Kap. 2 B.IV.3.

stimmte Informationen von Seiten der Mitgliedstaaten oder direkt durch die Marktteilnehmer mitzuteilen, welche die Kommission bündelt und an die internationalen Institutionen weiterleitet.[1013] Neben den speziellen Umweltschutzbestimmungen sind bei der Ein- und Ausfuhr zudem die allgemeinen Bestimmungen über die Zollkontrollen zu beachten, soweit nicht die spezielleren Bestimmungen als abschließend betrachtet werden können.[1014]

III. Administrative Streitbeilegungsverfahren

Im produktbezogenen Umweltschutz finden sich häufig Informationspflichten, die in ein Verwaltungsverfahren eingebunden sind, das der Beilegung von Streitigkeiten zwischen zwei oder mehreren Mitgliedstaaten über die Erfüllung der gemeinschaftsrechtlichen Vorschriften dient. Die Informationspflichten stellen die Grundlage der Beteiligung der Kommission und der anderen Mitgliedstaaten an einem konkreten nationalen Verwaltungsverfahren dar. Als gemischt national-europäische Verwaltungsverfahren sind die Streitbeilegungsverfahren oben im einzelnen dargestellt.[1015]

IV. Informationsdurchgriff und freiwilliger betrieblicher Umweltschutz

Gerade im produktbezogenen Umweltschutz werden häufig Informationspflichten mittels Verordnungen den Unternehmen unmittelbar auferlegt. Die angeforderten Informationen sind dann direkt der Kommis-

---

[1013] Siehe insbesondere die Regelung der *Chemikalienausfuhrverordnung* (dazu oben, Kap. 2 A.II.3.c.aa. sowie unten, Teil 5 Kap. 2 B.) und der *Ozonschichtverordnung* (siehe die 15. Begründungserwägung und Art. 19 der Verordnung Nr. 2037/2000, *Anm.* 71; die Berichtspflichten an internationale Institutionen ergeben sich unmittelbar aus dem *Montrealer Protokoll*, dazu auch unten, Teil 5 Kap. 2 B.) sowie Art. 15 Abs. 2 der *CITES-Verordnung* (a.a.O.). Die zuständigen Behörden der Mitgliedstaaten haben der Kommission alle zur Erstellung der Verzeichnisse und Berichte nach dem *CITES-Übereinkommen* notwendigen Informationen zu übermitteln. Die Kommission kann im Regelungsausschußverfahren Umfang und Form der Informationspflicht näher festlegen (Art. 15 Abs. 4 *lit.* c). Siehe auch Teil 5 Kap. 2.

[1014] Allgemein dazu *Glashoff*, Freier Warenverkehr, in: *Lenz*, EG-Handbuch Recht im Binnenmarkt, 1994, 137 (223 ff.)

[1015] Kap. 4 E.

sion mitzuteilen, was hier als *Informationsdurchgriff* bezeichnet werden soll.[1016] Typische Beispiele sind u.a. die *Altstoffverordnung*[1017] und die *Ozonschichtverordnung*[1018]. Die Kommission veröffentlicht diese In-

---

[1016] Neben den bereits oben (Kap. 2 C.IV.) erwähnten Statistikverordnungen, die von Beginn an direkte Informationspflichten der Wirtschaftsteilnehmer festlegten, sind v.a. einige Rechtsakte jüngeren Datums zu nennen. Ein partieller Informationsdurchgriff ist im Rahmen des Genehmigungsverfahrens der *Pflanzenschutzmittelrichtlinie* vorgesehen, obwohl die Richtlinie ansonsten von den Mitgliedstaaten zu vollziehen ist. Ein Antrag auf Zulassung ist zunächst bei den Mitgliedstaaten zu stellen. Eine Zulassung setzt die Aufnahme des Wirkstoffes in einen Anhang der Richtlinie voraus, worüber die Kommission im Regelungsausschußverfahren entscheidet. Die Mitgliedstaaten haben daher nach Eingang des Antrags dafür Sorge zu tragen, „daß der Antragsteller den anderen Mitgliedstaaten und der Kommission" die nach der Richtlinie erforderlichen Antragsunterlagen übermittelt (Art. 6 Abs. 2 der Richtlinie 91/414/EWG, Anm. 124). Ist die Kommission oder der Regelungsausschuß der Auffassung, daß zusätzliche Informationen erforderlich sind, kann die Kommission diese vom Antragsteller verlangen. Das gilt insbesondere dann, wenn eine negative Entscheidung in Betracht gezogen wird.

[1017] Die *Altstoffverordnung* (Anm. 345) enthält im wesentlichen Informationspflichten der Hersteller von Stoffen des EINECS, sogenannte Altstoffe (dazu oben, Kap. 2 B.I.). Sie dienen der Bewertung der Gefährdung von Umwelt und Menschen und umfassen u.a. Angaben über die Ökotoxizität und die physikalisch-chemischen Eigenschaften der Stoffe (Art. 3). Die Angaben sind vom Hersteller oder dem Importeur direkt der Kommission zu übermitteln. Die Mitgliedstaaten können aber von den in ihrem Hoheitsgebiet niedergelassenen Herstellern verlangen, daß die entsprechenden Informationen gleichzeitig an die zuständige mitgliedstaatliche Behörde übermittelt werden (Art. 6 Abs. 3). Die Hersteller unterliegen zudem einer Aktualisierungspflicht (Art. 7) und können im Rahmen des Risikobewertungsverfahrens von der Kommission im Regelungsausschußverfahren bei Vorliegen des Verdachtes auf ernste Umwelt- oder Gesundheitsgefahren zur Vorlage weiterer Informationen verpflichtet werden (Art. 12). Letzteres ist durch die Verordnung (EG) Nr. 142/97 vom 27.1.1997 im Hinblick auf bestimmte Stoffe geschehen (näher hierzu unten, Teil 6 Kap. 1 C.I.3.).

[1018] Die *Ozonschichtverordnung* wird zur Erfüllung entsprechender völkerrechtlicher Verpflichtungen teilweise durch die Kommission selbst durchgeführt. Insbesondere die Berichterstattung über die hergestellten, ein- und ausgeführten sowie verwendeten Stoffe geschieht im direkten Verhältnis zwischen Wirtschaftsteilnehmer und der Kommission (nunmehr Art. 19 der Verordnung Nr. 2037/2000, Anm. 71; s. auch die umfassende direkte Auskunftspflicht der Unternehmen gegenüber der Kommission nach Art. 20 Abs. 1; ähnlich bereits Art. 17 und 18 der Vorgängerverordnung Nr. 3093/94, Anm. 388).

formationen in aggregierter Form oder leitet den Mitgliedstaaten eine entsprechende Kopie oder eine Gesamtdarstellung zu. Die Informationsweitergabe kann auch in Form von von der Kommission angelegten Datenbanken geschehen, auf welche die Mitgliedstaaten Zugriff haben.[1019] Die Informationsverwaltung geschieht dann im gemeinschaftseigenen Direktvollzug, unabhängig davon, ob die Sachmaterie ebenfalls in der Form des direkten Vollzuges verwaltet wird.[1020]

Auch der freiwillige betriebliche Umweltschutz[1021] dient mittelbar der Informationserhebung. Durch ein freiwilliges *Anreizsystem* in Form von werbewirksamen Produktauszeichnungen werden die Unternehmen zu einer weitergehenden Informationserhebung und Offenlegung angehalten, als es ihm Rahmen von ordnungsrechtlichen Vorschriften durchsetzbar und mit vertretbarem Aufwand kontrollierbar wäre.[1022] Unmittelbar begünstigt durch die Informationsoffenlegung sind die Verbraucher. *Mittelbar* dient sie aber auch den Behörden, die ebenfalls auf die Informationen zurückgreifen können. Gemeinschaftsrechtlich vorgeschrieben werden die Informationsrahmenbedingungen und die mitgliedstaatliche Kontrolle der meist von privaten Stellen vorzunehmenden Erst-Kontrolle. Als Beispiel können die oben dargestellte *Verordnung über den ökologischen Landbau*,[1023] die *Umweltzeichenverordnung*[1024] und die *Umweltauditverordnung* angeführt werden. In

---

[1019] Nach der neuen *Ozonschichtverordnung* Nr. 2037/2000 (Anm. 71) ist die Kommission nunmehr frei in Bezug auf die Wahl des Kommunikationsmittels. Sie hat nach Art. 20 Abs. 5 den behördlichen Informationsaustausch untereinander sowie zwischen den Behörden und der Kommission „anhand geeigneter Maßnahmen" zu fördern.

[1020] Von *Schmidt-Aßmann* als „Eigenverwaltungsrecht" bezeichnet (siehe unten, Teil 4 Kap. 1).

[1021] Hierzu auch *Schmidt-Aßmann/Ladenburger* in: EUDUR (Anm. 43), Rn. 37 ff., insbesondere Rn. 46 zu den Kommunikationsprozessen zwischen Behörde und Wirtschaftsteilnehmer.

[1022] Siehe dazu oben, Teil 1 Kap. 2 E.I.

[1023] Siehe oben, Kap. 2 B.III.2. (Anm. 428).

[1024] Die entsprechenden Informationserhebungspflichten nach der *Umweltzeichenverordnung* sind in produktgruppenspezifischen Entscheidungen der Kommission enthalten (siehe nunmehr Art. 4 und 6 der *Verordnung* EG Nr. 1980/2000 vom 17.7.2000 *zur Revision des gemeinschaftlichen System zur Vergabe eines Umweltzeichens*, Abl. Nr. L 237 vom 21.9.2000, 1 sowie z.B. die *Entscheidung* 2001/523/EG der Kommission vom 27.6.2001 *zur Festlegung der Umweltkriterien für die Vergabe des EG-Umweltzeichens an Allzweckreiniger*

Form der sogenannten *Umwelterklärung* sind nach der *Umweltauditverordnung* die Öffentlichkeit und „andere interessierte Kreise" über die Umweltauswirkungen und die Umweltleistungen der auditierten Organisation zu informieren.[1025] Seit März 2001 können sich sogar Behörden auditieren lassen und damit die Transparenz ihrer Verwaltungsstrukturen erhöhen.[1026]

E. Anlagenbezogener Umweltschutz

Grundlage der Informationsverfahren des anlagenbezogenen Umweltschutzes sind die *Anmelde- und Genehmigungsverfahren.* Neben der Regelung des Genehmigungsverfahrens enthalten die gemeinschaftsrechtlichen Vorschriften vielfach allgemeine Bestimmungen zur Überwachung und Kontrolle der Anlagentätigkeit.[1027] Informationen hierüber sind i.d.R. in aggregierter Form als Durchführungsbericht an die Kommission weiterzugeben. Stellenweise sind im Rahmen dieser Berichte aber auch individualisierte Angaben zu machen.[1028] Wie beim

---

und Reinigungsmittel für sanitäre Einrichtungen, Abl. Nr. L 189 vom 11.7.2001, 25). Die Produktinformationen werden nur in begrenztem Umfang der Öffentlichkeit vorgelegt. Sie dienen vornehmlich der verwaltungsinternen Beurteilung über die Vergabefähigkeit des Umweltzeichens. Bei der Festlegung der Beurteilungskriterien wird die Kommission unterstützt durch einen Ausschuß (*Ausschuß für das Umweltzeichen der Europäischen Union*, [Anm. 663]).

[1025] Die *Umweltauditverordnung* (Anm. 85) ist im März 2001 neu gefaßt worden, in ihren Grundstrukturen aber unverändert geblieben. Hiernach haben die teilnehmenden Unternehmen die Auswirkungen ihrer betrieblichen Tätigkeit auf die Umwelt zu ermitteln und in Form der Umwelterklärung öffentlich darzulegen (Anhang II und III der Verordnung Nr. 761/2001; Art. 5 Abs. 3 *lit.* c der Vorgängerverordnung sprach noch deutlicher von einer Zusammenfassung der „Zahlenwerte"). Die Mitgliedstaaten haben die Zulassung und die Aufsicht über die unabhängigen Umweltgutachter, welche die Umwelterklärung überprüfen, zu regeln und müssen deren unabhängige und neutrale Aufgabenwahrnehmung sicherstellen (Art. 4 Abs. 1 und Anhang V).

[1026] Die *Umweltauditverordnung* ist nun auf alle „Organisationen" öffentlicher oder privater Natur, mit und ohne Rechtspersönlichkeit, einschließlich Behörden, anwendbar (Art. 2 *lit.* s der Verordnung Nr. 761/2001, a.a.O.).

[1027] Siehe oben, Kap. 2 B.I. und III.

[1028] So bestimmt der von der Kommission für die Erstellung der Durchführungsberichte im Bereich des Gewässerschutzes festgelegte Fragebogen, daß ein Verzeichnis der erteilten Genehmigungen sowie in bestimmten Fällen auch der

produktbezogenen Umweltschutz ist hier der Geheimnisschutz von besonderer Bedeutung. Produktionsdaten sind meist Teil des Betriebsgeheimnisses.[1029] Ausnahmsweise ist in den beiden *Seveso-Richtlinien* auch die Weitergabe von Informationen an Drittstaaten explizit geregelt. Die im Rahmen der Richtlinie erhaltenen Informationen durften nach der ersten *Seveso-Richtlinie* nicht an Drittstaaten weitergegeben werden.[1030] In der *Seveso-II-Richtlinie* ist im Zuge der *Umweltinformationsrichtlinie* dagegen ein weitreichendes Informationszugangsrecht

---

gestellten Anträge vorzulegen ist (Anhang V Abschnitt 1 Nr. 4 *lit.* b, Abschnitt 2 Nr. 2 *lit.* b und Nr. 3 der *Entscheidung* 95/337/EG der Kommission vom 25.7.1995 *zur Änderung der Entscheidung 92/446/EWG über die Fragebögen zu den Wasserrichtlinien*, Abl. Nr. L 100 vom 24.8.1995, 1). In der *Gentechnikrichtlinie* 90/219/EWG ist die Angabe der erhaltenen Anmeldungen über die kommerzielle Verwendung von genetisch veränderten Organismen in Form eines zusammenfassenden Berichts der Mitgliedstaaten an die Kommission vorgesehen (Art. 18 Abs. 1 der Richtlinie 90/219/EWG, [Anm. 129]). In diesem Bericht sind die einzelnen Vorhaben zu beschreiben und die Gefahren anzugeben.

1029 Ausführliche Regelungen im anlagenbezogenen Umweltschutz finden sich in den *Seveso-Richtlinien.* Nach der inzwischen aufgehobenen ersten *Seveso-Richtlinie* durften die Bediensteten der Kommission und der nationalen Behörden die in Anwendung der Richtlinie voneinander erhaltenen Informationen nicht verbreiten (Art. 13 Abs. 3 der Richtlinie 82/501/EWG, [Anm. 129]). Im Falle der freiwilligen Veröffentlichung durch einen Mitgliedstaat von ihn selbst betreffenden Informationen war das Amtsgeheimnis aufgehoben. Wie im produktbezogenen Umweltschutz war die Veröffentlichung allgemeiner statistischer Angaben, die keine Einzelangaben über Unternehmen enthalten und das Betriebs- und Geschäftsgeheimnis nicht verletzen, erlaubt. Zur *Seveso-II-Richtlinie* sogleich. Siehe auch die ausführliche Regelung in Art. 19 der *Gentechnikrichtlinie* 90/219/EWG (Anm. 129), welche durch die Richtlinie 98/81/EG u.a. dahingehend geändert wurde, daß nunmehr für die Beurteilung des Vorliegens von schutzbedürftigen Informationen an die *Umweltinformationsrichtlinie* 90/313/EWG (Anm. 776) angeknüpft wird. Näher zum Schutz von Betriebs- und Geschäftsgeheimnissen Teil 6 Kap. 1 D.II.

1030 Nach der ersten *Seveso-Richtlinie* durften die Mitgliedstaaten mit Drittstaaten Abkommen über den Austausch der ihnen intern vorliegenden Informationen schließen. Ausgenommen waren davon die Informationen, „die sich aus dem durch die Richtlinie eingeführten gemeinschaftlichen Mechanismus des Informationsaustauschs ergeben" (Art. 13 Abs. 1 der Richtlinie 82/501/EWG, a.a.O.).

von interessierten Personen und die Möglichkeit der Weitergabe an Drittstaaten geschaffen worden.[1031]

Als Grundbaustein für die Ermittlung von Einzelfragen finden sich im anlagenbezogenen Umweltschutz i.d.R. horizontale und vertikale Unterrichtungs- und Auskunftspflichten. Anlagen in Grenznähe können grenzüberschreitende Umweltauswirkungen haben – hier überschneidet sich der anlagenbezogene Umweltschutz mit nachbarrechtlichen Sachverhalten und der Umweltmedienkontrolle. Ein Beispiel ist die grenzüberschreitende Behördenbeteiligung nach der *UVP-Richtlinie* und der *IVU-Richtlinie*. Neben diesen *präventiven Unterrichtungspflichten* bestehen häufig *Warnungspflichten* im Zusammenhang mit Notstandssituationen. Teilweise knüpft der Auslösungstatbestand administrativer Unterrichtungs- und Auskunftspflichten in Umfang und Zeitpunkt an die Informationsweitergabe oder an das Ergreifen von Schutzmaßnahmen zugunsten der Bevölkerung des pflichtigen Mitgliedstaates an. Andere, betroffene Mitgliedstaaten sind dann mit der Öffentlichkeit des informationspflichtigen Mitgliedstaates gleich zu stellen (hier als *Öffentlichkeitsakzessorietät* benannt).[1032] Die Gleichbehandlung ist *Mindestanforderung* an den zwischenstaatlichen Informationsaustausch. Vor allem öffentlichkeitsakzessorische Warnungspflichten sind zu finden,[1033] aber auch präventive akzessorische Unterrichtungs- und Auskunftspflichten des Anlagenzulassungsverfahrens.[1034] Solche öffentlich-

---

[1031] Die Mitgliedstaaten haben nunmehr zu „veranlassen, daß die zuständigen Behörden im Interesse der Transparenz die gemäß dieser Richtlinie eingegangenen Informationen jeder natürlichen oder juristischen Person auf Antrag zur Verfügung stellen müssen" (Art. 20 Abs. 1, Anm. 141). Es sind allerdings immer noch weitreichende Möglichkeiten einer vertraulichen Behandlung von Informationen vorgesehen. Darunter fallen Geschäfts- und Industriegeheimnisse. Der Datenaustausch mit Drittstaaten ist nun auch hinsichtlich der im Rahmen der *Seveso-II-Richtlinie* erlangten Informationen erlaubt (Art. 20 Abs. 2), da aufgrund des *Registrier- und Informationssystems* ohnehin eine große Anzahl von Akteuren zu diesen Informationen Zugang hat (siehe Art. 19 sowie oben, Kap. 2 C.III.1.).

[1032] Näher dazu Kap. 2 A.II.2.

[1033] Siehe oben, Kap. 2 A.II.3.a.

[1034] So v.a. in der *UVP-Richtlinie* und der *IVU-Richtlinie* (siehe oben, Kap. 2 A.II.) primär als Unterrichtungspflicht, als Auskunftspflicht auch schon in der *Industrieanlagenrichtlinie* (Anm. 69). Nach Art. 10 der *Industrieanlagenrichtlinie* haben die Mitgliedstaaten den übrigen interessierten Mitgliedstaaten als Grundlage für notwendige Konsultationen im Rahmen ihrer bilateralen Beziehungen die gleichen Informationen zur Verfügung zu stellen, die sie ihren eige-

keitsakzessorischen Pflichten auf der Ebene des Gemeinschaftsrechts sind partiell mit *Konsultationspflichten* des völkerrechtlichen Nachbarrechts verbunden.[1035] Sie legen die informatorische Grundlage für bilaterale Kontakte der Mitgliedstaaten auf der Ebene des Völkerrechts.

F. Nachbarrechtliche Sachverhalte

Umweltbelastungen in Grenzgebieten betreffen primär das Verhältnis der benachbarten Mitgliedstaaten untereinander. Zu ihrer Regelung sieht das Gemeinschaftsrecht vornehmlich *horizontale* Informationspflichten vor, welche häufig in einem rechtlichen oder zumindest politischen Zusammenhang mit entsprechenden Regelungen auf der Ebene des Völkerrechts stehen.[1036] Insbesondere treten Unterrichtungspflichten in Form von Warnungspflichten in konkreten Gefahrenlagen oder als präventive Beteiligungsrechte auf. Hier überschneiden sich die nachbarrechtlichen Sachverhalte mit dem anlagenbezogenen Umweltschutz. Ergänzend sind häufig Auskunftspflichten vorgesehen. Direkte horizontale *Berichtspflichten* kommen so gut wie *nicht* vor. Stellenweise handelt es sich um im Hinblick auf Zeitpunkt und Umfang öffentlichkeitsakzessorische Informationspflichten.[1037] Meist ist neben den anderen Mitgliedstaaten zusätzlich die Kommission zu unterrichten. Ein besonders typisches Informationsverfahren ist die *horizontale Konsultationspflicht*. Konsultationen können entweder *ex ante* oder *ex post* vorgenommen werden und sind häufig einseitig fakultativ.[1038] Konsultationspflichten im Rahmen nachbarrechtlicher Sachverhalte sind primär horizontal und können häufig durch ein Eintrittsrecht der Kommission auf ein Dreiecksverfahren ausgeweitet werden.[1039] Dann

---

nen Staatsangehörigen erteilen. Diesen sind nach Art. 9 der Richtlinie die Anträge auf Genehmigung und die Entscheidungen der zuständigen Behörden bekanntzugeben, allerdings „unter Beachtung der nationalen Vorschriften".

[1035] Siehe oben, Kap. 2 A. IV.5. und Teil 5 Kap. 1.

[1036] Näher dazu Teil 5. In Zukunft ist zu erwarten, daß solche Regelungen zwischen den Mitgliedstaaten verstärkt im Rahmen des durch den *Amsterdamer Vertrag* eingefügten Art. 11 EGV n.F. erfolgen.

[1037] Siehe oben, Kap. 2 A.II.2.

[1038] Siehe oben, Kap. 2 A.IV.

[1039] So insbesondere im Gewässerrecht (siehe oben die Ausführungen zur *Grundwasserrichtlinie*, der *Abwasserrichtlinie* und der *Nitratrichtlinie*, Kap. 2 A.IV.).

hat die Kommission die Aufgabe, für die Einhaltung des Gemeinschaftsrechts zu sorgen. Bei einem Konsultationsverfahren zur Abstimmung der mitgliedstaatlichen Maßnahmen dient die betroffene Gemeinschaftsrichtlinie als inhaltliche Zielvorgabe.[1040]

G. Ausnahme- und Dringlichkeitsfälle

Informationsverfahren in Dringlichkeits- und sonstigen Ausnahmefällen bestehen zum einen im Rahmen von Warnsystemen und zum anderen bei mitgliedstaatlichen Alleingängen im Rahmen von Schutz- und Notstandsklauseln.

I. Warnsysteme

Hauptinformationsverfahren sind hier Unterrichtungspflichten in Form von *Warnungen.*[1041] Zum einen treten sie als *horizontale* Informationspflichten im Rahmen nachbarrechtlicher Sachverhalte auf. In anderen Fällen kann zunächst die Kommission zu unterrichten sein, welche wiederum die Information an die anderen Mitgliedstaaten weiterleitet. Die Kommission kann auch Informationen über Dringlichkeitsfälle von *Drittstaaten* und *Internationalen Organisationen* erhalten haben, welche sie an die Mitgliedstaaten weiterzuleiten hat. Sie fungiert hier als *Schaltstelle* zwischen den Mitgliedstaaten und dritten Völkerrechtssubjekten.[1042] Die Informationsweitergabe von der Kommission an die Mitgliedstaaten verläuft i.d.R. *sternförmig.*[1043] Der Kommission kommt hier zum einen eine Dienstleistungsfunktion zugunsten der Mitgliedstaaten zu, ggf. kann sie aber auch auf der Gemeinschaftsebene eigene Maßnahmen zur Behebung der Notstandssituation treffen.[1044] Neben

---

[1040] Siehe dazu oben, Kap. 2 A.IV.4.

[1041] Siehe oben, Kap. 2 A.II.3.a.

[1042] Näher dazu unten, Teil 5 Kap. 2.

[1043] Als Beispiel können die Unterrichtungspflichten bei Atomunfällen genannt werden (Art. 5 Abs. 1 der Entscheidung 87/600/Euratom, Anm. 136; siehe auch Kap. 2 A.II.3.a.). Siehe auch *Ladwig* (Anm. 793).

[1044] Siehe z.B. Art. 2 der *Verordnung* (Euratom) Nr. 3954/87 vom 22.12.1987 *zur Festlegung von Höchstwerten an Radioaktivität in Nahrungsmitteln und Futtermitteln im Falle eines nuklearen Unfalls oder einer anderen radiologischen Notstandssituation* (Abl. Nr. L 371 vom 30.12.1987, 11). Darin ist ausden förmlichen Unterrichtungspflichten können Warnungen auch informell im Rahmen der *Ausschüsse* der Gemeinschaft erfolgen. Der Binnenmarktausschuß der Gemeinschaft fungiert beispielsweise als „Auffangnetz" auch für den Informationsaustausch bei dringenden Fällen.[1045] Einen Überblick über die binnenmarktrelevanten Warnsysteme der Gemeinschaft gibt die Mitteilung der Kommission zur *Behandlung dringender Fälle.*[1046] Für die Zukunft sollen die Warnsysteme durch die Beschleunigung der Informationsübermittlung und eine größere inhaltliche Präzision verbessert werden.[1047]

II. Ausnahmevorschriften

Im Rahmen der Inanspruchnahme von Ausnahmevorschriften sind regelmäßig Informationspflichten in Form von *vertikalen Unterrichtungspflichten* vorgesehen. Die mitgliedstaatlichen Maßnahmen, die aufgrund einer Befugnis zum Abweichen von den gemeinschaftsrechtlichen Regelungen ergehen, sind i.d.R. der Kommission mitzuteilen.[1048] Häufig stellt die Unterrichtung den Anfang eines gemeinschaftsrechtlichen Kontrollverfahrens dar, in dessen Verlauf die Mitgliedstaaten die Zustimmung der Kommission einholen müssen.[1049] Insbesondere bei

---

drücklich festgehalten, daß die Kommission in Reaktion auf eine Unterrichtung gemäß der Entscheidung 87/600/Euratom oder durch Drittstaaten auf der Grundlage des *Frühwarnungsübereinkommens* (dazu unten, Teil 5 Kap. 2 B.I.) bei Erreichen der Höchstwerte unverzüglich eine entsprechende Verordnung erläßt.

[1045] Mitteilung der Kommission zur *Behandlung dringender Fälle* (Anm. 530), 38 (Nr. 10, „Beratender Ausschuß für Koordinierung im Bereich des Binnenmarktes"). Näher dazu oben, Kap. 3 A.

[1046] Anm. 530. Danach gibt es neben den direkt umweltbezogenen Warnsystemen – wie dem Informationsaustausch bei radiologischen Notständen – solche für Lebensmittel und sonstige Konsumerzeugnisse, für Arzneimittel, für Veterinärkontrollen und für Pflanzengesundheitskontrollen.

[1047] Mitteilung der Kommission zur *Behandlung dringender Fälle*, a.a.O., 46 (Nr. IV.2.). Ergänzt werden diese Warnsysteme durch die Unterrichtungsverfahren im Rahmen von Schutzklauseln. So ausdrücklich die Mitteilung der Kommission (a.a.O., S. 39, Nr. 12). Dazu sogleich.

[1048] Zur Kooperation bei der Inanspruchnahme von Suspendierungsklauseln auch *Schmidt-Aßmann/ Ladenburger* in: EUDUR (Anm. 43), Rn. 66.

[1049] Siehe oben, Kap. 4 C. sowie unten, Teil 6 Kap. 2 B.I. Siehe auch *Neßler* (Anm. 932), 45 f.

produktbezogenen Regelungen, die den freien Warenverkehr beeinträchtigen, sind neben der vertikalen Unterrichtungspflicht auch horizontale Unterrichtungspflichten vorgesehen. Sie sind erforderlich, weil sich die mitgliedstaatlichen Behörden auf die nicht unmittelbar in dem Rechtsakt vorgesehenen Warenverkehrsbeschränkungen einrichten und ggf. ihre Wirtschaftsteilnehmer davon in Kenntnis setzen müssen. An die Stelle einer Unterrichtung der anderen Mitgliedstaaten durch den betroffenen Mitgliedstaat selbst kann auch die automatische *sternförmige Weitergabe* der Informationen durch die Kommission treten.

Die Terminologie hinsichtlich der Ausnahmevorschriften ist uneinheitlich. Größtenteils werden sie als Schutz-, Schutzverstärkungs-, Vorbehalts- oder Notstandsklauseln bezeichnet, jeweils mit unterschiedlichen Definitionen.[1050] Bereits in den Verträgen sind zahlreiche Ausnahmebestimmungen enthalten, so insbesondere Art. 176 EGV (ex Art. 130t).[1051] Daneben sehen die meisten Richtlinien und Verordnung Ausnahme-

---

[1050] *Schutzklauseln* werden häufig als Vorschriften definiert, die die Befugnis der Mitgliedstaaten regeln, in Ausnahmefällen zur Behebung zeitlich begrenzter Schwierigkeiten vorübergehend vom Gemeinschaftsrecht abzuweichen. *Notstandsklauseln* sollen dagegen nicht den vorübergehenden Charakter besitzen. Im Umweltrecht gibt es zudem Bestimmungen, wonach die Mitgliedstaaten von den gemeinschaftsrechtlichen Vorschriften vorübergehend oder dauerhaft zugunsten *verstärkter* Umweltschutzmaßnahmen abweichen dürfen. Sie werden als Schutzklauseln, *Schutzverstärkungsklauseln* oder *Schutzmaßnahmen* bezeichnet. Aus der Literatur siehe nur *Hailbronner*, Der nationale Alleingang im EG-Binnenmarkt, 1989; *Wägenbauer*, Schutzmaßnahmen auf dem Gebiet des Personen- und Dienstleistungsverkehrs, in: Schutzmaßnahmen im gemeinsamen Markt, KSE 28, 1977, 1 ff.; *Neßler* (Anm. 932), 40 ff. sowie ausführlich *Middeke*, Nationale Alleingänge, in: EUDUR, Bd. 1 1998, § 32.

[1051] Art. 176 EGV enthält die zeitlich unbeschränkte Möglichkeit der Mitgliedstaaten, verstärkte Umweltschutzmaßnahmen beizubehalten oder zu ergreifen, wenn auf der Basis von Art. 175 EGV gemeinschaftsrechtliches Umweltrecht erlassen wurde. Die Kommission ist von den verstärkten Schutzmaßnahmen zu „notifizieren" (Art. 176 S. 3 EGV). Die in Art. 176 S. 3 EGV vorgesehene „Notifizierung" ist erst durch den *Vertrag von Maastricht* eingefügt worden. Zu Art. 175 EGV siehe u.a. *Scherer/Heselhaus*, Umweltrecht, in: *Dauses*, Handbuch des EU-Wirtschaftsrechts, 1999, Kap. O, Rn. 78 ff. sowie *Hailbronner*, a.a.O., 14 f. Ebenso sehen Art. 95 Abs. 4 und Abs. 5 EGV [ex Art. 100a Abs. 4] eine vertikale Unterrichtungspflicht seitens der Mitgliedstaaten vor. Zum Ganzen ausführlich *Middeke* (a.a.O.), Rn. 4 ff. und Rn. 67 ff. mit weiteren Verweisen; *Pechstein*, EG-Umweltrechtskompetenzen und nationale Alleingänge beim Umweltschutz, Jura 1996, 176 (insbesondere 179 ff.). Zu Art. 95 (bzw. ex Art. 100a) auch unten, Teil 6 Kap. 2 B.I.

verfahren vor, die z.T. auf der Vorschrift des Art. 130r Abs. 2 UAbs. 2 EGV a.F. beruhen.[1052] Dort war festgelegt, daß die europäischen Harmonisierungsmaßnahmen anderer Gemeinschaftspolitiken – d.h. auch außerhalb des Anwendungsbereichs der Art. 130s, 130t EGV a.F. – ggf. Schutzklauseln enthalten sollen, die die Mitgliedstaaten ermächtigen, aus umweltpolitischen Gründen vorläufige Maßnahmen zu treffen. Sie hatten „einem gemeinschaftlichen Kontrollverfahren" zu unterliegen. Eine ähnliche Klausel findet sich nun in Art. 174 Abs. 2 UAbs. 2 EGV n.F. Um das sekundärrechtliche Kontrollverfahren wirksam zu gestalten, wird in einer sekundärrechtlichen Schutzklausel für den Fall ihrer Inanspruchnahme durch die Mitgliedstaaten immer eine Unterrichtungspflicht enthalten sein.[1053] Selbst wenn sich kein Zustimmungs- oder Streitbeilegungsverfahren anschließt, hat allein die Unterrichtung der Kommission i.V.m. der meist vorgesehenen Weiterleitung der Informationen an die anderen Mitgliedstaaten[1054] *per se* eine Kontrollfunktion. Die Kommission kann dann die Maßnahmen im Hinblick auf die Einleitung eines Vertragsverletzungsverfahrens überprüfen. Die Offenlegung gegenüber den anderen Mitgliedstaaten dient der Herstellung *horizontaler Transparenz*.[1055] Diese Transparenz selbst kann zu einem Motivationsfaktor für Mitgliedstaaten bei der Überlegung werden, ob man sich auf gewisse Ausnahmemöglichkeiten berufen möchte oder nicht.

Neben den Ausnahmevorschriften zum Zwecke der Anwendung verstärkter oder geringerer Umweltschutzmaßnahmen gibt es Bestimmungen, die den Mitgliedstaaten für eine begrenzte Zeit das Abweichen von den Vorschriften der Gemeinschaft erlauben, wenn ein *gleichwertiges*

[1052] Zu den sekundärrechtlichen Schutzklauseln eingehend *Middeke*, a.a.O., Rn. 86 ff. Vgl. *Neßler* (Anm. 932), 46 ff., der diese Bestimmungen als „Vorbehaltsklauseln" bezeichnet.

[1053] Auf die obige Darstellung der Schutzklauseln in der *Gefahrstoffrichtlinie*, der *Normeninformationsrichtlinie*, der *Benzinbleigehaltsrichtlinie* und der *Druckbehälterrichtlinie* sei verwiesen (Kap. 4 C. und E.).

[1054] Einfache Unterrichtungspflichten finden sich in Art. 3 Abs. 3 der *Verbrennungsanlagenrichtlinie* 89/369/EWG (Anm. 411), Art. 8 der *Badegewässerrichtlinie* (Anm. 287) und Art. 8 der *Trinkwassergewinnungsrichtlinie* (Anm. 456). Nach der *Verbrennungsanlagenrichtlinie* hat die Kommission die erhaltenen Informationen an die anderen Mitgliedstaaten weiterzuleiten (*ibid.*). Ähnlich Art. 2 Abs. 3 *lit.* c der *UVP-Richtlinie* (Anm. 150).

[1055] Vgl. hierzu bereits oben, A. sowie Teil 1 Kap. 2 F.II.2.

Schutzniveau garantiert ist.[1056] Gerade im produktbezogenen Umweltschutz sehen die Rechtsakte häufiger ein Ausnahmeverfahren vor, bei dem zwar nicht von dem materiellen Umweltschutzniveau aber von den formellen Vorschriften wie Genehmigungs- und Kennzeichnungspflichten abgewichen werden kann, wenn dadurch keine Umweltgefährdung zu befürchten ist. Sie dienen einer *Flexibilisierung* und Entbürokratisierung des Verwaltungsverfahrens, ohne im Ergebnis das Umweltschutzniveau nennenswert zu senken. In den Rechtsakten werden diese Ausnahmevorschriften stellenweise mit Abweichklausel überschrieben.[1057] Insbesondere diese Abweichklauseln enthalten neben der Unterrichtungspflicht häufig auch ein Kontrollverfahren, welches entweder als *ex ante* Zustimmungsverfahren oder als *ex post* Streitbeilegungsverfahren ausgestaltet sein kann.[1058]

Ist ein präventives Kontrollverfahren vorgesehen, so macht dieses eine Unterrichtung seitens der Mitgliedstaaten zwingend erforderlich. Am Anfang eines präventiven Kontrollverfahrens muß eine Unterrichtungspflicht stehen, die das Verfahren in Gang setzt. Weder die vertikale noch die horizontale Unterrichtung unterliegt – sofern sich nicht etwas Gegenteiliges aus dem Rechtsakt der Gemeinschaft ergibt – speziellen

---

[1056] Abweichklauseln mit dem Erfordernis der materiellen Gleichwertigkeit sind beispielsweise in der *Abfallrichtlinie*, der *VOC-Richtlinie Kraftstoff* und der *Gefahrstoffrichtlinie* enthalten. Die Mitgliedstaaten haben jeweils die Kommission über die in Anwendung der Vorschrift erlassenen nationalen Regelungen und sonstigen Maßnahmen zu unterrichten (Art. 11 Abs. 3 der Richtlinie 75/442/EWG, Anm. 332; Art. 25 Abs. 3 und Art. 13 Abs. 2 i.V.m. Art. 17 UAbs. 2 der Richtlinie 67/548/EWG, Anm. 125; Art. 3, 4 und 6, jeweils Abs. 1 UAbs. 4 und 5 der *VOC-Richtlinie Kraftstoff*, Anm. 983). Zu nennen ist hier auch die *Druckbehälterrichtlinie* (an die Unterrichtungspflicht im Rahmen dieser Richtlinie schließt sich ein Streitbeilegungsverfahren an, das oben unter Kap. 4 D. dargestellt wurde). Besonders umfangreiche Informationsbeibringungspflichten im Sinne einer regelrechten Beweislast sind im Rahmen des Ausnahmeverfahrens nach der *Gewässerschutzrichtlinie* und ihren *Folgerichtlinien* enthalten. Von bestimmten Emissionsgrenzwerten kann ein Mitgliedstaat ausgenommen werden, wenn er der Kommission nachweisen kann, daß in dem gesamten ggf. betroffenen geographischen Gebiet den Qualitätszielen gegenwärtig und auch künftig entsprochen wird (Art. 6 Abs. 2 der Richtlinie 76/464/EWG, Anm. 339).

[1057] Siehe nur Kapitel V der *Druckbehälterrichtlinie* (Anm. 216).

[1058] Zu diesen Verfahren Kap. 4 C. und E.

Formerfordernissen.[1059] Bei bestimmten Ausnahmebestimmungen, die sehr häufig in Anspruch genommen werden, haben sich aber mit dem Einverständnis der Mitgliedstaaten bestimmte Praktiken über die Art und Weise der Mitteilung entwickelt.[1060] Infolge der mitgliedstaatlichen Zustimmung sind dann die Formvorschriften für den Regelfall einzuhalten. Vor Änderung der Praxis sind die Betroffenen zu informieren.[1061]

Anstelle oder i.V.m. Unterrichtungspflichten können im Sekundärrecht auch Auskunfts-,[1062] Berichts-[1063] und sogar Planungspflichten der Mitgliedstaaten vorgesehen sein. Letztere finden sich besonders häufig im Wasserrecht.[1064] Auch ohne Kontrollverfahren und ohne ausdrücklich

---

[1059] So der EuGH am Beispiel einer Ausnahmebestimmung der *Gefahrstoffrichtlinie* (Urteil vom 13.3.1992, Rs. C-43/90, *Kommission/Bundesrepublik Deutschland*, „Kennzeichnung gefährlicher Stoffe", Slg. 1992, S. I-1909 [1935, Rn. 12]).

[1060] Mitteilung der Kommission zur *Behandlung dringender Fälle* (Anm. 530), 41 (Nr. 12). Danach hat die Kommission beispielsweise für die *Niederspannungsrichtlinie* ein Formular ausgearbeitet, welches einen Fragenkatalog enthält und von den Mitgliedstaaten mit der diplomatischen Post zu übermitteln ist.

[1061] Vgl. Teil 3 Kap. 2 D.IV.

[1062] Eine subsequente Auskunftspflicht ist in der *Pflanzenschutzmittelverbotsrichtlinie* vorgesehen. Danach unterrichtet ein Mitgliedstaat die Kommission und die anderen Mitgliedstaaten von der Anwendung einer Ausnahmevorschrift und teilt „der Kommission auf deren Wunsch Angaben darüber mit, in welchem Umfang jeder der betreffenden Wirkstoffe verwendet worden ist" (Art. 4 Abs. 2 der Richtlinie 79/117/EWG, [Anm. 812]).

[1063] Im Rahmen der *Vogelschutzrichtlinie* sind die Mitgliedstaaten verpflichtet, jährlich einen Bericht über die Anwendung einer Ausnahmebestimmung der Richtlinie zu erstatten (Art. 9 Abs. 3 der Richtlinie 79/409/EWG, [Anm. 126]).

[1064] Wasser von geringerer als in der *Trinkwassergewinnungsrichtlinie* festgelegten Qualität darf nur ausnahmsweise für die Trinkwassergewinnung verwendet werden. In diesem Fall ist die Begründung für eine derartige Ausnahme der Kommission unverzüglich mitzuteilen. Ihr hat ein „Verwaltungsplan" für die Wasservorräte innerhalb der betreffenden Zone zugrunde zu liegen (Art. 4 Abs. 3 der Richtlinie 75/440/EWG, [Anm. 456]). Nach der *Trinkwasserrichtlinie* 98/83/EG (Anm. 140) muß die Zulassung einer Abweichung gar eine „Zusammenfassung des Plans für die notwendigen Abhilfemaßnahmen" enthalten (Art. 9 Abs. 3). Nach der *Badegewässerrichtlinie* sind Abweichungen von den festgelegten Qualitätszielen der Kommission anhand eines Bewirtschaftungsplanes

verankerte Informationspflicht sind die Mitgliedstaaten bei der Berufung auf eine Ausnahmevorschrift verpflichtet, der Kommission auf Nachfrage anzugeben, daß und in welcher Form von der Ausnahmeklausel Gebrauch gemacht wird bzw. worden ist. Diese Auskunftspflicht kann mangels sekundärrechtlicher Regelung auf Art. 10 EGV gestützt werden. Sie liegt im Vorfeld von Ermittlungen der Kommission über das Vorliegen einer Vertragsverletzung und ergibt sich nach der Rechtsprechung des Gerichtshofes aus Art. 226 EGV i.V.m. Art. 10 EGV.[1065]

H. EG-Leistungsverwaltung

Informationsvorschriften im Rahmen der umweltschutzbezogenen Leistungsverwaltung dienen der Kontrolle der Verwendung von Gemeinschaftsmitteln.[1066] Die Datenzugangsrechte der Kommission sind hier sehr weitreichend. Sie umfassen meist Inspektionsrechte der Kommission sowie Kontroll- und Überwachungspflichten der Mitgliedstaaten.[1067] Die Kommission kann i.d.R. aufgrund der sekundärrechtlichen Vorschriften zumindest subsidiäre Kontrollen vor Ort vornehmen, dabei die Einsicht in Dokumente verlangen und Auskünfte erbitten. Eine umfassende Regelung ist jetzt durch die *Verordnung* Nr. 2185/96 *betreffend die Kontrollen und Überprüfungen vor Ort durch die Kommission zum Schutz der finanziellen Interessen der Europäischen Gemeinschaften vor Betrug und anderen Unregelmäßigkeiten* getroffen worden.[1068] Bei flächenbezogenen Beihilfen sollen Inspektionen vor Ort zunehmend durch die *Fernerkundung* mittels Satellit und Flugzeug

---

„innerhalb kürzester Zeit“ mitzuteilen (Art. 4 Abs. 3 der Richtlinie 76/160/EWG, [Anm. 287]). Siehe auch die Planungspflichten nach der *VOC-Richtlinie Lösungsmittel* (dazu Anm. 455).

[1065] Siehe unten, Teil 3 Kap. 2 B.I.

[1066] Zur EG-Umweltförderung eingehend *Schmidt-Aßmann/Ladenburger* in: EUDUR (Anm. 43), Rn. 45 ff. Zur Betrugsbekämpfung ausführlich *Pache*, Der Schutz der finanziellen Interessen der Europäischen Gemeinschaften, 1994 sowie *Prieß/Spitzer*, Die Betrugsbekämpfung in der Europäischen Gemeinschaft, EuZW 1994, 297 ff.; zu den neueren Entwicklungen *Kuhl/Spitzer* (Anm. 307) und *Wolffgang/Ulrich* (Anm. 307).

[1067] Siehe hierzu Kap. 2 A.V. und B.III. Siehe auch *van Rijn* (Anm. 881), 411 ff.

[1068] Dazu eingehender oben, Kap. 2 A.V. und Kap. 4 B.

ersetzt oder zumindest ergänzt werden.[1069] Zum Teil sind die Mitgliedstaaten – als Voraussetzung für die Erlangung der Gemeinschaftsmittel – Planungspflichten und sonstigen Datenbeibringungspflichten unterworfen.[1070] Sie stellen Obliegenheiten dar, weil sie nicht selbständig eingeklagt werden können und im Eigeninteresse des Informationspflichtigen stehen.[1071]

Meist ist die Durchführung eines solchen gemeinschaftseigenen administrativen Ermittlungsverfahrens in das Ermessen der Kommission gestellt. Als Ergänzung dazu sind die Mitgliedstaaten zu eigenen Kontrollen und zur Überwachung verpflichtet. Beispiele finden sich in der *LIFE-Verordnung*, der *Kohäsionsfondsverordnung*, der *Waldbrandschutzverordnung* und der *Waldimmissionsschutzverordnung* sowie sachbereichsübergreifend in der bereits erwähnten *Kontrollverordnung* Nr. 2185/96 und der neuen *Strukturfondsverordnung*.[1072] Neben der Kommission ist der Rechnungshof der Gemeinschaft zur Prüfung aller Einnahmen und Ausgaben der Gemeinschaft befugt (Art. 248 EGV, ex Art. 188c). Er kann die Prüfung anhand der Rechnungsunterlagen und erforderlichenfalls auch an Ort und Stelle in den Mitgliedstaaten durchführen.[1073]

[1069] Hierzu eingehend unten, Teil 5 Kap. 3.

[1070] So nach Art. 3 Abs. 5 der *Waldbrandschutzverordnung* (Anm. 122).

[1071] Zu Informationsobliegenheiten oben, Kap. 2 B.I.2.

[1072] Siehe oben, Kap. 2 A.V und Kap. 4 B. Der Kohäsionsfonds wurde zur Förderung der Regionalentwicklung geschaffen; er soll u.a. zur Integration des Umweltschutzes in diesem Entwicklungsbereich beitragen (siehe v.a. die Mitteilung der Kommission vom 22.11.1995 *Kohäsionspolitik und Umweltpolitik*, KOM [95] 509 endg.). Das erstmals durch die Verordnung (EWG) Nr. 1973/92 geschaffene Finanzierungsinstrument „LIFE“ dient speziell der Entwicklung und Durchführung der Umweltpolitik. Es befindet sich jetzt in seiner dritten Phase (2000 bis Ende 2004, siehe die Verordnung EG Nr. 1655/2000, [Anm. 306]).

[1073] Art. 248 Abs. 3 EGV. Das primärrechtliche Prüfungsrecht des Rechnungshofes wird durch die sekundärrechtlichen Prüfungsbefugnisse der Kommission nicht berührt (siehe auch *Fugmann/Theato*, Finanzordnung und Haushalt der EG, in: *Dauses*, Handbuch des EG-Wirtschaftsrechts, 1999, Kap. A.III., Rn. 79 ff.). Der Rechnungshof kann sich auch die von der Kommission ermittelten Informationen zunutze machen (Art. 248 Abs. 3 UAbs. 2 EGV). Die *LIFE-Verordnung* (Anm. 306) verweist ausdrücklich auf die Kontrollen durch den Rechnungshof (Art. 9 Abs. 2), ebenso die *GAP-Verordnung* Nr. 1258/1999 (Anm. 312), Art. 9 Abs. 2.

Dritter Teil

Primärrechtliche Grundlagen administrativer Informationsverfahren

Im folgenden wird der kompetenzrechtliche Rahmen administrativer Informationsverfahren untersucht. Zunächst ist zu fragen, inwieweit die Gemeinschaft hierfür überhaupt einer kompetenzrechtlichen Grundlage bedarf – sind die Mitgliedstaaten noch Inhaber einer „Informationshoheit" oder haben sie diese mit der Gründung der Gemeinschaft abgegeben? Sodann sind die einzelnen in Betracht kommenden primärrechtlichen Rechtsgrundlagen auf ihren Verpflichtungsgehalt hin zu analysieren – welche Rechtsnormen sind als Grundlage für die sekundäre Rechtsetzung im Bereich der administrativen Informationsverfahren zu wählen? Können aus Art. 284 EGV (ex Art. 213), aus der Gemeinschaftstreuepflicht oder aus einem möglicherweise bestehenden „Grundsatz der Amtshilfe" unmittelbar Informationspflichten entnommen werden und wenn ja, in welchem Umfang?

Kapitel 1: Informationshoheit oder Informationsfreiheit ?

Nach einer vereinzelt in der Literatur geäußerten Ansicht können sich die Mitgliedstaaten nicht mehr auf eine „wie auch immer geartete Informationshoheit" als Ausfluß ihrer Souveränität berufen, weil sie ihre Souveränität in den Zuständigkeitsbereichen der Gemeinschaftsverträge auf die Gemeinschaft übertragen haben.[1] Daraus folge, daß den Mitgliedstaaten die territoriale Souveränität nicht mehr zustehe und die Kommission genehmigungsfrei auf dem Territorium der Mitgliedstaa-

---

[1] *Segond*, Ermittlungsbefugnisse der EG-Kommission im Vollzug des Umweltrechts, in: *Ladeur/Winter*, Verfassungsprobleme der Europäischen Gemeinschaft, 1991, 93 (98 ff.; 104 ff.).

ten Ermittlungen durchführen könne.[2] Rechtliche Grenzen werden nur bei der Betroffenheit von Privatpersonen gesehen.[3] Ob dieser Ansicht gefolgt werden kann, d.h. ob und inwieweit die Erhebung und Weitergabe umweltrelevanter Daten den Mitgliedstaaten und den Organen der EG im gesamten Gebiet der Gemeinschaft freisteht, wird im folgenden Teil der Arbeit untersucht.

---

[2] *Segond*, a.a.O., die unter diese Ermittlungen nicht nur die Augenscheinnahme, sondern insbesondere auch die Entnahme von Stichproben und die Durchführung von Kontrollmessungen faßt. Im Ergebnis ähnliche Äußerungen – insbesondere hinsichtlich der Augenscheinnahme durch die Kommission – wurden im Rahmen einer Diskussion mit *v. Lersner* gemacht, wiedergegeben bei *Führ*, Zusammenfassung der Diskussion mit Dr. Heinrich von Lersner, in: *Calliess/Wegener*, Europäisches Umweltrecht als Chance: die Umweltpolitik der EG und die Einflußmöglichkeiten der Umweltverbände, 1992, 90 (92). Ähnlich wohl *Winter*, Der Säbelschnäbler als Teil fürs Ganze – Bemerkungen zum Leybucht-Urteil des Europäischen Gerichtshofes vom 28.2.1991, NuR 1992, 21 (23). Nach dem Bericht von *Winter* wollte im Rahmen des Gerichtsverfahrens zum Fall *Leybucht* der Prozeßbevollmächtigte der Kommission einen informellen Besuch vor Ort in der Bundesrepublik abstatten, ohne zuvor die Zustimmung der Bundesregierung oder einen förmlichen Beweisbeschluß des EuGH eingeholt zu haben. Nach Kenntnis dieses Vorhabens übermittelte das zuständige Ministerium kurz vor der Anreise eine offizielle Einladung und erteilte damit implizit sein Einverständnis, aber anscheinend ohne von dem Prozeßbevollmächtigten darum ersucht worden zu sein. *Winter* geht davon aus, daß der Prozeßbevollmächtigte ganz offiziell und ohne Einladung der Bundesrepublik eine Augenscheinnahme vor Ort hätte durchführen dürfen. Allgemein kann nach *Winter* die Kommission „eigene Messungen, Besichtigungen, Erkundigungen etc. in den Mitgliedstaaten durchführen oder durch Beauftragte durchführen lassen". Dies folge „als ‚implied power' gem. Art. 235 EGV [a.F., jetzt Art. 308 EGV] aus der Übertragung der oben genannten Aufgaben, die ohne Nachforschungsbefugnisse nicht effektiv ausgeführt werden könnten" (*ibid.*). Vgl. auch *Schermers/Blokker*, International Institutional Law, 1995, 877 (dort i.V.m. Anm. 68 und 69), die von einer weiten Befugnis der Kommission hinsichtlich eigener Tatsachenermittlungen insbesondere auf der Grundlage von Art. 213 und 155 EGV [a.F., jetzt Art. 284 und 211 EGV] ausgehen: *„This broad authority provides the Commission sufficient basis to conduct its own fact-finding projects whenever necessary"*.

[3] Zusätzliche Einschränkungen ergeben sich nach *Segond* u.U. für den Fall, daß das Gemeinschaftsrecht die Informationserhebungszuständigkeit ausschließlich den Mitgliedstaaten zugewiesen hat (a.a.O., 105). Die Vollzugszuständigkeiten würden damit für den Bereich der Informationserhebung quasi umgedreht (näher hierzu Teil 4 Kap. 1 A.).

A. Informationserhebung und staatliche Souveränität

Zunächst ist der völkerrechtliche Rahmen zu betrachten, in den sowohl die zwischenstaatlichen horizontalen Informationsverfahren als auch die vertikalen Verfahren zwischen Gemeinschaft und Mitgliedstaaten eingebettet sind. Im Anschluß daran ist zu fragen, inwieweit diese Regeln durch das Gemeinschaftsrecht abbedungen oder ergänzt werden. Das Völkerrecht liefert auch für die Mitgliedstaaten der Gemeinschaft die Grundregeln für die zwischenstaatlichen Beziehungen.[4] Es ist insbesondere für die horizontalen Informationsbeziehungen relevant, weil hier die völkerrechtlichen Regeln ergänzend zum Gemeinschaftsrecht zur Anwendung kommen können.[5] Aber auch im vertikalen Verhältnis ist die völkerrechtliche Vorfrage von Relevanz. Ist bereits nach den völkerrechtlichen Grundregeln eine grenzenlose Informationserhebung und -verwendung möglich, so kann auf der Ebene des Gemeinschaftsrechts als Integrationsrechtsordnung schwerlich von engeren Grenzen ausgegangen werden. Die Auslegung des Gemeinschaftsrechts müßte – im Rahmen des nach der teleologischen Auslegungsmethode Möglichen – entsprechend extensiv erfolgen. Sind im Gegenteil der staatlichen Ermittlungstätigkeit mit Auslandsbezug enge völkerrechtliche Grenzen gezogen, so gewinnen die gemeinschaftsrechtlichen Ermächtigungsgrundlagen und unmittelbar geltenden Informationspflichten eine um so größere rechtliche und praktische Relevanz.

I. Die völkerrechtliche Souveränitätsdogmatik

Die völkerrechtliche Souveränitätsdogmatik legt den Grundstein für die Beurteilung administrativer Ermittlungstätigkeiten zwischen zwei Völkerrechtssubjekten.

---

[4] Vgl. *Schmidt-Aßmann*, Strukturen des Europäischen Verwaltungsrechts: Einleitende Problemskizze, in: *Schmidt-Aßmann/Hoffmann-Riem*, Strukturen des Europäischen Verwaltungsrechts, 1999, 9 (18 f.).

[5] Näher dazu unten, Teil 5 Kap. 1, insbesondere B.II.

1. Das „Hausrecht" der Staaten

Nach dem Völkerrecht stellen Staaten originäre Hoheitsträger dar, die ohne ihren Willen keiner anderen Hoheitsgewalt unterworfen sind.[6] Sie sind in diesem Sinne *souverän*. In der Dogmatik wird zwischen *innerer* und *äußerer Souveränität* unterschieden.[7] Die innere Souveränität umschreibt die Hoheitsgewalt eines Staates gegenüber seinen eigenen Rechtssubjekten und innerhalb des eigenen Gebietes, über die gegen seinen Willen keine andere Hoheitsgewalt bestimmen darf. Die äußere Souveränität bezieht sich auf das Verhältnis der Staaten zu anderen Staaten. Sie besagt, daß Staaten einander gleichgestellt sind und keiner einem anderen über- oder untergeordnet ist. Beide Souveränitätselemente bedingen einander und sind in diesem Sinne zwei Seiten derselben Medaille.[8]

Die Hoheitsgewalt eines Staates wird nach dem Bezugsobjekt in die *Gebietshoheit* und die *Personalhoheit* unterteilt.[9] Erstere bezieht sich auf das räumliche Gebiet, in dem ein souveräner Staat seine ausschließ-

---

[6] *Bleckmann*, Nationales und europäisches Souveränitätsverständnis, in: *Ress*, Souveränitätsverständnis in den Europäischen Gemeinschaften, 1978, 33 (34 f.); *Dahm/Delbrück/Wolfrum*, Völkerrecht, Bd. I/1 1989, 215 f. *Dahm/Delbrück/Wolfrum* weisen darauf hin, daß die Staaten durch das Völkerrecht gebunden und daher doch einer höheren Autorität unterworfen sind. Bei den völkerrechtlichen Regeln handelt es sich aber nicht um eine personifizierbare Hoheitsgewalt, sondern um Rechtsnormen, die auf der Grundlage des Willens der Staatengemeinschaft entstehen, wenn sich diese Normen auch – wie das *jus cogens* – von diesem Willen mit der Zeit lösen können. *Ress* spricht daher von einer „Befehlsunabhängigkeit", die aber nicht mit einer „Ordnungsunabhängigkeit" gleichzusetzen ist (*Ress*, Souveränitätsverständnis in den Europäischen Gemeinschaften als Rechtsproblem, in: *ders.*, Souveränitätsverständnis in den Europäischen Gemeinschaften, 1978, 11 [14]).

[7] Zum ganzen *Meng*, Extraterritoriale Jurisdiktion im öffentlichen Wirtschaftsrecht, 1994, 32 f., 37 ff. und 48 ff.; *Bleckmann*, Allgemeine Staats- und Völkerrechtslehre. Vom Kompetenz- zum Kooperationsvölkerrecht, 1995, 200 ff., 502 ff.; *ders.*, Souveränitätsverständnis, a.a.O., 34 ff.

[8] *Bleckmann*, Kooperationsvölkerrecht, a.a.O., 201.

[9] Siehe nur *Meng* (Anm. 7), 29 ff.; *Dahm/Delbrück/Wolfrum* (Anm. 6), 216; sowie *Bleckmann*, Souveränitätsverständnis (Anm. 6), 35 f., der zudem die Organisationshoheit nennt (siehe auch *ders.*, Kooperationsvölkerrecht, a.a.O., 833 ff.).

liche Hoheitsgewalt ausübt,[10] letztere auf die unterworfenen Rechtssubjekte – die Staatsbürger, Schiffe und Flugzeuge eines Staates. Die staatliche Souveränität impliziert die grundsätzliche Freiheit von Eingriffen in die territoriale und personale Herrschaftsgewalt. Die Zulässigkeit von souveränitätsbeeinträchtigenden Handlungen anderer Staaten *kann nicht vermutet werden.* Im Gegenteil, im Zweifel gilt im Völkerrecht die Regelung, die den betroffenen Staat in seiner Herrschaftsgewalt am geringsten beeinträchtigt.[11] Die Zustimmung des betroffenen Staates zu souveränitätsbeeinträchtigenden Handlungen seitens eines anderen Hoheitsträgers kann entweder abstrakt-generell im Rahmen eines völkerrechtlichen Abkommens gegeben werden oder für den Einzelfall einzuholen sein. Die Gebietshoheit impliziert im Ergebnis eine Art Hausrecht, ein ausschließliches Selbstbestimmungsrecht des Staates über sein Staatsgebiet.[12]

2. Souveränitätsbeeinträchtigende Akte fremder Völkerrechtssubjekte

Die Beurteilung der Zulässigkeit von sich auf die Souveränität eines anderen Hoheitsträgers auswirkenden staatlichen Handlungen ist Teil der völkerrechtlichen Jurisdiktionslehre.[13] Hier ist zwischen Tätigkeiten der Rechtsetzung und solchen der Rechtsdurchsetzung zu unterscheiden.[14] Eine *rechtsetzende* Tätigkeit, die sich nach Tatbestand oder Rechtsfolge auf die Hoheitsgewalt eines anderen Staates auswirkt, ist dann gestattet, wenn ein *völkerrechtlich sinnvolles Anknüpfungsmerk-*

---

10 Näher dazu *Dahm/Delbrück/Wolfrum*, a.a.O., 318 f.; vgl. *Verdross/Simma*, Universelles Völkerrecht, 3. Aufl. 1984, 638 ff.

11 Sogenannte Auslegungsregel *in dubio mitius*, welche sich auf die *Lotus* Entscheidung des Ständigen Internationalen Gerichtshofes gründet (Affaire du „Lotus", Jugement N° 9; PCIJ Serie A, Nr. 10, 1927). Darin heißt es wörtlich: *Restrictions upon the independence of States cannot be presumed*" (a.a.O., 18).

12 Vgl. *Meng* (Anm. 7), 32 f. und *Bleckmann*, Souveränitätsverständnis (Anm. 6), 37. Unberührt bleiben davon die auf der Grundlage des Willens der Staatengemeinschaft entstandenen Regeln des Völkerrechts, welche dem freien Bestimmungsrecht Grenzen setzen (vgl. *Bleckmann*, a.a.O., 35 ff.).

13 Ausführlich dazu *Meng*, a.a.O., 1 ff.

14 *Dahm/Delbrück/Wolfrum* (Anm. 6), 319 ff.; *Meng*, a.a.O., 6 ff.; *Verdross/Simma* (Anm. 10), 636 (sogenannte *jurisdiction to prescribe* und *jurisdiction to enforce*).

mal gegeben ist.[15] Darunter sind völkerrechtlich berechtigte Interessen des rechtsetzenden Staates wie der Schutz universeller oder eigener Rechtsgüter und die Anknüpfung an die personale Hoheitsgewalt zu verstehen.[16] Unter diese Rechtsgüter kann auch der Erhalt der natürlichen Lebensgrundlagen fallen. Völkerrechtlich gerechtfertigt wäre dann eine Rechtsnorm, die dem Schutz eigener oder globaler Umweltgüter dient oder die an Umweltbelastungen durch eigene Staatsbürger, Schiffe oder Flugzeuge außerhalb des eigenen staatlichen Territoriums anknüpft.[17] Eine solche Rechtsnorm kann neben materiellen Regelungen auch *Verfahrensfragen* einschließlich der Sachverhaltsermittlung beinhalten.[18] Derartige Rechtsakte haben jedoch nur im Rahmen der territorialen und personalen Hoheitsgewalt des rechtsetzenden Hoheitsträgers verbindliche Wirkung. Eine Verbindlichkeit gegenüber anderen Hoheitsträgern wird nur durch deren Anerkennung erreicht.[19]

Engere Schranken sind der *Durchsetzung* von Rechtsnormen mit Auslandsanknüpfung gezogen. Einigkeit besteht darüber, daß als Ausdruck der Souveränität kein fremder Hoheitsträger ohne Einwilligung des betroffenen Staates Hoheitsakte auf dessen Staatsgebiet setzen darf.[20]

---

[15] *Dahm/Delbrück/Wolfrum*, a.a.O., 320 f.; ebenso *Mann*, Staatliche Aufklärungsansprüche und Völkerrecht, in: FS Mosler, 1983, 529 (531); siehe auch *Nordmann*, Die Beschaffung von Beweismitteln aus dem Ausland durch staatliche Stellen, 1979, 79 sowie *Meng*, a.a.O., 473.

[16] Vor allem aus dem Strafrecht als Territorialitätsprinzip, Universalitätsprinzip, Schutzprinzip und Personalitätsprinzip bekannt (vgl. *Dahm/Delbrück/Wolfrum*, a.a.O., 321 f. sowie §§ 5, 6, 7 des deutschen Strafgesetzbuches. Unter diese Anknüpfungsmerkmale fallen jeweils auch Straftaten gegen die Umwelt). Anerkannte Anknüpfungsmerkmale sind v.a. die Territorialhoheit, die Personalhoheit und das Schutzprinzip zugunsten universeller Rechtsgüter (siehe insbesondere *Meng*, a.a.O., 498 ff. sowie *Nordmann*, a.a.O., 79, 115 ff.).

[17] Eine völkerrechtliche Pflicht zur Regelung solcher Sachverhalte ergibt sich vielfach aus umweltvölkerrechtlichen Abkommen (vgl. Teil 5 Kap. 2 B.).

[18] Siehe nur *Nordmann* (Anm. 15), 117 im Hinblick auf die Anforderung von Dokumenten aus dem Ausland.

[19] *Bleckmann*, Souveränitätsverständnis (Anm. 6), 37.

[20] *Okresek*, Hoheitsakte auf fremdem Staatsgebiet, ÖZöRV 1985, 325 (343); *Dahm/Delbrück/Wolfrum* (Anm. 6), 326; *Meng* (Anm. 7), 37 f. und 59 f.; *Seidl-Hohenveldern/Stein*, Völkerrecht, 10. Aufl. 2000, Rn. 1363 und Rn. 1504 ff.; *Bleckmann*, Souveränitätsverständnis (a.a.O.), 37; *Nordmann* (Anm. 15), 48; *Grabitz* in: EPIL, 2. Ausg., Bd. 1 1992, Stichwort „Administrative, Judicial and

Noch nicht ganz eindeutig herausgearbeitet ist, was alles unter einem *Hoheitsakt* zu verstehen ist. Zunächst fallen darunter unstreitig alle staatlichen Akte der Zwangsanwendung.[21] Darüber hinaus werden zunehmend *alle Tätigkeiten in amtlicher Eigenschaft* zu den Hoheitsakten gezählt.[22] Darunter fallen alle Maßnahmen im Rahmen eines Gerichts- oder Verwaltungsverfahrens, einschließlich der schlicht-hoheitlichen.[23]

Tätigkeiten außerhalb der Vornahme von Hoheitsakten sind erlaubt, solange die geltenden Gesetze des Staates beachtet werden, auf dessen Hoheitsgebiet sich die Person befindet.[24] Dies gilt für das nicht hoheitlichen Zwecken dienende fiskalische Handeln von Amtspersonen sowie für Personen, die auf eigene Initiative tätig werden und deren Handeln nicht einem anderen Staat zugerechnet werden kann.[25] Es steht aber jedem Staat kraft seiner inneren Souveränität frei, nach nationalem Recht auch nicht hoheitlichen Zwecken dienende Maßnahmen der Informationserhebung und -verwendung zu verbieten bzw. von einer Erlaubnis abhängig zu machen. Beispielsweise hatte die DDR 1980 alle Umweltdaten zum Staatsgeheimnis erklärt,[26] was auch eine privat initiierte Datenerhebung und -weitergabe verhindern sollte.

Legislative Activities on Foreign Territory", 20; siehe auch die *Lotus-Entscheidung* des StIGH (Anm. 11), 90.

21 Siehe nur *Nordmann*, a.a.O., 48 ff.; *Meng*, a.a.O., 59 ff.; *Dahm/Delbrück/Wolfrum*, a.a.O., 318 und 326 mit weiteren Verweisen.

22 *Okresek* (Anm. 20), 335, 343; *Nordmann*, a.a.O., 58 f. unter Verweis auf die *Lotus*-Entscheidung (Anm. 11); *Vogel* in: EPIL, Bd.9 1986, Stichwort „Administrative Law, International Aspects", 2 ff. *Vogel* stellt fest: *„administrative activities on foreign territory are prohibited by international law as long as the foreign state does not give its consent"* (a.a.O., 6) – ohne eine Einschränkung auf eine bestimmte Art der Verwaltungstätigkeit vorzunehmen. Ähnlich auch *Verdross/Simma* (Anm. 10), 276, wonach allgemein alle Staatshandlungen im Ausland der Einwilligung bedürfen. Wohl auch *Mann* (Anm. 15), 530. Zu gegenläufigen Literaturstimmen ebenfalls *Nordmann*, a.a.O., 57 f.

23 So explizit *Meng* (Anm. 7), 131; siehe auch unten, Anm. 30.

24 *Dahm/Delbrück/Wolfrum* (Anm. 6), 328.

25 Eine solche Zurechnung findet dann statt, wenn Personen funktionell in Ausübung hoheitlicher Rechte auftreten (*Okresek*, Anm. 20, 338). *Meng* (Anm. 7) scheint dagegen anzunehmen, daß zur Umgehung des amtlichen Charakters von Ermittlungen Privatpersonen beauftragt werden können, um im Ausland Informationen zu sammeln (a.a.O., 135 f.).

26 Hierzu *v. Lersner*, Zur Funktion einer wissenschaftlich-technischen Umweltbehörde in Europa, in: *Calliess/Wegener* (Anm. 1), 81 (84).

a) Ermittlungstätigkeit

Unter die einwilligungsbedürftigen *Tätigkeiten in amtlicher Eigenschaft* fallen Ermittlungen auf fremdem Staatsgebiet, die zu hoheitlichen Zwecken durchgeführt werden.[27] Umstritten ist, ob hierunter auch die Augenscheinnahme fällt, weil sie nur als „passive Präsenz“ betrachtet werden könnte.[28] Da aber auch die Augenscheinnahme auf dem Staatsgebiet eines anderen Hoheitsträgers vorzunehmen ist und insofern in die rechtliche Abgeschlossenheit des Staatsgebietes eingreift, ist sie bei Verfolgung hoheitlicher Zwecke ebenfalls unter die zustimmungsbedürftigen Hoheitsakte zu rechnen.[29] Auch schlicht-hoheitliches Handeln fällt unter die zustimmungsbedürftigen Akte auf dem Staatsgebiet eines fremden Staates.[30] Durch sie wird das „Hausrecht“ und Selbstbe-

---

27 So ausdrücklich *Nordmann* (Anm. 15), 61, 29 und 47; *Meng* (Anm. 7), 131 ff. im Hinblick auf die Beweisaufnahme im Ausland unter Aufzählung von Ortsterminen, Zeugenvernehmungen, Durchsuchungen und das Einholen von Auskünften (auch ohne Einsatz von Zwangsmitteln); *Verdross/Simma* (Anm. 10), 277 zum amtlichen Einholen von Auskünften; *Geiger* in: EPIL, Bd. 9 1986, Stichwort: „Legal Assistance between States in Administrative Matters“, 235 (235) allgemein im Hinblick auf die Beweiserhebung. Siehe auch *Charpentier*, Contrôle de l'exécution des obligations des Etats, 1984, 212 f. in Bezug auf *„l'inspection sur place“*.

28 So z.B. die österreichische Regierung, welche die Augenscheinnahme ohne Ausübung oder Setzung von Zwangsakten als zulässig erachtet (zitiert bei *Okresek*, Anm. 20, 340 f.). Sie beruft sich zur Rechtfertigung einer solchen Maßnahme bei einem im Ausland ansässigen Staatsangehörigen auf die Personalhoheit, was aber die Augenscheinnahme nur gegenüber den eigenen Staatsangehörigen rechtfertigen könnte. Anders noch bei der Beurteilung der Beobachtungstätigkeit deutscher Spione auf dem Staatsgebiet Österreichs und für die Anwesenheit eines ausländischen Richters in amtlicher Eigenschaft (*Okresek*, 332 und 335). Soweit sich Österreich auf die Einwilligung der eigenen Staatsangehörigen beruft, ist dies unbeachtlich (dazu näher unter 3.a). Siehe auch *Nordmann* (Anm. 15), 57 f. sowie zum ganzen *Groß*, Die administrative Föderalisierung der EG, Rechtsprobleme des grenzüberschreitenden Prüfungsrechtes der Bankaufsichtsbehörden, JZ 1994, 596 (599 f.) mit weiteren Verweisen.

29 Im Ergebnis ebenso *Groß*, a.a.O., 599 f., der darauf verweist, daß das Ergebnis solcher Augenscheinnahmen im Heimatland des Betroffenen zu Aufsichtsmaßnahmen mit Zwangscharakter führen kann. Es komme allein auf den verfolgten Zweck an. Im Ergebnis so wohl auch *Charpentier* (Anm. 27), 212.

30 Es genügt eine Tätigkeit, die sich im Gebiet des betreffenden Staates tatsächlich auswirkt (*Seidl-Hohenveldern/Stein*, Anm. 20, Rn. 1505 ff. sowie *Verdross/Simma*, Anm. 10, 277). Siehe auch *Okresek*, *Nordmann*, *Vogel* (oben, Anm. 22) sowie *Meng* (Anm. 7), 135. Nach *Trittmann* soll dagegen eine schrift-

stimmungsrecht der Staaten auf der faktischen, politischen Ebene ebenso beeinträchtigt, wie durch rechtsfolgensetzendes hoheitliches Handeln. Zudem ist es von den zufälligen Umständen des Einzelfalles abhängig, welches Mittel für die Sachverhaltsermittlung erforderlich ist. Zuletzt wird auch die bloße Präsenz von Personen in amtlicher Eigenschaft auf dem Territorium eines anderen Staates als unzulässiger Hoheitsakt betrachtet.[31] Ob dem zu folgen ist, wenn die Person keinerlei hoheitliche Funktion tatsächlich ausübt, kann hier offen bleiben.[32] Für die hier zu untersuchende Ermittlungstätigkeit ist zumindest die Augenscheinnahme erforderlich, welche wiederum unter die zustimmungsbedürftigen Hoheitsakte fällt.

Alle Ermittlungen, die die Gebietshoheit eines fremden Staates betreffen und für hoheitliche Zwecke durchgeführt werden – einschließlich der Augenscheinnahme – bedürfen daher der *Zustimmung* des betroffenen Staates. Ein Eingriff in die Gebietshoheit liegt allerdings nicht vor, wenn das Staatsgebiet nicht physisch berührt wird. Die Beobachtung durch entsprechende *technische Hilfsmittel* vom Staatsgebiet eines anderen Staates oder vom nicht der Gebietshoheit unterliegenden Weltraum aus stellt keinen Eingriff in die Territorialhoheit dar.[33] Die technische Entwicklung hat die Möglichkeiten der Informationserhebung ohne physische Beeinträchtigung des Staatsgebietes sicherlich erheblich erhöht und damit faktisch die territoriale Abgeschlossenheit eines Staa-

---

liche Aufforderung an eine Privatperson, sich von einer fremden Hoheitsgewalt vernehmen zu lassen, noch keine Verletzung der Gebietshoheit darstellen, ebensowenig wie die an einen eigenen Staatsangehörigen ergehende Ladung zur Vernehmung, wenn er sich auf fremdem Staatsgebiet befindet. Sie könnten dann lediglich nicht zwangsweise durchgesetzt werden (*Trittmann*, Extraterritoriale Beweisaufnahmen und Souveränitätsverletzungen im deutsch-amerikanischen Rechtsverkehr, ArchVR, 1989, 195 [213]; ähnlich *Mann*, Anm. 15, 530 ff.). Für den europäischen Rechtsverkehr kann dies nicht gelten. Denn eine Ladung zur Vernehmung bedarf einer Zustellung und ist ein Hoheitsakt (siehe nur *Meng*, a.a.O., 74; *Verdross/Simma*, a.a.O. sowie *Seidl-Hohenveldern/Stein*, a.a.O.). Hier ist das *Europäische Übereinkommen über die Zustellung von Schriftstükken in Verwaltungssachen im Ausland* (BGBl. II 1981, 533) zu beachten.

[31] So wohl *Okresek* (Anm. 20), 335.

[32] In der allgemeinen völkerrechtlichen Dogmatik wird eine wie auch immer geartete Auswirkung auf das Gebiet des Aufenthaltsstaates verlangt (*Verdross/Simma*, [Anm. 10], 277; *Seidl-Hohenveldern/Stein*, [Anm. 20], Rn. 1504 ff.).

[33] Dazu *Classen*, Fernerkundung und Völkerrecht, 1987, 114 ff.; zur Fernerkundung unten, Teil 5 Kap. 3.

tes in gewissem Umfang aufgebrochen. Die staatliche Kontrolle über die Informationserhebung war aber auch in der Vergangenheit durch das Völkerrecht nicht uneingeschränkt geschützt. Die Beobachtung von der Hohen See oder von einem Berg im eigenen Staatsgebiet aus war nie eine Verletzung des Völkerrechts.[34]

Eine Analyse der im *Internationalen Pakt über bürgerliche und politische Rechte* verankerten Informationsfreiheit[35] bringt für die Frage staatlicher Ermittlungstätigkeit keine weiterführenden Erkenntnisse, weil Rechtsträger dieser Informationsfreiheit Privatpersonen sind. Die im Pakt anerkannten Freiheitsrechte regeln nicht das Verhältnis von Hoheitsträgern untereinander, sondern das Verhältnis von Hoheitsträgern zu Individuen.[36] Hier setzt auch die Diskussion um den freien transnationalen Informationsfluß[37] und die – noch zu schaffende – Informationsordnung zur Regelung der weltweiten Datendienste, insbesondere des Internets,[38] an. Sie behandelt im wesentlichen das Recht von *Privatpersonen*, sich aus allen verfügbaren Quellen zu informieren sowie die rechtlichen Möglichkeiten von Staaten, diesen Informationsfluß zu verhindern.[39]

---

[34] Mit weiteren Literaturverweisen *Classen*, a.a.O., 117 f. Zur Frage, ob durch die technischen Entwicklungen ein Umschlag von der Quantität zur Qualität zu verzeichnen ist *ders.*, 118. Hierzu auch unten, Teil 5 Kap. 3. Zur Zulässigkeit des Einsatzes technischer Mittel siehe auch *Bothe* in: EPIL, Bd. 9 1986, Stichwort „Verification of Facts", 383 (387).

[35] Art. 19 Abs. 2 IPBürg (BGBl. II 1973, 1534).

[36] Vgl. *Classen* (Anm. 33), der auf die Frage der Rechtsträgerschaft nicht eingeht, sondern auf die im Pakt vorgesehenen Möglichkeiten der gesetzlichen Einschränkung der Informationsfreiheit (Abs. 3 des Art. 19) verweist (a.a.O., 124 ff.).

[37] Siehe unter dem Aspekt des Völkerrechts u.a. *Frowein/Simma*, Das Problem des grenzüberschreitenden Informationsflusses und des „domaine réservé", 1979; *Malanczuk* in: EPIL, 2. Ausg., Bd. 2 1995, Stichwort „Information and Communication, Freedom of", 976 ff.; *Verdross/Simma* (Anm. 10), 665 ff.; *Weber, U.*, Der grenzüberschreitende Datenfluß, 1993, 249 ff. sowie *Hansen/Moitinho de Almeida/Catala u.a.*, Freedom of Data Flows and EEC Law, Proceedings of 2nd CELIM Conference, 1989 vor dem Hintergrund des Gemeinschaftsrechts.

[38] Dazu ausführlich *Trute*, Öffentlich-rechtliche Rahmenbedingungen einer Informationsordnung, VVDStRL 57, 1998, 216 ff. mit weiteren Verweisen.

[39] Die letzte Frage wird auch im Rahmen der Diskussion um eine *Neue Weltinformationsordnung* aufgeworfen, dazu *Witzmann*, Völkerrechtliche

Der betroffene Hoheitsträger kann seine Einwilligung in die Ermittlungstätigkeit eines anderen Hoheitsträgers entweder durch eine abstrakte vertragliche Regelung oder durch seine konkrete Zustimmung im Einzelfall geben.[40] Aber auch bei Bestehen einer vertraglichen Regelung ist häufig eine Zustimmung für den konkreten Einzelfall einzuholen. Der rechtliche Rahmen hierzu ist zunehmend in allgemeinen Amts- und Rechtshilfeübereinkommen oder auch in speziellen umweltvölkerrechtlichen Verträgen zu finden.[41] Die Einwilligung der betroffenen Privatpersonen in ermittelnde Amtshandlungen durch einen fremden Hoheitsträger genügt dagegen *nicht*. Privatpersonen können nicht auf die Souveränitätsrechte eines Staates verzichten.[42] Nur der Rechtsinhaber selbst kann über seine Rechte verfügen. Das muß auch dann gelten, wenn eigene Staatsangehörige, die sich auf einem fremden Staatsgebiet befinden, betroffen sind.[43] Denn bei der Ermittlungstätigkeit geht es um das Schutzgut der Territorialhoheit. Die Personalhoheit des ermittelnden Staates geht der Territorialhoheit des Aufenthaltsstaates nicht vor.[44] In eine Beeinträchtigung der letzteren kann der betroffene Staat nur selbst einwilligen. Kann ein Staat bei Sachverhalten mit Auslandsbezug nicht selbst ermitteln, muß er den in seinen Hoheitsrechten betroffenen Staat um Rechts- oder Amtshilfe bitten.

b) Verwendung und Weitergabe von Informationen

Die bisher behandelten Grenzen der Ermittlungstätigkeit eines Hoheitsträgers ergeben sich aus der Beeinträchtigung der territorialen Souveränität des betroffenen Staates durch die Informationserhebung. Offen ist, inwieweit auch die Verwendung von einmal erlangten Informa-

---

Aspekte der Bemühungen um eine neue Weltinformationsordnung; 1984 sowie *Classen* (Anm. 33), 132 ff.

40 Siehe nur *Geiger* in: EPIL (Anm. 27), 236 und *Bothe* in: EPIL (Anm. 34), 387.

41 Näher dazu unten, Teil 3 Kap. 3 A. und Teil 5 Kap. 2 B.

42 So auch *Nordmann* (Anm. 15), 59 und *Okresek* (Anm. 20), 343.

43 Anders wohl *Mann* in: FS Mosler (Anm. 15), 530 ff. *Mann* erklärt eine Aufklärungsanordnung gegenüber einem eigenen Staatsangehörigen dann für rechtmäßig, wenn ein sachgemäßes rechtliches Interesse des Staates besteht.

44 Vgl. *Meng* (Anm. 7), 34: „Die Gebietshoheit schließt die autonome, d.h. rechtmäßig selbst durchsetzbare Geltung des Rechts anderer Staaten auf dem gleichen Gebiet aus" (mit weiteren Verweisen).

tionen völkerrechtlich begrenzt ist. Zunächst sind *vertragliche Sonderregelungen* über die zulässige Verwendung zu beachten, welche zum Schutz staatlicher und privater Interessen meist in Amtshilfeübereinkommen, aber auch in vielen Umweltschutzabkommen enthalten sind. Besteht keine vertragliche Sonderregelung, ist aber die Ermittlungstätigkeit mit Einwilligung des betroffenen Staates vorgenommen worden, so sind die im Rahmen der Einwilligung ausgesprochenen Grenzen für die Verwendung der erlangten Informationen zu beachten. Insbesondere Zweckbindungen fallen hierunter. Dasselbe gilt, wenn die vertragliche Regelung auf für den Einzelfall ausgesprochene Verwendungsbegrenzungen verweist.[45] Begrenzungen der Informationsverwendung werden meist als Korrelat für die freiwillige Informationsweitergabe oder das durch den betroffenen Staat gewährte unmittelbare Informationszugangsrecht ausgesprochen.

Sind die Informationen außerhalb solcher Vereinbarungen erlangt worden, fragt sich, ob für deren Verwendung völkergewohnheitsrechtliche Grenzen zu finden sind. Die Verwendung von Informationen berührt die territoriale Souveränität des betroffenen Staates nicht mehr. Sie mag zwar soziologische Machtstrukturen beeinflussen.[46] Informationen gewähren als solche aber keinen physischen Zugang zum Herrschaftsgebiet des betroffenen Staates und damit auch nicht die Ausübung eigener Herrschaftsmacht auf dem Gebiet eines fremden Staates.[47] Im Rahmen der Diskussion um die Rechtmäßigkeit des *remote sensing*[48] wurde geltend gemacht, daß als Ausfluß der sogenannten *vollen und permanenten Souveränität über die natürlichen Ressourcen* auch eine staatliche Hoheit über Informationen hinsichtlich des eigenen Staatsgebietes existiere.[49] Rechtsfolge sollte unabhängig von einer Beeinträchtigung der Territorialhoheit die generelle Zustimmungsbedürftigkeit der Erhebung, Verwendung und Weitergabe diesbezüglicher Daten sein. Die zur Bil-

---

[45] Im Völkerrecht auch als *Spezialitätsprinzip* bezeichnet, s. nur *Geiger* in: EPIL (Anm. 27), 237 f.

[46] Siehe oben, Teil 1 Kap. 2 A.

[47] Im Anschluß an *Classen* (Anm. 33), 115 und 145.

[48] Der Fernerkundung von der Luft oder vom Weltraum aus; dazu unten, Teil 5 Kap. 3.

[49] Zur Diskussion *Malanczuk*, Erdfernerkundung, in: *Böckstiegel*, Handbuch des Weltraumrechts, 1991, 425 (447 ff.); *Hobe*, Die rechtlichen Rahmenbedingungen der wirtschaftlichen Nutzung des Weltraums, 1992, 204 ff.; *Classen* (Anm. 33), 75 ff. und 165 ff.

dung von Völkergewohnheitsrecht erforderliche entsprechende Rechtsüberzeugung der Staatengemeinschaft (*opinio juris*) kann jedoch bislang nicht festgestellt werden.[50] Dasselbe gilt für die von den Entwicklungsländern propagierte *Neue Weltinformationsordnung*. Unter diesem Schlagwort soll den Staaten die volle Hoheit über den Informationsfluß in ihrem Staatsgebiet zuerkannt werden. Das soll sowohl im Hinblick auf die von außen eindringenden Informationen, als auch im Hinblick auf die von innen über die Staatsgrenzen nach außen gelangenden Informationen gelten.[51] Auch das völkerrechtliche *Interventionsverbot* sollte als rechtlicher Ansatz für ein generelles Verbot der Weiterverwendung von einen fremden Staat betreffenden Informationen dienen.[52] Eine Intervention setzt jedoch die Anwendung von *Zwangsmitteln* mit dem Ziel der Beeinträchtigung der Entschlußfreiheit des betroffenen Staates voraus.[53] Wegen des fehlenden Zwangscharakters einer Einmischung mittels des Einsatzes von Informationen ist auch die Berufung auf das Interventionsverbot abzulehnen.[54] Es kann zwar vertreten wer-

---

[50] *Hobe*, a.a.O., 206 und 213; im Ergebnis ebenfalls ablehnend *Classen*, a.a.O., 176 f.

[51] Ausführlich *Witzmann* (Anm. 39); siehe auch *Classen*, a.a.O., 132 ff. Der Ausgangspunkt der Diskussion um die Neue Weltinformationsordnung war allerdings nicht die Konstituierung eines Abwehrrechtes, sondern vielmehr eines *Teilhaberechtes* der Entwicklungsländer an der sie betreffenden, aber von den Industrieländern „beherrschten" Informationserhebung und -verarbeitung.

[52] *Classen*, a.a.O., 168 ff.; *Nordmann* (Anm. 15), 159 ff.

[53] *Haedrich* in: *Strupp/Schlochauer*, Wörterbuch des Völkerrechts, Bd. 2 1961, Stichwort „Intervention", 144 (145); *Fischer*, Friedenssicherung und friedliche Streitbeilegung, in: *Ipsen, K.*, Völkerrecht, 4. Aufl. 1999, 931 ff.; *Meng* (Anm. 7), 63 f.; *Oppermann* in: EPIL, Bd. 3 1982, Stichwort „Intervention", 233 ff. Zur Definition des Interventionsverbotes siehe auch das *Nicaragua* Urteil des IGH, Urteil vom 27.6.86 *Case Concerning Military and Paramilitary Activities in and Against Nicaragua* (Nicaragua v. United States of America), ICJ Rep. 1986, 14 (108). Vgl. auch die Definition im 3. Grundsatz der *Erklärung über völkerrechtliche Grundsätze für freundschaftliche Beziehungen und Zusammenarbeit zwischen den Staaten im Sinne der Charta der Vereinten Nationen* vom 24.10.1970 (sogenannte *Friendly Relations Declaration)* (Text in: Sartorius II, Internationale Verträge, Europarecht, Nr. 4).

[54] Ebenso *Classen* (Anm. 33), 169. Vgl. *Nordmann* (Anm. 15), der bei der Anforderung von Beweismitteln auf die *Androhung von Sanktionen* gegenüber dem betroffenen, in einem anderen Staat tätigen Unternehmen als Intervention abstellt (a.a.O., 162). Bei der schlicht-hoheitlichen Informations*verwendung* ist dagegen eine Androhung von Sanktionen nicht erforderlich. Dasselbe gilt für

den, daß ein Verbot der ***absichtlichen*** Schädigung eines Staates durch die Verwendung von ihn betreffenden Informationen besteht.[55] Im Falle von Umweltinformationen wird die Verwendung jedoch i.d.R. durch die Belange des Umweltschutzes gerechtfertigt sein.

Ein generelles, gewohnheitsrechtliches Verbot der Verwendung und Weitergabe von über einen anderen Staat erlangten Informationen kann mithin nicht konstatiert werden. Bei bestimmten Ermittlungstätigkeiten können aber die Modalitäten der Datenverwendung durch völkerrechtliches Gewohnheits- oder Vertragsrecht geregelt sein. Darunter fällt z.B. das für Umweltbelange relevante *remote sensing*.[56] Sind Informationen entgegen den oben dargestellten völkerrechtlichen Grenzen erhoben worden, so kann gegen den völkerrechtswidrig handelnden Staat mit den nach dem Völkerrecht zur Verfügung stehenden Mitteln der Rechtsdurchsetzung vorgegangen werden. Spezielle Regeln für die Frage der Verwendung rechtswidrig erlangter Informationen existieren nicht.

II. Verhältnis zum Gemeinschaftsrecht

Unter Außerachtlassung der gemeinschaftsrechtlichen Vorschriften wären also die Mitgliedstaaten untereinander nicht befugt, auf dem Territorium eines anderen Staates Sachverhaltsermittlungen vorzunehmen. Sie dürften lediglich einmal erlangte Informationen verwenden. Die dargestellten Regeln gelten grundsätzlich auch für die hoheitliche Ermittlungstätigkeit Internationaler Organisationen.[57] Zu klären bleibt, ob dasselbe auch für die Ermittlungstätigkeit der Gemeinschaft sowie der Mitgliedstaaten auf der Basis des Gemeinschaftsrechtes gilt.

---

die schlicht-hoheitliche, ohne Berührung des fremden Staatsgebietes stattfindende Informationserhebung.

[55] Ein solches Verbot ist von *Classen* für die aus der Satellitenfernerkundung gewonnenen Informationen hergeleitet worden. In der Begründung stützt er sich auf das völkerrechtliche Interventionsverbot und das im Weltraumvertrag festgelegte Schädigungsverbot (*Classen*, a.a.O., 174 und 179).

[56] Die Fernerkundung und v.a. die Verwendung der so erlangten Daten sind inzwischen in Ansätzen durch völkerrechtliches *soft law* und ein entsprechendes, in der Entstehung begriffenes Gewohnheitsrecht geregelt. Näher dazu unten, Teil 5 Kap. 3.

[57] *Grabitz* in: EPIL (Anm. 20), 21.

Das europäische Gemeinschaftsrecht ist nach der ständigen Rechtsprechung des Gerichtshofs eine neue, autonome Rechtsordnung, die selbst die Befugnisse, Rechte und Pflichten ihrer Rechtssubjekte bestimmt.[58] Sie ist zwar in den internationalen Zusammenhang gestellt und als solche an das Völkerrecht einschließlich des Völkergewohnheitsrechts gebunden.[59] Die Befugnisse der Gemeinschaftsorgane gegenüber den Mitgliedstaaten richten sich aber grundsätzlich nach den Bestimmungen der Gemeinschaftsverträge. Das Gemeinschaftsrecht stellt eine eigenständige Rechtsordnung dar, die in die Rechtsordnungen der Mitgliedstaaten aufgenommen wurde und von diesen anzuwenden ist.[60] Die Gültigkeit von Handlungen der Gemeinschaftsorgane muß im Innenverhältnis zunächst nach dem Gemeinschaftsrecht beurteilt werden. Im Gemeinschaftsrecht verteilen sich die aus der inneren und der äußeren Souveränität folgenden Befugnisse und Grenzen neu. Die Mitgliedstaaten haben mit der Übertragung von Hoheitsrechten auf die Gemeinschaft dieser einen gewissen Grad an innerer Souveränität im Gemeinschaftsgebiet verliehen und die eigene äußere Abgeschlossenheit in einem erheblichen Umfang aufgebrochen.[61]

Dabei haben die Mitgliedstaaten aber ihre eigene äußere Souveränität und ihre Staatsqualität nicht aufgegeben.[62] Nach den Bestimmungen des

---

58 Urteil vom 13.11.1964, Verb.Rs. 90 und 91/63 (*Kommission/Luxemburg und Belgien*), Slg. 1964, 1329 (1344); siehe auch Urteil vom 5.2.1963, Rs. 26/62 (*N.V. Algemene Transport- en Expeditie Onderneming van Gend & Loos/Niederländische Finanzverwaltung*), Slg. 1963, 1 (25); Urteil vom 15.7.1964, Rs. 6/64 (*Flaminio Costa/E.N.E.L.*), Slg. 1964, 1251 (1269); Gutachten 1/91 vom 14.12.1991, Slg. 1991, S. I-6079 (6102, Rn. 21) sowie die herrschende Literaturmeinung, zitiert bei *Breitenmoser*, Die Europäische Union zwischen Völkerrecht und Staatsrecht, ZaöRV 1995, 951 (977).

59 So der Gerichtshof zuletzt im Urteil *Racke*, Urteil vom 16.6.1998, Rs. C-162/96 (*A. Racke/Hauptzollamt Mainz*), Slg. 1998, S. I-3655(3700 ff., Rn. 24 ff., insbesondere Rn. 45).

60 EuGH, Urteil vom 13.2.1969, Rs. 14/68 (*Wilhelm/Bundeskartellamt*), Slg. 1969, 1 (14, Rn. 6).

61 Vgl. *Bleckmann*, Souveränitätsverständnis (Anm. 6), 34 ff.; *ders.*, Kooperationsvölkerrecht (Anm. 7), 505; vgl. *Ress* in: *Monar/Neuwahl/Noack*, Sachwörterbuch zur Europäischen Union, 1993, Stichwort „Souveränität", 306 f. sowie *Everling*, Die Struktur der Europäischen Union, DVBl. 1993, 936 (942 f.), wonach sich die Souveränität zwischen der Gemeinschaft und den Mitgliedstaaten „in der Schwebe" befinde (unter Verweis auf *Steinberger* und *Frowein*).

62 *Isensee*, Integrationsziel Europastaat?, in: FS Everling, 1995, 567 (575); *Steinberger*, Die Europäische Union im Lichte der Entscheidung des Bundes-

EG-Vertrages sind die Hoheitsbefugnisse der Gemeinschaft gegenständlich begrenzt. Sie beziehen sich auf bestimmte Sachgebiete und bestimmte Handlungsformen. Es gilt das Prinzip der begrenzten Einzelermächtigung, welches nunmehr in Art. 5 Abs. 1 EGV (ex Art. 3b) ausdrücklich verankert ist.[63] Der Gemeinschaft kommt keine Kompetenz-Kompetenz und *keine* originäre, umfassende *territoriale Hoheitsgewalt* im Gemeinschaftsgebiet zu.[64] Ihre Kompetenzen sind abgeleitet und müssen sich auf eine – ausdrückliche oder stillschweigende – Befugnisnorm stützen. Das Handeln der Gemeinschaftsorgane ist gegenüber den Mitgliedstaaten nicht prinzipiell frei. Selbst bei der reinen Leistungsverwaltung oder einer sonstigen freiwilligen Teilnahme der Mit-

---

verfassungsgerichts vom 12.Oktober 1993, in: FS Bernhard, 1995, 1313 (1321 ff.); *Ress*, Souveränitätsverständnis (Anm. 6), 13; *Ipsen*, *H.P.*, Europäisches Gemeinschaftsrecht, 1972, 209 und *Bleckmann*, Kooperationsvölkerrecht, a.a.O., 488.

63 Zum ganzen ausführlich *Kraußer*, Das Prinzip begrenzter Ermächtigung im Gemeinschaftsrecht als Strukturprinzip des EWG-Vertrages, 1991 (insbesondere 20 ff.) und *Triantafyllou*, Vom Vertrags- zum Gesetzesvorbehalt, 1996; siehe auch *v. Borries*, Kompetenzverteilung und Kompetenzausübung, in: EUDUR, Bd. 1 1998, § 25, Rn. 9 ff.; *Hatje*, Die gemeinschaftsrechtliche Steuerung der Wirtschaftsverwaltung, 1998, 95 f. und *Zuleeg*, Die Kompetenzen der Europäischen Gemeinschaften gegenüber den Mitgliedstaaten, JöR 1971, 1 (3 ff.).

64 Siehe nur *Breitenmoser* (Anm. 58), 988 ff.; *Constantinesco*, *L.*, Das Recht der Europäischen Gemeinschaften, Bd. 1 1977, 169; *Isensee* (Anm. 62), 577; *Steinberger* (Anm. 62), 1321 ff., *ders.*, Der Verfassungsstaat als Glied einer europäischen Gemeinschaft, VVDStRL 50, 1990, 9 (16 f.); *Oppermann*, Europarecht, 2. Aufl. 1999, Rn. 903; *Bleckmann*, Souveränitätsverständnis (Anm. 6), 35 ff.; *Kraußer*, a.a.O., 63; *v. Borries*, a.a.O., Rn. 10; vgl. *Zuleeg*, Die Verfassung der Europäischen Gemeinschaft in der Rechtsprechung des Europäischen Gerichtshofs, BB 1994, 581 (584); *ders.*, Kompetenzen, a.a.O. Nach allgemeinem Völkerrecht können unter bestimmten Umständen die Hoheitsrechte, die aus der territorialen Souveränität fließen, von einer Internationalen Organisation ausgeübt werden (*Dahm/Delbrück/Wolfrum*, Anm. 6, 344 f.; vgl. *Seidl-Hohenveldern/Stein*, Anm. 20, Rn. 1110 ff.). In der Regel verfügen Internationale Organisationen aber nicht über ein eigenes Hoheitsgebiet. Ansatzweise ist die Meeresbodenbehörde eine Ausnahme, der mit dem *Seerechtsübereinkommen* (UNCLOS) die Verwaltung des hoheitsfreien Tiefseebodens übertragen wurde (Art. 137 i.V.m. Art.157 UNCLOS, BGBl. II 1994, 1798). Aber auch der Meeresbodenbehörde ist nicht die territoriale Souveränität im Sinne einer unbeschränkten, originären Herrschaftsgewalt übertragen worden.

gliedstaaten wird zumindest eine einschlägige Aufgabennorm erforderlich sein.[65]

Im Gemeinschaftsrecht ist also nach einer Befugnisnorm für die Sachverhaltsermittlung zu suchen. Welchen Anforderungen diese Befugnisnorm genügen muß, wird im folgenden näher untersucht. Für das Verhältnis der Mitgliedstaaten untereinander gelten die völkerrechtlichen Grundsätze, wenn der konkrete Fall nicht vom Gemeinschaftsrecht erfaßt wird.[66]

B. Anforderungen an eine Ermächtigungsgrundlage für administrative Informationsverfahren

Für die Festsetzung sekundärrechtlicher Informationsverfahren im Umweltbereich kommen theoretisch Art. 284 EGV (ex Art. 213), Art. 10 EGV (ex Art. 5), Art. 175 EGV (ex Art. 130s), Art. 308 EGV (ex Art. 235), seit dem Inkrafttreten des *Amsterdamer Vertrages* zudem Art. 285 EGV und alle anderen sachgebietsbezogenen Ermächtigungsgrundlagen, mit denen umweltschutzpolitische Ziele als Bestandteil der jeweiligen Gemeinschaftspolitik verfolgt werden können, in Betracht. Voraussetzung ist jeweils, daß es sich überhaupt um eine Ermächtigungsgrundlage für die sekundäre Rechtsetzung handelt und daß diese Normen inhaltlich die Festlegung von Informationsverfahren umfassen. Bei Vorhandensein mehrerer Rechtsgrundlagen ist das Verhältnis der Normen zueinander zu klären. Dies ist besonders wichtig, weil die abstimmungs- und verfahrensrechtlichen Unterschiede häufig gravierend sind. Insbesondere bei Art. 284 EGV ergibt sich ein sehr vereinfachtes Erlaßverfahren, welches der beschleunigten Verabschiedung von In-

---

[65] Streitig ist noch, ob dieser Vorbehalt umfassend für alle Arten von Maßnahmen der Gemeinschaft gilt (so *Schwarze*, Europäisches Verwaltungsrecht, Bd. 1 1988, 238 f.) oder ob die Leistungsverwaltung oder zumindest Maßnahmen ohne Auswirkung auf Privatpersonen und Unternehmen ausgenommen sind (vgl. *Kraußer*, Anm. 63, 27 ff., 87 ff.). Vgl. *Bleckmann*, Souveränitätsverständnis, a.a.O., 45 und *Isensee*, a.a.O. Zur Möglichkeit eines Einverständnisses mit (nicht im Gemeinschaftsrecht vorgesehenen) Inspektionen vor Ort siehe nur *Pernice*, Befugnisse der EG auf dem Gebiet des Umwelt- und Technikrechts, DV 1989, 1 (40) sowie unten, Teil 6 Kap. 1 B. Allgemein kritisch zur Entwicklung der Kompetenzabgrenzung zwischen Gemeinschaft und Mitgliedstaaten *Schoch*, Die Europäisierung des Allgemeinen Verwaltungsrechts, JZ 1995, 109 ff. mit weiteren Verweisen auf Literatur und Rechtsprechung.

[66] Näher dazu unten, Teil 5 Kap. 1.B.II.

formationspflichten entgegen kommt. In Ermangelung einer speziellen Regelung hat der Rat hierbei nach Art. 205 Abs. 1 EGV (ex Art. 148) mit der Mehrheit seiner Mitglieder zu beschließen – eine einfache Pro-Kopf-Mehrheit der Ratsmitglieder ohne Stimmengewichtung.[67] Ein Initiativmonopol der Kommission und eine Beteiligung des Parlaments oder des Wirtschafts- und Sozialausschusses sind nicht vorgesehen.[68] Vorab sollen daher die Kriterien beleuchtet werden, die für die Auswahl zwischen mehreren Rechtsgrundlagen gelten.

I. Die Wahl der Rechtsgrundlage

Nach ständiger Rechtsprechung ist die Wahl der Rechtsgrundlage für eine sekundärrechtliche Regelung auf objektive, gerichtlich nachprüfbare Umstände zu gründen. Zu diesen Umständen gehören insbesondere das Ziel und der Inhalt des Rechtsaktes.[69] Bei der Auswirkung auf meh-

---

[67] Siehe nur *Jacqué* in: GTE, Bd. 4, 5. Aufl. 1997, Art. 148, Rn. 1 und 4; *Grunwald* in: GTE, Bd. 5, 5. Aufl. 1997, Art. 213, Rn. 9; *Hummer* in: *Grabitz/Hilf*, Art. 213 [a.F.], Rn. 14; *Smit/Herzog*, The Law of the European Economic Community, 1995, Art. 213, Anm. 213.03.

[68] Die Anwendbarkeit dieses Beschlußverfahrens ist vom Gerichtshof im *Unternehmensregisterurteil* bestätigt worden. Dazu im folgenden. Auf dieses vereinfachte Beschlußverfahren ist aber in der Praxis nicht immer zurückgegriffen worden. Im Rahmen der *Verordnung* (EG) Nr. 2223/96 vom 25.6.1996 *zum Europäischen System volkswirtschaftlicher Gesamtrechnungen auf nationaler und regionaler Ebene in der Europäischen Gemeinschaft* (Abl. Nr. L 310 vom 30.11.1996, 1) wurden. Sowohl die Kommission als Entwurfsverfasserin als auch des Europäische Parlament und der Wirtschafts- und Sozialausschuß wurden beteiligt, obwohl Art. 213 EGV [a.F.] als Rechtsgrundlage angeführt wurde. Auch beim Erlaß der auf Art. 213 EGV [a.F.] gestützten *Verordnung* (Euratom, EWG) Nr. 1588/90 vom 11.6.1990 *über die Übermittlung von unter die Geheimhaltungspflicht fallenden Informationen an das Statistische Amt der Europäischen Gemeinschaften* (Abl. Nr. L 151 vom 15.6.1990, 1), legte die *Kommission* einen Verordnungsentwurf vor, der vom Rat laut den Begründungserwägungen „zur Kenntnis genommen" wurde, ebenso wie die Stellungnahme des *Europäischen Parlamentes.*

[69] EuGH, Urteil vom 30.1.2001, Rs. C-36/98 (*Spanien/Rat*) „Donauschutzübereinkommen", EuZW 2001, 208 (212, Rn. 58 f.) mit Anm. *Heselhaus*; Urteil vom 4.4.2000, Rs. C-269/97 (*Kommission/Rat*) „Rindfleischverordnung", Slg. 2000, S. I-2257 (2290, Rn. 43); Urteil vom 25.2.1999, verb. Rs. C-164/97 und C-165/97 (*Parlament/Rat*) „Waldbrandschutz- und Waldimmissionsschutzverordnung", Slg. 1999, S. I-1139 (1162, Rn. 12); Urteil vom 28.5.1998, Rs. C-

rere Gemeinschaftspolitiken ist der *Hauptzweck* ausschlaggebend.[70] Daß nebenbei auch andere Gemeinschaftspolitiken gefördert werden oder zumindest Auswirkungen auf solche festzustellen sind, ist insbesondere dann nicht entscheidungserheblich, wenn sich diese Auswirkungen nur als Mittel zum andersartigen Zweck darstellen.[71] Ohne Bedeutung ist auch der Wunsch eines Organs, am Erlaß bestimmter Rechtsakte intensiver beteiligt zu werden oder der Kontext, in dem der Rechtsakt erlassen wird.[72]

Diese Rechtsprechung hat sich vornehmlich zur Frage der Wahl von Art. 100a Abs. 1 oder Art. 130s EGV i.d.F. der *Einheitlichen Europäischen Akte* als Rechtsgrundlage für Maßnahmen des Umweltschutzes entwickelt. Während der Gerichtshof früher dazu tendierte, Rechts-

---

22/96 (*Parlament/Rat*), „IDA", Slg. 1998, S. I-3231 (3250, Rn. 23); Urteil vom 28.6.1994, Rs. C-187/93 (*Parlament/Rat*) „Abfallverbringungsverordnung", Slg. 1994, S. I-2857 (2880, Rn. 17); Urteil vom 17.3.1993, Rs. C-155/91 (*Kommission/Rat*) „Abfallrichtlinie", Slg. 1993, S. I-939 (966, Rn. 7); Urteil vom 7.7.1992, Rs. C-295/90 (*Parlament/Rat*) „Aufenthaltsrecht der Studenten", Slg. 1992, S. I-4193 (4234, Rn. 13); Urteil vom 4.10.1991, Rs. C-70/88 (*Parlament/Rat*) „Radioaktive Kontaminierung von Lebensmitteln", Slg. 1991, S. I-4529 (4564 f., Rn. 9); Urteil vom 11.6.1991, Rs. C-300/89 (*Kommission/Rat*) „Titandioxidrichtlinie", Slg. 1991, S. I-2867 (2898, Rn. 10); Urteil vom 23.2.1988, Rs. 68/86 (*Vereinigtes Königreich/Rat*), „Stoffe mit hormonaler Wirkung", Slg. 1988, 855 (898, Rn. 24). Ausführlich zur Wahl der Rechtsgrundlage im Umweltbereich *Thiel*, Umweltrechtliche Kompetenzen in der E.U., 1995; *Schroer*, Die Kompetenzverteilung zwischen der Europäischen Wirtschaftsgemeinschaft und ihren Mitgliedstaaten auf dem Gebiet des Umweltschutzes, 1992; *Breier*, Kompetenzen, in: EUDUR, Bd. 1 1998, § 13, insbesondere Rn.45ff.; siehe auch *Nettesheim*, Das Umweltrecht der Europäischen Gemeinschaften, Jura 1994, 337 (338 f.). In nächster Zeit wird ein weiteres Urteil zum zweiten Versuch einer *Tabakrichtlinie* die Rechtsprechung zur Wahl der Rechtsgrundlage bereichern (Vorabentscheidungsersuchen vom 6.12.2001, rechtshängig als C-491/01).

[70] EuGH, Urteil vom 30.1.2001 „Donauschutzübereinkommen", a.a.O. (Rn. 59); Urteil vom 25.2.1999 „Waldbrandschutz- und Waldimmissionsschutzverordnung", a.a.O., 1162 f. (Rn. 14 f.); Urteil vom 28.6.1994 „Abfallverbringungsverordnung", a.a.O., 2882 (Rn. 23 ff.); Urteil vom 17.3.1993 „Abfallrichtlinie", a.a.O., 968 f. (Rn. 19 f.). Vgl. *Nettesheim*, der zwischen (stets vorrangigen) sachlich-gegenständlichen und final umschriebenen Kompetenznormen unterscheidet (a.a.O., 338).

[71] EuGH, *ibid.* [EuGH Abfallrichtlinie] sowie „Radioaktive Kontaminierung von Lebensmitteln" (Anm. 69), 4566 f. (Rn. 17).

[72] EuGH „Rindfleischverordnung" (Anm. 69), 2290 (Rn. 44).

grundlagen kumulativ anzuwenden,[73] war dies aufgrund der unterschiedlichen Verfahrensbestimmungen und Abstimmungsmodi in Art. 100a Abs. 1 EGV a.F. und Art. 130s Abs. 1 EGV a.F. nicht möglich.[74] Im Rahmen von Art. 100a Abs. 1 EGV a.F. genügte die qualifizierte Ratsmehrheit unter Beteiligung des Parlaments im Verfahren der Zusammenarbeit, nach Art. 130s EGV a.F. war dagegen für den Regelfall die Einstimmigkeit der Beschlußfassung nach vorheriger schlichter Anhörung des Parlaments vorgesehen. Das demokratische Element war damit bei Art. 100a Abs. 1 EGV a.F. stärker und die Blockademöglichkeit durch einzelne Mitgliedstaaten geringer. Auch nach den Änderungen dieser Abstimmungsmodi durch den *Vertrag von Maastricht* unterschieden sich die beiden Rechtsetzungsverfahren noch erheblich.[75] Durch den *Amsterdamer Vertrag* sind die Beschlußbestimmungen dieser Vorschriften in großem Umfang angeglichen worden.[76] Unterschiede bestehen allerdings noch beim Erlaß von bestimmten, im einzelnen

---

[73] EuGH, Urteil vom 27.9.1988, Rs. 165/87 (*Kommission/Rat*) „Warencodierung", Slg. 1988, 5545 (5560 f., Rn. 10 ff.) zur kumulativen Anwendung von Art.28 und 113 EGV [a.F.] und Urteil vom 30.5.1989, Rs. 242/87 (*Kommission/Rat*) „Erasmus", Slg. 1989, 1425 (1458, Rn. 37) zur kumulativen Anwendung von Art. 128 und Art. 235 EGV [a.F.]. Vgl. auch die Argumentation des Europäischen Parlaments in der Rs. „Abfallverbringungsverordnung" zur kumulativen Anwendung von Art. 100a und 113 EGV [a.F.] ([Anm. 69], Zusammenfassung in den Schlußanträgen des Generalanwaltes, 2859 ff., Nr. 1 ff.) sowie nunmehr das Urteil vom 25.2.1999 „Waldbrandschutz- und Waldimmissionsschutzverordnung" (Anm. 69), 1162 f. (Rn. 14). Aus der Literatur *Nettesheim* (Anm. 69), 339 (dort Anm. 31) sowie *Breier* in: EUDUR (Anm. 69), Rn. 49.

[74] Siehe die ausführliche Darlegung des Generalanwalts *Tesauro* in den Schlußanträgen zur Rs. 300/89 „Titandioxidrichtlinie" (Anm. 69), 2889 ff. (Nr. 11).

[75] Während nach Art. 130s Abs. 1 EGV i.d.F. des *Maastrichter Vertrages* für die meisten Umweltschutzbereiche der Rat mit qualifizierter Mehrheit im Verfahren der Zusammenarbeit mit dem Parlament zu entscheiden hatte, war nach Art. 100a Abs. 1 EGV i.d.F. des *Maastrichter Vertrages* bereits im Kodezisionsverfahren zu entscheiden. In diesem Verfahren kommt dem Parlament ein echtes Mitentscheidungsrecht zu, indem es in einer Art Vetorecht den vorgeschlagenen Rechtsakt endgültig ablehnen kann (Art. 251 EGV [ex Art. 189b]). Vgl. *Pechstein*, EG-Umweltrechtskompetenzen und nationale Alleingänge beim Umweltschutz, Jura 1996, 176 (178).

[76] Auch für Rechtsakte, die auf der Grundlage des Art. 175 EGV n.F. [ex Art. 130s] erlassen werden, gilt nun überwiegend das Kodezisionsverfahren des Art. 251 EGV.

in Art. 175 Abs. 2 EGV (ex Art. 130s) aufgezählten Maßnahmen[77] sowie bei der Befugnis der Mitgliedstaaten zum Erlaß abweichender Maßnahmen.[78] Erhebliche Unterschiede bestehen weiterhin im Vergleich zum Beschlußverfahren des Art. 284 EGV (ex Art. 213) sowie im Vergleich der sonstigen sachgebietsbezogenen Ermächtigungsgrundlagen untereinander.

Die inzwischen ständige Rechtsprechung hat in der Literatur auch Kritik erfahren. Denn die verwendeten Kriterien sind nicht immer so objektiv handhabbar, wie der Gerichtshof vorgibt. So hat *Nettesheim* aufgezeigt, daß die Frage nach dem Ziel einer Maßnahme häufig unter Rückgriff auf die Begründungserwägungen des Rechtsaktes entschieden wird, was einer subjektiv-historischen Auslegung gleichkommt.[79] Die Rechtsprechung des Gerichtshofes hat sich inzwischen jedoch soweit verfestigt, daß sie für die praktische Anwendung nur als gegeben hinge-

---

[77] Dies gilt auch noch nach dem *Vertrag von Nizza* (unterzeichnet am 26.2.2001, Abl. Nr. C 80 vom 10.3.2001, 1), da sich die Mitgliedstaaten nicht auf den Wegfall des Einstimmigkeitserfordernisses des Abs. 2 einigen konnten. Unter Abs. 2 fallen Maßnahmen steuerlicher Art, Maßnahmen im Bereich der Raumnutzung, der Bodennutzung und der (mengenmäßigen) Bewirtschaftung von Wasserressourcen sowie solche, die die Struktur der Energieversorgung erheblich berühren. In diesen Fällen ist einstimmig zu beschließen. Zur Abgrenzung von Art. 175 Abs. 1 und Abs. 2 EGV im Hinblick auf den Begriff der Wasserbewirtschaftung jüngst das EuGH-Urteil „Donauschutzübereinkommen" (Anm. 69), insbesondere 211 ff. (Rn. 47 ff.), welches Abs. 2 nur bei Regeln zur mengenmäßigen Wasserbewirtschaftung für anwendbar erklärt. Diese Abgrenzung ist mit der Neufassung des Art. 175 Abs. 2 EGV im *Vertrag von Nizza* kodifiziert.

[78] Strengere mitgliedstaatliche Schutzmaßnahmen, die von Rechtsakten abweichen, welche auf der Grundlage des Art. 175 EGV [ex Art. 130s] erlassen worden sind müssen nach Art. 176 EGV [ex Art. 130t] lediglich *mitgeteilt*, bei Abweichungen von Rechtsakten auf der Grundlage des Art. 95 EGV [ex Art. 100a] dagegen von der Kommission *genehmigt* werden. Hierzu auch unten, Teil 6 Kap. 2 B.I.

[79] *Nettesheim*, Horizontale Kompetenzkonflikte in der EG, EuR 1993, 243 (251); siehe auch *Breier* in: EUDUR (Anm. 69), Rn. 50. Siehe z.B. EuGH „Abfallrichtlinie" (Anm. 69), 966 (Rn. 8). Vgl. auch EuGH „Radioaktive Kontaminierung von Lebensmitteln" (Anm. 69), wonach die Wahl der Rechtsgrundlage nicht davon abhängt, welches nach der „Überzeugung eines Organs das angestrebte Ziel ist" (a.a.O., 4564, Rn. 9), aber zum Zwecke der Ermittlung des Zieles der streitgegenständlichen Verordnung auf die Begründungserwägungen zurückgegriffen wird (a.a.O., 4565, Rn. 10).

nommen werden kann.[80] Ob und inwieweit sie infolge der teilweisen Angleichung der Rechtsetzungsverfahren durch den *Amsterdamer Vertrag* vom Gerichtshof modifiziert wird, bleibt abzuwarten. In dem jüngst ergangenen Urteil zu den beiden *Waldschutzverordnungen* spricht sich der EuGH bei der mehr oder weniger gleichwertigen Verfolgung von zwei Gemeinschaftspolitiken für die kumulative Anwendung der einschlägigen Rechtsgrundlagen aus, es sei denn, die jeweiligen Rechtsetzungsverfahren sind miteinander unvereinbar.[81] Was in dem letztgenannten Fall geschehen soll, verrät er allerdings nicht.

II. Anwendung auf die administrativen Informationsverfahren

Im folgenden werden die einzelnen primärrechtlichen Normen untersucht, die als Rechtsgrundlage für administrative Informationsverfahren in Betracht kommen. Dabei ist jeweils zu unterscheiden, ob die einzelnen Bestimmungen unmittelbar anwendbar sind, d.h., ob sie den Mitgliedstaaten ohne weiteren gemeinschaftsrechtlichen Rechtsetzungsakt Informationspflichten auferlegen oder ob es sich vielmehr um eine Ermächtigungsgrundlage handelt, die von den Gemeinschaftsorganen erst sekundärrechtlich aktualisiert werden muß.

---

[80] Die in der Literatur geäußerten Ansätze zur kumulativen Heranziehung mehrerer einschlägiger Rechtsgrundlagen sind vom Gerichtshof ebensowenig erörtert worden wie die grundsätzlich bejahenden Ausführungen des Generalanwalts *van Gerven* in der Rechtssache „Radioaktive Kontaminierung von Lebensmitteln“ (siehe Schlußanträge des Generalanwalts *van Gerven*, [Anm. 69], 4547 f., Nr. 9 zur kumulativen Anwendung von Art. 31 EAGV und Art. 100a EGV [a.F.]). Zur Möglichkeit einer Abstützung der *Abfallverbringungsverordnung* auf Art. 113 und Art. 130s EGV [a.F.] durch Aufteilung des Rechtsaktes *Sommer*, Les déchets, de l'autosuffisance et de la libre circulation des marchandises, RMC 1994, 246 (253 f.); siehe auch *Breier*, Ausgewählte Probleme des gemeinschaftlichen Umweltrechts, RIW 1994, 584 (585). Die diesbezügliche Nichtigkeitsklage des Europäischen Parlamentes hat der Gerichtshof verworfen, die Frage der kumulativen Einbeziehung von Art. 113 EGV [a.F.] allerdings inhaltlich unentschieden gelassen, weil dem Parlament mangels Beteiligungsrecht in Art. 113 EGV [a.F.] hierzu keine Klagebefugnis zukomme (Urteil „Abfallverbringungsverordnung“, [Anm. 69], 2880, Rn. 15).

[81] Urteil vom 25.2.1999 „Waldbrandschutz- und Waldimmissionsschutzverordnung“ (Anm. 69), 1162 f. (Rn. 14).

1. Das Recht zum Einholen von Auskünften und zur Vornahme von Nachprüfungen (Art. 284 EGV)

Art. 284 EGV bestimmt, daß die Kommission zur „Erfüllung der ihr übertragenen Aufgaben ... alle erforderlichen Auskünfte einholen und alle erforderlichen Nachprüfungen vornehmen kann“ und ergänzt, daß der „Rahmen und die nähere Maßgabe hierfür ... vom Rat gemäß den Bestimmungen des Vertrages festgelegt“ werden.[82]

a) Art. 284 EGV als Ermächtigungsgrundlage für sekundärrechtliche Vorschriften– Das *Unternehmensregisterurteil*

Mit der Rechtssache C-426/93 (*Deutschland/Rat*) ist die Frage, ob Art. 284 EGV überhaupt eine selbständige Ermächtigungsgrundlage darstellt oder nur i.V.m. einer sachgebietsbezogenen Befugnisnorm angewendet werden kann, zur Entscheidung gestellt worden.[83] Die Bundesrepublik Deutschland hatte gegen den Rat geklagt, weil dieser auf der Basis von Art. 213 EGV (a.F., jetzt Art. 284 EGV) mit einfacher Stimmenmehrheit eine Statistikverordnung erlassen hatte, welche die Bundesrepublik u.a. wegen der Wahl der falschen Rechtsgrundlage für nichtig hielt.[84] Sie argumentierte dabei zum einen mit dem Wortlaut des

---

[82] Eingehendere Arbeiten zur Auslegung des Art. 284 EGV [ex Art. 213] existieren v.a. aus den Jahren 1960-1970. Sie beschäftigen sich meist nur mit den entsprechenden Informationspflichten von Unternehmen und konzentrieren sich auf das Kartellverfahren sowie den EGKS-Vertrag. Siehe v.a. *Thomä*, Le droit de la communication dans la Communauté Economique Européenne, RMC 1960, 345 ff.; *Würdinger/Wohlfarth*, Das Auskunftsrecht gegenüber Unternehmen und Unternehmenszusammenschlüssen innerhalb internationaler Gemeinschaften, 1964; *Hanebuth*, Das Auskunftsrecht im europäischen Wirtschaftsrecht, 1967 (unter ausdrücklicher Ausklammerung rein inneradministrativer Informationspflichten, siehe 36 f.); *Porteu de la Morandière*, Les Pouvoirs d'information de la communauté, RMC 1971, in vier Teilen, 300 ff., 339 ff., 391 ff., 435 ff.; *Hermanns*, Ermittlungsbefugnisse der Kartellbehörden nach deutschem und europäischem Recht, 2. Aufl. 1978.

[83] EuGH, Urteil vom 9.11.1995, Rs. C-426/93 (*Deutschland/Rat*) „Unternehmensregister“, Slg. 1995, 3723 ff.

[84] *Verordnung* Nr. 2186/93 vom 22.7.1993 *über die innergemeinschaftliche Koordinierung des Aufbaus von Unternehmensregistern für statistische Verwendungszwecke* (Abl. Nr. L 196 vom 5.8.1993, 1). Diese Verordnung verpflichtet die Mitgliedstaaten, für statistische Zwecke Register über bestimmte Unternehmensdaten zu erstellen.

Artikels, der auf die „Aufgaben" der Kommission und andere „Bestimmungen des Vertrages" verweise und zudem – im Gegensatz zu den sonstigen Ermächtigungsgrundlagen – keine Verfahrensvorschriften und Beteiligungsrechte der anderen Organe enthalte. Daher sei Art. 284 EGV nur i.V.m. einer sachgebietsbezogenen Befugnisnorm anwendbar, in der das jeweils zu wählende Verfahren festgelegt ist. Für den Umweltschutz hieße das – ein von der Bundesrepublik ausdrücklich angeführtes Beispiel –, daß Art. 175 EGV (ex Art. 130s) die eigentliche Handlungsermächtigung darstellen und Art. 284 EGV diese Befugnis inhaltlich auf die Festsetzung von Auskunftspflichten und Nachprüfungsrechten ausdehnen würde.[85] Dieses Wortlautargument stützte die Bundesrepublik durch einen Vergleich mit den anderen Ermächtigungsnormen des Vertrages, welche sämtlich Verfahrensvorschriften enthielten, sowie mit der Plazierung des Art. 284 EGV in der Systematik des Vertrages. Danach enthielte der Teil „Allgemeine und Schlußbestimmungen" – abgesehen von Art. 308 EGV – nur Regelungen, welche die übrigen Vertragsvorschriften ergänzten. Schließlich verwies sie auf die bisherige Praxis des Rates, der seine Entscheidungen zur Beschaffung von Informationen entweder auf Art. 235 EGV (a.F., jetzt Art. 308 EGV) oder auf den 1986 eingeführten Art. 130s EGV (a.F., jetzt Art. 175 EGV) gestützt habe.

Selbst wenn Art. 284 EGV den Charakter einer selbständigen Rechtsgrundlage besitze, sei nach Ansicht der Bundesrepublik für die Erstellung dieser Unternehmensregister Art. 95 EGV (ex Art. 100a) die einschlägige Rechtsgrundlage.[86] Denn Art. 284 EGV beziehe sich nur auf die Weitergabe von *vorhandenen* Informationen an die Kommission, nicht aber auf die Informationserhebung durch die Mitgliedstaaten und deren Harmonisierung in Bezug auf die Art und Weise der Datenerhebung und deren Darstellung – mithin der Informationsrahmendaten.[87] Diese Harmonisierung sei aber genau der Hauptzweck der Verordnung.[88] Bei der Einführung neuer Strukturen habe der Rat auch bislang seine Rechtsakte nicht allein auf Art. 284 EGV gestützt.[89]

---

[85] Vgl. die Zusammenfassung in den Schlußanträgen des Generalanwalts, a.a.O., 3728 f. (Nr. 11 ff.), siehe auch die Urteilsbegründung, 3747 (Rn. 11).

[86] Vgl. die Zusammenfassung in den Schlußanträgen des Generalanwalts (Anm. 84), 3732 f. (Nr. 29).

[87] Zum Begriff der Informationsrahmendaten oben, Teil 2 Kap. 4 A.

[88] Was sich nach dem Vortrag der Bundesrepublik allein schon aus der Anzahl der diesbezüglichen Vorschriften ergebe ([Anm. 83], 3751, Rn. 24). Die

Sowohl der Generalanwalt als auch die Kommission und der Rat wiesen im Rahmen der Verhandlungen auf die Wichtigkeit von Informationen für die Arbeit der Kommission hin. Würde Art. 284 EGV nicht als selbständige Ermächtigungsgrundlage angesehen, so wäre der Rat nicht in der Lage, einheitliche Maßnahmen, die *mehreren Tätigkeitsbereichen* dienen sollen, zu erlassen.[90] Um brauchbare Informationen zu erhalten, müßten diese selbstverständlich nach einheitlichen Kriterien zusammengestellt werden. Daher seien viele wesentliche Bestimmungen der Verordnung der Aufgabe gewidmet, gemeinsame Regeln für die Zusammenstellung dieser Informationen festzulegen. Allerdings sei diese Harmonisierung nicht der Hauptzweck, denn der *raison d'être* der Verordnung bestünde letztlich im Erhalt und der Verwendung der Daten für vielfältige Aufgaben der Gemeinschaft.[91]

Der EuGH folgte den Schlußanträgen des Generalanwalts *Jacobs* und verwarf die Argumente der Bundesrepublik Deutschland. Erstens hindere das Fehlen von Abstimmungsvorschriften eine selbständige Anwendung des Art. 284 EGV als Ermächtigungsgrundlage nicht. In diesem Falle sei Art. 205 Abs. 1 EGV (ex Art. 148) einschlägig, wonach der Rat, „soweit in diesem Vertrag nichts anderes bestimmt ist" mit der Mehrheit seiner Mitglieder beschließt.[92] Diese Vorschrift sei ansonsten auch überflüssig. Eine Beteiligung anderer Organe, insbesondere ein Vorschlagsrecht der Kommission, hielt der Gerichtshof nicht für zwingend erforderlich.[93] Weiterhin zeige das Tatbestandsmerkmal „zur Erfüllung der ihr übertragenen Aufgaben", daß der Kommission eine allgemeine Zuständigkeit zum Einholen aller dazu erforderlichen Aus-

---

Harmonisierungsvorschriften der Verordnung umfassen fünf Artikel während die Übermittlungspflicht in einem einzigen Artikel festgelegt wurde.

[89] Als Beispiel wurde die *Meeresverschmutzungsentscheidung* 81/971/EWG (Abl. Nr. L 355, vom 10.12.1981, 52) genannt, welche auf die Art. 213 und 235 EGV [a.F.] gestützt wurde. Dies dürfte allerdings eher daran liegen, daß 1981 die Umweltkompetenz der Gemeinschaft vertraglich noch nicht eindeutig festgelegt war, so daß der Rat alle Maßnahmen des Umweltschutzes – soweit er sie nicht auf die Binnenmarktvorschriften stützen konnte – auf der Basis von Art. 235 EGV [a.F.] erließ.

[90] Schlußanträge, a.a.O., 3731 (Nr. 24) und 3735 (Nr. 34).

[91] A.a.O., 3736 f. (Nr. 39 ff.).

[92] EuGH, Rn. 18 der Urteilsgründe, a.a.O.

[93] Der Gerichtshof stützt sich hier auf einen Vergleich zu Art. 217 EGV [a.F., jetzt Art. 290 EGV]. Dieser Art. sieht die Regelung der Sprachenfrage durch einstimmigen Ratsbeschluß ohne jede Beteiligung der Kommission vor.

künfte übertragen worden sei. Dieser allgemeine Charakter der Zuständigkeit der Kommission auf dem Gebiet der Auskunftseinholung erkläre auch die Plazierung des Art. 284 EGV unter den „Allgemeinen und Schlußbestimmungen". Außerdem sei es sinnwidrig, wenn der Rat nach jeweils anderen Verfahrensvorschriften mehrere selbständige Rechtsakte erlassen müßte, obwohl bestimmte Arten von Auskünften mehrere Tätigkeitsbereiche der Kommission abdecken.[94]

Das Argument der früheren Praxis der Organe verwarf der Gerichtshof. Eine bloße Praxis des Rates kann Regeln des EG-Vertrages nicht abändern und kann folglich kein bindendes Präjudiz schaffen.[95] Auch das Argument der fehlerhaften Auswahl zwischen den Artikeln 284 und 95 EGV als Rechtsgrundlage wies der Gerichtshof zurück. Eine beschränkende Auslegung von Art. 284 EGV auf die Weitergabe bereits vorhandener Informationen würde die Sammlung vergleichbarer Daten durch die Kommission illusorisch machen oder zumindest ihre Einholung auf den kleinsten gemeinsamen Nenner beschränken. Denn unter die Aufgaben, welche die Kommission mit der Verordnung verfolge, zählen nach Ansicht des Gerichtshofes eine Vielzahl verschiedener Politikbereiche, u.a. der Umweltschutz, die Industrie- und die Sozialpolitik, was sich aus der Natur der zu sammelnden Informationen entnehmen lasse.[96] Diese Aufgaben gingen weit über das mit Art. 95 EGV verfolgte Ziel des Funktionierens des Gemeinsamen Marktes hinaus, der Einfluß hierauf sei nur Nebenfolge. Ausschlaggebend war für den Gerichtshof letztlich das Argument der praktischen Wirksamkeit – die Kommission

---

[94] EuGH, a.a.O., Rn. 19.

[95] EuGH, a.a.O., Rn. 21 und Rn. 34; siehe auch das Urteil „Stoffe mit hormonaler Wirkung" (Anm. 69), a.a.O. Generalanwalt *Jacobs* hatte zudem zutreffend darauf hingewiesen, daß die Praxis der Organe – im Gegensatz zur Argumentation der Bundesrepublik Deutschland – *für* die selbständige Anwendbarkeit von Art. 213 EGV [a.F.] als Ermächtigungsgrundlage spricht, denn der gesamte Bereich der Statistikverordnungen wurde bislang – unbeanstandet – allein auf diese Norm gestützt (Schlußanträge „Unternehmensregister", a.a.O., 3732, Nr. 27).

[96] Hierzu hatte der Generalanwalt angemerkt, daß er es „für bedauerlich" halte, daß die Begründungserwägungen der Verordnung nicht eindeutig angäben, welche Aufgaben der Kommission durch die Schaffung von Unternehmensregistern im einzelnen erleichtert werden sollen. „Die Einholung von Informationen ist kein Selbstzweck; sie ist nur Mittel zum Zweck", was auch aus der Formulierung „zur Erfüllung der ihr übertragenen Aufgaben" in Art. 213 EGV [a.F.] ersichtlich sei (a.a.O., 3735, Rn. 36).

könnte nach Ansicht des EuGH ansonsten ihre Aufgaben nicht erfüllen.[97]

Art. 284 EGV stellt im Ergebnis also grundsätzlich eine selbständige Rechtsgrundlage für den Erlaß sekundärrechtlicher Informationspflichten einschließlich der Festlegung von Informationsrahmendaten und Informationsbeschaffungspflichten dar.

b) Unmittelbare Anwendbarkeit von Art. 284 EGV ?

Der Wortlaut der Vorschrift scheint zunächst eindeutig. Danach ist die Kommission zwar das zuständige Durchführungsorgan, es handelt sich jedoch nicht um eine unmittelbar anwendbare Rechtsgrundlage für individuelle Auskunftsverlangen und Nachprüfungen, sondern um eine an den Rat gerichtete Rechtsetzungsermächtigung. Dieser muß den „Rahmen", d.h. den genauen Umfang und die Durchführungsmodalitäten regeln. Dennoch ist in der Literatur schon sehr bald die Meinung vertreten worden, daß dieses Ergebnis im Hinblick auf die Informationspflichten der Mitgliedstaaten nicht befriedigen könne, und zwar insbesondere vor dem Hintergrund der Tatsache, daß der Rat bislang keinen allgemeinen Rechtsakt erlassen hat, welcher eine umfassende Auskunfts- und Nachprüfungsbefugnis der Kommission begründet.[98]

Man hat daher Art. 284 EGV entweder im Hinblick auf Mitgliedstaaten für unmittelbar anwendbar erklärt[99] oder diesen im Anwendungsbe-

---

97 EuGH, a.a.O., 3752 (Rn. 28).

98 Vgl. *Smit/Herzog* (Anm. 67), Anm. 213.03; *Schermers/Pearson*, Some Comments on Article 5 of the EEC Treaty, in: FS Steindorff, 1990, 1359 (1371); *Segond* (Anm. 1), 102 sowie allgemein die im folgenden zitierte Literatur. *Segond* spricht davon, daß die Kommission aufgrund dieser Rechtslage „praktisch informationell ausgehungert" würde, „jedenfalls keinerlei Anspruch auf Informationen von den Mitgliedstaaten" hätte, was sich jedoch angesichts der vielen, in Teil 2 dargestellten sachgebietsbezogenen Informationsverfahren nicht ganz so dramatisch darstellt.

99 In diesem Sinne *Porteu de la Morandière* (Anm. 82), 350 f.; *Schmitt v. Sydow*, Die Kommission, 1980, 31 f.; *Wohlfarth*, Mitbericht von Generaldirektor Ernst Wohlfarth, Brüssel, in: *Würdinger/Wohlfarth* (Anm. 82), 32; *Schermers/Blokker* (Anm. 2), 877; wohl auch *Würdinger*, Zum Auskunftsrecht der Organe der EGKS und der EWG gegenüber privaten Unternehmen, WuW 1964, 579 (579) sowie *Bünten*, Staatsgewalt und Gemeinschaftshoheit bei der innerstaatlichen Durchführung des Rechts der Europäischen Gemeinschaften durch die Mitgliedstaaten, 1977, 187 f., die allerdings wechselweise auch auf Art. 5 EGV [a.F.] verweisen. Siehe auch *Steinberg*, Probleme der Europäisie-

reich auf die Auskunftspflichten von Privatpersonen, d.h. insbesondere von Unternehmen beschränkt und im Zusammenhang mit den Mitgliedstaaten auf unmittelbar aus Art. 10 EGV (ex Art. 5) folgende Informations-, Auskunfts- und Berichtspflichten verwiesen.[100] Letzteres vertraten auch die Kommission und mit ihr Generalanwalt *Reischl* in dem Rechtsstreit um die *Transparenzrichtlinie.*[101] Die Bedeutung von Art. 213 EGV (a.F.) könne danach nur darin liegen, die Informationsrechte gegenüber den Unternehmen und sonstigen Dritten zu regeln, die im Gegensatz zu den Mitgliedstaaten nicht nach Art. 5 EGV (a.F.) verpflichtet sind. Hiergegen ist einzuwenden, daß eine solche Auslegung nicht zwingend ist. Der Umkehrschluß könnte auch umgedreht werden – aus der speziellen Regelung des Art. 284 EGV (welcher sich dem Wortlaut nach nicht auf Informationspflichten von Privatpersonen beschränkt) würde dann im Umkehrschluß folgen, daß in Art. 10 EGV gerade keine umfassenden Informationspflichten der Mitgliedstaaten enthalten sind. Eine dritte Argumentationslinie erklärt Art. 284 EGV

---

rung des deutschen Umweltrechts, AöR 1995, 549 (571), der Art. 213 i.V.m. Art. 155 EGV [a.F.] für unmittelbar anwendbar erklärt.

[100] So insbesondere *Hummer* in: *Grabitz/Hilf*, Art. 213 [a.F.], Rn. 2 f.; *Segond* (Anm. 1), 102; wohl auch *Hanebuth* (Anm. 82), 47 f. und *Schwarze* (Anm. 65), Bd. 2, 1175, z.T. allerdings ohne mitgliedstaatliche Informationspflichten auf der Grundlage des Art. 284 EGV ganz auszuschließen. Näher zur diesbezüglichen Literatur unten, Kap.2 (insbesondere Anm. 183).

[101] Verb. Rs. 188 bis 190/80 (*Frankreich, Italien und Vereinigtes Königreich/Kommission*), „Transparenzrichtlinie", Slg. 1982, 2545 ff. Danach sei Art. 213 EGV [a.F.] auf „Auskunftsersuchen, welche die Kommission im Rahmen ihrer Zuständigkeit an die Mitgliedstaaten richtet und die diese aufgrund der ihnen gemäß Art. 5 EGV [a.F.] obliegenden Mitwirkungspflicht ohnehin sachgemäß und vollständig beantworten müssen" nicht anwendbar (Schlußanträge des Generalanwalts, a.a.O., 2593, Nr. 5; ähnlich die Kommission, 2574, Rn. 9). Diese Ansicht wurde auch von der Bundesrepublik Deutschland unterstützt, die als Streithelferin beigetreten war (2568, Nr. 7). Es wäre „geradezu widersinnig, wenn die Kommission sich die zur Erfüllung ihrer vertraglichen Aufgaben notwendigen Informationen von den Mitgliedstaaten ohne Mitwirkung des Rates nicht verschaffen könnte" (Schlußanträge des Generalanwalts, a.a.O.). Zur Rechtsansicht der Kommission siehe auch die Mitteilung der Kommission vom 16.2.1994 über die *Entwicklung der Zusammenarbeit der Verwaltungen bei der Anwendung und Durchsetzung des Gemeinschaftsrechts für den Binnenmarkt*, KOM(94) 29 endg., insbesondere IV., Nr. 25 sowie Anhang I, Nr. 5 ff. (dazu auch Teil 1 Kap.1 B.VI.).

i.V.m. Art. 10 EGV für unmittelbar anwendbar.[102] Danach ergäben sich die genauen Tatbestandsmerkmale aus Art. 284 EGV, während Art. 10 EGV die unmittelbare Verpflichtung der Mitgliedstaaten – unabhängig von einem Rechtsakt des Rates – begründe. Meist werden die einzelnen Auffassungen mehr kursorisch mit dem Hinweis auf die Existenz von Art. 10 EGV begründet.

Eine dem Art. 284 EGV ähnliche Vorschrift enthält der Vertrag über die Europäische Gemeinschaft für Kohle und Stahl.[103] Art. 47 Abs. 1 EGKSV wird durch die Hohe Behörde – nunmehr organisatorisch gleichbedeutend mit der Kommission – direkt als Ermächtigungsgrundlage für an die Unternehmen gerichtete Entscheidungen herangezogen. Er ist eine unmittelbare Handlungsermächtigung zur Festsetzung von konkreten Auskunftspflichten und der Vornahme von Nachprüfungen durch die Kommission. Ein Wortlaut- und Strukturvergleich ergibt aber, daß die Rechtswirkungen von Art. 47 EGKSV nicht ohne weiteres auf Art. 284 EGV übertragbar sind. Die Europäische Gemeinschaft für Kohle und Stahl unterscheidet sich *strukturell* von der Europäischen (Wirtschafts-) Gemeinschaft insofern, als daß es sich bei dem EGKS-Vertrag nicht um einen Rahmenvertrag (*traité cadre*), sondern um einen detaillierten „Verwaltungsvertrag" (*traité loi*) handelt.[104] Die

---

[102] *Zuleeg*, Kompetenzen (Anm. 63), 45 f.; *Kössinger*, Die Durchführung des europäischen Gemeinschaftsrechts im Bundesstaat, 1989, 144; *Schermers/Pearson* (Anm. 98), 1371, wonach die allgemeine Kompetenz der Kommission zur Informationssammlung und zu Kontrollen aus Art. 213 EGV [a.F.], die Pflicht der Mitgliedstaaten zur Befolgung solcher Anfragen aus Art. 5 EGV [a.F.] zu entnehmen sei. Wohl auch *Hölscheidt*, Die Legitimation der neuen Europäischen Kommission, ThürVBl. 1995, 241 (246) sowie *Benesch*, Die Kompetenzen der EG-Kommission aus Art. 90 Abs. 3 EWG-V, 1994, 81 f. Vgl. auch die *Verordnung* (EWG) Nr. 293/74 vom 30.1.1974 *betreffend die für die Aufstellung umfassender Energiebilanzen für die Gemeinschaft bestimmten Informationen* (Abl. Nr. L 32 vom 5.2.1974, 1). Diese Verordnung zitiert die Kombination von Art. 5 und 213 EGV [a.F.] als Ermächtigungsgrundlage.

[103] Nach Art. 47 EGKSV kann die Hohe Behörde die für die Erfüllung ihrer Aufgaben notwendigen Auskünfte einholen. Sie kann weiterhin die erforderlichen Nachprüfungen vornehmen lassen. In demselben Artikel sind zudem das Berufsgeheimnis und die Sanktionsbefugnisse der Hohen Behörde geregelt. Erteilen Unternehmen wissentlich falsche Auskünfte oder entziehen sie sich ihrer Auskunftspflicht und sonstiger aus der Anwendung des Artikels folgenden Pflichten, so kann die Hohe Behörde Geldbußen und Zwangsgelder verhängen.

[104] Siehe nur *Nicolaysen*, Europarecht I, 1991, 26 f.; *Constantinesco, L.* (Anm. 64), 62; *Kraußer* (Anm. 63), 31 ff. sowie *Beutler/Bieber/Pipkorn/Streil*, Die Eu-

Ausführung der Vertragsvorschriften obliegt im Rahmen des EGKS-Vertrages überwiegend den Organen der Gemeinschaft, nicht den Mitgliedstaaten. Das auszuführende Recht muß zudem in seiner Mehrzahl nicht erst per sekundärer Rechtsetzung geschaffen werden, sondern ist bereits im Gründungsvertrag enthalten.[105] Art. 47 EGKSV und Art. 284 EGV unterscheiden sich trotz ihrer Ähnlichkeit auch bereits im *Wortlaut* erheblich. Im Gegensatz zu Art. 284 EGV ist in Art. 47 Abs. 1 EGKSV nicht der Nachsatz enthalten, daß „der Rahmen und die nähere Maßgabe hierfür" vom Rat festzulegen sind.[106] Auch enthält der EG-Vertrag keine dem Art. 86 Abs. 4 EGKSV entsprechende Vorschrift, welche den Inspektoren der Hohen Behörde unmittelbar die Ermittlungsbefugnisse eines nationalen Finanzbeamten einräumt.

Eine abschließende Stellungnahme kann aufgrund der engen Beziehung zu Art. 10 EGV erst nach einer eingehenderen Untersuchung des Verpflichtungsgehaltes der Gemeinschaftstreuepflicht erfolgen.[107] Vorweg kann gesagt werden, daß Art. 284 EGV nach inzwischen wohl einhelliger Meinung aufgrund des auch im Gemeinschaftsrecht geltenden Vorbehaltes des Gesetzes und der insoweit ausdrücklichen Bezugnahme auf einen noch zu erlassenden Rechtsakt des Rates zumindest hinsichtlich der Informationspflichten von Privatpersonen *nicht* unmittelbar an-

---

ropäische Union, 4. Aufl. 1993, 44. Ähnlich verhält es sich mit den Ermittlungsbefugnissen des Euratom-Vertrages (siehe insbesondere die Inspektionsrechte der Kommission in Art. 35 Abs. 2 EAGV zum Umwelt- und Gesundheitsschutz und der Art. 81 ff. EAGV zur Kontrolle der friedlichen Kernenergienutzung, näher dazu Teil 2 Kap. 4 B.). Wie beim EGKSV handelt es sich hier um einen Verwaltungsvertrag. Die diesen Vorschriften zugrunde liegende Wertung kann nicht ohne weiteres auf den Umweltschutz im Rahmen des EG-Vertrages übertragen werden, wo eine konkurrierende Regelungszuständigkeit mit primärer Durchführungsverantwortung der Mitgliedstaaten verankert ist und die einzelnen materiellen Regelungen i.d.R. noch einer Festlegung durch den Rat bedürfen. Anders *Segond* (Anm. 1), 101 und 106, die aber die Grundsätze der fehlenden Analogiefähigkeit von Ausnahmevorschriften außer Acht läßt.

[105] Außerdem gilt für die EGKS der sogenannte „Grundsatz der obligatorischen Veröffentlichung" (EuGH Urteil vom 21.12.1954, Rs. 1/54, *Frankreich/Hohe Behörde*, Slg. 1954-1955, 7 [32]). Die in diesem Bereich tätigen Unternehmen unterliegen vielfältigen Auskunfts- und Veröffentlichungspflichten.

[106] Hierauf verweisen auch *Smit/Herzog* (Anm. 98), Anm. 213.03.

[107] Dazu unten, Kap. 2.

wendbar ist.[108] Mit dem *Unternehmensregisterurteil* hat der EuGH zudem implizit die Ansicht verworfen, wonach Art. 284 EGV die Informationspflichten von Mitgliedstaaten überhaupt nicht erfasse. Art. 284 EGV kann zumindest als Ermächtigungsgrundlage für administrative Informationsverfahren dienen. Über dessen unmittelbare Anwendbarkeit ist damit allerdings noch keine Aussage getroffen. Das Ergebnis der weiteren Untersuchung vorwegnehmend kann festgestellt werden, daß sich unmittelbare administrative Informationspflichten aus Art. 284 EGV i.V.m. Art. 10 EGV im Regelfall nur in der Form der Auskunftspflicht ergeben.[109] Für alle weiteren Informationsverfahren stellt Art. 284 EGV – lediglich – eine Befugnisnorm zur sekundären Rechtsetzung dar.

c) Die einzelnen Tatbestandsmerkmale des Art. 284 EGV

Bei der Auslegung des Art. 284 EGV muß z.T. auf die Rechtsprechung des Gerichtshofes zum europäischen Kartellverfahrensrecht zurückgegriffen werden.[110] Zwar handelt es sich bei der diesbezüglichen Recht-

---

[108] Aus der Literatur so bereits im Jahr 1967 *Würdinger*, Bericht von Professor Dr. Hans Würdinger, Hamburg, in: *Würdinger/Wohlfarth* (Anm. 82), 11 f. sowie *Hanebuth* (Anm. 82), 45 ff., 50 f., 76 f. Vgl. *Thomä* (Anm. 82), a.a.O. Aus der aktuellen Literatur s. nur *Hummer* in: *Grabitz/Hilf*, Art. 213 [a.F.], Rn. 2 f.; *Grunwald* in: GTE (Anm. 67), Rn. 6; *Smit/Herzog* (Anm. 67), Anm. 213.03; *Segond* (Anm. 1), 104. Zum Vorbehalt des Gesetzes unten, Teil 6 Kap. 1 D.I.

[109] Dazu im einzelnen unten, Kap. 2 B.V.

[110] Seine Urteile beziehen sich auf die Auslegung der *Kartellverordnung* (Verordnung Nr. 17 des Rates vom 6.2.1962: *Erste Durchführungsverordnung zu den Artikeln 85 und 86 des Vertrages*, Abl. Nr. 13 vom 21.2.1962, 204). Die Befugnisnorm, auf die der Rat die *Kartellverordnung* stützte, ist nicht Art. 284 EGV, sondern der speziell für das Kartellverfahren vorgesehene Art. 87 EGV [a.F., jetzt Art. 83 EGV], denn in der *Kartellverordnung* sind neben Ermittlungsbefugnissen auch noch spezifisch wettbewerbsrechtliche Entscheidungsbefugnisse der Kommission geregelt sind. Betrachtet man den Abschnitt über die Ermittlungsbefugnisse, so fällt auf, daß hier die in Art. 284 EGV angelegte Unterscheidung von *Auskunftsverlangen* und *Nachprüfungen* gemacht wird. Die *Kartellverordnung* kann in Teilen als *Anhaltspunkt* für die Auslegung von Art. 284 EGV genommen werden (vgl. *Würdinger* in: *Wohlfarth/Würdinger*, a.a.O., 15 sowie *Schmidt-Aßmann*, Verwaltungskooperation und Verwaltungskooperationsrecht in der Europäischen Gemeinschaft, EuR 1996, 270 [277]). Die Verordnung Nr. 17 soll zwar in nächster Zeit durch eine Neuregelung ersetzt werden, die Ermittlungsbefugnisse bleiben allerdings in den Grundzügen unverändert (siehe insbesondere Art. 20 des Vorschlags der Kommission vom

sprechung des Gerichtshofes um die Auslegung von Sekundärrecht, welche die Auslegung von Primärrecht nicht bindend präjudizieren kann. Sie kann aber als im Einzelfall auf seine Übertragbarkeit zu überprüfender *Anhaltspunkt* dienen.[111] Auch Art. 47 EGKSV gibt Anhaltspunkte für die Auslegung der Tatbestandsmerkmale von Art. 284 EGV. Die folgenden rechtlichen Aussagen beziehen sich auf die primärrechtlichen Vorgaben für eine sekundärrechtliche Regelung auf der Grundlage von Art. 284 EGV. Ergänzend zu den spezialgesetzlichen Vorgaben des Art. 284 EGV ist *de lege lata* und *de lege ferenda* zudem der unter Teil 6 Kapitel 1 dargestellte allgemeine rechtliche Rahmen zu beachten.

aa) Das Einholen von „Auskünften"

Wie im Rahmen der systematisierenden Bestandsaufnahme dargestellt soll unter einer Auskunftspflicht eine einzelfallbezogene Informationspflicht, die ein konkretes Ersuchen voraussetzt, verstanden werden. Zu untersuchen bleibt, inwieweit diese Definition dem Tatbestandsmerkmal „Auskünfte" des Art. 284 EGV entspricht.[112]

Der Wortlaut der anderen Sprachfassungen differiert von der deutschen Fassung erheblich.[113] Während der deutsche Begriff *Auskunft* sich be-

---

27.9.2000 für eine *Verordnung des Rates zur Durchführung der in den Artikeln 81 und 82 EG-Vertrag niedergelegten Wettbewerbsregeln*, KOM [2000] 582 endg.; zum neuen Vorschlag auch *Bartosch*, Von der Freistellung zur Legalausnahme: Der Vorschlag der EG-Kommission für eine „neue Verordnung Nr. 17", EuZW 2001, 101 ff.).

[111] Gemäß dem Grundsatz des Vorrangs des Gesetzes ist das Sekundärrecht zunächst primärrechtskonform auszulegen (*Pernice* in: *Grabitz/Hilf*, Art. 164 [a.F.], Rn. 30 mit Verweisen auf die Rechtsprechung). *Pernice* weist aber auch auf die Kompetenz der rechtsetzenden Organe zur Anwendung und Ausgestaltung des Vertragsrechts hin, weshalb vom Gerichtshof die positiv-rechtliche Ausgestaltung des Sekundärrechts angemessen zu berücksichtigen sei (a.a.O., Rn. 31 f.). Es gilt der Grundsatz der Einheit des Gemeinschaftsrechts (*Böhm*, Kompetenzauslegung und Kompetenzlücken im Gemeinschaftsrecht, 1985, 58), so daß europäisches Primär- und Sekundärrecht im Ergebnis möglichst einheitlich ausgelegt werden sollten (vgl. auch *Würdinger*, Auskunftsrecht, [Anm. 99], 580).

[112] Vgl. zur Auslegung dieses Tatbestandsmerkmals *Hanebuth* (Anm. 82), 119 ff. zum „Auskunftsthema", 87 ff. zu den „Auskunftspflichtigen".

[113] Viersprachige Fassung der Gründungsverträge wiedergegeben in BGBl. II 1957, 753 (766 ff.). Der Sprachvergleich beschränkt sich auf die vier Gründungssprachen. Zwar sind mit dem Inkrafttreten der jeweiligen Beitrittsverträge

reits auf die Art der Informationserlangung durch die Kommission zu beziehen scheint, ist der Wortlaut dort umfassender. Im Französischen ist von *recueillir toutes informations* die Rede, im Niederländischen heißt es *kan de Commissie ... alle gegevens verzamelen* und die italienische Fassung lautet *la Commissione può raccogliere tutte le informazioni*. Der Schwerpunkt liegt bei diesen Sprachfassungen auf der *Informationssammlung*. Auf welche Art dies geschieht, wird nicht näher spezifiziert. Lediglich in Abgrenzung zum zweiten Tatbestandsmerkmal, der Vornahme von Nachprüfungen, kann im Umkehrschluß geschlossen werden, daß diese Informationssammlung nicht schon die Sachverhaltsermittlung vor Ort einschließt. Bei Differenzen im Wortlaut sind die sprachlichen Fassungen unter Beachtung von Sinn und Zweck der Vorschrift einheitlich auszulegen.[114] Der Wortlaut einer einzigen Sprachfassung ist bei der Auslegung nicht ausschlaggebend. Sinn und Zweck der Vorschrift ist, der Kommission – im Rahmen einer konkretisierenden Regelung durch den Rat – den Zugriff auf die für ihre Aufgabenerfüllung erforderlichen Informationen zu ermöglichen. Eine formelle Beschränkung auf eine bestimmte Art der Sachverhaltsermittlung wird den verschiedenen Aufgaben der Kommission und den vielfältigen Funktionen von Informationen im Rahmen einer verwaltenden Tätigkeit nicht gerecht – zumal es sich hier um eine generalklauselartige Bestimmung handelt, die sich der Systematik und dem Wortlaut nach auf die gesamte Tätigkeit der Kommission beziehen soll. Das Einholen von Auskünften ist daher als *umfassende Informationssammlung* zu verstehen.[115] Eine Beschränkung und Konkretisierung der Art und Wei-

---

auch die anderen Sprachen verbindlich geworden. Art. 284 EGV ist aber in seiner ursprünglichen Fassung erhalten geblieben. Mangels einer ausdrücklichen Änderung kann nicht angenommen werden, daß implizit mit den neuen Sprachfassungen die ursprüngliche Bedeutung von Art. 284 EGV geändert werden sollte (vgl. *Weber, A.* in: GTE, Bd. 5, 5. Aufl. 1997, Art. 248, Rn. 3 ff.).

[114] Der Wortlaut ist zwar Ausgangspunkt jeder Begriffsinterpretation (vgl. *Beutler/Bieber/Pipkorn/Streil*, Anm. 104, 245). Er ist aber auch im Gemeinschaftsrecht nicht ausschlaggebend. Widerspricht er den Zielen und dem Gesamtzusammenhang des Vertrages, gehen die systematische und die teleologische Auslegung vor (siehe nur Urteil vom 30.10.1975, Rs. 23/75, *Rey Soda/Cassa Conguaglio Zucchero*, Slg. 1975, 1279 [1302, Rn. 10/14] sowie *Schweitzer* in: *Grabitz/Hilf*, Art. 314 EGV, Rn. 7). Hierzu auch oben, Teil 2 Kap. 1 B.III. mit weiteren Verweisen.

[115] Ebenso *Arnold*, Vereinheitlichung des Verwaltungsverfahrensrechts in der EG – unter besonderer Berücksichtigung der Regeln über die Sachverhaltsermittlung und die Verteidigungsrechte der Betroffenen, EuR 1995, 7 (12).

se der Informationssammlung kann in Abhängigkeit von dem zu regelnden Sachgebiet auf der Ebene des Sekundärrechts vorgenommen werden.

Nach der Rechtsprechung des Gerichtshofes zum Kartellverfahren beinhaltet ein „Auskunftsverlangen“ auch das Anfordern von Unterlagen, d.h. von Schriftstücken.[116] Diese Rechtsprechung kann auf die Auslegung von Art. 284 EGV übertragen werden. Eine Beschränkung auf mündliche Auskünfte ist insbesondere bei Einbeziehung des weiten Wortlautes in den anderen Sprachfassungen, welche sich generell auf das Sammeln von „Informationen“ beziehen, nicht geboten. Sie würde auch nicht dem *effet utile* der Vorschrift dienen, da bei komplexen Sachverhalten nur schriftliche Informationen die Vollständigkeit und Verständlichkeit garantieren. In dem bereits dargestellten *Unternehmensregisterurteil* stellt der Gerichtshof zudem fest, daß Art. 284 EGV nicht nur die Grundlage für die Festlegung von Pflichten zur Weitergabe schon vorhandener Informationen ist, sondern auch die *Informationserhebung* umfaßt.[117] Die Gemeinschaft kann auf der Grundlage von Art. 284 EGV die Mitgliedstaaten verpflichten, bestimmte Informationen unter Beachtung gemeinschaftsrechtlich festgelegter Informationsrahmendaten zu erheben und sie sodann der Kommission zu übermitteln. Dieses Urteil bestätigt damit auch implizit, daß auf der Rechtsgrundlage des Art. 284 EGV auch aktive Unterrichtungs- und kontinuierlichere Berichtspflichten festgelegt werden können.

Das Einholen von Auskünften im Sinne von Art. 284 EGV ist im Ergebnis also umfassend als Informationssammlung zu verstehen, welche die Übermittlung von Schriftstücken, die Festlegung von Unterrichtungs- und Berichtspflichten einschließlich der Informationserhebung durch die Mitgliedstaaten und die Harmonisierung der Informationsrahmendaten umfassen kann.

bb) Die Vornahme von Nachprüfungen

Der Begriff der Nachprüfungen ist *weit* auszulegen.[118] Sie erschöpfen sich nicht in Kontrollen bereits erteilter Auskünfte.[119] Bei einer solchen

---

[116] EuGH, Urteil vom 18.10.1989, Rs. 374/87 (*Orkem/Kommission*), Slg. 1989, 3283 (3347, Rn. 14).

[117] Siehe oben, B.II.1.a.

[118] Vgl. aus der Literatur die ausführlichen Untersuchungen zum kartellrechtlichen Nachprüfungsverfahren, insbesondere *Nockelmann*, Das Durchsu-

Kontrolle würde nur die Richtigkeit der Auskünfte geprüft. Nachprüfungen können über diesen engen Zweck hinausgehen und sich auf die Vollzugskontrolle insgesamt beziehen. Die Rechtsprechung des EuGH zu Art. 47 EGKSV deutet darauf hin, daß Nachprüfungen auch präventiv sowie zum Zwecke der Informationsvorsorge und der legislativen Eigenkontrolle eingesetzt werden dürfen.[120] Inwieweit Nachprüfungen vor Ort in diesen Fällen allerdings erforderlich sind, ist fraglich. Bei Nachprüfungen ist zumindest ein *Anfangsverdacht* nötig.[121] Weniger einschneidende Auskunfts- und Berichtspflichten sind hier i.d.R. das mildere Mittel, denn eine Verdunklungsgefahr besteht beim Zusammenstellen von Informationen für Zwecke der Informationsvorsorge meist nicht. Zwischen Nachprüfungen und Auskunftsverlangen besteht jedoch *kein Stufenverhältnis* in dem Sinne, daß jeder Nachprüfung vor Ort *per se* ein Auskunftsverlangen vorauszugehen hätte.[122]

---

chungsrecht der EG-Kommission im Kartellverfahren, 1995; *Gillmeister*, Ermittlungsrechte im deutschen und europäischen Kartellordnungswidrigkeitenverfahren, 1985; siehe auch *Hanebuth* (Anm. 82), 247 ff. und *Winterfeld*, Ermittlungsbefugnisse der EG-Kommission gegenüber Unternehmen am Beispiel des Kartellrechts, RIW 1992, 524 ff.

[119] So der EuGH zu Art. 47 EGKSV, Urteil vom 4.4.1960, Rs. 31/59 (*Acciaieria e Tubificio di Brescia/Hohe Behörde*), Slg. 1960, 159 (180); siehe auch *Schwarze* (Anm. 65), 1175.

[120] Nachprüfungen im Rahmen des Art. 47 EGKSV sollen es der Hohen Behörde ermöglichen, *ihren umfangreichen Verpflichtungen zur Datenerhebung nachzukommen* (EuGH, *Acciaieria e Tubificio di Brescia*, a.a.O., 180). Der EuGH verweist dabei auf Art. 46 Abs. 3 Ziff. 1 und 5 EGKSV. Diese Ziffern sehen vor, daß die Hohe Behörde die Marktentwicklung und Preistendenzen fortlaufend zu untersuchen hat und Auskünfte einholen kann, die zur Beurteilung der Verbesserungsmöglichkeiten für die Lebens- und Arbeitsbedingungen im Montanbereich erforderlich sind, mithin Aufgaben der Informationsvorsorge und der legislativen Eigenkontrolle (zu diesen Begriffen Teil 2 Kap. 5 A. und B.).

[121] Näher dazu unten, Teil 6 Kap. 1 C.I.3.

[122] Ausführlicher dazu unten, Teil 6 Kap. 1 C.I.2. Zu Art. 47 EGKSV siehe EuGH, *Acciaieria e Tubificio di Brescia*, (Anm. 119), 179. Anders noch *Porteu de la Morandière* (Anm. 82), 355, der darauf abstellt, daß erst die unvollständige Auskunftsbeantwortung einen Anfangsverdacht für die Durchführung von Kontrollen abgibt. Dagegen sind nach *Hanebuth* Nachprüfungen nicht *per se* subsidiär, sie müssen aber *erforderlich* sein, was nicht gegeben ist, wenn durch ein Auskunftsverlangen der verfolgte Zweck genauso wirksam erreicht werden kann, wie durch eine Nachprüfung, so daß sie „in praxi" meist doch nachrangig

Gegenstand von Nachprüfungen können nur *Tatsachen* sein.[123] Gegen so erhobene Informationen kann das betroffene Unternehmen den *Gegenbeweis* antreten[124] – ein Erfordernis des rechtlichen Gehörs und der Rechtsstaatlichkeit. Bei dem Recht zur Vornahme von Inspektionen vor Ort ist der Betroffene implizit verpflichtet, in das Betreten des Ortes durch die Gemeinschaftsinspekteure einzuwilligen, ggf. auch auf Verlangen die angeforderten Unterlagen vorzulegen, Durchsuchungen zu dulden sowie vor Ort mündliche Auskünfte zu erteilen, wenn dies die Natur der zu inspizierenden Sache i.V.m. dem spezialgesetzlich festgelegten Prüfungszweck erfordert.[125] Er ist im Rahmen des Erforderlichen zur *Mitwirkung* verpflichtet,[126] der *nemo tenetur* Grundsatz existiert im Gemeinschaftsrecht nicht.[127] Diese Pflichten sollten aus Gründen der Rechtssicherheit und Bestimmtheit im einzelnen sekundärrechtliche festgelegt werden. Das Recht zum Betreten des Ortes, zur Prüfung von Büchern und Geschäftsunterlagen und das Anfertigen von Abschriften und Auszügen sowie die Erteilung von mündlichen Auskünften vor Ort ist z.B. in der *Kartellverordnung* spezialgesetzlich ge-

---

sind ([Anm. 82], 139 ff. und 252 ff.). Siehe auch *Würdinger* in: *Würdinger/Wohlfarth* (Anm. 108), 16.

[123] Vgl. *Wohlfarth* in: *Würdinger/Wohlfarth* (Anm. 99), 32 (zum Auskunftsrecht des Art. 213 EGV [a.F.]).

[124] EuGH, Urteil vom 16.12.1963, Rs. 18/62 (*Emilia Barge/Hohe Behörde*), Slg. 1963, 561 (596) zu Art. 47 EGKSV.

[125] Zur Vorlage von Schriftstücken, der Prüfung dieser Schriftstücke, dem Anfertigen von Abschriften und Auszügen, der Erteilung von Auskünften während einer Nachprüfung und dem Zutritt in die Räumlichkeiten ausführlich *Hanebuth* (Anm. 82), 261 ff. Dort auch zum – ohne eine ausdrückliche Ermächtigung nicht bestehenden – Beschlagnahmerecht (272 f.). Siehe auch *Pernice* in: *Grabitz/Hilf*, Nach Art. 87 [a.F.], Verordnung Nr. 17 (Art. 14), Rn. 15 ff., 43 ff. Inwieweit das Recht zum Zutritt auch ein Durchsuchungsrecht impliziert, untersucht eingehend *Nockelmann* (Anm. 118), 24 ff.; vgl. auch *Winterfeld* (Anm. 118), 525 ff. Im Ergebnis zur *Kartellverordnung* bejahend der EuGH, Urteil vom 21.9.1989, Rs. 46/87 und 227/88 (*Hoechst/Kommission*), Slg. 1989, 2859 (2922 ff., Rn. 9 ff.). Die hierfür erforderliche Rechtsgrundlage wird in der Befugnis zur Vornahme von „Nachprüfungen" gesehen.

[126] *Winterfeld* unterscheidet zwischen Nachprüfungen, bei denen die Betroffenen einer Pflicht zur aktiven Mitwirkung unterliegen und Durchsuchungen, bei denen sie sich passiv verhalten können (a.a.O., 525). Siehe auch *Bechtold*, Die Stellung der Kommission und der Unternehmen im EWG-Kartellverfahren, EuR 1992, 41 (49).

[127] Hierzu Teil 6 Kap. 1 D.II.2.

regelt.[128] Ähnliche Regelungen enthält die *Beihilfenverordnung* Nr. 659/1999 und die *Kontrollverordnung* Nr. 2185/96.[129]

Der Kommission stehen im Rahmen der Durchführung von Nachprüfungen nach dem EG-Vertrag aber grundsätzlich keine *Zwangsbefugnisse* zu.[130] Verweigert der Betroffene den Zutritt, muß die Kommission – sofern gemeinschaftsrechtlich vorgesehen – auf die Amtshilfe der nationalen Behörden zurückgreifen.[131] Die Ausübung der Amtshilfe im Wege unmittelbaren Zwangs ist nur im Verhältnis zu Privatrechtssubjekten möglich. Gegenüber Mitgliedstaaten kann unmittelbarer Zwang nicht ausgeübt werden.[132] Anwendbar ist für die nationalen Behörden dann i.d.R. ihr nationales Verfahrensrecht.[133] Insgesamt ist bei Inspektionen vor Ort auf eine eindeutige Regelung der genauen Ermittlungs-

---

[128] Art. 14 Abs. 1 S. 2 *lit.* a bis d der *Kartellverordnung* (Anm. 110). Aus der Literatur u.a. *Nockelmann* (Anm. 118), 10 ff. Siehe auch das grundlegende Urteil *Hoechst* (Anm. 125). Die *Kartellverordnung* ist trotz ihres „Alters" über 4 Jahrzehnte weitgehend unverändert gelassen worden. Sie wurde vielfach als Regelungsvorbild herangezogen. Die Verordnung soll zwar jetzt durch eine neue Verordnung ersetzt werden, die Ermittlungsbefugnisse bleiben allerdings im wesentlichen unverändert. Sie sollen lediglich auf private Wohnungen ausgedehnt werden und nunmehr eine ausdrückliche Regelung zur Einschaltung von nationalen Gerichten im Fall von Widerstand enthalten (siehe Art. 20 des Vorschlags vom 27.9.2000, [Anm. 110]; siehe auch *Bartosch*, *ibid.*, der sich allerdings v.a. mit den materiell-rechtlichen Änderungen beschäftigt; vgl. *Ehlermann*, Ist die Verordnung Nr. 17 noch zeitgemäß?, WuW 1993, 997 ff.).

[129] *Verordnung* (EG) Nr. 659/1999 vom 22.3.1999 *über besondere Vorschriften für die Anwendung von Art. 93 des EG-Vertrages* (Abl. Nr. L 83 vom 27.3.1999, 1), Art. 22 und *Verordnung* (Euratom, EG) Nr. 2185/96 vom 11.11.1996 *betreffend die Kontrollen und Überprüfungen vor Ort durch die Kommission zum Schutz der finanziellen Interessen der Europäischen Gemeinschaften vor Betrug und anderen Unregelmäßigkeiten* (Abl. Nr. L 292 vom 15.11.1996, 2), Art. 7 Abs. 1.

[130] Näher dazu unten, Teil 6 Kap. 2 B.VI.

[131] Für das Wettbewerbsrecht siehe Art. 85 Abs. 1 S. 2 EGV [ex Art. 89]. Ebenso *Porteu de la Morandière* (Anm. 82), 355, siehe auch *Winterfeld* (Anm. 118), 525 f.

[132] Die einzige Zwangsmaßnahme gegenüber Mitgliedstaaten ist zur Zeit die Verhängung eines Zwangsgeldes nach Art. 228 EGV [ex Art. 171]. Siehe auch unten, Teil 6 Kap. 2.

[133] Siehe unten, Teil 4 Kap. 1 A. und C. Vgl. u.a. *Würdinger* in: *Würdinger/Wohlfarth* (Anm. 108), 23 f.; *Bünten* (Anm. 99), 183; *Gillmeister* (Anm. 118), 199 f.; *Nockelmann* (Anm. 118), 139 ff.

befugnisse und -pflichten des zuständigen Gemeinschaftsorgans zu achten. Derartige Regelungen sind im Zweifel *restriktiv* auszulegen.[134]

Auch eine *Beauftragung* anderer Stellen mit der Durchführung der Nachprüfungen ist denkbar.[135] Im Gegensatz zu der Regelung des Art. 47 EGKSV läßt Art. 284 EGV diese Frage offen.[136] In jedem Fall sind im Rahmen des EG-Vertrages die von der Rechtsprechung herausgearbeiteten Grenzen für die Delegation von Befugnissen zu beachten.[137] Insbesondere können nicht mehr Befugnisse übertragen werden, als dem Gemeinschaftsorgan selbst zustehen. Eine Delegation von *Ermessensbefugnissen* ist ganz *ausgeschlossen*,[138] so daß die Entscheidung über das *Ob* und *Wie* der Nachprüfung zunächst durch das zuständige Gemeinschaftsorgan – i.d.R. die Kommission – ergehen müßte. Lediglich mit der *„technischen" Durchführung* dürften dann Dritte beauftragt werden. Voraussetzungen der Beauftragung sind zudem die Eignung und Unvoreingenommenheit der beauftragten Person.[139] Im Rahmen umweltschutzbezogener Nachprüfungen kommt v.a. eine Beauftragung der Europäischen Umweltagentur in Betracht.[140]

---

[134] Näher dazu unten Teil 4 Kap. 2 C.II.4. Wohl auch *Porteu de la Morandière* (Anm. 82), 355.

[135] Im Verwaltungsverfahren gilt der gerichtliche Grundsatz der Unmittelbarkeit der Beweisaufnahme nicht (vgl. für das deutsche Recht *Brühl*, Die Sachverhaltsermittlung im Verwaltungsverfahren und ihre Bedeutung für den Entscheidungsprozeß, JA 1992, 193 [198]).

[136] Nach dem Wortlaut des Art. 47 Abs. 1 S. 2 EGKSV kann die Hohe Behörde Nachprüfungen durch Beauftragte „vornehmen lassen". Ablehnend zur Übertragung der Durchführung von Nachprüfungen gemäß Art. 213 EGV [a.F.] auf Subjekte des Privatrechts *Hanebuth* (Anm. 82), 55 ff. Zulässig soll danach allerdings die im Primär- oder Sekundärrecht ausdrücklich vorgesehene Einschaltung eines Sachverständigen sein, dessen Befugnisse genau umgrenzt sind und der keine Verwaltungsakte erlassen darf.

[137] Dazu unten, Teil 4 Kap. 2 A.II. Für Art. 47 EGKSV hat der Gerichtshof dagegen entschieden, daß durch eine solche Beauftragung die Hohe Behörde ihre Befugnisse nicht *delegiert*, sondern *ausübt* (EuGH *Emilia Barge*, [Anm. 124], 595 f.). Aufgrund der in Art. 47 EGKSV ausdrücklich enthaltenen diesbezüglichen Klausel kann diese Feststellung nicht auf den insoweit offen bleibenden Art. 284 EGV übertragen werden.

[138] Dazu unten, Teil 4 Kap. 2 A.II.1.

[139] Vgl. EuGH *Emilia Barge* (Anm. 124), 596 zu Art. 47 EGKSV.

[140] Im einzelnen hierzu unten, Teil 4 Kap. 2 B., insbesondere II.4.

cc) „Zur Erfüllung der ihr übertragenen Aufgaben"

Die Aufgaben der Kommission umfassen mit von Sachfrage zu Sachfrage unterschiedlicher Intensität die Vorbereitung und die Durchführung des Gemeinschaftsrechts, z.T. auch dessen Erlaß selbst. Speziell im Hinblick auf die Notwendigkeit der Einrichtung von Informationsverfahren sind hier die später noch näher zu untersuchenden Aufgaben und Pflichten zur Sachverhaltsermittlung *ex officio*, zur Begründung von Rechtsakten sowie das allgemeine Initiativmonopol und die Kontrollaufgaben der Kommission zu nennen.[141]

dd) Erforderlichkeit

Erforderlich ist eine Maßnahme, wenn ein gleich geeignetes aber milderes Mittel nicht zur Verfügung steht. Die vom Gerichtshof im *Unternehmensregisterurteil* verwendete Definition der Erforderlichkeit umschließt darüber hinausgehend auch die Angemessenheit der Informationspflicht im Sinne einer Güterabwägung zwischen dem beeinträchtigten und dem begünstigten Rechtsgut. Das Tatbestandsmerkmal ist justiziabel, wenn auch den Gemeinschaftsorganen ein Ermessensspielraum zugebilligt wird – eine Verletzung der Erforderlichkeit muß *offensichtlich* sein.[142]

Zum Zwecke der Festlegung einer konkreten Auskunftspflicht oder Pflicht zur Duldung von Nachprüfungen hat auf der Grundlage der jeweiligen sekundärrechtlichen Vorschrift im Vorhinein eine *Entscheidung* des jeweils handlungsermächtigten Organs zu ergehen.[143] Ent-

---

[141] Im einzelnen dazu Teil 6 Kap. 1 B. sowie zur Amtsermittlung Teil 3 Kap. 3 B. und zur Organzuständigkeit der Kommission Teil 4 Kap. 2 C.I. Vgl. auch *Smit/Herzog* (Anm. 67), Anm. 213.05, wonach dieses Tatbestandsmerkmal nicht zu eng interpretiert werden sollte.

[142] Im einzelnen zur Verhältnismäßigkeit administrativer Informationsverfahren unten, Teil 6 Kap. 1 C.I., dort auch eingehend zur Frage eines Stufenverhältnisses zwischen den verschiedenen Informationspflichten.

[143] Vgl. EuGH *Acciaieria e Tubificio di Brescia* (Anm. 119), 179 und 181 zu Art.47 EGKSV. Ebenso *Hanebuth* (Anm. 82), 297 ff. (insbesondere 300); *Arnold* (Anm. 115), 15 für Informationseingriffe mit „gesteigerter Intensität"; *Smit/Herzog* (Anm. 67), Anm. 213.08; *Hummer* in: *Grabitz/Hilf*, Art. 213 [a.F.], Rn. 25; *Grunwald* in: GTE (Anm. 67), Rn. 27 und 37 und *Schwarze* (Anm. 65), 1175. Allgemein hierzu auch *Lecheler*, Die allgemeinen Rechtsgrundsätze in der Rechtsprechung des Europäischen Gerichtshofes, 1967, 23 f. Bei Auskünften differenzierend *Würdinger*, Auskunftsrecht (Anm. 99), 580 f.

scheidungen sind *rechtsverbindliche* Einzelfallregelungen im Außenverhältnis – sie ergehen gegenüber den Mitgliedstaaten, den Unternehmen oder den Gemeinschaftsbürgern.[144] Sie sind mit einer Begründung zu versehen – nur so kann die rechtliche Kontrolle insbesondere auch des Tatbestandsmerkmals der „Erforderlichkeit" gewährleistet werden.[145] Ein – interner – Prüfungsauftrag genügt dem nicht.[146] Eine detaillierte Festlegung des Gegenstandes der Ermittlungen ist nach der Rechtsprechung des EuGH zu Art. 47 EGKSV hingegen nicht erforderlich. Weil Nachprüfungen wegweisend für weitere Ermittlungen sind, genüge es, wenn der verfolgte Zweck angegeben wird, aus dem sich die Notwendigkeit der Nachprüfungen ergibt. Eine vorweggenommene Feststellung der erwarteten Ergebnisse sei nicht notwendig und möglich, weil sie sich auf Grund der erfolgten Nachprüfungen ändern können.[147] Damit erfolgt eine Eingrenzung des Untersuchungsgegenstandes in der vorausgehenden Entscheidung primär aufgrund des anzugebenden Nachprüfungszweckes. Selbständige Auskunftsverlangen erfordern bereits *per definitionem* ein konkretes Ersuchen unter genauer Eingrenzung der zu beantwortenden Frage. Ansonsten stünde der Gegenstand der Auskunft im Belieben des Verpflichteten, so daß die darauf erfolgende Auskunft mit großer Wahrscheinlichkeit den Zweck des Ersuchens verfehlen würde.

(Anm. 65), 1175. Allgemein hierzu auch *Lecheler*, Die allgemeinen Rechtsgrundsätze in der Rechtsprechung des Europäischen Gerichtshofes, 1967, 23 f. Bei Auskünften differenzierend *Würdinger*, Auskunftsrecht (Anm. 99), 580 f. Vgl. auch Art. 14 Abs. 3 S. 1 der *Kartellverordnung* (Anm. 110), wonach die Unternehmen verpflichtet sind, „die Nachprüfungen zu dulden, welche die Kommission in einer Entscheidung angeordnet hat" sowie Art. 11 Abs. 5 dieser Verordnung: „... so fordert die Kommission die Auskunft durch Entscheidung an. Die Entscheidung bezeichnet die geforderten Auskünfte, bestimmt eine angemessene Frist zur Erteilung ...".

[144] Siehe nur *Lenz/Erhard*, Das Gemeinschaftsrecht – System, Entstehung, Anwendung, in: *Lenz*, EG-Handbuch Recht im Binnenmarkt, 2. Aufl. 1994, 51 (66).

[145] Ähnlich *Hanebuth* (Anm. 82), 300. Vgl. auch Art. 14 Abs. 3 S. 2 der *Kartellverordnung* (Anm. 110): „Die Entscheidung bezeichnet den Gegenstand und den Zweck der Nachprüfung,...". Näher dazu unten, Teil 6 Kap. 1 B.

[146] So auch *Hanebuth*, a.a.O., 305.

[147] EuGH *Acciaieria e Tubificio di Brescia* (Anm. 119), 181.

2. Statistiken (Art. 285 EGV)

Durch den *Amsterdamer Vertrag* ist nunmehr eine spezielle Ermächtigungsgrundlage für den Erlaß von Statistikvorschriften eingefügt worden. Art. 285 EGV sieht vor, daß der Rat nach dem Verfahren des Art. 251 EGV Maßnahmen für das Erstellen von Statistiken beschließt, wenn dies für die Durchführung der Tätigkeiten der Gemeinschaft erforderlich ist. Das Beschlußverfahren unterscheidet sich von dem des Art. 284 EGV erheblich. Im Mitentscheidungsverfahren nach Art. 251 EGV hat der Rat zum einen in der Form der qualifizierten Mehrheit anstelle der einfachen Pro-Kopf-Mehrheit zu beschließen. Zudem kommt der Kommission das Initiativmonopol zu und dem Parlament das Recht, bei abweichenden Stellungnahmen eine einstimmige Ratsentscheidung zu erzwingen oder gar das endgültige Scheitern des vorgeschlagenen Rechtsakts zu bewirken.

Inhaltlich sind die Grundsätze der Unparteilichkeit, der Zuverlässigkeit, der Objektivität, der wissenschaftlichen Unabhängigkeit, der Kostenwirksamkeit und der statistischen Geheimhaltung zu wahren (Art. 285 Abs. 2 EGV). Der Wirtschaft dürfen zudem keine übermäßigen Belastungen entstehen. Letzteres ist Ausdruck des Verhältnismäßigkeitsgebotes und wurde vom EuGH bereits vor dessen expliziter Verankerung im EGV als Maßstab für die Rechtmäßigkeit herangezogen, dabei allerdings sehr weit im Sinne einer „offensichtlichen" Unverhältnismäßigkeit ausgelegt.[148] Mit der Spezialnorm des Art. 285 EGV erübrigt sich nunmehr der dogmatische Umweg über die Vorschriften des freien Warenverkehrs, den der Gerichtshof zur Überprüfung der Verhältnismäßigkeit sekundärrechtlicher Statistikverpflichtungen von Wirtschaftsteilnehmern in der Rechtssache *Kiefer und Thill* gegangen ist.[149]

3. Sachgebietsbezogene Ermächtigungsgrundlagen

Zu klären bleibt, inwieweit eine sachgebietsbezogene Befugnisnorm auch zur Regelung von Verfahrensfragen berechtigt. Solche Verfahrensfragen können zum einen das Verwaltungsverfahren zwischen Mit-

---

[148] So explizit im Urteil „Unternehmensregister" (Anm. 83, insbesondere 3757, Rn. 46 f.); siehe auch das Urteil vom 25.6.1997, Rs. C-114/96 (*Strafverfahren gegen René Kiefer und Romain Thill*), Slg. 1997, S. I-3629 (3656 f., Rn. 33 ff.). Näher dazu unten, Teil 6 Kap. 1 C.I.1.

[149] A.a.O., 3655 f. (Rn. 27 ff.).

gliedstaaten und Gemeinschaftsbürgern und zum anderen das rein inneradministrative Verhältnis zwischen mitgliedstaatlicher Verwaltung und den Gemeinschaftsorganen sowie das horizontale Verhältnis der Mitgliedstaaten untereinander betreffen. Ersteres umfaßt die Informationspflichten von Privatpersonen gegenüber den Mitgliedstaaten einschließlich der mitgliedstaatlichen Ermittlungsbefugnisse und Kontrollpflichten, welche die Datengrundlage für daran anknüpfende administrative Informationsverfahren schaffen können.

Administrative Informationsverfahren dienen, wie dargestellt, als begleitendes Instrument der Vorbereitung und Durchführung von *inhaltlichen Primäraufgaben.*[150] Sie sollten zumindest dem Anspruch nach kein Zweck an sich sein, sondern über kurz oder lang zu einer inhaltlichen Entscheidung führen. Befugnisse zur Einrichtung und Organisation von administrativen Informationsverfahren können insofern als *Sekundärbefugnisse* bezeichnet werden. Nun kann argumentiert werden, daß nach dem Auslegungsgrundsatz des *effet utile* solche Sekundärbefugnisse, die für die Ausübung der Primärbefugnisse notwendig sind, automatisch als Annexkompetenz in den Primärbefugnissen enthalten sind.

a) Informationsverfahren als ungeschriebene Annexkompetenz

Sowohl die außenwirksamen als auch die rein inneradministrativen Informationsverfahren entscheidungsvorbereitender oder -durchführender Art sind Bestandteil des Verwaltungs*verfahrens.*[151] Die Rechtsetzungskompetenz zur Regelung von Informationsverfahren ist daher Bestandteil der Kompetenz zur Regelung des Verwaltungsverfahrens. In seinen Urteilen zu den Grenzen der Anwendbarkeit des nationalen Verfahrensrechts im Rahmen des EGV geht der Gerichtshof wie selbstverständlich von der Befugnis der Gemeinschaft zur (Mit-)Regelung des Verwaltungsverfahrens aus. Danach sind nationale Verfahrensvorschriften im Zusammenhang mit der Durchführung des Gemeinschaftsrechts anwendbar, *wenn* und *soweit* das Gemeinschaftsrecht keine entsprechende Regelung enthält.[152] In der Literatur wird aner-

---

[150] Siehe Teil 1 Kap. 2 insbesondere B. und G.

[151] Zur Definition des Verwaltungsverfahrens siehe oben, Teil 1 Kap. 2 G.

[152] So im Urteil vom 21.9.1983, verb. Rs. 205 bis 215/82 (*Deutsche Milchkontor/Deutschland*), Slg. 1983, 2633 (2665, Rn. 17); dazu mit weiteren Verweisen Teil 4 Kap.1 A. sowie Teil 6 Kap. 1 A.II.

kannt, daß die Gemeinschaft im Zusammenhang mit den materiellen Regelungen auch das entsprechende Verwaltungsverfahren festlegen darf.[153]

Explizit ist der Gerichtshof auf die Kompetenz zur Einrichtung von Informationsverfahren im Rahmen des EGKS-Vertrages eingegangen. Steht der Gemeinschaft die inhaltliche Regelungsbefugnis zu, so dürfe sie auch durch die Mitgliedstaaten auszuübende Kontrollpflichten vorsehen. Der Gerichtshof bezeichnete diese Regelungsbefugnis als „selbstverständliche, unumgängliche Ergänzung zu den Verpflichtungen der Regierungen".[154] Ansonsten bestünde die Gefahr, daß die Maßnahmen wirkungslos blieben. Die Mitgliedstaaten haben nicht nur die entsprechenden materiellen Vorschriften zu erlassen, sondern müssen auch deren Befolgung sicherstellen.[155] Infolgedessen habe die Hohe Behörde der EGKS die Kompetenz, in ihren Rechtsakten Informationspflichten vorzusehen, die von den Mitgliedstaaten umgesetzt werden müssen.[156] Die entsprechende Vertragsvorschrift müsse dies nicht

---

[153] Siehe insbesondere *Vedder*, (Teil)Kodifikation des Verwaltungsverfahrensrechts der EG?, EuR Beiheft 1 1995, 75 (91 ff.) mit weiteren Verweisen; *Rengeling*, Nationaler Verwaltungsvollzug von Gemeinschaftsrecht: Die Gemeinschaftskompetenzen, EuR 1974, 216 (230 f.); *Pache*, Der Schutz der finanziellen Interessen der Europäischen Gemeinschaften, 1994, 104 ff. sowie *ders.*, EG-rechtliche Möglichkeiten und Grenzen einer Harmonisierung nationaler Vollzugssysteme, in: *Lübbe-Wolff*, Der Vollzug des europäischen Umweltrechts, 1996, 177 (191 ff.); speziell zu Konsultations- und Informationspflichten *Zuleeg*, Kompetenzen (Anm. 63), 33 f., *ders.* dagegen ablehnend bei nicht materiell-rechtlich verknüpften Verfahrensregeln (a.a.O., 4 und 44). Implizit auch *Tetzel*, Anwendbares Verwaltungsverfahrensrecht beim Vollzug von europäischem Gemeinschaftsrecht, RIW 1982, 336 ff. und *Lenz/Erhard* (Anm. 144), 99. Vgl. *Scheuing*, Die Einheitliche Europäische Akte als Grundlage umweltrechtlicher Aktivitäten der Europäischen Gemeinschaft, in: *Behrens/Koch*, Umweltschutz in der Europäischen Gemeinschaft, 1991, 46 (54), der als Rechtsgrundlage für Vorschriften zu Umweltinformationen Art. 130 s EGV [a.F., jetzt Art. 175] anführt.

[154] Urteil vom 12.7.1972, Rs. 9/61 (*Niederlande/Hohe Behörde*), Slg. 1962, 433 (479).

[155] *Ibid.*

[156] EuGH, a.a.O., 475 ff. Die angefochtene Empfehlung forderte die Mitgliedstaaten auf, bestimmte Frachttafeln und Tarifbestimmungen entweder zu veröffentlichen oder der Hohen Behörde mitzuteilen. Eine Empfehlung der Hohen Behörde entspricht einer Richtlinie, sie ist verbindlich (Art. 14 EGKSV).

ausdrücklich vorsehen. Es genüge, daß die Kenntnis der Daten für die Rechtsausübung der betroffenen Personen notwendig ist.[157]

Auch bei einer primären Durchführungsverantwortung der Gemeinschaft dürfen den Mitgliedstaaten Informationsbeschaffungs- und Kontrollpflichten auferlegt werden. Im Namen der „praktischen Wirksamkeit" des EG-Rechts ist die Gemeinschaft nach der Rechtsprechung des Gerichtshofes im Bereich des vornehmlich direkten Vollzuges berechtigt, die Mitgliedstaaten derart in die Durchführung einzubeziehen.[158] Eine Verpflichtung zur Mitwirkung der Mitgliedstaaten beruhe auf der allgemeinen Pflicht, die Aufgabenerfüllung der Gemeinschaftsorgane zu erleichtern.[159] Darunter fällt die Einrichtung von Informationsverfahren. Insbesondere hier vermischen sich Elemente des direkten und des indirekten Vollzuges zu einem gemischt national-europäischen Verwaltungsverfahren.

Ähnlich der *ratio* der Annexkompetenzen im deutschen Verfassungsrecht erfordert die praktische Anwendung der Kompetenznormen im Gemeinschaftsrecht eine Auslegung, die sich an der effektiven Umsetzung und Zielerreichung der Sachnormen orientiert.[160] Vorbereitungs-, Durchführungs- und Kontrollverfahren bestimmen in erheblichem Umfang die Wirksamkeit von Sachnormen. Dies gilt um so mehr, wenn einheitliche Sachnormen in unterschiedlich strukturierte Verwaltungssysteme integriert werden müssen, die in sehr verschiedenen Traditio-

---

157 EuGH, a.a.O., 478 f.

158 *Ibid.*

159 EuGH Rs. 9/61, a.a.O., 477 zu Art. 86 Abs. 1 EGKSV, welcher dem Art. 10 EGV entspricht.

160 In diesem Sinne *Vedder* ([Anm. 153], a.a.O.), der sowohl für den Bereich des direkten als auch des indirekten Vollzuges eine Annexkompetenz für die Regelung des Verwaltungsverfahrens aus den materiellen Rechtsnormen herleitet. Vgl. *Rengeling*, Gemeinschaftskompetenzen (Anm. 153), 230 f., der zwar eine Regelungsbefugnis der Gemeinschaft als Annexkompetenz zu materiellrechtlichen Regelungskompetenzen ablehnt, aber auf der Grundlage der Rechtsfigur der *implied powers* zu demselben Ergebnis gelangt. Zur deutschen Dogmatik siehe nur BVerfGE 3, 407 (421 ff.). In der Literatur wird wegen der ausdrücklichen Vorschrift des Art. 84 GG zu den Zuständigkeiten für die Regelung des Verwaltungsverfahrens z.T. letzteres aus der Figur der Annexkompetenz herausgenommen (vgl. *Lerche* in: *Maunz/Dürig/Herzog/Scholz*, Grundgesetz, Bd. 3, 7. Aufl. 1991, Art. 84, Rn. 14 und *Kunig* in: *v. Münch/Kunig*, Grundgesetz-Kommentar, Bd. 3, 3. Aufl. 1996, Art. 70, Rn. 23 ff.).

nen verhaftet sind. Zwischen den Mitgliedstaaten bestehen und bestanden v.a. vor der zunehmenden Integration durch die Gemeinschaft erhebliche Unterschiede der Verwaltungsstrukturen. Diese unterschiedlichen Strukturen sind in traditionsgeprägten Verwaltungsstilen verwurzelt.[161] Eine weitgehende Angleichung der unterschiedlichen Verwaltungsstile im soziologischen Sinne kann zumindest nicht in den nächsten Jahren erwartet werden, eine solche Entwicklung im Tatsächlichen bedarf der Zeit, viel mehr Zeit als der Erlaß formeller Rechtsnormen erfordert. Daher ist es in manchen Bereichen um so notwendiger, die formellen Vorschriften des Verwaltungsverfahrens zu vereinheitlichen.[162] Einheitliche Regelungen des Verwaltungsverfahrens können zwar die unterschiedlichen Verwaltungsstile nicht gänzlich angleichen,[163] sie geben aber einen Anstoß für einen Prozeß der Annäherung und damit auch der einheitlicheren Anwendung des Gemeinschaftsrechts.[164] Durch einen strikten verfahrensrechtlichen Rahmen verbleibt

---

[161] Ausführlich *Bullinger*, Nationales Verwaltungsverfahren im Vorfeld europäischer Rechtsangleichung – Die Ermittlung des Sachverhalts, EuR Beiheft 1 1995, 35 ff. *Bullinger* unterscheidet zwischen der englischen, der französischen und der deutschen Verwaltungstradition, welche sich gerade im Hinblick auf die Sachverhaltsermittlung unterscheiden (insbesondere S. 40). Dies beruhe auf abweichenden nationalen Vorstellungen über die Rolle der Verwaltung (S. 35). *Siedentopf* und *Hausschild* unterschieden zwischen einem *legalistischen* – in Deutschland und Italien vorherrschenden – und dem *pragmatischen* Verwaltungsstil des anglo-irischen Rechtsraumes. Ersterer betont die streng rechtsförmliche, sich nach abstrakt-generellen Maßstäben richtende Aufgabenwahrnehmung, bei letzterem stehen Einzelfallentscheidungen, die informelle Kooperation und das konsensuale Verwaltungshandeln im Vordergrund (Europäische Integration und die öffentlichen Verwaltungen der Mitgliedstaaten, DÖV 1990, 445 [453]).

[162] Ähnlich *Bullinger*, der feststellt, daß das Gemeinschaftsrecht solange nicht hinreichend einheitlich angewendet wird wie die zuständigen nationalen Verwaltungen in hohem Maße unterschiedlich verfahren (a.a.O., 35, 40).

[163] Ebenso *Bullinger* (a.a.O., 40) und *Ionesco*, The application of Law and the Community Perspective, in: *Siedentopf/Ziller*, L'Europe des administrations ? – La mise en oeuvre de la législation communautaire dans les états membres, Bd. 1 1988, 203 (264). Eine gänzliche Angleichung der Verwaltungsstile ist wohl weder wünschenswert noch erforderlich.

[164] So weist *Schmidt-Aßmann* darauf hin, daß die unterschiedlichen europäischen Verwaltungsrechtsordnungen als „Netzwerk von Wirkungen und gegenseitigen Einflußnahmen" sehr wohl für Entwicklungsanstöße anderer Rechtsordnungen offen sind und dies bis zurück in das 19. Jahrhundert bereits waren (Zur Europäisierung des allgemeinen Verwaltungsrechts, in: FS Lerche, 1993,

den mitgliedstaatlichen Verwaltungen weniger Spielraum für eine unterschiedliche Anwendung des Gemeinschaftsrechts.[165] Engere Grenzen sind der gemeinschaftsrechtlichen Regelung der mitgliedstaatlichen Verwaltungsorganisation gesetzt.[166] Informationsverfahren können im Ergebnis als Annexkompetenzen auf der Grundlage von sachgebietsbezogenen Befugnisnormen eingerichtet werden, wenn sie für die Wirksamkeit der materiell-rechtlichen Vorschriften *erforderlich* sind.[167] Dabei sind die Grenzen der Subsidiarität und Verhältnismäßigkeit zu beachten.[168]

b) Ermächtigungsgrundlagen

Als sachbereichsbezogene Rechtsgrundlage für die Festlegung umweltschutzbezogener Informationsverfahren ist v.a. Art. 175 Abs. 1 und Abs. 2 EGV zu nennen. Aufgrund des Querschnittscharakters des Umweltschutzes, welcher als Teil der anderen Politiken der Gemeinschaft mitverfolgt werden kann und soll (Art. 6 EGV, ex Art. 130r Abs. 2 UAbs. 1 S. 3), ergeben sich viele weitere Politikbereiche, in denen umweltschutzrelevante Fragestellungen mitgeregelt werden. Zu nennen sind z.B. die Agrarpolitik, die Fischereipolitik, die Binnenmarktpolitik, die Forschungspolitik und die Handelspolitik.[169] Denkbare Ermächtigungsgrundlagen für umweltschutzbezogene Informationsverfahren wären damit u.a. Art. 37 EGV (ex Art. 43), Art. 95 Abs. 1

---

513 [513, 517]; siehe auch *ders.*, Les influences réciproques entre les droits administratifs nationaux et le droit administratif européen, L'actualité juridique – Droit administratif, 1996, 146 ff.).

165 Eine Kompetenz zur sachbereichsübergreifenden Regelung des allgemeinen Verwaltungsverfahrensrechts ist dagegen wohl abzulehnen. Siehe dazu Teil 2 Kap. 1 B.II.

166 Siehe unten, Teil 4 Kap. 1 C.II.

167 Vgl. *Zuleeg*, Kompetenzen (Anm. 63), 44 und *Rengeling*, Gemeinschaftskompetenzen (Anm. 153), 230 f., beide unter Betonung der Grenzen dieser Regelungsbefugnis. Wird das Verwaltungsverfahren nicht mitgeregelt, so obliegt es nach Art. 10 EGV den Mitgliedstaaten, die für die Durchführung erforderlichen Maßnahmen zu treffen (siehe unten, Teil 4 Kap. 1 C.I.).

168 Näher hierzu unten, Teil 6 Kap. 1 C.

169 Ausführlich hierzu *Schroer* (Anm. 69), 97 ff. und *Stroetmann*, Einführung, in: *Rengeling*, Umweltschutz und andere Politiken der Europäischen Gemeinschaft, 1993, 1 (3 ff.).

EGV (ex Art. 100a) und Art. 164 ff. EGV (ex Art. 130g ff.).[170] Im Rahmen sachbereichsbezogener Regelungen können, wie oben dargestellt, auch administrative Informationsverfahren eingerichtet werden. Diese ausdrücklich zur sekundären Rechtsetzung ermächtigenden Normen sind mangels eines eigenständigen inhaltlichen Regelungsgehaltes dagegen allesamt der unmittelbaren Anwendung nicht fähig.

4. Die „Generalermächtigung" des Art. 308 EGV

Art. 308 EGV (ex Art. 235) ist nach ständiger Rechtsprechung des Gerichtshofes gegenüber den anderen Vertragsbestimmungen subsidiär.[171] Dies ergibt sich schon eindeutig aus dem Wortlaut, wonach die zur Zielverwirklichung erforderlichen Befugnisse nirgendwo sonst im Vertrag vorgesehen sein dürfen. Da zumindest Art. 284 EGV eine umfassende Auffangbefugnis für die Festsetzung administrativer Informationsverfahren verleiht, kommt ein Rückgriff auf Art. 308 EGV i.d.R. nicht in Betracht. Etwas anderes mag für den Erlaß sachbereichsübergreifender Amtshilfepflichten gelten, wenn sich diese nicht auf die Regelung von Informationshilfepflichten beschränken.[172]

5. Die Gemeinschaftstreue (Art. 10 EGV)

Wie noch näher auszuführen sein wird beinhaltet Art. 10 EGV (ex Art. 5) i.V.m. anderen gemeinschaftsrechtlichen Bestimmungen sowohl unmittelbar anwendbare Informationspflichten als auch Nebenpflichten hinsichtlich der Art und Weise der Durchführung administrativer In-

---

[170] Zu den einzelnen Kompetenznormen *Schroer*, a.a.O. und *Thiel* (Anm. 69), insbesondere 27 ff. *Schroer* und *Thiel* nennen zudem die Art. 118a Abs. 2 EGV (Arbeitsumwelt) [a.F., jetzt geregelt in Art. 137 EGV n.F.], 75 EGV (Verkehr) [a.F., jetzt Art. 71], 55 EGKSV (Energie) und 130e Abs. 1 EGV (regionale Umweltschutzbeihilfen) [a.F., jetzt Art. 162].

[171] EuGH, Urteil vom 28.5.1998 „IDA" (Anm. 69), 3249 (Rn. 22); Urteil vom 7.7.1992, Rs. C-295/90 (*Parlament/Rat*) „Aufenthaltsrecht der Studenten", Slg. 1992, S. I-4193 (4233, Rn. 11); Urteil vom 30.5.1989, Rs. 242/87 (*Kommission/Rat*) „Erasmus", Slg. 1989, 1425 (1452, Rn. 6); Urteil vom 26.3.1987, Rs. 45/86 (*Kommission/Rat*) „Allgemeine Zollpräferenzen", Slg.1987, 1493 (1520, Rn. 13); Urteil vom 18.2.1964, verb. Rs. 73 und 74/63 (*N.V.Internationale Crediet- en Handelsverenigung „Rotterdam" u.a.*), Slg.1964, 1 (29).

[172] Näher dazu unten, Kap. 3.A.

formationsverfahren. Er stellt aber *keine* selbständige *Ermächtigungsgrundlage* für eine Rechtsetzungstätigkeit der Gemeinschaftsorgane, insbesondere der Kommission, dar.[173]

6. Das Verhältnis von Art. 284 EGV zu Art. 285 EGV und den sachgebietsbezogenen Ermächtigungsgrundlagen

Wird eines der oben genannten Politikfelder als Hauptzweck verfolgt, kann auf die einschlägige sachgebietsbezogene Ermächtigungsnorm auch für diesbezügliche Informationsverfahren zurückgegriffen werden. Dabei ist noch ungeklärt, ob Art. 284 EGV demgegenüber eine frei wählbare, alternative Ermächtigungsgrundlage darstellt, gegenüber den sachgebietsbezogenen Ermächtigungsgrundlagen zurücktritt oder sogar Vorrang genießt.

Im *Transparenzrichtlinienurteil* entschied der Gerichtshof, daß Art. 213 EGV (a.F., jetzt Art. 284 EGV) zumindest dann *kein Vorrang* zukommt, wenn eine sachgebietsbezogene Ermächtigungsgrundlage zur Verfügung steht. Da Art. 284 EGV zu den „Allgemeinen Schlußbestimmungen" des Vertrages gehört, stehe er den Befugnissen nicht entgegen, die den Gemeinschaftsorganen durch sonstige Bestimmungen des Vertrages zuerkannt werden.[174] Ähnlich auch ein Urteil zur Sozialpolitik, das *Wanderungspolitikurteil.* Hier hatte die Kommission – entgegen dem Willen mehrerer Ratsmitglieder – auf der Basis von Art. 118 EGV (a.F.) [175] ein horizontales Informations- und Konsultationsverfahren eingerichtet.[176] Nachdem der Gerichtshof die Anwendbarkeit von

---

[173] Ausführlicher im folgenden Kapitel (Kap. 2).

[174] EuGH „Transparenzrichtlinie" (Anm. 101), 2574 (Rn. 10). In diesem Rechtsstreit ging es um eine auf Art. 90 Abs. 3 EGV [a.F., jetzt Art. 86] gestützte Richtlinie der Kommission, welche als Hauptbestandteil Informationspflichten der Mitgliedstaaten zu den finanziellen Verflechtungen bei öffentlichen Unternehmen vorsah. Ausführlicher zu diesem Urteil Teil 4 Kap. 2 C.II.2.b.

[175] Eine inhaltlich ähnliche Befugnis kommt der Kommission nunmehr in Art. 140 EGV n.F. zu.

[176] EuGH, Urteil vom 9.7.1987, verb. Rs. 281, 283 bis 285 und 287/85 (*Deutschland*, *Frankreich*, *Niederlande*, *Dänemark*, *Vereinigtes Königreich/Kommission*) „Wanderungspolitik", Slg. 1987, 3203 ff. Frankreich und die Bundesrepublik Deutschland argumentierten, daß die richtige Rechtsgrundlage Art. 213 bzw. Art. 5 EGV [a.F.] gewesen wäre (a.a.O., 3234 f.). Diese Argumentation verwarf Generalanwalt *Mancini* (Schlußanträge, 3235). Art. 5 EGV

Art. 118 EGV (a.F.) bejahte, konstatierte er, daß sich nun die Prüfung, ob dasselbe Ergebnis auch über andere Vertragsvorschriften (wie Art. 284 EGV) erreicht worden wäre, erübrige.[177] Implizit ordnete er damit Art. 284 EGV als subsidiäre *lex generalis* ein. Im bereits behandelten *Unternehmensregisterurteil* stellt der Gerichtshof klar, daß Art. 284 EGV jedoch dann die vorrangige Ermächtigungsgrundlage darstellt, wenn es um den Erlaß von *übergreifenden*, mehrere Sachbereiche umfassenden Informationspflichten geht.

Bei Art. 284 EGV handelt es sich also *nicht* um eine *lex specialis* für alle Arten der Informationsbeschaffung durch die Gemeinschaft, sondern vielmehr um eine *lex generalis* für alle nicht mit einem speziellen Sachbereich verknüpften Informationspflichten.[178] Besteht dagegen eine Befugnisnorm für einen als Hauptzweck zu regelnden Sachbereich, können auch auf dieser Basis Informationspflichten der Mitgliedstaaten erlassen werden. Dies gilt insbesondere auch im Verhältnis zu Art. 285 EGV, der seit dem Inkrafttreten des *Amsterdamer Vertrages* eine gegenüber Art. 284 EGV vorrangige *lex specialis* für den Erlaß von Statistiken darstellt.[179] Insofern ist Art. 284 EGV eine *Auffangvorschrift ohne Sperrwirkung* gegenüber den sachgebietsbezogenen Ermächtigungsgrundlagen.

[a.F.] sei eine *lex generalis*, die hinter die speziellen Vorschriften zurücktreten müsse und sehr viel besser zu den vertikalen Mitwirkungshandlungen (d.h. zu den Beziehungen zwischen der Kommission und den Mitgliedstaaten) als zu den horizontalen Beziehungen passe. Art. 213 EGV [a.F.] sei zwar die „Generalvorschrift des Systems", es sei aber falsch, Art. 213 EGV [a.F.] „zu einem Fetisch zu erheben". Die von ihm vorgeschriebenen Formen seien zwar wichtig, jedoch nicht angesichts des Grundsatzes der Wirksamkeit des Verwaltungshandelns, welcher ein rechtzeitiges Eingreifen zumindest in den Fällen verlange, in denen ein allgemeines Interesse zu schützen sei. Nach dieser Argumentation ginge also die Wirksamkeit des Verwaltungshandelns jeder beschränkenden, rechtsförmlichen Auslegung vor, eine Argumentation, die die Wahl der Rechtsgrundlage nicht mehr überprüfbar macht. Der Gerichtshof ist letztlich nicht auf diese Argumente eingegangen.

[177] EuGH, a.a.O., 3254 (Rn. 31). Eine Feststellung, die in ihrer Beiläufigkeit wegen der fundamental unterschiedlichen Entscheidungsverfahren erstaunt.

[178] Ähnlich bereits *Smit/Herzog* (Anm. 67), Anm. 213.04.

[179] Vor dessen Erlaß mußten Statistikverordnungen, die keinem speziellen Sachbereich zuzuordnen waren, auf Art. 284 EGV gestützt werden. So z.B. die *Statistikgeheimnisverordnung* (Anm. 68).

Inwiefern die jeweiligen Spezialregelungen zwingend vorgehen oder der Rat wahlweise auf Art. 284 EGV zurückgreifen darf, ist damit noch nicht entschieden. Diese Frage spielt v.a. wegen der unterschiedlichen Verfahrens- und Abstimmungsvorschriften eine Rolle. Die jeweiligen verfahrensrechtlichen Unterschiede sind erheblich. Denn die nach Art. 284 i.V.m. Art. 205 Abs. 1 EGV (ex Art. 148) einschlägige Mehrheit der Ratsmitglieder ist eine *Pro-Kopf-Mehrheit* der Mitglieder, wohingegen die nach Art. 175 und Art. 95 EGV i.V.m. Art. 251 EGV (ex Art. 130s, 100a und 189b) ausschlaggebende qualifizierte Mehrheit nach einer *Stimmenwägung* errechnet wird (Art. 205 Abs. 2 EGV).[180] Zudem kommt nach dem Kodezisionsverfahren des Art. 251 EGV dem Parlament ein echtes Mitentscheidungsrecht zu, welches bei Art. 284 EGV fehlt.

Die verfahrensrechtlichen Bestimmungen für sachgebietsbezogene Regelungen dürfen *nicht umgangen* werden. Daher ist von einem Vorrang dieser Befugnisnormen auszugehen, wenn die Informationsverfahren mit den materiellen Bestimmungen derartig verknüpft sind, daß das Verfahren eindeutig der Durchführung bestimmter materieller Anforderungen dienen soll und von diesen nicht getrennt werden kann, ohne seinen Sinn und seine Verständlichkeit zu verlieren. Ein Rückgriff auf Art. 284 EGV als selbständige Ermächtigungsgrundlage scheidet daher v.a. bei den produkt- und anlagenbezogenen *Anzeige- und Genehmigungsverfahren* i.d.R. aus, ebenso bei den stark materiell-rechtlich geprägten *Identifikations- und Planungspflichten*. Vorrangig ist Art. 284 EGV dagegen bei sachgebietsübergreifenden selbständigen Informationsverfahren, bei denen die berührten Ermächtigungsgrundlagen unterschiedliche Abstimmungsverfahren vorsehen und kein Hauptzweck zu erkennen ist. Das gilt v.a. für den Bereich der *Informationsvorsorge*, wenn die angeforderten Informationen für mehr als eine Gemeinschaftspolitik verwendbar sind.[181] Der Bereich der Statistiken ist allerdings nunmehr durch Art. 285 EGV als *lex specialis* abgedeckt.[182]

---

[180] Dazu oben, B. (am Anfang).

[181] Zur Informationsvorsorge oben, Teil 2 Kap. 5 B.

[182] Hiergegen spricht im Ergebnis auch nicht die Rechtsprechung des EuGH zu Art. 47 EGKSV, welcher im Verhältnis zu anderen Ermächtigungsgrundlagen des EGKS-Vertrages ausdrücklich als gleichrangige Vorschrift eingeordnet wurde (Urteil vom 10.12.1957, Rs. 8/56, *A.L.M.A./Hohe Behörde*, Slg. 1957, 189 [201]). Auf Art. 47 EGKSV kann nach dieser Rechtsprechung auch ein materiell-rechtlich verknüpftes Melde- und Kontrollsystem gestützt werden, das der Überwachung anderer Vertragsvorschriften dient (EuGH Rs. 1/54, [Anm.

Als Zwischenergebnis ist festzustellen, daß Art. 284 EGV eine selbständige Rechtsgrundlage für durch den Rat sekundärrechtlich festgelegte administrative Informationsverfahren darstellt, und zwar nicht nur für bereits verfügbare Daten, sondern auch für Datenerhebungspflichten und Informationsrahmendaten. Im Verhältnis zu besonderen sachbereichsbezogenen Ermächtigungsgrundlagen – so v.a. Art. 175 EGV und Art. 95 EGV – ist Art. 284 EGV vorrangig einschlägig, wenn die Informationsverfahren gleichwertig mehreren Politikbereichen der Gemeinschaft dienen sollen und nicht mit den materiellen Regelungen eines Sachgebietes derartig verwoben sind, daß sie ihre *ratio* und Verständlichkeit durch eine selbständige Regelungen auf der Basis von Art. 284 EGV verlieren würden. Bei Statistiken ist auf den neu eingefügten Art. 285 EGV zurückzugreifen. Auf keinen Fall darf und kann Art. 284 EGV unmittelbar oder mittelbar zur Grundlage materiellrechtlicher Regelungen gemacht werden. Dies würde eine Umgehung der – durchweg schärferen – Anforderungen der sachgebietsbezogenen Entscheidungsverfahren und inhaltlichen Regelungsbefugnisse bedeuten. Bei unselbständigen, materiell-rechtlich geprägten Informationsverfahren ist daher auf die sachgebietsbezogenen Ermächtigungsgrundlagen zurückzugreifen.

Kapitel 2: Die Gemeinschaftstreue als allumfassende Rechtsgrundlage administrativer Informationsverfahren ?

In der Literatur und bei der Kommission wird unter Verweis auf die Rechtsprechung des Gerichtshofes vertreten, daß sich aus Art. 10 EGV (ex Art. 5) zumindest Auskunftspflichten, z.T. aber auch umfassende administrative Unterrichtungs-, Berichts- und Konsultationspflichten ergeben.[183] Die als Beleg angeführten Urteile des Gerichtshofes sollen

---

105], 33). Im Gegensatz zum EG-Vertrag ist der EGKS-Vertrag, wie oben dargestellt, ein im Gemeinschaftsvollzug durchzuführender Verwaltungsvertrag, der kein dem EGV entsprechend umfangreiches System sachgebietsbezogener Ermächtigungsgrundlagen für die sekundäre Rechtsetzung vorweist.

[183] In diesem Sinne *Bleckmann*, Art. 5 EWG-Vertrag und die Gemeinschaftstreue, DVBl. 1976, 483 (487) in Bezug auf „umfassende Berichts-, Auskunfts- und Geheimhaltungspflichten"; umfassend auch *Segond* (Anm. 1), 103 ff. (unter Ausschluß von regelmäßigen Informationsbeziehungen) und *Kahl*, Umweltprinzip und Gemeinschaftsrecht, 1992, 136 ff., der von Berichts-, Mitteilungs- und Auskunftspflichten spricht und diese i.V.m. Art. 213, 155, 169 EGV [a.F.]

und dem „Umweltprinzip" sieht; *Hummer* in: *Grabitz/Hilf*, Art. 213 [a.F.], Rn. 3 sowie Art. 155 [a.F.] Rn. 13, der von einer dem Art. 15 EGV [a.F.] zu entnehmenden mitgliedstaatlichen Auskunfts- und Unterrichtungspflicht ausgeht; siehe auch *Blanquet*, L'Article 5 du Traité C.E.E., 1993, 145 ff.; *Albin*, Die Vollzugskontrolle des europäischen Umweltrechts, 1999, 252 f., die von einer allgemeinen Unterrichtungs-, Berichts- und Auskunftspflicht der Mitgliedstaaten über die Durchführung des Gemeinschaftsrechts spricht; *Everling*, Zur Erhebung von Statistiken durch Organe der Europäischen Wirtschaftsgemeinschaft, BB 1961, 420 (421) hinsichtlich der Weitergabe vorhandener statistischer Daten. In Bezug auf Auskünfte: *Wohlfarth* in: *Würdinger/Wohlfarth* (Anm. 99), 31 f.; ebenso *Grunwald* in: GTE (Anm. 67), Rn. 19; *Kapteyn/Verloren van Themat*, Introduction to the Law of the European Communities, 3. Aufl. 1998, 207 f.; *Temple Lang*, Community Constitutional Law: Article 5 EEC Treaty, CMLR 1990, 645 (672 f.); *Porteu de la Morandière* (Anm. 82), 301 ff.; *Schmitt v.Sydow* (Anm. 99), 32; *ders.* in: GTE, Bd. 4, 5. Aufl. 1997, Art. 155, Rn. 13 und *Schwarze* (Anm. 65), 1175. Ähnlich *Epiney*, Umweltrecht in der Europäischen Union, 1997, 150 sowie *dies.*, Grundlagen und Überblick, in: EUDUR, Bd. 1 1998, § 30, Rn. 26 f.; *Bünten* (Anm. 99), 187 f. sowie *Hanebuth* (Anm. 82), 48, beide in Bezug auf die „Beschaffung von Auskünften". Vgl. *Winter* (Anm. 2), 23, der sich außer auf Art. 5 EGV [a.F.] auch auf die Rechtsfigur der *implied powers* i.V.m. den Aufgaben der Kommission im Bereich der Aufsicht, der Gesetzgebung und des eigenen Verwaltungsvollzuges bezieht. Siehe auch die Begründung zur *Statistikgeheimnisverordnung* (Anm. 68). Darin heißt es: „Nach Art. 5 EWG-Vertrag und Art. 192 EAGV sind die Mitgliedstaaten verpflichtet, der Gemeinschaft die Erfüllung ihrer Aufgaben zu erleichtern. Dies schließt die Übermittlung *aller dafür erforderlichen Informationen* ein." (2. Begründungserwägung) [Hervorhebung durch den Verfasser]. Ebenso die Begründung der neuen *Beihilfenverfahrensverordnung* Nr. 659/1999 (Anm. 129), 6. Begründungserwägung („Nach Art. 5 des Vertrages sind die Mitgliedstaaten verpflichtet, mit der Kommission zusammenzuarbeiten und ihr alle zur Erfüllung ihrer Verpflichtungen aus dieser Verordnung erforderlichen Informationen bereitzustellen."); ähnlich auch die 5. Begründungserwägung der *Normeninformationsrichtlinie* (dazu Teil 2 Kap. 2 A.II.2.b.aa.). Ebenso Generalanwalt *Reischl* in den Schlußanträgen zum *Transparenzrichtlinienurteil* (Anm. 101), 2568, Nr. 5 sowie die in den Schlußanträgen wiedergegebene Argumentation der Kommission (a.a.O., Nr. 9). Ausführlich hierzu auch die *Mitteilung der Kommission zur Zusammenarbeit der Verwaltungen* (Anm. 101), insbesondere IV. Nr. 22 zu horizontalen Informationspflichten der Mitgliedstaaten sowie Anhang 1, Nr. 5 ff. Kritisch dagegen *Schermers/Pearson* (Anm. 98), 1371 f.; *Constantinesco, V.*, L'article 5 CEE, de la bonne foi à la loyauté, in: FS Pescatore, 1987, 97 (110 ff.); *Zuleeg* in: GTE, Bd. 1, 5. Aufl. 1997, Art. 5, Rn. 2 und *v. Bogdandy* in: *Grabitz/Hilf*, Art. 5 [a.F.], Rn. 32 sowie eindeutig ablehnend für Informations- und Konsultationspflichten im Umweltbereich *Randelzhofer/Harndt*, Grenzüberschreitende Zusammenarbeit bei der Umweltverträglichkeitsprüfung, Umweltim folgenden im Hinblick auf ihren genauen Verpflichtungsgehalt, d.h. im Hinblick auf die Frage, unter welchen Umständen welche genauen Pflichten bestehen, untersucht werden.

A. Die Dogmatik des Art. 10 EGV

Bei der rechtlichen Analyse wird im folgenden zwischen zwei verschiedenen in Art. 10 EGV verankerten Pflichtenarten unterschieden. Zum einen sind *Informationspflichten als solche*, d.h. die Verpflichtung zur Informationsbeschaffung und -weitergabe, zu untersuchen. Zum anderen handelt es sich um unselbständige *Nebenpflichten*, welche die Art und Weise der Informationsbeschaffung und -weitergabe bestimmen.[184] Letztere können auch als Qualitätsanforderungen bezeichnet werden. Sie sind nicht selbständig einklagbar, sondern knüpfen an eine bestehende Informationspflicht an, welche entweder aus dem Primär- oder dem Sekundärrecht stammt.

Ein z.T. in der Wissenschaft unternommener Vergleich zum Grundsatz der Bundestreue[185] und damit auch den hieraus entspringenden Informationspflichten[186] hilft bei der Auslegung der Gemeinschaftstreue nur

---

bundesamt, Berichte 2/89, 1989, 35 ff. und 104 sowie *Constantinesco, L.* (Anm. 64), 300. Siehe des weiteren die im folgenden zitierte Literatur.

[184] Ähnlich *Bleckmann*, Art. 5 EWG-Vertrag, a.a.O., 484; vgl. *Jarass*, Grundfragen der innerstaatlichen Bedeutung des EG-Rechts, 6 f.

[185] Siehe nur *Constantinesco, V.*, L'article 5 CEE (Anm. 183), 105 ff.; *Lück*, Die Gemeinschaftstreue als allgemeines Rechtsprinzip im Recht der Europäischen Gemeinschaft – Ein Vergleich zur Bundestreue im Verfassungsrecht der Bundesrepublik Deutschland, 1992; vgl. *Zuleeg*, Verfassung (Anm. 64), 584 f.; vgl. auch *v. Bogdandy*, Information und Kommunikation in der Europäischen Union: föderale Strukturen in supranationalem Umfeld, in: *Schmidt-Aßmann/Hoffmann-Riem*, Verwaltungsrecht in der Informationsgesellschaft, 2000, 133 (140 f.).

[186] Dazu *Steinberg*, Grenzüberschreitende Informationsansprüche im Bundesstaat, NJW 1987, 2345 ff. sowie *Bauer*, Die Bundestreue, 1994, 346 ff., der unter Zitat von *Saladin* die Bundestreue als „Pflicht zu *wechselseitiger Information* über Vorhaben und Beschlüsse, die für andere ‚Bundesstaatspartner' wichtig sind" und „Pflicht zu *wechselseitiger Konsultation* vor Entscheidungen, die sich auf die Tätigkeit der Partner besonders auswirken können" umschreibt [Hervorhebungen durch die Verf.].

im Sinne einer differenzierenden Gegenüberstellung weiter.[187] Inzwischen ist anerkannt, daß die Regeln von Bundesstaaten wegen der Gefahr von begriffsjuristischen Zirkelschlüssen und wegen der Eigenständigkeit der Gemeinschaftsrechtsordnung nicht auf die Gemeinschaft übertragbar sind.[188]

I. Der allgemeine Verpflichtungsgehalt des Art. 10 EGV

Art. 10 EGV enthält drei verschiedene Pflichten der Mitgliedstaaten, zwei Tätigkeitspflichten und eine Unterlassungspflicht.[189] In seinen Urteilen unterscheidet der Gerichtshof selten zwischen diesen Pflichten. Meist beschränkt er sich auf das Zitat von Art. 10 EGV i.V.m. der Wiedergabe des jeweils einschlägigen Wortlautes.[190]

Zunächst sind die Mitgliedstaaten gehalten, „alle geeigneten Maßnahmen" zur Erfüllung der *Verpflichtungen*, die sich aus dem primären oder sekundären Gemeinschaftsrecht ergeben, zu treffen (Art. 10 Abs. 1 S. 1 EGV). Diese Klausel wird vom Gerichtshof vornehmlich als

---

[187] In diesem Sinne *Lück* (Anm. 185); siehe auch *Rengeling*, Gemeinschaftskompetenzen (Anm. 153), 221 f.

[188] Vom EuGH ausdrücklich konstatiert im Urteil vom 9.8.1994, Rs. C-359/92 (*Deutschland/Rat*) „Produktsicherheitsrichtlinie", Slg. 1994, S. I-3681 (3712, Rn. 38): „..., daß die Vorschriften, die die Beziehungen zwischen der Gemeinschaft und ihren Mitgliedstaaten betreffen, nicht die gleichen sind wie diejenigen, die den Bund und die Länder miteinander verbinden". So bereits in den 70er Jahren *Ipsen, H.P.* (Anm. 62), 917; *Rengeling*, Gemeinschaftskompetenzen, a.a.O., 222 und *Constantinesco, L.* (Anm. 64), 682; siehe auch *Kössinger* (Anm. 102), 89 f. und *Bünten* (Anm. 99), 193. Nach h.M. ist die Gemeinschaft zwischen einem Staatenbund und einem Bundesstaat einzuordnen (vom BVerfG im *Maastricht Urteil* als „Staatenverbund" bezeichnet, Urteil vom 12.10.1993, BVerfGE 89, 155 [184 und 189]; aus der Literatur *Breitenmoser*, [Anm. 58], 971 ff. und *Isensee*, [Anm. 62], 567 ff., insbesondere 572 [dort Anm. 16], jeweils mit weiteren Verweisen sowie *Oppermann*, [Anm. 64], Rn. 887 ff.). *Bleckmann* spricht der Gemeinschaft zwar bundesstaatliche Züge zu, lehnt aber ebenfalls eine Staatsqualität ab (Kooperationsvölkerrecht, [Anm. 7], 488 f.). *Zuleeg* wendet „föderative Grundsätze" an, lehnt aber auch die Bundesstaatseigenschaft der Gemeinschaft ab (Verfassung, [Anm. 64], 584).

[189] Zum ganzen ausführlich *v. Bogdandy* in: *Grabitz/Hilf*, Art. 5 [a.F.], Rn. 10 ff. sowie *Blanquet* (Anm. 183).

[190] Siehe auch *Zuleeg* in: GTE (Anm. 183), Rn. 5; *v. Bogdandy*, a.a.O., Rn. 25.

Grundlage für die Pflicht der Mitgliedstaaten, das Gemeinschaftsrecht – soweit erforderlich – in nationales Recht umzusetzen und mittels der geeigneten Maßnahmen durchzuführen, herangezogen. Art. 10 Abs. 1 S. 2 EGV verpflichtet die Mitgliedstaaten zur Erleichterung der Erfüllung der *Aufgaben* der Gemeinschaft und geht damit weiter als Art. 10 Abs. 1 S. 2 EGV, welcher sich nur auf bereits bestehende, konkrete Rechtspflichten der Mitgliedstaaten bezieht.[191] Dieser Satz enthält eine umfassende Mitwirkungspflicht der Mitgliedstaaten. Art. 10 Abs. 2 EGV enthält dagegen eine *Unterlassungspflicht*. Danach sind alle Maßnahmen zu unterlassen, die die Verwirklichung der Ziele des Vertrages gefährden könnten. Der Gerichtshof entnimmt aus Art. 10 EGV insgesamt eine allgemeine *Mitwirkungspflicht*,[192] *loyale Zusammenarbeitspflicht* [193] und *redliche Unterstützungspflicht*.[194] Dabei handelt es sich mehr um Verhaltenspflichten im Sinne eines redlichen *Bemühens* mit einem Spielraum für die Berücksichtigung der Einzelumstände, als um eine Pflicht zur Herbeiführung eines unabhängig von den Umständen des Einzelfalles im vorhinein abstrakt festgelegten Erfolges.[195] Den Mitgliedstaaten kommt bei der Bestimmung der nach Art. 10 EGV zu treffenden „geeigneten Maßnahmen" ein gewisser Gestaltungsspielraum

---

[191] Aus der Literatur siehe nur *Constantinesco, L.* (Anm. 64), 295 ff.; *Schermers/Pearson* (Anm. 98), 1377.

[192] EuGH, Urteil vom 16.12.1976, Rs. 45/76 (*Comet/Produktschap voor Siergewassen*), Slg. 1976, 2043 (2053, Rn. 11/18).

[193] EuGH, Urteil vom 5.12.1989, Rs. 165/88 (*Oro Amsterdam Beheer en Concerto/Inspecteur der Omzetbelasting*), Slg. 1989, 4081 (4098, Rn. 15); Urteil vom 2.2.1989, Rs. 94/87 (*Kommission/Deutschland*) „Primäraluminiumhersteller", Slg. 1989, 175 (192, Rn. 9); Urteil vom 15.1.1986, Rs. 44/84 (*Hurd/Jones*), Slg. 1986, 29 (82 f., Rn. 45); Rs. C-8/88 (*Deutschland/Kommission*) „EAGFL", Slg. 1990, S. I-2321 (2360 f. Rn. 20); Beschluß vom 13.7.1990, Rs. C-2/88 Imm. (*Zwartveld u.a.*), Slg. 1990, S. I-3365 (3372, Rn. 17); siehe auch Urteil vom 6.5.1982, Rs. 54/81 (*Fromme/BALM*), Slg. 1982, 1449 (1463, Rn. 5): „Grundsatz der Zusammenarbeit".

[194] EuGH, Urteil vom 5.4.1990, Rs. C-6/89 (*Kommission/Belgien*), Slg. 1990, S. I-1595f. (in den Leitsätzen, abgekürzte Veröffentlichung).

[195] Vgl. *Constantinesco, V.*, L'article 5 CEE (Anm. 183), 103 f., der unter Bezugnahme auf *Combacau* das französische Begriffspaar der „obligation de comportement" und der „obligation de résultat" verwendet. Siehe auch *v. Bogdandy*, Rechtsfortbildung mit Art. 5 EG-Vertrag, in: GS Grabitz, 1995, 17 (21), der auf die Notwendigkeit einer im Rahmen von Art. 5 EGV [a.F.] stattfindenden Abwägung sämtlicher geförderter und beeinträchtigter Rechtsgüter hinweist.

zu.[196] Zu diesen Maßnahmen gehören grundsätzlich auch Informationsverfahren und Konsultationen.[197]

Art. 10 EGV begründet nach der Rechtsprechung aber nicht nur Pflichten der Mitgliedstaaten gegenüber der Gemeinschaft, sondern auch umgekehrt. Der Grundsatz der loyalen Zusammenarbeit legt ebenso den Gemeinschaftsorganen die Pflicht der Zusammenarbeit mit den Mitgliedstaaten auf.[198] Besondere Zusammenarbeitspflichten obliegen den Mitgliedstaaten in Ausnahmesituationen.[199] Im Ergebnis dient Art. 10 EGV unstreitig als Ansatzpunkt für eine umfassende, gegenseitige Zusammenarbeits- und Unterstützungspflicht zwischen den Mitgliedstaaten und der Gemeinschaft bei der Erfüllung der Gemeinschaftsaufgaben. Offen und z.T. umstritten sind nur die genauen „Einzelpflichten", die sich aus dieser Pflicht zur loyalen Zusammenarbeit ergeben.

II. Selbständige Pflichtenbegründung oder Konkretisierungsbedürftigkeit?

Fraglich ist zunächst, ob Art. 10 EGV überhaupt selbständige Informationspflichten begründet oder nur an bestehende Pflichtenverhältnisse anknüpft und in diesem Sinne eine konkretisierende Vorschrift des Gemeinschaftsrechts erfordert. Zwar ist unbestritten, daß Art. 10 EGV unmittelbar anwendbar in dem Sinne ist, als er keine Rechtsgrundlage

---

[196] *Zuleeg* in: GTE (Anm. 183), Rn. 9; *Constantinesco, L.* (Anm. 64), 297; *Bleckmann*, Art. 5 EWG-Vertrag (Anm. 183), 483.

[197] So auch ausdrücklich *Zuleeg*, *ibid.*, sowie *Blanquet* (Anm. 183), 145 ff.

[198] Die Pflicht der loyalen Zusammenarbeit ist eine gegenseitige, so ausdrücklich der EuGH in dem Urteil „Primäraluminiumhersteller" (Anm. 193), 192 (Rn. 9). Siehe den Beschluß *Zwartveld* (Anm. 193), 3372 (Rn. 17); Urteil vom 10.2.1983, Rs. 230/81 (*Luxemburg/Parlament*) „Sitz und Arbeitsort des Parlaments", Slg. 1983, 255 (287, Rn. 37). Aus der Literatur siehe nur *Jarass* (Anm. 184), 10; *v. Bogdandy* in: *Grabitz/Hilf*, Art. 5 [a.F.], Rn. 9; *Zuleeg* in: GTE (Anm. 183), Rn. 11; *Temple Lang* (Anm. 183), 671 und 677f.; *Bleckmann*, Art. 5 EWG-Vertrag (Anm. 183), 487 sowie *Due*, Der Grundsatz der Gemeinschaftstreue in der europäischen Gemeinschaft nach der neueren Rechtsprechung des Gerichtshofes, 1992, 13 ff., insbesondere 15.

[199] So der Gerichtshof in den *Fischereiurteilen*, Urteil vom 5.5.1981, Rs. 804/79 (*Kommission/Vereinigtes Königreich*) „Seefischerei III", Slg. 1981, 1045 (1075, Rn. 28) und Urteil vom 15.12.1987, Rs. 325/85 (*Irland/Kommission*) „Seefischerei IV" Slg. 1987, 5041 (5087, Rn. 15f.); ausführlicher dazu unter II.

für die sekundäre Rechtsetzung darstellt und auch keiner Umsetzung durch *nationale* Rechtsvorschriften bedarf.[200] Wegen seines unbestimmten Verpflichtungsgehaltes wird jedoch zum Teil eine konkretisierende Vorschrift im primären oder sekundären *Gemeinschaftsrecht* verlangt.[201] Letztere muß einen hinreichend bestimmten Anknüpfungspunkt für die Konkretisierung des Pflichtengehaltes der Gemeinschaftstreue bieten, braucht aber keine explizite sekundärrechtliche Umset-

---

[200] Vgl. *Jarass* (Anm. 184), 8 f.; *v. Bogdandy* (Anm. 195), 19; *ders.* in: *Grabitz/Hilf*, Art. 5 [a.F.], Rn. 3 und 11 ff. sowie *Due* (Anm. 198), 3, 8 ff. Ausführlicher zur unmittelbaren Anwendbarkeit unten, Teil 4 Kap. 1 B.II.

[201] Zum ganzen eingehend *Lück* (Anm. 185), 25 ff. und 108 ff. sowie *Blanquet* (Anm. 183), 244 ff. Siehe auch *Zuleeg*, Kompetenzen (Anm. 63), .46; *Randelzhofer/Harndt* (Anm. 183), 35 ff. sowie *Constantinesco, V.*, L'article 5 CEE (Anm. 183), 110 f. Hier wird unter Verweis auf die Rechtsprechung des Gerichtshofes eine konkretisierende Rechtsnorm verlangt (letzterer nicht ganz eindeutig, siehe unten, Anm. 206). In diesem Sinne auch *Zuleeg* in: GTE (Anm. 183), Rn. 2, der gegen eine auf Art. 5 [a.F.] EGV beruhende allgemeine Pflicht zur Konsultation und Information Bedenken hat, „solange nicht geklärt ist, in welchem Stadium des Verfahrens, durch welche Stellen und in welchem Umfang die Gemeinschaft einzuschalten ist". Nach *v. Bogdandy* ist die „hinreichende Bestimmtheit" tatbestandliche Voraussetzung für die Feststellung einer Pflicht aus Art. 5 EGV [a.F.] (in *Grabitz/Hilf*, a.a.O., Rn. 15 ff.). Siehe auch Generalanwalt *Roemer* in den Schlußanträgen der Rs. *Wilhelm* (Urteil vom 13.2.1969, Rs. 14/68, *Wilhelm/Bundeskartellamt*, Slg. 1969, 1 ff.). Danach weise Art. 5 EGV [a.F.] eine „so allgemeine und unpräzise Fassung" auf, „daß die mit seiner unmittelbaren Anwendung verbundene Unsicherheit nicht in Kauf genommen werden kann" (a.a.O., 27). Ähnlich *Dauses*, Quelques réflexions sur la signification et la portée de l'article 5 du traité CEE, in: *Bieber/Ress*, Die Dynamik des Europäischen Gemeinschaftsrechts, 1987, 229 (234). Beide stellen im Rahmen der Frage nach der unmittelbaren Anwendbarkeit auf die Konkretisierungsbedürftigkeit des Art. 5 EGV [a.F.] durch das Gemeinschaftsrecht ab. Vgl. *Due* (Anm. 198), 4 f., der diese Fallgruppe als „Art. 5 als Verstärkung anderer Bestimmungen" bezeichnet, aber zudem auch von einer selbständigen Anwendbarkeit des Art. 5 EGV [a.F.] ausgeht. Vgl. die Dogmatik des Völkerrechts: Normen, die im Völkerecht nicht unmittelbar anwendbar (*self-executing*) sind, können dies sein, weil sie entweder durch *nationales* Recht oder durch das Recht der rechtsetzenden *Internationalen Organisation* selbst noch näher konkretisiert werden müssen (*Seidl-Hohenveldern*, Das Recht der Internationalen Organisationen einschließlich der Supranationalen Gemeinschaften, 6. Aufl. 1996, Rn. 1704).

zungsnorm zu sein.[202] Denn Art. 10 EGV ist keine Ermächtigungsgrundlage für die sekundäre Rechtsetzung, sondern eben „unmittelbar" anwendbar.

1. Konkretisierungsbedürfnis

Die anfängliche Rechtsprechung des Gerichtshofes enthält eine klare Aussage für die Notwendigkeit der Anknüpfung an bestehende Pflichtenverhältnisse und konkretisierende Normen. In den Rechtssachen *Geddo* und *Deutsche Grammophon* stellt der Gerichtshof fest, daß Art. 10 EGV allein eine *allgemeine* Verpflichtung der Mitgliedstaaten ausspricht, „deren konkreter Inhalt sich im Einzelfall nach den jeweiligen Vorschriften des Vertrages oder den aus dessen Gesamtsystematik ableitbaren Regeln bestimmt".[203] Im Beschluß *Brother Industries* stellt der Gerichtshof ausdrücklich fest, daß durch Art. 10 EGV keine selbständigen Rechtspflichten der Mitgliedstaaten begründet werden können. Wo keine besonderen Bestimmungen des Vertrages oder verbindliche Rechtsakte der Organe bestehen, die den Mitgliedstaaten entsprechende Verpflichtungen auferlegen, kann Art. 10 EGV nicht zur Pflichtenbegründung herangezogen werden.[204] Selbständige Informationspflichten könnten damit nicht durch Art. 10 EGV allein begründet werden. Sie müßten auf einer anderen, konkreteren Norm beruhen und würden vornehmlich hinsichtlich der Art und Weise ihrer Erfüllung von der Gemeinschaftstreuepflicht mitbestimmt.[205]

---

[202] Zur „hinreichenden Bestimmtheit" ausführlich *v.Bogdandy*, a.a.O.; siehe auch *Blanquet*, der dies als *„quasi effet direct"* und *„effet direct par combinaison"* bezeichnet (a.a.O., 243ff., 269 ff.).

[203] EuGH, Urteil vom 12.7.1973, Rs. 2/73 (*Geddo/Ente Nazionale Risi*), Slg. 1973, 865 (878, Rn. 4); Urteil vom 8.6.1971, Rs. 78/70 (*Deutsche Grammophon/Metro*), Slg. 1971, 487 (498, Rn. 5); vgl. auch EuGH *Hurd* (Anm. 193), 83 (Rn. 47 f.). In diesem Urteil verneint der EuGH die „unmittelbare Wirkung" einer „aus Art. 5 EWG-Vertrag abgeleitete[n] Verpflichtung...", weil „diese Verpflichtung nicht hinreichend klar ist". Ob er sich hierbei direkt auf Art. 10 EGV oder auf eine Bestimmung aus einem dort in Frage stehenden völkerrechtlichen Vertrag bezieht, geht nicht ganz klar aus dem Urteil hervor. Eingehend zum ganzen *Lück* (Anm. 185), 108 ff.

[204] EuGH, Beschluß vom 30.9.1987, Rs. 229/86 (*Brother Industries/Kommission*), Slg. 1987, 3757 (3763); siehe insbesondere den 2. Leitsatz.

[205] Im Sinne von unselbständigen Nebenpflichten (dazu C.).

Spätere Urteile des Gerichtshofes scheinen in eine andere Richtung zu weisen. Sie werden von der Literatur für die Begründung selbständiger Informationspflichten durch Art. 10 EGV angeführt.[206] Eine nähere Analyse der Rechtsprechung zeigt jedoch, daß dieser Feststellung nur eingeschränkt gefolgt werden kann.[207] Dabei handelt es sich v.a. um Urteile des Gerichtshofes zu Berichts- und Unterrichtungspflichten der Mitgliedstaaten bei der Umsetzung von (Umweltschutz-) Richtlinien. So ging es in der Rechtssache „Badegewässerrichtlinie" um die Mitteilungspflichten der Mitgliedstaaten hinsichtlich ihrer nationalen Umsetzungsrechtsakte.[208] Hier führt der Gerichtshof Art. 5 i.V.m. Art. 155 EGV (a.F., jetzt Art. 10 und 211 EGV) an, jedoch nur unter dem Zitat ihres ausdrücklichen Wortlautes, d.h. der Pflicht der Mitgliedstaaten, „der Kommission die Erfüllung ihrer Aufgaben zu erleichtern, die ge-

---

[206] In diesem Sinne *Bleckmann*, Die Rechtsprechung des Europäischen Gerichtshofes zur Gemeinschaftstreue, RIW/AWD 1981, 653 (653); *Temple Lang* (Anm. 183), 672 (dort Anm. 66); *Due* (Anm. 198), 8 ff., insbesondere 12 in Bezug auf eine allgemeine Konsultationspflicht der Mitgliedstaaten vor dem Erlaß nachteiliger nationaler Maßnahmen (mit Hinweis auf die Rs. 186/85 „Familienbeihilfen", dazu näher unten) und eine allgemeine Auskunftspflicht der Mitgliedstaaten (unter Hinweis auf die Rs. 240/86 und 35/88, *Kommission/Griechenland*, dazu ebenfalls näher unten). Wohl auch *Ipsen*, *H.P.* (Anm. 62), 215 f. Nicht ganz eindeutig *Constantinesco*, *V.*, L'article 5 CEE (Anm. 183), der unter Verweis auf die Rs. 96/81 „Badegewässerrichtlinie" (dazu sogleich) von einer selbständigen Pflichtenbegründung ausgeht (S. 112), ansonsten aber eine konkretisierende Norm für erforderlich hält (110 f.). Vgl. *Dauses* (Anm. 201), 230 f. sowie *Jarass* (Anm. 184), 8 f. *Jarass* geht von einer aus Art. 5 EGV [a.F.] folgenden Auskunftspflicht im Hinblick auf den Erlaß von mitgliedstaatlichen Umsetzungsvorschriften aus (a.a.O., 62).

[207] Eines der zitierten Urteile (Urteil vom 12.7.1973, Rs. 70/72, *Kommission/Deutschland*, Slg. 1973, 813 [830, Rn. 18 f.]) enthält nicht einmal einem Hinweis auf Art. 10 EGV, sondern bezieht sich allein auf ein Ersuchen der Kommission im Rahmen der Beihilfenaufsicht nach Art. 93 Abs. 2 S. 1 EGV [a.F., jetzt Art. 88]. In dieser Bestimmung ist ausdrücklich festgelegt, daß den Beteiligten eine Gelegenheit zur Äußerung zu geben ist. Hier handelt es sich im Grunde um die Gewährung rechtlichen Gehörs vor einer belastenden Entscheidung der Kommission, welches zwar auch dem Informationsaustausch dient, aber nicht mit eigenständigen Auskunftspflichten auf der Grundlage von Art.10 EGV gleichgestellt werden kann.

[208] EuGH, Urteil vom 25.5.1982, Rs. 96/81 (*Kommission/Niederlande*) „Badegewässerrichtlinie", Slg. 1982, 1791 ff., siehe auch das wortlautgleiche Urteil vom 25.5.1982, Rs. 97/81 (*Kommission/Niederlande*) „Trinkwasserrichtlinie", Slg. 1982, 1819 ff.

mäß Art. 155 unter anderem darin besteht, für die Anwendung des Vertrages ... Sorge zu tragen".[209] Die Urteilsstelle enthält keine Aussage zu direkt und allein aus Art. 10 EGV folgenden Mitteilungspflichten. Im Gegenteil, im Anschluß an dieses Zitat stellt der Gerichtshof fest: „Zu diesem Zweck erlegt die fragliche Richtlinie nach dem Beispiel anderer Richtlinien in Art. 12 den Mitgliedstaaten eine Informationspflicht auf".[210] Ebenso verhält es sich mit dem Urteil „Landwirtschaftliche Erzeugergemeinschaften". Auch hier wird zunächst der Wortlaut von Art. 10 Abs. 1 S. 2 und 211 EGV zitiert, um dann auf die einschlägige Richtlinie einzugehen, die „zu diesem Zweck" den Mitgliedstaaten eine Informationspflicht auferlege.[211] Verurteilt wurde Italien dann wegen eines Verstoßes gegen die einschlägige Richtlinienbestimmung, nicht dagegen wegen eines Verstoßes gegen Art. 10 EGV.[212] Ebenso zitiert der Gerichtshof in einem Urteil zu Mitteilungspflichten aus der *Oberflächenwasserrichtlinie* die entsprechenden Richtlinienbestimmungen, welche die Mitgliedstaaten zur Unterrichtung über Umsetzungsrechtsakte und zur Auskunft über Analysemethoden verpflichteten. Da Belgien auf entsprechende Auskunftsverlangen der Kommission nicht reagiert hatte, verstieß es gegen die entsprechende Richtlinienbestimmung, *„sowie* gegen Art. 5 EWG-Vertrag".[213] In einem weiteren Urteil wird sogar ausschließlich auf die ausdrücklich in der Richtlinie festgelegte Unterrichtungspflicht verwiesen.[214]

In den Begründungen stellt der Gerichtshof also i.d.R. nicht auf Art. 10 EGV ab, sondern auf die in den *Richtlinienbestimmungen selbst* ausdrücklich festgelegten Mitteilungspflichten.[215] Der Hinweis auf die Gemeinschaftstreuepflicht ist dabei ein Verweis auf die Transforma-

---

[209] EuGH „Badegewässerrichtlinie", a.a.O., 1803 (Rn. 7). Siehe auch *Lück* (Anm. 185), 33 ff.

[210] EuGH, *ibid.*

[211] EuGH, Urteil vom 28.3.1985, Rs. 274/83 (*Kommission/Italien*) „Landwirtschaftliche Erzeugergemeinschaften", Slg. 1985, 1077 (1095, Rn. 42).

[212] EuGH, a.a.O., Rn. 43.

[213] EuGH, Urteil vom 11.6.1991, Rs. C-290/89 (*Kommission/Belgien*), „Oberflächenwasserrichtlinie", Slg. 1991, S. I-2851 (2864, Rn. 5) [Hervorhebungen durch den Verfasser].

[214] EuGH, Urteil vom 1.3.1983, Rs. 300/81 (*Kommission/Italien*) „Kreditinstitute", Slg. 1983, 449 (455, Rn. 7), ebenfalls zitiert als Belegstelle für Informationspflichten, die aus Art. 10 EGV folgen.

[215] Ähnlich *Lück* (Anm. 185), 33 f.

tions- und Vollzugspflicht der Mitgliedstaaten, welche der Gerichtshof, wie oben dargestellt, in Art. 10 Abs. 1 S.1 EGV verankert. Insofern verstößt *jede Nichtbefolgung* von sekundärrechtlichen Vorschriften gegen die Gemeinschaftstreue. Zudem werden die sekundärrechtlichen Mitteilungspflichten vom Gerichtshof als Konkretisierung der in Art. 10 Abs. 1 S.2 EGV enthaltenen Unterstützungspflicht eingeordnet. Lediglich in einem jüngeren Urteil stützt der EuGH eine Informationspflicht in Abgrenzung zur konkreten Richtlinienbestimmung ausdrücklich speziell auf Art. 10 EGV.[216] Während Generalanwalt *Mischo* noch darauf verweist, daß nach ständiger Rechtsprechung nicht geprüft zu werden brauche, ob gleichzeitig eine Verpflichtung aus Art. 5 des Vertrages (a.F.) verletzt ist, wenn ein Mitgliedstaat gegen eine spezifische Verpflichtung aus einer Richtlinie verstoßen habe,[217] stellt der Gerichthof fest, daß es sich bei den von der Kommission erbetenen Auskünften um zusätzliche Informationen handelte, die dazu dienten, den Umfang der Verpflichtung aus der fraglichen Richtlinienbestimmung zu erkennen.[218] Diese Mitteilungspflicht ergebe sich aus Art. 5 EGV (a.F.).[219] Auch hier ging es also im Ergebnis um die Durchführungskontrolle seitens der Kommission, welche im Zusammenhang mit der Aufgabe nach Art. 211 EGV und der Befugnis zur Einleitung eines Vertragsverletzungsverfahrens steht. Zudem hätte dasselbe Ergebnis auch mit einer Auslegung der sekundärrechtlichen Informationspflicht im Lichte des Art. 10 EGV und dessen Anforderungen an die Vollständigkeit und Klarheit von mitzuteilenden Informationen erreicht werden können.[220]

Ebensowenig stellen die Urteile des Gerichtshofes zu den Mitwirkungspflichten der Mitgliedstaaten im Rahmen des *Voruntersuchungsverfahrens* zu einer Vertragsverletzungsklage einen eindeutigen Beleg

---

[216] EuGH, Urteil vom 1.10.1998, Rs. C-285/96 (*Kommission/Italien*) „Gewässerschutzrichtlinie“, Slg. 1998, S. I-5935 ff.

[217] A.a.O., 5943 (Nr. 34).

[218] Konkret handelte es sich um die Kontrolle der Programmerstellungspflicht nach Art. 7 der *Gewässerschutzrichtlinie*, deren Einhaltung nur durch zusätzliche Informationen über den Grad der Gewässerverschmutzung, die nationalen Qualitätsziele u.a.m. überprüft werden konnte. Die Mitteilungspflicht in Art. 7 Abs. 6 der Richtlinie bezog sich lediglich auf die Programme selbst sowie die Ergebnisse ihrer Durchführung, erwähnte aber nicht die nötigen „Hintergrundinformationen“.

[219] EuGH, a.a.O., 5950 (Rn. 19).

[220] Näher dazu unten, C.I.

für die Ableitung von Informationspflichten allein aus Art. 10 EGV dar. In diesen Urteilen wurde vornehmlich Griechenland wegen Verletzung des Art. 5 Abs. 1 S.2 EGV a.F. verurteilt, weil es der Kommission im Rahmen der Untersuchung von Vertragsverletzungen nicht die gefragten Informationen übermittelt und teilweise nicht einmal auf die Anfragen reagiert hatte.[221] Die Urteile stehen im Zusammenhang mit der in Art. 226 EGV (ex Art. 169) enthaltenen Befugnis der Kommission, Vertragsverletzungsklagen einzureichen. Zu diesem Zweck muß die Kommission in einem Vorverfahren das Vorliegen einer solchen Verletzung untersuchen. Die Auskunftsverlangen sind Bestandteil des Vorverfahrens, in dem die Kommission eine begründete Stellungnahme abzugeben und den Mitgliedstaaten rechtliches Gehör zu gewähren hat.[222] Die Mitwirkungspflichten gründen sich also nicht allein auf Art. 10 EGV, sondern beziehen sich auf das der Kommission in Art. 226 EGV zugewiesene Untersuchungsmandat.[223] Derartige Mitwirkungspflichten der Mitgliedstaaten bestehen im Gemeinschaftsrecht auch in Verfahren, die sich gegen den zur Mitwirkung Verpflichteten richten, der Grundsatz des *nemo tenetur* gilt hier nicht.[224] Art. 10 EGV ist hier also im Zusammenhang mit Art. 226 EGV zu sehen, was der Gerichtshof in zwei Urteilen auch ausdrücklich vermerkte.[225]

---

[221] EuGH, Urteil vom 11.12.1985, Rs. 192/84 (*Kommission/Griechenland*) „Kauf landwirtschaftlicher Maschinen", Slg. 1985, 3967 (3979, Rn. 19); Urteil vom 24.3.1988, Rs.240/86 (*Kommission/Griechenland*) „Einfuhr von Getreide", Slg. 1988, 1835 (1858, Rn. 26 f.); Urteil vom 22.9.1988, Rs. 272/86 (*Kommission/Griechenland*) „Handel mit Olivenöl", Slg. 1988, 4875 (4903, Rn. 30 ff.); Urteil vom 12.7.1990, Rs. C-35/88 (*Kommission/Griechenland*) „Futtergetreide", Slg. 1990, S. I-3125 (3160, Rn. 42 f.) sowie Urteil vom 13.12.1991, Rs. C-33/90 (*Kommission/Italien*) „Giftige und gefährliche Abfälle", Slg. 1991, S. I-5987 (6006 ff., Rn. 16 ff.). Dazu auch B.I.

[222] Zur Gewährung rechtlichen Gehörs siehe auch unten, Teil 6 Kap. 1 C.V.

[223] Ebenso *Lück* (Anm. 185), 117 f., der feststellt, daß in allen Fällen konkrete Anhaltspunkte für Vertragsverletzungen vorlagen. *Lück* verweist zudem auf Art. 155 UAbs. 1 EGV [a.F., jetzt Art. 211]. Vgl. *Schermers/Pearson* (Anm. 98), 1372. Anders wohl *Due* (Anm. 198), 12, der aus diesen Urteilen im Sinne eines „Erst-Recht-Schlusses" eine allgemeine Auskunftspflicht der Mitgliedstaaten auf der Grundlage von Art. 5 EGV [a.F.] herleitet.

[224] Vgl. Teil 6 Kap. 2 C.IV.2. und D.II.2.

[225] Der Gerichtshof stützte zwei Urteile im Tenor und den Gründen auf Art. 5 EGV [a.F.], wohingegen er in dem ersten und dem vorletzten Urteil (Anm. 221) zumindest in den Leitsätzen auch auf Art. 169 bzw. Art. 155 EGV [a.F.] Bezug nahm.

Ähnlich verhält es sich mit den *Fischereiurteilen* des Gerichtshofes, welche vielfach als Grundlage für die Herleitung einer allgemeinen Konsultationspflicht aus Art. 10 EGV angeführt werden.[226] Hier wurde Art. 5 EGV a.F. durch die sogenannte *Haager Entschließung* konkretisiert, welche in Anlage VI eine ausdrückliche vertikale Konsultationspflicht enthielt.[227] Der Gerichtshof vermerkte explizit, daß die Entschließung *„auf dem besonderen Gebiet, für das sie gilt*, die Mitwirkungspflichten konkretisiert, die die Mitgliedstaaten gemäß Art. 5 EWG-Vertrag ... übernommen haben".[228] Die Verurteilung erfolgte

---

[226] EuGH, Urteil vom 4.10.1979, Rs. 141/78 (*Frankreich/Vereinigtes Königreich*) „Seefischerei I", Slg. 1979, 2923 ff.; Urteil vom 10.7.1980, Rs. 32/79 (*Kommission/Vereinigtes Königreich*) „Seefischerei II", Slg. 1980, 2403 ff.; Urteil vom 5.5.1981, Rs. 804/79 (*Kommission/Vereinigtes Königreich*) „Seefischerei III", Slg. 1981, 1045 ff. Konkret ging es um Vertragsverletzungsklagen gegen das Vereinigte Königreich wegen mehrerer einseitiger nationaler Maßnahmen auf dem Gebiet der Fischerei nach dessen Beitritt zur Gemeinschaft.

[227] Das Vereinigte Königreich wurde u.a. wegen Verletzung einer ihm obliegenden Konsultationspflicht verurteilt, weil es ohne Rücksprache mit der Gemeinschaft in einem nunmehr gemeinschaftsrechtlich zu regelnden Bereich einseitig tätig geworden war. Die Konsultationspflicht ergab sich direkt aus Anlage VI der *Haager Entschließung*. Diese Anlage verpflichtete die Mitgliedstaaten, sich – bis zur Verabschiedung von entsprechendem Gemeinschaftsrecht – vor dem Ergreifen von einseitigen Erhaltungsmaßnahmen auf dem Gebiet der Fischerei zu bemühen, „die Billigung der Kommission zu erhalten, die in allen Phasen dieser Verfahren *zu konsultieren* ist" [Hervorhebung durch die Verf.]. Der Text der Anlagen zur *Haager Entschließung* ist nie im Amtsblatt veröffentlicht worden (siehe die Antwort auf die Schriftliche Anfrage Nr. 598/81 von Herrn *Geurtsen* vom 9.7.1981, Abl. Nr. C 267 vom 19.10.1981, 37; darin erklärt der Rat, „daß es ihm absolut unmöglich ist, deren Veröffentlichung zu beschließen, da sie Angaben enthalten, deren Veröffentlichung ganz und gar unangebracht ist."). Der Text der Anlage ist aber in dem Urteil „Seefischerei I" (a.a.O., 2941, Rn. 7) in Auszügen wörtlich wiedergegeben. Die Entschließung selbst ist nach Anfrage des Europäischen Parlaments im Amtsblatt veröffentlicht worden (*Entschließung* des Rates vom 3.11.1976 *über bestimmte Aspekte der Schaffung einer 200-Meilen-Fischereizone in der Gemeinschaft ab 1.Januar 1977*, Abl. Nr. C 105 vom 7.5.1981, 1). Zum ganzen auch *Steiling*, Das Seefischereirecht der Europäischen Gemeinschaften, 1989, 106 ff.; *Schwarze*, Ungeschriebene Geschäftsführungsbefugnisse für die Kommission bei Untätigkeit des Rates?, EuR 1982, 133 ff.; *Montag*, Der Widerstand Großbritanniens gegen die Schaffung einer Europäischen Fischereiordnung, EuR 1982, 63 ff.

[228] EuGH „Seefischerei I", a.a.O., 2942 (Rn. 8) [Hervorhebung durch den Verfasser]. Siehe auch *Lück* (Anm. 185), 111.

dann auch wegen eines Verstoßes des betroffenen Mitgliedstaates „gegen seine Verpflichtungen aus Art. 5 EWG-Vertrag, *aus der Anlage VI zur Haager Entschließung* und aus ...".[229] Aus Art. 10 EGV folgt daher keine allgemeine Konsultationspflicht der Mitgliedstaaten, auch nicht i.V.m. der *Haager Entschließung*, denn diese galt nur für eine Übergangsperiode auf dem sachlich begrenzten Gebiet der Fischerei.[230]

Im Ergebnis kann daraus gefolgert werden, daß es zur Feststellung selbständiger Informationspflichten einer Ergänzung und Konkretisierung von Art. 10 EGV durch weitere Vorschriften des Gemeinschaftsrechts bedarf.[231] Dafür spricht nicht nur die nähere Analyse der dargestellten Urteile, sondern allgemein auch das Erfordernis der Rechtssicherheit und die Kriterien der unmittelbaren Anwendbarkeit. Auch die Mitgliedstaaten müssen hinreichend genau wissen, welche Pflichten für sie aus dem Gemeinschaftsrecht erwachsen.[232] Unmittelbar anwendbar sind zudem nur Rechtsnormen, die unbedingt und hinreichend genau sind.[233] Daher muß sich zumindest aus einer Gesamtschau der Normen des Gemeinschaftsrechts ergeben, welche konkreten Pflichten aus Art. 10 EGV folgen.

---

[229] EuGH, a.a.O., 2943 (Rn. 12) [Hervorhebung durch den Verfasser].

[230] Vgl. *Everling*, Zur rechtlichen Wirkung von Beschlüssen, Entschließungen, Erklärungen und Vereinbarungen des Rates oder der Mitgliedstaaten der Europäischen Gemeinschaft, in: GS Constantinesco, 1983, 133 (151 f.), der ebenfalls betont, daß hier eine Ausnahmesituation vorlag.

[231] Im Ergebnis ebenso *Lück* (Anm. 185), 118, 125 f.; *Randelzhofer/Harndt* (Anm. 183), 35 ff.; wohl auch *Schermers/Pearson* (Anm. 98), 1371 f. unter Verweis auf Art. 213 und Art. 169 EGV [a.F.]; *Blanquet* (Anm. 183), 248, 267 sowie *Zuleeg* in: GTE (Anm. 183), Rn. 2; vgl. *Constantinesco, V.*, L'article 5 CEE (Anm. 183), der zum einen eine konkretisierende Norm verlangt (110 ff.), zum anderen aber von einer aus Art. 5 EGV [a.F.] abzuleitenden Informationspflicht ausgeht, ohne diese konkretisierende Norm zu nennen (S. 112). Aus dem Zusammenhang ergibt sich, daß er wohl von einer Kombination mit Art. 213 EGV [a.F.] ausgeht.

[232] Näher dazu unten, Teil 6 Kap. 1 C.III. Vgl. *Constantinesco, V.*, a.a.O., 110, der eine hinreichend bestimmte Norm („une obligation suffisamment déterminée") zur Konkretisierung des Art. 5 EGV [a.F.] verlangt. Ebenso *v. Bogdandy* in: *Grabitz/Hilf*, Art. 5 [a.F.], Rn. 15 ff.

[233] Dazu Teil 4 Kap. 1 C.II.

2. Konkretisierungsbefugnis und Qualität der Konkretisierungsakte

Noch weitgehend ungeklärt ist, welche Rechtsnormen und Handlungen der Gemeinschaftsorgane die Gemeinschaftstreuepflicht konkretisieren können. Zunächst kommen sowohl primärrechtliche als auch sekundärrechtliche Verpflichtungen der Mitgliedstaaten und Befugnisnormen der Gemeinschaftsorgane in Betracht.[234] Aus Art. 10 Abs. 1 S.2 EGV ergibt sich aber auch, daß eine *Aufgabennorm* ausreicht, um die generelle Loyalitätspflicht zwischen den Mitgliedstaaten und der Gemeinschaft auszulösen.[235] Eine Bindung an bestehende, konkrete Verpflichtungen der Staaten ist bereits in Art. 10 Abs. 1 S.1 EGV enthalten.[236] In der Rechtssache *Geddo* stellt der Gerichtshof fest, daß der konkrete Inhalt der Verpflichtungen des Art. 10 EGV auch aus der *Gesamtsystematik* des Vertrages abgeleitet werden kann.

In diesem Zusammenhang ist nochmals auf die *Fischereiurteile* einzugehen. Hier wurde Art. 5 EGV a.F. durch die *Haager Entschließung* des Rates konkretisiert, welche der Form nach kein verbindlicher Akt des Gemeinschaftsrechts zu sein scheint.[237] Auf den unverbindlichen, poli-

---

[234] So z.B. die vom EuGH zitierten sekundärrechtlichen Mitteilungspflichten sowie Art. 226 EGV (siehe oben 1.).

[235] Vgl. *Constantinesco, L.* (Anm. 64), 297. *Von Bogdandy* schließt ein in den Verträgen festgelegtes „allgemeines Ziel" bzw. eine „Politik als Aufgabe" als Anknüpfungspunkt für die Konkretisierung aus (in *Grabitz/Hilf*, Art. 5 [a.F.], Rn. 18). Er bezieht sich dabei aber hauptsächlich auf die Verpflichtung der Mitgliedstaaten auf inhaltliche Vorgaben, nicht auf insoweit eher vorbereitende und begleitende Informationspflichten.

[236] Handelt es sich bereits um verbindliche, konkrete Rechtsnormen, erübrigt sich im Grunde der Verweis auf Art. 10 EGV insgesamt, weil die Mitgliedstaaten bereits aus dem Grundsatz *pacta sunt servanda* sowie aus Art. 249 EGV [ex Art. 189] zur Befolgung dieser Rechtsnormen verpflichtet sind (siehe oben, I.).

[237] Ein Punkt, den auch die Kommission in ihrem Vortrag vor dem Gerichtshof erwähnte: Da Art. 5 EGV [a.F.] selbst eine zwingende Rechtsvorschrift ist, könnten nicht zwingende Übereinkünfte ausreichen, um der allgemeinen Rechtsverpflichtung des Art. 5 einen genauen und bestimmten Inhalt zu geben. Später trug die Kommission jedoch vor, daß die Entschließung rechtliche Wirkungen zeitige, weil sie von der Kommission vorbereitet und vom Rat gebilligt worden sei, d.h. in einem Verfahren erlassen worden ist, das mit der normalen Gemeinschaftsgesetzgebung vergleichbar sei („Seefischerei I", [Anm. 226], 2933 f., zu den Urteilen auch oben unter 1.). Unschlüssig hinsichtlich der rechtlichen Qualifizierung der *Haager Entschließung* auch *Everling* in: GS Constantinesco (Anm. 230), 151 f.

tischen Charakter deutet sowohl die Bezeichnung „Entschließung" hin, als auch die Tatsache, daß sie anfänglich gar nicht im Amtsblatt veröffentlicht wurde und dies später – initiiert durch eine Nachfrage des Europäischen Parlamentes – lediglich in dem für unverbindliche Mitteilungen vorgesehenen Teil, der Reihe C des Amtsblattes, geschah.[238] Dennoch hat der Gerichtshof einen Verstoß gegen diese Entschließung angenommen und im zweiten *Fischereiurteil* ohne weitere Begründung erklärt, daß es „unstreitig" sei, daß diese Entschließung für die Mitgliedstaaten verbindlich ist.[239] In der Literatur wurde gefolgert, daß – wenn nicht bereits allein auf Art. 10 EGV als Rechtsgrundlage der Konsultationspflicht abgestellt wurde –[240] auch unverbindliche Akte der Gemeinschaft die Pflichtenlage des Art. 10 EGV konkretisieren könnten.[241] Dagegen spricht allerdings, daß der Gerichtshof selbst von der Verbindlichkeit der Entschließung ausging. Möglicherweise wurde dies in Übereinstimmung mit allen beteiligten Mitgliedstaaten ohne weitere Diskussion angenommen, weil man den rechtlichen Gehalt der Erklärung wegen seiner völkerrechtlich und wirtschaftlich wichtigen Hauptaussage nicht in Frage stellen wollte, denn die Entschließung selbst erklärt die Ausweitung des maritimen Hoheitsgebietes der Mitgliedstaaten auf 200 Seemeilen.[242]

---

[238] Siehe oben, Anm. 227. Das Ob und Wie der Veröffentlichung ist ein Anzeichen für die rechtliche Bindungswirkung eines atypischen Organaktes (*Everling* in: GS Constantinesco, [Anm. 230], 142 f.).

[239] EuGH „Seefischerei II" (Anm. 226), 2432 (Rn. 11). Dazu auch *Everling* in: GS Constantinesco, a.a.O., 151 (dort Anm. 71). Im ersten Fischereiurteil („Seefischerei I", [Anm. 226]) hatte Generalanwalt *Reischl* in seinen Schlußanträgen lediglich kursorisch erwähnt, daß „auf diese Weise [durch Anlage VI der *Haager Entschließung*] rechtliche Verpflichtungen begründet wurden", was auch von der britischen Regierung ohne weiteres anerkannt worden sei (2948, Nr. 4).

[240] In diesem Sinne z.B. *Due* (Anm. 198), 13 f.

[241] So u.a. *Lück* (Anm. 185), 113 mit Verweis auf weitere Urteile des EuGH; *Oppermann* (Anm. 64), Rn. 587. Ähnlich wohl auch *Blanquet* (Anm. 183), 153 und *v. Bogdandy* in: *Grabitz/Hilf*, Art. 5 [a.F.], Rn. 19 f., der unverbindliche Akte der Gemeinschaftsorgane wie Beschlüsse, Vereinbarungen und Entschließungen als tauglichen Anknüpfungspunkt für die Konkretisierung der Gemeinschaftstreuepflicht betrachtet. Ebenso *Bleckmann*, RIW (Anm. 206), 655; a. A. noch *ders.*, Art. 5 EWG-Vertrag (Anm. 183), 483.

[242] Siehe deren Wortlaut sowie die Antwort auf die Anfrage von Herrn *Geurtsen* (Anm. 227). Die Kompetenz zur Erweiterung der Fischereizonen kam und kommt der Gemeinschaft mangels eigener Territorialhoheit nicht zu. In-

Auch wenn für Entschließungen und Empfehlungen des Rates selbst oder der Gesamtheit der Mitgliedstaaten etwas anderes gelten sollte[243] – Art. 10 EGV ist zumindest für unverbindliche Stellungnahmen und Empfehlungen der Kommission *weder* ein *„Generaltransformator"* *noch* eine *Ermächtigungsgrundlage* zum Erlaß verbindlicher Rechtsakte. Er verleiht der Kommission weder die Befugnis, verbindliche Entscheidungen an die Mitgliedstaaten zu richten, um ihnen ein gemeinschaftsrechtskonformes Verhalten vorzuschreiben, noch die Befugnis, durch der Rechtsform nach unverbindliche Vermerke, Mitteilungen und ähnliches die Gemeinschaftstreuepflicht für die Mitgliedstaaten verbindlich zu konkretisieren.[244]

So auch die (inzwischen) eindeutige Rechtsprechung des Gerichtshofes. In den Urteilen *Brother Industries* und *Seefischerei IV* weist der EuGH darauf hin, daß Verpflichtungen der Mitgliedstaaten nicht durch einen einfachen Vermerk oder einseitige Vorschläge der Kommission unter Berufung auf Art. 10 EGV begründet werden können. Wo für die Kommission keine Ermächtigung zum verbindlichen Handeln besteht, ist ein solcher Akt als Meinungsäußerung zu interpretieren.[245] Sie ist nicht befugt, die aus Art. 10 EGV resultierenden Handlungs- und Un-

---

sofern durfte die Gemeinschaft nicht durch einen eigenen Rechtsakt in der Form des Art. 249 EGV [ex Art. 189] handeln (ähnlich *Steiling*, [Anm. 64], 106 f., der allerdings von der rechtlichen Unverbindlichkeit der *Haager Entschließung* ausgeht).

[243] Der Rat schien zumindest früher von einer Konkretisierungsermächtigung für Art. 10 EGV auszugehen, vgl. z.B. die *Energiebilanzverordnung* des Rates (Anm. 102), in der als Ermächtigungsgrundlage neben Art. 213 EGV [a.F.] auch Art. 5 EGV [a.F.] angeführt wird. Zur Literatur siehe Anm. 241.

[244] Siehe auch unten, Teil 4 Kap. 2 C.II.1. Aus der Literatur vgl. *Dauses* (Anm. 201), 233 unter Verweis auf *Smit/Herzog*; siehe auch *Temple Lang* (Anm. 183), 647. Zur Rechtsprechung sogleich.

[245] EuGH *Brother Industries* (Anm. 204), 3763 sowie 2. Leitsatz des Urteils. Ähnlich zu einer Empfehlung der Kommission das Urteil *Cattenom* (dazu näher unten, [Anm. 331]), 5040 (Rn. 9); vgl. das Urteil vom 20.3.1997, Rs. C-57/95 (*Frankreich/Kommission*) „Pensionsfonds", Slg. 1997, S. I-1627 ff. (auch abgedruckt in EuR 1998, 85 ff. mit Anm. *Gundel*). In diesem Urteil erklärte der Gerichtshof eine auslegende Mitteilung der Kommission, welche eigene Rechtswirkungen erzeugen sollte, der aber eine Rechtsgrundlage im Sinne einer Regelungsbefugnis der Kommission fehlte, für nichtig. Hier hatte sich die Kommission allerdings nicht auf die Gemeinschaftstreuepflicht, sondern allein auf die betroffenen Richtlinienbestimmungen berufen. Siehe weiterhin oben, Teil 2 Kap. 4 D. sowie unten, Teil 4 Kap. 2 C.II.1.

terlassungspflichten der Mitgliedstaaten einseitig zu konkretisieren, nicht einmal in Sondersituationen. In dem vierten Seefischereiurteil, der Rechtssache 325/85 *Irland/Kommission,* hatte die Kommission zur Überbrückung einer Übergangssituation an Irland Vorschläge für Erhaltungsmaßnahmen herangetragen, auf die man sich aber letztlich nicht einigen konnte.[246] Dennoch stützte die Kommission eine Entscheidung im Rechnungsabschlußverfahren auf eben diese Vorschläge und lehnte die Finanzierung bestimmter Fischereimaßnahmen mit der Begründung ab, daß selbige nicht eingehalten worden seien.[247] Der Gerichtshof hob diese Entscheidung auf und erklärte, daß die einseitig von der Kommission vorgelegten Vorschläge nicht als Gemeinschaftsvorschriften angesehen werden könnten.[248] Hätte die Kommission die Kompetenz, die genauen Handlungs- und Unterlassungspflichten der Mitgliedstaaten nach Art. 10 EGV zu konkretisieren, so hätten die Vorschläge der Kommission durch die Verbindlichkeit von Art. 10 EGV als verbindliches Gemeinschaftsrecht betrachtet werden müssen. Eindeutig hat sich auch das Gericht erster Instanz in der Rechtssache *Prodifarma* geäußert und Art. 10 EGV die Qualität einer „Ermächtigungsgrundlage" für konkretisierende Einzelfallentscheidungen der Kommission abgesprochen.[249]

Die *Fischereiurteile* sind daher restriktiv zu interpretieren. Auf sie hat der Gerichtshof auch nicht wieder bestätigend Bezug genommen.[250] Art. 10 EGV ist insofern für sich allein keine generelle Ermächtigungsgrundlage, auf deren Grundlage Mitteilungen der Kommission und

---

[246] EuGH „Seefischerei IV" (Anm. 201), 5087 f. (Rn. 17).

[247] EuGH, a.a.O., 5086 ff. (insbesondere Rn. 13 und 19). Zum RAV oben, Teil 2 Kap. 4 D.

[248] EuGH, a.a.O., Rn. 17.

[249] Urteil des Gerichts erster Instanz (EuG) vom 13.12.1990, Rs. T-116/89 (*Prodifarma u.a./Kommission*), Slg. 1990, S. II-843 (865, Rn. 79). Siehe dazu auch unten, Teil 4 Kap. 1 C.II.2.

[250] In einem späteren Urteil lehnt der Gerichtshof ausdrücklich eine Kompetenz der Kommission und der Mitgliedstaaten zum Handeln als *Sachwalter des Gemeinschaftsinteresses* in Sondersituationen ab (Urteil vom 5.12.1989, Rs. 165/88, *Oro Amsterdam Beheer en Concerto/Inspecteur der Omzetbelasting*, Slg. 1989, 4081 [4098, Rn. 15]), was er zuvor implizit in den Urteilen „Seefischerei III" ([Anm. 226], insbesondere 1075, Rn. 28) und „Seefischerei IV" ([Anm. 201], 5087, Rn. 15 f.) noch bejaht hatte. Kritisch zu den *Fischereiurteilen* bereits *Schwarze* (Anm. 227), 141 ff.

Entschließungen des Rates Rechtsverbindlichkeit erlangen.[251] Ein (dem Anschein nach) unverbindlicher Rechtsakt wird zur Konkretisierung von Art. 10 EGV im Anschluß an die *Fischereiurteile* nur dann genügen, wenn es sich um *atypische, vorübergehende* Situationen handelt, wie z.B. die Gestaltung einer Übergangszeit, einer ungeklärten Situation oder möglicherweise auch einer Notstandssituation.[252] Es bleibt offen, ob diese Rechtsprechung angesichts des Urteils *Oro Amsterdam* nicht insgesamt überholt ist.[253] Für Fälle, in denen nur Mitgliedstaaten der Gemeinschaft beteiligt sind, kann der Rat auch auf der Grundlage von Art. 284 EGV weitreichende Auskunftspflichten und Nachprüfungsrechte festlegen, zumal er hier per einfacher Mehrheit ohne Beteiligung von sonstigen Organen beschließen kann.[254]

Zusammenfassend kann also festgestellt werden, daß aus Art. 10 EGV selbständige Informationspflichten *i.d.R. nur in Verbindung mit anderen verbindlichen Vorschriften* des Primär- oder Sekundärrechts abgeleitet werden können. Nur in vorübergehenden Ausnahmesituationen könnte ggf. auch eine an sich unverbindliche „Entschließung" des Rates oder dergleichen genügen.[255] Hier kommt es auf eine Betrachtung der Gesamtumstände im Einzelfall an. Die Konkretisierungsakte selbst müssen hinsichtlich des Verpflichtungsgehaltes *hinreichend eindeutig*

---

[251] Siehe auch unten, Teil 4 Kap. 2 C.II. sowie Teil 2 Kap. 4 D.

[252] Auf das Vorliegen einer Sondersituation wies der Gerichtshof in den *Fischereiurteilen* explizit hin (siehe „Seefischerei I", [Anm. 226], 2942, Rn. 8 und „Seefischerei III", [Anm. 226], 1075, Rn. 28).

[253] Siehe Anm. 250. Ebenfalls ablehnend im Hinblick auf eine Rechtsetzungsbefugnis der Kommission bei außergewöhnlichen Umständen auf der Grundlage des Art. 93 Abs. 1 EGV [a.F., jetzt Art. 88] das Urteil des EuGH vom 15.4.1997, Rs. C-292/95 (*Spanien/Kommission*) „Rahmen für staatliche Beihilfen in der Kfz-Industrie", Slg. 1997, 1931 (1956f., Rn. 24 ff.). Ausführlich hierzu *Uerpmann*, Kooperatives Verwaltungshandeln im Gemeinschaftsrecht: Die Gemeinschaftsrahmen für staatliche Beihilfen, EuZW 1998, 331 ff. Für Notstandssituationen – worunter auch schwere Naturkatastrophen und großtechnische Unglücksfälle fallen können – sieht im übrigen Art. 297 EGV [ex Art. 224] ausdrücklich eine Konsultationspflicht vor (ausführlich *Wirbel*, Der Ausnahmezustand im Gemeinschaftsrecht, Zu Inhalt und Grenzen des Art. 224 EG-Vertrag, 1994, insbesondere 77 und 115 ff.).

[254] Dazu oben, Teil 3 Kap. 1 B.

[255] Im Ergebnis ebenso *Zuleeg* in: GTE (Anm. 183), Rn. 4.

sein.[256] Die der Konkretisierung dienenden Vorschriften können – solange sie ihrer Rechtsform nach für die Mitgliedstaaten verbindlich sind – vielfältiger Natur sein. Unter Umständen genügen hier auch Zuständigkeitsvorschriften und eine Betrachtung der Gesamtsystematik des Gemeinschaftsrechts.[257] Außerhalb der Existenz von selbständigen Rechtspflichten dient Art. 10 EGV der Verankerung unselbständiger Nebenpflichten, welche die Art und Weise der Pflichterfüllung näher bestimmen.

B. Vertikale Informationspflichten

Selbständige Informationspflichten können sich nach der Rechtsprechung des Gerichtshofes insbesondere i.V.m. primärrechtlich verankerten, konkreten Aufgaben und Befugnissen der Gemeinschaftsorgane sowie bei einer schwerwiegenden Beeinträchtigung des Funktionierens der Gemeinschaft ergeben. Sie stellen sich meist mehr als *Bemühens-* und *Reaktionspflicht* im Sinne einer Sollbestimmung dar: Die Verpflichteten müssen sich zumindest bemüht haben, der entsprechenden Informationspflicht nachzukommen.[258] Ist die geforderte Auskunft, Unterrichtung oder Konsultation aus vertretbaren Gründen nicht möglich, dann ist dies zumindest in Form einer kurzen Begründung darzustellen. Eine von den Umständen des Einzelfalles unabhängige, ausnahmslose Erfüllung der Informationspflicht wird von Art. 10 EGV nicht gefordert. Er läßt als Pflicht der *gegenseitigen* Rücksichtnahme Raum für eine Einzelfallbetrachtung und eine Abwägung der Gesamtumstände.[259] Bei dieser Abwägung im Einzelfall kommen die noch darzustellenden rechtlichen Rahmenvorgaben zur Anwendung.[260]

In Verbindung mit Art. 10 EGV treten in der Rechtsprechung bislang nur Auskunfts-, Unterrichtungs- und Konsultationspflichten auf. In-

---

[256] Die existierenden Entschließungen, Programme und Beschlüsse sind dagegen meist sehr generell gehalten und beinhalten einen weiten Spielraum der Gemeinschaftsorgane und der Mitgliedstaaten. Zu den Kriterien der unmittelbaren Anwendbarkeit näher unten, Teil 4 Kap. 1 B.II.

[257] Vgl. *Zuleeg* in: GTE (Anm. 183), Rn. 4 sowie das Urteil *Geddo* (Anm. 203); dazu oben, II.1.

[258] Vgl. *Constantinesco, V.*, L'article 5 CEE (Anm. 183), 103 f.

[259] Vgl. *v. Bogdandy* in: GS Grabitz (Anm. 195), 21.

[260] Teil 6 Kap. 1.

spektionsrechte der Gemeinschaft, umfangreichere Berichtspflichten und damit verbundene Informationserhebungspflichten der Mitgliedstaaten bedürfen einer ausdrücklichen rechtlichen Regelung. Horizontale Informationspflichten werden meist nicht explizit auf Art. 10 EGV gestützt, sondern ergeben sich aus den Anforderungen der Art. 28, 30 EGV (ex Art. 30, 36) zum binneneuropäischen Warenverkehr. Die folgende Aufzählung von konkreten Informationspflichten ist der bisherigen Rechtsprechung des Gerichtshofes entnommen. Sie schließt nicht aus, daß sich weitere Informationspflichten aus einem Zusammenspiel von Art. 10 EGV mit anderen Normen des europäischen Primär- und Sekundärrechts entwickeln.[261]

I. Auskunftspflicht der Mitgliedstaaten im Vorverfahren zu Art. 226 EGV

Nach inzwischen gefestigter Rechtsprechung sind die Mitgliedstaaten verpflichtet, bei der Untersuchung von Vertragsverletzungen mitzuwirken. Sie müssen im Vorverfahren zu einer Vertragsverletzungsklage mit der Kommission zusammenarbeiten, damit die Kommission eventuelle Verstöße gegen das Gemeinschaftsrecht durch eben jene Mitgliedstaaten feststellen kann.[262] Diese Zusammenarbeitspflicht wird v.a. durch die Gewährung von mündlichen oder schriftlichen Auskünften erfüllt.[263]

---

261 Vgl. *Schmidt-Aßmann*, Deutsches und europäisches Verwaltungsrecht – Wechselseitige Einwirkungen, DVBl. 1993, 924 (931) und *Jarass* (Anm. 184), 7. Beide weisen auf die der finalen Ausrichtung des Art. 10 EGV innewohnenden Dynamik hin.

262 Siehe nur EuGH „Kauf landwirtschaftlicher Maschinen" (Anm. 221), S.3979 (Rn.19); „Einfuhr von Getreide" (Anm. 221), 1858 (Rn. 27); „Handel mit Olivenöl" (Anm. 221), 4903 (Rn. 30); „Futtergetreide" (Anm. 221), 3160 (Rn. 42). Ebenso *Schermers/Pearson* (Anm. 98), 1372; *Kapteyn/Verloren van Themat* (Anm. 183), 207; *v. Bogdandy* in: *Grabitz/Hilf*, Art. 5 [a.F.], Rn. 32. Im Gemeinschaftsrecht können sich (juristische) Personen nicht auf den Grundsatz des Selbstbezichtigungsverbotes (*nemo tenetur*) berufen (näher dazu unten, Teil 6 Kap. 2 C.IV.2. und D.II.2.).

263 Hierauf nimmt der Gerichtshof in den Urteilen „Kauf landwirtschaftlicher Maschinen" (a.a.O.); „Einfuhr von Getreide" ([Anm. 221], 1858, Rn. 25 f.) und „Handel mit Olivenöl" ([Anm. 221], 4903, Rn. 32) Bezug. Vgl. auch EuGH „Futtergetreide" (Anm. 221), 3160 (Rn. 39). Aus der Literatur *Lück* (Anm. 185) 117; *Hummer* in: *Grabitz/Hilf*, Art. 155 [a.F.], Rn. 13 sowie *Schmitt v. Sydow* (Anm. 99), 32. Weitergehend wohl *Krämer*, The Implementation of Environmental Laws by the European Economic Communities, GYIL 1991, 9 (17), der

Auch die Pflicht zur Einwilligung in einen Besuch der Kommission vor Ort kommt unter besonderen Umständen in Betracht. Die Kommission kann den Mitgliedstaaten eine Frist zur Stellungnahme setzen, welche den Umstanden nach angemessen sein muß.[264]

Die Mitwirkungspflicht besteht nicht primär in einer Erfolgspflicht, d.h. in der Pflicht, die geforderten Informationen im Ergebnis tatsächlich zur Verfügung gestellt zu haben, sondern ist vielmehr eine *Bemühens-* und *Reaktionspflicht*. Wenn eine Regierung auf Schwierigkeiten stößt, die sie daran hindert, die angeforderten Auskünfte zu erteilen, ist dies der Kommission innerhalb einer angemessenen Frist mitzuteilen.[265] Beharrliches Schweigen führt dagegen zu einem Verstoß gegen Art. 10 EGV.[266] Diesen Vertragsverstoß kann die Kommission vor dem Ge-

---

nach Ablauf der Umsetzungsfrist für Richtlinien unter Berufung auf Art. 5 i.V.m. Art. 169 EGV [a.F.] von einer *Unterrichtungs*pflicht der Mitgliedstaaten über die Umsetzungsnormen auszugehen scheint. Ebenso *Jarass* (Anm. 184), 62 sowie *Rengeling*, Europäische Normgebung und ihre Umsetzung in nationales Recht, DVBl. 1995, 945 (952). Praktisch wird dieser Fall wegen der zum Zwecke der Transformationskontrolle regelmäßig sekundärrechtlich festgelegten Unterrichtungspflicht (siehe oben, Teil 2, insbesondere Kap. 5 A.I.) kaum zur Anwendung kommen.

[264] EuGH, Urteil vom 28.10.1999, Rs. C-328/96 (*Kommission/Österreich*) „Öffentliche Bauaufträge", Slg. 1999, S. I-7479 (7519, Rn. 51). Näher zur Fristsetzung durch die Kommission unten, C.II.2.

[265] EuGH „Einfuhr von Getreide" (Anm. 221), 1858, Rn. 26.

[266] Vgl. *Lück*, der einen „wesentlichen" Verstoß gegen Art. 5 EGV [a.F.] fordert ([Anm. 185], 40 und 118). In den Urteilen „Futtergetreide" und „Handel mit Olivenöl" wird zudem festgestellt, daß die mangelnde Zusammenarbeit besonders schwer wiege, wenn sie *vor dem Gerichtshof* nach Erhebung der Vertragsverletzungsklage fortbesteht („Futtergetreide", [Anm. 221], 3160, Rn. 41; „Handel mit Olivenöl", [Anm. 221], 4903, Rn. 31). Der Gerichtshof hätte allerdings auch die Möglichkeit, den Sachverhalt selbst zu ermitteln. Näher geregelt ist die Beweisaufnahme in der Verfahrensordnung des Gerichtshofs (Art. 45 bis 54 der *Verfahrensordnung des Gerichtshofes der Europäischen Gemeinschaften* vom 19.6.1991, Abl. Nr. L 176 vom 4.7.1991, 1, mehrfach geändert, kodifizierte Fassung in Abl. Nr. C 65 vom 6.3.1999, 1; zuletzt geändert am 16.5.2000, Abl. Nr. L 122 vom 24.5.2000, 43). Beweismittel sind das persönliche Erscheinen der Parteien – d.h. die Parteiaussage –, Auskünfte und Urkunden, die Vernehmung von Zeugen, Sachverständigengutachten und der Augenschein. In der Praxis konzentriert sich der Gerichtshof allerdings auf die Parteiaussagen (vgl. *Schwarze*, European Administrative Law, 1992, 1227).

richtshof feststellen lassen, eine Möglichkeit zur Erhebung einer „Leistungsklage" auf Auskunftserteilung hat sie dagegen nicht.[267]

II. Konsultationspflicht bei Auswirkungen auf die Funktionsfähigkeit der Gemeinschaft

In rechtlich ungeklärten Situationen, in denen die Mitgliedstaaten einseitig tätig werden wollen sowie im Falle der Änderung einer gefestigten nationalen Praxis unterliegen die Mitgliedstaaten einer Konsultationspflicht, wenn die beabsichtigten Maßnahmen negative Auswirkungen auf die Funktionsfähigkeit der Gemeinschaft mit sich bringen. In dem Urteil „Familienbeihilfen" stellt der Gerichtshof fest, „daß ein Mitgliedstaat Bestimmungen, die Auswirkungen auf die Anwendung des Statuts[268] haben und eine frühere ständige Praxis dieses Mitgliedstaats ändern, nicht ohne vorherige Konsultationen der betreffenden Gemeinschaftsorgane erlassen darf".[269] Ein Verstoß hiergegen stellt eine Verletzung der sich aus Art. 10 EGV ergebenden Verpflichtung zur Zusammenarbeit dar.[270] Auch nach den *Fischereiurteilen* können, wie dargestellt, besondere Situationen besondere Handlungs- und Unterlassungspflichten – vornehmlich in Form von Konsultationspflichten – nach sich ziehen.[271] Solche Konsultationen können auch im Rahmen der entsprechenden Ausschüsse, in denen Ministerialbeamte der Mit-

---

[267] Siehe auch *van Rijn*, The Investigative and Supervisory Powers of the Commission, in: FS Schermers, 1995, 409 (413).

[268] Gemeint ist das *Statut der Beamten der Europäischen Gemeinschaft* (Abl. Nr. L 56 vom 4.3.1968, 1, mehrfach geändert).

[269] EuGH, Urteil vom 7.5.1987, Rs. 186/85 (*Kommission/Belgien*) „Familienbeihilfen", Slg. 1987, 2029 (2057, Rn. 39). Der Gerichtshof spricht in diesem Zusammenhang auch vom „Funktionieren der Organe". In dem Urteil ging es um den Erlaß einer belgischen Vorschrift, wonach die von der Gemeinschaft zu zahlenden Familienzulagen von den nach belgischem Recht vorgesehenen Familienbeihilfen abgezogen wurden (sogenannte „nationale Antikumulierungsvorschrift"). Ähnlich argumentierte auch Generalanwalt *Capotorti* in der Rs. *Chatain* (Urteil vom 24.4.1980, Rs. 65/79, *Chatain*, Slg. 1980, 1345 ff., Schlußanträge, 1402, Nr. 9).

[270] Siehe auch *v. Bogdandy* in: *Grabitz/Hilf*, Art. 5 [a.F.], Rn. 75 ff. mit weiteren Verweisen.

[271] Siehe oben A.II. sowie *v. Bogdandy*, a.a.O., Rn. 73 f.

gliedstaaten und Bedienstete der Kommission vertreten sind, durchgeführt werden.[272]

III. Informationshilfepflicht der Kommission gegenüber den Mitgliedstaaten bei der Durchführung des Gemeinschaftsrechts

Die Pflicht der gegenseitigen loyalen Zusammenarbeit beinhaltet nach dem *Zwartveld-Beschluß* des EuGH eine Informationshilfepflicht der Kommission gegenüber den Mitgliedstaaten, wenn diese bei der Kommission vorliegende Informationen für die Durchführung des Gemeinschaftsrechts benötigen. Auf die Voraussetzungen und die Grenzen dieser Pflicht wird im Rahmen der Untersuchung von gemeinschaftsrechtlichen Amtshilfepflichten näher eingegangen.[273]

IV. Einseitig obligatorische Konsultationspflicht bei Umsetzungsschwierigkeiten

Nach ständiger Rechtsprechung können sich die Mitgliedstaaten zur Rechtfertigung der Nichtbefolgung von Gemeinschaftsrecht nicht auf Schwierigkeiten berufen, welche sich für die Umsetzung und Anwendung des Gemeinschaftsrechts aus ihrer internen Rechtsordnung ergeben.[274] Insbesondere können sie die fehlende Einrichtung wirkungsvoller Kontrollmechanismen nicht mit praktischen Schwierigkeiten entschuldigen,[275] ebensowenig wie sie sich auf die Schwächen eines statistischen Datenerhebungssystems zur Rechtfertigung von Umsetzungs-

---

[272] Näher zu den Ausschüssen Teil 2 Kap. 3 A.

[273] Teil 3 Kap. 3 A.

[274] Siehe u.a. EuGH, Urteil vom 2.10.1984, Rs. 254/83 (*Kommission/Italien*) „Wassergehalt von gefrorenem Geflügel", Slg. 1984, 3395 (3399, Rn. 5); Urteil vom 5.4.1990, Rs. C-6/89 (*Kommission/Belgien*), Slg. 1990, S. I-1595 f. (in den Leitsätzen, abgekürzte Veröffentlichung); Urteil vom 11.6.1991, Rs. C-290/89 (*Kommission/Belgien*) „Oberflächenwasser", Slg. 1991, S. I-2851 (2865, Rn. 9). Aus der Literatur siehe nur *Rengeling*, Europäische Normgebung (Anm. 263), 948 mit weiteren Verweisen. Siehe auch unten, Teil 4 Kap. 1.

[275] EuGH, Urteil vom 20.3.1990, Rs. C-62/89 (*Kommission/Frankreich*) „Fischerei", Slg. 1990, S. I-925 (953, Rn. 23).

und Kontrolldefiziten berufen können.[276] Vielmehr obliegt es ihnen, diese Schwierigkeiten durch den Erlaß der geeigneten Maßnahmen zu überwinden.[277]

Bei unvorhergesehenen Schwierigkeiten können aber die Mitgliedstaaten diese Probleme der Kommission zur Beurteilung vorlegen und dabei geeignete Änderungen des Gemeinschaftsrechts vorschlagen.[278] Dann sind die Kommission und die Mitgliedstaaten nach dem Grundsatz der loyalen Zusammenarbeit (Art. 10 EGV) verpflichtet, redlich zusammenzuwirken, um diese Schwierigkeiten zu überwinden.[279] Die Unterbreitung der nationalen Schwierigkeiten stellt i.V.m. der anschließenden Diskussion ein einseitig obligatorisches bzw. einseitig fakultatives Konsultationsverfahren zwischen dem betroffenen Mitgliedstaat und der Kommission dar. Eine für den betroffenen Mitgliedstaat verbindliche Konsultationspflicht liegt insofern nicht vor, als daß die Unterbreitung der Schwierigkeiten und Lösungsvorschläge nicht von der Kommission eingeklagt werden kann. Die Mitgliedstaaten können die Kommission mit ihren Problemen konfrontieren, müssen es aber nicht.[280] Die Kommission hat aber die Pflicht, auf ein entsprechendes Konsultationsersuchen einzugehen. Es handelt sich daher um eine einseitig obligatorische bzw. einseitig fakultative Konsultationspflicht.[281]

V. Mitgliedstaatliche Auskunftspflicht aus Art. 10 Abs. 1 S. 2 EGV i.V.m. Art. 284 EGV

Wie oben dargestellt ist Art. 284 EGV (ex Art. 213) dem Wortlaut nach nicht unmittelbar anwendbar, sondern bedarf eines ausfüllenden Rechtsaktes des Rates. Die Tatbestandsmerkmale des Art. 284 EGV sind allerdings hinreichend konkret, um daraus unmittelbare Informationspflichten ableiten zu können. Art. 10 Abs. 1 S. 2 EGV ist dagegen

---

276 EuGH, Urteil vom 7.12.1995, Rs. C-52/95 (*Kommission/Frankreich*) „Kontrollmaßnahmen", Slg. 1995, S. I-4443 (4465f., Rn. 26 und 28), Bestätigung des Urteils „Fischerei", a.a.O.

277 EuGH „Fischerei", a.a.O.

278 EuGH „Primäraluminiumhersteller" (Anm. 193), a.a.O.

279 *Ibid.*

280 Anders wohl *Due* (Anm. 198), 15, der von einer *wechselseitigen* Konsultationspflicht bei Durchführungsschwierigkeiten ausgeht.

281 Zu den Begriffen oben, Teil 2 Kap. 2 A.IV.2.

zwar im vertikalen Verhältnis insofern unmittelbar anwendbar, als er keiner Umsetzungsnorm bedarf, aber nicht hinreichend konkret in Bezug auf seinen Verpflichtungsgehalt.[282] Es liegt daher nahe, Art. 10 Abs. 1 S.2 EGV i.V.m. Art. 284 EGV als Rechtsgrundlage für unmittelbare Informationspflichten der Mitgliedstaaten, die rein inneradministrativer Art sind, heranzuziehen.[283]

Für Privatpersonen und Unternehmen gilt dagegen der Grundsatz des Vorbehaltes des Gesetzes.[284] Die „gesetzliche", d.h. sekundärrechtliche Grundlage für Informationspflichten mit individualbelastender Wirkung ist durch den Rat zu schaffen, so ausdrücklich Art. 284 EGV. Schon aus diesem Grund scheidet die unmittelbare Ableitung individualbelastender Informationsverfahren auf der Grundlage von Art. 284 i.V.m. Art. 10 Abs. 1 S.2 EGV aus. Ausgenommen sind damit sowohl *Anmelde-* und *Genehmigungsverfahren* als auch *individualbelastende Kontroll-* und *Überwachungspflichten.*

Aufgrund des sehr unterschiedlichen Verpflichtungs- und Belastungsgehaltes der verschiedenen Informationsverfahren kann Art. 284 EGV in unmittelbarer Anwendung zudem nicht für alle Arten inneradministrativer Informationspflichten herangezogen werden. Zunächst kommen die Informationsverfahren nicht in Betracht, die aufgrund ihrer untrennbaren Verknüpfung mit materiell-rechtlichen Regelungen nicht auf der Grundlage von Art. 284 EGV, sondern im Rahmen der sachgebietsbezogenen Ermächtigungsnormen geregelt werden müssen.[285] Daher scheiden inneradministrative *Identifikations- und Planungspflichten* aus dem Regelungsbereich von Art. 284 EGV aus, ebenso wie notwendigerweise *sachbereichsbezogene Inspektionsrechte* der Gemeinschaft. Das Tatbestandsmerkmal der „Nachprüfungen" in Art. 284 EGV impliziert keine unmittelbare und generelle Inspektionsbefugnis der Kommission auf dem Hoheitsgebiet der Mitgliedstaaten. Inspektionsbefugnisse vor Ort bedürfen i.d.R. einer konkreten Ermächtigung der Kommission.[286] Ähnliches gilt für *Berichtspflichten.* Eine Berichtspflicht setzt das Bestehen eines sachlichen Regelungsbereiches voraus,

---

[282] Zur Konkretisierungsbedürftigkeit von Art. 10 EGV oben, A.II.1.

[283] Zu den verschiedenen Ansatzpunkten im Rahmen der Diskussion von Art. 284 EGV siehe oben, Kap. 1 B.II.1.b.

[284] Dazu unten, Teil 6 Kap. 1 D.I.

[285] Siehe oben, Kap. 1 B.II.6.

[286] Siehe unten, Teil 4 Kap. 2 C.II.4., vgl. auch oben, Teil 3 Kap. 1 zur Informationshoheit der Mitgliedstaaten.

über den Bericht zu erstatten ist. Solche stark materiell-rechtlich verknüpften Informationspflichten sind auf der Grundlage der sachbereichsbezogenen Ermächtigungsgrundlagen oder u.U. bei Zweckpluralität auf der Grundlage von Art. 284 EGV sekundärrechtlich durch den Rat zu regeln. Sind *Konsultationspflichten* aufgrund der impliziten inhaltlichen Einlassungs- und Berücksichtigungspflicht[287] eng mit einem gemeinschaftsrechtlich zu regelnden Sachbereich verbunden, können auch diese als „Dauereinrichtung“ nicht unmittelbar auf Art. 284 EGV gestützt werden. Dies schließt *ad hoc* Konsultationspflichten auf der Grundlage der Gemeinschaftstreuepflicht nicht aus, was insbesondere bei einseitigem Handeln der Mitgliedstaaten mit Auswirkungen auf das Funktionieren der Gemeinschaft gilt.[288]

Aus Gründen der fehlenden Bestimmtheit und Rechtssicherheit bieten die Art. 284 und 10 Abs. 1 S. 2 EGV auch keine hinreichende Rechtsgrundlage für unmittelbar anwendbare *Unterrichtungspflichten* der Mitgliedstaaten. Denn eine Unterrichtungspflicht ist eine aktive Informationspflicht, die einen bestimmten inhaltlichen Auslösungstatbestand voraussetzt.[289] Die Mitgliedstaaten wissen auf der Grundlage der Art. 284, 10 Abs. 1 S. 2 EGV noch gar nicht, worüber sie die Gemeinschaft wann unterrichten sollten. Etwas anderes mag in Ausnahmesituationen gelten, in denen die besonderen Umstände des Einzelfalles eine aktive Unterrichtung der Gemeinschaftsorgane mit ggf. nachfolgenden Konsultationen nahe legen.[290]

Art. 10 Abs. 1 S. 2 EGV bildet daher i.V.m. Art. 284 EGV vornehmlich für konkrete *vertikale Auskunftspflichten* eine unmittelbare Rechtsgrundlage. Auskunftspflichten greifen nicht so stark in die materiellrechtliche Regelungsbefugnis des Rates und die entsprechenden Anforderungen sachbereichsbezogener Ermächtigungsgrundlagen ein. Die Anwendung im Einzelfall steht gemäß Art. 284 EGV der Kommission zu, welche zum Zwecke der Aktualisierung der Auskunftspflicht an die jeweiligen Mitgliedstaaten ein konkretes Auskunftsersuchen richten

---

[287] Dazu oben, Teil 2 Kap. 2 A.IV. Dies gilt in besonderem Maße für *Abstimmungspflichten*.

[288] Siehe oben, II.

[289] Zur Unterrichtungspflicht oben, Teil 2 Kap. 2 A.II.; zum Bestimmtheitsgrundsatz unten, Teil 6 Kap. 1 C.III.

[290] So nach der oben dargestellten Konsultationspflicht bei Auswirkungen aus die Funktionsfähigkeit der Gemeinschaft (Kap. 2 B.II.), welche auch eine vorherige Unterrichtung impliziert.

muß.[291] Sie hat dabei den in Teil 6 dargestellten Gestaltungsrahmen zu beachten, insbesondere die Verhältnismäßigkeit, das Subsidiaritätsprinzip, die Begründungspflicht, das Unparteilichkeitsgebot, das Bestimmtheitsgebot und den Geheimhaltungsschutz. Informationsersuchen sind aus Gründen der institutionellen Autonomie der Mitgliedstaaten an die außenvertretungsberechtigte Stelle der Mitgliedstaaten zu richten, nicht an die ausführenden Behörden selbst.[292] Meist wird es sich dabei um die Ständigen Vertretungen bei der Gemeinschaft handeln. Sind für bestimmte Sachbereiche nationale Anlauf- oder Koordinationsstellen gebildet worden,[293] ist ein entsprechendes Ersuchen an diese zu richten, ggf. ist ein solches von den nationalen Vertretungen an diese Stellen weiterzuleiten.

VI. Öffentlichkeitsakzessorische Auskunftspflicht aus Art. 10 EGV i.V.m. der Richtlinie 90/313/EWG?

Durch die *Umweltinformationsrichtlinie* 90/313/EWG[294] ist in Form des Rechts auf Akteneinsicht ein allgemeiner Auskunftsanspruch von Privatpersonen im Hinblick auf die bei staatlichen Behörden vorhandenen Umweltinformationen geschaffen worden. Denkbar ist nun, daß Art. 10 EGV durch die Vorschriften dieser Richtlinie dahingehend konkretisiert wird, daß andere Mitgliedstaaten und die Kommission sich im Sinne eines Gleichstellungsanspruchs ebenfalls auf den Auskunftsanspruch der Richtlinie 90/313/EWG berufen können. Die Gemeinschaftstreuepflicht würde dann i.V.m. der Richtlinie 90/313/EWG eine öffentlichkeitsakzessorische Auskunftspflicht beinhalten.

Zunächst ist festzustellen, daß die Auskunftsberechtigung der Richtlinie 90/313/EWG nicht direkt auf die Mitgliedstaaten und die Organe der Gemeinschaft übertragbar ist. Die Richtlinie berechtigt unmittelbar lediglich die *Bürger* der Gemeinschaft.[295] Zwar spricht Art. 3 Abs. 1 der

---

[291] Siehe oben, Teil 2 Kap. 2 A.I.

[292] Dazu Teil 4 Kap. 1 C.II.

[293] Dazu im einzelnen oben, Teil 2 Kap. 2 B.IV.3.

[294] *Richtlinie* 90/313/EWG vom 7.6.1990 *über den freien Zugang zu Informationen über die Umwelt* (Abl. Nr. L 158 vom 23.6.1990, 56). Zur bevorstehenden Änderung der Richtlinie siehe *Gassner/Pisani*, Umweltinformationsanspruch und Geheimnisschutz – Zukunftsperspektiven, NuR 2001, 506 ff.

[295] In diesem Sinne *Turiaux*, UIG Kommentar, 1995, § 4, Rn. 6, unter Hinweis darauf, daß ein Informationsanspruch von Behörden die staatliche Kom-

Richtlinie von der Berechtigung aller natürlichen *oder juristischen Personen*. Darunter fallen aber i.d.R. nicht die juristischen Personen des öffentlichen Rechts,[296] wie sich insbesondere aus der Begründung der Richtlinie ergibt.[297] Die Mitregelung administrativer Informationsverfahren hätte in der Richtlinie klarer zum Ausdruck gebracht werden müssen.

Zwar werden im Gemeinschaftsrecht hin und wieder administrative Informationspflichten von der vorangehenden Unterrichtung der Öf-

---

petenzordnung unterlaufen würde; *Scherzberg*, Der freie Zugang zu Informationen über die Umwelt, UPR 1992, 48 (50); *Erbguth/Stollmann*, Zum Entwurf eines Umweltinformationsgesetzes, UPR 1994, 81 (82), die davon ausgehen, daß dies „unbestritten" ist; *Kramer*, UIG, Öko-Audit- und Umweltzeichenverordnung, Kommentar, 1994, § 4, Rn. 4. So implizit auch *v. Schwanenflügel*, Die Richtlinie über den freien Zugang zu Umweltinformationen als Chance für den Umweltschutz, DÖV 1993, 95 ff., insbesondere 99 sowie *ders.*, Das Öffentlichkeitsprinzip des EG-Umweltrechts, DVBl. 1991, 93 (95). A.A. *Segond* (Anm. 1), 104 sowie *Röger*, Europarechtliche Vorgaben der Umweltinformationsrichtlinie, in: *Hegele/Röger*, Umweltschutz durch Umweltinformation, 1993, 1 (22), letzterer, soweit sich die einzelnen Verwaltungsträger „wie Dritte" gegenüber stehen. Einschränkend *ders.*, Umweltinformationsgesetz, Kommentar, 1995, § 4, Rn. 5 ff. Danach sei eine Regelung der im Innenbereich des Staates verbleibenden Informationsströme nicht intendiert, eine Anwendung aber in Ausnahmefällen möglich, so z.B. bei Nachbargemeinden. Soweit in der Literatur darauf verwiesen wird, daß die allgemeinen Regeln der Amtshilfe und die bestehenden Informationsregeln des öffentlichen Rechts in Form von Auskunfts- und Weisungsrechten ausreichend seien (so *Erbguth/Stollmann*, a.a.O.; *Röger*, a.a.O.; *Kramer*, a.a.O.), kann dies nur für den innerstaatlichen Bereich gelten. Gemeinschaftsweit gibt es gerade keinen allgemeinen Amtshilfeanspruch (näher dazu unten, Kap. 3 A.) und auch keine Weisungsrechte gegenüber mitgliedstaatlichen Behörden (dazu unten, Teil 4 Kap. 1 C.II.2.).

[296] Etwas anderes mag in Bezug auf Selbstverwaltungskörperschaften gelten, die im konkreten Einzelfall hinsichtlich ihrer Interessenlage dem Bürger gleichzustellen (im einzelnen dazu *Turiaux*, a.a.O., Rn. 10 ff., dort auch zur Behandlung juristischer Personen des Privatrechts, die mehrheitlich im Eigentum staatlicher Stellen stehen).

[297] Siehe die 3. Begründungserwägung der Richtlinie 90/313/EWG (Anm. 294): „Unterrichtung jedes *Bürgers*"; 5. Erwägung: „daß die *Bürger* der Gemeinschaft hinsichtlich des Zugangs zu Informationen ...."; 11. Erwägung: „... sollten der *Öffentlichkeit* allgemeine Informationen ..."; siehe auch Art. 7 der Richtlinie: „Die Mitgliedstaaten ergreifen die erforderlichen Maßnahmen, um der *Öffentlichkeit* allgemeine Informationen über den Zustand der Umwelt ..." [Hervorhebungen durch die Verf.]. Ebenso *Turiaux* (Anm. 295), Rn. 7.

fentlichkeit abhängig gemacht.[298] Der Auslösungstatbestand für diese öffentlichkeitsakzessorischen Informationspflichten ist aber i.d.R. im Gemeinschaftsrecht oder im nationalen Recht zwingend geregelt, und zwar häufig in der Form einer automatischen Unterrichtung der Öffentlichkeit in Notfällen oder bei der Planung potentiell umweltbelastender Anlagen. Im Rahmen der Richtlinie 90/313/EWG steht dagegen das Stellen eines Antrags auf Akteneinsicht im Belieben des Bürgers. Die tatsächliche Offenlegung der Informationen ist damit vom Interesse und der Initiative einer Privatperson abhängig. Die Anknüpfung des administrativen Auskunftsanspruchs an einen solchen mehr oder weniger zufälligen Antrag wäre nicht praktikabel, zumal die anderen Mitgliedstaaten und die Gemeinschaft hiervon i.d.R. keine Kenntnis erlangen werden. Auslösungstatbestand müßte dann allein schon die *Möglichkeit* der Einsichtnahme sein, womit durch die Hintertür der Richtlinie 90/313/EWG eine umfassende vertikale wie horizontale Auskunftspflicht im inneradministrativen Verhältnis eingeführt wäre – ein Ergebnis, das sicherlich beim Erlaß der Richtlinie so nicht beabsichtigt war.

Auf der anderen Seite würden und könnten sich die anderen Mitgliedstaaten oder die Gemeinschaftsorgane eines Bürgers der Gemeinschaft bedienen, um an die benötigten Informationen zu gelangen – ein Verfahren, das nicht nur umständlich ist, sondern auch den Beigeschmack des rechtswidrigen Ausspionierens hat.[299] Warum sollten Nachbarstaaten und die Kommission schlechter gestellt werden als die Gemeinschaftsbürger?[300] Räumt man Nachbargemeinden das Recht auf Ein-

---

[298] Im einzelnen dazu oben, Teil 2 Kap. 2 A.II.2.

[299] Vgl. *Turiaux* (Anm. 295), Rn. 9, der sich mit der Frage beschäftigt, wie der Fall zu behandeln ist, wenn eine natürliche Person, die gleichzeitig Amtswalter in einer öffentlichen Behörde ist, einen Antrag nach dem UIG (welches die Richtlinie 90/313/EWG in deutsches Recht umsetzt) stellt. Dieser Antrag dürfte nur dann zurückgewiesen werden, wenn der Antragsteller sich ausdrücklich auf seine Amtswalterschaft beruft, nicht dagegen, wenn er vorgibt, in seiner Eigenschaft als Privatperson zu handeln – was durch die Behörde so hingenommen werden müßte, da die Richtlinie 90/313/EWG und damit einhergehend das UIG den Nachweis eines berechtigten Interesses gerade nicht verlangen.

[300] Ähnlich *Bullinger* (Anm. 161), 48, der feststellt, daß im Falle eines allgemeinen Akteneinsichtsrechts für jedermann auch einer Behörde der Zugang zu den Informationen nicht gut verweigert werden könne.

sichtnahme in die Akten ein,[301] so müßte dies auch für solche aus einem benachbarten Mitgliedstaat gelten, wenn doch ansonsten die Nationalität für die Anspruchsberechtigung keine Rolle spielt.[302] Spezielle Regelungen administrativer Informations- und v.a. Auskunftspflichten würden selbst bei der Bejahung einer solchen öffentlichkeitsakzessorischen Auskunftspflicht nicht überflüssig werden. Inneradministrative Informationspflichten folgen einem anderen, meist formloseren und schnelleren Verfahren, bei dem die Kosten zudem i.d.R. der informationspflichtige Mitgliedstaat trägt.[303] Ein großer Unterschied besteht auch hinsichtlich der Geheimhaltungsvorschriften. Geheimhaltungsinteressen berechtigen im Rahmen der Richtlinie 90/313/EWG in weitem Umfang zur Verweigerung des Informationszugangs. Im Rahmen administrativer Informationsverfahren werden Geheimhaltungsinteressen dagegen i.d.R. durch die Pflicht zur vertraulichen Behandlung geschützt. Sie stellen i.d.R. keinen Verweigerungsgrund dar, sondern verpflichten die Mitgliedstaaten und die Kommission zur zweckgebundenen Verwendung und der Geheimhaltung gegenüber nichtberechtigten Dritten.[304] Letztlich kann die aufgeworfene Frage hier nicht abschließend beurteilt werden. Als Tendenz ist festzustellen, daß auf der Gemeinschaftsebene inzwischen eine gewisse Vereinheitlichung der Anspruchs- und Verweigerungsgründe angestrebt wird.[305] Möglicherweise

---

[301] So *Röger*, UIG, Kommentar, 1995, § 4, Rn. 7 hinsichtlich Verwaltungsträgern, die sich nicht in einem primär durch die Sondernormen des öffentlichen Rechts begründeten Rechtsverhältnis gegenüberstehen, so z.B. Nachbargemeinden bzgl. statistischer Informationen.

[302] A.a.O., Rn. 3.

[303] Anders die Richtlinie 90/313/EWG (Anm. 294), wonach die Mitgliedstaaten für die Übermittlung der Informationen eine angemessene Gebühr erheben können (Art. 5).

[304] Näher unten, Teil 6 Kap. 1 D.II. Zur Informationsverweigerung berechtigt nur Art. 296 Abs. 1 *lit.* a EGV [ex Art. 223] (dazu Teil 6 Kap. 1 C.IV.2.).

[305] Siehe z.B. Art. 15 Abs. 6 der *CITES-Verordnung* (*Verordnung* EG Nr. 338/97 vom 9.12.1997 *über den Schutz von Exemplaren wildlebender Tier- und Pflanzenarten durch Überwachung des Handels*, Abl. Nr. L 61 vom 3.3.1997, 1), welcher auf die Geheimhaltungsvorschriften des Art. 3 Abs. 2 und 3 der Richtlinie 90/313/EWG (Anm. 294) verweist; ebenso nunmehr Art. 19 Abs. 1 der *Gentechnikrichtlinie* 90/219/EWG i.d.F. der Richtlinie 98/81/EG vom 26.10.1998 (Abl. Nr. L 330 vom 5.12.1998, 13). Siehe auch Art. 15 Abs. 4 der *IVU-Richtlinie* (*Richtlinie* 96/61/EG vom 24.9.1996 *über die integrierte Vermeidung und Verminderung der Umweltverschmutzung*, Abl. Nr. L 257 vom 10.10.1996, 26).

haben sich die Mitgliedstaaten mit der Richtlinie 90/313/EWG ein „trojanisches Pferd" in die Abgeschlossenheit der Amtsstuben geholt.

C. *Qualitätsanforderungen (unselbständige Nebenpflichten)*

In Art. 10 EGV sind vornehmlich unselbständige Nebenpflichten enthalten, welche die Art und Weise der Informationsermittlung und -weitergabe durch die Mitgliedstaaten regeln. Diese Qualitätsanforderungen werden bereits durch die Formulierungen des *redlichen* Zusammenwirkens und der *loyalen* Zusammenarbeit angedeutet.[306] Aus Art. 10 EGV folgt eine allgemeine Sorgfaltspflicht der Mitgliedstaaten.[307] Sie wird z.T. über das Sekundärrecht konkretisiert, gilt aber i.V.m. den entsprechenden Hauptpflichten auch ohne eine solche Konkretisierung. Informationen sind nur unter bestimmten Bedingungen für die Gemeinschaft im Sinne der praktischen Wirksamkeit – dem *effet utile* – des Gemeinschaftsrechts nützlich. Diese Nebenpflichten stellen sich in Bezug auf die administrativen Informationsverfahren insbesondere als Wahrheitspflicht und Pflicht der zeitlichen Angemessenheit dar.

I. Die Wahrheitspflicht: Vollständigkeit, Nachprüfbarkeit und Klarheit

Für den Informations- und Verwertbarkeitsgehalt ist die Qualität der Informationserhebung und -darstellung entscheidend.[308] Die Qualität wird v.a. durch die Vollständigkeit, die Nachprüfbarkeit und die Klarheit der Informationen bestimmt. Zusammen können diese Anforderungen unter den Begriff der *Wahrheitspflicht* gefaßt werden.

Für solche Qualitätsanforderungen gibt es in der Rechtsprechung des Gerichtshofes und in den Rechtsakten der Gemeinschaft bislang nur Anhaltspunkte.[309] Die Notwendigkeit der Vollständigkeit, Nachprüf-

---

[306] Siehe oben, A.I. Vgl. *Lück* (Anm. 185), 50 f., 114 ff. und 129, der auch von „verfahrensmäßigen Anforderungen" spricht.

[307] EuGH, Urteil vom 11.10.1990, Rs. C-34/89 (*Italien/Kommission*) „Rechnungsabschluß EAGFL", Slg. 1990, S. I-3603 (3617, Rn. 12).

[308] Siehe auch oben, Teil 1 Kap. 2 A. und B. sowie Teil 2 Kap. 1 A.II.

[309] Anhaltspunkte geben die Urteile vom 21.5.1985, Rs. 248/83 (*Kommission/Deutschland*) „Gleichbehandlung von Männern und Frauen", Slg. 1985, 1459 ff.; Urteil vom 27.10.1971, Rs. 6/71 (*Rheinmühlen/Einfuhr- und Vorratsstelle Getreide*), Slg. 1971, 823 ff.; Urteil vom 19.1.1994, Rs. C-435/92 (*Associa-*

barkeit und Klarheit ergibt sich aber fast zwangsläufig daraus, daß die von den Mitgliedstaaten erhobenen und an die Kommission oder die anderen Mitgliedstaaten übermittelten Daten verwendbar sein müssen, um dem jeweiligen Informationsverfahren zu seiner „praktischen Wirksamkeit“ (*effet utile*) zu verhelfen. Um ihren Zweck als Tatsachengrundlage für Entscheidungen der Kommission oder anderer Mitgliedstaaten erfüllen zu können, dürfen sie kein verzerrtes Bild von der Realität produzieren. Unbenommen bleibt, daß dieses Bild nie hundertprozentig objektiv und vollständig sein kann – die dem Menschen eigene selektive Wahrnehmung,[310] die begrenzten Verwaltungskapazitäten sowie gewisse Ermittlungsbeschränkungen zur Wahrung der Rechte Dritter[311] setzen der Wahrheitspflicht Grenzen.

Der Gerichtshof scheint in seiner Rechtsprechung eine nicht weiter begründungsbedürftige Pflicht zur Vollständigkeit, Nachprüfbarkeit und Klarheit vorauszusetzen. In dem Urteil „Gleichbehandlung von Männern und Frauen“ stellt er auf der Grundlage einer sekundärrechtlichen Kontrollpflicht i.V.m. einer diesbezüglichen Berichtspflicht fest, „daß es zunächst Sache der Mitgliedstaaten ist, *vollständig und in nachprüfbarer Form* – in welcher Art auch immer – die ... zu erfassen“ und das Ergebnis der Kommission zu übermitteln.[312] Die Tatbestandsmerkmale der Vollständigkeit und Nachprüfbarkeit waren nicht in dem Richtlinientext enthalten. Sie wurden vom Gerichtshof wie selbstverständlich in die Informationspflicht der Mitgliedstaaten hineingelesen. In dem Urteil *Rheinmühlen* zur Gemeinsamen Marktorganisation für Getreide befand der EuGH, daß die Mitgliedstaaten bei der Beweiserhebung für das Vorliegen bestimmter Tatbestandsmerkmale selbständig bestimmen könnten, welche Beweise sie verlangen wollten. Sie dürften sich aber

---

tion pour la protection des animaux sauvages u.a.), Slg. 1994, S. I-67ff.; Urteil „Badegewässerrichtlinie“ (Anm. 208), 1791 ff. und in der Begründung wortgleich das Urteil „Trinkwasserrichtlinie“ (Anm. 208), 1819 ff. Im Sekundärrecht ist eine indirekt geregelte Pflicht zur Vollständigkeit, Nachprüfbarkeit und Klarheit insbesondere im Wettbewerbsrecht zu finden (dazu sogleich). Aus der Literatur vgl. *Lück* (Anm. 185), 33 f., der von „klaren und deutlichen“ Informationen spricht; ebenso *Blanquet* (Anm. 183), 160.

310 Vgl. Teil 1 Kap. 2 D.I. zur begrenzten Rationalität menschlicher Entscheidungsfindung.

311 Dazu noch später, Teil 6 Kap. 1 C. und D.

312 EuGH „Gleichbehandlung von Männern und Frauen“ (Anm. 309), 1486 f. (Rn. 38) [Hervorhebungen durch die Verf.].

nicht mit unzureichenden Indizien begnügen.[313] Wann Indizien zureichend sind, erläutert der Gerichtshof nicht. Zureichend ist aber auf jeden Fall eine Sachverhaltsermittlung, die nach den Umständen des Einzelfalles als annähernd vollständig und nachprüfbar angesehen werden kann. Das Urteil *Association pour la protection des animaux sauvages* verlangt den Nachweis einer effektiven Umsetzung der Vogelschutzrichtlinie *anhand geeigneter wissenschaftlicher und technischer Daten* und stellt damit v.a. auf die Nachprüfbarkeit der Datengrundlage ab.[314] Auch hier gibt es keine diesbezügliche Klausel in der Richtlinie. Die Qualitätsanforderung ist vielmehr vom Gerichtshof in die Umsetzungspflicht der Mitgliedstaaten hineingelesen worden. Informationen, die die Mitgliedstaaten der Kommission über die erlassenen Durchführungsvorschriften zu übermitteln haben, müssen nach dem Urteil „Badegewässerrichtlinie" *klar und deutlich* sein.[315] Sie müssen die Rechts- und Verwaltungsvorschriften *eindeutig* angeben. „Liegt eine solche Information nicht vor, so kann die Kommission nicht prüfen, ob der Mitgliedstaat die Richtlinie tatsächlich und vollständig durchgeführt hat".[316] Der Aussagegehalt der Informationen und ihre Nachprüfbarkeit hängen von der Darstellungsweise ab. Diese muß daher – den Umständen entsprechend – klar und deutlich sein. Auch diese Qualitätsanforderung war nicht ausdrücklich in der betroffenen Richtlinie enthalten.

---

[313] EuGH *Rheinmühlen* (Anm. 309), 837 (Rn. 8) [Hervorhebung durch die Verf.].

[314] Urteil vom 19.1.1994 (Anm. 309), Rn. 2; bestätigt durch Urteil vom 7.12.2000, Rs. C-38/99 (*Kommission/Frankreich*) „Jagdzeiten", Rn. 42 (Urteil noch nicht in der Slg. veröffentlicht). In beiden Urteilen ging es um einen Verstoß Frankreichs gegen die Pflicht zur Umsetzung der *Vogelschutzrichtlinie* (*Richtlinie* 79/409/EWG vom 2.4.1979 *über die Erhaltung der wildlebenden Vogelarten*, Abl. Nr. L 103 vom 25.4.1979, 1, mehrfach geändert). Frankreich hatte in Umsetzung der Richtlinie als Ende der Jagdzeit verschiedene Zeitpunkte festgesetzt, die nach Vogelarten gestaffelt waren. Dies hielt der EuGH für einen Verstoß gegen den mit der Richtlinie bezweckten lückenlosen Schutz, „es sei denn, der betreffende Mitgliedstaat kann für jeden Einzelfall *anhand geeigneter wissenschaftlicher und technischer Daten nachweisen*, daß eine Staffelung der Daten ... einen lückenlosen Schutz ... nicht verhindert" ([Anm. 309], 95, Rn. 22) [Hervorhebungen durch die Verf.].

[315] Rs. 96/81 „Badegewässerrichtlinie" (Anm. 208), 1803 (Rn. 8); ebenso Rs. 97/81 „Trinkwasserrichtlinie" (Anm. 208), 1832 (Rn. 8) [Hervorhebung durch die Verf.].

[316] *Ibid.*

Die Vollständigkeits- und Wahrheitspflicht ist aus dem europäischen Kartellverfahren bekannt – mit dem Unterschied, daß hier in erster Linie die Unternehmen diesen Anforderungen unterliegen, nicht die Mitgliedstaaten.[317] Im Antidumpingverfahren ist die Vorlage *wahrer* und *klarer* Informationen als Obliegenheit im einschlägigen Sekundärrecht verankert.[318] In der *Unterrichtungsentscheidung Warenverkehr* werden nunmehr ausdrücklich die Mitgliedstaaten zur Vorlage von Mitteilungen, die „hinreichend detailliert und in klarer, verständlicher Form abgefaßt" sind, verpflichtet.[319] Die neue Kodifikation des Beihilfenverfahrens, die Verordnung (EG) Nr. 659/1999, verpflichtet die Mitgliedstaaten explizit zu einer „vollständigen Anmeldung".[320]

In seinen Urteilen unterscheidet der EuGH nicht zwischen der Beweislast vor dem Gerichtshof und dem inneradministrativen Verhältnis zwischen Kommission und Mitgliedstaaten. Selbst wenn die Urteile da-

---

[317] Bei *unrichtigen* und *entstellten* Angaben sowie bei der *unvollständigen* Vorlage von Geschäftsunterlagen droht den Unternehmen ein Bußgeld und die Verhängung von Zwangsgeldern (Art. 15 Abs. 1 *lit.* a und c sowie Art. 16 Abs. 1 *lit.* c der *Kartellverordnung*, [Anm. 110]). Siehe auch Art. 4 Abs. 4 der *Ersten Ausführungsverordnung* (Verordnung Nr. 27 der Kommission vom 3.5.1962: *Erste Ausführungsverordnung zur Verordnung Nr. 17 des Rates vom 6.2.1962*, Abl. Nr. 35 vom 10.5.1962, 1118, mehrfach geändert) zum Inhalt der Anträge und Anmeldungen, wonach „der Sachverhalt vollständig darzulegen" ist.

[318] Diese Obliegenheit trifft sowohl die beteiligten Unternehmen als auch Drittländer. Sie ergibt sich indirekt aus der Vorschrift, wonach bei der Vorlage von *unwahren* oder *irreführenden* Informationen diese Informationen unberücksichtigt bleiben und damit zusammenhängende Anträge auf der Basis der Aktenlage zurückgewiesen werden können (Art. 18 Abs. 1 der *Antidumpingverordnung* [*Verordnung* EG Nr. 384/96 vom 22.12.95 *über den Schutz gegen gedumpte Einfuhren aus nicht zur Europäischen Gemeinschaft gehörenden Ländern*, Abl. Nr. L 56 vom 6.3.1996, 1]). Diese Pflicht kann, wie sich aus der Vorschrift ergibt, nicht direkt durchgesetzt werden, sondern nur indirekt mittels Nichtberücksichtigung der Informationen (näher dazu unten, Teil 6 Kap. 2 B.III.), daher „Obliegenheit" (hierzu oben, Teil 2 Kap. 2 B.I.2.). Ebenso bereits Art. 7 Abs. 7 *lit.* b der ersten *Antidumpingverordnung* (Verordnung EWG Nr. 2423/88 vom 11.7.1988, Abl. Nr. L 209 vom 2.8.1988, 1).

[319] Art. 4 Abs. 1 der *Entscheidung* Nr. 3052/95/EG vom 13.12.1995 *zur Einführung eines Verfahrens der gegenseitigen Unterrichtung über einzelstaatliche Maßnahmen, die vom Grundsatz des freien Warenverkehrs in der Gemeinschaft abweichen* (Abl. Nr. L 32 vom 30.12.1995, 1).

[320] Art. 2 Abs. 2 der *Beihilfenverfahrensverordnung* Nr. 659/1999 (Anm. 129).

hingehend zu interpretieren wären, daß es sich um die Beweislast der Mitgliedstaaten vor dem Gerichtshof handelte, indiziert diese Beweislast auch die Anforderungen an das gemeinschaftsrechtliche Verwaltungsverfahren. Ist diesen Anforderungen von Seiten der Mitgliedstaaten gegenüber der Kommission genügt, besteht keine Verdachtslage im Hinblick auf eine Vertragsverletzung.

Die dargestellten Qualitätsanforderungen für die mitgliedstaatliche Informationserhebung und -darstellung können dogmatisch in Art. 10 EGV verankert und durch eine am *effet utile* ausgerichteten Auslegung der Informationspflichten gestützt werden.[321] Es handelt sich dabei um *Nebenpflichten*, die die Art und Weise des vertikalen und horizontalen Informationsaustauschs lenken. Wenn die Mitgliedstaaten nach Art. 10 Abs. 2 EGV verpflichtet sind, alles zu unterlassen, was die Verwirklichung der Ziele des Vertrages gefährden könnte, so sind sie auch verpflichtet, der Kommission und den Mitgliedstaaten keine Informationen zu übermitteln, die unvollständig sind und auf Vermutungen beruhen. Denn solche Informationen schaffen ein verzerrtes Wirklichkeitsbild und damit eine verzerrte Tatsachengrundlage für Entscheidungen der Kommission und der anderen Mitgliedstaaten.[322] Dies führt zu Entscheidungen, die an der Sache vorbei laufen und damit zu einer Gefährdung der Verwirklichung der Ziele des EGV. Gestützt werden kann die Wahrheitspflicht aber nicht nur auf die in Art. 10 Abs. 2 EGV verankerte Unterlassungspflicht, sondern auch auf die Unterstützungspflicht nach Art. 10 Abs. 1 S. 2 EGV. Denn die Mitgliedstaaten erleichtern die Aufgabenerfüllung der Kommission nicht, wenn sie ihr unvollständige, nicht nachprüfbare oder mißverständliche Informationen liefern.

1. Vollständigkeit

Vollständigkeit liegt dann vor, wenn nach dem Maßstab einer normal funktionierenden Verwaltung *alle vernünftigen Anstrengungen* zur

---

[321] Vgl. die Urteile „Badegewässerrichtlinie" und „Trinkwasserrichtlinie", in denen der Gerichtshof ausdrücklich auf Art.5 EGV [a.F.] Bezug nimmt ([Anm. 208], 1803, Rn. 7 und 1832, Rn. 7). Zwar folgert er nicht direkt aus Art. 10 EGV die genannten Nebenpflichten, sondern beläßt es bei dem Zitat seines Wortlautes. Die genannten Qualitätsanforderungen waren jedoch nicht ausdrücklich in den Richtlinienbestimmungen enthalten, so daß allein Art. 10 EGV als allgemeiner Rechtsmaßstab in Betracht kommt.

[322] Vgl. zum Verhältnis von Tatsachengrundlage und Entscheidung Teil 1 Kap. 2 B., D.I und G.

Sachverhaltsermittlung gemacht worden sind.[323] Die Vollständigkeit ist nie absolut. Sie ist in Abhängigkeit vom zu beurteilenden Sachverhalt, d.h. in Relation zu den Umständen des Einzelfalles zu sehen.[324] Die Ermittlungspflicht beschränkt sich zudem auf die in dem Hoheitsgebiet des jeweiligen Mitgliedstaates selbst liegenden Informationsquellen. Solange keine gemeinschaftsrechtlichen Kataloge hinsichtlich der zu ermittelnden Informationen bestehen, obliegt es den Mitgliedstaaten, die Abwägung zwischen den Erfordernissen des Sachverhaltes und den Verwaltungskapazitäten vorzunehmen. Entsprechend den Anforderungen an die Wahl der Mittel zur Durchführung des Gemeinschaftsrechts kommt den Mitgliedstaaten hier ein *Gestaltungsspielraum* zu.[325] Die *Kosteneffizienz* kann unter bestimmten Voraussetzungen im Rahmen der Verhältnismäßigkeitsprüfung berücksichtigt werden.[326] Unvollständige Angaben sind zugleich unwahre Angaben, weil sie zu Mißverständnissen führen und ein falsches Wirklichkeitsbild hervorrufen.[327]

2. Nachprüfbarkeit und Klarheit

Nachprüfbarkeit heißt, daß die Daten nicht auf Vermutungen beruhen, sondern mittels *wiederholbarer Erhebungsmethoden* gewonnen werden. Zudem müssen sie in so klarer Form angegeben werden, daß Miß-

---

[323] Dieses Kriterium kann aus der Rechtsprechung des Gerichtshofes zur Verwaltungszusammenarbeit im Rahmen der Art. 28, 30 EGV [ex Art. 30, 36] entnommen werden (siehe unten, D.). Vgl. auch unten zur Amtsermittlung, Kap. 3 B.

[324] So ausdrücklich geregelt in der neuen *Beihilfenverfahrensverordnung* Nr. 659/1999 (Anm. 129), Art. 2 Abs. 2, wonach eine „vollständige Anmeldung" alle „sachdienlichen Auskünfte" umfaßt, die für Genehmigungsentscheidung der Kommission „erforderlich" sind.

[325] Siehe Teil 4 Kap. 1 C.

[326] Näher dazu Teil 6 Kap. 1 C.I.1.

[327] So auch der Gerichtshof im Rahmen eines Urteils zum Kartellverfahren. Dort hatte ein Unternehmen bei einer wettbewerbsrechtlichen Anmeldung bestimmte Angaben nicht gemacht, insbesondere eine wettbewerbsrechtlich relevante Vereinbarung verschwiegen. Der Gerichtshof hielt die Verhängung einer Geldbuße aufgrund „unrichtiger und entstellter Angaben" nach Art. 15 Abs. 1 der *Kartellverordnung* daher für gerechtfertigt (Urteil vom 20.6.1978, Rs. 28/77, *TEPEA/Kommission*, Slg. 1978, 1391 [1418, Rn. 69/70]).

verständnisse und Entstellungen vermieden werden.[328] Die Nachprüfbarkeit der Darstellung hängt entscheidend von ihrer Klarheit ab, weshalb die beiden Anforderungen eng miteinander verbunden sind. Als Erhebungsmethoden kommen u.a. der Augenschein der Behörde, Befragungen, Messungen und wissenschaftliche Analysen in Betracht.[329] Prognosen müssen wegen ihrer großen Unsicherheit mittels wissenschaftlich fundierter Methoden erfolgen. Ganz frei von subjektiven Gesichtspunkten sind diese Erhebungsmethoden nie, sie sollten aber soweit wie möglich und dem Sachverhalt angemessen auf objektiven Methoden beruhen. Solange die anzuwendende Methode nicht gemeinschaftsrechtlich festgelegt ist, kommt den Mitgliedstaaten auch hier ein *Gestaltungsspielraum* zu. Dabei sind die vorhandenen Verwaltungskapazitäten, die Bedeutung des zu erforschenden Sachverhaltes für die Durchsetzung des Gemeinschaftsrechts und die Rechtspositionen Dritter abzuwägen.[330] Die Informationsquellen und Methoden müssen zumindest auf Nachfrage angegeben werden, damit die Angaben vom Informationsempfänger nachvollzogen und verglichen werden können.

II. Bestimmung des Zeitpunktes der Pflichterfüllung

1. Zeitliche Angemessenheit

Einer Informationspflicht ist in einem dem Sachproblem entsprechend angemessenen Zeitraum nachzukommen. Angemessen ist der Zeitraum, der der Informationspflicht am besten zu seiner praktischen Wirksamkeit verhilft, also einer Auslegung am *effet utile* entspricht. Dieser Zeitraum kann sehr stark variieren. *Warnungen* sind *unverzüglich* nach Kenntnisnahme des Auslösungstatbestandes weiterzuleiten, bei umfangreicheren *Berichtspflichten* ist dagegen ein Zeitraum von ein bis drei

---

[328] In diesem Sinne auch der EuGH zu den von den Mitgliedstaaten zu erstellenden und der Kommission mitzuteilenden Programme nach Art. 7 der *Gewässerschutzrichtlinie*: Urteil vom 25.5.2000, Rs. C-384/97 (*Kommission/Griechenland*) „Gewässerschutzrichtlinie" Slg. 2000, S. I-3823 (Rn. 41) und Urteil vom 21.1.1999, Rs. C-207/97 (*Kommission/Belgien*) „Gewässerschutzrichtlinie", Slg. 1999, S. I-275 (304, Rn. 41)

[329] Siehe Teil 1 Kap. 2 B.I.

[330] Zum Gesichtspunkt der Kosteneffizienz siehe unten, Teil 6 Kap. 1 C.I.1., zu den Rechtspositionen Dritter insbesondere Teil 6 Kap. 1 D.

Jahren keine Seltenheit. *Unterrichtungspflichten* über staatliche Maßnahmen, die im Zusammenhang mit einer Stellungnahmemöglichkeit der Kommission stehen, ist *rechtzeitig vor dem Ergreifen der Maßnahmen* – bei Genehmigungsverfahren vor Erteilung der Genehmigung – nachzukommen, so der Gerichtshof im *Cattenom-Urteil* hinsichtlich der Unterrichtungspflicht nach Art. 37 EAGV.[331] Diese Rechtspre-

---

[331] EuGH, Urteil vom 22.9.1988, Rs. 187/87 (*Saarland u.a./Minister für Industrie u.a.*) „Cattenom", Slg. 1988, 5013 ff. Nach Art. 37 EAGV sind die Mitgliedstaaten verpflichtet, die Kommission über jeden Plan zur Ableitung radioaktiver Stoffe zu unterrichten. Es sind ihr „die allgemeinen Angaben zu übermitteln, auf Grund derer festgestellt werden kann, ob die Durchführung dieses Plans eine radioaktive Verseuchung des Wassers, des Bodens oder des Luftraumes eines anderen Mitgliedstaates verursachen kann", mithin Angaben, die der Feststellung potentiell grenzüberschreitender radioaktiver Auswirkungen dienen. Die Kommission hat nach der Anhörung einer Sachverständigengruppe innerhalb von sechs Monaten ihre Stellungnahme abzugeben. In dem Urteil ging es konkret um die Frage, ob die Kommission vor der Genehmigungserteilung oder vor der faktischen Inbetriebnahme zu unterrichten ist. Die französischen Behörden hatten in den siebziger Jahren begonnen, den Bau eines großen Atomkraftwerkes in der Ortschaft *Cattenom* zu planen. Die Errichtung wurde mit Dekret vom 11.10.1978 beschlossen. Baugenehmigungen wurden zwischen Juli 1979 und März 1983 erteilt. Am 21.2.1986 wurden schließlich die radioaktiven Ableitungen aus den Blöcken genehmigt, welche bereits im Juli 1984 beantragt worden waren. Erst am 29.4.1986 beantragte die Regierung der Französischen Republik bei der Kommission die in Art. 37 EAGV vorgesehene Stellungnahme. Diese gab die Kommission am 22.10.1986 ab. Die Inbetriebnahme erfolgte 48 Stunden danach. Nach den Ausführungen des Gerichtshofes sei es für die Gefahrabwendung unerläßlich, daß die Stellungnahme der Kommission von dem betroffenen Mitgliedstaat gründlich geprüft werden könne und deren Berücksichtigung noch möglich sei, weil nur die Kommission einen Gesamtüberblick über die Entwicklungen der nuklearen Aktivitäten im gesamten Gemeinschaftsgebiet habe. Dies gelte insbesondere dann, wenn in der Stellungnahme eine Planänderung oder der Erlaß von Sicherheitsmaßnahmen in Zusammenarbeit mit den anderen Mitgliedstaaten angeregt wird (im vorliegenden Fall hatte die Kommission die Einrichtung eines grenzüberschreitenden Fernüberwachungssystems vorgeschlagen; siehe Sitzungsbericht, a.a.O., 5018 und Schlußanträge des Generalanwalts, 5029). Für die volle Wirksamkeit (d.h. den *effet utile*) der Stellungnahme sei es unerläßlich, daß der betreffende Mitgliedstaat von der Stellungnahme *vor der Erteilung der Genehmigung* Kenntnis erlange. Der nach Art. 37 EAGV vorgesehene Zeitraum für die Abgabe der Stellungnahme durch die Kommission von sechs Monaten ist erforderlich, um die vorgeschriebene Anhörung der Sachverständigengruppe vorzunehmen, die Stellungnahme zu bedenken und abzufassen. Da den Mitgliedstaaten nach Erhalt der Stellungnahme eine Pflicht zur Prüfung und Berücksichtigung dersel-

chung kann im Rahmen einer am *effet utile* und der Gemeinschaftstreuepflicht orientierten Auslegung auf alle ähnlich gelagerten Unterrichtungspflichten übertragen werden.[332] Rechtzeitig heißt, daß die Stellungnahme noch berücksichtigt werden kann und *keine vollendeten Tatsachen* geschaffen wurden. Die ins Auge gefaßte mitzuteilende Maßnahme muß noch ohne größere rechtliche und tatsächliche Schwierigkeiten geändert werden können. Für eine Unterrichtungspflicht im Vorlauf eines gemeinschaftsrechtlichen Zustimmungsverfahrens versteht sich dies von selbst. Hier handelt es sich quasi um eine Obliegenheit des betroffenen Staates, der ohne vorherige Unterrichtung keine Zustimmung für das Vorhaben erhalten kann.[333]

Wenn bei der Pflicht zur Einholung einer Stellungnahme kein genauer Zeitpunkt für die Unterrichtung festgelegt ist, ist dieser nach dem Um-

---

ben obliegt, müßten vor der Genehmigung des Projektes noch einmal mehrere Tage Prüfungs- und u.U. Anpassungszeit eingerechnet werden. Siehe nunmehr die *Empfehlung* 91/4/Euratom vom 7.12.1990 *betreffend die Anwendung von Art. 37 des Euratom-Vertrages* (Abl. Nr. L 6 vom 9.1.1991, 16) sowie die bereits 1982 erlassene *Empfehlung* 82/181/Euratom der Kommission vom 3.2.1982 *betreffend die Anwendung von Art. 37 des Euratom-Vertrages* (Abl. Nr. L 83 vom 29.3.1982, 15), welche der Gerichtshof aber nicht als autoritative Konkretisierung der Pflichten aus Art. 37 EAGV heranzog. Diese Empfehlung zog nämlich als Fristbeginn nicht den Zeitpunkt der Genehmigung, sondern den Beginn der Ableitung heran (Nr. 3 der Empfehlung). Zum *Cattenom-Urteil* s. auch *Pelzer*, Das Umweltrecht der Europäischen Atomgemeinschaft, in: EUDUR, Bd. 2 1998, § 60, Rn. 18; *Lenaerts*, Nuclear Border Installations: A Case Study, ELR 1988, 159 ff. und *Kloepfer/Kohler*, Kernkraftwerke und Staatsgrenze, 1981, 67 ff.

332 Vgl. *Eriskat/v.Pander*, Die neuen Euratom-Strahlenschutz-Richtlinien und ihre Anwendung in den Mitgliedstaaten der Europäischen Gemeinschaften, DVBl. 1984, 69 (72). *Eriskat/v.Pander* gingen bereits vor dem *Cattenom-Urteil* davon aus, daß in Ermangelung eines ausdrücklich primär- oder sekundärrechtlich festgelegten Zeitpunktes aufgrund der Verpflichtung zum gemeinschaftsfreundlichen Verhalten die Weiterleitung von mitgliedstaatlichen Regelungsentwürfen an die Kommission im Rahmen von Art. 33 Abs. 1 EAGV so rechtzeitig zu geschehen hat, daß Empfehlungen der Kommission von den nationalen Rechtsetzungsorganen zur Kenntnis genommen und vor Abschluß des Rechtsetzungsverfahrens von den Mitgliedstaaten hinreichend beachtet werden können. Siehe auch *Lück* (Anm. 185), 51, wonach es den Mitgliedstaaten auf der Grundlage von Art. 5 EGV [a.F.] allgemein verboten ist, die Gemeinschaft vor ein *fait accompli* [vollendete Tatsachen] zu stellen.

333 Zu den Rechtsfolgen bei fehlender Unterrichtung siehe unten, Teil 6 Kap. 2 B.I.

fang des Projekts, die Eilbedürftigkeit und der Kompliziertheit der Materie abzuschätzen. Dabei ist zum einen die nötige Prüfungs- und Bedenkzeit der Kommission als auch die Prüfungs-, Bedenk- und eventuell Anpassungszeit, welche die Mitgliedstaaten nach Erhalt der Stellungnahme benötigen, zu berücksichtigen.[334] Ein Zeitraum von sechs Monaten ist sicherlich nur erforderlich, wenn es sich um ähnlich komplexe Anlagen handelt wie ein Kernkraftwerk, zu dessen Beurteilung zudem die Anhörung von Sachverständigen erforderlich ist.[335] Ansonsten dürfte der Zeitpunkt für die Unterrichtung um die zwei bis drei Monate vor dem Erlaß der beabsichtigten Maßnahme liegen.[336] Der

---

[334] Vgl. dazu die Schlußanträge des Generalanwalts *Sir Gordon Slynn* (*Cattenom-Urteil*, [Anm. 331]), 5033. Generalanwalt *Slynn* weist darauf hin, daß in dem von der Kommission festgelegten Zeitpunkt von sechs Monaten eigentlich *zwei* verschiedene Zeiträume zusammenfallen, welche sich auf verschiedene Zwecke beziehen. Zum einen handelt es sich um die Abgabe einer Stellungnahme durch die Kommission – für die nach Art. 37 EAGV allein schon sechs Monate veranschlagt sind – und zum anderen um die Berücksichtigung dieser Stellungnahme durch den Mitgliedstaat, verbunden mit der Durchführung aller im Interesse der benachbarten Mitgliedstaaten vorgeschlagenen Änderungen.

[335] Das kommissionsinterne Verfahren nach Art. 37 EAGV wird im einzelnen im *Bericht über die Anwendung des Artikels 37 Euratom-Vertrag von Juli 1990 bis Juni 1994*, 10.7.1995, KOM (95) 328 endg., 4 ff. dargestellt. Die Darstellung der einzelnen Schritte macht die Zeitintensität des Verfahrens deutlich. Das Verfahren beinhaltet Rückfragen bei den Mitgliedstaaten zum Zwecke der umfangreichen Ermittlung der von den Mitgliedstaaten zu tätigenden „allgemeinen Angaben" (unverbindlich konkretisiert in der Empfehlung 91/4/Euratom, näher dazu oben, Teil 2 Kap. 4 D.). In der Empfehlung 91/4/Euratom (Anm. 331) „empfiehlt" die Kommission den Mitgliedstaaten, die „allgemeinen Angaben" möglichst ein Jahr, mindestens aber 6 Monate vor einer Genehmigungserteilung zu machen. In Anspruch genommen hat die Kommission die 6 Monate „Überlegungszeit" z.B. in der *Stellungnahme* 94/747/Euratom vom 7.11.1994 *zum Plan zur Ableitung radioaktiver Stoffe aus dem Endlager für radioaktive Abfälle „KONRAD" in Salzgitter (Deutschland) gemäß Art. 37 Euratom-Vertrag* (Abl. Nr. L 297 vom 18.11.1994, 39).

[336] Vgl. die *Empfehlung* 91/444/Euratom der Kommission vom 26.7.1991 *zur Anwendung von Art. 33 Unterabsätze 3 und 4 des Euratom-Vertrages* (Abl. Nr. L 238 vom 27.8.1991, 31). Darin „empfiehlt" die Kommission unter Hinweis auf die Gemeinschaftstreuepflicht (Art. 192 EAGV), die in Art. 33 EAGV vorgesehene Mitteilung der einzelstaatlichen Durchführungsbestimmungen zu den von der Kommission festgesetzten Grundnormen spätestens drei Monate vor deren Verabschiedung vorzunehmen und in dieser Zeit von dem Erlaß der Vorschriften abzusehen, da die Kommission nach Art. 33 EAGV für die Abgabe einer Stellungnahme drei Monate Zeit hat. Siehe auch *Kahl* (Anm. 183), 138 und

Zeitraum von zwei Monaten ist z.B. im Beihilfenrecht bislang ständige Rechtsprechung gewesen[337] und mit der *Beihilfenverordnung* Nr. 659/1999 kodifiziert worden.[338] Ist diese Zeit abgelaufen, muß der Mitgliedstaat nicht länger auf die Entscheidung der Kommission über die Zulässigkeit der Beihilfe bzw. die Einleitung eines diesbezüglichen Hauptprüfungsverfahrens warten.[339] Der Frist kommt bei Genehmigungsverfahren daher auch eine Schutzfunktion für die Mitgliedstaaten zu.[340]

Dasselbe gilt für *Konsultationspflichten*. Auch hier dürfen keine vollendeten Tatsachen geschaffen werden, weshalb die Kommission in einer so angemessenen Zeit vor dem Erlaß der in Frage stehenden Maßnahme unterrichtet werden muß, daß sie diese noch prüfen und ihre Stellung-

---

Bardenhewer/Pipkorn in GTE, Bd. 2/II, 5. Aufl. 1999, Art. 100a, Rn. 140, die bei Mitteilungspflichten über nationale Schutzmaßnahmen ebenfalls von zwei Monaten ausgehen.

[337] Art. 88 Abs. 3 S. 1 EGV [ex Art. 93] sieht vor, daß die Kommission vor jeder beabsichtigten Einführung oder Umgestaltung von Beihilfen „so rechtzeitig" zu unterrichten ist, daß sie sich dazu äußern kann. „Rechtzeitig" bedeutet nach der Rechtsprechung des EuGH, daß die Unterrichtung zumindest zwei Monate vor dem Erlaß der staatlichen Maßnahme erfolgen muß (Urteil vom 20.3.1984, Rs. 84/82, *Deutschland/Kommission*, „Staatliche Beihilfen", Slg. 1984, 1451 [1488, Rn. 11]).

[338] Art. 4 Abs. 5 und Abs. 6 der Verordnung Nr. 659/1999 (Anm. 129). Die Frist beginnt mit der Vorlage der vollständigen Anmeldungsunterlagen. Nach Ablauf der Frist gilt die Beihilfe als von der Kommission genehmigt. Die Kommission hat allerdings noch 15 Tage nach Erhalt einer weiteren Benachrichtigung über die Umsetzung der Beihilfenmaßnahme ein Widerspruchsrecht. Ausführlich zu dieser Verordnung *Mederer* in: GTE, Bd. 2/II, 5. Aufl. 1999, Art. 93/Verordnung (EG) Nr. 659/1999; siehe auch *Sinnaeve*, Der Kommissionsvorschlag zu einer Verfahrensordnung für die Beihilfenkontrolle, EuZW 1998, 268 (269).

[339] So auch die ständige Rechtsprechung vor Erlaß der Verordnung, siehe nur EuGH, Urteil vom 15.2.2001, Rs. C-99/98 (*Österreich/Kommission*) „Zweimonatsfrist", NVwZ 2001, 661 (662, Rn. 32) mit weiteren Verweisen. Zum Widerspruchsrecht der Kommission nach der neuen *Beihilfenverordnung* s. *Kruse*, Säumnis der Europäischen Kommission bei der Beihilfenkontrolle und die Rechtsfolgen, NVwZ 2001, 612 (613, 615).

[340] Dies betont der EuGH in seiner Beihilfenrechtsprechung, s. nur das Urteil „Zweimonatsfrist", a.a.O., 664 (Rn. 73 f.).

nahme dazu abgeben kann.[341] Eine eintägige Vorankündigung nach langer Zeit der Untätigkeit ist nicht ausreichend, wenn die Modalitäten des Entwurfs ganz offensichtlich aus der Sicht des Gemeinschaftsrechts Probleme aufwerfen. Bei entsprechendem technischen Charakter der Materie ist dieser Zeitraum größer zu bemessen. Die Kommission muß auch hier alle Implikationen beurteilen können.

2. Fristsetzung durch die Kommission

Erforderlichenfalls kann die Kommission Fristen setzen, und zwar unter der Voraussetzung, daß sie mit der Durchführung beauftragt worden ist und dies zur Erreichung des durch die Gemeinschaftsregelung angestrebten Zieles notwendig ist. Dies wurde vom EuGH insbesondere im Rahmen des Rechnungsabschlußverfahrens unter Verweis auf die „Grundsätze der ordnungsgemäßen Verwaltung" und im Rahmen des Vorverfahrens zu einer Vertragsverletzungsklage anerkannt.[342] Die Frist hat *angemessen* und nicht willkürlich zu sein.[343] Die Angemessenheit ist unter Berücksichtigung sämtlicher Umstände des Einzelfalles zu beurteilen. Unter besonderen Umständen können auch sehr kurze Fristen gerechtfertigt sein, so z.B. die Frist von ein- oder zwei Wochen, wenn

---

[341] EuGH „Seefischerei II" (Anm. 226), 2438 f. (Rn. 28) und „Seefischerei III" (Anm. 226), 1075 (Rn. 35) sowie 1078 (Rn. 38). Die Aussagen des Gerichtshofes bieten einen Ansatzpunkt für allgemein geltende Anforderungen, denn sie stützen sich nicht auf eine ausdrückliche Regelung in der *Haager Entschließung*. Ausführlicher oben, Teil 2 Kap. 2 A.IV.

[342] So jüngst zum RAV das Urteil vom 21.1.1999, Rs. C-54/95 (*Deutschland/Kommission*) „Rechnungsabschluß Haushaltsjahr 1991", Slg. 1999, S. I-35 (115, Rn. 118) sowie bereits Urteil vom 14.11.1989, Rs. 14/88 (*Italien/Kommission*) „Rechnungsabschluß", Slg. 1989, 3677 (3705, Rn. 17 f.); Urteil vom 27.3.1990, Rs. C-10/88 (*Italien/Kommission*) „Kalbungsprämien", Slg. 1990, S. I-1229 f. (in den Leitsätzen, abgekürzte Veröffentlichung) sowie zum Vorverfahren das Urteil vom 28.10.1999 „Öffentliche Bauaufträge" (Anm. 264), 7519 f. (Rn. 51 ff.). Vgl. auch *Hanebuth* (Anm. 82), 319 f., der im Falle einer mitgliedstaatlichen Auskunftspflicht – insbesondere einer auf der Grundlage von Art. 213 EGV [a.F.] – von einer allgemeinen Berechtigung der Gemeinschaftsorgane zur Fristsetzung ausgeht. Dies gelte aus Gründen der Bestimmtheit insbesondere für den Fall, daß an die nicht erfolgte Auskunft Zwangsmaßnahmen geknüpft werden können.

[343] EuGH, Urteil vom 28.10.1999 „Öffentliche Bauaufträge", a.a.O.; Rs. 14/88 „Rechnungsabschluß", a.a.O., 3706 (Rn. 20).

einer Vertragsverletzung schnell begegnet werden muß oder der betroffene Mitgliedstaat den Standpunkt der Kommission schon vollständig kennt.[344] Die Befugnis zur Fristsetzung muß in dem Delegationsakt nicht ausdrücklich festgelegt sein. Sie gründet sich nach der Rechtsprechung des Gerichtshofes auf den aus Art. 10 EGV folgenden Grundsatz der loyalen Zusammenarbeit zwischen den Gemeinschaftsbehörden und den nationalen Behörden, welcher beinhalte, daß eine korrekte Durchführung des Gemeinschaftsrechts gewährleistet werden müsse.[345] Die nationalen Behörden haben aus diesem Grund dafür zu sorgen, daß das Ziel der jeweiligen Gemeinschaftsregelung erreicht wird. Sie sind deshalb verpflichtet, Anträge innerhalb einer Frist zu bearbeiten, die diesem Ziel entspricht.[346] Die Fristsetzung ist an die Mitgliedstaaten zu richten, auch wenn sie sich mittelbar auf die entsprechenden Unternehmen und Privatpersonen auswirkt, es sei denn, der Gemeinschaft steht die Befugnis zum direkten Vollzug zu. Die Mitgliedstaaten sind dann wiederum verpflichtet, diese Frist weiterzugeben und mittels des

---

[344] EuGH, Urteil vom 28.10.1999, a.a.O. zur Fristsetzung im Rahmen des Vorverfahrens.

[345] EuGH „Kalbungsprämien“ (Anm. 342), a.a.O. und Rs. 14/88 „Rechnungsabschluß“ (Anm. 342), 3706 (Rn. 20). Das Urteil vom 21.1.1999, Rs. C-54/95 (Anm. 342) enthält dagegen keinen Verweis auf die Gemeinschaftstreuepflicht.

[346] Nicht ganz ersichtlich wird aus der zitierten Rechtsprechung, ob die Kommission diese Frist hoheitlich festsetzen kann oder ob sie die Betroffenen um ihr Einverständnis ersuchen muß. In dem Urteil „Rechnungsabschluß“ erwähnt der Gerichtshof, daß die Kommission diese Befugnis „im Wege allgemeiner Instruktionen“ ausübt, welche „mit den Betroffenen *zuvor abzustimmen* und ihnen sodann rechtzeitig mitzuteilen sind“ (Rs. 14/88, a.a.O., 3705, Rn. 19 [Hervorhebung durch die Verf.]). In dem kurz darauf folgenden Urteil „Kalbungsprämien“ wird auf eine solche „Abstimmung“ nicht mehr Bezug genommen – ebensowenig wie auf die Notwendigkeit einer „allgemeinen Instruktion“. Danach ist die Kommission befugt, den betroffenen Mitgliedstaaten anzugeben, welche Frist sie für angemessen hält. Die Frist braucht nicht einmal in der von der Kommission erlassenen Durchführungsverordnung enthalten sein. Wenn sie allerdings an die Nichteinhaltung der Frist für die Wirtschaftsteilnehmer finanzielle Folgen knüpfen will, muß sie die Frist allen betroffenen Mitgliedstaaten rechtzeitig mitteilen. Dies verlange der „Grundsatz der ordnungsgemäßen Verwaltung“ und das „Gebot der Eindeutigkeit und Vorhersehbarkeit“ („Kalbungsprämien“, a.a.O.). Ähnlich auch in dem jüngsten Urteil vom 21.1.1999, Rs. C-54/95 (Anm. 342), a.a.O., in dem der EuGH feststellt, daß die Kommission eine Frist „setzen kann“ und dabei die Grundsätze der ordnungsgemäßen Verwaltung zu berücksichtigen hat.

nationalen Rechts für die Einhaltung der Frist durch die Wirtschaftsteilnehmer zu sorgen.

III. Anforderungen an mitgliedstaatliche Kontrollsysteme

Die Mitgliedstaaten sind nach Art. 10 EGV verpflichtet, ein effektives Verwaltungskontrollsystem einzurichten, um die ordnungsgemäße Erfüllung der materiellen und formellen Vorgaben des Gemeinschaftsrechts sicherzustellen. Dies gilt insbesondere bei der Verwaltung von Gemeinschaftsmitteln,[347] ist aber – mit ggf. abgestufter Intensität – auf den Vollzug des Gemeinschaftsrechts allgemein zu übertragen. Auch in Ermangelung einer ausdrücklichen Verpflichtung zur Einrichtung eines speziellen Kontrollsystems[348] sind die Mitgliedstaaten nach Art. 10 EGV verpflichtet, „alle geeigneten Maßnahmen allgemeiner oder besonderer Art" zur Erfüllung der gemeinschaftsrechtlichen Verpflichtungen zu treffen.[349]

Die Einrichtung eines Verwaltungskontrollsystems bedeutet, daß in Ermangelung näherer Bestimmungen des Gemeinschaftsrechts die Überwachungs- und Kontrollmodalitäten auf nationaler Ebene festgelegt werden. Darunter fallen nach der Rechtsprechung des Gerichtshofes die *Häufigkeit* und die *Modalitäten* der Kontrollen, die genaue *Überwachung der nachgeordneten ausführenden Stellen* einschließlich konkreter Anweisungen an die mit der Kontrolle an Ort und Stelle be-

---

[347] So der Gerichtshof u.a. für den Bereich der Agrarmarktfinanzierung, Urteil vom 12.6.1990, Rs. C-8/88 (*Deutschland/Kommission*), „EAGFL", Slg. 1990, S. I-2321 ff. Die Verpflichtung zur Einrichtung eines Kontrollsystems ergab sich zum Teil schon aus einer entsprechenden Durchführungsverordnung, wurde vom Gerichtshof jedoch „im Lichte der durch Art. 5 EWG-Vertrag aufgestellten Pflicht zur loyalen Zusammenarbeit mit der Kommission" betrachtet (2360 f., Rn. 20).

[348] Zu entsprechenden sekundärrechtlichen Vorschriften Teil 2 Kap. 2 B.III.

[349] EuGH, Urteil vom 2.2.1977, Rs. 50/76 (*Amsterdam Bulb/Produktschap voor Siergewassen*), Slg. 1977, 137 (150, Rn. 32); Urteil vom 12.7.1984, Rs. 49/83 (*Luxemburg/Kommission*) „Rechnungsabschluß EAGFL", Slg. 1984, 2931 (2942, Rn. 20); ähnlich Urteil vom 21.9.1989, Rs. 68/88 (*Kommission/Griechenland*) „Griechischer Maisskandal", Slg. 1989, 2965 (2984, Rn. 23); Urteil vom 16.12.1976, Rs. 33/76 (*Rewe/Landwirtschaftskammer Saarland*), Slg. 1976, 1989 (1998, Rn. 5). Siehe auch unten, Teil 4 Kap. 1 C.

auftragten Beamten sowie das Erstellen von *Kontrollberichten.*[350] Werden die Mitgliedstaaten im Rahmen eines Sekundärrechtsaktes aufgefordert, ein nicht näher bestimmtes Kontrollsystem zu errichten, so muß dieses die dargestellten Modalitäten regeln, damit überhaupt von einem *Kontrollsystem* gesprochen werden kann.

Diese Modalitäten müssen nicht unbedingt in einem speziellen Rechtsakt festgelegt sein. Sie können sich aus dem allgemeinen Organisationsrecht bzw. aus sonstigen, übergreifend geltenden Rechtsakten ergeben. Unter Umständen können – soweit die Rechte und Pflichten von Privatrechtssubjekten nicht berührt werden und im Sekundärrecht keine konkreten Vorgaben enthalten sind – innerbehördlich verbindliche Rechtsakte wie Verwaltungsrichtlinien genügen.[351] Hier handelt es sich v.a. um Regelungen zur innerbehördlichen Anweisung und Kontrolle untergeordneter ausführender Stellen, um das Abfassen von Kontrollberichten und sonstige innerbehördliche Vorgänge. Sobald allerdings Betretungs- und Durchsuchungsrechte vorgesehen sind ist ein Rechtsakt mit Außenwirkung erforderlich. Insgesamt muß ein zusammenhängendes System von Maßnahmen eingerichtet werden, welches immer mindestens so konkret ist, wie in dem durchzuführenden Gemeinschaftsrechtsakt vorgeschrieben.

---

[350] Der Gerichtshof stellt in der Rs. C-8/88 „EAGFL“ (Anm. 347) fest, daß sich „im Lichte“ des Art. 5 EGV [a.F.] derartige Verpflichtungen implizit aus der Verpflichtung zur Einrichtung eines Kontroll- und Überwachungssystems ergäben (a.a.O., 2359 f., Rn. 14 und 16; siehe auch 2363, Rn. 36). In der zugrunde liegenden Verordnung war lediglich die allgemeine Verpflichtung enthalten, die „erforderlichen Maßnahmen“ zu treffen, um sich zu vergewissern, daß die finanzierten Maßnahmen tatsächlich und ordnungsgemäß durchgeführt worden sind und der Kommission die erforderlichen Auskünfte zur Verfügung zu stellen (Art. 8 und 9 der *Verordnung* EWG Nr. 729/70 vom 21.4.1970 *über die Finanzierung der Gemeinsamen Agrarpolitik*, Abl. Nr. L 94 vom 28.4.1970, 13, inzwischen aufgehoben). Daneben gab es noch die bereits erwähnte Durchführungsverordnung der Kommission, in der aber auch keine genauen Modalitäten festgelegt waren. In der Durchführungsverordnung hieß es: „Die von jedem Mitgliedstaat zu bestimmenden zuständigen Behörden führen eine Verwaltungskontrolle durch, die durch stichprobenweise oder systematische Besichtigungen an Ort und Stelle ergänzt wird ...“ (Art. 4 Abs. 1 der *Verordnung* Nr. 1244/82 der Kommission vom 19. 5.1982 *zur Durchführung der Prämienregelung für die Erhaltung des Mutterkuhbestands*, Abl. Nr. L 143 vom 20.5.1982, 20).

[351] Zu den Anforderungen an die Umsetzung von Gemeinschaftsrecht unten, Teil 4 Kap. 1 B.

D. Horizontale Verwaltungskooperation im Rahmen der Art. 28 und 30 EGV – Vorrang vor Warenverkehrsbeschränkungen –

Mitgliedstaatliche Kontrollen im Rahmen des durch Art. 28 und 30 EGV (ex Art. 30 und 36) geregelten freien Warenverkehrs stellen potentielle Handelsbeschränkungen dar.[352] Die rechtliche Kontrolle durch den Gerichtshof hat hier die Zielrichtung, Handelsbeschränkungen möglichst zu minimieren. Damit sind – im Gegensatz zu den mitgliedstaatlichen Kontrollen zum Zwecke der Durchführung harmonisierten Gemeinschaftsrechts[353] – Kontrollen im Zweifel nicht wünschenswert und unterliegen strengen rechtlichen Anforderungen.

Die Verwaltungskooperation ist hier vornehmlich *horizontaler* Natur. Rechtspflichten bzgl. der mitgliedstaatlichen Beschränkung des gemeinschaftsrechtlich nicht abschließend geregelten grenzüberschreitenden Warenverkehrs ergeben sich aus den speziellen Anforderungen der Art. 28, 30 EGV sowie ergänzend aus Art. 10 EGV.[354] Die Kommission faßt diese Rechtspflichten unter den „Grundsatz des gegenseitigen Vertrauens bei der Kontrolltätigkeit".[355] Im Wortlaut der von der Kommission angeführten Urteile ist ein solcher Grundsatz zwar nicht enthalten. Er ergibt sich aber indirekt aus der Verpflichtung der Mitgliedstaaten, im Rahmen der Durchsetzung der sogenannten „zwingenden Erforder-

---

[352] Art. 28, 30 EGV stellen nur in nichtharmonisierten Bereichen den rechtlichen Maßstab für mitgliedstaatliche Warenverkehrsbeschränkungen dar. Ansonsten ist der durch die einheitliche gemeinschaftsrechtliche Regelung gezogene Rahmen für die Durchführung geeigneter Kontrollen maßgeblich. So ausdrücklich der Gerichtshof im Urteil vom 8.11.1979, Rs. 251/78 (*Denkavit/Minister für Ernährung*), Slg. 1979, 3369 (3388, Rn. 14); siehe auch Urteil vom 17.12.1981, Rs. 272/80 (*Frans-Nederlandse Maatschappij voor Biologische Producten*), Slg. 1981, 3277 (3290, Rn. 12).

[353] Dazu oben, C.III.

[354] Vgl. *Schmidt-Aßmann*, Verwaltungskooperation (Anm. 110), 294 f.; *Temple Lang* (Anm. 183), 671, der darauf hinweist, daß der Gerichtshof diese Pflichten in Zukunft näher auszuarbeiten haben wird sowie *Zuleeg* in: GTE (Anm. 183), Rn. 12. Siehe auch die *Mitteilung der Kommission zur Zusammenarbeit der Verwaltungen* (Anm. 101), Anhang 1, Nr. 5 ff. Zur Anwendbarkeit von Art. 10 EGV im horizontalen Verhältnis, d.h. zwischen den Mitgliedstaaten allgemein *Due* (Anm. 198), 16 f.; *Zuleeg*, a.a.O.; *v. Bogdandy* in: *Grabitz/Hilf*, Art. 5 [a.F.], Rn. 51 ff.; *Bleckmann*, RIW (Anm. 206), 654 f. und *Temple Lang*, a.a.O., 677 mit weiteren Verweisen.

[355] *Mitteilung zur Zusammenarbeit der Verwaltungen*, a.a.O., Anhang 1, Nr. 6 f.

nisse" – worunter die Belange des Umweltschutzes fallen – und der weiteren, in Art. 30 EGV ausdrücklich genannten Belange nur *verhältnismäßige* Maßnahmen zu ergreifen.[356] Erforderlich und damit verhältnismäßig ist eine Kontrollmaßnahme u.a. dann nicht, wenn sie durch einen mitgliedstaatlichen Informationsaustausch vermieden werden könnte. Diese aus der Gemeinschaftstreue folgenden horizontalen Kooperationspflichten im konkreten Verwaltungsverfahren werden durch die neue *Unterrichtungsentscheidung Warenverkehr* ergänzt, aber nicht überflüssig gemacht. Denn die Entscheidung führt primär einen präventiven, vertikalen Informationsaustausch ein und nimmt Einzelfallentscheidungen aus ihrem Anwendungsbereich aus.[357]

Der Gerichtshof statuiert allerdings in keinem der einschlägigen Urteile eine direkt einklagbare Pflicht der Verwaltungszusammenarbeit, sondern knüpft *indirekte Rechtsfolgen* an den seitens des importierenden Mitgliedstaates nicht vorgenommenen Versuch einer Zusammenarbeit. Die Verpflichtung zur Beschaffung und Weitergabe der erforderlichen Informationen im Wege der horizontalen Verwaltungskooperation ist – zumindest vor dem EuGH – nicht direkt einklagbar.[358] Die Rechtsfolge

---

[356] Siehe EuGH, Urteil vom 17.9.1998, Rs. C-400/96 (*Strafverfahren gegen Jean Harpegnies*), Slg. 1998, S. I-5121 (5137, Rn. 34); Urteil vom 28.1.1986, Rs. 188/84 (*Kommission/Frankreich*) „Holzbearbeitungsmaschinen", Slg. 1986, 419 (436, Rn. 16); *Denkavit* (Anm. 352), 3391 (Rn. 21); Urteil vom 7.4.1981, Rs. 132/80 (*United Foods und Van Den Abeele/Belgien*), Slg. 1981, 995 (1025, Rn. 29, 31). Warenkontrollen sind handelsbeschränkende Maßnahmen gleicher Wirkung und fallen damit unter den Anwendungsbereich der Art. 28, 30 EGV. Sehr klar in Bezug auf die Dogmatik des freien Warenverkehrs das Urteil *Harpegnies*, a.a.O., 5136 ff. (Rn. 27 ff.). Aus der Literatur siehe nur *Leible* in: *Grabitz/Hilf*, Art. 28, Rn. 4 ff.; *Müller-Graf* in: GTE, Bd. 1, 5. Aufl. 1997, Art. 30, insbesondere Rn. 16 ff.; in Bezug auf das Verhältnis von Warenverkehr und Umweltschutz siehe auch *Scherer/Heselhaus*, Umweltrecht, in: *Dauses*, Handbuch des EU-Wirtschaftsrechts, 1999 Kap. O, Rn. 52 ff. Vgl. *Meier*, Europäische Amtshilfe – Ein Stützpfeiler des Europäischen Binnenmarktes, EuR 1989, 237 (245).

[357] Entscheidung Nr. 3052/95/EG (Anm. 319). Zum Inhalt siehe Teil 2 Kap. 2 A.II.3.b.aa.

[358] Ebenso *Meier*, Europäische Amtshilfe (Anm. 356), 245: „Das Verhältnismäßigkeitsprinzip begründet in Wirklichkeit keinen Anspruch der Behörde des Einfuhrstaates auf Tätigwerden der Behörde des Ursprungsstaates. Es schränkt vielmehr im Hinblick auf die bereits im Ursprungsstaat vorgenommenen Amtshandlungen die Amtsbefugnisse ein, die den Behörden des Einfuhrstaates nach nationalem Recht an sich zustanden." Unbenommen bleibt eine u.U. be-

der Verweigerung einer solchen Verwaltungszusammenarbeit besteht in der Feststellung eines Verstoßes gegen Art. 28, 30 EGV. Für den Mitgliedstaat, dessen Wirtschaftsteilnehmer in einen anderen Mitgliedstaat exportieren will, stellt die Kooperation *de facto* eine Obliegenheit dar. Denn es liegt in seinem eigenen Interesse, daß den im Inland ansässigen Unternehmen keine Geschäftschancen entgehen.

I. Vorrang der einfachen Verwaltungszusammenarbeit

Im Rahmen des grenzüberschreitenden Warenverkehrs hat die *einfache, nicht mit unvernünftigen Belastungen verbundene* Verwaltungszusammenarbeit nach dem Urteil *De Peijper* Vorrang vor der Verhängung von Handelsbeschränkungen wegen fehlender Beibringung von Unterlagen und sonstigen Beweisen. Eine einfache Zusammenarbeit besteht zum Beispiel im Austausch von vorhandenen Produktinformationen in Form von Anmeldungs- und Genehmigungsunterlagen.

In der Rechtssache *De Peijper*[359] ging es um die Einfuhr von pharmazeutischen Erzeugnissen, für die der Einfuhrstaat die Vorlage bestimmter Dokumente verlangte. Diese Dokumente konnte der Importeur nicht beibringen, wohl aber der in einem anderen Mitgliedstaat ansässige Hersteller als auch dessen offizieller Vertreter im Einfuhrstaat selbst.[360] Der Gerichtshof stellte fest, daß die nationalen Instanzen über legislative und administrative Mittel verfügten, mit denen der Hersteller oder dessen offizieller Vertreter gezwungen werden könnten, die erforderlichen Angaben zu machen. Außerdem würde bereits „eine einfache Zusammenarbeit zwischen den Behörden der Mitgliedstaaten die Möglichkeit bieten, für mehr oder weniger standardisierte, stark verbreitete Erzeugnisse die notwendigen Kontrollunterlagen untereinander auszu-

---

stehende Klagebefugnis nach nationalem Recht vor den nationalen Gerichten von Seiten des betroffenen Unternehmens.

[359] EuGH, Urteil vom 20.5.1976, Rs. 104/75 (*De Peijper*), Slg. 1976, 613 ff.

[360] Hier ging es um den sogenannten *Parallelimport* von im Ausland hergestellten Arzneimitteln. Bei solchen Parallelimporten ist der Hersteller durch einen offiziellen (Allein-)Importeur vertreten. Der neben dem offiziellen Vertreter tätige Parallelimporteur bietet die Arzneimittel zu niedrigeren Preisen an als der Hersteller und dessen offizieller Vertreter, welche aus diesen Gründen i.d.R. versuchen, den „inoffiziellen" Import zu verhindern. In der Rs. *De Peijper* sollte durch eine „Monopolisierung" der für die Einfuhr erforderlichen detaillierten Produktinformationen seitens des Herstellers ein solcher Import verhindert werden (vgl. zum Sachverhalt a.a.O., 637, Rn. 24/25).

tauschen".[361] Das angestrebte Ziel des Gesundheitsschutzes könnte ebensogut erreicht werden, wenn die nationalen Behörden analoge Nachweise zuließen und insbesondere ein aktiveres Verwaltungsgebaren zeigten, statt passiv abzuwarten, daß ihnen die gewünschten Nachweise vorgelegt werden.[362] Eine *einfache Zusammenarbeit* ist eine Zusammenarbeit der mitgliedstaatlichen Verwaltungen, die *keine unvernünftigen Belastungen* und Ausgaben mit sich bringt.[363] Sie kann in Auskünften und der Übermittlung von vorhandenen Dokumenten bestehen. Wann diese Grenze überschritten ist, bleibt notwendigerweise abstrakt und muß in jedem Einzelfall anhand des vorliegenden Sachverhaltes beurteilt werden. In drei späteren Urteilen wird diese Rechtsprechung bestätigt und ausgebaut. Dazu im folgenden.

II. Austausch und Anerkennung von gleichwertigen Kontrollergebnissen

Eine solche vorrangige Verwaltungszusammenarbeit stellt auch die Berücksichtigung und ggf. Anerkennung verwaltungsbehördlicher Nachweise eines anderen Mitgliedstaates dar. Bei Gleichwertigkeit und Verfügbarkeit von Kontrollergebnissen eines anderen Mitgliedstaates dürfen i.d.R. keine erneuten Produktanalysen verlangt werden. Die im Rahmen einer solchen Zusammenarbeit ausgestellten Nachweise können eine Vermutung für die Konformität der eingeführten Waren mit den innerstaatlichen Vorschriften begründen. Dies stellt der Gerichtshof in der Rechtssache *Denkavit* nach ausdrücklicher Bestätigung des

---

[361] Urteilsgründe, a.a.O., 637 (Rn. 26/27).

[362] Der Gerichtshof formulierte diese Aussage als Frage. Durch den Ausgang des Urteils signalisierte er aber eindeutig, daß es sich hier um eine rhetorische Frage handelt (a.a.O., Rn. 24/25).

[363] Dies ergibt sich indirekt aus einer Erwägung des Gerichtshofes, wonach das Argument der Kosteneffizienz und der Belastungsvermeidung für die Verwaltung des Einfuhrstaates solche „doppelten" Informationsbeibringungspflichten der Wirtschaftsteilnehmer nicht rechtfertige, es sei denn, daß ansonsten diese Belastung oder die Ausgaben „deutlich die Grenzen dessen überschreiten, was vernünftigerweise verlangt werden kann" (*De Peijper*, a.a.O., 636, Rn. 18). Es müsse eindeutig feststehen, „daß jede andere Regelung oder Praxis offensichtlich die von einer normal funktionierenden Verwaltung vernünftigerweise einzusetzenden Mittel überstiege" (a.a.O., 638, Rn. 32).

Urteils *De Peijper* fest.[364] Den innerstaatlichen Behörden obliegt in dieser Hinsicht eine *Prüfungs- und Berücksichtigungspflicht*. Sie dürfen die durch eine andere Behörde erstellten Nachweise nicht einfach ignorieren. Dies gilt, soweit durch eine Zusammenarbeit zwischen den Behörden der Mitgliedstaaten die zulässigen Kontrollen an der Grenze erleichtert oder weniger einschneidend gestaltet werden können.

Es steht den Mitgliedstaaten zwar frei, ein Erzeugnis, das bereits in einem anderen Mitgliedstaat zugelassen worden ist, einem erneuten Untersuchungs- und Zulassungsverfahren zu unterwerfen. Sie sind aber gleichwohl gehalten, zur Erleichterung der Kontrollen im innergemeinschaftlichen Handel beizutragen.[365] Die Behörden des Einfuhrstaates dürfen „nicht ohne Not" technische oder chemische Analysen oder Laborversuche verlangen, wenn die gleichen Analysen und Versuche bereits in einem anderen Mitgliedstaat durchgeführt worden sind und ihre Ergebnisse den Behörden zur Verfügung stehen oder auf Anfrage zur Verfügung gestellt werden können. Ein Mitgliedstaat, in dem ein Zulassungsverfahren durchgeführt wird, müsse darauf achten, keine unnötigen Kontrollkosten zu verursachen, wenn die Ergebnisse der im Herkunftsstaat durchgeführten Kontrollen den im Einfuhrstaat bestehenden Anforderungen genügen. So der Gerichtshof in dem Urteil *Biologische Produkten*, welches durch die Urteile *Brandsma* und *Harpegnies* bestätigt wurde und damit als ständige Rechtsprechung bezeichnet

---

364 EuGH *Denkavit* (Anm. 352), 3391 (Rn. 23); bestätigt durch Urteil vom 4.2.1988, Rs. 261/85 (*Kommission/Vereinigtes Königreich*) „Einfuhr von pasteurisierter Milch", Slg. 1988, 547 (575 f., Rn. 17). In dem Urteil *Denkavit* ging es um gesundheitspolizeiliche Kontrollen für Futtermittel. Danach haben die Mitgliedstaaten den Importeuren die Vorlage von Bescheinigungen des Ausfuhrmitgliedstaates zu ermöglichen, bestenfalls diese von vorneherein zu verlangen. Der Einfuhrstaat könne zwar ebenfalls Kontrollen einführen, müsse aber gleichzeitig die Frage prüfen, ob sich die Kontrollen durch eine Zusammenarbeit mit den Behörden der anderen Mitgliedstaaten nicht erleichtern ließen (a.a.O.). Die innerstaatlichen Gerichte haben diese Kriterien im Einzelfall anzuwenden, wobei die nationale Behörde nachzuweisen habe, daß die verhängten Maßnahmen den Voraussetzungen des Art. 36 EGV [a.F.] gerecht werden (*Denkavit*, 3392, Rn. 24). Zu diesem Urteil auch *Blanquet* (Anm. 183), 229 f.

365 EuGH *Biologische Producten* (Anm. 352), 3291 (Rn. 14 f.); Bestätigung durch das Urteil „Holzbearbeitungsmaschinen" (Anm. 356), 436 (Rn. 16). In dem Urteil *Biologische Producten* ging es um Analyse- und Kontrollergebnisse bei Schädlingsbekämpfungsmitteln.

werden kann.[366] Kennzeichen des freien Binnenmarktes ist der Übergang vom Bestimmungsland- zum *Herkunftslandprinzip.*[367] Maßgeblich sind nicht mehr die Anforderungen des Einfuhrstaates, sondern die in materieller und formeller Hinsicht gleichwertigen Prüfungsverfahren des Herkunftslandes.

Auf das Kriterium der *Gleichwertigkeit* geht der Gerichtshof in dem Urteil „Holzbearbeitungsmaschinen" näher ein. Danach darf ein Mitgliedstaat das Inverkehrbringen von aus einem anderen Mitgliedstaat stammenden Erzeugnissen nicht verhindern, wenn sie hinsichtlich des Schutzniveaus den nationalen Regelungen entsprechen. Es würde dem Grundsatz der Verhältnismäßigkeit zuwiderlaufen, wenn verlangt werden würde, daß die eingeführten Erzeugnisse den nationalen Bestimmungen buchstabengenau entsprechen.[368]

III. Voraussetzungen der Zurückweisung von Begleitdokumenten und der Durchführung systematischer Warenkontrollen

Eine Behinderung der Einfuhr ist nur bei in den Begleitdokumenten enthaltenen wesentlichen Irrtümern und Ordnungswidrigkeiten gerechtfertigt, so der Gerichtshof in dem Urteil „Einfuhr italienischen Weins".[369] Darin ging es um Kontrollmodalitäten, die Frankreich bei der Einfuhr von italienischem Wein anwandte. Nach einer Verordnung der Kommission war bei jeder Beförderung von Wein innerhalb der Gemeinschaft ein Weinbegleitdokument auf einem von der Kommission festgelegten Vordruck auszustellen.[370] Frankreich hatte die in Italien ausgestellten Weinbegleitdokumente als fehlerhaft zurückgewiesen, weitere Auskünfte und Unterlagen verlangt sowie systematische Analy-

---

[366] *Ibid.* sowie Urteil vom 27.6.1996, Rs.C-293/94 (*Strafverfahren gegen Jacqueline Brandsma*), Slg. 1996, S. I-3159 (3177, Rn. 12 f.); Urteil *Harpegnies* (Anm. 356), 5137 f. (Rn. 35 f.).

[367] Näher hierzu *Grabitz*, Über die Verfassung des Binnenmarktes, in: FS Steindorff, 1990, 1229 (1231 f.); *Pernice* (Anm. 65), 47 ff.

[368] EuGH „Holzbearbeitungsmaschinen" (Anm. 356), 436 (Rn. 16).

[369] EuGH, Urteil vom 22.3.1983, Rs. 42/82 (*Kommission/Frankreich*) „Einfuhr italienischen Weins", Slg. 1983, 1013 (1041, Rn. 26).

[370] *Verordnung* Nr. 1153/75 der Kommission vom 30.4.1975 *zur Ausstellung von Begleitdokumenten und zur Festlegung der Pflichten der Erzeuger und Händler außer Einzelhändlern in der Weinwirtschaft* (Abl. Nr. L 113 vom 1.5.1975, 1).

sen vorgenommen und dadurch die Weineinfuhr verzögert. Der Gerichtshof bezog sich in seinem Urteil auf die Art. 30, 36 EGV (a.F., jetzt Art. 28, 30), obwohl es sich im Grunde um einen zumindest teilweise harmonisierten Bereich des Warenverkehrs handelte. Die *ratio* des Urteils ist auf die umweltbezogenen Notifizierungsverfahren übertragbar, insbesondere die Notifizierungs- und Begleitscheinverfahren bei Abfall- und Chemikalientransporten.[371]

Nur *wesentliche* Fehler sind geeignet, ein Begleitdokument für seine Funktion – die notwendigen Angaben über die Natur des Erzeugnisses in Form eines offiziellen Schriftstückes zu liefern – untauglich zu machen.[372] Unwesentlich sind Fälle, in denen die Dokumente weder mit der Maschine noch in Druckbuchstaben aber dennoch leserlich ausgefüllt sind oder wo sie zwar unvollständig sind, aber indirekt alle erforderlichen Angaben enthalten.[373] Die zuständigen Behörden haben primär den Mangel zu beheben. Sie dürfen die Begleitdokumente wegen solcher Ordnungswidrigkeiten nicht einfach zurückweisen.[374] Das gilt insbesondere dann, wenn für die Verwaltungskooperation ein allgemeiner rechtlicher Rahmen besteht.[375]

---

[371] Dazu Teil 2 Kap. 2 A.II.1. sowie Kap. 5 D.

[372] Hierfür stützt sich der Gerichtshof auf eine Begründungserwägung der Verordnung, wonach das Erfordernis der Begleitdokumente nicht zu einer Behinderung des Warenverkehrs führen darf („Einfuhr italienischen Weins", [Anm. 369], *ibid.*).

[373] EuGH „Einfuhr italienischen Weins", a.a.O., 1041 (Rn. 27).

[374] Nach der Kommissionsverordnung waren die zuständigen Behörden verpflichtet, bei der Feststellung von Ordnungswidrigkeiten die „erforderlichen Maßnahmen" zur Behebung zu ergreifen und den Verstoß ggf. zu ahnden.

[375] Im vorliegenden Fall hatte diese Kooperation nach der *Verordnung* (EWG) Nr. 359/79 vom 5.2.1979 *über die unmittelbare Zusammenarbeit der von den Mitgliedstaaten mit der Überwachung der Einhaltung der gemeinschaftsrechtlichen und einzelstaatlichen Vorschriften auf dem Weinsektor beauftragten Stellen* (Abl. Nr. L 54 vom 5.3.1979, 136; nunmehr ersetzt durch die *Verordnung* EWG Nr. 2048/89 vom 19.6.1989 *mit Grundregeln über die Kontrollen im Weinsektor*, Abl. Nr. L 202 vom 14.7.1989, 32) zu geschehen. Diese Verordnung (und ähnlich auch die Nachfolgeverordnung, Art. 8 ff.) sah vor, daß die zuständige Stelle des Einfuhrmitgliedstaates im Zweifelsfall die zuständige Stelle des Ursprungsmitgliedstaates bittet, die Dokumente zu überprüfen. Sie konnte auch um alle zweckdienlichen Auskünfte, insbesondere um die Übermittlung der Dokumente und sonstiger beweiskräftiger Unterlagen bitten, falls der „begründete Verdacht" bestand, daß das Erzeugnis nicht dem Gemein-

Die Maßnahmen sind zudem *unverzüglich* zu ergreifen, ungerechtfertigte Verzögerungen sind zu vermeiden. Anfragen wegen Vorgängen, die mehrere Wochen oder Monate zurückliegen, sind nicht rechtmäßig.[376] Das Gebot der Unverzüglichkeit begründet sich darin, daß nur so den Behörden die Möglichkeit gegeben wird, die „erforderlichen Maßnahmen" zur Behebung der Ordnungswidrigkeiten zu treffen.

Auch *systematische Untersuchungen*, die nicht durch das sekundäre Gemeinschaftsrecht vorgeschrieben sind, sind Maßnahmen gleicher Wirkung im Sinne der Art. 28, 29 EGV.[377] Sie stellen zwar im Hinblick auf die Einhaltung des Gemeinschaftsrechts ein nützliches Mittel zur Aufdeckung von Verstößen dar. Die Kontrollen müssen jedoch – entsprechend der ständigen Rechtsprechung zu Art. 28 und 30 EGV – erforderlich und i.e.S. verhältnismäßig sein. Systematische Analysen sind i.d.R. nur bei einem durch *konkrete Anhaltspunkte* im Einzelfall begründeten Verdacht zulässig. Ansonsten haben sich die Behörden auf *Stichprobenkontrollen* zu beschränken.[378] Fälschungen oder Ordnungswidrigkeiten, die vor dem entscheidungserheblichen Zeitraum in

---

schaftsrecht auf dem Weinsektor entspricht. Die Mitgliedstaaten hätten diese Frage auch im Rahmen eines sachbereichsbezogenen Ausschusses klären können (EuGH „Einfuhr italienischen Weins", [Anm. 369], 1044 [Rn. 37]; dazu auch unten, [Anm. 382]).

[376] EuGH „Einfuhr italienischen Weins", a.a.O., 1045 (Rn. 40 f.). Dieses Gebot führt der Gerichtshof zwar unter Hinweis auf Art. 12 Abs. 2 der besagten Verordnung (a.a.O.) an. Darin war aber lediglich die Pflicht zum Ergreifen der „erforderlichen Maßnahmen" zur Behebung der Ordnungswidrigkeiten ohne Hinweis auf den Zeitpunkt festgelegt. Das Gebot der Unverzüglichkeit muß daher als Nebenpflicht auf Art. 10 EGV oder auf das Verhältnismäßigkeitsgebot im Rahmen der Art. 28, 30 EGV gestützt werden.

[377] EuGH, Urteil vom 15.4.1997, Rs. C-272/95 (*Bundesanstalt für Landwirtschaft und Ernährung/Deutsches Milch-Kontor*), Slg. 1997, S. I-1905 (1923 f., Rn. 22 ff.) in Bezug auf Ausfuhrbeschränkungen (ex Art. 34 EGV, jetzt Art. 29) sowie bereits EuGH „Einfuhr italienischen Weins", a.a.O., 1047 (Rn. 50) zu Einfuhrbeschränkungen (ex Art. 30 EGV, jetzt Art. 28); siehe auch das Urteil *Denkavit* (Anm. 352), 3387 (Rn. 10 f.) zu gesundheitspolizeilichen Kontrollbescheinigungen sowie das Urteil vom 7.4.1981, Rs. 132/80 (*United Foods und Van Den Abeele/Belgien*), Slg. 1981, 995 (1025, Rn. 29) zu Kontrollmaßnahmen im allgemeinen.

[378] EuGH, *ibid.* (u.a. *Deutsches Milch-Kontor*, 1925, Rn. 32). Diese Rechtsprechung ist z.T. kodifiziert worden, siehe nur Art. 3 Abs. 1 des *Protokolls 10 zum EWR-Abkommen über die Vereinfachung der Kontrollen und Formalitäten im Güterverkehr* (Abl. Nr. L 1 vom 3.1.1994, 168).

Einzelfällen festgestellt wurden, rechtfertigen keinen allgemeinen Verdacht gegenüber allen Einfuhren des betreffenden Mitgliedstaates und erlauben daher keine systematischen Analysen.[379]

IV. Unterrichtungspflicht bei Praxisänderung

Aus der „Verpflichtung zur Zusammenarbeit zwischen den Mitgliedstaaten, die sich aus dem Gemeinschaftssystem ergibt" folgt für den Gerichtshof eine horizontale Unterrichtungspflicht bei einer Änderung der Verwaltungspraxis im Rahmen des zwischenstaatlichen Warenverkehrs.[380] Im Falle der Änderung einer seit mehreren Jahren zwischen einem Einfuhr- und einem Ausfuhrmitgliedstaat bestehenden Kontrollpraxis sind die Behörden des anderen Staates über die neue Praxis zu unterrichten. Sie sollen sich auf die neue Praxis einstellen können.[381] Neben dieser einfachen Unterrichtungspflicht hätte in der Rechtssache „Einfuhr italienischen Weins" nach Auffassung des Gerichtshofs der Verwaltungsausschuß für Wein mit dem konkreten Fall beschäftigt werden müssen. Dieser sei nach der einschlägigen Verordnung dazu da, die bei der Anwendung auftretenden Probleme sowie alle übrigen Fragen im Zusammenhang mit der einheitlichen Überwachung zu erörtern.[382]

In dem Urteil *Geddo* hatte der EuGH in diesem Zusammenhang u.a. Art. 5 EGV (a.F.) genannt.[383] Da es sich um die Erleichterung des freien grenzüberschreitenden Warenverkehrs handelt, kann sich eine solche Unterrichtungspflicht aber auch aus dem Verhältnismäßigkeitserfordernis von Handelsbeschränkungen im Rahmen der Art. 28, 30 EGV

---

[379] Zum ganzen EuGH „Einfuhr italienischen Weins", a.a.O., Rn. 53 ff. Zur Notwendigkeit eines Anfangsverdachtes auch unten, Teil 6 Kap. 1 C.I.3.

[380] EuGH „Einfuhr italienischen Weins", a.a.O., 1044 (Rn. 35 f.). Vgl. *Everling* in: GS Constantinesco (Anm. 230), 155. *Everling* geht von einer allgemeinen Konsultationspflicht bei der Abkehr von früheren – der Form nach rechtlich unverbindlichen – Erklärungen der Mitgliedstaaten aus.

[381] Diese Rechtsprechung ist z.T. kodifiziert worden, siehe Art. 11 des *Protokolls 10 zum EWR-Abkommen* (Anm. 378).

[382] EuGH „Einfuhr italienischen Weins" (Anm. 369), 1044 (Rn. 37), unter Berufung auf Art. 8 der *Weinsektorverordnung* Nr. 359/79 (Anm. 375).

[383] EuGH *Geddo* (Anm. 203), 878 (Rn. 4). Art. 10 EGV wurde hier durch die entsprechenden Richtlinienbestimmungen der einschlägigen Verordnung konkretisiert.

ergeben. Betrifft die Praxisänderung Maßnahmen, die sich für ein Muster oder eine Art von Waren hinderlich auswirken, sind sie zudem nach der neuen *Unterrichtungsentscheidung Warenverkehr* der Kommission mitzuteilen, welche wiederum alle anderen Mitgliedstaaten hiervon unterrichtet.[384]

Die Analyse der Rechtsprechung des Gerichtshofes hat gezeigt, daß aus Art. 10 EGV bislang zwar keine allumfassenden Informations-, Berichts- und Konsultationspflichten folgen, der Gemeinschaftstreuepflicht – i.V.m. anderen Vorschriften des Gemeinschaftsrechts – aber eine beachtliche Zahl von konkreten Vorgaben für die administrative Informationskooperation entnommen werden können. Dies gilt sowohl im Hinblick auf die selbständige Informationspflichten im vertikalen Verhältnis zwischen den Mitgliedstaaten und der Kommission, als auch im Hinblick auf Qualitätsanforderungen für die Durchführung der Informationsverfahren in Form von unselbständigen Nebenpflichten sowie zuletzt im Hinblick auf die zwischen den Mitgliedstaaten stattfindende horizontale Informationskooperation im Rahmen der Warenverkehrsfreiheit. Eine Ergänzung dieser Vorgaben durch die Rechtsprechung des Gerichtshofes bleibt abzuwarten.

Kapitel 3: Die Grundsätze der Amtshilfe und der Amtsermittlung als Rechtsgrundlage administrativer Informationsverfahren ?

A. „Informationshilfe" als gemeinschaftsrechtliche Amtshilfepflicht ?

Die Frage nach dem Bestehen einer gemeinschaftsrechtlichen, allgemeinen Amtshilfepflicht ist im Rahmen administrativer Informationsverfahren insofern relevant, als daß Amtshilfe zu einem sehr großen Teil aus *Informationshilfe* besteht.[385] Darunter fällt das Einholen von mündlichen Auskünften, die Übermittlung von Schriftstücken oder

---

[384] Entscheidung Nr. 3052/95/EG (Anm. 319).

[385] Siehe nur *Schlink*, Die Amtshilfe, 1982, 169 ff.; *Simitis*, Von der Amtshilfe zur Informationshilfe, NJW 1986, 2795 ff.; *Simon*, Amtshilfe, 1995, 47 ff.; *Neßler*, Europäisches Richtlinienrecht wandelt deutsches Verwaltungsrecht, 1994, 172 ff. sowie *Scholz/Pitschas*, Informationelle Selbstbestimmung und staatliche Informationsverantwortung, 1984, 116 ff. Vgl. die Art. 7 und 8 des *EWR-Protokolls Nr. 11 über Amtshilfe in Zollsachen* (Abl. Nr. L 1 Vom 3.1.1994, 171).

elektronisch gespeicherten Daten, die Erhebung von Beweisen etc. Fraglich ist zunächst, ob sich das Rechtsinstitut der Amtshilfe überhaupt in das Gemeinschaftsrecht einpaßt. Im folgenden soll daher zuerst auf die Charakteristika der Amtshilfe eingegangen werden, um dann zu der Frage des Bestehens von Amtshilfepflichten im Europarecht zu kommen.[386]

I. Die Struktur der Amtshilfe

Zunächst kann zwischen *vertikaler* und *horizontaler* Amtshilfe unterschieden werden.[387] Vertikale Amtshilfe würde zwischen der Kommission und den Mitgliedstaaten bzw. ihren Behörden stattfinden. Sie kann in beide Richtungen erfolgen. Horizontale Amtshilfe findet zwischen den Behörden der verschiedenen Mitgliedstaaten statt. Zudem wird bei der zwischenstaatlichen Amtshilfe zwischen *großem* und *kleinem Amtshilfeverkehr* differenziert. Beim großen Amtshilfeverkehr kann die ersuchende Behörde die erlangten Informationen und Beweisstücke für die Umsetzung innerstaatlichen Rechts in dem jeweils von dem Amtshilfeübereinkommen erfaßten Sachbereich verwenden. Beim kleinen

---

[386] Bei der Analyse der Struktur der Amtshilfe muß zunächst auf das innerstaatliche Recht und das Völkerrecht zurückgegriffen werden, weil ein gefestigtes Rechtsinstitut in dieser Hinsicht auf der gemeinschaftsrechtlichen Regelungsebene eben noch nicht existiert. Im Rahmen des zweiten Teils der Untersuchung ist zu berücksichtigen, daß die Rechtsbegriffe des Gemeinschaftsrechts selbst bei Wortlautgleichheit nicht notwendigerweise mit denen des nationalen Rechts übereinstimmen (siehe nur *Lenz/Erhard*, Anm. 144, 86 sowie *Nicolaysen*, Europarecht I, 1991, 48 f.). Vergleichende Betrachtungen und die Bezugnahme auf solche nationalen Begriffe als Modell für eine eigene gemeinschaftsrechtliche Lösung sind trotz der grundsätzlichen Autonomie des Gemeinschaftsrechts gestattet (*Nicolaysen*, *ibid.*). Ausführlich zur völkerrechtlichen Amtshilfe *Loebenstein*, International Mutual Assistance in Administrative Matters, ÖZöRV, Supplementum 2, 1972 und zur Amtshilfe im deutschen Recht *Schlink*, a.a.O. sowie *Nisipeanu*, Die Amtshilfe, 1989; siehe auch *Carl/Klos*, Aktuelle Probleme der europäischen Rechts- und Amtshilfe in Steuersachen, EuZW 1990, 214 ff.

[387] Siehe nur *Meier*, Europäische Amtshilfe (Anm. 356), 237 f.; *ders.*, Institutionelle Aspekte der Beseitigung von Handelshemmnissen im Gemeinsamen Markt, EuR 1982, 154 (157) sowie *Prieß*, Die Verpflichtung der Europäischen Gemeinschaft zur Amts- und Rechtshilfe – Zum EuGH-Beschluß vom 13.7.1990, EuR 1991, 342 (345).

Amtshilfeverkehr dient die Amtshilfe lediglich der Umsetzung der in dem Abkommen selbst geregelten materiellen Vorschriften.[388]

Der Amtshilfeverkehr kann im *unmittelbaren Behördenkontakt* stattfinden oder den klassischen Weg des zwischenstaatlichen *diplomatischen Verkehrs* nehmen. Letzterer findet über die diplomatischen Vertretungen statt, welche als Außenorgane den Staat repräsentieren. Im Völkerrecht muß der unmittelbare Behördenverkehr speziell vereinbart werden und stellt eher die Ausnahme dar, weil er die Außenvertretungskompetenz und Kontrolle der Regierung durchbricht.[389] Selbiges gilt für das Gemeinschaftsrecht.[390] Üblicherweise wird zudem zwischen *Amts-* und *Rechtshilfe* unterschieden. Amtshilfe i.e.S. wird von einer nicht-gerichtlichen Behörde geleistet, wohingegen bei der Rechtshilfe um Handlungen ersucht wird, die nur von Gerichten vorgenommen

---

[388] *Runge*, Der Informationsaustausch als zwischenstaatliche Rechts- und Amtshilfe in Steuersachen, RIW/AWD 1979, 73 (77 f.); vgl. *Geiger* in: EPIL (Anm. 27), 237. *Runge* führt zusätzlich den sogenannten *Kulanzverkehr* an, der auf freiwilliger Ebene erfolgt.

[389] Nach dem in Europa wichtigsten Übereinkommen, dem *Europäischen Übereinkommen über die Erlangung von Auskünften und Beweisen in Verwaltungssachen im Ausland* vom 15.3.1978 (BGBl.1981 II, 550), sind die Vertragsparteien zur Benennung einer zentralen Behörde für die Entgegennahme und Bearbeitung der Ersuchen verpflichtet (Art. 2 Abs. 1). Bundesstaaten können jedoch auch mehrere zentrale Behörden ernennen. Für die Absendung von Informationsersuchen ist die Ernennung einer zentralen Absendebehörde fakultativ. Auch der diplomatische oder konsularische Übermittlungsweg kann gewählt werden (Art. 11). Das Ersuchen wird dann bei der Botschaft oder dem Konsulat des ersuchten Staates eingereicht, welches es über das Außenministerium an die zuständigen Stellen weiterleitet. Meist wird als zentrale Behörde ebenfalls das Außenministerium benannt, an das die Amtshilfeersuchen dann direkt adressiert werden können. Im Gegensatz dazu sieht der *Vertrag zwischen der Bundesrepublik Deutschland und der Republik Österreich über Amts- und Rechtshilfe in Verwaltungssachen* vom 31.5.1988 (BGBl. II 1990, 358) den unmittelbaren Behördenverkehr vor (Art. 2). Siehe auch *Geiger* in: EPIL (Anm. 27), 239 f. sowie *Jellinek*, Die Europäischen Übereinkommen über Amts- und Rechtshilfe, NVwZ 1982, 535 ff.

[390] Näher dazu unten, Teil 4 Kap. 1 C.II. Im Gemeinschaftsrecht ist ein unmittelbarer Behördenverkehr insbesondere im Bereich der Steuer- und der Zollverwaltung vorgesehen (zu ersterem siehe *Joa*, Steuerharmonisierung, in: *Röttinger/Weyringer*, Handbuch der europäischen Integration, 2. Aufl. 1996, 1031 [1039]). Im Umweltrecht sind häufig zentral zuständige, fachspezifische „Ansprechpartner" und „Kontaktstellen" zu benennen (dazu Teil 2 Kap. 2 B.IV.3.). Diese Stellen zentralisieren den Behördenverkehr.

werden können.[391] Diese Unterscheidung findet sich sowohl im innerstaatlichen Recht als auch im Völkerrecht.

1. Außerhalb von Weisungsverhältnissen

Strukturell zeichnet sich die Amtshilfe dadurch aus, daß sie eine arbeitsteilig tätige, in selbständige Verwaltungseinheiten aufgeteilte Behördenstruktur voraussetzt und *außerhalb einer Behördenhierarchie* stattfindet.[392] Zwischen der ersuchenden und der ersuchten Behörde besteht kein Weisungsverhältnis und i.d.R. auch keine hoheitliche Rechtsetzungskompetenz. Dies gilt sowohl für die innerstaatliche Amtshilfe als auch für die zwischenstaatliche Amtshilfe im völkerrechtlichen Verkehr. Im innerstaatlichen Bereich ist die Amtshilfe streng von Weisungsverhältnissen innerhalb von Behördenhierarchien abzugrenzen.[393] In Staaten mit zentralistischer Verwaltungsstruktur ist das Institut der Amtshilfe wegen der dort bestehenden umfangreichen Weisungsbefugnisse denn auch nicht ausgeprägt vorhanden. Ausgeprägt sind die innerstaatlichen Amtshilfepflichten bei Bundesstaaten.[394] Auch im Fall der Organleihe liegt keine Amtshilfe vor. Das „ausgeliehene“ Organ wird hier in die Weisungsstruktur des anderen Behördenstranges eingegliedert.[395] Die Amtshilfe ist geprägt von der *Gleichordnung* der beteiligten

---

[391] Zur Definition *Gubelt* in: *v.Münch/Kunig*, Grundgesetz-Kommentar, Bd. 2, 3. Aufl 1995, Art. 35 Rn. 6 ff.; siehe auch *Jellinek* (Anm. 389), 535 f.; vgl. *Simon* (Anm. 385), 41. Auf die Schwierigkeiten bei der Abgrenzung weist *Erbguth* hin (in *Sachs*, Grundgesetz, Kommentar, 2. Aufl. 1999, Art. 35, Rn. 10 ff.). Keine genaue Unterscheidung trifft *Geiger* in: EPIL (Anm. 27), 235.

[392] Vgl. *Schlink* (Anm. 385), der feststellt: „Amtshilfe stellt behördliche Zusammenarbeit her und setzt behördliche Arbeitsteilung voraus“ (a.a.O., 11). Sie ist gleichzeitig ein Ausdruck von Entflechtung und Verflechtung und die Reaktion auf immer differenzierter und komplexer, informationell aufwendiger und planerisch voraussetzungsvoller gewordener Verfahrensabläufe (*ders.*, a.a.O., 12 und 31). Zur Abgrenzung der Amtshilfe von der Delegation, der Weisung, der Organleihe und dem öffentlich-rechtlichen Vertrag *Nisipeanu* (Anm. 386), 44 ff.

[393] So stellt § 4 des deutschen VwVfG klar, daß Amtshilfe nicht vorliegt, wenn Behörden einander innerhalb bestehender Weisungsverhältnisse Hilfe leisten. Ebenso für die Schweiz *Simon* (Anm. 385), 43.

[394] Für das deutsche Recht s. *Schlink* (Anm. 385) und *Nisipeanu* (Anm. 386), für die Schweiz siehe *Simon*, a.a.O.

[395] Siehe nur *Schlink*, a.a.O., 164 ff., *Nisipeanu*, a.a.O., 60 und *Gubelt* (Anm. 391), a.a.O.

Verwaltungsträger, ein Weisungsverhältnis dagegen von einer Über- und Unterordnung einer hierarchisch gegliederten, einheitlichen Behördenstruktur.

In Ermangelung von zwischenstaatlichen Weisungsbefugnissen existieren im völkerrechtlichen Verkehr zahlreiche bi- und multilaterale *Amtshilfeübereinkommen.*[396] Völkerrechtliche Zusammenarbeit erfolgt darüber hinaus zunehmend im Rahmen von Internationalen Organisationen. Ein Großteil dieser Zusammenarbeit bezieht sich auf den Informationsaustausch.[397] Informationspflichten der jeweiligen Mitgliedstaaten gegenüber ihrer Organisation sind i.d.R. keine Amtshilfepflichten. Sie sind – häufig im Gründungsvertrag – eigenständig geregelte Vertragspflichten außerhalb einer Einzelweisungsbefugnis der Organisation.[398] Das Institut der Amtshilfe paßt hier insofern nicht, als daß die Mitgliedstaaten der Organisation eben keine „Hilfe" im Fremdinteresse leisten, sondern die ihnen selbst obliegenden Vertragspflichten erfüllen.

2. Im Fremdinteresse

Amtshilfe wird nicht zur Erfüllung eigener Verwaltungsaufgaben geleistet, sondern im Fremdinteresse. Die Verwaltungshandlung wird primär im Interesse der ersuchenden Behörde vorgenommen und gehört *nicht*

---

[396] So zum Beispiel das *Europäische Amtshilfeübereinkommen* (Anm. 389). Das Übereinkommen konzentriert sich auf die Informationshilfe. Auf das Ersuchen einer Behörde einer Vertragspartei hin besteht eine Antwortpflicht (Art. 1 Abs. 1 und 4). Ermittlungsersuchen werden nach dem Recht des ersuchten Staates durchgeführt (Art. 25). Eine Zweckbindung hinsichtlich der Verwendung der weitergegebenen Informationen kann seitens des ersuchten Staates ausgesprochen werden. Wenn die Öffentlichkeit in einem der Vertragsstaaten ein Informationszugangsrecht hat, kann diese Partei bei der Unterzeichnung einen Vorbehalt hinsichtlich der Anwendung der Zweckbindungsklausel äußern. Dann ist aber aus Gründen der Gegenseitigkeit der ersuchte Staat berechtigt, die Informationshilfe zu verweigern (Art. 16 Abs. 2 und 3). Neben dem europäischen Übereinkommen existieren noch einige bilaterale Vereinbarungen wie der *deutsch-österreichische Amtshilfevertrag* (Anm. 389). Die Auskünfte unterliegen hiernach zusätzlich den Vorschriften über die Amtsverschwiegenheit des ersuchenden Staates. Zum ganzen auch *Geiger* in: EPIL (Anm. 27), 235 ff.

[397] Im einzelnen dazu unten, Teil 5 Kap. 2 A. sowie oben, Teil 1 Kap. 2 F.

[398] Siehe nur die Beispiele in Teil 5 Kap. 2 A.

in den originären Aufgabenbereich der ersuchten Behörde.[399] Daß eine Behörde ein mittelbares Interesse an der Amtshilfeleistung haben kann, ändert daran nichts. Allein die rechtsförmliche Festlegung einer Amtshilfeverpflichtung nimmt der Verwaltungstätigkeit noch nicht die Fremdnützigkeit, auch wenn die ersuchte Behörde in Erfüllung dieser formellen Verpflichtung tätig wird. Erst wenn die Vornahme der ersuchten Handlung der Erfüllung *materiell eigener Verwaltungsaufgaben* dient, fehlt die Fremdnützigkeit der Verwaltungshandlung.

3. Im Einzelfall

Amtshilfe wird nicht im Rahmen einer institutionalisierten Zusammenarbeit, sondern infolge einzelfallbezogener *ad hoc* Anfragen geleistet.[400] Sie darf die Kompetenz- und Zuständigkeitsgrenzen nicht außer Kraft setzen.[401] Informationsaustausch im Rahmen der Amtshilfe findet in seiner klassischen Form nicht kontinuierlich oder regelmäßig zu im vorhinein festgelegten Zeitpunkten statt, sondern knüpft an bestimmte Vorkommnisse und ein konkretes Ermittlungsbedürfnis der ersuchenden Behörde an. Sie ist auf ein *konkretes Verwaltungsverfahren* bezogen und erstreckt sich z.B. nicht auf den generellen Informationsaustausch zur Erarbeitung eines im beiderseitigen Interesse liegenden Rechtsaktes. Im deutschen Verwaltungsverfahrensgesetz wird sie denn auch als *auf Ersuchen zu leistende ergänzende Hilfe* beschrieben (§ 4 Abs. 1 VwVfG). Ergänzend ist eine Hilfsleistung dann nicht mehr,

---

[399] Diese Unterscheidung findet sich z.B. auch in § 4 Nr. 2 VwVfG. Auch aus diesem Grund liegt im Falle der Organleihe keine Amtshilfetätigkeit vor. Denn die Organleihe impliziert die Übernahme des Aufgabenbereichs des „entleihenden Verwaltungsträgers" als eigene Verwaltungsaufgaben. Für das deutsche Recht siehe BVerfGE 63, 1 (32); für die Schweiz siehe *Simon* (Anm. 385), 42.

[400] Siehe nur *Schlink* (Anm. 385), 160 f.; *Gubelt* (Anm. 391), a.a.O. und *Simon*, a.a.O., 41 f., 126 f. Siehe auch *Hatje*, Die gemeinschaftsrechtliche Steuerung der Wirtschaftsverwaltung, 1998, 136, der dies als die „klassische Form" der Amtshilfe bezeichnet. Speziell in Bezug auf die Informationshilfe a.A. wohl *Scholz/Pitschas* (Anm. 385), 123, wonach wegen der bei der Informationshilfe bestehenden „Zusammenordnung" der Behörden zu einem „gemeinsamen Wirkungszusammenhang" auch eine über den Einzelfall hinausgehende Kooperation unter des Rechtsinstitut der Amtshilfe fallen kann.

[401] Daher darf nach *Schlink* eine regelmäßige Zusammenarbeit von Behörden auch dann nicht unter dem Titel der „Amtshilfe" eingeführt werden, wenn sie unter diesem Titel vom Gesetzgeber normiert wird (*ibid.*).

wenn sie zu einer ständigen, institutionalisierten Einrichtung des Verwaltungsverfahrens wird, ohne die der gesamte Sachbereich nicht mehr verwaltet werden könnte. In diesem Fall liegt eine Änderung der Verwaltungsstruktur im Sinne einer *strukturellen zwischenbehördlichen Zusammenarbeit* vor, welche die rechtliche Kategorie der Amtshilfe überschreitet.[402]

Bei der Amtshilfe handelt es sich zwar nicht um ein organisatorisch verfestigtes, wohl aber – zumindest im zwischenstaatlichen Verkehr – um ein *formalisiertes* Verfahren. Am Anfang steht ein *Ersuchen*.[403] Dieses Ersuchen hat eine bestimmte, im Amtshilfeabkommen festgelegte Form einzuhalten.[404] Bei Nichteinhaltung der Form ist i.d.R. unverzüglich die ersuchende Behörde unter Angabe der Einwände zu unterrichten, um ihr die Möglichkeit einer Ergänzung oder Korrektur zu geben.[405] Die Nichtbeachtung der Form berechtigt also i.d.R. nicht zur

---

[402] Im Ergebnis wohl ebenso *Schmidt-Aßmann*, Verwaltungskooperation (Anm. 110), 297 f. Vgl. z.B. die Regelung in Art. 10 und 13 des *Protokolls 10 zum EWR-Abkommen* (Anm. 378). Art. 10 handelt nach der amtlichen Überschrift von der „Zusammenarbeit zwischen den Verwaltungen" und bezieht sich auf die allgemeine Zusammenarbeit bei Grenzkontrollen, Art. 13 spricht daneben von der „Amtshilfe" und verweist auf die konkreten Bestimmungen des *Protokolls 11 über Amtshilfe in Zollsachen* (Anm. 385). Nicht immer wird diese Trennung im Gemeinschaftsrecht so deutlich vollzogen. Hierzu sogleich.

[403] So auch für das Gemeinschaftsrecht *Kadelbach*, Allgemeines Verwaltungsrecht unter europäischem Einfluß, 1999, 339 und *Nisipeanu* (Anm. 386), 253. Vgl. Art. 8 des *Protokolls 23 zum EWR-Abkommen über die Zusammenarbeit zwischen den Überwachungsorganen* (Abl. Nr. L 1 vom 3.1.1994, 186) und Art. 8 des *Protokolls 24 zum EWR-Abkommen über die Zusammenarbeit im Bereich der Kontrolle von Unternehmenszusammenschlüssen* (Abl. Nr. L 1 vom 3.1.1994, 188), die von einem Ersuchen ausgehen sowie Art. 3 und Art. 4 des *EWR-Protokolls Nr. 11* (Anm. 385), die dagegen von „Amtshilfe auf Ersuchen" und „Amtshilfe ohne vorhergehendes Ersuchen" sprechen und unter letzteres eher eine allgemeine Zusammenarbeitspflicht fassen. Ähnlich die erste „Amtshilferichtlinie" der Gemeinschaft, die *Richtlinie 77/799*/EWG vom 19.12.1977 *über die gegenseitige Amtshilfe zwischen den zuständigen Behörden der Mitgliedstaaten im Bereich der direkten und indirekten Steuern* (Abl. Nr. L 336 vom 27.12.1977, 15, geändert; hierzu ausführlich *Runge*, [Anm. 388]), die die Kategorien „Auskünfte auf Ersuchen", „Automatischer Auskunftsaustausch" und „Spontaner Auskunftsaustausch" umfaßt.

[404] Siehe z.B. Art. 5 und 6 des *Europäischen Amtshilfeübereinkommens* (Anm. 389); siehe auch Art. 6 des *EWR-Protokolls Nr. 11*, a.a.O.

[405] Vgl. *Geiger* in: EPIL (Anm. 27), 238 sowie Art. 6 Abs. 4 des *EWR-Protokolls Nr. 11*, a.a.O.

stillschweigenden Ablehnung des Ersuchens. Sie kann „geheilt" werden. Dem ersuchten Staat selbst obliegt eine Reaktions- und Begründungspflicht, die dem ersuchenden Staat die Korrektur erleichtert, wenn nicht sogar erst ermöglicht.

Der Inhalt des Ersuchens, d.h. der Gegenstand der Hilfeleistung, wird in den völkerrechtlichen Amtshilfeabkommen detailliert eingegrenzt. Dabei kann es sich z.B. um die Übermittlung von Schriftstücken oder die Vornahme von Zeugenvernehmungen handeln.[406] Ebenso ausführlich sind i.d.R. die Versagungsgründe festgelegt.[407] In völkerrechtlichen Abkommen handelt es sich dabei meist um weitreichende Gründe des Schutzes von Individual- oder Staatsinteressen.[408] Unter anderem auch

---

[406] Nach dem *Europäischen Amtshilfeübereinkommen* kann sich ein Ersuchen auf die Erteilung von Auskünften über Tatsachen sowie Rechts- und Verwaltungsvorschriften beziehen oder die Übermittlung von Dokumenten und die Vornahme von Ermittlungen zum Inhalt haben (a.a.O., Art. 13 bis 15).

[407] Im bundesdeutschen Recht finden sich obligatorische und fakultative Versagungsgründe. Die Behörde *darf* z.B. keine Amtshilfe leisten, wenn sie hierzu aus rechtlichen Gründen nicht in der Lage ist oder wenn die Amtshilfe für das Wohl des Bundes oder eines Landes erhebliche Nachteile bereiten würde (§ 5 Abs. 2 VwVfG). Sie *braucht* Amtshilfe nicht zu leisten, wenn dies für sie einen unverhältnismäßigen Aufwand mit sich bringen oder wenn die Hilfeleistung die Erfüllung ihrer eigenen Aufgaben ernstlich gefährden würde (§ 5 Abs. 3 VwVfG). Sie darf die Hilfeleistung aber nicht deswegen verweigern, weil sie die angestrebte Maßnahme für unzweckmäßig hält (§ 5 Abs. 4 VwVfG).

[408] Das *Europäische Amtshilfeübereinkommen* (Anm. 389) enthält – sozusagen als Korrelat zur generellen Antwortpflicht – umfangreiche Ablehnungsmöglichkeiten des ersuchten Staates, die zudem keiner gerichtlichen Kontrolle unterliegen (Art. 7). Die Ablehnungsgründe lassen sich in solche zum Schutz staatlicher Interessen und solche zum Schutz der Bürger unterteilen. Erstere sind gegeben, wenn nach Ansicht der zentralen Behörde die Erledigung des Ersuchens geeignet ist, die Souveränität, die Sicherheit, die öffentliche Ordnung oder andere wesentliche Interessen des ersuchten Staates zu beeinträchtigen. Letztere liegen vor, wenn die Erledigung die Grundrechte oder andere wesentliche Interessen der Person, auf die sich die Auskunft bezieht, beeinträchtigen könnte oder wenn das Ersuchen vertrauliche Auskünfte betrifft, die nicht preisgegeben werden dürfen. Zuletzt ist noch eine Art Generalklausel enthalten, die es letztlich den Staaten ermöglicht, die Grenzen der Auskunftserteilung uneingeschränkt selbst zu regeln. Danach müssen Auskünfte nicht erteilt werden, wenn dem innerstaatliches Recht oder eine innerstaatliche Übung entgegensteht. Auch nach dem *deutsch-österreichischen Amtshilfevertrag* (Anm. 389) kann das Ersuchen versagt werden, wenn die Beantwortung „nach dem Recht des ersuchten Staates unzulässig" ist oder „die Souveränität, die Sicherheit, die

um die Prüfung des Vorliegens solcher Ablehnungsgründe zu ermöglichen, hat nach dem *Europäischen Amtshilfeübereinkommen* das Ersuchen über eine zentrale Behörde des ersuchten Staates zu gehen.[409]

II. Amtshilfepflichten im Europarecht

Sekundärrechtlich wird die Verwaltungszusammenarbeit vor allem in den Bereichen der Zoll- und der Steuerverwaltung unter den Begriff der „Amtshilfe" gefaßt.[410] Seit kurzem hat diese Bezeichnung auch in der *Fischereikontrollverordnung* sowie in der jüngst erlassenen *Geräuschemissionsrichtlinie* Nr. 2000/14/EG Einzug gehalten.[411] Als Anknüpfungspunkt für eine ungeschriebene allgemeine Amtshilfepflicht des Gemeinschaftsrechts wird häufig der sogenannte *Zwartveld-Beschluß*

öffentliche Ordnung oder andere wesentliche Interessen des ersuchten Staates" beeinträchtigt würden (Art. 4). Siehe auch Art. 9 des *Protokolls 11 zum EWR-Übereinkommen* (Anm. 385) sowie aus der Literatur *Geiger* in: EPIL (Anm. 27), 238 f.

[409] Dazu oben, Anm. 389.

[410] Aus der Literatur u.a. *v.Bogdandy/Arndt*, Die Zusammenarbeit der Finanzverwaltungen in der Europäischen Union, EWS 2000, 1 ff. sowie *v. Bogdandy* in: *Schmidt-Aßmann/Hoffmann-Riem* (Anm. 185), 184 ff.; zur Zusammenarbeit der Steuerverwaltungen im Binnenmarkt auch *Joa* (Anm. 389), 1038 f. Aus dem Sekundärrecht siehe nur die *Richtlinie 77/799/EWG* (Anm. 403); die *Verordnung* (EWG) Nr. 218/92 *über die Zusammenarbeit der Verwaltungsbehörden auf dem Gebiet der indirekten Besteuerung* (Abl. Nr. L 24 vom 1992, 1); die *Verordnung* (EG) Nr. 515/97 vom 13.3.1997 *über die gegenseitige Amtshilfe zwischen Verwaltungsbehörden der Mitgliedstaaten und die Zusammenarbeit dieser Behörden mit der Kommission im Hinblick auf die ordnungsgemäße Anwendung der Zoll- und der Agrarregelung* (Abl. Nr. L 82 vom 22.3.1997, 1).

[411] Art. 34a der *Fischereikontrollverordnung* Nr. 2847/93 i.d.F. der Verordnung (EG) Nr. 2846/98 vom 17.12.1998 (Abl. Nr. L 358 vom 21.12.1998, 5), dort Nr. 21; Art. 5 Abs. 2 der *Richtlinie* 2000/14/EG vom 8.5.2000 *zur Angleichung der Rechtsvorschriften der Mitgliedstaaten über die Geräuschemissionen von zur Verwendung im Freien vorgesehenen Geräten und Maschinen* (Abl. Nr. L 162 vom 3.7.2000, 1), der ganz allgemein davon spricht, daß die zuständigen Behörden „einander Amtshilfe bei der Erfüllung ihrer Verpflichtungen in bezug auf die Marktüberwachung" leisten.

des EuGH angeführt,[412] der zwischenzeitlich auch durch das Gericht erster Instanz im Urteil *Postbank* bekräftigt wurde.[413]

1. Vertikale Informationshilfepflicht der Kommission gegenüber den Mitgliedstaaten – Der *Zwartveld-Beschluß* –

Der Gerichtshof begründete in dem Beschluß *Zwartveld* [414] im Ergebnis eine auf Art. 10 und 211 EGV (ex Art. 5 und 155) gestützte Informationshilfepflicht der Kommission im Verhältnis zu den Mitgliedstaaten. Sie besteht im Rahmen der mitgliedstaatlichen Durchführung von Gemeinschaftsrecht und findet ihre Grenzen beim Vorliegen zwingender Gründe im Hinblick auf den Erhalt der Funktionsfähigkeit und der Unabhängigkeit der Gemeinschaften. Der Grundsatz der loyalen

---

[412] Siehe v.a. *Prieß* (Anm. 387), 342 ff.

[413] EuG, Urteil vom 18.9.1996, Rs. T-353/94 (*Postbank NV/Kommission*), Slg. 1998, S. II-921 (945 f., Rn. 64). Die Kommission hat zudem 1993 für den Bereich der Wettbewerbskontrolle eine Bekanntmachung über die Zusammenarbeit zwischen der Kommission und den Gerichten der Mitgliedstaaten bei der Anwendung der Art. 85 und 86 des EG-Vertrages erlassen. Hierzu eingehender das Urteil des EuGH vom 11.1.2000, verb. Rs. C-174/98 P und C-189/98 P (*Niederlande und van der Wal/Kommission*), Slg. 2000, S. I-1(insbesondere 62 ff., Rn. 21 ff.).

[414] EuGH, Beschluß vom 13.7.1990, Rs. C-2/88 Imm. (*J.J. Zwartveld u.a.*), Slg. 1990, S. I-3365 ff. Dabei ging es um ein „Rechtshilfeersuchen" des *Rechtercommissaris* der Arrondissementrechtbank Groningen in den Niederlanden. Dieser hatte sich an den Gerichtshof gewandt, um die Kommission verpflichten zu lassen, ihm bestimmte Kontrollberichte zur Verfügung zu stellen, die durch Inspektoren der Kommission im Rahmen der Fischereikontrolle erstellt worden waren. Weiterhin verlangte er, daß den genannten Inspektoren die Aussage als Zeugen in dem von ihm zu untersuchenden Strafverfahren gestattet und damit ihre Immunität aufgehoben werde (a.a.O., 3367, Rn. 1 f.). Mit diesem Ersuchen war er zunächst vor der Kommission gescheitert. Die Kommission machte geltend, daß nach Art. 2 des *Protokolls über Vorrechte und Befreiungen der Europäischen Gemeinschaften* die Archive der Gemeinschaft unverletzlich seien und darin auch keine Ausnahmemöglichkeit – z.B. durch einen Gerichtsbeschluß – vorgesehen sei (3369, Rn. 5). Die Aufhebung der Verschwiegenheitspflicht von Gemeinschaftsbeamten sei in Art. 19 des *Beamtenstatuts* geregelt, welches ebenfalls keine Entscheidungsbefugnisse des Gerichtshofs vorsehe. Die Berichte seien Schriftstücke rein interner Art, die nur für die interne Berichterstattung erstellt würden (3370, Rn. 7). Die Schriftstücke würden die Kommission in keiner Weise binden oder ihren Standpunkt wiedergeben können.

Zusammenarbeit verpflichte nicht nur die Mitgliedstaaten, alle geeigneten Maßnahmen zu treffen, um die Wirksamkeit des Gemeinschaftsrechts zu gewährleisten, sondern erlege auch den Gemeinschaftsorganen entsprechende Pflichten zur loyalen Zusammenarbeit mit den Mitgliedstaaten auf.[415] Jedes Gemeinschaftsorgan, insbesondere die Kommission mit ihrer in Art. 211 EGV festgelegten Aufgabe, für die Anwendung des Vertrages Sorge zu tragen, ist danach verpflichtet, eine Strafverfolgungsmaßnahme eines nationalen Gerichts, das zur Verfolgung der Verletzung einer gemeinschaftsrechtlichen Regelung tätig wird, aktiv zu unterstützen.[416] Zu diesem Zweck hat die Kommission auf Nachfrage den Mitgliedstaaten alle Unterlagen zu übermitteln, welche Informationen über Tatsachen enthalten, aus denen sich die fraglichen Verletzungen ergeben können. Sie hat auch ihren Beamten die Genehmigung zu erteilen, als Zeugen in einem entsprechenden nationalen Ermittlungsverfahren auszusagen.[417] Die Schlußfolgerungen des Gerichtshofes sind v.a. unter dem Gesichtspunkt konsequent, daß den Mitgliedstaaten nicht durch Art. 10 EGV auferlegt werden kann, alle geeigneten Maßnahmen zur Durchsetzung des Gemeinschaftsrechts zu ergreifen, um sie dann bei diesbezüglichen Durchführungsschwierigkeiten „im Regen" stehen zu lassen. Eine solche Informationshilfepflicht besteht allerdings nicht unbegrenzt. Die Kommission kann bei *zwingenden Gründen*, „die mit der Notwendigkeit in Zusammenhang stehen, Beeinträchtigungen der Funktionsfähigkeit und der Unabhängigkeit der Gemeinschaften zu verhindern", die Informationshilfe ablehnen.[418] Für das Vorliegen solcher Gründe trägt sie die Beweislast.

---

[415] A.a.O., 3372 (Rn. 17) unter Verweis auf das Urteil vom 10.2.1983, Rs. 230/81 (*Luxemburg/Parlament*) „Sitz und Arbeitsort des Parlaments", Slg. 1983, 255 (287, Rn. 37). Siehe auch oben, Teil 3 Kap. 2 A.

[416] EuGH *Zwartveld* (Anm. 414), 3373 (Rn. 22).

[417] *Ibid.* Das von der Kommission angeführte *Protokoll über die Vorrechte und Befreiungen* besitze insofern nur einen funktionalen Charakter, als es lediglich eine Beeinträchtigung der Funktionsfähigkeit und der Unabhängigkeit der Gemeinschaften verhindern will (EuGH, *Zwartveld*, a.a.O., 3372, Rn. 19). Im übrigen verweise das Protokoll selbst auf die Verpflichtung zur loyalen Zusammenarbeit und könne mithin den Gemeinschaftsorganen keinesfalls gestatten, diese Verpflichtung nicht zu beachten (a.a.O., Rn. 20 f.). Letztlich derogiert damit unter dem Banner der praktischen Wirksamkeit die Generalklausel des Art. 10 EGV die *lex specialis* des Protokolls.

[418] EuGH, a.a.O., 3373 (Rn. 25).

In einem zweiten *Zwartveld-Beschluß* äußerte sich der Gerichtshof näher zu den Voraussetzungen und Grenzen der Informationshilfe.[419] Voraussetzung ist zunächst die Relevanz der erbetenen Informationen für die Ermittlungstätigkeit der nationalen Behörde.[420] Grundsätzlich einschlägige Informationen können verweigert werden, wenn *berechtigte Gründe* vorliegen. Dies ist zum einen der Schutz der Rechte Dritter und zum anderen der Schutz vor Beeinträchtigungen der Funktionsfähigkeit und Unabhängigkeit der Gemeinschaft, namentlich der Erfüllung der Aufgaben der Kommission.[421] Letzteres knüpft an das Vorbringen der Kommission im ersten *Zwartveld-Beschluß* an, wonach die Übermittlung der fraglichen Unterlagen die Beziehungen zwischen ihr und den Mitgliedstaaten „auf dem delikaten Gebiet der Kontrollen" beeinträchtigen könne. Auch die Zeugnispflicht würde die Tätigkeit der Inspektoren und damit die Wirksamkeit der Kontrolle durch die Gemeinschaft erheblich beeinträchtigen.[422] Die Beweislast für das Vorliegen berechtigter Gründe liegt bei den Gemeinschaftsorganen, die Überprüfung der Rechtmäßigkeit wird durch den Gerichtshof durchgeführt. Erforderlich ist der Nachweis einer *konkreten Gefahr* der Beeinträchtigung einer der schützenswerten Interessen.[423]

---

[419] Beschluß vom 6.12.1990, Rs. C-2/88 Imm. (*Zwartveld u.a.*), Slg. 1990, S. I-4405ff.

[420] Der Gerichtshof untersuchte eingangs, welche Berichte überhaupt für die Weiterleitung an den nationalen Richter in Betracht kommen und stellte fest, daß sich nur ein Teil der angeforderten Berichte auf Inspektionsaufträge bezog, die in dem fraglichen Gebiet durchgeführt wurden (a.a.O., 4410, Rn. 7 ff.).

[421] EuGH, Beschluß vom 6.12.1990 (Anm. 419), 4411 (Rn. 11).

[422] Beschluß vom 13.7.1990 (Anm. 414), 3370 f. (Rn. 7 und 10). Die Kommission fürchtete eine Störung der Beziehungen zu den Mitgliedstaaten, wenn die durch ihre Inspektoren auf mitgliedstaatlichem Hoheitsgebiet erstellten Berichte publik gemacht würden. Ihr ging es damit um die Wahrung der Vertraulichkeit, mit der sich für die Kommission gleichzeitig eine Erleichterung ihrer Kontrolltätigkeit verbindet.

[423] Nach Angaben der Kommission enthielten die Berichte personenbezogene Informationen, durch deren Mitteilung die Rechte Dritter beeinträchtigt worden wären. Weiterhin müßte „die Verteilung der Zuständigkeiten zwischen ihr und den nationalen Behörden" respektiert werden, wobei ihr die Aufgabe übertragen sei, die Tätigkeit der nationalen Behörden zu überwachen, während letztere die Untersuchungs- und Strafverfolgungsmaßnahmen gegen die Fischer durchzuführen hätten (Beschluß vom 6.12.1990, a.a.O., 4409, Rn. 5 f.). Der Gerichtshof wies die Bedenken der Kommission zurück, indem er feststellte, daß

2. Existenz einer allgemeinen Amtshilfepflicht ?

In der Literatur wurde der *Zwartveld-Beschluß* z.T. als Bestätigung einer Rechtshilfe- bzw. Amtshilfepflicht der Kommission gegenüber den Mitgliedstaaten gedeutet. Der Sache nach entsprach der in dem Beschluß zu entscheidende Fall einem Amtshilfeersuchen.[424] Rechtshilfe liegt nur bei einer durch ein Gericht vorgenommenen Amtshandlung vor. Dagegen liegt Amtshilfe vor, wenn eine Verwaltungsbehörde – in diesem Fall die Kommission – von einer anderen Behörde oder auch einem Gericht um die Vornahme einer Amtshandlung gebeten wird. Der Gerichtshof verwendet selbst in den Beschlußgründen weder den Begriff der Amts- noch der Rechtshilfe, sondern spricht von der *Pflicht der Gemeinschaftsorgane zur loyalen Zusammenarbeit mit den Mitgliedstaaten*, welche sich aus Art. 10 EGV ergibt. Der *Zwartveld-Beschluß* bestätigt somit indirekt, daß im Gemeinschaftsrecht keine ungeschriebene Amtshilfepflicht außerhalb der Gemeinschaftstreuepflicht des Art. 10 EGV existiert. Der Gerichtshof hat eine Auseinandersetzung mit dem vom *Rechter-commissaris* aufgeworfenen Argument der (impliziten) Integration der europäischen Amtshilfeübereinkommen in das Gemeinschaftsrecht vermieden.[425]

Amtshilfe findet in einem Verhältnis der *Gleichordnung* statt. Der Begriff der Amtshilfe wird dementsprechend im Sekundärrecht auch vornehmlich für die Pflichten der *horizontalen* Zusammenarbeit verwendet. Im *vertikalen* Verhältnis besteht zwar keine integrierte Behördenstruktur mit hierarchischen Weisungsverhältnissen und noch weniger

---

keine Gefahr einer solchen Beeinträchtigung *ersichtlich* sei (a.a.O., 4410, Rn. 10).

[424] Vgl. *Prieß* (Anm. 387), 344 ff. Der Begriff der Rechtshilfe wird zwar im Rubrum des Urteils aufgeführt, jedoch nur im Anschluß an eine entsprechende Benennung durch den antragstellenden *Rechter-commissaris*, welcher sich dabei höchstwahrscheinlich auf sein Ersuchen vor dem Gerichtshof bezog, nicht sein Ausgangsersuchen bei der Kommission. Letzterer hatte seinen Antrag *beim EuGH* als „Ersuchen um Rechtshilfe" bezeichnet, nicht jedoch seinen Antrag bei der Kommission, ein geschickter Schachzug, denn einzelne Behörden sind vor dem EuGH nicht klagebefugt.

[425] Der *Rechter-commissaris* hatte sich als Rechtsgrundlage für sein Ersuchen auf das *Protokoll über Vorrechte und Befreiungen der Europäischen Gemeinschaften* i.V.m. zwei europäischen Rechtshilfeübereinkommen berufen. Diesen ist die Gemeinschaft zwar nicht beigetreten, die Übereinkommen seien aber in einem Maße in die Rechtsordnung der Gemeinschaft integriert, daß sie als Teil des europäischen Rechts anzusehen seien.

eine Form der Organleihe,[426] von einem Gleichordnungsverhältnis kann aufgrund der teilweisen rechtlichen Integration und Unterwerfung der Mitgliedstaaten unter die Hoheitsgewalt der Gemeinschaft ebensowenig gesprochen werden. Die Umsetzung und Anwendung des Gemeinschaftsrechts obliegt den Mitgliedstaaten denn auch nicht als *Courtoisie* im Fremdinteresse, sondern als eigene Verwaltungsaufgabe.

Aus der Berufung auf den Begriff der Amtshilfe allein könnten auch keine eigenständigen, über Art. 10 EGV hinausgehenden Rechtsfolgen gezogen werden. Funktional erschöpft sich die „Amtshilfe" im Verhältnis zwischen den Gemeinschaftsbehörden und den Mitgliedstaaten in der gegenseitigen Pflicht zur loyalen Zusammenarbeit nach Art. 10 EGV.[427] Diese Unterstützungspflicht geht zudem viel weiter als die der Charakteristik nach im Fremdinteresse und Einzelfall stattfindenden Amtshilfepflichten. Der aus dem Völkerrecht und dem Recht föderaler Staaten stammende Begriff der Amtshilfe kann zwar zur Umschreibung eines Teils der Gemeinschaftstreuepflicht verwendet werden, er führt aber rechtlich insofern nicht viel weiter, als daß er im Gemeinschaftsrecht *keine spezifischen Rechtsfolgen* impliziert. Der Begriff der Amtshilfe soll daher nur dort verwendet werden, wo er im Gemeinschaftsrecht ausdrücklich vorkommt.[428] Selbstverständlich bleibt es dem Ge-

---

[426] Siehe dazu die ausführliche Untersuchung von *Bünten* (Anm. 99), 162 ff. Anders wohl *Segond* (Anm. 1), die mit dem Begriff der „Einheit der Staatsgewalt" und der Rechtsprechung zu Art. 35 GG als Begründung für eine vertikale (Informations-) Amtshilfepflicht deutscher Behörden gegenüber der Kommission argumentiert (a.a.O., 104). Auch die Kommission sei danach als Behörde im Sinne der Amtshilferegelung des Art. 35 GG zu behandeln.

[427] Auf Art. 10 EGV verweisen auch *v. Bogdandy/Arndt* (Anm. 410), 1, welcher jedoch – ganz im Sinne des oben unter Kap. 2 A.II.1. Festgestellten – für sich alleine zu abstrakt zur unmittelbaren Regelung des „Tagesgeschäfts" sei. Vgl. *Zuleeg*, Deutsches und europäisches Verwaltungsrecht – wechselseitige Einwirkungen, VVDStRL 1994, 155 (179), der von einer allgemeinen Amtshilfepflicht auf der Grundlage des Art. 5 EGV [a.F.] auszugehen scheint. Vgl. auch *Hatje* (Anm. 400), 132, der für den in jüngerer Zeit ebenfalls gerne verwendeten Begriff der „Partnerschaft" darauf verweist, daß auch dieser lediglich die allgemeine gegenseitige Kooperationspflicht aus Art. 5 Abs. 1 EGV [a.F.] präzisiert.

[428] So v.a. im Wettbewerbsrecht (Art. 85 Abs. 1 S. 2 EGV [ex Art. 89]) in Bezug auf die *vertikale* Amtshilfe und in sekundärrechtlichen Regeln der vornehmlich *horizontalen* Amtshilfe (siehe oben, II.). Dabei ist interessant, daß in der Verordnung Nr. 515/97 (Anm. 410) nur das horizontale Pflichtenverhältnis als *Amtshilfe* bezeichnet wird, das vertikale dagegen als *Zusammenarbeit*; eben-

meinschaftsgesetzgeber unbenommen, die wechselseitigen Unterstützungspflichten der Mitgliedstaaten und der Kommission als „Amtshilfepflichten" zu bezeichnen.[429] Auch dem Gerichtshof steht es frei, unter Verweis auf die autonome Auslegung des Gemeinschaftsrechts eine gemeinschaftseigene Definition der „Amtshilfe" zu finden, die sich mit der Gemeinschaftstreuepflicht oder allgemein dem Begriff der Verwaltungskooperation deckt.[430] Werden aber die Begrifflichkeiten hier zu sehr vermischt, ist letztlich jede Form der Verwaltungskooperation „Amtshilfe". Mit einer dann ggf. einhergehenden Konturlosigkeit dieses Rechtsinstitutes auf der gemeinschaftsrechtlichen Ebene verlöre es dort auch seine Funktion, die ihm im nationalen Recht als *Rechtsbegriff* zukommt.[431]

Eine sachbereichsübergreifende, umfassende Amtshilfepflicht existiert im Gemeinschaftsrecht (bislang) nicht.[432] Die Annahme einer ungeschriebenen, allgemeinen Amtshilfepflicht aus den Aufgabennormen des Gemeinschaftsrechts oder aus Art. 10 EGV würde dem Grundsatz der begrenzten Einzelermächtigung und bei der Betroffenheit von

---

so das *EWR-Protokoll Nr. 10* (dazu Anm. 402), anders dagegen Art. 3 und 4 des *EWR-Protokolls Nr. 11* (dazu Anm. 396).

429 So regeln einige der „Amtshilfebestimmungen" der Gemeinschaft im Bereich des Steuerrechts auch den regelmäßigen, systematischen Informationsaustausch der Behörden. Ebenso der *Zusammenfassende Bericht über die Untersuchung der Rechts- und Verwaltungsvorschriften der Mitgliedstaaten und Analyse der Kernelemente des gemeinschaftlichen Ahndungssystems* (Arbeitsdokument der Kommissionsdienststellen vom 16.7.1993, SEK [93] 1172, Nr. 2.1.), der die Amtshilfe wie folgt beschreibt: „Die typische Form dieser Zusammenarbeit ist die auf Anforderung, spontan *oder periodisch* erfolgende Übermittlung von Informationen" [Hervorhebungen durch den Verfasser]. Ähnlich Art. 4 des *EWR-Protokolls Nr. 11* (a.a.O.). Siehe auch *Nisipeanu* (Anm. 386), 252; *Meier*, Europäische Amtshilfe (Anm. 356), 239 f. und *v. Bogdandy/Arndt* (Anm. 410), 1, die alle feststellen, daß es auf der Gemeinschaftsebene an einer klaren Terminologie fehlt.

430 Siehe oben, Anm. 386.

431 Näher hierzu Teil 2 Kap. 1 B.

432 So auch *Kadelbach* (Anm. 403), 338; *Fischer*, Europarecht in der öffentlichen Verwaltung, 1994, 129. Wohl bejahend, zumindest für das vertikale Verhältnis, aber nicht ganz eindeutig *Meier*, Institutionelle Aspekte (Anm. 387), 157 f. sowie *ders.*, Europäische Amtshilfe (Anm. 356), 244 f. Ähnlich *Grunwald* in: GTE (Anm. 67), Rn. 19.

Grundrechten dem Vorbehalt des Gesetzes widersprechen.[433] Durch die Annahme eines ungeschriebenen Institutes der Amtshilfe würde der Kompetenzbereich der amtshilfesuchenden Behörden sozusagen paralegal erweitert werden.[434] Auch eine ungeschriebene Amtshilfepflicht aus einem „allgemein in den Rechtsordnungen der Mitgliedstaaten geltenden Rechtsgrundsatz" herzuleiten, ist schwerlich zu begründen, da nationale Amtshilfepflichten vornehmlich den Bundesstaaten bekannt sind. In der Gemeinschaft gibt es aber lediglich drei formelle Bundesstaaten, so daß es an der Allgemeinheit des Rechtsgrundsatzes fehlen dürfte.[435] Aber auch wenn in den anderen Mitgliedstaaten ähnliche Rechtsinstitute auffindbar sein sollten, ist doch anzunehmen, daß der Gerichtshof als Anknüpfungspunkt bei der Gemeinschaftstreuepflicht verbleibt. Zumindest hätte er mit der Rechtssache *Zwartveld* bereits eine Gelegenheit zur Statuierung eines solchen allgemeinen Rechtsgrundsatzes „vertan".

3. Ergebnis

Im Ergebnis würde die Annahme einer ungeschriebenen Amtshilfepflicht des Gemeinschaftsrechts nicht über die Gemeinschaftstreuepflicht hinausgehen. Im Gegenteil, die Gemeinschaftstreue beinhaltet eine rechtlich *engere* Verbundenheit der Mitgliedstaaten und der Ge-

---

[433] Dazu oben, Kap. 1 A.I. sowie Teil 6 Kap. 1.

[434] Eingehend zur Notwendigkeit eines „amtshilferechtlichen Gesetzesvorbehaltes" im deutschen Recht *Schlink* (Anm. 385), 85 ff. *Schlink* unterscheidet zwischen der Notwendigkeit eines Querschnittsgesetzes, welches für die Amtshilfe im Leistungsbereich und im Innenbereich der Verwaltungsorganisation genügen soll, und einem Spezialgesetz für die eingreifende Amtshilfe. Informationsakte, die nicht den Bürger sondern lediglich die Ausstattung der Verwaltung mit sachlichen, räumlichen und personellen Mitteln, wissenschaftlichen Erkenntnissen etc. betreffen, gehören danach in den Innenbereich. Mangels gesetzlicher Regelung dieses Innenbereichs sei – im Geltungsbereich des deutschen Rechts – auch keine gesetzliche Regelung dieser Amtshilfe erforderlich (a.a.O., 202 ff.). Dem folgend *Nisipeanu* (Anm. 386), 18 ff., 115 ff. Ähnlich auch *Neßler* (Anm. 385), 177 sowie *Simon* (Anm. 385), 55. Für das deutsche Recht wohl a.A. *Scholz/Pitschas* (Anm. 385), 117 ff., unter Verweis auf die Einheit der Verwaltung als „Informationseinheit" und unter der Bedingung, daß die Informationen für eine im wesentlichen zweckgleiche Verwaltungsaufgabe benötigt werden.

[435] Zur Dogmatik der allgemeinen Rechtsgrundsätze unten, Teil 6 Kap. 1 A.I.

meinschaftsorgane als der einzelfallbezogene, im Fremdinteresse stattfindende Amtshilfeverkehr. Der Amtshilfe funktional äquivalent sind die in Art. 10 EGV verankerten vertikalen Auskunfts- und Konsultationspflichten. Auch die im Rahmen des grenzüberschreitenden Warenverkehrs bestehenden horizontalen Verwaltungskooperationspflichten könnten funktional ebenso in völkerrechtlichen Amtshilfeabkommen geregelt werden.[436] Rechtlich geht die gemeinschaftstreuebezogene Bindung über die Amtshilfe hinaus. Sie berührt auch die institutionalisierte, regelmäßig wiederkehrende und im Eigeninteresse des Verpflichteten erfolgende Informationshilfe. Im Gegensatz zur einzelfallbezogenen Amtshilfe ist Erstere zudem verbunden mit aus der engen Treuebeziehung und dem System des Gemeinschaftsrechts fließenden ungeschriebenen Nebenpflichten.[437]

Es bleibt der Gemeinschaft unbenommen, auf der Grundlage sachbereichsbezogener Rechtsetzungsermächtigungen explizite Amtshilfepflichten der Mitgliedstaaten zu regeln. Die Gemeinschaftsorgane sind auch hier an die für die Gemeinschaft geltenden, im Primärrecht festgelegten Grenzen gebunden. Der Festlegung eines unmittelbaren Behördenverkehrs sind z.B. durch den Grundsatz der institutionellen Autonomie der Mitgliedstaaten Grenzen gesetzt.[438] Die Bezeichnung als *Amtshilfe* ist möglich, aber nicht erforderlich, denn die sachbereichsbezogenen Ermächtigungsgrundlagen beinhalten eine umfassende Regelungsbefugnis für alle Arten administrativer Informationsverfahren.[439] Sachbereichsübergreifende „Informationshilfepflichten" können auf Art. 284 EGV gestützt werden. Art. 95 EGV (ex Art. 100a) kommt als Ermächtigungsgrundlage insofern nicht in Betracht, als daß nicht die bestehenden nationalen Amtshilfevorschriften harmonisiert, sondern

---

[436] So z.T. geschehen in den Protokollen zum *EWR-Abkommen*. Siehe auch Kap. 2 D.

[437] Siehe oben, Teil 3 Kap. 2 C.

[438] Dazu Teil 4 Kap. 1 C.II. Anders *Meier*, der von einer bereits jetzt bestehenden unmittelbaren Amtshilfepflicht der mitgliedstaatlichen Behörden gegenüber der Kommission auszugehen scheint (Institutionelle Aspekte, [Anm. 387], 158 f.).

[439] Siehe oben, Kap. 1 B.

originäre gemeinschaftsrechtliche Regelungen geschaffen werden müssen.[440]

Strukturell würde sich eine solche Regelung im Hinblick auf *horizontale* Amtshilfepflichten anbieten.[441] Im zwischenstaatlichen Verhältnis bestehen auch im Rahmen des Gemeinschaftsrechts weder Weisungsbefugnisse noch hoheitliche Rechtsetzungskompetenzen. Mitgliedstaatliche Pflichten der *vertikalen* Amtshilfe würden dagegen im Rahmen gemeinschaftsrechtlich geregelter Aufgaben in den Vollzugspflichten der Mitgliedstaaten aufgehen. Die für die Amtshilfe charakteristische Gleichordnung der beteiligten Verwaltungsträger tritt im vertikalen Verhältnis hinter die hoheitlichen Entscheidungskompetenzen der Gemeinschaft zurück. Etwas anderes gilt wiederum für Amtshilfeersuchen mitgliedstaatlicher Behörden gegenüber der Kommission sowie in den Sachbereichen, in denen der Gemeinschaft keine hoheitlichen Entscheidungskompetenzen zukommen. Hier bietet sich – wie im *Zwartveld-Beschluß* für Ersuchen der Mitgliedstaaten anerkannt – eine allgemeine Informationshilfepflicht zur Verbesserung der Durchsetzung des Gemeinschaftsrechts an. Das Institut der Amtshilfe paßt aufgrund seiner Einzelfallbezogenheit auch dort nicht, wo dauerhafte Strukturen einer engen Verwaltungszusammenarbeit institutionalisiert werden sollen.

B. Der Grundsatz der Amtsermittlung

Der Grundsatz der Amtsermittlung – auch Untersuchungsgrundsatz genannt – soll eine zutreffende Ermittlung der entscheidungserheblichen Tatsachen gewährleisten. Entscheidungserheblich sind Tatsachen, von denen die Rechtmäßigkeit der zu treffenden Maßnahmen abhängt.[442] Er ist Ausdruck des Rechtstaatsprinzips, insbesondere des Grundsatzes der Gesetzmäßigkeit der Verwaltung und dient sowohl der Effektivität des Verwaltungshandelns als auch dem Rechtsschutz der Betroffenen.[443] Wegen des besonderen öffentlichen Interesses an der

---

[440] Im Anschluß an *Meier*, Europäische Amtshilfe (Anm. 356), 247; siehe auch *Stettner*, Verwaltungsvollzug, in: *Dauses*, Handbuch des EG-Wirtschaftsrechts, 1999, Kap. B.III., Rn. 77.

[441] *Stettner* bezieht dagegen auch die vertikale Amtshilfe ein (*ibid.*).

[442] Vgl. *Maurer*, Allgemeines Verwaltungsrecht, 12. Aufl. 1999, § 19 Rn. 18; *Clausen* in: *Knack*, VwVfG, 6. Aufl. 1998, § 24, Rn. 2.

[443] *Kopp/Ramsauer*, VwVfG, 7. Aufl. 2000, § 24, Rn. 2; siehe auch *Clausen* in: *Knack*, a.a.O.

sachlichen Richtigkeit der im Verwaltungsverfahren zu treffenden Entscheidungen ist die Behörde in erhöhtem Maße für die sachliche Richtigkeit der zugrunde gelegten Tatsachen verantwortlich.[444] Im folgenden wird untersucht, inwieweit ein solcher Grundsatz im Gemeinschaftsrecht vorhanden ist und welchen Rechtsgehalt er impliziert.

I. Regelungsgehalt

Amtsermittlung heißt, daß die Behörde von Amts wegen (*ex officio*), d.h. unter eigener Initiative und Leitung, den für ihren Aufgabenbereich relevanten Sachverhalt ermittelt. Das schließt nicht aus, daß sie auf bestimmte Punkte durch einen Dritten aufmerksam gemacht worden ist. Dann jedoch muß sie die näheren Ermittlungen selbst einleiten.[445] Die *ex officio* ermittelnde Behörde bestimmt im Rahmen *pflichtgemäßen Ermessens* und der gesetzlichen Grenzen selbst die Art der Ermittlungen, insbesondere die Auswahl der Ermittlungsmethoden und der Beweismittel.[446] Sie darf dabei Informationen nicht ignorieren und bestimmte Beteiligte begünstigen oder benachteiligen.[447] Die Auswahl der Ermittlungsmethode richtet sich nach der Eigenart des jeweiligen Sachverhaltes und den zur Verfügung stehenden Kapazitäten. Dabei hat sich die Verwaltung bei Ermittlungen, die anderen Personen Pflichten auferlegen und in ihre Rechte eingreifen, streng im Rahmen der ihr zugeschriebenen Befugnisse zu halten. Präzisiert werden die behördlichen Ermittlungsbefugnisse und -pflichten i.d.R. durch spezielle sachgebietsbezogene Rechtsakte.

---

[444] *Brühl*, Die Sachverhaltsermittlung im Verwaltungsverfahren und ihre Bedeutung für den Entscheidungsprozeß, JA 1992, 193 (196); vgl. *Kopp/Ramsauer*, a.a.O., Rn. 6.

[445] *Peters* bezeichnet die durch eine Anzeige, einen Antrag, eine Mitteilung von Verbänden, einen Medienbericht oder einen Bericht von einer anderen Behörde erfahrenen Tatsachen als „Rohsachverhalt", der im Rahmen des Untersuchungsgrundsatzes bis zur Entscheidungsreife weitergehend ermittelt werden muß. Dabei werden überflüssige Tatsachen aus dem Rohsachverhalt ausgesondert und fehlende oder zweifelhafte weitergehend erforscht (Die Sachverhaltsermittlung im Verwaltungsverfahren, JuS 1991, 54 [55]).

[446] *Peters*, a.a.O., 57 f.; *Kopp/Ramsauer* (Anm. 443), Rn.9, 11 ff.; *Clausen* in: *Knack* (Anm. 442), Rn. 3.1; *Schink*, Amtsermittlung und Gefahrerforschung, DVBl. 1989, 1182 (1183). Vgl. *Schwarze*, European Administrative Law, 1992, 1217 f. im Hinblick auf die Untersuchungstätigkeit der Kommission.

[447] Vgl. für das deutsche Verwaltungsrecht *Maurer* (Anm. 442), *ibid.*

Der Grundsatz der Amtsermittlung kann für die Kommission zunächst nur dort zum Tragen kommen, wo ihr eigene Verwaltungsbefugnisse zustehen.[448] Durch die Geltung eines solchen Grundsatzes können und sollen die Kompetenzen der Kommission nicht ausgeweitet werden. Er stellt nur klar, daß dann, *wenn* der Kommission entsprechende Möglichkeiten der Sachverhaltsermittlung zur Verfügung stehen, sie diese im Rahmen pflichtgemäßen Ermessens auch nutzen muß. Vorliegende Informationen dürfen von der Kommission nicht ignoriert werden und leicht erhältliche Informationen müssen von ihr herbeigeschafft werden.[449] So ist es auch zu verstehen, wenn der Gerichtshof in der Rechtssache *Consten und Grundig* von den der Kommission *zur Verfügung stehenden Mitteln* der Sachverhaltsaufklärung spricht.[450] Der Ermittlungsumfang kann dabei in Abhängigkeit vom zu untersuchenden Sachverhalt und dessen rechtlicher Bedeutung variieren.[451] Eingriffsbefugnisse sind in dem Begriff der Amtsermittlung nicht *per se* enthalten. Er besagt nur, daß die Exekutive hier initiativ werden darf und muß.[452] Außerdem hat sie alle für den Einzelfall bedeutsamen Umstände zu berücksichtigen, insbesondere auch die für die Beteiligten günstigen.[453] Insofern stellt der Grundsatz der Amtsermittlung für die Exekutive eher eine Pflicht als eine Befugnis dar.

Nach dem Grundsatz der Amtsermittlung sind also alle verfügbaren Informationen zu berücksichtigen, unabhängig von ihrem Inhalt und unabhängig von der Intention der Kommission. Wenn sich eine bestimmte geplante Maßnahme aufgrund dieser Informationen als nicht sachgemäß erweist, so muß von der Maßnahme Abstand genommen

---

[448] Vgl. Teil 4 Kap. 1.

[449] Zur Frage, inwieweit aus Kostengründen der Umfang der Ermittlungen begrenzt werden kann siehe unten, Teil 6 Kap. 1 C.I.1.

[450] EuGH, Urteil vom 13.7.1966, verb. Rs. 56 und 58/64 (*Consten GmbH und Grundig Verkaufs GmbH/Kommission*), Slg. 1966, 322 (395 f.): Die Kommission muß „nach den Grundsätzen einer guten Verwaltungsführung mit den ihr zur Verfügung stehenden Mitteln zur Aufklärung des rechtserheblichen Sachverhalts beitragen".

[451] *Hatje* spricht im Hinblick auf das Gemeinschaftsrecht vom „effektiven Ausmaß der behördlichen Sachverhaltserforschung" ([Anm. 400], 195).

[452] *Schink* (Anm. 446), 1183; vgl. *Kopp/Ramsauer* (Anm. 443), Rn. 12, 19 und 23.

[453] Vgl. § 24 Abs. 2 des VwVfG sowie *Kopp/Ramsauer*, a.a.O., Rn. 14 und 21.

werden. Die Kommission muß jedoch nicht alle ermittelbaren Informationen berücksichtigen, sondern kann und soll sich auf die entscheidungsrelevanten Informationen konzentrieren. Im Rahmen der Durchführung eines konkreten Verwaltungsverfahrens wird die Entscheidungsrelevanz durch die Tatbestandsmerkmale der anzuwendenden Norm festgelegt. Diese bestimmen den Umfang der Ermittlungen.[454]

II. Primärrechtliche Verankerung

Die Geltung des Amtsermittlungsgrundsatzes hat der Gerichtshof ausdrücklich für den Bereich des Wettbewerbsrechts[455] und des Beihilfenverfahrens[456] anerkannt. In der Literatur wird sein Geltungsbereich häufig umfassender gesehen.[457] Sekundärrechtlich festgelegt ist er zu-

---

[454] Die Kommission ist z.B. im Rahmen des Kartellverfahrens nicht verpflichtet, bei einer Nachprüfung alle Unterlagen zu beschlagnahmen oder zu kopieren (EuGH, Urteil vom 25.10.1983, Rs. 107/82, *AEG/Kommission*, Slg. 1983, 3151 [3189, Rn. 10]). Sie muß nur diejenigen Unterlagen berücksichtigen, die sich konkret auf die zu erforschenden Tatbestandsmerkmale beziehen. Für das deutsche Recht siehe *Kopp/Ramsauer* (a.a.O., Rn. 13); *Clausen* in: *Knack* ([Anm. 442], Rn. 3.1) sowie *Peters* (Anm. 445), 55 f.; siehe auch *Brühl* (Anm. 444), 196.

[455] Rs. *Consten und Grundig* (Anm. 450), a.a.O. zum Wettbewerbsrecht. Danach darf sich die Kommission nicht darauf beschränken, von den Unternehmen den Nachweis der Voraussetzungen einer bestimmten materiellrechtlichen Befreiung zu verlangen. Aus jüngerer Zeit siehe u.a. das Urteil vom 17.6.1998, Rs. C-422/97 P (*Sateba/Kommission*), Slg. 1998, S. I-4913 (4927, Rn. 25). Aus der Literatur u.a. *Pernice* in: *Grabitz/Hilf*, Nach Art. 87 [a.F.], Rn. 16 ff.; *Arnold* (Anm. 115), 12; *Sedemund*, Allgemeine Prinzipien des Verwaltungsverfahrensrechts, dargestellt am Beispiel des Verwaltungsverfahrens der EG in Kartellsachen, in: *Schwarze*, Europäisches Verwaltungsrecht im Werden, 1982, 45 (55 f.).

[456] Siehe nur EuGH, Urteil vom 2.4.1998, Rs. C-367/95 P (*Kommission/Sytraval und Brink's France*), Slg. 1998, S. I-1719 (1770, Rn. 62). Nunmehr auch im einzelnen geregelt in der *Beihilfenverfahrensverordnung* Nr. 659/1999 (Anm. 129).

[457] Siehe nur *Zuleeg*, Deutsches und europäisches Verwaltungsrecht (Anm. 427), 171 mit weiteren Verweisen; *v. Danwitz*, Verwaltungsrechtliches System und Europäische Integration, 1996, 171 f.; *Weber, A.*, Rechtsstaatliche Grundsätze des Verwaltungsverfahrens, in: *Schweitzer*, Europäisches Verwaltungs-

dem u.a. im Antidumpingrecht.[458] Anhaltspunkte für einen auch im europäischen Umweltrecht geltenden Untersuchungsgrundsatz geben Art. 174 Abs. 3 erster Spiegelstrich EGV, der Grundsatz der Unparteilichkeit der Kommission und der Grundsatz ordnungsgemäßer Verwaltung.

1. Berücksichtigung der verfügbaren wissenschaftlichen und technischen Daten (Art. 174 Abs. 3 erster Spiegelstrich EGV)

Bei der Erarbeitung ihrer Umweltpolitik hat die Gemeinschaft die verfügbaren wissenschaftlichen und technischen Daten zu berücksichtigen (Art. 174 Abs. 3 erster Spiegelstrich EGV, ex Art. 130r). Diese Bestimmung wurde auf Drängen Großbritanniens eingefügt, das damit klarstellen wollte, daß keine umweltpolitischen Maßnahmen auf der Grundlage unzureichender wissenschaftlicher und technischer Daten getroffen werden dürften.[459] Die Intention hinter dieser Formulierung war also nicht primär die Beauftragung der Gemeinschaft mit der Herbeischaffung der notwendigen Daten. Der historische Wille ist für die Auslegung des Gemeinschaftsrechts jedoch nicht ausschlaggebend. Vielmehr ist die Vorschrift vor dem Hintergrund ihres Wortlautes anhand des Gesamtzusammenhanges des Vertrages und dem damit ver-

---

recht, 1991, 72 (83); *Stettner* in: *Dauses* (Anm. 440), Rn. 42 f., 67; *Gornig/Trüe*, Die Rechtsprechung des EuGH zum europäischen allgemeinen Verwaltungsrecht – Teil 1, JZ 1993, 884 (887); *Szczekalla*, Allgemeine Rechtsgrundsätze, in: EUDUR, Bd. 1 1998, § 11, Rn. 7 und Rn. 43; ausführlich *Schwarze* (Anm. 65), 1181 ff. sowie *ders.*, Administrative Law (Anm. 446), 1217 ff. und 1223 ff. *Schwarze* weist darauf hin, daß der Gerichtshof auch im Hinblick auf eine dann vereinfachte rechtliche Kontrolle besonderen Wert auf eine vollständige Sachverhaltsermittlung legt (Administrative Law, a.a.O., 1227). Siehe auch *Hatje* (Anm. 400), 191 ff.

[458] Art. 6 sowie Art. 5 Abs. 6 der *Antidumpingverordnung* Nr. 384/96 und bereits Art. 7 Abs. 1 *lit.* c, Abs. 2 und 3 der ersten Antidumpingverordnung (beide Anm. 318); ebenso Art. 8 der *Verordnung* (EG) Nr. 3284/94 vom 22.12.1994 *über den Schutz gegen subventionierte Einfuhren aus nicht zur Europäischen Gemeinschaft gehörenden Ländern* (Abl. Nr. L 349 vom 31.12.1994, 22). Aus der Literatur siehe *Weber, A.*, Das Verwaltungsverfahren im Antidumpingrecht der EG, EuR 1985, 1 (14).

[459] *Grabitz/Nettesheim* in: *Grabitz/Hilf*, Art. 130r EGV [a.F.], Rn. 67. Speziell ging es dabei um das Problem des sauren Regens, für dessen Ursächlichkeit im Hinblick auf das Waldsterben es nach Ansicht Großbritanniens keine ausreichenden Beweise gab.

folgten Zweck unter Berücksichtigung der dynamischen Entwicklung des Gemeinschaftsrechts zu interpretieren.[460]

Der Wortlaut der Vorschrift impliziert zumindest, daß die Gemeinschaft vor ihrer Entscheidung die verfügbaren wissenschaftlichen und technischen Daten zur Kenntnis genommen und abgewogen haben muß.[461] Ein Verstoß gegen diese Pflicht ist allerdings u.U. nur beschränkt justiziabel. In den Urteilen *Safety Hi-Tech* und *Bettati* entschied der Gerichtshof, daß der Rat die Ziele und Grundsätze des Art. 130r EGV (a.F.) wegen ihrer Komplexität *offensichtlich* falsch beurteilt haben muß.[462] Ob er sich dabei nur auf die inhaltlichen Grundsätze dieses Artikels bezieht, geht nicht klar aus den Urteilen hervor. Dafür würde sprechen, daß gerade bei komplexen Sachverhalten auch vom EuGH ein besonderes Gewicht auf die Sachverhaltsermittlung gelegt wird.[463] Die Vorschrift impliziert auch keine Eingriffsbefugnisse, nur die Aufgabenzuweisung der Informationserhebung und -sammlung im Umweltbereich, welche die Gemeinschaft *ex officio* verfolgen darf und muß. Wie oben dargestellt entspricht dies dem rechtlichen Gehalt des Amtsermittlungsgrundsatzes.

---

[460] Zur Auslegung des Gemeinschaftsrechts siehe v.a. *Krück* in: GTE, Bd. 4, 5. Aufl. 1997, Art. 164, Rn. 51 ff. (insbesondere Rn. 53 und Rn. 56); *Bernhardt*, Zur Auslegung des europäischen Gemeinschaftsrechts, in: FS Kutscher, 17 ff.; *Meyer*, Die Grundsätze der Auslegung im Europäischen Gemeinschaftsrecht, Jura 1994, 455 ff.; *Bleckmann/Pieper*, Rechtsquellen, in: *Dauses*, Handbuch des EG-Wirtschaftsrechts, 1999, Kap. B.I. Rn. 5 ff.; *Pernice* in: *Grabitz/Hilf*, Art. 164 [a.F.], Rn. 23 ff.; *Beutler/Bieber/Pipkorn/Streil* (Anm. 104), 245 ff.; *Ipsen, H.P.* (Anm. 62), 131 ff.

[461] Nach *Krämer* braucht die Gemeinschaft jedoch vor dem Ergreifen von Maßnahmen keine neuen Datenerhebungen durchzuführen (in GTE, Bd. 4, 5. Aufl. 1997, Art. 130r, Rn. 34). Vgl. *Thiel* (Anm. 69), 64 f., der von einem „Berücksichtigungsgebot" und der Pflicht zur diesbezüglichen Vorsorge spricht. Siehe auch *Szczekalla* (Anm. 455), Rn. 43.

[462] EuGH, Urteil vom 17.7.1998, Rs. C-284/95 (*Safety Hi-Tech/S.&T.*), Slg. 1998, S. I-4301 (4344, Rn. 37) und Urteil vom 14.7.1998, Rs. C-431/95 (*Gianni Bettati/Safety Hi-Tech*), Slg. 1998, S. I-4355 (4374, Rn. 35).

[463] Siehe nur EuGH, Urteil vom 28.5.1998, Rs. C-7/95 P (*John Deere Ltd/Kommission*), Slg. 1998, S. I-3111 (3150 f., Rn. 34); Urteil vom 29.10.1980, Rs. 138/79 (*Roquettes Frères/Rat*), Slg. 1980, 3333 (3358 f., Rn. 25) sowie Urteil *Consten und Grundig* (Anm. 450), 396.

2. Unabhängigkeit und Unparteilichkeit der Kommission (Art. 213 Abs. 2 EGV)

Die Pflicht zur umfassenden Sachverhaltsermittlung wird von der *formellen* Unabhängigkeit und *materiellen* Unparteilichkeit der Kommission untermauert. Die Mitglieder der Kommission üben ihre Tätigkeit „in voller Unabhängigkeit zum allgemeinen Wohl der Gemeinschaft aus" (Art. 213 Abs. 2 EGV, ex Art. 157).[464] Diese Unabhängigkeit wird konkretisiert durch die formelle Weisungsfreiheit der Kommissionsmitglieder und die Inkompatibilität mit anderen Berufstätigkeiten. Die Mitgliedstaaten dürfen die Mitglieder der Kommission und deren Bedienstete bei der Erfüllung ihrer Aufgaben nicht in einer Weise zu beeinflussen versuchen, die über den zwanglosen Kontakt hinausgeht.[465] Die Bediensteten bei der Kommission sind vorrangig dieser verpflichtet.[466] Diese formelle Unabhängigkeit dient der materiell unparteiischen Amtsausübung, welche nur im Interesse der Gemeinschaft als ganzes zu geschehen hat.[467] Für die Sachverhaltsermittlung bedeutet die Unabhängigkeit und Unparteilichkeit der Kommission, daß der Sachverhalt *sorgfältig* und *unparteiisch* ermittelt werden muß.[468] Auf der Grundlage einer umfassenden Sachverhaltsermittlung kann dann eine sachlich angemessene Entscheidung getroffen werden. Die Pflicht zur Unabhängigkeit und Unparteilichkeit der Kommission impliziert die Pflicht zur Ermittlung und Berücksichtigung aller Umstände, einschließlich der für den Betroffenen günstigen.

---

[464] Speziell für den Bereich der Erstellung von Statistiken siehe nun Art. 285 Abs. 2 EGV.

[465] *Schmitt v. Sydow* in: GTE, Bd. 4, 5. Aufl. 1997, Art. 157, Rn. 39 f.; *Hummer* in: *Grabitz/Hilf*, Art. 157 EGV [a.F.], Rn. 15.

[466] Art. 11 Abs. 1 des *Statuts* (Anm. 268). Dazu *Rogalla*, Dienstrecht der Europäischen Gemeinschaften, 2. Aufl. 1992, 134 ff. Zum Problem einer doppelten Loyalitätspflicht von entsandten Beamten siehe *Herzog*, Doppelte Loyalität, 1975. Die Loyalitätspflicht gegenüber der Gemeinschaft genießt Vorrang (ebenso *Oppermann*, [Anm. 64], Rn. 795).

[467] Explizit festgelegt in Art.3 EGKSV. Näher dazu auch unten, Teil 4 Kap. 2 C.I. sowie Teil 6 Kap. 1 C.II.

[468] Vgl. EuGH, Urteil vom 21.11.1991, Rs. C-269/90 (*Hauptzollamt München-Mitte/Technische Universität München*), Slg. 1991, S. I-5469 (5499, Rn. 14) sowie *Arnold* (Anm. 115), 12.

3. Der Grundsatz ordnungsgemäßer Verwaltung

Der Gerichtshof spricht im Hinblick auf die Verwaltungstätigkeit der Gemeinschaft stellenweise vom Grundsatz oder „den Grundsätzen ordnungsgemäßer Verwaltung".[469] Diesem Grundsatz wird in der Literatur z.T. der Rang eines Allgemeinen Rechtsgrundsatzes zuerkannt.[470] Sein Inhalt ist nicht klar umrissen. Aus den Urteilen ergibt sich, daß er zumeist im Zusammenhang mit der Sachverhaltsermittlung verwendet wird. Die Kommission ist z.B. im Rahmen des europäischen Dienstrechts verpflichtet, alle erheblichen Tatsachen vollständig zu würdigen.[471] Die Fürsorgepflicht gegenüber den Bediensteten und der Grundsatz der ordnungsgemäßen Verwaltung gebieten es, daß die EG-Behörden sämtliche Umstände berücksichtigen, die geeignet sind, ihre Entscheidung zu beeinflussen und daß sie dabei nicht nur dem dienstlichen Interesse, sondern auch dem Interesse des betroffenen Beamten Rechnung tragen.[472] Auch die Anhörung des Bediensteten gründet sich auf den Grundsatz ordnungsgemäßer Verwaltung. Bei Entscheidungen, welche die Interessen der Betroffenen schwer beeinträchtigen, ist ihnen aufgrund dieses Grundsatzes Gelegenheit zur Stellungnahme zu geben.[473] Der Grundsatz überschneidet sich z.T. mit den Anspruch auf rechtliches Gehör und dient damit auch der vollständigen Ermittlung des zu beurteilenden Sachverhaltes.[474] Neben dem europäischen Dienstrecht sind das europäische Wettbewerbsrecht und die gemeinsame Agrarmarktorganisation Anwendungsbereiche des Grundsatzes ord-

---

[469] Urteil vom 21.1.1999, Rs. C-54/95 (Anm. 342), 115 (Rn. 118); Rs. C-10/88 „Kalbungsprämien" (Anm. 342), 1229 f.; Urteil vom 23.10.1986, Rs. 321/85 (*Schwiering/Rechnungshof*), Slg. 1986, 3199 (3213, Rn. 18); Urteil vom 28.5.1980, verb. Rs. 33 und 75/79 (*Kuhner/Kommission*), Slg. 1980, 1677 (1698, Rn. 23 und 25); *Consten und Grundig* (Anm. 450), 395 f.

[470] So wohl *Gornig/Trüe* (Anm. 455), 887 und 893, die von einem „anerkannten Verwaltungsgrundsatz" sprechen sowie *Zuleeg*, Deutsches und europäisches Verwaltungsrecht (Anm. 427), 171. Zweifelnd *Weber, A.*, Rechtsstaatliche Grundsätze (Anm. 455), 82.

[471] EuGH *Kuhner* (Anm. 469), 1697 f. (Rn. 23).

[472] EuGH *Schwiering* (Anm. 469), a.a.O.

[473] EuGH *Kuhner* (Anm. 469), 1698 (Rn. 25).

[474] Vgl. *Gornig/Trüe* (Anm. 455), S.893, die feststellen, daß der Grundsatz eine „Art Sammelbegriff für alle oder einige Verwaltungsrechtsgrundsätze" wie den Amtsermittlungsgrundsatz, den Anspruch auf rechtliches Gehör und auf ein faires Verfahren ist.

nungsgemäßer Verwaltung. Auch hier geht es um die Sachverhaltsermittlung durch die Kommission.[475]

Die dargestellten Urteile legen den Schluß nahe, daß der Grundsatz ordnungsgemäßer Verwaltung vornehmlich bei der internen wie externen Eigenverwaltung, d.h. beim gemeinschaftseigenen Vollzug zu berücksichtigen ist. Der Grundsatz kann dahingehend konkretisiert werden, daß er eine möglichst vollständige Sachverhaltsermittlung erfordert,[476] bei der auch die für den Betroffenen günstigen Umstände berücksichtigt werden. Zu diesem Zweck muß dem Betroffenen u.U. Gelegenheit zur Stellungnahme gegeben werden. Der allgemeine Grundsatz ordnungsgemäßer Verwaltung findet somit seine Konkretisierung im Grundsatz der Amtsermittlung i.V.m. dem Grundsatz der Gewährung rechtlichen Gehörs. Ob ihm die Stellung eines Allgemeinen Rechtsgrundsatzes zukommt, ist noch offen. Der Gerichtshof hat sich nicht auf eine nähere Begründung des Grundsatzes eingelassen.[477]

III. Ergebnis

Als Ergebnis ist festzustellen, daß bei der Tätigkeit der Kommission der Grundsatz der Amtsermittlung gilt. Dieser gewährt als solcher *keine Eingriffsbefugnisse*. Er verleiht der Kommission den Auftrag, den zu regelnden Sachverhalt mit den ihr zur Verfügung stehenden Mitteln vollständig zu ermitteln und insbesondere auch die vom Betroffenen vorgetragene Sachverhaltsschilderung zu berücksichtigen. Der Amtsermittlungsgrundsatz *per se* weist der Kommission nur die *Aufgabe* zu, entscheidungsrelevante Informationen zu sammeln. Eingriffsbefugnisse müssen sich darüber hinaus aus einer hinreichenden Ermächtigungsgrundlage ergeben. Der Grundsatz der Amtsermittlung verpflichtet die Kommission zur Ausschöpfung der vorhandenen Befugnisse. Die Amtsermittlung wird meist ergänzt durch im einzelnen rechtlich verankerte *Mitwirkungspflichten* der Betroffenen – in diesem

---

[475] Siehe die Rs. *Consten und Grundig* (Anm. 450). Vgl. das Urteil vom 14.2.1978, Rs. 27/76 (*United Brands/Kommission*), Slg. 1978, 207 (307, Rn. 262/268).

[476] So wohl auch *Zuleeg*, Deutsches und europäisches Verwaltungsrecht (Anm. 427), 171.

[477] In den Urteilen *Kuhner* und *Schwiering* wurde zudem als zweiten Rechtsgrund die Fürsorgepflicht der europäischen Dienststelle genannt (*Kuhner*, 1697, Rn. 22; *Schwiering*, a.a.O., beide Anm. 469).

Rahmen als Informationsbeibringungspflichten bezeichnet.[478] Mittels sekundärrechtlicher Regelung kann ggf. auch von einer vollständigen Sachverhaltsermittlung abgesehen werden,[479] oder diese – gerade im Rahmen von Genehmigungsverfahren – in Teilen auf die privaten Vorhabenträger übertragen werden, wie insbesondere im Rahmen der *UVP-Richtlinie* geschehen.[480] Die Ermittlungstätigkeit der Behörde stellt sich dann als *„nachvollziehende Amtsermittlung“* dar.[481] Die Vollständigkeit und Korrektheit der Sachverhaltsermittlung hat gerade bei komplexen wirtschaftlichen Zusammenhängen eine besondere Bedeutung. Die gerichtliche Nachprüfung der von der Kommission und vom Rat zu erbringenden Wertungen ist bei komplexen Sachverhalten beschränkt.[482] Justiziabel ist dafür aber insbesondere die Richtigkeit der diesen Wertungen zugrunde liegenden Tatsachen und deren Subsumtion unter die Tatbestandsmerkmale.[483]

---

[478] Für das Umweltrecht siehe Teil 2 Kap. 2 B.I. Zum europäischen Kartellverfahren *Pernice* (Anm. 455), Rn. 17 mit Verweisen auf die Rechtsprechung des EuGH; insbesondere zum Zollkodex siehe *Hatje* (Anm. 400), 205 f. Für das deutsche Verwaltungsrecht eingehend *Grupp*, Mitwirkungspflichten im Verwaltungsverfahren, VerwArch 1989, 44 ff. Siehe auch *Schink* (Anm. 446), 1182 ff.; *Kopp/Ramsauer* (Anm. 443), Rn. 20 ff.; *Clausen* in: *Knack* (Anm. 442), Rn. 4.1; *Peters* (Anm. 445), 58; *Brühl* (Anm. 444), 197.

[479] So sieht z.B. die *Antidumpingverordnung* (Anm. 318) bei Drittstaatensachverhalten eine Entscheidung auf der Basis der Aktenlage, d.h. der verfügbaren Informationen vor (Art. 18 der Verordnung Nr. 384/96). Eine solche Regelung ist notwendig, weil der Gemeinschaft in Bezug auf Drittstaaten keinerlei Regelungs- und Ermittlungsbefugnisse zukommen. Näher dazu Teil 6 Kap. 2 B.III.

[480] Eingehend hierzu oben, Teil 2 Kap. 2 B.I.

[481] Dazu eingehend *Schneider*, Nachvollziehende Amtsermittlung bei der Umweltverträglichkeitsprüfung, 1991, insbesondere 51 ff. sowie 68 ff. zu den Grenzen der Mitwirkungspflichten. Siehe auch *ders.*, Kooperative Verwaltungsverfahren, VerwArch 1996, 38 ff.

[482] Siehe nur die Urteile *John Deere*; *Roquettes Frères*; *Consten und Grundig* (alle Anm. 463, a.a.O.) sowie jüngst die Urteile *Safety Hi-Tech* und *Bettati* ([Anm. 462], a.a.O.) zu Art. 130r EGV [a.F.]. Vgl. *Sedemund* (Anm. 455), 50, der darauf hinweist, daß, je geringer der Umfang der verwaltungsgerichtlichen Kontrolle in Form einer Tatsacheninstanz ist, desto umfassender die Verfahrensgarantien schon im Verwaltungsverfahren sein müssen.

[483] EuGH *John Deere* und *Roquettes Frères*, a.a.O.

Vierter Teil

Der Vollzug administrativer Informationsverfahren

Im folgenden werden Fragen des Vollzuges des Gemeinschaftsrechts untersucht, die im Zusammenhang mit der Umsetzung von Informationsverfahren auftreten. Nach einem kurzen Überblick über die verschiedenen Vollzugsarten und der Zuordnung der Verwaltungskooperation in diese Systematik sollen die an die formelle Umsetzung und die Wahl der Durchführungsmaßnahmen zu stellenden Anforderungen untersucht werden.

Kapitel 1: Anforderungen an den mitgliedstaatlichen Vollzug

Die Gemeinschaft ist in den meisten Bereichen abhängig von der Umsetzung und Durchführung des Gemeinschaftsrechts durch die Mitgliedstaaten. Dieser Regelfall des sogenannten indirekten Vollzugs ergibt sich aus der im EG-Vertrag fehlenden Generalermächtigung der Gemeinschaft zur Durchführung des EG-Rechts.[1] Erst in diesem Rah-

---

[1] Zum ganzen *Stettner*, Verwaltungsvollzug, in: *Dauses*, Handbuch des EG-Wirtschaftsrechts, 1999, Kap. B.III., Rn. 11 ff.; *Zuleeg*, Die Kompetenzen der Europäischen Gemeinschaften gegenüber den Mitgliedstaaten, JöR 1971, 3 ff.; *ders.*, Das Recht der Europäischen Gemeinschaften im innerstaatlichen Bereich, 1969, 209 ff.; *Rengeling*, Rechtsgrundsätze beim Verwaltungsvollzug des Europäischen Gemeinschaftsrechts, 1977, 8 ff.; *ders.*, Nationaler Verwaltungsvollzug von Gemeinschaftsrecht: Die Gemeinschaftskompetenzen, EuR 1974, 216 (217 ff.); *Grabitz*, Europäisches Verwaltungsrecht – Gemeinschaftsrechtliche Grundsätze des Verwaltungsverfahrens, NJW 1989, 1776 ff.; *Schwarze*, Europäisches Verwaltungsrecht, Bd. 1 1988, 25 ff., 33 ff.; *v. Danwitz*, Die Eigenverantwortung der Mitgliedstaaten für die Durchführung von Gemeinschaftsrecht, DVBl. 1998, 421 (insbesondere 430); ausführlich *ders.*, Verwaltungsrechtliches System und Europäische Integration, 1996, 429 ff.; *Hatje*, Die gemeinschaftsrechtliche Steuerung der Wirtschaftsverwaltung, 1998, 43 ff.; *v. Borries*, Verwaltungskompetenzen der Europäischen Gemeinschaft, in: FS Everling,

men wird Verwaltungskooperation unerläßlich, sie ist eine „Spielart des indirekten Vollzuges".[2] Gemäß dem Prinzip der begrenzten Einzelermächtigung ist die Gemeinschaft zum direkten Vollzug, d.h. der Durchführung von Gemeinschaftsrecht durch ihre eigenen Organe, nur bei einer ausdrücklichen oder zumindest stillschweigenden Ermächtigung befugt.[3] Wird die Gemeinschaft selbst tätig, wird auch von „Eigenverwaltungsrecht" gesprochen, wird die Interaktion zwischen den Mitgliedstaaten und der Gemeinschaft geregelt, so kann dies *Schmidt-Aßmann* als „Recht der Verwaltungskooperation" bezeichnet werden.[4]

1995, 127 ff. (insbesondere 132); *Schweitzer*, Die Verwaltung der Europäischen Gemeinschaften, DV 1984, 137 ff.; *Weber, A.*, Rechtsfragen der Durchführung des Gemeinschaftsrechts, 1988, 45 ff.; siehe auch *Bünten*, Staatsgewalt und Gemeinschaftshoheit bei der innerstaatlichen Durchführung des Rechts der Europäischen Gemeinschaften durch die Mitgliedstaaten, 1977, insbesondere 29 ff. Zu den Mischformen zwischen mittelbarem und unmittelbarem Vollzug ausführlich *Rengeling*, Deutsches und europäisches Verwaltungsrecht – wechselseitige Einwirkungen, VVDStRL 53, 1994, 202 (205 ff.) sowie *Pache*, Der Schutz der finanziellen Interessen der Europäischen Gemeinschaften, 1994, 74 ff. Kritisch *Schmidt-Aßmann*, Strukturen des Europäischen Verwaltungsrechts: Einleitende Problemskizze, in: *Schmidt-Aßmann/Hoffmann-Riem*, Strukturen des Europäischen Verwaltungsrechts, 1999, 9 (15 ff.).

[2] *Kadelbach*, Allgemeines Verwaltungsrecht unter europäischem Einfluß, 1999, 19. Siehe auch *Schmidt-Aßmann*, a.a.O., sowie *Rengeling*, Der Verwaltungsvollzug (Anwendung) von Gemeinschaftsrecht, in: EUDUR, Bd. 1 1998, § 29, Rn. 27 ff.

[3] Dies gilt insbesondere für die *gemeinschaftsexterne* Verwaltung, d.h. die Verwaltung von Sachbereichen mit Außenwirkung. Zur internen Eigenverwaltung, d.h. der Verwaltung des Gemeinschaftshaushalts, des Gemeinschaftspersonals etc. ist die Gemeinschaft implizit ermächtigt. Siehe nur *Grabitz* (Anm. 1), 1777; *Stettner* in: *Dauses* (Anm. 1), Rn. 18 f.; *Pache* (Anm. 1), 74 ff. und *Schweitzer* (Anm. 1), 139 ff. Ausführlich zu den Vollzugskompetenzen der Gemeinschaft im Rahmen der externen und internen Eigenverwaltung *Priebe*, Die Aufgaben des Rechts in einer sich ausdifferenzierenden EG-Administration, in: *Schmidt-Aßmann/Hoffmann-Riem* (Anm. 1), 71 (73 ff.).

[4] *Schmidt-Aßmann*, Europäisches Verwaltungsverfahrensrecht, in: *Müller-Graff*, Perspektiven des Rechts in der Europäischen Union, 1998, 131 (136 f., 152 ff. und 158 ff.) Dritte Kategorie ist nach dieser Systematik das „Gemeinschaftsverwaltungsrecht". Es dient der Angleichung der mitgliedstaatlichen Verfahrensrechte. Das Eigenverwaltungsrecht umfaßt danach die gesamte Verwaltungstätigkeit der Gemeinschaft, einschließlich der Informationsverwaltung. Hierzu auch *ders.*, Deutsches und Europäisches Verwaltungsrecht – Wechselseitige Einwirkungen, DVBl. 1993, 924 (925 f.).

A. Die inhärente Abhängigkeit von der mitgliedstaatlichen Verwaltungsstruktur

Im Umweltschutzbereich ist die Pflicht der Mitgliedstaaten zur Durchführung des Gemeinschaftsrechts ausdrücklich festgeschrieben (Art. 175 Abs. 4 EGV, ex Art. 130s). Wie sich aus dem einleitenden Halbsatz ergibt[5] ist auch der direkte Vollzug durch die Organe der Gemeinschaft möglich, allerdings nicht als Regelfall. Art. 175 Abs. 4 EGV statuiert für die auf Art. 175 EGV beruhenden Maßnahmen ein Regel-Ausnahme-Verhältnis zugunsten des indirekten Vollzuges. Insofern handelt es sich weniger um eine Verpflichtungsnorm zu Lasten der Mitgliedstaaten, als eine primärrechtliche Festschreibung ihrer Durchführungskompetenz, welche nicht von Seiten der Gemeinschaft ohne erneute Vertragsänderung ausgehöhlt werden darf. Die Gemeinschaft darf sich also im Umweltrecht nicht zu viele Vollzugskompetenzen mittels sekundärrechtlicher Regelungen zuschreiben. *Schmidt-Aßmann* spricht von einer „Grundlinie“, die allerdings im Sinne einer pragmatischen Sichtweise inzwischen erhebliche Abweichungstoleranzen aufweist.[6] *De lege lata* muß der Vollzug durch die Mitgliedstaaten das Übergewicht haben und damit der Regelfall bleiben. Dies impliziert auch eine gewisse Gestaltungsfreiheit der Mitgliedstaaten bei der Bestimmung der Verwaltungsorganisation und des Verwaltungsverfahrens.

Obliegt der Vollzug den nationalen Behörden, so hat er grundsätzlich nach den *Form- und Verfahrensvorschriften des nationalen Rechts* zu geschehen.[7] Die Abhängigkeit der Gemeinschaft von der mitgliedstaat-

---

[5] „Unbeschadet bestimmter Maßnahmen gemeinschaftlicher Art ...“.

[6] So *Schmidt-Aßmann*, Strukturen des Europäischen Verwaltungsrechts (Anm. 1), 18 ohne Beschränkung auf das Umweltrecht. Kritisch auch *ders.*, Europäisches Verwaltungsverfahrensrecht (Anm. 4), 152 ff.

[7] Ständige Rechtsprechung: EuGH, Urteil vom 11.2.1971, Rs. 39/70 (*Fleischkontor/Hauptzollamt Hamburg*), Slg. 1971, 49 (58, Rn. 4); Urteil vom 6.6.1972, Rs. 94/71 (*Schlüter/Hauptzollamt Hamburg*), Slg. 1972, 307 (319, Rn. 10 f.); Urteil vom 16.12.1976, Rs. 33/76 (*Rewe/Landwirtschaftskammer Saarland*), Slg. 1976, 1989 (1998, Rn. 5); Urteil vom 21.9.1983, verb. Rs. 205 bis 215/82 (*Deutsche Milchkontor/Deutschland*), Slg. 1983, 2633 (2665, Rn. 19 ff.); siehe auch Urteil vom 21.9.1989, Rs. 46/87 und 227/88 (*Hoechst/Kommission*), Slg. 1989, 2859 (2928, Rn. 33 ff.). Aus der Literatur siehe nur *Rengeling*, Gemeinschaftskompetenzen (Anm. 1), 228 ff.; *Grabitz* (Anm. 1), 1780; *Ipsen, H.P.*, Europäisches Gemeinschaftsrecht, 1972, 220; *Tetzel*, Anwendbares Verwaltungsverfahrensrecht beim Vollzug von europäischem Gemeinschaftsrecht, RIW 1982, 336 ff.; *Rengeling*, Europäische Normgebung und ihre Umsetzung

lichen Verwaltungsstruktur einschließlich des nationalen Verfahrensrechts ist also dem Gemeinschaftsrecht inhärent, sie ist in den Verträgen strukturell angelegt.[8] Der indirekte Vollzug hat für die Gemeinschaft zwar den Nachteil der geringeren Kontrollierbarkeit und birgt die Gefahr der uneinheitlichen Anwendung des Gemeinschaftsrechts. Aber auch die Gefahr divergierender Entscheidungen und eines uneinheitlichen Vollzuges ist in der dezentralisierten Struktur der Durchführung des Gemeinschaftsrechts angelegt.[9] Der indirekte Vollzug ist aus praktischen Gründen für die Gemeinschaft vorteilhaft, weil dann die Finanzierung ebenfalls bei den Mitgliedstaaten verbleibt.[10] Angesichts der knappen personellen wie sachlichen Ausstattung der Kommission wäre eine substantielle Erweiterung des direkten Vollzuges auch nicht denkbar, ohne daß gleichzeitig die Verwaltungsmittel der Kommission erheblich ausgeweitet würden.[11] Selbst in gemeinschaftseigenen Verwaltungsbereichen wie dem Wettbewerbsrecht denkt die Kommission wegen der bereits bestehenden Überlastung über eine verstärkte Dezentralisierung des Vollzuges nach.[12] Insofern versucht sie zunehmend, mit

---

in nationales Recht, DVBl. 1995, 943 (948, 953); *Streinz*, Der „effet utile" in der Rechtsprechung des Gerichtshofs der Europäischen Gemeinschaften, in: FS Everling, 1995, 1491 (1500); *v. Danwitz*, Eigenverantwortung der Mitgliedstaaten (Anm. 1), 422 ff.; *Gornig/Trüe*, Die Rechtsprechung des EuGH zum europäischen allgemeinen Verwaltungsrecht – Teil 2, JZ 1993, 934 (936 f.).

[8] Ein, wie *Schmidt-Aßmann* feststellt, praktisch und rechtlich außerordentlich anspruchsvolles Unternehmen (Verwaltungskooperation und Verwaltungskooperationsrecht in der Europäischen Gemeinschaft, EuR 1996, 270 (270). Zum ganzen *Constantinesco, L.*, Das Recht der Europäischen Gemeinschaften, Bd. 1 1977, 294; *Lenz/Erhard*, Das Gemeinschaftsrecht – System, Entstehung, Anwendung, in: *Lenz*, EG-Handbuch Recht im Binnenmarkt, 1994, 51 (96); *Stettner* in: *Dauses* (Anm. 1), Rn. 7 f.; *Scherer*, Das Rechnungsabschlußverfahren – Ein Instrument zur Durchsetzung europäischen Verwaltungsrechts?, EuR 1986, 52 (54 f.); *Pache* (Anm. 1), 77; *Hatje* (Anm. 1), 45 f.

[9] *Behrens*, Probleme der zentralen und dezentralen Anwendung der Wettbewerbsregeln der Gemeinschaft, in: FS Everling, 1995, 83 (89) sowie *Pühs*, Der Vollzug von Gemeinschaftsrecht, 1997, 129 f.

[10] Siehe nur Art. 175 Abs. 4 EGV.

[11] Vgl. *Krämer*, Defizite im Vollzug des EG-Umweltrechts und ihre Ursachen, in: *Lübbe-Wolff*, Der Vollzug des europäischen Umweltrechts, 1996, 7 (11 ff.), wonach die Kommission mangels eigener Verwaltungskapazitäten und mangels nachgeordneten Behörden schon die Verordnungen gar nicht selbst durchführen könnte.

[12] Dazu *Behrens* (Anm. 9), 83 ff. Siehe auch *Priebe* (Anm. 3), 95 f.

möglichst *wenig Kontrollaufwand* eine möglichst *effektive Steuerung* des mitgliedstaatlichen Verwaltungsvollzuges zu erreichen. Als Steuerungsmittel kommen zunächst die unmittelbare Anwendung von detailliert festgelegtem Gemeinschaftsrecht und die Festschreibung von leicht vollziehbaren Sanktionen in Betracht.[13] Daneben gewinnen zunehmend die Mittel der Verwaltungskooperation an Bedeutung, u.a. in Form von gemischt national-europäischen Verwaltungsverfahren.[14] Das Prinzip der Trennung der mitgliedstaatlichen und der europäischen Verwaltung wird und muß im Sinne eines effektiven Vollzuges durch die Kooperation der Verwaltungen ergänzt werden.[15] Voraussetzung für die effektive Steuerung des mitgliedstaatlichen Verwaltungsvollzuges ist dabei immer der prompte Zugang zu steuerungsrelevanten Informationen.[16]

B. Anforderungen an die formelle Umsetzung

Beim Vollzug von Gemeinschaftsrecht durch die Mitgliedstaaten muß zwischen der *formellen Umsetzung* in einen nationalen Rechtsakt und der *tatsächlichen Anwendung* durch die Exekutive unterschieden werden. Ist eine formelle Umsetzung erforderlich, so muß zunächst der na-

---

[13] Dazu ausführlicher unten, Teil 6 Kap. 2. Zur Förderung der unmittelbaren Anwendung des europäischen Wettbewerbsrechts hat die Kommission z.B. eine *Bekanntmachung über die Zusammenarbeit zwischen der Kommission und den Gerichten der Mitgliedstaaten bei der Anwendung der Art. 85 und 86 des EWG-Vertrages* verfaßt (Abl. Nr. C 39 vom 13.2.1993, 6). Ausführlicher *Behrens*, a.a.O., 96 ff.

[14] Dazu oben, Teil 2, insbesondere Kap. 4.

[15] *Schmidt-Aßmann*, Strukturen des Europäischen Verwaltungsrechts (Anm. 1), 15 ff. *Schmidt-Aßmann* spricht vom *Trennungsprinzip* und dem *Kooperationsprinzip*. Vgl. auch *Hatje* (Anm. 1), 128 ff.

[16] Vgl. *Schmidt-Aßmann*, a.a.O., 16; *Steinberg*, Probleme der Europäisierung des deutschen Umweltrechts, AöR 1995, 549 (571); *Hatje* (Anm. 1), 134 f. und 155f. sowie *Siedentopf/Hausschild*, Europäische Integration und die öffentlichen Verwaltungen der Mitgliedstaaten, DÖV 1990, 445 (454), die darauf hinweisen, daß die Kommission durch den Aufbau der Gemeinschaft von der Verwaltungsrealität abgeschnitten ist. Dieses Problem setzte sich auf der nationalen Ebene fort, da bei den Ansprechpartnern der Kommission, den Ministerialverwaltungen, z.T. selbst Informationslücken im Hinblick auf die Verwaltungspraxis bestehen (*ibid.*). Siehe auch oben, Teil 1 Kap. 2 B.II. und III. sowie E.II.

tionale Gesetzgeber den Rechtsakt der Gemeinschaft in nationales Recht umsetzen. Dann werden die nationalen Behörden auf der Grundlage des nationalen Rechts tätig und man spricht vom mittelbaren indirekten Vollzug.

Grundsätzlich haben die Mitgliedstaaten die Gemeinschaftsvorschriften in nationales Recht umzusetzen, wenn diese einer solchen Umsetzung bedürfen. Das ist der Fall bei Richtlinien,[17] aber auch bei Verordnungen, wenn darin eine Ergänzung durch die Mitgliedstaaten vorgesehen ist. Auch Entscheidungen, die sich an die Mitgliedstaaten richten, können eine mitgliedstaatliche Gesetzgebungstätigkeit erfordern. Eine Pflicht zur formellen Umsetzung ergibt sich schon aus Art. 249 EGV (ex Art. 189) i.V.m. dem Grundsatz *pacta sunt servanda.* Sie wird vom Gerichtshof zusätzlich auf Art. 10 Abs. 1 S. 1 EGV gestützt.[18]

I. Förmlichkeit und Bestimmtheit der nationalen Rechtsvorschrift

Im Rahmen des mittelbaren indirekten Vollzuges stellt sich die Frage, wann eine formelle mitgliedstaatliche Umsetzung den Anforderungen des Gemeinschaftsrechts genügt. Hierbei sind zwei Fragestellungen zu unterscheiden. Zum einen, ob überhaupt eine förmliche, außengerichtete, allgemein verbindliche Rechtsvorschrift vorliegen muß. Zum zweiten, wie ausdrücklich die entsprechenden Bestimmungen festgelegt sein müssen.

1. Die Rechtsprechung des EuGH

Die fehlerlose tatsächliche Einhaltung der inhaltlichen Vorgaben einer Richtlinie macht die formelle Umsetzung nicht überflüssig.[19] Nach

---

[17] Die unmittelbare Wirkung einzelner Bestimmungen befreit nicht von der Pflicht zur Umsetzung, siehe nur EuGH, Urteil vom 8.7.1999, Rs. C-354/98 (*Kommission/Frankreich*), Slg. 1999, S. I-4927 (4936 f., Rn. 11) und Urteil vom 6.5.1980, Rs. 102/79 (*Kommission/Belgien*) „Zugmaschinen", Slg. 1980, 1473 (1486, Rn. 11) sowie *Everling*, Umsetzung von Umweltrichtlinien durch normkonkretisierende Verwaltungsanweisungen, RIW 1992, 379 (380) und *Pernice*, Kriterien der normativen Umsetzung von Umweltrichtlinien der EG im Lichte der Rechtsprechung des EuGH, EuR 1994, 321 (332).

[18] Näher hierzu Teil 3 Kap. 2 A.I.

[19] Die Bundesrepublik Deutschland hatte in einem Verfahren zur TA Luft vor dem EuGH geltend gemacht, daß es reiner Formalismus sei, Vorbeugemaß-

ständiger Rechtsprechung genügt eine bloße Verwaltungspraxis, welche die Verwaltung naturgemäß beliebig ändern kann und die nur unzureichend bekannt ist, nicht als wirksame Erfüllung der mitgliedstaatlichen Umsetzungsverpflichtung.[20] Die Übereinstimmung der Praxis mit den Schutzgeboten einer Richtlinie ist kein Grund dafür, die Richtlinie nicht in die innerstaatliche Rechtsordnung umzusetzen.[21] Die volle Anwendung muß in rechtlicher und nicht nur in tatsächlicher Hinsicht gewährleistet sein. Auch genügt eine Verwaltungsvorschrift nicht, da diese – entsprechend der Verwaltungspraxis – ebenfalls durch die Verwaltung geändert werden kann.[22] Eine Umsetzungsnorm muß aus Gründen der Rechtssicherheit über die Verwaltung hinaus Verbindlichkeit haben.[23] Generell ist also eine *außenverbindliche* Rechtsnorm erforderlich.

---

nahmen in Gebieten vorzuschreiben, in denen keine Überschreitung der in der Richtlinie vorgeschriebenen Grenzwerte drohe. Diesen Einwand hat der Gerichtshof im Urteil vom 30.5.1991, Rs. C-361/88 (*Kommission/Deutschland*) „TA Luft", Slg. 1991, S. I-2567 (insbesondere 2603, Rn. 23) zurückgewiesen. Siehe auch *Pernice*, a.a.O., 330 f.

[20] EuGH, Urteil vom 28.2.1991, Rs. C-131/88 (*Kommission/Deutschland*) „Grundwasserrichtlinie", Slg. 1991, S. I-825 (879, Rn. 61); „TA Luft", a.a.O., 2602 f. (Rn. 20 f.); Urteil vom 12.10.1995, Rs. C-242/94 (*Kommission/Spanien*) „Richtlinie 90/619/EWG", Slg. 1995, S. I-3031 (3039, Rn. 6) sowie zuletzt Urteil vom 17.5.2001, Rs. C-159/99 (*Kommission/Italien*) „Vogelschutzrichtlinie", Rn. 32 (noch nicht in der Slg. veröffentlicht). Aus der Literatur *Himmelmann*, Gemeinschaftsrechtliche Vorgaben für die Umsetzung von EG-Recht, DÖV 1996, 145 (146) sowie *Rengeling*, Europäische Normgebung (Anm. 7), 952.

[21] EuGH „Grundwasserrichtlinie" (Anm. 20), 868 (Rn. 8); „TA Luft", a.a.O., 2603 (Rn. 24); Urteil vom 30.5.1991, Rs. C-59/89 (*Kommission/Deutschland*) „Luftverschmutzung – Blei", Slg. 1991, S. I-2607 (2633f., Rn. 28).

[22] Siehe v. a. EuGH „TA Luft", a.a.O. sowie Urteil vom 1.3.1983, Rs. 300/81 (*Kommission/Italien*), „Kreditinstitute", Slg. 1983, 449 (456, Rn. 10); Urteil vom 25.5.1982, Rs. 96/81 (*Kommission/Niederlande*) „Badegewässerrichtlinie", Slg. 1982, 1791 (1804 f., Rn. 12); Urteil „Zugmaschinen" (Anm. 17), a.a.O. Aus der Literatur ausführlich *Beyerlin*, Umsetzung von EG-Richtlinien durch Verwaltungsvorschriften?, EuR 1987, 126 ff. (insbesondere 134 f.); siehe auch *Winter*, Direktwirkung von EG-Richtlinien, DVBl. 1991, 657 (658) sowie *Himmelmann* (Anm. 20), 149 ff.

[23] EuGH „TA Luft", a.a.O., 2603 (Rn. 20 f.); „Luftverschmutzung – Blei" (Anm. 21), 2632 (Rn. 24).

Weiterhin muß die Rechtslage *hinreichend eindeutig* sein.[24] Nicht immer ist es aber notwendig, daß eine Bestimmung förmlich und wörtlich in einer ausdrücklichen, besonderen Gesetzesvorschrift wiedergegeben wird. Es kann auch ein allgemeiner rechtlicher Rahmen für die Umsetzung genügen.[25] Dazu zählen allgemeine verfassungs- oder verwaltungsrechtliche Grundsätze.[26] Der rechtliche Rahmen muß tatsächlich die vollständige Anwendung der Richtlinie gewährleisten. Die Rechtslage muß mit den Worten des Gerichtshofs so „genau und eindeutig" sein, daß sie dem Erfordernis der Rechtssicherheit genügt[27] und so „bestimmt, klar und transparent", daß der einzelne wissen kann, welche Rechte und Pflichten er hat und diese ggf. vor Gericht geltend machen kann.[28]

Beide Anforderungen, die Verpflichtung zum Erlaß einer verbindlichen Rechtsnorm und die Verpflichtung zum Erlaß einer eindeutigen Rechtsnorm, ergänzen einander. Dabei muß der außenverbindliche

---

[24] Siehe z.B. EuGH, Urteil vom 8.7.1999, Rs. C-354/98 (Anm. 17), a.a.O.; Urteil „Kreditinstitute" (Anm. 22), a.a.O. sowie Urteil vom 11.8.1995, Rs. C-433/93 (*Kommission/Deutschland*) „Öffentliche Bau- und Lieferaufträge", Slg. 1995, S. I-2303 (2317, Rn. 18); Urteil vom 15.6.1995, Rs. C-220/94 (*Kommission/Luxemburg*), Slg. 1995, S. I-1589 (1607, Rn. 10); „TA Luft", a.a.O., 2602 (Rn. 21); "Grundwasserrichtlinie" (Anm. 20), 868 (Rn. 8); Urteil vom 17.10.1991, Rs. C-58/89 (*Kommission/Deutschland*) „Oberflächenwasser", Slg. 1991, S. I-4983 (5023, Rn. 13). Siehe auch *Rengeling*, Europäische Normgebung (Anm. 7), 952 f. mit weiteren Verweisen sowie *Beyerlin* (Anm. 22), 135 f.

[25] EuGH, Urteil vom 9.9.1999, Rs. C-217/97 (*Kommission/Deutschland*), „Richtlinie 90/313 EWG", Slg. 1999, S. I-5087 (5115, Rn. 31) sowie bereits Urteil vom 23.5.1985, Rs. 29/84 (*Kommission/Deutschland*) „Krankenschwestern und Krankenpfleger", Slg. 1985, 1661 (1673, Rn. 23); Urteil „TA Luft", a.a.O., 2600 f. (Rn. 15); „Luftverschmutzung – Blei" (Anm. 21), 2631 (Rn. 18); „Oberflächenwasser", a.a.O.; „Öffentliche Bau- und Lieferaufträge", a.a.O., 2317 (Rn. 18).

[26] EuGH „Krankenschwestern und Krankenpfleger", *ibid.*

[27] So u.a. EuGH „Grundwasserrichtlinie" (Anm. 20), 876 (Rn. 50), 878 (Rn. 57), 879 (Rn. 61); „TA Luft" (Anm. 19), 2602 f. (Rn. 21); „Luftverschmutzung – Blei" (Anm. 21), 2632 (Rn. 24); ähnlich auch Urteil vom 8.7.1999, Rs. C-354/98 (Anm. 17), a.a.O. sowie Urteil vom 17.5.2001 „Vogelschutzrichtlinie" (Anm. 20), Rn. 32 und 36.

[28] EuGH „Grundwasserrichtlinie", a.a.O., 868 (Rn. 8), „TA Luft", a.a.O., 2603 (Rn. 24); „Luftverschmutzung – Blei", a.a.O., 2633 f. (Rn. 28); Urteil vom 8.7.1999, Rs. C-354/98, a.a.O.; Urteil vom 9.9.1999 „Richtlinie 90/313 EWG" (Anm. 25), 5115 (Rn. 32): „hinreichend bestimmt und klar".

rechtliche Rahmen immer *mindestens so konkret* sein, wie die gemeinschaftsrechtliche Vorschrift. Sind in dieser konkrete, detaillierte Pflichten enthalten, so müssen diese auch in das nationale Recht ausdrücklich übernommen werden.[29] So genügt für die Sachverhaltsermittlung durch die Behörden ein Hinweis auf den allgemeinen Amtsermittlungsgrundsatz nach §§ 24 und 26 VwVfG und entsprechende Verwaltungsvorschriften nicht, wenn die umzusetzende Norm des Gemeinschaftsrechts die im einzelnen vorzunehmenden Untersuchungen genau festlegt.[30] Eine allgemeine Vorschrift, die in EG-rechtskonformer Auslegung nach den Gemeinschaftsvorschriften angewendet oder durch eine Verwaltungsvorschrift konkretisiert wird, genügt nicht.[31]

---

[29] Ähnlich *Rengeling/Gellermann*, Gestaltung des europäischen Umweltrechts und seine Implementation im deutschen Rechtsraum, JbUTR 1996, 1 (21 f.); *Pernice* (Anm. 17), 333 f.; vgl. *Himmelmann* (Anm. 20), 147 f., zur Umsetzung von Grenzwerten und Meß- und Beurteilungsverfahren am Beispiel der *Schwefeldioxidrichtlinie* und der wasserrechtlichen Vorgaben. Ähnlich auch *Everling* (Anm. 17), 385 in Bezug auf Grenzwerte, konkrete Melde- und Handlungspflichten.

[30] Vgl. EuGH „Grundwasserrichtlinie" (Anm. 20), 874 (Rn. 35 f.) sowie 879 (Rn. 62 f.).

[31] Im Grunde handelt es sich bei diesen Umsetzungsanforderungen um eine Konsequenz der „Rechtsaktevermischung" auf Gemeinschaftsebene. Sollen detaillierte Vorschriften hinsichtlich der Art und Weise der Durchführung gemeinschaftsrechtlich festgelegt werden, so ist die Verordnung der adäquate Rechtsakt. Diese ist unmittelbar in den Mitgliedstaaten verbindlich und macht ein nationales Umsetzungsgesetz i.d.R. entbehrlich. Richtlinien sollten dagegen nur das zu erreichende Ziel festlegen und den Mitgliedstaaten die Wahl der konkreten Mittel überlassen. In einem solchen Fall würde auch ein allgemeiner rechtlicher Rahmen wie der Amtsermittlungsgrundsatz – i.V.m. den einzuhaltenden materiell-rechtlichen Anforderungen und den nationalen Befugnisnormen zur Sachverhaltsermittlung in den jeweiligen Sachgebieten – ausreichen. Statt dessen werden in die Richtlinien häufig detaillierte Durchführungsbestimmungen eingebaut. Der Gerichtshof hält dann auch die Aufnahme dieser detaillierten Normen in das nationale Recht für erforderlich, obwohl Art. 249 Abs. 3 EGV [ex Art. 189] ausdrücklich lediglich die Verbindlichkeit des zu erreichenden Zieles festschreibt. Vgl. *Hilf*, Die Richtlinie der EG – ohne Richtung, ohne Linie?, EuR 1993, 1 ff.; *Tomuschat*, Normenpublizität und Normenklarheit der Europäischen Gemeinschaft, in: FS Kutscher, 1981, 461 (463); in diesem Sinne auch *Reinhardt*, Wasserrechtliche Richtlinientransformation zwischen Gewässerschutzrichtlinie und Wasserrahmenrichtlinie, DVBl. 2001, 145 (148 ff.), der die diesbezügliche Rechtsprechung des Gerichtshofes eindeutig ablehnt.

2. Anwendung auf die administrativen Informationsverfahren

Zu klären bleibt, inwieweit die dargestellten Anforderungen für die Umsetzung von rein administrativen Informationsverfahren gelten oder sich primär auf den Fall der Betroffenheit von Privatrechtssubjekten beziehen. In mehreren Urteilen – u.a. auch zum Umweltrecht – stellte der Gerichtshof auf die Betroffenheit von Privaten ab.[32]

a) Notwendigkeit einer förmlichen Rechtsvorschrift bei inneradministrativen Informationsverfahren?

Nach den einschlägigen Urteilen des Gerichtshofes muß die Anwendung der Richtlinie „in so klarer und bestimmter Weise gewährleistet sein, daß – *soweit die Richtlinie Ansprüche des einzelnen begründen soll* – die Begünstigten in der Lage sind, von allen ihren Rechten Kenntnis zu erlangen und diese gegebenenfalls vor den nationalen Gerichten geltend zu machen".[33] Die Umsetzung durch eine Verwaltungsanweisung genügt dann nicht.[34] Das könnte im Umkehrschluß heißen, daß die Umsetzung von rein administrativen Informationspflichten keine so „klare und bestimmte" Rechtslage erfordert, sondern allgemein festgelegte Organisations- und Weisungsbefugnisse ausreichen läßt, u.U. in Verbindung mit konkretisierenden nationalen Verwaltungsvorschriften.[35] So sind nach den Schlußbestimmungen der meisten Richtlinien

---

[32] Darauf verweisen auch *Rengeling/Gellermann* (Anm. 29), 9 f.

[33] EuGH „Grundwasserrichtlinie" (Anm. 20), 867 (Rn. 6); „TA Luft" (Anm. 19), 2601 (Rn. 15); „Luftverschmutzung – Blei" (Anm. 21), 2631 (Rn. 18); „Oberflächenwasser" (Anm. 24), 5023 (Rn. 13), ebenso außerhalb des Umweltrechts „Öffentliche Bau- und Lieferaufträge" (Anm. 24), a.a.O.; siehe auch Rs. C-220/94, *Kommission/Luxemburg* (Anm. 24), a.a.O.; „Krankenschwestern und Krankenpfleger" (Anm. 25), a.a.O. [Hervorhebung durch die Verf.]. Vgl. *Krämer*, The Implementation of Environmental Laws by the European Economic Communities, GYIL 1991, 9 (37).

[34] EuGH „TA Luft", a.a.O., 2601 f. (Rn. 16 und 20); ebenso „Luftverschmutzung – Blei", a.a.O., 2631 f. (Rn. 19 und 23 f.); „Oberflächenwasser", a.a.O., 5022 f. (Rn. 11 bis 14); „Grundwasserrichtlinie" (Anm. 20), 867 (Rn. 7) i.V.m. 870 (Rn. 19).

[35] Vgl. *Pernice* (Anm. 17), 338, wonach nur bei der Betroffenheit von Rechten und Pflichten des Einzelnen eine rechtsförmliche Umsetzung erforderlich ist. In diesem Sinne auch *Caspar*, Die EU-Wasserrahmenrichtlinie: Neue Herausforderungen an einen europäischen Gewässerschutz, DÖV 2001, 529 (536). Wohl ebenso *Reinhardt* (Anm. 31), 150 f. im Hinblick auf von den Mitglied-

auch die zur Umsetzung erlassenen Rechts- *und Verwaltungsvorschriften* mitzuteilen.[36] Wenn Verwaltungsvorschriften in keinem Fall der Umsetzung von Richtlinienbestimmungen dienen dürften und sich die Rechtslage immer eindeutig aus außenverbindlichen Rechtsvorschriften ergeben müßte, dann wären die Verwaltungsvorschriften auch nicht für die Umsetzungskontrolle seitens der Kommission relevant und demnach nicht mitteilungsbedürftig.

In einem Urteil zur *Trinkwasserrichtlinie* scheint der Gerichtshof dagegen eine formelle Umsetzung auch für rein inneradministrative Informationspflichten vorzusehen. Die Kommission hatte gerügt, daß die deutsche Trinkwasserverordnung nicht die zuständigen Behörden der Länder zur Mitteilung von Abweichungsgenehmigungen an die Bundesbehörden verpflichtete, welche dann nach der *Trinkwasserrichtlinie* an die Kommission weiterzuleiten waren. Nur eine ausdrückliche, rechtsförmliche Verpflichtung der Landesbehörden zur Unterrichtung der zuständigen Bundesbehörde hätte es nach Ansicht der Kommission dem Bund erlaubt, seiner Verpflichtung zur fristgerechten Unterrichtung der Kommission nachzukommen. Die Bundesregierung könne sich zwar nach dem Grundsatz der Bundestreue oder auch im Rahmen ihrer Rechtsaufsichtsbefugnisse die erforderlichen Daten beschaffen.

---

staaten nach der *Gewässerschutzrichtlinie* zu erstellenden Programmen. Nach *Krämer* war ein förmlicher Rechtsakt zunächst nur erforderlich *wenn* die gemeinschaftsrechtliche Vorschrift über das Festlegen von verwaltungsinternen Maßnahmen hinausging, insbesondere wenn Rechte und Pflichten von Einzelnen begründet werden sollten (*Krämer* in: GTE, Bd. 3, 4. Aufl. 1991, Art. 130r, Rn. 76); nunmehr *ders.* jedoch zugunsten einer umfassenden rechtsförmlichen Umsetzung auch in Bezug auf Planungspflichten u.ä. in: GTE, Bd. 3, 5. Aufl. 1999, Art. 130s, Rn. 39. Vgl. *Rengeling/Gellermann* (Anm. 29), 9, die bei fehlender Betroffenheit von individuellen Rechten und Pflichten die Möglichkeit der Umsetzung von Gemeinschaftsrecht durch Verwaltungsvorschriften offen lassen. Siehe auch *Rengeling*, Die Ausführung von Gemeinschaftsrecht, insbesondere Umsetzung von Richtlinien, in: EUDUR, Bd. 1 1998, § 28, Rn. 24 ff., Rn. 37, der bei der Betroffenheit subjektiver Rechte von verschärften Anforderungen an die Umsetzung spricht, dasselbe aber auch bei der Betroffenheit bedeutender Schutzgüter annimmt. Für die Umsetzung des Gemeinschaftsrechts durch normenkonkretisierende Verwaltungsvorschriften auch *Beyerlin* (Anm. 22), 147, allerdings vor dem EuGH Urteil zur TA Luft. Wohl generell ablehnend *Hilf* (Anm. 31), 14.

36 Siehe oben, Teil 2 Kap. 5 A.I. Auch in der Rs. 29/84 erwähnt der Gerichtshof noch die Möglichkeit der Umsetzung durch besondere Verwaltungsvorschriften (EuGH „Krankenschwestern und Krankenpfleger“, [Anm. 25], a.a.O.).

Damit sei aber dem Ziel der Richtlinie – die sofortige Unterrichtung der Kommission – nicht Rechnung getragen.[37] Die Bundesrepublik hatte dem entgegnet, daß die Richtlinie die Aufnahme einer Mitteilungspflicht in das innerstaatliche Recht nicht vorsehe, weil diese unmittelbar in der Richtlinie enthalten sei und die Pflicht der Landesbehörden zur Unterrichtung der Bundesregierung zudem bereits in der Rechtspflicht der Bundestreue, d.h. der Pflicht der Länder zu bundesfreundlichem Verhalten, enthalten sei. Im Ergebnis schloß sich der Gerichtshof der Kommission an.[38] Nicht ganz klar wird aus der Begründung, ob es an der *formellen Umsetzung* fehlte oder ob die Vertragsverletzung in dem Fehlen der *tatsächlichen Durchsetzung* lag.[39] Auch ergibt sich aus der Stellungnahme der Kommission und dem Urteil nicht eindeutig, ob die deutsche Vertragsverletzung darin lag, daß keine adäquate Regelung für die Mitteilung von Ausnahmen getroffen wurde, oder vielmehr darin, daß generelle Ausnahmen anstelle von spezifischen durch die Trinkwasserverordnung zugelassen worden waren.[40]

Interpretiert man das Urteil zur *Trinkwasserrichtlinie* im Sinne der Notwendigkeit einer förmlichen Rechtsvorschrift für rein inneradmini-

---

[37] EuGH, Urteil vom 24.11.1992, Rs. C-237/90 (*Kommission/Deutschland*) „Deutsche Trinkwasserverordnung", Slg. 1992, 5973 (6015 f., Rn. 23 ff.) und ausführlicher im Sitzungsbericht, 5985 (Nr. 3).

[38] Nach den Urteilsgründen fehlten „Maßnahmen", die es den zuständigen nationalen Behörden erlaubten, die Kommission fristgerecht zu unterrichten. Der Grundsatz des bundesfreundlichen Verhaltens gewährleiste nicht, wie die Kommission dargestellt habe, daß die Bundesregierung rechtzeitig Informationen über Abweichungen, welche von den Ländern zugelassen worden sind, erhält. Die Kommission habe im übrigen mehrere Beispiele für eine verspätete Information der Bundesbehörden vorgelegt (EuGH „Trinkwasserverordnung", a.a.O., 6016, Rn. 28 f.).

[39] Für letzteres spricht, daß der Gerichtshof feststellt, die Rüge der Kommission betreffe „nicht die unterbliebene Umsetzung" der fraglichen Artikel, sondern das „Fehlen von Maßnahmen". Dagegen stellt er aber im Schlußteil des Urteils fest, daß die Bundesrepublik Deutschland gegen ihre Vertragspflichten verstoßen habe, weil sie u.a. „nicht für eine *Verpflichtung* der Länder Sorge getragen hat, ihr zugelassene Abweichungen mitzuteilen, um die Beachtung des Artikels ... sicherzustellen" (EuGH „Trinkwasserverordnung", a.a.O., 6017, Rn. 35) [Hervorhebung durch den Verfasser]. Dagegen ist in einem zusätzlichen Abschnitt die tatsächliche Mitteilung spezifischer Abweichungen geprüft worden.

[40] Vgl. die Schlußanträge von Generalanwalt *Jacobs* („Trinkwasserverordnung", a.a.O., 6007, Nr. 20).

strative Informationspflichten, kann der Aussage in dieser Allgemeinheit nicht ganz gefolgt werden. *Verbindlich* müssen die umsetzenden Rechtsvorschriften für die berechtigten oder verpflichteten *Adressaten* sein. Adressaten sind bei rein administrativen Informationspflichten lediglich die Verwaltungen. Für diese sind Verwaltungsvorschriften nach deutschen Recht aber auch verbindlich. Die Notwendigkeit einer außenverbindlichen Rechtsvorschrift ergibt sich aus der *Klagemöglichkeit* der betroffenen Gemeinschaftsbürger, welche, wie oben dargestellt, in die Lage versetzt werden müssen, ihre sich mittelbar aus dem Gemeinschaftsrecht ergebenden Rechte vor den nationalen Gerichten einzuklagen und sich über ihre Pflichten eindeutig durch eine veröffentlichte Rechtsnorm zu informieren.[41]

In den rein inneradministrativen Beziehungen kann das Gemeinschaftsrecht dagegen nicht über den Weg einer Individualklage vor den nationalen Gerichten durchgesetzt werden. Privatpersonen können sich auf rein inneradministrative Informationspflichten vor den nationalen Gerichten nicht berufen. Das hat der Gerichtshof in dem Urteil *Enichem Base* zur horizontalen Unterrichtungspflicht der Mitgliedstaaten gegenüber der Kommission nach Art. 3 Abs. 2 der *Abfallrichtlinie* 75/442 ausdrücklich festgestellt[42] und jüngst durch das Urteil *Sydhavnens Sten & Grus* bestätigt.[43] Solange kein europäisches Zustimmungsverfahren oder zumindest eine Stillhaltefrist für den Erlaß einer nationalen Maßnahme vorgeschrieben ist, betrifft eine solche Informationspflicht nur die Beziehungen zwischen den Mitgliedstaaten und der Kommission. Sie verschafft dem Einzelnen kein Recht, wenn ein Mitgliedstaat gegen

---

41 Vgl. *Hilf* (Anm. 31), 14 f., der zur Begründung des Ausschlusses von Verwaltungsvorschriften ebenfalls auf den Rechtsschutzgedanken verweist. Ähnlich *Everling* (Anm. 17), 328.

42 Solange die Mitgliedstaaten die Kommission lediglich von den nationalen Regelungsentwürfen zu unterrichten haben und kein Genehmigungserfordernis festgelegt worden ist, können sich Privatpersonen nicht auf eine angebliche Unwirksamkeit der nationalen Rechtsvorschrift wegen fehlender Unterrichtung vor den nationalen Gerichten berufen; EuGH, Urteil vom 13.7.1989, Rs. 380/87 (*Enichem Base u.a./Commune di Cinisello Balsamo*), Slg. 1989, 2491 (2517, Rn. 19 f.).

43 EuGH, Urteil vom 23.5.2000, Rs. C-209/98 (*Sydhavnens Sten & Grus*), Slg. 2000, S. I-3743 (3805 f., Rn. 96 ff.), zu Art. 7 Abs. 3 der Richtlinie 75/442 (Mitteilung nationaler Abfallbewirtschaftungspläne).

die Unterrichtungspflicht verstößt.[44] Für die ggf. „betroffenen" nationalen Behörden eines anderen Mitgliedstaates, für die anderen Mitgliedstaaten selbst oder die Kommission wiederum gibt es kein Klagerecht vor den *nationalen* Gerichten auf Einhaltung der Gemeinschaftsvorschriften, welches durch eine außenverbindliche nationale Rechtsvorschrift ermöglicht bzw. erleichtert werden müßte. Eine Klage wegen Verstoßes gegen das Gemeinschaftsrecht nach Art. 226 und 227 EGV (ex Art. 169 und 170) bedarf keiner Berufung auf eine nationale, außenverbindlichen Rechtsvorschrift als Entscheidungsmaßstab für die Rechtswidrigkeit. Sie stützt sich auf das Gemeinschaftsrecht, welches die inneradministrativen Informationspflichten verbindlich vorschreibt.

Im Rahmen der administrativen Informationsbeziehungen ist aufgrund der *fehlenden Klagebefugnis fremder Verwaltungsträger* die tatsächliche Beachtung der Rechtspflicht ausschlaggebend – die geforderten Informationen müssen bei der Kommission oder den anderen Mitgliedstaaten tatsächlich angelangen. Sind die administrativen Informationspflichten im Tatsächlichen nicht erfüllt worden, ist eine Klage vor dem Europäischen Gerichtshof zulässig und begründet. Eine Klagemöglichkeit der Kommission und der anderen Mitgliedstaaten besteht vor den nationalen Gerichten zum Zwecke der Durchsetzung gemeinschaftsrechtlicher Pflichten ohnehin nicht. Deren Ermöglichung ist auch keine aus dem Europarecht resultierende Pflicht der Mitgliedstaaten. Faktisch handelt es sich bei den rein inneradministrativen Informationspflichten um ein Zwei-Personen-Verhältnis, für dessen rechtliche Beurteilung der EuGH zuständig ist. Dagegen liegt bei der zusätzlichen Betroffenheit von Privatrechtssubjekten ein Drei-Personen-Verhältnis vor, in welches im Verhältnis von Privatrechtssubjekten und Mitgliedstaaten die nationalen Gerichte zwischengeschaltet sind. Sobald die Informationspflichten indirekt auch individuelle Gemeinschaftsbürger bzw. Unternehmen berechtigen oder verpflichten, handelt es sich nicht mehr um eine rein inneradministrative Beziehung. Das Erfordernis einer außenverbindlichen Rechtsnorm ergibt sich dann aus der Betroffenheit von Privatrechtssubjekten.

Wenn also im Rechtssystem eines Mitgliedstaates die innerbehördlich rechtsverbindliche Möglichkeit besteht, für die Einhaltung rein inneradministrativer Informationspflichten zu sorgen, so ist ein förmlicher,

---

[44] EuGH *Enichem Base*, a.a.O., 2518 (Rn. 23 f.); *Sydhavnens Sten & Grus*, a.a.O., S. I-3806 (Rn. 101). Näher dazu im Einzelnen sogleich unter b.

außenverbindlicher Rechtsakt zu deren Umsetzung nicht erforderlich.[45] Etwas anderes gilt dann, wenn aufgrund der *rechtlichen Eigenständigkeit* des ausführenden Verwaltungsträgers eine Verpflichtung dieser Stelle auch nach innerstaatlichem Recht nur auf der Grundlage eines förmlichen Rechtsaktes möglich ist. Dieses Problem stellt sich v.a. bei dezentralisierten Staaten, insbesondere bei Bundesstaaten. Die Möglichkeit der rechtsverbindlichen Weisung besteht hier aber häufig im Rahmen einer Rechtsaufsicht der Bundesbehörden.[46] Ein Problem könnte in einer gewissen Zeitverzögerung liegen, welche durch die *ex post* im Einzelfall erfolgende Wahrnehmung der Rechtsaufsichtsbefugnisse bedingt ist. Ist der Mitgliedstaat zur Unterrichtung der Kommission über einen bestimmten Sachverhalt, welcher zunächst lediglich in der Kenntnis der ausführenden unteren Landesbehörden liegt, innerhalb einer kurzen Frist nach Eintritt des Auslösungstatbestandes verpflichtet, so muß den Ländern zumindest per Verwaltungsvorschrift ausdrücklich die Pflicht zur entsprechenden vorherigen Unterrichtung der zuständigen Bundesbehörden auferlegt werden.[47] Von dem Eintritt des Auslösungstatbestandes haben nur die ausführenden Landesbehörden selbst Kenntnis. Die Bundesbehörden können die fristgerechte

---

[45] Hiervon scheinen auch der Rat, das Parlament und die Kommission in der *Entscheidung Nr.* 3052/95/EG vom 13.12.1995 *zur Einführung eines Verfahrens der gegenseitigen Unterrichtung über einzelstaatliche Maßnahmen, die vom Grundsatz des freien Warenverkehrs in der Gemeinschaft abweichen* (Abl. Nr. L 32 vom 30.12.1995, 1) auszugehen. In dieser Entscheidung werden rein inneradministrative Informationspflichten festgelegt, die der Kommission die Einleitung von Harmonisierungsrechtsakten (und ggf. eines Vertragsverletzungsverfahrens) ermöglichen sollen. Die Mitgliedstaaten haben nicht, wie in allen Richtlinien festgelegt, die der Umsetzung dienenden „Rechts- und Verwaltungsvorschriften", sondern die getroffenen „Maßnahmen" mitzuteilen (Art. 12). Wäre die Gemeinschaft hier von der Betroffenheit von Unternehmen oder Privatpersonen ausgegangen und/oder hätte sie den Erlaß von Rechtsnormen für erforderlich gehalten, hätte sie zudem wohl nicht die Rechtsform einer unmittelbar nur an die Mitgliedstaaten gerichteten *Entscheidung* gewählt.

[46] Für den Regelfall des landeseigenen Vollzuges siehe Art. 84 Abs. 5 GG.

[47] Siehe Art. 84 Abs. 2 GG. Für die Landesbehörden sind solche mit Zustimmung des Bundesrates erlassenen allgemeinen Verwaltungsvorschriften verbindlich (*Dittmann* in: *Sachs*, Grundgesetz, Kommentar, 2. Aufl. 1999, Art. 84, Rn. 20 sowie *Broß* in: *v. Münch/Kunig*, Grundgesetz-Kommentar, Bd. 3, 3. Aufl. 1996, Art. 84, Rn. 22 ff.). Die Zustimmung des Bundesrates ist bei der Umsetzung von Gemeinschaftsrecht nach dem Grundsatz der Bundestreue zu erteilen.

Unterrichtung der Kommission dann nicht gewährleisten, wenn sie selbst erst „auf Verdacht" bei den Landesbehörden anfragen müssen. Mit einer per Verwaltungsvorschrift innerbehördlich verbindlichen Unterrichtungspflicht wäre das Ziel der fristgerechten Information der Kommission ebenso erreichbar wie mit deren Festschreibung in einer außenverbindlichen Rechtsnorm. In dem genannten Urteil zur *Trinkwasserrichtlinie* hatte die Bundesregierung auf eine Verwaltungsvorschrift hingewiesen, durch die die Einzelheiten der Meldemodalitäten geregelt werden würden.[48] Eine solche lag aber zum Zeitpunkt des Urteils noch nicht vor. Ob der Gerichtshof in diesem Fall anders entschieden hätte, bleibt offen.

Die Rechtslage muß – mit den Worten des Gerichtshofes – *hinreichende* Klarheit und Genauigkeit gewährleisten.[49] Wann eine Rechtslage hinreichend klar ist, bestimmt sich nach den Umständen des Einzelfalles, d.h. nach dem Inhalt einschließlich der Adressaten der jeweiligen Richtlinienbestimmung.[50] Hier kann und muß also zwischen Informationsverfahren, deren Adressaten unmittelbar oder mittelbar Privatrechtssubjekte sind, und rein inneradministrativen Regelungen ohne Schutzwirkung für Einzelpersonen unterschieden werden. Bei rein innerbehördlichen Informationsverfahren genügen normative *Rahmenbestimmungen*, die durch *innerbehördlich verbindliche* Verwaltungsvorschriften und Weisungen konkretisiert werden. Aus dem Gesichtspunkt der Klarheit und Übersichtlichkeit der Rechtslage für die Gemeinschaftsbürger ist diese Gestaltung sogar zu bevorzugen. Denn eine Überfrachtung außenverbindlicher Normen mit der Regelung rein innerbehördlicher Vorgänge trägt für einen (europa-) rechtlichen Laien nicht

---

48 EuGH „Trinkwasserverordnung" (Anm. 37), Sitzungsbericht, 5987 (Nr.3).

49 EuGH „Grundwasserrichtlinie" (Anm. 20), 867 (Rn. 6). Vgl. *Steinberg* (Anm. 16), 573, der darauf hinweist, daß nicht der Akt der Umsetzung selber transparent sein muß, sondern das nationale Recht im Ergebnis, d.h. die Rechte und Pflichten, die sich hieraus ergeben. Der EuGH bleibe mit seiner Rechtsprechung an der Oberfläche und im Formalen stecken, wenn er lediglich auf den Umsetzungsakt abstelle. In dieselbe Richtung weist bereits *Tomuschat* (Anm. 31), 463 ff.

50 Die hierzu zitierten Passagen der EuGH-Urteile werden meist mit den Worten *„je nach dem Inhalt der Richtlinie* kann hierzu ein allgemeiner rechtlicher Kontext genügen" eingeleitet (Urteile „Grundwasserrichtlinie", „TA Luft", „Oberflächenwasser", „Luftverschmutzung – Blei", [Anm. 33], a.a.O.) [Hervorhebung durch die Verf.]. Vgl. auch *Pernice* (Anm. 17), 338.

zur schnellen Erfassung seiner ihm aus dem Gemeinschaftsrecht erwachsenden Rechte bei.

b) Abgrenzung der Betroffenheit von Privatrechtssubjekten und rein inneradministrativen Informationspflichten

Aufgrund der unterschiedlichen Anforderungen an die formelle Umsetzung stellt sich die Frage, wann ein Informationsverfahren unmittelbar oder mittelbar Privatrechtssubjekte betrifft und wann es rein inneradministrativen Charakter hat.[51] Der Gerichtshof orientiert sich bei seiner Auslegung am Schutzzweck der in Frage stehenden Bestimmungen. Umweltschutzbestimmungen, die zumindest auch dem Schutz der Gesundheit dienen, begründen Rechte des Einzelnen.[52] Zudem enthalten sie meist Informationspflichten der Personen, die potentiell umweltbelastende Tätigkeiten ausüben.[53] Auch die *Sachverhaltsermittlung* durch die nationalen Behörden zur Vorbereitung eines Verwaltungsaktes müssen den strengeren Anforderungen der Bestimmtheit und Förmlichkeit, welche bei Betroffenheit von Privatrechtssubjekten gelten, genügen.[54] Konkrete gemeinschaftsrechtliche Vorgaben für die Sachverhaltsermittlung müssen auch in eine konkrete außenverbindliche Rechtsvorschrift übernommen werden.

Dagegen begründen, wie oben dargestellt, rein innerbehördliche Informationspflichten i.d.R. keine Rechte oder Pflichten von Privatrechtssubjekten.[55] Etwas anderes gilt nur, wenn an diese Informationspflich-

---

[51] Vgl. *Rengeling/Gellermann* (Anm. 29), 9 f.

[52] Siehe EuGH „Grundwasserrichtlinie" (Anm. 20), 867 (Rn. 7); „TA Luft" (Anm. 19), 2601 (Rn. 16); „Luftverschmutzung – Blei" (Anm. 21), 2631 (Rn. 19); „Oberflächenwasser" (Anm. 24), 5023 (Rn. 14).

[53] *Ibid.* Näher hierzu oben, Teil 2 Kap. 2 A.II.3.c. sowie B.I.

[54] Vgl. das Urteil des Gerichtshofes zur *Grundwasserrichtlinie*, wonach für die behördliche Sachverhaltsermittlung vor dem Erlaß eines Verbotes oder einer Genehmigung nicht auf den allgemeinen deutschen Untersuchungsgrundsatz nach § 24 VwVfG verwiesen werden kann, wenn und weil das Gemeinschaftsrecht konkrete Ermittlungsanforderungen festschreibt (siehe oben, I.1.).

[55] EuGH *Enichem Base* (Anm. 42), 2518 (Rn. 23 f.); *Sydhavnens Sten & Grus* (Anm. 43), 3806 (Rn. 101). Ebenso *Gellermann*, Beeinflussung des bundesdeutschen Rechts durch Richtlinien der EG, 1994, 194 im Hinblick auf Berichts- und Informationspflichten der Mitgliedstaaten gegenüber der Kommission (im Zusammenhang mit der Frage der unmittelbaren Anwendbarkeit). Ähnlich *Pernice* (Anm. 17), 338.

ten Rechtsfolgen geknüpft sind, auf die sich auch Privatrechtssubjekte berufen können sollen. Dies ist v.a. bei der Mitteilung von innerstaatlichen Rechtsakten der Fall, die einer *Genehmigung* oder zeitweisen *Stillhaltefrist* unterliegen. Ersteres entspricht der Rechtsprechung des Gerichtshof zur Unterrichtung von staatlichen Beihilfen im Rahmen von Art. 88 EGV (ex Art. 93),[56] letzteres hat der Gerichtshof am Fall der *Normeninformationsrichtlinie* im Urteil *CIA Security*, bestätigt u.a. durch das Urteil *Unilever/Central Food*, implizit entschieden.[57] *Identi-*

---

[56] Siehe nur *Pechstein*, Nichtigkeit beihilfengewährender Verträge nach Art. 93 III 3 EGV, EuZW 1998, 495 ff.; *Nicolaysen*, Europarecht II, 1996, 299; *Wenig* in: GTE, Bd. 2, 4. Aufl. 1991, Art. 93, Rn. 48 zur Rechtsprechung im Rahmen von Art. 93 Abs. 3 EGV [a.F.]; zum ganzen auch *Rosenstock*, Die Kontrolle und Harmonisierung nationaler Beihilfen durch die Kommission der Europäischen Gemeinschaften, 1995. Zur neuen *Verordnung* (EG) Nr. 659/1999 vom 22.3.1999 *über besondere Vorschriften für die Anwendung von Art. 93 des EG-Vertrages* (Abl. Nr. L 83 vom 27.3.1999, 1) ausführlich *Mederer* in: GTE, Bd. 2/II, 5. Aufl. 1999, Art. 93/Verordnung (EG) Nr. 659/1999.

[57] EuGH, Urteil vom 30.4.1996, Rs. C-194/94 (*CIA Security International SA/Signalson SA u. Securitel SPRL*), EuZW 1996, 379 (382, Rn. 46 ff.) mit Anm. *Fronia* (Urteil auch in Slg. 1996, S. I-2201 ff.) sowie Urteil vom 26.9.2000, Rs. C-443/98 (*Unilever Italia SpA/Central Food SpA*), EuZW 2001, 153 (156, Rn. 45 ff.). Auf die Frage der Schutzwirkung zugunsten von Privatrechtssubjekten geht der Gerichtshof in den Gründen zu *CIA Security* nicht direkt ein, bejaht diese aber mittelbar, indem er die Vorlagefrage des *Tribunal de Commerce Lüttich* dahingehend beantwortet, daß die Art. 8 und 9 der Richtlinie – welche die Unterrichtungs- und Stillhaltefristen festschreiben – *von einzelnen vor den nationalen Gerichten* herangezogen werden können (Nr. 2 des Tenors). Das nationale Gericht ist bei einer unterlassenen Mitteilung verpflichtet, die Anwendung der nicht mitgeteilten nationalen technischen Norm abzulehnen (*ibid.*). Die deutsche und die niederländische Regierung hatten dahingehend argumentiert, daß die Richtlinie ausschließlich Beziehungen zwischen den Mitgliedstaaten und der Kommission betreffe. In Abgrenzung zum Urteil *Enichem Base* stellt der EuGH fest, daß die Unterrichtungspflicht nach der Richtlinie 83/189/EWG nicht allein dem Zweck diene, die Kommission zu informieren, sondern das weitergehende Ziel verfolge, Handelsschranken zu beseitigen, die anderen Staaten über die von einem Staat geplanten technischen Vorschriften zu informieren und der Kommission und den anderen Mitgliedstaaten die nötige Zeit zu verschaffen, um zu reagieren und eine Änderung vorzuschlagen (Rn. 50, a.a.O.). Der Gerichtshof trennt in seiner Argumentation nicht ausdrücklich zwischen der Frage der unmittelbaren Anwendbarkeit und der Schutzwirkung zugunsten von Privatrechtssubjekten. Im Ergebnis bejaht er beide Fragen, ohne auf diese im einzelnen argumentativ eingegangen zu sein. In seinem zweiten, bestätigenden Urteil *Unilever/Central Food* nimmt der EuGH im wesentlichen

fikations- und Benennungspflichten bedürfen dagegen nicht in jedem Fall einer formellen Umsetzung. Für die Notwendigkeit einer formellen Umsetzung ist nach der Rechtsprechung des EuGH herauszufinden, ob es sich dabei um eine „selbständige Verpflichtung“ handelt.[58] Die Kriterien für eine solche Beurteilung bleiben allerdings im Dunkeln. Zumindest handelt es sich dann um eine selbständige Verpflichtung, wenn an die Kategorisierung Rechtsfolgen geknüpft sind, welche gegenüber Privatrechtssubjekten wirken. Handelt es sich um eine rein administrative Verpflichtung im Sinne einer Voraussetzung oder Beurteilungsgrundlage für administrative Sanierungspläne und -maßnahmen, so bedarf die Identifikation und Kategorisierung keines förmlichen Aktes.[59] Sie muß nur tatsächlich durchgeführt werden.

c) Ergebnis

Zur Umsetzung rein innerbehördlicher Informationspflichten genügt eine hinreichend bestimmte innerbehördlich verbindliche Norm.[60] Bei der auch nur mittelbaren Betroffenheit von Privatrechtssubjekten ist dagegen die Umsetzung erstens durch eine *außenverbindliche* Rechtsvorschrift erforderlich, welche zweitens *hinreichend klar* sein muß. In beiden Fällen müssen die Umsetzungsnormen immer mindestens eben-

---

auf seine Argumentation im Urteil *CIA Security* bezug. Zum Informationsverfahren der *Normeninformationsrichtlinie* oben, Teil 2 Kap. 2 A.II.3.b.aa.; zu den Urteilen weiterhin unten, Teil 6 Kap. 2 B.I.2. Siehe auch die Schlußanträge des Generalanwaltes *Jacobs* zum Urteil *Enichem Base* (Anm. 42), 2507 f. (Nr. 14 ff.).

58 In dem Urteil zur *Oberflächenwasserrichtlinie* hatte die Kommission gerügt, daß die Verpflichtung der Mitgliedstaaten zur Einteilung der Gewässer in bestimmte Kategorien nicht vertragsgemäß umgesetzt worden sei, weil die Bundesrepublik Deutschland keinen förmlichen Akt mit der jeweiligen Einteilung erlassen habe. Der Gerichtshof hat das Vorliegen einer Vertragsverletzung wegen Fehlens der förmlichen Umsetzung mit dem Argument, daß die Einteilung der Gewässer „keine selbständige Verpflichtung“ darstelle, verneint (EuGH „Oberflächenwasser“, [Anm. 24], 5022, Rn. 8).

59 So im Fall der *Oberflächenwasserrichtlinie* (*ibid.*).

60 Im Ergebnis ebenso *Pernice* (Anm. 17), 338 unter Verweis auf Berichtspflichten der Mitgliedstaaten, das Aufstellen und die Durchführung von Programmen sowie das Zusammenwirken mit anderen Mitgliedstaaten sowie *Caspar* (Anm. 35), 536 bzgl. bestimmter Pläne. Wohl auch *Delwing*, Umsetzungsprobleme des EG-Wasserrechts, 1995, 129 sowie *Reinhardt* (Anm. 31), 150, 152, letzterer in Bezug auf bestimmte Programme des Wasserrechts.

so detaillierte, konkrete Vorschriften enthalten, wie sie in der Richtlinie selbst vorgesehen sind. Enthält die Richtlinie genaue Vorschriften über die Art und Weise der Sachverhaltsermittlung, so kann nicht auf einen nach nationalem Recht allgemein geltenden Amtsermittlungsgrundsatz verwiesen werden. Die gemeinschaftsrechtlichen Untersuchungsmethoden und -gegenstände müssen auch im nationalen Recht in einer für den Betroffenen klar ersichtlichen und verbindlichen Rechtsvorschrift festgelegt werden.

II. Die unmittelbare Anwendbarkeit des Gemeinschaftsrechts

Im Rahmen des *unmittelbaren indirekten Vollzuges* handeln die mitgliedstaatlichen Behörden unmittelbar auf der Grundlage des Gemeinschaftsrechts, sie wenden also Gemeinschaftsrecht ohne dazwischen geschaltetes nationales Recht an.[61] Der unmittelbare Vollzug von Gemeinschaftsrecht durch mitgliedstaatliche Behörden ist dann möglich, wenn das Gemeinschaftsrecht für diese unmittelbar gilt. Dafür müssen zwei Voraussetzungen erfüllt sein. Zum einen müssen die Voraussetzungen der unmittelbaren Anwendbarkeit erfüllt sein und zum anderen müssen die mitgliedstaatlichen Vollzugsbehörden selbst Adressaten dieser unmittelbaren Anwendbarkeit sein.

1. Voraussetzungen

Unmittelbare Anwendbarkeit heißt, daß die entsprechenden Bestimmungen eine unmittelbare Quelle von Rechten und Pflichten für alle diejenigen sind, die sie betreffen.[62] Hinsichtlich des Umfanges der un-

---

[61] Die unmittelbare Anwendbarkeit ersetzt allerdings die formelle Umsetzung von grundsätzlich umsetzungsbedürftigen Rechtsnomen nicht (siehe oben, Anm. 17).

[62] EuGH, Urteil vom 9.3.1978, Rs. 106/77 (*Staatliche Finanzverwaltung/S.p.A. Simmenthal*), Slg. 1978, 629 (643 f., Rn. 14/16). Aus der Literatur *Krämer*, Zur unmittelbaren Wirkung von Umwelt-Richtlinien der EWG, WiVerw 1990, 138 ff.; *Jarass*, Voraussetzungen der innerstaatlichen Wirkung von EG-Recht im Bereich des Umweltschutzes, in: *Jarass/Neumann*, Umweltschutz und Europäische Gemeinschaften, 1994, 1 ff.; *Gellermann* (Anm. 55), 125 ff.; *Winter* (Anm. 22), 657 ff. mit weiteren Verweisen sowie *Pagh*, The „Direct Effect Doctrine“ in EC Environmental Law, Nordic Journal of International Law, 1995, 23 ff.

mittelbaren Geltung muß zwischen den verschiedenen Rechtsquellen des Gemeinschaftsrechts unterschieden werden. Verordnungen und Entscheidungen sind *per se* in allen ihren Teilen verbindlich und gelten unmittelbar in jedem Mitgliedstaat (Art. 249 Abs. 2 und 4 EGV). Voraussetzung für die unmittelbare Anwendbarkeit von Richtlinienbestimmungen und Vorschriften des Primärrechts ist, daß die Umsetzungsfrist abgelaufen ist und die fraglichen Bestimmungen inhaltlich unbedingt und hinreichend genau sind.[63] Die unmittelbare Anwendbarkeit von an sich umsetzungsbedürftigen Richtlinienbestimmungen macht allerdings deren formelle Transformation in nationales Recht nicht überflüssig. Sie dient nur der vorläufigen Behebung von Umsetzungsdefiziten.[64]

2. Adressaten des Gemeinschaftsrechts

Im Falle der unmittelbaren Anwendbarkeit können sowohl die Mitgliedstaaten als auch Privatrechtssubjekte Adressaten des Gemeinschaftsrechts sein.[65] Für letztere gilt dies jedoch nur eingeschränkt. Verordnungen sind in allen ihren Teilen auch für Privatrechtssubjekte verbindlich (Art. 249 Abs. 2 EGV), unmittelbar anwendbare Richtlinienbestimmungen dagegen i.d.R. nicht zu ihren Lasten.[66] Inwieweit Richt-

---

[63] Siehe nur EuGH, Urteil vom 22.6.1989 (*Fratelli Costanzo/Stadt Mailand*), Slg. 1989, 1839 (1870, Rn. 29), Urteil vom 12.7.1990, Rs. C-188/89 (*Foster u.a.*), Slg. 1990, S. I-3313 (3348, Rn. 16); Urteil vom 15.1.1986, Rs. 44/84 (*Hurd/Jones*), Slg. 1986, 29 (83, Rn. 47). Kritisch zur diesbezüglichen Rechtsprechung insbesondere wegen der damit verbundenen Rechtsunsicherheit im nationalen Recht und der Einebnung des Unterschieds von Richtlinie und Verordnung *Steinberg* (Anm. 16), 575 ff.

[64] Näher dazu oben, Anm. 17.

[65] Siehe nur EuGH *Simmenthal* (Anm. 62), *ibid.*, sowie die nachfolgenden Verweise auf Literatur und Rechtsprechung.

[66] Das Dogma der nicht bestehenden unmittelbaren Direktwirkung von Richtlinien zu Lasten von Privatpersonen wird vom EuGH zunehmend aufgeweicht. Dies zeigen die Urteile *CIA Security* (Anm. 57) und *Unilever/Central Food* (Anm. 57). Darin ging es um die Unwirksamkeit von nationalen Vorschriften wegen eines Verstoßes gegen die *Normeninformationsrichtlinie* (näher hierzu Teil 6 Kap. 2 B.I.2.) auf die sich jeweils eines der am Verfahren beteiligten Unternehmen zu Lasten des jeweils anderen berief. Der EuGH argumentierte allerdings, daß es sich hier nicht um den Fall einer unmittelbaren Drittwirkung zu Lasten eines Unternehmens handele, weil die Richtlinie selbst we-

linienbestimmungen mit konträren Drittwirkungen, also adressatenbegünstigende aber drittbelastende oder adressatenbelastende aber drittbegünstigende Regelungen unmittelbar gelten können, ist noch nicht abschließend geklärt.[67] Drittwirkungen sind v.a. im Umweltrecht im Rahmen von Genehmigungserteilungen verbreitet. Denkbar ist eine Drittwirkung auch hinsichtlich der damit zusammenhängenden Informationsverfahren.

Nach der Rechtsprechung sind alle mitgliedstaatlichen Behörden, auch solche der Länder und der Gemeinden, verpflichtet, die Einhaltung der gemeinschaftsrechtlichen Vorschriften zu gewährleisten und im Falle seiner Unvereinbarkeit mitgliedstaatliches Recht unangewendet zu lassen.[68] Darunter fallen sowohl einzelne Behörden, Gebietskörperschaften und verfassungsmäßig unabhängige Hoheitsträger als auch die Organisationen oder Einrichtungen, die der Aufsicht des Staates unterstehen oder mit besonderen hoheitlichen oder schlicht-hoheitlichen Rechten ausgestattet sind.[69] Es wäre nach den Worten des Gerichtshofes widersprüchlich, wenn man dem einzelnen gestatten würde, sich vor den nationalen Gerichten auf die Bestimmungen einer Richtlinie zu be-

---

der Rechte noch Pflichten für diese Unternehmen begründe (*Unilever/Central Food*, a.a.O., Rn. 51). Eine zweite Variante der – indirekt – belastenden Drittwirkung ist die gemeinschaftsrechtskonforme Auslegung des *nationalen* Rechts. Auch über diesen Umwelt kann der unmittelbar anwendbaren, belastenden Vorschrift zur Geltung gegenüber Privaten verholfen werden (so der EuGH im Urteil vom 16.7.1998, Rs. C-355/96, *Silhouette International Schmied/Hartlauer Handelsgesellschaft*, Slg. 1998, S. I-4799 [4832 ff., Rn. 32 ff., insbesondere Rn. 36]).

[67] Dazu ausführlich *Jarass*, Folgen der innerstaatlichen Wirkung von EG-Richtlinien, NJW 1991, 2665 (2668); *Gellermann* (Anm. 55), 178 ff.; *Steinberg* (Anm. 16), 580; siehe auch *Winter* (Anm. 22), 663. Ein Beispiel für solche konträren Drittwirkungen ist die soeben erwähnte Rechtsprechung zur *Normeninformationsrichtlinie*.

[68] Siehe u.a. EuGH *Simmenthal* (Anm. 62), 644 (Rn. 21/23); Urteil vom 12.6.1990, Rs. C-8/88 (*Deutschland/Kommission*) „EAGFL", Slg. 1990, S. I-2321 (2359, Rn. 13); *Foster* (Anm. 63), 3348 (Rn. 18 ff.). Aus der Literatur siehe nur *Nicolaysen*, Europarecht I, 1991, 35 und *Krämer*, Unmittelbare Wirkung (Anm. 62), 149 ff.

[69] EuGH *Foster* (Anm. 63), 3348 (Rn. 18 f.) mit weiteren Verweisen; zur Verpflichtung der Gemeinden s. auch das Urteil *Fratelli Costanzo* (Anm. 63), 1870 f. (Rn. 30 f.). Aus der Literatur *Streinz* (Anm. 7), 1499; *Gellermann* (Anm. 55), 15 ff.; vgl. *Himmelmann* (Anm. 20), 145, der mit dem Begriff der „Umsetzung" z.T. auch die tatsächliche Anwendung erfaßt.

rufen, trotzdem aber die Verwaltung nicht für verpflichtet halten würde, diese Bestimmungen anzuwenden.[70] Solche Stellen können sowohl berechtigt als auch verpflichtet sein, eine Betroffenheit von Privatrechtssubjekten bedarf es nicht notwendigerweise. Bei dieser rein inneradministrativen unmittelbaren Anwendbarkeit wird auch von der „objektiven Direktwirkung" gesprochen.[71] Rechtsnormen ohne Schutzwirkung für Privatrechtssubjekte existieren gerade in Umweltrecht besonders häufig, insbesondere in Form von Informationspflichten.[72] Die Beachtung dieser Normen ist dann vor den nationalen Gerichten nicht einklagbar, was ihnen aber ihre Verbindlichkeit für die Behörden nicht nimmt.

3. Anwendung auf administrative Informationsverfahren

Regelungen über administrative Informationsverfahren, welche die Kriterien der unmittelbaren Anwendbarkeit erfüllen, müssen daher von den Behörden direkt durchgeführt werden. Diese Kriterien sind die Klarheit und Unbedingtheit der gemeinschaftsrechtlichen Bestimmung unter Ausschluß eines mitgliedstaatlichen Ermessensspielraums. Bei Richtlinien kommt noch hinzu, daß die Umsetzungsfrist abgelaufen sein muß.[73] *Winter* läßt unter die „objektive Direktwirkung" v.a. die zu einem bestimmten Zeitpunkt und mit bestimmten Inhalten aufzustellenden Pläne und Programme, die Einrichtung von Meßstationen und die Durchführung von Messungen, die Weiterleitung von Informationen an die Kommission sowie die Durchführung einer UVP fallen.[74]

---

70 EuGH *Fratelli Costanzo*, *ibid.*

71 *Winter* (Anm. 22), 663 f., insbesondere 664. Ebenso *Kadelbach* (Anm. 2), 59 f.; *Scheuing*, Instrumente zur Durchführung des Europäischen Umweltrechts, NVwZ 1999, 475 (480) und *Albin*, Die Vollzugskontrolle des europäischen Umweltrechts, 1999, 91 f. unter Verweis auf das Urteil „Großkotzenburg"; wohl auch *Kössinger*, Die Durchführung des europäischen Gemeinschaftsrechts im Bundesstaat, 1989, 64. Anders wohl noch *Zuleeg*, Kompetenzen (Anm. 1), 34 sowie *Gellermann* (Anm. 55), 194, die eine unmittelbare Anwendbarkeit nur bei Vorliegen subjektiver Rechte anzunehmen scheinen.

72 Hierauf verweist auch *Krämer*, der u. a. Meßpflichten und Sanierungspläne nennt (Unmittelbare Wirkung, [Anm. 62], 141 f., 158).

73 Nach *Kadelbach* ist im Rahmen der objektiven Direktwirkung im Falle des Fehlens von entgegenstehenden Rechtsakten der Ablauf der Umsetzungsfrist dagegen nicht erforderlich (Anm. 2, 59 f.).

74 *Winter* (Anm. 22), 664.

Die Kriterien der unmittelbaren Anwendbarkeit gelten für jede Form des Verwaltungshandeln, unabhängig davon, ob das Gemeinschaftsrecht zu einem hoheitlichen oder nicht-hoheitlichen Handeln verpflichtet.[75]

Aus dem Text des Rechtsaktes muß für die Behörden jeweils klar hervorgehen, welches Verhalten von ihnen gefordert ist. Insofern kommen hier vornehmlich rein inneradministrative *Auskunfts-* und *Unterrichtungspflichten* in Betracht.[76] Berichts-, Planungs- und Informationsbeschaffungspflichten lassen den Mitgliedstaaten meist einen so erheblichen Gestaltungsspielraum, daß sie nicht unmittelbar anwendbar sind.[77] Bei Konsultationspflichten variiert die Beurteilung der unmittelbaren Anwendbarkeit stark nach der konkreten Ausgestaltung im Einzelfall. Dabei ist stets darauf zu achten, daß sich die Informationsverfahren nicht zu Lasten von Privatpersonen auswirken. Ist das der Fall, ist die Regelung nicht unmittelbar anwendbar. Ebensowenig dürfen ohne formelle Umsetzung Informationen weitergeleitet werden, wenn dadurch Geheimhaltungsinteressen von Privatrechtssubjekten berührt werden.

Auslegungsschwierigkeiten allein reichen nach der Rechtsprechung des Gerichtshofes jedoch nicht, um einen Rechtsakt unangewendet zu lassen. Die Kommission hat hier zu einem Hilfsmittel gegriffen, das im rechtlich Unverbindlichen bleibt, aber über praktische Schwierigkeiten hinweg hilft. Häufig werden solche Fragen entweder im direkten Kontakt der Behörde mit der Kommission oder im Rahmen von bei der

---

[75] *Krämer*, Unmittelbare Wirkung (Anm. 62), 153.

[76] Vom EuGH z.B. bejaht bei Art. 8 und 9 der *Normeninformationsrichtlinie* im Urteil *CIA Security* (Anm. 57), Rn. 43 ff., allerdings im Zusammenhang mit der Prüfung, ob sich Privatrechtssubjekte auf die Unwirksamkeit nicht mitgeteilter technischer Normen berufen können (hier bejaht; näher zur Richtlinie oben, Teil 2 Kap. 2 A.II.3.b.aa. sowie zum Urteil unten, Teil 6 Kap. 2 B.I.2.). Vgl. *Pagh* (Anm. 62), der mit dem kurzen Verweis auf die „Natur der Verpflichtung" („*by the nature of the obligation*", 27) und unter Anführung des Urteils *Enichem Base* (Anm. 42) die unmittelbare Anwendung von Informationspflichten, namentlich solchen zur Mitteilung von Abfallplänen, ablehnt, sich dabei wegen des Verweises auf *Enichem Base* aber wohl auf die Klagemöglichkeit von Privatrechtssubjekten beschränkt.

[77] Im Hinblick auf Programme und Pläne ebenso *Gellermann* (Anm. 55), 195 sowie *Krämer*, Unmittelbare Wirkung (Anm. 62), 147 f. Vgl. *Kadelbach* (Anm. 2, 80 f.), der die unmittelbare Wirkung von Grenzwerten im Umweltrecht ablehnt, wenn und weil die von den Mitgliedstaaten zu ergreifenden Maßnahmen offen bleiben.

Kommission angesiedelten Ausschüssen geklärt.[78] Um solche Einzelfallbesprechungen nicht überzählig werden zu lassen, hat die Kommission schon frühzeitig angefangen, ihre Rechtsauffassung durch Mitteilungen an die Mitgliedstaaten – oder direkt an deren Behörden – darzulegen.[79] Die rechtlich verbindliche Klärung kann im nicht einverständlich zu klärenden Konfliktfall vor dem Gerichtshof erfolgen.

C. *Die Wahl der Durchführungsmaßnahmen*

Grundsätzlich sind die Mitgliedstaaten verpflichtet, alle geeigneten Maßnahmen allgemeiner oder besonderer Art zur Erfüllung der Verpflichtungen zu treffen, die sich aus den Handlungen der Gemeinschaftsorgane ergeben (Art. 10 EGV).[80] Auch müssen die Mitgliedstaaten die Organe bestimmen, die für die innerstaatliche Anwendung des Gemeinschaftsrechts zuständig sind.[81] Die Auswahl der sachgerechten Maßnahmen überläßt das Gemeinschaftsrecht den Mitgliedstaaten, solange es selbst darüber keine konkrete Aussage trifft.[82] Der Vollzug des Gemeinschaftsrechts durch die nationalen Behörden richtet sich, sofern keine gemeinschaftsrechtlichen Vorschriften vorhanden sind, nach nationalem Recht.[83]

---

[78] Siehe oben, Teil 2 Kap. 3.A. und B.

[79] Dazu Teil 2 Kap. 4 D.

[80] EuGH, Urteil vom 2.2.1977, Rs. 50/76 (*Amsterdam Bulb B.V./Produktschap voor Siergewassen*), Slg. 1977, 137 (150, Rn. 32); Urteil vom 12.7.1984, Rs. 49/83 (*Luxemburg/Kommission*) „Rechnungsabschluß EAGFL", Slg. 1984, 2931 (2942, Rn. 20); *Rewe* (Anm. 7), 1998 (Rn. 5) Für den Umweltschutz ist die mitgliedstaatliche Durchführungszuständigkeit und -pflicht noch einmal gesondert in Art. 175 Abs. 4 EGV festgelegt. Siehe auch oben, Teil 3 Kap. 2 A. sowie C.III.

[81] EuGH, Urteil vom 15.12.1971, verb. Rs. 51-54/71 (*International Fruit Company/Produktschap Groenten*), Slg. 1971, 1107 (1116, Rn. 3/4). Daran knüpfen spezielle sekundärrechtliche Benennungspflichten an (siehe oben, Teil 2 Kap. 2 B.IV.3.).

[82] EuGH, Rs. C-8/88 „EAGFL" (Anm. 68), 2359 (Rn. 13); *Amsterdam Bulb* (Anm. 80), 150 (Rn. 32 f.); Urteil vom 16.12.1976, Rs. 45/76 (*Comet/Productschap voor Siergewassen*), Slg. 1976, 2043 (2053, Rn. 11/18).

[83] Nachweise oben, Anm. 7.

I. Das Effektivitäts- und Gleichstellungsgebot

Eingeschränkt wird die Wahlfreiheit der Mitgliedstaaten durch die Verpflichtung auf eine *effektive* und *einheitliche* Durchführung des Gemeinschaftsrechts. Die Anwendung nationalen Rechts darf zum einen die Tragweite und Wirksamkeit des Gemeinschaftsrechts nicht beeinträchtigen.[84] Zweitens dürfen keine Unterschiede im Vergleich zu Verfahren gemacht werden, in denen über gleichartige, aber rein nationale Rechtsstreitigkeiten entschieden wird.[85] Das Gemeinschaftsrecht muß einheitlich angewendet werden und darf nicht gegenüber der Anwendung nationalen Rechts diskriminiert werden.[86] Die nationalen Behörden und Gerichte müssen ebenso sorgfältig vorgehen wie in vergleichbaren rein nationalen Fällen und dürfen die Verfahrensmodalitäten nicht schwieriger gestalten.

Oberstes Gebot ist also die uneingeschränkte und einheitliche Anwendung des Gemeinschaftsrechts, d.h. dessen „praktische Wirksamkeit".[87] Zu diesen Anforderungen gehört auch, daß das Gemeinschaftsrecht in einer Weise durchzuführen ist, die den Erfordernissen der Eindeutigkeit und Bestimmtheit des Rechtszustandes gerecht wird. Die Gemeinschaft hat daher auch im Bereich des indirekten Vollzuges die Möglichkeit der

---

[84] EuGH, Urteil vom 6.5.1982, Rs. 54/81 (*Fromme/BALM*), Slg. 1982, 1449 (1463, Rn. 6); EuGH *Deutsche Milchkontor* (Anm. 7), 2665 f. (Rn. 19, 22). Aus der Literatur siehe nur *Schwarze*, Europäisches Verwaltungsrecht, Bd. 2 1988, 1060; *v. Danwitz*, Eigenverantwortung der Mitgliedstaaten (Anm. 1), 422; *Streinz* (Anm. 7), 1501 f.; *Gornig/Trüe* (Anm. 7), 937.

[85] EuGH *Deutsche Milchkontor*, a.a.O., 2665 f. (Rn. 19, 23); *Rewe* (Anm. 7), *ibid.*

[86] EuGH *Fromme* (Anm. 84), Rn. 7; *Comet* (Anm. 82), a.a.O.; *Schlüter* (Anm. 7), Rn. 11. Dieses Diskriminierungs*verbot* bzw. Gleichstellungs*gebot* ist für den Bereich der Betrugsbekämpfung inzwischen ausdrücklich im EGV festgeschrieben worden. Art. 280 Abs. 2 EGV [ex Art. 209a] bestimmt, daß die Mitgliedstaaten zur Bekämpfung von Betrügereien, die sich gegen die finanziellen Interessen der Gemeinschaft richten, die gleichen Maßnahmen ergreifen, die sie auch zur Betrugsbekämpfung hinsichtlich ihrer eigenen finanziellen Interessen vorsehen.

[87] EuGH, Urteil vom 13.2.1969, Rs. 14/68 (*Wilhem/Bundeskartellamt*), Slg. 1969, 1 (14, Rn. 6). Aus der Literatur ausführlich u.a. *Pühs* (Anm. 9), 79 ff. Kritisch im Hinblick auf die Rechtsprechung des EuGH *Schmidt-Aßmann*, Europäisches Verwaltungsverfahrensrecht (Anm. 4), 140 ff.

– partiellen – Vereinheitlichung des nationalen Verwaltungsvollzuges.[88] Wenn die Verschiedenartigkeit der nationalen Rechtsvorschriften geeignet ist, die Gleichbehandlung der Wirtschaftsteilnehmer zu gefährden oder Verzerrungen hervorzurufen, dann ist es Aufgabe der Gemeinschaftsorgane, die erforderlichen Bestimmungen zu erlassen, um diese Unterschiede auszuräumen.[89] Die Gemeinschaft ist nach der Rechtsprechung des Gerichtshofes also befugt, Bestimmungen für das nationale Verwaltungsverfahren zu erlassen. Besteht eine vollständige Regelung durch das Gemeinschaftsrecht, so darf auf nationale Vorschriften nicht zurückgegriffen werden.[90] Dies gebietet das Erfordernis des Vorrangs und der einheitlichen Anwendung des Gemeinschaftsrechts. Durch Art. 10 EGV sind die Mitgliedstaaten zudem generell zur loyalen Zusammenarbeit mit der Gemeinschaft verpflichtet.[91]

II. Die institutionelle Autonomie der Mitgliedstaaten

Mehr noch als die Wahl der konkreten Maßnahmen steht den Mitgliedstaaten die Gestaltung der verwaltungsorganisatorischen Struktur frei. Die Verwaltungen der Gemeinschaft und der Mitgliedstaaten sind prinzipiell *rechtlich und organisatorisch getrennte Behördenstrukturen*, sie sind institutionell autonom.[92]

---

[88] Zur fehlenden Kompetenz der Gemeinschaft für eine sachbereichsübergreifende Kodifikation des allgemeinen Verwaltungsrechts siehe oben, Teil 2 Kap. 1 B.II.

[89] EuGH *Deutsche Milchkontor* (Anm. 7), 2667 (Rn. 24); *Rewe* (Anm. 7), a.a.O.

[90] EuGH *Fleischkontor* (Anm. 7), a.a.O.

[91] Siehe oben, Teil 3 Kap. 2.

[92] Aus der Literatur u.a. *v. Danwitz*, Eigenverantwortung der Mitgliedstaaten (Anm. 1), 429 ff. unter Kritik der diesbezüglich z.T. konträren *effet-utile*-Rechtsprechung; *Stettner* in: *Dauses* (Anm. 1), Rn. 9; *Rengeling*, Europäisches Verwaltungsrecht (Anm. 1), 231; *Pache* (Anm. 1), 80 ff.; *Breuer*, Der Entwurf einer EG-Wasserrahmenrichtlinie, NVwZ 1998, 1001 (1006 f.); vgl. *Badura*, Die Organisations- und Personalhoheit des Mitgliedstaates in der Europäischen Union, in: FS Everling, 1995, 33 ff. Siehe auch oben, A.

1. Freie Gestaltung der nationalen verwaltungsorganisatorischen Struktur – Insbesondere: Kein Durchgriffsrecht der Gemeinschaft

Es ist nach der Rechtsprechung des Gerichtshofes nicht Aufgabe der Kommission, sich zur Verteilung der Zuständigkeiten im Rahmen der organisationsrechtlichen Vorschriften der Mitgliedstaaten und zu den jeweiligen Pflichten der Behörden des Zentralstaates und der Gliedstaaten zu äußern.[93] So bestimmt sich auch ausschließlich nach dem Verfassungssystem der Mitgliedstaaten, in welcher Weise sie die gemeinschaftsrechtlichen Anwendungspflichten den innerstaatlichen Organen übertragen und welche Organe sie dafür auswählen.[94] Sie kann nur nachprüfen, ob das gemäß der nationalen Rechtsordnung errichtete System von Überwachungs- und Kontrollmaßnahmen so wirksam ist, daß es eine richtige Anwendung der gemeinschaftsrechtlichen Vorschriften erlaubt.[95] Es besteht sozusagen für die Kommission ein Einmischungsverbot in die Einzelheiten der Zuständigkeitsverteilung. Erst wenn das System im Ergebnis nicht wirksam ist, kann und muß die Kommission aufgrund ihrer Kontrollfunktion nach Art. 211, 226 EGV (ex Art. 155 und 169) tätig werden.

Unberührt bleibt davon die Pflicht der Mitgliedstaaten, die in den Rechtsakten des Rates enthaltenen organisationsrechtlichen Vorgaben

---

[93] EuGH, Rs. C-8/88 „EAGFL“ (Anm. 68), 2359 (Rn.13). Zum ganzen eingehend *Hatje* (Anm. 1), 111 ff.; siehe auch *Rengeling*, Gemeinschaftskompetenzen (Anm. 1), 226 ff.

[94] EuGH *International Fruit Company* (Anm. 81) a.a.O. sowie jüngst EuGH, Urteil vom 13.9.2001, Rs. C-417/99 (*Kommission/Spanien*) „Luftqualitätsrichtlinie“, NVwZ 2001, 1390 (1391); siehe auch das Urteil „Badegewässerrichtlinie“ (Anm. 22), 1804 (Rn. 12) und Urteil vom 25.5.1982, Rs. 97/81(*Kommission/Niederlande*) „Trinkwasserrichtlinie“, Slg. 1982, 1819 (1833, Rn. 12). Dieser Aussage lag die Vorlagefrage zugrunde, ob die Mitgliedstaaten Befugnisse oder Pflichten, die sich aus dem Gemeinschaftsrecht ergeben, auch anders als durch ausdrückliche Rechtsvorschrift auf innerstaatliche Organe übertragen können (*International Fruit Company*, a.a.O., 1116, Rn. 2). Da sich nach der Antwort des Gerichtshofes diese Frage allein nach dem innerstaatlichen Verfassungsrecht richtet, können solche Befugnisse und Zuständigkeiten auch durch Verwaltungsvorschrift oder -praxis übertragen werden, wenn dies nach dem innerstaatlichen Recht möglich ist. Aus der Literatur *Zuleeg*, Kompetenzen (Anm. 1), 41 f.; *Himmelmann* (Anm. 20), 146; *Gornig/Trüe* (Anm. 7), 938, vgl. *Bünten* (Anm. 1), 126 und 171 f.

[95] EuGH, Rs. C-8/88 „EAGFL“ (Anm. 68), 2359 (Rn. 13). Siehe auch *Kössinger* (Anm. 71), 17 ff.

zu erfüllen. Diese dürfen allerdings nicht zum Regelfall werden und müssen den Mitgliedstaaten noch einen ausreichenden Gestaltungsspielraum belassen.[96] Einfache Benennungspflichten z.B. lassen den Mitgliedstaaten ausreichend Gestaltungsspielraum und verletzen damit nicht die institutionelle Autonomie der Mitgliedstaaten.[97] In diesem Sinne bestimmt die *Geräuschemissionsrichtlinie* 2000/14/EG ausdrücklich, daß die zu benennenden Stellen zwar bestimmte Kriterien erfüllen müssen; die Tatsache, daß eine Stelle diese Kriterien erfüllt, bedeute aber nicht, daß ein Mitgliedstaat zur Benennung dieser Stelle verpflichtet ist.[98] Ebenso lassen die auf Gemeinschaftsebene zu bildenden, im Rahmen der Selbstorganisationsbefugnis der Gemeinschaft liegenden Ausschüsse die mitgliedstaatliche Verwaltungsstruktur unberührt, selbst wenn sie mit Vertretern der Mitgliedstaaten zu besetzen sind.[99] Zulässig sind auch Vorgaben für die technische Ausstattung der Behör-

---

[96] Vgl. *Pache*, EG-rechtliche Möglichkeiten und Grenzen einer Harmonisierung nationaler Vollzugssysteme, in: *Lübbe-Wolff* (Anm. 11), 177 (183 ff.), der sich für eine recht weit gehende diesbezügliche Regelungskompetenz der Gemeinschaft ausspricht, wenn dies für die effektive und einheitliche Durchführung des Gemeinschaftsrechts „zwingend" nötig ist.

[97] So implizit der EuGH in der Rs. *International Fruit Company* (Anm. 81), 1116 (Rn. 3/4) sowie in einem jüngeren Urteil zu *Luftqualitätsrichtlinie* (Anm. 94); ebenso *v. Bogdandy* in: *Grabitz/Hilf*, Art. 5 [a.F.], Rn. 43 und *Breuer* (Anm. 92), 1007 (dort Anm. 49). Skeptisch dagegen *Krieger*, Überwachung und Kontrolle, in: EUDUR, Bd. 2 1998, § 76, Rn. 19, wonach es sich um eine verkappte Behördenorganisations- oder Errichtungspflicht handelt. In diesem Sinne ausdrücklich die Bestimmung der *IVU-Richtlinie* (Art. 16 Abs. 4 der *Richtlinie* 96/61/EG vom 24.9.1996 *über die integrierte Vermeidung und Verminderung der Umweltverschmutzung*, Abl. Nr. L 257 vom 10.10.1996, 26), wonach die Mitgliedstaaten die für den Informationsaustausch zuständigen Behörden „errichten oder benennen" müssen; ebenso Art. 16 der *Seveso-II-Richtlinie* (*Richtlinie* 96/82/EG vom 9.12.1996 *zur Beherrschung der Gefahren bei schweren Unfällen mit gefährlichen Stoffen*, Abl. Nr. L 10 vom 14.1.1997, 13). *Stettner* erklärt auch solche Errichtungspflichten für unbedenklich (*Stettner* in: *Dauses*, [Anm. 1], Rn. 47, in Bezug auf das Agrarrecht). Im einzelnen zu den Benennungspflichten oben, Teil 2 Kap. 2 B.IV.3.

[98] Art. 15 Abs. 2 der *Richtlinie* 2000/14/EG vom 8.5.2000 *zur Angleichung der Rechtsvorschriften der Mitgliedstaaten betreffend die Geräuschemissionen von zur Verwendung im Freien vorgesehenen Geräten und Maschinen* (Abl. Nr. L 162 vom 3.7.2000, 1).

[99] Zur Selbstorganisationsbefugnis unten, Kap. 2 A. sowie Teil 2 Kap. 3 A. zu den Ausschüssen.

den mit Meßgeräten u.ä., wenn sie zur Umsetzung materiellen Gemeinschaftsrechts erforderlich ist, ebenso wie von der Gemeinschaft finanziell geförderte und auf freiwilliger Basis stattfindende Ausbildungsmaßnahmen.[100] Unzulässig dürften dagegen zwingende Mindestvorgaben für die genaue personelle Ausstattung von einzelnen Behörden sowie deren Aufgaben und Befugnisse sein.[101] In der Praxis geht die Tendenz hin zu immer konkreteren gemeinschaftsrechtlichen Vorgaben für die mitgliedstaatliche Verwaltungsorganisation, welche sich zwar noch in den Grenzen von allgemeinen Rahmenvorschriften halten, bei einem Überhandnehmen aber durchaus dieses Regel-Ausnahme-Verhältnis umdrehen können.[102] Besonders ausführlich sind die Bestimmungen im Fischereirecht, wonach „Überwachungszentren" eingerichtet und betrieben werden müssen, die „über das erforderliche Personal" verfügen, „mit der notwendigen Hard- und Software für die automatische Datenverarbeitung und die elektronische Datenübertragung ausgestattet" sind und für den Fall eines Systemausfalls ein Wiederinbetriebnahme- und

---

[100] Im Anschluß an *Pache*, Harmonisierung nationaler Vollzugssysteme (Anm. 96), 184 ff.

[101] *Pache*, *ibid*. Anders wohl das Urteil des EuGH vom 17.6.1999, Rs. C-336/97 (*Kommission/Italien*) „Pflicht zur Errichtung oder Benennung der zuständigen Behörden", Slg. 1999, S. I-3771 (3788, Rn. 25), welches nahelegt, daß ein bestimmter in der Richtlinie festgelegter Aufgabenbereich einer zu benennenden nationalen Behörde auch inhaltlich vollzogen werden muß.

[102] So bestimmt z.B. Art. 12 Abs. 2 der *CITES-Verordnung* (*Verordnung* EG Nr. 338/97 vom 9.12.1997 *über den Schutz von Exemplaren wildlebender Tier- und Pflanzenarten durch Überwachung des Handels*, Abl. Nr. L 61 vom 3.3.1997, S.1), daß die Eingangs- und Ausgangszollstellen mit „ausreichend und entsprechend ausgebildetem Personal" zu besetzen sind. Weiterhin sind auf nationaler Ebene nach dem *CITES-Übereinkommen* wissenschaftliche Behörden zu benennen, deren Vertreter auf Gemeinschaftsebene wiederum in einer beratend tätigen *Wissenschaftlichen Prüfgruppe* zusammengefaßt werden. In der *Richtlinie* 96/62/EG vom 27.9.1996 *über die Beurteilung und Kontrolle der Luftqualität* (Abl. Nr. L 296 vom 21.11.1996, 55) ist der Aufgabenbereich der von den Mitgliedstaaten zu benennenden „Behörden und Stellen" genauestens umschrieben. Er umfaßt die Durchführung der Richtlinie, die Beurteilung der Luftqualität, die Zulassung von Meßvorrichtungen, die Koordinierung der gemeinschaftlichen Qualitätssicherungsprogramme u.a.m. (Art. 3). Den Mitgliedstaaten wird allerdings nicht vorgeschrieben, daß alle diese Aufgaben einer einzigen Behörde zugeschrieben werden müssen. Die *IVU-Richtlinie* und die *Seveso-II-Richtlinie* sehen die Errichtung von für den Informationsaustausch zuständigen Behörden vor (siehe oben, Anm. 97).

Sicherungsverfahren vorsehen.[103] Auch die ursprünglich im Entwurf der *Wasserrahmenrichtlinie* vorgesehenen „Verwaltungseinheiten für die Einzugsgebiete" von Flüssen waren organisationsrechtlich äußerst bedenklich.[104] Es sind allerdings gerade solche Steuerungsmechanismen wie gemeinsame Vorschriften für Verwaltungsorganisation, Ausbildung

---

[103] Art. 3 Abs. 7 und 8 der *Fischereikontrollverordnung* Nr. 2847/93 i.d.F. der Verordnung Nr. 686/97 vom 14.4.1997 (Abl. Nr. L 102 vom 19.4.1997, 1). In der *GLP-Richtlinie* i.d.F. vom 8.3.1999 (*Richtlinie* 1999/12/EG der Kommission vom 8.3.1999 *zur zweiten Anpassung des Anhangs der Richtlinie 88/320/EWG des Rates über die Inspektion und Überprüfung der Guten Laborpraxis (GLP)*, Abl. Nr. L 77 vom 23.3.1999, 22) sind Vorschriften über das Personal der Überwachungsbehörden und deren Ausbildung sowie genaue Vorschriften über das nationale Überwachungsprogramm enthalten. Diese Richtlinie wurde allerdings in Umsetzung eines (bereits völkerrechtlich bindenden) OECD-Beschlusses erlassen. Aus der Literatur siehe *Schwarze/Becker/Pollack*, Die Implementation von Gemeinschaftsrecht: Untersuchungen zur Gesetzgebungs- und Verwaltungspolitik der Europäischen Gemeinschaft und ihrer Mitgliedstaaten, 1993, 35, 43; *v. Danwitz*, Eigenverantwortung der Mitgliedstaaten (Anm. 1), 422; *Pache*, Schutz der finanziellen Interessen (Anm. 1), 81 ff.; *ders.*, Harmonisierung nationaler Vollzugssysteme (Anm. 96), 184 ff. mit weiteren Beispielen sowie bereits *Weber, A.* (Anm. 1), 63 ff. *Weber* und *Pache* verweisen auf das Informationsnetz der gemeinsamen Agrarpolitik, die Pflicht zur Errichtung bestimmter Dienststellen und die Bestimmungen zur personellen und materiellen Ausstattung der mitgliedstaatlichen Behörden als Beeinflussung der mitgliedstaatlichen Organisationsstruktur, wobei *Pache*, wenn Gemeinschaftsgelder im Spiel sind, der Gemeinschaft einen weiten Eingriffsspielraum zuerkennt (Anm. 1, 95 f., bzw. Anm. 96, 184 ff.). Siehe auch *Bieber*, Die Verwaltungsorganisation der Europäischen Gemeinschaft, in: *Schweitzer*, Europäisches Verwaltungsrecht, 1991, 85 (90) und *Hilf*, Möglichkeiten und Grenzen des Rückgriffes auf nationale verwaltungsrechtliche Regeln bei der Durchführung von Gemeinschaftsrecht, in: *Schwarze*, Europäisches Verwaltungsrecht im Werden, 1982, 67 (71 ff.).

[104] Ausführlich hierzu *Breuer* (Anm. 92), 1003 ff. mit weiteren Beispielen aus dem Agrarrecht. Kritisch auch *Reinhardt* (Anm. 31), 153, der selbst die jetzt verwirklichte abgeschwächte Version der Verwaltungsvereinbarungen (Art. 3 Abs. 2 der *Richtlinie* 2000/60/EG vom 23.10.2000 *zur Schaffung eines Ordnungsrahmens für Maßnahmen der Gemeinschaft im Bereich der Wasserpolitik*, Abl. Nr. L 327 vom 22.12.2000, 1) für rechtlich bedenklich hält, weil diese eine Auflösung der föderalen Verwaltungsstruktur bedingen würden. A.A. *Caspar* (Anm. 35), 531 f., 536.

und Verwaltungsverfahren, die einen einheitlichen Vollzug garantieren.[105]

Aus der den Mitgliedstaaten grundsätzlich verbliebenen Hoheit über die eigene Verwaltungsorganisation und damit auch die innerstaatlichen Zuständigkeitsbestimmungen folgt, daß die Gemeinschaftsorgane im Rahmen der Informationsverfahren *kein Durchgriffsrecht auf nationale Behörden* haben, es sei denn, ein solcher direkter Behördenverkehr ist in den Rechtsakten ausdrücklich vorgesehen.[106] Letzteres kann insbesondere dann der Fall sein, wenn spezielle innerstaatliche Stellen von den Mitgliedstaaten für den Kontakt mit den Gemeinschaftsorganen und den anderen Mitgliedstaaten zu benennen sind.[107] Zeigen die Mitgliedstaaten aus eigener Initiative bestimmte innerstaatliche Stellen als

---

[105] *Schwarze/Becker/Pollack*, a.a.O., 53; zum ganzen eingehend *Hatje* (Anm. 1), 111 ff.; vgl. auch *Hilf*, a.a.O., 83 sowie *Pache*, Schutz der finanziellen Interessen, a.a.O., 71 ff. und *ders.*, Harmonisierung nationaler Vollzugssysteme, a.a.O., 184 ff. sowie allgemein zur Notwendigkeit flexibler Kooperationsmechanismen *Schmidt-Aßmann*, Verwaltungskooperation (Anm. 8), 270.

[106] Ebenso *Rengeling*, Gemeinschaftskompetenzen (Anm. 1), 234, *ders.* allerdings kritisch zur Effektivität des förmlichen Weges über die Ministerialebene (a.a.O., 225); *Hummer* in: *Grabitz/Hilf*, Art. 213 [a.F.], Rn. 4; *Albin* (Anm. 71), 253, die darauf verweist, daß damit die Gefahr der Zurückhaltung von Informationen durch die Mitgliedstaaten steigt; siehe auch *Constantinesco, L.* (Anm. 8), 299 f. Vgl. *Nockelmann*, Das Durchsuchungsrecht der EG-Kommission im Kartellverfahren, 1995, 144 ff., zur Frage des Durchgriffsrechts der Kommission auf die Landespolizeien bei fehlender Unterstützung durch das Bundeskartellamt. A. A. wohl noch *Ipsen, H.P.*, Als Bundesstaat in der Gemeinschaft, in: FS Hallstein, 1966, 248 (259 f.), *ders.*, Gemeinschaftsrecht (Anm. 7), aber unter Ausschluß eines durchgreifenden Weisungsrechts (220); a. A. auch *Segond*, Ermittlungsbefugnisse der EG-Kommission im Vollzug des Umweltrechts, in: *Ladeur/Winter*, Verfassungsprobleme der Europäischen Gemeinschaft, 1991, 93 (103 f.), die in diesem Zusammenhang von einer „Einheit der Staatsgewalt" der Mitgliedstaaten mit den Gemeinschaftsorganen ausgeht und die Behörden der Gemeinschaft in den Regelungsbereich des Art. 35 GG einbezieht. Eine solche Einheit der Staatsgewalt existiert nicht, wie das BVerfG auch im *Maastricht-Urteil* deutlich zum Ausdruck gebracht hat (BVerfGE 89, 155 ff.). Vgl. die entsprechenden Regelungen im völkerrechtlichen Amtshilfeverkehr (dazu oben, Teil 3 Kap. 3 A.I.) und im Rahmen völkerrechtlicher Umweltschutzübereinkommen (Teil 5 Kap. 2 B.).

[107] Ob in diesen Fällen den zentralen Stellen der Mitgliedstaaten – namentlich den Außenministerien – das Recht versagt ist, einzelne Angelegenheiten dennoch an sich zu ziehen, hängt von einer Beurteilung der entsprechenden gemeinschaftsrechtlichen Regelung im Einzelfall ab.

unmittelbare Ansprechpartner an, so ist dies wiederum Ausdruck ihrer Organisationshoheit und von den Gemeinschaftsorganen zu beachten. Die Entwicklung derartiger *transnationaler* Beziehungen, geht mit einem Kontrollverlust der nationalen Regierungen über die Außenpolitik einher.[108] Die Staaten handelten dann faktisch wie ein „Behördenverbund". In Ermangelung einer besonderen Bestimmung sind die Informationsverfahren durch Vermittlung über die jeweilige Ständige Vertretung des Mitgliedstaates bei der EG und die zuständige oberste Bundesbehörde abzuwickeln.[109] Die Kommission hat kein Recht auf Umgehung der innerstaatlichen Zuständigkeits- und Kontrollvorschriften hinsichtlich der an sie und andere Mitgliedstaaten abzugebenden Informationen – sie kann die nach ihrem Willen zuständige Stelle nicht eigenmächtig bestimmen. Denn bei Vertragsverletzungsverfahren wird auch der Mitgliedstaat als ganzes zur Verantwortung gezogen, er allein ist der richtige Beklagte, nicht die einzelnen Behörden.[110] Als Kehrseite dieser Medaille muß daher auch den zentral verantwortlichen Organen der Mitgliedstaaten die Möglichkeit gegeben werden, auf die Erfüllung der Pflichten aus dem Gemeinschaftsrecht Einfluß zu nehmen. Sieht also eine staatliche Vorschrift die zentrale Bearbeitung oder zumindest abschließende Kontrolle der Informationsweitergabe durch eine spezielle Stelle – wie z.B. das Außenministerium – vor, kann diese mitgliedstaatliche Organisationsentscheidung nicht durch die Kommission vorübergehend „außer Kraft" gesetzt werden. Sollte ein Auskunftsersuchen dennoch direkt an die zuständige innerstaatliche Behörde gerichtet werden, so hat diese das Ersuchen entsprechend den innerstaatlichen Vorschriften an die hierfür zuständige Stelle weiterzuleiten oder sich das Einverständnis zur unmittelbaren Bearbeitung und Beantwortung zu holen.[111] Ein Recht auf den direkten Durchgriff haben die Kommis-

---

[108] *Cassese*, Die Beziehungen zwischen den internationalen Organisationen und den nationalen Verwaltungen, in: *Achour/Cassese*, Aspekte der internationalen Verwaltung, 1985, 37 (43, 61). Näher hierzu oben, Teil 1 Kap. 2 B.II.

[109] So auch *Fischer*, Europarecht in der öffentlichen Verwaltung, 1994, 128; vgl. *Zuleeg*, Kompetenzen (Anm. 1), 33 und S.44 zur nicht vorhandenen Durchgriffsbefugnis beim Erlaß von Rechtsakten sowie *Benesch*, Die Kompetenzen der EG-Kommission aus Art. 90 Abs. 3 EWG-V, 1994, 82.

[110] Siehe nur *Jarass*, Grundfragen der innerstaatlichen Bedeutung des EG-Rechts, 1994, 61 mit Verweisen auf die Rechtsprechung des EuGH.

[111] Anders wohl *Kössinger* (Anm. 71), 144, der davon ausgeht, daß ein Auskunftsersuchen kein Eingriff in die innerstaatliche Autonomie ist, die Kommis-

sion und die anderen Mitgliedstaaten nur, wenn dies sekundärrechtlich hinreichend deutlich verankert ist.

2. Keine ungeschriebenen Rechts- und Fachaufsichtsbefugnisse der Kommission

In der Literatur ist unstreitig, daß der Kommission weder nach Art. 10 EGV noch nach Art. 211 EGV ein ungeschriebenes Weisungsrecht gegenüber den mitgliedstaatlichen Behörden oder die Befugnis zum Erlaß verbindlicher Verwaltungsvorschriften im Sinne einer Rechts- oder Fachaufsichtsbehörde zustehen.[112] Ein solches Weisungsrecht wäre als präventives Kontrollinstrument besonders wirksam, weil sich die Kommission dann in laufende Verwaltungsverfahren einschalten könnte. Sie ist aber nicht *per se* befugt, im konkreten Verwaltungsvollzug einen Mitgliedstaat oder gar die bearbeitende Behörde selbst verbindlich anzuweisen, wie dieser Fall erledigt werden muß.[113] Sie darf sich – es sei

---

sion sich also an die zuständige Stelle wenden darf, aber die Bundesregierung parallel dazu unterrichten muß.

[112] *Zuleeg*, Kompetenzen (Anm. 1), 42 ff., der darauf hinweist, daß den Gemeinschaftsorganen auch die Sachnähe und die Vertrautheit mit den örtlichen Verhältnissen fehlt (hierzu auch oben, Teil 1 Kap. 2 E.II.); *Rengeling*, Gemeinschaftskompetenzen (Anm. 1), 231 ff.; *Ipsen, H.P.* (Anm. 7), 220; *Weber, A.* (Anm. 1), 65 ff.; *Tomuschat*, Normenpublizität und Normenklarheit in der Europäischen Gemeinschaft, in: FS Kutscher, 1981, 461 (470); *Bünten* (Anm. 1), 173 f.; *v. Bogdandy*, Rechtsfortbildung mit Art. 5 EG-Vertrag, in: GS Grabitz, 1995, 17 (24); *Hatje* (Anm. 1), 156 ff.; *Lenz/Erhard* (Anm. 8), 96; *Schweitzer* (Anm. 1), 163; *Stettner* in: *Dauses* (Anm. 1), Rn. 47 f.; nicht ganz eindeutig noch *Constantinesco, L.* (Anm. 8), 299, der ein Weisungsrecht für Einzelfälle zwar ablehnt, generelle Weisungen in der Form von Art. 189 EWGV [a.F.] und auf der Grundlage von Art. 235 EWGV [a.F.] oder als *implied power* v.a. im Hinblick auf Auslegungsfragen des Sekundärrechts aber für möglich und praktisch erforderlich hält.

[113] Vgl. hierzu den Beschluß des BVerwG zum Planfeststellungsbeschluß über die Autobahn A 20 (Beschluß vom 21.1.1998, NVwZ 1998, 616 ff.). Darin stellt das BVerwG fest, daß der positiven Stellungnahme der Kommission über die Trassierung der A 20 im Rahmen der *Flora-Fauna-Habitat-Richtlinie* für die naturschutzrechtlichen Ermittlungen der nationalen Behörde keine rechtliche Verbindlichkeit zukomme, diese insbesondere nicht eigenen Ermittlungen im Sinne des Art. 6 Abs. 3 und 4 der Richtlinie entbehrlich mache (a.a.O., 621 sowie die *Stellungnahme der Kommission* vom 27.4.1995 *zu der Querung des gemeinsamen Tales von Trebel und Recknitz durch die geplante Autobahn A 20*

denn, es stehen ihr ausdrücklich eigene Verwaltungskompetenzen zu – nicht in laufende Verwaltungsverfahren einmischen und dann quasi als Fachaufsichts- oder Rechtsaufsichtsbehörde tätig werden. Die Gemeinschaft und die Verwaltung der Mitgliedstaaten stellen zwei eigenständige Verwaltungsstrukturen dar. Die Behörden der Mitgliedstaaten sind durch die Gründung der Gemeinschaften nicht in ein hierarchisches, integriertes Behördensystem mit der Kommission als Rechts- und Fachaufsichtsbehörde eingegliedert worden.[114] Dafür handelt es sich bei der Gemeinschaft eben noch nicht um einen Bundesstaat, sondern – mit den Worten des Bundesverfassungsgerichts – um einen Staatenverbund.[115] Zwar fehlt der Kommission ein Verwaltungsunterbau, was ihre Arbeit erschwert und ineffektiver macht. Dieses Defizit wird aber durch die Umsetzungspflicht der Mitgliedstaaten,[116] durch die Klagemöglichkeit der Kommission vor dem EuGH und die vielfältigen Zusammenarbeitspflichten aufgewogen. Zu diesen Zusammenarbeitspflichten gehören auch und v.a. die hier untersuchten Informationspflichten.

Die Kommission kann aber mittels der in Art. 249 EGV (ex Art. 189) enumerativ aufgeführten Rechtsakte die Verwaltungstätigkeit der Behörden dennoch steuern.[117] Dabei entsprechen Richtlinien und Verordnungen einer generellen Anweisung, wohingegen Entscheidungen in Einzelfällen getroffen werden.[118] Voraussetzung ist hierfür, daß die

---

gemäß Art. 6 Abs. 4 der Richtlinie 92/43/EWG zur Erhaltung der natürlichen Lebensräume sowie der wildlebenden Tiere und Pflanzen, Abl. Nr. C 178 vom 13.7.1995, 3).

[114] So ausdrücklich bereits *Ipsen, H.P.* (Anm. 7), 220; *Rengeling*, Gemeinschaftskompetenzen (Anm. 1), 234; *Bünten* (Anm. 1), 174; *v. Danwitz*, Eigenverantwortung der Mitgliedstaaten (Anm. 1), 430.

[115] BVerfGE 89, 155 (184 ff.) (*Maastricht-Urteil*).

[116] *Hatje* weist darauf hin, daß die derzeitigen, rechtlich bindenden Durchführungsvorschriften der Kommission bereits die Detailliertheit von nationalen Verwaltungsvorschriften erreichen, d.h. daß diese Art generalisierter Weisungen auf der Gemeinschaftsebene gar nicht erforderlich ist und die Kommission ein Einzelweisungsrecht wahrscheinlich überfordern würde (Anm. 1, 437 f.).

[117] Siehe auch *Scherer* (Anm. 8), 56 f.; *Rengeling*, Gemeinschaftskompetenzen (Anm. 1), 234; *Schweitzer* (Anm. 1), 163 und *Hummer* in: *Grabitz/Hilf*, Art. 155 [a.F.], Rn. 7.

[118] Dementsprechend finden sich in diesen Rechtsakten auch zunehmend detaillierte Vorgaben für das nationale Verwaltungsverfahren, welche im inner-

Kommission zum Erlaß solcher Rechtsakte in dem betreffenden Rechtsgebiet ermächtigt worden ist. Eine Vermutung für eine solche Befugnis besteht nicht.[119] Erforderlich ist eine *hinreichend deutliche Ermächtigung* im EG-Vertrag selbst oder in verbindlichem Sekundärrecht des Rates. Im Titel „Umwelt" des EG-Vertrages werden der Kommission keine allgemeinen Verwaltungsbefugnisse zugeschrieben. Voraussetzung ist also zunächst immer eine Rechtsetzungstätigkeit des Rates. Fehlt eine solche Rechtsgrundlage, so sind diesbezügliche Äußerungen der Kommission entweder als *unverbindliche Stellungnahmen* zu interpretieren oder als *intendierte Rechtsakte*, gegen die wegen Unzuständigkeit der Kommission eine *Nichtigkeitsklage* zulässig und begründet ist.[120]

Im Einzelfall kann in den Rechtsakten des Rates auch ein inhaltlich klar umgrenztes Weisungsrecht verankert werden, und zwar v.a. dort, wo

---

staatlichen Bereich i.d.R. im Rahmen von Verwaltungsvorschriften festgelegt würden (so auch *Tomuschat*, [Anm. 112], 470).

[119] EuGH, Beschluß vom 30.9.1987, Rs. 229/86 (*Brother Industries/Kommission*, Slg. 1987, 3757 (3762 ff.); Urteil des Gerichts erster Instanz (EuG) vom 13.12.1990, Rs. T-116/89 (*Prodifarma u.a./Kommission*), Slg. 1990, S. II-843 (864, Rn. 75 f.) sowie Beschluß vom 21.10.1993, verb. Rs. T-492/93 und T-492/93 R (*Nutral/Kommission*), Slg. 1993, S. II-1023 (1033 f., Rn. 26 ff.). Vgl. *Zuleeg*, Kompetenzen (Anm. 1), 43, der noch die Möglichkeit einer impliziten Ermächtigung zum Erlaß von Verwaltungsvorschriften auf der Grundlage des Rechtsinstitutes der *implied powers* prüft, wegen der Möglichkeit des Erlasses von unverbindlichen Stellungnahmen und Empfehlungen dies aber ablehnt. Siehe auch *Hummer* in: *Grabitz/Hilf*, Art. 155 [a.F.], Rn. 7 und *Stettner* in: *Dauses* (Anm. 1), Rn. 48.

[120] Im ersten Sinne das EuG in der Rs. *Nutral*, a.a.O.; vgl. auch EuG, *Prodifarma*, a.a.O., Rn. 75 sowie EuGH, „Interne Dienstanweisung" (dazu ausführlich u., Kap. 2 C.II.4.a.). Im letzten Sinne EuGH, Urteil vom 20.3.1997, Rs. C-57/95 (*Frankreich/Kommission*) „Pensionsfonds", EuR 1998, 85 ff. (insbesondere 88, Rn. 23 ff.), mit Anm. *Gundel*; Urteil auch in Slg. 1997, S. I-1627 ff. Ausführlich zur Frage der Zulässigkeit und Begründetheit einer derartigen Nichtigkeitsklage insbesondere auch zum Problem der Bestandskraft nach Ablauf der Klagefrist, die Urteilsanmerkung von *Gundel*, Rechtsschutz gegen Kommissions-Mitteilungen zur Auslegung des Gemeinschaftsrechts, EuR 1998, 88 ff. *Gundel* verweist darauf, daß sich die Kommission in der Praxis auf diese Rechtsprechung eingestellt zu haben scheint, weil sie in neueren Auslegungsmitteilungen z.T. ausdrücklich auf die Unverbindlichkeit der Mitteilung hinweist (a.a.O., 100; siehe auch oben, Teil 2 Kap. 4 D. mit weiteren Beispielen). Zum ganzen unten, Teil 4 Kap. 2 C.II.1., Teil 6 Kap. 2 B.I., sowie oben Teil 3 Kap. 2 A.II.2.

die Gemeinschaft ebenso im Direktvollzug tätig werden dürfte.[121] So hat der Rat der Kommission in der *Entscheidung* Nr. 1753/2000/EG vom 22.6.2000 *zur Einrichtung eines Systems zur Überwachung der durchschnittlichen spezifischen CO_2-Emissionen neuer Personenkraftwagen* eine Befugnis zuerkannt, die einer Fachaufsicht nahe kommt.[122] Es stellt sich dann als Anordnungsbefugnis der Kommission im Einzelfall dar und ist in Form einer justiziablen Entscheidung auszuüben. Dasselbe gilt für ein Zustimmungsverfahren. Auch hier hat die Kommission nicht die ungeschriebene, allgemeine Befugnis, mitgliedstaatliche Maßnahmen an ein präventives Kontrollverfahren zu binden. Das Vorliegen eines Zustimmungsverfahrens müßte sich klar aus dem Sekundärrecht ergeben.[123] Einfache sekundärrechtliche Informationspflichten, insbesondere Unterrichtungs- und Auskunftspflichten über mitgliedstaatliche Maßnahmen, stellen keine ausreichende Er-

---

[121] Vgl. oben zur Anordnung mitgliedstaatlicher Kontrollen durch die Kommission, Teil 2 Kap. 2 B.III., sowie Kap. 4 B., C. und E.

[122] Art. 6 der Entscheidung Nr. 1753/2000/EG (Abl. Nr. L 202 vom 10.8.2000, 1). Siehe auch die *Entscheidung* der Kommission vom 22.12.1998 *zur Bestätigung der von Österreich gemäß Art. 6 Absatz 6 der Richtlinie 94/62/EG des Europäischen Parlaments und des Rates über Verpackungen und Verpackungsabfälle notifizierten Maßnahmen* (Abl. Nr. L 14 vom 19.1.1999, 24). Darin prüft die Kommission nach Konsultierung der anderen Mitgliedstaaten im Rahmen des zuständigen Ausschusses die Rechtmäßigkeit einschließlich des Vorhandenseins angemessener Kapazitäten der stofflichen Verwertung für bestimmte von Österreich geplante Maßnahmen im Rahmen des Anwendungsbereichs der *Verpackungsrichtlinie*, was einer Rechtsaufsicht, wenn nicht gar einer fachaufsichtlichen Entscheidungskompetenz nahe kommt. Siehe auch *v. Borries* (Anm. 1) mit weiteren Beispielen (insbesondere 136 f. und 141 zur *Flora-Fauna-Habitat-Richtlinie*, in deren ursprünglicher Fassung eine echte Entscheidungsbefugnis der Kommission zur Festlegung der Schutzgebiete in Form eines Schiedsverfahrens vorgesehen war).

[123] In diesem Sinne das EuG in der Rechtssache *Prodifarma* (Anm. 119). Danach entspricht eine „vorherige Kontrolle der Vereinbarkeit nationaler Maßnahmen mit dem Gemeinschaftsrecht in Form einer von der Kommission gewährten Ermächtigung" nicht „der Zuständigkeitsverteilung zwischen den Gemeinschaftsbehörden und den nationalen Behörden, wie sie im EWG-Vertrag vorgesehen ist" (a.a.O., S. II-865, Rn. 79). Eine solche Befugnis könne weder aus Art. 5 EGV [a.F., jetzt Art. 10] noch aus Art. 11 der Verordnung Nr. 17 hergeleitet werden. Sie stehe der Kommission dagegen im Rahmen des Beihilfenverfahrens aufgrund der ausdrücklichen Bestimmung des Art. 90 Abs. 3 EGV [a.F., jetzt Art. 86] zu (a.a.O., Rn. 81).

mächtigungsgrundlage für ein derartiges Kontrollverfahren dar.[124] Ebensowenig ist Art. 10 EGV eine ausreichende Rechtsgrundlage. Art. 10 EGV verpflichtet zwar die Mitgliedstaaten, keine Rechtsvorschriften zu erlassen, durch die die praktische Wirksamkeit des Gemeinschaftsrechts ausgeschaltet werden könnte. Er verleiht der Kommission aber keine Befugnis, verbindliche Entscheidungen an die Mitgliedstaaten zu richten, um ihnen ein gemeinschaftsrechtskonformes Verhalten vorzuschreiben.[125]

Der Kommission stehen neben Weisungsrechten und Zustimmungsverfahren *subtilere* Steuerungsmittel zur Verfügung.[126] Für das Agrarrecht hat sie das Rechnungsabschlußverfahren entwickelt, bei dem Einzelfallentscheidungen der mitgliedstaatlichen Behörden *ex post* durch die Kommission kontrolliert und den Mitgliedstaaten im wortwörtlichen Sinne in Rechnung gestellt werden.[127] Durch den Einsatz von *Satellitenaufnahmen* kann ohne Weisungsrechte und ohne die Notwendigkeit des Betretens von mitgliedstaatlichem Hoheitsgebiet die mitgliedstaatliche Kontrollpraxis im Bereich der Flächenstillegung überwacht und als Konsequenz unmittelbar die Zuteilung von Fördermitteln gestrichen werden.[128] Eingeschränkt wird die Autonomie der Mit-

---

[124] EuG, *Prodifarma*, a.a.O. Danach ist die Kommission zwar berechtigt, von den zuständigen Behörden und den Regierungen alle erforderlichen Auskünfte einzuholen, diese Vorschrift könne aber nicht als Rechtsgrundlage für die Einführung des streitgegenständlichen Kontrollsystems dienen (S. II-864f., Rn. 78). Zum ganzen auch unten, Teil 6 Kap. 2 B.I.

[125] EuG, *Prodifarma*, a.a.O., S. II-865 (Rn. 79). Vgl. *Dauses*, Quelques réflexions sur la signification et la portée de l'article 5 du traité CEE, in: *Bieber/Ress*, Die Dynamik des Europäischen Gemeinschaftsrechts, 1987, 229 (233).

[126] Siehe auch *Schwarze/Becker/Pollack* (Anm. 102), 43; *v. Danwitz*, Verwaltungsrechtliches System (Anm. 1), 198 f. sowie *Hatje* (Anm. 1), 128 ff. und 167 f. Vgl. *van Rijn*, The Investigative and Supervisory Powers of the Commission, in: FS Schermers, 1995, 409 (412 ff.).

[127] Ausführlich hierzu *Scherer* (Anm. 8) sowie *Hatje*, a.a.O., 163 ff.; näher zum RAV oben, Teil 2 Kap. 4 D. *Scherer* spricht davon, daß die Kommission hierdurch *faktisch* zur Rechts- und Fachaufsichtsbehörde der nationalen Dienststellen werde (a.a.O., 72). Ähnlich bei Entscheidungen der Kommission über die Verteilung von Strukturfondsmitteln, bei denen nach Berichten von *Krämer* die Kommission Auszahlungen zurückhielt, weil für die zu fördernden Projekte keine ordnungsgemäße Umweltverträglichkeitsprüfung durchgeführt worden war (*Krämer*, Implementation, Anm. 33). Zu beiden Verfahren auch *Pühs* (Anm. 9), 240 ff. und 252 ff.

[128] Dazu näher unten, Teil 5 Kap. 3.

gliedstaaten darüber hinaus auch durch die automatische Geltung von Rechtsakten der Gemeinschaft in den Rechtsordnungen der Mitgliedstaaten, d.h. durch die Dogmatik der unmittelbaren Anwendbarkeit des Gemeinschaftsrechts. Zudem sind im Gemeinschaftsrecht vielfältige Formen der Verwaltungskooperation – wie die hier untersuchten *gemischt national-europäischen Verwaltungsverfahren*, die *informellen Strukturen des Informationsaustauschs* und letztlich auch die „einfachen" *Informationspflichten* – entwickelt worden, welche alle einer Steuerung der mitgliedstaatlichen Durchführung des Gemeinschaftsrechts dienen und das – wie die Bestandsaufnahme gezeigt hat – mit steigender Tendenz.[129] Sie sind Teil einer stetig wachsenden gemeinschaftlich-mitgliedstaatlichen „Mischverwaltung".[130] Dies bedeutet aber keine Vermischung der Verantwortungssphären. Die Mitgliedstaaten und die Gemeinschaftsorgane nehmen – zumindest dem rechtlichen Anspruch nach – auch bei einer nach dem Gemeinschaftsrecht vorgesehenen engen Zusammenarbeit die ihnen obliegenden gemeinschaftsrechtlichen Aufgaben unter eigener Verantwortung wahr.[131]

---

[129] Siehe Teil 2 Kap. 2. Im Ergebnis ähnlich für verschiedene Sachbereiche der Gemeinschaftspolitik *v. Borries* (Anm. 1), insbesondere 145 f.; *v. Danwitz*, Eigenverantwortung der Mitgliedstaaten (Anm. 1), 422 sowie zu den Informations- und Kooperationsverpflichtungen *ders.*, Verwaltungsrechtliches System (Anm. 1), 197 ff.; ebenso *Weber, A.* (Anm. 1), 67, der bereits 1988 darauf hinweist, daß der Bedeutung der faktischen Steuerung des nationalen Verwaltungshandelns insbesondere durch den informellen Informationsaustausch künftig größere Aufmerksamkeit zu widmen sei.

[130] Diese Durchdringung der Verwaltungsebenen ist im Gemeinschaftsrecht angelegt und anders als im deutschen Verfassungsrecht grundsätzlich erlaubt (*Stettner* in: *Dauses*, [Anm. 1], Rn. 27 f. und Rn. 48, 58; *Rengeling*, Europäisches Verwaltungsrecht, [Anm. 1], 206, 219). Kritisch abwägend hierzu im Hinblick auf das Gebot der Verantwortungsklarheit *Schmidt-Aßmann*, Verwaltungskooperation (Anm. 8), 296 f. Siehe auch *Hatje* (Anm. 1), 47.

[131] So der Gerichtshof im Hinblick auf eine sekundärrechtlich vorgesehene enge Zusammenarbeit im Rahmen der gemeinsamen Marktorganisation, Urteil vom 12.5.1971, Rs. 76/70 (*Wünsche/Hauptzollamt Ludwigshafen*), Slg. 1971, 393 (401, Rn. 10).

Kapitel 2: Die institutionelle Struktur

Im folgenden sollen die an der Sachverhaltsermittlung beteiligten Gemeinschaftsinstitutionen vorgestellt werden. Ein Schwergewicht der Darstellung liegt dabei auf der erst 1990 gegründeten Europäischen Umweltagentur. Eingangs stellt sich in diesem Zusammenhang die Frage, inwieweit die Gemeinschaft befugt ist, eine für die Sachverhaltsermittlung und den Informationsaustausch adäquate institutionelle Struktur aufzubauen.

A. Die Organisationsgewalt der Gemeinschaft

Die institutionelle Struktur der Gemeinschaft wird über die im Vertrag angelegte Grundstruktur hinaus durch vielfältige Organisationsmaßnahmen der Gemeinschaftsorgane mitgestaltet.

I. Selbstorganisationsbefugnis

Eine gewisse *Organisationsgewalt* kommt allen Organen auf der nationalen wie auch der völkerrechtlichen Ebene zu und gilt ebenso für die Organe der Europäischen Gemeinschaft.[132] Organisationsentscheidungen können unterschiedlicher Tragweite sein. Auf der Grundlage der in den Verträgen ausdrücklich übertragenen Geschäftsordnungskompetenz steht den Gemeinschaftsorganen zunächst das Recht zu, unter Beachtung der vom Vertrag festgelegten Regeln ihre eigene Organisationsstruktur und das organinterne Verwaltungsverfahren zu bestimmen.[133]

---

[132] Zum ganzen *Hilf*, Die Organisationsstruktur der Europäischen Gemeinschaften, 1982, 8 ff. mit weiteren Literaturverweisen und *Oppermann*, Europarecht, 2. Aufl. 1999, Rn. 444 ff. *Hilf* spricht bei den Europäischen Gemeinschaften von *Organisationskompetenzen*, da der Begriff der Organisationsgewalt ein rein beschreibender Begriff sei (a.a.O., 12). Siehe auch *Hummer*, Das „institutionelle Gleichgewicht" als Strukturdeterminante der Europäischen Gemeinschaften, in: FS Verdross, 1980, 459 (474 f.). Zum Völkerrecht *Seidl-Hohenveldern*, Das Recht der Internationalen Organisationen einschließlich der Supranationalen Gemeinschaften, 6. Aufl. 1996, Rn. 1522 sowie *Shermers/Blokker*, International Institutional Law, 1995, 152 ff.

[133] Siehe nur *Hilf*, a.a.O., 299 ff. mit weiteren Literaturverweisen; *Priebe*, Entscheidungsbefugnisse vertragsfremder Einrichtungen im Europäischen Gemeinschaftsrecht, 1979, 87 f. Die Geschäftsordnungskompetenz steht sowohl

Dies beinhaltet die interne Ausgestaltung der einzelnen Dienststellen sowie die Gründung *hierarchisch eingegliederter* Organteile. Auch *organisatorisch ausgegliederte* Einheiten, welche noch der Kontrolle des Ursprungsorgans unterstehen, dürfen eingerichtet werden.[134] Selbst *rechtlich selbständige* Organisationen können durch die Organe der Gemeinschaft gegründet und mit bestimmten Aufgaben und Befugnissen ausgestattet werden. Die Delegation von Aufgaben und Befugnissen ist mit der Schaffung rechtlich selbständiger Einheiten notwendig verbunden. Gerade für den letzten Fall bestehen allerdings enge rechtliche Grenzen.[135]

II. Grenzen der Organisationsgewalt und der Delegation von Befugnissen

Die Grenzen der Delegation von Befugnissen und damit auch der Organisationsgewalt der Gemeinschaftsorgane wurden schon frühzeitig im Rahmen der *Meroni*-Rechtsprechung des Gerichtshofes festgelegt und durch das Gutachten 1/76 ergänzt.[136] Sie beziehen sich vornehmlich auf die Gründung von eigenständigen juristischen Personen durch die Gemeinschaftsorgane.

---

dem Rat als auch der Kommission sowie dem Europäischen Parlament zu (Art. 207 Abs. 3, Art. 218 Abs. 2, Art. 199 Abs. 1 EGV).

[134] Die Befugnis dafür ergibt sich nach der Literatur entweder aus einer Anwendung der *implied powers* Lehre i.V.m. der jeweiligen Sachkompetenz oder aus Art. 308 EGV [ex Art. 235]. Für Ersteres *Hilf* (Anm. 132), 301; für den Rückgriff auf Art. 308 EGV i.V.m. der Organisationsgewalt der Gemeinschaft *Oppermann* (Anm. 132), Rn. 447 f.; *Priebe*, a.a.O., 91 ff. und *Pache* (Anm. 1), 79 f. Näher zur Figur der *implied powers* unten, B.II.2.b. *Bieber* weist darauf hin, daß insbesondere der Rechtsschutz nicht verkürzt werden darf (Anm. 102, 87).

[135] *Brenner* stellt fest, daß hier ein hohes Maß an Unübersichtlichkeit und rechtlichem Problempotential besteht (Besondere Einrichtungen, in: EUDUR, Bd. 1 1998, § 20, Rn. 1).

[136] EuGH, Urteil vom 13.6.1958, Rs. 9/56 (*Meroni/Hohe Behörde*), Slg. 1958, 9 ff.; Urteil vom 13.6.1958, Rs. 10/56 (*Meroni/Hohe Behörde*), Slg. 1958, 51 ff.; Gutachten 1/76 vom 26.4.1977 „Stillegungsfonds für die Binnenschifffahrt", Slg. 1977, 741 ff.

1. Die Delegation von Befugnissen

Eine Delegation von Befugnissen wird nicht vermutet. Sie muß hinreichend *ausdrücklich* aus dem Delegationsakt hervorgehen.[137] Die Gemeinschaftsorgane können zum zweiten *keine weiterreichenden Befugnisse* übertragen, als dem übertragenden Organ nach dem Vertrag selbst zustehen.[138] Bei der Wahrnehmung der delegierten Befugnisse durch die subsidiäre Organisationseinheit müssen daher auch alle die Bedingungen beachtet werden, welche das Organ selbst bei der eigenständigen Wahrnehmung der entsprechenden Befugnisse zu beachten hätte. Weiterhin dürfen *keine Ermessensbefugnisse* delegiert werden, weil dadurch eine Verlagerung der Verantwortung stattfinden würde – das Ermessen des nach den Verträgen verantwortlichen Organs würde durch das Ermessen der beauftragten Stelle ersetzt werden.[139] Nur *Durchführungsbefugnisse* dürfen übertragen werden. Durchführungsbefugnisse unterscheiden sich von Ermessensbefugnissen dadurch, daß deren Tatbestandsmerkmale genau umgrenzt sind[140] oder sie der inhaltlichen Entscheidung vor- oder nachgelagert sind.[141] Als Durchführungsbefugnisse können daher i.d.R. alle verwaltungsmäßigen Hilfsfunktionen angesehen werden, worunter Forschungs-, Beratungs- und sonstige Informationsaufgaben fallen – unter der Voraussetzung, daß sie ohne Inanspruchnahme von hoheitlichen Befugnissen ausgeübt werden.[142] Bei der bloßen Delegation von Durchführungsbefugnissen kann die Gemeinschaft sogar einer völkerrechtlichen, aus Mitgliedstaaten und Drittstaa-

---

[137] EuGH *Meroni* Rs. 9/56, a.a.O., 42. Siehe auch *Schwarze* (Anm. 84), 1165 f.

[138] EuGH *Meroni*, Rs. 10/56, a.a.O., 79 und Rs. 9/56, a.a.O., 40. Aus der Literatur *Hummer* in: FS Verdross (Anm. 132), 463, 469; *Schwarze*, a.a.O., 1166; allgemein im Hinblick auf Internationale Organisationen *Schermers/Blokker* (Anm. 132), 153.

[139] EuGH *Meroni*, Rs. 10/56, a.a.O., 81; *Hummer* und *Schwarze*, *ibid.*

[140] Wörtlich hat der Gerichtshof darauf abgestellt, daß der Gründungsakt die eingeräumten Befugnisse „sehr deutlich und genau umschreibt" (EuGH Gutachten 1/76, [Anm. 136], 760, Rn. 15 f.) bzw. diese „genau umgrenzt sind" (EuGH *Meroni* Rs. 9/56, [Anm. 136], 44).

[141] Vgl. Teil 1 Kap. 2 B., D.I. und G. zur Bedeutung der Sachverhaltsermittlung im Verwaltungsverfahren.

[142] *Hilf* (Anm. 132), 316 f.; vgl. *Oppermann* (Anm. 132), der von Vorbereitungs- und Durchführungsaufgaben ohne Ermessensspielraum spricht (Rn. 447).

ten bestehenden Organisation die Befugnis verleihen, in den Mitgliedstaaten unmittelbar geltende Beschlüsse zu fassen.[143] Das übertragende Organ muß nach der *Meroni*-Rechtsprechung die Ausübung dieser Befugnisse, d.h. die Beachtung der objektiven Tatbestandsmerkmale, kontrollieren.[144] Eine Verlagerung der Verantwortung auf Nebenorgane kann auch durch interne Kontrollmechanismen und Aufsichtsrechte des Hauptorgans *kompensiert* werden.[145]

2. Das institutionelle Gleichgewicht

Sollen diese Befugnisse durch eine relativ selbständige Organisationseinheit ausgeübt werden, sind zudem die unter dem Grundsatz des institutionellen Gleichgewichts gefaßten Grenzen zu beachten. Ansonsten bestünde die Gefahr einer „schrittweisen Desintegration des Gemeinschaftswerkes".[146] Der Begriff des institutionellen Gleichgewichts ist von der Rechtsprechung als rechtlicher Maßstab für das *Inter-Organ-Verhältnis* – das Verhältnis zwischen den Organen der Gemeinschaft – entwickelt worden.[147] Danach haben die Verträge ein institutionelles System der Zuständigkeitsverteilung zwischen den verschiedenen Organen der Gemeinschaft geschaffen, das jedem Organ seinen eigenen Auftrag innerhalb des institutionellen Gefüges der Gemeinschaft zuweist.[148] Dieses institutionelle Gleichgewicht gebietet, daß jedes Or-

---

[143] EuGH Gutachten 1/76 (Anm. 136), 760 (Rn. 15 f.) zu den Stillegungsfonds für die Binnenschiffahrt.

[144] Vgl. EuGH *Meroni* Rs. 9/56 (Anm. 136), 44.

[145] *Hilf* (Anm. 132), 318 f.

[146] Vgl. EuGH Gutachten 1/76 (Anm. 136), 760 (Rn. 14).

[147] EuGH, Urteil vom 17.12.1970, Rs. 25/70 (*Einfuhr- und Vorratsstelle Getreide/Köster*), Slg. 1970, 1161 (1173, Rn. 9); Urteil vom 29.10.1980, Rs. 138/79 (*Roquettes Frères/Rat*), Slg. 1980, 3333 (3360, Rn. 33) zur Frage der Anhörung des Europäischen Parlamentes; Urteil vom 22.5.1990, Rs. C-70/88 (*Parlament/Rat*), Slg. 1990, S. I-2041 (2072, Rn. 21) zur Frage der Klagebefugnis des Europäischen Parlamentes nach Art. 173 EWGV [a.F.]. Ausführlich hierzu *Hummer* in: FS Verdross unter Hinweis auf die *Meroni*-Rechtsprechung (Anm. 132, 462).

[148] EuGH *Parlament/Rat*, *ibid*. Ein weiterer rechtlicher Ansatzpunkt könnte Art. 10 EGV sein. Dieser ist nach Ansicht der Mitgliedstaaten auf die Beziehungen der Gemeinschaftsorgane untereinander anwendbar (siehe die Erklärung zu Art. 10 EGV im Schlußdokument des *Vertrages von Nizza*, unter-

gan seine Befugnisse unter Beachtung der Befugnisse der anderen Organe ausübt und daß die Verletzung der entsprechenden Befugnisse justiziabel ist.[149] Durch die Gründung von mehr oder weniger selbständigen Organisationseinheiten und der damit verbundenen Übertragung von Aufgaben und Befugnissen darf die im Vertrag angelegte Gewichtsverteilung nicht verschoben und die wesentlichen Strukturelemente der Gemeinschaft nicht geändert werden.[150]

Die in den Gemeinschaftsverträgen angelegte Befugnisverteilung impliziert z.B., daß dem Rat hinsichtlich außenwirksamer Maßnahmen weitergehende Organisationskompetenzen zukommen als der Kommission. Die Befugnis zur Gründung juristischer Personen liegt beim Rat, wenn nicht ausnahmsweise der Kommission ausdrücklich eine solche übertragen wurde.[151] Der Grundsatz des institutionellen Gleichgewichts legt auch eine zur Gemeinschaftsstruktur *strukturell kongruente Besetzung* selbständiger Organisationseinheiten nahe. Die Beziehungen zwischen den Mitgliedstaaten dürfen nicht durch die Gründung selbständiger Einheiten verändert werden.[152] Für untergeordnete, unselbständige Organisationseinheiten ist diese Kongruenz nicht erforderlich. Die Gründung solcher Organisationseinheiten soll meist gerade der Arbeitserleichterung durch flexiblere Verfahren dienen.[153] Die Organisationsentscheidung muß zudem für die zu erledigende Sachaufgabe erforderlich sein. Für die Beurteilung der Rechtmäßigkeit kommt es im Ergebnis auf eine *Gesamtschau* der Organisations- und Delegationsre-

---

zeichnet am 26.2.2001, Abl. Nr. C 80 vom 10.3.2001, 1; Nr. 3 der von der Konferenz angenommenen Erklärungen).

[149] EuGH *Parlament/Rat, ibid.*

[150] EuGH Gutachten 1/76 (Anm. 136), 759 (Rn. 12); siehe auch *Schwarze* (Anm. 84), 1166 ff.

[151] Ähnlich *Hilf* (Anm. 132), 304 f. und *Brenner* (Anm. 135), Rn. 3.

[152] EuGH Gutachten 1/76 (Anm. 136), 758 (Rn. 10 f.). Hier hatte sich der EuGH insbesondere gegen Vorrechte bestimmter Mitgliedstaaten und den Ausschluß anderer gewandt.

[153] So *Hilf* im Hinblick auf die Abdingbarkeit des Kollegialitätsprinzips bei Kommissionsentscheidungen (Anm. 132, 313). Hierzu auch die jüngere Rechtsprechung des EuGH, Urteil vom 8.6.1999, Rs. C-198/1997 (*Kommission/Deutschland*) „Grundsatz der kollegialen Verantwortlichkeit der Kommission“, Slg. 1999, S. I-3257 (3277 f., Rn. 17 ff.) und Urteil vom 29.9.1998, Rs. C-191/95 (*Kommission/Deutschland*) „Kollegialitätsprinzip“, Slg. 1998, S. I-5449 (5494 ff., Rn. 26 ff.).

gelungen an.[154] Diese Vorgaben sind ggf. im Sinne einer primärrechtskonformen Auslegung auch und v.a. bei der Feststellung der Aufgaben und Befugnisse von Gemeinschaftsinstitutionen – insbesondere der nun zu betrachtenden Umweltagentur – zu berücksichtigen.[155]

B. Die Europäische Umweltagentur

Die Europäische Umweltagentur wurde mit der Verordnung (EWG) Nr. 1210/90 vom 7.5.1990 zur Errichtung einer Europäischen Umweltagentur und eines Europäischen Umweltinformations- und Umweltbeobachtungsnetzes gegründet.[156] Die Verordnung trat erst am 30. Oktober 1993, im Anschluß an den Beschluß über den Sitz der Agentur, in Kraft.[157] Mitte 1994 nahm sie ihre Arbeit auf und veröffentlichte kurz darauf den ersten Umweltzustandsbericht.[158] Die Aufgaben der

---

[154] *Hilf*, a.a.O., 315 und 321. *Hummer* in: FS Verdross (Anm. 132) verweist auf die Notwendigkeit einer „dynamischen" Betrachtung, bei der nach vorübergehenden Ungleichgewichtszuständen sich jeweils wieder ein neues Gleichgewicht einstelle (a.a.O., 476 und 481 ff.).

[155] Gemäß der aus dem Grundsatz des Vorranges des Gesetzes folgenden Normenhierarchie ist das Sekundärrecht primärrechtskonform auszulegen (*Pernice* in: *Grabitz/Hilf*, Art. 164 [a.F.], Rn. 30 mit Verweisen auf Literatur und Rechtsprechung; siehe u.a. EuGH *Hoechst*, [Anm. 7], 2923 [Rn. 12]). Es gilt der Grundsatz der Einheit des Gemeinschaftsrechts (*Böhm*, Kompetenzauslegung und Kompetenzlücken im Gemeinschaftsrecht, 1985, 58).

[156] Abl. Nr. L 120 vom 11.5.1990, 1, geändert durch Verordnung Nr. 933/1999 vom 29.4.1999 (Abl. Nr. 117 vom 5.5.1999, 1). Zu den Aufgaben und der Entstehungsgeschichte der Agentur siehe auch die Veröffentlichung der EUA „Europäische Umweltagentur – Informationen sinnvoll nutzen", 1994/1995. Hierzu ausführlich auch *Brenner* (Anm. 135), Rn. 8 ff. und 25 ff., allerdings noch vor den Änderungen von 1999. Allgemein zur Geschichte und Effizienz unabhängiger Agenturen *Everson*, Independent agencies, in: *Winter*, Sources and Categories of European Union Law, 1996, 601 ff.

[157] Art. 21 der Verordnung. Als Sitz wurde Kopenhagen gewählt (siehe Abl. Nr. L 294 vom 30.11.1993, 29).

[158] Siehe die Mitteilung der Kommission vom 7.7.1995, *Überblick über die Entwicklung und Durchführung der Verordnung (EWG) Nr. 1210/90 des Rates zur Errichtung einer Europäischen Umweltagentur und eines Europäischen Umweltinformations- und Umweltbeobachtungsnetzes*, KOM (95) 325 endg., 2 sowie den Umweltzustandsbericht „Die Umwelt in Europa. Der Dobříš-Lagebericht", Kopenhagen 1994, Nachdruck 1995, *Stanners/Bourdeau* (Hrsg.). Der Zustandsbericht wurde nicht allein von der EUA erarbeitet, sondern in Zu-

Agentur bestehen u.a. in der Zusammenstellung und Bewertung von Umweltzustandsdaten, dem Erstellen von Sachverständigengutachten, dem Aufstellen einheitlicher Bewertungskriterien für Umweltdaten, der Förderung der Vergleichbarkeit der Umweltdaten auf europäischer Ebene sowie der Harmonisierung der Meßverfahren „auf geeignetem Weg"; seit 1999 ausdrücklich auch in der Unterstützung der Mitgliedstaaten und der Gemeinschaftsorgane bei der Überwachung von Umweltmaßnahmen und der Durchführung von Umweltverträglichkeitsprüfungen.[159] Weitere Aufgabenbereiche sind die Informationsverbreitung, darunter aller fünf Jahre die Veröffentlichung eines Umweltzustandsberichts, die Prognosenerstellung und die Methodenentwicklung für die Bewertung von Umweltschutzkosten sowie die Förderung des Informationsaustausches über die besten verfügbaren Technologien. Mit der Änderung von 1999 wurde die EUA zudem auf das Ziel einer „nachhaltigen Entwicklung" verpflichtet, ein Verweis auf das 1992 auf der U.N. Konferenz von Rio entwickelte Konzept der Vereinbarkeit von Umweltschutz und Entwicklung.[160]

Im Rahmen dieser Aufgaben arbeitet sie den Gemeinschaftsorganen und den Mitgliedstaaten zu und unterstützt insbesondere die Kommission bei der Erfüllung ihrer Aufgaben.[161] Hauptanwendungsbereich für diese inhaltlichen Aufgaben ist das *Europäische Umweltinformations- und Umweltbeobachtungsnetz* (EIONET), welches die Agentur verwalten soll.[162] *Von Bogdandy* beschreibt diese Netz treffend als „externen Informationsverbund" und „zweite Ebene" neben der eigentlichen

---

sammenarbeit mit der UNO (namentlich der ECE, UNEP und der WHO), der OECD und einzelnen Ländern Europas. Die Initiative zur Erstellung des Berichts ging von einer Umweltministerkonferenz im Juni 1991 auf Schloß Dobříš aus. Erfaßt wird der Umweltzustand Gesamt-Europas, nicht nur der Mitgliedstaaten der EG.

[159] Art. 2 der *Gründungsverordnung* (Anm. 156). Näher zu den Änderungen von 1999 unten, II.4.

[160] Art. 1 Abs. 2 Satz 1 der *Gründungsverordnung* i.d.F. der Verordnung Nr. 933/1999 (Anm. 156).

[161] Mit der Änderung von 1999 wird diese Unterstützungsfunktion betont, s. u.a. die neue Fassung von Art. 2 Ziff. ii erster Gedankenstrich, Ziff. xii und xiii (a.a.O.).

[162] Dazu eingehend oben, Teil 2 Kap. 2 C.III.1.

Agentur und zeigt Parallelen zu vier weiteren Agenturen mit ähnlichen Funktionen und einer ähnlichen Organisationsstruktur auf.[163]

I. Die Organisationsstruktur

1. Die Organe der Agentur und die Zusammenarbeit mit Dritten

Die Organe der Agentur bestehen aus einem Verwaltungsrat, dem Exekutivdirektor und dem Wissenschaftlichen Beirat.[164] Der *Verwaltungsrat* ist das Entscheidungsgremium der Agentur. Er setzt sich aus je einem Vertreter jedes Mitgliedstaates, zwei Vertretern der Kommission und zwei vom Europäischen Parlament benannten „wissenschaftlichen Persönlichkeiten" zusammen. Über den Verwaltungsrat üben die Mitgliedstaaten den bestimmenden Einfluß auf die Arbeit der Agentur aus. Er garantiert eine unmittelbare Anbindung und Rückkoppelung mit dem jeweiligen nationalen Fachministerium. Der Agentur kommt hierüber eine indirekte Steuerungswirkung zu.[165] Neben den Mitgliedstaaten der Europäischen Gemeinschaft können auch Drittstaaten Mitglieder der Agentur werden.[166] Diese können nach der Neufassung ebenfalls je einen Vertreter in den Verwaltungsrat entsenden.[167] Er entschei-

---

[163] *Von Bogdandy*, Information und Kommunikation in der Europäischen Union: föderale Strukturen in supranationalem Umfeld, in: *Schmidt-Aßmann/Hoffmann-Riem*, Verwaltungsrecht in der Informationsgesellschaft, 2000, 133 (175 ff.).

[164] Zur Organisationsstruktur auch *v. Bogdandy*, a.a.O., 173 ff. sowie *Brenner* (Anm. 135), Rn. 43 ff. und *Kahl*, Stellung und Funktion von Umweltagenturen – eine rechtsvergleichende Typologie, JbUTR 1996, 119 (130 f.), beide allerdings noch zur Rechtslage vor den Änderungen von 1999.

[165] *Von Bogdandy*, *ibid.*

[166] Art. 19 der *Gründungsverordnung* (Anm. 156). So sind neben Norwegen und Island seit kurzem alle mittel- und osteuropäischen Beitrittskandidaten Mitglied der EUA (siehe die Abkommen mit insgesamt 12 Beitrittskandidaten und die entsprechenden Genehmigungsbeschlüsse des Rates, jeweils vom 18.6.2001, in Abl. Nr. L 213 vom 7.8.2001, 1 ff.). In Bereichen von gemeinsamen Interesse kann die EUA nunmehr auch mit einzelnen *Einrichtungen* in Drittstaaten zusammenarbeiten (Art. 15 Abs. 2 a).

[167] Art. 8 Abs. 1 n.F. der *Gründungsverordnung*, a.a.O. Dies geschieht „nach Maßgabe der einschlägigen Bestimmungen", was insbesondere die Aufnah-

det mit Zweidrittelmehrheit und beschließt u.a. über die jährlichen und mehrjährigen Arbeitsprogramme der Agentur. Der *Exekutivdirektor* ist das Vertretungsorgan der Agentur. Ihm obliegt u.a. die sachgerechte Ausarbeitung und Durchführung der vom Verwaltungsrat gefaßten Beschlüsse, die laufende Verwaltung und die Vertretung nach außen. Der *Wissenschaftliche Beirat* hat die Aufgabe, zu den wissenschaftlichen Fragen, die ihm vom Verwaltungsrat oder dem Exekutivdirektor vorgelegt werden, Stellung zu nehmen.

Die Europäische Umweltagentur arbeitet mit der Gemeinsamen Forschungsstelle (GFS), dem Statistischen Amt (EUROSTAT) und den für die Umweltforschungs- und Entwicklungsprogramme zuständigen Stellen der Gemeinschaft zusammen.[168] Zum Beispiel hat EUROSTAT zum ersten Umweltzustandsbericht der Agentur, dem Dobríš-Lagebericht,[169] das statistische Kompendium beigetragen. Eine genaue Kompetenzabgrenzung findet sich in der Verordnung nicht. In einem Anhang sind Leitlinien für die Zusammenarbeit mit der GFS und EUROSTAT aufgestellt, welche die jeweiligen inhaltlichen Bereiche der Zusammenarbeit grob benennen. Für bestimmte Fragen sollen *interinstitutioneller Vereinbarungen* abgeschlossen werden.[170] Das Statistische

---

meabkommen nach Art. 19 der Verordnung sind. Hier stellt sich das Problem der Beteiligung von Drittstaaten an den Entscheidungsgremien der Gemeinschaft, welches auch dem Gutachten 1/76 zugrunde lag (siehe oben, Kap. 2 A.).

[168] Art. 15 Abs. 1 und Anhang der *Gründungsverordnung*, Abschnitt B. Nr. 1 des Anhangs i.d.F. der Verordnung Nr. 933/1999, a.a.O.

[169] Siehe Anm. 158.

[170] Zur Rechtsnatur solcher Vereinbarungen *Gauweiler*, Die rechtliche Qualifikation interorganschaftlicher Absprachen im Europarecht, 1988; *Schwarze*, Möglichkeiten und Grenzen interinstitutioneller Vereinbarungen nach Maastricht, EuR 1995, Beiheft 2, 49 ff. Solche Beschlüsse können u.a. als gemeinsame Vertragsauslegung – welche wegen der Auslegungskompetenz der EuGH unverbindlich wäre –, als Abschluß eines Vertrages – für den ein Vertragsbindungswille erforderlich ist –, als unverbindliches *Gentlemen's Agreement* oder als interner Organisationsakt – der nur im Innenverhältnis eine Bindungswirkung hätte – oder als Konkretisierung der Organtreuepflicht qualifiziert werden (*Gauweiler*, a.a.O., 54 ff.). Bei atypischen Organakten spricht eine Vermutung für die rechtliche Unverbindlichkeit (*Schwarze*, a.a.O., 56). Im Inter-Organ-Verhältnis kann solchen Vereinbarungen aufgrund einer Selbstbindung und des Grundsatzes der Organtreue allerdings Bindungswirkung zukommen (*Schwarze*, a.a.O., 54 und *Gauweiler*, a.a.O., 104 ff.). Verbindliche Rechtswirkung können interinstitutionelle Absprachen dann haben, wenn eine vertragliche Ermächtigung vorhanden ist (*Schwarze*, a.a.O., 50).

Programm für den Umweltbereich ist dem Verwaltungsrat der Agentur zur Annahme vorzulegen.[171] Seit 1999 ist auch ausdrücklich eine Zusammenarbeit mit „anderen Einrichtungen“, darunter auch dem IMPEL-Netz vorgesehen.[172] Bereits in der Ursprungsfassung der *Gründungsverordnung* war die Zusammenarbeit der Agentur mit verschiedenen europäischen und globalen Organisationen – wie der OECD, der IAEO und UNEP – vorgesehen.[173] So wurde der bereits erwähnte Lagebericht von Dobříš in Zusammenarbeit mit der UNO und der OECD erstellt. Dabei sollen nach der *Gründungsverordnung* insbesondere Doppelarbeit und Überschneidungen vermieden werden, was angesichts der Vielfalt der in diesem Bereich aktiven Gremien, Organe und Behörden nicht immer ganz einfach sein wird. So überschneiden sich bereits im Rahmen der Gemeinschaft die nach der *Gründungsverordnung* zu benennenden *innerstaatlichen Anlaufstellen*, *themenspezifischen Ansprechstellen* und das IMPEL-Netz. Dazu kommen die vielfältigen Informationspflichten im Rahmen des materiellen Umweltrechts, für welche auch nach den neueren Rechtsakten die Kommission zuständig bleibt[174] und wonach von den Mitgliedstaaten wiederum Durchführungsbehörden, Kontaktstellen etc. zu benennen sind.[175] Nicht zu vergessen sind weiterhin die vielfältigen Ausschüsse und sonstigen bi- und multilateralen Kontakte auf europäischer Ebene, die alle ebenfalls dem Informationsaustausch dienen.[176] Wenn man dann noch die Ebene der völkerrechtlichen Institutionen hinzu nimmt,[177] ist es kaum vorstellbar, daß hier Doppelarbeit und Überschneidungen vermieden werden können.

---

171 Siehe Anhang B der *Entscheidung* 94/808/EG des Rates vom 15.12.1994 *über die Annahme eines Entwicklungsprogramms mit vierjähriger Laufzeit (1994-1997) für die Umweltkomponente in den gemeinschaftlichen Statistiken* (Abl. Nr. L 328 vom 20.12.1994, 58). Hierzu auch oben, Teil 2 Kap. 2 C.IV.

172 Art. 3 Abs. 3 der *Gründungsverordnung* i.d.F. der Verordnung Nr. 933/1999 (Anm. 156). Zum IMPEL-Netz oben, Teil 2 Kap. 3 B.II. sowie Teil 1 Kap. 2 E.III.

173 Art. 15 Abs. 2 der *Gründungsverordnung* (Anm. 156). Eingehender zur Tätigkeit völkerrechtlicher Institutionen im Umweltbereich unten, Teil 5 Kap. 2 A.

174 Siehe unten, III.

175 Dazu im einzelnen Teil 2 Kap. 2 B.IV.3.

176 Ausführlich Teil 2 Kap. 3 A. und B. sowie unten, D.IV.

177 Hierzu im einzelnen Teil 5 Kap. 2 A.

In dem Entwurf der Kommission war vorgesehen, daß die Agentur zum Zwecke des Aufbaus des Umweltinformationsnetzes direkt mit den zuständigen mitgliedstaatlichen Stellen in Kontakt tritt und die Modalitäten der Durchführung durch Verwaltungsvereinbarungen regelt.[178] Die *Gründungsverordnung* sieht jetzt vor, daß die Mitgliedstaaten für das EIONET eine *innerstaatliche Anlaufstelle* benennen können, welche mit der Koordinierung und der Weitergabe der Informationen beauftragt ist.[179] Die Mitgliedstaaten können also den Datenaustausch zentralisieren und damit ihren nationalen Regierungen die Kontrolle des Datenflusses erleichtern. Auch eine zentrale Kontrolle der mit der Agentur abgeschlossenen Vereinbarungen ist möglich.[180] Neben der innerstaatlichen Anlaufstelle können *themenspezifische Ansprechstellen* benannt werden, die mit der Agentur hinsichtlich bestimmter Themen zusammenarbeiten.[181] Sie sind von den Mitgliedstaaten auszuwählen und dann vom Verwaltungsrat der Agentur für einen bestimmten Zeitraum zu benennen.[182]

---

[178] Art. 11 des *Vorschlags der EG-Kommission für eine EG-Verordnung zur Errichtung einer Europäischen Umweltagentur und eines Europäischen Umweltüberwachungs- und Informationsnetzes*, KOM (89) 303 endg. vom 23.6.1989 (Abl. Nr. C 217 vom 23.8.1989, 7).

[179] Art. 4 Abs. 1 und 3 der *Gründungsverordnung* (Anm. 156). Die Benennung ist durch alle Mitgliedstaaten erfolgt (siehe die Antwort von Frau *Bjerregaard* vom 10.2.1995 auf die Schriftliche Anfrage E-2717/94 von *Mihail Papayannakis*, Abl. Nr. C 312 vom 17.5.1995, 1). Zu diesem Zweck wurden vom Verwaltungsrat Formulare und Dateien erarbeitet, mittels derer die anfänglichen einfachen Unterrichtungen durch entsprechende zusätzliche Auskünfte in eine detaillierte Aufstellung umgearbeitet wurden (a.a.O.).

[180] Dazu unten, 3.

[181] Art. 4 Abs. 1 und 4 der *Gründungsverordnung* (Anm. 156). Innerstaatliche Anlaufstelle und themenspezifische Ansprechstelle ist für die Bundesrepublik Deutschland das Umweltbundesamt (*Breier*, Die Organisationsgewalt der Gemeinschaft am Beispiel der Errichtung der Europäischen Umweltagentur, NuR 1995, 516 [516]).

[182] Art. 4 Abs. 4 und Abs. 5 UAbs. 2 der *Gründungsverordnung*, a.a.O. Der Zeitraum ist durch die Änderung von 1999 auf die Laufzeit des Mehrjahres-Arbeitsprogramms begrenzt worden.

2. Rechtspersönlichkeit der Agentur

Die Agentur ist von den anderen Gemeinschaftsorganen organisatorisch getrennt und besitzt *Rechtspersönlichkeit*. Zudem kommt ihr jeweils die nach dem innerstaatlichen Recht der Mitgliedstaaten „weitestgehende" *Rechts- und Geschäftsfähigkeit* zu.[183] Letztere beinhaltet zunächst nur eine auf das innerstaatliche Recht bezogene Statusklausel, ohne eine zusätzliche Rechtspersönlichkeit auf der Ebene der Gemeinschaft zu implizieren.[184] Unter ersterem ist die Rechtsträgerschaft im Rahmen des Gemeinschaftsrechts und ggf. auch des Völkerrechts zu verstehen. Die Bestimmung des Art. 7 S.1 der *Gründungsverordnung* entspricht dem Wortlaut des Art. 281 EGV (ex Art. 210), welcher sich auf die Gemeinschaft als ganzes bezieht. Letzterer wird einhellig dahingehend ausgelegt, daß damit die Rechtspersönlichkeit der Gemeinschaft im zwischenstaatlichen völkerrechtlichen Verkehr gemeint ist. Auf die Rechts- und Geschäftsfähigkeit *innerhalb* der Mitgliedstaaten bezieht sich Art. 282 Hs. 1 EGV (ex Art. 211), dem Art. 7 S. 2 der *Gründungsverordnung* entspricht. Insofern ist davon auszugehen, daß der Agentur wie der Gemeinschaft selbst sowohl die Rechtsfähigkeit innerhalb der Mitgliedstaaten nach dem jeweiligen nationalen Recht, als auch auf einer zwischenstaatlichen Regelungsebene zukommen soll. Die Agentur ist mit eigenen Organen sowie eigenen Rechten und Pflichten im personellen, finanziellen und organisatorischen Bereich so ausgestattet, daß sie gegenüber den anderen Organen der Gemeinschaft als selbständige Rechtseinheit besteht. Für sie ist ein Haushaltsplan aufzustellen, ihr kommt die Dienstherreneigenschaft zu, und sie haftet selbständig für ihre Tätigkeiten.[185] Bei rechtlicher Selbständigkeit einer Institution des Gemeinschaftsrechts stehen weder der Kommission noch dem Rat (un-

---

[183] Art. 7 der *Gründungsverordnung*, a.a.O.

[184] *Hilf* (Anm. 132), 357 ff. (insbesondere 360); siehe auch *Beutler/Bieber/Pipkorn/Streil*, Die Europäische Union, 1993, 159 sowie *Breier* (Anm. 181), 518. Vgl. *Brenner* (Anm. 135), Rn. 20, der nur auf die Rechtsfähigkeit nach dem nationalen Recht eingeht.

[185] Siehe Art. 11 bis 14, 17 und 18 der *Gründungsverordnung* (Anm. 156) sowie Art. 19 zur Beteiligung von Drittstaaten an der Agentur. Zur Organstruktur oben, 1. Vgl. *Hilf* (Anm. 132), 359, der bei einem anstaltsähnlichen Organisationstyp mit unterstützenden Funktionen zugunsten der Hauptorgane i.d.R. von einer unselbständigen Organstellung ausgeht. Eine eigene Haftungsfähigkeit und eine finanzielle Zurechnungsfähigkeit sprächen aber für eine gemeinschaftsrechtliche Rechtsfähigkeit.

geschriebene) Weisungsbefugnisse zu.[186] Die Kommission ist im Vergleich zu den Mitgliedstaaten im Rahmen der Agentur nicht einmal *primus inter pares*.[187] Sie kann im Verwaltungsrat ohne weiteres von diesen überstimmt werden. Diese Selbständigkeit gewährleistet der Agentur eine entsprechende Unabhängigkeit von den anderen Organen der Gemeinschaft bei der Informationsverwaltung.[188]

Nicht eindeutig ist, ob der Agentur auch Rechtspersönlichkeit nach dem *Völkerrecht* zukommt. Rechtsfähige Glieder einer Internationalen Organisation können auf der völkerrechtlichen Regelungsebene als – rechtlich unselbständige – Organe gelten.[189] In der Regel setzt die Bildung neuer Internationaler Organisationen einen Staatsvertrag voraus.[190] Ein solcher wurde bei der Gründung der Agentur zumindest zwischen den Mitgliedstaaten nicht abgeschlossen. Lediglich mit beitretenden Drittstaaten werden nach Art. 19 der *Gründungsverordnung* völkerrechtliche Abkommen geschlossen – eine Bestimmung, die aber eher gegen die Völkerrechtsfähigkeit der Agentur spricht, denn die Abkommen sind nach dem Verfahren des Art. 228 EGV (a.F., jetzt Art. 300) „mit der Gemeinschaft" zu schließen, nicht mit der EUA selbst. Für eine abschließende Bewertung wäre auch die weitere zwischenstaatliche Praxis abzuwarten. Auf der Ebene des Völkerrechts gilt bei der Entstehung Internationaler Organisationen das Effektivitätsprinzip, wonach eine Rechtslage erst dann als gegeben angesehen wird, wenn sie zugleich in der Realität verwirklicht ist.[191] Für das Be-

---

186 Vgl. *v. Lersner*, Zur Funktion einer wissenschaftlich technischen Umweltbehörde in Europa, in: *Calliess/Wegener*, Europäisches Umweltrecht als Chance, 1992, 81 (86 f.).

187 *Von Bogdandy*, in: *Schmidt-Aßmann/Hoffmann-Riem* (Anm. 163), 175.

188 Die Notwendigkeit der Unabhängigkeit für eine sachgerechte inhaltliche Arbeit in diesem Bereich betont *v. Lersner* (Anm. 186), a.a.O. Zu den Parallelen bei anderen Agenturen der Gemeinschaft *v. Bogdandy* in: *Schmidt-Aßmann/Hoffmann-Riem* (Anm. 163), 173 ff.

189 *Hilf* (Anm. 132), 357.

190 *Schermers/Blokker* (Anm. 132), 23 ff. (zur Völkerrechtsfähigkeit von Internationalen Organisationen) und 1119 ff. (zur Gründung von Völkerrechtssubjekten durch Internationale Organisationen); *Seidl-Hohenveldern* (Anm. 132), Rn. 0105 ff.; siehe auch *Hilf*, a.a.O., 362.

191 Siehe nur *Verdross/Simma*, Universelles Völkerrecht, 1984, 51 f. *Breier* scheint davon auszugehen, daß der EUA generell keine Rechtspersönlichkeit nach dem Völkerrecht zukommen kann (Anm. 181, 518).

stehen der Völkerrechtspersönlichkeit bedeutet dies, daß die Agentur mit anderen Völkerrechtssubjekten in einen *Rechts*verkehr treten muß und von jenen dabei als gleichberechtigt anerkannt wird.[192] Daß die Gemeinschaft dies erlaubt, ist wohl eher unwahrscheinlich. Versuche der Kommission, selbst Abkommen abzuschließen, hat der EuGH auf eine Klage Frankreichs hin abgewehrt. Danach kann sich nur die Gemeinschaft, nicht aber ihre Organe, durch den Abschluß von Abkommen mit einem Drittstaat oder einer Internationalen Organisation verpflichten. Für den Abschluß dieser Abkommen ist dann nach der eindeutigen Bestimmung des Art. 300 EGV der Rat zuständig.[193]

3. Die Organisationsstruktur vor dem Hintergrund der Selbstorganisationsbefugnis der Gemeinschaft

Die Agentur ist von den Organen der Gemeinschaft weitgehend *unabhängig*.[194] Das gilt insbesondere für die inhaltliche Arbeit. Weder der Kommission noch dem Rat stehen ihr gegenüber Weisungsbefugnisse zu. Dies gilt um so mehr, als an der Agentur auch Drittstaaten beteiligt sind. Im Entwurf der Kommission war die Unabhängigkeit der Agentur dagegen begrenzt. Die Kommission hatte sich weitgehende Mitentscheidungsrechte vorbehalten. Sie sollte jederzeit aus wichtigen Gründen die Ablösung des Generaldirektors verlangen und zusammen mit dem Verwaltungsrat weitere Aufgaben der Agentur festlegen können.[195]

---

[192] Vgl. *Hilf* (Anm. 132), 362 ff. Die *Gründungsverordnung* (Anm. 156) sieht zwar vor, daß die Agentur aktiv mit bestimmten Internationalen Organisationen zusammenarbeiten soll (Art. 15 Abs. 2). Die einfache, rechtlich unverbindliche Zusammenarbeit impliziert im Gegensatz zur Vornahme rechtsverbindlicher Vereinbarungen aber noch nicht notwendig eine Völkerrechtsfähigkeit. Art. 19 der *Gründungsverordnung* legt nahe, daß rechtsverbindliche Vereinbarungen der Gemeinschaft selbst vorbehalten sind.

[193] EuGH, Urteil vom 9.8.1994, Rs. C-327/91 (*Frankreich/Kommission*) „Abkommen Kommission - Vereinigte Staaten", Slg. 1994, S. I-3641 (3674, Rn. 24 ff.).

[194] Ebenso *Ladeur*, Die Europäische Umweltagentur und die Perspektiven eines europäischen Netzwerkes der Umweltverwaltungen, NuR 1997, 8 (9). *Epiney* scheint dagegen von einer „Kontrolle der Kommission" und einer „Verantwortung der Kommission für die EUA auszugehen (*Epiney*, Umweltrecht in der Europäischen Union, 1997, 49).

[195] Art. 5 Abs. 4 und Art. 2 Abs. 5 des *Kommissionsvorschlags* (Anm. 178).

Der Generaldirektor sollte auf Vorschlag der Kommission ernannt werden.[196]

Die im Vorschlag der Kommission vorgesehenen Einflußrechte auf die Agentur orientierten sich an den Anforderungen der *Meroni*-Rechtsprechung des EuGH.[197] Diese Rechtsprechung wird teilweise dahin interpretiert, daß selbständige juristische Personen grundsätzlich keine Hoheitsbefugnisse ausüben dürfen und der Kontrolle der Gemeinschaftsorgane unterliegen müssen.[198] Vor der Anwendung der *Meroni*-Rechtsprechung des Gerichtshofes als Rechtsmaßstab für die Ausgestaltung der EUA sind jedoch zunächst zwei Vorfragen zu klären, vor deren Hintergrund selbige erfolgte. Zum einen ist zu fragen, ob überhaupt ***hoheitliche Befugnisse*** übertragen wurden[199] oder ob es sich lediglich um die Wahrnehmung schlicht-hoheitlicher Aufgaben handelt, ohne daß die neu geschaffene Organisation in die Kompetenzen der Mitgliedstaaten oder die Rechte Einzelner eingreifen darf. Zweitens ist zu fragen, ***welches Organ*** aufgrund welcher Befugnisnorm eine selbständige Organisationseinheit einrichten will.[200] Im Falle der *Meroni*-Rechtsprechung handelte es sich um die „Hohe Behörde" des EGKSV – nunmehr identisch mit der Kommission –, die auf der Grundlage von Art. 53 des EGKSV eine rechtlich selbständige Schrottkasse errichtet hatte. Diese Rechtsprechung hat daher nur eine begrenzte Relevanz für die Organisationsbefugnis des Rates.[201]

Die Umweltagentur wurde nicht von der Kommission, sondern mittels *Ratsbeschluß* gegründet. Als zentrales Entscheidungsorgan kommt dem Rat eine größere Gestaltungsbefugnis zu.[202] Eine Anbindung der EUA

---

[196] Art. 5 Abs. 1 des *Kommissionsvorschlags*, a.a.O.

[197] Siehe oben, A.II.

[198] *Beutler/Bieber/Pipkorn/Streil* (Anm. 183), 159; vgl. *Oppermann* (Anm. 132), Rn. 448 f.

[199] Diese Frage hat der Gerichtshof eingangs seines zweiten *Meroni*-Urteils ausdrücklich gestellt und positiv beantwortet (Rs. 10/56, [Anm. 136], 75). Die dann aufgestellten Grenzen für die Befugnisübertragung beziehen sich somit auf die Übertragung hoheitlicher Befugnisse.

[200] Vgl. *Schmidt-Aßmann*, Organisationsfragen der europäischen Forschungspolitik, in: FS Everling, 1995, 1281 (1291).

[201] Für eine einschränkende Auslegung der *Meroni*-Rechtsprechung auch *Everson* (Anm. 156), 619 ff.

[202] Für eine ausschließlich dem Rat zustehende Organisationskompetenz zur Gründung rechtsfähiger Glieder des Gemeinschaftsrechts *Hilf* (Anm. 132), 304;

an die Gemeinschaftsorgane durch entsprechende Aufsichtsbefugnisse sollte zudem zumindest dann nicht erforderlich sein, wenn eine den Entscheidungsstrukturen der Gemeinschaft entsprechende Organstruktur vorhanden ist und damit die *strukturelle Kongruenz* gewahrt bleibt.[203] Die Bildung und Zusammensetzung des Verwaltungsrates gewährleisten eine Beteiligung aller Mitgliedstaaten, der Kommission sowie indirekt auch des Europäischen Parlamentes. *Ladeur* weist im Sinne einer Zulässigkeit der gewählten Organisationsstruktur darauf hin, daß den Mitgliedstaaten durch diese Organisationsstruktur sogar mehr Einfluß zukomme, als wenn eine kommissionsinterne Planungs- und Informationseinheit eingerichtet worden wäre.[204]

Im Rahmen der Diskussion um den ersten *Comitologie-Beschluß* ist im Hinblick auf das institutionelle Gleichgewicht[205] zwar angezweifelt worden, ob der Rat die Initiativ- und Entscheidungsbefugnisse der Kommission durch die Beiordnung von beteiligungsberechtigten Sondereinheiten einschränken darf. Der Gerichtshof hat das der EUA im weitesten Sinne funktional verwandte Verwaltungsausschußverfahren – verwandt insofern, als es ebenfalls um die Vorbereitung von Rechtsetzungs- und die Beteiligung an Durchführungsaufgaben in Form der Bereitstellung von Informationen geht – jedoch für rechtmäßig erklärt.[206] Eine Beeinträchtigung des institutionellen Gleichgewichts liegt insofern nicht vor, als daß die Initiativ- und Entscheidungsbefugnisse der Kommission unberührt bleiben, die strukturelle Kongruenz gewährleistet und die Gründung durch den Rat selbst erfolgt ist. Selbst die Zuständigkeit der Kommission für die Durchführung der Informationsverwaltung im Rahmen der einzelnen Rechtsakte wird in der Rechtspraxis

---

Brenner (Anm. 135), Rn. 3; für eine höhere Legitimation des Rates auch *Schmidt-Aßmann*, Forschungspolitik, a.a.O., 1291.

203 Zur strukturellen Kongruenz siehe oben, A.II.2.; vgl. *Hilf*, a.a.O., wonach ein „Mehr an Teilhabe" ein „Weniger an Aufsicht" erlaube (a.a.O., 330). *Oppermann* (Anm. 132) geht dagegen davon aus, daß bei der Bildung unabhängiger juristischer Personen ein völkerrechtlicher Vertrag oder eine ausdrückliche Ermächtigungsgrundlage im EG-Vertrag vorhanden sein muß (a.a.O., Rn. 449).

204 *Ladeur* (Anm. 194), 9.

205 Näher dazu oben, A.II.2. sowie zum *Comitologie-Beschluß* unten, Kap. 2 C.II.3.b.

206 Dazu unten, C.II.3.

unberührt gelassen.[207] Weiterhin ist eine Auslagerung von bestimmten Umweltaufgaben auf dritte Stellen, bei denen den Mitgliedstaaten ein größerer Einfluß zukommt als der Kommission, im Umweltbereich auch deshalb zulässig, weil hier i.d.R. die Mitgliedstaaten für die Durchführung zuständig sind, nicht die Gemeinschaft.[208] Für die Zulässigkeit der Organisationsstruktur der EUA spricht zudem der Charakter der Agentur als „Servicestelle", die im Rahmen der Leistungsverwaltung und nicht der – strengeren Anforderungen unterliegenden – Eingriffsverwaltung tätig ist.[209]

II. Die Befugnisse der Agentur

Bei der Ausgestaltung der inhaltlichen Befugnisse der Agentur zeigen sich jedoch die Schranken der Organisations- und Delegationsbefugnis des Rates.

1. Keine Delegation von Ermessensbefugnissen

Damit die Entscheidungen der Verträge darüber, welchen Organen in welchem Verfahren Entscheidungsbefugnisse zukommen sollen, nicht unterlaufen werden, dürfen auch einer selbständigen Organisation mit einer strukturell kongruenten Organstruktur keine nur dem Rat selbst zukommenden inhaltlichen Ermessensentscheidungsbefugnisse über-

---

[207] So z.B. nach der *Luftmeßnetzentscheidung* 97/101/EG und der *Luftqualitätsrichtlinie* (hierzu unten, III.).

[208] Art. 175 Abs. 4 EGV. Vgl. das Gutachten 1/76 (Anm. 136), in dem der Gerichtshof betont, daß es sich bei dem dort streitgegenständlichen Stillegungsfonds für die Binnenschiffahrt um einen Politikbereich handelte, der ausdrücklich der Gemeinschaft vorbehalten ist (a.a.O., 758, Rn. 11).

[209] Im Anschluß an *Schmidt-Aßmann*, Forschungspolitik (Anm. 200), 1290 f. *Schmidt-Aßmann* spricht sich für eine Differenzierung zwischen Leistungs- und Eingriffsverwaltung aus. Die *Meroni*-Urteile seien für den Bereich der Eingriffsverwaltung in Form der Abgabenerhebung gefällt worden. Die der Leistungsverwaltung zuzurechnende Forschungsförderung greife dagegen nicht auf hoheitliche Eingriffsbefugnisse, sondern auf privatrechtliche Verträge zurück und unterliege daher wohl nicht den strengen Maßstäben der *Meroni*-Urteile. Im Ergebnis ähnlich *Ladeur* (Anm. 194), 9.

tragen werden.[210] Das gilt insbesondere dann, wenn Drittstaaten an der verselbständigten Organisation beteiligt sind. Die Delegation von Befugnissen muß klar und inhaltlich gebunden sein. Hoheitliche, sachbereichsregelnde Ermessensentscheidungen können von der Umweltagentur nicht getroffen werden.[211] Ihr kommt eine informationsverwaltende Dienstleistungsfunktion zu. Sie arbeitet den Gemeinschaftsorganen und den Mitgliedstaaten zu und kann keine für Mitgliedstaaten, Privatpersonen oder gar für die Gemeinschaft selbst belastenden Entscheidungen nach eigenem Ermessen treffen. Hoheitliche Befugnisse der Agentur kämen nur in Betracht, wenn deren Inhalt und Voraussetzungen genau in der *Gründungsverordnung* vorgegeben wären. Es müßte sich um eine rechtlich gebundene Entscheidungsbefugnis handeln, die vom Gerichtshof vollständig kontrolliert werden kann.

2. Gebundene hoheitliche Entscheidungsbefugnisse ?

Wenn in der *Gründungsverordnung* von zahlreichen Informationsverwaltungsaufgaben die Rede ist, so ist zu fragen, woher die Agentur diese Informationen nehmen soll.[212] Den Mitgliedstaaten wurden insbesondere durch die Anfangsfassung der *Gründungsverordnung* keine Umweltmonitoringpflichten auferlegt. Das von der Agentur auf Gemeinschaftsebene koordinierte EIONET besteht aus den nationalen Umweltinformationsstellen, die bislang nur im Rahmen der sonstigen gemeinschaftsrechtlichen Informationspflichten zur Datenerhebung und deren Weitergabe an die Gemeinschaft verpflichtet sind.[213] Aus-

---

[210] Vgl. EuGH Gutachten 1/76 und die *Meroni*-Rechtsprechung (oben, A.II.).

[211] So auch *Epiney* (Anm. 194), 49.

[212] *Von Bogdandy* spricht in Bezug auf die Datenbeschaffung und den Datenfluß von einer „Praxis ohne Rechtsregime“ (in *Schmidt-Aßmann/Hoffmann-Riem*, [Anm. 163], 178 f.).

[213] Ausführlicher zum EIONET oben, Teil 2 Kap. 2 C.III.1., zu den bestehenden Umweltmonitoring und Mitteilungspflichten insgesamt Teil 2 Kap. 2 insbesondere B.II. Vgl. die Rede des Exekutivdirektors der Agentur, *Jiménez-Beltrán*, vom 17.5.1995, wonach das aus nationalen Informationszentren bestehende EIONET dem Datenaustausch diene und die bestehenden EG „Reporting Directives“ und ähnliche Verpflichtungen unterstütze (The Process of Sustainable Development and the Role of the European Environment Agency, wiedergegeben in: European Environmental Law Review 1995, 265 [267]).

drücklich werden die Mitgliedstaaten durch die *Gründungsverordnung* selbst nur verpflichtet, der Agentur die wichtigsten Bestandteile der innerstaatlichen Informationsnetze mitzuteilen.[214] Seit 1999 findet sich allerdings in Art. 4 eine Klausel, wonach die Mitgliedstaaten „in entsprechender Weise" mit der Agentur „zusammenarbeiten" und sich gemäß dem Arbeitsprogramm der Agentur am EIONET zu beteiligen haben, „indem sie landesweit Daten sammeln, zusammenfassen und analysieren".[215]

a) Ausdrückliche Delegation

Die *Gründungsverordnung* konzentriert sich auf die Festlegung der inhaltlichen Aufgabenfelder, ohne der Agentur ausdrücklich hoheitliche Handlungsmittel, insbesondere Eingriffsbefugnisse, zur Verfügung zu stellen. Die Abgrenzung der Aufgaben von den Befugnissen ist der Verordnung nicht auf den ersten Blick zu entnehmen. Sie enthält einen sehr langen, etwas unübersichtlichen Aufgabenkatalog, der keine Aussage über die Handlungsmittel oder bestimmte Rechtsfolgen trifft. Der Wortlaut der *Gründungsverordnung* legt die Übertragung von hoheitlichen Befugnissen nicht nahe. Sie spricht in Art. 2 ausdrücklich nur von den Aufgaben der Agentur.[216] Häufig bestehen die Aufgaben der

---

[214] Art. 4 Abs. 2 der *Gründungsverordnung* (Anm. 156), nach der ursprünglichen Fassung zunächst nur einmalig innerhalb von 6 Monaten nach Inkrafttreten der Verordnung, seit der Änderung von 1999 nunmehr „regelmäßig". Der Verpflichtung zur ersten Unterrichtung sind die Mitgliedstaaten nachgekommen (siehe die Antwort der Kommission auf die Anfrage E-2717/94, [Anm. 179]).

[215] Art. 4 Abs. 2 UAbs. 2 der *Gründungsverordnung* i.d.F. der Verordnung Nr. 933/1999 (Anm. 156).

[216] Lediglich aus dem Wortlaut der Vorschrift zur Aufstellung einheitlicher Bewertungskriterien für Umweltdaten könnte auf eine Rechtsetzungsbefugnis der Agentur geschlossen werden. Hier heißt es „Bewertungskriterien ... die in allen Mitgliedstaaten *anzuwenden sind*" (Art. 2 Ziff. iii, a.a.O.) [Hervorhebung durch die Verf.]. Diese Passage ist aber ebenfalls in der Aufgabennorm des Art. 2 enthalten. Solange kein spezieller, bindender Rechtsakt der EG die Bewertungskriterien inkorporiert, kann daher eine Rechtspflicht der Mitgliedstaaten zur ungeprüften Anwendung der von der Agentur aufgestellten Kriterien alleine aus Art. 2 Ziff. iii nicht entnommen werden. Indirekt könnte neben Art. 2 Ziff. iii auch Art. 5 auf eine Verpflichtungsbefugnis der Agentur schließen lassen. Danach kann die Agentur mit den nationalen Stellen Verträge schließen, „die für die Durchführung der *ihnen von ihr übertragenen Aufgaben* erforder-

Agentur in einer „Förderung" der Vergleichbarkeit der Umweltdaten, der Prognoseverfahren, des Informationsaustausches über die besten verfügbaren Technologien etc. Nach nationalem Recht kann festgelegt werden, daß der Agentur bestimmte Daten zu übermitteln sind.[217] Solche – nationalen – Mitteilungspflichten können auch der Umsetzung einer vom Rat oder der Kommission sekundärrechtlich festgelegten Informationsbeschaffungs- und Mitteilungspflicht dienen. Die Agentur selbst kann die Mitgliedstaaten dazu nicht verpflichten.

Der Verwaltungsrat ist zwar zum Aufstellen von *Arbeitsprogrammen* befugt. Programme enthalten aber keine konkreten Rechtspflichten für Dritte. Sie binden die eigenen Organe.[218] Die in der *Gründungsverordnung* vorgesehene Zusammenarbeit mit EUROSTAT und der GFS legt nahe, daß der Agentur eine ähnlich dienstleistende Funktion ohne hoheitliche Handlungsbefugnisse zukommt. Die Agentur hat zwar umfassende Aufgaben der „Erfassung, Zusammenstellung und Bewertung" von Umweltzustandsdaten.[219] Daß sie diese mit hoheitlichen Mitteln wahrnehmen kann, ist der *Gründungsverordnung* nirgendwo ausdrücklich zu entnehmen. Dies gilt selbst noch nach der oben zitierten Änderung von 1999. Zwar legt Art. 4 nunmehr eine eindeutige Beteiligungspflicht der Mitgliedstaaten an der Erfüllung der Arbeitsprogramme der Agentur durch das Sammeln, Zusammenfassen und Analysieren von Daten fest. Eine ausdrückliche Übertragung von diesbezüglichen konkreten Entscheidungs- oder Rechtssetzungsbefugnissen der Agentur ist in dieser Klausel jedoch nicht zu finden.

b) Stillschweigend übertragene hoheitliche Entscheidungsbefugnisse

Da die *Gründungsverordnung* bis auf die Unterrichtungspflicht der Mitgliedstaaten hinsichtlich der einschlägigen nationalen Stellen keine

---

lich sind" [Hervorhebung durch die Verf.]. Eine Befugnisnorm zur verbindlichen Übertragung von Aufgaben durch die Agentur, auf die sich dieser Halbsatz beziehen könnte, ergibt sich aber aus der Verordnung nicht.

217 Darauf verweist die *Gründungsverordnung* indirekt, indem sie den Mitgliedstaaten zur Zentralisierung der Informationsweitergabe die Benennung einer innerstaatlichen Anlaufstelle beläßt, welche „mit der Koordinierung und/oder Weitergabe der Informationen beauftragt ist, *die auf innerstaatlicher Ebene der Agentur ... zu übermitteln sind*" (Art. 4 Abs. 3) [Hervorhebung durch die Verf.].

218 Siehe oben, Teil 1 Kap. 1.

219 Art. 2 Ziff. iii der *Gründungsverordnung* (Anm. 156).

ausdrücklichen Umweltinformationspflichten enthält und auch der Agentur keine ausdrücklichen Befugnisse zur (tertiären) Rechtsetzung verleiht, käme noch eine stillschweigende Anerkennung impliziter hoheitlicher Entscheidungsbefugnisse in Betracht.

Stillschweigende Handlungsbefugnisse können sich aus dem Auslegungsgrundsatz des *effet utile* oder dem Grundsatz der *implied powers* ergeben. *Implied powers* knüpfen an bestehende Befugnisse an, die erweiternd ausgelegt werden.[220] Eine solche Befugnisnorm ist in der *Gründungsverordnung* gerade nicht vorhanden. Ebensowenig erlaubt der Auslegungsgrundsatz des *effet utile* einen unmittelbaren Schluß von der Aufgabe auf die Befugnis. Dem steht der Grundsatz der begrenzten Einzelermächtigung entgegen.[221] Auch wird nach der *Meroni*-Rechtsprechung eine Übertragung von Befugnissen *nicht vermutet*. Sie muß vielmehr hinreichend eindeutig aus dem delegierenden Rechtsakt hervorgehen.[222]

Eine umfassende Informationsübermittlungspflicht der Mitgliedstaaten gegenüber der Agentur kann auch nicht ohne weiteres auf Art. 10 i.V.m.

---

[220] Siehe nur *Böhm* (Anm. 155), 177 f.; *Kraußer*, Das Prinzip begrenzter Ermächtigung im Gemeinschaftsrecht als Strukturprinzip des EWG-Vertrages, 1991, 59 ff., 120; *Doehring*, Die nationale Identität der Mitgliedstaaten der Europäischen Union, in: FS Everling, 1995, 263 (269); *Rengeling*, Gemeinschaftskompetenzen (Anm. 1), 220; *ders.*, Rechtsgrundsätze (Anm. 1), 15; *Zuleeg*, Kompetenzen (Anm. 1), 3 f. und *Seidl-Hohenveldern* (Anm. 132), Rn. 1603 ff. Anders wohl *Köck*, Die „implied powers" der Europäischen Gemeinschaften als Anwendungsfall der „implied powers" internationaler Organisationen überhaupt, in: FS Seidl-Hohenveldern, 1988, 279 (295), der von der Aufgabe auf die Kompetenz zu schließen scheint. In der Literatur ist streitig, ob es im Gemeinschaftsrecht überhaupt noch einen eigenständigen Anwendungsbereich für die Rechtsfigur der *implied powers* gibt (dazu *Köck*, a.a.O.; vgl. *Böhm*, a.a.O., 193 f.; *Hummer* in: FS Verdross, [Anm. 132], 476 sowie *Seidl-Hohenveldern*, a.a.O., Rn. 1606 ff.). *Constantinesco, L.*, weist darauf hin, daß der Gerichtshof seit 1960 kein Urteil mehr unter Bezugnahme auf diese Rechtsfigur gefällt hat (Anm. 8, 283).

[221] *Steindorff*, Grenzen der EG-Kompetenzen, 1990, 17 ff.; *Schroer*, Die Kompetenzverteilung zwischen der Europäischen Wirtschaftsgemeinschaft und ihren Mitgliedstaaten auf dem Gebiet des Umweltschutzes, 1992, 25; *Kraußer*, a.a.O., 60. Siehe auch oben, Teil 3 Kap. 1 A.II. Kritisch zur zum Teil in eine andere Richtung weisenden Rechtsprechung des Gerichtshofes *Schoch*, Die Europäisierung des Allgemeinen Verwaltungsrechts, JZ 1995, 109 ff. (insbesondere 115) mit weiteren Verweisen.

[222] Dazu oben, A.II.1.

Art. 284 EGV gestützt werden.[223] Diese Informationspflicht beschränkt sich auf punktuelle *Auskünfte* und impliziert keine umfassenderen Berichtspflichten, i.d.R. auch keine aktiven Unterrichtungspflichten und schon gar keine Informationserhebungspflichten.[224] Diese Rechtsgrundlage würde damit dem Informationsbedürfnis der Agentur nicht gerecht werden. Ob das grundsätzlich bestehende Auskunftsrecht der Gemeinschaft nach Art. 10 i.V.m. Art. 284 EGV durch die Agentur aktualisiert werden darf, erscheint zudem vor dem Hintergrund der fehlenden Ermessensbefugnisse der Agentur und der Beteiligung von Drittstaaten im Entscheidungsorgan der EUA als zweifelhaft.

Mit der 1999 erfolgten Änderung des Art. 4 der *Gründungsverordnung* könnte jedoch nunmehr ein Ansatzpunkt gefunden sein, um über eine Bindung der Mitgliedstaaten an die Arbeitsprogramme der Agentur zu einer indirekten Rechtsetzungsbefugnis der Agentur im Bereich der Informationserhebung zu gelangen. Eine solche indirekte Befugnis zur hoheitlichen Verpflichtung der Mitgliedstaaten würde aber implizieren, daß es sich um eine Ermessensbefugnis handelt. In Ermangelung einer ausdrücklichen Befugnisnorm mit klar umschriebenen Tatbestandsmerkmalen und Rechtsfolgen könnte die Agentur keine gebundenen Entscheidungen treffen, sondern müßte die Handlungsmittel frei nach den Anforderungen der Aufgabenerfüllung auswählen. Da nach der bisherigen Rechtsprechung des Gerichtshofes aber eine sekundärrechtliche Delegation von Ermessensbefugnissen auf rechtliche selbständige Einheiten nicht mit dem Primärrecht vereinbar ist, kann nicht angenommen werden, daß der Agentur stillschweigend Entscheidungsbefugnisse delegiert worden sind, auch nicht durch die Änderung von 1999. Insofern muß die *Gründungsverordnung* der Europäischen Umweltagentur primärrechtskonform ausgelegt werden.[225]

Die Mitgliedstaaten sind allerdings nun ausdrücklich verpflichtet, die Agentur bei der Erfüllung der Arbeitsprogramme durch die Übermittlung von Daten zu unterstützen. Hierbei kommt ihnen jedoch ein *weiter Spielraum* zu. Arbeitsprogramme sind für die Mitgliedstaaten nicht unmittelbar bindend wie es Rechtsnormen der Gemeinschaft sind.[226]

---

[223] So wohl *v. Bogdandy* in: *Schmidt-Aßmann/Hoffmann-Riem* (Anm. 163), 179.

[224] Eingehend dazu oben, Teil 3 Kap. 2 B.V. Zur Definition der verschiedenen Informationspflichten Teil 2 Kap. 2 A. und B.

[225] Zur primärrechtskonformen Auslegung oben, Anm. 155.

[226] Dazu oben, Teil 1 Kap. 1.

Und der Agentur ist nicht die Befugnis eingeräumt worden, diese Datenerhebungs- und Analysepflichten der Mitgliedstaaten durch Rechtssätze bindend zu konkretisieren. Bei einer grundlosen Verweigerung der diesbezüglichen Zusammenarbeit mit der Agentur würden die Mitgliedstaaten jedoch gegen ihre in Art. 4 Abs. 2 UAbs. 2 S.2 festgelegte *Kooperationspflicht* verstoßen.

3. Vertragsschließungsbefugnis der Agentur

Der Umweltagentur ist aber ausdrücklich die Befugnis übertragen worden, durch den Abschluß von *öffentlich-rechtlichen* Verträgen die Datenbeschaffung und deren Modalitäten mit den zum Umweltinformationsnetz gehörenden Stellen zu regeln.[227] Bei diesen Verträgen handelt es sich um Verwaltungsvereinbarungen, welche die Agentur mit den nationalen Stellen in ihrer Eigenschaft als juristische Person des nationalen Rechts schließt. Mangels Völkerrechtssubjektivität der nationalen Behörden kommt diesen Vereinbarungen nicht die Qualität eines völkerrechtlichen Vertrages zu. Öffentlich-rechtliche Verträge der Organe der Gemeinschaften werden unter Verweis auf Art. 282 und 238 EGV (ex Art. 211 und 181) als zulässig erachtet, wenn auch die Begründung aufgrund des Grundsatzes der begrenzten Einzelermächtigung z.T. Schwierigkeiten bereitet.[228]

Die Verträge werden mit den jeweils zuständigen Stellen innerhalb der Mitgliedstaaten abgeschlossen. Um den Mitgliedstaaten die Möglichkeit

---

[227] Art. 5 der *Gründungsverordnung* (Anm. 156).

[228] Ausführlich dazu *Bleckmann*, Der Verwaltungsvertrag als Handlungsmittel der Europäischen Gemeinschaften, DVBl. 1981, 889 ff. sowie *ders.*, Die öffentlichrechtlichen Verträge der EWG, NJW 1978, 464 ff. Siehe auch *Grunwald* in: GTE, Bd. 5, 5. Aufl. 1997, Art. 213, Rn. 20 f. mit weiteren Verweisen; *Stettner* in: *Dauses* (Anm. 1), Rn. 21 f.; *Everling*, Zur Erhebung von Statistiken durch Organe der Europäischen Wirtschaftsgemeinschaft, BB 1961, 420 (421) zum Abschluß von Verwaltungsverträgen im Bereich der Statistik sowie *Uerpmann*, Kooperatives Verwaltungshandeln im Gemeinschaftsrecht: Die Gemeinschaftsrahmen für staatliche Beihilfen, EuZW 1998, 331 (332 ff.) zu Vereinbarungen zwischen der Kommission und den Mitgliedstaaten im Bereich der Beihilfenaufsicht. Letztere konkretisieren die Zusammenarbeitspflicht nach Art. 88 Abs. 1 EGV [ex Art. 93]. Vom EuGH ist hier ausdrücklich eine Regelung im gegenseitigen Einverständnis, d.h. in Vertragsform, verlangt worden (Urteil vom 15.4.1997, Rs. C-292/95, *Spanien/Kommission*, „Rahmen für staatliche Beihilfen in der Kfz-Industrie", Slg. 1997, 1931 [1957 ff., Rn. 28 ff.]).

einer zentralen Kontrolle zu belassen, können diese vorsehen, daß solche Vereinbarungen nur im Einvernehmen mit der zentralen innerstaatlichen Anlaufstelle zu treffen sind.[229] Der Entwurf der Kommission sah diese staatliche Kontrollmöglichkeit noch nicht vor. Der Abschluß von Verträgen ist *per definitionem* freiwillig. Eine Verweigerung der Kooperation durch die Mitgliedstaaten könnte jedoch einen Verstoß gegen die Gemeinschaftstreuepflicht darstellen. Aus Art. 10 EGV kann ggf. eine Bemühenspflicht nach „Treu und Glauben" hergeleitet werden, ähnlich einem völkerrechtlichen *pactum de negotiando*.[230] Die inhaltliche Gestaltung der Verträge bleibt dabei offen. Die Mitgliedstaaten unterliegen *keiner Einigungspflicht* im Hinblick auf von der Agentur gesetzte inhaltliche Vertragsvorgaben. Nähme man eine solche Einigungspflicht an, dann würde eine indirekte hoheitliche Regelungsbefugnis der Agentur vorliegen, die nach der *Gründungsverordnung* gerade nicht besteht. Bei der Vertragsgestaltung zwingend zu beachtende inhaltliche Vorgaben bestehen nur in Form der im Gemeinschaftsrecht verbindlich festgelegten Informationsverfahren und materiellen Normen des europäischen Umweltrechts.

4. Datenerhebung im Eigenvollzug?

Neben einer Pflicht der Mitgliedstaaten zur Informationserhebung und -weitergabe an die Agentur käme auch die Datenerhebung durch die Agentur im Eigenvollzug in Betracht, d.h. die Einrichtung eigener Meß- und Beobachtungsstationen oder die Einsichtnahme in Behördenakten und Unternehmensdokumente im Rahmen von *ad hoc* Inspektionen vor Ort. Wie oben dargestellt gibt es jedoch keine Informationserhebungsfreiheit auf dem Hoheitsgebiet eines Staates, weder für andere Staaten noch für Internationale Organisationen.[231] Nach dem Grundsatz der begrenzten Einzelermächtigung müßten der Umweltagentur diese Befugnisse – ausdrücklich oder stillschweigend – übertragen worden sein. Ebensowenig wie die *Gründungsverordnung* der Agentur Regelungsbefugnisse einräumt, enthält sie dem Wortlaut nach direkte Exekutivbefugnisse. Sie beschränkt sich vielmehr, wie bereits dargestellt, vornehmlich auf die *Aufgaben* der Agentur.

---

[229] Art. 5 S. 2 der *Gründungsverordnung* (Anm. 156).

[230] Näher zu Art. 10 EGV [ex Art. 5] Teil 3 Kap. 2, insbesondere A.I. und C. sowie Teil 5 Kap. 2 B.II. zum *pactum de negotiando*.

[231] Teil 3 Kap. 1 A.

In Art. 20 der ursprünglichen Fassung der Verordnung wurde der Rat beauftragt, zwei Jahre nach Inkrafttreten der Verordnung über die Übertragung weiterer Aufgaben auf die Agentur zu beschließen, und zwar insbesondere auch im Bereich der Überwachung der Durchführung des Gemeinschaftsrechts. Anläßlich einer solchen Regelung hätten der Agentur entsprechende Inspektions- und Monitoringbefugnisse übertragen werden können, um so die „praktische Wirksamkeit" der Überwachungsaufgabe zu sichern. Im Umkehrschluß legt die Vorschrift des Art. 20 a.F. nahe, daß der Agentur bislang keine solche Datenerhebungsbefugnisse im Eigenvollzug zustanden.[232] Dafür spricht auch die Entstehungsgeschichte der *Gründungsverordnung*. Das Europäische Parlament hatte in einer Entschließung den Rat aufgefordert, der Agentur eigene Vollzugskompetenzen, darunter auch Inspektionsbefugnisse, zuzuerkennen.[233] Auf die Übertragung von Inspektionsbefugnissen konnte sich der Rat nicht einigen. Der ursprüngliche Vorschlag der Kommission nannte das EIONET denn auch noch „Europäisches Umwelt*überwachungs*- und Informationsnetz".[234] Im Ratsbeschluß wurde „Überwachung" gestrichen und durch „Beobachtung" ersetzt. In der Literatur wurde die Agentur übereinstimmend als „bloße" Da-

[232] Ebenso, *Krämer*, Arbeit und Konzeption der EG-Kommission in der Umweltpolitik, in: *Calliess/Wegener*, Europäisches Umweltrecht als Chance, 1992, 33 (44); *v. Lersner* in: *Calliess Wegener* (Anm. 186), 87; *Sach*, Kontrolle der Durchführung und der Beachtung von Gemeinschaftsrecht, in: EUDUR, Bd. 1 1998, § 44, Rn. 71 f.; *Breier* (Anm. 181) 517; *Lenaerts*, The Principle of Subsidiarity and the Environment in the European Union: Keeping the Balance of Federalism, Fordham International Law Journal, 1994, 846 (890, dort Anm. 168). Siehe auch die Rede des Exekutivdirektors der Agentur (Anm. 213): *„We do not inspect or make policy or conduct scientific research"* (a.a.O., 267).

[233] Nr. 7 der *Entschließung des Europäischen Parlamentes zur Umsetzung des Umweltrechts* (Abl. Nr. C 125 vom 18.5.1992, 122); bekräftigt in der *Entschließung* des Europäischen Parlaments vom 15.3.1995 *zum Arbeitsprogramm der Kommission und zum Jahresgesetzgebungsprogramm für 1995* (Abl. Nr. C 225 vom 30.8.1995, 50) sowie bereits Nr. 28 der *Entschließung* vom 11.7.1990 (Abl. Nr. C 231 vom 17.9.1990, 97). Siehe auch *Krämer* in: *Calliess/Wegener*, a.a.O., 44; *ders.*, Implementation (Anm. 33), 37 f.; *Brenner* (Anm. 135), Rn. 12 sowie *Kahl* (Anm. 164), 127. In der *Entschließung* vom 15.3.1995 wird die Kommission aufgefordert, einen Vorschlag für die Zuweisung von Kontrollbefugnissen im Sinne eines Umweltinspektorates vorzulegen.

[234] Siehe oben, Anm. 178 [Hervorhebung durch die Verf.].

tensammel- und Verbreitungsstelle beschrieben.[235] Hingewiesen wurde meist auf die fehlende Zuerkennung von Inspektionsbefugnissen, was aber auf der Grundlage einer Ratsentscheidung als zukünftig möglich und wünschenswert angesehen wurde.[236]

---

[235] So *v. Lersner* in: *Calliess/Wegener* (Anm. 186), 83. Ebenso *Beutler/Bieber/Pipkorn/Streil* (Anm. 183), 160; *Ress* in: *Kimminich/v.Lersner/Storm*, HdUR, Bd. 1, Stichwort „Europäische Gemeinschaften", 2. Aufl. 1994, Sp. 592 f.; *Lenaerts* (Anm. 232), 898 f.; *Kahl* (Anm. 164), 129, 133 ff.; vgl. *Breier* (Anm. 181), 516 ff. und *Krämer* in: *Calliess/Wegener* (Anm. 232), 44 (zur Kommission). Siehe auch die Rede des Exekutivdirektors *Jiménez-Beltrán* (Anm. 213), der feststellt, daß die Agentur nicht selbst Umweltmonitoring betreibt, sondern von den Mitgliedstaaten abhängig ist und daneben auf Informationen von NGO's und der Wirtschaft zurückgreift (a.a.O., 267). Vgl. die Mitteilung der Kommission KOM (95) 325 (Anm. 158, 2).

[236] *Krämer* in: *Calliess/Wegener*, a.a.O., 44, unter Hinweis auf die bestehenden Inspektionsbefugnisse im Bereich der Veterinärkontrolle, der Fischereipolitik, der Zollunion und dem Wettbewerbsrecht (dazu auch oben, Teil 2 Kap. 2 A.V. sowie Kap. 4 B.); *ders.*, Implementation (Anm. 33), 37; vgl. *v. Lersner* in: *Calliess/Wegener* (Anm. 186), 87; *ders.*, Umweltschutz im Spannungsfeld von nationalem Recht und europäischem Gemeinschaftsrecht, in: *Behrens/Koch*, Umweltschutz in der Europäischen Gemeinschaft, 1991, 157 (185 f.); *Macrory*, The Enforcement of Community Environmental Law: Some Critical Issues, CMLR 1992, 347 (362 f.) sowie *Scheuing*, Die Einheitliche Europäische Akte als Grundlage umweltrechtlicher Aktivitäten der Europäischen Gemeinschaft, in: *Behrens/Koch*, a.a.O., 46 (71). Etwas modifiziert *Kahl* (Anm. 164), 134 f., der die EUA als Koordinations- und Aufsichtsstelle für unabhängige, nationale Landesinspektorate sehen möchte. Vgl. auch *Demmke*, der auf den „utopischen Gehalt" der Forderung nach EG-Umweltinspektoren hinweist, weil die Mitgliedstaaten noch nicht einmal ihren weniger einschneidenden Berichtspflichten nachkämen (Die EG-Informationsrichtlinie und die Vollzugsdefizite in der EG-Umweltpolitik, in: *Hegele/Röger*, Umweltschutz durch Umweltinformationen, 1993, 33 [42]). Ebenfalls kritisch *Schmitt v. Sydow*, Die Kommission, 1980, 33. Er weist darauf hin, daß die Kommission die große Zahl der ihr vom Vertrag gewährten Kontrollmöglichkeiten gar nicht ausnutze, da es zumindest im Verkehr mit den Regierungen der Mitgliedstaaten meist um Rechtsfragen ginge, selten um Tatsachen, denn „Mitgliedstaaten lügen nicht". Das Problem sei nicht, Beweise zu sammeln, sondern die Masse der Vertragsverstöße zu bewältigen. Auch Exekutivdirektor *Jiménez-Beltrán* weißt darauf hin, daß die Entwicklung von „Qualitätsinformationen", durch die die bereits bestehende Überlastung mit Informationen (*information overload*) abgebaut wird, wichtiger als Inspektionsbefugnisse sei (Anm. 213, 267 f.; siehe auch oben, Teil 1 Kap. 2 B.IV.).

Die Entscheidung nach Art. 20 der *Gründungsverordnung* stand für Ende 1995 an, ist aber aufgrund der noch nicht ausreichenden Erfahrung mit der Arbeit der Agentur auf Vorschlag der Kommission verschoben worden.[237] 1999 wurde dann die *Änderungsverordnung* Nr. 933/1999 erlassen, welche die Hoffnungen auf die Einführung europäischer Umweltinspektionen nicht erfüllte. Zwar sind die Aufgaben der Agentur dahingehend ausgeweitet worden, daß sie nunmehr die Mitgliedstaaten bei der „Überwachung von Umweltschutzmaßnahmen durch geeignete Hilfestellung" *unterstützen* soll. Dies bezieht sich aber nur auf die Erfüllung der Berichterstattungsanforderungen durch die Mitgliedstaaten, und zwar u.a. durch Beteiligung der EUA an der Ausarbeitung von Fragebögen, der Bearbeitung der Berichte der Mitgliedstaaten und der Verbreitung der Ergebnisse.[238] Ziel dieser Unterstützung ist die Koordinierung der Berichterstattung. Zudem können die Mitgliedsstaaten die EUA *ersuchen,* sie bei der „Entwicklung, Einführung und Erweiterung ihrer Systeme zur Überwachung von Umweltmaßnahmen" zu *beraten.* Eine solche Beratung kann auf *besonderes Ersuchen* hin eine gutachterliche Evaluierung umfassen.[239] Die Aufgaben der Agentur gehen also immer noch nicht über die dienstleistungsorientierte Zuarbeit für die Mitgliedstaaten hinaus, geschweige denn, daß ihr eigenständige Befugnisse der Sachverhaltsermittlung zukämen. Selbst diese Beratungsdienstleistung bedarf nach der Neufassung noch eines Ersuchens der Mitgliedstaaten. Eine ungefragte, „einmischende" Beratung soll damit ausgeschlossen sein. Eine auf mitgliedstaatlicher Seite freiwillige Inanspruchnahme der Dienste der Umweltagentur war aber angesichts des ohnehin schon weit gefaßten Aufgabenkataloges auch vor der Änderung von 1999 in gewissem Umfang möglich,[240] zumal die erweiterten Beratungsaufgaben wiederum ausdrücklich unter

[237] Siehe Mitteilung der Kommission KOM (95) 325 endg. (Anm. 158).

[238] Die EUA hat auf dieser Grundlage jüngst einen Bericht über die Effektivität der Umweltberichterstattung erstellt, „Reporting on environmental measures: Are we being effective ?", November 2001, Environmental issue report No. 25.

[239] Art. 2 Ziff. ii zweiter und dritter Spiegelstrich der *Gründungsverordnung* i.d.F. der Verordnung Nr. 933/1999 (Anm. 156).

[240] Exekutivdirektor *Jiménez-Beltrán* schlug bereits 1995 vor, daß die Agentur – mit der Zustimmung der Mitgliedstaaten – die Daten des EIONET zur Kontrolle der Einhaltung gemeinschaftsrechtlicher Umweltmonitoringpflichten und diesbezüglicher Informationsrahmendaten verwenden könnte (Anm. 213, 267).

dem Vorbehalt der Vereinbarkeit mit den Arbeitsprogrammen der Agentur und der Erfüllung ihrer übrigen Aufgaben stehen. Diese Passagen vermitteln eher den Eindruck, als befürchte die Agentur (oder die Gemeinschaft für die Agentur) eine zu große Arbeitsbelastung und als würden sich die Mitgliedstaaten in der Bittstellerrolle befinden.[241] Neben der in der Zukunft immer noch möglichen generellen Einbindung der Agentur in die umweltrechtliche Vollzugskontrolle bleibt auch noch die Möglichkeit der Übertragung von Einzelbefugnissen durch Verordnungen des besonderen Umweltrechts für den jeweils geregelten Sachbereich. In den neueren Rechtsakten der Gemeinschaft ist allerdings eher das Gegenteil zu verzeichnen.[242]

III. Zusammenfassende Bewertung

Die Europäische Umweltagentur stellt sich als – rechtlich selbständige – Dienstleistungsstelle für die Gemeinschaftsorgane und die Mitgliedstaaten im Sinne eines *Clearinghouse* und *Informationsanalysezentrums* dar.[243] Schwerpunkt ihrer Tätigkeit ist die Informationszusammenstellung, -bewertung und -verbreitung, weshalb sie auch treffend als *Informationsagentur* bezeichnet worden ist.[244] Informationsgegenstand sind vornehmlich Umweltzustandsdaten, Belastungsfaktoren, wissenschaftliche Erkenntnisse, darunter über die Umweltempfindlichkeit, und umweltökonomische Daten. Eine Datenaufbereitung und -bewertung findet insofern statt, als daß die Agentur die Informationsrahmendaten harmonisieren, Prognosen erstellen, Bewertungskriterien

---

[241] Nach *Sach* (Anm. 232) waren es allerdings die Mitgliedstaaten, an deren Widerstand insbesondere die Übertragung von Inspektionsbefugnissen auf die Agentur scheiterte (a.a.O., Rn. 72).

[242] So insbesondere die *Luftmeßnetzentscheidung* 97/101/EG und die *Luftqualitätsrichtlinie.* Dazu näher sogleich, unter III.

[243] Diese Terminologie stammt aus der *Informationsquellenentscheidung* der Gemeinschaft, näher dazu oben, Teil 2 Kap. 2 C.III.1. *Kahl* (Anm. 164) ordnet die EUA daher dem „konsultativen Typus" der Umweltagenturen zu (a.a.O., 129). Ebenso *Brenner*, der auch von einer „Netzwerkkooperation" spricht (Anm. 135, Rn. 14 f.).

[244] So *v. Bogdandy* in: *Schmidt-Aßmann/Hoffmann-Riem* (Anm. 163), 172 f., gemeinsam mit vier weiteren Agenturen der Gemeinschaft, die eine ähnliche Organisationsstruktur und einen ähnlichen Aufgabenbereich aufzeigen. Ebenso *Everson* (Anm. 156), 616 f., dieselbe allgemein zur Kategorisierung der verschiedenen Agenturen (608 ff.).

aufstellen und zu diesem Zweck die vorhandenen wissenschaftlichen Erkenntnisse ausweiten soll. Diese wertende Funktion der Agentur bringt eine verstärkte Beeinflussung der Entscheidungstätigkeit der Gemeinschaft und der Mitgliedstaaten mit sich.[245] Letztlich kommen der Agentur aber vornehmlich informationsverwaltende und quasi forschende Aufgaben zu. Eigene sachbereichsregelnde Entscheidungsbefugnisse besitzt sie nicht. Selbst eine untergeordnete Regelungsbefugnis für die Durchführung von Umweltmonitoringpflichten und Informationsaustauschverfahren kommt ihr nach der *Gründungsverordnung* nicht zu. Dies bestätigen auch die neueren Rechtsakte der Gemeinschaft. So ist z.B. nach der *Luftqualitätsrichtlinie* von 1996, der *Luftmeßnetzentscheidung* von 1997, der *Wasserrahmenrichtlinie* von 2000, der *Emissions-Richtlinie* 2001/81/EG von 2001 und der *Ozonrichtlinie* von 2002 die Durchführungskompetenz und die diesbezügliche Regelungsbefugnis allein der Kommission – meist in Zusammenarbeit mit einem Ausschuß – übertragen worden. Die Kommission soll oder kann die EUA „hinzuziehen" und ihre Erfahrungen „nutzen",[246] sich, „soweit erforderlich, ... auf die Fachkenntnisse" der EUA „stützen"[247], mit

---

[245] Die wertende Funktion der Agentur unterstreicht *v. Lersner* in: *Calliess/Wegener* (Anm. 186), 86. Kritisch im Hinblick auf Äußerungen der EUA zu politischen Themenbereichen *Brenner* (Anm. 135), Rn. 27.

[246] Art. 1 Abs. 2 i.V.m. Art.7 der *Entscheidung* 97/101/EG vom 27.1.1997 *zur Schaffung eines Austauschs von Informationen und Daten aus den Netzen und Einzelstationen zur Messung der Luftverschmutzung in den Mitgliedstaaten* (Abl. Nr. L 35 vom 5.2.1997, 14). Außerdem ist sie in die Bereitstellung der Ergebnisse für die Öffentlichkeit eingebunden (siehe Art. 4 Abs. 3 UAbs. 2 sowie Art. 5 Abs. 6 UAbs. 2 der Entscheidung). Daß die EUA nur in so geringem Maße einbezogen wird erstaunt vor dem Hintergrund ihrer umfassenden Zuständigkeit bei der Verwaltung von Umweltdaten ein wenig. Denkbar und rechtlich zulässig wäre auch eine weitergehende Einbeziehung der EUA in die Durchführung des Informationsaustauschs gewesen, solange ihr keine Regelungsbefugnisse mit einem Ermessensspielraum übertragen werden. Ggf. geschieht eine solche Einbeziehung noch durch die Kommission.

[247] Und das auch lediglich bei der Erstellung eines Berichts über die Luftqualität, siehe Art. 11 Nr. 3 der *Richtlinie* 96/62/EG vom 27.9.1996 *über die Beurteilung und Kontrolle der Luftqualität* (Abl. Nr. L 296 vom 21.11.1996, 55). Eine weitergehende Einbeziehung ist nicht vorgesehen. Lediglich die Begründung der Richtlinie verweist darauf, daß die Kommission der EUA die gesammelten Informationen „gegebenenfalls" übermitteln kann (21. Begründungserwägung). In dem nach Beteiligung des Europäischen Parlamentes geänderten Vorschlag der Kommission war noch vorgesehen, daß die Informationen zum Zwecke der Vermeidung zusätzlicher Informationspflichten der Mitglied-

der „Unterstützung“ der EUA Emissionsinventare und -prognosen erstellen[248] oder die Empfehlungen der Agentur schlicht „berücksichtigen“[249]. Andere neuere Rechtsakte erwähnen die EUA erst gar nicht.

Die Europäische Umweltagentur ist den Gemeinschaftsorganen zwar nicht im Sinne eines Weisungsverhältnisses, aber dennoch *funktional untergeordnet*. Sie arbeitet diesen, als auch den Mitgliedstaaten, für die Zwecke der Rechtsetzung und der Durchführung des Gemeinschaftsrechts zu.[250] Hauptzweck der Informationstätigkeit ist die *Informationsvorsorge* einschließlich der *legislativen Eigenkontrolle* und die Verbreitung von Informationen in der Öffentlichkeit. Letzteres ist gerade durch die Änderungen von 1999 gestärkt worden.[251] Zudem hat sich die Agentur auf grenzüberschreitende Umweltprobleme zu konzentrieren. Vornehmlich wird die Agentur aggregierte Daten verarbeiten und verbreiten. Individualisierte Daten, welche insbesondere dem Zwecke der

---

staaten von der Kommission pflichtmäßig an die EUA übermittelt *werden* und die EUA in den Bereichen, die in ihre Zuständigkeiten fallen, in die Arbeiten der Kommission einbezogen werden *muß* (Begründungserwägungen 15 b und 15c des geänderten Vorschlags vom 6.7.1995, KOM [95] 312 endg., Abl. Nr. C 238 vom 13.9.1995, 10). Der Rat hielt eine solche Regelung nicht für erforderlich. Ähnlich Art. 12 der *Richtlinie* 2002/3/EG vom 12.2.2002 *über den Ozongehalt der Luft* (Abl. Nr. L 67 vom 9.3.2002, 14). Danach „stützt“ sich die Kommission bei der Ausarbeitung von Leitlinien - unter anderem - auf die fachliche Kompetenz der EUA.

[248] Art. 7 Abs. 3 der *Richtlinie* 2001/81/EG vom 23.10.2001 *über nationale Emissionshöchstmengen für bestimmte Luftschadstoffe* (Abl. Nr. L 309 vom 27.11.2001, 22).

[249] Und dies im gleichen Maße wie u.a. die Empfehlungen der gemeinsamen Forschungsgruppe, internationaler Organisationen, europäischer Wirtschaftsverbände, europäischer Umweltorganisationen „sowie jegliche weiteren relevanten Informationen, von denen sie Kenntnis erlangt“ (Art. 16 Abs. 5 der Richtlinie 2000/60/EG, [Anm. 104]).

[250] Vgl. *Lenaerts* (Anm. 232), 889: *„The Agency will thus assist Member States when they implement Community environmental legislation, but it will not take over their responsibilities.“* Ähnlich *Brenner* (Anm. 135), Rn. 15.

[251] Siehe die neuen Ziffern xi und xiii von Art. 2 der *Gründungsverordnung* (Anm. 156). Der Umgang mit der Öffentlichkeit soll durch einen von der EUA am 20.3.2000 beschlossenen *Kodex für gute Verwaltungspraxis* geleitet werden, der u.a. Vorgaben zur Verhältnismäßigkeit, der Unparteilichkeit und Unabhängigkeit, der Objektivität sowie der „Fairneß“ und der „Höflichkeit“ enthält (Beschluß Nr. 2000/529/EG der Europäischen Umweltagentur, Abl. Nr. L 216 vom 26.8.2000, 15).

Vollzugskontrolle dienen, sollen von der Agentur i.d.R. nicht gesammelt oder gar vor Ort erhoben werden. Eine Ausweitung der Aufgaben auf die Überwachung der Durchführung des Gemeinschaftsrechts wurde durch die *Gründungsverordnung* in Art. 20 a.F. explizit ins Auge gefaßt. Mit der Änderung der Verordnung im Jahre 1999 wurde zwar der Aufgabenbereich dahingehend geändert, daß die Agentur nunmehr auch die Überwachung von Umweltschutzmaßnahmen unterstützen soll, diesbezügliche hoheitliche Eingriffsbefugnisse wurden ihr aber nicht verliehen. Eine derartige Tätigkeit erfolgt auf *freiwilliger* Basis – als „Hilfestellung" für die anderen Organe oder „auf Ersuchen" der Mitgliedstaaten – und beschränkt sich im wesentlichen auf die mitgliedstaatlichen Berichterstattungspflichten und die Beratung bei der Einrichtung von nationalen Überwachungssystemen.

Hoheitliche Entscheidungs- oder gar Zwangsbefugnisse kommen der Agentur nicht zu, weder in der Form von Sachentscheidungen, noch im Zusammenhang mit der Einrichtung von Informationsverfahren.[252] Auch darf sie – ohne Einwilligung der Mitgliedstaaten – nicht auf deren Hoheitsgebiet in Form des Eigenvollzuges selbständige Datenerhebungen betreiben. Sie hat gegenwärtig weder die Befugnis, zum Zwecke der Informationsvorsorge eigene Umweltmonitoringsysteme in den Mitgliedstaaten aufzubauen, noch die Befugnis, zum Zwecke der Vollzugskontrolle eigenmächtig Nachprüfungen in Einzelfällen vorzunehmen. Sie ist auf die Zusammenarbeit mit den Mitgliedstaaten angewiesen.

Seit der Änderung von 1999 sind die Mitgliedstaaten ausdrücklich zur *Zusammenarbeit* mit der Agentur bei der Datensammlung und -analyse im Rahmen ihres Arbeitsprogramms *verpflichtet*. Hier verfügen die Mitgliedstaaten über einen weiten Spielraum. Eine hoheitliche Konkretisierungsbefugnis kommt der Agentur nicht zu. Die generelle und insbesondere auch die grundlose Verweigerung der diesbezüglichen Zusammenarbeit stellt jedoch eine Verletzung der *Gründungsverordnung*, Art. 4 n.F., dar, welche vor dem Gerichtshof geltend gemacht werden kann. *Konkrete* Datenerhebungs- und -weitergabepflichten ergeben sich für die Mitgliedstaaten vornehmlich aus den *speziellen* gemeinschaftsrechtlichen *Umweltschutzvorschriften* hinsichtlich der darin ausdrücklich geregelten Fälle. Hauptsächliches Handlungsmittel der Umweltagentur im Verhältnis zu den Mitgliedstaaten sind *Verwaltungsvereinbarungen*, die direkt mit den zuständigen Stellen getroffen werden. Die Mitgliedstaaten haben die Möglichkeit, deren Gültigkeit an das

---

[252] Im Ergebnis ebenso *Lenaerts* (Anm. 232), 889; *Brenner* (Anm. 135), Rn. 15; *Epiney* (Anm. 194), 49 und *Kahl* (Anm. 164), a.a.O.

Einvernehmen einer zentralen innerstaatlichen Anlaufstelle zu binden. Sie sind durch die Gemeinschaftstreue verpflichtet, sich um den Abschluß solcher Vereinbarungen zur Förderung der Aufgaben der Agentur zu bemühen. Eine Zustimmungspflicht zu einem inhaltlich von der Agentur vorherbestimmten Inhalt besteht dagegen nicht.

Autonome, insbesondere rechtlich selbständige Organisationen verbessern i.d.R. die Implementation der politischen Ziele und rechtlichen Normen in ihrem Tätigkeitsbereich,[253] können aber gerade im Bereich der Informationsverwaltung auch als mehr oder weniger einflußloses „Symbol" für den generellen politischen Handlungswillen mißbraucht werden.[254] Eine erneute Überprüfung des Standes der Arbeiten der Agentur steht für Ende 2003 an.[255] Gegebenenfalls wird dann noch einmal der Aufgabenbereich und eine verstärkte Einbindung der Agentur in die Verwaltungsaufgaben der Gemeinschaft überdacht. Wie *Feldman* und *March* betonen, können Institutionen, die zunächst als Symbol konzipiert waren, eine Eigendynamik entwickeln, welche die handlungsbefugten Organe zu weiteren Maßnahmen quasi zwingt.[256] Derzeit kommt der Agentur durch eine gemeinsame Problemanalyse, die Förderung einer einheitlichen Wahrnehmung der Wirklichkeit und dem Aufzeigen von Handlungsoptionen zumindest eine indirekte Steuerungswirkung im Sinne einer „kooperativen Verstrickung" zu.[257] Sie trägt zur Entstehung sogenannter *epistemic communities*[258] bei und kann bei entsprechender Einheitlichkeit der Problemwahrnehmung innerhalb der Agentur selbst zu einer solchen werden. Zumindest aber stellt sie das *Forum* für ein Netzwerk persönlicher Kontakte zwischen

---

[253] *Mayntz*, Die Implementation politischer Programme: Theoretische Überlegungen zu einem neuen Forschungsgebiet, in: *dies.*, Implementation politischer Programme, 1980, 236 (245). Ausführlicher hierzu oben, Teil 1 Kap. 2 E. sowie C. und F.

[254] *Feldman/March*, Information and Organizations as Signal and Symbol, in: *March*, Decisions and Organizations, 1988, 409 (421 ff.). Ausführlicher hierzu oben, Teil 1 Kap. 2 D.IV. Positiv zur Effizienz unabhängiger Agenturen dagegen *Everson* (Anm. 156), insbesondere 602.

[255] Art. 20 Abs. 2 der *Gründungsverordnung* i.d.F. der Verordnung Nr. 933/1999 (Anm. 156).

[256] Siehe Anm. 254.

[257] Im Anschluß an *v. Bogdandy* in: *Schmidt-Aßmann/Hoffmann-Riem* (Anm. 163), 173 ff., 177.

[258] Näher hierzu oben, Teil 1 Kap. 2 F.II.1.

den beteiligten Personen dar und nimmt klassische Aufgaben einer Internationalen Organisation als Informationssammelstelle, Informationserzeuger und Informationsbörse war.[259]

C. Die Kommission

Der Kommission kommt die Hauptverantwortung bei der Sachverhaltsermittlung und Informationsverarbeitung zu. Sie sind notwendige Voraussetzung für die Wahrnehmung ihrer Aufgaben im Rahmen der Rechtsetzung und Rechtsdurchsetzung. Mit der Gründung der Europäischen Umweltagentur ist die Kommission bei der Informationssammlung und -verarbeitung im Bereich des Umweltschutzes entlastet worden. Die EUA ist aber, wie festgestellt, kein Organ der Gemeinschaften mit eigenständigen sachlichen Entscheidungskompetenzen, sie arbeitet den anderen Organen zu.[260] Insofern kann sie die Verantwortung der Kommission für die Informationsverwaltung nicht ersetzen, sondern nur die Erfüllung ihrer Aufgaben erleichtern und ergänzen. Die Kommission hat nach Art. 211 EGV (ex Art. 155) für die Anwendung des Vertrages einschließlich des entsprechenden Sekundärrechts Sorge zu tragen und die Fortentwicklung des Gemeinschaftsrechts zu initiieren – sie ist Hüterin der Gemeinschaftsverträge und Motor der Integration.[261] Sie muß notwendig zur Erfüllung dieser Aufgaben den jeweiligen Sachverhalt als Entscheidungsgrundlage ermitteln und zu diesem Zweck Informationen erheben, verarbeiten und bewerten.[262]

---

[259] Siehe wiederum oben, Teil 1 Kap. 2 F.

[260] Näher dazu oben, B.; siehe v.a. Art. 2 Ziff. ii der *Gründungsverordnung* (Anm. 156), wonach die EUA die erforderlichen Informationen an die Kommission weiterzugeben hat, damit diese ihre Aufgaben bei der Festlegung, Ausarbeitung und Evaluierung von Umweltmaßnahmen und -vorschriften erfüllen kann.

[261] Diese Begriffe sind von *Schmitt v. Sydow* geprägt worden (in GTE, Bd. 4, 5. Aufl. 1997, Art. 155 Rn.3, 9 ff., 31 ff.; *ders.*, Die Organe der erweiterten Europäischen Gemeinschaften – Die Kommission, 1980, 21 ff.); allgemein hierzu auch *Hummer* in: *Grabitz/Hilf*, Art.155 EGV [a.F.], Rn. 3 ff. Siehe auch EuGH, Urteil vom 22.10.1998, Rs. C-301/95 (*Kommission/Deutschland*) „UVP-Richtlinie", Slg. 1998, S. I-6135 (6160, Rn. 16).

[262] Eingehend *v. Bogdandy* in: *Schmidt-Aßmann/Hoffmann-Riem* (Anm. 163), 145 ff. Dort auch zu der Art und Weise der Informationsgewinnung und -verarbeitung innerhalb der Kommission. Im Ergebnis stellt *v.Bogdandy* fest, daß diese Prozesse wenig transparent und potentiell einseitig

I. Trennung von Aufgaben und Befugnissen

Die primäre Organzuständigkeit für die Informationsbeschaffung ist der Kommission ausdrücklich in Art. 284 EGV (ex Art. 213) und indirekt in Art. 208 1.Alt. EGV (ex Art. 152) zuerkannt worden.[263] Zudem kommt ihr nach Art. 211 EGV die Aufgabe der Überwachung der Einhaltung des Gemeinschaftsrechts zu. Die Übertragung einer Aufgabe sagt jedoch noch nichts über entsprechende Eingriffsbefugnisse aus. Auch im Gemeinschaftsrecht gilt die Trennung von Aufgaben- und Befugnisnorm.[264] Weder Art. 211 EGV noch Art. 284 EGV enthalten für sich genommen bereits eine Ermächtigungsgrundlage für ein hoheitliches, eingreifendes Handeln der Kommission.[265] Sie verweisen vielmehr auf die Befugnisse nach anderen primär- und sekundärrechtlichen Vorschriften. Daher können diese Vorschriften auch nicht unter Zuhilfenahme des Auslegungsgrundsatzes der *implied powers* in Befugnisnormen umgedeutet werden. *Implied powers* knüpfen an bereits bestehende Befugnisnormen an.[266]

Der Kommission kommt außerdem eine *Hilfsfunktion* für die anderen Organe der Gemeinschaft zu. Die Kommission kann vom Rat über Art. 208 EGV und vom Europäischen Parlament indirekt über das Fragerecht nach Art. 197 Abs. 3 EGV (ex Art. 140) zur Sachverhaltsermittlung angehalten werden.[267] Art. 208 Alt. 1 EGV ermächtigt den Rat,

---

verlaufen (150). Siehe auch *Hummer*, a.a.O., Rn. 10. Zum Verhältnis von Sachverhaltsermittlung und Entscheidung oben, Teil 1 Kap. 2 B., D.I., F. und G. sowie zu den einzelnen Arbeitsschritten Teil 2 Kap. 1 C.II.1.

[263] Zu Art. 284 EGV oben, Teil 3 Kap. 1 B.II.1.; zu Art. 208 EGV auch Kap. 3 B.II.2.

[264] Siehe nur *Hatje* (Anm. 1), 98 f.; *Schroer* (Anm. 221), 25 mit weiteren Verweisen; *v. Borries*, Kompetenzverteilung und Kompetenzausübung, in: EUDUR, Bd. 1 1998, § 25, Rn. 14; *Steindorff* (Anm. 221), 19. Kritisch zur diesbezüglich nicht immer klaren Rechtsprechung *Schoch* (Anm. 221), a.a.O.

[265] Zu Art. 211 EGV [ex Art. 155] vgl. *Schmitt v. Sydow* in: GTE (Anm. 261), Rn. 72 f.; *Albin* (Anm. 71), 249 sowie bereits *Lecheler*, Die allgemeinen Rechtsgrundsätze in der Rechtsprechung des Europäischen Gerichtshofes, 1967, 22 f.; zu Art. 284 [ex Art. 213] EGV siehe oben, Teil 3 Kap. 1 B.II.1. Dagegen scheint *van Rijn* den Schluß von der Aufgabe auf die Befugnis zu ziehen (The Investigative and Supervisory Powers of the Commission, in: FS Schermers, 1995, 409 [409]).

[266] Siehe oben, Anm. 220.

[267] Zum Europäischen Parlament *Beckedorf*, Das Untersuchungsrecht des Europäischen Parlaments, 1995, insbesondere 167.

die Kommission zur Vornahme der seiner Ansicht nach zur Verwirklichung der gemeinsamen Ziele geeigneten Untersuchungen aufzufordern. Diese Aufforderung ist für die Kommission hinsichtlich des „Ob“ verbindlich, nicht jedoch hinsichtlich des genauen Inhaltes und der Ergebnisse.[268] Die Kommission hat die angeforderten Untersuchungen mit den ihr zur Verfügung stehenden Möglichkeiten vorzunehmen und zu diesem Zweck – soweit möglich und mit ihren anderen Aufgaben vereinbar – ihre Verwaltungskapazitäten und rechtlichen Befugnisse einzusetzen.[269] Das Recht der Kommission, auf eigene Initiative im Rahmen der ihr zustehenden Handlungsmittel Sachverhaltsermittlungen vorzunehmen, bleibt unberührt.[270] Die Aufforderung des Rates ergeht – in Ermangelung einer anderweitigen Bestimmung – mit einfacher Mehrheit gemäß Art. 205 Abs. 1 EGV (ex Art. 148).[271] Mit einer solchen Aufforderung ist nicht die Übertragung von Eingriffsbefugnissen impliziert, weder in die Rechte von Individuen noch in die Souveränitätssphäre der Mitgliedstaaten. Ebensowenig wie bei Art. 211 EGV handelt es sich hier um eine Befugnisnorm für hoheitliches Handeln der Kommission.

Bei der Wahrnehmung ihrer Aufgaben muß sich die Kommission vom Wohl der Gemeinschaft leiten lassen (Art. 213 Abs. 2 UAbs. 1 EGV, ex Art. 157).[272] Die Kommission hat nicht ausnahmslos im Interesse aller

---

[268] *Harnier* in: GTE, Bd. 4, 5. Aufl. 1997, Art. 152, Rn. 3; vgl. *Schweitzer* in: *Grabitz/Hilf*, Art. 208 EGV, Rn. 7. Umstritten ist die Verbindlichkeit der Aufforderung vornehmlich hinsichtlich der zweiten Alternative von Art. 208 EGV, d.h. der Aufforderung zur Unterbreitung von Vorschlägen für die Verwirklichung der Gemeinschaftsziele. Dabei wird vertreten, daß bei Verbindlichkeit einer solchen Aufforderung das Initiativmonopol der Kommission untergraben werden könnte (näher dazu *Schweitzer*, a.a.O., Rn. 2 ff.). Das Problem der Verbindlichkeit stellt sich aber auch im Zusammenhang mit der 1. Alt., d.h. der Vornahme von Untersuchungen – und zwar deshalb, weil der Rat nicht über dieselben Möglichkeiten zur Vornahme von Untersuchungen verfügt (a.A. wohl *Schweitzer*, a.a.O., Rn. 7). Er verfügt weder über die Verwaltungskapazitäten noch kommen ihm i.d.R. die Organzuständigkeit, geschweige denn die Befugnisse der hoheitlichen Sachverhaltsermittlung zu. Diese sind i.d.R. der Kommission zugedacht (siehe nur Art. 284 EGV sowie zum Sekundärrecht Teil 2 Kap. 2 ff.).

[269] Ähnlich *Harnier*, a.a.O., Rn. 3.

[270] *Ibid.*

[271] Ebenso *Harnier*, a.a.O., Rn. 2; *Schweitzer* (Anm. 268), Rn. 9.

[272] Siehe auch oben, Teil 3 Kap. 3 B.2.

Mitgliedstaaten zu handeln.[273] Das *Gemeinschaftsinteresse* und die jeweils *einzelstaatlichen Interessen* der Mitgliedstaaten sind nicht dekkungsgleich – sie ist nicht gehalten, in Erfüllung ihrer Aufgaben nur dann zu handeln, wenn keinerlei Interessen beeinträchtigt werden, sondern muß „die verschiedenen Interessen abwägen und nachteilige Auswirkungen vermeiden, soweit es die zu erlassende Entscheidung vernünftigerweise ermöglicht".[274] So hat sie nach der Rechtsprechung des Gerichtshofes auch im Rahmen des Verwaltungsausschußverfahrens die Aufgabe, etwaige Interessenkonflikte im Hinblick auf das Allgemeininteresse auszugleichen, wohingegen die Mitgliedstaatenvertreter dort die Interessen ihres Staates geltend machen können.[275] Die Aufgabenwahrnehmung im Interesse der Gemeinschaft ist kein Widerspruch zur Beeinträchtigung der Interessen einzelner, sondern impliziert diese notwendig. Denn das Interesse einzelner Mitgliedstaaten und selbst der Summe aller Mitgliedstaaten ist nicht gleichbedeutend mit dem Interesse der Gemeinschaft als solcher. Insofern muß sich die Kommission von den einzelnen mitgliedstaatlichen Interessen unabhängig machen, sobald eine gemeinschaftsrechtliche Handlungsbefugnis vorliegt und diese im Interesse des bestmöglichen Funktionierens der Gemeinschaft ausüben.

II. Befugnisse

Der Kommission können vom Rat oder auch unmittelbar durch die Gemeinschaftsverträge Entscheidungs- und Eingriffsbefugnisse übertragen werden. Die der Kommission übertragenen Befugnisse dienen vornehmlich der Durchführung des vom Rat gesetzten Gemeinschaftsrechts. Für die Durchführung des Gemeinschaftsrechts kann sowohl eine rechtsetzende Tätigkeit als auch eine einzelfallbezogene hoheitliche

---

[273] So der Gerichtshof im Hinblick auf die in Art. 3 EGKSV verankerte Pflicht der Kommission, „im gemeinsamen Interesse" zu handeln, Urteil vom 18.3.1980, verb. Rs. 154, 205, 206, 226 bis 228, 263 und 264/78 sowie 39, 31, 83 und 85/79 (*Valsabbia/Kommission*), Slg. 1980, 907 (1001, Rn. 49). Siehe auch *Herzog*, Doppelte Loyalität, 1975, 64 f. sowie *Hatje* (Anm. 1), 62 ff.

[274] EuGH, *ibid.*

[275] EuGH, Urteil vom 14.3.1973, Rs. 57/72 (*Westzucker/Einfuhr- und Vorratsstelle Zucker*), Slg. 1973, 321 (341, Rn. 17). Siehe auch *Herzog* (Anm. 273), insbesondere 63 ff.; *Bleckmann*, Die Rechtsprechung des Europäischen Gerichtshofes zur Gemeinschaftstreue, RIW/AWD 1981, 653 (655).

oder eine schlicht-hoheitliche Verwaltungstätigkeit erforderlich sein – auf die Informationsverwaltung übertragen also die Einrichtung von abstrakt-generellen Informationsverfahren, die Entscheidung über konkret-individuelle Informationsersuchen und die rein tatsächliche Informationserhebung, Sammlung und Verarbeitung von Informationen durch die Kommission. Der abstrakt-generelle rechtliche Rahmen der Informationsverwaltung bewegt sich je nach Sachzusammenhang und Regelungsgehalt zwischen mehr oder weniger unpolitischer Exekutive und hochpolitischer Eingriffsgesetzgebung. Die Anforderungen an eine Befugnisnorm stehen dann in Abhängigkeit von Gestaltungswirkung und Eingriffsgehalt der informationsverwaltenden Tätigkeit. Neben den bereits untersuchten Anforderungen an die Wahl der richtigen Ermächtigungsgrundlage und deren unmittelbarer Anwendbarkeit[276] ist nunmehr zu fragen, unter welchen Voraussetzungen die Kommission im einzelnen tätig werden darf, insbesondere, ab wann eine Ermächtigungsgrundlage der Kommission unmittelbar die Befugnis zur Festlegung administrativer Informationsverfahren verleiht.

1. Allgemeine Konkretisierungsbefugnis der Kommission ?

Die Kommission produziert eine große Anzahl von Dokumenten, die als Mitteilungen, Berichte, Stellungnahmen u.ä. die Mitgliedstaaten bei der Durchführung des Gemeinschaftsrechts leiten sollen.[277] Sie beinhalten auch vielfach Aussagen zur Sachverhaltsermittlung und entsprechenden „Kooperations- und Informationspflichten" der Mitgliedstaaten.[278] Der Kommission könnte theoretisch in diesem Zusammenhang eine primärrechtlich verankerte allgemeine Befugnis zustehen, das Gemeinschaftsrecht für die Mitgliedstaaten zu konkretisieren und in diesem Rahmen auch die Informationsverfahren festzulegen, welche für die Durchführung der jeweiligen Vorschriften erforderlich sind. Im Ergebnis besteht eine solche Konkretisierungsbefugnis jedoch nur im Zusammenhang mit im Gemeinschaftsrecht konkret festgelegten Koordinations- und Informationsaufgaben oder sachbereichsbezogenen Regelungsbefugnissen der Kommission.

---

[276] Siehe oben, Teil 3, insbesondere Kap. 1 B. sowie Teil 4 Kap. 1 B.II.

[277] Näher dazu oben, Teil 2 Kap. 4 D. sowie Teil 1 Kap. 1 B.

[278] Siehe insbesondere die eingangs dargestellten Mitteilungen zur Verwaltungskooperation, Teil 1 Kap. 1.B.

Die Auslegung des Gemeinschaftsrechts kann nur unter Beachtung der Zuständigkeiten der Gemeinschaftsorgane erfolgen.[279] Grundsätzlich kommt dem Gerichtshof die alleinige Kompetenz zur verbindlichen Auslegung des Gemeinschaftsrechts zu. Inoffizielle Auslegungen eines Rechtsaktes, „wie sie in formlosen Verlautbarungen der Kommission zum Ausdruck kommen, können nicht als authentische Interpretation des Gemeinschaftsrechts angesehen werden",[280] auch nicht i.V.m. Art. 10 EGV.[281] Mitteilungen der Kommission, die gar eigene Rechtswirkungen erzeugen sollen, ohne daß ihr eine derartige Handlungsbefugnis nach dem Primär- oder Sekundärrecht zukommt, sind mangels Zuständigkeit der Kommission anfechtbar und für nichtig zu erklären.[282]

Möglich ist dagegen eine verbindliche Regelung, durch welche die Kommission die in ihren *eigenen* Rechtsakten verwendeten Begriffe definiert. Eine solche – begrenzte – Definitionskompetenz hat der Gerichtshof im *Transparenzrichtlinienurteil* ausdrücklich bejaht.[283] Die rechtliche Verbindlichkeit übersteigt jedoch nicht den Anwendungsbereich dieses Rechtsaktes. Die Begriffsdefinitionen dienen dazu, meist in allgemeiner und vorangestellter Form die im folgenden verwendeten Tatbestandsmerkmale des Rechtsaktes näher zu bestimmen und erhöhen damit die Rechtssicherheit. Solche Definitionen und Detailregelungen sind gerade im Umweltbereich besonders wichtig, da Umweltschutzregeln meist erst anhand einer mehr oder weniger technischen Konkretisierung vollziehbar werden. Neben der eigenständigen Definition für jeden einzelnen Rechtsakt wäre auch ein Rahmenakt der Kommission möglich, in dem sie – wie in einem „Allgemeinen Teil" – die in anderen Rechtsakten verwendeten Begriffe im vorhinein defi-

---

[279] EuGH, Urteil vom 18.2.1970, Rs. 40/69 (*Hauptzollamt Hamburg/Bollmann*), Slg. 1970, 69 (81, Rn. 8).

[280] EuGH, Urteil vom 18.6.1970, Rs. 74/69 (*Hauptzollamt Bremen/Krohn*), Slg. 1970, 451 (460, Rn. 9). Siehe auch oben, Teil 3 Kap. 2 A.II.2, insbesondere zum Urteil *Irland/Kommission* „Seefischerei IV" und dem Urteil *Brother Industries*. Aus der Literatur *Scherer* (Anm. 8), 56 ff.; *Gornig/Trüe* (Anm. 7), 938; *Rengeling*, Gemeinschaftskompetenzen (Anm. 1), 232 ff.

[281] Dazu näher Teil 3 Kap. 2 A.II.2. mit Verweisen auf Rechtsprechung und Literatur.

[282] EuGH „Pensionsfonds" (Anm. 120), 1627 ff. sowie EuG *Nutral* (Anm. 119), 1034 (Rn. 30 f.). Zur Zulässigkeit und Begründetheit einer Nichtigkeitsklage siehe die Urteilsanmerkungen von *Gundel* (Anm. 120).

[283] Näher dazu unten, C.II.2.b.

niert. Dieser Rechtsakt würde dann als Typenmuster die folgenden Akte der Kommission ergänzen.[284]

Für die Auslegung der vom Rat erlassenen Rechtsakte sowie für die Auslegung des Primärrechts ist ein solcher eigeninitiierter Konkretisierungsvorstoß der Kommission wiederum *unverbindlich*.[285] Solche Rechtsakte sind erst dann verbindlich, wenn der Rat – oder auch die Gemeinschaftsverträge unmittelbar – die Kommission zum Zwecke der Durchführung zu verbindlichen Detailregelungen ermächtigen. Soweit die Mitgliedstaaten für die Durchführung des Gemeinschaftsrechts eigenverantwortlich zuständig sind, ist die Kommission nicht befugt, verbindliche Entscheidungen über dessen Auslegung zu treffen.[286] Sie hat dann nur die Möglichkeit, ihre Meinung zu äußern, welche die innerstaatlichen Stellen nicht bindet. Diese Meinungsäußerungen gehören als unverbindliche Leitlinien in den Rahmen der internen, informellen Verwaltungszusammenarbeit zwischen der Kommission und den mit der Durchführung betrauten nationalen Stellen.[287] Sie haben keine verbindliche Außenwirkung, weder zu Lasten noch zu Gunsten der Betroffenen.[288] Würde man eine Verbindlichkeit dieser Äußerungen der Kommission annehmen, würde der Kommission die Stellung einer Rechts- oder sogar Fachaufsichtsbehörde gegenüber den mitgliedstaat-

---

[284] Vgl. oben, Teil 2 Kap. 1 B.II.

[285] Zur rechtlichen Einordnung solcher Konkretisierungsakte siehe auch oben, Teil 2 Kap. 4 D.

[286] EuGH, Urteil vom 10.6.1982, Rs. 217/81 (*Interagra/Kommission*), Slg. 1982, 2233 (2247 f., Rn. 8).

[287] Zu Auslegungs- und Anwendungsleitlinien wiederum Teil 2 Kap. 4 D. Siehe auch *Priebe* (Anm. 3, 85 f.), der feststellt, daß diese Mitteilungen der Kommission zwar unverbindlich sind, aber einen einheitlichen europäischen Verwaltungsstil fördern sowie *Adam/Winter*, Commission guidance addressed to member state agencies, in: *Winter* (Anm. 156), 629 (631 ff.).

[288] EuGH *Interagra* (Anm. 286), a.a.O. In dieser Rechtssache ging es um zwei Fernschreiben der Generaldirektion Landwirtschaft, welche u.a. den Zeitpunkt zu stellender Anträge enthielten. Die Kommission selbst hatte sich darauf berufen, daß diese Fernschreiben einen „rein informativen Gehalt" hätten und lediglich auf die geltende Rechtslage hinweisen sollten (a.a.O., 2246 f., Rn. 5). Die Kläger wollten auf diese Mitteilungen eine Schadensersatzhaftung der Gemeinschaft stützen. Im Ergebnis ebenso *Adam/Winter*, a.a.O., 641 f. *Adam/Winter* verweisen auch darauf, daß im Falle einer Verbindlichkeit dieser Mitteilungen die Nachteile von längeren, komplizierten Rechtsetzungsverfahren in Kauf genommen werden müßten (a.a.O., 643).

lichen Behörden eingeräumt – eine Stellung, die ihr zumindest nach dem derzeitigen Stand der Integration nicht zukommt.[289]

Insbesondere eigeninitiierte „Mitteilungen" der Kommission sind als nicht in Art. 249 EGV (ex Art. 189) vorgesehene Beschlußform i.d.R. unverbindlich.[290] Eine außerhalb der vertraglichen Befugnisse erlassene Mitteilung der Kommission über allgemeine Informationspflichten in Form von Amtshilfepflichten der Mitgliedstaaten wäre also als solche nicht verbindlich.[291] Verbindlich sind die einzelnen, sich aus dem Vertrag ergebenden Informationspflichten. Eine für die Mitgliedstaaten und den Gerichtshof verbindliche Auslegungs- und Konkretisierungsbefugnis kommt der Kommission nicht zu. Sie kann zwar die Entscheidungen des Gerichtshofes zusammenfassend und verallgemeinernd darstellen. In diesem Sinne ist von den nationalen Behörden gar ein Bedürfnis nach „Anwendungsleitlinien" geäußert worden.[292] Den Mitgliedstaaten bleibt es aber unbenommen, diese Auslegung und Verallgemeinerung in Frage zu stellen und vorerst nicht zu befolgen. Die Kommission muß dann den Weg des Vertragsverletzungsverfahrens beschreiten, um eine verbindliche Klärung der aus dem Vertrag fließenden Informationspflichten durch den Gerichtshof herbeizuführen, welcher ebenfalls nicht an die Auslegung der Kommission gebunden ist.

---

[289] Dazu Kap. 1 C.II.

[290] *Meier* zählt sie zum *soft law* der Gemeinschaft und will ihnen eine gewisse Bindungswirkung zukommen lassen (Die Mitteilung der Kommission: ein Instrument der Normsetzung der Gemeinschaft?, in: FS Steindorff, 1990, 1303 [1303 f.]). Zusammenfassende und verallgemeinernde Mitteilungen über die Rechtsprechung des EuGH seien im Hinblick auf die Stellung der Kommission als Hüterin der Verträge für die Mitgliedstaaten verbindlich, solange sich die Kommission darauf beschränke, „die Entscheidungen des EuGH operabel zu machen" (*ibid.*). Zu den faktischen Steuerungswirkungen von an sich unverbindlichen Mitteilungen im Rahmen des Rechnungsabschlußverfahrens siehe *Scherer* (Anm. 8), 72 ff.

[291] A.A. wohl *Meier*, der wegen der bislang fehlenden gemeinschaftsrechtlichen Regelung genau eine solche allgemeine „Amtshilfemitteilung" vorschlägt (a.a.O., 1210 f.). Sie hätte nach seiner Argumentation Bindungswirkung für die Mitgliedstaaten. Im Ergebnis unterscheidet sich die Auffassung von *Meier* aber nicht wesentlich, weil auch er eine Bindung des Gerichtshofes an die Mitteilungen der Kommission ablehnt. Der Gegenstand der Vertragsverletzung sei nicht ein Verstoß gegen die Kommissionsmitteilung, sondern ein Verstoß gegen die vom Gerichtshof auszulegenden Vorschriften der Gemeinschaftsverträge (a.a.O., 1311 f.). Zur Amtshilfe oben, Teil 3 Kap. 3 A.

[292] Siehe oben, Teil 1 Kap. 1 B.III. und IV.

2. Spezielle Konkretisierungsbefugnisse

Zwar findet sich in den Gemeinschaftsverträgen keine abschließende Systematik im Hinblick auf die Verteilung der Befugnisse zwischen den Organen,[293] aus einem Vergleich mit den Bestimmungen anderer Politikbereiche und unter Zugrundelegung der dazu ergangenen Rechtsprechung des EuGH lassen sich aber Anhaltspunkte dafür finden, unter welchen Voraussetzungen der Kommission die Befugnis zukommen kann, administrative Informationsverfahren einzurichten oder für den Einzelfall zu konkretisieren.

a) Administrative Informationsverfahren auf der Basis einer Organisations- und Verfahrenszuständigkeit zur Förderung der mitgliedstaatlichen Zusammenarbeit – Das *Wanderungspolitikurteil*

In einem Urteil zur europäischen Wanderungspolitik hat sich der Gerichtshof indirekt zu der Frage geäußert, auf welche Vorschriften die Kommission die Einrichtung von Informationsverfahren stützen kann.[294] In Art. 118 EGV a.F. wurde der Kommission die Aufgabe zugewiesen, eine *enge Zusammenarbeit zwischen den Mitgliedstaaten* in sozialen Fragen *zu fördern*.[295] Zu diesem Zweck sollte sie in enger Verbindung mit den Mitgliedstaaten durch *Untersuchungen*, *Stellungnahmen* und die *Vorbereitung von Beratungen* tätig werden.[296] Auf dieser Grundlage hatte die Kommission ein Informations- und Konsultationsverfahren zur Koordination der Wanderungspolitik eingerichtet, welches den Mitgliedstaaten eine Reihe von Informationspflichten über geplante Maßnahmen und Abkommen auferlegte und ein Abstimmungsverfahren zwischen den Mitgliedstaaten und der Kommission einrichtete, dessen Ziel die Annahme einer gemeinsamen Haltung und die Ge-

---

[293] So ausdrücklich der Gerichtshof im Urteil vom 30.5.1989, Rs. 242/87 (*Kommission/Rat*) „Erasmus", Slg. 1989, 1425 (1453, Rn. 13) sowie im *Transparenzrichtlinienurteil* (unten, Anm. 317), 2573 (Rn. 6).

[294] Urteil vom 9.7.1987, verb. Rs. 281, 283 bis 285 und 287/85 (*Deutschland, Frankreich, Niederlande, Dänemark, Vereinigtes Königreich/Kommission*) „Wanderungspolitik", Slg. 1987, 3203 ff.

[295] Nunmehr ist eine leicht modifizierte aber immer noch ähnliche Formulierung in Art. 140 EGV n.F. enthalten.

[296] Absatz 2 des Art. 118 EGV a.F. Ob und wenn ja welche hoheitlichen Befugnisse der Kommission zur Erfüllung dieser Aufgabe zustehen sollten, war mit diesem Wortlaut noch nicht festgelegt.

währleistung der Übereinstimmung dieser Vorhaben mit den Maßnahmen der Gemeinschaft war.[297]

Der Gerichtshof entschied unter Hinweis auf den *effet utile*, daß der Kommission mit der Übertragung der Aufgabe zur Förderung der Zusammenarbeit auch die Kompetenz zum Erlaß entsprechender Maßnahmen zustehe – ein klarer Schluß von der Aufgabe auf die Befugnis,[298] welcher durch eine Begrenzung der materiellen Regelungsbefugnis der Kommission jedoch vom Gerichtshof abgemildert wurde. Die Regelungsbefugnis der Kommission erstreckt sich nicht auf die inhaltliche Regelung der Materie, sondern erschöpft sich in diesen Fällen in einer Organisations- und Verfahrenszuständigkeit.[299] Art. 118 Abs. 2 EGV a.F. sei dahin zu verstehen, daß er „der Kommission alle zur Organisation der Konsultationen erforderlichen Befugnisse verleiht". Und weiter: „Zur Erfüllung dieser Aufgabe muß die Kommission die Mitgliedstaaten *zwangsläufig auch zur Mitteilung der unerläßlichen Informationen verpflichten können*, zunächst um die Probleme zu ermitteln und sodann um die möglichen Leitlinien eines eventuellen zukünftigen gemeinsamen Vorgehens der Mitgliedstaaten zu erarbeiten; ebenso muß sie die Mitgliedstaaten *zur Teilnahme an einem Konsultationsverfahren* verpflichten können".[300] Denn die Zusammenarbeit zwischen den Mitgliedstaaten kann nach Ansicht des Gerichtshofes nur im Rahmen von organisierten Konsultationen stattfinden.[301] Wenn in dieser Hinsicht jegliche Initiative unterbliebe, bestünde die Gefahr, daß die vom Vertrag gewollte Zusammenarbeit nur auf dem Papier bestehe. Die Kommission darf jedoch keine Sachentscheidung treffen und den Mitgliedstaaten das

---

[297] *Entscheidung* 85/381 der Kommission vom 14.8.1985 *zur Einführung eines Mitteilungs- und Abstimmungsverfahrens über die Wanderungspolitik gegenüber Drittländern* (Abl. Nr. L 217 vom 14.8.1985, 25). Zusammenfassung des Inhalts in den Urteilsgründen (Anm. 294), 3248 (Rn. 2).

[298] Wörtlich heißt es dort: „Weist eine Bestimmung des EWG-Vertrages [...] der Kommission eine bestimmte Aufgabe zu, so ist davon auszugehen, daß sie ihr dadurch notwendigerweise auch die zur Erfüllung dieser Aufgabe unerläßlichen Befugnisse verleiht; andernfalls würde der Bestimmung jede praktische Wirksamkeit genommen" (Urteilsgründe, a.a.O., 3253, Rn. 28).

[299] Ähnlich auch *Steindorff* (Anm. 221), 57.

[300] EuGH „Wanderungspolitik" (a.a.O.), 3253 (Rn. 28) [Hervorhebungen durch die Verf.].

[301] A.a.O., 3254 (Rn. 29).

Ergebnis des Abstimmungsprozesses vorschreiben.[302] Letztere haben keine Harmonisierungs- oder Konformitätspflicht hinsichtlich der letztlich von ihnen getroffenen Maßnahmen.

Wenn also die Kommission *die Zusammenarbeit der Mitgliedstaaten fördern* soll, kommen ihr verfahrensregelnde Kompetenzen zu, in deren Rahmen sie Informations- und Konsultationspflichten der Mitgliedstaaten festlegen kann. Diese Schlußfolgerungen werden unterstützt durch ein Urteil zur Bildungspolitik, dem *Erasmus-Urteil.*[303] Eine entsprechende Zuständigkeit der Kommission kann, wie der EuGH betont, nur dann sinnvoll ausgeübt werden, wenn ihr die notwendigen Informationen zur Verfügung stehen. Die begleitenden administrativen Informationspflichten ergeben sich aus einer am Grundsatz des *effet utile* orientierten Auslegung der Zuständigkeitsvorschrift. Die verbindliche Festlegung einer horizontalen oder vertikalen Zusammenarbeit impliziert als Mindestbestandteil die Pflicht zum Informationsaustausch.[304] Diese Argumentation ist auch auf entsprechende sekundärrechtliche Normen übertragbar. So wäre z.B. eine Konkretisierung des in Art. 7 der *VOC-Richtlinie Lösungsmittel* vorgesehenen Informationsaustauschs denkbar, den die Kommission „sicherstellen" soll,[305] ebenso wie eine Konkretisierung des Informationsaustauschs nach

---

[302] EuGH, a.a.O., 3255 (Rn. 34). Vgl. *Steindorff* (Anm. 221), 57, der davon ausgeht, daß die Gemeinschaft die Möglichkeit haben müsse, ein Koordinierungsverfahren festzulegen, der für die Verbindlichkeit der (materiellen) *Ergebnisse* dieses Verfahrens aber einen Beschluß der im Rat Vereinigten Vertreter der Mitgliedstaaten verlangt.

[303] Im *Erasmus-Urteil* stellt der Gerichtshof zu Art. 128 EGV [a.F.] fest, daß die Gemeinschaft die „zur wirksamen Verfolgung" einer gemeinsamen Politik „erforderlichen Instrumente" – einschließlich mitgliedstaatlicher Mitwirkungspflichten – festlegen kann, wenn ihr die Befugnis zugesprochen wird „Grundsätze zur Durchführung einer gemeinsamen Politik" aufzustellen (Anm. 293, 1452 f. [Rn. 9 ff.]). Als handlungsbefugtes Organ nannte Art. 128 EGV [a.F.] den Rat, dieser hatte auch den angegriffenen Rechtsakt erlassen.

[304] Siehe zur Definition der *Kooperation* Teil 2 Kap. 1 A.I.

[305] *Richtlinie* 1999/13/EG vom 11.3.1999 *über die Begrenzung von Emissionen flüchtiger organischer Verbindungen, die bei bestimmten Tätigkeiten und in bestimmten Anlagen bei der Verwendung organischer Lösungsmittel entstehen* (Abl. Nr. L 85 vom 29.3.1999, 1). Ausdrückliche Regelungsbefugnisse sind ihr diesbezüglich in der Richtlinie nicht übertragen worden.

Art. 16 Abs. 2 der *IVU-Richtlinie*[306] und auch des *Registrier- und Informationssystems* der *Seveso-II-Richtlinie*, welches die Kommission „errichten“ soll.[307] Dies gilt zumindest im Hinblick auf die *mitgliedstaatlichen* Pflichten.[308] Sind in den Richtlinien bereits konkrete administrative Informationspflichten enthalten, so muß genau geprüft werden, inwieweit diese abschließend sein sollen und inwieweit der Kommission ein Regelungsspielraum zukommen kann. Sind darin bereits umfangreiche Informationspflichten vorhanden, kommt eine Verschärfung durch die Kommission i.d.R. nicht in Frage.[309] Sie kann bei einer entsprechenden Durchführungszuständigkeit aber die Fragen des Wo, Wie und Wann konkretisieren.

Dagegen kann die Kommission *nicht* einseitig tätig werden, wenn sie in Zusammenarbeit *mit* den Mitgliedstaaten bestimmte Maßnahmen ergreifen soll. Dies hat der Gerichtshof nunmehr eindeutig im Zusammenhang mit Art. 88 Abs. 1 S. 1 EGV (ex Art. 93) entschieden.[310] Hier hatte die Kommission versucht, mangels Einverständnis aller Mitgliedstaaten einseitig einen Gemeinschaftsrahmen für die Prüfung bestehen-

---

[306] Im Gegensatz zur Bestimmung des Art. 15 Abs. 3 S. 2 derselben Richtlinie (Anm. 97) ist der Kommission eine ausdrückliche *Regelungs*befugnis für diesen Informationsaustausch nicht übertragen wurden, was auch im Umkehrschluß heißen könnte, daß sie hier nur mit dem Einverständnis der betroffenen Parteien handeln darf.

[307] Art. 19 Abs. 2 der Richtlinie 96/82/EG (Anm. 97). Eine ausdrückliche Durchführungsklausel mit den konkreten Regelungskompetenzen der Kommission ist in der Richtlinie nicht zu finden.

[308] Aufgrund des Gesetzesvorbehaltes könnte dies wegen der Unbestimmtheit der Regelung hinsichtlich der Informationspflichten von Unternehmen anders zu beurteilen sein. Sie bedürfen zumindest einer Umsetzungsnorm im nationalen Recht. Siehe unten, Teil 6 Kap. 1 D.I.

[309] In diesem Sinne hat die Kommission z.B. in der *Entscheidung* 97/138/EG vom 3.2.1997 *zur Festlegung der Tabellenformate für die Datenbank gemäß der Richtlinie 94/62/EG des Europäischen Parlaments und des Rates über Verpackungen und Verpackungsabfälle* (Abl. Nr. L 52 vom 2.2.1997, 22) zwischen „verbindlichen“ und – weil so nicht unmittelbar in Art. 12 Abs. 2 der *Verpackungsrichtlinie* enthalten – „freiwillig“ zu machenden Angaben unterschieden (Art. 7).

[310] Urteil vom 15.4.1997, „Rahmen für staatliche Beihilfen in der Kfz-Industrie“ (Anm. 228). Ausführlich hierzu *Uerpmann*, *ibid*. Nunmehr ist das diesbezügliche Verwaltungsverfahren einschließlich der Befugnisse der Kommission in der *Beihilfenverfahrensverordnung* Nr. 659/1999 (Anm. 56), Art. 17 ff. geregelt.

der nationaler Beihilferegelungen festzulegen.[311] Dies wurde der Kommission vom Gerichtshof sogar beim Vorliegen „außergewöhnlicher Umstände" versagt.[312]

Im Ergebnis steht also der Kommission die Befugnis zu, im Rahmen von primär- oder sekundärrechtlichen Normen, die ihr die Aufgabe der Koordinierung oder Förderung der Zusammenarbeit der Mitgliedstaaten im Hinblick auf eine spezielle Gemeinschaftspolitik verleihen, administrative Informationsverfahren festzulegen. Dabei hat sie sich inhaltlich an die allgemeinen Grenzen des Gemeinschaftsrechts zu halten.[313] Besondere Grenzen bestehen für Inspektionen vor Ort.[314] Auch darf die Kommission keine Informationsverfahren festlegen, die implizit einen materiellen Regelungsgehalt der Sachmaterie aufweisen wie dies z.B. bei Identifikations- und Planungspflichten und bei Anmelde- und Genehmigungsverfahren i.d.R. der Fall ist.[315]

b) Administrative Informationspflichten auf der Basis einer abstrakten Regelungsbefugnis für den gemeinschaftseigenen Vollzug – Das *Transparenzrichtlinienurteil*

In einem Urteil zur sogenannten *Transparenzrichtlinie*[316] verdeutlicht der Gerichtshof die Voraussetzungen und den Umfang von Konkretisierungsbefugnissen der Kommission im Zusammenhang mit admini-

---

[311] Dabei ging es im einzelnen um den Gemeinschaftsrahmen für Beihilfen auf dem KfZ-Sektor. In dem Gemeinschaftsrahmen war u.a. eine Anmeldepflicht vorgesehen, die sich aus dem EG-Vertrag selbst nicht ergibt. Zum ganzen *Uerpmann*, a.a.O., 332.

[312] Urteil „Rahmen für staatliche Beihilfen in der Kfz-Industrie" (Anm. 228), Rn. 34.

[313] Siehe unten, Teil 6 Kap. 1.

[314] Dazu sogleich (unten, 4.).

[315] Vgl. oben, Teil 3 Kap. 1 B.II.6. sowie Teil 2 Kap. 2 B.I und IV.

[316] *Richtlinie* 80/723/EWG der Kommission vom 25.6.1980 *über die Transparenz der finanziellen Beziehungen zwischen den Mitgliedstaaten und den öffentlichen Unternehmen* (Abl. Nr. L 195 vom 29.7.1980, 35). Zum Entwurf der neuen *Transparenzrichtlinie* mit noch umfangreicheren Informationspflichten *Bartosch*, Neue Transparenzpflichten – eine kritische Analyse des Kommissionsentwurfs einer neuen Transparenzrichtlinie, EuZW 2000, 333 ff.; nunmehr erlassen als Richtlinie 2000/52/EG der Kommission vom 26.7.2000 (Abl. Nr. L 193 vom 29.7.2000, 75).

strativen Informationspflichten.[317] In dem Urteil ging es um eine auf der Basis von Art. 90 Abs. 3 EGV a.F. erlassenen Richtlinie der Kommission, mit der die Transparenz der finanziellen Beziehungen öffentlicher Unternehmen hergestellt werden sollte. Zu diesem Zweck wurden die Mitgliedstaaten verpflichtet, die Bereitstellung öffentlicher Mittel für öffentliche Unternehmen sowie deren tatsächliche Verwendung mittels einer Aufzeichnungs- und Auskunftspflicht gegenüber der Kommission offenzulegen.[318] Art. 90 Abs. 3 EGV a.F. verlieh der Kommission die Befugnis, *erforderlichenfalls geeignete Richtlinien oder Entscheidungen an die Mitgliedstaaten* zu erlassen, um die Einhaltung der Wettbewerbsvorschriften durch öffentliche Unternehmen zu gewährleisten. [319] Im Rahmen der Nichtigkeitsklage wurde angezweifelt, ob der Kommission überhaupt die Befugnis zukomme, derartig generelle Informationspflichten der Mitgliedstaaten ohne vorhergehenden Rechtsakt des Rates festzulegen. In der Richtlinie befinden sich zudem mehrere Begriffsdefinitionen, die sich auf Begriffe des EG-Vertrages beziehen. Die Kläger rügten, daß damit ohne Rechtsgrundlage die Vorschriften des Vertrages ergänzt werden sollten.[320]

Der Gerichtshof befand, daß es sich nicht um einen Versuch der Kommission handele, die Begriffe – namentlich den Begriff der „Beihilfe" – im Sinne ihrer Verwendung im Vertrag zu definieren, sondern um eine genauere Bestimmung des Sachverhaltes, über den die Kommission im Rahmen der *Transparenzrichtlinie* ihrer Ansicht nach informiert werden müsse.[321] Die Kompetenz zur Definition der in ihren eigenen Rechtsakten verwendeten Begriffe stehe der Kommission zu.[322] Im Er-

---

[317] EuGH, Urteil vom 6.7.1982, verb. Rs. 188 bis 190/80 (*Frankreich, Italien und Vereinigtes Königreich/Kommission*) „Transparenzrichtlinie", Slg. 1982, 2545 ff. Ausführlich hierzu *Ress*, Die Transparenz der finanziellen Beziehungen zwischen den Mitgliedstaaten der Europäischen Gemeinschaften und den öffentlichen Unternehmen, in: GS Constantinesco, 1983, 599 ff.; siehe auch *Gundel* (Anm. 120), 92 f.

[318] Die Mitgliedstaaten hatten die Angaben über derartige finanzielle Beziehungen fünf Jahre lang aufzubewahren und der Kommission auf Verlangen mitzuteilen.

[319] Nunmehr wortlautgleich Art. 86 EGV n.F.

[320] EuGH, „Transparenzrichtlinie" (Anm. 317), 2578 (Rn. 22).

[321] A.a.O., Rn. 23 f.

[322] Hierzu eingehender oben, C.II.1. Siehe auch *Ress* (Anm. 317), 611 ff., der treffend in Frage stellt, ob sich die Kommission bei der Definition und damit der Festlegung des Anwendungsbereichs ihrer Richtlinie noch im Rahmen des

gebnis bejahte der Gerichtshof eine originäre, d.h. vom Rat unabhängige, Regelungsbefugnis der Kommission.[323] Die Schranken für eine Befugnis, die der Kommission durch eine spezielle Bestimmung des Vertrages übertragen wurde, ergäben sich nicht aus einem allgemeinen Grundsatz – der Art, daß nur dem Rat Rechtsetzungsbefugnisse zustünden –, sondern nur aus dem Wortlaut der Bestimmung selbst unter Berücksichtigung ihrer Zielsetzung und ihrer Stellung im Aufbau des Vertrages. Art. 155 EGV (a.F., jetzt Art. 211) bestimme für die Kommission beinahe in gleichlautenden Worten wie Art. 145 EGV (a.F., jetzt Art. 202) für den Rat, daß sie nach Maßgabe des Vertrages in eigener Zuständigkeit Entscheidungen treffen können. Sie sei nicht auf Überwachungs- und Durchführungsbefugnisse beschränkt.[324] Im Rahmen der teleologischen Interpretation des Vertrages spielt nach der Argumentation des EuGH v.a. das sachbereichsspezifische Informationsbedürfnis der Kommission eine wichtige Rolle.[325]

Zu beachten ist bei der Anwendung dieses Urteils auf andere Politikbereiche, daß der Kommission in Art. 90 Abs. 3 EGV a.F. (jetzt Art. 86 EGV) ausdrücklich die unmittelbare Befugnis zum Erlaß von Richtlinien und Entscheidungen erteilt wurde.[326] Dies ist weder im Rahmen von Art. 175 EGV noch von Art. 10 EGV oder Art. 284 EGV der Fall. Art. 175 EGV verleiht nur dem Rat eine Rechtsetzungsbefugnis.

---

von Art. 90 EGV [a.F.] implizierten Begriffs der „öffentlichen Unternehmen" bewegt. Ist dies nicht der Fall, so kommt der Kommission auch keine Rechtsetzungsbefugnis nach Art. 90 Abs. 3 EGV [a.F.] zu, die *Transparenzrichtlinie* wäre dann *ultra vires* erlassen worden und damit (zumindest teilweise) nichtig.

[323] Siehe auch *Ress*, a.a.O., 605 ff.

[324] EuGH, a.a.O., 2573 (Rn. 6).

[325] So argumentiert der Gerichtshof im *Transparenzrichtlinienurteil*, daß im Hinblick auf die schwere Überprüfbarkeit der finanziellen Beziehungen zur öffentlichen Hand der Kommission nicht *das Bedürfnis* abgesprochen werden könne, zu versuchen, durch das Aufstellen einheitlicher Kriterien für alle Mitgliedstaaten und für alle fraglichen Unternehmen zusätzliche Informationen über diese Beziehungen zu erlangen (a.a.O., 2576 f., Rn. 18) [Hervorhebung durch die Verf.]. Mit diesem Argument wurde die von den Klägern gerügte mangelnde Erforderlichkeit wegen des Vorhandenseins öffentlich zugänglicher Informationen (im einzelnen: in den Haushaltsgesetzen sowie den Bilanzen und Jahresabschlüssen der Unternehmen) zurückgewiesen. Eine Ermessensüberschreitung seitens der Kommission sei von den Klägern nicht nachgewiesen worden.

[326] Hierauf verweist auch *Gundel* (Anm. 120), 93.

Durchführungsbefugnisse der Kommission müßten erst vom Rat mittels einer sekundärrechtlichen Übertragung geschaffen werden. Im Rahmen der Gemeinschaftstreuepflicht wird der Kommission keine abstrakt-generelle Regelungsbefugnis verliehen und im Rahmen von Art. 284 EGV ist sie zwar zuständiges Organ, aber erst nach Maßgabe des vom Rat erlassenen Rahmens.[327] Aus diesen beiden Normen fließen i.d.R. lediglich Auskunftspflichten der Mitgliedstaaten, welche von der Kommission im Einzelfall aktualisiert werden können.[328] Da die Befugnisse der Organe sich, wie der Gerichtshof betont, nicht aus einem allgemeinen Grundsatz ergeben, sondern nur aus der betreffenden Bestimmung selbst, kann das *Transparenzrichtlinienurteil* nicht auf die Art. 175, 284 und 10 EGV im Sinne einer umfassenden und unmittelbaren informationsrechtlichen Konkretisierungsbefugnis der Kommission übertragen werden.[329]

Diese Rechtsprechung kann aber auf die sekundärrechtlich verliehenen Durchführungsbefugnisse der Kommission übertragen werden.[330] Ist die Kommission mit der Durchführung im gemeinschaftseigenen Vollzug beauftragt worden und wurde ihr zu diesem Zweck eine ausdrückliche Regelungsbefugnis übertragen, dann darf sie auch die sekundärrechtlich verankerten Informationsverfahren für die Mitgliedstaaten mittels eines allgemeingültigen Rechtsaktes – *a majore ad minus* selbstverständlich auch durch Einzelfallentscheidungen – bindend konkretisieren.[331] Das ist insbesondere dann der Fall, wenn der Kommission ein Regelungs(ausschuß)verfahren beigeordnet worden ist, welches nach dem neuen *Comitologie-Beschluß* von 1999 dann zu wählen ist, wenn

---

327 Siehe dazu oben, Teil 3 Kap. 1 B.II.1. sowie Teil 3 Kap. 2 A.II.; siehe auch *Ress* (Anm. 317), 607 (dort Anm. 23).

328 Dazu sogleich (c. und d.) sowie ausführlich oben, Teil 3 Kap. 2 B.

329 Kritisch zum *Transparenzrichtlinienurteil* auch *Ress*, a.a.O., 605 ff., der v.a. die Gefahr von konkurrierenden parallelen Rechtsetzungsbefugnissen von Rat und Kommission sieht.

330 Dazu unten, C.II.3.

331 Vgl. dazu zwei Urteile zur Verwaltung der gemeinsamen Agrarmarktorganisation: EuGH, Urteil vom 27.3.1990, Rs. C-10/88 (*Italien/Kommission*) „Kalbungsprämien", Slg. 1990, S. I-1229f. (in den Leitsätzen, abgekürzte Veröffentlichung) und Urteil vom 14.11.1989, Rs. 14/88 (*Italien/Kommission*) „Rechnungsabschluß", Slg. 1989, 3677 (3705, Rn. 19). Beide Urteilen bejahen die Befugnis der Kommission, allgemeine Bestimmungen des durchzuführenden Rechtsaktes in Form einer Fristsetzung zu konkretisieren (näher dazu Teil 3 Kap. 2 C.II.).

über abstrakt-generelle Maßnahmen zu befinden ist.[332] Zum Teil erwähnen solche Regelungsbefugnisse in den sekundärrechtlichen Rechtsakten bereits ausdrücklich die Einrichtung und/oder inhaltliche Ausgestaltung von Informationsverfahren.[333] Auf die Grenzen einer solchen Konkretisierungsbefugnis wird später zurückgekommen.[334]

c) Konkretisierung der mitgliedstaatlichen Auskunftspflicht nach Art. 10 i.V.m. Art. 284 EGV

Die Kommission ist das Gemeinschaftsorgan, welches auf der Basis von Art. 284 EGV (ex Art. 213) befugt ist, die aus der Gemeinschaftstreue resultierende mitgliedstaatliche Auskunftspflicht zu aktualisieren sowie die aus Art. 10 EGV (ex Art. 5) folgenden Qualitätsanforderungen für den Einzelfall zu konkretisieren.[335] Eine Auskunft erfordert zunächst ein konkretes Ersuchen um Auskunft.[336] Zur Aktualisierung der Informationspflichten gehört auch die Fristsetzung und die Spezifizierung der Darstellungsart zum Zwecke der Sicherstellung einer vollständigen, nachprüfbaren und klaren Auskunftserteilung. Der Umfang dieser Informations- und Qualitätspflichten bleibt für den Gerichtshof nachprüfbar.

---

[332] Siehe unten, C.II.3.b. Der Gerichtshof hat sich im Fall einer Ausschußbeteiligung für eine weite Auslegung der Kommissionsbefugnisse ausgesprochen (Urteil *Rey Soda*, dazu unten, C.II.3.a.)

[333] So bestimmt Art.7 der neuen *Luftmeßnetzentscheidung* 97/101/EG (Anm. 246) ausführlich, welche diesbezüglichen Regelungskompetenzen der Kommission im Rahmen der ihr nach Art. 1 Abs. 2 pauschal übertragenen Durchführungskompetenz zukommen. Siehe auch Art. 15 Abs. 3 S. 2 der *IVU-Richtlinie* (Anm. 97), wonach die Kommission im Regelungsausschußverfahren die „Form und die charakteristischen Angaben für die Übermittlung" der Emissionsdaten durch die Mitgliedstaaten festlegen und gleichzeitig für die Vergleichbarkeit dieser Angaben mit den Angaben anderer Verzeichnisse und Informationsquellen sorgen kann.

[334] Unter C.II.3. und 4. sowie Teil 6 Kap. 1.

[335] Zum Ganzen oben Teil 3 Kap. 2 B.V. und C.

[336] Zur Definition der Auskunftspflicht Teil 2 Kap. 2 A.I.

d) Konkretisierung der Auskunftspflicht nach Art. 10 i.V.m. Art. 226 EGV

Nach Art. 226 EGV (ex Art. 169) ist die Kommission dafür zuständig, Vertragsverletzungen der Mitgliedstaaten vor den Gerichtshof zu bringen. Dies erfordert notwendigerweise eine vorangehende Sachverhaltsermittlung. In Art. 226 EGV werden der Kommission jedoch ebensowenig wie in den Artikeln 211 und 284 EGV unmittelbare Ermittlungsbefugnisse übertragen. Art. 226 Abs. 1 EGV sieht aber ein Vorverfahren zwischen der Kommission und den Mitgliedstaaten vor. Aus der Verbindung von Art. 226 mit Art. 10 Abs. 1 S. 2 EGV ergibt sich nach der Rechtsprechung des Gerichtshofs eine Auskunftspflicht der Mitgliedstaaten im Rahmen eines solchen Vertragsverletzungsverfahrens.[337] Eine Befugnis zur Sachverhaltsermittlung vor Ort ergibt sich daraus jedoch nicht. Zur Vereinfachung der Sachverhaltsermittlung sind zudem in den Sekundärrechtsakten der Vollzugskontrolle dienende, umfangreiche Informationspflichten der Mitgliedstaaten vorgesehen.[338]

3. Sekundärrechtliche Übertragung von konkreten Durchführungsbefugnissen

Wie in Teil 2 dargestellt sind der Kommission gerade im Zusammenhang mit der Sachverhaltsermittlung vielfach der Durchführung dienende Entscheidungsbefugnisse übertragen worden.[339] Sie betreffen insbesondere die Verfahrensorganisation, die Festlegung und Aktualisierung von Informationsrahmendaten[340] sowie die Verarbeitung, Bewertung und Weiterleitung der Informationen. Nach Art. 202 EGV (ex Art. 145) überträgt der Rat der Kommission die Befugnisse zur Durchführung der von ihm erlassenen Rechtsakte. In spezifischen Fällen kann er sich die Durchführungsbefugnisse selbst vorbehalten. Die Übertragung der Durchführung auf die Kommission ist damit (nun-

---

[337] Näher dazu oben, Teil 3 Kap. 2 B.I.

[338] Siehe oben, Teil 2 Kap. 5 A.

[339] Hierzu auch *Schmidt-Aßmann/Ladenburger*, Umweltverfahrensrecht, in: EUDUR, Bd. 1 1998, § 18 Rn. 54, unter der Bezeichnung „tertiäre Rechtsetzung" mit Einzelfallbezug.

[340] Zu diesem Begriff oben, Teil 2 Kap. 4 B.

mehr) der Regelfall.[341] Die im Rahmen von Art. 211, 202 EGV übertragenen Durchführungsbefugnisse werden von der Kommission nach dem für sie geltenden Entscheidungsmodus verabschiedet, d.h. gemäß Art. 219 EGV (ex Art. 163) durch die Mehrheit der Kommissionsmitglieder.[342] Inhaltlich hat sich die Kommission an den Vorgaben und Schranken des primären und sekundären Gemeinschaftsrechts zu orientieren.[343]

a) Der Umfang übertragbarer Entscheidungsbefugnisse: Abgrenzung von Durchführungsbestimmungen und Grundvorschriften

Da die Verabschiedung der Durchführungsregeln seitens der Kommission nach einem anderen Verfahren abläuft als es das primärrechtlich für die Regelung der jeweiligen Sachmaterie durch den Rat geltende Beschlußverfahren vorsieht, muß der der Kommission übertragbare Regelungsumfang begrenzt werden. Der Gerichtshof macht dies durch die Unterscheidung von Grundvorschriften und Durchführungsbestimmungen. Grundvorschriften enthalten die *wesentlichen Grundzüge* der jeweiligen Materie und sind nach dem in den vertraglichen Befugnisnormen des jeweiligen Sachgebietes vorgesehenen Verfahren festzulegen.[344] Der Begriff der „Durchführung" ist nach der Rechtsprechung

---

[341] Diese Bestimmung wurde erst 1986 durch die EEA in die derzeitige Fassung gebracht. Zum ganzen *Bruha/Münch*, Stärkung der Durchführungsbefugnisse der Kommission, NJW 1987, 542 ff., die betonen, daß damit v.a. die Kompetenz der Kommission zur Durchführungs*rechtsetzung* gestärkt wird (a.a.O., 543). Siehe auch *Lenz/Erhard* (Anm. 9), 79 ff. Zur allgemeinen Rechtsetzungskompetenz der Kommission eingehend das *Transparenzrichtlinienurteil* (dazu oben, C.II.2.b.).

[342] Die genauen Verfahrensbestimmungen einschließlich der Möglichkeit zur Bevollmächtigung einzelner Kommissionsmitglieder und abweichender Beschlußverfahren sind in der Geschäftsordnung der Kommission festgelegt, siehe Beschluß 93/492/Euratom, EGKS, EWG, *Geschäftsordnung der Kommission* vom 17.2.1994 (Abl. Nr. L 230 vom 11.9.1993, 15, geändert). Zum Entscheidungsverfahren und dem Kollegialitätsprinzip jüngst der EuGH in den Urteilen vom 8.6.1999, „Grundsatz der kollegialen Verantwortlichkeit der Kommission" und vom 29.9.1998 „Kollegialitätsprinzip" (beide Anm. 153, a.a.O.); siehe auch *Schwarze* (Anm. 84), 1168 ff.

[343] Dazu insbesondere Teil 6 Kap. 1.

[344] EuGH *Köster* (Anm. 147), 1172 (Rn.6). Die Unterscheidung zwischen Grundvorschriften und Durchführungsbestimmungen entspräche den „in allen Mitgliedstaaten anerkannten Rechtsauffassungen". Siehe auch *Hummer* in: FS

des EuGH weit auszulegen.[345] Der Kommission können daher weitgehende Beurteilungs- und Handlungsbefugnisse übertragen werden.[346] Sie ist befugt, *alle* für die Durchführung der jeweiligen Grundverordnung erforderlichen oder *zweckmäßigen* Maßnahmen – einschließlich der ggf. notwendigen Füllung materiell-rechtlicher Lücken – zu ergreifen, soweit diese nicht gegen die Grundverordnung verstoßen.[347] Durch die rechtliche Gestaltung der Durchführung kann und soll die Kommission u.a. eine wirksame Kontrolle der Gemeinschaftsbestimmungen durch die nationalen Behörden ermöglichen.[348]

Der Rat kann der Kommission die Rechtsetzungsbefugnis zum Zwecke der ordnungsgemäßen Verwaltung und Absicherung seiner politischen Grundentscheidungen *ohne nähere Angabe der Hauptbestandteile*

Verdross (Anm. 132), 472 f. und *Bruha/Münch* (Anm. 341), 544, letztere kritisch zur Justiziabilität der Kriterien des Gerichtshofs.

345 Dies ergebe sich aus dem Gesamtzusammenhang des Vertrages, in den Art. 155 EGV [a.F., jetzt Art. 211] gestellt sei und aus den Anforderungen der Praxis; EuGH Urteil vom 30.10.1975, Rs. 23/75 (*Rey Soda/Cassa Conguaglio Zucchero*), Slg. 1975, 1279 (1302, Rn. 10/14); bestätigt durch Urteil vom 14.2.1989, Rs. 13/88 (*Knoeckel, Schmidt & Cie./Hauptzollamt Landau*), Slg. 1989, 337 (in den Leitsätzen, abgekürzte Veröffentlichung), Urteilsgründe abgedruckt in RIW 1989, 401 ff. mit Anm. *Pinne.* Siehe auch *Hummer* in: *Grabitz/Hilf*, Art. 155 EGV [a.F.], Rn. 50.

346 EuGH *Rey Soda, ibid.*

347 EuGH *Knoeckel* (Anm. 345), a.a.O. Zu den Schwierigkeiten einer Grenzziehung *Falke*, Komitologie – Entwicklung, Rechtsgrundlagen und erste empirische Annäherung, in: *Joerges/Falke,* Das Ausschußwesen der Europäischen Union, 2000, 43 (55 f.).

348 Dies gilt nach dem Wortlaut des Urteils *Knoeckel* (a.a.O.) „um so mehr", wenn die Kommission vom Rat zur Festlegung der mitgliedstaatlichen Kontrollmaßnahmen ausdrücklich beauftragt worden ist. Die Kommission hat bei der Gestaltung der Durchführung die Kontrollmöglichkeiten der nationalen Behörden im Blick zu behalten. In der Rs. *Knoeckel* ging es um die Gewährung von Erstattungen für Mais, Weizen, Reis und Kartoffeln, welche nach der Kommissionsvorschrift nur zu zahlen waren, wenn keinerlei andere Rohstoffe verwendet worden waren, weil die nationalen Behörden nach Angaben der Kommission „nicht mit normalen Kontrollmitteln" den Anteil der erstattungsfähigen Rohstoffe bei Mischerzeugnissen bestimmen konnten. Wegen der Anknüpfung an die praktischen Kontrollmöglichkeiten der Mitgliedstaaten beim Vollzug wurde diese über die Grundverordnung hinausgehende materiellrechtliche Regelung vom Gerichtshof für rechtmäßig erklärt.

übertragen.[349] Es gilt also nicht der aus dem deutschen Verfassungsrecht bekannte Grundsatz der hinreichenden Bestimmtheit einer exekutivischen Rechtsetzungsermächtigung in Form der Festlegung von Inhalt, Zweck und Ausmaß der Durchführungsregelung in der Delegationsnorm selbst.[350] Dem Rat erlaubt Art. 202 EGV zudem die nähere Bestimmung der Voraussetzungen für die Ausübung der Durchführungsbefugnisse. Darunter fallen das sogenannte Verwaltungs- und das Regelungs(ausschuß)verfahren. Sie ermöglichen dem Rat die Übertragung umfassender Durchführungsbefugnisse unter Vorbehalt einer Rückholung der Entscheidungsbefugnis im Einzelfall.[351] Wenn der Rat der Kommission auf diese Weise eine weitreichende Zuständigkeit verliehen hat, sind die Grenzen eher nach den allgemeinen Hauptzielen des jeweiligen Sachgebietes „als nach dem Buchstaben der Ermächtigung" zu beurteilen.[352] Sie sind dann unter Anwendung des Auslegungsgrundsatzes des *effet utile* weit auszulegen.

Angewandt auf die administrativen Informationsverfahren heißt diese Rechtsprechung, daß der Kommission die nähere Ausgestaltung solcher Verfahren überlassen werden kann, wenn sie der Verwaltung und Absicherung von politischen Grundentscheidungen des Rates dienen. Das ist i.d.R. dann der Fall, wenn der Rat bereits Regeln des materiellen Umweltrechts getroffen hat und die Kommission ausdrücklich mit deren Verwaltung und Absicherung beauftragt.[353] Im Gegensatz zu anderen Politikbereichen der Gemeinschaft ist im Umweltbereich hierfür eine spezielle sekundärrechtliche Ermächtigung erforderlich, weil der Kommission hier keine primärrechtlich verankerte allgemeine Befugnis zum Erlaß der „erforderlichen Maßnahmen" zusteht. Ist also der Kommission die Befugnis zum Erlaß der erforderlichen Durchführungsvorschriften übertragen worden, kann sie administrative Informationsverfahren je nach den Erfordernissen der Sachmaterie einrichten.

---

[349] EuGH, Urteil vom 27.10.1992, Rs. C-240/90 (*Deutschland/Kommission*) „Sanktionen", Slg. 1992, S. I-5383 (5435, Rn. 41). Die von der Bundesrepublik vertretene Auffassung entsprach letztlich der Regelung des Art. 80 Abs. 1 S. 2 Grundgesetz, wonach Inhalt, Zweck und Ausmaß im Ermächtigungsgesetz festgelegt werden müssen.

[350] Siehe auch *Bruha/Münch* (Anm. 341), 544.

[351] EuGH *Rey Soda* (Anm. 345), 1302 (Rn. 10/14) zum Verwaltungsausschußverfahren. Zu den einzelnen Verfahren sogleich (unter b.).

[352] EuGH, *ibid.*

[353] Dazu auch oben, C.II.2.b.

Die Durchführung umfaßt dann zum einen die schlicht-hoheitliche Tätigkeit und zum anderen einzelfallbezogene hoheitliche Maßnahmen. Der *abstrakt-generelle* rechtliche Rahmen der Informationsverwaltung wird insoweit von den Durchführungsbefugnissen der Kommission erfaßt, als er nicht aufgrund seiner umfassenden Gestaltungs- und Eingriffswirkung zu den dem Rat vorbehaltenen politischen Grundentscheidungen gerechnet werden muß. In neueren Rechtsakten geschieht die Übertragung der Durchführungs- und diesbezüglichen Regelungskompetenz meist unter ausdrücklicher Spezifizierung ihres Umfanges, so nach der *Luftqualitätsrichtlinie*, der *Luftmeßnetzentscheidung* 97/101/EG und der *Ozonschichtverordnung* Nr. 2037/2000.[354]

Nicht ausgeschlossen ist, daß der Rat die Durchführungsvorschriften selbst regelt, d.h. die Informationsverfahren im einzelnen festlegt. Er ist nicht verpflichtet, in jedem Fall diese Befugnis zu übertragen. Dies gilt insbesondere für die Gestaltung von Informationssystemen in Bereichen, in denen *noch keine politischen Grundentscheidungen* getroffen worden sind. In diesem Fall dienen die Informationsverfahren vornehmlich der Vorbereitung späterer Sachentscheidungen. Hier muß der Rat tätig werden. Wenn er noch keine politische Grundentscheidung getroffen hat, kann er auch keine Durchführungsbefugnis übertragen.

b) Modalitäten des Beschlußverfahrens: Beratende Ausschüsse, Verwaltungs- und Regelungsausschüsse

Im Rahmen dieser Ausschußverfahren können die Vertreter der mitgliedstaatlichen Behörden auf der Grundlage eines Informationsaustauschs Einfluß auf die Ausgestaltung der Durchführungsnormen nehmen.[355] Die Ausschüsse sind bei einer entsprechenden sekundärrechtli-

---

[354] Art. 12 Abs. 1 der *Luftqualitätsrichtlinie* (Anm. 246) unter Bezugnahme auf die Informationsverfahren des Art. 11 derselben Richtlinie; Art.7 der neuen *Luftmeßnetzentscheidung* (Anm. 246) umfassend im Hinblick auf Informationsverfahren sowie Art. 19 Abs. 6 der *Verordnung* (EG) Nr. 2037/2000 vom 29.6.2000 *über Stoffe, die zum Abbau der Ozonschicht führen* (Abl. Nr. L 244 vom 29.9.2000, 1) im Hinblick auf die Änderung von bestimmten Berichterstattungsvorschriften.

[355] Eine Bestandsaufnahme dieser Ausschüsse findet sich für den Bereich der europäischen Umweltpolitik bei *Demmke/Haibach*, Die Rolle der Komitologieausschüsse bei der Durchführung des Gemeinschaftsrechts und in der Rechtsprechung des EuGH, in: *Demmke*, Europäische Umweltpolitik und nationale Verwaltungen, 1998, 57 (69 ff.).

chen Regelung zu beteiligen. Wird dennoch ein Ausschuß von der Kommission nicht beteiligt, ist der erlassene Rechtsakt wegen eines Verstoßes gegen vorrangiges Gemeinschaftsrecht *nichtig*.[356] Diese Verfahrensvorschriften sind strikt einzuhalten. Weder kann sich die Kommission auf administrative Schwierigkeiten berufen, noch kommt es auf eine tatsächliche Auswirkung der Nichtbeteiligung auf das Ergebnis, d.h. den Inhalt des erlassenen Rechtsaktes, an.[357]

Schon vor der Änderung von Art. 202 EGV (ex Art. 145) durch die *Einheitliche Europäische Akte* hatte der Rat die Durchführungsbefugnisse der Kommission vielfach an ein Ausschußverfahren gebunden, dessen Verfahrensregeln von Rechtsakt zu Rechtsakt variieren konnten. 1987 wurden diese Verfahrensregeln im sogenannten *Comitologie-Beschluß* im Sinne eines Typenmusters festgelegt.[358] Aus diesem Muster wählt sich der Rat bei der Verabschiedung der jeweiligen materiellen Rechtsakte den geeigneten Regelungstyp aus. Dieser Beschluß wurde 1999 aufgehoben und durch einen zweiten *Comitologie-Beschluß* ersetzt, der die wesentlichen Regelungen beibehalten hat.[359] In den beiden

---

[356] EuGH, Urteil vom 5.10.1999, Rs. C-10/98 P (*Azienda Agricola „Le Canne"/Kommission*), Slg. 1999, S. I-6831 (6876 ff., Rn. 25 ff.).

[357] *Ibid.* (insbesondere S. 6877, Rn. 28). So hat der EuGH in der Rs. *Le Canne* die Frage der Auswirkungen gar nicht angesprochen, sondern die Nichtigkeit allein an der Nichteinhaltung des Verfahrens festgemacht. Zu den Rechtsfolgen einer fehlenden Anhörung siehe auch *Schmitt v. Sydow* (Anm. 236), 176 f.

[358] *Beschluß* 87/373/EWG des Rates vom 13.7.1987 *zur Festlegung der Modalitäten für die Ausübung der der Kommission übertragenen Durchführungsbefugnisse* (Abl. Nr. L 197 vom 18.7.1987, 33). Dieser Beschluß basiert auf dem Regelungsauftrag des mit der EEA eingeführten dritten Spiegelstrichs des Art. 202 EGV [ex Art. 145], wonach der Rat Grundsätze für die Modalitäten der Ausübung der Durchführungsbefugnisse festzulegen hat. Ausführlich hierzu *Falke* (Anm. 347), 52 ff. Zum ganzen auch *Lenz/Erhard* (Anm. 9), 80 ff.

[359] *Beschluß Nr.* 1999/468/EG des Rates vom 28.6.1999 *zur Festlegung der Modalitäten für die Ausübung der der Kommission übertragenen Durchführungsbefugnisse* (Abl. Nr. L 184 vom 17.7.1999, 23). In diesem Beschluß sind v.a. Kriterien für die Auswahl zwischen den verschiedenen Ausschußverfahren hinzugefügt worden. Insbesondere das Regelungsverfahren wurde im Sinne einer Stärkung der Stellung der Kommission und einer Einbeziehung des Europäischen Parlamentes leicht modifiziert. Insgesamt sollen die Ausschußverfahren durch Unterrichtungs-, Veröffentlichungs- und Berichtspflichten der Kommission transparenter gemacht werden. Es gelten die Grundsätze über den Zugang der Öffentlichkeit zu den Kommissionsdokumenten. Siehe auch *Falke*

Beschlüssen wurde und wird entsprechend der bereits vor 1987 geübten Praxis zwischen drei Grundtypen unterschieden: dem beratenden Ausschuß, dem Verwaltungsausschuß und dem Regelungsausschuß.

Die Ausschüsse sind jeweils aus Beamten der Mitgliedstaaten sowie Vertretern der Kommission zusammengesetzt. Ihnen muß der Regelungsvorschlag der Kommission zur Stellungnahme vorgelegt werden. Ein *beratender Ausschuß* muß vor Verabschiedung der Durchführungsregeln lediglich gehört werden. Im *Verwaltungsverfahren* führt eine ablehnende Stellungnahme des Ausschusses zu einer Entscheidungsbefugnis des Rates, die der Rat innerhalb einer bestimmten Frist wahrnehmen kann.[360] Die Durchführungsregelung der Kommission bleibt bis zur Verabschiedung einer andersartigen Regelung durch den Rat in Kraft.[361] Entscheidet der Rat nicht, so bleibt die Kommissionsmaßnahme in ihrer ursprünglichen Form bestehen. Im *Regelungsverfahren* hat die Kommission bei einer ablehnenden Stellungnahme des Ausschusses ihren Vorschlag dem Rat vorzulegen und das Europäische Parlament zu unterrichten.[362] Der Rat kann dann innerhalb einer bestimmten Frist mit qualifizierter Mehrheit über den Vorschlag entscheiden, der Kommissionsvorschlag darf zunächst nicht in Kraft gesetzt werden. Im Falle einer ablehnenden Stellungnahme muß die Kommission ihren Vorschlag überprüfen.[363] Äußert sich der Rat nicht, darf die Kommission den Vor-

---

(Anm. 347), 101 ff. sowie *Mensching*, Der neue Komitologie-Beschluß des Rates, EuZW 2000, 268 ff.

[360] Zur Zeit des ersten Beschlusses noch als *Verwaltungsausschußverfahren* bezeichnet. Dieses Verfahren hat im Bereich der Gemeinsamen Agrarpolitik seinen Ursprung und wurde vornehmlich dort eingesetzt (siehe nunmehr Art. 2 *lit.* a und Art. 4 des Beschlusses Nr. 1999/468/EG, a.a.O.). Zur Geschichte der Ausschußverfahren siehe *Meng*, Die Neuregelung der EG-Verwaltungsausschüsse – Streit um die „Comitologie", ZaöRV 1988, 208 (209 f.); *Falke* (Anm. 347), 56 ff.; *Schmitt v. Sydow* (Anm. 236), 139 ff. und *Demmke/Haibach* (Anm. 355), 59 ff.; siehe auch *Hummer* in: FS Verdross (Anm. 132), 464 ff.

[361] Die Kommission *kann* die Durchführung der Maßnahme während der Bedenkzeit des Rates aufschieben (Art. 4 Abs. 3 des Beschlusses Nr. 1999/468/EG, a.a.O.). Zum Verwaltungsausschußverfahren Typ IIA und IIB der alten Fassung des *Comitologie-Beschlusses* siehe *Falke* (Anm. 347), 58 f.

[362] Art. 5 des Beschlusses Nr. 1999/468/EG, a.a.O. Zur Zeit des ersten *Comitologie-Beschlusses* noch als *Regelungsausschußverfahren* bezeichnet.

[363] Zu den Einzelheiten des nunmehr sehr variantenreich gestalteten Verfahrens und begleitenden „Selbstbeschränkungserklärungen" der Kommission *Falke* (Anm. 347), 103 ff.

schlag erlassen.[364] Im Regelungsverfahren sind die Rechtsfolgen der ablehnenden Stellungnahme des Ausschusses und das Evokationsrecht des Rates also im Vergleich zum Verwaltungsverfahren schärfer. Es ist, wie der Name schon impliziert, nach der nunmehr expliziten Regelung des *Comitologie-Beschlusses* von 1999 v.a. bei der Verabschiedung von abstrakt-generellen Durchführungsregeln zu wählen, während das Verwaltungsverfahren insbesondere in Bereichen, in denen überwiegend Einzelfallentscheidungen zu treffen sind, zum Tragen kommt.[365] Zudem wurde das Abstimmungsverfahren im Ausschuß genauer geregelt. Jeder Ausschuß hat sich nun auch eine Geschäftsordnung zu geben, die im Amtsblatt veröffentlicht wird.[366]

Die Verwaltungs- und Regelungsausschüsse „verwalten" und „regeln" zwar letztlich keine Sachfragen in eigener Entscheidungsbefugnis, diese Verfahren implizieren aber eine potentielle Kompetenzverschiebung von der Kommission zum Rat.[367] Das Regelungsverfahren hat zudem

---

[364] Das alte *contre filet* im Regelungsausschußverfahren Typ III b, wonach der Rat befugt war, mit *einfacher* Mehrheit die vorgeschlagene Maßnahme zu blockieren, ohne selbst eine Regelung beschlossen zu haben, ist mit dem neuen *Comitologie-Beschluß* modifiziert und die Anforderungen an eine „Blockade" verschärft worden. Zur alten Regelung auch *Falke* (Anm. 347), 60 ff.; *Meng* (Anm. 360), 211 ff.; *Lenz/Erhard* (Anm. 9), 80 ff. sowie 135; *Schwarze* (Anm. 84), 1162 ff.

[365] Art.2 *lit.* a und b des Beschlusses Nr. 1999/468/EG (Anm. 359). Die neue explizite Regelung über den Anwendungsbereich der einzelnen Verfahren ist hilfreich, da es zuvor häufiger zwischen der Kommission und dem Europäischen Parlament Meinungsverschiedenheiten hinsichtlich des anzuwendenden Verfahrens gab (hierzu *Falke/Winter*, Management and regulatory committees in executive rule-making, in: *Winter*, [Anm. 156], 541 [549, 580 f.]).

[366] Siehe z.B. nunmehr die detaillierte Geschäftsordnung des *Ausschusses für das Umweltzeichen der Europäischen Union* (*Entscheidung* 2000/730/EG der Kommission vom 10.11.2000 *zur Einsetzung des Ausschusses für das Umweltzeichen der Europäischen Union und zur Festlegung seiner Geschäftsordnung*, Abl. Nr. L 293 vom 22.11.2000, 24). Diese Entscheidung stützt sich allerdings nicht auf den *Comitologie-Beschluß*, sondern allein auf die *Umweltzeichenverordnung*. Die Geschäftsordnung ist nicht vom Ausschuß selbst, sondern von der Kommission erlassen worden. Deren detaillierte Regeln und Veröffentlichung stehen aber im Zeichen der insoweit „neuen Ausschuß-Politik" der Gemeinschaft.

[367] *Schmitt v. Sydow* (Anm. 236), 135 und 177. *Schmitt v.Sydow* spricht von einem „Alarmsystem", welches dem Rat das Bestehen von politischen Streitfragen anzeigt.

eine dilatorische Wirkung auf die Umsetzung der Kommissionsmaßnahme. Der Rat kann diese mit qualifizierter Mehrheit durch einen ablehnenden Beschluß auch ganz verhindern. Das Verwaltungsausschußverfahren ist vom Gerichtshof schon vor der Änderung von Art. 202 EGV für rechtmäßig erklärt worden.[368] Es stelle keine Einmischung in das Entscheidungsrecht und die Unabhängigkeit der Kommission dar und verfälsche nicht das institutionelle Gleichgewicht, denn der Verwaltungsausschuß ist nicht befugt, anstelle der Kommission oder des Rates zu entscheiden. Gleiches gilt für das Regelungsverfahren, dessen primärrechtliche Absicherung inzwischen durch Art. 202 dritter Spiegelstrich EGV gewährleistet ist.[369] Der neue *Comitologie-Beschluß* von 1999 hat zudem einigen Bedenken hinsichtlich der Ausgrenzung des Europäischen Parlaments und des Evokationsrechts des Rates durch umfangreiche Informationspflichten und durch die Modifizierung des *contre-filet*-Verfahrens Rechnung getragen.[370]

4. Grenzen

Ist der Kommission die Befugnis zur Durchführung der Sachverhaltsermittlung übertragen worden, stellt sich die Frage nach den Grenzen dieser Befugnisse. Neben den bereits darstellten Grenzen hinsichtlich der Übertragung von Durchführungsbefugnissen[371] hat die Kommission in jedem Fall die vom Rat getroffenen inhaltlichen Rahmenentscheidungen, die Verfahrensvorgaben und die Gestaltungsgrenzen zu beachten. Vor allem in jüngerer Zeit sind die Befugnisdelegationsnormen auch im Hinblick auf Verfahren und Inhalt expliziter und gleichzeitig

---

[368] EuGH *Köster* (Anm. 147), 1172 (Rn. 8 f.). Zur Geschichte der Verwaltungsausschüsse eingehend *Schmitt v. Sydow* (Anm. 236), 139 ff. Vgl. *Meng* (Anm. 360), 214; schon vor der Änderung von Art. 145 EGV a.F. für die Rechtmäßigkeit dieser Entscheidungsstruktur *Hilf* (Anm. 132), 120 ff. und *Schmitt v. Sydow*, a.a.O., 154 ff.

[369] Vgl. EuGH, *ibid.* Zu den rechtlichen Bedenken gegen den ersten *Comitologie-Beschluß* insbesondere *Meng*, a.a.O., 214 ff.; *Hilf* (Anm. 132), 120 ff.; *Demmke/Haibach* (Anm. 355), 61 ff. und *Mensching* (Anm. 359), 269 f. (v.a. zu den Bedenken des Europäischen Parlaments).

[370] Siehe insbesondere die Regelungen in Art. 5, Art. 7 und 8 (Beschluß Nr. 1999/468/EG, [Anm. 359]). Zum *contre-filet* siehe Anm. 364. Zur Vorgeschichte um die Beteiligung des Parlaments *Falke* (Anm. 347), 94 ff.

[371] Siehe oben, 3.a.

komplexer geworden.[372] Zu beachten sind zudem die allgemein geltenden Rechtsgrundsätze des Gemeinschaftsrechts.[373] Darunter fällt insbesondere der Grundsatz der Verhältnismäßigkeit und der Gesetzesvorbehalt, wonach bei Eingriffen in die Rechtssphäre von Individuen eine

---

[372] Neben den bereits aufgeführten Rechtsakten (Anm. 354) siehe Art. 10 Abs. 4 der *Altstoffverordnung*: Für Stoffe, die wegen ihrer potentiellen Auswirkungen besonderer Aufmerksamkeit bedürfen, ist eine Risikobewertung vorzunehmen. Diese hat nach Rahmendaten stattzufinden, die von der Kommission im Regelungsausschußverfahren festgelegt werden und entsprechend zu aktualisieren sind (*Verordnung* EG Nr. 1488/94 der Kommission vom 28.6.1994 *zur Festlegung von Grundsätzen für die Bewertung der von Altstoffen ausgehenden Risiken für Mensch und Umwelt gemäß der Verordnung (EWG) Nr. 793/93 des Rates*, Abl. Nr. L 161 vom 29.6.1994, 3). Für die Bewertung wird im Regelungsausschußverfahren jeweils ein verantwortlicher Mitgliedstaat als „Berichterstatter" benannt. Hält dieser weitere als in der Verordnung bereits geforderte Informationen für erforderlich, so muß er hiervon zunächst die Kommission unterrichten. Der Beschluß, weitere Informationen und Prüfungen zu verlangen und entsprechende Fristen zu setzen wird dann auf Gemeinschaftsebene im Regelungsausschußverfahren getroffen (Art. 10 Abs. 2 der *Altstoffverordnung*). Die Ergebnisse der Risikobewertung müssen ebenfalls im Regelungsausschußverfahren gebilligt werden und sind für die Kommission Entscheidungsgrundlage hinsichtlich einer ggf. angesagten Regelungsinitiative (Art. 11 Abs. 2 und 3 der *Altstoffverordnung*). Der Rat behält sich damit die Kontrolle über den Umfang und die Art und Weise der Informationsbeschaffung vor. Noch ausführlicher ist die *CITES-Verordnung* (Anm. 102). Im Regelungsausschußverfahren kann die Kommission die erforderlichen Informationen für die Vorbereitung von Änderungen der Anhänge festlegen (Art. 15 Abs. 5), das horizontale Konsultationsverfahren nach Art. 5 Abs. 5 in den Einzelheiten gestalten (Art. 5 Abs. 5 S. 2), die Aufstellung, Verwendung und Form der bei den Genehmigungsanträgen zu verwendenden Dokumente bestimmen (Art. 19 Nr. 1) sowie die Fristen für die Ausstellung der Genehmigungen und Bescheinigungen festlegen (Art. 11 Abs. 5). Auch die von den Vollzugsbehörden nach Art. 15 Abs. 4 *lit.* c zu übermittelnden Informationen und deren Form sind von der Kommission im Regelungsausschußverfahren festzulegen. Die Kommission ist diesbezüglich in der Gestaltung an die Vorgaben des *CITES-Übereinkommens* gebunden, deren Erfüllung diese Informationspflicht dient (genauer: der Erstellung der Berichte nach Art. VIII Abs. 7 *lit.* b des Übereinkommens, *Convention on International Trade in Endangered Species of Wild Fauna and Flora*, Washington 1973, Text in: 12 ILM 1085 [1973]). Siehe auch Art. 15 Abs. 3 der *IVU-Richtlinie* (Anm. 97, dazu oben, Anm. 331 sowie Teil 2 Kap. 2 C.I.2.) und Art. 3 der Entscheidung über das *Statistische Entwicklungsprogramm* (Anm. 171), dazu Teil 2 Kap. 2 C.IV.

[373] Siehe dazu unten Teil 6 Kap. 1.

spezielle, bestimmte Rechtsgrundlage erforderlich ist. Strengere Grenzen gelten allgemein bei Inspektionen vor Ort.

a) Restriktive Auslegung von Inspektionskompetenzen vor Ort – Das *Dienstanweisungsurteil*

Im Rahmen der eigenständigen Durchführung von Kontrollen vor Ort sind die Sachverhaltsermittlungsbefugnisse der Kommission begrenzt. In diesem Zusammenhang kann auf ein Urteil des Gerichtshofs zur gemeinsamen Agrarpolitik zurückgegriffen werden, welches aufgrund der geringeren Durchführungskompetenzen der Kommission im Rahmen der Umweltpolitik[374] erst recht auch Grenzen für die umweltschutzbezogene Sachverhaltsermittlung aufzeigt. Die Kommission hatte in einer internen Dienstanweisung genaue Modalitäten für die Vornahme von eigenständigen Probenahmen und Analysen bei den Marktteilnehmern durch ihre Bediensteten im Rahmen der *Verordnung über die Finanzierung der gemeinsamen Agrarpolitik* festgelegt.[375] Diese Kontrollbefugnis hatte sie auf Art. 9 Abs. 1 der Verordnung gestützt, welcher bestimmt, daß *die Mitgliedstaaten der Kommission alle erforderlichen Auskünfte zur Verfügung stellen* sowie *alle geeigneten Maßnahmen treffen, um etwaige Kontrollen – einschließlich Prüfungen an Ort und Stelle – zu erleichtern, deren Durchführung die Kommission als zweckmäßig erachtet.* Aus den Bestimmungen der Verordnung ergab sich, daß der Kontrollzweck weniger die direkte Kontrolle der Marktteilnehmer war, sondern vielmehr die Kontrolle der Kontrollpraxis in den mitgliedstaatlichen Verwaltungen. Von Probenahmen und Analysen vor Ort war in der Verordnung nicht explizit die Rede, es schien sich vielmehr

---

[374] Siehe Art. 175 Abs. 4 EGV sowie oben, Kap. 1.

[375] Urteil vom 9.10.1990, Rs. C-366/88 (*Frankreich/Kommission*) „Interne Dienstanweisung“, Slg. 1990, 3571 ff.; *Verordnung* (EWG) Nr. 729/70 vom 21.4.1970 *über die Finanzierung der gemeinsamen Agrarpolitik* (Abl. Nr. L 94 vom 28.4.1970, 13, inzwischen aufgehoben) und *Dienstanweisung* 88/C 264/03 *zu bestimmten administrativen und technischen Einzelheiten, die von den Bediensteten der Kommission bei der Probenahme und Analyse von Erzeugnissen zu beachten sind, die im Rahmen der Verwaltung und Kontrolle durch den Europäischen Ausrichtungs- und Garantiefonds für die Landwirtschaft entnommen werden* (Abl. Nr. C 264 vom 11.10.1988, 3). Das Urteil ist insbesondere für die Eigenmittelverwaltung im Bereich des Umweltschutzes relevant (zu den entsprechenden Rechtsakten oben, Teil 2 Kap. 2 und Kap.5 H.). Zu diesem Urteil auch *Gundel* (Anm. 120), 91 f.

um eine Buchprüfung zu handeln.[376] So hat der EuGH auch entschieden, daß die Kommission nach dem in der Verordnung vorgesehenen Kontrollsystem lediglich eine ergänzende Funktion ausübe.[377] Den Mitgliedstaaten komme die vorrangige Zuständigkeit für Kontrollen bei den Marktteilnehmern zu. Probenahmen und Analysen seien von den Mitgliedstaaten entweder auf eigene Initiative oder auf Ersuchen der Kommission durchzuführen.[378] Die Dienstanweisung wurde für nichtig erklärt, weil sie der Kommission die Befugnis verleihen sollte, unabhängig von den Mitgliedstaaten Proben zu nehmen, ohne daß die Kommission hierzu eindeutig ermächtigt war. Nach der neuen *GAP-Verordnung* Nr. 1258/1999 hat der Rat auch selbst die Grundregeln für die Kontrollen der Kommission festzulegen.[379] In seiner Begründung weist der Gerichtshof auch auf die finanziellen Konsequenzen hin, die diese Probenahmen für den betroffenen Wirtschaftsteilnehmer haben können und zeigt damit implizit, daß der Grund für die Aufhebung der Dienstanweisung mehr der Schutz der Marktteilnehmer als der Schutz mitgliedstaatlicher Kompetenzen war.[380]

Das *Dienstanweisungsurteil* unterstreicht, daß in Politikbereichen, in denen vornehmlich den Mitgliedstaaten der Vollzug des Gemeinschaftsrechts obliegt, der Kommission lediglich eine ergänzende Rolle bei der Durchführung des Gemeinschaftsrechts zukommt. Ein „Durchgriff" der Kommission auf die betroffenen Marktteilnehmer muß *eindeutig* in den Rechtsakten verankert sein[381] und darf, solange kein gemeinschaftseigener Vollzug im Primärrecht vorgesehen ist, nur die Ausnahme sein. Obwohl die Verordnung relativ weitgehende Eingriffsbefug-

---

[376] So auch der Gerichtshof, a.a.O., 3601 (Rn. 22).

[377] EuGH, a.a.O., 3600 (Rn. 19 f.).

[378] A.a.O., 3601 (Rn. 22). Die Möglichkeit der *Auftragskontrolle* war ausdrücklich in Art. 9 Abs. 2 UAbs. 3 der Verordnung vorgesehen (vgl. auch oben, Teil 2 Kap. 2 B.III.1. sowie Kap. 4 B.).

[379] Art. 9 Abs. 3 der *Verordnung* vom 17.5.1999 *über die Finanzierung der Gemeinsamen Agrarpolitik* (Abl. Nr. L 160 vom 26.6.1999, 103). Dazu auch oben, Teil 2 Kap. 2 A.V.

[380] A.a.O., 3600 (Rn. 18). Im einzelnen führt der Gerichtshof an, daß im Falle von Probenahmen der Transport, das Auspacken und Umpacken der Waren durch den Eigentümer zu geschehen hätte und daß für Proben, welche durch die Analysen ihren Handelswert verlören, keine Entschädigung gewährt werde.

[381] Ähnlich bereits das Urteil vom 10.1.1980 „Ermittlungsgeheimnis". Hierzu sogleich.

nisse der Kommission vorsah, sind diese vom Gerichtshof eng ausgelegt worden. Eine solche enge Auslegung kann auch auf den Umweltbereich übertragen werden, zumal hier das Regel-Ausnahme-Verhältnis hinsichtlich der mitgliedstaatlichen Durchführungsverantwortung explizit festgeschrieben ist (Art. 175 Abs. 4 EGV).[382] Bei einer Betroffenheit von Privatpersonen sind von der Kommission nur solche Kontrollmittel zu verwenden, die ausdrücklich in dem Rechtsakt vorgesehen sind.

b) Akzessorietät der Kommissions-Kontrollbefugnisse zum nationalen Verfahrensrecht

Ist die Kommission nicht zum gemeinschaftseigenen Direktvollzug ermächtigt, sind ihre Kontrollbefugnisse i.d.R. akzessorisch zum jeweils einschlägigen mitgliedstaatlichen Verfahrensrecht. Dies gilt v.a., wenn und soweit Gemeinschaftsbürger unmittelbar oder mittelbar betroffen sind. Vor allem bei gemischten Kontrollen, bei denen die Kommission lediglich als Begleitung der nationalen Inspektoren erscheint, hat sie sich nach der Rechtsprechung des Gerichtshofes an das nationale Verfahrensrecht zu halten.[383] Die Akzessorietät der Kommissions-Kontrollbefugnisse zum nationalen Verfahrensrecht ist zum Teil aber auch ausdrücklich in Rechtsakten vorgesehen, die die Kommission mit selbständigen Ermittlungsbefugnissen ausstatten, so in der neuen Fassung der *Fischereikontrollverordnung* und der *Betrugskontrollverordnung Nr.* 2185/96.[384] Ohne diesbezügliche ausdrückliche Ermächtigung

---

[382] Siehe auch Kap. 1 A.

[383] EuGH, Urteil vom 10.1.1980, Rs. 267/78 (*Kommission/Italien*) „Ermittlungsgeheimnis", Slg. 1980, 31 ff. Hier sah die einschlägige Verordnung vor, daß die primär für die Kontrolle zuständigen Mitgliedstaaten auf begründeten Antrag der Kommission zusätzliche Kontrollen vorzunehmen oder diese zu den Kontrollen hinzuzuziehen hatten (Art. 14 der *Verordnung Nr.* 2/71 vom 2.1.1971 *zur Durchführung des Beschlusses über die Ersetzung der Finanzbeiträge der Mitgliedstaaten durch eigene Mittel der Gemeinschaften*, Abl. Nr. L 3 vom 5.1.1971, 1). Zu den unterschiedlichen Kontrollarten siehe oben, Teil 2 Kap. 2 A.V., B.III. und Kap. 4 B.

[384] Art. 29 Abs. 3a UAbs. 2 der *Verordnung* (EWG) Nr. 2847/93 vom 12.10.1993 *zur Einführung einer Kontrollregelung für die gemeinsame Fischereipolitik* i.d.F. der Verordnung Nr. 2846/98 vom 17.12.1998 (Abl. Nr. L 358 vom 21.12.1998, 5); Art. 7 der *Verordnung* (Euratom, EG) Nr. 2185/96 vom 11.11.1996 *betreffend die Kontrollen und Überprüfungen vor Ort durch die Kommission zum Schutz der finanziellen Interessen der Europäischen Gemeinschaften vor Betrug und anderen Unregelmäßigkeiten* (Abl. Nr. L 292 vom

ist die Kommission i.d.R. nicht befugt, eigenständige Kontrollen bei den Gemeinschaftsbürgern durchzuführen.[385]

Damit sind von der Kommission auch die nach einzelstaatlichem Recht bestehenden Grenzen für die nationalen Ermittlungsbehörden zu beachten. Die Kommission kann von diesen nur nach nationalem Recht Mögliches verlangen.[386] Insbesondere ist das strafrechtliche Ermittlungsgeheimnis zu beachten. So können der Kommission Vorschriften des nationalen Strafrechts, welche die Mitteilung des Inhalts von Strafrechtsakten an bestimmte Personen verbieten, entgegengehalten werden, soweit sie den nationalen Behörden entgegengehalten werden können.[387] Eine Ausdehnung der diesbezüglichen Kommissionsbefugnisse ist bei fortschreitender Integration durchaus denkbar. Viele Sekundärrechtsakte, die Kontrollbefugnisse der Kommission vorsehen, schreiben jedoch zur Zeit noch ausdrücklich einen Strafrechtsvorbehalt für Ermittlungen und Informationspflichten – z.T. mit unterschiedlichen Ausdifferenzierungen – fest.[388]

15.11.1996, 2), dazu *Kuhl/Spitzer*, Die Verordnung (Euratom, EG) Nr. 2185/96 des Rates über die Kontrollbefugnisse der Kommission im Bereich der Betrugsbekämpfung, EuZW 1998, 37 (40 f.). Im Kartellrecht im Grundsatz auch anerkannt für Kontrollen der Kommission bei Unternehmen: hier müssen, solange keine gemeinschaftsrechtlichen Normen bestehen, die Verfahrensgarantien des nationalen Rechts im Kern gewährleistet sein (siehe nur *Schriefers*, Die Ermittlungsbefugnisse der EG-Kommission im Kartellverfahren, WuW 1993, 98 [105 f.] unter Verweis auf das Urteil *Hoechst* des EuGH). Diese nationalen Verfahrensgarantien wurden letztlich vom Gemeinschaftsrecht in Form von allgemeinen Rechtsgrundsätzen rezipiert (siehe auch unten, Teil 6 Kap. 1).

385 Vgl. EuGH „Ermittlungsgeheimnis" (Anm. 383), 56 (Rn. 19) sowie oben, unter a.

386 A.a.O., Rn. 20 f.

387 A.a.O., 57 (Rn. 22). Dieses Ergebnis begründet der Gerichtshof unter Hinweis auf den „gegenwärtigen Stand des Gemeinschaftsrechts".

388 So sieht die *Verordnung* EWG Nr. 3508/92 vom 27.11.1992 *zur Einführung eines integrierten Verwaltungs- und Kontrollsystems für bestimmte gemeinschaftliche Beihilferegelungen* (Abl. Nr. L 355 vom 5.12.1992, 1) vor, daß die Bediensteten der Kommission nicht an Durchsuchungen oder an der Vernehmung von Personen im Rahmen des nationalen Strafrechts teilnehmen, sie haben jedoch „Zugang" zu den dabei gewonnenen Erkenntnissen (Art. 11 Abs. 2 der Verordnung). Ebenso die *Verordnung* (EWG) Nr. 595/91 vom 4.3.1991 *betreffend Unregelmäßigkeiten und die Wiedereinziehung zu Unrecht gezahlter Beträge im Rahmen der Finanzierung der gemeinsamen Agrarpolitik sowie die Einrichtung eines einschlägigen Informationssystems* (Abl. Nr. L 67

5. Selbstorganisationsbefugnis der Kommission

Mittels ihrer eigenen Organisationsbefugnis kann sich die Kommission die Aufgabe der Sachverhaltsermittlung erleichtern, indem sie hierfür unselbständige Untereinheiten einrichtet. Sie hat diese Organisationsbefugnis bereits wahrgenommen, um gewisse Aufgaben der Informationserhebung und –verarbeitung organisatorisch auszugliedern und informelle Foren des Informationsaustauschs zu schaffen. Als unselbständige Einheit der Informationsverarbeitung wurde das Statistische Amt gegründet, als informelle Informationsforen insbesondere beratende Ausschüsse eingerichtet.[389] Zur Bündelung der gemeinschaftseigenen Forschung wurde im Rahmen des Euratom-Vertrages die Gemeinsame Forschungsstelle gegründet und zur Durchführung bestimmter Kontrollbefugnisse das Europäische Amt für Betrugsbekämpfung.[390] Als juristisch selbständige Einheit des Gemeinschaftsrechts ist die Gründung der Europäischen Umweltagentur dem Rat überlassen worden. Der Agentur kommt eine entlastende Funktion für die Kommission im Bereich der Sachverhaltsermittlung im Umweltbereich zu.[391]

D. Weitere Organe und Verwaltungsstellen der Gemeinschaft, insbesondere EUROSTAT

Neben der Europäischen Umweltagentur und der Kommission ist insbesondere die Tätigkeit des Statistischen Amtes und z.T. auch der Gemeinsamen Forschungsstelle von Bedeutung für den umweltbezogenen Informationsaustausch. Die vielfältigen Ausschüsse, die den Rahmen für einen großen Teil des nicht in rechtlich formalisierten Verfahren, sondern des eher formlosen, netzartig stattfindenden Informationsaustausches bilden, sind bereits ausführlich dargestellt worden.[392]

---

vom 14.3.1991, 11), Art. 6 Abs. 4 UAbs. 2. Siehe auch die *Kontrollverordnung* Nr. 2185/96 (Anm. 384), Art. 1 UAbs. 3, wonach die Verordnung die Zuständigkeit der Mitgliedstaaten für die Ahndung von Straftaten und die diesbezüglichen Rechtshilfevorschriften nicht berührt. Dazu auch *Kuhl/Spitzer*, (Anm. 384), 40.

[389] Dazu unten, D.III. und IV.

[390] Dazu unten, D.II. und VII.

[391] Näher dazu oben, B.

[392] Siehe oben, Teil 2 Kap. 3 A.

Der Rat selbst kann für die Sachverhaltsermittlung auf die Kommission zurückgreifen. Zu diesem Zweck darf er die Kommission, wie dargestellt, gemäß Art. 208 EGV mit der Vornahme von Untersuchungen beauftragen, ihr nach Art. 284 EGV oder den jeweiligen Sachnormen entsprechende Informationserhebungsbefugnisse übertragen und sie zur Unterrichtung und Berichterstattung gegenüber dem Rat verpflichten. Daneben findet im Rat selbst ein Informationsaustausch über die mitgliedstaatlichen Verhältnisse statt.[393] Die Sitzungen des Rates werden vom Ausschuß der Ständigen Vertreter der Mitgliedstaaten (AStV oder COREPER) vorbereitet, der wiederum selbst Ausschüsse und Arbeitsgruppen einsetzen kann.[394] Nach *v.Bogdandy* ist der Ausschuß „das zentrale Gremium der Informationszusammenführung und -verarbeitung in der Vorbereitung der eigentlichen [Rats-]Entscheidung".[395] Die Bedeutung des COREPER ist im Vergleich zu den beratenden Ausschüssen der Kommission um so größer als in diesem Stadium der Rechtssetzung über die national verbindlichen Haltungen der einzelnen Mitgliedstaaten verhandelt wird und der COREPER hierdurch *die* Schnittstelle zwischen der Gemeinschaft und den nationalen Regierungen im Rechtsetzungsprozeß ist.[396] Die Arbeit des COREPER ist in der Geschäftsordnung des Rates näher geregelt.[397] In den

---

[393] Ausführlich zum sobenannten „Informationsverbund im Rat" *v. Bogdandy* in: *Schmidt-Aßmann/Hoffmann-Riem* (Anm. 163), 164 ff. (mit weiteren Verweisen).

[394] Art. 207 Abs. 1 EGV [ex Art. 151] sowie Art. 19 und 20 der *Geschäftsordnung des Rates* (Beschluß 93/662/EG vom 6.12.1993, Abl. Nr. L 304 vom 10.12.1993, 1). Zur Bedeutung des COREPER bei der Rechtssetzung und dem Verfahren innerhalb des Ausschusses eingehend *Röhl*, Die Beteiligung der Bundesrepublik Deutschland an der Rechtssetzung im Ministerrat der Europäischen Union, EuR 1994, 409 (418 ff.). Eine Bestandsaufnahme findet sich bei *Demmke/Haritz*, Die Europäisierung des öffentlichen Dienstes in den Mitgliedstaaten und die Rolle der einzelstaatlichen Bediensteten im Entscheidungsprozeß, in: *Demmke* (Anm. 355), 9 (12 f.).

[395] *Von Bogdandy* in: *Schmidt-Aßmann/Hoffmann-Riem* (Anm. 163), 165.

[396] *Röhl* (Anm. 394), 415, 420 ff.

[397] Art. 19 und 20, *Beschluß* 93/662/EG des Rates vom 6.12.1993 *zur Festlegung seiner Geschäftsordnung* (Abl. Nr. L 304 vom 10.12.1993, 1, geändert). Siehe auch die dort wiedergegebene Erklärung des Ratsprotokolls zu Art. 20. Danach sollen die Berichte der Arbeitsgruppen und die sonstigen Dokumente, die dem AStV als Beratungsgrundlage dienen, den Mitgliedstaaten so rechtzeitig übermittelt werden, daß sie geprüft werden können.

einzelnen Ausschüssen sind neben Sachverständigen der Mitgliedstaaten auch Bedienstete der Kommission vertreten.[398]

Für die Umweltdatenerhebung spielen Statistiken eine zunehmend wichtige Rolle. Wie oben dargestellt bemüht sich die Gemeinschaft, diesen Bereich auszubauen.[399] Organisatorisch sind hier das Statistische Amt der Gemeinschaft (EUROSTAT)[400] und nunmehr auch die Umweltagentur angesprochen. Anläßlich der 1997 erlassenen *Verordnung über Gemeinschaftsstatistiken* [401] hat die Kommission die Aufgaben von EUROSTAT mit Beschluß Nr. 97/281/EG näher umgrenzt und das Amt ausdrücklich auf die in der *Verordnung* festgelegten inhaltlichen Grundsätze verpflichtet.[402] Das Statistische Amt hat u.a. die Aufgabe, die Vergleichbarkeit der Statistiken in der Gemeinschaft zu fördern und arbeitet zu diesem Zweck mit den Statistischen Ämtern der Mitgliedstaaten zusammen.[403] Dabei wird vornehmlich auf Daten zugegriffen, die von den Ämtern der Mitgliedstaaten für nationale Zwecke zusammengestellt worden sind.[404] In bestimmten Bereichen werden auch gemeinschaftseigene Statistiken erstellt. Die Datenerhebung und -sammlung regeln dann – neben der übergreifenden *Verordnung über Gemeinschaftsstatistiken* – die speziellen Statistikverordnungen der

---

398 *Röhl* (Anm. 394), 423; *Hilf* (Anm. 132), 112.

399 Teil 2 Kap. 2 C.IV.; siehe insbesondere Art. 285 EGV n.F., eingefügt durch den *Vertrag von Amsterdam*.

400 Das Jahrbuch von EUROSTAT enthält beispielsweise einen umfangreichen Datenteil über den Bereich Bodennutzung und Umwelt, siehe nur das Jahrbuch 1998/1999, Europa im Blick der Statistik, 195-227.

401 *Verordnung* (EG) Nr. 322/97 vom 17.2.1997 *über die Gemeinschaftsstatistiken* (Abl. Nr. L 52 vom 22.2.1997, 1). Siehe auch oben, Teil 2 Kap. 2 C.IV.

402 *Beschluß* vom 21.4.1997 *über die Rolle von Eurostat bei der Erstellung von Gemeinschaftsstatistiken* (Abl. Nr. L 112 vom 29.4.1997, 56); siehe insbesondere die Begründung und Art. 3.

403 Siehe nunmehr Art. 4 UAbs. 2 des Beschlusses Nr. 97/281/EG, a.a.O. sowie *Oppermann* (Anm. 132), Rn. 454. Zur Zusammenarbeit von EUROSTAT mit den nationalen Statistikämtern *Poppenhäger*, Die Übermittlung und Veröffentlichung statistischer Daten im Lichte des Rechts auf informationelle Selbstbestimmung, 1995, 212 ff., insbesondere zur Frage des Datenschutzes, hierzu bereits 1961 *Everling* (Anm. 228), 420 ff.

404 EUROSTAT, Ihr Partner für europäische Statistik – Der Wegweiser zum Statistischen Amt der Europäischen Gemeinschaften, 1994, 9.

Gemeinschaft.[405] Ziel für die Zukunft ist der Aufbau eines integrierten Europäischen Statistiksystem (ESS) mit einheitlichen Nomenklaturen, Methoden und Organisationsstrukturen.[406]

Das Statistische Amt ist ein für einen abgegrenzten Aufgabenbereich organisatorisch verselbständigter Zweig der Kommission, dem die Kommission in dem Beschluß Nr. 97/281/EG „fachliche Unabhängigkeit" attestiert.[407] Das Amt tritt zwar nach außen häufig unter eigenem Namen auf, ihm kommen aber keine Rechtspersönlichkeit und *keine hoheitlichen Kompetenzen* zu. Es ist insbesondere nicht befugt, rechtlich verbindliche Regelungen zu treffen.[408] Freiwillige Übereinkünfte darf es dagegen initiieren, was in der Praxis häufig mit den Statistischen Ämtern der Mitgliedstaaten geschieht.[409] Sonstige „Leitlinien" sind als unverbindliche Empfehlungen für die Verwaltungspraxis zu qualifizieren.

Die Ermittlung des Datenbedarfs geschieht in Zusammenarbeit mit den anderen Dienststellen der Kommission, den zuständigen Ausschüssen und entsprechenden Sachverständigengruppen.[410] Im Rahmen des *Ausschusses für das statistische Programm* werden die Anforderungen an neue Gemeinschaftsstatistiken beraten. Die Statistikverordnungen selbst müssen vom Rat verabschiedet werden, was i.d.R. auf der Rechtsgrundlage des Art. 213 EGV a.F. (jetzt Art. 284 EGV) geschah. Seit dem *Amsterdamer Vertrag* ist auf die Spezialnorm des Art. 285 EGV n.F. zurückzugreifen.[411] EUROSTAT organisiert dann die Datensammlung, wobei die Datenerhebung selbst meist durch die Mitgliedstaaten geschieht. Diese übermitteln die Daten i.d.R. bereits in aggregierter Form. Sie werden einer Prüfung durch EUROSTAT unterzogen, zusammengefaßt und ggf. harmonisiert und gespeichert.[412] Bestehen

---

405 Näher dazu oben, Teil 2 Kap. 2 C.IV.

406 So bereits EUROSTAT, Wegweiser (Anm. 404), 7; nun auch Art. 4 des Beschlusses Nr. 97/281/EG (Anm. 402).

407 Art. 2 und 5 des Beschlusses Nr. 97/281/EG, a.a.O.; *Hilf* (Anm. 132), 69.

408 *Oppermann* (Anm. 132), Rn. 454 sowie *Hilf*, a.a.O., 69, dort Anm. 20.

409 *Oppermann*, *ibid.*

410 Vgl. Art. 4, 6 und 7 des Beschlusses Nr. 97/281/EG (Anm. 402). EUROSTAT ist nach Art. 7 des Beschlusses nunmehr ausdrücklich für die Koordination aller statistischen Tätigkeiten der Gemeinschaft zuständig.

411 Ausführlicher hierzu Teil 3 Kap. 1 B., insbesondere II.2. und 6.

412 EUROSTAT Wegweiser (Anm. 404), 8 f.

keine gemeinschaftsrechtlichen Vorgaben für die Datenerhebung, muß das Statistische Amt die für nationale Zwecke zusammengestellten Daten zum Zwecke der Vergleichbarkeit recht aufwendig auf andere Begriffe, Gruppierungen u.ä. umstellen.[413]

Zu erwähnen ist noch die Gemeinsame Forschungsstelle. Sie ist eine auf der Grundlage von Art. 8 Ziff.1 EAGV gegründete Forschungseinrichtung der Gemeinschaft.[414] Zu circa 20% fällt ihre Tätigkeit in den Bereich des Umweltschutzes.[415] Neben gemeinschaftsnützigen Forschungsarbeiten führt sie auch Forschungsarbeiten im Auftrag von Dritten durch und fungiert insofern als fremdnützige Dienstleistungsstelle.[416] Sie ist nicht rechtlich selbständig, sondern als Unterorgan der Kommission konzipiert.[417] Mit Privatpersonen kann die GFS zur Durchführung ihrer Tätigkeit Forschungsverträge abschließen.[418]

Auf weitere Organe und Stellen der Gemeinschaft, denen ebenfalls Aufgaben der Sachverhaltsermittlung zukommen, wie den Untersuchungsausschuß des Europäischen Parlaments,[419] den Europäischen

---

413 EUROSTAT, a.a.O., 9.

414 Siehe den *Beschluß* 85/593/Euratom der Kommission vom 20.11.1985 *über die Reorganisation der Gemeinsamen Forschungsstelle (GFS)* (Abl. Nr. L 373 vom 31.12.1985, 6) [im folgenden *GFS-Beschluß*] sowie den Änderungsbeschluß 93/95/Euratom vom 2.2.1993 (Abl. Nr. L 37 vom 13.2.1993, 44). Siehe auch *Mariën-Dusak*, Wissenschaft, Forschung und Entwicklung, in: *Röttinger/Weyringer*, Handbuch der europäischen Integration, 2. Aufl. 1996, 1010 (1012 f.).

415 Vgl. die Antwort der Kommission auf die Schriftliche Anfrage E-1241/95 von *José Valverde López* vom 28.4.1995 (Abl. Nr. C 213 vom 17.8.95, 42).

416 Siehe die Anfrage E-1241/95 (a.a.O.) sowie die Entschließungen des Rates vom 29.6.1988 (Abl. Nr. C 197 vom 27.7.1988, 4) und vom 29.6.1992 (Abl. Nr. C 118 vom 9.5.1992, 8).

417 Art.1 des *GFS-Beschlusses* (Anm. 414); *Hilf* (Anm. 132), 90 f.; *Mariën-Dusak* (Anm. 414), a.a.O.; siehe auch *Groß*, Die Autonomie der Wissenschaft im europäischen Rechtsvergleich, 1992, 147.

418 Siehe Art. 3 Abs. 3 2. Spiegelstrich des *GFS-Beschlusses*, a.a.O.; siehe auch *Hilf*, *ibid.*

419 Hierzu ausführlich *Beckedorf* (Anm. 267), insbesondere 353 ff. Siehe auch den *Beschluß* vom 6.3.1995 *über Einzelheiten der Ausübung des Untersuchungsrechts des Europäischen Parlaments* (Abl. Nr. L 78 vom 6.4.1995, 1); *Beschluß* 95/167/EG, Euratom, EGKS des Europäischen Parlaments, des Rates und der Kommission vom 19.4.1995 *über Einzelheiten der Ausübung des Untersuchungsrechts des Europäischen Parlaments* (Abl. Nr. L 113 vom 19.5.1995,

Gerichtshof[420] und auch das Europäische Amt für Betrugsbekämpfung[421] soll hier aufgrund ihrer eher marginalen Bedeutung für das Umweltrecht nicht näher eingegangen werden.

2; wiedergegeben auch als Anlage VIII der *Geschäftsordnung des Europäischen Parlaments*, Abl. Nr. L 49 vom 19.2.1997, 1).

[420] Zum ganzen siehe nur *Rausch*, Die Kontrolle von Tatsachenfeststellungen und -würdigungen durch den Gerichtshof der Europäischen Gemeinschaften, 1994, 172 ff. sowie Art. 45 bis 54 der *Verfahrensordnung des Gerichtshofes der Europäischen Gemeinschaften* vom 19.6.1991 (Abl. Nr. L 176 vom 4.7.1991, 1, mehrfach geändert, kodifizierte Fassung in Abl. Nr. C 65 vom 6.3.1999, 1, danach wiederum mehrfach geändert, zuletzt am 3.4.2001, Abl. Nr. L 119 vom 27.4.2001, 1). Siehe auch die *Verfahrensordnung des Gerichts erster Instanz der EG* vom 2.5.1991 (Abl. Nr. L 136 vom 30.5.1991, 1, mehrfach geändert). Die der Verfahrensordnung zugrunde liegende Satzung des Gerichtshofes wird mit dem *Vertrag von Nizza* (unterzeichnet am 26.2.2001, Abl. Nr. C 80 vom 10.3.2001, 1) neu gefaßt (siehe das Protokoll über die Satzung). Sie enthält in den Art. 24 ff. Bestimmungen zur Tatsachenermittlung seitens des Gerichtshofes.

[421] Siehe nur den *Beschluß* Nr. 1999/352/EG der Kommission vom 28.4.1999 *zur Errichtung des Europäischen Amtes für Betrugsbekämpfung (OLAF)* (Abl. Nr. L 136 vom 31.5.1999, 20). Hierzu *Ulrich*, Kontrollen des Europäischen Amtes für Betrugsbekämpfung (OLAF) bei Wirtschaftsbeteiligten, EWS 2000, 137 ff.

Fünfter Teil

Die administrativen Informationsverfahren im völkerrechtlichen Regelungszusammenhang

Die administrativen Informationsverfahren des Gemeinschaftsrechts bestehen im Schwerpunkt aus vertikalen Verfahren und Dreiecksstrukturen. Rein horizontale Informationsverfahren sind ansatzweise für klassische nachbarrechtliche Sachverhalte zu finden.[1] Insbesondere diese Informationsverfahren stehen in einem umfangreichen völkerrechtlichen Regelungszusammenhang, durch den die gemeinschaftsrechtlichen Normen z.T. initiiert wurden und der nunmehr sowohl der Lückenfüllung[2] als auch als Auslegungshilfe dienen kann. Wie der Gerichtshof zuletzt im Urteil *Racke* betont hat, muß die Gemeinschaft ihre Befugnisse unter Beachtung des Völkerrechts ausüben.[3] Bestimmungen des Gemeinschaftsrechts sind nach Möglichkeit im *Lichte des Völkerrechts* auszulegen, insbesondere, wenn sie einen von der Gemeinschaft geschlossenen völkerrechtlichen Vertrag durchführen sollen, so der Gerichtshof in den ebenfalls jüngst ergangenen Urteilen *Safety Hi-Tech* und *Bettati*.[4] Zudem sind bestehende Systeme der Zusammenarbeit auf völkerrechtlicher Ebene bei der Schaffung neuer gemeinschafts-

---

[1] Im einzelnen dazu oben, Teil 2 Kap. 5 F.

[2] Vgl. *Zuleeg*, Die Verfassung der Europäischen Gemeinschaft in der Rechtsprechung des Europäischen Gerichtshofs, BB 1994, 581 (581).

[3] EuGH, Urteil vom 16.6.1998, Rs. C-162/96 (*A. Racke/Hauptzollamt Mainz*), Slg. 1998, S. I-3655 (3704, Rn. 45).

[4] EuGH, Urteil vom 17.7.1998, Rs. C-284/95 (*Safety Hi-Tech/S.&T.*), Slg. 1998, S. I-4301 (4340, Rn. 22) und Urteil vom 14.7.1998, Rs. C-431/95 (*Gianni Bettati/Safety Hi-Tech*), Slg. 1998, 4355 (4369, Rn. 20), jeweils zur Auslegung der *Ozonschichtverordnung* Nr. 3093/94 im Lichte des *Wiener Übereinkommens* und des *Montrealer Protokolls* (näher zu diesen Rechtsakten unten, Kap. 2 B., insbesondere Anm. 176).

rechtlicher Kooperationsmechanismen zu berücksichtigen.[5] Durch den im Zuge des *Amsterdamer Vertrages* eingefügten – und durch den *Vertrag von Nizza* bereits wieder geänderten[6] – Art. 11 EGV wird den Mitgliedstaaten für die Zukunft zwar ein Instrument an die Hand gegeben, ihre bilateralen Kontakte nicht mit den Mitteln des Völkerrechts, sondern im Rahmen des Gemeinschaftsrechts zu regeln.[7] Der völkerrechtliche Regelungszusammenhang verliert dadurch aber nicht seine Bedeutung. Art. 11 EGV ist lediglich auf die Zusammenarbeit von Mitgliedstaaten ohne Beteiligung von Drittstaaten anwendbar, nach dem *Vertrag von Nizza* erfordert er nunmehr sogar eine Mindestzahl von 8 Mitgliedstaaten.[8] Art. 11 EGV läßt damit die bereits bestehenden völkerrechtlichen Regeln nicht obsolet werden. Er stellt ein zusätzliches gemeinschaftsrechtliches Handlungsinstrument der Mitgliedstaaten im *inter se* Kontakt dar und ermöglicht damit ein „Europa der zwei Geschwindigkeiten". Den umfassenden völkerrechtlichen Regelungszusammenhang beseitigt er nicht.

---

[5] So ausdrücklich die Kommission in der *Mitteilung* vom 16.2.1994 *über die Entwicklung der Zusammenarbeit der Verwaltungen bei der Anwendung und Durchsetzung des Gemeinschaftsrechts für den Binnenmarkt*, KOM (94) 29 endg., unter Anhang 1, Vielfalt der Kooperationsmechanismen, Nr. 24.

[6] Die Vorschriften über die verstärkte Zusammenarbeit der Mitgliedstaaten aus Art. 11 EGV sind mit dem *Vertrag von Nizza* (unterzeichnet am 26.2.2001, Abl. Nr. C 80 vom 10.3.2001, 1) umgestaltet und an die Voraussetzungen der ebenfalls neu gestalteten Art. 43-45 EUV n.F. gebunden worden. Siehe auch *Epiney/Freiermuth Abt/Mosters*, Der Vertrag von Nizza, DVBl. 2001, 941 (945 ff.).

[7] Ausführlich zur Rechtslage in Bezug auf die Rechtsakte der Mitgliedstaaten im Zwischenraum von Völker- und Gemeinschaftsrecht vor der Neuregelung des Art. 11 EGV *Wuermeling*, Kooperatives Gemeinschaftsrecht, 1988.

[8] Geregelt in Art. 43 *lit.* g EUV i.d.F. des *Vertrages von Nizza*, auf den Art. 11 EGV n.F. verweist. Zudem ist eine diesbezügliche Ermächtigung des Rates erforderlich, die nur erteilt werden darf, wenn der Rat zu dem Schluß gelangt, daß die mit der Zusammenarbeit angestrebten Ziele im Rahmen der Verträge nicht in einem vertretbaren Zeitraum verwirklicht werden können. Explizit spricht der EUV i.d.F des *Vertrages von Nizza* vom „letzten Mittel". Die Bestimmungen sollen der Gefahr eines Auseinanderdriftens von verschiedenen Gruppen von Mitgliedstaaten durch divergierende Integrationsgeschwindigkeiten begegnen.

Kapitel 1: Informationspflichten des umweltvölkerrechtlichen Gewohnheitsrechts

Ein traditioneller Bestandteil des allgemeinen Völkerrechts, d.h. des für alle oder zumindest eine regionale Gruppe von Staaten ohne spezielle Einwilligung geltenden Völkergewohnheitsrechts, ist das Nachbarrecht. Im Rahmen der nachbarlichen Beziehungen von Staaten kam und kommt es immer wieder zu gegenseitigen Beeinträchtigungen durch umweltbelastende Emissionen und andere Eingriffe grenzüberschreitender Art.[9] Seit Beginn diesen Jahrhunderts haben sich hier, anknüpfend an grenzüberschreitende Umweltbelastungen zwischen Nachbarstaaten, spezielle umweltvölkerrechtliche Regeln entwickelt.[10] Einige davon beziehen sich auf den zwischenstaatlichen Austausch von Informationen.[11]

---

[9] Zur Definition der grenzüberschreitenden Umweltbelastung (*transfrontier pollution*) *Kiss/Shelton*, International Environmental Law, 1991, 116 ff. Siehe auch *Rogalla/Schulz*, Umweltgefährdende Anlagen in Grenznähe aus völkerrechtlicher Sicht, NuR 1987, 193 (195) sowie *Klein*, Umweltschutz im völkerrechtlichen Nachbarrecht, 1976, 24 und *Fröhler/Zehetner*, Rechtsschutzprobleme bei grenzüberschreitenden Umweltbeeinträchtigungen, 1979, 73 zum Begriff des Nachbarn. Dem Nachbarrecht ist ein weiter Nachbarbegriff zugrunde zu legen. Jeder Staat, dessen Gebiet im konkreten Fall betroffen sein kann, fällt unter das umweltvölkerrechtliche Nachbarrecht (a.a.O.).

[10] Zur Entwicklung des umweltvölkerrechtlichen Nachbarrechts *Heintschel v. Heinegg*, Internationales öffentliches Umweltrecht, in: *Ipsen*, *K.*, Völkerrecht, 4. Aufl.1999, 855 ff. und 908 ff.; *Randelzhofer*, Umweltschutz im Völkerrecht - Grundstrukturen und Prinzipien, Jura 1992, 1 (3 ff.); *Rogalla/Schulz*, a.a.O., 193 ff.; *Oppermann* in: *Kimminich/Lersner/Storm*, HdUR, Bd. 1, 2. Aufl. 1994, Sp. 910 ff., Stichwort „Grenzüberschreitende Umweltbelastung". Siehe auch *Randelzhofer/Simma*, Das Kernkraftwerk an der Grenze. Eine „ultra-hazardous activity" im Schnittpunkt von internationalem Recht und Umweltschutz, in: FS Berber, 1973, 389 (395 ff.).

[11] Eine allgemeine völkerrechtliche Kooperationspflicht im Sinne eines „In-Kontakt-Tretens" nimmt *Wolfrum* an (*Wolfrum* in: EPIL, 2. Ausg., Bd. 2 1995, Stichwort „International Law of Cooperation", 193 [194]). Ähnlich jüngst auch der Internationale Seegerichtshof in dem Einstweiligen Rechtsschutzverfahren *The MOX Plant Case* (Ireland/United Kingdom), 3.12.2001, Case No. 10, Rn. 82. Zurückhaltender *Oppermann*, der vom „Kooperationsprinzip" im Rahmen grenzüberschreitender Umweltbelastungen spricht, zu dem auch die Informationsübermittlung gehöre (*Oppermann* in: HdUR, a.a.O., Sp. 908). Ablehnend noch *Herzog*, Die Umweltverträglichkeitsprüfung im grenzüberschreitenden Bereich, 1988, 80 mit weiteren Verweisen.

A. Bestandsaufnahme

In der Literatur weitgehend anerkannt ist eine Pflicht zur *Warnung* potentiell betroffener Staaten bei Unfällen.[12] Eine für den Umweltbereich eindeutige Rechtsprechung existiert allerdings nicht. Im *Nicaragua*-Urteil deutet der Internationale Gerichtshof an, daß das Unterlassen einer Warnung bei Gefahr für Gesundheit oder Leben gegen die Prinzipien des humanitären Völkerrechts verstoße.[13]

Von einem großen Teil der Literatur ist inzwischen ebenso eine *präventive Unterrichtungspflicht* bei Vorhaben anerkannt, die potentiell erhebliche grenzüberschreitende Umweltbelastungen verursachen.[14] Von

---

[12] *Sands*, Principles of International Environmental Law, Bd. 1 1995, 608, 610; *Adede*, International Environmental Law Digest, 1993, 139; *Beyerlin*, Umweltvölkerrecht, 2000, Rn. 122; *ders.*, Grenzüberschreitender Umweltschutz und allgemeines Völkerrecht, in: FS Doehring, 1989, 37 (56); *Kiss/Shelton* (Anm. 9), 132; *Rauschning*, Allgemeine Völkerrechtsregeln zum Schutz gegen grenzüberschreitende Umweltbeeinträchtigungen, in: FS Schlochauer, 1981, 557 (574); *Oppermann* in: HdUR, a.a.O., Sp. 913; *Verdross/Simma*, Universelles Völkerrecht, 3. Aufl. 1984, 646; *Zehetner*, Zur völkerrechtlichen Problematik grenzüberschreitender technisch-industrieller Umweltkatastrophen, UPR 1986, 201 (202). Im Ergebnis ebenso *Partan*, The „Duty to Inform" in International Environmental Law, Boston University International Law Journal, 1988, 43 (79). Für Kernkraftanlagen *Handl/Simma*, Grenzüberschreitende Auswirkungen von Kernkraftanlagen und Völkerrecht, ÖZöRV 1988, 1 (6). Begrenzt auf den Zeitpunkt nach dem Schadenseintritt *Rogalla/Schulz* (Anm. 9), 197. Ablehnend noch *Heintschel von Heinegg* in: *Ipsen* (Anm. 10), 921 f. sowie *ders.*, Umweltvölkerrecht, in: EUDUR, Bd.1 1998, § 23, Rn. 92.

[13] IGH, Urteil vom 27.6.1986, *Case Concerning Military and Paramilitary Activities in and Against Nicaragua* (Nicaragua v. United States of America), ICJ Rep. 1986, 14 (112, para. 215). Ähnlich bereits im Fall des *Kanal von Korfu*, Urteil vom 4.4.1949, ICJ Rep. 1949, 4 (22).

[14] *Rauschning* (Anm. 12), 573; *Kiss/Shelton* (Anm. 9), 136 ff.; *Beyerlin* in: FS Doehring (Anm. 12), 56 mit weiteren Literaturverweisen; *ders.*, Umweltvölkerrecht, 2000, Rn. 122 bzgl. Westeuropa; *Fröhler/Zehetner* (Anm. 9), 99; *Zehetner*, Verfahrenspflichten bei Zulassung umweltbelastender Anlagen, in: *Bothe/Prieur/Ress*, Rechtsfragen grenzüberschreitender Umweltbelastungen, 1984, 43 (52); *Partan* (Anm. 12), 43 ff. *Partan* trennt nicht zwischen Warnung und präventiver Unterrichtung, sondern untersucht beide gemeinsam unter dem Begriff der Informationspflicht (siehe 79); ähnlich *Herzog* (Anm. 11), 81; *Verdross/Simma* (Anm. 12), 646. Wohl auch *Sands*, Principles (Anm. 12), 605 und *Oppermann* in: HdUR (Anm. 10), Sp. 913. Bei potentiell irreversiblen Schäden bejahend *Rogalla/Schulz* (Anm. 9), 197. Für Kernkraftanlagen

einer solchen Informationspflicht geht auch der Internationale Seegerichtshof im *MOX Plant* Fall aus und gründet diese – neben dem *Seerechtsübereinkommen* der UNO - auf eine völkergewohnheitsrechtliche Kooperationspflicht.[15] Ein Problem stellt die Feststellung des Auslösungstatbestandsmerkmals der potentiell *erheblichen* grenzüberschreitenden Belastungen dar. Sie erfordert eine vorgelagerte Emissions- und Immissionsevaluierung, deren Bewertung sich entweder nach dem nationalen Recht des Verursacherstaates oder des Wirkungsstaates richten kann.[16] Existieren vertragliche Regelungen, kann das Völkergewohnheitsrecht hierdurch konkretisiert werden.[17] Eine einheitliche völkerrechtliche Definition der Erheblichkeit existiert nicht.[18] In neueren Dokumenten wird z.T. ganz auf dieses Tatbestandsmerkmal verzichtet.[19]

Handl/Simma (Anm. 12), 6. Ablehnend *Heintschel von Heinegg*, in: *Ipsen* (Anm. 10), 922, aber offen gelassen für den westeuropäischen Raum (a.a.O.); ablehnend auch *Klein* (Anm. 9), 302. Zweifelnd noch *Randelzhofer* (Anm. 10), S.6 und *American Bar Association – Harvard Law Review Editors*, Trends in International Environmental Law, 1992, 42. Nach *Beyerlin* besteht zudem eine Informationspflicht über die wesentlichen Meßdaten und Fakten hinsichtlich potentieller grenzüberschreitender Auswirkungen nach der Inbetriebnahme von Anlagen (a.a.O.).

15 *The MOX Plant Case*, Anordnung im Einstweiligen Rechtsschutzverfahren vom 3.12.2001 (Ireland/United Kingdom), Case No. 10, Rn. 82 und 84 sowie Tenor Nr. 1 *lit.* (a).

16 *Beyerlin*, in: FS Doehring, a.a.O., 50 f. sowie *Kiss/Shelton*, a.a.O., 138 f. *Beyerlin* stellt in Umweltvölkerrecht, 2000 (Rn. 119) auf das Gebiet des Opferstaates ab. Siehe auch *Dupuy*, Limites matérielles des pollutions tolérées, in: *Bothe/Prieur/Ress* (Anm. 14), 27 (33 ff.). Eine im Gemeinschaftsrecht praktizierte Kompromißlösung stellt die *öffentlichkeitsakzessorische* Anknüpfung der Unterrichtungspflicht dar (näher dazu oben Teil 2 Kap. 2 A.II.2.).

17 Ebenso *Dupuy*, a.a.O., 33 ff., der aber darauf hinweist, daß diese Standards meist selbst wieder relativ und flexibel sind, so daß die Standards für die Erheblichkeitswerte letztlich in einem Informationsaustauschverfahren festgelegt werden müßten (a.a.O., 35). Vgl. *Beyerlin* in: FS Doehring, a.a.O., 41.

18 Zu den Anforderungen an die Erheblichkeit *Dupuy*, a.a.O., 32 ff.; *Beyerlin* in: FS Doehring, a.a.O., 50; *Handl/Simma* (Anm. 12), 2 f. Siehe auch *Zehetner*, Umweltkatastrophen (Anm. 12), der hervorhebt, daß von den Staaten teilweise demonstrativ das Vorliegen einer grenzüberschreitenden Beeinträchtigung in Frage gestellt wird (a.a.O., 202). Siehe auch unten, II.

19 Siehe z.B. Prinzip 21 der *Declaration of the United Nations Conference on the Human Environment* [im folgenden: *Deklaration von Stockholm*] (Text in: *Sands/Tarasofsky/Weiss*, Documents in International Environmental Law,

Ob die Erheblichkeit der aus dem deutschen Ordnungsrecht bekannten Gefahrendefinition entspricht, wonach der potentielle Schaden um so geringer sein kann, ja höher dessen Eintrittswahrscheinlichkeit ist, ist fraglich. Auch bei einer relativ hohen Wahrscheinlichkeit des Schadenseintrittes wird in den zwischenstaatlichen Beziehungen ein gewisses Gewicht des zu erwartenden Schadens erforderlich sein. Verletzungen des Völkerrechts werden i.d.R. nicht durch politisch unbedeutsame Bagatellen ausgelöst, denn die Pflicht zur Toleranz ist ebenfalls Bestandteil des Grundsatzes der guten Nachbarschaft, in dessen Rahmen die Informationspflichten stehen.[20] Fraglich bleibt, wer zu dieser Frage die Beweislast zu tragen hat.[21]

Streitig ist noch, ob eine *Konsultationspflicht*[22] benachbarter Staaten besteht, wenn sich in Folge der oben genannten präventiven Unterrichtung ein Konsultationsbedarf herausstellt.[23] Zum Teil wird eine Kon-

---

Bd. II A, Nr. 2 sowie 11 ILM 1416 [1972]) und Prinzip 2 der *Rio Declaration on Environment and Development* [im folgenden: *Deklaration von Rio*] (Text in: 31 ILM 876 [1992]), sowie die Präambel des *Übereinkommens über weiträumige grenzüberschreitende Luftverunreinigung* (LTRAP) vom 14.11.1979, Genf (BGBl. II 1982, 374).

[20] Ähnlich *Lenaerts*, Nuclear Border Installations: A Case-Study, ELR 1988, 159 (183 f.) unter Hinweis auf den *Trail Smelter* Schiedsspruch (unten, Anm. 38). Zum Grundsatz der guten Nachbarschaft *Beyerlin* in: FS Doehring (Anm. 12), 54 f.

[21] Dazu *Lenaerts, ibid.* Vgl. auch *Fröhler/Zehetner* (Anm. 9), 72 sowie *Zehetner*, Verfahrenspflichten (Anm. 14), 50, die diese Frage unter dem Gesichtspunkt der grundsätzlichen Unzulässigkeit grenzüberschreitender Umweltbeeinträchtigungen aufgrund des von ihnen angenommenen Vorranges der territorialen *Integrität* gegenüber der territorialen *Souveränität* beantworten (hierzu näher unter II.).

[22] Zum Begriff der Konsultation oben, Teil 2 Kap. 2 A.IV. (mit Verweisen auf die völkerrechtliche Literatur).

[23] Ablehnend *Randelzhofer* (Anm. 10), 6; *Oppermann* in: HdUR (Anm. 10), Sp. 914; *Fröhler/Zehetner* (Anm. 9), 99; *Dominick* in: EPIL, Bd. 9 1986, Stichwort „Consultation", 45 (48); wohl auch *Beyerlin* in: FS Doehring (Anm. 12), 57 f. sowie *ders.*, Umweltschutz und lokale grenzüberschreitende Zusammenarbeit, in: *Bothe/Prieur/Ress* (Anm. 14), 293 (297 f.). Bejahend in Anknüpfung an eine vorgelagerte Unterrichtungspflicht *Kiss/Shelton* (Anm. 9), 139 sowie *Zehetner*, Verfahrenspflichten (Anm. 14), 53 f.; ohne Einschränkung *Rest*, Neue Mechanismen der Zusammenarbeit und Sanktionierung im internationalen Umweltrecht, NuR 1994, 271 (272); wohl auch *Gündling*, Völkerrechtliche und europarechtliche Aspekte der Luftreinhaltung, UPR 1985, 403 (407 f.). Für das

sultationspflicht als regionales Gewohnheitsrecht für den westeuropäischen Raum anerkannt,[24] z.T. wird sie sachlich begrenzt u.a. für den Fall der Bewirtschaftung von grenzüberschreitenden Wasserläufen bzw. allgemein von *shared natural resources*[25] oder von grenznahen Kraftwerken[26] angenommen. Das Konsultationsverfahren darf in keinem Fall

---

Bestehen einer Konsultationspflicht anläßlich von Notfällen, bei *shared natural resources*, bei potentiell grenzüberschreitend umweltbelastenden Aktivitäten sowie im Rahmen der Umsetzung von Umweltkonventionen *Sands*, Principles (Anm. 12), 605 ff.

[24] Wohl bejahend zwischen OECD Mitgliedstaaten *Rogalla/Schulz* (Anm. 9), 197, *Verdross/Simma* (Anm. 12), 646 (ohne Unterscheidung zwischen Konsultations- und Verhandlungspflicht) sowie *Beyerlin*, Umweltvölkerrecht, 2000, Rn. 122, in Bezug auf Westeuropa. Nach *Heintschel v. Heinegg* in: *Ipsen* (Anm. 10, 923) für den europäischen Raum eine „in der Entstehung begriffene Norm". Vgl. auch den *MOX Plant Case* (Anm. 15), in dem der Internationale Seegerichtshof von einer gegenseitigen Informationsaustauschpflicht auf der Grundlage einer Kooperationspflicht ausgeht, was letztlich auf eine Konsultationspflicht hinausläuft (siehe hierzu Teil 2 Kap. 2 A.IV.). Ablehnend noch *Randelzhofer/Harndt*, Grenzüberschreitende Zusammenarbeit bei der Umweltverträglichkeitsprüfung, Umweltbundesamt, Berichte 2/89, 1989, 105 ff. (insbesondere 108).

[25] Im Hinblick auf Entwässerungsvorhaben *Bourne*, Procedure in the Development of International Drainage Basins: The Duty to Consult and to Negotiate, Canadian Yearbook of International Law, 1972, 212 (233); bzgl. grenzüberschreitender Wasserläufe *Salmon* in: EPIL, Bd. 11 1989, Stichwort „International Watercourses, Pollution", 220 (224) sowie allgemein bei *shared natural resources*: *Sands*, Principles (Anm. 12), 605 ff.; *Heintschel v. Heinegg* in: EUDUR (Anm. 12), Rn. 94; *Rauschning* (Anm. 12), 574 f. sowie *Beyerlin* in: *Bothe/Prieur/Ress* (Anm. 23), S.298. Eine derartige Regelung wurde von der *International Law Association* in den *Montreal Rules of International Law Applicable to Transfrontier Pollution* (siehe unten, Anm. 51) jedoch nicht konstatiert (siehe Art. 8 Abs. 2).

[26] So *Handl/Simma* (Anm. 12), 5 f. bei einer Entfernung zwischen 16 bis 30 km von der Grenze sowie *Handl*, Grenzüberschreitendes nukleares Risiko und völkerrechtlicher Schutzanspruch, 1992, 35 ff., 81 f. bei einer Entfernung über 10 km (sogenannte „grenznahe Kraftwerke") sowie bei Wiederaufbereitungsanlagen und Endlagerstätten im Grenzbereich (bis 30 km). Bei einem Abstand von unter 16 km bzw. 10 km soll ein Mitentscheidungsrecht bestehen (dazu sogleich). Der gefährdete Nachbarstaat soll auch einen Anspruch auf Vorsorgemaßnahmen wie den Aufbau eines grenzüberschreitenden Warn- und Kommunikationssystems (*Handl/Simma*, a.a.O., 6) sowie auf eine gemeinsame Notfallplanung (*Handl*, a.a.O., 65) haben. Vgl. *Kloepfer/Kohler*, Kernkraftwerk und

zu einer übermäßigen Verzögerung des Vorhabens führen.[27] Weitgehend Einigkeit besteht darüber, daß keine generelle, über zwischenstaatliche Beratungen hinausgehende Verhandlungspflicht[28] zum Erreichen einer Kompromißlösung oder gar ein Mitentscheidungs- und Vetorecht des betroffenen Staates besteht. Ganz ausnahmsweise wird von einem Teil der Literatur eine Verhandlungspflicht und ein Mitentscheidungsrecht für hochgefährliche Aktivitäten (*ultra hazardous activities*) wie den Bau von Atomkraftwerken in unmittelbarer Grenznähe angenommen.[29] Eine (einfache) Verhandlungspflicht soll bei sogenannten *shared natural resources*[30] gegeben sein.[31] Insbesondere für grenzüber-

---

Staatsgrenze, 1981, die zwischen Binnenkraftwerken und Nichtbinnenkraftwerken unterscheiden (a.a.O., 15 f.).

27 So insbesondere *Bourne* (Anm. 25), a.a.O. und *Rogalla/Schulz* (Anm. 9), 197. Dieses Mißbrauchsverbot ergibt sich aus dem auch im allgemeinem Völkerrecht geltenden Grundsatz von Treu und Glauben.

28 *Beyerlin* weist darauf hin, daß eine solche nur aus Vertrag entstehen kann (Umweltvölkerrecht, 2000, Rn. 123, dort Anm. 94).

29 In diesem Sinne *Fröhler/Zehetner* (Anm. 9), 104, die im Rahmen des Gebotes der Streitverhütung eine Zustimmung verlangen; *Randelzhofer/Simma* (Anm. 10), die eine Unterlassungspflicht annehmen, welche aber nach allgemeinem Völkerrecht durch die Zustimmung des betroffenen Staates aufgehoben werden könne (a.a.O., 415) sowie *Handl/Simma* (Anm. 12), 3 für sogenannte „Grenzkraftwerke", die innerhalb einer Entfernung zur Grenze liegen, bei der sich die Notfallpläne des Standortstaates auch auf das Territorium des Nachbarstaates erstrecken würden. Siehe auch *Handl* (Anm. 26), 20 ff., der in einem Radius von 10 km von einem Mitentscheidungsrecht seitens des gefährdeten Staates spricht sowie allgemein bei kerntechnischen Anlagen eine „Konsultationspflicht" im Sinne einer Verhandlungspflicht annimmt (a.a.O., 82). Diese Meinung wird von der Mehrheit der Literatur jedoch nicht geteilt, siehe nur *Lenaerts* (Anm. 20), 179 f.; *Beyerlin* in: FS Doehring (Anm. 12), 53; *Rogalla/Schulz*, a.a.O., 196 und *Heintschel v. Heinegg*, in: *Ipsen* (Anm. 10), 912 f. Zum Alleinentscheidungsrecht der Mitgliedstaaten über die Standortwahl nach dem Gemeinschaftsrecht s. die Antwort der Kommission vom 19.2.1979 auf die Schriftliche Anfrage Nr. 621/78 von Herrn *Dondelinger* vom 27.9.1978 (Abl. Nr. C 68 vom 12.3.1979, 2).

30 Hierunter fallen natürliche Ressourcen, die nicht in den ausschließlichen Hoheitsbereich eines Staates fallen und bei denen es um eine gerechte Nutzungsaufteilung geht – darunter v.a. grenzüberschreitende Flußläufe und Seen (siehe auch *Beyerlin* in: FS Doehring, a.a.O., 59 f.).

31 *Rauschning* (Anm. 12), 574 f., der allerdings die Beratungs- und Verhandlungspflicht mit einer „Konsultationspflicht" gleichzusetzen scheint.

schreitende Wasserläufe und Seen wird auch vertreten, daß ein kontinuierlicher Datenaustausch Teil des völkerrechtlichen Gewohnheitsrechts sei, da nur dann eine gemeinsame Bewirtschaftung und Berücksichtigung der Interessen des anderen Staates möglich sei.[32]

B. *Rechtsdogmatische Grundlage*

Die rechtsdogmatische Grundlage der bestehenden Informationspflichten ist nicht unumstritten. In der Literatur werden sie z.T. aus dem materiell-rechtlichen Verbot der erheblichen grenzüberschreitenden Umweltbelastung und dem zugrundeliegenden *Prinzip der beschränkten territorialen Souveränität und Integrität* deduktiv hergeleitet.[33] Auch auf das Rechtsmißbrauchsverbot *sic utere tuo ut alienum non laedas* und den *Grundsatz der guten Nachbarschaft* wird verwiesen.[34] Das Prinzip der beschränkten territorialen Souveränität und Integrität ergibt sich aus der Notwendigkeit, zwei miteinander konfligierende Nutzungen staatlicher Hoheitssphären in Einklang zu bringen. Es besagt, daß die territoriale Souveränität eines Staates dort ihre Grenze findet, wo das Hoheitsgebiet eines anderen Staates in seiner Integri-

---

[32] In diesem Sinne *Heintschel v. Heinegg* in: EUDUR (Anm. 12) Rn. 92 i.V.m. Rn. 79; *ders.* in: *Ipsen* (Anm. 10), 922; *Sands*, Principles (Anm. 12), 605 sowie *Salmon* (Anm. 25), a.a.O. Vgl. auch *Zehetner*, Verfahrenspflichten (Anm. 14), 47 f., der die Nutzung gemeinsamer Umweltressourcen als typische Kooperationsmaterie bezeichnet.

[33] So ausdrücklich *Rauschning* (Anm. 12), 558 und 575 f. Ähnlich wohl *Zehetner*, a.a.O., 50, 52. Siehe auch *Partan* (Anm. 12), insbesondere 74. *Partan* betrachtet die Informationspflichten als eine Art zwischenstaatliches Naturrecht. Letztlich hätten sie ihren Grund in der faktischen Notwendigkeit zum Zwecke der effektiven Risikobeherrschung (a.a.O., 87 f.). Ausführlich zu den Prinzipien der territorialen Souveränität und Integrität im Rahmen von grenzüberschreitenden Umweltbeeinträchtigungen *Fröhler/Zehetner* (Anm. 9), 69 ff. und *Heintschel v. Heinegg* in: EUDUR (Anm. 12), Rn. 1 ff. und 91 ff.

[34] *Rest* (Anm. 23), 272; *Kiss/Shelton* (Anm. 9), 120 ff.; *Beyerlin* in: FS Doehring (Anm. 12), 54 ff. sowie wiederum *Zehetner*, Verfahrenspflichten, a.a.O., 51 f.; siehe auch *Oppermann* in: HdUR (Anm. 10), Sp. 911 f. *Beyerlin* hebt hervor, daß der Grundsatz der guten Nachbarschaft v.a. als Rechtsquelle für gegenseitige *prozedurale* Handlungspflichten diene (a.a.O., siehe auch *ders.* in: *Bothe/Prieur/Ress*, [Anm. 23], 295). Kritisch zur Ableitung von konkreten Rechtspflichten aus diesen Grundsätzen *Heintschel von Heinegg* in: *Ipsen* (Anm. 10), 913 ff., insbesondere 920.

tät erheblich beeinträchtigt wird.[35] Zur Erheblichkeit ist nach Ansicht einiger zusätzlich die Unüblichkeit der grenzüberschreitenden Umweltbelastungen erforderlich.[36] Eingriffe dieser Art darf ein Staat von seinem Territorium aus weder selbst vornehmen noch derartige Aktivitäten Dritter zu Lasten eines anderen Staates dulden. Das Verbot erheblicher grenzüberschreitender Umweltverschmutzung ist inzwischen als Völkergewohnheitsrecht anerkannt.[37] Die drei Leitentscheidungen, die zur Entstehung dieses Rechtssatzes beigetragen haben, sind die Schiedssprüche *Trail Smelter* und *Lac Lanoux* sowie das Urteil des IGH zum *Kanal von Korfu*.[38] Aus jüngerer Zeit sind hier das Gutachten des IGH *Legality of the Threat or Use of Nuclear Weapons*[39] und das Urteil zum Staudamm in *Gabcikovo-Nagymaros*[40] zu nennen. Der Grundstein für informationelle Kooperationspflichten im Bereich des Umweltschutzes wurde mit dem *Trail Smelter* Schiedsspruch im Jahr 1941 gelegt.[41] Darin sahen die Schiedsrichter ein Kontrollsystem für

---

[35] Zur Entstehungsgeschichte und der dogmatischen Gegenposition – dem Anspruch auf absolute Souveränität (*Harmon Doktrin*) – ausführlich *Beyerlin* in: FS Doehring, a.a.O., 39 ff.; *Fröhler/Zehetner* (Anm. 9), 70 ff.; *Kiss/Shelton*, a.a.O., 119 ff.; siehe auch *Oppermann* in: HdUR, a.a.O., Sp. 911 ff.; *Rogalla/Schulz* (Anm. 9), 193 ff.

[36] Unüblichkeit wird bei *Randelzhofer* (Anm. 10), .4; *Randelzhofer/Simma* (Anm. 10), 408, *Rogalla/Schulz*, a.a.O., 195, *Fröhler/Zehetner*, a.a.O., 74, 78 f. und *Verdross/Simma* (Anm. 12), 644 als Tatbestandsmerkmal vorausgesetzt. Wohl auch *Oppermann* in: HdUR, a.a.O., Sp. 911. Ablehnend *Beyerlin* in: FS Doehring, a.a.O., 51.

[37] Siehe nur *Beyerlin* Umweltvölkerrecht, 2000, Rn. 116 ff., mit Verweisen auf die jüngere Rechtsprechung des IGH; *ders.* in: FS Doehring, a.a.O., 38, 43 ff.; *Kiss/Shelton* (Anm. 9), 129 f; *Handl/Simma* (Anm. 12), 2; *Verdross/Simma*, a.a.O., 644. Der Rechtssatz wurde erstmals in der – rechtlich unverbindlichen – *Deklaration von Stockholm* (Prinzip 21) „kodifiziert" und durch die *Deklaration von Rio* (Prinzip 2) bestätigt (beide Anm. 19).

[38] *Trail Smelter* Schiedsverfahren (USA/Kanada), Entscheidung vom 11.3.1941, UNRIAA, Bd. 3, 1911 ff. und 1938 (1965); *Lac Lanoux* Schiedsverfahren (Frankreich/Spanien), Entscheidung vom 16.11.1957, UNRIAA, Bd. 12, 281 (306 ff.); Urteil des IGH im Fall des *Kanals von Korfu* (Anm. 13).

[39] Gutachten vom 8.7.1996, ICJ Rep. 1996, 226 (241 f.).

[40] Urteil vom 25.9.1997 (*Hungary v. Slovakia*), ICJ Rep. 1997, 7 (41).

[41] Darin ging es um Schwefelemissionen einer kanadischen Fabrik, welche jahrelang die Ernte der benachbarten amerikanischen Bauern erheblich schädigten. Ausführlich zum Schiedsspruch *Kiss/Shelton* (Anm. 9), 122 ff.; siehe

zukünftige Emissionen und gemeinsame Inspektionen vor. Eine Warnungspflicht bei Notfällen wurde vom IGH im Urteil zum *Kanal von Korfu* festgestellt und im *Nicaragua*-Urteil bestätigt.[42] Die Notwendigkeit der präventiven Unterrichtung bei Vorhaben, die grenzüberschreitende Umweltbelastungen mit sich bringen, wurde im Schiedsverfahren *Lac Lanoux* zumindest beiläufig erwähnt.[43] Im Rahmen der Atomtestversuche Frankreichs auf dem *Mururoa-Atoll* im September 1995 hatte der IGH beinahe die Gelegenheit, das völkerrechtliche Gewohnheitsrecht weiter zu präzisieren. Er mußte jedoch mangels Prüfungsbefugnis die Anträge Neuseelands zurückweisen, ohne ein inhaltliches Urteil zu diesbezüglichen zwischenstaatlichen Kooperationspflichten abgeben zu können.[44] In jüngster Zeit hat sich der Internationale Seegerichtshof im *MOX Plant Case* zu Informationspflichten geäußert und diese (auch) auf eine dem Gewohnheitsrecht entstammende Kooperationspflicht und die Erfordernisse der Vorsicht (*„prudence and caution"*) gestützt.[45]

Gegen die dogmatische Herleitung der Informationspflichten aus dem materiell-rechtlichen Grundsatz der beschränkten territorialen Souveränität und Integrität, dem Rechtsmißbrauchsverbot und dem Grundsatz der guten Nachbarschaft wird zu Recht darauf hingewiesen, daß völkerrechtliches Gewohnheitsrecht nicht aus einer theoretischen Deduktion entsteht, sondern vielmehr empirisch festgestellt werden muß.[46] Für das Bestehen völkerrechtlichen Gewohnheitsrechts ist das Vorliegen einer kontinuierlichen Staatenpraxis verbunden mit der *opinio juris suive necessitatis*, d.h. der entsprechenden Rechtsüberzeugung der

---

auch *Oppermann* in: HdUR (Anm. 10), Sp. 912 und *Heintschel v.Heinegg* in: *Ipsen* (Anm. 10), 911.

[42] Siehe oben, Anm. 13.

[43] *Lac Lanoux* (Anm. 38), 309 – in dem Zusammenhang, daß eine Unterrichtungspflicht keine Pflicht beinhalte, das vorherige Einverständnis des betroffenen Staates einzuholen.

[44] Urteil des IGH vom 22.9.1995, *Request for an Examination of the Situation in Accordance with Paragraph 63 of the Court's Judgment of 20 December 1974 in the Nuclear Tests Case (New Zealand v. France)*, ICJ Rep. 1995, 288 ff.

[45] Anordnung vom 3.12.2001 (Anm. 15).

[46] *Randelzhofer/Harndt* (Anm. 24), 111 ff. Kritisch auch *Heintschel v.Heinegg*, der „Ungeduld" hinsichtlich der Feststellung völkerrechtlichen Gewohnheitsrechts konstatiert (*Heintschel v. Heinegg* in: EUDUR, [Anm. 12], Rn. 74 sowie *ders.* in: *Ipsen*, [Anm. 10], 913 ff.).

Staaten, konstituierend.[47] Wie der Nachweis für Staatenpraxis und *opinio juris* zu führen ist, ist in der völkerrechtlichen Literatur allerdings umstritten. Zum Teil wird die Vertragspraxis angeführt, welche die Staatenüberzeugung nachweisen oder zumindest zu einer Beweislastumkehr führen soll, z.T. wird auf Resolutionen Internationaler Organisationen Bezug genommen sowie auf Vorfälle in der Praxis.[48] Zuletzt werden Staatenpraxis und *opinio juris* als Einheit gesehen, die nicht getrennt voneinander nachgewiesen werden können und müssen.[49] Die Folge ist, daß das objektive Tatbestandsmerkmal der Staatenpraxis letztlich auch das Vorliegen der Rechtsüberzeugung beweist.

Eine Untersuchung über das Vorliegen der Staatenpraxis und der *opinio juris* ist hinsichtlich der Konsultationspflicht bei *shared natural resources* – z.T. unter Einbeziehung der vorgelagerten Unterrichtungspflicht – von *Kirgis* für den westeuropäischen Raum durchgeführt und im Ergebnis bestätigt worden.[50] Zu demselben Ergebnis kommen die von der

---

[47] Siehe nur das Urteil *North Sea Continental Shelf Cases* (Federal Republic of Germany v. Denmark), IGH, Urteil vom 20.2.1969, ICJ Rep. 1969, S.1(43, para.74). Der Bildung völkerrechtlichen Gewohnheitsrechts steht jedoch nicht das im Einzelfall abweichende Verhalten der Staaten entgegen. Ausschlaggebend ist, ob dieses Verhalten von dem betreffenden Staat entschuldigt wird, ohne daß die verletzte Norm als solche ausdrücklich in Frage gestellt wird (zum ganzen *Seidl-Hohenveldern/Stein*, Völkerrecht, 10. Aufl. 2000, Rn.476ff.; s. auch *Beyerlin*, Umweltvölkerrecht, 2000, Rn.109ff. sowie *Heintschel v. Heinegg* in: EUDUR, a.a.O., Rn.75ff.). So hat z.B. die damalige Sowjetunion mit dem Verstoß gegen die Pflicht zur umgehenden Warnung der potentiell betroffenen Staaten nach dem Tschernobyl-Unfall nicht das Bestehen der gewohnheitsrechtlichen Warnungspflicht zunichte gemacht.

[48] Eine ausführliche Analyse enthält *Partan* (Anm. 12), insbesondere 53, 65 ff. Im Ergebnis verzichtet *Partan* auf einen Nachweis und qualifiziert die Unterrichtungspflichten als allgemeinen Rechtsgrundsatz des Völkerrechts, für den der Nachweis einer *opinio juris* nicht erforderlich sei. Zur Möglichkeit der Herleitung von Gewohnheitsrecht allein aus vertraglichen Bestimmungen im Sinne einer eigenen Rechtsquelle siehe *Doehring*, Gewohnheitsrecht aus Verträgen, ZaöRV 1976, 77 ff. Kritisch *Beyerlin*, Umweltvölkerrecht, 2000, Rn. 114, der auf das Statut des IGH verweist, welches ausdrücklich die Notwendigkeit einer „allgemeinen Übung" vorsieht (Art. 38 Abs. 1 *lit.* b).

[49] Vgl. *Doehring*, a.a.O., 96 f.

[50] *Kirgis*, Prior Consultation in International Law – A Study of State Practice, 1983, 85 f. hinsichtlich europäischer Wasserläufe, 86, hinsichtlich Seen, 128 ff. bzgl. regionaler Ressourcen allgemein, insbesondere zur grenzüberschreitenden Luftverschmutzung, 130, bzgl. *Dumping* in regionalen Meeren, 131 zum

International Law Association (ILA) aufgestellten *Montreal Rules of International Law Applicable to Transfrontier Pollution* im Hinblick auf die präventive Unterrichtungspflicht und die Warnungspflicht.[51] Sie enthalten nach ihrem eigenen Anspruch eine Darstellung des bestehenden Gewohnheitsrechts auf der Grundlage einer Zusammenschau von praktischen Fällen, vertraglichen Regelungen und Resolutionen Internationaler Organisationen. Eine Überprüfung dieser Nachweise und des zugrundeliegenden dogmatischen Ansatzes kann im Rahmen dieser Arbeit nicht geleistet werden.[52]

Festgestellt werden kann aber, daß sich die Mehrheit in der Literatur, unterstützt von dahingehenden Ansätzen in der Rechtsprechung und einer großen Anzahl von übereinstimmenden vertraglichen Vorschriften und Resolutionen, über das Vorliegen einer Warnungs- und präventiven Unterrichtungspflicht im Ergebnis einig ist. Der Grundsatz der beschränkten territorialen Souveränität und Integrität, das Rechtsmißbrauchsverbot und der Grundsatz der guten Nachbarschaft dienen als rechtliches Erklärungsmuster für das Bestehen einer entsprechenden Staatenpraxis und Rechtsüberzeugung, sind aber nicht als solche konstituierend. Sie können nichtsdestotrotz bei Unklarheiten über die genauen rechtlichen Konturen der entsprechenden Informationspflichten zu Rate gezogen werden.

C. Das Verhältnis zum Gemeinschaftsrecht

Nunmehr ist zu klären, inwieweit diese gewohnheitsrechtlichen Informationspflichten für die Gemeinschaft und ihre Mitgliedstaaten Anwendung finden und inwieweit sie vom Gemeinschaftsrecht verdrängt werden. Dabei ist zwischen einer völkerrechtlichen Bindung der Gemeinschaft selbst und der Bindung der Mitgliedstaaten zu unterschei-

---

Umgang mit radioaktivem Material und zu gewollten Klimaänderungen, 196 zu *shared natural resources* allgemein. Bejahend für die Staatenpraxis, im Hinblick auf das Vorliegen der *opinio juris* dagegen wohl ablehnend *Partan* (Anm. 12), 65.

[51] Wenn auch unter Ablehnung der Konsultationspflicht – Siehe Art. 7, 8 und 9 der *Montreal Rules of International Law Applicable to Transfrontier Pollution*, ILA, Report of the Sixtieth Conference held at Montreal, 1983, 157 ff., abgedruckt in: UPR 1983, 21 f.

[52] Zum dogmatischen Ansatz der *Montreal Rules of Transfrontier Pollution* der ILA *Partan* (Anm. 12), 50 ff.

den. Die Rechtsordnung der Gemeinschaft ist als Verfassungsordnung wie jedes Recht in den internationalen Zusammenhang gestellt.[53] Völkerrecht ist daher grundsätzlich „in all seinen Formen" Bestandteil der Rechtsordnung der Gemeinschaft.[54]

I. Bindung der Gemeinschaft selbst

In dem eingangs zitierten Urteile *Racke* hat der Gerichtshof explizit zur Bindung der Gemeinschaft an das Völker*gewohnheits*recht Stellung genommen. Die Gemeinschaft muß die Regeln des Völkergewohnheitsrechts beachten. Über die Dogmatik der unmittelbaren Anwendbarkeit kann diese Bindung sogar von betroffenen Bürgern gerichtlich geltend gemacht und über das Vorabentscheidungsverfahren bis vor den EuGH gelangen.[55] Die Beachtung dieser Normen ist jedoch nur im Hinblick auf einen *offensichtlichen* Fehler des Rates justiziabel.[56]

1. Anwendung im vertikalen Verhältnis

Einigkeit besteht jedoch darüber, daß das Völkergewohnheitsrecht im Verhältnis der *Mitgliedstaaten zur Gemeinschaft* vom Gemeinschaftsrecht *verdrängt* wird.[57] Das Gemeinschaftsrecht stellt eine eigene, autonome Rechtsordnung dar, die als Sonderrecht dem Völkerrecht vor-

---

[53] *Everling*, Sind die Mitgliedstaaten der Europäischen Gemeinschaft noch Herren der Verträge, in: FS Mosler, 1983, 173 (180). Siehe auch *Bleckmann*, Nationales und europäisches Souveränitätsverständnis, in: *Ress*, Souveränitätsverständnis in den Europäischen Gemeinschaften, 1978, 33 (34).

[54] *Pescatore*, Die Rechtsprechung des Europäischen Gerichtshofs zur innergemeinschaftlichen Wirkung völkerrechtlicher Abkommen, in: FS Mosler, 1983, 661 (672); ähnlich *Everling*, a.a.O.

[55] EuGH *Racke* (Anm. 3), 3700 ff. (Rn. 24 ff.), der zunächst seine von der Kommission angezweifelte Zuständigkeit im Hinblick auf die Anwendung einer völkergewohnheitsrechtlichen Norm bejahen mußte.

[56] EuGH, a.a.O., 3706 (Rn. 52).

[57] *Everling* (Anm. 53), 181; *Schwarze*, Das allgemeine Völkerrecht in den innergemeinschaftlichen Rechtsbeziehungen, EuR 1983, 1 (5); *Oppermann*, Europarecht, 2. Aufl. 1999, Rn. 597; *Beutler/Bieber/Pipkorn/Streil*, Die Europäische Union, 1993, 240; *Krück*, Die auswärtige Gewalt der Mitgliedstaaten und die auswärtigen Befugnisse der Europäischen Gemeinschaften als Problem des Souveränitätsverständnisses, in: *Ress* (Anm. 53), 155 ff.

geht.[58] Besonders eindeutig abgelehnt worden ist die Anwendung der völkerrechtlichen Auslegungsregeln sowie der Regeln, die die Beendigung eines Vertrages und die Reaktion auf Vertragsverstöße betreffen.[59] Ob andere Normen, welche die Anwendung der gemeinschaftsrechtlichen Regeln nicht beeinträchtigen, im Verhältnis zu den Mitgliedstaaten ebenfalls verdrängt werden, ist bislang nicht eindeutig beantwortet worden.[60] Die im Urteil *Racke* herangezogene völkerrechtliche Regel war nicht Maßstab für die Beziehung der Gemeinschaft zu den Mitgliedstaaten, sondern der EG zu einem Drittstaat.[61]

Die Anwendung der Informationspflichten des umweltvölkerrechtlichen Gewohnheitsrechts auf die Beziehungen zwischen Mitgliedstaaten

---

[58] Siehe oben, Teil 3 Kap. 1 A.II. mit Verweisen.

[59] Zu letzterem das Urteil des EuGH vom 13.11.1964, verb. Rs. 90 und 91/63 (*Kommission/Luxemburg und Belgien*), Slg. 1964, 1329 (1344). Aus der Literatur *Schwarze* (Anm. 57), 6; *Everling* (Anm. 53), 181 f.; zur Anwendbarkeit der Auslegungsregeln siehe nur *Bernhardt*, Zur Auslegung des europäischen Gemeinschaftsrechts, in: FS Kutscher, 1981, 17 (19); *Meyer*, Die Grundsätze der Auslegung im Europäischen Gemeinschaftsrecht, Jura 1994, 455 (458) und *Nicolaysen*, Europarecht I, 1991, 49.

[60] Der EuGH hat beispielsweise in einem Urteil bestimmte gemeinschaftsrechtliche Kontrollmaßnahmen im Fischereirecht auf ihre Vereinbarkeit mit den völkerrechtlichen „allgemein anerkannten Regeln" für die Verteilung der Strafgewalt zwischen Staaten geprüft (Urteil vom 27.3.1990, Rs. C-9/89, *Spanien/Rat* „Kontrollmaßnahmen", S. I-1383 [1412 f., Rn. 26 f.]). *Krück* spricht sich für eine subsidiäre Geltung des allgemeinen Völkerrechts aus (*Krück*, Völkerrechtliche Verträge im Recht der Europäischen Gemeinschaften, 1977, 119), ebenso für die – gegenüber den Allgemeinen Rechtsgrundsätzen des Gemeinschaftsrechts subsidiäre – Anwendung des Völkergewohnheitsrechts *Oppermann* (Anm. 57), Rn. 598; *Bleckmann*, Allgemeine Staats- und Völkerrechtslehre – Vom Kompetenz- zum Kooperationsvölkerrecht, 1995, 495 f. sowie *Ipsen, H.P.*, Europäisches Gemeinschaftsrecht, 1972, 114 f. Ablehnend *Everling*, a.a.O., 181; *Tomuschat* in: GTE, Bd. 5, 5. Aufl. 1997, Art. 210, Rn. 45 f. (unter Ausnahme der Regeln des *jus cogens*) sowie *Schwarze*, a.a.O., 34 ff. unter Hinweis auf die Gefahr der Aufweichung des Gemeinschaftsrechts und der Beeinträchtigung der Rechtssicherheit.

[61] Hier ging es um die Wirksamkeit eines Kooperationsabkommens zwischen der Gemeinschaft und Jugoslawien vor dem Hintergrund der völkerrechtlichen Regelung über den Wegfall der Geschäftsgrundlage (*clausula rebus sic stantibus*). Der Betroffene berief sich auf die Fortgeltung dieses Abkommens und die ihm daraus unmittelbar zustehenden Ansprüche (siehe v.a. 3698 ff., Rn. 21 f. und 24 sowie S. 3703 ff., Rn. 41 ff. des Urteils, [Anm. 3]).

und der Gemeinschaft kann schon im Hinblick auf die *Ratio* dieser Pflichten ausgeschlossen werden. Dieses Gewohnheitsrecht dient, wie dargestellt, dem *Ausgleich konfligierender territorialer Hoheitssphären* und dem Schutz der territorialen Integrität. Die Gemeinschaft ist eine Internationale Organisation ohne eigenes territoriales Hoheitsgebiet. Sie ist zwar Inhaber hoheitlicher Gewalt, hat aber gegenüber den Mitgliedstaaten keine territoriale Hoheitsmacht.[62] Selbst wenn man bejahen sollte, daß sich auch im rechtlichen Verkehr zwischen Internationalen Organisationen und Staaten Gewohnheitsrecht entwickeln kann, fehlt im Hinblick auf die umweltrechtlichen Informationspflichten der Anknüpfungspunkt der territorialen Hoheitsmacht, mithin das Schutzbedürfnis der Gemeinschaft als solcher. Im Verhältnis zu den Mitgliedstaaten hat sie kein territoriales Hoheitsgebiet zu beschützen. Einem im Hinblick auf ihre Regelungsfunktion bestehenden Informationsbedürfnis muß und kann die Gemeinschaft im Verhältnis zu ihren Mitgliedstaaten im Rahmen der Gründungsverträge und durch entsprechende sekundärrechtliche Vorschriften Rechnung tragen. Daher sind weder die Mitgliedstaaten noch die Gemeinschaft in ihrem Verhältnis zueinander an die gewohnheitsrechtlichen Informationspflichten des Umweltvölkerrechts gebunden.

2. Anwendung gegenüber Drittstaaten

Die Gemeinschaft ist Drittstaaten gegenüber an die Regeln des Völkergewohnheitsrechts gebunden.[63] Als Internationale Organisation ist sie

---

[62] *Breitenmoser*, Die Europäische Union zwischen Völkerrecht und Staatsrecht, ZaöRV 1995, 951 (989 f.); *Steinberger*, Der Verfassungsstaat als Glied einer europäischen Gemeinschaft, VVDStRL 50, 1990, 9 (16 f.); *Seeler*, Die Europäische Einigung und das Gleichgewicht der Mächte, 1995, 67; *Constantinesco, L.*, Das Recht der Europäischen Gemeinschaften, Bd. 1 1977, 169; *Oppermann* (Anm. 57), Rn. 903; vgl. *Isensee*, Integrationsziel Europastaat?, in: FS Everling, 1995, 567 (577) sowie *Ipsen, H.P.*, Europäisches Gemeinschaftsrecht, 1972, 1016 f.; siehe auch oben, Teil 3 Kap.1 A.II. mit weiteren Verweisen. Nur nach außen, d.h. im Verhältnis zu Drittstaaten, kommt der Gemeinschaft u. U. ein gewisses Maß an äußerer Souveränität zu (so *Bleckmann*, Souveränitätsverständnis, [Anm. 53], 57 f.; anders wohl *Isensee*, a.a.O., 575).

[63] EuGH *Racke* (Anm. 3), a.a.O.; *Krück*, Völkerrechtliche Verträge (Anm. 60), 119; *Oppermann*, a.a.O., Rn. 595 f.; vgl. *Beutler/Bieber/Pipkorn/Streil* (Anm. 57), 532 sowie *Seidl-Hohenveldern*, Das Recht der Internationalen Organisationen einschließlich der Supranationalen Gemeinschaften, 6. Aufl. 1996, Rn. 1512.

Subjekt des Völkerrechts.[64] Durch die Gründung einer Internationalen Organisation können die Gründungsstaaten die Geltung des Völkerrechts nicht exemtieren, weder für sich noch für die neu gegründete Organisation. Das Völkerrecht besteht im Interesse der gesamten Staatengemeinschaft und kann durch die Gründung einer Internationalen Organisation nicht dispensiert werden.[65]

Inwieweit eine Bindung auch an die umweltvölkerrechtlichen Informationspflichten besteht und die Gemeinschaft aus diesem Grund etwa von den Mitgliedstaaten erhaltene Informationen an Drittstaaten weitergeben muß, ist damit allerdings noch nicht geklärt. In der Literatur wird teilweise festgestellt, daß die Gemeinschaft auch durch die Grundsätze des völkergewohnheitsrechtlichen Nachbarrechts gebunden sei.[66] Die Gemeinschaft als solche ist jedoch mangels gemeinschaftseigenem Vollzug und mangels eigener Wirtschaftstätigkeit i.d.R. *nicht* direkter *Verursacher* von potentiell grenzüberschreitenden Umweltbelastungen. Ihr könnte höchstens vorgeworfen werden, daß sie für solche Aktivitäten durch ihre Regelungsbefugnis mitverantwortlich ist, indem sie es unterlassen hat, strengere Umweltschutzanforderungen festzulegen. Auf jeden Fall sind im Verhältnis zu Drittstaaten vorrangig die Mitgliedstaaten für potentiell umweltbelastende Aktivitäten verantwortlich. Sie müssen betroffene Drittstaaten informieren, können im Innenverhältnis zur Gemeinschaft die Durchführung dieser Pflicht aber auch auf diese übertragen. Im Außenverhältnis können sie sich ihrer völkerrechtlichen Verantwortung jedoch nicht einseitig entledigen.

Gewohnheitsrechtliche Informationspflichten werden inzwischen verstärkt von spezielleren völkerrechtlichen Verträgen verdrängt. An diesen Übereinkommen nimmt neben den Mitgliedstaaten inzwischen häufig auch die Gemeinschaft als Vertragspartner teil.[67] Sie übernimmt

---

64 Nach Art. 281 EGV [ex Art.210]; siehe auch *Breier*, Die völkerrechtlichen Vertragsschlußkompetenzen der Europäischen Gemeinschaft und ihrer Mitgliedstaaten im Bereich des Umweltschutzes, EuR 1993, 340 (342); EuGH, Urteil vom 31.3.1971, Rs. 22/70 (*Kommission/Rat*) „AETR", Slg. 1971, 263 (274, Rn. 13/14); Urteil vom 14.7.1976, verb. Rs. 3, 4 und 6/76 (*Kramer u.a.*), Slg. 1976, 1279 (1310, Rn. 17/18); *Beutler/Bieber/Pipkorn/Streil*, a.a.O., 529.

65 In diesem Sinne *Tomuschat* (Anm. 60), mit dem Argument „was den Staaten verboten ist, ist einer Internationalen Organisation um so weniger erlaubt" (a.a.O., Rn. 40).

66 So *Grabitz/Nettesheim* in: *Grabitz/Hilf*, Art. 130 s EGV [a.F.], Rn. 82.

67 Sogenannte *gemischte Abkommen*, näher dazu unten, Kap. 2 B.

dann teilweise die Erfüllung der vertraglichen Informationspflichten und setzt die völkerrechtlichen Pflichten in gemeinschaftsrechtliche Rechtsnormen um.[68] In diesem Fall haben sich die betroffenen Drittstaaten damit *einverstanden* erklärt, daß die Informationspflichten nicht von den Mitgliedstaaten, sondern von der Gemeinschaft erfüllt werden. Zusätzlich zur Regelung der Verfahrenspflichten werden häufig spezielle Gremien eingerichtet, in deren Rahmen der Informationsaustausch stattfinden soll.[69] Dadurch wird ein spezieller rechtlicher Rahmen für den zwischenstaatlichen Informationsaustausch geschaffen, der allerdings im Unterschied zu den völkergewohnheitsrechtlichen Regeln zunächst in nationales Recht transformiert werden muß.

II. Bindung der Mitgliedstaaten

Die Anwendbarkeit von völkerrechtlichem Gewohnheitsrecht auf der horizontalen Ebene, d.h. in den Beziehungen der Mitgliedstaaten untereinander, ist bei gleichzeitigen Berührungspunkten mit dem Gemeinschaftsrecht noch nicht abschließend geklärt. Unstreitig ist, daß das Gemeinschaftsrecht als Sonderregelung die Anwendung des Völkerrechts ausschließt, soweit es Regeln für die Beziehungen der Mitgliedstaaten untereinander enthält.[70] Völkerrecht ist aber zwischen den Mitgliedstaaten insoweit anzuwenden, als es um Materien geht, die nicht von den Gemeinschaftsverträgen erfaßt sind.[71] Besteht allerdings ein inhaltlich enger Zusammenhang mit der Verwirklichung der Gemeinschaftsziele, sind die Mitgliedstaaten trotz ihrer Gestaltungsfreiheit über Art. 10 EGV (ex Art. 5) zur Rücksichtnahme auf die Interessen der Gemeinschaft verpflichtet.[72] Zudem weist das Gemeinschaftsrecht

---

68 Näher dazu mit einzelnen Beispielen unten, Kap. 2. B.I. und II.

69 Näher dazu unten, Kap. 2 A., insbesondere II. und III.

70 *Everling* (Anm. 53), 174; *Schwarze* (Anm. 57), 5. Lediglich die Begründung variiert. Zum Teil wird auf die Autonomie des Gemeinschaftsrechts verwiesen, z.T. wird der Vorrang des Europarechts als „besonderes Völkerrecht" angeführt (vgl. *Schwarze*, a.a.O., 6 ff.; *Beutler/Bieber/Pipkorn/Streil*, [Anm. 57], 68 ff. sowie *Everling, ibid.*).

71 *Schwarze*, a.a.O., 5; *Everling*, a.a.O., 185; vgl. *Krück*, Völkerrechtliche Verträge (Anm. 60), 119 zur subsidiären Anwendung des Gemeinschaftsrechts sowie *ders.* in: *Ress* (Anm. 57), 155 ff.

72 Siehe nur *Everling, ibid.* Näher hierzu noch unten, Kap. 2 B. (am Anfang).

auch in den Bereichen, für die eine Regelungskompetenz besteht, Lükken auf. Darunter fallen Fragen der zwischenstaatlichen Verwaltungszusammenarbeit unter Einbeziehung von Drittstaaten und auch traditionelle grenznachbarliche Beziehungen zwischen Mitgliedstaaten. Hier ist als *Lückenfüller* das allgemeine Völkerrecht weiterhin anwendbar, solange für die Mitgliedstaaten keine spezifischere gemeinschaftsrechtliche oder auch völkervertragsrechtliche Regel existiert.

Gegenüber Drittstaaten sind die Mitgliedstaaten an die völkerrechtlichen Informationspflichten gebunden. Zwischen den Mitgliedstaaten sind die gewohnheitsrechtlichen Informationspflichten anwendbar, wenn keine speziellere gemeinschaftsrechtliche Regelung vorliegt. Als eine solche vorrangige gemeinschaftsrechtliche Rechtsnorm käme v.a. Art. 10 EGV (ex Art. 5) in Betracht. Ungeschriebene horizontale Informationspflichten werden aber außerhalb des grenzüberschreitenden Warenverkehrs i.d.R. abzulehnen sein.[73] Art. 10 EGV ist zwar grundsätzlich auch im Verhältnis zwischen den Mitgliedstaaten anwendbar. Die Gemeinschaftstreuepflicht soll aber vornehmlich den Interessen und Zielen der Gemeinschaft dienen, nicht der Wahrung der territorialen Integrität der Mitgliedstaaten im Verhältnis untereinander. Sie impliziert, wie oben dargestellt, i.d.R. keine selbständigen, wesentlich konkreteren umweltschutzbezognen Informationspflichten zwischen den Mitgliedstaaten.[74] Daher werden die völkergewohnheitsrechtlichen Warnungs- und Unterrichtungspflichten im Verhältnis der Mitgliedstaaten untereinander nicht durch Art. 10 EGV verdrängt. Dasselbe gilt für den wortgleichen Art. 192 des Euratom-Vertrages. Existiert keine Spezialregelung im europäischen Sekundär- oder Primärrecht, so haben sich die Mitgliedstaaten untereinander gemäß dem Völkergewohnheitsrecht zu informieren.

---

[73] Zu Art. 10 EGV und den damit verbundenen Informationspflichten oben, Teil 3 Kap. 2.

[74] Lediglich im Rahmen des freien Warenverkehrs kommen den Mitgliedstaaten horizontale Kooperationspflichten im Interesse der Wahrung des Gemeinschaftsrechts zu (näher dazu oben, Teil 3 Kap. 2 D.).

Kapitel 2: Völkervertragsrecht und zwischenstaatliche Gremien der informationellen Zusammenarbeit

Eng miteinander verbunden sind die in völkerrechtlichen Umweltschutzabkommen festgelegten Informationsverfahren und die entsprechenden Foren der Zusammenarbeit.

A. Völkerrechtliche und transnationale Gremien

Die Gründung zwischenstaatlicher Gremien zum Zwecke der informationellen Zusammenarbeit beruht meist auf einer institutionellen Verfestigung von zunächst informellen Kontakten zur Lösung punktueller Sachfragen.[75] Treffen, die zunächst nur als unverbindlicher Kontakt geplant waren, werden in rechtsverbindliche Verfahrensregeln und – oder auch alternativ – in regelmäßige Kontakte unter rechtlich verfestigten institutionellen Rahmenbedingungen gegossen. Diese Tendenz zur Institutionalisierung von Verfahrensregeln hält an. Hier kann aufgrund der Fülle der existierenden Gremien nur eine Auswahl erwähnt werden.[76]

I. Raumbezogene Gremien der grenznachbarlichen Zusammenarbeit

Zum Zwecke der grenznachbarlichen Verwaltungszusammenarbeit existieren in Europa zunächst raumbezogene Kommissionen, Räte und Arbeitsgemeinschaften. Die Kommissionen können als Internationale Organisationen oder auch als einfache „transnationale" Körperschaften der kommunalen oder regionalen Ebene ausgestaltet sein.[77] *Internatio-*

---

[75] Vgl. *Oppermann* in: HdUR (Anm. 10), Sp. 919 ff. Zur grenzüberschreitenden Kooperation siehe auch *Dahm/Delbrück/Wolfrum*, Völkerrecht, Bd. I/1 1989, 329 ff.

[76] Eingehend zur Bedeutung der Bildung internationaler Institutionen für den Umweltschutz *Beyerlin*, State Community Interests and Institution-Building in International Environmental Law, ZaöRV 1996, 602 ff.

[77] Ausführlich zum rechtlichen Status der Gremien und zum anwendbaren Recht *Beyerlin*, Rechtsprobleme der lokalen grenzüberschreitenden Zusammenarbeit, 1988; *ders.*, Dezentrale grenzüberschreitende Zusammenarbeit als transnationales Rechtsphänomen, ArchVR 1989, 286 ff. Eine Bestandsaufnahme grenzüberschreitender Zusammenarbeit enthält bereits *v. Malchus*, Partnerschaft an europäischen Grenzen, Integration durch grenzüberschreitende Zu-

nale Organisationen werden von Subjekten des Völkerrechts, d.h. von Staaten oder auch anderen Internationalen Organisationen geschaffen. Auf sie sind die einschlägigen Regeln des Völkerrechts anwendbar. *Transnationale* Körperschaften werden von unterstaatlichen Einheiten wie z.B. kommunalen Gebietskörperschaften gegründet und agieren mangels Völkerrechtssubjektivität unter den beteiligten nationalen Rechtsordnungen.[78] Bestehen völkerrechtliche Dachverträge für die Gründung solcher unterstaatlicher transnationaler Gremien, kann darin auch die Unterstellung unter eine bestimmte Rechtsordnung geregelt werden.[79] Eine Rechtswahl ist erst dann nötig, wenn Verträge abgeschlossen werden sollen oder eine gemeinsame Aufgabenwahrnehmung vereinbart wird.[80] Beim einfachen, nicht in Rechte Dritter eingreifenden Informationsaustausch ist dies dagegen noch nicht erforderlich.

Häufig ist eine *ad hoc* Zusammenarbeit im Laufe der Zeit institutionalisiert und in einen rechtlichen Rahmen gebracht worden. Die transnationale kommunale Zusammenarbeit wird zunehmend in den Grundzügen von zwischenstaatlichen *Rahmen- und Dachverträgen* geregelt, so im europäischen Raum durch das vom Europarat ausgearbeitete *Rahmenübereinkommen über die grenzüberschreitende Zusammenarbeit zwischen Gebietskörperschaften*[81] von 1980 sowie seit 1996 durch

---

sammenarbeit, 1975, 87 ff. Eine neuere Übersicht gibt *Grom*, Regional grenzüberschreitende Zusammenarbeit als Beitrag zur Förderung der europäischen Integration, 1995, 46 ff.

[78] Ausführlich dazu *Beyerlin*, Rechtsprobleme, a.a.O., 198 ff.; siehe auch *ders.*, Dezentrale Zusammenarbeit, a.a.O., 306 und 320 ff.; *Heberlein*, Grenznachbarschaftliche Zusammenarbeit auf kommunaler Basis, DÖV 1996, 100 (103 ff.).

[79] Siehe z.B. das *Abkommen zwischen der Bundesrepublik Deutschland, Niedersachsen, Nordrhein-Westfalen und dem Königreich Niederlande über die grenzüberschreitende Zusammenarbeit zwischen Gebietskörperschaften und anderen Stellen* vom 23.5.1991 (BGBl. II 1993, 842) mit Verweis auf das Recht des Sitzstaates des jeweiligen transnationalen Gremiums.

[80] *Beyerlin*, Rechtsprobleme (Anm. 77), 243 ff.; *Heberlein* (Anm. 78), 104; siehe auch *Grom* (Anm. 77), 54 f.

[81] Übereinkommen vom 21.5.1980 (BGBl. II 1981, 965), welches allerdings vornehmlich Mustervereinbarungen für diese Zusammenarbeit enthält ohne selbige unmittelbar rechtsverbindlich zu regeln. Näher dazu *Beyerlin*, Rechtsprobleme, a.a.O., 112 ff.; *ders.*, Dezentrale Zusammenarbeit (Anm. 77), 301 ff.; *Ercmann*, Das Europäische Rahmenübereinkommen über die grenzüberschreitende Zusammenarbeit zwischen Gebietskörperschaften, in: *Bothe/Prieur/Ress* (Anm. 14), 249 ff. und *Heberlein*, a.a.O., 107 f. Die deutsch-niederländische

das *Karlsruher Übereinkommen*. Es regelt als Dachvertrag die grenzüberschreitende Zusammenarbeit zwischen deutschen, französischen, luxemburgischen und schweizerischen Gebietskörperschaften.[82] Gremien der zwischenstaatlichen Kooperation existieren sowohl unter Beteiligung von Drittstaaten, als auch im rein binnen-europäischen Rahmen, d.h. nur zwischen Mitgliedstaaten der Europäischen Gemeinschaft. Stehen ihnen keine Befugnisse zum Erlaß rechtsverbindlicher Maßnahmen zu, dienen solche Gremien vornehmlich als Foren zum gegenseitigen Informationsaustausch einschließlich der Durchführung von Konsultationen.[83] Die regionale grenzüberschreitende Zusammenarbeit wird von der Europäischen Gemeinschaft im Rahmen der Regionalpolitik gefördert und insbesondere durch das Europäische Parlament vorangetrieben.[84]

Gremien mit Drittstaatenbeteiligung existieren v.a. unter Beteiligung der Schweiz. Die *Deutsch-französisch-schweizerische Regierungskommission*, auch *Commission Tripartite* genannt, ist für die grenznachbarliche Zusammenarbeit in der Regio Basilensis, d.h. dem Länderdreieck

---

kommunale Zusammenarbeit regelt das Abkommen vom 23.5.1991 (Anm. 79); näher dazu *Grom*, a.a.O., 265 ff.

[82] *Übereinkommen über die grenzüberschreitende Zusammenarbeit zwischen Gebietskörperschaften und örtlichen öffentlichen Stellen*, 23.1.1996 (BGBl. II 1997, 1158). Es ergänzt das *Europäische Rahmenübereinkommen* durch detaillierte Bestimmungen über einzelne Formen der Zusammenarbeit. Bereits existierende Gremien bleiben zwar in ihrem Bestand und ihren Befugnissen unberührt, bestehende Abkommen im Anwendungsbereich des *Karlsruher Übereinkommens* müssen aber soweit wie möglich an dessen Bestimmungen angepaßt werden (Art. 16). Ausführlich dazu *Schrenk*, Die grenzüberschreitende kommunale Zusammenarbeit nach dem Karlsruher Übereinkommen, DV 1998, 560 ff.

[83] Vgl. *Beyerlin*, Dezentrale Zusammenarbeit (Anm. 77), 292. *Lang* stellt fest, daß die Beteiligten meist bestrebt sind, die Kooperation als „beratend" und „technisch" darzustellen, um möglichen Widerständen auf der Ebene der Zentralregierungen zuvorzukommen (Die normative Qualität grenzüberschreitender Regionen – Zum Begriff der „soft institution", ArchVR 1989, 253 [283]).

[84] Näher hierzu *Grom* (Anm. 77), 97 ff. Der in diesem Zusammenhang ebenfalls tätige *Ausschuß der Regionen* (Art. 263-265 EGV [ex Art. 198 a-c]) dient mehr der *vertikalen* Kooperation, d.h. der Zusammenarbeit der Gemeinschaftsorgane mit den lokalen Ebenen, als der horizontalen Kooperation zwischen den einzelnen Gebietskörperschaften.

um die Stadt Basel herum, zuständig.[85] Im Umweltbereich ist am 15.9.1982 eine *Empfehlung zur gegenseitigen Unterrichtung über neue Projekte im Zuständigkeitsbereich der Deutsch-Französisch-Schweizerischen Regierungskommission für nachbarschaftliche Fragen* verabschiedet worden, wonach bei grenzüberschreitenden Auswirkungen von genehmigungsbedürftigen Vorhaben die Beteiligten auf der regionalen Ebene zu unterrichten sind.[86] Allein die Verhandlungen über diese Empfehlung haben ein Jahr gedauert, was die rechtspolitische Brisanz von umweltbezogenen Informationspflichten sogar im engsten Kreis nachbarschaftlicher Beziehungen unterstreicht.[87] Weiterhin existiert eine *Deutsch-Schweizerische Raumordnungskommission*, die u.a. eine *Empfehlung zur gegenseitigen Information und Konsultation im Zusammenhang mit umweltbeeinträchtigenden Anlagen im deutsch-schweizerischen Grenzgebiet* abgegeben hat.[88] Diese Empfehlung enthält eine Mustervereinbarung für entsprechende Absprachen zwischen den zuständigen Stellen.[89]

Rein mitgliedstaatliche Gremien sind insbesondere zwischen Deutschland und den Niederlanden geschaffen worden. Zum einen ist die *Kommission für kerntechnische Einrichtungen* zu nennen, die in diesem

---

[85] Siehe die *Vereinbarung über die Bildung einer Kommission zur Prüfung und Lösung von nachbarschaftlichen Fragen*, vom 22.10.1975 (BGBl. II 1976, 194). Siehe auch *Lang* (Anm. 83), 264 ff. Deren Bestand und Befugnisse werden nach einer ausdrücklichen Erklärung der Vertragsparteien durch das *Karlsruher Übereinkommen* (Anm. 81) nicht berührt. Die *Regierungskommission* soll allerdings die Ausführung des Übereinkommens „beobachtend begleiten". Selbiges gilt für die *Deutsch-französisch-luxemburgische Regierungskommission* in der Saar-Lor-Lux-Region.

[86] Die Empfehlung schließt die auf nationaler Ebene genehmigungspflichtigen Vorhaben wie Kernkraftwerke von ihrem Anwendungsbereich aus. Der Text der Empfehlung ist wiedergegeben in UPR 1983, 271. Eine Übersicht über die weiteren Informationsbeschaffungs- und -verarbeitungsaufgaben der Arbeitsgruppe Umwelt der Regierungskommission gibt *Meyer*, Die „Commission tripartite", in: *Bothe/Prieur/Ress* (Anm. 14), 263 ff.

[87] Vgl. *Pätzold*, Deutsch-Französisch-Schweizerische Zusammenarbeit im regionalen Umweltbereich, UPR 1983, 256 (257 f.).

[88] Empfehlung vom 18.11.1982, abgedruckt in UPR 1983, 272. Siehe auch *Pätzold*, a.a.O., 258 ff.

[89] Anknüpfungspunkt für die Auslösung von Informationsverfahren ist u.a. die (potentielle) „Besorgnis" der im grenznahen Gebiet wohnenden Bevölkerung (Nr. 2 der Empfehlung, a.a.O.).

Zusammenhang auch Fragen der Reaktorsicherheit und des Umweltschutzes behandelt.[90] Auf kommunaler Ebene existiert der Verband *EUREGIO*. Dabei handelt es sich um einen Zusammenschluß von Gebietskörperschaften, der zuerst auf informeller Ebene und dann im Rahmen von vereinsrechtlich organisierten Gremien Fragen der kommunalen Zusammenarbeit in der Grenzregion zwischen den Niederlanden und der Bundesrepublik Deutschland behandelt.[91] Eine neuere Vereinbarung speziell zum Zwecke der Zusammenarbeit im Bereich des Umweltschutzes wurde 1992 auf regionaler Ebene zwischen Nordrhein-Westfalen und mehreren holländischen Provinzen abgeschlossen.[92] Die Vereinbarung enthält vor allem Vorschriften zum Informationsaustausch.

Zwischen den skandinavischen Staaten wurde auf völkerrechtlicher Grundlage der *Nordische Rat* gebildet.[93] Er stellt ein Forum der Zusammenarbeit zwischen den Parlamenten und den Regierungen der beteiligten Staaten dar. Im Rahmen des *Nordischen Rates* ist u.a. die *Nordische Umweltschutzkonvention* ausgearbeitet worden, ein gerade im Hinblick auf die Vorschriften zur grenzüberschreitenden Information und Beteiligung sehr fortschrittliches Übereinkommen. Ein Umweltausschuß beschäftigt sich speziell mit Umweltproblemen, insbesondere auch mit der Entwicklung von Umweltmonitoringtechniken bei grenzüberschreitenden Emissionen.[94]

---

[90] Geschaffen durch das *Deutsch-niederländerische Memorandum über gegenseitige Unterrichtung und Konsultationen hinsichtlich grenznaher kerntechnischer Einrichtungen*, 28.10.1977 (Text in: UPR 1983, 20 f.). Zur Zusammenarbeit zwischen dem Saarland, Luxemburg und Frankreich *Wagner*, Umweltschutz in der Saar-Lor-Lux-Zusammenarbeit, in: *Bothe/Prieur/Ress* (Anm. 14), 267 ff.

[91] Näher zur Entstehungsgeschichte und Organisation *Beyerlin*, Rechtsprobleme (Anm. 77), 98 ff.; eingehend dazu auch *Grom* (Anm. 77), 241 ff.

[92] *Agreement on Cooperation in the field of Environmental Protection*; eine Zusammenfassung geben *Beyerlin/Bartsch*, The Year in Review, YIEL 1992, 185, Stichwort „Prior Information/Consultation/ Environmental Impact Assessment", 1(a)(ii).

[93] Text der Gründungsvereinbarung in: EA 1962, D 313. Zum ganzen *Sveinsson*, Activities of the Nordic Council 1990-1992, GYIL 1993, 495 ff.

[94] *Sveinsson*, a.a.O., 509.

II. Fluß- und Meereskommissionen

Neben den dargestellten raumbezogenen grenznachbarlichen Einrichtungen gibt es zahlreiche Fluß- und Meereskommission, die meist im Rahmen völkerrechtlicher Übereinkommen gegründet wurden. Zu nennen sind hier u.a. die *Internationale Wahlfangkommission*, der *Allgemeine Fischereirat für das Mittelmeer*, die *Internationale Kommission zum Schutz des Rheins gegen Verunreinigung* (IKSR), die *Helsinki Kommission* (HELCOM) und die *Kommission des OSPAR-Übereinkommens* (OSPARCOM), das *Internationale Interventionszentrum* der *Nordostatlantikkonvention*, die *Ständige Gewässerkommission für das Einzugsgebiet der Donau* sowie die später eingerichtete *Internationale Kommission für den Schutz der Donau* (IKSD) und die *Internationale Kommission zum Schutz der Elbe* (IKSE).[95] Internationale Fluß- und Meereskommissionen sind ein wichtiges Bindeglied zwischen der Europäischen Gemeinschaft und Drittstaaten. Auch für die Durchführung ihrer eigenen Rechtsakte macht sich die Gemeinschaft solche Gremien zunutze. So können die Mitgliedstaaten nach der neuen *Wasserrahmenrichtlinie* „internationale Stellen" als zuständige Behörde im Sinne der Richtlinie bestimmen.[96] Dies gilt insbesondere dann, wenn eine „Flußgebietseinheit" im Hoheitsgebiet von mehr als einem Mitgliedstaat liegt.[97]

Solche kleineren, spezialisierten Gremien hatten von Beginn an detailliert festgelegte Informationsaufgaben. Den Anfang machten die in den 40er Jahren gegründeten Fischereiorganisationen, deren Tätigkeit für den Artenschutz von Bedeutung ist. Die 1946/1948 errichtete *Internationale Wahlfangkommission* hat z.B. die Aufgabe, Untersuchungen zu organisieren und zu fördern, statistische Informationen sowie Informationen über die Unterhaltung und Erweiterung der Wahlfischvorkom-

---

[95] Weitere Flußkommissionen existieren für die Mosel und die Oder (IKSO), hierzu *Beyerlin*, Umweltvölkerrecht, 2000, Rn. 201 ff.

[96] Siehe Art. 3 Abs. 6 der *Richtlinie* 2000/60/EG vom 23.10.2000 *zur Schaffung eines Ordnungsrahmens für Maßnahmen der Gemeinschaft im Bereich der Wasserpolitik* (Abl. Nr. L 327 vom 22.12.2000, 1). Eine solche Übertragung von Aufgaben erfordert das Einverständnis aller an dem internationalen Gremium beteiligten Staaten bzw. eine diesbezügliche Ermächtigung in der Satzung der Organisation.

[97] Art. 3 Abs. 3 der *Wasserrahmenrichtlinie* (a.a.O.). Auf Antrag der betroffenen Mitgliedstaaten wird gar die EG Kommission „tätig", um die Zuordnung zu derartigen internationalen Flußgebietseinheiten zu erleichtern.

men zu sammeln, zu analysieren und zu verbreiten.[98] Das Gründungsübereinkommen des *Allgemeinen Fischereirates für das Mittelmeer* von 1949 führt in sieben verschiedenen Punkten aus, welche Studien der Fischereirat durchführen, fördern oder koordinieren soll und welche Informationen er sammeln und verbreiten soll.[99] Die bereits seit 1950 existierende *Rheinkommission* sollte nach der 1963 abgeschlossenen *Vereinbarung über die Internationale Kommission zum Schutze des Rheins gegen Verunreinigung* „alle notwendigen Untersuchungen zur Ermittlung von Art, Ausmaß und Ursprung der Verunreinigung des Rheins vorbereiten, sie durchführen lassen und die Ergebnisse auswerten".[100] Die IKSR wird mit dem Inkrafttreten des *Übereinkommens zum Schutz des Rheins* von 1999 eine neue Rechtsgrundlage erhalten.[101] Auch das neue Übereinkommen sieht die Ausarbeitung und Auswertung von Meßprogrammen seitens der *Rheinkommission* vor.[102] Die EG konnte bereits nach dem Zusatzprotokoll von 1976 in ihrem Zuständigkeitsbereich für ihre Mitgliedstaaten das Stimmrecht ausüben und

---

[98] Art. IV Nr. 1 der *International Convention for the Regulation of Whaling*, Washington 1946, Text in: *Kiss*, Selected Multilateral Treaties in the Field of the Environment, UNEP 1983, Nr. 3 sowie BGBl. II 1982, 558; in Kraft getreten am 10.11.1948. Hierzu *Beyerlin*, Umweltvölkerrecht, 2000, Rn. 232 ff.

[99] Siehe Art.IV *lit.*a, b, c, e, g, h, j des *Agreement for the Establishment of a General Fisheries Council for the Mediterranean*, Rom 1949, Text in: *Kiss*, a.a.O., Nr.5.

[100] Art. 2 Nr. 1 *lit.* a der Vereinbarung vom 29.4.1963 (BGBl. II 1965, 1433). Vertragsparteien sind die Bundesrepublik Deutschland, Frankreich, Luxemburg, die Niederlande und die Schweiz. Durch *Zusatzprotokoll* vom 3.12.1976 (BGBl. II 1979, 87) ist die Europäische Wirtschaftsgemeinschaft der Vereinbarung beigetreten. Zum Arbeitsprogramm der Kommission *Durth*, Der Rhein – Ein langer Weg zum grenzüberschreitenden Umweltschutz, Aus Politik und Zeitgeschichte, 1996, B 7, 38 ff. Zum Ganzen *Beyerlin*, Umweltvölkerrecht, 2000, Rn. 204 ff.

[101] Unterzeichnet in Bern, 12.4.1999 (Text in Abl. EG Nr.L 289 vom 16.11.2000, 31). Hierzu ausführlich *Schulz*, Neues Übereinkommen zum Schutz des Rheins, ZfW 1999, 318 ff.

[102] Art. 5 des Übereinkommens. Die Befugnisse der IKSR sind nur in geringem Umfang gestärkt worden. Sie kann jetzt zur Verbesserung der Durchführung ihrer im Grundsatz unverbindlichen Beschlüsse einen Zeitplan festlegen und sich von den Mitgliedstaaten über die getroffenen Maßnahmen und deren Ergebnisse Bericht erstatten lassen. Ausgeweitet worden ist der Geltungsbereich des Abkommens und die materiell-rechtlichen Vorgaben zur Verbesserung der Gewässerqualität.

damit die Mitgliedstaaten völkerrechtlich wirksam vertreten.[103] Dieselbe Regelung findet sich im *Helsinki Übereinkommen* i.d.F. von 1992 hinsichtlich der Abstimmung in der *Helsinki Kommission.*[104] Die Zusammenarbeit im Rahmen der *Donaukommission* von 1987 erfolgt vornehmlich auf dem Gebiet des Informationsaustauschs.[105] Sie soll das Forum für gemeinsame Beratungen darstellen und kann Empfehlungen u.a. hinsichtlich der Datenerhebungs- und -auswertungsmethoden abgeben.[106] Die Vertragsparteien haben bedeutsame Vorhaben im eigenen Hoheitsgebiet einander rechtzeitig mitzuteilen, sofern sie den ordnungsgemäßen Wasserhaushalt auf dem Gebiet des jeweils anderen Staates wesentlich beeinflussen können. Die Mitteilung kann im direkten Behördenkontakt erfolgen. Auf Wunsch sind bei einer voraussichtlich wesentlichen nachteiligen Beeinflussung vor dem Beginn des Vorhabens Konsultationen über Abwendungsmöglichkeiten durchzuführen. Die später zwischen allen Anrainerstaaten errichtete *Internationale Kommission für den Schutz der Donau* (IKSD)[107] kann für ihre Arbeit

---

[103] Auch das neue Übereinkommen von 1999 sieht eine derartige Regelung zur Beschlußfassung in der IKSR vor (Art. 10 Abs. 3, a.a.O.).

[104] Art. 23 Abs. 2 des *Übereinkommens über den Schutz der Meeresumwelt des Ostseegebietes*, unterzeichnet in Helsinki am 9.4.1992 (BGBl. II 1994, 1397). Die Gemeinschaft ist dem Übereinkommen 1994 beigetreten (Beschluß 94/156/EG vom 21.12.1994, Abl. Nr. L 73 vom 16.3.1994, 1 und Beschluß 94/157/EG vom 21.12.1994, Abl. Nr. L 73 vom 16.3.1994, 19).

[105] Eingerichtet durch den *Vertrag zwischen der Bundesrepublik Deutschland und der Europäischen Wirtschaftsgemeinschaft einerseits und der Republik Österreich andererseits über die wasserwirtschaftliche Zusammenarbeit im Einzugsgebiet der Donau,* unterzeichnet am 1.12.1987 in Regensburg (BGBl. II 1990, 791). Nach Art. 1 Abs. 2 soll die Zusammenarbeit „insbesondere durch a) Erfahrungsaustausch, b) Austausch von Informationen über Vorschriften und Maßnahmen im Bereich der Wasserwirtschaft, c) Austausch von Experten, d) Austausch von Veröffentlichungen, Vorschriften und Richtlinien, e) Teilnahme an fachwissenschaftlichen Veranstaltungen, f) Behandlung von Vorhaben [...], die den ordnungsgemäßen Wasserhaushalt auf dem Gebiet des jeweils anderen Staates wesentlich beeinflussen können, g) Beratungen in der Ständigen Gewässerkommission" erfolgen. Weiterhin sollen Kontrollmessungen des Gewässergütezustandes vorgenommen werden.

[106] Art. 7 und Anhang 1, a.a.O.

[107] Eingerichtet zwischen den osteuropäischen Anrainerstaaten (Bulgarien, Ungarn, Kroatien, Rumänien, Slowakei, Slowenien u.a.) sowie wiederum Deutschland, Österreich und der Europäischen Gemeinschaft durch das *Übereinkommen über die Zusammenarbeit zum Schutz und zur verträglichen Nut-*

auf detaillierte Vorgaben des Übereinkommens zu Emissionserhebungen, Untersuchungs- und Überwachungsprogrammen, Berichtspflichten, Konsultationen, dem allgemeinen Informationsaustausch sowie der Errichtung von Meldeeinrichtungen und Warn- und Alarmsystemen zurückgreifen. Die Vertragsparteien haben periodische Inventare über Verschmutzungsquellen und getroffene Gegenmaßnahmen zu erstellen.[108] Das Übereinkommen ist deutlich durch das bestehende Gemeinschaftsrecht geprägt und weist zudem eine erhebliche Anzahl von materiell-rechtlichen Vorgaben für den Gewässerschutz auf. Die *Elbekommission* ist zuständig für gemeinsame Beratungen und kann Empfehlungen zu Untersuchungen und zur Methodik der Ermittlung von Art und Ausmaß der Gewässerverunreinigung abgeben.[109] Sie hat 1991 einen Internationalen Warn- und Alarmplan „Elbe" erlassen, der eine schnelle Gefahrenfeststellung und den entsprechenden Informationsaustausch zwischen den zuständigen Behörden ermöglichen soll.[110]

Die *OSPAR Kommission* hat umfassende unterstützende Aufgaben der Vorbereitung und Bewertung im Bereich des Umweltmonitoring, welches aber letztlich von den Vertragsstaaten selbst durchgeführt wird.[111]

---

zung der Donau (Donauschutzübereinkommen), unterzeichnet am 29.6.1994 in Sofia (BGBl. II 1996, 875; Text auch im Anschluß an den Genehmigungsbeschluß der EG, Abl. Nr. L 342 vom 12.12.1997, 19). Bereits bestehende Übereinkommen sollen angepaßt werden soweit dies notwendig ist, um Widersprüche zu wesentlichen Grundsätzen des *Donauschutzübereinkommens* zu beseitigen (Art. 21). Das Übereinkommen von 1987 bezieht sich nur auf einen kleinen Teil des Flußlaufes. Zum *Donauschutzübereinkommen Beyerlin*, Umweltvölkerrecht, 2000, Rn. 192 ff.

108 Art. 8 des *Donauschutzübereinkommens*, a.a.O..

109 Sie wurde durch ein Übereinkommen zwischen der Bundesrepublik Deutschland, der Tschechischen und Slowakischen Föderativen Republik und der E(W)G gegründet (*Vereinbarung über die Internationale Kommission zum Schutz der Elbe*, 8.10.1990, BGBl. II 1992, 942). Die Slowakei hat später ihren Rücktritt erklärt. Unter anderem soll sie Einleiterkataster erstellen, die Gewässerbelastung abschätzen und gemeinsame Meßprogramme vorschlagen, koordinieren sowie deren Ergebnisse dokumentieren und bewerten, ein einheitliches Alarm- und Warnverfahren vorschlagen, die Zusammenarbeit bei wissenschaftlichen Forschungsvorhaben und im Bereich des Informationsaustauschs fördern u.a.m. (Art. 2.).

110 Zusammenfassung bei *Beyerlin/Bartsch* (Anm. 92), 188.

111 Gegründet durch das *Übereinkommen zum Schutz der Meeresumwelt des Nordostatlantiks*, unterzeichnet am 22.9.1992 in Paris (BGBl. II 1994, 1360; ergänzt um eine Anlage zum Schutz der biologischen Vielfalt, siehe Abl. der EG

Die genauen Maßnahmen sollen durch die *OSPAR-Kommission* im Rahmen von Durchführungsprogrammen und Leitlinien präzisiert werden. Auch die *Helsinki Kommission* hat v.a. die Aufgabe, wissenschaftliche, technische und ökonomische Informationen zum Zwecke des Umweltmonitoring zu sammeln und Unterrichtungen der Vertragsstaaten entgegen zu nehmen. Außerdem kommen ihr seit 1992 in einem gewissen Umfang diesbezügliche Regelungskompetenzen zu.[112] Im *Übereinkommen von Lissabon*[113] ist die Einrichtung eines *Internationalen Interventionszentrums* mit vielen dienstleistungsorientierten Informationserhebungs- und -verarbeitungspflichten vorgesehen.[114] Gerade im Bereich der Meeresüberwachung existieren auch rein wissenschaftlich tätige Organisationen. Zu nennen sind hier der *International Council for the Exploration of the Seas* (ICES) und die *Intergovernmental Oceanographic Commission* (IOC).[115]

Nr. L 118 vom 19.5.2000, 46). Das Übereinkommen ersetzt die Übereinkommen von Oslo (1972) und Paris (1974) und wird daher *OSPAR-Übereinkommen* genannt. Es sieht umfangreiche Bestimmungen zum Monitoring und der Bewertung des Gewässerzustandes vor (Art. 6 i.V.m. Annex IV). Mehrere Entscheidungen der *OSPAR Kommission* sind zur Zeit im Annahmeverfahren durch die EG, so *Decision* 98/2 *on the dumping of radioactive waste at sea*, *Decision* 98/3 *on the disposal of disused off-shore installations* und *Decision* 98/5 *on emission and discharge limits in the vinyl chloride sector.*

[112] Näher dazu unten, Kap. 2 B.I. Einen aktuellen Überblick über die Arbeit der *Helsinki Kommission* gibt *Ehlers*, Der Schutz der Ostsee – Ein Beitrag zur regionalen Zusammenarbeit, EuR 2001, 661 ff. (mit weiteren Verweisen). Siehe auch *Kohonen*, Regional Environmental Policies in Europe: Baltic/Nordic Cooperation, in: *Höll*, Environmental Cooperation in Europe, 1994, 209 (212 ff.) sowie *Jenisch*, The Baltic Sea: The Legal Regime and Instruments for Cooperation, The International Journal of Marine and Coastal Law, 1996, 47 (59 ff.).

[113] *Übereinkommen über die Zusammenarbeit beim Schutz der Küsten und Gewässer des Nordostatlantiks gegen Verschmutzung* (Lissabon, 17.10.1990; Genehmigung der Gemeinschaft durch Beschluß 93/550/EWG vom 20.10.1993, Abl. Nr.L 267 vom 28.10.1993, 20; Text im Anschluß).

[114] Darunter fällt die Ausarbeitung von Informationsübermittlungssystemen, der Informationsaustausch über die Techniken zur Überwachung der Meeresverschmutzung und anderes mehr (Anhang 2 des Übereinkommens, a.a.O.).

[115] Näher zur Arbeit dieser Organisationen *Birnie/Boyle*, International Law and the Environment, 1992, 59 f. und 74 f.; *Marks*, Education, Science, Culture and Information, in: *Schachter/Joyner*, United Nations Legal Order, Bd. 2 1995,

III. Verwaltungsorgane sonstiger völkerrechtlicher Umweltschutzverträge

Neben den Fluß- und Meereskommissionen gibt es zahlreiche weitere Gremien, die durch spezielle völkerrechtliche Umweltschutzverträge eingerichtet worden sind und der Verwaltung der materiell-rechtlichen Vorschriften dieser Verträge dienen, sogenannte *Treaty Management Organisations*.[116] Zum einen dienen die Vertragsstaatenkonferenzen als Gremien für den zwischenstaatlichen Informationsaustausch.[117] Deren Sitzungszeit ist meist auf wenige Tage im Jahr oder gar auf eine Zusammenkunft aller zwei Jahre beschränkt. Für die kontinuierliche Informationssammlung, Auswertung und Verbreitung sind die Sekretariate zuständig.[118] Bei jüngeren Vertragsorganisationen wurde teilweise gleich ein getrenntes Gremium für die Sammlung und Aufbereitung von wissenschaftlichen und technischen Informationen geschaffen, welches die Vertragsparteien über die einschlägigen neuen Erkenntnisse informieren und deren Relevanz für die Umsetzung und Weiterentwicklung des Übereinkommens analysieren soll. Es besteht entweder aus sachverständigen Regierungsvertretern oder aus unabhängigen Sachverständigen. So wurden durch das *Montrealer Protokoll* zum

---

577 (625 ff.). Die IOC wurde 1960 von der UNESCO gegründet, welche insbesondere im Bereich der Förderung wissenschaftlicher Erkenntnisse aktiv ist.

[116] *Sommer*, Environmental Law-Making by International Organisations, ZaöRV 1996, 628 (631 ff.). Siehe auch *Beyerlin*, Institution-Building (Anm. 76), 613 ff.

[117] Siehe z.B. Art. 7 Abs. 2 *lit.* b der *Klimarahmenkonvention* (*Rahmenübereinkommen der Vereinten Nationen über Klimaänderungen*, unterzeichnet am 9.5.1992 in Rio de Janeiro, Text in: 31 ILM 1308 [1992] sowie in BGBl. II 1993, 1783): „Sie fördert und erleichtert den Austausch von Informationen über die von den Vertragsparteien beschlossenen Maßnahmen [...] und ihre Folgen [...]". Art. 17 Abs. 2 *lit.* b der *ECE-Wasserläufekonvention* sieht als Aufgabe der Vertragsstaatenkonferenz den Erfahrungsaustausch über den Abschluß und die Durchführung konkretisierender Übereinkünfte vor (*Übereinkommen zum Schutz und zur Nutzung grenzüberschreitender Wasserläufe und internationaler Seen*, unterzeichnet am 17.3.1992 in Helsinki, BGBl. II 1994, 2333).

[118] Siehe wiederum die *Klimarahmenkonvention* (a.a.O.), Art. 8 Abs. 2 *lit.* c: „Es unterstützt die Vertragsparteien [...] auf Ersuchen bei der Zusammenstellung und Weiterleitung der nach dem Übereinkommen erforderlichen Informationen" und Art. 19 Abs. 2 *lit.* b der *ECE-Wasserläufekonvention* (a.a.O.): „Der Exekutivsekretär [...] übermittelt den Vertragsparteien Berichte und sonstige Informationen [...]".

Schutz der Ozonschicht gleich drei solcher Gremien, der *Scientific Assessment Panel*, ein *Technology and Economic Assessment Panel* und ein *Technical Advisory Committee* eingesetzt.[119] Hinsichtlich der Evaluation von Informationen über die Umsetzung und Durchführung der vertraglichen Bestimmungen ist im *Montrealer Protokoll* zudem ein weiteres Komitee, das *Implementation Committee*, geschaffen worden.

IV. Globale Internationale Organisationen

In den Ziel- und Aufgabenkatalogen der meisten global tätigen Internationalen Organisationen finden sich Vorschriften, die der Informationserhebung und -auswertung dienen.[120] So sieht die Verfassung der *Welternährungsorganisation* (FAO) vor, daß die FAO die wissenschaftliche, technologische, soziale und ökonomische Forschung in bezug auf Ernährungs- und Landwirtschaftsfragen fördern soll.[121] Sie unterhält rund 30 verschiedene Informationssysteme und Datenbanken, u.a. über die Bodenqualität und andere natürliche Ressourcen. Die FAO unterstützt die nationalen Informationserhebungs- und –verarbeitungskapazitäten im Bereich der Forstwirtschaft und der Fischerei, insbeson-

---

[119] Art. 6 des *Protokolls über Stoffe, die zu einem Abbau der Ozonschicht führen* (Montreal, 16.9.1987, BGBl. II 1988, 1014, mehrfach geändert). Ähnlich die Nebenorgane für wissenschaftliche, technische und technologische Beratung der *Klimarahmenkonvention* (a.a.O., Art. 9) und der *Artenvielfaltskonvention* (*Convention on Biological Diversity* [*Übereinkommen über die biologische Vielfalt*], unterzeichnet am 5.6.1992 in Rio de Janeiro, Text in: 31 ILM 818 [1992] sowie BGBl. II 1993, 1741; Genehmigung der Gemeinschaft durch Beschluß 93/626/EWG vom 25.10.1993, Abl. Nr. L 309 vom 13.12.93, 1), Art. 25.

[120] Zur Tätigkeit dieser Organisationen im Bereich des Umweltschutzes *Beyerlin*, Institution-Building (Anm. 76), 620 ff. sowie *Sommer* (Anm. 116), 629 ff.

[121] Art. I Ziff. 2. *lit.* a der *Constitution of the Food and Agriculture Organization of the United Nations*, Hot Springs 1943, Text in: *Kapteyn/Kooijmans/Lauwaars/Schermers*, International Organization and Integration, 1982, I.B.1.3.a und in BGBl. II 1971, 1033 (mehrfach geändert). Sie nimmt u.a. an dem von der *International Oceanographic Commission* (IOC) aufgestellten *International Oceanographic Data Exchange Programme* teil (siehe UNEP, The United Nations System-Wide Medium Term Environment Programme 1990-1995, para. 330).

dere zum Zwecke der Erstellung von Statistiken[122] und arbeitet in diesem Bereich auch mit der Gemeinschaft zusammen. So dient z.B. die Erstellung von bestimmten Fangstatistiken durch die Gemeinschaft vornehmlich der FAO. Die Gemeinschaft koordiniert die Datenerhebung durch die Mitgliedstaaten und liefert dann eine harmonisierte gemeinschaftsweite Statistik ab.[123] Die *Internationale Seeschiffahrtsorganisation* (IMO) soll in ihrem Tätigkeitsbereich allgemein für den zwischenstaatlichen Informationsaustausch sorgen.[124] Die *Weltgesundheitsorganisation* (WHO) hat u.a. die Aufgabe, im Gesundheitsbereich Informationen und Beratung zur Verfügung zu stellen,[125] ebenso die *Weltorganisation für Meteorologie* (WMO). Diese soll die Einrichtung und Unterhaltung eines Systems für den schnellen Austausch meteorologisch relevanter Informationen zu fördern.[126] Die WMO ist hauptsächlich bei wissenschaftlichen Arbeiten zum Schutz der Atmosphäre und des Klimas beteiligt.[127] Die Kommission der Europäischen Ge-

---

[122] Siehe U.N., Report of the Secretary-General, „Information for Decision-Making", Addendum, ECOSOC, Commission on Sustainable Development, 1.3.1996 (E/CN.17/1996/18/Add.1), para. 25.

[123] 1. und 2. Begründungserwägung der *Verordnung* (EG) Nr. 2597/95 vom 23.10.1995 *über die Vorlage von Fangstatistiken durch Mitgliedstaaten, die in bestimmten Gebieten außerhalb des Nordatlantiks Fischfang betreiben* (Abl. Nr.L 270 vom 13.11.1995, 1).

[124] Art. 1 *lit.* e der *Convention on the International Maritime Organization*, Geneva 1948, Text in: *Kapteyn u.a.* (Anm. 121), I.B.1.10.a. und BGBl. II 1965, 313 (Neufassung in BGBl. II 1986, 423).

[125] Art. 2 *lit.* q der *Constitution of the World Health Organization*, New York 1946, Text in: *Kapteyn u.a.*, a.a.O., I.B.1.5.a. und BGBl. II 1974, 43 (mehrfach geändert). Die WHO arbeitet mit UNEP bei der Evaluierung der gesundheitlichen Auswirkungen von Umweltproblemen, insbesondere der Trinkwasserversorgung, zusammen. Zum von UNEP und der WHO gegründeten HEALs Programm (*The Human Exposure Assessment Locations Programme*) siehe UNEP, GEMS: Global Environment Monitoring System, 1990, 19.

[126] Art. 2 *lit.* b der *Convention of the World Meteorological Organization*, Washington 1947, Text in *Kapteyn u.a.*, a.a.O., I.B.1.9.a. (BGBl. II 1970, 18, Bekanntmachung der Neufassung in BGBl. II 1990, 171).

[127] Siehe u.a. den von der WMO herausgegebenen Bericht *„Scientific Assessment of Ozone Depletion: 1991"*, Global Ozone Research and Monitoring Project, Report Nr. 25 sowie die aller 6 Monate erscheinenden „World Climate News", zuletzt Juni 2000, einsehbar unter der Internet-Adresse http://www.wmo.ch/web/catalogue.

meinschaft steht bereits seit den 50er Jahren mit diesen globalen Organisationen in einem wechselseitigen Informationsaustausch.[128]

Last but not least sind neben den globalen Sonderorganisationen und den *Treaty Management Organisationen* die unselbständigen Untereinheiten der Vereinten Nationen zu nennen. Für den Umweltschutz sind insbesondere die informationellen Tätigkeiten von UNEP, dem *Umweltprogramm der Vereinten Nationen*, wichtig. UNEP kommt innerhalb der UNO eine Koordinierungs- und Beratungsfunktion hinsichtlich der wissenschaftlichen Erfassung und Verwertung von Umweltdaten zu.[129] Der Aufgabenbereich ähnelt insoweit dem der Europäischen Umweltagentur. Der Beginn der gezielten Informationssammlung über die Umwelt wird von einem 1972 auf der UN Umweltkonferenz von Stockholm verabschiedeten Aktionsplan markiert und liegt damit noch

---

[128] *Petersmann*, Auswärtige Gewalt, Völkerrechtspraxis und Völkerrechtsbindungen der Europäischen Wirtschaftsgemeinschaft, ZaöRV 1975, 213 (237 f.).

[129] Nach der Gründungsresolution der Generalversammlung der Vereinten Nationen soll UNEP insbesondere die Umweltsituation beobachten und die Einbeziehung der wissenschaftlichen Erkenntnisse in die politische Arbeit fördern. Diese Informations- und Koordinations-Rolle wurde mit der *Nairobi Declaration* auf der 19. Governing Council Sitzung im Januar/Februar 1997 bestätigt und von der Generalversammlung der UNO im Juni 1997 abgesegnet. Wörtlich heißt es in der Gründungsresolution: „d) *To keep under review the world environmental situation in order to ensure that emerging environmental problems of wide international significance receive appropriate and adequate consideration by Governments*; e) *To promote the contribution of the relevant international scientific and other professional communities to the acquisition, assessment and exchange of environmental knowledge and information and, as appropriate, to the technical aspects of the formulation and implementation of environmental programs within the United Nations system*", Part I Nr. 2. GA Resolution 2997 (XXVII) vom 15.12.1972 on Institutional and Financial Arrangements for International Environmental Co-operation, 27 U.N. GA OR (Supp. No. 30) 43; zur Koordinierungs- und Beratungsfunktion von UNEP siehe dort Part I Nr. 2 *lit.* a und b, Part II Nr.2 *lit.* b und e. In der *Nairobi Declaration* von 1997 heißt es: „a) *To analyse the state of the global environment and assess global and regional environmental trends, provide policy advice, early warning information on environmental threats ...*; e)... *and to serve as an effective link between the scientific community and policy makers at the national and international levels*" (Text einsehbar auf der UNEP-Homepage unter der Internet Adresse: http://www.unep.org).

um einiges vor dem diesbezüglichen Aufwachen der Gemeinschaft.[130] Die darin aufgeführten informationellen Aktivitäten wurden unter dem Schlagwort EARTHWATCH zusammengefaßt. Danach sollten alle Sonderorganisationen und Untereinheiten der Vereinten Nationen die jeweils in ihren Tätigkeitsbereich fallenden Umweltaspekte beobachten und auswerten. Hauptbestandteil von EARTHWATCH ist das von UNEP verwaltete *Global Environment Monitoring System* (GEMS).[131] Im Rahmen von GEMS werden Umweltzustandsdaten aller Art gesammelt, analysiert und im Hinblick auf ihre Bedeutung bewertet.[132] Zu diesem Zweck wurde eine Datenbank eingerichtet, die *Global Resource Information Database* (GRID). Die Daten stammen aus von GEMS organisatorisch und technisch betreuten Datenerhebungen vor Ort oder von anderen internationalen und nationalen Organisationen und Forschungsinstituten.[133] Die Datenbank GRID erleichtert die Daten-

---

130 Zur Struktur und den Aktivitäten von UNEP siehe auch *Beyerlin*, Umweltvölkerrecht, 2000, Rn. 144 ff. *Ders.* auch zur Stockholmer Konferenz (a.a.O., Rn. 17 ff., mit weiteren Verweisen).

131 Siehe dazu UNEP, GEMS: Global Environment Monitoring System, 1990. Aktuelle Informationen zu den EARTHWATCH-Aktivitäten sind unter der Internet-Adresse http://www.unep.ch/earthw.html zu finden.

132 Einer der ersten Bestandteile von GEMS war das *Global Programme for Urban Air Quality Monitoring and Assessment* (GEMS/Air). Das Monitoring-Programm wurde 1973 von der WHO begonnen und seit 1975 zusammen mit UNEP als Bestandteil von GEMS weitergeführt. GEMS/Air besteht aus 270 Meßstationen in 45 Ländern, die von den jeweiligen Staaten oder den lokalen Gebietskörperschaften betrieben werden. Diese geben auf freiwilliger Basis ihre Meßdaten an GEMS/Air weiter. GEMS/Air sorgt für die Koordination der verschienen Meßstationen, die Erarbeitung von Methoden zur Datenerhebung und -verarbeitung, die Auswertung, Bewertung und Verbreitung der Daten sowie u.U. die technische Unterstützung und Schulung der Verantwortlichen vor Ort (zum ganzen siehe UNEP/WHO, A Global Programme for Urban Air Quality Monitoring and Assessment, 1993). Hinsichtlich weiterer Aktivitäten von GEMS siehe auch UNEP, 1991 Annual Report of the Executive Director, 1992, 83 ff.

133 Größtenteils werden die Rohdaten von nationalen oder internationalen Stellen erhoben und aggregiert. Sie werden dann an GEMS weitergegeben, welches die Daten auf ihren Aussagegehalt hinsichtlich ökologisch relevanter Entwicklungen hin analysiert, nach ihrer Bedeutung bewertet und in übersichtlichen Berichten verbreitet (siehe UNEP, GEMS, [Anm. 131], 26). Themen der Berichte waren beispielsweise „The Impact of the Ozone-Layer Depletion", „The Contamination of Food", „Freshwater Pollution" und „The Impact of Climate Change". In den Berichten sind auch Politikempfehlungen enthalten.

sammlung und -verbreitung durch die elektronische Vernetzung der beteiligten Stellen.[134] Eine Hauptaufgabe von GEMS besteht in der Koordination der verschiedenen nationalen und internationalen Monitoring-Aktivitäten im Hinblick auf die Vergleichbarkeit der Daten und der integrierten Auswertung der Ergebnisse. Zu diesem Zweck erstellt UNEP/GEMS hinsichtlich der zu verwendenden Verfahren Richtlinien für die nationalen Regierungen, die sich zu der Einrichtung von Meßstationen bereit erklärt haben.[135] UNEP/GEMS hat keine hoheitlichen Befugnisse zur Erhebung dieser Daten. Es ist auf die freiwillige Mitarbeit der betroffenen Staaten und Organisationen angewiesen. Bis 1990 nahmen an den Aktivitäten von GEMS 142 Staaten sowie insbesondere die FAO, die WHO und die WMO teil.[136] Die Umweltdaten werden dann für die Erstellung von Umweltzustandsberichten[137] oder bei der Lösung konkreter politischer Probleme auf nationaler und internationaler Ebene eingesetzt, insbesondere auch im Rahmen von völkerrechtlichen Vertragsverhandlungen.

Der öffentlichen Verbreitung von Informationen dient das von UNEP verwaltete *International Environmental Information System* (INFOTERRA).[138] INFOTERRA verbreitet nicht nur Umweltzustandsdaten,

---

[134] Aktuelle Informationen finden sich unter der Internet-Adresse http://grid2.cr.usgs.gov. Siehe auch UNEP, Annual Report (Anm. 132), 77 ff.

[135] Die Meßdaten werden dann zunächst an die jeweils zuständige Sonderorganisation der UNO weitergegeben (die WMO für Atmosphäre, Klima und Oberflächenwasser, die WHO für Gesundheit, FAO und UNESCO für die natürlichen Ressourcen), welche sie nach einer ersten Verarbeitung wiederum an UNEP/GEMS weiterleiten (siehe das System-Wide Environment Programme, [Anm. 121], para. 341).

[136] UNEP, GEMS (Anm. 131), 4.

[137] Hier ist insbesondere der zusammenfassende, aller zwei Jahre erscheinende *Environmental Data Report* von UNEP zu nennen, der in Zusammenarbeit mit mehreren nationalen Instituten erstellt wird (herausgegeben bei Basil Blackwell Ltd., Oxford). Dieser Bericht konzentriert sich auf die Wiedergabe der einzelnen Umweltdaten, ohne weitergehende Bewertung und ohne Politikempfehlungen. Eine stärker interpretierende Version ist der unter Mitarbeit von UNEP, UNDP (*United Nations Development Programme*), dem *World Resources Institute* und der Weltbank erstellte *World Resources* Bericht (herausgegeben vom World Resources Institute, Oxford University Press, zuletzt *World Resources* 1998-1999).

[138] Früher *International Referral System for Sources of Environmental Information* (IRS) genannt, worauf noch die *Informationsquellenentscheidung* der

sondern z.B. auch Informationen über existierende nationale und internationale Informationsquellen.[139] Daneben werden Broschüren über die unterschiedlichsten Themen herausgegeben, die der Information von Behörden, Unternehmen und Privatpersonen dienen.[140] INFORTERRA wurde bereits im Aktionsplan der Stockholmer Umweltschutzkonferenz von 1972 vorgesehen. Das Ziel war anfangs, die nationalen Informationsnetze per Computer unmittelbar zu verbinden, es wurde dann aber auf die Einrichtung eines Verweissystems beschränkt.[141] In Umsetzung dieses Vorhabens hat die Gemeinschaft die *Informationsquellenentscheidung* 76/161/EWG erlassen.[142] Die von den Mitgliedstaaten erhaltenen Bestandsverzeichnisse werden durch die Gemeinschaft an UNEP weitergeben, sofern sie von den Mitgliedstaaten dafür freigegeben werden. In nächster Zeit sollen v.a. die Vorwarnungskapazitäten einschließlich der Erstellung von Zukunftsprognosen ausgebaut werden.[143] Im September 2000 wurde eine *Global Conference on Access to Environmental Information* (INFOTERRA 2000) abgehalten, bei der es um eine umfassende Verbesserung der Informationsverwaltung und des Informationszugangs im Umweltbereich ging.[144]

EG (Entscheidung 76/161/EWG vom 8.12.1975, Abl. Nr. L 31 vom 5.2.1976, 8) verweist.

[139] Die sogenannten INFOTERRA *Directories of Sources of Environmental Information*, worunter u.a. der *World Directory of Environmental Expertise* und der *International Directory of Sources* fällt (siehe Publikationsliste „The Environment, Important United Nations Publications").

[140] Beispielsweise Handbücher mit technischen Anleitungen wie das Handbuch zur Risikoidentifikation und -bewältigung (UNEP, Industry and Environment Programme Activity Center, „Hazard Identification and Evolution in a Local Community", Technical Report Nr. 12, 1992).

[141] So *Birnie/Boyle* (Anm. 115), 41.

[142] Siehe die erste Begründungserwägung der Entscheidung 76/161/EWG (Anm. 138). Näher zur *Informationsquellenentscheidung oben*, Teil 2 Kap. 1C.I.6. sowie Kap. 2 C.III.1.

[143] In dem Report „Information for Decision-Making" (Anm. 122) wird festgestellt, daß sich das Informationsbedürfnis von Entscheidungsträgern geändert habe. Danach seien nicht mehr primär statische Informationen über den vergangenen und gegenwärtigen Umweltzustand erforderlich, sondern verstärkt eine zukunftsorientierte Berichterstattung einschließlich der Erstellung modellhafter Voraussagen und Szenarien (a.a.O., para. 33).

[144] Informationen über die Konferenz finden sich unter der Internet-Adresse http://www.unep.org/infoterra/infoterra2000.

UNEP hat zudem seine Umweltberichterstattung ausgebaut und unter Rückgriff auf vielfältige Forschungszentren und Organisationen einen umfassenden Umweltzustandsbericht unter Einschluß der Bevölkerungs- und Wirtschaftsentwicklung erstellt, den sogenannten *Global Environment Outlook 2000*.[145] Weiterhin wurde 1996 als Bestandteil von EARTHWATCH u.a. zusammen mit der FAO ein weltweites Erdbeobachtungssystem (GTOS), ein Meeresbeobachtungssystem (GOOS) und ein Klimabeobachtungssystem (GCOS) eingerichtet. Sie sollen Politiker und Wissenschaftler mit den erforderlichen Informationen für das Management diese Ökosysteme versorgen.[146] Neben zentral gesammelten und zur Verfügung gestellten Informationen wird die Schaffung von *dezentralen Netzwerken* angestrebt.[147] Diese sollen aus regionalen und lokalen Stellen bestehen, die auf direktem Weg Informationen untereinander austauschen.

Die Notwendigkeit von Informationen als Voraussetzung für eine effektive nationale und internationale Umweltpolitik wird bereits im der *Deklaration von Stockholm* von 1972 erwähnt, welche die Grundlage für eine umfassende, weltweit koordinierte Umweltschutzpolitik legte.[148] Die darauf aufbauende *Deklaration von Rio* der U.N. Konferenz für Umwelt und Entwicklung aus dem Jahr 1992 enthält gleich vier verschiedene Prinzipien, die angefangen vom allgemeinen Informationsaustausch, über den Austausch wissenschaftlicher und technologischer Kenntnisse, die Durchführung von Umweltverträglichkeitsprüfungen, Warnungen in Notfällen bis hin zur präventiven Unterrichtung und Konsultation bei sich potentiell grenzüberschreitend auswirkenden Tätigkeiten umfassen.[149]

---

[145] GEO 2000; über das Internet einsehbar unter der Adresse http://grid2.cr.usgs. gov/geo2000.

[146] *Global Terrestrial Observing System* (GTOS), *Global Ocean Observing System* (GOOS), *Global Climate Observing System* (GCOS). Aktuelle Informationen erhältlich über die Internet Adresse http://www.fao.org/GTOS und respektive GOOS und GCOS.

[147] U.N. Report „Information for Decision-Making" (Anm. 122), para. 27 und 31.

[148] Prinzip 2 der Deklaration (Anm. 19). Die Deklaration ist rechtlich nicht verbindlich, sie hat aber als Teil des sogenannten *soft law* das Umweltvölkerrecht erheblich mit geprägt.

[149] Näher dazu *Hunter/Sommer/Vaughan*, Concepts and Principles of International Environmental Law: An Introduction, UNEP, 1994, 15 ff. Text der Deklaration in deutscher Übersetzung in EA 1993, S. D 28 ff.; englische Fas-

Den zwischenstaatlichen Informationsaustausch sollen die in der Agenda 21 unter dem Kapitel *Information for Decision-Making* aufgeführten Aktivitäten unterstützen.[150] Darin ist v.a. die Informationsweitergabe an die Entwicklungsländer, die Erarbeitung von Umwelt- und Entwicklungsindikatoren und die Verbesserung der Umweltdatenerhebung und -auswertung vorgesehen. Als Trends für die Zukunft stellt der Bericht *„Information for Decision-Making"* des Generalsekretärs der Vereinten Nationen fest, daß die verschiedenen Informationssysteme auch aufgrund der technischen Möglichkeiten zunehmend integriert werden, daß zukunftsorientierte Informationen mit modellhaften Voraussagen an Bedeutung gewinnen und die Quantität der verfügbaren Informationen derartig steigt, daß mehr Aufmerksamkeit auf die Qualität der Informationen und den vereinfachten, schnellen Zugang durch die Nutzer gelenkt werden müsse.[151] In der *Malmö Deklaration* vom 31.5.2000 betonen die Umweltminister des von UNEP einberufenen *Global Ministerial Environment Forum* die Notwendigkeit einer verstärkten Einbeziehung des privaten Sektors, u.a. in den Bereichen der Informationstechnologieentwicklung und der Umweltberichterstattung sowie der Garantie eines freien Zugangs zu Umweltinformationen.[152]

Für die von der UNO und ihren Untereinheiten gesammelten Daten wurden bereits *Prinzipien für den Datenzugang* vorgeschlagen.[153] Im Grundsatz sollen sie für alle Nutzer frei zugänglich sein. Eingeschränkt

---

sung in: 31 ILM 874 (1992). Zur Rio-Konferenz und dem Folgeprozeß siehe nur *Beyerlin*, Umweltvölkerrecht, 2000, Rn. 29 ff. mit weiteren Verweisen.

[150] Kapitel 40 der Agenda 21. Die Agenda 21 ist das von der U.N. Konferenz für Umwelt und Entwicklung in Rio de Janeiro verabschiedete Aktionsprogramm für das 21. Jahrhundert (enthalten im Report of the United Nations Conference on Environment and Development, U.N. doc. A/Conf.151/26 vom 14.8.1992).

[151] U.N. Report „Information for Decision-Making" (Anm. 122), para. 56. Zum Problem der Informationsüberlastung (*information overload*) oben, Teil 1 Kap. 2 B.IV.

[152] *Malmö Ministerial Declaration*, verabschiedet durch das Global Ministerial Environment Forum, 6th Special Session of the Governing Council of UNEP, 29. bis 31.5.2000 (para. 11, 12).

[153] „Proposed principles for a data access policy", vorgeschlagen von einem *Meeting on Common or Compatible System of Access to Data*, New York 19.1.1996, angenommen vom Inter-Agency Committee on Sustainable Development, abgedruckt als Annex I, Bericht des Generalsekretärs „Information for Decision-Making" (Anm. 122).

werden kann der Zugang aus nationalen Sicherheits- und Souveränitätsgründen oder wegen der Beeinträchtigung gewerblicher Rechte. Für den internen Gebrauch in der UNO sollen diese Daten aber kostenlos zur Verfügung stehen. Sie können dann dazu verwendet werden, derivative oder kombinierte Informationsprodukte zu erstellen, aus denen die Ausgangsinformationen nicht mehr rekonstruiert werden können. Daneben sollen die Prinzipien der Subsidiarität, Verantwortlichkeit, Transparenz und Effizienz gelten.[154] *Subsidiarität* heißt, daß Informationssysteme dezentral aufgebaut sein sollen. Teil des Prinzips der *Verantwortlichkeit* ist, daß das Wo, Wann und Wie der Datensammlung vom Informationsgeber erklärt wird, was ein Äquivalent zu den Informationsrahmendaten im Gemeinschaftsrecht darstellt.[155] *Transparenz* bedeutet, daß die Daten für alle nichtkommerziellen Benutzer verfügbar sein sollten und *Effizienz*, daß unnötige Verdoppelungen vermieden werden.

Neben diesen globalen Organisationen sind noch regionale Organisationen zu nennen, deren Hauptaufgabe zwar nicht der Umweltschutz ist, die aber ebenfalls derartige Fragen behandeln. Darunter fallen z.B. die *Organisation für wirtschaftliche Zusammenarbeit und Entwicklung* (OECD) und der Europarat. Mit beiden Organisationen soll die Gemeinschaft zusammenarbeiten.[156] Die OECD ist insbesondere maßgeblich für die Vorschriften zur Überwachung der Guten Laborpraxis, welche regelmäßig von der EG in Gemeinschaftsrecht transformiert werden, so zuletzt durch die *Richtlinie* 1999/12/EG der Kommission *zur zweiten Anpassung des Anhangs der Richtlinie 88/320/EWG des Rates über die Inspektion und Überprüfung der Guten Laborpraxis (GLP).*[157] Sie hat zudem zahlreiche Empfehlungen zum Umweltschutz abgegeben, von denen hier wegen der darin enthaltenen Informationspflichten v.a. die *Prinzipien zur grenzüberschreitenden Umweltverschmutzung* einschlägig sind.[158] Solche Empfehlungen sind Teil des so-

---

[154] Zum ganzen der Bericht „Information for Decision-Making", a.a.O., para. 46.

[155] Siehe oben, Teil 2 Kap.4 A.

[156] Art. 303 und Art. 304 EGV [ex Art. 230 und 231].

[157] Richtlinie vom 8.3.1999 (Abl. Nr. L 77 vom 23.3.1999, 22).

[158] Die *Council Recommendation on Principles Concerning Transfrontier Pollution* (Empfehlung C[74] 224 vom 14.11.1974, Text in: *Sands/Tarasofsky/Weiss*, [Anm. 19], Nr. 8 und in: 14 ILM 242 [1975]). Nach der Empfehlung sind potentiell betroffene Staaten vor dem Beginn eines Vorhabens,

genannten *soft law*. Die Instrumente des *soft law* können zu Gewohnheitsrecht erstarken, wenn sich in der Folge eine entsprechende Staatenpraxis und *opinio juris* bilden. Sie können auch den Rechtsetzungsprozeß in Form von völkerrechtlichen Verträgen, supranationalem Recht der Gemeinschaft oder einfachem nationalen Recht in Gang setzen und inhaltlich beeinflussen.[159] Ähnliche Empfehlungen wurden und werden von anderen Internationalen Organisationen und Untereinheiten, so z.B. von UNEP abgegeben. Besonders bekannt (und voll von Vorschriften zu Informationsverfahren) sind von UNEP die *Principles of Conduct in the Field of the Environment for the Guidance of States in the Conservation and Harmonious Utilization of Natural Resources Shared by Two or More States* und die *London Guidelines for the Exchange of Information on Chemicals in International Trade*, an welche die 1992 von der Gemeinschaft erlassene *Chemikalienausfuhrverordnung* anknüpft.[160]

---

welches das erhebliche Risiko einer grenzüberschreitenden Verschmutzung schaffen könnte, zu *unterrichten*. Eine vorzeitige Ausführung darf nur in dringlichen Fällen erfolgen. *Konsultationen* sind auf Anfrage des potentiell betroffenen Staates im Geist der Zusammenarbeit und guten Nachbarschaft ohne ungebührliche Verzögerung oder Behinderung des Vorhabens durchzuführen. Im Falle einer Situation, die einen plötzlichen Anstieg des Schadstoffniveaus verursachen kann, soll unverzüglich *gewarnt* werden. Abschließend sind allgemeine Leitlinien zum Austausch von wissenschaftlichen Informationen, zum Umweltmonitoring und zur Forschung festgelegt. Siehe auch die *Decision of the OECD Council on the Exchange of Information Concerning Accidents Capable of Causing Transfrontier Damage*, dazu *Smets*, The Right of Information on the Risks Created by Hazardous Installations at the National and International Level, in: *Francioni/Scovazzi*, International Responsibility for Environmental Harm, 1992, 449 (456 ff.).

[159] Zu den mittelbaren Rechtswirkungen von *soft law* siehe v.a. *Dupuy*, Soft Law and the International Law of the Environment, Michigan Journal of International Law 12, 1991, 420 ff. sowie *Beyerlin*, Umweltvölkerrecht, 2000, Rn. 134 ff.

[160] Zu den *Principles of Conduct* s. die Governing Council Decision 6/14 (1978) vom 19.5.1978 (Text in: 17 ILM 1097 [1978]) Zu den *London Guidelines* siehe die Entscheidung 14/27 des *Governing Council* von UNEP (Text in: *Sands/Tarasofsky/Weiss*, [Anm. 19], Bd. IIA, Nr. 52), näher dazu unten (insbesondere Anm. 178). Die bekanntesten *soft law* Instrumente der UNO sind die *Deklaration von Stockholm* und die *Deklaration von Rio* (siehe oben, Anm. 19). Eine umfassende Sammlung findet sich bei *Burhenne*, International Environmental Soft Law, Collection of Relevant Instruments, Loseblattsammlung.

B. *Völkervertragsrecht*

Auf die vielfältigen Umweltschutzkonventionen kann hier nur ausschnittweise eingegangen werden. Eine Übersicht über die Konventionen, an der die Gemeinschaft als Vertragspartei beteiligt ist, bietet das Fundstellenverzeichnis der EG.[161] Seit den 90er Jahren tritt die Gemeinschaft verstärkt völkerrechtlichen Übereinkommen, auch solchen älteren Datums, bei.[162] Ebenso wie im Gemeinschaftsrecht existieren hier umfangreiche Informationspflichten, die ersteres – insbesondere im Hinblick auf die horizontale Ebene – ergänzen oder die den Rahmen zu einer spezielleren gemeinschaftsrechtlichen Regelung darstellen, welche der Umsetzung oder Ergänzung der völkerrechtlichen Informationsverfahren dient. So legt z.B. die *Abfallverbringungsverordnung* ausdrücklich die Pflicht zur Einhaltung bestimmter völkerrechtlichen Abkommen zum Gefahrguttransport fest und inkorporiert damit inhaltlich völkerrechtliche Regeln in das Gemeinschaftsrecht.[163] Auch die

---

[161] Insbesondere unter 15.10.40 „Internationale Zusammenarbeit", aber auch bei den vorhergehenden Ziffern. Ausführlich zum Völkervertragsrecht im Bereich des Umweltschutzes *Heintschel v. Heinegg* in: EUDUR (Anm. 12) Rn. 9 ff.; siehe auch *ders.* in: *Ipsen* (Anm. 10), 861 ff.; siehe auch *Klein/Kimms*, Die Kompetenz der Europäischen Gemeinschaft zum Abschluß umweltschutzrelevanter Verträge, JbUTR 1996, 53 ff.

[162] Beispielsweise zum *Schwefelemissionsprotokoll* des *LTRAP-Übereinkommens* von 1989, Beitritt der EG 1998 (Abl. Nr.L 326 vom 3.12.1998, 34) und dem *Helsinki Übereinkommen* von 1974, Beitritt der EG 1994 (siehe oben, Anm. 104).

[163] Unter der Voraussetzung, daß (zumindest) die Mitgliedstaaten diesen beigetreten sind. Siehe Art. 32 und Anhang I der *Verordnung* (EWG) Nr. 259/93 vom 1.2.1993 *zur Überwachung und Kontrolle der Verbringung von Abfällen in der, in die und aus der Europäischen Gemeinschaft* (Abl. Nr.L 30 vom 6.2.1993, 1, mehrfach geändert). Unter diese Abkommen fallen u.a. die *Convention on the Safety of Life at Sea* (SOLAS; BGBl. II 1979, 141, Bekanntmachung der Neufassung BGBl. II 1998, 2579) einschließlich des *Internationalen Code für die Beförderung gefährlicher Güter mit Seeschiffen* (IMDG-Code) und das *MARPOL-Übereinkommen* (*International Convention for the Prevention of Pollution from Ships*, London 1973, geändert 1978, BGBl. II 1982, 2 und 24), welche für die Schiffahrt Meldepflichten über die Art und den Lagerort gefährlicher Güter an Bord festschreiben und nunmehr zudem die Führung eines eigenen „Öltagebuchs" vorsehen (BGBl. II 1998, 2546). In MARPOL findet sich auch eine detailliert geregelte Unterrichtungspflicht bei bestimmten Vorfällen. Für den Gütertransport auf der Straße ist v.a. das *Europäische Übereinkommen über die internationale Beförderung gefährlicher Güter auf der Straße* (*ADR-Übereinkommen*; BGBl. II 1969, 1489, mehrfach geändert) einschlägig, den

Klimarahmenkonvention mit ihrer Pflicht zum Aufstellen von sogenannten *national inventories* (nationale Verzeichnisse der anthropogenen Emissionen von Treibhausgasen)[164] ist für die Mitgliedstaaten der EG in Form der *Treibhausgasbeobachtungsentscheidung* 93/389/EWG durch Gemeinschaftsrecht umgesetzt worden – und zwar ausdrücklich zu dem Zweck, die Einheitlichkeit der Umsetzung der völkerrechtlichen Pflichten im Rahmen der Gemeinschaft zu sichern.[165] Im An-

---

Transport gefährlicher Güter mittels Flugzeug regelt Anhang 18 des *Abkommens über die internationale Zivilluftfahrt* (BGBl. II 1956, 411), für den Transport auf der Schiene gilt das *Übereinkommen über den internationalen Eisenbahnverkehr* (COTIF, BGBl. II 1985, 1001, mehrfach geändert). Zudem dient die *Richtlinie* 93/75/EWG vom 13.9.1993 *über Mindestanforderungen an Schiffe, die Seehäfen der Gemeinschaft anlaufen oder aus ihnen auslaufen und gefährliche oder umweltschädliche Güter befördern* (Abl. Nr.L 247 vom 5.10.1993, 19, mehrfach geändert) der Umsetzung des *SOLAS*- und des *MARPOL-Übereinkommens* (siehe die 4. Begründungserwägung der Richtlinie). Die Reeder oder Charterer von Schiffen haben danach dem Hafenstaat vor dem Auslaufen bestimmte Angaben über das Schiff und die geladenen gefährlichen Güter zu machen. Kapitäne haben die zuständige Behörde des betroffenen Mitgliedstaates bei bestimmten gefahrbegründenden Umständen unverzüglich zu unterrichten und die oben genannten Angaben zu übermitteln. Liegen diese Angaben bei einer anderen Behörde bereits vor, genügt ein Verweis auf diese Behörde. Die Behörden haben untereinander Auskunft zu erteilen. Eine zwischenbehördliche Warnungspflicht besteht neben einer diesbezüglichen Unterrichtungspflicht des Kapitäns. 1998 wurde schließlich noch der von der IMO erlassene Code für die Beförderung von radioaktiven Stoffen (INF) mit seinen umfassenden Informationspflichten in die Richtlinie einbezogen (Richtlinie 98/55/EG vom 17.7.1998, Abl. Nr.L 215 vom 1.8.1998, 65 unter ausdrücklichem Hinweis auf die Verbesserung der Informationslage für die zuständigen Behörden).

[164] Siehe insbesondere Art. 12 und 4 Abs. 1 *lit.* a der Konvention (Anm. 117); Beitritt der Gemeinschaft durch Beschluß 94/69/EG vom 15.12.1993 (Abl. Nr.L 33 vom 7.2.1994, 11). Im einzelnen sieht die Konvention die Stärkung der „systematischen Beobachtung" (Umweltmonitoring) und die Entwicklung von Datenarchiven vor. Zu diesem Zweck sollen die Vertragsparteien „internationale und zwischenstaatliche Programme und Netze oder Organisationen unterstützen und ggf. weiterentwickeln, deren Ziel es ist, Forschung, Datensammlung und systematische Beobachtung festzulegen, durchzuführen, zu bewerten und zu finanzieren [...]" und den Datenzugang fördern (Art. 5 *lit.* a und b, siehe auch Art. 4 Abs. 1 *lit.* g).

[165] Siehe die Begründung der *Entscheidung* 93/389/EWG vom 24.6.1993 *über ein System zur Beobachtung der Emissionen von* CO_2 *und anderen Treibhausgasen in der Gemeinschaft* (Abl. Nr.L 167 vom 9.7.1993, 31). Darin werden

schluß an die Unterzeichnung des *Protokolls von Kyoto* wurde diese Entscheidung durch die Gemeinschaft an die zusätzlichen völkerrechtlichen Vorgaben angepaßt und ist nunmehr ein Musterbeispiel für das Zusammenspiel völkerrechtlicher und gemeinschaftsrechtlicher Regelungen.[166] Einige Rechtsakte der Gemeinschaft sehen vor, daß sich die Mitgliedstaaten als *Grundlage für notwendige Konsultationen im Rahmen ihrer bilateralen Beziehungen* zu unterrichten bzw. Auskunft zu erteilen haben und verweisen damit ergänzend auf das Völkerrecht.[167] Selbst wenn die Gemeinschaft nicht Vertragspartei eines Übereinkommens ist, werden derartige Vorschriften im Sinne einer globalen Rechtsvereinheitlichung z.T. in Gemeinschaftsrecht inkorporiert.[168] Dies gilt insbesondere dann, wenn internationale Informationssysteme und -verfahren existieren und die Gemeinschaft sich in das weltweite Netzwerk „einklinken“ möchte.

---

die Mitgliedstaaten verpflichtet, nationale Programme aufzustellen und diese einem Bewertungsverfahren auf Gemeinschaftsebene zu unterziehen. Vgl. *Schäfer*, Die EG und die Rahmenkonvention über Klimaänderungen, NuR 1995, 504 ff. Zur *Treibhausgasbeobachtungsentscheidung* auch oben, Teil 2 Kap.2 B.II.

166 Entscheidung 1999/296/EG vom 26.4.1999 (Abl. Nr.L 117 vom 5.5.1999, 35). Hierzu oben, Teil 2 Kap. 2 B.II. und Kap. 4 A.

167 Art. 17 Abs. 1 S. 2 der *IVU-Richtlinie*; Art. 14 *lit.* b UAbs. 2 der *Gentechnikrichtlinie* 90/219/EWG; Art.10 der *Industrieanlagenrichtlinie*; siehe auch Art. 8 Abs. 2 und Anhang VII, „Erklärung zu Art. 8“ der ersten *Seveso-Richtlinie* (aufgehoben); Art. 7 der *UVP-Richtlinie* a.F.; ausführlich hierzu Teil 2 Kap. 2 A.II.3.c.bb. sowie Teil 2 Kap. 2 A.IV.5.

168 So soll die *Richtlinie* 94/55/EG vom 21.11.1994 (Abl. Nr. L 319 vom 12.12.1994, 7, geändert) *zur Angleichung der Rechtsvorschriften der Mitgliedstaaten für den Gefahrguttransport auf der Straße* die ADR-Bestimmungen (Anm. 163) umsetzen, obwohl die Gemeinschaft nicht Vertragspartei des Übereinkommens ist, sondern nur die Mehrzahl der Mitgliedstaaten. Die Richtlinie dehnt gleichzeitig den Anwendungsbereich der ADR-Regeln auf den innerstaatlichen Gütertransport aus, um damit gemeinschaftsweit einheitliche Bedingungen für die Beförderung gefährlicher Güter herzustellen. Sie sieht vornehmlich die Anwendung der ADR-Bestimmungen zur Verpackung und Kennzeichnung der Güter sowie den Bau und Betrieb der Transportfahrzeuge vor. Die *Richtlinie* 2000/59/EG vom 27.11.2000 *über Hafenauffangeinrichtungen für Schiffsabfälle und Ladungsrückstände* inkorporiert Vorschriften des *MARPOL-Übereinkommens* durch Verweis (Art. 10 der Richtlinie, Abl. Nr.L 332 vom 28.12.2000, 81). Für weitere Beispiele siehe oben, Anm. 163.

Umgekehrt ist auch der Geltungsbereich gemeinschaftsrechtlicher Regelungen durch die Einarbeitung in völkerrechtliche Übereinkommen oder deren *Inkorporation durch Verweis* ausgedehnt worden.[169] Eine solche findet sich z.B. im *Helsinki Übereinkommen*, welches an gemeinschaftsrechtliche und andere völkerrechtliche Rechtspflichten anknüpft. Nach Art. 7 Abs.1 des Übereinkommens besteht gegenüber der *Helsinki Kommission* und potentiell betroffenen Vertragsparteien eine – präventive – Unterrichtungspflicht, wenn nach supranationalem Recht – also insbesondere auch EG-Recht – oder Völkerrecht eine Pflicht zur Durchführung einer Umweltverträglichkeitsprüfung besteht. Die gemeinschaftsrechtliche oder völkerrechtliche Rechtspflicht wird im Rahmen des *Helsinki Übereinkommens* zum Tatbestandsmerkmal für die Auslösung einer völkervertragsrechtlichen Unterrichtungspflicht. Selbiges gilt für die Durchführung von Konsultationen.[170]

Aufgrund der zu Beginn der Umweltpolitik der Gemeinschaft umstrittenen kompetenzrechtlichen Frage haben die Gemeinschaft und die Mitgliedstaaten immer wieder auf die Form des *gemischten Abkommens* zurückgegriffen.[171] In diesem Fall sind sowohl die Gemeinschaft als auch die Mitgliedstaaten Vertragsparteien.[172] Ohne nähere vertragliche

---

[169] Näher zu dieser Regelungstechnik *Sommer* (Anm. 116), 654 ff.

[170] Art. 7 Abs. 2 des *Helsinki Übereinkommens* (Anm. 104). Als Korrelat für die Informationspflichten besteht eine umfassende Geheimnisschutzklausel (Art. 18). Zudem ist eine Zweckbindung möglich.

[171] Zu Beginn der Umweltpolitik der Gemeinschaft war die *Innen*kompetenz für den Umweltschutz noch umstritten, welche nach der *AETR-Rechtsprechung* auch eine unmittelbare Auswirkung auf deren *Außen*kompetenz hat. Bevor Art. 130s EGV a.F. [jetzt Art. 175] durch die EEA eingefügt wurde, mußte die Gemeinschaft auf der Grundlage des Art. 235 EGV a.F. [jetzt Art. 308] oder der Harmonisierungskompetenz nach Art. 100 EGV a.F. [jetzt Art. 94] tätig werden. Zu den gemischten Abkommen ausführlich *Wuermeling* (Anm. 7), 214 ff. sowie *Breier* (Anm. 64), 345; siehe auch *Sola*, Incidence interne de la participation de la Communauté européenne aux accords multilatéraux de protection de l'environnement, RMC 1992, 793 (803); *Dauses*, Rechtliche Probleme der Abgrenzung der Vertragsabschlußbefugnis der EG und der Mitgliedstaaten und die Auswirkung der verschiedenen Abgrenzungsmodelle, in: *Ress* (Anm. 53), 171 (173); *Krück* in: *Ress* (Anm. 57), 165 ff. sowie *ders.*, Völkerrechtliche Verträge (Anm. 60), 102 ff., 140 ff.

[172] Ein gemischtes Abkommen kann durch den *gemeinsamen Abschluß* oder den *späteren Beitritt* der Gemeinschaft entstehen. Zum Teil wird angezweifelt, ob gemischte Abkommen seit der Klärung der umweltpolitischen Zuständigkeit der Gemeinschaft noch abgeschlossen werden dürfen, weil die Mitgliedstaaten

Regelung sind beide in vollem Umfang völkerrechtlich gebunden.[173] Interne Regeln der Kompetenzverteilung sind auf der Ebene des Völkerrechts unbeachtlich, es sei denn, in den Abkommen selbst sind Regeln über die Zuständigkeitsverteilung bei der Durchführung enthalten.[174] In diesem Fall erklären sich die anderen Vertragsparteien mit der Vertragserfüllung *entweder* durch die Mitgliedstaaten *oder* durch die Gemeinschaft einverstanden und können die Erfüllung der jeweiligen Verpflichtung nicht mehr von dem jeweils anderen Teil verlangen.[175] So ist im *Montrealer Protokoll*, aber z.B. auch im Rahmen des *Prior Informed Consent (PIC) Verfahrens* im Bereich des Chemikalienverkehrs sowie der Atomkontrolle ausdrücklich geregelt, daß die vertraglichen Pflichten *anstelle* der Mitgliedstaaten auch von der Gemeinschaft wahrgenommen werden können. Dies gilt meist gerade für die entsprechenden Informationsverfahren der völkerrechtlichen Abkommen. Im Rahmen des *Montrealer Protokolls* haben i.V.m. der *Ozonschichtverordnung* der Gemeinschaft nicht mehr die Mitgliedstaaten nationale Statistiken über die kontrollierten Stoffe an das internationale Sekretariat zu erstellen und zu übermitteln, sondern die EG für die gesamte Gemeinschaft eine einheitliche, aggregierte Außenhandelsstatistik.[176]

über Art. 228 Abs. 7 EGV [a.F., jetzt Art. 300] ohnehin an die völkerrechtlichen Verpflichtungen der Gemeinschaft gebunden seien (vgl. *Grabitz/Nettesheim* in: *Grabitz/Hilf*, Art. 130r EGV [a.F.], Rn. 117). Diese Verpflichtung ist aber rein europarechtlicher Natur und bindet die Mitgliedstaaten nicht völkerrechtlich im Verhältnis zu Drittstaaten (siehe auch *Krück*, Völkerrechtliche Verträge, a.a.O., 124, 129).

[173] Näher dazu *Krück*, Völkerrechtliche Verträge, a.a.O., 141 f; *Dauses* (Anm. 171), 188; *Geiger*, Vertragsschlußkompetenzen der Europäischen Gemeinschaft und auswärtige Gewalt der Mitgliedstaaten, JZ 1995, 973 (977); *Wuermeling* (Anm. 7), 232 ff.

[174] Vgl. Art. 27 des *Wiener Vertragsrechtsübereinkommens* zur Unbeachtlichkeit des „innerstaatlichen" Rechts. Siehe auch *Krück* in: *Ress* (Anm. 57), 165 f.; *Wuermeling*, a.a.O.

[175] Zum ganzen *Krück*, Völkerrechtliche Verträge (Anm. 60), 142.

[176] Das *Montrealer Protokoll* (Anm. 119) bestimmt, daß die Vertragsparteien dem Sekretariat statistische Daten über die Produktion sowie die Im- und Exporte der kontrollierten Substanzen übermitteln. Durch die Londoner Vertragsänderung von 1990 ist diese Vorschrift dahingehend ergänzt worden, daß anstelle der Vertragsparteien eine „Organisation der regionalen Wirtschaftsintegration" diese Informationsverpflichtung durch die Übermittlung aggregierter Daten über die Außenwirtschaftsbeziehungen der Organisation mit Drittstaaten erfüllen kann (Art. 7 Abs. 4). Das *Montrealer Protokoll* ist EG-einheitlich

Die Durchführung, ja selbst die formelle Umsetzung dieses völkerrechtlichen Abkommens in nationales Recht geht in weiten Teilen an den Mitgliedstaaten „vorbei". Sie werden – und das auch nur in Teilen – zur ausführenden Behörde auf der unteren Verwaltungsebene.[177] Im Rahmen des *PIC-Verfahrens* nimmt die Kommission die Rolle der Kontaktstelle zum *International Register of Potentially Toxic Chemicals* ein und ersetzt weitgehend die Mitgliedstaaten.[178] Sie übernimmt die

---

durch die *Verordnung über Stoffe, die zum Abbau der Ozonschicht führen* und weitere Nachfolgeverordnungen und Entscheidungen der Kommission umgesetzt worden (seit 30.9.2000 die Verordnung Nr. 2037/2000 vom 29.6.2000, Abl. Nr. L 244 vom 29.9.2000, 1; davor Verordnung Nr. 3093/94 vom 15.12.1994, Abl. Nr. L 333 vom 22.12.1994, 1; davor wiederum die Verordnung Nr. 594/91 vom 4.3.1991, Abl. Nr. L 67 vom 14.3.1991, 1). Den Herstellern, den Im- und Exporteuren sowie den Verwendern werden durch die Verordnung unmittelbar Berichtspflichten auferlegt, mittels derer die Gemeinschaft ihre völkerrechtlichen Informationspflichten erfüllen kann. Zum Zwecke der Überwachung hat die Kommission gegenüber den Regierungen, den zuständigen Behörden und den Unternehmen ein umfassendes Auskunftsrecht. Wenn die Kommission direkt von den Unternehmen Auskünfte ersucht, ist der zuständigen Behörde des Sitzstaates eine Durchschrift einschließlich Begründung zu übermitteln. Der EuGH spricht sich in den eingangs zitierten Urteilen *Safety Hi-Tech* und *Bettati* (Anm. 4) ausdrücklich für eine Auslegung der (zweiten) *Ozonschichtverordnung* im Lichte der einschlägigen völkerrechtlichen Übereinkommen aus. Die Gemeinschaft ist seit 1988 Vertragspartei des *Montrealer Protokolls* und des zugrundeliegenden *Wiener Übereinkommens zum Schutz der Ozonschicht* (Entscheidung 88/540/EWG, Abl. Nr. L 297 vom 31.10.1988, 8).

[177] Näher zu den Vorschriften der *Ozonschichtverordnung* Teil 2, insbesondere Kap. 5 D.II. und IV.

[178] Das *PIC-Verfahren* wurde durch die *London Guidelines for the Exchange of Information on Chemicals in International Trade* (Anm. 160) von UNEP eingeführt. Dem am 10.9.1998 unterzeichneten *Rotterdamer Übereinkommen über das Verfahren der vorherigen Zustimmung nach Inkenntnissetzung für bestimmte gefährliche Chemikalien sowie Pflanzenschutz- und Schädlingsbekämpfungsmittel im internationalen Handel* (Text in: 38 ILM 1 [1999]) ist die Gemeinschaft noch nicht beigetreten. Das darin rechtsverbindlich festgeschriebene *PIC-Verfahren* (Art. 10 f.) richtet sich weitgehend nach den *London Guidelines.* Danach unterliegen die Staaten des Ursprungsortes in Anknüpfung an die abstrakte Gefährlichkeit von Stoffen präventiven Unterrichtungspflichten über die Eigenschaften dieser Stoffe und die einschlägigen staatlichen Vorschriften. Über diese Stoffe werden Übersichten erstellt, welche an die am *PIC-Verfahren* teilnehmenden Staaten verteilt werden. Potentielle Einfuhrstaaten können daraufhin ihre generelle, abstrakte Vorab-Zustimmung zur Einfuhr bestimmter Stoffe geben, diese verbieten oder bestimmten Auflagen unterwerfen.

präventive Unterrichtung der zuständigen internationalen Stellen über verbotene oder Beschränkungen unterliegende Chemikalien und leitet entsprechende Informationen aus Drittstaaten an die Mitgliedstaaten weiter.[179] Und die Internationale Atomenergieorganisation, die IAEO, überprüft nicht mehr die Kontrollen von Mitgliedstaaten, sondern überwiegend die Kontrollen der Europäischen Atomgemeinschaft, welche an die Stelle der Mitgliedstaaten getreten ist.[180] Andere Zuständigkeitsbestimmungen knüpfen aufgrund der ständigen Fortentwicklung des Gemeinschaftsrechts an die *jeweilige* interne Zuständigkeit an.[181] In

---

Diese Vorab-Entscheidungen werden an die teilnehmenden Staaten weitergeleitet. Sie müssen dafür sorgen, daß bei zukünftigen Ausfuhren diese Entscheidungen respektiert werden. Steht ein bestimmtes Handelsgeschäft an, muß dann ein konkretes Unterrichtungsverfahren durchgeführt werden, das durch Warenkennzeichnungspflichten ergänzt wird. Die Durchführung des *PIC-Verfahrens* erfolgt über das *International Register of Potentially Toxic Chemicals* (IRPTC). IRPTC registriert die Notifizierungen und sonstige einschlägige Informationen, wertet die Daten aus und bereitet die Übersichten vor. Die 1992 erlassene *Verordnung* (EWG) Nr. 2455/92 vom 23.7.1992 *betreffend die Ausfuhr und Einfuhr bestimmter gefährlicher Chemikalien* (Abl. Nr. L 251 vom 29.8.1992, 13, mehrfach geändert) dient u.a. der rechtsverbindlichen Umsetzung des *PIC-Verfahrens*. Mit ihr wird ein – für die Mitgliedstaaten im Vergleich zu den internationalen Vorgaben strengeres, weil auf die konkrete Zustimmung des Importstaates abstellendes – Notifizierungsverfahren eingeführt. Ausführlicher hierzu oben, Teil 2 Kap. 2 A.II.3.c.aa.

179 Art. 3 Abs. 2 der *Chemikalienausfuhrverordnung*, a.a.O. Die Kommission entscheidet zudem über das Verbot oder eventuelle Beschränkungen der Einfuhr von Chemikalien, die im *PIC-Verfahren* von Drittstaaten angezeigt wurden, und unterrichtet IRPTC hierüber.

180 Durch das *Verifikationsabkommen* vom 5.4.1973 wird die Europäische Atomgemeinschaft in die Durchführung der einschlägigen völkerrechtlichen Überwachungspflichten eingebunden (BGBl. II 1974, 795; dazu *Kimminich*, Die internationale Kontrolle der europäischen Atomindustrie, ZaöRV 1973, 636 ff.). Die genauen Zuständigkeiten von IAEO, Atomgemeinschaft und bestimmten Mitgliedstaaten im Rahmen des *Atomwaffensperrvertrages* (*Non-Proliferation-Treaty*, hierzu auch Anm. 281) werden in einem Übereinkommen von 1978 festgelegt (abgedruckt im Abl. Nr. L 51 vom 22.2.1978, 1). Das Übereinkommen enthält vielfältige Informationspflichten, insbesondere auch Inspektionsrechte der IAEO. Siehe auch Art. 12 Nr. 5 *lit.* b des *Frühwarnungsübereinkommens* der IAEO (unten, Anm. 211).

181 Siehe u.a. Art. 8 Abs. 2 der *Vereinbarung über die Elbekommission* (Anm. 109) sowie die Erklärung der EG gemäß Art. 29 Abs. 4 der *ECE-Industrieunfällekonvention* (Anm. 222) in Anhang II zum *Ratsbeschluß*

solchen Klauseln ist z.T. geregelt, daß die Gemeinschaft und die Mitgliedstaaten eine Erklärung über ihre jeweiligen Zuständigkeiten abgeben müssen, welche als Anhang den Übereinkommen beigefügt wird.[182] In diesem Fall wird die genaue Aufteilung der Zuständigkeiten allein der Gemeinschaft und den Mitgliedstaaten überlassen, ohne daß es hierzu einer Zustimmung der anderen Vertragsparteien in Form einer konkreten vertraglichen Einigung oder einer späteren Vertragsänderung bedarf.[183]

Solange eine *Regelungslücke* im Gemeinschaftsrecht besteht und die gemeinschaftsrechtlichen Informations- und Geheimhaltungspflichten nicht beeinträchtigt werden, widerspricht die Vereinbarung völkerrechtlicher Informationspflichten auch *alleine* durch die Mitgliedstaaten nicht dem Gemeinschaftsrecht. Solange die Gemeinschaftsverträge nicht ausdrücklich die ausschließliche Außenkompetenz der Gemeinschaft vorsehen, handelt es sich um eine konkurrierende Kompetenz. Sie erwächst erst zur ausschließlichen Kompetenz, wenn die Gemeinschaft ihre Regelungskompetenz im Innenbereich wahrgenommen hat.[184] Das völkerrechtliche Handeln der Mitgliedstaaten darf aber aufgrund der Gemeinschaftstreuepflicht eine spätere anderweitige Regelung auf gemeinschaftsrechtlicher Ebene nicht ausschließen. Daher dürfen die Mitgliedstaaten keine langfristigen, unabänderlichen Bindungen eingehen, die den Gestaltungsspielraum der Gemeinschaft be-

---

Nr. 98/685/EG vom 23.3.1998 *über den Abschluß des Übereinkommens über die grenzüberschreitenden Auswirkungen von Industrieunfällen* (Abl. Nr. L 326 vom 3.12.1998, 1).

[182] So nach Art. 22 Abs. 3 der *Klimarahmenkonvention* (Anm. 117) und Art. 34 Abs. 3 der *Artenvielfaltskonvention* (Anm. 119). Ebenso Art. 17 Abs. 5 der *UVP-Konvention* (Fundstelle unten, Anm. 220). Im *Donauübereinkommen* von 1987 (Anm. 105) hat Deutschland (vor dem EG-Beitritt Österreichs) zusammen mit der E(W)G eine Erklärung abgegeben, worin die Zuständigkeiten der EG anhand der erlassenen Gemeinschaftsrechtsakte einzeln aufgeführt sind. Veränderungen dieser Zuständigkeiten waren Österreich auf diplomatischem Wege mitzuteilen.

[183] Weitergehend *Dauses* (Anm. 171), 188 der in Ermangelung gegenteiliger Anhaltspunkte von einem impliziten Einverständnis mit der Vertragserfüllung durch den jeweils intern zuständigen Teil ausgeht. Siehe auch *Krück*, Völkerrechtliche Verträge (Anm. 60), 142.

[184] *Breier* (Anm. 64), 344 f., 350; *Dauses*, a.a.O., 177 ff.; *Beutler/Bieber/Pipkorn/ Streil* (Anm. 57), 535 ff.; *Krück*, Völkerrechtliche Verträge (Anm. 60), 106 ff.; vgl. das Urteil *Kramer* (Anm. 64), 1312 (Rn. 39) und das Urteil „AETR" (Anm. 64), 274 f. (Rn. 15/19 f.).

einträchtigen würden. In der Regel müssen sie deshalb eine Austrittsklausel für sich selbst oder durch eine sogenannte „Öffnungsklausel" die Möglichkeit eines Beitrittes der Gemeinschaft vereinbaren, wenn aufgrund der völkerrechtlichen Normen eine Kollision mit zukünftigem Gemeinschaftsrecht möglich erscheint.[185] Auf komplementäres, außerhalb des gemeinschaftsrechtlichen Rahmens geschaffenes Völkerrecht der Mitgliedstaaten ist Art. 10 EGV allerdings nur anzuwenden, wenn die Durchführungsmaßnahmen die Bestimmungen der Verträge, das abgeleitete Recht oder das Funktionieren der Gemeinschaftsorgane behindern würden.[186] Darüber hinaus finden die Bestimmungen des Gemeinschaftsrechts auf die außerhalb der Rechtsgrundlagen der Verträge geschlossenen Abkommen der Mitgliedstaaten keine Anwendung. Ein zusätzlicher Informationsaustausch beeinträchtigt die Umweltschutztätigkeit der Gemeinschaft nicht *a priori*. Die Neufassung der *EUA-Gründungsverordnung* von 1999 sieht sogar ausdrücklich vor, daß sich die Mitgliedstaaten im Zusammenhang mit den ihnen auferlegten Pflichten zur Datenerfassung und -analyse „zusammenschließen, um bei diesen Tätigkeiten grenzüberschreitend zusammenzuarbeiten".[187] Tun sie dies nicht im Rahmen des neuen Art. 11 EGV, ist eine Vereinbarung über eine solche Zusammenarbeit dem Völkerrecht zuzuordnen. Eine Beeinträchtigung des Gemeinschaftsrechts läge allerdings vor, wenn weiterzuleitende Informationen aufgrund gemeinschaftsrechtlicher Vorschriften erlangt worden sind und unter einer Zweckbindung oder sonstigen Vorgaben der Vertraulichkeit stehen, welche diese Weiterleitung verbieten. Die *Seveso-II-Richtlinie* sieht daher ausdrücklich vor, daß die Richtlinie die Mitgliedstaaten nicht daran hindert, mit Drittstaaten Abkommen über den Austausch der ihnen in-

---

[185] Vgl. EuGH *Kramer* (Anm. 64), 1313 (Rn. 44/45); aus der Literatur *Vedder* in: *Grabitz/Hilf*, Art. 228 [a.F.], Rn. 7 f. und Rn. 21; *Dauses*, a.a.O., 179; *Beutler/Bieber/Pipkorn/Streil*, a.a.O., 537.

[186] EuGH, Urteil vom 15.1.1986, Rs. 44/84 (*Hurd/Jones*), Slg. 1986, 29 (81, Rn. 37 ff.); *Dauses*, a.a.O.; ausführlich *Wuermeling* (Anm. 7), 164 ff., 187 ff.

[187] Art. 4 Abs. 2 UAbs. 2 S. 3 der *Verordnung* (EWG) Nr. 1210/90 vom 7.5.1990 *zur Errichtung einer Europäischen Umweltagentur und eines Europäischen Umweltinformations- und Umweltbeobachtungsnetzes* (Abl. Nr. L 120 vom 11.5.1990, 1) i.d.F. der Verordnung (EG) Nr. 933/1999 vom 29.4.1999 (Abl. Nr. L 117 vom 5.5.1999, 1).

tern vorliegenden Informationen zu schließen.[188] Nach der ersten *Seveso-Richtlinie* durften die Mitgliedstaaten zwar mit Drittstaaten Abkommen über den Austausch der ihnen intern vorliegenden Informationen schließen. Ausgenommen waren davon aber die Informationen, „die sich aus dem durch die Richtlinie eingeführten gemeinschaftlichen Mechanismus des Informationsaustauschs ergeben".[189] Insgesamt ist im Falle einer geteilten Zuständigkeit eine enge Zusammenarbeit zwischen den Mitgliedstaaten und den Gemeinschaftsorganen sicherzustellen. Auf der Basis von Art. 176 EGV (ex Art. 130t) mehren sich zudem die Stimmen in der Literatur, die von einer generellen Zulässigkeit abweichender Regelungen der Mitgliedstaaten zugunsten eines verstärkten Umweltschutzes ausgehen.[190]

Weiterhin hat die Gemeinschaft die von den Mitgliedstaaten geschlossenen *Altverträge* zu respektieren, worunter auch sogenannte „unechte Altverträge" – solche vor Aktualisierung der Außenkompetenz der Gemeinschaft durch die Wahrnehmung ihrer Regelungsbefugnis im Innenverhältnis – fallen.[191] Sie bleiben allerdings nur im Verhältnis zu

---

[188] Art. 20 Abs. 2 der *Richtlinie* 96/82/EG vom 9.12.1996 *zur Beherrschung der Gefahren bei schweren Unfällen mit gefährlichen Stoffen* (Abl. Nr. L 10 vom 14.1.1997, 13).

[189] Art. 13 Abs. 1 der *Richtlinie* 82/501/EWG vom 24.6.1982 *über die Gefahren schwerer Unfälle bei bestimmten Industrietätigkeiten* (Abl. Nr. L 230 vom 5.8.1982, 1, geändert und nun aufgehoben).

[190] *Krämer* in: GTE, Bd. 3, 5. Aufl. 1999, Art. 130r, Rn. 40 ff., der von einem „Günstigkeitsprinzip" im Umweltschutz spricht; *Schroer*, Die Kompetenzverteilung zwischen der Europäischen Wirtschaftsgemeinschaft und ihren Mitgliedstaaten auf dem Gebiet des Umweltschutzes, 1992, 284 f. (wohl unter Beschränkung auf interne Maßnahmen); *Grabitz/Nettesheim* in: *Grabitz/Hilf*, Art. 130 r EGV [a.F.], Rn. 116 und 121; *Kahl*, Umweltprinzip und Gemeinschaftsrecht, 1992, insbesondere 120 und *Wiegand*, Umweltschutz als Aufgabe der Europäischen Gemeinschaften, in: *v. Danwitz/Heintzen u.a.*, Auf dem Wege zu einer Europäischen Staatlichkeit, 1993, 149 (154 ff.), die unter Berufung auf *Zuleeg* ein in den Gemeinschaftsverträgen verankertes „Prinzip des bestmöglichen Umweltschutzes" anführen (ebenso *Schroer*, a.a.O., 128 ff. mit weiteren Verweisen). Vgl. *Zuleeg*, Vorbehaltene Kompetenzen der Mitgliedstaaten der Europäischen Gemeinschaft auf dem Gebiet des Umweltschutzes, NVwZ 1987, 280 (283 f.).

[191] Art. 307 EGV [ex Art. 234]. Diese Vorschrift bezieht sich ausdrücklich (nur) auf die Verträge, die vor dem Inkrafttreten des EG-Vertrags – bzw. damals noch des EWG-Vertrages – geschlossen wurden.

Drittstaaten unberührt.[192] Sind mehrere Mitgliedstaaten an den Altverträgen beteiligt, können sie sich im Verhältnis untereinander nicht auf die völkervertragliche Regelung berufen. Zwischen ihnen ist Gemeinschaftsrecht anzuwenden, wenn dadurch nicht die Rechte der Drittstaaten beeinträchtigt werden. Eine zweite Einschränkung bei „unechten" Altverträgen ist, daß das Tätigwerden der Gemeinschaft durch die Mitgliedstaaten nicht objektiv voraussehbar war.[193]

So bestehen verbindliche Vorgaben zum Informationsaustausch bei Naturkatastrophen fast nur im Rahmen der völkerrechtlichen Vereinbarungen.[194] Die zwischenstaatliche, völkerrechtliche Zusammenarbeit

---

[192] EuGH, Urteil vom 27.2.1962, Rs. 10/61 (*Kommission/Italien*), Slg. 1962, 1 (22 f.); aus der Literatur s. nur *Krück*, Völkerrechtliche Verträge (Anm. 60), 135; *Vedder* in: *Grabitz/Hilf*, Art. 228 [a.F.], Rn. 3 f. und *Petersmann* in: GTE, Bd. 5, 5. Aufl. 1997, Art. 234, Rn. 4 ff.; *ders.*, Auswärtige Gewalt (Anm. 128), 256.

[193] Was insbesondere dann nicht der Fall ist, wenn eine Frist für das Tätigwerden der Gemeinschaft vorgesehen ist. Objektiv nicht voraussehbar ist die Tätigkeit der Gemeinschaft, wenn sie auf Art. 308 EGV [ex Art. 235] oder auf eine Ermessensvorschrift gestützt ist, worunter u.a. Art. 175 EGV [ex Art. 130s] fällt. Die Gemeinschaft selbst wird jedoch völkerrechtlich nicht an die Verträge der Mitgliedstaaten gebunden. Es handelt sich nicht um eine Staatennachfolge oder um eine Substitution der Vertragsparteien, ebensowenig wie um eine Vertragsübernahme durch den EG-Vertrag. Zum ganzen *Vedder*, a.a.O., Rn. 14 ff. und Rn. 21; *Beutler/Bieber/ Pipkorn/Streil*, a.a.O., 533; *Krück*, a.a.O., 130 ff.; *Petersmann* in: GTE, a.a.O., Rn. 6; im Hinblick auf die Staatennachfolge differenzierend *ders.*, Auswärtige Gewalt, a.a.O., 259 ff. Siehe auch das Urteil *Kramer* (Anm. 64), 1312 (Rn. 40 f.).

[194] Bis auf das *Waldbrandinformationssystem* (siehe oben, Teil 2 Kap. 2 C.III.1.). An Abkommen existieren u.a. *das Abkommen zwischen der Bundesrepublik Deutschland und dem Königreich Niederlande über die gegenseitige Hilfeleistung einschließlich schweren Unglücksfällen* vom 7.6.1988 (BGBl. II 1992, 199), in dessen Rahmen die Vertragsparteien „alle geeigneten Informationen wissenschaftlich-technischer Art" austauschen und regelmäßig gemeinsame Tagungen veranstalten (Art. 13 Abs. 1). Auch die Durchführung gemeinsamer Untersuchungen ist möglich. Über Gefahren und Schadensfälle, die sich auf das Hoheitsgebiet der anderen Vertragspartei auswirken können, sollen Informationen ausgetauscht werden, einschließlich der „vorsorglichen Übermittlung von Meßdaten". Als – ehemaligem – Drittstaat ist mit Österreich am 23.12.1988 das *Abkommen zwischen der Bundesrepublik Deutschland und der Republik Österreich über die gegenseitige Hilfeleistung bei Katastrophen und schweren Unglücksfällen* (BGBl. II 1992, 207) abgeschlossen worden. Das Abkommen sieht eine Zusammenarbeit insbesondere auch durch den Informationsaustausch ähnlich dem Abkommen mit den Niederlanden vor (Art. 13). Auch die *ECE-*

der Mitgliedstaaten wird hier durch *Organisationsdienstleistungen* der Gemeinschaft ergänzt. Der Rat hat mehrere Entschließungen zum Katastrophenschutz verabschiedet, die aufgrund der nicht ganz klaren Kompetenz der Gemeinschaft in diesem Bereich gleichzeitig quasi völkerrechtlich handelnd als *Rat der Vereinigten Vertreter der Regierungen der Mitgliedstaaten* beschlossen wurden.[195] Erst in jüngster Zeit ist die Aufstellung eines – gegenüber den Mitgliedstaaten lediglich unterstützend, aber nicht regulativ wirkenden – Aktionsprogramms der Gemeinschaft für den Katastrophenschutz auf der Grundlage der „Hilfskompetenz" des Art. 308 EGV (ex Art. 235) beschlossen worden.[196] Die Gemeinschaft übernimmt hier eine Dienstleistungsrolle in Form des Ausbaus der Kommunikationsinfrastruktur und der Organisation eines EDV-gestützten Informationssystems. Zu diesem Zweck ist ein Netz von Korrespondenten der Mitgliedstaaten und der Kommission eingerichtet worden. Durch ein Pilotprojekt sollten die einzelstaatlichen Stellen mittels Computeranschlüssen vernetzt und eine Datenbank mit Angaben über das in den Mitgliedstaaten vorhandene Fachpersonal und

---

Industrieunfällekonvention von 1992 (unten, Anm. 222) erfaßt durch Naturkatastrophen verursachte Umweltbeeinträchtigungen.

[195] *Entschließung* des Rates und der im Rat Vereinigten Vertreter der Regierungen der Mitgliedstaaten vom 25.6.1987 *über die Einführung einer gemeinschaftlichen Zusammenarbeit im Bereich des Katastrophenschutzes* (Abl. Nr. C 176 vom 4.7.1987, 1); *Entschließung* des Rates und der im Rat Vereinigten Vertreter der Regierungen der Mitgliedstaaten vom 13.2.1989 *zu den neuen Entwicklungen der gemeinschaftlichen Zusammenarbeit im Bereich des Katastrophenschutzes* (Abl. Nr. C 44 vom 23.2.1989, 3); *Entschließung* des Rates und der im Rat Vereinigten Vertreter der Regierungen der Mitgliedstaaten vom 23.11.1990 *zur gemeinschaftlichen Zusammenarbeit beim Katastrophenschutz* (Abl. Nr. C 315 vom 14.12.1990, 1); *Entschließung* des Rates und der im Rat Vereinigten Vertreter der Regierungen der Mitgliedstaaten vom 23.11.1990 *zur Verbesserung der gegenseitigen Hilfeleistung zwischen Mitgliedstaaten bei Naturkatastrophen oder vom Mensch verursachten Katastrophen* (Abl. Nr. C 315 vom 14.12.1990, 3); *Entschließung* des Rates und der im Rat Vereinigten Vertreter der Regierungen der Mitgliedstaaten vom 8.7.1991 *zur Verbesserung der gegenseitigen Hilfeleistung zwischen Mitgliedstaaten bei natur- oder technologiebedingten Katastrophen* (Abl. Nr. C 198 vom 27.7.1991, 1). Zur rechtlichen Qualifizierung dieser Vereinbarungen oben, Teil 2 A.II.3.b.aa.

[196] Entscheidung 98/22/EG des Rates vom 19.12.1997 (Abl. Nr. L 8 vom 14.1.1998, 20), ausgelaufen und ersetzt durch *Entscheidung* 1999/847/EG vom 9.12.1999 *über ein Aktionsprogramm der Gemeinschaft für den Katastrophenschutz* (Abl. Nr. L 327 vom 21.12.1999, 53), siehe dort insbesondere Art. 1 Abs. 2.

Spezialgerät erstellt werden. Zudem hat die Kommission ein Handbuch über den Katastrophenschutz ausgearbeitet, das u.a. eine Übersicht über die Einsatzmittel enthält, die in den Mitgliedstaaten in Notfällen zur Verfügung stehen. Die Auswertung der bei gemeinsamen Hilfeeinsätzen gewonnenen Erfahrungen ist der Kommission in Zusammenarbeit mit den jeweiligen Korrespondenten übertragen worden. Die Auswertung erfolgt im Rahmen von Sitzungen der Korrespondenten, welche von der Kommission einzuberufen sind.[197]

I. Gegenseitige Ergänzung der Regelungsebenen

Seit der Einheitlichen Europäischen Akte erkennt der EG-Vertrag für den Umweltbereich ausdrücklich die praktische Relevanz der internationalen Zusammenarbeit an. Nach Art. 174 Abs.4 UAbs.1 S.1 EGV (ex Art. 130r) arbeiten die Gemeinschaft und die Mitgliedstaaten im Rahmen ihrer jeweiligen Befugnisse mit Drittstaaten und den zuständigen Internationalen Organisationen zusammen. Unter diese Zusammenarbeit fällt jede Form der Zusammenarbeit, einschließlich der Verabschiedung unverbindlicher Resolutionen sowie der Beteiligung am internationalen Informationsaustausch.[198] Die Einzelheiten der Zusammenarbeit können Gegenstand von Abkommen zwischen der Gemeinschaft und den Drittstaaten oder Organisationen sein (Art. 174 Abs. 4 UAbs. 1 S. 2 EGV). Nach überwiegender Ansicht ist diese Vorschrift nicht kompetenzbegründend, sondern enthält lediglich eine Aufgabenstellung.[199] Damit sind im Umweltbereich nach der sogenannten *AETR*-Rechtsprechung, wonach die Außenkompetenz der Innenkompetenz

---

[197] Siehe die Entschließung vom 23.11.1990 sowie die 4. Begründungserwägung und Nr. 11 der Entschließung vom 8.7.1991, a.a.O.

[198] Siehe nur *Breier* (Anm. 64), 348. Zu den Wechselwirkungen von Völkerrecht und Gemeinschaftsrecht *Everling*, Zur rechtlichen Wirkung von Beschlüssen, Entschließungen, Erklärungen und Vereinbarungen des Rates oder der Mitgliedstaaten der Europäischen Gemeinschaft, in: GS Constantinesco, 1983, 133 (147 ff.).

[199] Siehe nur *Grabitz/Nettesheim* in: *Grabitz/Hilf*, Art. 130 r EGV [a.F.], Rn. 102 ff. mit weiteren Verweisen; *Sola* (Anm. 171), 794; *Breier*, a.a.O., 347; a.A. *Schroer* (Anm. 190), 275 ff.

folgt, z.B. Art. 175 oder Art. 95 EGV (ex Art. 130s und 100a) als Befugnisnormen heranzuziehen.[200]

Ein weitgehend lückenloses Abkommenssystem besteht z.B. im europäischen Raum für den Meeresschutz.[201] Die Gemeinschaft selbst hat hier die Politik der lückenlosen Überwachung durch eine gegenseitige Ergänzung der Regelungsebenen des Völker- und des Gemeinschaftsrechts verfolgt. Nach dem *Aktionsprogramm der Europäischen Gemeinschaft auf dem Gebiet der Überwachung und Verringerung der Ölverschmutzung des Meeres* hatte es sich die EG zum Ziel gesetzt, die bereits existierenden internationalen Übereinkommen unter Vermeidung von Überschneidungen zu ergänzen.[202] Die Kommission wurde beauftragt, Voruntersuchungen durchzuführen, um Überwachungslükken festzustellen und zu schließen. Vor dem Hintergrund dieser Untersuchungen hat die Gemeinschaft an der Ausarbeitung weiterer völkerrechtlicher Regelungen teilgenommen und die Entscheidungen von 1981 und 1986 zur Errichtung eines gemeinschaftlichen Informationssystems erlassen.[203] Dieses System diente zunächst der Umsetzung der

---

[200] EuGH „AETR" (Anm. 64), 274 f. (Rn. 23/14 ff.); deutlicher noch im Gutachten 1/76 vom 26.4.1977 „Stillegungsfonds für die Binnenschiffahrt", Slg. 1977, 741 (755, Rn. 3). Vgl. auch *Geiger* (Anm. 173), a.a.O.; *Dauses* (Anm. 171), 173 ff.; *Krück* in: *Ress* (Anm. 57), 165 ff. sowie *ders.*, Völkerrechtliche Verträge (Anm. 60), 102 ff., 140 ff. zur Abschlußkompetenz insbesondere von *gemischten Abkommen*. Zu den Ermächtigungsgrundlagen näher oben, Teil 3 Kap. 1 B.

[201] Zu den einzelnen Abkommen *Beyerlin*, Umweltvölkerrecht, 2000, Rn. 219 ff.; *ders.*, New Developments in the Protection of the Marine Environment: Potential Effects of the Rio Process, ZaöRV 1995, 544 ff. Als Dachvertrag überspannt das globale Seerechtsübereinkommen der UNO die speziellen regionalen Abkommen (*United Nations Convention on the Law of the Sea*, UNCLOS, unterzeichnet am 10.12.1982 in Montego Bay, BGBl. II 1994, 1798, Text auch in: 21 ILM 1261 [1982]). Das Übereinkommen enthält umfangreiche Bestimmungen zum Umweltschutz, u.a. zum Informationsaustausch, verweist aber hinsichtlich genauerer Regelungen auf regionale und bilaterale Abkommen (Art. 200 ff.). Es trat am 28.7.1996 in Kraft.

[202] Entschließung des Rates vom 26.6.1978 (Abl. Nr.162 vom 8.7.1978, 1).

[203] *Entscheidung* 81/971/EWG vom 3.12.1981 *zur Errichtung eines gemeinschaftlichen Informationssystems zur Überwachung und Verringerung der Ölverschmutzung des Meeres* (Abl. Nr. L 355, 1981, 52) und *Entscheidung* 86/85/EWG *zur Errichtung eines gemeinschaftlichen Informationssystems zur Überwachung und Verringerung der Verschmutzung der Meeres und der wichtigsten Binnengewässer durch Öl und andere gefährliche Stoffe* (zum genauen Inhalt oben, Teil 2 Kap. 2 C.III.1.).

Vorschriften des *Protokolls über die Zusammenarbeit bei der Bekämpfung der Verschmutzung des Mittelmeers durch Öl und andere Schadstoffe in Notfällen*[204] und des *Übereinkommens zur Zusammenarbeit bei der Bekämpfung der Verschmutzung der Nordsee durch Öl und andere Schadstoffe.*[205] Ersteres hatte die Gemeinschaft ausdrücklich im Hinblick auf die Teilnahme „an dem Informationsaustausch und der gemeinsamen Forschung“ genehmigt.[206] Der neue Rechtsrahmen für

---

[204] Barcelona, 16.2.1976, Text im Anhang zum Genehmigungsbeschluß der Gemeinschaft (Beschluß 80/420/EWG vom 19.5.1981, Abl. Nr. L 162 vom 19.6.1981, 4) [im folgenden: *Mittelmeerprotokoll*].

[205] *Übereinkommen von Bonn*, 13.9.1983 (BGBl. II 1990, 71 und Beschluß 84/358/EWG vom 28.6.1984, Abl. Nr. L 188 vom 16.7.1984, 7). Die Vertragsparteien haben sich hiernach über die zuständigen Behörden, die nationalen Vermeidungs- und Bekämpfungsmaßnahmen und größere Verschmutzungsereignisse zu unterrichten. Bei einer ernsten Gefahr für die Küste einer anderen Vertragspartei hat die Unterrichtung unverzüglich zu erfolgen. Den Kapitänen sind bei Unfällen bestimmte Meldepflichten aufzuerlegen. Zur Vermeidung von Überwachungslücken werden Zuständigkeitszonen für die Überwachung und die Sachverhaltsermittlung im Gefahrenfall festgelegt, die sich an den völkerrechtlichen Wirtschaftszonen orientieren (Art. 6 und 6 A). An diese Zuständigkeitszonen knüpft auch die Verantwortung für die Unterrichtung der anderen Parteien an. Seit der Vertragsänderung von 1989 soll zudem für die koordinierte, kontinuierliche Überwachung der Nordsee gesorgt werden, die neben der Aufklärung von Verschmutzungen auch der Prävention, d.h. der Verhinderung von Verschmutzungsfällen dienen soll. Die Vertragsänderungen sind von der Gemeinschaft durch den Beschluß 93/540/EWG vom 18.10.1993 (Abl. Nr.L 263 vom 22.10.1993, 51) angenommen worden. Der Text ist im Anschluß daran wiedergegeben.

[206] 7. Begründungserwägung des Genehmigungsbeschlusses (Anm. 204). Die Vertragsparteien sollen nach dem *Mittelmeerprotokoll* (Anm. 204) einzeln oder in bilateraler oder multilateraler Zusammenarbeit eine aktive Überwachung des Mittelmeergebietes entwickeln, um zunächst eine „möglichst genaue Kenntnis“ von im einzelnen näher aufgeführten Tatbeständen zu erhalten (Art. 4 i.V.m. Art. 1). Die Koordination des Informationsflusses soll zur Gewährleistung der Zuverlässigkeit und Schnelligkeit über eine regionale Zentralstelle laufen. Diese Stelle ist über die zuständigen Behörden, die Verhütungsverfahren und die Bekämpfungsmethoden zu unterrichten. Die Kapitäne sind für den Gefahrenfall bestimmten Meldepflichten zu unterwerfen. Die betroffenen Vertragsparteien sind bei einem aktuellen Vorfall direkt oder über die regionale Zentralstelle zu unterrichten. Im Anschluß hat eine ausführlichere Berichterstattung stattzufinden, deren Inhalt in einer Anlage im einzelnen geregelt ist. Kapitäne und Piloten müssen „so weit wie möglich den Ersuchen der betroffenen Staaten um zusätzliche Auskünfte nachkommen“ (Nr. 5 *lit.* b der Anlage i.V.m. Art. 8 Abs. 1,

das gemeinschaftsrechtliche Informationssystem, die Entscheidung Nr. 2850/2000/EG vom 20.12.2000, verweist nun zudem auf das 1998 in Kraft getretene *OSPAR-Übereinkommen.*[207] Durch die Einrichtung von öffentlich zugänglichen Internet-Seiten steht das hierin vorgesehene Informationssystem einem unbegrenzten Kreis von Staaten, Behörden und interessierten Personen zur Verfügung.[208]

Völkergewohnheitsrecht, Gemeinschaftsrecht und Völkervertragsrecht können sich gegenseitig „inspirieren" und zu immer detaillierteren und strengeren Verfahrensregeln führen. So wurde die bei Unfällen bestehende völkergewohnheitsrechtliche Warnungspflicht[209] im Bereich der Nuklearenergie bereits 1980 auf gemeinschaftsrechtlicher Ebene durch die *Grundnormenrichtlinie* 80/836/Euratom kodifiziert, wenn auch ohne detaillierte Verfahrensbestimmungen.[210] Als Reaktion auf die verspätete Warnung der betroffenen Staaten über den Vorfall im Atomkraftwerk Tschernobyl durch die Sowjetunion wurde am 26.9.1986 das *Übereinkommen über die frühzeitige Benachrichtigung bei nuklearen Unfällen* geschlossen, welches bereits genaue Verfahrensvorschriften zu Zeitpunkt, Mindestinhalt sowie der Weiterleitung der Informationen und die Pflicht zur Benennung von Kontaktstellen enthält.[211] Im An-

---

a.a.O.), sie sind mithin den betroffenen Staaten gegenüber direkt auskunftspflichtig.

[207] *Entscheidung* 2850/2000/EG *über einen gemeinschaftlichen Rahmen für die Zusammenarbeit im Bereich der unfallbedingten oder vorsätzlichen Meeresverschmutzung* (Abl. Nr. L 332 vom 28.12.2000, 1). Zum Inhalt der Entscheidung siehe Teil 2 Kap. 2 C.III.1.

[208] Siehe Anlage I der Entscheidung 2850/2000/EG, a.a.O.

[209] Siehe oben, Kap. 1 A.I.

[210] Im einzelnen hieß es darin: „Jeder Unfall, der eine Strahlenexposition der Bevölkerung zur Folge hat, ist, wenn die Umstände es erfordern, unverzüglich den benachbarten Mitgliedstaaten und der Kommission zu melden" (Art. 45 Abs. 5 der *Richtlinie* vom 15.7.1980 *zur Festlegung von Grundnormen für den Gesundheitsschutz der Bevölkerung und der Arbeitskräfte gegen die Gefahren ionisierender Strahlungen*, Abl. Nr. L 246 vom 17.9.1980, 1, zum 13.5.2000 aufgehoben durch die Richtlinie 96/29/Euratom, Abl. Nr. L 159 vom 29.6.1996, 1). Die Warnungspflicht läßt den Mitgliedstaaten einen gewissen Beurteilungsspielraum im Hinblick auf die durch die Umstände angezeigte Erforderlichkeit.

[211] BGBl. II 1989, 434, englischer Text auch in: 25 ILM 1370 (1986) [im folgenden: *Frühwarnungsübereinkommen*]. Bei einem Unfall, durch den es zu einer grenzüberschreitenden Freisetzung von radioaktiven Stoffen kommen kann, die für die Sicherheit eines anderen Staates von Bedeutung sein könnte, sind die

schluß an den Abschluß dieses Abkommens hat der Rat die *Entscheidung* 87/600/Euratom *über Gemeinschaftsvereinbarungen für den beschleunigten Informationsaustausch im Fall einer radiologischen Notstandssituation*[212] erlassen, welche inhaltlich noch weitergehende Unterrichtungspflichten vorsieht. Zudem ist der Auslösungstatbestand für die Warnungspflicht verobjektiviert worden.[213] Weiterhin wurden kurz darauf durch die Richtlinie 89/618/Euratom die Unterrichtung der Bevölkerung sowie die im einzelnen zu treffenden Notfallmaßnahmen gemeinschaftseinheitlich geregelt.[214] Neben diesen Regelungen sind –

Vertragsparteien entweder direkt oder über die IAEO zu benachrichtigen. Die Benachrichtigung hat mit einem näher bestimmten Mindestinhalt sofort zu erfolgen, weitere verfügbare Informationen sind nachfolgend umgehend zu übermitteln. Die erste Benachrichtigung stellt eine Warnung dar, die darauffolgende ergänzende Unterrichtung ist inhaltlich umfangreicher, benötigt daher aber auch mehr Zeit. Auf Ersuchen anderer Staaten oder Organisationen werden die erhaltenen Informationen von der IAEO an alle Vertragsstaaten, Internationale Organisationen oder sonstige Mitglieder der IAEO weitergegeben (Art. 4 *lit.* b i.V.m. Art. 2 und Art. 5). Soweit es „vernünftigerweise durchführbar ist" hat der Ursprungsstaat dem Ersuchen eines betroffenen Vertragsstaates um weitere Informationen oder Konsultationen zu entsprechen. Die Vertragsparteien haben für die Durchführung des Informationsaustausches Kontaktstellen zu benennen, die ständig ansprechbar sind. Zum Übereinkommen siehe auch *Lang*, Frühwarnung bei Nuklearunfällen, ÖZöRV 1988, 9 ff. Zur Geschichte des Unfalles und des Übereinkommens *Sands*, Chernobyl: Law and Communication, 1988, 1 ff.; *Zehetner*, Umweltkatastrophen (Anm. 12), 202.

212 Entscheidung des Rates vom 14.12.1987 (Abl. Nr. L 371 vom 30.12.1987, 76).

213 Der Hauptunterschied zum Übereinkommen besteht darin, daß neben dem Eintritt eines Unfalles auch die Feststellung anormaler Radioaktivitätswerte eine Unterrichtungspflicht auslöst (eingehender oben, Teil 2 Kap. 2 A.II.3.a). Zeitlich ist diese Unterrichtungspflicht an das Ergreifen von Maßnahmen zum Schutz der eigenen Bevölkerung geknüpft, sie ist damit öffentlichkeitsakzessorisch (siehe auch oben, Teil 2 Kap. 2 A.II.2.). In diesem Zeitpunkt sind die Kommission und die betroffenen Mitgliedstaaten „unverzüglich" in Kenntnis zu setzen. Gleichzeitig ist der Auslösungstatbestand durch die Öffentlichkeitsakzessorietät relativiert worden, d.h. abhängig von Umständen, die der verpflichtete Mitgliedstaat selbst beeinflussen kann. Zum breiten subjektiven Ermessensspielraum im Rahmen des *Frühwarnungsübereinkommens* siehe auch *Handl* (Anm. 26), 68 und *Lang*, Frühwarnung (Anm. 211), 11.

214 *Richtlinie vom 27.11.1989 über die Unterrichtung der Bevölkerung über die bei einer radiologischen Notstandssituation geltenden Verhaltensmaßregeln und zu ergreifenden Gesundheitsschutzmaßnahmen* (Abl. Nr. L 357 vom 7.12.1989, 31). Nach Art. 10 dieser Richtlinie sind die der Bevölkerung erteilten

meist zwischen Nachbarstaaten – zahlreiche bilaterale Abkommen mit weiteren Bestimmungen zur Frühwarnung geschlossen worden.[215] Erst aus einer Zusammenschau dieser Vielzahl von sich gegenseitig ergänzenden Regelungen ergibt sich also die konkrete Pflichtenlage der Mitgliedstaaten.

Ähnlich aufschlußreich ist die Geschichte der präventiven vorhabenbezogenen Unterrichtungspflicht. Bereits 1974 sah die *Nordische Umweltschutzkonvention* eine präventive vorhabenbezogene Unterrichtungspflicht im Rahmen umfassender grenzüberschreitender Behördenbeteiligungsrechte vor.[216] Wenig später verabschiedete die OECD

Informationen auch der Kommission und den anderen Mitgliedstaaten, z.T. auf Verlangen, z.T. fakultativ und z.T. verbindlich, zu übermitteln.

[215] Die Bundesrepublik Deutschland hat z.B. mit zahlreichen Nachbarstaaten Regierungsvereinbarungen über Fragen der kerntechnischen Sicherheit getroffen, so die *Regierungsvereinbarung zwischen der Bundesrepublik Deutschland und Dänemark über Fragen gemeinsamen Interesses im Zusammenhang mit kerntechnischer Sicherheit und Strahlenschutz* vom 24.11.1988 (BGBl. II 1988, 1099); die *Vereinbarung zwischen der Regierung der Bundesrepublik Deutschland und der Regierung des Königreichs Norwegen über Fragen gemeinsamen Interesses im Zusammenhang mit kerntechnischer Sicherheit und Strahlenschutz* vom 24.11.1988 (BGBl. II 1988, 1098); das *Deutsch-schwedische Abkommen über die frühzeitige Benachrichtigung bei nuklearen Unfällen sowie über den Informations- und Erfahrungsaustausch bezüglich kerntechnischer Sicherheit und Strahlenschutz* (BGBl. II 1991, 421); das *Deutsch-tcheschoslowakische Abkommen zur Regelung von Fragen gemeinsamen Interesses im Zusammenhang mit kerntechnischer Sicherheit und Strahlenschutz* (BGBl. II 1990, 1307) u.a.m. Neben der Warnungspflicht bei Unfällen ist meistens eine Unterrichtung bei ungewöhnlich erhöhten Radioaktivitätswerten – d.h. unabhängig vom Eintritt eines Unfalles – sowie der allgemeine Erfahrungsaustausch vorgesehen. Die Vereinbarungen mit Dänemark und Norwegen binden die Unterrichtungspflicht nicht an die Einleitung von Maßnahmen zum Schutz der eigenen Bevölkerung, d.h. es fehlt das Element der Öffentlichkeitsakzessorietät. Der Auslösungstatbestand ist damit absoluter als im Gemeinschaftsrecht, gleichzeitig aber auch unbestimmter, da er an einen wertenden Rechtsbegriff anknüpft.

[216] *Nordic Convention on the Protection of the Environment*, unterzeichnet am 19.2.1974 in Stockholm zwischen Norwegen, Schweden, Finnland und Dänemark (Text in: 13 ILM 591 [1974] und *Sands/Tarasofsky/Weiss*, [Anm. 19], Nr. 7). Die Beteiligungsrechte von Nachbarstaaten werden denen öffentlicher nationaler Stellen gleichgestellt. Wenn die Genehmigungsbehörde des Verursacherstaates feststellt, daß möglicherweise grenzüberschreitende Umweltbelastungen eintreten, hat sie unter bestimmten Voraussetzungen die *supervisory authority* des betroffenen Nachbarstaates zu unterrichten. Die *supervisory*

die *Council Recommendation on Principles Concerning Transfrontier Pollution.*[217] Auch auf bilateraler Ebene wurden in der Folge einschlägige Vereinbarungen oder Empfehlungen verabschiedet,[218] bis dann im Jahr 1985 die Europäische Gemeinschaft die *Richtlinie* 85/337/EWG *über die Umweltverträglichkeitsprüfung bei bestimmten öffentlichen und privaten Vorhaben* erließ, welche ebenfalls eine grenzüberschreitende Behördenbeteiligung vorsieht. In ihrer ursprünglichen Fassung verwies diese Richtlinie für die nähere Ausgestaltung der grenzüberschreitenden Konsultationspflicht auf die „bilateralen Beziehungen" zwischen den Mitgliedstaaten, d.h. auf die Ebene des Völkerrechts.[219] Auf völkerrechtlicher Ebene wurde das Verfahren der grenzüberschreitenden Behördenbeteiligung im Jahr 1991 durch die *Convention on Environmental Impact Assessment in a Transboundary Context* spezifiziert.[220] Im Hinblick auf die Mitunterzeichnung der *UVP-*

---

authority hat dann ein Äußerungs- und Akteneinsichtsrecht. Auf ihre Anfrage hin sind durch den Antragsteller des Vorhabens zusätzliche Informationen zu erteilen, die für die Einschätzung der grenzüberschreitenden Auswirkungen nötig sind. Bei möglicherweise erheblichen grenzüberschreitenden Umweltschäden besteht eine Konsultationspflicht. Zur Schadensfeststellung im betroffenen Staat können gemischte Inspektionen durchgeführt werden.

[217] Zum Inhalt der Empfehlung vom 14.11.1974 oben, Anm. 158.

[218] Neben den bereits oben aufgeführten Vereinbarungen zur Unterrichtung beim Bau von kerntechnischen Anlagen (siehe Anm. 215) ist die *Empfehlung zur gegenseitigen Unterrichtung über neue Projekte im Zuständigkeitsbereich der Deutsch-Schweizerischen Regierungskommission für nachbarschaftliche Fragen* vom 15.9.1982 zu nennen (Anm. 86). Die Unterrichtungspflicht besteht bei Vorhaben, die auf regionaler Ebene einer Genehmigungspflicht unterliegen und geeignet sind, grenzüberschreitende Auswirkungen hervorzurufen. Die Empfehlung wurde wesentlich durch den damals in Arbeit befindlichen *UVP-Richtlinienentwurf* der EG-Kommission beeinflußt (*Pätzold*, [Anm. 87], 257). Ausführlich zu diesbezüglichen Vereinbarungen der Bundesrepublik mit ihren Nachbarstaaten auch *Herzog* (Anm. 11), 55 ff. sowie allgemein *Randelzhofer/Harndt* (Anm. 24), 59 ff.

[219] Richtlinie vom 27.6.1985, ausführlich dazu oben, Teil 2 Kap. 2 A.II.3.c.bb. Zur Vermischung völkerrechtlicher und gemeinschaftsrechtlicher Konsultations- und Unterrichtungspflichten Teil 2 Kap. 2 A.IV.5., was neben der *UVP-Richtlinie* die *IVU-Richtlinie*, die erste *Seveso-Richtlinie*, die *Gentechnikrichtlinie* und die *Industrieanlagenrichtlinie* betrifft.

[220] Unterzeichnet in Espoo am 25.2.1991, Text in: U.N., Economic Commission for Europe, Environmental Conventions elaborated under the auspices of the UN-ECE, 1992 [im folgenden: *UVP-Konvention*]. Sie enthält eine öffent-

Konvention durch die Gemeinschaft wurde dann die *UVP-Richtlinie* geändert.[221] Die *UVP-Konvention* ist hinsichtlich ihrer Verfahrensregeln jedoch immer noch detaillierter ausgestaltet als die Richtlinie der Gemeinschaft. Sie kann (und muß im Verhältnis zu Drittstaaten) zur Lückenfüllung herangezogen werden. Dies gilt insbesondere hinsichtlich der Einschaltung einer *Inquiry Commission* und der Vereinbarung einer *post project analysis*. Die *Convention on the Transboundary Effects of Industrial Accidents* von 1992 sieht im Hinblick auf die grenzüberschreitende Behördenbeteiligung bei Industrieunfällen noch einmal speziellere Verfahrensregeln vor, insbesondere gibt sie genaue Begriffsdefinitionen und legt die Informationspflichten der Betreiber fest.[222]

---

lichkeitsakzessorische zwischenstaatliche Unterrichtungspflicht bei bestimmten genehmigungspflichtigen Vorhaben. Potentiell betroffene Staaten sind nicht später als die eigene Bevölkerung zu unterrichten (Art. 3 Abs. 1). Der Auslösungstatbestand ist damit objektiv und gleichzeitig relativ. Wird die Teilnahme am UVP-Verfahren gewünscht, muß der beeinträchtigte Staat innerhalb einer vom Ursprungsstaat gesetzten Frist dies mitteilen. Die Verfahrensteilnahme löst dann eine Auskunftspflicht des beeinträchtigten Staates über die dort potentiell betroffene Umwelt aus (Art. 3 Abs. 6). Wenn keine Notifikation erfolgt, aber eine Vertragspartei der Ansicht ist, daß in ihrem Hoheitsgebiet potentiell erhebliche Umweltbeeinträchtigungen entstehen, kann sie nach einem erfolglosen Einigungsversuch den Fall einer *Inquiry Commission* (Untersuchungs- oder Tatsachenfeststellungskommission) zur Stellungnahme unterbreiten (Art. 3 Abs. 7 und Appendix IV). Die Sachverhaltsaufklärung durch diese Kommission ist von den beteiligten Vertragsparteien durch das Zur-Verfügung-Stellen von Dokumenten, Zeugen und Sachverständigen zu unterstützen. Nach Abschluß der UVP-Dokumentation besteht eine Konsultationspflicht hinsichtlich der grenzüberschreitenden Effekte und möglicher Alternativen. Die Stellungnahme des beeinträchtigten Staates im UVP-Verfahren und die Ergebnisse der Konsultationen sind bei der Genehmigungsentscheidung zu berücksichtigen. Die nachfolgende Überwachung des Vorhabens und seiner grenzüberschreitenden Auswirkungen kann bilateral vereinbart werden (sogenannte *post project analysis*), so daß subsequente Überwachungs-, Informations- und Konsultationspflichten entstehen (Art. 7).

[221] Siehe 7. Begründungserwägung zum Änderungsvorschlag (Abl. Nr. C 130 vom 12.5.94, 8).

[222] *Übereinkommen über die grenzüberschreitenden Auswirkungen von Industrieunfällen*, unterzeichnet in Helsinki am 17.3.1992 (BGBl. II, 1998, 1527) [im folgenden: *ECE-Industrieunfällekonvention*]. Es erfaßt auch durch Naturkatastrophen verursachte Umweltbeeinträchtigungen. Die Konvention gibt genaue Begriffsdefinitionen, die Informationspflicht knüpft aber an subjektive, d.h. durch Wertungen ausfüllungsbedürftige Tatbestandsmerkmale an. Der Informationsaustausch wird durch die einschlägigen nationalen und internationa-

Zum Zwecke der präventiven Unterrichtung und einer einem Unfall nachfolgenden Warnung sieht sie die Einrichtung sogenannter *Industrial Accident Notification Systems* vor.[223] Bei gefährlichen Aktivitäten (*hazardous activities*) besteht eine Identifikations-, präventive Notifikations- und ggf. auch Konsultationspflicht.[224] Bei Uneinigkeit über das Vorliegen des Tatbestandsmerkmals *hazardous activity* kann auf Initiative einer Partei eine *Inquiry Commission* zur Stellungnahme aufgefordert werden. Diese Kommission setzt sich aus technischen Experten zusammen, denen die Parteien alle einschlägigen Unterlagen, Informationen und Hilfsmittel zur Verfügung stellen müssen.[225] Die Konvention fällt in den Anwendungsbereich der bereits 1982 erlassenen (ersten) *Seveso-Richtlinie* der Gemeinschaft, welche auch in Anbetracht dieser Konvention nunmehr durch die *Richtlinie zur Beherrschung der Gefahren bei schweren Unfällen mit gefährlichen Stoffen* abgelöst worden ist.[226] In dieser Richtlinie finden sich keine so konkreten horizontalen

---

len Vorschriften zum Schutz persönlicher Daten, von Geschäfts- und Betriebsgeheimnissen oder der nationalen Sicherheit begrenzt. Wenn solche Informationen doch zur Verfügung gestellt werden unterliegen sie der Vertraulichkeit und Zweckbindung.

223 Art. 10 und Annex IX der *Industrieunfällekonvention*, a.a.O. Sie sollen zur Verbesserung der Kommunikationswege errichtet werden. Darunter fallen kompatible Datenfernübertragungs- und -verarbeitungssysteme, die die schnellstmögliche Übertragung ermöglichen.

224 Art. 4 der Konvention, a.a.O. Voraussetzung sind erhebliche (*serious*) grenzüberschreitende Umweltauswirkungen. Hinsichtlich des Zeitpunktes ist die Notifikationspflicht wiederum öffentlichkeitsakzessorisch, d.h., sie hat so früh wie möglich, aber spätestens im Zeitpunkt der Unterrichtung der eigenen Bevölkerung stattzufinden (im Detail in Annex III ähnlich der *UVP-Konvention* geregelt, jedoch noch detaillierter). Die der Notifikationspflicht nachfolgenden Konsultationen sind einseitig obligatorisch (Annex III, Nr. 6 bis 10). Zeigt der Wirkungsstaat an, daß er den Eintritt in Konsultationen erwünscht, unterliegt der Ursprungsstaat erweiterten Informationspflichten (Annex V). Der Wirkungsstaat selbst unterliegt wiederum einer Informationspflicht über die Auswirkungen. Die Stellungnahme des Wirkungsstaates ist vom Ursprungsstaat zu berücksichtigen und er ist über getroffene Entscheidungen zu unterrichten. Dem Betreiber sind von den Vertragsparteien präventiv Informationspflichten zu sicherheitsrelevanten Fragen aufzuerlegen (Art. 6).

225 Annex II Nr.7, a.a.O.

226 *Seveso-II-Richtlinie* (Anm. 188), siehe die 7. Begründungserwägung. Die Gemeinschaft ist der Konvention allerdings erst 1998 – unter Hinweis auf die Bestimmungen zur grenzüberschreitenden Zusammenarbeit in den beiden *Se-*

Informationspflichten wie in der Konvention, u.a. weder eine explizite Warnungspflicht noch die Entsprechung einer *Inquiry Commission*, sondern vielmehr ein mehr oder weniger offenes Registrier- und Informationssystem.[227] Sie kann in dieser Hinsicht durch das Völkerrecht ergänzt werden. Beide Konventionen sehen zudem ausdrücklich die Möglichkeit vor, daß der Informationsaustausch in Teilen über ein gemeinsames Gremium erfolgt, so z.B. die EG-Kommission.

Der Abschluß völkerrechtlicher Verträge im europäischen Raum wird durch bestehende „Erstregelungen" auf der Gemeinschaftsebene vereinfacht, weil dann bereits Erfahrungen mit dem zwischenstaatlichen Informationsaustausch vorhanden sind und erste politische Hürden abgebaut werden konnten. Umgekehrt gibt das Bestehen einer völkerrechtlichen Übereinkunft der Gemeinschaft einen politischen Anstoß zu weitergehenden Regeln, sei es in Umsetzung des Übereinkommens, sei es als überobligatorisches „Vorbildverhalten". Im Bereich der Luftverschmutzung hatte die Gemeinschaft z.B. bereits 1975 ein gemeinsames Informationsaustauschverfahren zwischen den Luftüberwachungs- und Kontrollnetzen für Schwefel und Schwebstoffe eingeführt.[228] 1979 ist dann das *Übereinkommen über weiträumige grenzüberschreitende Luftverunreinigung* abgeschlossen worden, welches dem Problem der Schadstofffferntransporte im europäischen Raum abhelfen sollte.[229] Das Übereinkommen diente zunächst v.a. der Datenermittlung.[230] Dabei

---

veso-Richtlinien – beigetreten (siehe den Beitrittsbeschluß Nr. 98/685/EG, [Anm. 181]).

[227] Näher hierzu oben, Teil 2 Kap. 2 A.II.3.a. und C.III.1.

[228] *Entscheidung 75/441 zur Einführung eines gemeinsamen Verfahrens für einen Informationsaustausch zwischen den Überwachungs- und Kontrollnetzen betreffend die Daten über die Luftverschmutzung durch bestimmte Schwefelverbindungen und durch Schwebstoffe* (Abl. Nr.L 194 vom 25.7.1975, 40).

[229] Unterzeichnet am 13.11.1979 in Genf (BGBl. II 1982, 374) [im folgenden: *LTRAP-Übereinkommen* für die englische Bezeichnung *Long Range Transboundary Air Pollution Convention*].

[230] Nach Art. 8 soll ein Informationsaustausch der verfügbaren Informationen über Emissionen bestimmter Stoffe, politische Maßnahmen, Technologien, Kosten und wissenschaftliche Erkenntnisse entweder direkt zwischen zwei Vertragsparteien oder über das Exekutivorgan des Übereinkommens stattfinden. Art. 5 legt fest, daß auf Ersuchen Konsultationen zwischen betroffenen Vertragsparteien stattfinden sollen. Art. 7 bezieht sich auf die Zusammenarbeit bei Forschung und Entwicklung von Überwachungs- und Meßtechniken sowie von Modellen zum Verständnis der Übertragung der Stoffe und deren Auswir-

legt es selbst keine Umweltmonitoringpflichten fest, sondern will den Datenaustausch zwischen bereits bestehenden Meßnetzen und die Vereinheitlichung der Informationsrahmendaten fördern.[231] Zu diesem Zweck war bereits 1977 das „Programm über die Zusammenarbeit bei der Messung und Bewertung der weiträumigen Übertragung von luftverunreinigenden Stoffen in Europa" (EMEP) eingerichtet worden.[232] Nach dem Beitritt der Gemeinschaft zum *LTRAP-Übereinkommen* im Jahr 1981 ist der in der Entscheidung 75/441 festgelegte Informations-

---

kungen. Infolge des Informationsaustauschs, der Konsultationen sowie der Forschungs- und Überwachungsarbeiten sollen die Vertragsparteien „ohne ungebührliche Verzögerung Politiken und Strategien, die der Bekämpfung der Einleitung von luftverunreinigenden Stoffen dienen," entwickeln (Art. 3).

[231] Zu den Begriffen des Umweltmonitoring und der Informationsrahmendaten Teil 2 Kap. 2 B.II. und Kap. 4 A.

[232] Das *Protokoll zum Übereinkommen über weiträumige grenzüberschreitende Luftverunreinigung von 1979, betreffend die langfristige Finanzierung des Programms über die Zusammenarbeit bei der Messung und Bewertung der weiträumigen Übertragung von luftverunreinigenden Stoffen in Europa (EMEP)* (unterzeichnet in Genf am 28.9.1984, Beitritt der Gemeinschaft durch Beschluß vom 12.6.1986, Abl. Nr. L 181 vom 4.7.1986, 1, Text im Anschluß sowie in BGBl. II 1988, 421) betrifft lediglich Finanzierungsfragen. Die inhaltlichen Fragen sind im *LTRAP-Übereinkommen* selbst geregelt. Ausdrücklich ist festgelegt, daß die Errichtung der Meßstationen und die Sammlung von Daten unter der Hoheitsgewalt des Landes erfolgen, in dem sich die Meßstationen befinden (Art. 9 *lit.* c). Das Programm war zunächst auf Zwecke der Informationsbeschaffung für die Rechtsetzung bzw. die Informationsvorsorge beschränkt, später sollten die nationalen EMEP-Netze für Überwachungszwecke erweitert werden. Auf der so ermittelten Entscheidungsgrundlage sind dann nacheinander verschiedene Protokolle abgeschlossen worden, welche die Emission einzelner Schadstoffe regulieren und wiederum eigene Berichts- und Kontrollpflichten enthalten. So das *Protocol on the Reduction of Sulphur Emissions or their Transboundary Fluxes by at least 30 per cent*, Helsinki, 8.7.1985 (BGBl. II 1986, 1116); das *Protocol concerning the Control of Emissions of Nitrogen Oxides or their Transboundary Fluxes*, Sofia, 31.10.1988 (BGBl. II 1990, 1278), das *Protokoll betreffend die weitere Verringerung von Schwefelemissionen*, Oslo, 14.6.1994 (BGBl. II 1998, 130) sowie das *Protokoll betreffend Schwermetalle* sowie *betreffend dauerhafte organische luftverunreinigende Stoffe*, beide Aarhus, 24.6.1998 (Text in Abl. EG Nr. L 134 vom 17.5.2001, 41). Zu LTRAP und den Protokollen siehe nur *Beyerlin*, Umweltvölkerrecht, 2000, Rn. 316 ff.

austausch auf alle Schadstoffe ausgedehnt worden.[233] Im Anschluß an das *VOC-Protokoll* des Übereinkommens ergingen auf Gemeinschaftsebene zwei *VOC-Richtlinien*.[234] Neben dem *LTRAP-Übereinkommen* und seinen Protokollen bestehen wiederum auf subregionaler Ebene Vereinbarungen zum Informationsaustausch über einzelne Luftschadstoffe.[235]

Neuere Verträge oder Vertragsänderungen enthalten zunehmend Informationspflichten, deren Tatbestandsmerkmale jedoch meist sehr unscharf formuliert und zudem häufig mit einem Beurteilungs- oder Er-

---

[233] Beitritt der Gemeinschaft durch Beschluß 81/462/EWG vom 11.6.1981 (Abl. Nr. L 171 vom 27.6.1981, 11). *Entscheidung* 82/459/EWG vom 24.6.1982 *zur Einführung eines gegenseitigen Austauschs von Informationen und Daten aus Meßnetzen und einzelnen Stationen zur Erfassung der Luftverschmutzung in den Mitgliedstaaten* (Abl. Nr.L 210 vom 19.7.1982, 1), nunmehr abgelöst und wiederum ausgedehnt durch die *Entscheidung* 97/101/EG vom 27.1.1997 *zur Schaffung eines Austauschs von Informationen und Daten aus den Netzen und Einzelstationen zur Messung der Luftverschmutzung in den Mitgliedstaaten*, (Abl. Nr. 35 vom 5.2.1997, 14). Zum Inhalt oben, Teil 2 Kap. 2 C.III.1.

[234] *Protokoll betreffend die Bekämpfung von Emissionen flüchtiger organischer Verbindungen und Stickstoffoxide oder ihres grenzüberschreitenden Flusses*, Genf, 18.11.1991 (BGBl. II 1994, 2358) und *Richtlinie* 94/63/EWG vom 20.12.1994 *zur Begrenzung der Emissionen flüchtiger organischer Verbindungen (VOC-Emissionen) bei der Lagerung von Ottokraftstoff und seiner Verteilung von den Auslieferungslagern zu den Tankstellen* (Abl. Nr. L 365 vom 31.12.1994, 24) sowie *Richtlinie* 1999/13/EG vom 11.3.1999 *über die Begrenzung von Emissionen flüchtiger organischer Verbindungen, die bei bestimmten Tätigkeiten und in bestimmten Anlagen bei der Verwendung organischer Lösungsmittel entstehen* (Abl. Nr. L 85 vom 29.3.1999, 1). Zudem dient die *Richtlinie* 97/68/EG vom 16.12.1997 *zur Angleichung der Rechtsvorschriften der Mitgliedstaaten über Maßnahmen zur Bekämpfung der Emission von gasförmigen Schadstoffen und luftverunreinigenden Partikeln aus Verbrennungsmotoren für mobile Maschinen und Geräte* (Abl. Nr. L 59 vom 27.2.1998, 1) der Reduktion von flüchtigen organischen Verbindungen sowie von Stickstoffoxiden im Sinne des Protokolls von Sofia (siehe oben, Anm. 232). Eine weitere Richtlinie für die Festlegung von Schadstoffobergrenzen für SO_2, NO_x, VOCs und NH_3 ist zur Zeit im Gesetzgebungsprozeß.

[235] So die am 15.3.1993 zwischen Belgien, Deutschland, Luxemburg und den Niederlanden geschlossene Regierungsvereinbarung zur Errichtung eines einheitlichen Informationsaustausch- und Warnungssystems bei hohen bodennahen Ozonkonzentrationen (sogenannter Sommersmog; siehe *Beyerlin/Bartsch*, The Year in Review, YIEL 1993, 108 unter Prior Information/Consultation/Environmental Impact Assessment, a. I.[b][ii]).

messensspielraum des verpflichteten Staates verbunden sind. So hat die 1992 erfolgte Änderung des *Helsinki Übereinkommens* von 1974 eine Zunahme der Informationspflichten gebracht, ebenso das *OSPAR-Übereinkommen* von 1992 im Vergleich zu den abgelösten Übereinkommen von Oslo und Paris.[236] Während 1974 noch ein einziger Artikel des *Helsinki Übereinkommens* die Zusammenarbeit der Vertragsparteien ohne detailliertere Rechtspflichten vorsah,[237] regelt das Übereinkommen in der Fassung von 1992 jetzt umfassende Informationserhebungs- und Mitteilungspflichten. Es bestehen eine Warnungspflicht bei Verschmutzungsfällen, Unterrichtungspflichten hinsichtlich der Durchführung, eine horizontale Auskunftspflicht, Berichtspflichten in Form von Umsetzungs- und Erfahrungsberichten, sowie Überwachungs- und Kontrollpflichten.[238] Auf Antrag einer Vertragspartei müssen die anderen Vertragsparteien dieser oder der *Helsinki Kommission* (HELCOM) Auskunft über Umweltdaten und Einleitungswerte ertei-

---

[236] Art. 6 i.V.m. Annex IV des *OSPAR-Übereinkommens* (Anm. 111). Es löst das vormalige *Übereinkommen von Oslo zur Verhütung der Meeresumweltverschmutzung durch das Einbringen durch Schiffe und Luftfahrzeuge* i.d.F. vom 5.12.1989 (BGBl. II 1994, 1356) und das *Pariser Übereinkommen zur Verhütung der Meeresverschmutzung vom Landes aus* (BGBl. II 1981, 870 und BGBl. II 1989, 171) ab und wird daher als *OSPAR-Übereinkommen* bezeichnet. Näher zum Übereinkommen *Hilf*, The Convention for the Protection of the Marine Environment of the North-East Atlantic – New Approaches to an Old Problem?, ZaöRV 1995, 580 ff.

[237] Art. 11 des *Helsinki Übereinkommens* i.d.F. von 1974 (unterzeichnet am 22.3.1974, BGBl. II 1979, 1229). Lediglich die *Helsinki Kommission* hatte bereits die Aufgabe, die Durchführung des Übereinkommens zu beobachten und die einschlägigen wissenschaftlichen, technischen und statistischen Informationen aus den verfügbaren Quellen zu sammeln, auszuwerten und zu verbreiten (Art. 13 *lit.* a und *lit.* e des Übereinkommens i.d.F. von 1974). Ihr kamen aber weder diesbezügliche Regelungsbefugnisse noch Ermittlungsbefugnisse in dem Hoheitsbereich der Vertragsparteien zu.

[238] Art. 13 Abs. 1 und Anlage VII Regel 7 Nr. 3, Anlage VII, Regel 10, Art. 16 Abs. 1 und Abs. 2, Art. 6 Abs. 3 sowie Anlage VII des Übereinkommens i.d.F. von 1992 (Anm. 104). Die Zuständigkeitsbereiche für die Überwachungsmaßnahmen sind durch nachfolgende Vereinbarungen zu regeln (Anlage VII, Regel 3). Die Vertragsparteien haben für Schadstoffeinleitungen von Schiffen ein Meldeverfahren einzurichten (Anlage VII, Regel 5). Die Messungen von Einleitungen müssen „in wissenschaftlich angemessener Weise“ durchgeführt werden (Art. 3 Abs. 5).

len.[239] Bei der Untersuchung von Verschmutzungen durch Schiffe haben sich die Vertragsparteien dadurch zu unterstützen, daß sie den zuständigen Behörden die Einsichtnahme in bestimmte Unterlagen und die Probenahme gestatten.[240] Zudem ist die wissenschaftliche und technologische Zusammenarbeit vorgesehen, in deren Rahmen auch vergleichbare Beobachtungsmethoden entwickelt werden sollen.[241] Die Organisation und der Umfang dieses Datenaustauschs sowie die Entwicklung vergleichbarer Beobachtungsmethoden sind von HELCOM näher zu regeln. Die Informationsbestimmungen in der *Klimarahmenkonvention*, der *Artenvielfaltskonvention*[242] und der *ECE-Wasserläufekonvention*[243] sind vornehmlich als Rahmenbestimmungen ausgestaltet, dafür aber um so wortreicher und „umfassender". Wörtlich heißt es in einer der vielen diesbezüglichen Vorschriften der *Wasserläufekonvention*: „Die Vertragsparteien sorgen so bald wie möglich für den *umfassendsten* Austausch von Informationen über die von die-

---

[239] Art. 16 Abs. 2 des Übereinkommens, a.a.O. Dies gilt, soweit die entsprechenden Informationen vorliegen. Zur Arbeit der *Helsinki Kommission* ausführlich *Ehlers* (Anm. 112), a.a.O.

[240] Regel 2 der Anlage IV des Übereinkommens, a.a.O.

[241] Art. 24 des Übereinkommens, a.a.O.

[242] Siehe insbesondere Art. 17 Abs. 1 und 2 der *Artenvielfaltskonvention* (Anm. 119): „Die Vertragsparteien erleichtern den Austausch von für die Erhaltung und nachhaltige Nutzung der biologischen Vielfalt maßgeblichen Informationen aus allen öffentlich zugänglichen Quellen [...]. Dieser Informationsaustausch umfaßt den Austausch der Ergebnisse der technischen, wissenschaftlichen und sozio-ökonomischen Forschung sowie Informationen über Ausbildungs- und Überwachungsprogramme, Fachwissen, indigenes Wissen und traditionelle Kenntnisse [...]". Zu Art.14 unten, II.

[243] Näher dazu unten, II. Die *ECE-Wasserläufekonvention* (Anm. 117) wurde für den europäischen Raum im Rahmen der U.N. Wirtschaftskommission für Europa *(Economic Commission for Europe*, ECE) ausgearbeitet. Die Gemeinschaft hat dieses Übereinkommen mit Beschluß vom 24.7.1995 genehmigt (Beschluß 95/308/EG, Abl. Nr. L 186 vom 5.8.1995, 42). Das Übereinkommen verweist für die genauere Ausgestaltung der Pflichten auf anderweitig bestehendes oder auf noch zu vereinbarendes Recht. Für alle Vertragsparteien ist die Zusammenarbeit bei der Forschung und Entwicklung sowie allgemein beim Informationsaustausch vorgesehen. Aus der Literatur *Süß/Adler*, Neue Entwicklungen im Internationalen Wasserrecht, Zeitschrift für Wasserrecht, 1995, 197 (207 f.).

sem Übereinkommen erfaßten Themen."[244] Für Anrainerstaaten bestehen umfangreiche Vorschriften zum Informationsaustausch. Die Formulierungen sind mangels klarer, abgrenzender Definitionen stellenweise redundant. Die Informationspflichten greifen ineinander über und wiederholen sich, wie um jede denkbare Lücke möglicher informationeller Zusammenarbeit zu schließen. Und die *Klimarahmenkonvention* bestimmt im Stil eines Credos: „Die Vertragsparteien werden [...] den umfassenden, ungehinderten und umgehenden Austausch einschlägiger wissenschaftlicher, technologischer, technischer, sozioökonomischer und rechtlicher Informationen über das Klimasystem und die Klimaänderungen sowie über die wirtschaftlichen und sozialen Folgen verschiedener Bewältigungsstrategien fördern und dabei zusammenarbeiten".[245] Durch die Fülle der unbestimmten Informationspflichten besteht die Gefahr, daß das Ziel des Umweltschutzes unterminiert wird.[246] Derartige vertragliche Bestimmungen können die Staaten mit entsprechend unbestimmten und nutzlosen Informationen „erfüllen" und so umweltschädigende Aktivitäten kaschieren.[247]

Auch im Völkerrecht existieren also hinsichtlich ihres Regelungsgehaltes nicht genau einzuordnende Vorschriften zum Informationsaustausch. Tatbestandsmerkmale und Rechtsfolgen sind nicht immer klar definiert. Es handelt sich vielmehr um ein Gemenge von jeweils leicht variierten, meist unbestimmt formulierten Informationspflichten, wie die folgenden Beispiele noch deutlicher zeigen werden. Eine rühmliche Ausnahme sind in dieser Hinsicht die *UVP-Konvention* und die *Industrieunfällekonvention*. Je weitgehender, umfassender und v.a. auch räumlich globaler jedoch die Pflicht, desto genereller und unbestimmter ist sie formuliert – ohne Festlegung genauer Initiativpflichten, der Fristen und Auslösungstatbestände, des Umfangs oder der Form der Darbringung. Im Gegensatz zur Europäischen Gemeinschaft können diese

---

[244] Art. 6 der *Wasserläufekonvention*, a.a.O. [Hervorhebungen durch die Verf.].

[245] Art. 4 Abs. 1 *lit.* h der *Klimarahmenkonvention* (Anm. 117).

[246] Besonders skeptisch hinsichtlich der Nützlichkeit solcher Informationspflichten ist die Veröffentlichung der *American Bar Association – Harvard Law Review Editors* (Anm. 14), 43 ff. Vgl. dagegen *Rest* (Anm. 23), der feststellt, daß die Instrumente der Information, Konsultation und Zusammenarbeit durch konkretere Formulierungen operabler und effektiver gestaltet worden seien.

[247] Vgl. dazu oben zum Einsatz von Informationen als Symbol (Teil 1 Kap. 2 D.IV.) und zum Problem des *information overload* (Teil 1 Kap. 2 B.IV.).

Informationspflichten i.d.R. auch nicht durch verbindliche sekundäre Rechtsetzung seitens einer beteiligten Internationalen Organisation konkretisiert werden.[248] Hier bleibt nur der Weg einer Vertragsergänzung z.B. durch ein Protokoll oder durch rechtlich unverbindliche Absichts- und Auslegungserklärungen.

Auf der Ebene des Gemeinschaftsrechts können diese Tatbestandsmerkmale hingegen definiert und verobjektiviert werden. Durch die Integration völkerrechtlicher Verpflichtungen in das Gemeinschaftsrecht kann deren Beachtung zudem durch das vorhandene gemeinschaftsrechtliche System der Rechtsdurchsetzung erhöht werden.[249] Denn völkerrechtliche Verträge der Gemeinschaft gehen dem Sekundärrecht vor.[250] Sie unterfallen zudem der Dogmatik der *unmittelbaren Anwendbarkeit*. Unmittelbare Wirkung können Bestimmungen in völkerrechtlichen Verträgen der Gemeinschaft haben, wenn sie klar, eindeutig und unbedingt sind.[251] Die Völkerrechtskonformität des Sekun-

---

[248] Zur Rechtsetzungsbefugnis Internationaler Organisationen im Umweltbereich *Sommer* (Anm. 116), 634 ff. mit weiteren Verweisen.

[249] *Krämer* weist für den Bereich des Umweltschutzes darauf hin, daß sich die Kommission allerdings erst dann um die Kontrolle der Umsetzung von völkerrechtlichen Verpflichtungen durch die Mitgliedstaaten kümmert, wenn die Gemeinschaft selbst Rechtsnormen in diesem Bereich erlassen hat. Vorher ist sie i.d.R. nicht über die nationalen Umsetzungsmaßnahmen informiert, sogar wenn die Gemeinschaft selbst Vertragspartei ist (The Implementation of Environmental Laws by the European Economic Communities, GYIL 1991, 9 [18,44]). Unabhängig davon bleibt die Einhaltung der völkerrechtlichen Verpflichtungen der Gemeinschaft durch diese selbst gerichtlich einklagbar. Dazu sogleich.

[250] Art. 300 Abs. 7 EGV [ex Art. 228]; siehe nur *Petersmann*, Auswärtige Gewalt (Anm. 128), 273 f.; *Vedder*, in: *Grabitz/Hilf*, Art. 228 [a.F.], Rn. 53; *Beutler/Bieber/Pipkorn/Streil* (Anm. 57), 80; *Krück*, Völkerrechtliche Verträge (Anm. 60), 170 f. Eine Transformation völkerrechtlicher Verträge ist nach herrschender Meinung nicht erforderlich (siehe nur *Vedder*, a.a.O., Rn. 45 f.; im Ergebnis ebenso *Pescatore*, [Anm. 54], 684 f.).

[251] So eindeutig EuGH, Urteil vom 2.3.1999, Rs. C-416/96 (*Eddline El-Yassini/Secretary of State for the Home Department*), Slg. 1999, S. I-1209(1237 ff., Rn. 25 ff.): bejahend für Art. 40 Abs. 1 des Abkommens EWG-Marokko; Urteil *Racke* (Anm. 3), 3701 (Rn. 31), dazu sogleich; siehe auch das Urteil vom 5.4.1995, Rs. C-103/94 (*Krid/CNAVTS*), Slg. 1995, S. I-719 (736, Rn. 21 ff.): bejahend für Teile des Kooperationsabkommens EWG-Algerien; Urteil vom 12.12.1995, Rs. C-469/93 (*Administrazione delle finanze dello Stato/Chiquita Italia SpA*), Slg. 1995, S. I-4533 (4565 ff., Rn. 25 ff.): ablehnend zum GATT; siehe auch *Kadelbach*, Allgemeines Verwaltungsrecht unter euro-

därrechts und der sonstigen Handlungen der Gemeinschaft können infolgedessen vor dem *Gerichtshof der EG* eingeklagt werden,[252] was der EuGH in der Rechtssache *Racke* anschaulich bestätigt hat.[253] In diesem Rahmen ist der Gerichtshof auch für die Auslegung der völkerrechtlichen Übereinkommen zuständig.[254] Selbiges gilt bei unmittelbarer Anwendbarkeit einer völkerrechtlichen Vorschrift hinsichtlich des Handelns der Mitgliedstaaten. Das völkerrechtskonforme Handeln der Mitgliedstaaten kann in diesem Fall von betroffenen Unternehmen oder Privatpersonen vor den ***nationalen Gerichten*** eingeklagt werden.[255] Für die Zukunft ermöglicht Art. 11 EGV zudem die Einbeziehung von mitgliedstaatlichen ***inter se*** Vereinbarungen der vormals rein völkerrechtlichen Ebene in den gemeinschaftsrechtlichen Regelungsbereich. Für die Anwendung völkerrechtlich initiierter Informationspflichten des Gemeinschaftsrechts kann das zugrundeliegende Völker(vertrags)recht wiederum als *Interpretationsmittel* genutzt werden.[256]

---

päischem Einfluß, 1999, 65 mit weiteren Verweisen; vgl. *Pescatore*, a.a.O., 671; str. nach *Beutler/Bieber/Pipkorn/Streil* (Anm. 57), 80.

[252] Völkerrechtliche Verträge dienen im Rahmen einer Vorabentscheidung (Art. 234 EGV [ex Art. 177]) oder eines Vertragsverletzungsverfahrens (Art. 230 EGV [ex Art. 173]) als Rechtsmaßstab für die Prüfung der Gültigkeit von Organakten (*Pescatore*, a.a.O., 670 f.; *Vedder* in: *Grabitz/Hilf*, Art. 228 [a.F.], Rn. 63; EuGH, Gutachten 1/76, [Anm. 199], 761 [Rn. 18]).

[253] EuGH *Racke* (Anm. 3), v.a. 3700 f. (Rn. 26 f. und Rn. 30 f.) und 3703 ff. (Rn. 40 ff.). In diesem Verfahren ging es um unmittelbare Ansprüche eines Betroffenen aus einem Kooperationsabkommen der Gemeinschaft mit Jugoslawien. Vor dem Hintergrund dieses Abkommens und dessen von der EG in Frage gestellter Fortgeltung nach der völkergewohnheitsrechtlichen Regel des Wegfalls der Geschäftsgrundlage wurde die Gültigkeit einer sekundärrechtlichen Verordnung, durch welche das Abkommen ausgesetzt werden sollte, geprüft.

[254] EuGH, Urteil vom 26.10.1982, Rs. 104/81 (*Hauptzollamt Mainz/Kupferberg*), Slg. 1982, 3641 (3662 f., Rn. 14). Die Auslegung ist aber nur für die Mitgliedstaaten verbindlich, nicht für die an den Übereinkommen beteiligten Drittstaaten (*Krück* in: GTE, Bd. 4, 5. Aufl. 1997, Art. 164, Rn. 44).

[255] Siehe nur das Urteil vom 2.3.1999, *Eddline El-Yassini* (Anm. 251), a.a.O., zu Bestimmungen des nationalen Ausländerrechts, deren Gültigkeit am Maßstab eines Kooperationsabkommens zwischen der EG und Marokko gemessen wurde.

[256] Siehe *Pescatore* (Anm. 54), 676 sowie die oben angeführten Beispiele.

II. Insbesondere: Rahmenverträge

Immer häufiger wird in völkerrechtlichen Verträgen auf später zu schließende regionale oder bilaterale Übereinkommen verwiesen.[257] Meist sind derartige Verpflichtungen sehr wortreich gestaltet und vermitteln so den Eindruck, daß damit alles geregelt sei. Paradebeispiele sind das Seerechtsübereinkommen der UNO, UNCLOS,[258] und die *ECE-Wasserläufekonvention*. Nach der *Wasserläufekonvention* sind Anrainerstaaten verpflichtet, zur Umsetzung des Übereinkommens auf der Grundlage der Gleichberechtigung und Gegenseitigkeit zweiseitige und mehrseitige Übereinkünfte zu schließen oder bestehende anzupassen. Die Übereinkünfte sollen die Errichtung gemeinsamer Gremien mit der Aufgabe der Datensammlung, -aggregation und -auswertung vorsehen. Die Gremien sollen u.a. als Forum für den Informationsaustausch über gegenwärtige und geplante Nutzungen, über den Stand der Technik und zur Durchführung von Umweltverträglichkeitsprüfungen dienen. Daneben sollen Verzeichnisse über Verschmutzungsquellen aufgestellt, Warn- und Alarmverfahren eingeführt und gemeinsame Grenzwerte und Qualitätsziele ausgearbeitet werden.[259] Und Art. 14

---

[257] Zu diesem „Framework convention and protocol approach" *Beyerlin*, Umweltvölkerrecht, 2000, Rn. 88 ff.; siehe auch *Beyerlin/Marauhn*, Rechtsetzung und Rechtsdurchsetzung im Umweltvölkerrecht nach der Rio-Konferenz 1992, 1997, 15 f., und 35 ff.

[258] Art. 200 ff. UNCLOS (Anm. 201).

[259] Art. 9 der *ECE-Wasserläufekonvention* (Anm. 117). Neben der Pflicht zum Abschluß bilateraler und subregionaler Abkommen nach Art. 9 sind bereits Rahmenvorgaben für den Informationsaustausch der Anrainerstaaten in der Konvention enthalten (Art. 10-14). Auf Antrag eines der Anrainerstaaten sollen Beratungen – d.h. Konsultationen – „auf der Grundlage der Gegenseitigkeit, des guten Glaubens und der gut nachbarlichen Beziehungen" stattfinden (Art. 10). Gemeinsame Programme zur gemeinsamen Gewässerzustandsüberwachung sollen aufgestellt und nachfolgend bewertet werden. Zur Angleichung der Emissionsgrenzwerte tauschen die Anrainerstaaten Informationen über ihre innerstaatlichen Vorschriften aus. Über eine „kritische Lage, die eine grenzüberschreitende Beeinträchtigung hervorrufen könnte", muß unverzüglich unterrichtet werden. Gegebenenfalls sind „aufeinander abgestimmte oder gemeinsame Nachrichten-, Warn- und Alarmsysteme" mit kompatiblen Datenübertragungs- und -verarbeitungsverfahren einzurichten (Art. 14). Bei Ermittlungsersuchen eines Anrainerstaates hat sich der ersuchte Anrainerstaat zu bemühen, diesem Ersuchen u.U. gegen Kostenersatz zu entsprechen (Art. 13 Abs. 3). Diese Vorschrift entspricht einer Amtshilfeverpflichtung, die allerdings weitgehend in das Ermessen des ersuchten Staates gestellt ist. Abrundend ist festgeschrie-

der *Artenvielfaltskonvention* bestimmt, daß jede Vertragspartei, „soweit und sofern angebracht", „auf der Grundlage der Gegenseitigkeit" die Benachrichtigung, den Informationsaustausch und Konsultationen über Tätigkeiten, die wahrscheinlich erhebliche nachteilige Auswirkungen auf die biologische Vielfalt in anderen Staaten haben, „dadurch fördern" wird, daß sie, „sofern angebracht, den Abschluß bilateraler, regionaler oder multilateraler Übereinkünfte unterstützt". [260] Die Relativierungen zeigen an, daß der Beurteilungs- und Ermessensspielraum der Vertragsparteien hinsichtlich des Ob und Wie solcher Übereinkünfte groß ist. Rechtlich verbindlich geregelt ist daher im Ergebnis wenig.

Diese Rahmenübereinkommen mit ihrer noch unbestimmten Pflicht zum allgemeinen Informationsaustausch stellen als *pactum de negotiando* oder *pactum de contrahendo* den ersten, noch ausfüllungsbedürftigen Schritt für die Festlegung von konkreten Informationsverfahren dar. Ein *pactum de negotiando* bzw. *de contrahendo* setzt die (spätere) Parteienidentität, den über eine politische Absichtserklärung hinausgehenden rechtlichen Bindungswillen und den Aufschub der Einigung über den materiellen Vertragsinhalt voraus.[261] Ein *pactum de negotiando* enthält die Verpflichtung der Parteien, über eine vertragliche Regelung bestimmter Fragen mit einem bestimmten Ziel zu verhandeln. Es handelt sich insofern um einen Vorvertrag. Der Unterschied gegenüber dem *pactum de contrahendo* liegt in der Intensität der Verhandlungspflicht und dem Grad der inhaltlichen Bindung durch den Vorvertrag selbst.[262] Die Funktion eines solchen Abkommens besteht u.a. in der

---

ben, daß die Anrainerstaaten „im Rahmen einschlägiger Übereinkünfte oder sonstiger Vereinbarungen [...] in angemessener Weise verfügbare Daten" austauschen. Der Datenaustausch soll den ökologischen Zustand, den Stand der Technik, Emissions- und Überwachungsdaten, ergriffene und vorgesehene Maßnahmen sowie ausgestellte Einleitungsgenehmigungen umfassen (Art. 13).

[260] Art. 14 Abs. 1 des *Übereinkommens über die biologische Vielfalt* (Anm. 119).

[261] *Beyerlin*, Pactum de contrahendo und pactum de negotiando im Völkerrecht, ZaöRV 1976, 407 (410 ff.) sowie *ders.* in: EPIL, Bd. 7 1984, Stichwort „Pactum de contrahendo, pactum de negotiando", 371 ff.

[262] Ob ein *pactum de contrahendo* eine über die Bemühenspflicht und Einigungsbereitschaft hinausgehende Verpflichtung zur Einigung enthält, ist fraglich. Ein *pactum de contrahendo* soll bei Bestimmbarkeit des Endvertragsinhaltes vorliegen. *Beyerlin* hat aufgezeigt, daß ein *pactum de contrahendo* im Ergebnis keine weitergehende Verpflichtung enthält, weil jeder *pactum* immer nur eine Pflicht zum Verhandeln nach Treu und Glauben ist. Eine absolute Abschlußpflicht gibt es nicht, es schwankt jeweils nur der Verhandlungsspielraum

Anbahnung von Abkommen über offene politische Fragen und, im Interesse einer schnellen Einigung, dem Ausklammern von Detailregeln, v.a. von Vorschriften zur Vertragsdurchführung.[263]

Solchen Rahmenverträgen ist auch die Gemeinschaft beigetreten, wie z.B. der erwähnten *Artenvielfaltskonvention* und der *ECE-Wasserläufekonvention*. Neben das Gemeinschaftsrecht – hier insbesondere die *Oberflächensüßwasserentscheidung*[264] – wird durch die *ECE-Wasserläufekonvention* und die in diesem Rahmen zu vereinbarenden weiteren subregionalen Abkommen eine zweite und dritte Schicht völkerrechtlicher Informationserhebungs- und Mitteilungspflichten der Mitgliedstaaten treten, die aufgrund der Bindung der Gemeinschaft an die Konvention auch von ihr respektiert werden müssen. Eine Erfüllung der Konkretisierungsverpflichtung kann auch durch die Rechtsetzung der Europäischen Gemeinschaft erfolgen. Ist die Tätigkeit der Gemeinschaft aber in dem Rahmenvertrag nicht als Substitut für die Vertragserfüllung durch die einzelnen Staaten vorgesehen, wird die Gemeinschaft aufgrund ihrer eigenen völkerrechtlichen Bindung an die Konvention bilaterale oder auch mehrseitige Übereinkommen zwischen ihren Mitgliedstaaten dulden müssen, welche diese in Erfüllung des *pactum de negotiando* eingehen. Im Innenverhältnis zur Gemeinschaft sind die Mitgliedstaaten aber aufgrund der Gemeinschaftstreuepflicht gehalten, die vertraglichen Regelungen einschließlich der Informationspflichten so auszugestalten, daß sie das Gemeinschaftsrecht, d.h. insbesondere die aus dem Primärrecht folgenden Gebote, nicht beeinträchtigen.[265]

Insgesamt kann mit *steigendem Konkretheits- und Verpflichtungsgehalt* der Informationsverfahren eine *Herabzonung der Regelungsebene* und eine engere *Eingrenzung des geregelten Sachverhaltes* festgestellt werden.[266] Auf einer höheren Regelungsebene, insbesondere auf der Ebene

---

(*Beyerlin*, Pactum de contrahendo, a.a.O., 426 ff.; siehe auch *ders.* in: EPIL, a.a.O., 375 f.).

[263] *Beyerlin*, Pactum de contrahendo, a.a.O., 417 ff.

[264] *Entscheidung 77/795/EWG zur Einführung eines gemeinsamen Verfahrens zum Informationsaustausch über die Qualität des Oberflächensüßwassers in der Gemeinschaft*. Näher dazu oben, Teil 2 Kap. 2 A.III.

[265] Dazu oben, B. (am Anfang).

[266] Vgl. *Beyerlin/Marauhn* (Anm. 257), 15 f., und 35 ff. *Gündling* stellt fest, daß ein augenfälliger Kontrast zwischen der Anzahl der internationalen Über-

globaler Umweltübereinkommen, haben die Informationspflichten fast notwendig einen programmatischen Charakter und sind zudem häufig mit einer weit formulierten „Verweigerungsklausel" zum Schutz des öffentlichen Interesses oder von Geschäftsgeheimnissen verbunden.[267] Eine politische Einigung auf konkrete Verfahrenspflichten ist meist nur bezüglich spezialisierter Sachverhalte mit einem überschaubaren Teilnehmerkreis möglich. Bestehen klar definierte Informationsverfahren, dann ist der Pflichtengehalt i.d.R. um so enger. Er bezieht sich dann auf einen genauen Sachverhalt. Musterbeispiele sind hier das *Frühwarnungsübereinkommen*, die *UVP*- und die *Industrieunfällekonvention.*

III. Standardpflichten und -verfahren

Auch im Völkerrecht können Standardpflichten und –verfahren herausgearbeitet werden. Sie ähneln z.T. denen des Gemeinschaftsrechts, sind aber nicht ganz so zahlreich und ausdifferenziert.[268] Ihr Ursprung ist allerdings meist älter als die entsprechenden gemeinschaftsrechtlichen Vorschriften, so daß sie eine Art Vorgeschichte der gemeinschaftsrechtlichen Grundelemente darstellen. Überschneidungen sind auch im Rahmen des Völkerrechts zahlreich.[269] Zuvörderst sind die oben dargestellten Informationspflichten des Völkergewohnheitsrechts zu nennen, die *Warnungspflicht* bei Unfällen und die *präventive Unterrichtungspflicht* bei potentiell grenzüberschreitend umweltbelastenden Vorhaben. Das entsprechende Verfahren ist jeweils in mehreren völkerrechtlichen

---

einkommen und der darin zu findenden Regelungsdichte besteht (Anm. 23, 404).

[267] Zum Beispiel Art. 8 der *ECE-Wasserläufekonvention* (Anm. 117). Der Schutz von Informationen ist hier ähnlich dem *Europäischen Amtshilfeübereinkommen* (dazu Teil 3 Kap. 3 A.) ausgestaltet. Danach bleiben alle Rechte und Pflichten aufgrund der innerstaatlichen Rechtssysteme der Vertragsparteien und geltender supranationaler Vorschriften zum Schutz von Informationen im Zusammenhang mit wirtschaftlichen und gewerblichen Geheimnissen, einschließlich des geistigen Eigentums und der nationalen Sicherheit, unberührt.

[268] Eine übersichtliche Aufstellung der verschiedenen Informationstypen enthält die *Deklaration von Rio* (Anm. 19), dazu *Hunter/Sommer/Vaughan* (Anm. 149), 15 ff. mit weiteren Beispielen. Siehe weiterhin *Sands*, Principles (Anm. 12), 597 ff., dessen Darstellung auch eine umfangreiche Sammlung von Beispielen enthält sowie *Adede* (Anm. 12), 108 ff., ebenfalls mit zahlreichen Beispielen.

[269] Siehe auch *Sands*, Principles, a.a.O., 597.

Verträgen konkretisiert worden. Zu nennen sind hier insbesondere die *UVP-Konvention*, die in allen Einzelheiten das Verfahren der präventiven Unterrichtungspflicht festlegt, die *ECE-Industrieunfällekonvention* sowie das *Frühwarnungsübereinkommen*, welches das Warnungsverfahren bei nuklearen Unfällen detailliert regelt.[270] Daneben gibt es zahlreiche Vorschriften zum allgemeinen Informationsaustausch über *wissenschaftliches und technisches Know-How*, die sehr weit und unbestimmt gefaßt sind.[271]

Ein weiteres Grundelement völkerrechtlicher Informationspflichten sind *Berichte* der Vertragsparteien über die zur Umsetzung des Vertrages getroffenen Maßnahmen.[272] Das erste detailliert geregelte Berichtssystem wurde 1919 im Rahmen der *International Labour Organisation* (ILO) hinsichtlich der Umsetzungsmaßnahmen der von der ILO initi-

---

[270] Zur *UVP-Konvention* und dem *Frühwarnungsübereinkommen* Kap. 2 B.I. Siehe des weiteren die Warnungspflicht der *Artenvielfaltskonvention* (Anm. 119), wonach sich die Vertragsparteien verpflichten „im Fall einer akuten oder ernsthaften Gefahr oder eines unmittelbar drohenden oder schwerwiegenden Schadens [...] für die biologische Vielfalt im Hoheitsbereich anderer Staaten [...] die potentiell betroffenen Staaten sofort über diese Gefahr oder diesen Schaden [zu] unterrichten" (Art. 14 Abs. 1 *lit.* d.). Für die Meeresverschmutzung schreibt Art. 198 UNCLOS (Anm. 201) eine Warnungspflicht für jeden Staat vor, der solche Verschmutzungen wahrnimmt, unabhängig vom eigenen Verursachungsbeitrag. Diese Rahmenvorschrift wird z.T. durch die regionalen Meeresschutzübereinkommen ergänzt und konkretisiert.

[271] Vgl. *Bruha*, der die völkerrechtlichen Kooperationspflichten in verschiedene Phasen einteilt, wovon der allgemeine Informationsaustausch in die *Studienphase* fällt. Dem folgen die *Präventionsphase* mit der Normierung von Standards, die *Vorsorgephase* in Form von Planung und Bewirtschaftung sowie die *Notfallphase* mit Warnungs- und Bekämpfungsmaßnahmen bis hin zur *Nach-Notfallphase* (Internationale Regelungen zum Schutz vor technisch-industriellen Umweltnotfällen, ZaöRV 1984, 1 [5 ff.]).

[272] Solche Berichtspflichten sind beispielsweise in der *Artenvielfaltskonvention* (Anm. 119, Art. 26), in der *Klimarahmenkonvention* (Anm. 117, Art. 12) und dem *Montrealer Protokoll* (Anm. 119, Art. 7 und Art. 9 Abs. 3) enthalten. Für weitere Beispiele s. *Sands*, Principles (Anm. 12), 601 ff. Ausführlich zur Systematik der Berichtssysteme im Umweltvölkerrecht (*reporting systems*) *Sachariew*, Promoting Compliance with International Environmental Legal Standards: Reflections on Monitoring and Reporting Mechanisms, YIEL 1991, 31 (39 ff.). Siehe auch *Beyerlin*, Umweltvölkerrecht, 2000, Rn. 481 ff.

ierten Arbeitsschutzabkommen festgelegt.[273] Es gilt wegen seiner umfassenden Rechenschaftspflichten und Kontrollrechte der Organisation heute noch als vorbildhaft und hat z.B. die Vorschriften der *UVP-Konvention* und der *Industrieunfällekonvention* zur *Inquiry Commission* inspiriert.[274] Dazu kommen teilweise *Unterrichtungspflichten* über Einzeltatsachen, wie den Erlaß von nationalen Vorschriften oder die Vornahme bestimmter grenzüberschreitender Transporte.[275] Vor allem die Berichtspflichten leiten über zu völkerrechtlichen Verfahren der *compliance control*, d.h. der Sachverhaltsermittlung im Rahmen der Überwachung der Vertragserfüllung.[276] Solche Berichtspflichten dienen nicht nur der repressiven Kontrolle von Vertragsverletzungen, sondern zunehmend auch als Ansatzpunkt für präventive oder parallele kooperative Lösungsversuche.[277] Ausgangspunkt und Hauptbestandteil der

---

[273] Art.22 bis 34 der *Constitution of the International Labour Organisation*, Text in: *Kapteyn u.a.*, (Anm. 121) Bd. 1 II.A.1.a sowie in BGBl. II 1957, 317. Danach kann ein Mitgliedstaat der ILO eine Beschwerde wegen unzureichender Umsetzung von Arbeitsschutzübereinkommen einreichen, die von einer Untersuchungskommission (*Commission of Inquiry*) behandelt wird. Die Mitgliedstaaten der ILO sind verpflichtet, der Kommission alle einschlägigen Informationen zur Verfügung zu stellen. Inspektionsrechte vor Ort hat die Untersuchungskommission allerdings nicht.

[274] Hierzu oben, B.I.

[275] So v.a. das *PIC-Verfahren* im Gefahrstoffrecht (siehe oben, Anm. 178).

[276] Vgl. *Rest* (Anm. 23) zu Berichtspflichten im Rahmen des vorgerichtlichen *compliance* Verfahrens (a.a.O., 273). Allgemein zur Erfüllungskontrolle *Beyerlin*, Umweltvölkerrecht, 2000, Rn. 479 ff. mit weiteren Verweisen. Ein detailliertes Berichtssystem besteht zum Zwecke der Kontrolle der Verwendung von Nuklearmaterial. Das *Musterabkommen* der IAEO (näher dazu unten, Anm. 281) sieht zunächst die Erstellung von „Anfangsberichten" über den Bestand und die Verwendung von Kernmaterial vor, die durch *ad hoc* Inspektionen der IAEO überprüft werden können. Die Anfangsberichte werden durch regelmäßige Folgeberichte, sogenannte „Buchhaltungsberichte", fortgeschrieben. Änderungen des Bestands durch grenzüberschreitende Transfers sind der IAEO zu notifizieren. Im Falle von unerwarteten Ereignissen sind „Sonderberichte" zu erstatten, die durch Sonderinspektionen nachgeprüft werden können. Zum ganzen *Lohmann*, Die rechtliche Struktur der Sicherungsmaßnahmen der Internationalen Atomenergie-Organisation, 1993, 153 ff.

[277] Näher dazu *Beyerlin/Marauhn* (Anm. 257), 85 ff. sowie 96 ff.; *Beyerlin*, Umweltvölkerrecht, 2000, Rn. 491 ff. Zum traditionellen Konzept der Erfüllungskontrolle *Hahn*, Internationale Kontrolle, ArchVR 1958/59, 88 ff.

Erfüllungskontrolle ist die Tatsachenfeststellung.[278] Eine wirksame Erfüllungskontrolle besteht im besten Fall aus einer Kombination von Berichts- und Unterrichtungspflichten der Staaten mit Verifikationsmöglichkeiten der zuständigen internationalen Gremien.[279]

Inspektionsrechte vor Ort bestehen dagegen in den seltensten Fällen. Eine Ausnahme ist die IAEO, die aufgrund von einzelvertraglichen Ermächtigungen bestimmte Kernenergiestandorte inspizieren darf.[280] Ziel dieser Inspektionen ist hier nicht die Kontrolle von Umweltbelastungen, sondern der Einhaltung des *Atomwaffensperrvertrages.*[281] Das

---

[278] Zum ganzen oben, Teil 1 Kap. 2 F.II.2. Vgl. auch *Hahn*, der Kontrolle als den Vergleich einer Tätigkeit mit einem vorbestimmten Richtmaß definiert und die Kategorien der beobachtenden und der berichtigenden Aufsicht nennt (a.a.O., 89, 97 ff., 103 f.).

[279] *Beyerlin/Marauhn* (Anm. 257), 96 ff. Ähnlich auch schon *Hahn*, a.a.O., 99 f.

[280] Im Detail *Lohmann* (Anm. 276), insbesondere 55 ff., 152 ff. und 179 ff. Die Inspektionsbefugnisse der IAEO bestehen aus regelmäßigen Routineinspektionen, im Einzelfall für erforderlich gehaltene *ad hoc* Inspektionen und Sonderinspektionen bei unvorhergesehenen Umständen mit erweiterten Zugangsrechten. Zu den neueren Entwicklungen *Hooper*, Strengthening IAEA Safeguards in an Era of Nuclear Cooperation, Arms Control Today, 1995, 14 ff.

[281] *Vertrag über die Nichtverbreitung von Kernwaffen* (BGBl. II 1974, 786). Art. 3 des Vertrages bestimmt, daß Nichtkernwaffenstaaten mit der IAEO vertraglich Sicherungsmaßnahmen zu vereinbaren haben, welche sich nach dem Statut der IAEO richten. Das Statut der IAEO sieht vor, daß ein jederzeitiges Recht zur Durchführung von Inspektionen vereinbart werden soll (Art. XII A.6. des Statuts, BGBl. II 1957, 1357). Die IAEO hat ein *Musterabkommen* erarbeitet, welches detaillierte Informationspflichten der Staaten und entsprechende Informationszugangsrechte der IAEO enthält (*Musterabkommen* INFCIRC/153, im einzelnen dazu *Lohmann*, [Anm. 276], 155 ff.). Nach diesem *Musterabkommen* werden dann zwischen der IAEO und den einzelnen Nichtkernwaffenstaaten Sicherungsabkommen geschlossen, welche die generelle Zustimmung für die Durchführung von IAEO Kontrollen enthalten. Das *Musterabkommen* sieht z.T. zusätzlich die Notwendigkeit eines Einverständnisses im Einzelfall vor und bleibt damit hinter dem Modell des IAEO-Statuts zurück (siehe auch *Lohmann*, a.a.O., 184 f.). Rechtliche Grundlage für die Kontrollen sind also weder das Statut der IAEO noch der *Atomwaffensperrvertrag*, sondern die Sicherungsabkommen, zu deren Abschluß die Nichtkernwaffenstaaten nach dem *Atomwaffensperrvertrag* verpflichtet sind (*pactum de contrahendo*, siehe oben unter II.). Zwischen der IAEO, der EAG und den Mitgliedstaaten, die Vertragspartei des *Atomwaffensperrvertrages* sind, wurde ein eigenes Abkommen geschlossen, in dem die entsprechenden Zuständigkeiten und Kom-

Überwachungs- und Kontrollsystem der IAEO kann aber als *Muster* für zukünftige Umweltüberwachungssysteme durch Internationale Organisationen dienen, insbesondere im Bereich der Kontrolle von Gefahrstoffen. Eine völkergewohnheitsrechtliche Pflicht zur Duldung von gemeinsamen Inspektionen besteht nicht, nicht einmal im Fall von grenznahen Kernkraftanlagen.[282] Ansätze zur Durchführung von Vor-Ort-Untersuchungen sind im Rahmen von *CITES*[283] sowie im Rahmen des *Montrealer Protokolls* und des *Übereinkommens von Ramsar über Feuchtgebiete* [284] gemacht worden. Entsprechende Inspektionen beruhen aber auf der freiwilligen Zustimmung der Staaten im konkreten Einzelfall.[285] Eine Befugnis zur Vornahme von Inspektionen gegen den Willen dieser Staaten verleihen die entsprechenden Verträge nicht.[286]

---

petenzen festgelegt wurden (siehe hierzu Anm. 180). Dem Umweltschutz im Bereich der nuklearen Sicherheit sollen die in der *Convention on Nuclear Safety* (Text in: 33 ILM 1514 [1994]; Text auch in Abl. EG Nr.L 318 vom 11.12.1999, 21) vorgesehenen Inspektionen dienen. Sie werden aber nicht durch die IAEO oder andere Staaten vorgenommen, sondern durch jeden Staat selbst im Hinblick auf seine Nuklearanlagen (siehe *McGill*, Developments in Nuclear Safety and Waste Disposal, Georgetown International Environmental Law Review, 1995, 889 ff.).

282 Ebenso *Handl/Simma* (Anm. 12), 7, die ansonsten dem Standortstaat sehr umfangreiche Pflichten auferlegen. Eingehender oben, Teil 3 Kap. 1 A.I.

283 *Convention on International Trade in Endangered Species of Wild Fauna and Flora* (CITES), Washington, 3.3.1973, Text in: 12 ILM 1085 (1973) und BGBl. II 1975, 773.

284 *Convention on Wetlands of International Importance Especially as Waterfowl Habitat*, Ramsar, 2.2.1971, Text in: *Kiss* (Anm. 98), Nr. 47 und BGBl. II 1976, 1265.

285 Die Vornahme solcher Untersuchungen ist jeweils durch die entsprechende Vertragsstaatenkonferenz beschlossen worden (siehe *Beyerlin/Marauhn*, [Anm. 257], 101 f.; siehe auch *Beyerlin*, Umweltvölkerrecht, 2000, Rn. 487).

286 Auch Art. XIII Abs. 2 des *CITES-Übereinkommens* (Anm. 283) ermächtigt nicht zur Vornahme von eigenmächtigen Vor-Ort-Inspektionen der Vertragsgremien. Er sieht zwar die mögliche Durchführung einer *inquiry* vor, was mit „Untersuchung" übersetzt werden kann. Daß es sich dabei um eine Untersuchung Vor-Ort durch andere Staaten oder die entsprechenden Vertragsgremien handelt, ergibt sich aus dem Übereinkommen nicht. Nach dem Wortlaut und in Übereinstimmung mit der völkerrechtlichen Auslegungsregel *in dubio mitius* (dazu oben, Teil 3 Kap. 1 A.I.1., siehe auch *Hahn*, [Anm. 277], 101) scheint es sich um eine von dem betroffenen Staat selbst veranlaßte und autorisierte Untersuchung durch Personen seines Vertrauens zu handeln. Die entsprechende

Einen interessanter Ansatz zur Durchsetzung von Inspektionen bietet seit dem 29.7.1999 die EG-*Verordnung zur Festlegung von Kontrollmaßnahmen für Schiffe unter der Flagge von Nichtvertragsparteien des Übereinkommens über die Erhaltung der lebenden Meeresschätze der Antarktis*. Danach werden Schiffe aus Drittstaaten, die sich bislang geweigert haben, dem *CCAMLR-Übereinkommen* beizutreten, nicht mehr zum Anlanden oder Umladen in die Häfen der Gemeinschaft gelassen, es sei denn, sie erklären sich implizit mit einer vorherigen Inspektion einverstanden.[287] Eine ähnliche Regelung sieht nun auch die Verordnung des Rates Nr.1262/2000 für den Bereich des Nordwestatlantiks vor.[288]

Auf der Ebene der Informationsbeschaffung sind in den Abkommen vielfältige *Umweltmonitoring*- und *Kontrollpflichten* der Staaten enthalten, die allerdings häufig einen weiten Spielraum hinsichtlich des genauen Umfanges und der Art der Datenerhebung lassen.[289] Die Ergebnisse aus Umweltmonitoring und innerstaatlichen Kontrollen sind dann meist Bestandteil der an die internationalen Gremien abzufassenden Berichte. Wie detailliert diese Informationen weitergegeben werden, bleibt häufig den Staaten selbst überlassen. Einzelinformationen über einen konkreten Sachverhalt müssen in den seltensten Fällen mitgeteilt werden. Daneben greifen viele internationale Institutionen auf eine ergänzende, von dem betroffenen Staat unabhängige Informationsbeschaffung zurück.[290] Diese besteht vornehmlich in der Durchführung wis-

---

Person muß nach dem Vertragswortlaut durch die betroffene Vertragspartei *expressly authorized* sein.

[287] Voraussetzung ist, daß diese Schiffe zuvor bei Fangtätigkeiten im durch das Übereinkommen geschützten Bereich gesichtet wurden (Verordnung EG Nr. 1721/1999 vom 29.7.1999, Abl. Nr. L 203 vom 3.8.1999, 15). Ausnahmen werden bei Notfällen gemacht.

[288] *Verordnung* vom 8.6.2000 *mit Kontrollmaßnahmen für Schiffe unter der Flagge von Nichtvertragsparteien der Organisation für die Fischerei im Nordwestatlantik (NAFO)* (Abl. Nr. L 144 vom 17.6.2000, 1).

[289] Siehe v.a. die oben dargestellten Meeresschutzabkommen. Zahlreiche weitere Beispiele sind zu finden bei *Sands*, Principles (Anm. 12), 613 ff.

[290] Vgl. *Birnie/Boyle* (Anm. 115), 166 ff. Zum besseren Verständnis der nach dem *Musterabkommen* der IAEO (dazu unten, Anm. 281) abzufassenden Staatenberichte hat z.B. die IAEO zunächst ein Auskunftsrecht gegenüber dem berichtspflichtigen Staat. Zur Überprüfung der Glaubwürdigkeit der erhaltenen Informationen kann die IAEO auch in weitem Umfang auf Informationen

senschaftlicher Untersuchungen und der Auswertung von Informationen, die von privaten Interessengruppen (*Non Governmental Organisations*, NGO's) oder Drittstaaten zur Verfügung gestellt werden.[291]

IV. Ergebnis

Die Darstellung hat gezeigt, daß sich die *konkrete Pflichtensituation* der Mitgliedstaaten im Hinblick auf den horizontalen zwischenstaatlichen Informationsaustausch wie auch im Verhältnis zur Gemeinschaft selbst erst aus einer *Zusammenschau von Völker- und Europarecht* im jeweiligen Einzelfall ergibt. In vielen Fällen haben sich Völker- und EG-Recht gegenseitig inspiriert. Das EG-Recht ist dabei nicht immer das Fortschrittlichere. Im Gegenteil, häufig wurden gemeinschaftsrechtliche Vorschriften erst durch das insofern meist ältere Völkerrecht angestoßen. Nicht selten dient das Gemeinschaftsrecht ausweislich der Begründung der Rechtsakte der Umsetzung völkerrechtlicher Normen und zwar selbst dann, wenn die Gemeinschaft selbst noch nicht Vertragspartei des jeweiligen Abkommens war oder es sich um sogenanntes *soft law* handelt.[292] Dies gilt gerade für die Teilnahme an den völkerrechtlichen Informationsverfahren. Das Gemeinschaftsrecht ist dann „im Lichte des Völkerrechts" auszulegen. Völkerrecht kann subsidiär, aber auch komplementär als Lückenfüller und Interpretationshilfe dienen. Diesbezügliche Lücken bestehen im Gemeinschaftsrecht, wie aufgezeigt, sehr wohl. Teilweise knüpfen Rechtsnormen der Gemeinschaft gar tatbestandlich an völkerrechtliche Pflichten an oder verweisen auf der Rechtsfolgenseite hierauf. Gleichzeitig kann die Durchsetzung des Völkerrechts durch eine Inkorporation von aus dem Völkerrecht stammenden Normen in das im Hinblick auf die Rechtsdurchsetzung stärker ausgeprägte gemeinschaftsrechtliche Regelungssystem gestärkt werden.

Zwischenstaatliche „Zusammenarbeit" wird im Rahmen des Völkerrechts in großem Maße als zwischenstaatlicher Informationsaustausch verstanden. Die Gemeinschaft fungiert zunehmend als Relaisstelle zwischen internationalen Gremien und den Mitgliedstaaten. Entweder substituiert die Gemeinschaft die Pflichterfüllung der Mitgliedstaaten im

---

durch andere Staaten zurückgreifen (zum ganzen *Lohmann*, [Anm. 276], 165 f. und 169 ff.).

[291] Eingehender dazu *Beyerlin/Marauhn* (Anm. 257), 100 ff.

[292] Für einzelne Beispiele hierzu siehe oben, Teil 2 Kap. 2.

Verhältnis zu Drittstaaten und internationalen Institutionen oder ihre Tätigkeit ergänzt die der Mitgliedstaaten. Dann übernimmt die Gemeinschaft als *Informationsanalysezentrum* und *Clearinghouse* eine Koordinator- und Dienstleistungsrolle.[293] Eine Substitution findet sich insbesondere bei außenwirtschaftsrelevanten Abkommen, welche die ausschließliche Kompetenz der Gemeinschaft betreffen. Im Rahmen von gemischten Abkommen wird die Durchführung gerade des Informationsaustausches i.d.R. komplementär stattfinden, weil gemeinschaftsweit aggregierte und harmonisierte Informationen bei den Gemeinschaftsorganen vorhanden sind, nationale Einzelumstände dagegen genauer von den jeweiligen Mitgliedstaaten erfaßt werden.[294]

Kapitel 3: Fernerkundung (*remote sensing*)

Als letzten Bereich der Informationsbeschaffung, in dem sich eine Überschneidung von Völkerrecht und Europarecht ergibt, soll hier auf die Satellitenfernerkundung eingegangen werden. Sie ist nicht nur aus Datenschutzgründen von Bedeutung, sondern auch, weil sie im Rahmen der Gemeinschaft Inspektionen vor Ort substituieren kann. Ihre erhebliche rechtliche und praktische Relevanz für die Sachverhaltsermittlung steht in diametralem Gegensatz zu der bislang stiefmütterlichen Beachtung in der gemeinschaftsrechtlichen Literatur.

A. Technische Beschreibung

Unter Fernerkundung (*remote sensing*) wird die Datenerhebung aus der Luft mittels Satellit oder Flugzeug verstanden. Insbesondere Satelliten können in kurzer Zeit umfassende Datenmengen über die Erdoberfläche erheben und speichern, oder direkt an die Bodenstationen senden. Umweltsatelliten erheben u.a. Daten über Vegetationsveränderungen, Bodenfeuchtigkeit, Meerestemperaturen, Niederschlagsmengen, den Treibhauseffekt, kranke Waldbestände sowie die polaren Eiskappen.[295]

---

[293] Näher zu diesen Begriffen oben, Teil 2 Kap. 2 C.III.1.

[294] Vgl. die 7. Begründungserwägung des Genehmigungsbeschlusses der Gemeinschaft für das *LTRAP-Übereinkommen*, Beschluß 81/462/EWG (Anm. 233).

[295] Ausführlich Geo, Heft 8, 1993 „Oben hui unten pfui – Satelliten haben die Erde perfekt im Visier", 10 ff. sowie Süddeutsche Zeitung vom 27.10.1994,

Im landwirtschaftlichen Bereich können verschiedene Landnutzungsarten und Feldfrüchte erkannt, stillgelegte Anbauflächen identifiziert und der Einsatz von Düngemitteln optimiert werden.[296] Es wird daran gearbeitet, auch größere Schadstoffemissionen wie beispielsweise Ölteppiche und Abwassereinleitungen in das Meer zu erfassen und die Anzeichen von bevorstehenden Erdbeben und Vulkanausbrüchen mittels auftretender Höhenverschiebungen in der Erdoberfläche zu messen.[297]

Die eingesetzten Techniken mit ihren jeweiligen Datenerhebungsmöglichkeiten sind sehr unterschiedlich.[298] Für die spätere Verwendung ist v.a. der *Auflösungsgrad* der Bilder von Bedeutung. Bisher für zivile Zwecke verwendete Satelliten haben einen Auflösungsgrad bis zu 10 x 10 Meter, d.h. sie können Objekte mit einer Kantenlänge von 10 Metern vom Weltraum aus identifizieren.[299] Militärische Spionagesatelliten kommen auf einen Auflösungsgrad von unter einem Meter.[300] Im Zeichen der Konversion – der Umstellung von militärischer Rüstungspro-

---

„Katastrophen im Satelliten-Blick", Umwelt Wissenschaft und Technik, S. III. Siehe auch teleCommunication „Wachsende Nachfrage bei Geoinformation - Naturkatastrophen sind eine Herausforderung", Nr. 15 vom 13.8.2001, 2. Eine detaillierte Aufstellung der Nutzungsmöglichkeiten gibt auch *Classen*, Fernerkundung und Völkerrecht, 1987, 55 ff.; siehe auch *Hobe*, Die rechtlichen Rahmenbedingungen der wirtschaftlichen Nutzung des Weltraumes, 1992, 45 f.

296 Süddeutsche Zeitung vom 7.4.1994, „Ein Satellit sieht farbig", 30; Geo, a.a.O., 16 f., 32.

297 Süddeutsche Zeitung vom 27.10.1994 (Anm. 295).

298 Eine übersichtliche Zusammenfassung enthält *Hobe* (Anm. 295), 43 f.; siehe auch Geo (Anm. 295), 30 f.

299 So insbesondere der französische Satellit SPOT, der bei schwarz-weiß Aufnahmen auf eine Auflösung von bis zu 10 x 10 m kommt (*Malanczuk*, Erdfernerkundung, in: *Böckstiegel*, Handbuch des Weltraumrechts, 1991, 425 [433 f.] und *Hobe*, a.a.O., 46 f.). Der US-amerikanische Satellit LANDSAT kommt auf eine Auflösung von 30 x 30 m. Alle 16 bis 18 Tage findet durch ihn eine vollständige Erderfassung statt. Bei einer Auflösung von 1 km wird jeden Tag nahezu die gesamte Erdoberfläche erfaßt (*Malanczuk*, a.a.O., 432 f. und Geo, a.a.O., 30 f.).

300 So der russische Satellit Kosmos KWR-1000, der einen Auflösungsgrad von 0,75 x 0,75 Meter hat. Für zivile Zwecke wird diese Auflösung auf 1,5 x 1,5 m bis 5 x 5 m verzerrt. Neuere optische Aufklärungssatelliten der USA sollen auf einen Auflösungsgrad von 0,15 x 0,15 m kommen und damit Objekte in der Größe eines Tennisballes erfassen (*Malanczuk*, a.a.O., S.427).

duktion auf zivile Zwecke – bieten ehemalige Rüstungsbetriebe ihre Fernerkundungstechnologien auch für die zivile Erdbeobachtung an.[301] Neben dem Auflösungsgrad ist die *Art der verwendeten Strahlen* von Bedeutung.[302] Herkömmliche Satelliten verwenden Wellen im sogenannten optischen Bereich. In den Satelliten installierte Kameras fotografieren die Erdoberfläche vom Weltraum aus. Sie haben den Nachteil, daß sie keine Daten erheben können, wenn Wolken den „Blick" auf die Erde verdecken. Neuere Techniken arbeiten mit Radio- oder Mikrowellen, die von der Planetenoberfläche reflektiert und vom Satelliten wieder empfangen werden. Sie durchdringen die Wolken und dringen bis in die oberste Erdoberflächenschicht ein. Satelliten mit Mikrowellen können daher unabhängig vom Wetter und von der Tageszeit Daten erheben.[303] Sie können die Erdoberfläche ganzjährig überwachen und sogar unterirdische Wasserläufe aufspüren. Solche Satelliten sollen nach der Jahrhundertwende die Erde auf bestimmten Bahnen umkreisen und ständig beobachten.

Im zivilen Bereich werden Fernerkundungssatelliten seit den 70er Jahren v.a. von den USA eingesetzt.[304] Zunächst konzentrierte man sich auf Wettervorhersagen und die Kartenerstellung, dann aber auch zunehmend auf die Erhebung geologischer und ökologischer Daten wie z.B.

---

[301] So wirbt z.B. die Firma *Lockheed Martin*, *Space Imaging Inc.* für einen Satelliten mit einer Auflösung von 1 Meter Kantenlänge. Auf den Bildern sind dann nicht nur Straßen und Gebäude, sondern auch Menschen schemenhaft zu erkennen. Ein entsprechender Satellit sollte 1997 ins All geschossen werden. Die Aufnahmen können käuflich erworben werden (Quelle: Werbematerial der Firma Space Imaging, Inc.™/℠, P.O. Box 61959, Sunnyvale, CA 94088-1959, 1322 Crossman Avenue, USA).

[302] Zum ganzen Süddeutsche Zeitung vom 7.4.1994 (Anm. 296); Geo (Anm. 295), 30 f. Eingehend zur Technik *Classen* (Anm. 295), 42 ff.

[303] Geo, *ibid.*

[304] Der US-amerikanische Wettersatellit NOAA, welcher später in LANDSAT umbenannt wurde, ist seit 1972 im Umlauf. Ihm folgten Nimbus-7, Seasat, Geosat und UARS (Geo [Anm. 299], 31; *Classen*, a.a.O., 67 ff.; *Malanczuk*, [Anm. 299], 432 f.; *Hobe*, [Anm. 295], 46; siehe auch *v. Kries*, The UN Remote Sensing Principles of 1986 in the Light of Subsequent Developments, ZLW 1996, 166 [167 ff.]). 1986 schloß sich Frankreich mit dem bereits erwähnten Satelliten SPOT an. Weitere Fernerkundungssatellitensysteme sind die *Indien Remote Sensing Satellites* (IRS), die *Japanese Marine Observation Satellites* (MOS), der *European Remote Sensing Satellite* (ERS) der ESA und NOAA's *Polar-Orbiting Operational Environmental Satellites* (POES) (*v. Kries*, a.a.O.; siehe auch *Classen*, a.a.O., 72 ff. und *Malanczuk*, a.a.O.).

den Vegetationsbestand der tropischen Regenwälder, Bodenschätze, die Ausdehnung von Trockengebieten und die Zersiedelung von Landschaften.[305] Seit den achtziger Jahren ist die *Europäische Weltraumagentur* (ESA) im Bereich der Satellitenfernerkundung aktiv. Die ESA ist eine Internationale Organisation, an der die meisten Mitgliedstaaten der Gemeinschaft beteiligt sind.[306] Die Satelliten der ESA sollen hauptsächlich der Erhebung von umweltrelevanten Daten i.V.m. der Meeres- und Küstenbeobachtung, der Überwachung von Ölverschmutzungen und der Fischerei dienen.[307]

Beim Einsatz der Satellitenfernerkundung stellen sich für den Verwender sowohl technische als auch erhebliche finanzielle Probleme.[308] Die Daten, die von einem Satelliten erhoben werden, sind als solche für einen Laien nicht verständlich.[309] Sie müssen erst zu für die Verwaltung verwendbaren Informationen verarbeitet werden. Die *Remote Sensing Principles* der UNO führen dementsprechend eine Unterscheidung zwischen sogenannten Primär- bzw. *Rohdaten*, *vorverarbeiteten Daten* und *analysierten Informationen* ein.[310] Auch für die rechtliche Beurtei-

---

[305] Geo, a.a.O., 10 ff.; siehe auch *Hobe*, a.a.O., 45 f.; *Malanczuk*, a.a.O., 431 f.; vgl. *v. Kries*, a.a.O., 168 f.

[306] Gründungsübereinkommen in BGBl. II 1976, 1861. Zur ESA siehe *Spude*, Integrierte Zusammenarbeit – Die Europäische Weltraumorganisation ESA, in: *Böckstiegel* (Anm. 299), 686 ff.

[307] Zum ganzen *Malanczuk* (Anm. 299), 433 ff. und *Classen* (Anm. 295), 71 f.

[308] Vgl. *Malanczuk*, a.a.O., 439 ff.; *Heintze*, Rechtsfragen der Datenpolitik bei weltraumgestützter Erdfernerkundung, ZLW 1992, 395 (412).

[309] *Malanczuk*, a.a.O., 444 f. Die Verwendbarkeit der Daten erfordert meistens zunächst den Empfang durch Bodenstationen, weil die Datenmengen nicht an Bord des Satelliten gespeichert werden können. Dann müssen Aufnahme- und Übertragungsfehler korrigiert werden (sogenannte „Vorverarbeitung"). Schließlich erfolgt eine Interpretation der Daten durch Datenabgleiche und die Erhebung von Bodenreferenzwerten. Das Ergebnis sind die sogenannten „analysierten Informationen" (siehe auch *Hobe*, [Anm. 295], 44 f. und *Classen*, [Anm. 295], 44 ff.).

[310] Die unterschiedlichen Datenarten werden darin wie folgt umschrieben: Prinzip 1 (b) *The term „primary data" means those raw data that are acquired by remote sensors borne by a space object and that are transmitted or delivered to the ground from space by telemetry in the form of electromagnetic signals, by photographic film, magnetic tape or any other means*; (c) *The term „processed data" means the products resulting from the processing of the primary data, needed in order to make such data usable*; (d) *The term „analyzed information"*

lung ist diese Unterscheidung erheblich, weil sich danach sowohl die datenschutzrechtliche Eingriffswirkung als auch das urheberrechtliche Schutzbedürfnis unterscheiden.[311] Die zu Bildern verarbeiteten Daten sind teuer, ein Bild kann bis zu 8000 DM kosten.[312] Bisher wurde von den vorhandenen Daten daher nur ein Bruchteil genutzt.[313] Außerdem sind die Datenmengen so groß, daß das Archivieren und Wiederauffinden gesuchter Daten ein Problem darstellt. Die Verarbeitung und Analyse der gewonnenen Daten wird aufgrund des hohen finanziellen Aufwandes zunehmend in die Hand von privaten Gesellschaften gegeben, welche dann die Vermarktung der gewonnen Daten auf dem Weltmarkt zu entsprechenden Preisen übernehmen.[314]

B. Aktivitäten der Gemeinschaft

Die Europäische Gemeinschaft sah bereits 1985 im CORINE-Programm den Rückgriff auf Daten der Fernerkundung im Bereich des Umweltschutzes vor.[315] Im Rahmen von „CORINE Landcover" wurde

---

means the information resulting from the interpretation of processed data, inputs of data and knowledge from other sources" (General Assembly Resolution 41/65 vom 3.12.1986, UN Doc. A/Res/41/65 vom 22.1.1987, abgedruckt in ZLW 1987, 34 ff.). Näher zu den Datenarten *Classen*, a.a.O., 44 ff. sowie oben, Anm. 309.

[311] *Heintze* (Anm. 308) verwirft dementsprechend die ansonsten vorgenommenen Differenzierungen zwischen militärischer und ziviler Nutzung sowie zwischen den unterschiedlichen räumlichen Auflösungsgraden und betrachtet allein die Verarbeitungsstufe als tauglichen Anknüpfungspunkt für die rechtliche Beurteilung (a.a.O., 396 f.). *Hobe* (Anm. 295) orientiert seine rechtliche Analyse ebenfalls an den unterschiedlichen Datenarten, beurteilt aber den rechtlichen Zugang zu Rohdaten und vorverarbeiteten Daten wegen des geringen Qualitätsunterschiedes ähnlich. Analysierte Daten werden wegen der geistigen Verarbeitung und finanziellen Investitionen dagegen in größerem Umfang (urheber-)rechtlich geschützt.

[312] Geo (Anm. 295), 30 ff.

[313] Nach dem Bericht in Geo werden gerade einmal 1 % der vorhandenen Daten ausgewertet (a.a.O., 25 f.).

[314] Näher dazu *Heintze* (Anm. 308), 409 ff.; *Malanczuk* (Anm. 299), 436 ff.; *v. Kries* (Anm. 304), 169 ff.; siehe auch *Classen* (Anm. 295), 67 ff.

[315] Anhang, I. B.b. der *Entscheidung* 85/338/EWG vom 27.6.1985 *über die Annahme eines Arbeitsprogramms der Kommission für ein Versuchsvorhaben für die Zusammenstellung, Koordinierung und Abstimmung der Informationen*

ein Pilotprojekt in Spanien und Portugal gestartet, an dessen Ende die vollständige Erfassung der Erdoberflächennutzung innerhalb der Gemeinschaft – dargestellt in einem Raster von 44 Kategorien wie „Olivenhain", „Mischwald" und „Städtische Grünanlage" – stehen soll.[316] Seit Ende der 80er Jahre ist die Gemeinschaft dabei, die Verwendung von Daten der Satellitenfernerkundung in den Bereichen der Betrugsbekämpfung, der Fischereiüberwachung und der Agrarstatistik zu fördern und zu institutionalisieren. Sie nutzt solche Daten nunmehr auch für weite Bereiche des *Umweltmonitoring*.[317] Das derzeit geltende Umweltforschungsprogramm erklärt den Aufbau einer dauerhaften europäischen Kapazität zur Überwachung der Erde aus dem Weltraum gar zum „strategischen Ziel" der Gemeinschaft. Insbesondere zum Zwecke der Bedarfsdeckung bei den mitgliedstaatlichen Behörden soll diese Technologie gefördert und die Nutzung der vorhandenen Daten verbessert werden.[318]

Am detailliertesten geregelt ist der Einsatz der Fernerkundung im Agrarbereich. Sie soll insbesondere der Überprüfung von subventioniert stillgelegten Agrarflächen dienen. Die *Verordnung* Nr.3508/92 *zur Einführung eines integrierten Verwaltungs- und Kontrollsystems für bestimmte gemeinschaftliche Beihilferegelungen* strebt den weitgehenden Ersatz der Verwaltungskontrollen vor Ort durch die Fernerkun-

---

über den Zustand der Umwelt und der natürlichen Ressourcen in der Gemeinschaft (Abl. Nr. L 176 vom 6.7.1985, 14; geändert durch Entscheidung 90/150/EWG vom 22.3.1990, Abl. Nr. L 81 vom 28.3.1990, 38).

316 Geo (Anm. 295), 17 f. Nach diesem Bericht waren 1993 Spanien, Portugal, Luxemburg und die Niederlande bereits vollständig ausgewertet.

317 Die Kommission hat z.B. 1996 einen für die Dauer von 3 Jahren angelegten Auftrag zur Lieferung von Daten der Satelliten-Fernerkundung in den Bereichen Umweltkartierung und -planung, Beobachtung von See- und Küstenregionen, Überwachung und Kartierung der Landnutzung, Land- und Forstwirtschaft, Wasserkunde, atmosphärische und meteorologische Anwendung, ausschreiben lassen (Daten der Satelliten-Fernerkundung, Offenes Verfahren 96/C 102/15, Abl. Nr. C 102 vom 4.4.1996, 25).

318 *Entscheidung* 1999/170/EG vom 25.1.1994 *über ein spezifisches Programm für Forschung, technologische Entwicklung und Demonstration auf den Gebieten Energie, Umwelt und nachhaltige Entwicklung (1998-2002)* (Abl. Nr. L 64 vom 12.3.1999, 58) unter „Entwicklung satellitengestützter Technologien zur Erdbeobachtung" (Abl., 71).

dung an.[319] Durch die Verordnung werden die Mitgliedstaaten verpflichtet, ein integriertes Verwaltungs- und Kontrollsystem für die verschiedenen agrarrechtlichen Beihilfevorschriften der Gemeinschaft einzurichten. Das System umfaßt EDV-gestützte Datenbanken und ein Kontrollsystem. In den Datenbanken werden für jeden Landwirtschaftsbetrieb die Daten aus den Beihilfeanträgen gespeichert. Die Mitgliedstaaten müssen diese Daten durch sogenannte Verwaltungskontrollen und Stichproben vor Ort überprüfen oder können ersatzweise die Fernerkundung einsetzen. Der Einsatz der Fernerkundung ist nach der Verordnung nicht obligatorisch, er wird aber von der Gemeinschaft *finanziell gefördert*. Der Erwerb und die Auswertung von Flugzeug- oder Satellitenaufnahmen wird von der Gemeinschaft bis zu 50% bezuschußt. In einer späteren Verordnung wird die finanzielle Beteiligung näher geregelt.[320] Zudem wurde die Kommission ermächtigt, die für die Kontrollen erforderlichen Satellitenaufnahmen *selbst* zu erwerben und den Kontrollstellen unentgeltlich zur Verfügung zu stellen. Begründet wird dieses Konzept damit, daß eine gemeinsame Verwaltung der Satellitenaufnahmen Kontrollmöglichkeiten eröffne, die einem einzelnen Mitgliedstaat – finanziell und organisatorisch – unerreichbar wären. Ergänzt wird die Ratsverordnung durch eine Durchführungsverordnung der Kommission. Sie bestimmt, daß zunächst eine Auswertung der Satelliten- oder Luftaufnahmen zur Bestimmung der Pflanzendecken vorzunehmen ist.[321] Die im Subventionsantrag enthaltenen Angaben der Landwirte über Flächengröße und Flächennutzung sollen dann mit den Bildern verglichen und bei Diskrepanzen Inspektionen vor Ort durchgeführt werden. Das Fernerkundungssystem befindet sich seit den

---

[319] Siehe die 11. Begründungserwägung der Verordnung (EWG) Nr. 3508/92 vom 27.11.1992 (Abl. Nr. L 355 vom 5.12.1992, 1).

[320] *Verordnung* (EG) Nr. 165/94 vom 24.1.1994 *über die finanzielle Beteiligung der Gemeinschaft an den Kontrollen durch Fernerkundung sowie zur Änderung der Verordnung (EWG) Nr. 3508/92 zur Einführung eines integrierten Verwaltungs- und Kontrollsystems für bestimmte gemeinschaftliche Beihilferegelungen* (Abl. Nr. L 24 vom 29.1.94, 6, geändert). Sie begrenzt die Kofinanzierung auf einen Zeitraum von fünf Jahren ab dem 1.1.1994.

[321] Art. 7 der *Verordnung* (EWG) Nr. 3887/92 der Kommission vom 23.12.1992 *mit Durchführungsbestimmungen zum integrierten Verwaltungs- und Kontrollsystem für bestimmte gemeinschaftliche Beihilferegelungen* (Abl. Nr. L 391 vom 31.12.1992, 36).

neunziger Jahren im Aufbau.[322] Eingesetzt wurde seit 1991 probeweise der Satellit ERS-1 der europäischen Weltraumbehörde ESA.[323]

Die Satellitenfernüberwachung wird zudem zur Überprüfung der Fischereitätigkeit eingesetzt.[324] Die *Fischereikontrollverordnung* Nr. 2847/93 führte 1993 zunächst ein Pilotvorhaben zur Ortung von Fischereifahrzeugen mit Hilfe von land- und satellitengestützten Technologien ein, welches von den Mitgliedstaaten in Zusammenarbeit mit der Kommission durchzuführen war.[325] 1997 hat der Rat über die endgültige Einführung eines Systems der Satellitenüberwachung der Fischereifahrzeuge positiv entschieden.[326] Seit dem 1.1.2000 werden hiervon alle Fischereifahrzeuge von mehr als 20 m Länge erfaßt, die in einer bestimmten Entfernung von der Küste operieren. Die Kommission hat einen direkten *online*-Zugang zu den von den Fahrzeugen übermittelten

---

[322] Siehe den 2. Tätigkeitsbericht des Sächsischen Datenschutzbeauftragten vom 31.3.1994, Sächsischer Landtag, 1.Wahlperiode, Drs. 1/4580, 141. Danach existierten immer noch erhebliche technische und finanzielle Probleme.

[323] Süddeutsche Zeitung vom 7.4.1994 (Anm. 296). Dieser Satellit arbeitet mit Mikrowellen und ermöglicht so die kontinuierliche Erdbeobachtung (siehe oben, A.).

[324] Hierzu auch *Nicolaysen*, Europarecht, Bd. 2 1996, 438.

[325] Art. 3 der *Verordnung* (EWG) Nr. 2847/93 vom 12.10.1993 *zur Einführung einer Kontrollregelung für die gemeinsame Fischereipolitik* (Abl. Nr. L 261 vom 20.10.1993, 1, geändert durch Verordnung EG Nr. 2870/95 vom 8.12.1995, Abl. Nr. L 301 vom 14.12.1995; verlängert durch Abl. Nr. L 338 vom 28.12.1996, 12).

[326] Verordnung (EG) Nr. 686/97 vom 14.4.1997 zur Änderung der Verordnung (EWG) Nr. 2847/93 (Abl. Nr. L 102 vom 19.4.1997, 1). Siehe auch die ausführliche Durchführungsverordnung der Kommission: *Verordnung* (EG) Nr. 1489/97 vom 29.7.1997 *zur Durchführung der Verordnung (EWG) Nr. 2847/93 des Rates hinsichtlich satellitengestützter Schiffsüberwachungssysteme* (Abl. Nr. L 202 vom 30.7.1997, 18). Den Mitgliedstaaten ist der Einsatz von ebenso wirksamen Alternativsystemen erlaubt (Art. 3 Abs. 10 der Verordnung Nr. 2847/93, n.F.). Ob solche existieren, ist fraglich. Besondere Aufmerksamkeit ist in der Durchführungsverordnung dem Nichtfunktionieren der Satellitenanlage gewidmet, um so Umgehungen zu verhindern und eine lückenlose Überwachung zu sichern. Ein Kapitän muß bei Ausfall der an Bord installierten Anlage diese innerhalb eines Monats reparieren oder ersetzen lassen. Nach Ablauf dieser Frist darf er keine Fangreise mehr mit defekter Satellitenanlage beginnen (Art. 6 Abs. 2 der Verordnung EG Nr. 1489/97).

Daten, so daß sich z.T. Inspektionen vor Ort erübrigen.[327] Auch hier wird der Einsatz der Fernerkundung, insbesondere der Erwerb von Satellitenortungsanlagen, durch die Gemeinschaft finanziell unterstützt.[328] Für den Bereich des Nordwestatlantiks wurde ein eigenes Pilotvorhaben gestartet.[329] Die Satellitenüberwachung wird auch in die umweltschutzbezogenen Entwicklungshilfeaktivitäten der Gemeinschaft einbezogen. Nach der *Mitteilung über die Rolle der Gemeinschaft bei der Erhaltung der Tropenwälder* ist die Satellitenüberwachung bevorzugte Datenquelle und ein wichtiges Mittel zur Erfassung der Entwaldung.[330] Um ein genaues Bild erhalten zu können, müsse allerdings dennoch eine Überprüfung am Boden erfolgen. Die Gemeinschaft bedient sich also auch in Bezug auf Drittstaaten der Datenerhebung per Satellit.

Organisatorisch greift die Europäische Gemeinschaft v.a. auf Daten der ESA und des französischen Satelliten SPOT zurück. Vor kurzem wurde von der ESA der Satellit Envisat ins All geschossen, über den insbesondere Umweltdaten, d.h. Daten über die globale Erwärmung, die Ozonschicht, Erdbeben, Vulkane und Überflutungen erhoben werden sol-

---

[327] Art. 3 Abs. 9 UAbs. 3 der Verordnung (EWG) Nr. 2847/93 i.d.F. der Verordnung (EG) Nr. 686/97 (a.a.O.) und Art. 7 der *Durchführungsverordnung* (EG) Nr. 1489/97 (a.a.O.).

[328] Für 1999 siehe die *Entscheidung* der Kommission 1999/354/EG vom 20.5.1999 *über die Erstattungsfähigkeit der von bestimmten Mitgliedstaaten im Rahmen der Durchführung der Kontrollregelung für die gemeinsame Fischereipolitik im Jahr 1999 geplanten Ausgaben* (Abl. Nr. L 137 vom 1.6.1999, 41).

[329] In Umsetzung eines NAFO-Beschlusses, siehe die *Verordnung* (EG) Nr. 3070/95 vom 21.12.1995 *zur Einführung eines Pilotprojekts für Satellitenortung im NAFO-Regelungsbereich* (Abl. Nr. L 329 vom 30.12.1995, 11, verlängert durch Verordnung EG Nr. 731/98 vom 30.3.1998, Abl. Nr. L 102 vom 2.4.1998, 5).

[330] Punkt II.1. der Mitteilung 89/C 264/01 (Abl. Nr. C 264 vom 16.10.1989, 1). Sie wird allerdings in der späteren *Verordnung* (EG) Nr. 2494/2000 vom 7.11.2000 *über Maßnahmen zur Förderung der Erhaltung und nachhaltigen Bewirtschaftung tropischer und anderer Wälder in Entwicklungsländern* (Abl. Nr. L 288 vom 15.11.2000, 6) nicht mehr ausdrücklich erwähnt. Hierin geht es allerdings hauptsächlich um die Gewährung von Finanzmitteln an Entwicklungsländer, was den Einsatz der Satellitenüberwachung durch die EG selbst nicht hindert.

len.[331] Die ESA ist eine rechtlich selbständige Internationale Organisation.[332] Gemeinschaftseigene Satelliten gibt es nicht.[333] Der Zugang zu den Aufnahmen muß mit den entsprechenden Satellitenträgern vertraglich geregelt werden. Die ESA hat als Grundlage eigene Datenzugangsregeln verabschiedet. Danach können Teilnehmerstaaten der ESA Roh- und vorverarbeitete Daten kostenlos erhalten. Nichtmitglieder erhalten die Rohdaten gegen eine Gebühr.[334]

C. *Rechtliche Beurteilung des* remote sensing

Offen ist, inwieweit die Fernerkundung überhaupt einen Eingriff in geschützte Rechte darstellt. Die Daten, die aus der Luft mittels Satellit oder auch Flugzeug erhoben werden, könnten im Prinzip als frei zugänglich betrachtet werden, weil sie „offen" auf der Erdoberfläche liegen.[335] Sie sind aber insoweit wiederum Bestandteil der datenschutzrechtlich geschützten Privatsphäre, als sie ohne Einwilligung des Betroffenen vom Boden aus nicht erhoben werden könnten, sofern zu diesem Zweck die Grundstücke des Betroffenen betreten werden müßten. Die Informationen liegen also häufig nicht so offen zutage, daß sie unter den datenschutzrechtlich nicht relevanten öffentlich zugänglichen Informationen einzuordnen wären. Ist für die Erhebung derselben Daten vom Boden aus wegen eines Eingriffs entweder in das Persönlichkeitsrecht des Betroffenen oder in das „Hausrecht" des (Grundstücks-)Eigentümers eine gesetzliche Ermächtigung erforderlich, so müßte dies auch für die substituierende Fernerkundung gelten.

---

331 Siehe Homepage der ESA und Bericht der britischen Tageszeitung The Guardian vom 1.3.2002. Envisat soll die Datenerhebung der ERS-Satelliten fortsetzen.

332 Siehe oben, Anm. 306.

333 Kürzlich verabschiedet wurde allerdings ein gemeinschaftseigenes Satellitennavigations- und -positionierungssystem, genannt GALILEO, welches jedoch weniger der Fernernerkundung als vielmehr der Bestimmung der aktuellen Position von Menschen und Gegenständen dienen soll (siehe Presseerklärung vom 26.3.2002 der Kommission, IP/02/478).

334 Näher dazu *Heintze* (Anm. 308), 405 ff.; *Hobe* (Anm. 295), 208 f. und *v. Kries* (Anm. 304), 174.

335 So der 2. Tätigkeitsbericht des Sächsischen Datenschutzbeauftragten (Anm. 322), 141.

I. Der Eingriffsgehalt des *remote sensing* – Datenschutzrechtliche Probleme und staatliche Souveränität

Das datenschutzrechtliche Problem bei der Satellitenfernerkundung liegt allerdings nicht so sehr in der Erhebung von sonst begrenzt zugänglichen Informationen. Das Hauptproblem liegt in der *räumlichen* und *zeitlichen Intensität* der Datenerhebung, die zudem – v.a. bei der Satellitenfernerkundung – in völliger *Unkenntnis* des Betroffenen geschehen kann.[336] Die zeitliche Unbeschränktheit und die räumliche Flächendeckung können zu einer unverhältnismäßig hohen *Kontrolldichte* verleiten. Die fehlende Kenntnis des Betroffenen kann außerdem zu einem *Kontrolldefizit* im Hinblick auf die Datenverwendung führen. Es besteht zudem die Gefahr, daß die erhobenen Daten mit anderen Daten verknüpft und zu einem anderen als dem ursprünglich – gesetzlich – vorgesehenen Zweck verwendet werden. Auch die rechtzeitige Löschung der Daten kann nur unzureichend kontrolliert werden. Angesichts der Verordnungen Nr.3508/92 und 3887/92 haben die Datenschutzbeauftragten des Bundes und der Länder eine Entschließung verabschiedet, worin sie zur Vermeidung von unverhältnismäßigen Einschränkungen des informationellen Selbstbestimmungsrechts der betroffenen Landwirte bestimmte Beschränkungen bei der Durchführung der Verordnungen fordern.[337] Danach sollen diese ortsunabhängigen Überwachungsmöglichkeiten nicht für eine flächendeckende Totalüberwachung eingesetzt werden, sondern sich auf Stichproben beschränken. Bei der Datennutzung muß die Zweckbindung streng eingehalten werden. Zudem sollten zentrale Datenbanken von den dezentralen Stellen keine personenbezogenen Daten erhalten. Personenbezogene Daten müßten dann von der örtlichen Erhebungsstelle erst zu nicht individualisierbaren statistischen Daten aggregiert werden.

Ähnliche Probleme stellen sich für die Frage des Eingriffs in Souveränitätsrechte der Mitgliedstaaten. Auch hier erhebt sich die Frage, ob ei-

---

[336] Vgl. zum ganzen den 2. Tätigkeitsbericht des Sächsischen Datenschutzbeauftragten, a.a.O., 141. Siehe auch *Mörs*, Datenschutz beim Einsatz von Satelliten, Computer und Recht 1996, 42 (47) sowie *Priebe/Mögele*, Agrarrecht, in: *Dauses*, Handbuch des EU-Wirtschaftsrechts, 1999, Kap. G, Rn. 197 f.

[337] Entschließung der 46. Konferenz am 26./27.10.1993 zum *Integrierten Verwaltungs- und Kontrollsystem (InVeKoS)* (Verordnungen der EWG Nr. 3508/92 und Nr. 3887/92), abgedruckt als Anlage 2.7 zum *Bericht des Berliner Datenschutzbeauftragten* vom 31.12.1993. Der 1. Tätigkeitsbericht des Sächsischen Datenschutzbeauftragten spricht bereits vom „gläsernen Landwirt" (Sächsischer Landtag, 1. Wahlperiode, Drs. 1/3075, 105).

ne umfassende Erfassung der Oberfläche eines Mitgliedstaates ohne dessen Einwilligung oder sogar ohne dessen Kenntnis in seine territorialen Souveränitätsrechte eingreift.[338] Neben der Datenerhebung entzieht sich auch die darauffolgende Datennutzung und Weitergabe der Kontrolle der „ausgeforschten" Staaten.[339] Durch die technische Entwicklung wird letztlich der traditionelle Abwehrmechanismus der territorialen Hoheitsgewalt im Bereich der Informationsbeschaffung unterlaufen.

Neben der satellitengestützten Erkundung der Erdoberfläche gibt es die satellitengestützte Ortung von Fahrzeugen und Schiffen.[340] Für den Umweltbereich relevant ist v.a. die Fernortung von Schiffen im Rahmen der Fischereipolitik.[341] Werden die Positionsdaten von dem Betroffenen selbst abgefragt – wie es z.B. das *Global Positioning System* vorsieht – treten keine datenschutzrechtlichen Probleme auf. Wird dagegen ein elektronisches Bewegungsprofil ohne Kenntnis des Betroffenen erzeugt, so besteht ein erhebliches Überwachungspotential mit den entsprechenden Mißbrauchsrisiken. Aus datenschutzrechtlicher Sicht sind Systeme, die ohne Einflußmöglichkeit des Betroffenen ständig personenbezogene Daten ausstrahlen, besonders bedenklich.[342]

II. Völkerrechtliche Zulässigkeit

Die Frage der völkerrechtlichen Zulässigkeit des *remote sensing* stellt sich zum einen für das Verhältnis der Mitgliedstaaten untereinander als auch für die Gemeinschaft selbst. Von den europäischen Satellitenfernerkundungsprojekten sind Drittstaaten zumindest unbeabsichtigt betroffen, da die Flugbahnen der Satelliten nicht genau auf die Staatsgrenzen abgestimmt werden können.[343] In bestimmten Politikbereichen werden solche Daten über Drittstaaten von der Gemeinschaft auch

---

[338] Hierzu auch oben, Teil 3 Kap. 1. Zur rechtlichen Zulässigkeit sogleich.

[339] Vgl. *Classen* (Anm. 295), 30 f.; *Malanczuk* (Anm. 299), 439.

[340] Dazu *Mörs* (Anm. 336), 44 f.

[341] Dazu bereits oben, B.

[342] *Mörs*, a.a.O., 45.

[343] Häufig sind die Staatsgrenzen auch nur schwer auszumachen (*Benkö/Gruber*, The UN Committee on the Peaceful Uses of Outer Space: Adoption of Principles on Remote Sensing of the Earth from Outer Space and Other Recent Developments, ZLW 1987, 17 [23]).

verwendet.[344] Die Europäische Gemeinschaft ist als Internationale Organisation mit Rechtspersönlichkeit Subjekt des Völkerrechts. Sie ist im Verhältnis zu Drittstaaten und anderen Internationalen Organisationen an die Regeln des Völkerrechts gebunden.[345] Die Sonderregeln der Gemeinschaftsverträge gelten nur zwischen den Vertragsparteien, durch sie konnte sich weder die Gemeinschaft noch die Mitgliedstaaten von den im Völkerrechtsverkehr geltenden Regeln entbinden. Dies gilt im Grundsatz auch für die Satellitenaufnahmen der ESA, die als eigenständige Internationale Organisation auf der Ebene des Völkerrechts agiert.

Die Satellitenfernerkundung hat seit ihrem Beginn in den siebziger Jahren eine Diskussion über ihre völkerrechtliche Zulässigkeit hervorgerufen. Insbesondere die Entwicklungsstaaten, welche nicht über die technischen und finanziellen Mittel verfügten, um sich der Fernerkundung zu bedienen, aber häufig Objekt der Fernerkundung wurden, zweifelten deren Völkerrechtskonformität an. Im Hinblick auf die Fernerkundung mittels Flugzeugen ist die Rechtslage eindeutig. Der *Luftraum* über einem Staatsgebiet gehört zur *Hoheitsgewalt* des jeweiligen Staates.[346] Für jede Nutzung des Luftraumes ist das Einverständnis des betroffenen Hoheitsträgers erforderlich. Noch nicht ganz geklärt ist die genaue Abgrenzung des Luftraumes zum Weltraum.[347] Diese Abgrenzung ist wichtig, weil für den Weltraum andere Regeln gelten. Der *Weltraumvertrag* enthält – im Gegensatz zur staatlichen Lufthoheit – das Prinzip der *Freiheit des Weltraumes* zum Zwecke der friedlichen Nutzung, welche nach inzwischen gefestigter Ansicht auch die Erdfernerkundung einschließt.[348] Die Entwicklungsländer verlangten dagegen

---

[344] Fernerkundungsdaten sollen z.B. im Zusammenhang mit der Entwicklungshilfepolitik der Gemeinschaft in Bezug auf Drittstaaten eingesetzt werden (siehe oben, B.).

[345] Näher dazu oben, Kap. 1 B.

[346] Der Grundsatz der Lufthoheit hat sich mit dem Abschluß des *Pariser Luftrechtabkommens* im Jahre 1919 durchgesetzt (dazu *Dahm/Delbrück/ Wolfrum*, [Anm. 75], 437 ff.).

[347] Näher dazu *Classen* (Anm. 295), der die Grenze des Luftraumes und damit der Lufthoheit bei 110 km über der Erdoberfläche ansetzt (a.a.O., 26 und 40).

[348] *Treaty on Principles Governing the Activities of States in the Exploration and Use of the Outer Space, Including the Moon and Other Celestial Bodies* vom 27.1.1967 (BGBl. II 1969, 1967). Die im *Weltraumvertrag* enumerierten speziellen Nutzungsrechte haben sich inzwischen zur gewohnheitsrechtlich verankerten allgemeinen Nutzungsfreiheit entwickelt (*Bueckling*, Die Freihei-

unter Berufung auf ihre nationale Souveränität eine möglichst restriktive Regelung der Erdfernerkundung.[349] Sie sollte von der Zustimmung des betroffenen Staates abhängig gemacht werden. Auf eine globale vertragliche Lösung zwischen Entwicklungs- und Industriestaaten konnte man sich nicht einigen.[350] Ein gewohnheitsrechtliches Zustimmungserfordernis hat sich mangels einheitlicher *opinio iuris* nicht entwickelt.[351]

Die Generalversammlung der UNO hat nach fünfzehnjähriger Diskussion im *U.N. Committee on the Peaceful Uses of Outer Space* die *Principles Relating to Remote Sensing of the Earth from Outer Space* verabschiedet, durch welche die Weltraumfreiheit und die Interessen der „ausgeforschten" Staaten miteinander in Einklang gebracht werden sollen.[352] Sie sind nicht völkerrechtlich verbindlich, zeigen als *soft law* aber Leitlinien für die Praxis auf. Letztere kann sich mit der Zeit auch

---

ten des Weltraumrechts und ihre Schranken, in: *Böckstiegel*, [Anm. 299], 55 [59]; *Steinhardt*, Outer Space, in: *Schachter/Joyner*, [Anm. 115], 753 [755]; siehe auch Verweise unter Anm. 351).

349 *Benkö/Gruber* (Anm. 343), 18 f.; *Hobe* (Anm. 295), 205 f.; *Malanczuk* (Anm. 299), 441 f.; *Steinhardt*, a.a.O., 778 ff. Zu den Souveränitätsargumenten auch oben, Teil 3 Kap. 1 A.I., insbesondere 2.b. Daneben spielt das weltraumrechtliche Gebot der Rücksichtnahme eine Rolle (hierzu *Bittlinger*, Das Gebot der Rücksichtnahme, in: *Böckstiegel*, [Anm. 299], 119 ff.).

350 Lediglich zwischen den (ehemaligen) Staaten des Ostblocks wurde 1978 ein Übereinkommen über die Weitergabe und Nutzung der Satellitenfernerkundungsdaten abgeschlossen: die *Convention on the Transfer and Use of Data of the Remote Sensing of the Earth from Outer Space* vom 19.5.1978, unterzeichnet von Bulgarien, Cuba, der Tschechoslowakei, der DDR, Ungarn, der Mongolei, Polen, Rumänien und der Sowjetunion (UN Doc. A/33/162 vom 29.6.1978, abgedruckt in ZLW 1987, 37 ff.; siehe auch *Classen*, [Anm. 295], 81 f.). Dieser Vertrag sieht vor, daß für die Verbreitung von Daten mit einer Auflösung von weniger als 50 Metern die ausdrückliche Einwilligung der betroffenen Vertragsparteien erforderlich ist. Das gleiche gilt, wenn die Daten Informationen über natürliche Ressourcen oder die Wirtschaftskraft enthalten. Hier zeigt sich wiederum die politische Sensibilität von Informationen über natürliche Ressourcen.

351 *Hobe* (Anm. 295), 206; im Ergebnis ebenso *Steinhardt* (Anm. 348), 779 f. Eine ausführliche rechtliche Analyse findet sich bei *Classen*, a.a.O., 94 ff.

352 General Assembly Resolution 41/65 vom 3.12.1986 (Anm. 310). Eine ausführliche Darstellung der Entstehungsgeschichte der Prinzipien findet sich bei *v. Kries* (Anm. 304) und *Gorove*, Developments in Space Law, 1991, 293 ff. Siehe auch *Benkö/Gruber* (Anm. 343), 17 f. und *Malanczuk* (Anm. 299), 440 ff.

zu völkerrechtlichem Gewohnheitsrecht entwickeln.[353] *Remote Sensing* wird darin als weltraumgestützte Beobachtung der Erdoberfläche zum Zwecke des Managements der natürlichen Ressourcen, der Landnutzung und des Umweltschutzes definiert. Die Fernerkundung soll im Interesse und zum Nutzen aller Staaten durchgeführt werden, unter Beachtung der staatlichen Souveränität. Sie soll insbesondere dem Umweltschutz dienen.[354]

Ein Vetorecht oder ein konkretes Einwilligungserfordernis seitens des „ausgeforschten" Staates besteht nicht. Die Prinzipien sehen statt dessen „im größtmöglichen Umfang" den Zugang aller Staaten zu den erhobenen Daten vor. Der Datenzugang setzt eine Anfrage des interessierten Staates voraus.[355] Staaten, über die Informationen hinsichtlich eventueller Naturkatastrophen oder sonstiger umweltschädigender Phänomene identifiziert wurden, sollen gewarnt und schnellstmöglichst über die Einzelheiten unterrichtet werden.[356] Der „ausgeforschte" Staat soll zu den Rohdaten und den vorverarbeiteten Daten *on reasonable cost terms* Zugang haben, ebenso wie zu den verfügbaren analysierten Informationen eines jeden sich an der Fernerkundung beteiligenden Staates.[357] Darunter fallen aus urheberrechtlichen Gründen nicht die von privaten Unternehmen durch Analyse hergestellten Informationen, zumindest solange sie nicht von einem Staat erworben wurden. Dies ist insbesondere deshalb von Bedeutung, weil inzwischen viele der gebrauchsfertigen sogenannten „analysierten Informationen" durch Pri-

---

[353] Ähnlich *Malanczuk*, a.a.O., 443 sowie *Hobe* (Anm. 295), 209, der bereits eine übereinstimmende Staatenpraxis feststellt. *Heintze* (Anm. 308) bescheinigt dem Zugangsrecht des „ausgeforschten" Staates nach Prinzip XII der Resolution bereits den Status von völkerrechtlichem Gewohnheitsrecht (a.a.O., 398). Zum völkerrechtlichen *soft law* oben, Kap. 2 A.IV.

[354] Prinzip I (a) und Prinzip X S.1 der *Remote Sensing Principles* (Anm. 310).

[355] Der Auskunftsanspruch ist in allgemeiner Form in Prinzip IX der Resolution (Anm. 310) enthalten. Nicht ganz eindeutig ist, ob es sich dabei wirklich um einen Auskunftsanspruch oder nur das Recht auf diskriminierungsfreie Behandlung handelt (so *Hobe*, [Anm. 295], 208 f.). Prinzip XII der Resolution legt nämlich fest, daß der „ausgeforschte" Staat auf der Basis der Nichtdiskriminierung Datenzugang erhalten soll. Interessierten Drittstaaten kann im Vergleich zu dieser Bestimmung kein weitergehendes Datenzugangsrecht eingeräumt werden.

[356] Prinzipien X und XI der Resolution, a.a.O.

[357] Prinzip XII der Resolution, a.a.O. Zu den verschiedenen Datenbegriffen oben, Anm. 310.

vatunternehmen erzeugt werden.[358] Ein weiteres Problem für die praktische Umsetzung des Informationszugangs stellt sich dadurch, daß von dem interessierten Staat – außerhalb des Vorliegens einer Warnungspflicht – zunächst ein Antrag auf Einsichtnahme in die Daten gestellt werden muß. Dies setzt eine gewisse, bereits vorhandene Sachkenntnis hinsichtlich der möglicherweise erhobenen Daten voraus.[359] In der Literatur wird daher z.T. vertreten, daß der erkundende Staat die betroffenen Staaten zu unterrichten hat.[360]

III. Gemeinschaftsrechtliche Zulässigkeit

Die Nutzung des Weltraumes durch die Gemeinschaft und die ESA richtet sich nach dem Völkerrecht. Der Einsatz von Fernerkundungsdaten durch die Gemeinschaft ist im Verhältnis zu den Mitgliedstaaten dagegen primär nach dem Gemeinschaftsrecht zu beurteilen. Danach haben die Mitgliedstaaten nicht allgemein auf ihre Souveränitätsrechte verzichtet, sondern nach dem Prinzip der begrenzten Einzelermächtigung nur insoweit, als der Gemeinschaft ausdrücklich oder stillschweigend hoheitliche Befugnisse übertragen wurden.[361] Eine ausdrückliche, unmittelbare Erwähnung der Fernerkundung findet sich im Primärrecht nicht. Als Ermächtigungsgrundlage kommen für eine sekundärrechtliche Regelung des Rates Art. 284 EGV (ex Art. 213) oder die jeweiligen sachbereichsbezogenen Regelungsbefugnisse in Betracht.[362]

---

[358] Sogenannte *value-added industry*. Zudem werden ehemals staatlich betriebene Satellitensysteme zunehmend privatisiert, so z.B. das LANDSAT-System durch den *Land Remote Sensing Commercialization Act* von 1984 (näher dazu *Heintze*, [Anm. 308], 399 f. sowie *Benkö/Gruber*, [Anm. 343], 20 f.). Eine ausführliche Analyse der Problematik findet sich bei *v. Kries* (Anm. 304), 170 f. und *Heintze*, a.a.O., 409 ff. (zum urheberrechtlichen Schutz analysierter Daten); siehe auch *Hobe* (Anm. 295), 212.

[359] Hierauf weist *v. Kries* hin (a.a.O., 169).

[360] In diesem Sinne *Classen* (Anm. 295), 213 ff.; vgl. *Malanczuk* (Anm. 299), 451. *Classen* bejaht sogar das Bestehen einer Konsultationspflicht zwischen den beteiligten Staaten (a.a.O., 215 f.). Gestützt werden diese Informationspflichten auf das Weltraumrecht (das *Weltraumregistrierungsabkommen* i.V.m. dem *Weltraumvertrag* und den *Remote Sensing Prinzipien*).

[361] Dazu oben, Teil 3 Kap. 1 A.II.

[362] Werden die Daten nur zum Zweck der Vorbereitung oder Durchführung eines bestimmten Sachbereiches erhoben, so kann die Gemeinschaft auch auf

Auf der Grundlage von Art. 284 EGV können – i.V.m. entsprechend konkreten sekundärrechtlichen Regeln – auch Nachprüfungen vor Ort durch Gemeinschaftsbedienstete vorgesehen werden.[363] Gemeinschaftsinspektoren dürfen dann das Hoheitsgebiet der Mitgliedstaaten zum Zwecke der Datenerhebung betreten. Sie können ermächtigt werden, den Sachverhalt mittels Augenschein, durch die Einsicht in Dokumente und begleitende Auskunftsverlangen zu ermitteln. Dasselbe gilt für gemeinschaftsrechtlich festgelegte Nachprüfungspflichten der nationalen Beamten. Die Datenerhebung mittels Satellit oder Flugzeug ersetzt in einem gewissen Umfang den Augenschein des Gemeinschaftsinspekteurs und des nationalen Beamten. Sie geht insofern *weiter*, als daß Gebiete von einer Größe in ihrer Gesamtheit erfaßt werden können, wie es einem Menschen weder räumlich noch zeitlich ohne dieses Hilfsmittel möglich wäre. Eine lückenlose Erfassung der Erdoberfläche wäre zumindest vom Verwaltungsaufwand her ohne Satelliten- oder Flugzeugeinsatz nicht realisierbar. Die Fernerkundung bleibt auf der anderen Seite hinter den Ermittlungsmöglichkeiten eines Inspekteurs *zurück*. Ein Satellit oder ein Flugzeug kann nur auf der Erdoberfläche „frei zugängliche" Informationen erfassen – und das auch nur bis zu einem Auflösungsgrad, der gröber als das menschliche Auge ist. Er kann keine Schriftstücke einsehen, keine Hausdurchsuchungen vornehmen und keine Auskünfte verlangen.[364] Die Datenerhebung mittels Fernerkundung geht also nicht einseitig in weiten Umfang über das hinaus, was einem Gemeinschaftsinspekteur möglich ist und was zum Zeitpunkt des Abfassens der Gemeinschaftsverträge impliziert wurde. Gegen die Zulässigkeit des Einsatzes von Daten der Fernerkundung spricht auch nicht die Neuartigkeit der Art der Datenerhebung mit ihren bisher unzureichend bekannten datenschutzrechtlichen Risiken und Implikationen für die Souveränität der Mitgliedstaaten. Weder Art. 284 EGV noch die sachbezogenen Befugnisnormen enthalten eine implizite

---

die Befugnisnormen des betroffenen Sachbereiches zurückgreifen. Der Rückgriff auf Art. 284 EGV ist aber v.a. dann erforderlich, wenn die Datenerhebung zum Zwecke der Informationsvorsorge oder auch der Vollzugskontrolle hinsichtlich mehrerer Gemeinschaftspolitiken erfolgen soll. Ein Rechtsakt auf der Grundlage von Art. 284 EGV erfordert lediglich eine einfache Mehrheit im Rat (Art. 205 Abs. 1 EGV [ex Art. 148]). Näher zur Auswahl der richtigen Ermächtigungsgrundlage oben, Teil 3 Kap. 1 B., insbesondere II.6.

[363] Näher dazu oben, Teil 3 Kap. 1 B.II.1.c.bb.

[364] Die Notwendigkeit von ergänzenden Bodenuntersuchungen betonen auch *Classen* (Anm. 295), 31 und *Malanczuk* (Anm. 299), 439.

Beschränkung auf bekannte Techniken. Die Vorschriften der Gemeinschaftsverträge sind auf der Grundlage der Auslegungsmethode des *effet utile* und der Natur des EG-Vertrages als ausfüllungsbedürftiger Rahmenvertrag (*traité cadre*) dynamisch zu interpretieren.[365] Der Rat ist daher grundsätzlich ermächtigt, die Methode der Fernerkundung zur Datenerhebung über das Hoheitsgebiet der Mitgliedstaaten einzusetzen.

Die materiell-rechtlichen Grenzen des Gemeinschaftsrechts für die Datenerhebung und -verwertung gelten allerdings auch hier.[366] Zur Sicherung der rechtlichen Grenzen der Datenerhebung und -verwertung sind u.U. besondere Vorkehrungen erforderlich. Hier ist v.a. auf die Verhältnismäßigkeit der Datenerhebung, die Wahrung der Vertraulichkeit von geschützten Daten und die Beachtung von Art. 296 Abs. 1 *lit.* a EGV (ex Art. 223) zu achten.[367] Wie dargestellt birgt die Satellitenfernerkundung das Risiko der unverhältnismäßig hohen Kontrolldichte sowie der geringen Kontrollierbarkeit der Datenerhebung und -weitergabe.[368] Daher sollte im Hinblick auf die Kontrolldichte nicht nur ein Mindestmaß, sondern auch eine Obergrenze festgelegt werden. Damit die Mitgliedstaaten eine Prüfung der Verhältnismäßigkeit und der Einschlägigkeit von Art. 296 EGV vornehmen können, wird die Gemeinschaft aus dem Grundsatz der Gemeinschaftstreue zudem verpflichtet sein, die Mitgliedstaaten über die geplanten Fernerkundungsaktivitäten vorab zu unterrichten.[369] Eine angemessene Lösung im Hin-

---

[365] Siehe nur *Böhm*, Kompetenzauslegung und Kompetenzlücken im Gemeinschaftsrecht, 1985, 62 und 86 f. mit weiteren Literaturverweisen sowie die Beiträge in *Bieber/Ress* (Hrsg.), Die Dynamik des Europäischen Gemeinschaftsrechts, 1987; *Kraußer*, Das Prinzip begrenzter Ermächtigung im Gemeinschaftsrecht als Strukturprinzip des EWG-Vertrages, 1991, 31 ff., 44 f.; *Lenz/Erhard*, Das Gemeinschaftsrecht – System, Entstehung, Anwendung, in: *Lenz*, EG-Handbuch Recht im Binnenmarkt, 1994, 51 (88); vgl. *v. Borries*, Kompetenzverteilung und Kompetenzausübung, in: EUDUR, Bd. 1 1998, § 25, Rn. 5.

[366] Dazu insbesondere Teil 6 Kap. 1.

[367] Das Subsidiaritätsprinzip wird i.d.R. gewahrt sein, weil eine Einbeziehung der Gemeinschaft aufgrund der grenzüberschreitenden Reichweite der Aufnahmen und der hohen finanziellen Kosten angezeigt ist.

[368] Siehe oben, C.I.

[369] Die Gemeinschaftstreuepflicht ist reziprok, d.h. sie beinhaltet auch Treuepflichten der Gemeinschaftsorgane gegenüber den Mitgliedstaaten (näher dazu oben, Teil 3 Kap. 2 A.).

blick auf den Ausgleich der Souveränität der Mitgliedstaaten, einer effizienten und effektiven Kontrolle der Durchführung des Gemeinschaftsrechts und dem Subsidiaritätsprinzip stellt z.B. die oben dargestellte Regelung im agrarrechtlichen Beihilfenbereich dar, wonach die Mitgliedstaaten die Fernerkundungsdaten selbst auswerten, der Erwerb derselben aber von der Gemeinschaft finanziell und organisatorisch unterstützt wird. Eine eingehendere rechtliche Analyse zum Einsatz der Fernerkundung durch die Gemeinschaft bleibt allerdings abzuwarten.

Sechster Teil

De lege lata und *de lege ferenda* zu beachtender Gestaltungsrahmen

Der im folgenden darzustellende Gestaltungsrahmen soll als Anhaltspunkt sowohl für die abstrakt-generelle Rechtsetzung als auch für die Konkretisierung bestehender Informationsverfahren im Rahmen der Durchführung dienen.[1] Letzteres betrifft v.a. die Ausgestaltung von

---

[1] Der hier verfolgte Gedanke ist bereits bei *Würdinger* und *Hanebuth* enthalten (Bericht von Hans Würdinger, Hamburg, in: *Würdinger/Wohlfarth*, Das Auskunftsrecht gegenüber Unternehmen und Unternehmenszusammenschlüssen innerhalb internationaler Gemeinschaften, 1964, 7 [14 ff., 25, Nr. 1] sowie *Hanebuth*, Das Auskunftsrecht im europäischen Wirtschaftsrecht, 1967, 167 ff.). *Schmidt-Aßmann* spricht von „Kooperationsstandards" als äußerer Rahmen der Verwaltungskooperation für das diesbezüglich weite Ermessen der Beteiligten und nennt hier v.a. das Gebot wirksamer Rechtsdurchsetzung, das Gebot der Verantwortungsklarheit, die Äquivalenzregel und den Ordre-public-Vorbehalt (Verwaltungskooperation und Verwaltungskooperationsrecht in der Europäischen Gemeinschaft, EuR 1996, 270 [295 ff.]; *ders.*, Europäisches Verwaltungsverfahrensrecht, in: *Müller-Graff*, Perspektiven des Rechts in der Europäischen Union, 1998, 131 [159 f.]). *Würdinger* geht auf die Suche nach den „Prinzipien", von denen sich der europäische Gesetzgeber bei der Regelung der Auskunfts- und Kontrollrechte hat leiten lassen. Er untersucht einzelne „elementare Grundsätze des allgemeinen Verwaltungsrechts", die die Grundlage des europäischen Gemeinschaftsrechts bilden und sowohl von der Exekutive als auch bei der Weiterbildung des Gemeinschaftsrechts von der Gesetzgebung in dem dort untersuchten Sachbereich zu berücksichtigen seien (a.a.O., 15). Siehe auch *Arnold*, Vereinheitlichung des Verwaltungsverfahrensrechts in der EG – unter besonderer Berücksichtigung der Regeln über die Sachverhaltsermittlung und die Verteidigungsrechte der Betroffenen, EuR 1995, 7 (7 f.); *Smit/Herzog*, The Law of the European Economic Community, 1995, Art. 213, Anm. 213.05 und *Schwarze*, European Administrative Law, 1992, 1239 ff. Letztere verweisen auf die allgemeinen Rechtsgrundsätze des EG-Rechts als Schranke der Kommissionsbefugnisse bei der Sachverhaltsermittlung. *Arnold* unterstreicht aufgrund der lediglich punktuell existierenden positiv-rechtlichen Regelung des Verwaltungsverfahrens im Bereich der Sachverhaltsermittlung das große Ge-

Informationsverfahren durch die Kommission im Rahmen delegierter Gestaltungsbefugnisse sowie die Anwendung der aus Art. 10 EGV folgenden Gebote auf die konkreten Verwaltungsverfahren.[2] Das erste Kapitel behandelt die materiellen Rahmenvorgaben und das zweite Kapitel die an eine Verletzung der Informationspflichten *de lege lata* und *de lege ferenda* anknüpfenden oder anknüpfbaren Rechtsfolgen. Einige der Rahmenregeln sind als Allgemeine Rechtsgrundsätze des europäischen Verwaltungsrechts anhand des Kartellverfahrens, der Beihilfenkontrolle und der europäischen Agrarmarktorganisation entwickelt worden. Das Verwaltungsverfahren dieser Rechtsgebiete ist weiter entwickelt als das europäische Umweltrecht, insbesondere sieht es umfangreichere direkte Vollzugsbefugnisse der Kommission vor. Im Falle unterschiedlich entwickelter Rechtsetzungs- und Vollzugsstrukturen im Vergleich zum Umweltrecht sind die Rahmenregeln vornehmlich als Anregung *de lege ferenda* gedacht.

Kapitel 1: Praktische Konkordanz der bei Informationsverfahren zu beachtenden Rechtssätze

Der Gestaltungsrahmen umfaßt allgemein geltende, meist ungeschriebene Rechtssätze des Gemeinschaftsrechts, die eine Orientierung für die rechtliche Entscheidung über Interessenkollisionen, Verfahrensabläufe und Organisationsfragen geben. Er ist in weitem Umfang Teil des (allgemeinen) Verwaltungsrechts der Gemeinschaft.[3] Die Funktion sol-

---

wicht der ungeschriebenen Rechtsgrundsätze, die als „allgemeine Handlungsmaximen" die Auslegung und ggf. die Ergänzung des Sekundärrechts determinieren. Vgl. *Lohmann*, Die rechtliche Struktur der Sicherungsmaßnahmen der Internationalen Atomenergie-Organisation, 1993, 90 ff. *Lohmann* entwickelt zum Zwecke der „rechtlichen Steuerung" der von ihm untersuchten Überwachungsmaßnahmen „Verfahrensgrundsätze" für Fälle, in denen keine abschließende Regelung vorhanden ist und einem der Akteure ein Gestaltungsrecht zusteht. Er stellt fest, daß gerade bei Gestaltungsspielräumen für einen Akteur eines „Aufsichtsverfahrens" die Frage nach Verfahrensgrundsätzen für die Rechtsstaatlichkeit des Verfahrens (*rule of law*) an Bedeutung gewinnt (a.a.O., 26).

[2] Siehe Teil 4 Kap. 2 C.II. und Teil 3 Kap. 2.

[3] Auf die Schwierigkeiten der Entwicklung rechtsstaatlicher Prinzipien im Rahmen der *Finalstruktur* des europäischen Gemeinschaftsrechts weist *Renge-*

cher Rahmenregeln besteht zum einen in der Lückenfüllung bei fehlenden ausdrücklichen Vorschriften, zum anderen dienen sie *de lege ferenda* als rechtlicher Rahmen für die Ausgestaltung zukünftiger Informationsverfahren. *De lege lata* können sie als Leitlinie bei der Auslegung des Gemeinschaftsrechts im Sinne einer primärrechtskonformen Auslegung fungieren.[4]

A. Allgemeine Rechtsgrundsätze und Strukturprinzipien des Gemeinschaftsrechts

Die hier aufgezeigten rechtlichen Rahmenregeln sind z.T. Bestandteil der Allgemeinen Rechtsgrundsätze des Gemeinschaftsrechts. Wie *Bullinger* feststellt, läßt sich gerade für den Bereich der Sachverhaltsaufklärung nur schwer ein zusammenhängendes System gemeinsamer überkommener Rechtsgrundsätze herausschälen, welches der Gerichtshof für den Vollzug von Gemeinschaftsrecht als verbindlich ansehen könnte. Leichter als die Übernahme eines zusammenhängenden, möglicherweise noch von einer fremden Rechtsordnung dominierten Regelwerkes ist der Rückgriff auf einzelne Aufklärungsprinzipien von hoher Abstraktion.[5] Die Übernahme solcher Rechtsprinzipien kann dann zu einer schrittweisen Angleichung der insgesamt gerade im Bereich der Sachaufklärung noch sehr nationalen unterschiedlichen Regelungen führen.[6] Allgemeine Rechtsgrundsätze sind ungeschriebene Normen

---

ling hin (Deutsches und europäisches Verwaltungsrecht – wechselseitige Einwirkungen, VVDStRL 53, 1994, 202 [222 ff.]).

4 Vgl. *Rengeling*, Quellen des Verwaltungsrechts, in: *Schweitzer*, Europäisches Verwaltungsrecht, 1991, 29 (42 f.).

5 *Bullinger*, Nationales Verwaltungsverfahren im Vorfeld europäischer Rechtsangleichung – Die Ermittlung des Sachverhalts, EuR, Beiheft 1, 1995, 35 (40 ff.).

6 So stellt *Bullinger* fest, daß in mehreren Mitgliedstaaten wie Großbritannien und Frankreich die Gerichte unter dem Einfluß des Gemeinschaftsrechts mehr und mehr dahin tendieren, die behördliche Sachverhaltsfeststellung stärker als bisher zu kontrollieren und so den Unterschied zur deutschen Rechtslage abbauen. Nationale Empfindlichkeiten wirkten einer Angleichung der Regeln über die Sachverhaltsaufklärung am wenigsten entgegen, wenn neue oder veränderte Aufgaben diese erforderlich machen (*ibid.*). Siehe auch *Schmidt-Aßmann*, Zur Europäisierung des allgemeinen Verwaltungsrechts, in: FS Lerche, 1993, 513 (513, 517), der auf die Entwicklungsgeschichte der gegenseitigen Einflußnahmen der europäischen Verwaltungsrechtsordnungen eingeht.

des europäischen (Primär-)Rechts. Sie dienen als Maßstab für die Rechtmäßigkeit sekundären Gemeinschaftsrechts, treten aber als Lückenfüller ggf. hinter spezielle Vorschriften zurück.[7]

I. Die Methode der Rechtssatzgewinnung

Zur Feststellung von Allgemeinen Grundsätzen des Gemeinschaftsrechts bedient sich der Gerichtshof der Methode der wertenden Rechtsvergleichung.[8] Danach werden die Rechtsordnungen der Mitgliedstaaten nach einer sich jeweils entsprechenden, allgemeinen Norm untersucht. Nach einem Vergleich der nationalen Rechtsordnungen untereinander und dieser mit der Struktur und den Erfordernissen des Gemeinschaftsrechts, wird die Regel gebildet, die eine Verankerung in den mitgliedstaatlichen Rechtsordnungen findet und sich gleichzeitig in das Gemeinschaftsrecht einfügt. Mit den Worten des Gerichtshofes müssen die Allgemeinen Rechtsgrundsätze *von den gemeinsamen Verfassungsüberlieferungen getragen* sein und sich gleichzeitig *in die Struktur und Ziele der Gemeinschaft einfügen*.[9] Manche Rechtsgrund-

---

7 Ausführlich *Szczekalla*, Allgemeine Rechtsgrundsätze, in: EUDUR, Bd. 1 1998, § 11, insbesondere Rn. 27 ff.; *Rengeling* in: *Schweitzer* (Anm. 4), 40 ff.; siehe auch *Meessen*, Zur Theorie allgemeiner Rechtsgrundsätze des internationalen Rechts: Der Nachweis allgemeiner Rechtsgrundsätze des Europäischen Gemeinschaftsrechts, JIR 1974, 283 (293 f.); *Beutler/Bieber/Pipkorn/Streil*, Die Europäische Union, 4. Aufl. 1993, 241.

8 *Meesen*, a.a.O., 301 ff.; *Weber*, Das Verwaltungsverfahren, in: *Schweitzer* (Anm. 4), 55 (73 ff.); *Beutler/Bieber/Pipkorn/Streil*, a.a.O., 241; *Oppermann*, Europarecht, 2. Aufl. 1999, Rn. 483; *Pernice* in: *Grabitz/Hilf*, Art. 164 [a.F.], Rn. 57 f.; *Gornig/Trüe*, Die Rechtsprechung des EuGH zum europäischen allgemeinen Verwaltungsrecht – Teil 1, JZ 1993, 884 (888) mit Verweisen auf die Rechtsprechung; siehe auch *dies.*, Teil 2, JZ 1993, 934 (935); *Lenz/Erhard*, Das Gemeinschaftsrecht – System, Entstehung, Anwendung, in: *Lenz*, EG-Handbuch Recht im Binnenmarkt, 1994, 51 (91); vgl. *Zuleeg*, Deutsches und europäisches Verwaltungsrecht – wechselseitige Einwirkungen, VVDStRL 1994, 155 (173); aus der Rechtsprechung siehe das Urteil vom 12.7.1957, verb. Rs. 7/56 und 3/57 bis 7/57 (*Algéra, Cicconardi, Couturaud, Genuardi und Steichen/Gemeinsame Versammlung der EGKS)*, Slg. 1957, 83 (118) sowie Urteil vom 18.5.1982, Rs. 155/79 (*AM&S/Kommission*), Slg. 1982, 1575 (1610 f., Rn. 18 sowie 21).

9 EuGH, Urteil vom 17.12.1970, Rs. 11/70 (*Internationale Handelsgesellschaft/Einfuhr- und Vorratsstelle Getreide*), Slg. 1970, 1125 (1135, Rn. 4). Dabei ist die „beste“ Lösung zu ermitteln (siehe nur *Oppermann*, a.a.O.). Als Integra-

sätze ergeben sich auch ohne wertende Rechtsvergleichung schon aus den Vorschriften und „dem Geist" der Verträge.[10] Verbindlich festgestellt werden die Rechtsgrundsätze durch den Gerichtshof, welcher sich auf seine Kompetenz zur Wahrung des „Rechts" beruft (Art. 220 EGV, ex Art. 164).[11]

Bei der Herleitung der hier dargestellten Rahmenregeln wurde vornehmlich auf die Rechtsprechung des Gerichtshofes und die bereits anerkannten Allgemeinen Rechtsgrundsätze zurückgegriffen. Im Hinblick auf ergänzende Regeln, die bisher in der Dogmatik des Gemeinschaftsrechts nicht als Allgemeine Rechtsgrundsätze fungieren, muß sich die Arbeit auf die Analyse der Rechtsprechung des Gerichtshofes, die vergleichende Analyse bereits bestehender Regelungen des Gemeinschaftsrechts und die Literatur als Belegstelle beschränken. Sie sollten als Strukturprinzipien die spätere Rechtsetzung und die Auslegung des bestehenden Gemeinschaftsrechts lenken.[12] Als Prinzipien gehen sie in eine Abwägung ein,[13] als Leitsätze wenden sie sich vornehmlich an die rechtsetzenden Organe und belassen einen weiten Ausgestaltungsspielraum.

II. Die Adressaten

Durch die Allgemeinen Rechtsgrundsätze werden primär die Gemeinschaftsorgane gebunden. Sie finden aber nach der inzwischen eindeuti-

---

tionsrechtsordnung beschränkt sich das Gemeinschaftsrecht im Gegensatz zum Völkerrecht nicht auf die reine Feststellung eines bestehenden Konsenses (*Meesen*, [Anm. 7], 303).

[10] *Beutler/Bieber/Pipkorn/Streil* (Anm. 7), 240. *Szczekalla* konstatiert, daß der EuGH insoweit keine einheitliche Methodik verfolgt (Anm. 7, Rn. 23 ff.). Siehe auch *Zuleeg*, Die Verfassung der Europäischen Gemeinschaft in der Rechtsprechung des Europäischen Gerichtshofs, BB 1994, 581 (581) sowie *Rengeling* in: *Schweitzer* (Anm. 4), 48 f.

[11] In dem Urteil *Algéra* verweist der Gerichtshof zudem darauf, daß er sich ansonsten „dem Vorwurf einer Rechtsverweigerung" aussetzen würde (Anm. 8, a.a.O.). *Rengeling* unterstreicht, daß der Geltungsgrund der Rechtsgrundsätze aber nicht das Richterrecht im Sinne einer eigenen Rechtsquelle ist (in *Schweitzer*, a.a.O., 43 ff.; ebenso *Szczekalla*, [Anm. 7], Rn. 22).

[12] Vgl. *Sedemund*, Allgemeine Prinzipien des Verwaltungsverfahrensrechts, in: *Schwarze*, Europäisches Verwaltungsrecht im Werden, 1982, 45 (47).

[13] Zur Abwägung von Rechtsprinzipien näher unten, Anm. 24.

gen Rechtsprechung des Gerichtshofes auch bei der Durchführung von Gemeinschaftsrecht durch die Mitgliedstaaten Anwendung. In dem Urteil *Rombi und Arkopharma* stellt der EuGH jüngst fest, daß die Mitgliedstaaten „nach ständiger Rechtsprechung" das Gemeinschaftsrecht „soweit irgend möglich" in Übereinstimmung mit den anerkannten allgemeinen Grundsätzen anzuwenden haben.[14] In der Literatur wurde dies bereits früher unter Hinweis auf das Urteil *Deutsche Milchkontor* bejaht.[15] In diesem Urteil hatte der Gerichtshof entschieden, daß bei der Durchführung das nationale Recht anwendbar ist, *wenn* und *soweit* das Gemeinschaftsrecht *einschließlich der allgemeinen gemeinschaftsrechtlichen Grundsätze* hierfür keine gemeinsamen Vorschriften enthält.[16]

Wie dargestellt stützen sich die meisten Rechtsgrundsätze auf eine Verankerung in den Rechtsordnungen der Mitgliedstaaten. Sie werden im Wege der wertenden Rechtsvergleichung aus diesen nationalen Rechtsordnungen „entnommen" und an die Struktur der Gemeinschaft angepaßt. Als ungeschriebenes Recht sind sie inhaltlich meist abstrakter als

---

[14] EuGH, Urteil vom 18.5.2000, Rs. C-107/97 (*Rombi und Arkopharma*), Slg. 2000, S. I-3367 (I-3414, Rn. 65). Die Rechtsprechung war hingegen diesbezüglich lange nicht eindeutig, wie die Diskussion in der Literatur zeigt.

[15] Dazu *Szczekalla* (Anm. 7), Rn. 37 f.; *Beutler/Bieber/Pipkorn/Streil*, (Anm. 7), 242; *Rengeling*, Europäisches Verwaltungsrecht (Anm. 3), 225 ff.; *Stettner*, Verwaltungsvollzug, in: *Dauses*, Handbuch des EG-Wirtschaftsrechts, 1999, Kap. B.III., Rn. 38 ff.; *Pache*, Der Schutz der finanziellen Interessen der Europäischen Gemeinschaften, 1994, 135 ff.; siehe auch *Rengeling*, Gedanken zur „Europäisierung" des Rechts, in: *ders.*, Europäisierung des Rechts, 1996, 1 (18); *Schmidt-Aßmann*, Les influences réciproques entre les droits administratifs nationaux et le droit administratif européen, L'actualité juridique – Droit administratif, 1996, 146 (149 ff.); *Bleckmann*, Art. 5 EWG-Vertrag und die Gemeinschaftstreue, DVBl. 1976, 483 (486); *Arnold* (Anm. 1), 10; vgl. *Gornig/Trüe*, Teil 2 (Anm. 8), 939 sowie *Schweitzer*, Die Verwaltung der Europäischen Gemeinschaften, DV 1984, 137 (147).

[16] Urteil vom 21.9.1983, verb. Rs. 205 bis 215/82 (*Deutsche Milchkontor/Deutschland*), Slg. 1983, 2633 (2665, Rn. 17) [Hervorhebung durch die Verf.]. Siehe auch das Urteil vom 11.11.1981, Rs. 203/80 (*Strafverfahren gegen Casati*), Slg. 1981, 2595 (2618, Rn. 27), in dem die nationale Strafgesetzgebung vom Gerichtshof am Maßstab der Verhältnismäßigkeit geprüft wird, wenn und weil hierdurch die Vertragsfreiheiten betroffen sind. Aus der Literatur insbesondere *Grabitz*, Europäisches Verwaltungsrecht – Gemeinschaftsrechtliche Grundsätze des Verwaltungsverfahrens, NJW 1989, 1776 (1780 f.). Siehe auch die in Teil 4 Kap. 1 A. (dort Anm. 7) zitierte Literatur.

einzelne, in differenzierten Gesetzesvorschriften langjährig enthaltene mitgliedstaatliche Ausformungen, die genau die Grundlage für eben diese gemeinschaftsrechtlichen Grundsätze bilden. Es wäre nun zwar eine konsequente aber auch *ad absurdum* führende Beachtung des Anwendungsvorranges des Gemeinschaftsrechts, wenn eben diese mitgliedstaatlichen langjährigen und differenzierten Ursprungsregelungen hinter die daraus abgeleiteten verallgemeinernden gemeinschaftsrechtlichen Grundsätze zurücktreten müßten. Dabei würde auch mißachtet, daß die europarechtlichen Grundsätze der Struktur der Gemeinschaft angepaßt wurden, welche sich von der Struktur eines Staates immer noch unterscheidet. Insofern passen sich die Allgemeinen Rechtsgrundsätze gar nicht mehr ohne weiteres in die mitgliedstaatlichen Rechtsordnungen ein. Sie müßten im Wege einer „Rückanpassung" wieder konkretisiert und in die nationalen Rechtsordnungen eingefügt werden. Würde man hier eine bedingungslose Anwendung und damit Anpassung der nationalen Rechtsordnung an die abgeleiteten Allgemeinen Rechtsgrundsätze verlangen, so wäre die Absurdität und Umständlichkeit des Verfahrens perfekt.

So wird denn auch in der Literatur vorgeschlagen, daß das mitgliedstaatliche Recht insofern vorgehe, als es explizite verwaltungsrechtliche Regeln enthält, die sich an den im Gemeinschaftsrecht anerkannten Grundsätzen orientieren und konkreteren Inhalts sind.[17] In der Begründung wird u.a. auf die Notwendigkeit einer effizienten Verwaltung hingewiesen. Eine Verwaltungstätigkeit müsse sich an konkreten, eindeutigen Verfahrensvorschriften orientieren können.[18] Die Urteile des Gerichtshofes sind in dieser Hinsicht nicht eindeutig. Mal wird das differenziertere nationale Verwaltungsverfahrensrecht angewendet, ob-

---

[17] *Pache*, Schutz der finanziellen Interessen (Anm. 14), 139 f.; *Beutler/Bieber/Pipkorn/Streil* (Anm. 7), 233; *Szczekalla* (Anm. 7), Rn. 38; wohl auch *Schwarze*, Europäisches Verwaltungsrecht, Bd. 1 1988, 67 f.; vgl. *Rengeling*, Europäisches Verwaltungsrecht (Anm. 3), 226 f.; *Gornig/Trüe*, Teil 2 (Anm. 8), 942; *Stettner* in: *Dauses* (Anm. 14), a.a.O. sowie *Bleckmann*, Art. 5 EWG-Vertrag (Anm. 14), 486. Kritisch *Hilf*, Möglichkeiten und Grenzen des Rückgriffes auf nationale verwaltungsrechtliche Regeln bei der Durchführung von Gemeinschaftsrecht, in: *Schwarze*, Europäisches Verwaltungsrecht im Werden, 1982, 67 (68 f.).

[18] *Beutler/Bieber/Pipkorn/Streil, ibid.*

wohl ein Allgemeiner Rechtsgrundsatz existiert, mal sind die Urteile im Sinne eines Vorranges des Gemeinschaftsrechts zu verstehen.[19]

Die Allgemeinen Rechtsgrundsätze sind also bei der formellen Umsetzung und tatsächlichen Durchführung des Gemeinschaftsrechts auch von den Mitgliedstaaten zu beachten, sofern im nationalen Recht keine funktional äquivalente Regelung zu finden ist. Sind solche Vorschriften zu finden, können die gemeinschaftsrechtlichen Grundsätze der Auslegung des nationalen Rechts dienen. Solange das nationale Recht eine funktionsäquivalente Vorschrift enthält, wird es nicht unanwendbar, sondern in Zweifelsfällen und bei Ermessensspielräumen im Lichte des Gemeinschaftsrechts ausgelegt. In diesem Sinne ist wohl auch das oben zitierte Urteil *Rombi und Arkopharma* zu verstehen, welches darauf abstellt, daß das Gemeinschaftsrecht in den Mitgliedstaaten „in Übereinstimmung" mit den allgemeinen Rechtsgrundsätzen anzuwenden ist. Die Mitgliedstaaten sind insoweit neben den Gemeinschaftsorganen Adressaten der Allgemeinen Rechtsgrundsätze. Diese Grundsätze dienen bei der Durchführung von Gemeinschaftsrecht auch im nationalen Recht der Lückenfüllung und der Auslegung, und zwar vornehmlich im Hinblick auf die mittelbare Betroffenheit von Unternehmen und Privatpersonen.

III. Praktische Konkordanz im Wege der Abwägung

Wie bereits festgestellt werden in einem Verfahren die zu berücksichtigenden Interessen meist durch verschiedene Personen oder Institutionen repräsentiert.[20] *Schmidt-Aßmann* und *Röhl* haben Verfahren der zwischenbehördlichen Kooperation und der Normsetzung als *vielpolige Interessenstrukturen* bezeichnet, bei denen sich die einzelnen Schutzpositionen oft noch nicht genau ausmachen lassen.[21] Solche Schutzpositionen finden sich in vielen Allgemeinen Rechtsgrundsätzen und Strukturprinzipien des Gemeinschaftsrechts wieder. Sie werden in der folgenden Darstellung daher dem jeweiligen Beteiligten, dessen Schutz bzw. dessen Aufgabenbereich sie dienen, zugeordnet und als

---

[19] Ausführlicher *Beutler/Bieber/Pipkorn/Streil*, *ibid.*; siehe auch *Pache*, Schutz der finanziellen Interessen (Anm. 14), a.a.O.

[20] Ausführlich dazu oben, Teil 1 Kap.2 G.II. und III.

[21] *Schmidt-Aßmann/Röhl*, *H.-C.*, Verfahren und Sanktionen im Wirtschaftsverwaltungsrecht, EuR Beiheft 1, 1997, 87 (89) sowie *Schmidt-Aßmann*, Europäisches Verwaltungsverfahrensrecht (Anm. 1), 133 f.

„Rechtspositionen“ bezeichnet. Diese Bezeichnung ist nicht mit dem Rechtsbegriff der „subjektiven Rechte“ gleichzusetzen, denn Träger subjektiver Rechte sind nur Privatrechtssubjekte, welche im Rahmen der hier untersuchten administrativen Informationsverfahren nicht die Hauptrolle spielen.[22] Rechtsgrundsätze und Strukturprinzipien beschränken sich nicht auf subjektive Rechtspositionen, sondern beinhalten (auch) *objektive* Vorgaben für die Gestaltung von Organisation und Verfahren.[23]

Verschiedene Rechtspositionen können bei einem konkreten Sachverhalt aufeinander treffen und sind im Falle ihrer Gegenläufigkeit miteinander abzuwägen.[24] Eine solche Abwägung ist aus dem deutschen Verfassungsrecht im Sinne der Herstellung einer *praktischen Konkordanz* bekannt.[25] Sie ist aber auch im Rahmen des „Gemeinschaftsverfassungsrechts“ geboten, wenn dem Gemeinschaftsrecht kein eindeutiger primärrechtlicher Vorrang einer der Rahmenregeln zu entnehmen ist.[26] Die Zuordnung der Rechtspositionen zu einzelnen Akteuren bedeutet keine Gegenüberstellung klar abgegrenzter, quasi feindlicher Lager. Interessengegensätze können z.B. auch zwischen verschiedenen Mitgliedstaaten auftreten. Sie sind die Regelungslogik horizontaler Konsultationsverfahren und administrativer Streitbeilegungsverfahren, welche im An-

---

[22] Vgl. *Sedemund* (Anm. 12), 45.

[23] *Szczekalla* (Anm. 7), Rn. 3; vgl. *Schmidt-Aßmann*, Organisationsfragen der europäischen Forschungspolitik, in: FS Everling, 1995, 1281 (1292) sowie *Zuleeg*, Die Europäische Gemeinschaft als Rechtsgemeinschaft, NJW 1994, 545 (547).

[24] Ähnlich *Zuleeg*, *ibid.*; *Rengeling*, Europäisches Verwaltungsrecht (Anm. 3), 228 f. und *Szczekalla* (Anm. 7), Rn. 34. Letzterer verweist auf den Prinzipiencharakter mancher Rechtsgrundsätze. Charakteristikum von Prinzipien ist, daß sie bei einer Kollision mit anderen in eine einzelfallbezogene Abwägung eingehen. Hierzu ausführlich *Röhl, K.*, Allgemeine Rechtslehre, 1994, 272 ff. (insbesondere 276), dort auch zu den Unterschieden von Strukturprinzipien, Wertprinzipien u.a.; siehe auch *Koch*, Das Kooperationsprinzip im Umweltrecht – ein Mißverständnis?, NuR 2001, 541 (548 f.). Zur Behandlung von Prinzipienkollisionen im Sinne von Optimierungsgeboten und einer konfliktbereichsspezifischen Vorrangbildung *Koch/Rüßmann*, Juristische Begründungslehre, 1982, 98 f., 244 ff. (unter Verweis auf *Alexy*). Grundlegend bereits *Bierling*, Juristische Prinzipienlehre, 1894, Bd. 1.

[25] Vgl. *Röhl, K.*, a.a.O., 278, 663.

[26] Zum sehr unterschiedlichen Inhalt und Rang allgemeiner Rechtsgrundsätze *Rengeling* in: *Schweitzer* (Anm. 4), 49 f.

satz immer von einer horizontalen Meinungsverschiedenheit ausgehen. Ebenso können Interessengegensätze zwischen einzelnen betroffenen Unternehmen oder Privatpersonen auftreten.[27] Die Kommission kann dann zur Wahrung des Gemeinschaftsinteresses[28] faktisch auf der Seite des einen oder anderen Mitgliedstaates bzw. des mittelbar betroffenen Marktteilnehmer tätig werden. Die Abwägung muß solche Interessengegensätze einbeziehen.

B. Rechtspositionen der EG-Kommission

Bei den „Rechtspositionen" der EG-Kommission handelt es sich v.a. um Aufgaben der Kommission, die eine Informationserhebung und -verarbeitung zu Zwecken der Sachverhaltsermittlung erfordern. Dabei geht es nicht um die Einzelbefugnisse der Kommission,[29] sondern um *de lege ferenda* und *de lege lata* bei der Gestaltung und Auslegung des Gemeinschaftsrechts in Rechnung zu stellende Strukturprinzipien. Hierbei sind v.a. das Initiativmonopol und die Rolle der Kommission als Hüterin der Gemeinschaftsverträge, der Grundsatz der Amtsermittlung, die Begründungspflicht und die Datenerhebungsbefugnis bei Freiwilligkeit zu beachten.

Der Kommission kommt ein *Initiativmonopol* bei der Rechtsetzung und eine generelle Zuständigkeit im Hinblick auf die *Überwachung* der korrekten Durchführung des Gemeinschaftsrechts zu – sie ist Hüterin der Gemeinschaftsverträge und Motor der Integration.[30] Als Entscheidungsgrundlage bedarf sie im Rahmen dieser Aufgaben eine umfangreiche, qualitativ hochwertige Datenbasis. Informationen stellen den „Lebensnerv" und das „Kernstück" der Kommissionsarbeit dar.[31] Diese *Aufgaben* implizieren noch keine allumfassenden Informationsverwal-

---

[27] So z.B. besonders anschaulich im Wettbewerbs- und Antidumpingverfahren, aber auch im produkt- und anlagenbezogenen Umweltschutzrecht.

[28] Vgl. oben, Teil 4 Kap. 2 C.I.

[29] Dazu oben, Teil 4 Kap. 2 C. sowie Teil 3 Kap. 2 B., insbesondere A.II.2.

[30] Näher dazu oben, Teil 4 Kap. 2 C.I.

[31] So Generalanwalt *Jacobs* im *Unternehmensregisterurteil* (Schlußanträge im Urteil des EuGH vom 9.11.1995, Rs. C-426/93, *Deutschland/Rat*, „Unternehmensregister", Slg. 1995, 3723 [3735, Nr. 35]); siehe auch Teil 1 zur Funktion von Informationsverfahren, dort insbesondere zum Verhältnis von Informationen und Entscheidung (Kap. 2, insbesondere B., D. und G.).

tungsbefugnisse.[32] Im Rahmen einer Perspektive *de lege ferenda* muß aber beachtet werden, daß der Kommission – unter Beachtung und Abwägung aller weiteren Rechtspositionen – die für die Aufgabenerfüllung erforderlichen Befugnisse zur Verfügung gestellt werden.

Der *Grundsatz der Amtsermittlung* gilt in Ermangelung anderweitiger Vorgaben des Gemeinschaftsrechts dort, wo der Kommission Verwaltungsbefugnisse zustehen.[33] Er besagt, daß die Kommission zum Zwekke der Sachverhaltsermittlung initiativ werden darf und muß und dabei alle entscheidungserheblichen Gesichtspunkte zu berücksichtigen hat. Auch dort, wo Entscheidungen der Gemeinschaftsorgane begrenzt justiziabel sind – wie bei der Würdigung komplexer Sachverhalte – überprüft der Gerichtshof zumindest, ob der Sachverhalt zutreffend festgestellt worden ist.[34] Der Grundsatz der Amtsermittlung impliziert keine Ermittlungsbefugnisse, verpflichtet die Kommission aber zur Ausschöpfung der vorhandenen Befugnisse, soweit dies für die Sachverhaltsermittlung erforderlich ist. Als Leitprinzip beauftragt er gleichzeitig die Gemeinschaftsorgane, der Kommission die vollständige Sachverhaltsermittlung durch die Verleihung entsprechender Befugnisse zu ermöglichen. Er ist als solches mit anderen Rechtspositionen abzuwägen.

Nach ständiger Rechtsprechung des EuGH verlangt die in Art. 253 EGV (ex Art. 190) verankerte *Begründungspflicht*, daß alle Rechtsakte der Gemeinschaft eine Darstellung der entscheidungserheblichen Gründe enthalten.[35] Darunter fallen die *wesentlichen* tatsächlichen und rechtlichen Gründe. Nicht erforderlich ist dagegen, daß die Kommission alle im Rahmen des Verwaltungsverfahrens ermittelten Tatsachen

---

[32] Zu den einzelnen Befugnissen der Kommission Teil 4 Kap. 2 C.II.

[33] Ausführlicher oben, Teil 3 Kap. 3 B. Vgl. *Lohmann* (Anm. 1), 92 ff., der vom „Tatsachenfeststellungsmodus“ als Verfahrensgrundsatz spricht.

[34] Siehe nur EuGH, Urteil vom 28.5.1998, Rs. C-7/95 P (*John Deere Ltd/Kommission*), Slg. 1998, S. I-3111 (3150 f., Rn. 34); Urteil vom 29.10.1980, Rs. 138/79 (*Roquettes Frères/Rat*), Slg. 1980, 3333 (3358, Rn. 25). Aus der Literatur *Schwarze* (Anm. 17), 283 ff.; *Stettner* in: *Dauses* (Anm. 14), Rn. 70 f.

[35] Siehe u.a. EuGH, Urteil des Gerichtshofs vom 17.5.1994, Rs. C-41/93 (*Frankreich/Kommission*) „PCP“, Slg. 1994, 1829 (1850, Rn. 34); Urteil vom 21.9.1989, Rs. 46/87 und 227/88 (*Hoechst/Kommission*), Slg. 1989, 2859 (2929 f., Rn. 39 ff.); Urteil vom 17.1.1984, verb. Rs. 43 und 63/82 (*VBVB und VBBB/Kommission*), Slg. 1984, 19 (58 f., Rn. 22). Siehe auch *Hanebuth* (Anm. 1), 307 ff. sowie ausführlich *Scheffler*, Die Pflicht zur Begründung von Maßnahmen nach den europäischen Gemeinschaftsverträgen, 1974.

und behandelten Gesichtspunkte angibt.[36] Für eine ausreichende Begründung ist also die Ermittlung der wesentlichen entscheidungserheblichen Tatsachen durch die Gemeinschaftsorgane erforderlich. Der genaue Umfang der Begründungspflicht bestimmt sich nach dem erlassenen Rechtsakt.[37] Besonders detailliert sind individuelle Entscheidungen zu begründen.[38] Allgemeine Rechtsakte wie Verordnungen bedürfen für klare Bestimmungen, die sich ohne Schwierigkeiten in das Gesamtsystem einfügen, keiner besonderen Begründung.[39] Funktion der Begründungspflicht ist zum einen, den Mitgliedstaaten und den betroffenen Privatrechtssubjekten die Bedingungen zur Kenntnis zu bringen, unter denen die Gemeinschaftsorgane den Vertrag angewendet haben, damit diese entscheiden können, ob sie gegen die Maßnahme gerichtlich vorgehen wollen. Zum zweiten soll dem Gerichtshof die Ausübung seiner rechtlichen Kontrolle ermöglicht werden.[40] Vor allem die Überprüfung von Entscheidungen, die sich auf komplexe wirtschaftliche Sachverhalte beziehen, erfolgt durch den Gerichtshof vornehmlich anhand der Begründung der Rechtsakte, weshalb darin die zugrunde liegenden Tatsachen enthalten sein müssen.[41] Die Begründungspflicht ist eine *wesentli-*

---

[36] Siehe nur EuGH, Urteil vom 14.5.1998, Rs. C-48/96 P (*Windpark Groothusen/Kommission*), Slg. 1998, S. I-2873 (2909, Rn. 34); Urteil vom 2.4.1998, Rs. C-367/95 P (*Kommission/Sytraval und Brink's France*), Slg. 1998, S. I-1719 (1770, Rn. 63) sowie bereits *VBVB und VBBB, ibid.*

[37] EuGH *Sytraval, ibid.*; Urteil *Windpark Groothusen*, a.a.O., Rn. 35 sowie bereits Urteil vom 16.12.1963, Rs. 18/62 (*Emilia Barge/Hohe Behörde*), Slg. 1963, 561 (ausdrücklich in den Leitsätzen); siehe auch *Lenz/Erhard* (Anm. 8), 83; *Stettner* in: *Dauses* (Anm. 14), Rn. 68 und *v. Danwitz*, Verwaltungsrechtliches System und Europäische Integration, 1996, 174.

[38] *Lenz/Erhard, ibid.*

[39] EuGH *Emilia Barge* (Anm. 37) hinsichtlich der „Entscheidungen" im Rahmen des EGKSV.

[40] EuGH „PCP" (Anm. 35) sowie *VBVB und VBBB* (Anm. 35), a.a.O. Siehe auch *Gornig/Trüe*, Teil 1 (Anm. 8), 887 f. *Scheffler* (Anm. 35) weist zudem auf die Eigenkontrollfunktion des Begründungserfordernisses hin (49 ff.). Die Gemeinschaftsorgane werden hierdurch angehalten, das Vorliegen der Voraussetzungen der Vertragsbestimmungen zu prüfen und von voreiligen Maßnahmen abzusehen.

[41] EuGH, Urteil vom 13.7.1966, verb. Rs. 56 und 58/64 (*Consten GmbH und Grundig Verkaufs GmbH/Kommission*), Slg. 1966, 322 (396); siehe auch die Urteile *John Deere* und *Roquettes Frères* (Anm. 34, a.a.O.). Aus der Literatur *Schwarze* (Anm. 17), 283 ff.; *Stettner* in: *Dauses* (Anm. 14), Rn. 70 f.

che Formvorschrift, deren Verletzung zur Nichtigkeit des Rechtsaktes im Sinne der Art. 230 Abs. 2, 231 EGV (ex Art. 173, 174) führt.[42] Die Kommission muß also in einem gewissen Umfang die Möglichkeit haben, die für eine Begründung erforderlichen Informationen zu ermitteln. Die Bedeutung dieser Pflicht für einen verbesserten Vollzug des Gemeinschaftsrechts hat der Rat in seiner *Entschließung zur Formulierung, Durchführung und Durchsetzung des Umweltrechts der Gemeinschaft* betont und dort einen ganzen Katalog der zu berücksichtigenden Punkte genannt.[43]

Die *Einwilligung des Betroffenen* schließt sowohl im Völkerrecht als auch im nationalen Recht eine Rechtsverletzung bei der Informationserhebung und -verarbeitung aus.[44] Für die Datenerhebung ist dann nicht mehr eine hinreichend ausdrückliche Befugnisnorm zu eingreifendem, hoheitlichen Handeln nötig, es genügt vielmehr eine Aufgabennorm für den handelnden Verwaltungsträger. In der Gemeinschaft wird dies bereits in Form des Abschlusses von *Verträgen*, so v.a. im Forschungsbereich, aber auch bei der Zusammenarbeit von EUROSTAT mit den statistischen Ämtern der Mitgliedstaaten praktiziert.[45] Solche vertraglichen Vereinbarungen sind explizit auch zwischen der Europäischen Umweltagentur und den mitgliedstaatlichen Behörden vorgesehen.[46] Möglich ist auch die Erteilung einer Einwilligung durch den betroffenen Mitgliedstaat[47] bzw. das betroffene Privatrechts-

---

[42] Siehe die soeben zitierten Urteile sowie *Hanebuth* (Anm. 1), 308 und *Lenz/Erhard* (Anm. 8), 82 f.

[43] Entschließung des Rates vom 7.10.1997 (Abl. Nr.C 321 vom 22.10.1997, 1).

[44] Zur völkerrechtlichen Souveränitätsdogmatik oben, Teil 3 Kap. 1 A.I. Zur freiwilligen Erteilung von Auskünften im Gemeinschaftsrecht siehe nur *Grunwald* in: GTE, Bd. 5, 5. Aufl. 1997, Art. 213, Rn. 24; zur Einwilligung in Inspektionen *Pernice*, Befugnisse der EG auf dem Gebiet des Umwelt- und Technikrechts, DV 1989, 1 (40). Siehe auch unten, Anm. 48. Für das deutsche Recht siehe nur *Kopp/Ramsauer*, VwVfG, 7. Aufl. 2000, § 30 Rn. 12 und 15.

[45] Siehe oben Teil 2 Kap. 2 C.IV., Kap. 3 D. sowie Teil 4 Kap. 2 D.II. und III.

[46] Siehe dazu oben, Teil 4 Kap. 2 B.II.3. Siehe auch Art. 2 Ziff. ii, dritter Gedankenstrich der *EUA-Gründungsverordnung* n.F., welcher hinsichtlich der Unterstützung der Mitgliedstaaten im Rahmen der Überwachung ein „Ersuchen" der Mitgliedstaaten voraussetzt (näher dazu oben, Teil 4 Kap. 2 B.II.4.).

[47] Ebenso *Pernice* (Anm. 44), a.a.O. Die Kommission scheint nicht immer von der Notwendigkeit eines solchen Einverständnisses auszugehen. Im Rah-

subjekt[48] im Einzelfall. Bei gleichzeitiger Berührung der Hoheitsrechte eines Mitgliedstaates ist auch im letzten Fall zusätzlich dessen Einwilligung erforderlich.[49] Die Pflicht zur Erteilung einer derartigen Einwilligung kann sich für die Mitgliedstaaten aus Art. 10 i.V.m. Art. 226 EGV ergeben.[50] Zum Teil ist die Notwendigkeit einer Einwilligung für den Einzelfall auch in den Richtlinien vorgesehen, was darauf hindeutet, daß sich der Rat nicht auf entsprechende Inspektionsrechte oder Informationspflichten einigen konnte.[51]

---

men des Gerichtsverfahrens zum *Leybucht-Urteil* wollte nach Berichten von *Winter* (Der Säbelschnäbler als Teil fürs Ganze – Bemerkungen zum Leybucht-Urteil des Europäischen Gerichtshofes vom 28.2.1991, NuR 1992, 21 [23]) z.B. der Prozeßbevollmächtigte der Kommission einen informellen Besuch vor Ort in der Bundesrepublik abstatten, anscheinend ohne zuvor die Zustimmung der Bundesregierung eingeholt oder einen förmlichen Beweisbeschluß des EuGH über die Augenscheinnahme erwirkt zu haben. Wohl zur Vermeidung von diplomatischen und rechtlichen Auseinandersetzungen übermittelte das Ministerium nach Kenntnis dieses Vorhabens kurz vor der Anreise eine offizielle Einladung, womit die Einwilligung der Bundesrepublik erteilt war. *Krämer* berichtet, daß die Kommission in Ausnahmefällen im Rahmen ihrer Ermittlungen zu Beschwerden über die fehlerhafte Anwendung des Gemeinschaftsrechts einen Vor-Ort-Besuch initiiert, dann aber die Mitgliedstaaten vorab „informiert" (The Implementation of Environmental Laws by the European Economic Communities, GYIL 1991, 9 [37]). *Krämer* nennt diese Besuche nicht Inspektionen, sondern „fact finding missions" zur Klärung der Vorwürfe über die tatsächliche Anwendung des Gemeinschaftsrechts und geht dabei wohl davon aus, daß die Mitgliedstaaten zumindest stillschweigend ihr Einverständnis erklären. Denn ohne eine solches würde es sich sehr wohl um Inspektionen handeln, gerade wenn sie der Tatsachenklärung im Rahmen der Anwendungskontrolle dienen.

[48] Aus der Literatur siehe nur *Hummer* in: *Grabitz/Hilf*, Art. 214 EGV [a.F.], Rn. 17. Vgl. Art. 7 *lit.* a und Art. 8 Abs. 2 *lit.* a der *Datenschutzrichtlinie* (unten, Anm. 214) in Bezug auf die Einwilligung durch Privatpersonen, das Urteil des EuGH vom 15.7.1970, Rs. 41/69 (*ACF Chemiefarma/Kommission*), Slg. 1970, 661 (689, Rn. 38/40) zum Geheimnisschutz bei freiwilliger Preisgabe der Informationen zwischen Unternehmen sowie das Urteil *AM&S* (Anm. 8), 1613 (Rn. 28) zur freiwilligen Offenlegung des Schriftverkehrs zwischen Anwalt und Mandant.

[49] Näher hierzu Teil 3 Kap. 1 A.I.

[50] Siehe oben, Teil 3 Kap. 2 B.I.

[51] So v.a. in Art. 2 Ziff. ii, dritter Gedankenstrich der *EUA-Gründungsverordnung*; dazu Teil 4 Kap. 2 B.II.4. Für weitere Beispiele siehe Teil 2 Kap. 2 A.V.

C. Rechtspositionen der Mitgliedstaaten

Als Grundlage der Rechtsstellung der Mitgliedstaaten ist zuvörderst der *Grundsatz der begrenzten Einzelermächtigung* – auch als *Vertragsvorbehalt* bezeichnet – zu beachten. Er bindet die Gemeinschaftsorgane bei der Einrichtung von Informationsverfahren an das Bestehen und die Grenzen einer mehr oder weniger ausdrücklichen Grundlage in den Gemeinschaftsverträgen.[52] Dies gilt insbesondere für alle verbindlichen Maßnahmen mit Außenwirkung.[53] Dabei spricht die Zuweisung spezieller Ermächtigungen dafür, daß die Regelungsbefugnis im übrigen bei den Mitgliedstaaten verbleiben soll.[54] Der Grundsatz der begrenzten Einzelermächtigung ist insofern grundlegend und umfassend, als er die anderen gemeinschaftsrechtlichen Rahmenregeln umspannt: Die Gemeinschaft ist durch die Verträge eben nur zu einer Kompetenzwahrnehmung ermächtigt, die das Subsidiaritäts- und Verhältnismäßigkeitsprinzip, die institutionelle Autonomie der Mitgliedstaaten, das Diskriminierungsverbot etc. achtet.[55]

Das in Art. 5 Abs. 2 EGV (ex Art. 3b) verankerte *Subsidiaritätsprinzip* leitet die Gesetzgebungs- und Verwaltungstätigkeit der Gemeinschaft im Hinblick darauf, *ob* die Gemeinschaft überhaupt tätig werden soll und wenn ja, *wieviel* an Entscheidungs- und Verwaltungskompetenzen im Rahmen der gemeinschaftsrechtlichen Regelung bei den Mitgliedstaaten zu belassen ist. Das Subsidiaritätsprinzip gilt auch für die Informationsverwaltung, und zwar in den Sachbereichen, in denen die Gemeinschaft nicht ausschließlich zuständig ist, also u.a. der Umweltpolitik. Zu den genauen inhaltlichen Anforderungen und der Justiziabilität dieses Prinzips existiert eine umfangreiche juristische Diskussion,

---

[52] Art. 5 Abs. 1 EGV [ex Art. 3b]. Ausführlich hierzu *Kraußer*, Das Prinzip begrenzter Ermächtigung im Gemeinschaftsrecht als Strukturprinzip des EWG-Vertrages, 1991. Siehe auch *Schwarze* (Anm. 17), 238 f.

[53] *Kraußer*, a.a.O., 87 ff. Über den genauen Umfang des Vertragsvorbehalts besteht allerdings noch keine Einigkeit. Für einen umfassenden Vorbehalt *Schwarze*, *ibid*.

[54] *Kraußer*, a.a.O., 121. Zu den genauen Voraussetzungen einer solchen Ermächtigungsgrundlage Teil 3 Kap. 1; speziell zur Organzuständigkeit der Kommission Teil 4 Kap. 2 C. Siehe auch oben, Teil 3 Kap. 1 A.II.

[55] *Streinz* bezeichnet diesen Grundsatz daher als den „Grundsatz der Grundsätze“ (Der Einfluß des Europäischen Verwaltungsrechts auf das Verwaltungsrecht der Mitgliedstaaten, in: *Schweitzer*, [Anm. 4], 241 [261]). Nach *Weber* handelt es sich um den „obersten Rechtsgrundsatz“ (Anm. 8), 74.

auf die hier nur verwiesen werden kann.[56] In den Grundzügen beinhaltet das Subsidiaritätsprinzip die Voraussetzung, daß erstens die verfolgten Ziele auf mitgliedstaatlicher Ebene nicht hinreichend verwirklicht werden können, sie zweitens hingegen auf der Gemeinschaftsebene effektiv erreicht werden können.[57] Für das Vorliegen dieser Voraussetzungen ist die Gemeinschaft nachweispflichtig.[58] Im Bereich der Informationsverfahren sind die Voraussetzungen v.a. regelmäßig dort zu bejahen, wo es um die einheitliche Regelung grenzüberschreitender

---

[56] Siehe nur *Zuleeg* in: GTE, Bd. 1, 5. Aufl. 1997, Art. 3b, Rn. 17 ff.; *v. Bogdandy/Nettesheim* in: *Grabitz/Hilf*, Art. 3b EGV [a.F.], Rn. 19 ff.; *v. Borries*, Kompetenzverteilung und Kompetenzausübung, in: EUDUR, Bd. 1 1998, § 25, Rn. 47 ff.; *Calliess*, Subsidiaritäts- und Solidaritätsprinzip in der Europäischen Union, 1996; *ders.*, Der Schlüsselbegriff der „ausschließlichen Zuständigkeit" im Subsidiaritätsprinzips des Art. 3b II EGV, EuZW 1995, 693 ff.; *Blanke*, Normativität und Justiziabilität des gemeinschaftsrechtlichen Subsidiaritätsprinzips, ZG 1995, 193 ff.; *Heberlein*, Subsidiarität und kommunale Selbstverwaltung, NVwZ 1995, 1052 ff.; *Walker*, The principle of subsidiarity, Irish Journal of European Law, 1995, 30 ff.; *Pieper*, Subsidiarität – Ein Beitrag zur Begrenzung der Gemeinschaftskompetenzen, 1994; *Lecheler*, Das Subsidiaritätsprinzip – Strukturprinzip einer Europäischen Union, 1993; *Stewing*, Subsidiarität und Föderalismus in der Europäischen Union, 1992; *Pipkorn*, Das Subsidiaritätsprinzip im Vertrag über die Europäische Union, EuZW 1992, 697 ff.; *Schwarze*, Le principe de subsidiarité dans la perspective du droit constitutionnel allemand, RMC 1993, 615 ff.; *ders.*, Kompetenzverteilung in der Europäischen Union und föderales Gleichgewicht, DVBl. 1995, 1265 ff. Ausführlich zum Umweltbereich *Lenaerts*, The Principle of Subsidiarity and the Environment in the European Union: Keeping the Balance of Federalism, Fordham International Law Journal, 1994, 846 ff. Siehe auch die Mitteilung der Kommission vom 27.10.1992, *Le principe de subsidiarité*, veröffentlicht im Bulletin Quotidien Europe N° 1804/05 vom 30.10.1992.

[57] Die Kommission spricht in diesem Zusammenhang von einem durch das Gemeinschaftshandeln zu erreichenden *Mehrwert* („le test de la valeur ajoutée", Mitteilung vom 27.10.1992, a.a.O., III.); siehe auch *Blanke*, a.a.O., 201 ff.; *Pieper*, a.a.O., 255; *v. Borries*, a.a.O., Rn. 57 sowie *Pipkorn*, a.a.O., 699. Kritisch zum Aspekt der größeren Effektivität *Heberlein*, a.a.O., 1053 f.

[58] *Blanke*, a.a.O., 203 mit weiteren Verweisen; *Pieper*, a.a.O., 273; *v. Borries*, a.a.O., Rn. 59; *v. Bogdandy/Nettesheim* in: *Grabitz/Hilf*, Art. 3b EGV [a.F.], Rn. 34, die von einer „Argumentationslastregel" sprechen; *Lecheler* (Anm. 56), 61; vgl. *Schwarze*, Le principe de subsidiarité (Anm. 56), 618, wonach die rechtliche Kontrolle vornehmlich über entsprechende Verfahrensregeln und insbesondere die Begründungspflicht der Kommission stattfinden sollte.

Sachverhalte geht.[59] Schwieriger sind die Voraussetzungen einer gemeinschaftsrechtlichen Regelung in Bezug auf binnenstaatliche Sachverhalte zu begründen.[60]

Wie bereits erwähnt ist den Mitgliedstaaten eine im Kernbereich geschützte *institutionelle Autonomie* zu belassen.[61] Im Regelfall darf die Gemeinschaft den Mitgliedstaaten weder die Verwaltungsorganisation vorschreiben, noch verfügt sie über ein ungeschriebenes Einzelweisungsrecht gegenüber den mitgliedstaatlichen Behörden. Sie darf statt dessen nur Entscheidungen, Richtlinien und Verordnungen an die Mitgliedstaaten selbst richten, welche sich im Rahmen des Grundsatzes der begrenzten Einzelermächtigung zu halten haben. Es besteht keine integrierte Behördenstruktur zwischen den Mitgliedstaaten und der Gemeinschaft im Sinne eines hierarchischen Über-/Unterordnungsverhältnisses. Der Kommission stehen weder die Kompetenzen einer nationalen Fachaufsichts- noch einer Rechtsaufsichtsbehörde zu. Sie kann die Rechtsakte der Gemeinschaft weder durch Verwaltungsanweisungen behördenverbindlich auslegen, noch außerhalb der vertraglichen Ermächtigungsgrundlage Informationsverfahren festlegen oder gar direkt von den sachbearbeitenden Behörden Auskünfte und Berichte verlangen. Differenzen müssen über die Herbeiführung einer gerichtlichen Entscheidung geklärt werden, wozu der Kommission das Mittel der Vertragsverletzungsklage an die Hand gegeben.

I. Insbesondere: Das Gebot der Verhältnismäßigkeit

Der Grundsatz der Verhältnismäßigkeit gehört zu den Allgemeinen Grundsätzen des Gemeinschaftsrechts.[62] Er verlangt, daß ein den Betroffenen belastendes Mittel zum Erreichen des angestrebten Zwecks geeignet ist und das Maß des hierzu Erforderlichen nicht überschrei-

---

[59] Ebenso *Pieper*, a.a.O., 255.

[60] Vgl. oben, Teil 2 Kap. 5 C.

[61] Teil 4 Kap. 1 C.II.

[62] Siehe nur Urteil vom 26.6.1990, Rs. C-8/89 (*Zardi/Consorzio agrario provinciale di Ferrara*), Slg. 1990, S. I-2515 (2532, Rn. 10); Urteil vom 18.11.1987, Rs. 137/85 (*Maizena/BALM*), Slg. 1987, 4587 (4608, Rn. 15) sowie aus der Literatur u.a. *Zuleeg*, Europäisches Verwaltungsrecht (Anm. 8), 171 und *Gornig/Trüe*, Teil 1 (Anm. 8), 890, jeweils mit weiteren Verweisen; *Ziller*, Le principe de proportionnalité, L'actualité juridique – Droit administratif, 1996 spécial, 185 ff.

tet.[63] Außerdem müssen die Belastungen in angemessenem Verhältnis zu den angestrebte Zielen stehen, d.h. das Mittel muß i.e.S. verhältnismäßig sein.[64] Meist steht dem zuständigen Organ ein *weites Ermessen* zu.[65] Sind der Kommission z.B. weitgehende Ermittlungsbefugnisse eingeräumt worden, so hat sie eine gewisse Einschätzungsprärogative hinsichtlich der Erforderlichkeit von Auskunftsverlangen.[66] Selbst wenn bereits Indizien oder sogar Beweise vorliegen, kann die Kommission zusätzliche Auskünfte einholen, die es ihr ermöglichen, einzelne Sachverhaltspunkte näher aufzuklären.[67] Insgesamt darf die Beanspruchung des Adressaten aber nicht in einer unvernünftigen Relation zur Bedeutung der Information stehen.[68]

Die Anwendung des Verhältnismäßigkeitsprinzips auf das vertikale Verhältnis zwischen Gemeinschaft und Mitgliedstaaten ist mit Art. 5 Abs.3 (ex Art. 3b) ausdrücklich im EGV verankert worden.[69] Dort

---

[63] EuGH, Urteil vom 9.8.1994, Rs. C-359/92 (*Deutschland/Rat*) „Produktsicherheitsrichtlinie", Slg. 1994, S. I-3681 (3713, Rn. 44); Urteil vom 11.3.1987, verb. Rs. 279,280, 285 und 286/84 (*Rau/Kommission*), Slg. 1987, 1069 (1125, Rn. 34) sowie die Urteile *Maizena*, a.a.O.; *Zardi*, a.a.O. und *Casati* (Anm. 16), 2618 (Rn. 27) hinsichtlich Sanktionen und Kontrollmodalitäten, die durch die Mitgliedstaaten im Rahmen des freien Waren- und Personenverkehrs festgelegt werden; dazu auch das Urteil vom 28.1.1986, Rs. 188/84 (*Kommission/Frankreich*) „Holzbearbeitungsmaschinen", Slg. 1986, 419 (436, Rn. 16).

[64] EuGH *Zardi*, a.a.O., 2533 (Rn. 10) sowie *Casati*, *ibid.*; vgl. auch das Urteil *Maizena* (Anm. 62), 4606 (Rn. 10). Aus der Literatur u.a. Ziller (Anm. 62), 188, der darauf verweist, daß der Gerichtshof noch nie ausdrücklich auf die Differenzierung der drei Stufen eingegangen sei, das Verhältnismäßigkeitsprinzip aber immer in diesem Sinne anwende. Beispiele für eine Abwägung auf der dritten Stufe der Verhältnismäßigkeitsprüfung im Rahmen von Informationsverfahren gibt *Hanebuth* (Anm. 1), 168 f.

[65] EuGH *Rau* (Anm. 63), a.a.O. sowie *Zardi* (*ibid.*) für den Bereich der Gemeinsamen Agrarpolitik.

[66] Siehe nur *Pernice* in: *Grabitz/Hilf*, Nach Art. 87 [a.F.], Verordnung Nr. 17 (Vorbemerkung), Rn.12 f. sowie *Schwarze*, Administrative Law (Anm. 1), 1217 f.

[67] EuGH, Urteil vom 18.10.1989, Rs. 374/87 (*Orkem/Kommission*), Slg. 1989, 3283 (3347, Rn. 15).

[68] Im Anschluß an *Hanebuth* (Anm. 1), 168 f.

[69] Siehe nur *Hatje*, Die gemeinschaftsrechtliche Steuerung der Wirtschaftsverwaltung, 1998, 110; vgl. *v. Borries* (Anm. 56), Rn. 73. Zum Verhältnis von

heißt es, daß die Maßnahmen der Gemeinschaft nicht über das zur Erreichung der Vertragsziele erforderliche Maß hinausgehen dürfen.[70] Die Erforderlichkeit setzt die Geeignetheit der Mittel voraus. Ob darin auch die dritte Stufe der Verhältnismäßigkeitsprüfung, das Übermaßverbot, enthalten ist, ist nicht eindeutig.[71] Erforderlichenfalls wäre hier auf den auch das Übermaßverbot einschließenden Allgemeinen Rechtsgrundsatz der Verhältnismäßigkeit zurückzugreifen. Der Gerichtshof wendet den Maßstab der Verhältnismäßigkeit ohne weitere Bezugnahme auf Art. 5 Abs.3 EGV (bzw. Art. 3b Abs. 3 EGV a.F.) und ohne weitere Diskussion im Hinblick auf dessen Umfang auch im Verhältnis zwischen den Mitgliedstaaten und der Gemeinschaft an.[72] Der Grundsatz der Verhältnismäßigkeit – genauer: die *Erforderlichkeit* – ist als Maßstab für die Informationsbeschaffung durch die Kommission ausdrücklich in Art. 284 EGV (ex Art. 213) verankert worden.[73] Der Verweis auf den

---

Art. 5 Abs. 3 EGV zum Subsidiaritätsprinzip siehe nur *Blanke* (Anm. 56), 208 ff. und *Calliess*, Subsidiaritätsprinzip (Anm. 56), 106 ff.

70 Umstritten ist in der Literatur, ob es sich hierbei um eine Kodifikation des allgemeinen Verhältnismäßigkeitsprinzips im Sinne eines rechtlichen Maßstabes bei der Beeinträchtigung von Rechtsgütern handelt (in diesem Sinne *v. Bogdandy/Nettesheim* in: *Grabitz/Hilf*, Art. 3b EGV [a.F.], Rn. 46; *Zuleeg* in: GTE, Bd. 1, 5. Aufl. 1997, Art. 3b, Rn. 29 ff.; *Calliess*, a.a.O., 103 mit weiteren Verweisen; wohl auch *Ziller* [Anm. 62], 187 f.) oder nur um eine verhältnismäßige *Kompetenzverteilung* (so *Blanke*, a.a.O., 208 ff.; *Pieper* [Anm. 56], 256 ff.; wohl auch *v. Borries* [Anm. 56], Rn. 73). Folgt man der letztgenannten Ansicht, wäre auf den nicht kodifizierten Allgemeinen Rechtsgrundsatz der Verhältnismäßigkeit zurückzugreifen.

71 Ablehnend *Hatje* (Anm. 69), a.a.O.

72 EuGH „Produktsicherheitsrichtlinie" (Anm. 63), a.a.O. zu den Regelungsbefugnissen der Kommission nach Art. 9 der *Produktsicherheitsrichtlinie*; Urteil „Unternehmensregister" (Anm. 31), 3757 f. (Rn. 46 ff.). Siehe auch *Weber* (Anm. 8), 75; *Zuleeg*, Verfassung (Anm. 10), 585 sowie eingehend *Calliess*, Subsidiaritätsprinzip (Anm. 56), 105 f. In dem Urteil zur *Produktsicherheitsrichtlinie* stellt der Gerichtshof fest, daß die Befugnisse der Kommission „im Hinblick auf die verfolgten Ziele nicht *übermäßig*" seien (a.a.O., 3714 [Rn. 46] [Hervorhebungen durch die Verf.]), wendet also auch die dritte Stufe der Verhältnismäßigkeitsprüfung an.

73 Hierauf verweist auch Generalanwalt *Jacobs* im *Unternehmensregisterurteil* und bezieht sich dabei auf den gesamten Grundsatz der Verhältnismäßigkeit (a.a.O., Schlußanträge, 3739, Nr. 52). Ausführlich zur Erforderlichkeit im Rahmen von Art. 213 EGV [a.F.] *Hanebuth* (Anm. 1), 122 ff. Siehe auch

Allgemeinen Rechtsgrundsatz der Verhältnismäßigkeit erübrigt sich insofern, als die Tatbestandsmerkmale des Art. 284 EGV einschlägig sind.

1. Kosteneffizienz oder Effektivitätsgebot

Im Zusammenhang mit der administrativen Sachverhaltsermittlung stellt sich vielfach die Frage, ob der Verhältnismäßigkeitsgrundsatz die Gemeinschaftsorgane auch zur Wahl des kosteneffizientesten Verfahrens verpflichtet bzw. die Mitgliedstaaten hierzu berechtigt oder ob im Namen der Effektivität der Durchsetzung des Gemeinschaftsrechts jede Kostenbelastung gerechtfertigt ist. Im bereits zitierten Urteil zur *Unternehmensregisterverordnung* beschäftigt sich der Gerichtshof mit dem Einwand der unverhältnismäßigen Kostenbelastung der Mitgliedstaaten bei der Informationsbeschaffung.[74] Die Bundesrepublik Deutschland hatte auf die finanziellen Konsequenzen hingewiesen, die sich für die Mitgliedstaaten aus der Harmonisierung und Einrichtung der Unternehmensregister ergäben. Diese stünden außer Verhältnis zu den von der Verordnung zu erwartenden Vorteilen.[75] Er verwarf in diesem Urteil den Einwand der Kostenbelastung nicht als generell unerheblich, sondern argumentierte mit den Umständen des vorliegenden Einzelfalles.[76] So auch jüngst in einem Urteil zur Altölbeseitigung, welches sich

---

Hummer in: *Grabitz/Hilf*, Art. 213 [a.F.], Rn. 10 ff., der ebenfalls auf alle Stufen der Verhältnismäßigkeitsprüfung Bezug nimmt.

[74] Das *Unternehmensregisterurteil* bezieht sich auf die Auslegung von Art. 213 EGV [a.F.], auf den die *Unternehmensregisterverordnung* als Rechtsgrundlage gestützt wurde. Die Argumentation kann auf die „Erforderlichkeit" im Sinne des allgemeinen Verhältnismäßigkeitsgrundsatzes übertragen werden.

[75] Dieses Vorbringen wurde auf eine „Machbarkeitsstudie" des Statistischen Bundesamtes gestützt, aus der hervorging, daß die Kosten außerordentlich hoch seien, darunter 75% Personalkosten (Urteilsgründe [Anm. 31], 3757, Rn. 46 f. sowie Schlußanträge, 3739). Die Studie war allerdings im Jahr 1977 erstellt worden.

[76] Der Gerichtshof zweifelte die Aussagekraft der erwähnten Studie an, insbesondere weil die Fortschritte der elektronischen Datenverarbeitung es inzwischen erlaubten, die Personalkosten beträchtlich zu senken. Außerdem gestatte es die Verordnung auch, die Informationen aus den bestehenden mitgliedstaatlichen Dateien zu entnehmen (a.a.O., 3757 f., Rn. 49). Ausdrücklich für eine Beachtlichkeit des wirtschaftlichen Aufwandes *Schwarze*, Grenzen für die Ermittlungstätigkeit der Kommission als Wettbewerbsbehörde der EG, in: *ders.*,

jedoch nicht speziell auf die Kosten der Informationsbeschaffung bezieht.[77] Allerdings stellt er im *Unternehmensregisterurteil* auf die Notwendigkeit einer *offensichtlichen* Unverhältnismäßigkeit der Kosten im Hinblick auf den zu erwartenden Nutzen ab, welche die Bundesrepublik nicht darzutun vermochte. Ähnlich urteilte der EuGH in der Rechtssache *Kiefer und Thill* im Hinblick auf die finanzielle und zeitliche Belastung von Wirtschaftsteilnehmern bei dem Erstellen von statistischen Angaben[78] sowie in der Rechtssache *De Peijper* zur Frage der Verhältnismäßigkeit nationaler Einfuhrkontrollen.[79] Dieses Argument wurde in der Rechtssache *Kiefer und Thill* vom EuGH im Rahmen der Angemessenheit von Belastung und verfolgtem Ziel, d.h. der Verhältnismäßigkeit i.e.S., geprüft und im Ergebnis – auch im Hinblick auf dort kostenlos zur Verfügung gestellte Datenverarbeitungssysteme – verworfen. In Frage stand die Rechtmäßigkeit einer unmittelbar die Wirtschaftsteilnehmer verpflichtenden Statistikverordnung, welche der Gerichtshof am Maßstab der Art. 30, 34, 36 EGV (a.F., jetzt Art. 28, 29, 30) überprüfte, das Bedürfnis nach statistischen Informationen als

---

Der Gemeinsame Markt, Bestand und Zukunft in wirtschaftsrechtlicher Perspektive, 1987, 159 (167).

[77] EuGH, Urteil vom 9.9.1999, Rs. C-102/97 (*Kommission/Bundesrepublik Deutschland*) „Altölbeseitigung", Slg. 1999, S. I-5051(insbesondere 5077 ff., Rn. 22 ff.). Hier hatte wiederum die Bundesrepublik Deutschland mit den wirtschaftlichen Sachzwängen im Sinne einer unverhältnismäßigen Kostenbelastung bei der Umsetzung bestimmter Aufbereitungsanforderungen der *Altölrichtlinie* argumentiert. Der Gerichtshof erachtete die diesbezügliche Passage der Richtlinie über „Sachzwänge" (Art. 3 Abs. 1 der Richtlinie 75/439) als Ausdruck des Verhältnismäßigkeitsgrundsatzes (a.a.O., 5082, Rn. 42).

[78] Urteil vom 25.6.1997, Rs. C-114/96 (*Strafverfahren gegen René Kiefer und Romain Thill*), Slg. 1997, S. I-3629(insbesondere 3656 f., Rn. 31 ff.). Dabei ging es um Statistiken über den innergemeinschaftlichen Warenverkehr im Rahmen des INTRASTAT-Systems.

[79] Das „Argument der Kosteneffizienz" und der „Belastungsvermeidung" rechtfertige doppelte Informationsbeibringungspflichten auf der nationalen Ebene im Rahmen von Kontrollen des grenzüberschreitenden Warenverkehrs nicht, es sei denn, daß ansonsten diese Belastung oder die Ausgaben „deutlich die Grenzen dessen überschreiten, was vernünftigerweise verlangt werden kann" (EuGH, Urteil vom 20.5.1976, Rs. 104/75, *De Peijper*, Slg. 1976, 613 [636, Rn. 18]). Es müßte eindeutig feststehen, „daß jede andere Regelung oder Praxis *offensichtlich* die von einer normal funktionierenden Verwaltung *vernünftigerweise* einzusetzenden Mittel überstiege" (a.a.O., 638, Rn. 32) [Hervorhebungen durch die Verf.]. Näher zu diesem Urteil oben, Teil 3 Kap. 2 D.I.

„zwingendes Erfordernis" im Sinne der Dogmatik der Art. 30 ff. EGV (a.F.) einordnete und über diesen „Umweg" sodann die Verhältnismäßigkeit der warenverkehrsbeschränkenden Maßnahme der Gemeinschaft prüfte.[80] Dieser rechtsdogmatische Umweg ist durch Art. 285 Abs. 2 EGV i.d.F. des *Amsterdamer Vertrages* für den Bereich der Gemeinschaftsstatistiken überflüssig geworden und hätte ggf. bereits über eine entsprechende Auslegung und Anwendung des Tatbestandsmerkmals der Erforderlichkeit des Art. 284 EGV erreicht werden können.

Das Argument der unverhältnismäßigen Kostenbelastung ist nach der Rechtsprechung des Gerichtshofs also zwar an sich erheblich, es wird aber nur in krassen Ausnahmefällen eine Grenze für die Informationspflichten der Mitgliedstaaten darstellen. Denn die Darlegung eines offensichtlichen Mißverhältnisses zwischen den Kosten und dem zu erwartenden Nutzen ist schon deshalb schwierig, weil beide Positionen nur sehr schwer finanziell quantifizierbar sind. Der Nutzen der zu beschaffenden Daten liegt in der Zukunft, weshalb eine Prognose angestellt werden müßte, die einen weiten Spielraum umfassen kann. Die Mitgliedstaaten tragen die Beweislast für die Unverhältnismäßigkeit,[81] so daß im Zweifel der Nutzen vom Gerichtshof als zumindest hinreichend verhältnismäßig betrachtet werden kann. Die Kommission kann im Rahmen ihrer vielfältigen Aufgaben Informationen immer gebrauchen.[82] Im Zweifel dienen sie der Informationsvorsorge,[83] so daß für die Kommission ein weiter Gestaltungsspielraum besteht. Den Mitgliedstaaten wird nur im Ausnahmefall der Nachweis gelingen, daß die aufgebürdeten Lasten im Vergleich zu den potentiellen Vorteilen offensichtlich unverhältnismäßig sind. Im Zweifel kann die Gemeinschaft dem Einwand der unverhältnismäßigen Kostenbelastung durch eine entsprechende *finanzielle Förderung* der Datenerhebungs- und

[80] In dieser dogmatischen Kette mußte der EuGH zudem die Vorschriften der Art. 30 ff. EGV [a.F.] zum Rechtsmaßstab für die (nicht-harmonisierenden) Maßnahmen der Gemeinschaft selbst erklären (a.a.O., 3655, Rn. 27 und Rn. 30). Zur Dogmatik des freien Warenverkehrs auch oben, Teil 3 Kap. 2 D.

[81] Dazu die Formulierung in Rn. 50 der Gründe im *Unternehmensregisterurteil* (Anm. 31): „Schließlich vermochte die deutsche Regierung nicht darzutun, daß die mit der Errichtung und Aktualisierung der Unternehmensregister verbundenen Kosten offensichtlich außer Verhältnis zu dem Nutzen stehen, ...".

[82] Vgl. Generalanwalt *Jacobs* im *Unternehmensregisterurteil* (siehe oben, Anm. 31), a.a.O.

[83] Dazu oben, Teil 2 Kap. 5 B.

-verarbeitungstechniken entgehen, wie dies bereits jetzt z.T. im Hinblick auf die EDV-Ausstattung der Behörden, den Erwerb von Satellitenaufnahmen oder die Datenerhebung zum Schutz des Waldes gegen Luftverschmutzung und Brände vorgesehen ist.[84]

Sind im Gemeinschaftsrecht einheitliche Vorgaben für die Sachverhaltsermittlung festgelegt, kann von diesen nicht wegen des damit verbundenen Aufwandes abgewichen werden. In einem Urteil zur *Trinkwasserrichtlinie* wies der Gerichtshof deshalb die Beachtung des Kostenaufwandes bei der Durchführung von Gemeinschaftsrecht zurück.[85] Für die Ausgestaltung der Informationsverfahren heißt dies, daß die Berücksichtigung der Kosteneffizienz dann nicht möglich ist, wenn das Gemeinschaftsrecht die Anforderungen an die Sachverhaltsermittlung harmonisieren will. Sind die zu machenden Angaben enumerativ aufgezählt, kann davon nicht mit dem Argument der Kosteneffizienz abgewichen werden.

Auf der anderen Seite kann das Gemeinschaftsrecht den Mitgliedstaaten im Hinblick auf die Kosteneffizienz einen Spielraum bei der Wahl der Mittel belassen. Ein solcher Spielraum findet sich z.B. in der *Fischereikontrollverordnung*. Hier wurde ausdrücklich die Kosteneffizienz als ein Maßstab für die Wahl der nationalen Durchführungsmaßnahmen

---

[84] Siehe oben, Teil 2 Kap. 2 B.I.2., C.III.1. und 2. sowie Teil 5 Kap. 3.

[85] EuGH, Urteil vom 24. 11.1992, Rs. C-237/90 (*Kommission/Deutschland*) „Deutsche Trinkwasserverordnung“, Slg. 1992, S. I-5973 ff. Die beklagte Bundesrepublik Deutschland hatte in der deutschen Trinkwasserverordnung die Behörden ermächtigt, im Einzelfall Abweichungen von bestimmten Grenzwerten der *Trinkwasserrichtlinie* zuzulassen, wenn eine derartige Trinkwasserversorgung nicht mit vertretbarem Aufwand sichergestellt werden könne. Die entsprechende Gemeinschaftsvorschrift erlaubte aber nur ein Abweichen in Notfällen. Nach der Einlassung der Bundesrepublik sollte die Textpassage „mit vertretbarem Aufwand“ lediglich die Beachtung der Verhältnismäßigkeit sichern (6011 f., Rn. 7 bis 12). Der Grundsatz der Verhältnismäßigkeit erlaubt aber keine Überschreitungen der zulässigen Höchstkonzentrationen (Urteilsgründe, 6013, Rn. 16). In einem vorangegangen Verfahren hatte der Gerichtshof dagegen noch festgestellt, daß „unter Berücksichtigung der den öffentlichen Stellen zur Verfügung stehenden Mittel zu beurteilen“ sei, ob die Trinkwasserversorgung nicht anders sichergestellt werden könne (Urteil vom 22.9.1988, Rs. 228/87, *Strafverfahren gegen X*, Slg. 1988, 5099 [5121, Rn. 17]). Vgl. das Urteil vom 9.9.1999 *Altölbeseitigung* (Anm. 77), 5082 (Rn. 43 ff.). Siehe auch *Macrory*, The Enforcement of Community Environmental Law: Some Critical Issues, CMLR 1992, 347 (358) mit weiteren Verweisen.

festgelegt.[86] Dem Argument der Kostenbelastung kommt in diesem Fall größeres Gewicht zu.[87] Es dient dann als Leitprinzip bei der Ausfüllung des mitgliedstaatlichen Handlungsspielraumes. Ähnlich verhält es sich nunmehr mit den Anforderungen an die Erstellung von Statistiken. Hier ist durch den *Amsterdamer Vertrag* primärrechtlich festgelegt worden, daß diese unter Wahrung der „Kostenwirksamkeit" zu erfolgen hat und der Wirtschaft dadurch *keine übermäßigen Belastungen entstehen dürfen* (Art. 285 Abs. 2 EGV). Auf die Maßgabe der Kostenwirksamkeit können sich auch die Mitgliedstaaten berufen. Zum Zwekke der Vermeidung von Doppelarbeit wird in neueren Rechtsakten zudem z.T. die Möglichkeit eingeräumt, Berichte oder Unterrichtungen nach verschiedenen Rechtsakten der Gemeinschaft bei Überschneidungen zu bündeln. So ist z.B. der Betreiber einer Anlage nach der *Seveso-II-Richtlinie* berechtigt, die zu erstellenden Sicherheitsberichte mit Berichten anderer Rechtsakte zusammenzufassen, sofern alle Anforderungen dieser Richtlinie beachtet werden.[88]

---

[86] Die *Verordnung* (EWG) Nr. 2847/93 vom 12.10.1993 *zur Einführung einer Kontrollregelung für die gemeinsame Fischereipolitik* (Abl. Nr. L 261 vom 20.10.1993, 1, geändert) ernennt sowohl das Kriterium der *Effizienz* als auch das der *Effektivität* zur Leitlinie für die mitgliedstaatlichen Fischereikontrollen. Die Mitgliedstaaten haben im „Interesse einer möglichst wirksamen und gleichzeitig wirtschaftlichen Kontrolle" ihre Überwachungstätigkeit zu koordinieren (Art. 2 Abs. 4, siehe auch Art. 13 Abs. 7). Eine solche Koordination kann durch gemeinsame Inspektionsprogramme erfolgen, bei denen die Fischereifahrzeuge von den Mitgliedstaaten gemeinsam kontrolliert werden. Siehe auch Art. 7 Abs. 1 erster Spiegelstrich der *Verordnung* EWG Nr. 218/92 *über die Zusammenarbeit der Verwaltungsbehörden auf dem Gebiet der indirekten Besteuerung* (Abl. Nr. L 24 vom 1992, 1). Danach muß ein Auskunftsersuchen nicht beantwortet werden, wenn es einen „unverhältnismäßig großen Verwaltungsaufwand" verursacht.

[87] Auch für sich selbst nimmt die Gemeinschaft das Kostenargument in Anspruch, siehe z.B. Anhang, II.A. erster Spiegelstrich des CORINE-Programms (*Entscheidung* 85/338/EWG vom 27.6.1985 *über die Annahme eines Arbeitsprogramms der Kommission für ein Versuchsvorhaben für die Zusammenstellung, Koordinierung und Abstimmung der Informationen über den Zustand der Umwelt und der natürlichen Ressourcen in der Gemeinschaft*, Abl. Nr. L 176 vom 6.7.1985, 14; verlängert durch Entscheidung 90/150/EWG vom 22.3.1990, Abl. Nr. L 81 vom 28.3.1990, 38).

[88] Art. 9 Abs. 2 UAbs. 2 der *Richtlinie* 96/82/EG vom 9.12.1996 *zur Beherrschung der Gefahren bei schweren Unfällen mit gefährlichen Stoffen* (Abl. Nr. L 10 vom 14.1.1997, 13). Nach Art. 2 Abs. 2a der *UVP-Richtlinie* i.d.F. von 1997 können die Mitgliedstaaten ein einheitliches Genehmigungsverfahren zu-

Ist keine Regelung zur Wahl der Durchführungsmittel getroffen, hat das Ermessen der Mitgliedstaaten zwei allgemeine Grenzen: das *Effektivitätsgebot* und das *Gleichstellungsgebot.*[89] Eine *offensichtliche* Unverhältnismäßigkeit des Verwaltungsaufwandes kann dem Effektivitätsgebot Grenzen setzen. In diesem Rahmen können die den Mitgliedstaaten zur Verfügung stehenden Mittel beachtet werden. Aufgrund des Gleichstellungsgebotes ist das nationale Recht für die Sachverhaltsermittlung zum Zwecke der Durchführung des Gemeinschaftsrechts in dem gleichen Maße anwendbar wie bei der Ermittlung rein nationaler Sachverhalte. Für die Bundesrepublik Deutschland gilt der Untersuchungsgrundsatz des § 24 VwVfG. Hier ist umstritten, ob im Rahmen der Verhältnismäßigkeit der Ermittlungsaufwand beachtet werden darf.[90] Sobald aber konkrete Anforderungen an die Sachverhaltsermittlung im Gemeinschaftsrecht zu finden sind, sind diese in jedem Einzelpunkt ohne Abstriche zu beachten.[91] Gemeinschaftsrechtliche Vorgaben im Statistikbereich können nunmehr an dem Maßstab des Art. 285 Abs. 2 EGV gemessen werden, welcher dem Argument der Kostenwirksamkeit ein größeres Gewicht verleiht.

---

sammen mit der *IVU-Richtlinie* einrichten (*Richtlinie* 85/337/EWG vom 27.6.1985 *über die Umweltverträglichkeitsprüfung bei bestimmten öffentlichen und privaten Projekten*, Abl. Nr. L 175 vom 5.7.1985, 40 i.d.F. der Richtlinie 97/11/EG, Abl. Nr. L 73 vom 14.3.1997, 5). Die *Luftqualitätsrichtlinie* stellt in der Begründung fest: „Es muß vermieden werden, daß die Menge der von den Mitgliedstaaten zu übermittelnden Daten mehr als nötig zunimmt“ (21. Begründungserwägung der *Richtlinie* 96/62/EG vom 27.9.1996 *über die Beurteilung und Kontrolle der Luftqualität*, Abl. Nr. L 296 vom 21.11.1996, 55). Daher können die von der Kommission nach dieser Richtlinie gesammelten Informationen ggf. direkt an die EUA übermittelt werden (a.a.O.).

[89] Dazu oben, Teil 4 Kap. 1 C.I.

[90] Siehe nur *Kopp/Ramsauer* (Anm. 44), § 24, Rn. 19; *Clausen* in: *Knack*, VwVfG, 6. Aufl. 1998, § 24, Rn. 3.1; *Schink*, Amtsermittlung und Gefahrerforschung, DVBl. 1989, 1182 (1183); *Grupp*, Mitwirkungspflichten im Verwaltungsverfahren, VerwArch 1989, 44 (52); *Brühl*, Die Sachverhaltsermittlung im Verwaltungsverfahren und ihre Bedeutung für den Entscheidungsprozeß, JA 1992, 193 (197 f.). Vgl. auch *Deckert*, Effizienz als Kriterium der Rechtsanwendung, Rechtstheorie 1995, 117 ff.

[91] Vgl. auch oben, Teil 4 Kap. 1 B.I.

2. Stufenfolge der Informationspflichten?

Im Rahmen der Verhältnismäßigkeitsprüfung bietet sich auf den ersten Blick die Aufstellung einer nach dem Belastungsgrad generalisierten Abstufung der verschiedenen Informationspflichten an. Diese Stufenfolge würde sich von Auskunftspflichten über Unterrichtungspflichten zu Berichts- und Konsultationspflichten bis schließlich hin zu Duldungs- und Mitwirkungspflichten im Rahmen von gemeinschaftseigenen Inspektionen erstrecken.[92] Inspektionen könnten noch einmal abgestuft werden zwischen Nachprüfungen, durch die die Kontrolltätigkeit der Behörden kontrolliert werden soll (die Kontrolle der Kontrolle) und Nachprüfungen vor Ort, durch die der zu entscheidende Sachverhalt unmittelbar im gemeinschaftseigenen Vollzug geklärt werden soll.[93]

Eine generalisierte Abstufung in dem Sinne, daß jede vorhergehende Stufe durchlaufen worden sein muß, um zur nächststärkeren Informationspflicht greifen zu dürfen, kann *nicht* konstatiert werden. Die Verhältnismäßigkeit bestimmt sich in Abhängigkeit vom Sachverhalt. Welches der Informationsbeschaffungsmittel geeignet, erforderlich und angemessen ist, muß für den jeweiligen Einzelfall untersucht werden.[94] Eine Rechtsregel, wonach *a priori* eine bestimmte Stufenfolge einzuhalten ist, entspricht nicht dem Verhältnismäßigkeitsprinzip. Die dargestellte Stufenfolge kann lediglich den steigenden Belastungs- oder Eingriffsgrad in die Rechtssphäre des Adressaten der Informationspflicht verdeutlichen. Gegen eine Stufenfolge *a priori* spricht auch die Rechtsprechung des Gerichtshofs. Der Grundsatz der Verhältnismäßigkeit stellt z.B. keinen generellen Vorrang von Auskunftsverlangen im Verhältnis zu Nachprüfungen im Rahmen des kartellrechtlichen Verwaltungsverfahrens her.[95] Ein Auskunftsverlangen ist ein von der Nach-

---

[92] Zu den einzelnen Informationspflichten Teil 2 Kap. 2 A. Vgl. auch *Hanebuth* (Anm. 1), 52 f., der zwischen Auskunftsverlangen gegenüber Marktbürgern und solchen gegenüber den Mitgliedstaaten selbst abstuft, eine Subsidiarität des Auskunftsrechts gegenüber Marktbürgern im Ergebnis aber verneint.

[93] Zu den einzelnen Kontrollarten oben, Teil 2 Kap. 2 A.V. und Kap. 4 B.

[94] Vgl. *Arnold* (Anm. 1), 15 f., der von einem Prognosespielraum der Kommission spricht.

[95] Nicht jeder Nachprüfung muß ein Auskunftsverlangen vorausgehen (s.o., Teil 3 Kap. 1 B.II.1.c.bb.; vgl. EuGH, Urteil vom 4.4.1960, Rs. 31/59, *Acciaieria e Tubificio di Brescia/Hohe Behörde*, Slg. 1960, 159 [180] für Art. 47 EGKSV, der im Wortlaut dem Art. 284 EGV weitgehend entspricht). Ebensowenig ist die Erforderlichkeit eines Auskunftsverlangens zu verneinen, weil vorher schon

prüfung unabhängiges, selbständiges Verfahren.[96] *Smit/Herzog* haben aufgezeigt, daß die Praxis im Kartellverfahren eher umgekehrt verläuft – erst durch Nachprüfungen erhält die Kommission die nötigen Anhaltspunkte für weitere Auskunftsersuchen.[97] Dennoch müssen Nachprüfungen erforderlich sein, was auch der Gerichtshof unterstreicht. Daher wird in der Literatur z.T. vorgeschlagen, daß einer Nachprüfung i.d.R. ein Auskunftsverlangen vorauszugehen hat.[98] Diese Regel ist wegen der fehlenden Stufenfolge *a priori* aber nicht als rechtlich verbindliche Vorgabe zwingend einzuhalten, sondern stellt lediglich das regelmäßige Ergebnis der gebotenen Einzelfallabwägung dar. Insofern handelt es sich eher um eine beobachtende Feststellung *a posteriori* als um eine Rechtsregel.

Die Verhältnismäßigkeit des gewählten Mittels richtet sich immer nach dem Sachverhalt im Einzelfall. *Hummer* verweist zudem darauf, daß aufgrund der Pflicht der Mitgliedstaaten, die Erfüllung der Aufgaben der Gemeinschaft „zu erleichtern" (Art. 10 Abs. 1 S. 2 EGV), deren

---

eine Nachprüfung stattgefunden hat, wenn sich die Kommission keine Abschrift von den entsprechenden Unterlagen hat anfertigen können (Urteil *Orkem*, [Anm. 67], 3347 [Rn. 14]). Siehe auch *Pernice* in: *Grabitz/Hilf* (Anm. 66), Art. 14, Rn. 8 ff., 23.

[96] Es handelt sich nach den Worten des Gerichtshofes um „zwei auf gleicher Ebene liegende Ermächtigungen" (EuGH *Acciaieria e Tubificio di Brescia*, a.a.O., 179). Auskunftspflichten und Nachprüfungen können auch parallel angeordnet werden. Aus dem Wortlaut des Art. 47 EGKSV lasse sich nicht entnehmen, daß jeder Nachprüfung eine vorbereitende Entscheidung vorauszugehen habe. Unberührt bleibt das in Art. 47 EGKSV ausdrücklich festgehaltene Erfordernis der Notwendigkeit von Nachprüfungen (a.a.O., 180). Ebenso *Würdinger* in: *Würdinger/Wohlfarth* (Anm. 1), 16 in Bezug auf die *Kartellverordnung*. Siehe auch *Schwarze* (Anm. 17), Bd. 2, 1179.

[97] *Smit/Herzog* (Anm. 1), Anm.213.06. Dies entbindet allerdings nicht von dem für Nachprüfungen i.d.R. erforderlichen Anfangsverdacht (dazu sogleich, 3.).

[98] In diesem Sinne *Schwarze*, Ermittlungstätigkeit der Kommission (Anm. 76), 165 f.; *Hanebuth* (Anm. 1), 252 ff. Danach seien Nachprüfungen nicht *per se* subsidiär, sie müßten aber *erforderlich* sein, was nicht gegeben sei, wenn durch ein Auskunftsverlangen der verfolgte Zweck genauso wirksam erreicht werden könne, wie durch eine Nachprüfung. Weitergehend *Porteu de la Morandière*, Les Pouvoirs d'information de la communauté, RMC 1971, 346 (355), der darauf abstellt, daß erst die unvollständige Beantwortung eines Auskunftsersuchens einen Anfangsverdacht für die Durchführung von Kontrollen gebe.

Pflichten bei der Informationsbeschaffung größer seien, als es die im Rahmen des Art. 213 EGV (a.F.) zu beachtende „Erforderlichkeit" impliziere.[99] Zwar gilt, wie dargestellt, der Grundsatz der Verhältnismäßigkeit auch zu Gunsten der Mitgliedstaaten, ggf. kann der Rechtsgedanke der Gemeinschaftstreuepflicht aber zu verminderten Anforderungen im Rahmen der Verhältnismäßigkeitsprüfung führen. Auch dies wäre in der Einzelfallabwägung zu berücksichtigen. Wichtig für die Auswahl des Informationsverfahrens ist die Beachtung der tatsächlichen Umstände, der Sachverhaltsmerkmale. *A priori* gibt es keine Stufenfolge zwischen den einzelnen Informationspflichten. Es kann aber eine Stufenfolge hinsichtlich des Belastungsgrades festgestellt werden. Dieser Belastungsgrad ist mit den Anforderungen des Sachverhaltes und der Rangigkeit des verfolgten Zieles ins Verhältnis zu setzen. Daraus ergibt sich, ob im Einzelfall ein bestimmtes Mittel geeignet, erforderlich und angemessen ist. Bei entsprechender Verdachtslage, „Verdunklungsgefahr" und hoher Wertigkeit des Gemeinschaftszieles kommen auch unangekündigte Nachprüfungen vor Ort als vorrangiges Mittel der Informationsbeschaffung in Betracht.

3. Anfangsverdacht

In manchen Rechtsakten der Gemeinschaft wird implizit oder explizit auf das Vorliegen eines Anfangsverdachts zur Einleitung der Sachverhaltsermittlung abgestellt, so u.a. nach der *Trinkwasserrichtlinie*,[100] der *Pflanzenschutzmittelrichtlinie*[101] und der *Altstoffverordnung*[102] sowie

---

[99] *Hummer* in: *Grabitz/Hilf*, Art. 213 [a.F.], Rn. 3 und 10.

[100] Nach Art. 7 Abs. 6 der *Richtlinie* 98/83/EG vom 3.11.1998 *über die Qualität von Wasser für den menschlichen Gebrauch* (Abl. Nr. L 330 vom 5.12.1998, 32) haben die Mitgliedstaaten „auf Einzelfallbasis" Kontrollen der Trinkwasserqualität durchzuführen, wenn „Grund zu der Annahme" besteht, daß bestimmte Stoffe im Wasser vorhanden sind, die eine potentielle Gefährdung der Gesundheit darstellen.

[101] Art. 4 Abs. 5 der *Richtlinie* 91/414/EWG vom 15.7.1991 *über das Inverkehrbringen von Pflanzenschutzmitteln* (Abl. Nr. L 230 vom 19.8.1991, 1, mehrfach geändert), wonach Zulassungen von Pflanzenschutzmitteln jederzeit überprüft werden können, wenn etwas darauf hindeutet, daß die Zulassungskriterien nicht mehr erfüllt sind.

[102] Art. 12 Abs. 2 der *Verordnung* (EWG) Nr.793/93 vom 23.3.1993 *zur Bewertung und Kontrolle der Umweltrisiken chemischer Altstoffe* (Abl. Nr. L 84 vom 5.4.1993, 1), wonach bei „Vorliegen triftiger Gründe für die Annahme, daß

außerhalb des Umweltschutze v.a. im Wettbewerbsrecht, [103] der Betrugsbekämpfung[104] und der Beihilfenkontrolle.[105] Die meisten Rechts-

ein Altstoff eine ernste Gefährdung für den Menschen oder die Umwelt darstellen könnte", von den Herstellern zusätzliche Informationen verlangt werden können.

[103] Art. 12 Abs. 1 und 3 der *Kartellverordnung* (Verordnung Nr. 17 des Rates vom 6.2.1962: *Erste Durchführungsverordnung zu den Artikeln 85 und 86 des Vertrages*, Abl. Nr. 13 vom 21.2.1962, 204, mehrfach geändert) bzgl. der Einleitung einer Untersuchung eines Wirtschaftszweiges. Sie setzt voraus, daß die Entwicklung des grenzüberschreitenden Handels, der Preisbewegungen oder andere Umstände die Einschränkung oder Verfälschung des Wettbewerbes „vermuten" lassen (Art. 12 Abs. 1). Bestimmte Informationen kann die Kommission von Unternehmen einholen, „deren Größe zu der Vermutung Anlaß gibt, daß sie eine beherrschende Stellung auf dem gemeinsamen Markt ... innehaben" (Art. 12 Abs. 3). Art. 5 der *Antidumpingverordnung* (*Verordnung* EG Nr. 384/96 vom 22.12.95 *über den Schutz gegen gedumpte Einfuhren aus nicht zur Europäischen Gemeinschaft gehörenden Ländern*, Abl. Nr. L 56 vom 6.3.1996, 1), wonach ein Antrag auf Verfahrenseinleitung durch einen Wirtschaftsteilnehmer „Beweise" enthalten muß und die Kommission eine Untersuchung einleitet, wenn sich herausstellt, daß „*genügend* Beweise vorliegen, um die Einleitung einer Untersuchung zu rechtfertigen" (Art. 5 Abs. 9); so auch bereits Art. 5 Abs. 2, 5 und 6, Art. 7 Abs. 1 der ersten Antidumpingverordnung (Verordnung EWG Nr. 2423/88 vom 11.7.1988, Abl. Nr. L 209 vom 2.8.88, 1); zum ganzen *Bourgeois* in: GTE, Bd. 3, 5. Aufl. 1999, Art. 113, Rn. 107 ff. Ebenso Art. 7 der *Verordnung* (EG) Nr. 3284/94 vom 22.12.1994 *über den Schutz gegen subventionierte Einfuhren aus nicht zur Europäischen Gemeinschaft gehörenden Ländern* (Abl. Nr. L 349 vom 31.12.1994, 22); Art. 3 Abs. 3 *lit.* a und c des *Protokolls 11 über Amtshilfe in Zollsachen* zum EWR-Abkommen (Abl. Nr. L 1 vom 3.1.1994, 171): „... bei denen Grund zu der Annahme besteht, daß sie ..."; Art.9 Abs.1 der *Verordnung* (EWG) Nr. 2048/89 vom 19.6.1989 *mit Grundregeln über die Kontrollen im Weinsektor* (Abl. Nr. L 202 vom 14.7.1989, 32): „Wenn eine zuständige Stelle eines Mitgliedstaats davon Kenntnis erhält oder den begründeten Verdacht hegt ...".

[104] Art. 5 der *Verordnung* (Euratom, EG) Nr. 2185/96 vom 11.11.1996 *betreffend die Kontrollen und Überprüfungen vor Ort durch die Kommission zum Schutz der finanziellen Interessen der Europäischen Gemeinschaften vor Betrug und anderen Unregelmäßigkeiten* (Abl. Nr. L 292 vom 15.11.1996, 2): „... wenn die begründete Annahme besteht, daß Unregelmäßigkeiten begangen wurden".

[105] Art. 22 Abs. 2 der *Verordnung* (EG) Nr. 659/1999 vom 22.3.1999 *über besondere Vorschriften für die Anwendung von Art. 93 des EG-Vertrages* (Abl. Nr. L 83 vom 27.3.1999, 1): „Hat die Kommission ernsthafte Zweifel hinsichtlich ... so gestattet der betreffende Mitgliedstaat ... der Kommission eine Nachprüfung vor Ort".

akte beziehen sich auf (zusätzliche) Informationspflichten von Unternehmen. Es stellt sich die Frage, inwiefern ein solcher Verdacht als Auslösungstatbestandsmerkmal generell zu Zwecken der Wahrung der Verhältnismäßigkeit erforderlich ist.[106] Diese Frage ist im Rahmen einer Abwägung zwischen der Schwere des durch das Informationsverfahren bewirkten Eingriffs in Relation zu dem *Zweck des Verfahrens* zu beantworten. Der Intention von Informationsverfahren zum Zwecke der *Informationsvorsorge* z.B. würde das Erfordernis eines Anfangsverdachtes diametral entgegen stehen.[107] Im Gegenzug sind im Rahmen der reinen Informationsvorsorge i.d.R. auch keine stark belastenden Informationsverfahren wie beispielsweise Gemeinschaftsinspektionen vor Ort vorgesehen. Im Rahmen der *Vollzugskontrolle* – speziell der Anwendungskontrolle – liegt dagegen aufgrund der funktionalen Äquivalenz zu einem strafprozessualen Ermittlungsverfahren die Erforderlichkeit eines Anfangsverdachtes nahe. Sind hier insbesondere Inspektionen vor Ort vorgesehen, ist aufgrund der Schwere des Eingriffs i.d.R. ein Anfangsverdacht als Auslösungstatbestandsmerkmal erforderlich.[108] Ein Anfangsverdacht muß auf *konkreten Anhaltspunkten* in Bezug auf den Einzelfall beruhen. Es reicht nach der Rechtsprechung des EuGH weder ein allgemeiner, „abstrakter“ Verdacht, der sich aus vorherigen

---

[106] Bejahend für das Kartellverfahren *Arnold* (Anm. 1), 15; *Schwarze*, Ermittlungstätigkeit der Kommission (Anm. 76), 167; *Pernice* in: *Grabitz/Hilf* (Anm. 66), Art. 14, Rn. 6 sowie Art. 11, Rn. 8. Unzulässig seien danach sogenannte „fishing expeditions“ aufgrund einer abstrakten Vermutung. Siehe auch *Würdinger*, Zum Auskunftsrecht der Organe der EGKS und der EWG gegenüber privaten Unternehmen, WuW 1964, 579 (582), wonach Anhaltspunkte vorliegen müßten, welche auf ein konkretes mißbräuchliches Verhalten hinweisen. Zu einer nur „vorsorglichen“ Kontrolle sei die Kommission nicht berechtigt. Es fehle dann an der Erforderlichkeit der Informationsbeschaffung. Vgl. *Hanebuth* (Anm. 1), 141 sowie *Bechtold*, Die Stellung der Kommission und der Unternehmen im EWG-Kartellverfahren, EuR 1992, 41 (48). *Bechtold* weist darauf hin, daß das Kriterium des Anfangsverdachtes im europäischen Wettbewerbsrecht sehr viel großzügiger gehandhabt werde als im deutschen Recht.

[107] Zur Informationsvorsorge Teil 2 Kap. 5 B.

[108] Zur *Kartellverordnung* siehe u.a. *Schriefers*, Die Ermittlungsbefugnisse der EG-Kommission im Kartellverfahren, WuW 1993, 98 (99). *Schriefers* beleuchtet den Zusammenhang zwischen Anfangsverdacht und Grundrechtsverletzung – letztere sei nur zu verneinen, wenn konkrete Anhaltspunkte für eine Verletzung des Gemeinschaftsrechts vorliegen.

Fällen ergibt, noch das Vorliegen von Formfehlern.[109] Liegt ein solcher begründeter Verdacht nicht vor, können die Behörden nur „einfache Überprüfungen und Bestätigungen" fordern.[110] Ob diesen Maßstäben die auf der Grundlage von Art. 12 der *Altstoffverordnung* von der Kommission erlassene *Verordnung* Nr. 142/97 *über die in der Verordnung (EWG) Nr. 793/93 vorgesehene Übermittlung von Informationen über bestimmte Altstoffe* standhält, ist fraglich.[111]

II. Diskriminierungsverbot und Unparteilichkeit der Kommission

Ein Diskriminierungsverbot wurde im Hinblick auf die Differenzierung nach der Staatsangehörigkeit schon frühzeitig in den Gemeinschaftsverträgen verankert (Art. 12 EGV, ex Art. 6). Anknüpfend an diese Regelung ist im Gemeinschaftsrecht ein umfassenderes Gleichbehandlungsgebot mit dem Rang eines Allgemeinen Rechtsgrundsatzes entwickelt worden, [112] welches durch den *Amsterdamer Vertrag* in

---

[109] So der Gerichtshof in dem Urteil vom 22.3.1983, Rs. 42/82 (*Kommission/Frankreich*) „Einfuhr italienischen Weins", Slg. 1983, 1013 ff. (siehe auch oben, Teil 3 Kap. 2 D.III.) im Zusammenhang mit der *Verordnung* Nr.359/79 *über die Zusammenarbeit der Mitgliedstaaten auf dem* Weinsektor. Diese Verordnung sah vor, daß die zuständige Stelle des Einfuhrstaates im Zweifelsfall die zuständige Stelle des Ursprungsmitgliedstaates bittet, die Begleitdokumente der Warensendung zu überprüfen. Sie konnte auch um alle zweckdienlichen Auskünfte, insbesondere um die Übermittlung der Dokumente und sonstiger beweiskräftiger Unterlagen bitten, falls der „begründete Verdacht" besteht, daß das Erzeugnis nicht dem Gemeinschaftsrecht auf dem Weinsektor entspricht. Ein „begründeter Verdacht" muß auf konkreten Anhaltspunkten in Bezug auf eine einzelne Beförderung beruhen (EuGH, a.a.O., 1043, Rn. 32).

[110] *Ibid.*

[111] Verordnung (EG) vom 27.1.1997 (Abl. Nr. L 25 vom 28.1.1997, 11). Die Kommissionsverordnung legt im Hinblick auf bestimmte Stoffe eine generelle Auskunftspflicht aller betroffenen Hersteller fest. Art. 12 Abs. 2 der *Altstoffverordnung* fordert das Vorliegen eines Anfangsverdachtes. Die Kommission verweist in der Begründung auf eine Stellungnahme des zuständigen Ausschusses. Aus dieser müßten sich dann für jeden einzelnen Stoff die von Art. 12 Abs. 2 geforderten „triftigen Gründe" (siehe oben, Anm. 103) ergeben.

[112] Siehe nur *Gornig/Trüe*, Teil 1 (Anm. 8), 888 f. mit Verweisen auf die Rechtsprechung des EuGH; *Schwarze* (Anm. 17), 610 ff.; *Szczekalla* (Anm. 7), Rn. 9; *Hanebuth* (Anm. 1), 169 f. und *Weber* (Anm. 8), 76 f.

Form von Art. 13 einen Niederschlag im EG-Vertrag gefunden hat.[113] Häufig werden beide Begriffe synonym verwendet. Das Diskriminierungsverbot bzw. Gleichbehandlungsgebot ist verletzt, wenn die Gemeinschaftsorgane ohne sachlichen Grund vergleichbare Sachverhalte unterschiedlich behandeln oder ungleiche Sachverhalte gleich behandeln, mithin willkürlich handeln.[114] Dieses *Willkürverbot* überschneidet sich mit dem *Gebot der Unparteilichkeit*, d.h. der objektiven, unabhängigen Amtswahrnehmung.[115]

Die Anwendung des Diskriminierungsverbotes auf die Mitgliedstaaten ist in der Rechtsprechung und der Literatur bislang kein explizites Diskussionsthema gewesen. Die Literatur konzentriert sich auf den grundrechtlichen Schutz der Bürger vor Ungleichbehandlungen seitens der Gemeinschaft.[116] Je umfangreicher allerdings die Verwaltungskompetenzen der Kommission und der Anwendungsbereich des Mehrheitsprinzips für Entscheidungen im Rat werden und je mehr die einzelnen Mitgliedstaaten damit in die Rolle der Adressaten von hoheitlichen Maßnahmen kommen, bei denen sie im Prozeß der Entscheidungsfindung überstimmt oder durch entsprechende Entscheidungsbefugnisse der Kommission im konkreten Verwaltungsverfahren ganz „unterworfen" werden können, desto notwendiger wird es, die Geltung des

---

[113] Art. 13 EGV n.F. erlaubt dem Rat, „geeignete Vorkehrungen zu treffen, um Diskriminierungen aus Gründen des Geschlechts, der Rasse, der ethischen Herkunft, der Religion oder der Weltanschauung, einer Behinderung, des Alters oder der sexuellen Ausrichtung zu bekämpfen".

[114] EuGH, Urteil vom 17.7.1963, Rs. 13/63 (*Italien/Kommission*) „Schutzmaßnahmen", Slg. 1963, 357 (384 f.); Urteil vom 27.10.1971, Rs. 6/71 (*Rheinmühlen/Einfuhr- und Vorratsstelle Getreide*), Slg. 1971, 823 (838, Rn. 14). Dabei scheint der Gerichtshof die Frage, ob sachliche Gründe für die Differenzierung vorliegen, in das Tatbestandsmerkmal des „vergleichbaren Sachverhaltes" zu integrieren. Zumindest liegt auch im Rahmen des Gemeinschaftsrechts kein Verstoß gegen das Diskriminierungsverbot vor, wenn sachliche Gründe die unterschiedliche Behandlung rechtfertigen (siehe das Urteil „Schutzmaßnahmen", a.a.O., 385). Der Gerichtshof bezeichnet diese Art der sachlich gerechtfertigten Diskriminierung als „formelle Diskriminierung" (*ibid.*). Siehe auch *Gornig/Trüe* (Anm. 8), 888 f.; *Szczekalla* (Anm. 7), Rn. 9 sowie *Schwarze* (Anm. 17), 610 ff.

[115] Dazu ausführlicher oben, Teil 3 Kap. 3 B.II.2. Vgl. *Lohmann* (Anm. 1), 92, der dieses Gebot als „Objektivitätsverpflichtung" bezeichnet.

[116] Siehe z.B. *Feige*, Der Gleichheitssatz im Recht der EWG, 1973; ähnlich *Gornig/Trüe*, Teil 1 (Anm. 8), 888 f. sowie *Hanebuth* (Anm. 1), 169 f., letzterer speziell in Bezug auf Auskunftsverlangen.

Gleichbehandlungsgrundsatzes auszudehnen. Denn in diesem Fall werden auch die Mitgliedstaaten zu Objekten der Verwaltung. Dies gilt insbesondere für die administrativen Informationsverfahren, bei denen der Kommission z.T. eine Konkretisierungsbefugnis zukommt.[117] Ein Mindestschutz ist für diese Fälle das Verbot einer diskriminierenden Behandlung der im Rat überstimmten oder von Maßnahmen der Kommission betroffenen Mitgliedstaaten. Häufig ist eine Anwendung des Diskriminierungsverbotes direkt auf Mitgliedstaaten nicht erforderlich, weil indirekt die Marktbürger und Unternehmen des jeweiligen Mitgliedstaates von den Rechtsakten der Gemeinschaft betroffen sind.[118] Implizit gilt dann das Diskriminierungsverbot auch für die Mitgliedstaaten. Bei *inneradministrativen* Informationsverfahren ist dagegen eine mittelbare Auswirkung auf die Marktbürger zu einem großen Teil nicht greifbar darzustellen. In der Praxis ist das Problem einer direkten, offensichtlichen Diskriminierung von bestimmten Mitgliedstaaten seitens der Kommission bislang nicht aufgetreten. Aufgrund des vorhersagbaren politischen Aufschreis wird sich die Kommission vor einer solchen Diskriminierung auch hüten. Dies macht allerdings die rechtliche Verankerung des Prinzips nicht überflüssig, v.a., weil es auch bei versteckten Diskriminierungen herangezogen werden kann.

Das Diskriminierungsverbot des Art. 12 EGV genügt als alleinige Rechtsgrundlage für das mitgliedstaatenbezogene Gebot der Unparteilichkeit nicht. Es bezieht sich nach dem eindeutigen Wortlaut nur auf die Bürger der Gemeinschaft,[119] denn Mitgliedstaaten können schon

---

[117] So z.B. im Fall der Auskunftsverlangen nach Art. 10 i.V.m. Art. 284 EGV (siehe oben, Teil 3 Kap. 2 B.V.); für weitere Befugnisse siehe Teil 4 Kap. 2 C.II.

[118] Vgl. z.B. das Urteil „Schutzmaßnahmen" zu Art. 226 EGV a.F. [aufgehoben durch den *Amsterdamer Vertrag*]. Darin ging es um die Genehmigung von mitgliedstaatlichen Schutzmaßnahmen durch die Kommission, welche dabei nicht nach Unternehmen differenzierte, sondern nach einzelnen Ländern. Der Gerichtshof hielt eine solche Differenzierung nach Ländern durch die Kommission für rechtmäßig, wenn „sachliche Gründe dies geboten erscheinen lassen" (a.a.O., 385). Aus dem Urteil geht nicht eindeutig hervor, ob der EuGH an eine Diskriminierung der mittelbar betroffenen Unternehmen oder an eine direkte Diskriminierung eines Mitgliedstaates anknüpft. Daß der klagende Mitgliedstaat sich auf eine Verletzung des Diskriminierungsverbotes berief, spricht für letzteres. Dagegen wurde in den offiziellen, einleitenden Stichworten Art. 7 EWGV [a.F., jetzt Art. 12 EGV, ex Art. 6 EGV] angeführt, was wiederum für die Prüfung einer Diskriminierung der betroffenen Unternehmen spricht (a.a.O., 361, Nr. 6).

[119] Siehe nur *Zuleeg* in: GTE, Bd. 1, 5. Aufl. 1997, Art. 6, Rn. 15.

begriffslogisch nicht „aus Gründen der Staatsangehörigkeit" diskriminiert werden. *Ipsen*, *Bleckmann* und *van Rijn* haben die Geltung des Gleichbehandlungsgrundsatzes für die Mitgliedstaaten angedeutet; *Ipsen* mit der Begründung, daß jeder Mitgliedstaat als „Glied unter Gliedern" ein Recht auf „gleichmäßige Teilhabe an Gliedrechten und Gliedpflichten" habe und – im Sinne des Kant'schen Kategorischen Imperativs – die „Gliedstellung eines jeden Mitgliedstaates durch die gleiche jedes anderen bedingt" ist.[120] Der Gerichtshof spricht in der Rs.128/78 zwar von der „Gleichheit der Mitgliedstaaten vor dem Gemeinschaftsrecht", deren Beeinträchtigung die Rechtsordnung der Gemeinschaft „bis in ihre Grundfesten" stört.[121] Dort ging es aber nicht um die Gleichbehandlung der Mitgliedstaaten *durch* die Gemeinschaftsorgane, sondern um die einheitliche Anwendung des Gemeinschaftsrechts in den Mitgliedstaaten.[122] Zumindest aber deutet der Gerichtshof hier an, daß es so etwas wie eine Gleichheit der Mitgliedstaaten vor dem Gemeinschaftsrecht – und damit auch vor den Gemeinschaftsorganen – gibt.

Für den Bereich der Gemeinschaftsstatistiken hat das Gebot der Unparteilichkeit durch den *Amsterdamer Vertrag* seinen Niederschlag in Art. 285 Abs. 2 EGV gefunden. Sachgebietsübergreifend kann das mitgliedstaatenbezogene Gebot der Unparteilichkeit einmal mehr in

---

[120] *Ipsen, H.P.*, Europäisches Gemeinschaftsrecht, 1972, 223 ff.; *Bleckmann*, Art. 5 EWG-Vertrag (Anm. 14), 487 unter Bezugnahme auf die Gemeinschaftstreuepflicht; *van Rijn*, The Investigative and Supervisory Powers of the Commission, in: FS Schermers, 1995, 409 (421); ebenso *Wyatt/Dashwood*, European Community Law, 3. Aufl. 1993, 97; *Tchakaloff*, Le principe d'égalité, L'actualité juridique – Droit administratif, 1996 spécial, 166 (169). Das Gebot der Gleichheit der Staaten im Hinblick auf Maßnahmen der Gemeinschaftsinstitutionen sei grundlegend (*constitutif*) für die Gemeinschaftsrechtsordnung. Vgl. auch *Lohmann*, der unter Bezugnahme auf den im IAEO-Statut verankerten völkerrechtlichen Grundsatz des *Prinzips der souveränen Gleichheit der Staaten* von einem Anspruch der Mitgliedsstaaten der IAEO auf Gleichbehandlung im Rahmen der dortigen Kontrollverfahren ausgeht (a.a.O., 98 f.).

[121] Urteil vom 7.2.1979, Rs. 128/78 (*Kommission/Großbritannien*) „Tachograph", Slg. 1979, 419 (429, Rn. 12).

[122] Diese dürfen sich keine Vorteile durch die eigenmächtige Nichtanwendung bestimmter gemeinschaftsrechtlicher Vorschriften verschaffen und damit das Gleichgewicht zwischen Vorteilen und Lasten stören sowie mittelbar eine Diskriminierung der Staatsangehörigen herbeiführen (a.a.O., Rn. 10 und 12). Vgl. *Oppermann* (Anm. 8), Rn. 1853, wonach dieser Grundsatz „weit zu verstehen" sei.

Art. 10 EGV verankert werden.[123] Wie bereits dargestellt hat auch die Gemeinschaft gegenüber den Mitgliedstaaten eine Loyalitätspflicht.[124] Dazu gehört, daß diese nicht willkürlich ungleich behandelt werden dürfen. Konkretisiert wird die in Art. 10 EGV verankerte Loyalitätspflicht durch die – formelle – Unabhängigkeit und die daraus folgende – materielle – Unparteilichkeit der Kommission bei der Amtsausübung. Die Kommission hat im Interesse der Gemeinschaft „in voller Unabhängigkeit" zu handeln (Art. 213 Abs. 2 UAbs. 1 EGV, ex Art. 157) und ist zu diesem Zweck an Weisungen der Mitgliedstaaten nicht gebunden. Insofern darf die Kommission – auch außerhalb formeller Weisungen – nicht einseitig den Interessen von bestimmten Mitgliedstaaten dienen.[125] Die einzelnen Beamten der Gemeinschaft werden über Art. 11 des *Statuts* zur Unparteilichkeit verpflichtet.[126]

III. Hinreichende Bestimmtheit der Informationspflichten

Das Gebot der Bestimmtheit von Rechtsakten besagt, daß für den Einzelnen der Umfang seiner Rechte und Pflichten vorhersehbar sein muß.[127] Dieses Gebot ist Teil des Grundsatzes der Rechtssicherheit und

---

[123] Ebenso *Bleckmann*, Art. 5 EWG-Vertrag (Anm. 14), 487.

[124] Siehe oben, Teil 3 Kap. 2 A.

[125] Ausführlicher oben, Teil 3 Kap. 3 B.II.3. sowie Teil 4 Kap. 2 C.I.

[126] *Statut der Beamten der Europäischen Gemeinschaft* (Abl. Nr. L 56 vom 4.3.1968, 1, mehrfach geändert): „Der Beamte hat sich bei der Ausübung seines Amtes und in seinem Verhalten ausschließlich von den Interessen der Gemeinschaften leiten zu lassen; er darf von keiner Regierung, Behörde, Organisation oder Person außerhalb seines Organs Weisungen anfordern oder entgegennehmen". Siehe auch die folgenden Artikel, welche die Entgegennahme von Belohnungen, die Ausübung von Nebentätigkeiten, die berufliche Tätigkeit des Ehegatten und die Befangenheit in bestimmten Angelegenheiten betreffen. Zum ganzen *Rogalla*, Dienstrecht der Europäischen Gemeinschaften, 2. Aufl. 1992, 134 ff.

[127] Siehe nur EuGH, Urteil vom 9.9.1999, Rs. C-217/97 (*Kommission/Deutschland*), „Richtlinie 90/313 EWG", Slg. 1999, S. I-5087 (5115, Rn. 32); Urteil vom 8.7.1999, Rs. C-354/98 (*Kommission/Frankreich*), Slg. 1999, S. I-4927 (4936 f., Rn. 11); Urteil vom 9.7.1981, Rs. 169/80 (*Zollverwaltung/Gondrand Frères*), Slg. 1981, 1931 (1942, Rn. 17); vgl. EuGH, Urteil vom 15.12.1987, Rs. 325/85 (*Irland/Kommission*) „Seefischerei IV", Slg. 1987, 5041 (5088, Rn. 18); *Tomuschat*, Normenpublizität und Normenklarheit der Europäischen Gemeinschaft, in: FS Kutscher, 1981, 461 (468); *Wyatt/Dashwood*

als solches Bestandteil der Gemeinschaftsrechtsordnung.[128] Der Gerichtshof verwendet in diesem Zusammenhang die unterschiedlichsten Formeln,[129] meist in einem Urteil gleich mehrere, in dem Urteil zur *Grundwasserrichtlinie* davon allein fünf verschiedene, um sich gegen Ende auf die Formulierung „so genau und eindeutig ... wie es notwendig ist, um dem Erfordernis der Rechtssicherheit in vollem Umfang zu genügen“ festzulegen.[130] Aus allen Formulierungen geht hervor, daß das

---

(Anm. 120), 91 mit weiteren Verweisen; *Pernice* in: *Grabitz/Hilf*, Art. 164 [a.F.], Rn. 92; vgl. *Gornig/Trüe*, Teil 1 (Anm. 8), 892 f. als eigenständigen „Grundsatz der Rechtsklarheit“. Ebenso *Oppermann* (Anm. 8), Rn. 486.

[128] Siehe nur EuGH, *Rombi und Arkopharma* (Anm. 14), Rn. 66; Urteil vom 8.7.1999, *Kommission/Frankreich, ibid.*; „Seefischerei IV“, *ibid.*; *Gondrand Frères, ibid.*; Urteil vom 28.2.1991, Rs. C-131/88 (*Kommission/Deutschland*) „Grundwasserrichtlinie“, Slg. 1991, S. I-825 (867 [6], 868 [7], 874 [Rn. 36], 876 [Rn. 50], 878 [Rn. 57], 878 f. [Rn. 61 und 63]); Urteil vom 30.5.1991, Rs. C-59/89 (*Kommission/Deutschland*) „Luftverschmutzung – Blei“, Slg. 1991, S. I-2607 (2632, Rn. 24); Urteil vom 30.5.1991, Rs. C-361/88 (*Kommission/Deutschland*) „TA Luft“, Slg. 1991, S. I-2567 (2603, Rn. 21), Urteil vom 17.10.1991, Rs. C-58/89 (*Kommission/Deutschland*) „Oberflächenwasser“, Slg. 1991, S. I-4983 (5024, Rn. 17). Vgl. *Schmidt-Aßmann*, Zur Europäisierung des allgemeinen Verwaltungsrechts, in: FS Lerche, 1993, 513 (526 f.). Allgemein zur Rechtssicherheit als Bestandteil der Rechtsordnung der Gemeinschaft: Urteil *Deutsche Milchkontor* (Anm. 16) 2669 (Rn. 30) sowie aus der Literatur *Pernice* in: *Grabitz/Hilf*, Art. 164 [a.F.], Rn. 90 ff.; *Zuleeg*, Europäisches Verwaltungsrecht (Anm. 8), 170 und *Gornig/Trüe*, a.a.O., 890 mit weiteren Verweisen.

[129] Vom Gerichtshof wird die Bestimmtheit häufig als das Erfordernis der *Eindeutigkeit und Vorhersehbarkeit* (EuGH, Urteil vom 11.10.1990, Rs. C-34/89, *Italien/Kommission*, „Rechnungsabschluß EAGFL“, Slg. 1990, S. I-3603 [3619, Rn. 14]), der *Eindeutigkeit und Bestimmtheit* des Rechtszustandes (Urteil vom 1.3.1983, Rs. 300/81, *Kommission/Italien*, „Kreditinstitute“, Slg. 1983, 449 [456, Rn. 10]) sowie als *bestimmte, klare und transparente Lage* (Urteil vom 15.6.1995, Rs. C-220/94, *Kommission/Luxemburg*, Slg. 1995, S. I-1589 [1607, Rn. 10]) umschrieben.

[130] Zu den anderen Formulierungen gehört „mit hinreichender Klarheit und Genauigkeit“, „so bestimmte, klare und durchschaubare Lage“, „nicht so konkret, genau und eindeutig“, „genau und detailliert“ (Urteil „Grundwasserrichtlinie“); „mit der Konkretheit, Bestimmtheit und Klarheit“, „so bestimmt, klar und transparent“ (Urteil „Luftverschmutzung – Blei“); „in so klarer und bestimmter Weise“, „mit der Konkretheit, Bestimmtheit und Klarheit“, „so bestimmt, klar und transparent“, „einen eindeutigen gesetzlichen Rahmen“ (Urteil „TA Luft“); „in der spezifischen, bestimmten und klaren Weise“ (Urteil „Oberflächenwasser“) sowie das Urteil vom 8.7.1999, *Kommission/Frankreich*: „so konkret, bestimmt und klar“ (alle Urteile Anm. 128, a.a.O.).

erforderliche Maß an Bestimmtheit in Abhängigkeit von den Umständen konkretisiert werden kann und muß. Es gibt kein absolutes Maß an Bestimmtheit, sondern immer nur ein relatives, eine *hinreichende* Bestimmtheit.[131]

Die einschlägigen Urteile beziehen sich meist auf die Umsetzung des Gemeinschaftsrechts durch die Mitgliedstaaten, die durch eindeutige, allgemein verbindliche Rechtsakte zu geschehen habe.[132] Insofern handelt es sich bei diesem Gebot nicht vornehmlich um eine Verpflichtung der Gemeinschaftsorgane zum Erlaß hinreichend bestimmter Rechtsakte, sondern um eine Verpflichtung der Mitgliedstaaten. In der Literatur wird das Bestimmtheitserfordernis meist ohne weitere Differenzierung auf die Handlungen der Gemeinschaftsorgane übertragen.[133] Der Gerichtshof setzt den Maßstab der Bestimmtheit auch bei der Prüfung der unmittelbaren Anwendbarkeit von Gemeinschaftsrecht an. Hier wird zwar das Gemeinschaftsrecht auf seine Bestimmtheit untersucht, allerdings ohne die Bestimmtheit zum Erfordernis für die Rechtsetzung der Gemeinschaftsorgane zu erheben.

In zwei Urteilen zum Rechnungsabschlußverfahren hat der Gerichtshof dagegen explizit auch die Gemeinschaftsorgane verpflichtet, das Gebot der Bestimmtheit zu Gunsten der Mitgliedstaaten zu beachten. Dies gelte in besonderem Maße, wenn es sich um Vorschriften handelt, die finanzielle Konsequenzen haben können.[134] Aus diesen Urteilsstellen

---

[131] Ausdrücklich erwähnt im Urteil vom 9.9.1999 „Richtlinie 90/313 EWG" (Anm. 127), Rn. 31 und 32: „hinreichend bestimmt und klar" sowie bereits im Urteil „Grundwasserrichtlinie", a.a.O.

[132] Siehe z.B. die Urteile „Grundwasserrichtlinie", „Luftverschmutzung – Blei", „TA Luft", und „Oberflächenwasser" (zitiert in Anm. 128, a.a.O.); Rs. 300/81 „Kreditinstitute" (Anm. 129), a.a.O.; Urteil vom 11.8.1995, Rs.C-433/93 (*Kommission/Deutschland*) „Öffentliche Bau- und Lieferaufträge", Slg. 1995, S. I-2303 (2317, Rn. 18); Urteil vom 15.6.1995, Rs. C-220/94 (*Kommission/Luxemburg*), Slg. 1995, S. I-1589 (1607, Rn. 10). Näher dazu auch oben, Teil 4 Kap. 1 B.I.1.

[133] Siehe die Nachweise bei Anm. 127 und 128; ausführlich *Tomuschat* (Anm. 127), 461 ff. (insbesondere 468). Vgl. *Hanebuth* (Anm. 1), 312 ff.

[134] In der Rechtssache „Seefischerei IV" (Anm. 127) stellt der Gerichtshof fest, daß Rechtsakte der Gemeinschaft eindeutig sein müssen (a.a.O.). Das Urteil bezieht sich auf eine Entscheidung der Kommission zu Lasten von Irland. Ähnlich die Rs. C-34/89, in der von der „Eindeutigkeit und Vorhersehbarkeit der finanziellen Beziehungen" die Rede ist („Rechnungsabschluß EAGFL", [Anm. 129], a.a.O.). Aus der Literatur ausdrücklich für dessen Anwendung zu-

wird deutlich, daß insbesondere die Kommission verpflichtet ist, finanzielle Sanktionen für die Mitgliedstaaten nur aufgrund inhaltlich bestimmter Entscheidungen und Rechtsakte festzulegen. Für die Anwendung des Bestimmtheitserfordernisses auch auf andere Rechtsakte der Gemeinschaft spricht, daß die Mitgliedstaaten verpflichtet sind, diese Rechtsakte anzuwenden. Geschieht dies nicht, so können sie vor dem Gerichtshof verklagt werden. Dieser Umsetzungspflicht können sie nur nachkommen, wenn sich aus den Rechtsakten der Gemeinschaft einigermaßen eindeutig ergibt, was von ihnen verlangt wird.[135]

Hinsichtlich des *Grades* der Eindeutigkeit können und müssen Abstufungen gemacht werden. Bei der Verhängung von Sanktionen gegenüber den Mitgliedstaaten ist dem Erfordernis der „Eindeutigkeit und Vorhersehbarkeit" in besonderem Maße Folge zu leisten. Dies ergibt sich aus den einschneidenden finanziellen Eingriffen. Weiterhin ist zwischen Rechtsakten des Rates und solchen der Kommission zu unterscheiden. Die Rechtsakte des Rates werden von den Mitgliedstaaten mitverfaßt. Der gemeinschaftliche Rechtsetzungsprozeß ähnelt in mancher Hinsicht immer noch eher einem (zwischenstaatlichen) Verhandlungsprozeß als einer nationalen Rechtsetzung „von oben". Kompromißlösungen mit entsprechend uneindeutigen Formulierungen sind hier vorprogrammiert. Zum zweiten ist zwischen Richtlinien auf der einen Seite und unmittelbar geltenden Verordnungen und Entscheidungen auf der anderen Seite zu differenzieren. Richtlinien lassen definitionsgemäß den Mitgliedstaaten einen weiten Spielraum und verpflichten sie vornehmlich hinsichtlich des zu erreichenden Zieles. Hinreichend bestimmt sind sie also schon, wenn sie eine klare Richtung für die Regelungstätigkeit der Mitgliedstaaten angeben und nicht widersprüchlich sind. Verordnungen und Entscheidungen dürfen dagegen i.d.R. keinen großen Spielraum für die Umsetzung lassen. Richten sie sich direkt an die Marktteilnehmer, so ist das Bestimmtheitserfordernis, das der Gerichtshof den Mitgliedstaaten bei der Umsetzung auferlegt, als Maßstab heranzuziehen.[136]

---

gunsten der Mitgliedstaaten *Wyatt/Dashwood* (Anm. 120), 91; wohl auch *Szczekalla* (Anm. 7), Rn. 42 sowie *Rengeling*, Europäisches Verwaltungsrecht (Anm. 3), 224.

[135] Vgl. *Hanebuth* (Anm. 1), 312.

[136] Nach *Hanebuth* sind Prüfungs*zweck* und Prüfungs*gegenstand* anzugeben (a.a.O., 313). Der EuGH nennt diese Kriterien im Zusammenhang mit der Begründungspflicht der Kommission (Urteil *Hoechst*, [Anm. 35], 2929, Rn. 41).

Das Erfordernis einer eindeutigen Bestimmung des mitgliedstaatlichen Verantwortungsbereichs steht in einem engen Zusammenhang mit dem von *Schmidt-Aßmann* als Kooperationsstandard herausgearbeiteten *Gebot der Verantwortungsklarheit.*[137] Danach müssen die Zuständigkeit und der Umfang der von den Mitgliedstaaten und der Gemeinschaftsverwaltung zu treffenden Maßnahmen klar erkennbar und abgrenzbar sein. Dies gilt in besonderem Maße, wenn Dritte belastet werden. Insbesondere in diesen Fällen muß der Belastungsgehalt von Teilentscheidungen der einzelnen Akteure erkennbar sein.[138] Die Gemeinschaft versucht, dem Bestimmtheitserfordernis durch die vermehrte Verwendung von *Begriffsdefinitionen* gerecht zu werden.[139] Daß gerade bei den Informationspflichten dennoch vielfach Zweifel hinsichtlich des Verpflichtungsgehaltes bestehen, ist oben dargestellt worden. Zum Zwecke der Herstellung der hinreichenden Bestimmtheit würden sich daher Legaldefinitionen der verschiedenen Informationspflichten und der Erlaß eines Typenmusters für Informationsverfahren empfehlen.[140]

IV. Transparenzgebot oder Vertraulichkeit ?

Auf der Gemeinschaftsebene wird zunehmend von der Notwendigkeit einer verstärkten Transparenz der Verwaltungen gesprochen. Angestoßen durch die *Umweltinformationsrichtlinie,*[141] welche auch zum Zwecke einer besseren dezentralisierten Kontrolle der Durchführung des europäischen Umweltrechtes den Gemeinschaftsbürgern Zugang zu den mitgliedstaatlichen Verwaltungsakten im Umweltbereich gibt, sah sich die Gemeinschaft aus Gründen der Konsequenz und Glaubwürdigkeit „genötigt“, dieses Transparenzgebot in der Folge auch auf die Gemeinschaftsorgane zu übertragen.[142] Durch den *Amsterdamer Ver-*

---

[137] *Schmidt-Aßmann,* Verwaltungskooperation (Anm. 1), 296 f.

[138] *Ibid.*

[139] Als Teil der Informationsrahmendaten, siehe Teil 2 Kap. 4 A.

[140] Dazu oben, Teil 2 Kap. 1 B., insbesondere II.

[141] Richtlinie 90/313/EG (Abl. Nr. L 158 vom 23.6.1990, 56). Die Richtlinie soll im Hinblick auf eine Ratifizierung der *Aarhus Konvention* durch die EG im Sinne eines noch weitergehenderen Informationsanspruchs der Öffentlichkeit geändert werden (im einzelnen hierzu *Gassner/Pisani,* Umweltinformationsanspruch und Geheimnisschutz – Zukunftsperspektiven, NuR 2001, 506 ff.).

[142] Siehe die Mitteilungen der Kommission vom 5.5.1993 *Zugang der Öffentlichkeit zu Dokumenten, die sich im Besitz der Gemeinschaftsorgane befin-*

trag wurde dieses Recht gar im EG-Vertrag verankert (Art. 255 EGV n.F.). Die Grundsätze für den Zugang sind nun in der *Verordnung* Nr. 1049/2001 *über den Zugang der Öffentlichkeit zu Dokumenten des Europäischen Parlaments, des Rates und der Kommission* detailliert festgelegt worden, welche ebenfalls vom „Prinzip der Transparenz" spricht.[143] Bereits im Jahr 1983 gewährte die *Verordnung über die Frei-*

---

den (Abl. Nr. C 156 vom 8.6.1993, 5) sowie vom 2.6.1993 *Transparenz in der Gemeinschaft* (Abl. Nr. C 166 vom 17.6.1993, 4); die *Interinstitutionelle Erklärung* vom 25.10.1993 *über Demokratie, Transparenz und Subsidiarität* (Abl. Nr. C 329 vom 6.12.1993, 133); den *Verhaltenskodex für den Zugang der Öffentlichkeit zu Rats- und Kommissionsdokumenten* vom 6.12.1993, 93/730/EG (Abl. Nr. L 340 vom 31.12.1993, 41); des weiteren die daraufhin erfolgten Rechtsakte der einzelnen Gemeinschaftsorgane zum Zugang der Öffentlichkeit zu den eigenen Unterlagen: *Beschluß* 93/731/EG des Rates vom 20.12.1993 *über den Zugang der Öffentlichkeit zu Ratsdokumenten* (Abl. Nr. L 340 vom 31.12.1993, 43; geändert, aufgehoben durch Entscheidung Nr. 2001/840/EG, siehe unten Anm. 143); *Beschluß* 2000/23/EG des Rates vom 6.12.1999 *zur Verbesserung der Information über die Gesetzgebungstätigkeit des Rates und das öffentliche Register der Ratsdokumente* (Abl. Nr. L 9 vom 13.1.2000, 22; geändert, ebenfalls aufgehoben durch Entscheidung Nr. 2001/840/EG, siehe unten Anm. 143); *Beschluß* 94/90/EGKS, EG, Euratom der Kommission vom 8.2.1994 *über den Zugang der Öffentlichkeit zu den der Kommission vorliegenden Dokumenten* (Abl. Nr. L 46 vom 18.2.1994, 58, geändert); *Beschluß* 97/C 282/04 der Europäischen Umweltagentur vom 21.3.1997 *über den öffentlichen Zugriff auf Dokumente der Europäischen Umweltagentur* (Abl. Nr. C 282 vom 18.09.1997, 5) sowie nun die Verordnung Nr. 1049/2001 (hierzu sogleich). Weiterhin verwenden die unter Teil 1 Kap. 1 B. näher beschriebenen Programme und Mitteilungen der Gemeinschaft häufig den Begriff der Transparenz, darunter auch die *Entschließung* 94/C 179/01 des Rates vom 16.6.1994 *über die Entwicklung der Zusammenarbeit der Verwaltungen bei der Anwendung und Durchsetzung des Gemeinschaftsrechts im Rahmen des Binnenmarkts* (Abl. Nr. C 179 vom 1.7.1994, 1), 2. Begründungserwägung sowie die Mitteilung der Kommission vom 16.2.1994 *Entwicklung der Zusammenarbeit der Verwaltungen bei der Anwendung und Durchsetzung des Gemeinschaftsrechts für den Binnenmarkt*, KOM (94) 29 endg., die von einem „Gebot der Transparenz" spricht (unter II. B., Nr. 14 ff.).

[143] Siehe insbesondere die 1. und 2. Begründungserwägung der Verordnung (EG) Nr. 1049/2001 vom 30.5.2001 (Abl. Nr. L 145 vom 31.5.2001, 43); aus der Literatur siehe *Partsch*, Die neue Transparenzverordnung (EG) Nr. 1049/2001, NJW 2001, 3154 ff. Der Rat hat im Anschluß an diese Verordnung die Einzelheiten in Bezug auf den Zugang zu den Ratsdokumenten in einem Annex zu seiner Geschäftsordnung geregelt (Entscheidung Nr. 2001/840/EG vom 29.11.2001, Abl. Nr. L 313 vom 30.11.2001, 40).

gabe der historischen Archive der Europäischen Wirtschaftsgemeinschaft und der Europäischen Atomgemeinschaft ein Zugangsrecht zu den Archiven – ohne Verwendung des damals noch nicht existierenden Modebegriffs der Transparenz.[144] Nun stellt sich die Frage, welcher Rechtsgehalt einem Gebot der Transparenz im Rahmen des Gemeinschaftsrechts zukäme[145] oder ob nicht eher von einem Gebot der Vertraulichkeit[146] im Sinne des Amtsgeheimnisses auszugehen ist.

1. Transparenz der Verwaltung

Ein Transparenzgebot kann sich sowohl auf die Transparenz der mitgliedstaatlichen Verwaltungen als auch der Gemeinschaftsorgane beziehen. Begünstigte können entweder rechtlich und organisatorisch getrennte Verwaltungsträger oder außenstehende Dritte sein. Im ersten Fall beschränkt sich die Transparenz auf das *interadministrative* Verhältnis zwischen Mitgliedstaaten und Gemeinschaft bei gleichzeitiger

---

[144] Verordnung (EWG, Euratom) Nr. 354/83 vom 1.2.1983 (Abl. Nr. L 43 vom 15.2.1983, 1). Siehe auch *Hanebuth* (Anm. 1), 216 ff., der zum Zwecke der Kontrolle der Exekutivorgane bereits von einem „Publizitätsprinzip" spricht.

[145] Vgl. u.a. das Urteil des EuG vom 19.10.1995, Rs. T-194/94 (*Carvel und Guardian Newspapers/Rat*), Slg. 1995, S. II-2765 (2788, Rn. 62 i.V.m. 2770 ff., Rn. 5 bis 13). Das EuG spricht unter Bezugnahme auf einige der genannten Beschlüsse und Mitteilungen vom „Transparenzprinzip". Vgl. zum ganzen *Epiney*, Umweltrecht in der Europäischen Union, 1997, 155 ff.

[146] Siehe z.B. die *Entschließung* des Rates *über die Zusammenarbeit der Verwaltungen* (Anm. 142), wonach der „Grundsatz der erforderlichen Vertraulichkeit" eingehalten werden sollte (5. Begründungserwägung) sowie die Mitteilung *Zusammenarbeit der Verwaltungen* vom 16.2.1994 (Anm. 142), die neben dem „Gebot der Transparenz" gleichzeitig den „Grundsatz der Vertraulichkeit" als Grundelement des Gemeinschaftsrahmens für die administrative Zusammenarbeit nennt (unter II.C., Nr. 17); Art. 7 der *Geschäftsordnung der Kommission*: „Die Sitzungen der Kommission sind nicht öffentlich. Ihre Beratungen sind vertraulich." (Geschäftsordnung vom 17.2.1993, 93/492/Euratom, EGKS, EWG, Abl. Nr. L 230 vom 11.9.1993, 15); Art. 5 Abs. 1 der *Geschäftsordnung des Rates:* „Außer in den ... Fällen sind die Tagungen des Rates nicht öffentlich." (Beschluß 2000/396/EG vom 5.6.2000, Abl. Nr. L 149 vom 23.6.2000, 21, zuletzt geändert durch Beschluß 2001/840/EG, siehe Anm. 143); siehe auch Art. 1 und 2 des *Protokolls über die Vorrechte und Befreiungen der Europäischen Gemeinschaften* (Text in Europäische Union, Textsammlung des Amtes für Veröffentlichungen der Europäischen Gemeinschaften, Bd. 1, 1995, 719 ff.) zur Unverletzlichkeit der Räume und Archive der Gemeinschaft.

Geheimhaltung gegenüber Dritten. Hier wird eine „Behördenöffentlichkeit" hergestellt und das Gebot der Transparenz mit dem Gebot der Vertraulichkeit kombiniert. Im zweiten Fall wird Transparenz im *Außenverhältnis* hergestellt – Begünstigte sind die Gemeinschaftsbürger und u.U. auch Drittstaaten. Ein Transparenzgebot gegenüber den Gemeinschaftsbürgern müßte allerdings erst recht auch für das interadministrative Verhältnis gelten, denn das Schutzbedürfnis gegenüber anderen Verwaltungsträgern entfällt, wenn die fraglichen Informationen einmal offengelegt sind.[147]

Die einschlägigen Rechtsakte der Gemeinschaft beziehen sich meist ohne ausdrückliche Differenzierung auf die eine oder die andere Form der Transparenz. Ein darin ausgesprochenes Gebot der interadministrativen Transparenz meint i.d.R. das vertikale Verhältnis im Sinne einer Transparenz der mitgliedstaatlichen Verwaltungsstrukturen, das an die Organe der Gemeinschaft gerichtete Transparenzgebot bezieht sich dagegen i.d.R. auf das Außenverhältnis gegenüber den Gemeinschaftsbürgern.[148] Die ausdrücklich das Gebot der Transparenz erwähnenden Rechtsakte sind meist *unverbindlicher* Natur.[149] Verbindliche Rechtsnormen finden sich v.a. als konkrete Informationspflichten zur Her-

---

[147] Vgl. zur Öffentlichkeitsakzessorietät administrativer Informationspflichten oben, Teil 2 Kap. 2 A.II.2. sowie Teil 3 Kap. 2 B.VI.

[148] Siehe die unter Anm. 142 aufgeführten Mitteilungen und Beschlüsse der Gemeinschaftsorgane.

[149] So z.B. die Mitteilung zum *Zugang der Öffentlichkeit zu Dokumenten* (Anm. 142): „Die Kommission sieht in dieser Erklärung einen wesentlichen Bestandteil der Politik der Gemeinschaft zur Gewährleistung der Transparenz der Arbeit der Gemeinschaftsorgane." (unter „Maßnahmen", 1. Absatz); die Mitteilung *Transparenz in der Gemeinschaft* (Anm. 142): „Nach Auffassung der Kommission ist ihre Kommunikationspolitik eng mit der Verwirklichung der Transparenz verbunden." (Einleitung); der *Verhaltenskodex* (Anm. 142): „Gestützt auf die Erklärung zum Recht auf Zugang zu Informationen in der Schlußakte des Vertrages über die Europäische Union, in der hervorgehoben wird, daß die Transparenz des Beschlußverfahrens den demokratischen Charakter der Organe und das Vertrauen der Öffentlichkeit in die Verwaltung stärkt" (1. Begründungserwägung) sowie die Mitteilung zur *Zusammenarbeit der Verwaltungen* (Anm. 142), a.a.O. Siehe weiterhin das Urteil des EuG *Carvel und Guardian Newspapers* (Anm. 145), welches ebenfalls auf die Unverbindlichkeit der meisten Mitteilungen verweist und dann konkret lediglich den verbindlichen Beschluß des Rates über den Dokumentenzugang als Rechtsgrundlage anwendet, ohne weitere Ausführungen zu eventuellen Rechtsfolgen aus einem allgemeinen Transparenzgebot (a.a.O., Rn. 62 ff.).

stellung einer interadministrativen Transparenz der mitgliedstaatlichen Verwaltungsstrukturen[150] sowie hinsichtlich des Zugangs der Gemeinschaftsbürger zu den Verwaltungsunterlagen.[151] Die Gemeinschaftsbürger selbst haben im Zuge des *Amsterdamer Vertrages* ein primärrechtlich verankertes Recht zum Zugang zu den Dokumenten des Europäischen Parlaments, des Rates und der Kommission erhalten (Art. 255 EGV n.F.). Art. 255 EGV spricht jedoch nicht von einem allgemeinen, grenzenlosen „Transparenzprinzip". Auch die Verordnung Nr. 1049/2001 erwähnt das „Prinzip der Transparenz" lediglich in seiner Begründung, verankert dieses jedoch nicht *per se* als rechtlich bindenden, übergreifenden Grundsatz.

Offen ist, welchen *Verpflichtungsgehalt* ein verbindliches Gebot der Transparenz haben müßte, um überhaupt einen rechtlich relevanten Faktor darzustellen. Ein verbindliches Gebot der Transparenz müßte besagen, daß i.d.R. Informationen – je nach Umfang nur im interadministrativen Verhältnis oder auch im Außenverhältnis – offen zu legen sind. Ein solches allgemeines Gebot kann *schon für das interadministrative Verhältnis weder aus Art. 10 EGV noch aus einer potentiellen Amtshilfepflicht* entnommen werden.[152] Aus Art. 10 EGV fließen i.V.m. anderen Vorschriften des Gemeinschaftsrechts spezielle administrative Informationspflichten, kein unspezifisches allgemeines Transparenzgebot. Ohne rechtliche Verankerung im primären oder sekundären Gemeinschaftsrecht kann von einem solchen Gebot aufgrund des auch für den Bereich der Informationsverwaltung geltenden Grundsatzes der begrenzten Einzelermächtigung nicht ausgegangen werden.[153]

Eine zusammenfassende Schau der konkreten Einzelpflichten von Mitgliedstaaten und Gemeinschaftsorganen zur Offenlegung von Informationen im Sinne der oben vorgenommenen Bestandsaufnahme belegt noch nicht das Bestehen eines – interadministrativen – Transparenzgebotes. Im Gegenteil, sie besagt vielmehr, daß ein solches generelles Rechtsgebot gerade noch nicht besteht und daher die Festschreibung einzelner rechtsverbindlicher Informationsverfahren erforderlich ist. Solche Informationsverfahren legen nicht nur Pflichten zur Offenle-

---

150 Siehe oben, Teil 2 Kap. 2 B.III.2.

151 Siehe die Beschlüsse der Organe der Europäischen Gemeinschaften zum Zugang der Öffentlichkeit zu den Dokumenten (oben bei Anm. 142) sowie das Urteil des EuG *Carvel und Guardian Newspapers* (Anm. 145).

152 Dazu oben, Teil 3 Kap. 2 und Kap. 3 A.

153 Dazu oben, Teil 3 Kap. 1 A.

gung von Informationen fest, sondern enthalten implizit auch immer gleichzeitig die Grenzen solcher Informationspflichten. Grenzen bestehen auch beim Zugang der Öffentlichkeit zu den Verwaltungsdokumenten. Dort sind sie meist in ausdrücklichen, *weit gefaßten Geheimhaltungsvorschriften* enthalten.[154] Die Beschlüsse der Gemeinschaftsorgane begrenzen das Zugangsrecht zudem i.d.R. auf Dokumente, die von dem jeweiligen Gemeinschaftsorgan selbst erstellt wurden, also unter Ausschluß aller – unverarbeiteten – Dokumente der Mitgliedstaaten und der jeweiligen anderen Gemeinschaftsorgane.[155] Ist der Auslösungstatbestand nicht erfüllt oder liegt ein Verweigerungsrecht wegen Betroffenheit schutzbedürftiger Informationen vor, besteht gerade keine Pflicht zur „Transparenz", d.h. zur Offenlegung von Informationen. Dies wird besonders deutlich in der *Seveso-II-Richtlinie*. Art. 20 der Richtlinie gewährt unter der Überschrift „Vertraulichkeit" zunächst „im Interesse der Transparenz" ein allgemeines Informationszugangsrecht, um dann eine weitreichende Liste mit Gründen für eine

---

[154] Siehe die Geheimhaltungsvorschriften der Verordnung Nr. 1049/2001 (Art. 4, Anm. 143) sowie bereits vorher der Beschlüsse der Gemeinschaftsorgane (oben, Anm. 142), welche den Zugang u.a. bei Dokumenten zu Inspektionstätigkeiten, zum Schutz der Privatsphäre und von Geschäftsgeheimnissen sowie zur Wahrung der Vertraulichkeit, wenn dies von der natürlichen oder juristischen Person, die die Informationen zur Verfügung gestellt hat, beantragt wurde oder aufgrund von Rechtsvorschriften des Mitgliedstaates, der die Informationen bereitgestellt hat, erforderlich ist, ausschließen. Siehe auch Art. 255 Abs. 2 EGV. Geheimhaltungsvorschriften sind als Ausnahme von dem Recht auf Zugang allerdings eng auszulegen. Hierzu u.a. EuG, Urteil vom 7.12.1999, Rs. T-92/98 (*Interporc/Kommission*) „Interporc II", Slg. 1999, S. II-3521 (3540 ff., Rn. 38 ff.) sowie Urteil des EuGH vom 11.1.2000, verb. Rs. C-174/98 P und C-189/98 P (*Niederlande und van der Wal/Kommission*), Slg. 2000, S. I-1 (64, Rn. 27), dort auch zum Anwendungsbereich der Geheimhaltungsvorschriften aus dem Beschluß 94/90 (Anm. 142) in Abgrenzung zu nationalen Vorschriften (63 ff., Rn. 24 ff.) (nunmehr abweichend geregelt in Art. 2 Abs. 3 und Art. 5 der Verordnung Nr. 1049/2001, a.a.O.).

[155] Für solche gelten dann wiederum die mitgliedstaatlichen Vorschriften, hinsichtlich des Umweltbereichs die *Umweltinformationsrichtlinie* 90/313/EG (Anm. 141) und ihre jeweiligen nationalen Umsetzungsnormen. Anträge auf Einsicht in solche Dokumente werden ggf. an die zuständigen Stellen weitergeleitet (siehe Anhang II Nr. 5 der Mitteilung *Transparenz in der Gemeinschaft*, [Anm. 142]). Weiterhin umfaßt das Zugangsrecht kein Recht auf Datenerhebung, es beschränkt sich also auf den Zugang zu bereits vorhandenen Dokumenten (so ausdrücklich die Mitteilung *Zugang der Öffentlichkeit zu Dokumenten*, [Anm. 142], Anhang, 2.2.).

vertrauliche Behandlung von Informationen aufzuführen, u.a. zur Vertraulichkeit der Beratungen der zuständigen Behörden und der Kommission, der Vertraulichkeit der internationalen Beziehungen, zum Schutze der öffentlichen Sicherheit, des Untersuchungsgeheimnisses, der Geschäfts- und Industriegeheimnisse und des Informantengeheimnisses.[156] Im politischen Prozeß der Zielbestimmung kann zwar auf ein Gebot der Transparenz im Sinne eines *moralisch-politischen Argumentes* Bezug genommen oder dieses als *deskriptiver Sammelbegriff* für die derzeit bestehenden Regelungen und Bemühungen der Gemeinschaftsorgane eingesetzt werden.[157] Rechtliche Verbindlichkeit im Sinne eines grenzenlosen, d.h. jederzeit und jedem zustehenden Informationszugangsrechtes besitzt es aber nicht.

2. Informationsverweigerungsrecht der Mitgliedstaaten

Die Mitgliedstaaten können nach Art. 296 Abs. 1 *lit.* a EGV (ex Art. 223) die Preisgabe von Informationen verweigern, wenn diese ihres Erachtens nach wesentlichen Sicherheitsinteressen widersprechen würde.[158] Ausdrücklich bezieht sich Art. 296 EGV lediglich auf *Auskünfte* der Mitgliedstaaten. Eine am Schutzzweck orientierte Auslegung erfaßt aber Informationspflichten jeder Art, d.h. einschließlich der Weitergabe von Informationen im Rahmen von Unterrichtungs-, Berichts- oder Konsultationspflichten. Eine Unterscheidung nach dem Informationsverfahren würde dem Schutzzweck widersprechen und auch keinen Sinn machen, denn der Schutzzweck knüpft an den Informations*gegenstand*, nicht an das Informations*verfahren* an.

---

[156] Richtlinie 96/82/EG (Anm. 88).

[157] Vgl. z.B. die Mitteilung *Zugang der Öffentlichkeit zu Dokumenten* (Anm. 142), welche unter der Auflistung zu den „gegenwärtigen Vorschriften betreffend die Transparenz der Verwaltung" u.a. Art. 214 (Wahrung des Berufsgeheimnisses [jetzt Art. 287]), Art. 223 (Sicherheitsinteressen [jetzt Art. 296]), Art. 191 (Veröffentlichung von Rechtsakten [jetzt Art. 254]) und Art. 190 EGV (Begründungspflicht [jetzt Art. 253]) aufführt (Anhang, 2.4.). Vgl. auch die Mitteilung *Transparenz in der Gemeinschaft* (Anm. 142), die in Anhang I als Maßnahmen im Bereich der Transparenz insbesondere die Veröffentlichungspolitik der Gemeinschaft nennt.

[158] Dazu bereits *Hanebuth* (Anm. 1), .146 ff., der „wesentliche Sicherheitsinteressen" nur im Bereich der militärischen Sicherheit ansiedelt.

Die Informationspreisgabe kann dagegen nicht wegen der Gefahr einer Selbstbezichtigung verweigert werden. Der *nemo tenetur* Grundsatz gilt im Rahmen des Gemeinschaftsrechts noch nicht einmal für Privatpersonen.[159] Im Gegenteil, die Mitgliedstaaten unterliegen gerade bei gegen sie gerichteten Ermittlungen im Rahmen des Voruntersuchungsverfahrens zu einer Vertragsverletzungsklage nach der Rechtsprechung des Gerichtshofs einer generellen Auskunftspflicht.[160] Das Vorliegen der Voraussetzungen des Art. 296 Abs. 1 *lit.* a EGV ist – entgegen der scheinbar anders lautenden Formulierung – justiziabel.[161] Die gerichtliche Nachprüfung unterliegt allerdings speziellen Verfahrensvoraussetzungen, welche in Art. 298 EGV (ex Art. 225) festgelegt sind. Insbesondere ist ein Mißbrauch des Art. 296 EGV erforderlich, ein einfaches Nichtvorliegen wesentlicher Sicherheitsinteressen genügt nicht. Der Mißbrauch einer Vorschrift erfordert ein subjektives, voluntatives Element. Das gerichtliche Verfahren findet konsequenterweise unter Ausschluß der Öffentlichkeit statt.

Art. 296 Abs. 1 *lit.* a EGV enthält nicht nur ein subjektives Verweigerungsrecht, sondern auch ein *objektives Gestaltungselement.* Das (sekundäre) Gemeinschaftsrecht muß so beschaffen sein, daß den Mitgliedstaaten die Möglichkeit verbleibt, das Vorliegen eines Verweigerungsgrundes im konkreten Fall (zentral) zu prüfen. Das heißt insbesondere, daß die Schaffung innerstaatlicher Strukturen und Verfahren, welche gewährleisten sollen, daß entsprechende Informationsersuchen von der innerstaatlich zuständigen Stelle geprüft werden, gemeinschaftsrechtskonform ist.[162] Die damit verbundenen Verzögerungen müssen i.d.R. in Kauf genommen werden, es sei denn, sie konterkarieren das Informationsverfahren derart, daß sie einen Mißbrauch des

---

[159] Dazu unten, D.II.2.

[160] Siehe oben, Teil 3 Kap. 2 B.I.

[161] Dies bestätigt der Gerichtshof indirekt im *Wanderungspolitikurteil* (Urteil vom 9.7.1987, verb. Rs. 281, 283 bis 285 und 287/85, *Deutschland, Frankreich, Niederlande, Dänemark, Vereinigtes Königreich/Kommission*, „Wanderungspolitik“, Slg. 1987, 3203 ff.; dazu ausführlich oben, Teil 4 Kap. 2 C.II.2.a.). Er wies hier das Argument Frankreichs zurück, der Bereich der Ausländerpolitik berühre Fragen der öffentlichen Sicherheit, die unter die ausschließliche Zuständigkeit der Mitgliedstaaten fielen und deshalb nicht Bestandteil eines gemeinschaftsrechtlich geregelten Informationsaustauschs sein dürften (Urteilsgründe, 3253, Rn. 25). Frankreich hatte sich in der Verhandlung auf Art. 223 Abs. 1 *lit.* a EGV [a.F.] berufen (siehe Schlußanträge des Generalanwalts, 3233, Nr. 10).

[162] Siehe dazu auch oben, Teil 4 Kap. 1 C.II.

Art. 296 EGV darstellen würden. Dies wäre z.B. bei unverzüglich zu erfolgenden Warnungen der Fall, denen der *effet utile* durch innerbehördliche Rücksprachen i.d.R. faktisch genommen würde. Unter Umständen kann und muß das Gemeinschaftsrecht den Mitgliedstaaten die Möglichkeit einräumen, eine entsprechend entscheidungsbefugte zentrale Stelle von den Mitgliedstaaten zur Erfüllung der Informationspflicht einzurichten.[163]

V. Rechtliches Gehör

Die Gewährung rechtlichen Gehörs ist Bestandteil der Verteidigungsrechte und gehört als fundamentaler Grundsatz zu den Allgemeinen Rechtsgrundsätzen des Gemeinschaftsrechts.[164] Es wurde vom EuGH auch jüngst mit einem Verweis auf Art. 6 Abs. 1 der EMRK i.V.m. Art. 6 Abs. 2 EUV gestützt.[165] Rechtliches Gehör dient dem Rechtsschutz der Betroffenen sowie einer vereinfachten gerichtlichen Kontrolle der entsprechenden Entscheidung. Die Gewährung rechtlichen Gehörs beinhaltet Informationspflichten und -rechte und kommt damit zudem der Sachverhaltsermittlung zugute.[166]

Diskutiert und angewandt wird der Grundsatz rechtlichen Gehörs vornehmlich im Hinblick auf Unternehmen und Privatpersonen, die unmittelbar von Rechtsakten der Gemeinschaft betroffen sind. Schon 1963 erwog der Gerichtshof die Anwendung dieses Rechtsgrundsatzes auch auf Mitgliedstaaten.[167] Die Frage, „inwieweit eine derartige Anhörung

---

[163] So im Gemeinschaftsrecht selbst z.T. als „nationale Kontaktstelle“ oder „innerstaatliche Anlaufstelle“ vorgesehen (siehe oben, Teil 2 B.IV.3.).

[164] EuGH *Hoechst* (Anm. 35), 2923 (Rn. 14); siehe auch Urteil *Orkem* (Anm. 67), 3351 (Rn. 33); Urteil vom 27.6.1991, Rs. C-49/88 (*Al Jubail Fertilizer/Rat*), Slg. 1991, S. I-3187 (3241, Rn. 15). Aus der Literatur *Zuleeg*, Europäisches Verwaltungsrecht (Anm. 8), 171; *Gornig/Trüe*, Teil 1 (Anm. 8), 886; *Sedemund* (Anm. 12), 47 f.; *Arnold* (Anm. 1), 24 ff.; *Weber* (Anm. 8), 79 ff., jeweils mit weiteren Verweisen. Zum rechtlichen Gehör im Rahmen von Auskunftsersuchen ausführlich *Hanebuth* (Anm. 1), 363 ff.

[165] EuGH, Urteil vom 4.2.2000, Rs. C-17/98 (*Emesa Sugar NV/Aruba*), Slg. 2000, S. I-665 (669 f., Rn. 4, 8 f.).

[166] Ähnlich *Sedemund* (Anm. 12), 50; siehe auch *Neßler*, Europäisches Richtlinienrecht wandelt deutsches Verwaltungsrecht, 1994, 59 f.

[167] EuGH, Urteil vom 17.7.1963, Rs.13/63 (*Italien/Kommission*) „Schutzmaßnahmen“, Slg. 1963, 357 (378).

geboten sein kann" ließ er jedoch unentschieden, da nach dem Sachverhalt dem betroffenen Mitgliedstaat die Gelegenheit zur Stellungnahme gegeben worden war, ohne daß er diese wahrgenommen hätte. In einem jüngeren *Beihilfenurteil* hat der Gerichtshof die Anwendung des Grundsatzes auf die Mitgliedstaaten bestätigt. Vor der Entscheidung über von der Kommission zu treffende Sicherungsmaßnahmen im Rahmen des Beihilfenverfahrens ist den Mitgliedstaaten Gelegenheit zur Stellungnahme zu geben, es ist ihnen mithin rechtliches Gehör zu gewähren.[168] Dabei handele es sich um einen fundamentalen Grundsatz des Gemeinschaftsrechts in allen Verfahren, die zu einer den Betroffenen beschwerenden Maßnahme führen können. Er gilt auch dann, wenn eine besondere Regelung fehlt. Dem betroffenen Mitgliedstaat ist daher Gelegenheit zu geben, zu Unterlagen und Äußerungen Dritter Stellung zu nehmen, auf die die Kommission ihre Entscheidung stützen will.[169] Ist dies nicht geschehen, dürfen solche Äußerungen bei der Entscheidung nicht berücksichtigt werden.[170]

Ein Anspruch auf rechtliches Gehör besteht bei Verwaltungsverfahren vor dem Erlaß von *beschwerenden Maßnahmen*.[171] Dabei handelt es sich v.a. um Entscheidungen, die sanktionsbewehrt[172] oder schlicht auf die Feststellung einer Rechtswidrigkeit gerichtet sind.[173] Rechtliches Gehör ist daher auch im (Vor-) Untersuchungsverfahren zu gewähren, wenn dieses Gebot ansonsten in nicht wiedergutzumachender Weise

---

[168] EuGH, Urteil vom 14.2.1990, Rs. C-301/87 (*Frankreich/Kommission*) „Staatliche Beihilfen", Slg. 1990, S. I-307 (358, Rn. 29).

[169] EuGH, „Staatliche Beihilfen", a.a.O., 359 (Rn. 30). Explizit bejahend zugunsten der Mitgliedstaaten auch *Pernice* in: *Grabitz/Hilf*, Art. 164 [a.F.], Rn. 82; *Bleckmann*, Art. 5 EWG-Vertrag (Anm. 14), 487 und *Weber* (Anm. 8), 81. Vgl. *Lohmann* (Anm. 1), 96 f., der diesen Grundsatz im Rahmen internationaler Atomenergie-Kontrollen ebenfalls – ohne weitere Diskussion – auf die betroffenen Staaten anwendet, denen „jede vertretbare Gelegenheit zum Gegenbeweis" zu geben ist.

[170] Siehe nur *Schwarze*, Administrative Law (Anm. 1), 1242 mit weiteren Verweisen.

[171] Siehe nur EuGH *Windpark Groothusen* (Anm. 36), 2911 f. (Rn. 47). Aus der Literatur u.a. *Arnold* (Anm. 1), 24 mit weiteren Verweisen sowie *Weber* (Anm. 8), 80 f.

[172] EuGH *Hoechst* (Anm. 35), 2923 (Rn. 14 f.); Urteil *Orkem* (Anm. 67), 3351 (Rn. 33).

[173] EuGH, Urteil vom 26.6.1980, Rs. 136/79 (*National Panasonic/Kommission*), Slg. 1980, 2033 (2058, Rn. 21).

beeinträchtigt werden würde.[174] Das Voruntersuchungsverfahren dient der Sachverhaltsaufklärung und zeichnet sich durch Untersuchungsbefugnisse der Kommission aus. Es ist der Einleitung eines streitigen Verfahrens vorgelagert.[175] Dabei muß es sich um ein Verfahren handeln, welches nachteilige Auswirkungen auf die Betroffenen haben kann.[176] Der Betroffene muß dann zumindest vor dem Erlaß einer abschließenden Entscheidung gehört werden, nicht dagegen vor jeder einzelnen Untersuchungsmaßnahme, sofern das Sekundärrecht nichts Gegenteiliges vorsieht.[177]

1. Verfahren

Rechtliches Gehör wird dadurch gewährt, daß dem Betroffenen *Gelegenheit zur Stellungnahme* gegeben wird.[178] Diese kann mündlich oder schriftlich erfolgen. Ein spezielles Verfahren schreibt der Allgemeine Rechtsgrundsatz nicht vor, sondern überläßt es den Gemeinschaftsorganen zur weiteren Regelung.[179] Der Ermessensspielraum der Gemeinschaftsorgane findet dort seine Grenze, wo eine effektive Anhörung eine bestimmte Ausgestaltung des Verfahrens erfordert. Sie darf nicht durch die Verfahrensmodalitäten unmöglich gemacht werden. Eine An-

---

[174] EuGH *Orkem* (Anm. 67), 3351 (Rn. 33).

[175] EuGH *Orkem*, a.a.O., 3349 (Rn. 20 ff.).

[176] EuGH *Al Jubail Fertilizer* (Anm. 164), 3241 (Rn. 15).

[177] Der EuGH lehnte z.B. im Urteil *National Panasonic* den Anspruch auf Gewährung rechtlichen Gehörs vor der Anordnung einer Nachprüfung gemäß Art. 14 der *Kartellverordnung* ab, da eine solche Nachprüfung „nur" ermöglichen solle, die Sachlage zu ermitteln (Anm. 173, *ibid.*). Rechtliches Gehör muß aber vor einer – belastenden – verfahrensabschließenden Entscheidung gewährt werden.

[178] EuGH, Urteil vom 13.7.1966, verb. Rs. 56 und 58/64 (*Consten GmbH und Grundig Verkaufs GmbH/Kommission*), Slg. 1966, 322 (385 f.). Siehe auch *Gornig/Trüe*, Teil 1 (Anm. 8), 886; *Pernice* in: *Grabitz/Hilf*, Art. 164 [a.F.], Rn. 82 ff. sowie *Arnold* (Anm. 1), 24 f. mit weiteren Verweisen.

[179] Vgl. Urteil *VBVB und VBBB* (Anm. 35), 57 (Rn. 18). Siehe z.B. die *Verordnung* Nr. 99/63/EWG vom 25.7.1963 *über die Anhörung nach Art. 19 Absätze (1) und (2) der Verordnung Nr. 17 des Rates* (Abl. Nr. 127 vom 20.8.1963, 2268).

hörung kann auch durch Beauftragte der Kommission erfolgen.[180] Bei einer Beauftragung ist sicherzustellen, daß eine ordnungsgemäße Bevollmächtigung erfolgt ist und daß die Stellungnahme des Betroffenen tatsächlich in die Entscheidung einfließt. Kontrolliert werden kann dies durch die Begründung der Entscheidung, in der die wesentlichen Tatsachen – einschließlich der sich aus der Anhörung ergebenden – angegeben sein müssen. Wann eine Anhörung „effektiv" ist, kann in Abhängigkeit von der Person des Anzuhörenden differieren. Die vorliegenden Anforderungen sind größtenteils im Hinblick auf Unternehmen entwickelt worden und im konkreten Einzelfall möglicherweise nicht auf Mitgliedstaaten zu übertragen. Insbesondere können bei Mitgliedstaaten Anhörungen auch im Rahmen von *Ausschußsitzungen* erfolgen.

Die Stellungnahme der Betroffenen setzt die *Kenntnis des Sachverhalts* voraus.[181] Zur Wahrung des rechtlichen Gehörs sind die Betroffenen daher über den Gegenstand der Untersuchung und die wesentlichen Tatsachen, auf die die Kommission ihre Entscheidung stützen möchte, zu informieren.[182] Es ist dagegen nicht erforderlich, den Betroffenen sämtliche Unterlagen mitzuteilen. Bei Erfüllung dieser Informationspflicht müssen die Gemeinschaftsorgane mit der notwendigen Sorgfalt handeln – sie müssen sich bemühen, den Betroffenen die zur Wahrung ihrer Interessen erforderlichen Angaben zu machen und dafür eine geeignete Form der Mitteilung wählen.[183] Mit den Worten des EuGH müssen die Betroffenen „im Laufe des Verwaltungsverfahrens in die Lage versetzt werden, ihren Standpunkt zur Richtigkeit und Erheblichkeit der behaupteten Tatsachen sowie zu den Beweisen, auf die die

---

[180] So der Gerichtshof für die Anhörung im Rahmen des Kartellverfahrens (*VBVB und VBBB*, a.a.O., 57 [Rn. 16]).

[181] So u.a. auch *Gassner*, Rechtsgrundlagen und Verfahrensgrundsätze des Europäischen Verwaltungsverfahrensrechts, DVBl. 1995, 16 (19).

[182] EuGH *Consten und Grundig* (Anm. 178), 386; *Landewyck* (Anm. 194), 3237 (Rn. 39); *Al Jubail Fertilizer* (Anm. 164), 3241 (Rn. 17). Vgl. Art. 2 Abs. 1 der *Anhörungsverordnung* (Anm. 179) der Kommission, wonach diese den Unternehmen die in Betracht kommenden Beschwerdepunkte schriftlich mitzuteilen hat. Eingehend *Due*, Verfahrensrechte der Unternehmen in Wettbewerbsverfahren vor der EG-Kommission, EuR 1988, 33 (35 ff.).

[183] EuGH *Al Jubail Fertilizer*, *ibid*. Das EuG spricht in diesem Zusammenhang auch vom „Grundsatz der Waffengleichheit" (Urteil vom 29.6.1995, Rs. T-30/91, *Solvay/Kommission*, Slg. 1995, S. II-1775 [1818, Rn. 101]). Im Sinne eines „Bemühens" auch *Gassner*, der als Grenze des Rechtes auf rechtliches Gehör die Leistungsfähigkeit der Verwaltung nennt (Anm. 181, 19).

Kommission ihren Vorwurf (...) stützt, sachgerecht zu vertreten".[184] Die Kommission trägt hierfür die Beweislast. Bindet der betroffene Rechtsakt die Auskunft oder die Einsichtnahme in die Unterlagen an einen vorherigen Antrag des Betroffenen, muß dieser zumindest über die Tatsache der Einleitung eines Untersuchungsverfahrens unterrichtet werden.[185]

Das rechtliche Gehör steht in einem engen Zusammenhang mit der *Akteneinsicht* durch den Betroffenen.[186] Um eine effektive Verteidigung der Betroffenen zu gewährleisten, wird in der Literatur z.T. ein umfassendes Akteneinsichtsrecht dieser Personen gefordert.[187] Der Gerichtshof hat die Ableitung eines solchen generellen Akteneinsichtsrechts aus dem Grundsatz des rechtlichen Gehörs bislang abgelehnt. Die Betroffenen müssen nur in „zweckdienlicher Weise" ihren Standpunkt zu den entscheidungserheblichen Unterlagen geltend machen können.[188] Die Gewährung rechtlichen Gehörs erfordert zwar auch, daß die Betroffenen sich zu *allen* Unterlagen äußern können, auf die die Kommission ihre Entscheidung stützen möchte, einschließlich der Unterlagen dritter Personen oder Unternehmen.[189] Ist eine solche Offenlegung aber wegen des Geschäftsgeheimnisses eines anderen Unternehmens nicht möglich, dürfen die entsprechenden Unterlagen von der Kommission nicht als Beweismittel verwendet werden.[190] Manche Rechtsakte der Gemein-

---

[184] EuGH *Al Jubail Fertilizer, ibid.*

[185] A.a.O., 3241 f. (Rn. 17 ff.).

[186] Siehe nur *Sedemund* (Anm. 12), 48 ff.; *Arnold* (Anm. 1), 25 f.; *Pernice* in: *Grabitz/Hilf*, Art. 164 [a.F.], Rn. 85 und *Gassner* (Anm. 181), 20 f. *Gassner* unterscheidet zwischen einem *verfahrensakzessorischen* und einem *verfahrenskonstituierenden* Akteneinsichtsrecht (a.a.O., 20 f.). Das verfahrensakzessorische Recht dient der Rechtsverteidigung und ist ein „notwendiges Korrelat des rechtlichen Gehörs" (*ibid.*). Verfahrenskonstituierend ist z.B. das Akteneinsichtsrecht nach der *Umweltinformationsrichtlinie*.

[187] Weitgehend in diesem Sinne *Hix*, Das Recht auf Akteneinsicht im europäischen Wirtschaftsverwaltungsrecht, 1992; siehe auch *Sedemund*, *ibid.* und *Arnold*, *ibid.* Ablehnend *Due* (Anm. 182), 39 f.

[188] EuGH *VBVB und VBBB* (Anm. 35), 59 (Rn. 25); aus der Literatur siehe *Sedemund*, a.a.O., 49 f.; *Arnold*, a.a.O., 29 ff.

[189] EuGH, Urteil vom 25.10.1983, Rs. 107/82 (*AEG/Kommission*), Slg. 1983, 3151 (3192, Rn. 24).

[190] *Ibid.* Siehe auch Art. 4 der *Anhörungsverordnung* (Anm. 179) sowie *Sedemund* (Anm. 12), 52; *Weber* (Anm. 8), 80; *Due* (Anm. 182), 37 f.; *Stettner* in: *Dauses* (Anm. 14), Rn. 65 und *Hummer* in: *Grabitz/Hilf*, Art. 214 EGV [a.F.],

schaft sehen dazu ein bestimmtes Verfahren vor, wie z.B. die *Antidumpingverordnung*. Sie bestimmt, daß eine *nicht vertrauliche Zusammenfassung* von den vertraulichen Unterlagen zu erstellen ist, in welche dann Einsicht gewährt werden kann.[191]

Rechtsfolge der Nichtgewährung rechtlichen Gehörs ist die *Nichtigkeit* der betroffenen Endentscheidung. Bei diesem Rechtsgrundsatz handelt es sich um eine wesentliche Formvorschrift im Sinne des Art. 230 EGV (ex Art. 173).[192] Die fehlende Unterrichtung über den entscheidungserheblichen Sachverhalt und die der Kommission vorliegenden Informationen zieht die Nichtigkeit ihrer eigenen Entscheidung nach sich. Dies gilt jedoch nicht, wenn der fragliche Sachverhalt auch durch andere Beweismittel nachgewiesen werden kann, über die der Betroffene unterrichtet und angehört worden ist, d.h., wenn die verwerteten Informationen nicht entscheidungserheblich waren und das Verfahrensergebnis kein anderes gewesen wäre.[193] Nichtig ist die Entscheidung der Kommission daher erst, wenn das Verfahren ohne die Verletzung des rechtlichen Gehörs zu einem anderen Ergebnis hätte führen können.[194] Dies ist nicht der Fall, wenn die Informationen der Kommission dem

---

Rn. 18 mit weiteren Rechtsprechungsverweisen. Zum Vorrang der Vertraulichkeit bei der Gefahr von Vergeltungsmaßnahmen s. EuGH, Urteil vom 6.4.1995, Rs. C-310/93 P (*BPB Industries und British Gypsum/Kommission*), EuZW 1995, 445 (447).

[191] Art. 19 Abs. 2 der Verordnung Nr.384/96 (Anm. 103). Ebenso die *Antisubventionsverordnung*, Art. 20 (Anm. 103).

[192] Siehe nur das Urteil *Roquettes Frères* (Anm. 41), 3360 (Rn. 33) sowie *Stettner* in: *Dauses* (Anm. 14), Rn. 66.

[193] EuGH *AEG* (Anm. 189), 3193 (Rn. 30); siehe auch *Sedemund* (Anm. 12), 54; *Due* (Anm. 182), 37 f.; *Pernice* in: *Grabitz/Hilf* (Anm. 66), Vorbemerkung, Rn. 30 ff. und *Arnold* (Anm. 1), 32 mit weiteren Verweisen auf die Rechtsprechung, ersterer ablehnend bei Ermessensentscheidungen. Vgl. *Lenz/Erhard* (Anm. 8), 120. In der Literatur wird im Hinblick auf dieses Urteil von der Möglichkeit einer „Teilnichtigkeit" gesprochen. Soweit aus dem Urteil ersichtlich hat der Gerichtshof hier aber nicht die Entscheidung der Kommission in Teilen aufgehoben, sondern nur die fraglichen Unterlagen, die dem Unternehmen nicht mitgeteilt worden waren, als „entbehrlich" angesehen, weil die sonstigen Beweise ausreichten.

[194] EuGH, Urteil vom 29.10.1980, Rs. 209 bis 215 und 218/78 (*van Landewyck/Kommission*), Slg. 1980, 3125 (3239, Rn. 47); Rs. „Staatliche Beihilfen" (Anm. 168), Rn. 31. Siehe auch *Pernice* in: *Grabitz/Hilf*, a.a.O., Rn. 26.

betroffenen Mitgliedstaat bereits bekannt waren.[195] Außerdem kann die fehlende Anhörung ggf. im Rahmen des Gerichtsverfahrens nachgeholt und damit geheilt werden.[196] Diese in der Literatur umstrittene Entscheidung des Gerichtshofes ist allerdings ein Einzelfall geblieben.[197]

2. Ergebnis

Den Mitgliedstaaten ist im Ergebnis rechtliches Gehör in Form der Möglichkeit der Stellungnahme zu entscheidungserheblichen Informationen zu gewähren. Voraussetzung ist, daß erstens ein Verwaltungsverfahren vorliegt, das zu einer beschwerenden Entscheidung führen kann. Zweitens muß das handelnde Gemeinschaftsorgan über Informationen verfügen, welche dem betroffenen Mitgliedstaat nicht bekannt sind, insbesondere weil er sie nicht unmittelbar selbst mitgeteilt hat. Drittens müssen die Informationen für das Gemeinschaftsorgan entscheidungserheblich sein. Schließlich muß das Verwaltungsverfahren noch ergebnisoffen sein – der Kommission muß ein Entscheidungsspielraum zukommen, der durch die sonstigen Umstände noch nicht auf die Auswahl einer Alternative reduziert ist. Rechtliches Gehör ist nicht nur ein Mittel des Rechtsschutzes, sondern bringt selbst Informationszugangsrechte und -pflichten mit sich. Es dient mittelbar einer Erweiterung der Informationsbasis der Kommission[198] und setzt dafür wiederum die Unterrichtung und den Informationszugang der betroffenen Person voraus. Die Gewährung rechtlichen Gehörs stellt somit selbst ein komplexes Informationsverfahren dar.

---

[195] EuGH, „Staatliche Beihilfen", *ibid.*

[196] EuGH, Urteil vom 13.2.1979, Rs. 85/76 (*Hoffmann-La Roche/Kommission*), Slg. 1979, 461 (513, Rn. 15). Der Gerichtshof fügt jedoch ausdrücklich hinzu: „..., es sei denn, der Anspruch auf rechtliches Gehör bleibe trotz der späten Heilung verletzt" (*ibid.*). Siehe auch *Stettner* in: *Dauses* (Anm. 14), Rn. 66.

[197] Siehe nur *Arnold* (Anm. 1), 32 mit weiteren Verweisen; *Sedemund* (Anm. 12), 52 f. und *Due* (Anm. 182), 37 f. Anerkannt ist dagegen eine Nachholung im laufenden Verwaltungsverfahren selbst, solange der Verteidigungszweck noch erreicht werden kann (*Arnold*, *ibid.*).

[198] In diesem Sinne auch der EuGH im Urteil vom 12.7.1973, Rs. 70/72 (*Kommission/Deutschland*), Slg. 1973, 813 (830, Rn. 19).

C. *Rechtspositionen betroffener Privatpersonen und Unternehmen*

Die Rechtspositionen mittelbar betroffener Privatpersonen und Unternehmen umfassen im Wesentlichen die vornehmlich im Rahmen des europäischen Kartellverfahrens entwickelten *Verteidigungsrechte*. Sie gelten unmittelbar für das externe wie interne Eigenverwaltungsrecht der Gemeinschaft, können aber im Rahmen der oben dargestellten Dogmatik auch die Mitgliedstaaten bei der Durchführung des Gemeinschaftsrechts binden.[199] Mit dem Rang von auf der Primärrechtsebene verankerten Allgemeinen Rechtsgrundsätzen sind sie von den Gemeinschaftsorganen bereits bei der Gestaltung des Sekundärrechts zu beachten. Insofern hat die Gemeinschaft *de lege ferenda* darauf zu achten, daß bereits im von den Mitgliedstaaten zu vollziehenden Sekundärrecht diese Rechtspositionen gewahrt werden.

I. Gesetzesvorbehalt, Verhältnismäßigkeit und rechtliches Gehör

Entscheidungen, die Unternehmen und Privatpersonen belasten, müssen auf einer hinreichend ausdrücklichen und bestimmten Rechtsgrundlage beruhen.[200] Darunter fällt auch jede Art von Informations-

---

[199] Siehe oben, A.II.

[200] Allgemein zum Grundsatz der Gesetzmäßigkeit der Verwaltung im Gemeinschaftsrecht EuGH, Urteil vom 22.3.1961, Rs. 42 und 49/59 (*SNUPAT/Hohe Behörde*), Slg. 1961, 109 (172); Urteil *Deutsche Milchkontor* (Anm. 16), 2669 (Rn. 30) sowie jüngst das Urteil *Rombi und Arkopharma* (Anm. 14), Rn. 66. Aus der Literatur ausführlich *Triantafyllou*, Vom Vertrags- zum Gesetzesvorbehalt: Beitrag zum positiven Rechtmäßigkeitsprinzip in der EG, 1996, 110 ff., 152 ff., 304 ff.; bereits *Lecheler*, Die allgemeinen Rechtsgrundsätze in der Rechtsprechung des Europäischen Gerichtshofes, 1967, 22 ff.; siehe auch *Kraußer* (Anm. 52), 27 f. und 87 ff.; *Schwarze* (Anm. 17), 238 f.; *Weber* (Anm. 8), 73; *Rengeling*, Europäisches Verwaltungsrecht (Anm. 3), 224; *Pernice* in: *Grabitz/Hilf*, Art. 164 [a.F.], Rn. 88; *Gornig/Trüe*, Teil 1 (Anm. 8), 890 und *Zuleeg*, Europäisches Verwaltungsrecht (Anm. 8), 171, jeweils mit weiteren Verweisen. Zum Teil wird der Gesetzesvorbehalt noch unter das Prinzip der begrenzten Einzelermächtigung subsummiert (so insbesondere *Schwarze*, a.a.O., wonach es keine Entsprechung für den Grundsatz des Vorbehaltes des Gesetzes im Gemeinschaftsrecht gebe, da es dort nicht primär um den Schutz der Individualsphäre gehe). Dennoch ist unstreitig, daß für eine individualbelastende Maßnahme eine Rechtsgrundlage erforderlich ist, insbesondere, wenn sie durch die Gemeinschaftsorgane unmittelbar, d.h. ohne Einschaltung der nationalen Gesetzgebung und/oder Verwaltung erfolgt.

beibringungspflichten einschließlich der Pflicht zur Duldung von Nachprüfungen. Insbesondere darf die Kommission Auskunftsersuchen und Nachprüfungen gegenüber Privatpersonen und Unternehmen nicht auf der Basis von Art. 284 EGV ohne zusätzlichen konkretisierenden Rechtsakt des Rates erlassen.[201] Besonders hoch sind die Anforderungen an die Befugnisnorm im Fall der Verknüpfung eines Pflichtverstoßes mit sanktionierenden Rechtsfolgen. Eine Sanktion darf, selbst wenn sie keinen strafrechtlichen Charakter besitzt, nur auf der Basis einer „klaren und unzweideutigen Rechtsgrundlage" verhängt werden.[202]

Individualbelastende Rechtsakte der Gemeinschaft müssen verhältnismäßig sein.[203] Als Allgemeiner Rechtsgrundsatz des Gemeinschaftsrechts ist der Grundsatz der Verhältnismäßigkeit zwingend zu beachten, impliziert im Rahmen der Angemessenheitsprüfung selbst aber eine Abwägung für den Einzelfall. Im Rahmen dieser Abwägung sind die Rechtspositionen der anderen Beteiligten zu beachten. Unverhältnismäßig können z.B. bestimmte Grenzkontrollen im Rahmen des zwischenstaatlichen Warenverkehrs sein, wenn sie durch eine einfache horizontale Verwaltungskooperation ohne größere Belastungen für die Behörden vermieden werden können.[204] Zur Notwendigkeit eines konkreten Anfangsverdachtes, dem Ermessen der Kommission und der Stufenfolge der Informationspflichten gilt das oben Gesagte.[205]

Wie oben dargestellt gehört die Gewährung rechtlichen Gehörs zu den Allgemeinen Grundsätzen des Gemeinschaftsrechts. Obligatorisch ist die Anhörung der von einer potentiellen Entscheidung – einschließlich der verfahrensleitenden Zwischenentscheidungen – belasteten Person.[206] Die Kommission kann die Sachverhaltsermittlung zudem durch die Anhörung von weiteren interessierten Personen betreiben und dadurch ihre Informationsbasis verbreitern. Die Auswahl dieser Personen steht

---

[201] Siehe oben, Teil 3 Kap. 1 B.II.1.

[202] EuGH, Urteil vom 25.9.1984, Rs. 117/83 (*Könecke*), Slg. 1984, 3291 (3302, Rn. 11); Urteil vom 18.11.1987, Rs. 137/85 (*Maizena/BALM*), Slg. 1987, 4587 (4607, Rn. 15). Siehe auch unten, Kap. 2 A.

[203] Zur Definition oben, C.I.

[204] Ausführlich oben, Teil 3 Kap. 2 D. Dagegen im Sinne einer Nachrangigkeit der zwischenstaatlichen Amtshilfe gegenüber eigenen Ermittlungen *Runge*, Der Informationsaustausch als zwischenstaatliche Rechts- und Amtshilfe in Steuersachen, RIW/AWD 1979, 73 (81).

[205] C.I.

[206] Siehe oben, C.V.

im Ermessen der Kommission.[207] Inwiefern auf die Anhörung solcher Personen verzichtet werden kann, bestimmt sich durch die anderweitigen Möglichkeiten, den Sachverhalt einschließlich der betroffenen Interessen hinreichend zu ermitteln.[208] Das betroffene Unternehmen muß im Rahmen der Gewährung rechtlichen Gehörs über die entscheidungserheblichen Tatsachen unterrichtet werden. Unerheblich für diese Informationspflicht ist – anders als bei der Anhörung von Mitgliedstaaten –, ob die Unterlagen aus dem betroffenen Unternehmen selbst stammen und diesem damit bekannt sind.[209] Es ist nicht Sache der Kommission, darüber zu entscheiden, ob ein bestimmtes Schriftstück für die Verteidigung dienlich sein kann oder nicht. Die Kommission muß über deren Verwendung als Beweismaterial unterrichten. Denn das Unternehmen muß wissen, welche jeweiligen Unterlagen beweiserheblich sind, um sich dazu äußern zu können. Nicht das Schriftstück als solches ist entscheidend, sondern die Schlußfolgerungen, welche die Kommission daraus zieht.[210]

II. Vertraulichkeit: Schutz von Geschäftsgeheimnissen und personenbezogenen Daten

Der Schutz von Geschäftsgeheimnissen[211] und personenbezogenen Daten gehört ebenfalls zu den Allgemeinen Rechtsgrundsätzen des Gemeinschaftsrechts.[212] Als Bestandteil des Rechts auf Privatsphäre ist der Schutz personenbezogener Daten in Art. 8 der EMRK enthalten und mit Art. K.2. des *Vertrages über die Europäische Union* für bestimmte Politikbereiche ausdrücklich in das Gemeinschaftsrecht inte-

---

[207] Vgl. das Urteil *VBVB und VBBB* (Anm. 35), 57 (Rn. 18).

[208] Vgl. *ibid.*

[209] EuGH *AEG* (Anm. 189), 3193 (Rn. 24, 26 f.).

[210] *Ibid.*

[211] Der Begriff des Geschäftsgeheimnisses wird im folgenden als Oberbegriff für Betriebs- und Geschäftsgeheimnisse verwendet.

[212] Zu personenbezogenen Daten *Mähring*, Das Recht auf informationelle Selbstbestimmung im europäischen Gemeinschaftsrecht, EuR 1991, 369 ff.; *Pernice* in: *Grabitz/Hilf*, Art. 164 [a.F.], Rn. 79 a; zum Geschäftsgeheimnis *Weber* (Anm. 8), 81 mit Verweisen auf die Rechtsprechung. Ausführlich zu Geheimhaltungspflicht im Rahmen von Auskunftsverlangen und Nachprüfungen der Gemeinschaften *Hanebuth* (Anm. 1), 173 ff.; siehe auch *Gornig/Trüe*, Teil 2 (Anm. 8), 935.

griert worden.[213] Mit der *Datenschutzrichtlinie* ist der Schutz personenbezogener Daten durch die Mitgliedstaaten bei der Anwendung von Gemeinschaftsrecht bereits 1995 sekundärrechtlich konkretisiert und nunmehr in Bezug auf die Gemeinschaftsorgane durch den *Amsterdamer Vertrag* in Art. 286 EGV n.F. primärrechtlich verankert worden.[214] Auch die *Charta der Grundrechte für die Europäische Union* von Dezember 2000 enthält das Recht auf den Schutz der personenbezogenen Daten.[215] Sie orientiert sich hierbei wiederum an der *Datenschutzrichtlinie* der Gemeinschaft. Eine umfassende, allgemeine Pflicht zur Wahrung des Amtsgeheimnisses findet sich in Art. 287 EGV (ex Art. 214). Danach sind die Mitglieder der Organe, die Mitglieder der Ausschüsse sowie die Beamten und Bediensteten der Gemeinschaft verpflichtet, auch nach Beendigung ihrer Amtstätigkeit Auskünfte, die ihrem Wesen nach unter das Berufsgeheimnis fallen, nicht preiszugeben. Diese Geheimhaltungspflicht gilt umfassend für alle in Ausübung des Amtes erlangten Informationen, nicht nur für Auskünfte i.e.S.[216] Dies gilt insbe-

---

[213] Geändert durch den *Amsterdamer Vertrag*, nunmehr Art. 6 Abs. 1 und Abs. 2 der konsolidierten Fassung des EUV.

[214] *Richtlinie* 95/46/EG vom 24.10.1995 *zum Schutz natürlicher Personen bei der Verarbeitung personenbezogener Daten und zum freien Datenverkehr* (Abl. Nr. L 281 vom 23.11.1995, 31). Sie gilt für die automatisierte Datenverarbeitung (Art. 3 Abs. 1). Ausführlich zu dieser Richtlinie *Brühann* in: *Grabitz/Hilf* II/*Wolf*, Bd. 2, 2000, A 30. Siehe auch *Bothe/Kilian*, Rechtsfragen grenzüberschreitender Datenflüsse, 1992, 392 ff. sowie *Schmidt-Aßmann*, Europäisches Verwaltungsverfahrensrecht (Anm. 21), 156 f., letzterer zur „Parallelisierung" der Standards für die Gemeinschaft und die Mitgliedstaaten. Eingehend zur Verweisungstechnik des Art. 286 EGV *Haratsch*, Verweisungstechnik und gemeinschaftsgerichtete EG-Richtlinien, EuR 2000, 42 ff.

[215] Art. 8 der *Charta* (Sonderbeilage zu NJW, EuZW, NVwZ und JuS, 2000, 7 ff.). Die *Charta* ist am 7.12.2000 vom Rat, der Kommission und dem Europäischen Parlament unterzeichnet worden, ist aber (noch) nicht verbindlicher Bestandteil des Gemeinschaftsrechts. Die Frage der Gemeinschaftskompetenz im Hinblick auf die gesamte Palette der darin enthaltenen Rechte ist noch offen (hierzu *Calliess*, Die Charta der Grundrechte der Europäischen Union – Fragen der Konzeption, Kompetenz und Verbindlichkeit, EuZW 2001, 261 ff., insbesondere 264 und 266 ff.). Siehe auch *Grabenwarter*, Die Charta der Grundrechte für die Europäische Union, DVBl. 2001, 1 ff. mit weiteren Verweisen.

[216] Siehe im einzelnen *Hummer* in: *Grabitz/Hilf*, Art. 214 EGV [a.F.], Rn. 17; *Grunwald* in: GTE, Bd. 5, 5. Aufl. 1997, Art. 214, Rn. 12 ff.; *Hix* (Anm. 187), 76 ff. sowie *Hanebuth* (Anm. 1), 176 ff. Zum Umfang der Geheimhaltungspflicht u.a. EuGH, Urteil vom 16.7.1998, Rs. C-252/97 P, *N/Kommission*, Slg. 1998, S. I-4871 (4887, Rn. 44).

sondere für Auskünfte über Unternehmen sowie deren Geschäftsbeziehungen und Kostenelemente, mithin für Betriebs- und Geschäftsgeheimnisse.

Beim Schutz von Betriebs- und Geschäftsgeheimnissen stellt sich v.a. im Rahmen des produktbezogenen Umweltschutzes die Frage, *welche Rechtsnormen* anwendbar sein sollen – die Normen des Herkunftsmitgliedstaates, die Normen des Zielstaates oder gemeinschaftseigene Vorschriften. Ausdrückliche Regelungen hierzu sind im Gemeinschaftsrecht erst in jüngerer Zeit zu finden.[217] Nach der *CITES-Verordnung* ist die Kommission z.B. ermächtigt und verpflichtet, gemeinschaftseigene Geheimhaltungsvorschriften festzulegen. Dabei hat sie sich an den Bestimmungen der *Umweltinformationsrichtlinie* 90/313/EWG zu orientieren.[218] Die neue Fassung der *Gentechnikrichtlinie* 90/219/EWG knüpft für die Beurteilung der Schutzwürdigkeit von bestimmten Informationen nunmehr ebenfalls an die in Art. 3 der Richtlinie 90/313/EWG aufgeführten Belange an, ebenso wie die *VOC-Richtlinie Lösungsmittel* im Hinblick auf die zu veröffentlichenden nationalen Durchführungsberichte und die *IVU-Richtlinie* im Hinblick auf die von den Mitgliedstaaten zu übermittelnden Emissionsdaten.[219] Im

---

[217] *Hatje* verweist auf die insoweit mangelnde Kohärenz der gemeinschaftsrechtlichen Normen (Anm. 69), 150.

[218] Art. 15 Abs. 6 der *Verordnung* (EG) Nr. 338/97 vom 9.12.1997 *über den Schutz von Exemplaren wildlebender Tier- und Pflanzenarten durch Überwachung des Handels* (Abl. Nr. L 61 vom 3.3.1997, 1) sowie Art. 3 Abs. 2 der Richtlinie 90/313/EWG (Anm. 141). Aus dem Bereich des Steuerrechts siehe u.a. Art. 9 Abs. 1 der *Verordnung* EWG Nr. 218/92 *über die Zusammenarbeit der Verwaltungsbehörden auf dem Gebiet der indirekten Besteuerung* (Abl. Nr. L 24 vom 1992, 1), der kumulativ die nationalen Vorschriften und die Vorschriften des Gemeinschaftsrechts über das Amtsgeheimnis für anwendbar erklärt sowie Art. 7 der *Richtlinie* 77/799/EWG vom 19.12.1977 *über die gegenseitige Amtshilfe zwischen den zuständigen Behörden der Mitgliedstaaten im Bereich der direkten und indirekten Steuern* (Abl. Nr. L 336 vom 27.12.1977, 15, geändert), wonach der Schutzstandard des Empfangsstaates gilt, der um Auskunft ersuchte Mitgliedstaat bei einem höheren eigenen Standard aber das Recht hat, die Erteilung von Auskünften zu verweigern, wenn sich der Empfangsstaat nicht mit der Einhaltung dieser Grenzen einverstanden erklärt (sogenannte „Kongruenzklausel", siehe *Neßler*, [Anm. 166], 169).

[219] *Richtlinie* vom 23.4.1990 *über die Anwendung genetisch veränderter Mikroorganismen* (Abl. Nr. L 117 vom 8.5.1990, 1) i.d.F. der Richtlinie 98/81/EG vom 26.10.1998 (Abl. Nr. L 330 vom 5.12.1998, 13); Art. 11 Abs. 2 der *Richtlinie* 1999/13/EG vom 11.3.1999 *über die Begrenzung von Emissionen flüchtiger*

Rahmen der *UVP-Richtlinie* sind beim anlagenbezogenen Umweltschutz die Geheimhaltungsvorschriften des Standortstaates, d.h. des Staates, in dem das vorgeschlagene Projekt durchgeführt werden soll, zu beachten.[220] Die gemeinschaftseigenen Vorschriften sind in jedem Fall zumindest für die Bediensteten der Gemeinschaft verbindlich. Sind keine ausdrücklichen Spezialvorschriften vorhanden, so gilt für die Bediensteten der Gemeinschaft Art. 287 EGV[221] und für die nationalen Bediensteten das jeweilige nationalen Recht.

Weiterhin muß geregelt werden, *wer* (zumindest im Sinne einer Erstbeurteilung) bestimmen darf, welche Informationen unter den Geheimnisschutz fallen und damit vertraulich behandelt werden müssen.[222] Manche Richtlinien legen genau fest, wer die in Frage stehenden Informationen als Geschäfts- oder Betriebsgeheimnis klassifizieren darf, so insbesondere in den *Gentechnikrichtlinien*, [223] der *Gefahrstoffrichtlinie*[224]

---

organischer Verbindungen, die bei bestimmten Tätigkeiten und in bestimmten Anlagen bei der Verwendung organischer Lösungsmittel entstehen (Abl. Nr. L 85 vom 29.3.1999, 1) sowie Art. 15 Abs. 3 und 4 *Richtlinie* 96/61/EG vom 24.9.1996 *über die integrierte Vermeidung und Verminderung der Umweltverschmutzung* (Abl. Nr. L 257 vom 10.10.1996, 26).

220 Art. 10 UAbs. 2 der Richtlinie 85/337/EWG (Anm. 88).

221 Für die Beamten konkretisiert in Art. 17 ff. des *Statuts* (Anm. 126), siehe auch *Rogalla* (Anm. 126), 138 ff. Der EuGH hat im *Zwartveldbeschluß* die Verweigerung der Genehmigung für einen Bediensteten der EG zur Aussage vor einem nationalen Gericht für justiziabel erklärt (näher dazu oben, Teil 3 Kap. 3 A.II.1.).

222 Vgl. *Schmidt-Aßmann/Ladenburger*, Umweltverfahrensrecht, in: EUDUR, Bd. 1 1998, § 18 Rn. 21.

223 In den *Gentechnikrichtlinien* ist vorgesehen, daß der Anmelder für das Inverkehrbringen von entsprechenden Produkten, bzw. den Betrieb entsprechender Anlagen, die Informationen kennzeichnen darf, deren Bekanntwerden u.a. seiner Wettbewerbsstellung schaden könnte und die somit vertraulich behandelt werden sollten (Art. 19 Abs. 2 der *Richtlinie* 90/220/EWG vom 23.4.1990 *über die absichtliche Freisetzung genetisch veränderter Organismen in die Umwelt*, Abl. Nr. L 117 vom 8.5.1990, 15, geändert, ebenso die neue *Richtlinie* 2001/18/EG vom 12.3.2001 *über die absichtliche Freisetzung veränderter Organismen in die Umwelt*, Abl. Nr. L 206 vom 17.4.2001, 1; sowie Art. 19 Abs. 1 der Richtlinie 90/219/EWG n.F., [Anm. 219], dazu bereits oben). Diese Klassifizierung ist „nachprüfbar" zu begründen. Die zuständige Behörde entscheidet nach Anhörung des Anmelders, welche Informationen vertraulich zu behandeln sind. Bestimmte, einzeln aufgeführte Informationen wie die Beschreibung der genetisch veränderten Mikroorganismen, der Ort der Anwen-

und der *Pflanzenschutzmittelrichtlinie*.[225] Meist hat der Betreiber zunächst die empfindlichen Informationen zu kennzeichnen. Die nationale Behörde entscheidet dann – z.T. mit Bindungswirkung für die Kommission – über die Berechtigung des Geheimhaltungswunsches. Ausgenommen ist häufig ein im Gemeinschaftsrecht festgelegter Katalog von nicht geheimhaltungsfähigen Informationen. Sind keine spezialgesetzlichen Vorschriften vorhanden, bestimmt die Kommission, bzw. die für die Durchführung zuständige nationale Behörde, welche Informationen sie für das Verfahren für erforderlich hält. Ist das betroffene Unternehmen der Meinung, daß bestimmte Informationen nicht erforderlich sind oder vertraulich zu behandeln sind, muß es klagen.[226] Die Entscheidungen der Kommission und der mitgliedstaatlichen Behörden

---

dung und die Beurteilung der vorhersehbaren ökologischen Wirkungen sind von der Vertraulichkeit ausdrücklich ausgenommen (Art. 19 Abs. 4 bzw. Art. 19 Abs. 3).

[224] Der Anmelder kann hier unter Erbringung entsprechender Nachweise jene mitzuteilenden Informationen bezeichnen, die seines Erachtens in geschäftlicher Hinsicht empfindlich sind und deren Geheimhaltung er deshalb gegenüber jedermann, ausgenommen den zuständigen Behörden und der Kommission, verlangt (Art. 19 der *Richtlinie* 67/548/EWG vom 27.6.1967 *zur Angleichung der Rechts- und Verwaltungsvorschriften für die Einstufung, Verpackung und Kennzeichnung gefährlicher Stoffe*, Abl. Nr. L 196 vom 16.8.1967, 1, mehrfach umfassend geändert; siehe auch Art. 16 der *Altstoffverordnung*, [Anm. 103]). Die Anmeldebehörde entscheidet in eigener Verantwortung und mit Bindungswirkung gegenüber der Kommission und den übrigen zuständigen Behörden, welche Angaben unter das Betriebs- und Geschäftsgeheimnis fallen (hierzu auch *Lukes/Hauck*, Geheimnisschutz bei der Kommission der Europäischen Gemeinschaften, RIW 1984, 665 ff.). Ausgenommen sind wiederum eine Reihe bestimmter, einzeln aufgelisteter Informationen wie z.B. die Zusammenfassung der Ergebnisse der ökotoxikologischen Prüfungen und die empfohlenen Behandlungs- und Vorsichtsmaßnahmen.

[225] Darin ist genau festgelegt, unter welchen Umständen auf welche Informationen zurückgegriffen werden darf (Art. 13 der Richtlinie 91/414/EWG, [Anm. 101]). Auf Antrag hin haben die Mitgliedstaaten bzw. die Kommission darüber zu entscheiden, ob sie die vom Antragsteller jeweils vorgelegten Informationen vertraulich behandeln (Art. 14). Zur Einschaltung eines *Anhörungsbeauftragten*, der die zur Akteneinsicht vorlagefähigen Dokumente auswählt *Arnold* (Anm. 1), 32.

[226] So der EuGH ausdrücklich in dem Urteil *AM&S* (Anm. 8), 1610, 1613 f. (Rn. 17 und 29 ff.). Siehe auch den Beschluß des EuG in der Rs. *SEP* (dazu später), Rn. 21 sowie *Arnold*, a.a.O., 30 und *Schwarze*, Ermittlungstätigkeit der Kommission (Anm. 76), 176.

sind justiziabel. Inwieweit diesen dabei ggf. ein Beurteilungsspielraum zukommt, ist noch offen.[227] In den sekundärrechtlichen Vorschriften ist insgesamt eine Tendenz zur Vereinheitlichung des Maßstabes für die Schutzwürdigkeit von Informationen durch Verweis auf den Katalog des Art. 3 Abs. 2 der *Umweltinformationsrichtlinie* 90/313/EWG zu verzeichnen.

1. Die Bausteine der Vertraulichkeit: Amtsgeheimnis, innerbehördliches Verbreitungsverbot und Zweckbindung

Der Schutz von Daten erfolgt i.d.R. *nicht* über ein *Informationsverweigerungsrecht* des Schutzberechtigten, sondern über das Konzept der Vertraulichkeit. Vertraulichkeit heißt nicht, daß die Informationen von den betroffenen Unternehmen gegenüber der Gemeinschaft oder den mitgliedstaatlichen Behörden geheim gehalten werden dürfen. Vertraulichkeit heißt vielmehr, daß die zuständigen Bediensteten der Kommission und der Mitgliedstaaten diese Informationen *nicht* an *unberechtigte Dritte* weitergeben dürfen, d.h., daß sie das Amtsgeheimnis wahren müssen.[228] In der Rechtssache *SEP* stellt das Gericht erster Instanz fest, daß dem Schutz von Geschäftsgeheimnissen ausreichend Rechnung getragen ist, wenn eine Weitergabe von schutzbedürftigen Schriftstücken zwischen Kommission und Mitgliedstaaten lediglich an die zuständigen Behörden vorgesehen ist, diese selbst wiederum der Pflicht zur Wahrung des Amtsgeheimnisses unterliegen, die Weitergabe auf die wichtigsten Schriftstücke beschränkt ist und eine Zweckbindung hinsichtlich der Verwertung besteht. Würde trotz dieser Vorkehrungen die Weiter-

---

[227] Vgl. *Hix* (Anm. 187), 84 f., der feststellt, daß der Begriff des Geschäftsgeheimnisses trotz der unternommenen Definitionsversuche vage bleibt und stark von jeweils einzelfallbezogenen Gesichtspunkten abhängig ist.

[228] Nunmehr ausdrücklich z.B. in Art. 19 Abs. 4 der *Gentechnikrichtlinie* 90/219/EWG i.d.F. der Richtlinie 98/81/EG (Anm. 219). Danach dürfen die Kommission und die zuständigen Behörden die für vertraulich erklärten Informationen nicht Dritten zugänglich machen. Von der Kommission und den zuständigen nationalen Behörden dürfen sie dagegen verwendet werden. Ebenfalls deutlich Art. 16 Abs. 1 der *Altstoffverordnung* (Anm. 103): „... er [der Hersteller] kann die Geheimhaltung dieser Angaben gegenüber Dritten, *ausgenommen den Mitgliedstaaten und der Kommission*, verlangen" [Hervorhebungen durch den Verfasser]. Aus der Literatur siehe u.a. *Schwarze* (Anm. 17), Bd. 2, 1178; *ders.*, Ermittlungstätigkeit der Kommission (Anm. 76), 163 ff.; vgl. *Neßler* (Anm. 166), 166 ff.

gabe der Schriftstücke durch das Gericht unterbunden, hieße dies, daß das Gericht den nationalen Behörden unterstellen müßte, daß diese das Amtsgeheimnis und das Zweckbindungsgebot mißachten werden.[229] Unter die unberechtigten Dritten fallen nicht nur außenstehende Privatpersonen und Staaten, sondern auch Verwaltungsbedienstete, die für die Durchführung des entsprechenden Rechtsaktes nicht zuständig sind.[230] Es gilt also auch ein innerbehördliches Verbreitungsverbot – nur unmittelbar mit dem Einzelfall beschäftigte Bedienstete dürfen von den zu schützenden Daten Kenntnis erlangen, es gibt keinen Grundsatz der „Behördenöffentlichkeit". Das Amtsgeheimnis gilt zudem nicht absolut, sondern ist mit anderen Rechtsgütern, z.B. dem Anspruch auf rechtliches Gehör, abzuwägen.[231] Geschäftsgeheimnisse selbst dürfen dabei allerdings i.d.R. gegenüber Dritten nicht offenbart werden, sondern sind im Verfahren entweder nicht zu verwerten oder durch eine nichtvertrauliche Zusammenfassung in dieses einzuführen.[232] Ein Aus-

---

[229] EuG, Beschluß vom 21.11.1990, Rs. T-39/90 R (*SEP/Kommission*), Slg. 1990, S. II-649 (656 f., Rn. 25 ff.) zur *Kartellverordnung*.

[230] So z.B. ausdrücklich Art. 19 Abs. 1 der *Gefahrstoffrichtlinie* (Anm. 224) und Art. 19 Abs. 4 der *Gentechnikrichtlinie* 90/219/EWG i.d.F. der Richtlinie 98/81/EG (Anm. 219). Anläßlich von Verwaltungs- oder Gerichtsverfahren, die eine Strafmaßnahme zur Folge haben können und eingeleitet wurden, um die auf den Markt gebrachten Stoffe zu kontrollieren, können diese Daten auch an die an einem solchen Verfahren unmittelbar beteiligten Personen weitergegeben werden (Art. 19 Abs. 1 i.V.m. Abs. 4 der *Gefahrstoffrichtlinie*). Siehe auch Art. 10 Abs. 1 der *Kartellverordnung* (Anm. 103). Ebenso *Hummer* in: *Grabitz/Hilf*, Art. 214 EGV [a.F.], Rn. 22; siehe auch *Hanebuth* (Anm. 1), 203 f. Für den Statistikbereich festgeschrieben in Art. 9 des *Beschlusses* der Kommission vom 21.4.1997 *über die Rolle von Eurostat bei der Erstellung von Gemeinschaftsstatistiken* (Abl. Nr. L 112 vom 29.4.1997, 56).

[231] Eine Weitergabe von Informationen, die unter das Amtsgeheimnis fallen, an den betroffenen Dritten kann dann in beschränkten Umfang zulässig sein (siehe EuGH, Urteil vom 20.3.1985, Rs. 264/82, *Timex/Rat und Kommission*, Slg. 1985, 849 [868 ff., Rn. 24 ff.]). Vgl. zudem das Urteil *ACF Chemiefarma* (Anm. 48), a.a.O. Zum Vorrang der Vertraulichkeit bei der Gefahr von Vergeltungsmaßnahmen siehe das Urteil *BPB Industries* (Anm. 190), 447. Aus der Literatur *Hummer* in: *Grabitz/Hilf*, a.a.O., Rn. 17 f.

[232] Dazu oben, C.V. sowie *Hummer* in: *Grabitz/Hilf*, *ibid*. Zum sogenannten *legal privilege*, der Vertraulichkeit des Schriftverkehrs zwischen Anwalt und Mandant, siehe das Urteil *AM&S* (Anm. 8), 1610 ff. (Rn. 18 ff.) sowie aus der Literatur *Arnold* (Anm. 1), 19 f.; *Sedemund* (Anm. 12), 58 f. und *Bechtold* (Anm. 106), 51 f.

kunftsverweigerungsrecht gegenüber den Ermittlungsbehörden selbst besteht aber auch in diesem Fall nicht.[233]

In der Regel geht die Pflicht zur vertraulichen Behandlung von Informationen mit einer *Zweckbindung* einher.[234] Danach dürfen die erlangten Informationen nur für den Zweck von der Kommission und den zuständigen Behörden verwendet werden, für den sie eingeholt wurden.[235] Diese Zweckbindung ist im einzelnen meist sekundärrechtlich geregelt und soll die Umgehung von Verfahrensregeln verhindern.[236] Eingeschränkt wurden die sekundärrechtlichen Vorgaben der Zweckbindung allerdings durch das Gericht erster Instanz im Urteil *Postbank*. Danach sei eine Zweckbindung im Lichte des Grundsatzes der loyalen Zusammenarbeit auszulegen und verbiete nicht die Weitergabe von Informationen an ein nationales Gericht.[237] Der Geheimnisschutz bezieht sich i.d.R. lediglich auf *individualisierte* oder individualisierbare Infor-

---

[233] Siehe nur EuGH *Hoffmann-La Roche* (Anm. 196), 512 f. (Rn. 14) sowie *Arnold*, a.a.O., 30.

[234] Aus dem Völkerrecht bekannt als *Spezialitätsgrundsatz* (siehe nur *Geiger* in: EPIL, Bd. 9 1986, Stichwort „Legal Assistance between States in Administrative Matters", 235 [237 f.]). Für das deutsche Recht vgl. *Scholz/Pitschas*, Informationelle Selbstbestimmung und staatliche Informationsverantwortung, 1984, 112 ff., die die Zweckbindung als eine der „Funktionsgarantien informationeller Selbstbestimmung" betrachten. Siehe auch *Hanebuth*, a.a.O., 204.

[235] Siehe beispielsweise Art. 13 Abs. 3 und 4 der *Richtlinie* 78/176/EWG vom 20.2.1978 *über Abfälle aus der Titandioxid-Produktion* (Abl. Nr. L 54 vom 25.2.1978, 19, mehrfach geändert); ebenso Art. 16 Abs. 2 der *Richtlinie* 80/68/EWG vom 17.12.1979 *über den Schutz des Grundwassers gegen Verschmutzung durch bestimmte gefährliche Stoffe* (Abl. Nr. L 20 vom 26.1.1980, 43, mehrfach geändert) sowie Art. 13 Abs. 2 der *Richtlinie* 76/464/EWG vom 4.5.1976 *betreffend die Verschmutzung infolge der Ableitung bestimmter gefährlicher Stoffe in die Gewässer der Gemeinschaft* (Abl. Nr. L 129 vom 18.5.1976, 23, geändert).

[236] Siehe z.B. Art. 2 Nr. 4 und Art. 5 Abs. 2 der *Verordnung* (EWG) Nr. 1588/90 vom 11.6.1990 *über die Übermittlung von unter die Geheimhaltungspflicht fallenden Informationen an das Statistische Amt der Europäischen Gemeinschaften* (Abl. Nr. L 151 vom 15.6.1990, 1), näher dazu Teil 2 Kap. 2 C.IV. Aus dem Bereich des Steuerrechts vgl. u.a. die ausführliche Regelung in Art. 9 der Verordnung Nr. 218/92 (Anm. 217).

[237] EuG, Urteil vom 18.9.1996, Rs. T-353/94 (*Postbank NV/Kommission*), Slg. 1998, S. II-921 (945 f., Rn. 62 ff.) zu Art. 20 der *Kartellverordnung* unter Verweis auf das Urteil *Zwartveld* des EuGH sowie darauf, daß die nationalen Gerichte selbst wiederum den Schutz der Geschäftsgeheimnisse gewährleisten.

mationen. Eine Verbreitung in anonymisierter Form ist dagegen meistens zulässig, insbesondere in Form von allgemeinen statistischen Übersichten.[238] Auch besteht kein Geheimnisschutz für bereits offenkundige Tatsachen, in diesem Fall liegt schon begrifflich kein „Geheimnis" mehr vor.[239]

2. Kein Auskunftsverweigerungsrecht bei Selbstbezichtigungsgefahr (Unanwendbarkeit des *nemo tenetur* Grundsatzes)

Wie dargestellt, sieht das Gemeinschaftsrecht teilweise direkt oder mittelbar Auskunftspflichten der betroffenen Privatpersonen und Unternehmen vor. Sobald solche Auskünfte die Gefahr in sich bergen, sich selbst eines sanktionsbewehrten Verhaltens zu bezichtigen, käme ein Auskunftsverweigerungsrecht aus dem rechtsstaatlich verankerten

---

[238] So ist z.B. die Verbreitung von allgemeinen statistischen Informationen über die Durchführung der *Gentechnikrichtlinie* 90/219/EWG so lange erlaubt, wie dadurch nicht die Wettbewerbssituation eines Anwenders beeinträchtigt wird (Art. 18 Abs. 4 der Richtlinie 90/219/EWG, [Anm. 217]). Ein solcher Ausnahmefall könnte vorliegen, wenn lediglich eine Anwendung derselben Art existiert, so daß die Informationen einzelnen Unternehmen genau zugeordnet werden können. Die Individualisierbarkeit von Informationen über Personen und Unternehmen steht bzw. stand auch der Veröffentlichung von allgemeinen Übersichten nach den Energiestatistikverordnungen entgegen (Art. 5 Abs. 3 der *Verordnung* EWG Nr. 1729/76 vom 21.6.1976 *betreffend die Mitteilung von Informationen über die Energieversorgungslage der Gemeinschaft*, Abl. Nr. L 198 vom 23.7.1976, 1; Art. 6 der *Verordnung* EWG Nr. 1055/72 vom 18.5.1972 *über die Mitteilung der Einfuhr von Kohlenwasserstoffen an die Kommission*, Abl. Nr. L 120 vom 25.5.1972, 3, aufgehoben; Art. 4 der *Verordnung* EWG Nr. 1056/72 vom 18.5.1972 *über die Mitteilung der Investitionsvorhaben von gemeinschaftlichem Interesse auf dem Erdöl-, Erdgas- und Elektrizitätssektor an die Kommission*, Abl. Nr. L 120 vom 25.5.1972, 7, geändert). Die *Titandioxidrichtlinie* 78/176/EWG (Anm. 235) nimmt die Veröffentlichung von allgemeinen Informationen oder Studien, die keine Angaben über einzelne Unternehmen enthalten, von der Geheimhaltungspflicht aus (Art. 13 Abs. 4). Ebenso in der *Grundwasserrichtlinie* (Anm. 235), Art. 16 Abs. 4, in der *Gewässerschutzrichtlinie* (Anm. 235), Art. 13 Abs. 4 sowie der *Statistikgeheimnisverordnung* (Anm. 236), Art. 5 Abs. 4; siehe auch Teil 2 Kap. 2 C.IV.

[239] Siehe nur *Hanebuth* (Anm. 1), 181; *Schwarze*, Ermittlungstätigkeit der Kommission (Anm. 76), 175 f. sowie *Grunwald* in: GTE (Anm. 216), Rn. 16.

Grundsatz des *nemo tenetur* in Betracht.[240] In dem Urteil *Orkem* hat der Gerichtshof für das Gemeinschaftsrecht das Vorliegen eines solchen Auskunftsverweigerungsrechts zumindest für juristische Personen außerhalb eines Strafverfahrens abgelehnt.[241] Letztlich ging es dem Gerichtshof um den Erhalt der „praktischen Wirksamkeit" der Auskunftspflichten, zumal der Zweck des Voruntersuchungsverfahrens eben gerade darin bestehe, der Kommission den Zugang zu Informatio-

[240] Ein solches Auskunftsverweigerungsrecht sieht z.B. das deutsche Bundesimmissionsschutzgesetz für den Fall vor, daß die im Rahmen der behördlichen Überwachungstätigkeit zu gewährenden Auskünfte die Gefahr einer strafgerichtlichen Verfolgung oder eines Ordnungswidrigkeitenverfahrens mit sich bringen (§ 52 Abs. 5 BImSchG). Für eine solche Einschränkung der gemeinschaftsrechtlichen Auskunftspflichten von Unternehmen noch *Wohlfarth*, Mitbericht von Generaldirektor Ernst Wohlfarth, Brüssel, in: *Würdinger/Wohlfarth* (Anm. 1), 47; *Schwarze* (Anm. 17), Bd. 2, 1179; siehe auch *Würdinger* in: *Würdinger/Wohlfarth*, a.a.O., 22 sowie *Hanebuth* (Anm. 1), 160 ff.

[241] Urteil *Orkem* (Anm. 67), 3283 ff. Hier ging es um die Auskunftspflichten eines Unternehmens nach Art. 11 der *Kartellverordnung* (Anm. 103). Ein ausdrückliches Auskunftsverweigerungsrecht wegen Gefahr der Selbstbezichtigung sieht die *Kartellverordnung* nicht vor. Sie legt im Gegenteil – wie der Gerichtshof feststellt – den Unternehmen eine Verpflichtung zur aktiven Mitwirkung in dem Sinne auf, daß es alle für die Untersuchung relevanten Informationsquellen für die Kommission bereithalten muß (3350, Rn. 27). Nach Ansicht des Gerichtshofes erkennen die Rechtsordnungen der Mitgliedstaaten ein Aussageverweigerungsrecht nur bei natürlichen Personen im Rahmen eines Strafverfahrens an, jedoch nicht für juristische Personen bei Zuwiderhandlungen wirtschaftlicher Art (a.a.O., Rn. 29). Auch eine Begründung aus Art. 6 der EMRK (BGBl. 1952 II, 953, mehrfach geändert) und der Unschuldsvermutung in Art. 14 des IPBürg. (BGBl. 1973 II, 1534) lehnt der Gerichtshof ab. Der erste beinhalte weder nach dem Wortlaut noch nach der Rechtsprechung des Gerichtshofes für Menschenrechte ein Zeugnisverweigerungsrecht, der letztere sehe dies zwar vor, aber nur für Strafverfahren (a.a.O., Rn. 30 f.). Wenn der Gerichtshof darauf verweist, daß sich juristische Personen auch nach den mitgliedstaatlichen Rechtsordnungen nicht auf ein solches Zeugnisverweigerungsrecht berufen könnten, dann übergeht er, daß zumindest bei Strafverfahren auch nicht die juristischen Personen als solche angeklagt werden, sondern die handelnden natürlichen Personen. Die Betonung müßte daher darauf liegen, daß das Gemeinschaftsrecht kein Strafverfahren vorsieht und nicht darauf, daß es sich hier um eine juristische Person handelt. Der Gerichtshof ist für diese Rechtsprechung denn auch in der Literatur kritisiert worden (siehe nur *Winterfeld*, Ermittlungsbefugnisse der EG-Kommission gegenüber Unternehmen am Beispiel des Kartellrechts, RIW 1992, 524 [527 f.]; siehe auch *Schriefers*, [Anm. 108], 101; vgl. *Arnold*, [Anm. 1], 21 f.).

nen zu verschaffen.[242] Zudem sei die Kommission von der Mitwirkung der Betroffenen in besonderem Maße abhängig. Ein Auskunftsverweigerungsrecht wegen der Gefahr der Selbstbezichtigung wäre bei Untersuchungen im verdächtigten Unternehmen selbst regelmäßig gegeben und würde damit letztlich die Untersuchungen auf Beweismaterial bei Drittunternehmen beschränken. Das Urteil *Orkem* gilt für den Eigenvollzug des Gemeinschaftsrechts, d.h. den Vollzug durch die Gemeinschaftsorgane selbst. Ein im nationalen Recht existierender Grundsatz des *nemo tenetur* bleibt dadurch unberührt. Auch ist denkbar, daß bestimmte Konstellationen über die dritte Stufe der Verhältnismäßigkeit – die Angemessenheit des Informationsverlangens – geregelt werden können.[243] Eine eindeutige rechtliche Klärung bliebe hier jedoch abzuwarten.

Eine Grenze setzt der Gerichtshof im Hinblick auf die Art der Auskunfts- und Mitwirkungspflicht. Ein Auskunftsersuchen darf nicht so formuliert sein, daß die Antwort faktisch auf ein *Geständnis* hinausläuft. Eine Auskunftspflicht würde dann nämlich bedeuten, daß der Pflichtige einer Geständnispflicht unterliegt. Die Kommission darf einem „Unternehmen nicht die Verpflichtung auferlegen, Antworten zu erteilen, durch die es das Vorliegen einer Zuwiderhandlung eingestehen müßte, für die die Kommission den Beweis zu erbringen hat".[244] Sie darf sich der ihr obliegenden Beweislast für einen Verstoß gegen das Gemeinschaftsrecht nicht durch eine im Gewand eines Auskunftsersuchens verkappten Geständnispflicht entledigen. Diese Möglichkeit einer Auskunftsverweigerung ist vom Gericht Erster Instanz im Verfahren *Mannesmannröhrenwerke* sehr weit ausgelegt worden. Das EuG hatte hierin Fragen der Kommission zu tatsächlichen Vorgängen, die geeignet waren, das Unternehmen zum Eingeständnis einer Beteiligung an rechtswidrigen Vereinbarungen zu zwingen, für nichtig erklärt.[245] Das Urteil harrt jedoch noch einer Überprüfung durch den EuGH.[246]

---

[242] EuGH *Orkem*, a.a.O., 3349 (Rn. 21), 3351 (Rn. 34).

[243] Siehe *Smit/Herzog* (Anm. 1), Anm. 213.05.

[244] EuGH *Orkem*, a.a.O., 3351 (Rn. 35). Siehe auch *Pernice* in: *Grabitz/Hilf* (Anm. 66), Art. 11, Rn. 15a.

[245] EuG, Urteil vom 20.2.2001, Rs. T-112/98 (*Mannesmannröhrenwerke AG/Kommission*), EuZW 2001, 345 (insbesondere 349 ff., Rn. 67 ff.).

[246] Anhängig beim EuGH unter der Rs.C-190/01.

Kapitel 2: Sanktionierung administrativer Informationsverfahren *de lege lata* und *de lege ferenda*

Wie einleitend im Rahmen der funktionalen Dimension dargestellt, läßt der Vollzug des Gemeinschaftsrechts und insbesondere auch der administrativen Informationspflichten zu wünschen übrig.[247] Zur Verbesserung der Durchsetzung des Gemeinschaftsrechts muß der Blick auch auf die jeweilige Sanktionierung der Nichteinhaltung gerichtet werden.[248] Im folgenden soll ein kurzer Einblick in *de lege lata* und *de lege ferenda* in Betracht kommende Rechtsfolgen bei Verletzung administrativer Informationspflichten gegeben werden.

A. Grundfragen

Unter Sanktionen sind *Rechtsfolgen* zu verstehen, die an ein bestimmtes Verhalten geknüpft werden. In der Rechtssprache werden darunter hauptsächlich *negative* Rechtsfolgen verstanden, welche sich an die Verletzung einer Rechtspflicht anschließen und dieser zur effektiven Geltung verhelfen sollen.[249] Die Sanktionskompetenz der Gemeinschaft ist eine bislang noch nicht abschließend geklärte Frage. Hier geht es zum einen darum, ob und inwieweit die Gemeinschaft überhaupt Sanktionen mittels Sekundärrecht festsetzen darf und, wenn dies zu bejahen ist, ob nur dem Rat oder auch der Kommission eine solche Befugnis zusteht. Dabei ist zwischen Sanktionen, die gegen Mitgliedstaaten verhängt werden und Sanktionen, welche Unternehmen und Privatpersonen treffen, zu unterscheiden.[250] Weiterhin ist nach der Art der

---

[247] Teil 1 Kap.2 E.III.

[248] Umfassend zur Sanktionierung von Verstößen im Gemeinschaftsrecht *Böse*, Strafen und Sanktionen im Europäischen Gemeinschaftsrecht, 1996; s. auch die Beiträge in *van Gerven/Zuleeg* (Hrsg.), Sanktionen als Mittel zur Durchsetzung des Gemeinschaftsrechts, 1996, 81 ff. Vgl. zum deutschen Wirtschaftsverwaltungsrecht *Schmidt-Aßmann/Röhl, H.-C.* (Anm. 21), 87 ff.

[249] Vgl. *Creifelds/Kaufmann*, Rechtswörterbuch, 14. Aufl. 1997, Stichwort „Sanktion", 1084 und *Röhl, K.* (Anm. 24), 211. Im soziologischen Sinne können Sanktionen dagegen sowohl negativ als auch positiv sein. Positive Sanktionen knüpfen an die Erfüllung der Verpflichtung im Sinne einer Belohnung an.

[250] Siehe auch *Spannowsky*, Wettbewerbsverzerrende Defizite des gemeinschaftsrechtlichen Sanktions- und Vollstreckungssystems, JZ 1994, 326 (327); *Prieß/Spitzer*, Die Betrugsbekämpfung in der Europäischen Gemeinschaft,

Rechtsfolgen zu differenzieren. Hier kann es sich entweder um strafrechtliche, verwaltungsrechtliche oder negative zivilrechtliche Rechtsfolgen handeln.[251] Strafrechtliche Sanktionen zeichnen sich durch ein darin enthaltenes Unwerturteil aus.[252] Ein weiteres Unterscheidungskriterium ist die Implementationsbedürftigkeit der Sanktionen. Sich selbst implementierende Sanktionen treten automatisch ein. Sie verändern die Rechtslage unmittelbar. Implementationsbedürftige Sanktionen müssen per Verwaltungsakt in jedem Einzelfall angeordnet werden.[253]

Eine sich *selbstimplementierende Sanktion* ist z.B. die *unmittelbare Anwendung* von Gemeinschaftsrecht.[254] Sie kann aber nur dort ihre volle Wirkung entfalten, wenn Privatpersonen die Anwendung des Gemeinschaftsrechts einklagen können. Dies ist bei administrativen Informationsverfahren mangels subjektiver Berechtigung jedoch i.d.R. nicht gegeben.[255] Zudem trifft diese Sanktion lediglich den Fall der formellen Nichtumsetzung von Gemeinschaftsrecht in nationales Recht. Alle weiteren Fälle der Nichtbeachtung von Gemeinschaftsrecht, insbesondere die Unterlassung von Mitteilungs- und Informationsbeschaf-

---

EuZW 1994, 297 (300 f.) sowie *Pache*, Schutz der finanziellen Interessen (Anm. 14), 202 ff.

[251] *Sieber*, Das strafrechtliche Sanktionssystem zum Schutz europäischer Gemeinschaftsinteressen, in: *van Gerven/Zuleeg* (Anm. 248), 71 (72 ff.); *Schmidt-Aßmann/Röhl, H.-C.*, die im einzelnen zwischen Strafen, Ordnungswidrigkeiten und belastenden Verwaltungsmaßnahmen (hierunter insbesondere der Verwaltungszwang) unterscheiden (Anm. 21, 93 f.). Siehe auch *Pache*, a.a.O., 210 ff.

[252] Siehe dazu BVerfG, Urteil vom 16.7.1969, BVerfGE 27, 18 (29) und die Argumentation der Bundesrepublik in der Rs. C-240/90 (unten, Anm. 263), 5429 (Rn. 17) (zu diesem Urteil näher unten, I. und II.). Zur Schwierigkeit der Abgrenzung von Verwaltungs- und Strafsanktionen im Gemeinschaftsrecht *Spannowsky*, a.a.O., 328. *Sieber* nennt zusätzlich die Kategorie des „Verwaltungsstrafrechts", worunter verwaltungsrechtliche Geldbußen u.ä. fallen (a.a.O., 72 f., 75).

[253] Vgl. *Windhoff-Héritier*, Politikimplementation, 1980, 46 ff. Zur Auswahl der Handlungsinstrumente auch oben, Teil 1 Kap. 2 E.I.

[254] Dazu oben Teil 4 Kap. 1.B.II. Siehe auch *Pühs*, Der Vollzug von Gemeinschaftsrecht, 1997, 374 ff. sowie *Albin*, Die Vollzugskontrolle des europäischen Umweltrechts, 1999, 89 ff.; vgl. *Rengeling/Gellermann*, Gestaltung des europäischen Umweltrechts und seine Implementation im deutschen Rechtsraum, JbUTR 1996, 1 (23 f.); *Lenz/Erhard* (Anm. 8), 105.

[255] Vgl. hierzu Teil 4 Kap. 1 B.I.2.b.

fungspflichten können damit nicht wirksam sanktioniert werden. Die dann durch die Rechtsprechung des EuGH als zweiter „indirekt wirkender Sanktionsmechanismus"[256] etablierte *Staatshaftung* ist wiederum nur begrenzt anwendbar, da bei der Verletzung von administrativen Informationsverfahren die Feststellung eines kausalen Schadens i.d.R. nicht möglich sein wird.

I. Verbandszuständigkeit

Das primärrechtlich festgelegte Sanktionsmittel für gemeinschaftsrechtswidriges Verhalten *der Mitgliedstaaten* ist die Vertragsverletzungsklage, ggf. verbunden mit einer Zwangsgeldanordnung nach Art. 228 Abs.2 EGV (ex Art. 171).[257] Nach Einschätzung der Kommission hat sich die Einleitung eines Zwangsgeldverfahrens als sehr wirksam erwiesen, denn meist werden die Vertragsverletzungen eingestellt, ohne daß es zur Verurteilung und Zahlung eines Zwangsgeldes kommen muß.[258] Die Kontrolle und Sanktionierung *der Gemeinschaftsbürger* selbst obliegt dagegen grundsätzlich den Mitgliedstaaten. Sie sind im Rahmen von Art. 10 EGV verpflichtet, Rechtsverstöße zu aufzudecken und zu sanktionieren, auch wenn das Gemeinschaftsrecht keine beson-

---

[256] *Spannowsky* (Anm. 250) 331 sowie ausführlich *Pühs* (Anm. 254), 422 ff. Zu den einzelnen Sanktionsmitteln siehe auch *Steiner*, Enforcing EC Law, 1995, 14 ff. sowie *Rengeling/Gellermann*, a.a.O., 22 f.

[257] Die Einleitung eines Vertragsverletzungsverfahrens steht im Ermessen der Kommission (siehe nur EuGH, Urteil vom 17.6.1998, Rs. C-422/97 P, *Sateba/Kommission*, Slg. 1998, S. I-4913 [4931 f., Rn. 42]). Zur Tauglichkeit des Vertragsverletzungsverfahrens und seiner Grenzen siehe nur *Pühs*, a.a.O., 220 ff. Zur Tauglichkeit der Zwangsgeldanordnung *Rengeling/Gellermann*, a.a.O.

[258] *Sechzehnter Jahresbericht über die Kontrolle der Anwendung des Gemeinschaftsrechts (1998)* (Abl. Nr. C 354 vom 7.12.1999, 1), unter Nr. 2.12 (Abl. 42 f.). Anträge auf Verhängung von Zwangsgeldern sind im Umweltbereich von der Kommission erstmals 1997 gestellt worden (*Fünfzehnter Jahresbericht über die Kontrolle der Anwendung des Gemeinschaftsrechts (1997)*, Abl. Nr. C 250 vom 10.8.1998, 1 [50] unter Nr. 12.1.). Sie beliefen sich 1997 auf insgesamt 10 Anträge, 1998 auf 4 Anträge. Siehe auch die Mitteilung der Kommission *Verfahren für die Berechnung des Zwangsgeldes nach Art. 171 EG-Vertrag* (Abl. Nr. C 63 vom 28.2.1997, 2) sowie *Sach*, Kontrolle der Durchführung und der Beachtung von Gemeinschaftsrecht, in: EUDUR, Bd. 1 1998, § 44, Rn. 76 ff., der darauf verweist, daß die ersten Anwendungsfälle bislang alle aus dem Umweltbereich stammen.

deren Vorschriften hierzu enthält.[259] Dies kann durch die Einleitung von Verwaltungsverfahren geschehen, muß sich aber notfalls auch auf Strafverfahren erstrecken, wenn ansonsten die Einhaltung des Gemeinschaftsrechts nicht wirksam gewährleistet werden kann. Grundsätzlich verbleibt also den Mitgliedstaaten die Wahl der Sanktionen. Verstöße gegen das Gemeinschaftsrecht müssen jedoch nach ähnlichen sachlichen und verfahrensrechtlichen Regeln behandelt werden wie gleichartige Verstöße gegen das nationale Recht und Sanktionen müssen *wirksam* und *abschreckend*, aber auch *verhältnismäßig* sein.[260] Ein systematisches Unterlassen von Verfolgungsmaßnahmen führt zur Verletzung des Gemeinschaftsrechts.[261]

Zum Teil wird die Sanktionsverpflichtung durch das Sekundärrecht aufgegriffen und präzisiert. In neuere Rechtsakte wird systematisch die Rechtsprechungsformel zur Wirksamkeit, Abschreckung und Verhältnismäßigkeit von Sanktionen eingefügt.[262] Die konkrete Gestaltung von

---

[259] EuGH, Urteil vom 21.9.1989, Rs. 68/88 (*Kommission/Griechenland*) „Griechischer Maisskandal", Slg. 1989, 2965 (2984, Rn. 23). Siehe auch oben, Teil 4 Kap. 1 C. sowie Teil 3 Kap. 2 C.III.

[260] EuGH „Griechischer Maisskandal", a.a.O., 2984 (Rn. 24 f.) – sogenanntes Gleichstellungs- und Effektivitätsgebot (siehe oben, Teil 4 Kap. 1 C.I.). Siehe auch die *Entschließung* vom 29.6.1995 *zur einheitlichen und wirksamen Anwendung des Gemeinschaftsrechts und zu Sanktionen bei Verstößen gegen das Gemeinschaftsrecht im Bereich des Binnenmarkts* (Abl. Nr. C 188 vom 22.7.1995, 1) und die *Entschließung* vom 7.10.1997 *zur Formulierung, Durchführung und Durchsetzung des Umweltrechts der Gemeinschaft* (Abl. Nr. C 321 vom 22.10.1997, 1).

[261] EuGH, Urteil vom 7.12.1995, Rs. C-52/95 (*Kommission/Frankreich*) „Kontrollmaßnahmen", Slg. 1995, S. I-4443 (4467 f., Rn. 33 ff.).

[262] Siehe die *Mitteilung* der Kommission vom 3.5.1995 *über die Bedeutung von Sanktionen für die Anwendung des Gemeinschaftsrechts im Binnenmarkt*, KOM (95) 162 endg., wonach in Zukunft für alle Richtlinien und Verordnungen eine Standardklausel zur Sanktionsverpflichtung der Mitgliedstaaten beabsichtigt ist (Anhang der Mitteilung); gebilligt durch den Rat in der *Sanktionsentschließung* vom 29.6.1995 sowie in der *Entschließung* vom 7.10.1997 *zur Durchsetzung des Umweltrechts*, Nr. 13 (beide Anm. 260); realisiert z.B. in Art. 19 der *Richtlinie* 2000/76/EG vom 4.12.2000 *über die Verbrennung von Abfällen* (Abl. Nr. L 332 vom 28.12.2000, 91); Art. 21 der *Verordnung* (EG) Nr. 2037/2000 vom 29.6.2000 *über Stoffe, die zum Abbau der Ozonschicht führen* (Abl. Nr. L 244 vom 29.9.2000, 1); Art. 11 der *Richtlinie* 1999/32/EG vom 26.4.1999 *über eine Verringerung des Schwefelgehalts bestimmter flüssiger Kraft- oder Brennstoffe und zur Änderung der Richtlinie 93/12/EWG* (Abl. Nr.

Bußgeldern und Strafen überläßt das Gemeinschaftsrecht dagegen i.d.R. den Mitgliedstaaten. Dem Gemeinschaftsgesetzgeber steht nach der Rechtsprechung des EuGH eine Einschätzungsprärogative hinsichtlich der Auswahl der geeignetsten Mittel zur Verwirklichung der Gemeinschaftsziele zu. In diesem Zusammenhang kann er auch die von den nationalen Behörden zu verhängenden Sanktionen einheitlich regeln, wenn und weil die Verhängung nationaler Sanktionen die Einheitlichkeit der Maßnahmen nicht gewährleisten kann. Hierunter fällt nach der Rs. C-240/90 auch die Sanktionierung unrichtiger Auskünfte. Aus der ausdrücklichen Festlegung einer gemeinschaftsrechtlichen Sanktionskompetenz in Art. 83 Abs.2 *lit.*a sowie Art. 228 Abs.2 EGV (ex Art. 87 und 171) könne nicht im Sinne eines ***argumentum e contrario*** geschlossen werden, daß zu diesem Zweck immer eine ausdrückliche primärrechtliche Befugnisnorm vorhanden sein muß.[263] Diese Art. betreffen

---

L 121 vom 11.5.1999, 13); Art. 14 der *VOC-Richtlinie Lösungsmittel* (Anm. 219). Der Text lautet entsprechend der *Sanktionsentschließung* jeweils ungefähr so: „Die Mitgliedstaaten legen Sanktionen für Verstöße gegen die nach dieser Richtlinie erlassenen einzelstaatlichen Bestimmungen fest. Die Sanktionen müssen wirksam, verhältnismäßig und abschreckend sein". Zu den bestehenden Regelungen über die Ausstattung der Vollzugsbehörden und die Einleitung von Untersuchungen oben, Teil 2 Kap. 2 B.III. sowie Teil 4 Kap. 1 C.II.

[263] Zum ganzen EuGH, Urteil vom 27.10.1992, Rs. C-240/90 (*Deutschland/Kommission*) „Sanktionen", Slg. 1992, S. I-5383 (5429 ff., Rn. 18 ff.). Das Urteil bezieht sich speziell auf die Auslegung der Art. 40 Abs. 3, 43 Abs. 2 EGV [a.F.], so daß bei der Übertragung auf den Umweltbereich ggf. Abstriche gemacht werden müssen. Die Kommission hatte in zwei Durchführungsverordnungen zur Gemeinsamen Agrarpolitik festgelegt, daß bei unrichtigen Auskünften zur Erlangung von landwirtschaftlichen Einkommensbeihilfen und Fleischprämien unter bestimmten Umständen diese mit einem Zuschlag zurückzuzahlen seien und gegen den Landwirt ein Leistungsausschluß für das kommende Wirtschaftsjahr angeordnet werden konnte. Der Leistungsausschluß war an die vorsätzliche oder grob fahrlässig falsche Erklärung des Prämienbeziehers gebunden, er mußte die unrichtigen Angaben „zu verantworten" haben. Die Sanktionen waren nicht von der Kommission, sondern von den nationalen Behörden zu verhängen, so daß „lediglich" das mitgliedstaatliche Sanktionsverhalten gesteuert werden sollte. Die Kommission hatte diese Regelung auf der Grundlage zweier Grundverordnungen des Rates erlassen, in der dieser die Kommission ermächtigte, im Verwaltungsausschußverfahren Durchführungsbestimmungen zu erlassen, insbesondere die Beantragung der Prämienzahlung zu regeln (zum Sachverhalt, 5425 ff., Rn. 2 ff.). Näheres über den Inhalt der Durchführungsbestimmungen war in den Grundverordnungen nicht festgelegt. Zum Urteil eingehend *Pache*, Zur Sanktionskompetenz der Europäischen Wirtschaftsgemeinschaft, EuR 1993, 173 ff.

nur Sanktionen, welche unmittelbar von den Gemeinschaftsorganen verhängt werden. Die gemeinschaftsrechtliche *Harmonisierung* von im indirekten Vollzug durchzuführenden Sanktionen ist daher auch ohne ausdrückliche Ermächtigung im EGV möglich, nicht dagegen die Verhängung von Sanktionen im gemeinschaftseigenen *Direktvollzug*. Sie bedarf einer hinreichend eindeutigen Ermächtigung im primären Gemeinschaftsrecht.[264]

II. Organzuständigkeit

Die Bundesrepublik Deutschland hatte in der Rechtssache C-240/90 gerügt, daß nur der *Rat* befugt sei, Sanktionen einzuführen und diese Zuständigkeit nicht auf die *Kommission* übertragen dürfe. Dies ergebe sich aus dem Rechtsstaatsprinzip und dem Grundsatz des institutionellen Gleichgewichts, wonach der Rat die Festlegung der Hauptbestandteile der gemeinsamen Marktorganisation zu tätigen habe. Sanktionen, die in die Grundrechte der Einzelnen eingriffen, gehörten zu diesen Hauptbestandteilen. Auch die Art. 87 Abs. 2 *lit.* a und Art. 172 EGV (a.F., jetzt Art. 83 und 229) erwähnten nur den Rat und den Gerichtshof im Zusammenhang mit der Verhängung von Zwangsmaßnahmen. Zumindest sei eine ausdrücklich die Kommission zur Einführung von Sanktionen ermächtigende Norm erforderlich, welche auch Bestimmungen über die Art und Höhe enthalten müsse.[265] Der Gerichtshof verwarf diese Argumentation unter Hinweis auf die Rechtssache *Köster*. Danach seien nur die für die zu regelnde Materie wesentlichen Vorschriften der Zuständigkeit des Rates vorbehalten.[266] Art. 87 Abs. 2 *lit.* a und Art. 172

---

[264] Vgl. dagegen *Smit/Herzog* (Anm. 1), die von einer stillschweigenden Sanktionskompetenz als Annex zu den Handlungsbefugnissen der Gemeinschaft ausgehen: "*The right to request information and to make investigations implies a right to impose sanctions in the case of non-compliance, even if no specific Treaty provision authorizes the imposition of such sanctions*" (a.a.O., Anm. 213.09).

[265] Siehe die Zusammenfassung der Argumentation in den Urteilsgründen, Rs. C-240/90 (Anm. 263), 5432 (Rn. 30 ff.) und 5435 (Rn. 40). Die Bundesrepublik hatte zudem geltend gemacht, daß die Befugnisse der Gemeinschaft auf dem Gebiet der Sanktionen eng auszulegen seien. Geldbußen und Zwangsgelder seien die einzigen nach Gemeinschaftsrecht erlaubten Sanktionen, was sich aus Art. 87 Abs. 2 *lit.* a EGV [a.F., jetzt Art. 83] ergebe.

[266] EuGH, Urteil vom 17.12.1970, Rs. 25/70 (*Köster*), Slg. 1970, 1161 (1172, Rn. 6).

EGV (a.F.) gälten zudem nur für Sanktionen, die direkt von den Gemeinschaftsorganen festgelegt werden. Die zur Durchführung dienenden Vorschriften dürften nach Art. 145 und 155 EGV (a.F., jetzt Art. 202 und 211) auf die Kommission übertragen werden.[267] Wesentlich sind nach der Rechtsprechung des EuGH nur die politischen Grundentscheidungen, d.h. „solche Bestimmungen, durch die die grundsätzlichen Ausrichtungen der Gemeinschaftspolitik umgesetzt werden". Sanktionen dienten dagegen nur der Absicherung dieser Entscheidungen. Eine dahingehende Regelungsbefugnis der Kommission kann auch auf der allgemeinen Ermächtigung zur „Durchführung der erforderlichen Maßnahmen" beruhen. Sie bedarf keiner genauen Festlegung von Inhalt, Zweck und Ausmaß.[268] Auch wenn diese Rechtsprechung im Hinblick auf die demokratische Legitimation der Kommission auf Bedenken stößt, kann sie nur als gegeben hingenommen werden. Das Legitimationsdefizit wird zumindest dann ausgeglichen, wenn es sich um Sanktionen im Rahmen der freiwillig in Anspruch genommenen Leistungsverwaltung handelt.

B. Einzelne Sanktionsmittel

Sanktionen müssen in besonderem Maße dem Grundsatz der Verhältnismäßigkeit und dem Vorbehalt des Gesetzes genügen.[269] Das heißt, sie müssen geeignet, notwendig sowie angemessen sein und auf einer klaren Rechtsgrundlage beruhen.[270] Sanktionen dürfen v.a. nicht außer Verhältnis zur Schwere der Tat stehen.

---

[267] EuGH Rs. C-240/90 (Anm. 263), 5433 f. (Rn. 35 f.).

[268] EuGH Rs. C-240/90, a.a.O., 5435 (Rn. 41). Siehe auch oben, Teil 4 Kap. 2 C.II.3.

[269] Siehe auch oben, A.I. Allgemein zur Verhältnismäßigkeit und zum Gesetzesvorbehalt oben, Kap. 1 C.I. und D.I. Im Verhältnis zu den Mitgliedstaaten gilt der Vorbehalt des Gesetzes in der Form des Prinzips der begrenzten Einzelermächtigung und des Bestimmtheitsgebotes (Kap. 1 C., C.III.).

[270] EuGH *Maizena* (Anm. 202), 4606 (Rn. 10) und 4607 f. (Rn. 15); *Könecke* (Anm. 202), 3302 (Rn. 11). Zudem müssen „die Grundrechte gewahrt bleiben" (*Casati*, [Anm. 16], a.a.O.).

I. Undurchführbarkeit nicht mitgeteilter Maßnahmen

Eine wirksame Sanktion der Nichtmitteilung staatlicher Maßnahmen stellt die Unwirksamkeit oder die schlichte Undurchführbarkeit der betroffenen Maßnahme dar.[271] Diese Sanktion tritt bei *Unterrichtungspflichten* i.V.m. gemeinschaftsrechtlichen Zustimmungsverfahren oder einfachen Stillhaltefristen auf. Die Unterrichtung verliert dann ihren Charakter als fremdbezogene, d.h. im Interesse der Kommission und der anderen Mitgliedstaaten vorzunehmende Informationspflicht und wandelt sich zu einer *im Eigeninteresse* durchzuführenden Obliegenheit des informationspflichtigen Staates.[272] Denn ohne Unterrichtung kann die Kommission der nationalen Maßnahme nicht zustimmen und ohne Zustimmung darf sie vom Mitgliedstaat nicht ausgeführt werden. Ähnliches gilt für den Lauf einer Stillhaltefrist, welche ohne Unterrichtung nicht in Gang gesetzt werden kann. Funktional soll die Undurchführbarkeit verhindern, daß die Gemeinschaft vor vollendete Tatsachen gestellt wird. Zum einen soll die Herstellung eines politischen Kompromisses für eine gemeinschaftsrechtliche Harmonisierung nicht durch nationale Alleingänge erschwert werden. Zum zweiten soll der Gemeinschaft eine präventive Kontrolle im Hinblick auf die gemeinschaftsrechtliche Vereinbarkeit der mitzuteilenden Maßnahme ermöglicht werden.[273] Diese Kontrollfunktion erfüllt eine Unterrichtungspflicht insbesondere dann, wenn sie mit einem Zustimmungsverfahren zusammentrifft. Das ist v.a. dort der Fall, wo eine gemeinschaftsrechtliche Regelung besteht, aber davon im Zusammenhang mit Ausnahmeklauseln durch nationale Sonderregelungen abgewichen werden kann.[274] Eine schlichte Stillhaltefrist ist dagegen meist an die Unterrichtung von nationalen Regelungsentwürfen geknüpft, wenn *keine* gemeinschafts-

---

[271] Vgl. die Schlußanträge des Generalanwaltes *Jacobs* zum Urteil vom 13.7.1989, Rs. 380/87 (*Enichem Base u.a./Commune di Cinisello Balsamo*), Slg. 1989, 2491 (2508, Rn. 17).

[272] Zur Rechtsnatur der Obliegenheit Teil 2 Kap. 2 B.I.2.

[273] So auch explizit der EuGH, Urteil vom 30.4.1996, Rs. C-194/94 (*CIA Security International SA/Signalson SA u. Securitel SPRL*), EuZW 1996, 379 (380, Rn. 40 f.) mit Anm. von *Fronia* (Urteil auch in Slg. 1996, S. I-2201 ff.) sowie Generalanwalt *Dámaso Ruiz-Jarabo Colomer* in der Rs. C-273/94, Urteil vom 11.1.1996 (*Kommission/Niederlande*) „Margarine", EuZW 1996, 117 f. (Nr. 3). Siehe auch *Fronia*, Transparenz und Vermeidung von Handelshemmnissen bei Produktspezifikationen im Binnenmarkt, EuZW 1996, 101 ff.

[274] Zu den Ausnahmevorschriften Teil 2 Kap. 5 G.II.

rechtliche *Harmonisierung* vorliegt oder ein weiter Spielraum für die Mitgliedstaaten innerhalb einer gemeinschaftsrechtlichen Rahmenregelung besteht.

Als Anknüpfungspunkt dieser Rechtsfolge können *nur nationale Normen und Maßnahmen* dienen. Sonstige Informationsgegenstände können *per se* nicht unwirksam oder undurchführbar werden.[275] Sie stellen gegenwärtige, zukünftige oder vergangene Geschehnisse und Erkenntnisse tatsächlicher Art dar. Diese Sanktion empfiehlt sich nicht bei der Mitteilung nationaler Rechtsakte, durch die harmonisiertes Gemeinschaftsrecht umgesetzt werden soll. Die Unwirksamkeit solcher Akte würde zwar die Einhaltung der Informationspflicht gewährleisten. Sie würde aber in einem Bumerang-Effekt letztlich die Umsetzung des materiellen Gemeinschaftsrechts verzögern. *De lege ferenda* bietet sich diese Rechtsfolge vornehmlich zur Sanktionierung der Unterrichtungspflicht über nationale Alleingänge.

1. Unterrichtungspflichten i.V.m. Zustimmungsverfahren

Ist mit der Unterrichtung ein präventives Zustimmungsverfahren verbunden, kann von der durch die Unterrichtung und Zustimmung auflösend bedingten Undurchführbarkeit der geplanten nationalen Maßnahme ausgegangen werden. Schwierig ist die Feststellung, *wann* im Gemeinschaftsrecht ein solches Zustimmungsverfahren, d.h. eine präventive Verwerfungskompetenz des ausführenden Gemeinschaftsorgans vorgesehen ist.[276] Ein ausdrückliches Zustimmungsverfahren besteht beispielsweise im Beihilfenrecht (Art. 88 Abs. 3 EGV, ex Art. 93). Nationale Beihilfen dürfen nicht vor einer zustimmenden Entscheidung der Kommission bewilligt werden. Der Gerichtshof hat die Unwirksamkeit der nationalen Maßnahme auch für den Fall angenommen, daß die Kommission überhaupt nicht unterrichtet wurde.[277]

---

[275] Zu den Informationsgegenständen Teil 2 Kap. 1 C.I.

[276] Zu den Zustimmungsverfahren im einzelnen oben, Teil 2 Kap. 4 C.

[277] Nunmehr kodifiziert in der *Beihilfenverfahrensverordnung* Nr. 659/1999 (Anm. 105), Art. 3 (Durchführungsverbot vor Genehmigung). Zur ständigen Rechtsprechung vor dieser Kodifikation siehe nur *Pechstein*, Nichtigkeit beihilfengewährender Verträge nach Art. 93 III 3 EGV, EuZW 1998, 495 ff., *Rosenstock*, Die Kontrolle und Harmonisierung nationaler Beihilfen durch die Kommission der Europäischen Gemeinschaften, 1995, jeweils mit weiteren Verweisen; *Seidl*, Das Verwaltungsverfahren in Beihilfesachen, EuR 1985, 22 ff.;

Eine Unterrichtungspflicht kann i.V.m. einer Kontrollbefugnis der Kommission auch ohne eindeutige Vertragsbestimmung zum präventiven Zustimmungsverfahren werden, so der Gerichtshof im *PCP-Urteil* zu Art. 100a Abs. 4 EGV a.F.[278] Art. 100a Abs. 4 EGV a.F. enthielt eine Schutzklausel, auf deren Basis die Mitgliedstaaten abweichendes nationales (Umwelt-) Recht anwenden konnten, wenn der Rat auf der Basis von Art. 100a Abs. 1 EGV a.F. Harmonisierungsmaßnahmen zur Errichtung des Binnenmarktes erlassen hatte. Die Mitgliedstaaten waren verpflichtet, der Kommission die Bestimmungen mitzuteilen. Diese hatte die betreffenden Bestimmungen zu „bestätigen", wenn sie kein Mittel zur willkürlichen Diskriminierung und keine verschleierte Handelsbeschränkung darstellten. Im Falle eines – angenommenen – Mißbrauchs konnte die Kommission oder ein anderer Mitgliedstaat den Gerichtshof unmittelbar anrufen, d.h. ohne das Vorverfahren des Art. 169 EGV a.F. durchlaufen zu müssen. Streitig war in der Literatur, ob der Mitgliedstaat die „Bestätigung" der Kommission abwarten mußte, bevor er die nationale Vorschrift anwendete, d.h., ob es sich bei der „Bestätigung" um ein präventives Zustimmungsverfahren oder lediglich um ein „Unbedenklichkeitsattest" im Rahmen einer Vorprüfung vor der Einleitung eines beschleunigten Vertragsverletzungsverfahrens nach Art. 100a Abs. 4 UAbs. 3 EGV a.F. handelte.[279] Im *PCP-Urteil* stellte der Gerichtshof fest, daß es sich bei Art. 100a Abs. 4 EGV a.F. aus Gründen der praktischen Wirksamkeit der auf der Basis von Art. 100a EGV a.F. erlassenen Harmonisierungsmaßnahmen um ein präventives

---

zur neuen *Beihilfenverfahrensverordnung* ausführlich *Mederer* in: GTE, Bd. 2/II, 5. Aufl. 1999, Art. 93/Verordnung (EG) Nr. 659/1999; siehe auch *Sinnaeve*, Der Kommissionsvorschlag zu einer Verfahrensordnung für die Beihilfenkontrolle, EuZW 1998, 268 ff.

[278] EuGH, Urteil vom 17.5.1994, Rs. C-41/93 (*Frankreich/Kommission*) „PCP", Slg. 1994, 1829 ff. Dazu u.a. *Pechstein*, EG-Umweltrechtskompetenzen und nationale Alleingänge beim Umweltschutz, Jura 1996, 176 (180 f.).

[279] Im letzten Sinne – mit überzeugender Argumentation – u.a. *Hailbronner*, Der „nationale Alleingang" im Gemeinschaftsrecht, EuGRZ 1989, 101 (119 ff.) mit weiteren Verweisen; *Pernice*, Kompetenzordnung und Handlungsbefugnisse der Europäischen Gemeinschaft auf dem Gebiet des Umwelt- und Technikrechts, DV 1989, 1 (12) sowie *Becker, U.*, Der Gestaltungsspielraum der EG-Mitgliedstaaten im Spannungsfeld zwischen Umweltschutz und freiem Warenverkehr, 1991, 118.

Zustimmungsverfahren handele.[280] In den Schlußanträgen betonte Generalanwalt *Tesauro* den Ausnahmecharakter, der dem Absatz 4 im Hinblick auf die Grundsatz der einheitlichen Anwendung des Gemeinschaftsrechts zukam. Eine Ausnahmeregelung sei eng auszulegen. Angesichts dieses Ausnahmecharakters müsse dem Recht der Mitgliedstaaten „nach der Logik des Systems eine besonders weitgehende Kontrollbefugnis der Gemeinschaftsorgane gegenüberstehen".[281] Art. 100a Abs. 4 EGV a.F. ist durch den *Amsterdamer Vertrag* nunmehr in diesem Sinne ausdrücklich dahingehend geändert worden, daß die Kommission die nationalen Maßnahmen „zu billigen oder abzulehnen" hat (Art. 95 Abs. 6 EGV n.F.). Zum „Schutze" der Mitgliedstaaten wurde der Kommission gleichzeitig eine Entscheidungsfrist auferlegt.[282]

Die Rechtsprechung des EuGH im *PCP-Urteil* ist nicht in dem Sinne verallgemeinerungsfähig, daß der Kommission in allen Fällen einer Unterrichtungspflicht über staatliche Alleingänge zwecks Prüfung der Vereinbarkeit mit dem Gemeinschaftsrecht eine ungeschriebene Verwerfungskompetenz zukäme. Wenn das Primär- oder Sekundärrecht kein präventives Kontrollverfahren mit hinreichend ausdrücklich verankerter Verwerfungskompetenz der Kommission enthält, gilt der gemeinschaftsrechtliche Regelfall, wonach ihr keine rechtsaufsichtsbehördlichen Entscheidungs- und Weisungsbefugnisse zukommen.[283] Nach dem Grundsatz der institutionellen Autonomie der Mitgliedstaaten ist die Kommission nicht mit einer ungeschriebenen Rechtsaufsichtskompetenz ausgestattet. Ihr ist mit der Befugnis zur Einleitung eines Vertragsverletzungsverfahrens nach Art. 226 EGV (ex Art. 169) ein Mittel an die Hand gegeben, eine rechtsverbindliche Entscheidung

---

[280] EuGH „PCP" (Anm. 278), 1849 (Rn. 28 ff.). Das Urteil basierte auf einer Klage Frankreichs gegen eine Entscheidung der Kommission mit der das deutsch Verbot von Pentachlorphenol (PCP) „bestätigt" wurde.

[281] Schlußanträge *PCP-Urteil*, a.a.O., 1833 (Rn. 4) und 1835 (Rn. 8).

[282] Trifft die Kommission innerhalb von 6 Monaten keine Entscheidung, gelten die nationalen Bestimmungen als gebilligt (Art. 95 Abs. 6 UAbs. 2 EGV). Die Mitteilungspflichten der Mitgliedstaaten und das vereinfachte Klageverfahren sind beibehalten worden. Dagegen wird nun zwischen der Genehmigung bereits *bestehender* nationaler Bestimmungen und der Genehmigung *neuer* abweichender Bestimmungen differenziert (Art. 95 Abs. 4 und 5 EGV). Zur insoweit umstrittenen Rechtslage in Bezug auf die a.F. siehe nur *Hailbronner*, Der nationale Alleingang im EG-Binnenmarkt, 1989, 15 ff., 25 f.

[283] Im Ergebnis ebenso *Hailbronner* (Anm. 279), 121 sowie *Becker, U.* (Anm. 279), 118. Ausführlicher dazu oben, Teil 4 Kap. 1 C.II.2.

über die ihrer Meinung nach vertragswidrige Maßnahme eines Mitgliedstaates herbeizuführen. Es stellt den Regelfall der rechtsförmlichen Konfliktbeilegung zwischen der Kommission und den Mitgliedstaaten dar. Mit der *verbindlichen Erstentscheidungsbefugnis* ist im Regelfall der Gerichtshof ausgestattet. Bei einem präventiven Zustimmungsverfahren käme die Erstentscheidungsbefugnis dagegen der Kommission zu. Die Mitgliedstaaten könnten erst in einem zweiten Schritt Rechtsschutz beim Gerichtshof suchen, was die geplante Maßnahme auf Jahre hinauszögern würde. Die Annahme einer ungeschriebenen Verwerfungskompetenz der Kommission würde daher möglicherweise auch gegen die innergemeinschaftliche Befugnisverteilung und damit das institutionelle Gleichgewicht verstoßen.[284] Eine primäre Verwerfungsbefugnis der Kommission ist der gemeinschaftsrechtliche Ausnahmefall. Ausnahmen sind auch im Gemeinschaftsrecht eng auszulegen.[285] Eine Verwerfungskompetenz der Kommission bedarf daher einer *hinreichend ausdrücklichen* Verankerung im Gemeinschaftsrecht. Dies gilt um so mehr für die Bereiche, in denen nationale Umweltschutzmaßnahmen keine von den Mitgliedstaaten in Anspruch genommene Ausnahme vom primär verfolgten Ziel des freien Warenverkehrs darstellen, sondern der bestmögliche Umweltschutz das primäre oder zumindest gleichrangig verfolgte Ziel der betroffenen gemeinschaftsrechtlichen Rahmenregelung ist.[286]

In diesem Sinne urteilte auch der Gerichtshof in den Rechtssachen *Enichem Base* und *Sydhavnens Sten & Grus* sowie das Gericht Erster Instanz in der Rechtssache *Prodifarma*. In einer schlichten Unterrichtungspflicht von Regelungsentwürfen oder einfachen Auskunfts- und Unterrichtungspflichten über mitgliedstaatliche Maßnahmen ist nicht

---

[284] Zum institutionellen Gleichgewicht Teil 4 Kap. 2 A.II.2.

[285] Wie auch bei der Auslegung von einzelstaatlichem Recht anerkannt, werden Ausnahmebestimmungen eng ausgelegt und nicht für extensive Auslegungen und Analogien herangezogen. Siehe nur Urteil vom 15.5.1986, Rs. 222/84 (*Johnston/Chief Constable of the Royal Ulster Constabulary*), Slg. 1986, 1651 (1684, Rn. 26); Urteil vom 22.9.1988, Rs. 228/87 (*Strafverfahren gegen X*), Slg. 1988, 5099 (5120, Rn. 10), bestätigt durch das Urteil „Deutsche Trinkwasserverordnung" (Anm. 85), 6013 (Rn. 14). Siehe auch *Pernice* in: *Grabitz/Hilf*, Art. 164 [a.F.], Rn. 26.

[286] Auch deshalb z.B. die primärrechtliche Notifizierungspflicht verstärkter Schutzmaßnahmen nach Art. 176 EGV [ex Art. 130t] nicht im Sinne des *PCP-Urteils* als Zustimmungsverfahren auszulegen.

per se ein Kontrollverfahren impliziert.[287] In den Urteilen *Enichem Base* und *Sydhavnens Sten & Grus* ging es um die Pflicht der Mitgliedstaaten, die Kommission rechtzeitig über bestimmte nationale Regelungsentwürfe und Pläne im Anwendungsbereich der Richtlinie 75/442/EWG zu unterrichten. Eine schlichte Unterrichtungspflicht solle der Kommission ermöglichen, von den beabsichtigten Maßnahmen Kenntnis zu erhalten, damit sie die Notwendigkeit gemeinschaftlicher Harmonisierungsmaßnahmen prüfen könne.[288] Auch soll die Kommission die Vereinbarkeit der Entwürfe mit dem Gemeinschaftsrecht prüfen können. Weder dem Wortlaut noch dem Zweck der Bestimmung sei zu entnehmen, daß allein die Verletzung der Unterrichtungspflicht zur Rechtswidrigkeit der erlassenen Regelung führt. Solange in der fraglichen Vorschrift weder die Einholung des Einverständnisses der Kommission noch das Fehlen ihres Widerspruchs erwähnt sind[289] und sich dieses auch nicht notwendig aus dem Zweck der Bestimmung ergibt, zieht die Verletzung einer Unterrichtungspflicht keine speziellen Rechtsfolgen nach sich. Die Kommission und die anderen Mitgliedstaaten sind dann auf das Vertragsverletzungsverfahren verwiesen.

2. Unterrichtungspflichten i.V.m. einfachen Stillhaltefristen

Im Gegensatz zu Zustimmungsverfahren entfällt bei einer Unterrichtungspflicht mit anschließender Stillhaltepflicht das Anwendungshindernis für die nationalen Maßnahmen mit Ablauf der Frist automatisch.[290] Dasselbe Ergebnis wird bei der Fiktion einer Zustimmung nach Ablauf einer bestimmten Bearbeitungsfrist für die Kommission erreicht, eine Regelungstechnik, die im Gemeinschaftsrecht zunehmend Ge-

---

[287] EuGH, Urteil vom 23.5.2000, Rs. C-209/98 (*Sydhavnens Sten & Grus*), Slg. 2000, S. I-3743 (3805 f., Rn. 98); *Enichem Base* (Anm. 271), 2517 (Rn. 20 f.) sowie EuG, Urteil vom 13.12.1990, Rs. T-116/89 (*Prodifarma u.a./Kommission*), Slg. 1990, S. II-843 (864, Rn. 75 ff.); zu letzterem ausführlich oben, Teil 3 A.II.2. sowie Teil 4 Kap.1 C.II.2.; dort auch allgemein zur Frage der Weisungsrechte der Kommission.

[288] EuGH *Enichem Base*, a.a.O., 2517 f. (Rn. 21).

[289] Diese beiden Beispiele nennt der Gerichtshof ausdrücklich.

[290] So insbesondere in der *Normeninformationsrichtlinie* und den *Unterrichtungs-* und *Stillhaltevereinbarungen* geregelt (Teil 2 Kap. 2 A.II.3.b.aa.).

brauch findet.[291] Offen ist bei einfachen Stillhaltefristen, ob die nicht erfolgte Unterrichtung die Unwirksamkeit oder zumindest Undurchführbarkeit der Maßnahme nach sich zieht. Die Kommission ging bereits frühzeitig bei einem Verstoß gegen die Unterrichtungs- und Stillhaltepflicht nach Art. 8 der (ersten) *Normeninformationsrichtlinie* 83/189/EWG von der Unwirksamkeit der zu notifizierenden nationalen Regelungsentwürfe aus.[292] In dem Urteil *CIA Security* hat der Gerichtshof nunmehr ausdrücklich die Rechtsansicht der Kommission bestätigt.[293] Dies gilt nach dem Urteil *Unilever/Central Food* selbst dann, wenn die Maßnahme zwar zunächst mitgeteilt, die in der Richtlinie

---

[291] Siehe nur Art. 4 der *Beihilfenverfahrensverordnung* Nr. 659/1999 (Anm. 105), sowie Art. 95 Abs. 6 EGV n.F. (dazu Anm. 282). Zu gemeinschaftsrechtlichen Entscheidungsfiktionen siehe auch *Hatje* (Anm. 69), 233 f.

[292] Hierauf verwies die Kommission regelmäßig bei der Veröffentlichung von notifizierten technischen Vorschriften im Amtsblatt der Gemeinschaft durch folgende Textpassage: „Die Kommission erinnert an ihre Stellungnahme vom 1. Oktober 1986 (Abl. Nr. C 245 vom 1.10.1986, 4), nach der ihres Erachtens eine technische Vorschrift, die in den Geltungsbereich der Vorschriften der Richtlinie 83/189/EWG fällt, deren Entwurf der Kommission nicht mitgeteilt worden ist und für die die Verpflichtung des Status quo nicht eingehalten worden ist, gegenüber Dritten nicht kraft des Rechtssystems des betreffenden Mitgliedstaats durchsetzbar ist. Die Kommission ist deshalb der Ansicht, daß die am Rechtsstreit beteiligten Parteien von den einzelstaatlichen Gerichten die Ablehnung der Durchführung einzelstaatlicher technischer Vorschriften, die nicht gemäß den Rechtsvorschriften der Gemeinschaft mitgeteilt worden sind, erwarten können." (siehe nur Abl. Nr. C 185 vom 19.7.1995, 2; Abl. Nr. C 192 vom 26.7.1995, 2; Abl. Nr. C 224 vom 30.8.1995, 2). Siehe auch die Schlußfolgerungen des Generalanwaltes *Dámaso Ruiz-Jarabo Colomer* in der Rs. C-273/94 (Anm. 273), Nr. 10 ff., der die Position der Kommission zwar unterstützte, aber seine Verwunderung ausdrückte, warum diese Rechtsfolge nicht explizit in die damals zur Diskussion stehenden Änderungsvorschläge der *Normeninformationsrichtlinie* eingearbeitet wurde. Ablehnend noch *Teske*, Die Sanktion von Vertragsverstößen im Gemeinschaftsrecht, EuR 1992, 265 (270) und *Fronia* (Anm. 273), 108. Zustimmend dagegen bereits *Mutke*, Informationsverfahren auf dem Gebiet des Lebensmittelrechts, RIW 1988, 829 ff. und *Pagh*, The „Direct Effect Doctrine" in EC Environmental Law, Nordic Journal of International Law, 1995, 23 (35). Zum Inhalt der inzwischen neu kodifizierten Richtlinie (Richtlinie 98/34/EG) oben, Teil 2 Kap. 1 C.I.7. sowie Kap. 2 A.II.3.b.aa.

[293] EuGH *CIA Security* (Anm. 273). Die Kommission verweist in ihren Veröffentlichungen von notifizierten technischen Vorschriften im Amtsblatt der Gemeinschaft nunmehr auf dieses Urteil (siehe nur Abl. Nr. C 281 vom 4.10.2000, 2).

vorgeschriebenen Stillhaltefristen aber nicht eingehalten wurden.[294] Die Argumentation wurde vornehmlich auf das Argument des *effet utile* gestützt.[295] Daß die „schlichten" Mitteilungspflichten dieser Richtlinie mit der Unwirksamkeitsfolge übermäßig sanktioniert werden und letztlich über das Ziel einer *Informations*richtlinie, die weder den Erlaß noch die Rechtmäßigkeit der nationalen Normen regelt, hinausschießt, war für den Gerichtshof kein Hinderungsgrund.

Das Urteil *CIA Security* hat seine Wirkung gezeitigt. Im Anschluß hieran sind die Notifizierungen von technischen Normen sprunghaft angestiegen.[296] Ebenso ist die „Klagelust" von Privatpersonen angestiegen, die nun bei unliebsamen nationalen technischen Normen zunächst prüfen können, ob diese der Gemeinschaft ordnungsgemäß mitgeteilt worden sind.[297] Als sich dann aber in einem Strafverfahren ein Angeklagter auf die Fehlerhaftigkeit der Beweisführung berief, weil die nationalen Rechtsvorschriften über die Verwendung des eingesetzten Alkoholmeßgerätes der Gemeinschaft nicht mitgeteilt worden waren, zog der EuGH die Notbremse. Lediglich einer Warenverkehrsbeschränkung für nicht-konforme Produkte kann nach dem Urteil *Lemmens* die Unwirksamkeit der nationalen technischen Vorschrift wegen Nichtmitteilung entgegen gehalten werden.[298] Behördliche Verwendungen der Vorschrift, die nicht zu einer Beschränkung des Handels führen, werden nicht sanktioniert.

Zu klären bleibt, wie eine solche Vertragsverletzung behoben werden kann, da eine auch für die Zukunft dauerhafte Unwirksamkeit der nicht

---

[294] EuGH, Urteil vom 26.9.2000, Rs. C-443/98 (*Unilever Italia SpA/Central Food SpA*), EuZW 2001, 153 (155, Rn. 37 ff.). Das Urteil bezieht sich im wesentlichen auf die Argumentation aus *CIA Security*.

[295] Eingehend zu diesem Urteil *v. Bogdandy*, Information und Kommunikation in der Europäischen Union: föderale Strukturen in supranationalem Umfeld, in: *Schmidt-Aßmann/Hoffmann-Riem*, Verwaltungsrecht in der Informationsgesellschaft, 2000, 133 (160 ff.) mit weiteren Verweisen.

[296] *Von Bogdandy* spricht für das Jahr 1997 im Vergleich zur Zeit vor dem Urteil von einer Verdoppelung der Notifizierungen (a.a.O., 162).

[297] Siehe u.a. die Urteile *Unilever/Central Food* vom 26.9.2000 (Anm. 294); Urteil vom 3.6.1999, Rs. C-33/97 (*Colim/Bigg's Continent Noord*), Slg. 1999, S. I-3175 ff. sowie Urteil vom 11.5.1999, Rs. C-425/97, C-426/97 und C-427/97 (*Strafverfahren gegen Albers, van den Berkmortel und Nuchelmans*), Slg. 1999, S. I-2947 ff.

[298] EuGH, Urteil vom 16.6.1998, Rs. C-226/97 (*Strafverfahren gegen Johannes Martinus Lemmens*), Slg. 1998, S. I-3711 (3735 f., Rn. 35 f.).

mitgeteilten nationalen technischen Vorschrift die Grenzen der Erforderlichkeit überschreitet, die formelle Verletzung der Unterrichtungspflicht mithin in ein materielles Regelungsverbot umschlagen würde, auf der anderen Seite das nationale Rechtsetzungsverfahren aber auch nicht mehr in den Zustand des Entwurfsstadiums – in welchem die Unterrichtungs- und Stillhaltefrist einsetzt – zurückversetzt werden kann.[299] Hier wird wohl angenommen werden müssen, daß die nationale Vorschrift nur bis zum Zeitpunkt der – nachzuholenden – Unterrichtung einschließlich des Ablaufs der anschließenden Stillhaltefrist unwirksam ist.

Im Gegensatz zu anderen Rechtsordnungen[300] ist im Gemeinschaftsrecht ein Verstoß gegen wesentliche Verfahrensregeln i.d.R. ohne Rücksicht auf die Auswirkungen auf eine ggf. noch zu treffende Verwaltungsentscheidung *justiziabel.*[301] Dabei sind nach der Rechtsprechung des EuGH Verstöße gegen Mitteilungspflichten im Rahmen von gemeinschaftsrechtlichen Kontrollverfahren zumindest dann als wesentlich zu betrachten, wenn dies dem *effet utile* – der praktischen Wirksamkeit – der Kontrolle dient.[302] Ist die Unwirksamkeit der nationalen Maßnahme für die Umsetzung des Gemeinschaftsrechts kontraproduktiv, verneint der Gerichtshof das Vorliegen eines gemeinschaftsrechtli-

---

[299] Vgl. *Fronia*, Anm. zum Urteil *CIA Security* (Anm. 273), 384.

[300] Für das deutsche Verfahrensrecht sei nur auf die §§ 45, 46 VwVfG verwiesen, im Völkerrecht sah z.B. ein *Outline* der *International Law Commission* vor, daß ein Verstoß gegen Informationspflichten allein nicht justiziabel sein solle (dazu *Partan*, The „Duty to inform" in International Environmental Law, Boston University International Law Journal, Vol. 6, 1988, 43, 81 ff.).

[301] Siehe nur *Hailbronner* (Anm. 279), 119 mit weiteren Verweisen; *Kadelbach*, Allgemeines Verwaltungsrecht unter europäischem Einfluß, 1999, 333 f., letzterer zu den Rechtsfolgen der fehlenden Unterrichtung im Rahmen der Beihilfenkontrolle. Vgl. *Scherer*, Das Rechnungsabschlußverfahren – Ein Instrument zur Durchsetzung europäischen Verwaltungsrechts?, EuR 1986, 52 (67 f.), der im Rahmen des RAV gerade bei der Verletzung „interadministrativer Verfahrensregeln" wie z.B. der Übermittlung von Berichten der Mitgliedstaaten an die Kommission zusätzlich einen Kausalitätsnachweis für erforderlich hält.

[302] So im Ergebnis das Urteil *CIA Security* (Anm. 273), Rn. 48: „Die Wirksamkeit dieser Kontrolle ist um so größer, wenn die Richtlinie dahin ausgelegt wird, daß der Verstoß gegen die Mitteilungspflicht einen wesentlichen Verfahrensfehler darstellt, der zur Unanwendbarkeit der fraglichen technischen Vorschriften auf einzelne führen kann."

chen Kontrollverfahrens einschließlich der Rechtsfolge der – zumindest zeitweiligen – Unwirksamkeit nationaler Maßnahmen.[303]

II. Beweislastumkehr zu Lasten des Informationspflichtigen

Wie dargestellt enthalten inzwischen alle Richtlinien der Gemeinschaft die Verpflichtung der Mitgliedstaaten zur Unterrichtung der Kommission über die innerstaatlichen Umsetzungsvorschriften und das einschlägige nationale Recht.[304] Um die Einhaltung dieser Verpflichtung wirksam zu sanktionieren, hat die Kommission vor dem Gerichtshof versucht, eine Beweislastumkehr bei der *Nichtmitteilung von Umsetzungsmaßnahmen* herbeizuführen. Danach sollte der Verstoß gegen die Mitteilungspflicht die Vermutung begründen, daß der Mitgliedstaat die erforderlichen Vorschriften nicht erlassen hat, d.h., daß er den Rechtsakt insgesamt nicht umgesetzt hat.[305] Aufgrund einer solchen Vermutung wollte die Kommission im Vertragsverletzungsverfahren den Verstoß gegen die Durchführungspflicht der Mitgliedstaaten geltend machen, ohne beweisen zu müssen, daß der betroffene Mitgliedstaat gegen spezielle Verpflichtungen aus der Richtlinie verstoßen hat.

Der Gerichtshof hat diese Beweislastumkehr in den Urteilen zur Umsetzung der *Badegewässerrichtlinie* und der *Trinkwasserrichtlinie abgelehnt.* Es sei Sache der Kommission, das Vorliegen der behaupteten Vertragsverletzung zu beweisen, sie kann sich dafür „nicht auf irgendeine Vermutung stützen".[306] Eine Verletzung der Pflicht zum Erlaß von

---

[303] So im Urteil *Enichem Base* (Anm. 271) Rn. 19 ff., in dem es um die Unterrichtung von Maßnahmen ging, die der Umsetzung des Gemeinschaftsrechts dienten (näher dazu oben, B.I.1.). Siehe auch EuGH *CIA Security*, a.a.O., Rn. 49 ff., wo der Gerichtshof die beiden unterschiedlichen Informationsverfahren voneinander abgrenzt.

[304] Zusammenfassend oben, Teil 2 Kap. 5 A.I.

[305] So z.B. im Urteil vom 25.5.1982, Rs. 96/81 (*Kommission/Niederlande*) „Badegewässerrichtlinie", Slg. 1982, 1791 (1799, Rn. 3).

[306] EuGH „Badegewässerrichtlinie", a.a.O., 1803 (Rn. 6) und Urteil vom 25.5.1982, Rs. 97/81 (*Kommission/Niederlande*), „Trinkwasserrichtlinie", Slg. 1982, 1819 (1832, Rn. 6). Generalanwalt *van Gerven* hatte in einer späteren Rechtssache eine solche Vermutungsregel noch einmal für den Fall angenommen, daß der Mitgliedstaat seine Meldepflicht offensichtlich verletzt hat und es der Kommission daraufhin unmöglich ist, den Beweis der Pflichtverletzung durch den Mitgliedstaat zu erbringen (Schlußanträge des Generalanwalts im Urteil vom 17.1.1991, Rs. C-334/89, *Kommission/Italien*, „Erhaltung wildle-

Durchführungsmaßnahmen kann nicht vermutet werden. Statt dessen ist die fehlende oder nicht ausreichende Mitteilung bereits *als solche* eine Pflichtverletzung der Mitgliedstaaten, welche nach Art. 226 EGV verfolgt werden kann.[307] Eine nicht ausreichende Mitteilung liegt z.B. vor, wenn die Informationen gegen die Qualitätsanforderungen verstoßen, insbesondere wenn sie nicht ausreichend klar und deutlich sind.[308] De *lege ferenda* ist aber die Verankerung einer Beweislastumkehr durchaus denkbar, und zwar nicht nur im Hinblick auf die Unterrichtungspflichten der Mitgliedstaaten im Rahmen der Vollzugskontrolle. Sie ist *selbstimplementierend*, d.h. sie bedarf keiner Implementation durch einen speziellen Verwaltungsakt und wendet die Interessenlage im Hinblick auf die korrekte Erfüllung der sanktionierten Informationspflicht. Dadurch wird dem Problem des opportunistischen Verhaltens und der *hidden information* entgegengewirkt.[309] Im Bereich des Rechnungsabschlußverfahrens hat der Gerichtshof z.B. eine Beweislastumkehr vorgenommen. Dort müssen die Mitgliedstaaten beweisen, daß sie ausreichende Kontrollen durchgeführt haben, während die Kommission lediglich glaubhaft zu machen braucht, daß an den von den Mitgliedstaaten durchzuführenden Kontrollen ernsthafte und berechtigte Zweifel bestehen.[310]

III. Entscheidung nach Aktenlage, Ausdehnung der Bearbeitungszeit und Vereinfachung der Begründungsanforderungen

Etwas mildere, sich selbst implementierende Sanktionen einer Informationsverweigerung sind die Entscheidung nach Aktenlage, die Ausdehnung der Bearbeitungszeit durch die Kommission und die Vereinfachung der Begründungsanforderungen an gemeinschaftsrechtliche Maßnahmen. Bei der Verhängung derartiger Rechtsfolgen steht die vollständige und rechtzeitige Mitteilung im Eigeninteresse des Informati-

---

bender Vogelarten", Slg. 1991, S. I-93 [100, Rn. 7]). Der Gerichtshof ist in seinem Urteil auf diese Argumentation nicht eingegangen und hat implizit damit die Frage für überholt erklärt.

[307] EuGH „Badegewässerrichtlinie", a.a.O., Rn. 8.

[308] Siehe oben, Teil 3 Kap. 2 C. mit Verweisen auf die Rechtsprechung.

[309] Dazu Teil 1 Kap. 2 C.II. und D.II.

[310] EuGH, Urteil vom 22.4.1999, Rs. C-28/94 (*Niederlande/Kommission*) „RAV, Beweislast des Mitgliedstaates", Slg. 1999, S. I-1973 (2009, Rn. 40 f.). Näher zum RAV oben, Teil 2 Kap. 4 D.

onspflichtigen und wird wiederum quasi zur Obliegenheit für diesen. Hinter diesen drei Rechtsfolgen steht der Gedanke, daß Staaten und Privatrechtssubjekte *keine Vorteile* aus einer fehlenden oder unvollständigen Mitteilung ziehen dürfen. Eine Hinhaltetaktik durch Auskunftsverweigerung geht nicht zu Lasten der Gemeinschaft. Letztlich gründen sich diese Rechtsfolgen auf das Argument der praktischen Wirksamkeit der Vorschrift, die nicht gewährleistet ist, wenn die Kommission bei einem Verstoß gegen die informationellen Mitwirkungspflichten lediglich dieselben Rechte und Pflichten wie bei einem ordnungsgemäß durchgeführten Verfahren hätte.[311] Sie sind Ausdruck des Verbotes widersprüchlichen Verhaltens (*venire contra factum proprium*). Ein Mitgliedstaat soll sich nicht zu seinen Gunsten auf seine Informationsverweigerung berufen können.

Ausdrücklich vorgesehen ist die *Entscheidung nach Aktenlage* in der *Antidumpingverordnung* sowie in der nahezu gleichlautenden *Antisubventionsverordnung*. Verweigert eine betroffene Partei oder ein Drittland den Zugang zu Informationsquellen, werden die erforderlichen Auskünfte nicht innerhalb eines angemessenen Zeitraumes erteilt oder die Untersuchungen der Kommission erheblich behindert, kann diese eine Entscheidung auf der Grundlage der „verfügbaren Fakten" treffen.[312] Auch bei der Vorlage von unwahren oder irreführenden Informationen kann die Kommission nach – bisheriger – Aktenlage entscheiden und diese Informationen unberücksichtigt lassen. Die Kommission geht dann von den ihr vorliegenden Informationen aus.[313] Diese Informationen stammen häufig von Unternehmensvereinigungen, die mit ihrer Beschwerde gegen das Dumpingverhalten das Verfahren bei

---

[311] Vgl. EuGH, Urteil vom 14.2.1990, Rs. C-301/87 (*Frankreich/Kommission*) „Staatliche Beihilfen", Slg. 1990, S. I-307 (354, Rn. 11).

[312] Art. 18 Abs. 1 der Verordnung Nr. 384/96, ebenso bereits Art. 7 Abs. 7 *lit.* b der ersten *Antidumpingverordnung* Nr. 2423/88 sowie Art. 19 Abs. 1 der Verordnung Nr. 3284/94 (alle Anm. 103). Die Entscheidung kann vorläufig oder endgültig sein. Siehe auch *Arnold* (Anm. 1), 13, der von einer „Entscheidung nach der *best available information*" spricht.

[313] So stellen Art. 18 Abs. 6 der *Antidumpingverordnung* und Art. 19 Abs. 6 der *Antisubventionsverordnung* ausdrücklich fest: „Ist eine interessierte Partei nicht oder nur zum Teil zur Mitarbeit bereit und werden maßgebliche Informationen vorenthalten, so kann dies zu einem Ergebnis führen, das für diese Partei weniger günstig ist, als wenn sie mitgearbeitet hätte" (Verordnung Nr. 384/96 und Verordnung Nr. 3284/94, a.a.O.). Ausführlich zum Antidumpingverfahren *Bourgeois* in: GTE (Anm. 103), Rn. 107 ff.

der Kommission eingeleitet haben und sind deshalb i.d.R. für das belastete Unternehmen nicht günstig.[314] Der Gerichtshof hat die Rechtmäßigkeit dieses Verfahrens in seinem Urteil *Allied Corporation* implizit bestätigt.[315] Implizit hat er sich aber auch gegen die damalige Praxis ausgesprochen, die jeweils ungünstigsten Informationen als Entscheidungsgrundlage zu nehmen und statt dessen die Kommission verpflichtet, *alle verfügbaren Informationen* zu berücksichtigen.[316] Die Tatsachengrundlage muß also anhand der für die Kommission verfügbaren Informationen so wirklichkeitsgetreu wie möglich sein. Die Kommission kann aber durch die fehlende Mitarbeit der Betroffenen nicht zu zusätzlichen, aufwendigen Nachforschungen oder gar zum Aussetzen des Verfahrens gezwungen werden.

---

[314] Vgl. *Bourgeois*, *ibid.*, sowie *Wenig*, Antidumping- und Antisubventionsrecht, in: *Dauses* (Anm. 14), Kap. K.II., Rn. 164 ff. (zur alten *Antidumpingverordnung*). Dem Antrag sind Beweismittel beizufügen (Art. 5 Abs. 2 der Verordnung Nr. 384/96, [Anm. 103]). An die Beweismittel werden wegen der potentiell großen wirtschaftlichen Auswirkungen der Eröffnung eines Antidumpingverfahrens zwar hohe Anforderungen gestellt, sie enthalten i.d.R. aber keine entlastenden Umstände, sondern stellen sozusagen einseitig die Seite des Antragstellers dar. Weitere Informationen kann die Kommission durch Mitgliedstaaten erhalten (Art. 5 Abs. 1 UAbs. 3 der Verordnung Nr. 384/96, a.a.O.).

[315] EuGH, Urteil vom 23.5.1985, Rs. 53/83 (*Allied Corporation/Rat*), Slg. 1985, 1621 (1658, Rn. 13) zur ersten *Antidumpingverordnung* Nr. 2423/88.

[316] *Ibid.* Das Verfahren ist nunmehr genauer in Art. 18 Abs. 3 bis 5 der (neuen) *Antidumpingverordnung* Nr. 384/96 geregelt. Danach sollen die übermittelten Informationen nicht unberücksichtigt bleiben, sofern die Mängel nicht derart sind, daß sie angemessene und zuverlässige Feststellungen über Gebühr erschweren, die Informationen in angemessener Weise und fristgerecht übermittelt wurden sowie nachprüfbar sind und die interessierte Partei nach besten Kräften gehandelt hat (Abs. 3). Werden Informationen nicht akzeptiert, so ist die Partei, die sie vorgelegt hat, unverzüglich über die Gründe zu unterrichten und ihr die Möglichkeit zu Erläuterungen zu geben (Abs. 4), d.h., ihr ist rechtliches Gehör zu gewähren. Nach Abs. 5 sollen Feststellungen, die auf der Basis der Aktenlage getroffen werden, zudem – unter gebührender Berücksichtigung der Fristen für die Untersuchung und soweit tatsächlich möglich – anhand von Informationen aus anderen zugänglichen unabhängigen Quellen wie veröffentlichten Preislisten, amtlichen Einfuhrstatistiken und Zollerklärungen etc. geprüft werden.

Das Besondere am Antidumpingrecht ist, daß es um die Erforschung von Sachverhalten geht, die teilweise in einem *Drittstaat* liegen.[317] Dort kommen der Gemeinschaft keine Hoheitsrechte zu. Sie kann Ermittlungen in den dort ansässigen Unternehmen nur auf freiwilliger Basis und mit zumindest stillschweigender Zustimmung der jeweiligen Regierung vornehmen.[318] Weil ansonsten amtliche Ermittlungen auf dem Boden von Drittstaaten und der erst Recht Einsatz von Zwangsmitteln völkerrechtlich nicht erlaubt sind, wird hier die Zusammenarbeit zur Obliegenheit des Drittstaates und der dortigen Unternehmen gemacht. Eine Entscheidung nach Aktenlage hat der EuGH aber auch für das Beihilfenverfahren gebilligt, obwohl sie nicht in Art. 88 EGV (ex Art. 93) erwähnt ist und es sich um einen rein innergemeinschaftlichen Sachverhalt handelt. Erteilt der Mitgliedstaat trotz der Anordnung der Kommission die im Beihilfenverfahren verlangten Auskünfte nicht, so war die Kommission befugt, das Verfahren abzuschließen und die Entscheidung auf der Grundlage der ihr vorliegenden Informationen zu erlassen.[319]

Im Beihilfenverfahren sinken nach der Rechtsprechung des Gerichtshofes bei einer Informationsverweigerung zudem die *Anforderungen an die Entscheidungsbegründung*. Hier müssen nicht die Auswirkungen dargelegt werden, an deren Aufklärung der Mitgliedstaat nicht mitgewirkt hat.[320] Zum anderen wird die *Bedenk- und Prüfungszeit* der Kommission ausgedehnt, die sie bis zur inhaltlichen Entscheidung in Anspruch nehmen darf, ohne hierdurch den allgemeinen Grundsatz der

---

[317] Das Tatbestandsmerkmal des *Dumping*, d.h. die zu niedrige Preiskalkulation, liegt im Drittstaat, wohingegen die „Schädigung" in der Gemeinschaft selbst eintritt.

[318] Vgl. Art. 16 Abs. 2 der *Antidumpingverordnung* Nr. 384/96, Art. 7 Abs. 2 *lit.* b der ersten Antidumpingverordnung (Anm. 103). Siehe auch *Bourgeois* in: GTE (Anm. 103), Rn. 108; *Arnold* (Anm. 1), 13; *Wenig* in: *Dauses* (Anm. 314), Rn. 169 und *Schwarze* (Anm. 17), Bd. 2, 1180. Zu den völkerrechtlichen Souveränitätsgrenzen Teil 3 Kap. 1 A.

[319] EuGH „Staatliche Beihilfen" (Anm. 311), 357 (Rn. 22). Siehe nunmehr die ausführlichen Vorschriften der *Beihilfenverfahrensverordnung* Nr. 659/1999 (Anm. 105).

[320] EuGH „Staatliche Beihilfen", a.a.O., 359 (Rn. 33). Hier hatten sich im Zuge einer mitgliedstaatlichen Hinhaltetaktik die Umstände geändert, so daß eine aktualisierte Würdigung der Auswirkungen angestanden hätte. Hiervon entband der EuGH die Kommission.

Rechtssicherheit zu verletzen.[321] Andererseits verwarf der Gerichtshof im *Beihilfenurteil* aber auch die Ansicht der Kommission, wonach eine Beihilfe allein wegen solcher formeller Mängel untersagt werden könne.[322] Die fehlende Mitteilung führt also nicht in jedem Fall zur vollständigen Untersagung der beantragten Maßnahme. Die Rechtsfolgen einer mangelhaften Mitwirkung bei der Sachverhaltsaufklärung müssen in einem angemessenen Verhältnis zum Verstoß des Mitgliedstaates stehen. Dabei ist genau zu überlegen, inwieweit der säumige Informationspflichtige mit seinem Tatsachenvortrag endgültig *präkludiert* wird oder letzteren z.B. im Rahmen eines Gerichtsverfahrens nachholen kann. So hat der Gerichtshof für den EGKS-Vertrag entschieden, daß bei einer sekundärrechtlich vorgesehenen Befugnis zur Schätzung von Amts wegen (zumindest) der Gegenbeweis zugelassen ist.[323]

Im Sinne des Rechtsgedankens des *venire contra factum proprium* bei der Verletzung von Mitteilungspflichten – im speziellen der Identifikationspflicht nach der *Flora-Fauna-Habitat-Richtlinie*[324] – entschied auch das Bundesverwaltungsgericht im Verfahren über die Rechtmäßigkeit des Planfeststellungsbeschlusses für den ersten Streckenabschnitt der Bundesautobahn A 20.[325] Hier stand die unmittelbare An-

---

[321] EuGH, a.a.O., 357 f. (Rn. 26 ff.). Die französische Regierung hatte geltend gemacht, daß die Kommission gegen den allgemeinen Grundsatz der Rechtssicherheit verstoßen habe, da sie nicht innerhalb einer angemessenen Frist tätig geworden sei (a.a.O., Rn. 25). Die Kommission hatte sich von der Übersendung der einschlägigen Unterlagen an drei Monate Bedenk- und Prüfungszeit bis zur Einleitung des Verfahrens nach Art. 88 Abs. 2 EGV [ex Art. 93] genommen (siehe Sitzungsbericht, 311, Nr. 6). Danach waren die Auskünfte der französischen Regierung noch mehrfach berichtigt und ergänzt worden, so daß die endgültige Entscheidung erst rund drei Jahre später erlassen werden konnte. In der *Beihilfenverfahrensverordnung* Nr. 659/1999 (Anm. 105) ist nunmehr eine Zwei-Monats-Frist enthalten, die mit dem Eingang der *vollständigen* Unterlagen beginnt (siehe oben, Teil 3 Kap. 2 C.II.).

[322] A.a.O., 354 (Rn. 11).

[323] EuGH *Emilia Barge* (Anm. 37), 596. Zur Präklusion vgl. auch EuGH, Urteil vom 13.7.1988, Rs. 102/87 (Frankreich/Kommission) „Fonds industriel", Slg. 1988, 4067 (4089, Rn. 27) sowie *Rausch*, Die Kontrolle von Tatsachenfeststellungen und -würdigungen durch den Gerichtshof der Europäischen Gemeinschaften, 1994, 185 ff.

[324] Hierzu oben, Teil 2 Kap. 2 B.IV.

[325] BVerwG, Beschluß vom 19.5.1998, NVwZ 1998, 961 ff. (insbesondere 967).

wendung der *Flora-Fauna-Habitat-Richtlinie* zur Diskussion, welche in Art. 4 die Festsetzung einer gemeinschaftsweiten Liste von Schutzgebieten auf der Grundlage von Vorschlägen der Mitgliedstaaten vorsieht.[326] Da diese Mitteilung u.a. von Seiten Deutschlands nicht gemacht wurde, konnte die Kommission auch keine Liste erstellen. Eine Berufung auf die eigene Vertragsuntreue, d.h. die fehlende Identifizierung der nationalen Schutzgebiete, sei ausgeschlossen, um die Nichtberücksichtigung der gemeinschaftsrechtlichen Anforderungen zu rechtfertigen. Sie führte im A 20 Beschluß des Bundesverwaltungsgerichts vielmehr zur Annahme einer *Stillhaltepflicht* der Bundesrepublik Deutschland bis zum Erlaß einer gemeinschaftsweiten Liste von Schutzgebieten.[327]

IV. Leistungsausschluß, Zuschläge und Kautionsverfall

Besonders wirksam sind i.d.R. finanziell spürbare Sanktionen.[328] In Betracht kommen hier die Verhängung von Zuschlägen, Leistungsausschlüssen und der Kautionsverfall.[329] Sie richten sich vornehmlich gegen Rechtsverletzungen seitens der Gemeinschaftsbürger. Gegenüber Mitgliedstaaten wird – neben der Verhängung von Zwangsgeldern nach Art. 228 Abs. 2 EGV, welche aber eine gerichtlich festgestellte Vertragsverletzung voraussetzen – vornehmlich das Rechnungsabschlußverfahren im Sinne einer finanziell spürbaren Sanktionierung von Vertrags-

---

[326] *Richtlinie* 92/43/EWG vom 21.5.1992 *zur Erhaltung der natürlichen Lebensräume sowie der wildlebenden Tiere und Pflanzen* (Abl. Nr. L 206 vom 22.7.1992, 7).

[327] Das BVerwG stützte sich dabei auf den Rechtsgedanken des Art. 10 EGV [ex Art. 5], welcher nach der Rechtsprechung des EuGH bereits vor Ablauf der Umsetzungsfrist die Mitgliedstaaten zu einem Wohlverhalten im Sinne des Unterlassens von Handlungen verpflichtet, die die spätere Umsetzung und Anwendung der gemeinschaftsrechtlichen Vorgaben behindern. Diese Stillhaltepflicht müsse erst Recht gelten, wenn die Umsetzungsfrist bereits abgelaufen ist.

[328] In diesem Sinne auch *Scherer* (Anm. 301), 60.

[329] Aus der Literatur *Wolfgang/Ulrich*, Schutz der finanziellen Interessen der Europäischen Gemeinschaften, EuR 1998, 616 ff. sowie *Pache*, Schutz der finanziellen Interessen (Anm. 14), 254 ff.

verletzungen genutzt.[330] Im Rahmen des Rechnungsabschlußverfahrens der Gemeinsamen Agrarpolitik ist die Kommission beispielsweise bei Fehlen eines effektiven Kontrollsystems berechtigt, bestimmte von dem Mitgliedstaat auf Rechnung der Gemeinschaft getätigte Ausgaben nicht anzuerkennen.[331] Ähnlich geht die Kommission bei der Gewährung von Mitteln aus den Strukturfonds vor.[332] Voraussetzung für derartige Sanktionen ist i.d.R. eine gemeinschaftsrechtliche Mittelvergabe. Sie können v.a. *de lege ferenda* im Rahmen der *EG-Leistungsverwaltung* Anwendung finden. Die Verhängung einer solchen Sanktion setzt nach der Rechtsprechung des Gerichtshofs voraus, daß dem Wirtschaftsteilnehmer zuvor ein Anspruch zugebilligt wurde, da sie Bestandteil der Mittelbewilligung ist und diese inhaltlich begrenzt.[333]

Kautionen sind v.a. im Rahmen der gemeinsamen Agrarmarktorganisation zu stellen.[334] Das europäische Umweltrecht kennt eine Kautionspflicht zur Sicherung von grenzüberschreitenden Abfallverbringungen.[335] Bei Nichteinhaltung der mit der Kaution zu sichernden Verpflichtung verfällt diese. Der Verfall einer Kaution ist nach der Rechtsprechung des Gerichtshofes eine gemeinschaftsrechtlich zulässige

---

330 Näher zum RAV oben, Teil 2 Kap. 4 D. Aus der Literatur *Scherer* (Anm. 301); *Zuleeg*, Europäisches Verwaltungsrecht (Anm. 8), 181. Zur Verhängung von Zwangsgeldern oben, A.I. (insbesondere Anm. 258).

331 EuGH, Urteil vom 12.6.1990, Rs. C-8/88 (*Deutschland/Kommission*) „EAGFL“, Slg. 1990, S. I-2321 (2361, Rn. 21). Ebenso jüngst das Urteil vom 22.4.1999 „RAV, Beweislast des Mitgliedstaates“ (Anm. 310).

332 Nach Berichten von *Krämer* kontrolliert die Kommission die zu fördernden Projekte auf die Durchführung einer Umweltverträglichkeitsprüfung (Implementation, [Anm. 47]); siehe auch *Pühs* (Anm. 254), 252 ff.

333 EuGH Rs. C-240/90 (Anm. 263), 5431 f. (Rn. 26). Zur Leistungsverwaltung oben, Teil 2 Kap. 5 H.

334 Aus der Literatur *Schwarze* (Anm. 17), 709 ff.; *Kadelbach* (Anm. 301), 341 und *Pagenkopf*, Zum Einfluß des Gemeinschaftsrechts auf nationales Wirtschaftsverwaltungsrecht – Versuch einer praktischen Einführung, NVwZ 1993, 216 (219 f.).

335 Art. 27 der *Abfallverbringungsverordnung* (*Verordnung* EWG Nr. 259/93 vom 1.2.1993 *zur Überwachung und Kontrolle der Verbringung von Abfällen in der, in die und aus der Europäischen Gemeinschaft*, Abl. Nr. L 30 vom 6.2.1993, 1, mehrfach geändert), wonach für jede Verbringung von Abfällen die Hinterlegung einer Sicherheitsleistung oder der Nachweis einer entsprechenden Versicherung erforderlich ist, durch die die Kosten der Beförderung einschließlich der Rückführung und der Beseitigung oder Verwertung abgedeckt sind.

Rechtsfolge.[336] Kautionen sichern die Erfüllung einer *freiwillig* übernommenen Verpflichtung. Wegen dieser Freiwilligkeit handelt es sich nicht um eine Strafsanktion, auch wenn die Kaution ihren Sicherungscharakter verliert und zu einer Sanktion wird, sobald die Verpflichtung nicht eingehalten worden ist.[337] Weil es sich nicht um eine strafrechtliche Sanktion handelt und der Kautionsverfall an eine freiwillige Verpflichtung im Rahmen der Verfolgung eigener wirtschaftlicher Interessen anknüpft, darf die Verhängung auch *pauschal* und *verschuldensunabhängig* erfolgen.[338] Sie muß allerdings verhältnismäßig sein und dem Vorbehalt des Gesetzes genügen. Eine Kautionsregelung ist „dank ihrer Einfachheit und Wirksamkeit" nach der Rechtsprechung des EuGH ein notwendiges und angemessenes Mittel.[339] Weil der Kautionsverfall verschuldensunabhängig ist, braucht im Rahmen der Verhältnismäßigkeit auch nicht zwischen den verschiedenen Verschuldensformen differenziert werden.[340] Im Rahmen der Verhältnismäßigkeitsprüfung wird aber u.U. zwischen einem Verstoß gegen *materielles* Recht und gegen *Verfahrens- und Formvorschriften* – hierunter auch Vorschriften eines Informationsverfahrens – zu differenzieren sein.[341] Insbesondere wenn grundsätzlich ein Anspruch auf die Vornahme des kautionsgesicherten Verhaltens besteht, wird es unverhältnismäßig sein, den Kautionsverfall für die Verletzung reiner Form- und Verfahrensvorschriften, die ohne Auswirkungen auf die materiell-rechtlichen Anforderungen bleiben, anzuordnen. Auch die Verhängung eines Zuschlages zu einem wegen gemeinschaftsrechtswidrigen Verhaltens zurückzuzahlenden Betrag ist zulässig, ebenso wie ein Leistungsausschluß für ei-

---

336 EuGH, Urteil vom 17.12.1970, Rs. 11/70 (*Internationale Handelsgesellschaft/Einfuhr- und Vorratsstelle Getreide*), Slg. 1970, 1125 (1135 ff., Rn. 5 ff.); Urteil vom 5.2.1987, Rs. 288/85 (*Hauptzollamt Hamburg-Jonas/Plange Kraftfutterwerke*), Slg. 1987, 611 (624, Rn. 10 f.); *Maizena* (Anm. 202), 4606 ff. (Rn. 10 ff.).

337 EuGH *Maizena*, a.a.O., 4606 f. (Rn. 10, 12); *Internationale Handelsgesellschaft*, a.a.O., 1138 (Rn. 17 f.).

338 EuGH *Maizena*, a.a.O., 4607 (Rn. 13). Allgemein zum Verschuldenserfordernis im Rahmen der Sanktionsvorschriften des Gemeinschaftsrechts *Hatje* (Anm. 69), 295 ff.

339 EuGH *Maizena*, a.a.O., 4606 (Rn. 10).

340 EuGH *Maizena*, a.a.O., 4608 f. (Rn. 19 f.).

341 Die Kautionsregelung der *Abfallverbringungsverordnung* bezieht sich beispielsweise allein auf Verstöße gegen materiell-rechtliche Anforderungen (siehe oben, Anm. 335).

ne bestimmte Zeit in der Zukunft. Voraussetzung wird aus Gründen der Verhältnismäßigkeit v.a. im letzten Fall ein Verschulden auf Seiten des Leistungsempfängers sein.

V. Keine Strafgewalt der Gemeinschaft

Eine eigene Strafgewalt im Sinne eines europäischen *Kriminal*strafrechts wird der Gemeinschaft bislang abgesprochen.[342] In einem – aus dem Jahr 1980 stammenden – Urteil konstatierte der Gerichtshof, daß das Gemeinschaftsrecht die prozessualen und materiell-rechtlichen Regeln des nationalen Strafrechts *zum gegenwärtigen Stand* des Gemeinschaftsrechts nicht beeinträchtigt und läßt damit eine anderweitige Entwicklung offen.[343] Die durch den *Amsterdamer Vertrag* eingeführte Bestimmung des Art. 280 Abs. 4 S. 2 EGV, wonach im Rahmen der Betrugsbekämpfung die Anwendung des Straf- und Prozeßrechts der Mitgliedstaaten unberührt bleibt, enthält keine eindeutige Aussage darüber, ob der Gemeinschaft hier – endgültig – keine Strafgewalt zukommen soll.[344] Leistungsausschlüssen, Zuschlägen und Kautionen kommt kein Strafcharakter zu.[345] Ein Verweis auf den Einsatz des *nationalen* Strafrechts auch zu Zwecken der Durchsetzung des Gemeinschaftsrechts ist

---

[342] Aus der Literatur siehe nur ausführlich *Dannecker/Streinz*, Umweltpolitik und Umweltrecht: Strafrecht, in: EUDUR, Bd. 1 1998, § 8, Rn. 54 ff. (insbesondere Rn. 55); *Sieber* (Anm. 251), 77 f.; *Tiedemann*, Europäisches Gemeinschaftsrecht und Strafrecht, NJW 1993, 23 ff.; *Zuleeg*, Der Beitrag des Strafrechts zur europäischen Integration, JZ 1992, 761 ff.; *Spannowsky* (Anm. 250), 328; *Teske* (Anm. 292), 271; *Oppermann* (Anm. 8), Rn. 698.

[343] EuGH, Urteil vom 10.1.1980, Rs. 267/78 (*Kommission/Italien*) „Ermittlungsgeheimnis", Slg.1980, 31 (56, Rn. 20 ff.). Ohne Beschränkung auf den „gegenwärtigen Stand des Gemeinschaftsrechts" das Urteil *Casati* (Anm. 16), 2618 (Rn. 27).

[344] Für ein „Nebeneinander" von nationalem und noch zu schaffendem Gemeinschaftsstrafrecht *Wolfgang/Ulrich* (Anm. 329), 644 f. mit Verweisen auf das *Corpus iuris*-Projekt zur Schaffung eines „europäischen Strafrechts". Nach der überwiegenden Meinung in der Literatur ist hierfür eine Vertragsänderung nötig (siehe nur *Sieber* [Anm. 251], 80).

[345] EuGH Rs. C-240/90 (Anm. 263), 5429 (Rn. 15 ff.). Zum Streitstand über die Einordnung von „Verwaltungssanktionen mit Strafcharakter" als Verwaltungs- oder Strafsanktion *Spannowsky* (Anm. 250), 328 sowie *Sieber*, a.a.O., 72 f., 75. Ausführlich zur Einordnung von Geldbußen *Dannecker/Streinz* (Anm. 342), Rn. 57 ff.

zulässig. Die Mitgliedstaaten sind aufgrund von Art. 10 EGV verpflichtet, alle geeigneten Maßnahmen – soweit erforderlich unter Einschluß strafrechtlicher Schritte – zu treffen, um die Geltung und die Wirksamkeit des Gemeinschaftsrechts zu gewährleisten.[346]

VI. Zwangsmaßnahmen

Abgesehen von der durch den *Maastrichter Vertrag* eingeführten Befugnis, gegen die Mitgliedstaaten bei Nichtbeachtung eines Urteils des EuGH ein *Zwangsgeld* zu verhängen sowie der vereinzelt gegebenen Möglichkeit der Kommission, gegenüber Privatpersonen Zwangsgelder zu erlassen, sind die Gemeinschaftsorgane im Rahmen des EG-Vertrages[347] nicht zum Einsatz von Zwangsgewalt ermächtigt, insbesondere nicht zum Einsatz *unmittelbarer Gewalt*.[348] Dies gilt nicht nur gegenüber Privatpersonen, sondern erst recht im Verhältnis zu den Mitgliedstaaten.[349] Sollen Ermittlungen vor Ort stattfinden und wird der Zutritt oder die Vorlage von Unterlagen verweigert, kommen den Ge-

---

[346] EuGH „Griechischer Maisskandal" (Anm. 259), 2984 (Rn. 23); Beschluß vom 13.7.1990, Rs. C-2/88 Imm. (*Zwartveld u.a.*), Slg. 1990, S. I-3365 (3372, Rn. 17). Siehe auch *Sieber*, a.a.O., 75.

[347] Anders in der EGKS. Art. 86 Abs. 4 EGKSV gewährt den Inspektoren der Hohen Behörde die Befugnisse eines nationalen Finanzbeamten. Sie können die Zwangsmittel des innerstaatlichen Steuerrechts anwenden, um im unmittelbaren Vollstreckungswege Kontrollrechte durchzusetzen (EuGH *Acciaieria e Tubificio di Brescia*, [Anm. 95], 180, bestätigt durch das Urteil *Emilia Barge*, [Anm. 37], Leitsatz Nr. 4.). Die Befugnisse der Kommissionsbeamten sind akzessorisch zum jeweiligen nationalen Recht, d.h. dem Recht des Staates, auf dessen Hoheitsgebiet die Zwangsbefugnisse ausgeübt werden sollen. Sie können daher im Umfang von Mitgliedstaat zu Mitgliedstaat variieren. Der inhaltliche Umfang der Informations- und Nachprüfungsbefugnisse bestimmt sich dagegen nach dem Gemeinschaftsrecht (EuGH *Acciaieria e Tubificio di Brescia*, *ibid.*).

[348] Siehe nur *Constantinesco, L.*, Das Recht der Europäischen Gemeinschaften, Bd. 1 1977, 906 f.; *Oppermann* (Anm. 8), Rn. 691 ff., 725 sowie die im folgenden angeführten Nachweise.

[349] Siehe nur *Grabitz* in: *Grabitz/Hilf*, Art. 192 [a.F.], Rn. 2 und 7; *Schmidt* in: GTE, Bd. 4, 5. Aufl. 1997, Art. 192, Rn. 9; *Oppermann*, a.a.O., Rn. 697; *Constantinesco, L.*, a.a.O., 907.

meinschaftsbediensteten keine polizeilichen Zwangsbefugnisse zu.[350] Insofern ist also immer eine Einwilligung des betroffenen Staates erforderlich. Allerdings besteht eine Pflicht zur Einwilligung bei entsprechenden gemeinschaftsrechtlichen Zugangs- und Nachprüfungsrechten.[351] In diesem Fall kann sich die Kommission bei einer Weigerung an die zuständigen staatlichen Behörden mit der Bitte um *Amtshilfe* wenden.[352] Die Mitgliedstaaten haben aufgrund ihrer Bindung an das Gemeinschaftsrecht die Pflicht, für dessen Durchsetzung zu sorgen. Wie dies geschieht, ist Sache der innerstaatlichen Rechtsordnung. Den Einsatz von Zwangsgewalt kann die Kommission i.d.R. nicht direkt per Weisung anfordern.[353] Sie kann aber den Mitgliedstaat wegen Vertragsverletzung vor dem Europäischen Gerichtshof verklagen. Für die Vollstreckung von Zahlungstiteln der Gemeinschaft verweist der EG-Vertrag ausdrücklich auf die zuständigen innerstaatlichen Stellen.[354]

---

[350] So ausdrücklich das Urteil *Hoechst* (Anm. 35), 2927 (Rn. 31 f.). Siehe auch die Vorschriften der *Kartellverordnung* (Anm. 103) zur Verhängung von Zwangsgeldern und der Inanspruchnahme von Amtshilfe in Fällen der Weigerung (Art. 15 und 16 i.V.m. Art. 11 Abs. 5, Art. 14 Abs. 6); ähnlich Art. 9 der *Betrugs-Kontrollverordnung* Nr. 2185/96 (Anm. 104). Aus der Literatur ausführlich zu den Ermittlungsbefugnissen der Kommission im Rahmen des Wettbewerbsrechts *Hanebuth* (Anm. 1), 329 ff.; *Nockelmann*, Das Durchsuchungsrecht der EG-Kommission im Kartellverfahren, 1995 (ausführlich zum *Hoechst* Urteil, 32 ff.); *Gillmeister*, Ermittlungsrechte im deutschen und europäischen Kartellordnungswidrigkeitenverfahren, 1985; *Hermanns*, Ermittlungsbefugnisse der Kartellbehörden nach deutschem und europäischem Recht, 2. Aufl. 1978; *Winterfeld* (Anm. 241), 525.

[351] Zu den Inspektionsbefugnissen oben, Teil 2 Kap. 2 A.V., Kap. 4 B., Teil 3 Kap. 1 B.II.1.c.bb.; zum Wettbewerbsrecht siehe nur *Pernice* in: *Grabitz/Hilf* (Anm. 66), Art. 14, Rn. 41).

[352] So explizit Art. 85 EGV [ex Art. 89] für das Wettbewerbsrecht.

[353] Näher zu – i.d.R. nicht existenten – Weisungsrechten der Kommission oben, Teil 4 Kap. 1 C.II.2.

[354] Art. 256 Abs. 3 EGV [ex Art. 192].

Zusammenfassung

In der vorliegenden Arbeit ging es um einen ersten Ansatz für die rechtliche Durchdringung der Verwaltungsvorgänge, welche die Verwaltungskooperation im Bereich des Informationsaustauschs prägen.[1] Es gibt kein „abgelöstes" Verwaltungskooperationsrecht[2] im Sinne einer frei schwebenden, eigenständigen Rechtsordnung. Das zwischenstaatliche Kooperationsrecht ist Teil der existierenden Rechtsordnungen des Gemeinschafts- und des Völkerrechts. Dennoch kann in diesen Rechtsordnungen ein Bestand von Rechtsnormen ausgemacht werden, die für die rechtliche Einordnung und Beurteilung von Kooperationsprozessen bedeutsam sind.[3]

Rechtlicher Ausgangspunkt ist die auch im Gemeinschaftsrecht grundsätzlich im Rahmen der territorialen Souveränität bestehende *„Informationshoheit"* der Mitgliedstaaten. Als Hausrecht der Staaten verbietet die territoriale Souveränität die unerlaubte Informationserhebung auf dem Gebiet eines Staates zu öffentlichen Zwecken anderer Hoheitsträger. Die Mitgliedstaaten der Gemeinschaft haben mit der Gründung der Gemeinschaft ihre territoriale Souveränität nicht aufgegeben. Letzterer kommen weder eigene territoriale Hoheitsrechte noch eine Kompetenz-Kompetenz zu. Es gilt vielmehr der Grundsatz der begrenzten Einzelermächtigung. Im Gemeinschaftsrecht ist für die Festschreibung von Informationsverfahren demnach eine *Ermächtigungsgrundlage* erforderlich. Administrative Informationspflichten ergeben sich in allgemeiner und umfassender Form weder aus Art. 10 EGV, noch unmittelbar aus Art. 284 EGV oder gar aus einem ungeschriebenen Amtshilfe-

---

1 In Anlehnung an *Schmidt-Aßmann*, Verwaltungskooperation und Verwaltungskooperationsrecht in der Europäischen Gemeinschaft, EuR 1996, 270 (273).

2 *Hoffmann-Riem*, Strukturen des Europäischen Verwaltungsrechts – Perspektiven der Systembildung, in: *Schmidt-Aßmann/Hoffmann-Riem*, Strukturen des Europäischen Verwaltungsrechts, 1999, 317 (320) sowie *Schmidt-Aßmann*, Europäisches Verwaltungsverfahrensrecht, in: *Müller-Graff*, Perspektiven des Rechts in der Europäischen Union, 1998, 131 (159) und *Schmidt-Aßmann/Ladenburger*, Umweltverfahrensrecht, in: EUDUR, Bd. 1 1998, § 18 Rn. 64.

3 Ebenso *Schmidt-Aßmann/Ladenburger* und *Hoffmann-Riem, ibid.*

oder Amtsermittlungsgrundsatz. Sie sind zum größten Teil im Sekundärrecht festzulegen.

Die Auswahl der einschlägigen Ermächtigungsgrundlage ist wegen der unterschiedlichen Rechtssetzungsverfahren und Ausnahmeklauseln von Bedeutung. Im Ergebnis dürfen und müssen materiell-rechtlich geprägte Informationsverfahren wie Anzeige-, Genehmigungs-, Identifikations- und Planungspflichten auf die entsprechenden sachgebietsbezogenen Rechtsgrundlagen gestützt werden, um so eine Umgehung der darin festgelegten Verfahrensanforderungen zu verhindern. Art. 284 EGV stellt dagegen eine *lex generalis* im Sinne einer Auffangvorschrift ohne Sperrwirkung gegenüber den sachgebietsbezogenen Ermächtigungsgrundlagen dar. Auf diesen ist v.a. beim Erlaß von übergreifenden, mehrere Sachbereiche gleichermaßen umfassenden Informationspflichten zurückzugreifen. Für den Hauptteil solcher Informationspflichten, die Statistiken, ist mit Art. 285 EGV allerdings nun eine vorrangige *lex specialis* geschaffen worden. Auf keinen Fall darf Art. 284 EGV zur Grundlage materiell-rechtlicher Regelungen gemacht werden. Dies würde eine Umgehung der – durchweg schärferen – Anforderungen der sachgebietsbezogenen Entscheidungsverfahren bedeuten.

Die *Gemeinschaftstreuepflicht* impliziert zum einen unselbständige Nebenpflichten, die die Qualität der Erfüllung von Informationspflichten regeln, aber auch selbständige Informationspflichten, letztere jedoch nur in begrenztem Umfang. Insbesondere bedürfen diese zu ihrer Feststellung zusätzlich einer weiteren, hinsichtlich ihres Verpflichtungsgehaltes konkreteren Vorgabe des Gemeinschaftsrechts, welche sich unter Umständen auch aus entsprechenden Aufgabennormen oder der Gesamtsystematik des Gemeinschaftsrechts ergeben kann. Als Qualitätsanforderungen können die Vollständigkeit, Nachprüfbarkeit und Klarheit beizubringender Informationen genannt werden. Sie werden vom Gerichtshof ohne weitere Begründung z.T. in sekundärrechtliche Informationspflichten hineingelesen. Zudem ist einer Informationspflicht in einem dem Sachproblem entsprechend angemessenen Zeitraum nachzukommen. Für den Fall, daß die Kommission mit der Durchführung beauftragt worden ist, kann sie erforderlichenfalls angemessene Fristen setzen. Selbständige, unmittelbar anwendbare administrative Informationspflichten bedürfen wegen der Unbestimmtheit des Verpflichtungsgehaltes von Art. 10 EGV einer konkretisierenden Norm im Gemeinschaftsrecht, die hinsichtlich ihres Verpflichtungsgehaltes selbst hinreichend eindeutig ist. Der Kommission kommt eine solche Konkretisierungsbefugnis allein auf der Basis von Art. 10 EGV nicht zu. Die Gemeinschaftstreuepflicht ist weder ein Generaltransformator für unverbindliche Rechtsakte der Gemeinschaftsorgane, noch eine Ermächtigungsgrundlage für die sekundäre Rechtsetzung.

Im einzelnen können aus der Rechtsprechung des Gerichtshofes eine Auskunftspflicht der Mitgliedstaaten im Rahmen von Vertragsverletzungsverfahren, eine vertikale Konsultationspflicht bei Auswirkungen nationaler Maßnahmen auf die Funktionsfähigkeit der Gemeinschaft, eine einseitig fakultative Konsultationspflicht bei Umsetzungsschwierigkeiten und eine Informationshilfepflicht der Kommission gegenüber den Mitgliedstaaten bei der Durchführung des Gemeinschaftsrechts entnommen werden. Aufgrund der konkreten Tatbestandsmerkmale des Art. 284 EGV kann auch diese Norm zur Konkretisierung von Art. 10 EGV herangezogen werden. Hieraus zu entnehmende Informationspflichten beschränken sich aber auf die Mitgliedstaaten und aus Gründen der Bestimmtheit i.d.R. auf vertikale, einfache Auskünfte, die ein konkretes Ersuchen seitens der Kommission voraussetzen. Individualbelastende Genehmigungsverfahren und Kontrollpflichten bedürfen aufgrund des Vorbehaltes des Gesetzes einer speziellen sekundärrechtlichen Grundlage. Auch die stark materiell-rechtlich verknüpften Identifikations- und Planungspflichten sowie sachbereichbezogene Inspektionsrechte, Berichts- und Konsultationspflichten bedürfen einer Regelung im Rahmen der sachgebietsbezogenen Ermächtigungsnormen. Selbst Unterrichtungspflichten können in den seltensten Fällen der Gemeinschaftstreuepflicht entnommen werden, denn diese sagt nichts über den Auslösungstatbestand für eine solche Pflicht aus. Auskunftsersuchen sind aus Gründen der institutionellen Autonomie der Mitgliedstaaten an die außenvertretungsberechtigte Stelle der Mitgliedstaaten zu richten, nicht an die ausführenden Behörden selbst. Meist handelt es sich hier um die Ständigen Vertretungen der Mitgliedstaaten bei der Gemeinschaft. Sind für bestimmte Sachbereiche nationale Anlauf- und Koordinationsstellen benannt worden, ist ein entsprechendes Ersuchen an diese zu richten. Bei den aus Art. 10 EGV fließenden Vorgaben handelt es sich zudem weitgehend um Bemühens- und Reaktionspflichten, da die Gemeinschaftstreuepflicht als Pflicht zur gegenseitigen Rücksichtnahme Raum für eine Einzelfallbetrachtung und Abwägung der Gesamtumstände läßt.

Noch weniger als die Gemeinschaftstreuepflicht stellen die Grundsätze der Amtsermittlung und der Amtshilfe eine allgemeine Rechtsgrundlage administrativer Informationsverfahren dar – soweit sie denn überhaupt im Gemeinschaftsrecht existieren. Der Grundsatz der *Amtsermittlung* impliziert *per se* keine Befugnisse der Sachverhaltsermittlung, sondern stellt vielmehr bestimmte Anforderungen an deren Qualität. Die ermittelnde Behörde muß im Rahmen pflichtgemäßen Ermessens den zu entscheidenden Sachverhalt mit den ihr zur Verfügung stehenden Mitteln unparteiisch, d.h. einschließlich aller für den Betroffenen günstigen und nachteiligen entscheidungserheblichen Umstände, aufklären und alle diesbezüglich verfügbaren Informationen berücksichtigen. Auch das Gemeinschaftsrecht kennt einen solchen Grundsatz, welcher aber auch den Gemeinschaftsorganen keine ungeschriebenen Eingriffsbefugnisse verleiht.

Bei der *Amtshilfe* ist schon fraglich, ob eine umfassende Pflicht zur Amtshilfe im Gemeinschaftsrecht überhaupt existiert. Das Institut der Amtshilfe besteht charakteristischerweise außerhalb von Weisungsverhältnissen, ist fremdnützig, d.h. dient der Erfüllung von Verwaltungsaufgaben eines fremden Verwaltungsträgers und wird lediglich im Einzelfall, d.h. im Rahmen konkreter Verwaltungsverfahren auf Ersuchen und außerhalb einer strukturellen zwischenbehördlichen Zusammenarbeit herangezogen. Der *Zwartveld-Beschluß* des EuGH bezieht sich auf eine solche lediglich ergänzende Informationshilfe im Einzelfall, denn er verpflichtet die Kommission im Rahmen enger Grenzen zur Weitergabe von Unterlagen an die Mitgliedstaaten. Eine umfassende horizontale oder vertikale Amtshilfepflicht der Mitgliedstaaten gegenüber der Kommission begründet er nicht, ja erwähnt nicht einmal selbst den Begriff der Amtshilfe, sondern stützt sich auf die Gemeinschaftstreuepflicht. Ob neben dieser überhaupt ein eigenständiger rechtlicher Anwendungsbereich für eine gemeinschaftsrechtliche Amtshilfepflicht verbleibt, ist zweifelhaft. Dies gilt zumindest für vertikale Informationspflichten. Rechtlich geht die auf der Gemeinschaftstreue fußende Bindung der Mitgliedstaaten und der Gemeinschaft zumindest im vertikalen Verhältnis über das Institut der Amtshilfe hinaus. Selbst im horizontalen Verhältnis wird die Informationskooperation von anderen „Rechtsinstituten" des Gemeinschaftsrechts geprägt. Hier hat der Gerichtshof auf der Grundlage der *Dogmatik des freien Warenverkehrs* Informationspflichten entwickelt, die der Einhaltung der Verhältnismäßigkeit von nationalen Warenverkehrsbeschränkungen dienen. So geht die einfache, nicht mit unvernünftigen Belastungen verbundene Verwaltungszusammenarbeit der Verhängung von Handelsbeschränkungen wegen fehlender Beibringung von Unterlagen und sonstigen Beweisen vor. Hierunter fällt der Austausch und die Anerkennung von gleichwertigen Kontrollergebnissen anderer Verwaltungsträger, was nach einer Reihe von Urteilen, angefangen mit *De Peijper*, über *Denkavit* zu *Biologische Produkten*, *Brandsma* und *Harpegnies*, inzwischen als ständige Rechtsprechung bezeichnet werden kann. Begleitdokumente dürfen nur bei wesentlichen Fehlern zurückgewiesen und systematische Warenkontrollen nur bei konkreten Anhaltspunkten durchgeführt werden. Bei der Änderung einer langjährigen Kontrollpraxis besteht eine Pflicht zur Unterrichtung des betroffenen Mitgliedstaates.

Vorangehend wurden bereits bestimmte Begriffe für einzelne Informationsverfahren wie Auskunftspflichten, Identifikations- und Planungspflichten u.a.m. verwandt. Rechtlich bestimmte Begriffe, die den Auslösungstatbestand, die Initiativlast, den Zeitpunkt, den Umfang und das Informationsmedium benennen, dienen der Rechtssicherheit und fördern so den Vollzug des Gemeinschaftsrechts. Sie stellen Eckpunkte für die Rechtmäßigkeitskontrolle dar, vereinfachen die Rechtsetzung und zeigen gleichzeitig Gestaltungsmöglichkeiten auf. *De lege ferenda* böte sich ein einheitliches Typenmuster für Informationsverfahren im Sinne eines Baustein-Kataloges in der Rechtsform eines die Gemeinschaftsorgane selbst bindenden Beschlusses an, welcher gleichzeitig noch genügend Spielraum für die Erprobung neuer Verfahren lassen sollte. *De lege lata* bietet die vorliegende Untersuchung aus einer Analyse des derzeit noch „wild wuchernden" Bestandes an unterschiedlichsten Erscheinungsformen und Begrifflichkeiten den ersten Ansatzpunkt für eine derartige Systematisierung.

Im einzelnen können die administrativen Informationsverfahren unter die Oberbegriffe der Mitteilungs- und der Beschaffungspflichten gefaßt werden. Als *Mitteilungspflichten* sind die grundlegenden Kategorien der einzelfallbezogenen, reaktiven, d.h. von einem vorangehenden Ersuchen abhängigen Auskunftspflichten; die aktiven, an einen bestimmten Auslösungstatbestand anknüpfenden Unterrichtungspflichten; die umfassenden, sich meist über einen längeren Zeitraum erstreckenden Berichtspflichten; die einen reziproken, ergebnisoffenen Informationsaustausch implizierenden Konsultationspflichten und zuletzt die passive Pflicht zur Gewährung eines Informationszugangs im Rahmen von Inspektionsrechten fremder Hoheitsträger zu nennen. Die einzelfallbezogenen *Auskunftspflichten* sind die am wenigsten belastende Form der Informationspflicht. Sie können sich, da sie ein konkretisierendes Ersuchen voraussetzen, für die Mitgliedstaaten auch implizit aus der Gemeinschaftstreuepflicht i.V.m. einem Vertragsverletzungsverfahren oder i.V.m. Art. 284 EGV ergeben, ohne daß die Rechtsunsicherheit im Hinblick auf den Auslösungstatbestand, den Umfang, den Zeitpunkt und die Initiativlast zu groß wäre. Mit der eigentlich für die Bürger der Gemeinschaft geschaffenen *Umweltinformationsrichtlinie* haben sich die Mitgliedstaaten möglicherweise auch in Bezug auf die zwischenstaatlichen Auskunftspflichten ein trojanisches Pferd in die Abgeschlossenheit der Amtsstuben geholt. Die aktiven *Unterrichtungspflichten* knüpfen an einen Auslösungstatbestand in Form von bestimmten Ereignissen an, die in der Macht- oder Kenntnissphäre des Verpflichteten liegen. Sind Inhalt und Form der Unterrichtungspflicht genau festgelegt und knüpfen an deren Erfüllung bestimmte Rechtsfolgen an, wird sie meist als Notifizierung bezeichnet und hat dann häufig einen völkerrechtlichen Hintergrund. Dies gilt insbesondere beim grenzüberschreitenden Transport von Gefahrstoffen. Öffentlichkeitsakzessorisch sind administrative Unterrichtungspflichten dann, wenn sie an die vorherige Unterrichtung dritter Personen – meist der eigenen Bevölkerung – anknüpfen. Die Akzessorietät kann sich auf den Zeitpunkt oder den Umfang der Unterrichtung beziehen. Wichtige Erscheinungsformen der Unterrichtung sind Warnungen in Notfällen, d.h. konkreten Gefahrensituationen, die Unterrichtung über staatliche Normen und Maßnahmen sowohl im gemeinschaftsrechtlich harmonisierten als auch im nichtharmonisierten Bereich sowie die an eine abstrakte Gefahr anknüpfenden Unterrichtungspflichten im Rahmen von Anmelde- und Genehmigungsverfahren. *Berichtspflichten* implizieren eine systematische, sich über einen längeren Zeitraum erstreckende Informationszusammenstellung. Sie sind v.a. für die Vollzugskontrolle wichtig, bergen aber gleichzeitig die Gefahr von beschönigenden Sachverhaltsdarstellungen, wenn es darum geht, die eigene Tätigkeit ins rechte Licht zu rücken. Hier stehen Aufwand und Nutzen schnell in keinem angemessenen Verhältnis mehr.

Konsultationspflichten treten häufig im Rahmen nachbarrechtlicher Sachverhalte auf und finden ihren Ursprung im Völkerrecht. Sie existieren dort, wo keine hoheitliche Regelungskompetenz besteht und sind im Kern daher meist horizontal, können aber über ein Eintrittsrecht der Kommission zu einem Dreiecksverhältnis ausgebaut werden, in welchem letztere i.d.R. auf die Einhaltung des Gemeinschaftsrechts zu achten hat. Der darin implizierte Informationsaustausch unterliegt einem weiten Gestaltungsspielraum der Beteiligten hinsichtlich Zeitpunkt, Form und Umfang. Vollendete Tatsachen dürfen jedoch vor Abschluß der Konsultationen nicht geschaffen werden – die Parteien müssen sich ernsthaft auf die gegenseitigen Argumente einlassen. Horizontale Konsultationspflichten scheinen auf der Gemeinschaftsebene zu Gunsten von unspezifischeren Informationsnetzen und einer verstärkten zentralen Regulierung im Rückgang zu sein. Als Lückenfüller kann bei nachbarrechtlichen Sachverhalten meist auf das Völkerrecht zurückgriffen werden. Dort sind sie ein fester Bestandteil eines jeden völkerrechtlichen Abkommens und zum Teil sogar konkreter ausgestaltet als im Gemeinschaftsrecht. Manche Richtlinien verweisen hinsichtlich der Durchführung von Konsultationen gar auf die „bilateralen Beziehungen", mithin auf das Völkerrecht. Im Kommen sind dagegen im Gemeinschaftsrecht *Inspektionen vor Ort*. Wenn sie auch selten im Kernbereich des Umweltrechts existieren, sind Inspektionsrechte gerade in letzter Zeit im Rahmen der Fischereikontrolle, der Betrugsbekämpfung, der Beihilfenkontrolle und der Agrarpolitik gestärkt worden. Inspektionsrechte stellen den einschneidensten Eingriff in die territoriale Souveränität der Mitgliedstaaten dar und unterliegen strengen Anforderungen im Hinblick auf deren Verhältnismäßigkeit. Dies gilt insbesondere für die Notwendigkeit eines Anfangsverdachts. Flächeninspektionen können z.T. durch die Satellitenfernerkundung ersetzt werden – soweit Daten durch Satellitenaufnahmen erhoben werden können, bedarf es keiner Augenscheinnahme durch einen Inspektor vor Ort. Gleichzeitig kann die Fernerkundung den Anfangsverdacht für das Vorliegen von Unregelmäßigkeiten und die Durchführung von weiteren Kontrollen liefern.

Der Informationsbeschaffung dienen v.a. die *Umweltmonitoringpflichten* der Mitgliedstaaten, d.h. Pflichten zur kontinuierlichen Beobachtung und Messung des Umweltzustandes. Um die Vergleichbarkeit und damit auf der Ebene der Gemeinschaft den Aussagegehalt der Daten zu sichern, ist in diesem Zusammenhang die einheitliche Festlegung von Informationsrahmendaten entscheidend. Solche Daten über die Erhebungs- und Darstellungsmethoden wirken dem Problem des *information overload*, der Informationsüberlastung, entgegen. Eine Informationsüberlastung entsteht, wenn zwar viele Informationen zur Verfügung stehen, deren Aussagehalt und Relevanz für das in Frage stehende Problem jedoch unklar sind und die Informationsverarbeitungskapazitäten des Adressaten übersteigen. Als Erscheinungsform der Verfahrensprivatisierung[4] werden zum Zweiten die Informationsbeibringungspflichten von Wirtschaftsteilnehmern im Rahmen von *Anmelde-* und *Genehmigungsverfahren* für die Informationsbeschaffung eingesetzt. Anmelde- und Genehmigungsverfahren treten v.a. im produkt- und anlagenbezogenen Umweltschutz auf und beziehen sich – unabhängig von einer konkreten Gefahrenlage – auf potentiell umweltbelastende Tätigkeiten. Im Fall des Eintritts einer konkreten Gefahrensituation eröffnen sie der Kommission und den Mitgliedstaaten die Möglichkeit, zum Zwecke der Gefahrenbeseitigung schnell auf einschlägige Informationen zurückgreifen zu können. Als Genehmigungsvoraussetzung

---

[4] *Schmidt-Aßmann/Ladenburger*, a.a.O., Rn. 31.

stellen Informationsbeibringungspflichten faktisch Obliegenheiten dar, welche aufgrund der Instrumentalisierung des Eigeninteresses des Informationspflichtigen die diesbezügliche Rechtsdurchsetzung erheblich vereinfachen und dem aus der ökonomischen Theorie bekannten Problem der *hidden information* entgegen wirken.

Als dritte Kategorie sind *Kontrollpflichten* der Mitgliedstaaten zu nennen, welche sich in Abgrenzung zum eher immissionsbezogenen Umweltmonitoring auf die Umweltbelastungsfaktoren, d.h. die Emissionen beziehen. Ihnen kommt eine vertrauensbildende Funktion zu. Gerade im Zeichen des Grundsatzes der Herkunftslandkontrolle obliegt dem abfertigenden Mitgliedstaat beim grenzüberschreitenden Warenverkehr eine besondere Verantwortung bei der Sachverhaltsermittlung, welche dieser in gewissen Umfang stellvertretend für alle anderen Mitgliedstaaten durchführt. Stellenweise sind in diesem Sinne zudem die nationalen Kontrollstrukturen transparent zu machen. Rechtliche Vorgaben für die Qualität der mitgliedstaatlichen Kontrollen finden sich z.T. sehr detailliert in den Rechtsakten selbst, z.T. können sie aus der Rechtsprechung zu Art. 10 EGV entnommen werden. Danach müssen die Häufigkeit und die Modalitäten der Kontrollen, die genaue Überwachung der nachgeordneten ausführenden Stellen sowie das Erstellen von Kontrollberichten geregelt sein. In Ausnahmefällen – meist im Rahmen von Bereichen, die die Gemeinschaft grundsätzlich auch selbst in Form des direkten Vollzuges verwalten dürfte, so v.a. beim Umweltschutz mit Außenwirtschaftsbezug oder der Leistungsverwaltung – darf die Kommission die Vornahme von nationalen Kontrollen anordnen. Im Rahmen produktbezogener Kontrollen existieren vereinzelt gar horizontale Prüfungsverlangen. Der Kommission kommen jedoch nicht die Kompetenzen einer Fach- oder Rechtsaufsichtsbehörde zu. Insbesondere steht ihr kein allgemeines ungeschriebenes Weisungsrecht zu, weshalb eine Anordnungsbefugnis für mitgliedstaatliche Kontrollen hinreichend explizit aus dem jeweiligen Rechtsakt hervorgehen muß. Auch ist den Mitgliedstaaten aufgrund ihrer institutionellen Autonomie und grundsätzlichen Vollzugszuständigkeit im Bereich der europäischen Umweltpolitik ausreichend Spielraum für die Gestaltung der eigenen Kontrollstrukturen und -verfahren zu belassen.

Der *Informationsbeschaffung* dienen nicht zuletzt *Planungs-*, *Identifikations-* und *Benennungspflichten.* Planungs- und Identifikationspflichten haben einen stark wertenden Einschlag und lassen den Mitgliedstaaten einen gewissen Beurteilungsspielraum. Sie setzen eine umfangreiche Sachverhaltsermittlung voraus und sind gerade im Hinblick auf deren Korrektheit justiziabel. Geht es im Rahmen des programmierten Vollzuges v.a. um die Herstellung von genau umschriebenen Sachverhalten, welche unter das einschlägige Entscheidungsprogramm subsummiert werden, ist beim programmierenden Verwaltungshandelns v.a. ein gedanklich freier, umfassender Datenzugriff erforderlich. Verfahrensvorschriften der Beteiligung sollten hier z.T. die fehlende inhaltliche Bestimmtheit des Normprogramms kompensieren. Identifikationspflichten beziehen sich auf die Auswahl bestimmter, für den Umweltschutz relevanter Gebiete. Zielkonkretisierende Pläne und durchführungsorientierte Programme sind staatliche Soll-Bestimmungen, denen die Erhebung von Ist-Informationen vorausgeht. Sie sind Instrumente der Vorauskoordination und unterliegen auf der Gemeinschaftsebene größtenteils einem vergleichenden Beurteilungsverfahren. Häufig werden Planungs- und Programmerstellungspflichten nicht zur Zufriedenheit der Kommission erfüllt, was u.a. auch in deren inhaltlicher Unbestimmtheit begründet liegt. Gerade diese Unbestimmtheit und der damit einhergehende Gestaltungsspielraum der Mitgliedstaaten ist jedoch ein Hauptmerkmal der Planung. Einen rechtlichen Rahmen hat der EuGH v.a. mit seinen jüngst in Serie erlassenen Urteilen zu den Programmen nach Art. 7 der *Gewässerschutzrichtlinie* gezogen. In der Regel müssen Pläne und insbesondere die noch konkreteren Programme einen Zeitplan und einen Katalog mit quantifizierten, konkreten Maßnahmen enthalten, welche sich in einen koordinierten Kontext einordnen. Benennungspflichten informieren die Kommission, die anderen Mitgliedstaaten und zum Teil auch die betroffenen Marktteilnehmer über ihre Ansprechpartner in den nationalen Verwaltungen. Sie dienen der Errichtung eines Behördennetzwerkes und in diesem Rahmen insbesondere dem horizontalen Informationsaustausch. Stellen sie eine verkappte Pflicht zur Behördenerrichtung dar, können sie an die Grenze der institutionellen Autonomie der Mitgliedstaaten stoßen.

Die *förmliche Umsetzung* solcher Informationspflichten muß bei der auch nur mittelbaren Betroffenheit von Privatpersonen durch eine außenverbindliche Rechtsnorm erfolgen, die mindestens so konkret ist, wie die zugrundeliegende Richtlinie. Sind in dieser konkrete Vorgaben zur Sachverhaltsermittlung enthalten, genügt ein Verweis auf einen allgemein geltenden Amtsermittlungsgrundsatz im nationalen Recht auch in Verbindung mit konkretisierenden Verwaltungsvorschriften nicht. Bei rein inneradministrativen Informationsvorschriften reicht dagegen – nach hiesiger und nicht unumstrittener Ansicht – eine inneradministrativ verbindliche Rechtsnorm, was auch eine Verwaltungsvorschrift sein kann. Die Rechtsprechung des Gerichtshofes ist in dieser Hinsicht nicht eindeutig. Meist konzentriert er sich auf das Erfordernis der Vorhersehbarkeit und Einklagbarkeit der Rechte und Pflichten der betroffenen Personen. Betroffen sind bei inneradministrativen Informationsvorschriften lediglich die Verwaltungsträger. Die Notwendigkeit einer außenverbindlichen Rechtsnorm ergibt sich lediglich aus einer damit im Zusammenhang stehenden Klagemöglichkeit der Gemeinschaftsbürger. Letztere sind aber bei inneradministrativen Informationsverfahren weder nach der Rechtsprechung des EuGH noch nach dem nationalen Recht im Sinne eines *advocatus popolus* oder gar eines „Oberaufsehers" über die objektive Rechtmäßigkeit des Verwaltungshandelns klagebefugt. Auch steht weder den in diesem Fall betroffenen anderen Mitgliedstaaten noch der Kommission ein Klagerecht vor den nationalen Gerichten zu. Der einschlägige Rechtsweg ist hier die Vertragsverletzungsklage vor dem EuGH, welcher einer außenverbindlichen nationalen Rechtsnorm als Maßstab für sein Urteil nicht bedarf. Die Abgrenzung der Betroffenheit von Privatrechtssubjekten und rein inneradministrativen Informationspflichten ist allerdings nicht immer ganz einfach. Anhaltspunkte geben hier die Urteile *CIA Security* und *Enichem Base*.

Die *Weitergabe* von Informationen erfolgt im konkreten Verwaltungsverfahren häufig sternförmig an alle Mitgliedstaaten durch die Kommission, so v.a. bei Verwaltungsakten mit transnationaler Wirkung. Sternverfahren dienen der Herstellung administrativer Transparenz. Die Kommission fungiert dann (wenn auch nicht ganz uneigennützig) als Dienstleistungsstelle für die Mitgliedstaaten. Besonders ausführliche Regelungen finden sich hierzu im Rahmen von administrativen Streitbeilegungsverfahren. Eine auf Art. 10 EGV basierende Informationshilfepflicht obliegt der Kommission nach dem *Zwartveld-Beschluß* gegenüber den nationalen Behörden, wenn es um die Durchsetzung des Gemeinschaftsrechts in den Mitgliedstaaten geht. Außerhalb konkreter Verwaltungsverfahren hat die Kommission v.a. die Aufgabe, nationale Berichte zusammenzufassen und zu veröffentlichen, zum Zwecke der Durchführungskontrolle und legislativen Eigenkontrolle dem Rat und dem Parlament zuzuleiten oder wiederum sternförmig an die Mitgliedstaaten zu verteilen. Berichtspflichten der Kommission kranken z.T. an ihrer Abhängigkeit von der vorhergehenden Erstellung entsprechender nationaler Berichte, was häufig genug nicht geschieht. Gemeinschaftsweite Statistiken dienen v.a. der Informationsvorsorge und sind in den letzten zehn Jahren für den Umweltbereich verstärkt worden. Ebenfalls zum Zwecke der Informationsvorsorge kann auf automatisierte Informationsnetze- und -systeme zugegriffen werden. Sie enthalten allgemeine Informationen über den Umweltzustand, die Belastungsfaktoren, eine Aufstellung potentieller Gegenmaßnahmen sowie technischer Daten und sind z.T. mit Umweltmonitoringpflichten gekoppelt. Der Kommission werden in diesem Zusammenhang meist Organisationsaufgaben und die Kompetenz zur Festlegung der Informationsrahmendaten zugedacht. Als übergreifendes Informationsnetz ist das EIONET gegründet worden, welches von der Europäischen Umweltagentur verwaltet wird. Informationssysteme ersetzen durch den Einsatz der EDV-Technik gerade in jüngerer Zeit in zunehmendem Maße traditionelle Auskunfts- und Unterrichtungspflichten. In diese Systeme sind dann Einzelfallinformationen einzuspeisen, welche von der Kommission, den anderen Mitgliedstaaten oder gar den beteiligten Interessengruppen aus Wirtschaft und Gesellschaft per *online* Zugriff abgerufen werden können. Beziehen sich solche Zugriffsrechte auf Inspektionsdaten der nationalen Behörden, können sie Inspektionen der Gemeinschaft und der anderen Mitgliedstaaten vor Ort ersetzen.

Zahlenmäßig groß und flexibel ist die *informelle Informationskooperation*. Sie findet zum einen in Ausschüssen und sonstigen, von der Kommission einberufenen Sitzungen statt. Die Ausschüsse internalisieren externen Sachverstand und helfen u.a. bei der Beurteilung sogenannter „komplexer Verwaltungsentscheidungen". Als personengebundene *Netzwerke* dienen sie der Koordination einer Vielzahl von Akteuren in Situationen unvollständiger Information, indem sie die Entstehung eines generalisierten Vertrauens fördern, was wiederum den Kontrollbedarf und die hiermit verbundenen Transaktionskosten reduziert. Netzwerke wirken nach den Erkenntnissen der Organisationstheorie sowohl den bei einer hierarchischen Koordination auftretenden Informations- und Motivationsproblemen als auch dem sogenannten „Verhandlungsdilemma" und dem „Problem der großen Zahl" im Rahmen einer horizontalen Verhandlungskoordination entgegen. Im Rahmen solcher transbürokratischer Beziehungen kann sich über den Informationsaustausch quasi eine Mitverwaltung entwickeln. Für konstante Routinetätigkeiten eignen sich netzartige Informationsstrukturen dagegen nicht. Formlose bilaterale Gespräche und Paketsitzungen sind i.d.R. der Einleitung eines Vertragsverletzungsverfahrens vorgeschaltet und Bestandteil der Sachverhaltsermittlung in der Phase der Durchführung. Sekundärrechtlich vorgesehene unspezifische horizontale Kooperationspflichten beinhalten stets als Mindestbestandteil einen Informationsaustausch und können ggf. von der Kommission konkretisiert werden. Ausbildungs- und Austauschprogramme dienen ebenso wie die Ausschüsse der Vertrauensbildung zwischen den mitgliedstaatlichen Verwaltungen und sollen durch eine bessere Kenntnis der Verhältnisse in den anderen Mitgliedstaaten Vorurteile abbauen. Auch die finanzielle Förderung des Informationsaustauschs, insbesondere der Kommunikationsinfrastruktur, fällt unter die informelle Informationskooperation. Die Förderung und Regulierung dieser Infrastruktur hat im Zeichen der „Informationsgesellschaft" und der „transeuropäischen Netze" in Form des *Transeuropäischen Telematikverbundes für den Datenaustausch zwischen Verwaltungen* (IDA) in den letzten Jahren an Gewicht gewonnen.

Gemischt national-europäische Verwaltungsverfahren bauen auf den Grundbausteinen der „einfachen" Informationspflichten auf und verstärken die Informationskooperation zu einer partizipatorischen Verwaltungskooperation. Hier nimmt die Gemeinschaft Funktionen wahr, die in den Mitgliedstaaten i.d.R. eine obere Behörde im Rahmen dienstrechtlicher Anweisung klären würde. So ersetzt sich die Gemeinschaft mittels detaillierter rechtlicher Vorgaben für die Sachverhaltsermittlung in Form von Informationsrahmendaten in Teilen den ihr fehlenden Behördenunterbau. Gemischte Inspektionen knüpfen an nationale Ermittlungsbefugnisse an und füllen Befugnislücken bei der Informationsbeschaffung oder dienen der Verwaltungsentlastung der Kommission in Bereichen des eigentlich gemeinschaftseigenen Vollzuges. Durch Zustimmungsverfahren wird die Gemeinschaft über Einzelheiten des nationalen Vollzuges informiert und an der Entscheidung beteiligt. Mit Auslegungs- und Anwendungsleitlinien im Gewand von sogenannten „Informationsvermerken" übt die Kommission faktisch die Funktion einer oberen Fach- oder Rechtsaufsichtsbehörde aus. Administrative Streitbeilegungsverfahren sind in umfangreiche Informationsverfahren eingebunden, welche häufig aus hintereinander geschalteten Unterrichtungs- und Auskunftspflichten i.V.m. sternförmigen Weiterleitungspflichten bestehen und i.d.R. im Zusammenhang mit einem transnational wirkenden Verwaltungsakt auftreten. Sie alle stellen subtile Steuerungsmittel dar, die in engem Zusammenhang mit der vertikalen und horizontalen Informationskooperation stehen und vor dem Hintergrund des von *Schmidt-Aßmann* herausgearbeiteten Gebotes der Verantwortungsklarheit in ihren einzelnen Elementen betrachtet werden sollten.

Alle die genannten Verfahren treten häufig in *typischen Kombinationen* auf. Für bestimmte Informationszwecke oder Informationsgegenstände bieten sich i.d.R. bestimmte Informationsverfahren bzw. bestimmte Kombinationen der genannten Grundelemente an. Die Herausbildung solcher Standardverfahren kann neben dem Hauptzweck der Systematisierung sowohl als Interpretationshilfe für den Verpflichtungsgehalt einzelner Bestimmungen im Rahmen einer teleologischen Argumentation als auch im Rahmen der Rechtsetzung Anhaltspunkte für die Wahl der Instrumente geben. Im Rahmen der *Vollzugskontrolle* werden beispielsweise systematisch Unterrichtungspflichten über die nationalen Umsetzungsmaßnahmen und Berichtspflichten über deren tatsächliche Anwendung eingesetzt. Für letzteres wurde gar eine rechtsaktübergreifende Richtlinie erlassen. Ergänzend können nationale Durchführungs- und Überwachungsprogramme zu erstellen und selbstverständlich der Kommission mitzuteilen sein. Umweltmonitoringpflichten, Kontroll- und Überwachungspflichten der Mitgliedstaaten sowie Inspektionsrechte der Kommission runden das Instrumentarium ab. Zum Zwecke der *Informationsvorsorge*, d.h. der Erstellung eines zugriffsbereiten Datenvorrates für die Gemeinschaft und die Mitgliedstaaten, werden i.d.R. EDV-gebundene Informationssysteme eingerichtet. Auch Statistiken, Forschungsvorhaben und Erfahrungsberichte bieten sich zum Zwecke der Informationsvorsorge an. Im Rahmen der legislativen Eigenkontrolle dienen solche Informationen einer Evaluation und ggf. Verbesserung der bestehenden Normen. In diesem Fall wird ein sogenanntes dynamisches Regime geschaffen. Mit der Gründung der Europäischen Umweltagentur ist die Informationsvorsorge im Umweltbereich institutionalisiert worden. Die *Umweltmedienkontrolle* greift wiederum vornehmlich auf Umweltmonitoring- und Planungspflichten zurück, wohingegen der *produkt-* und *anlagenbezogene Umweltschutz* auf Unterrichtungspflichten im Rahmen von Anmelde- und Genehmigungsverfahren angewiesen ist. Hier bieten sich zudem administrative Streitbeilegungsverfahren zur Klärung von Meinungsverschiedenheiten im konkreten Verwaltungsverfahren an. Für Ausnahmefälle sind Schutz- und Abweichklauseln vorzusehen, welche ebenfalls einen vertikalen und z.T. auch horizontalen Informationsaustausch implizieren. Die Außengrenzenüberwachung beinhaltet meist weitreichende zentrale Sachverhaltsermittlungsbefugnisse der Kommission, welche häufig im direkten Kontakt mit dem Unternehmer ausgeübt werden. Ganz im Gegensatz dazu werden *nachbarrechtliche Sachverhalte* von horizontalen Informationsverfahren, insbesondere Konsultationspflichten, dominiert und sind i.d.R. eng mit entsprechenden verfahrensrechtlichen Vorgaben des Völkerrechts verbunden. In Ausnahme- und Dringlichkeitsfällen sind Warnsysteme einzurichten, während bei der Inanspruchnahme von Gemeinschaftsmitteln Kontroll- und Überwachungspflichten der Mitgliedstaaten sowie Inspektionsrechte der Kommission dominieren.

Insgesamt kann eine Tendenz zum umfassenden Einsatz von personengebundenen oder automatisierten *Informationsnetzen* festgestellt werden, die als zwar umfassende, aber rechtlich unspezifische Informationsverfahren zum Teil auch in früheren Rechtsakten enthaltene, konkrete Mitteilungspflichten ersetzen. Manchmal werden Informationsaustauschverfahren im Sekundärrecht als „Informationssystem" bezeichnet, um die Einzelheiten des Verfahrens offen zu lassen. Die Organisation des Informationsflusses wird dann z.T. der Kommission übertragen. Inwieweit diese Systeme dienlicher sind als konkrete Verfahrenspflichten bleibt abzuwarten. Im Rahmen des Gesprächsprogramms über die Binnenmarktverwaltung ist von den mitgliedstaatlichen Behörden das Bedürfnis nach konkreten Verfahrensregeln für den Informationsaustausch geäußert worden. Ähnliches stellt die Kommission im Binnenmarktbericht 1994 fest. Aber auch dieser Informationsaustausch bewegt sich nicht im rechtsfreien Raum. Er wird durch die der Gemeinschaftstreue entspringenden Haupt- und Nebenpflichten und die allgemeinen rechtlichen Rahmenregeln wie dem Subsidiaritäts- und Verhältnismäßigkeitsprinzip, dem Schutz von Geschäftsgeheimnissen und personenbezogenen Daten u.a.m., geformt und begrenzt. In der Vergangenheit wurden häufig auch vormals freiwillige und/oder rechtlich unstrukturierte Verfahren nach einer gewissen Probezeit strukturiert und rechtlich bindend festgeschrieben.

Bei der Betrachtung der auf der Gemeinschaftsebene beteiligten Institutionen sollte man zunächst denken, daß inzwischen die *Europäische Umweltagentur* den Hauptteil der Arbeit übernommen hat. Diese verfügt aber nur über sehr begrenzte Befugnisse im Rahmen der Informationsverwaltung. Ihr kommen weder Rechtsetzungs- noch Vollzugsbefugnisse zu. Auch die einst ins Auge gefaßten und immer wieder geforderten Inspektionsbefugnisse sind der Agentur bislang nicht zuerkannt worden. In die Überwachung kann sie seit 1999 von den Mitgliedstaaten auf freiwilliger Basis lediglich beratend eingeschaltet werden. Die Agentur muß auf die Informationen zurückgreifen, welche ihr die Mitgliedstaaten entweder im Rahmen von speziellen Rechtsakten der Gemeinschaft oder auf mehr oder weniger freiwilliger Grundlage zukommen lassen. Die Modalitäten kann sie durch Verwaltungsverträge regeln. Ihrer Funktion nach ist sie daher eher als Dienstleistungsstelle für die Gemeinschaftsorgane und die Mitgliedstaaten denn als Verwaltungsorgan zu qualifizieren und dient als Brückenglied der Informationszusammenarbeit mit internationalen Gremien und Drittstaaten. Hauptzweck ihrer Tätigkeit ist die Informationsvorsorge einschließlich der legislativen Eigenkontrolle. Dies gilt selbst noch nach den Änderungen von 1999. Mit *March* und *Feldman* kann vermutet werden, daß die Agentur daher vornehmlich als Symbol für die umweltregulierende Kompetenz und Legitimität der Entscheidungen der Gemeinschaft konzipiert wurde. Ob dieses institutionalisierte Symbol eine Eigendynamik entwickelt, welche die Entscheidungsträger zu bislang gemiedenen inhaltlichen Entscheidungen quasi zwingen kann, bleibt abzuwarten. Zumindest stellt sie das Forum für ein Netzwerk persönlicher Kontakte dar und kann durch ihre informationsverarbeitende und insbesondere auch wertende Tätigkeit zur Entstehung von *epistemic communities* beitragen.

Hauptorgan der Informationsverwaltung ist immer noch die *Kommission.* Dies bestätigen auch die neueren Rechtsakte, die allesamt der Kommission die informationsverwaltenden Durchführungs- und Regelungskompetenzen zuschreiben und die EUA zum Teil nicht einmal beiläufig erwähnen. Aber selbst der Kommission kommt keine allgemeine diesbezügliche Regelungsbefugnis zu. Die verbindliche Auslegung des Gemeinschaftsrechts obliegt dem Gerichtshof. Gemeinschaftsrechtskonkretisierende „Mitteilungen" der Kommission sind entweder unverbindlich oder als intendierte Rechtsakte mangels Rechtsgrundlage anfechtbar und für nichtig zu erklären. Der Kommission können jedoch diesbezügliche Regelungs- und Durchführungskompetenzen übertragen werden. Dies geschieht in zunehmendem Maße im Rahmen des Sekundärrechts explizit in Bezug auf die genaue Ausgestaltung der administrativen Informationsverfahren, kann aber auch implizit im Rahmen der sekundärrechtlichen Übertragung einer Organisations- und Verfahrenszuständigkeit für die administrative Zusammenarbeit oder einer abstrakten Regelungsbefugnis für den gemeinschaftseigenen Vollzug enthalten sein. Zudem kann die Kommission die mitgliedstaatlichen Auskunftspflichten nach Art. 10 i.V.m. Art. 284 bzw. Art. 226 EGV aktualisieren. Sie hat hierbei sowohl die sekundärrechtlich festgelegten Grenzen als auch die den rechtlichen Rahmen darstellenden allgemeinen Grundsätze des Gemeinschaftsrechts zu beachten. Inspektionskompetenzen vor Ort sind i.d.R. restriktiv auszulegen und akzessorisch zum nationalen Verfahrensrecht.

Neben der Kommission spielen als personengebundene Netzwerke die *Ausschüsse* eine Hauptrolle in der administrativen Informationskooperation. Sie sind vom Gerichtshof als kollektiver Beratungsmechanismus umschrieben worden, in dem die Mitgliedstaaten ihre Interessen geltend machen, während die Kommission etwaige Interessenkonflikte im Hinblick auf das Allgemeininteresse ausgleicht und bei horizontalen Meinungsverschiedenheiten über die korrekte Durchführung des Gemeinschaftsrechts als Schlichter oder Schiedsrichter agiert. Das Sachwissen der nationalen Beamten fördert die Qualität des Gemeinschaftsrechts, bedingt gleichzeitig eine gewisse Abhängigkeit der Kommission von diesen und sensibilisiert die Beamten für die Belange der Gemeinschaft. Rechtlich steht der Kommission kein ungeschriebenes Weisungsrecht, insbesondere kein Recht auf Erteilung bestimmter Informationen direkt durch die nationalen Beamten unter Umgehung der jeweiligen Regierung zu. Entscheidend für den Informationsaustausch in diesen Ausschüssen ist aber weniger das Bestehen von Informationspflichten als ein vertrauensvolles und offenes Arbeitsklima.

Die Informationskooperation bewegt sich selbst beim Fehlen expliziter Vorgaben nicht im rechtsfreien Raum. Insbesondere dort, wo die Gemeinschaftsorgane über einen großen Gestaltungsspielraum verfügen, sind *rechtliche Rahmenvorgaben* als Eckpunkte zu beachten. Dies gilt sowohl bei der konkreten Ausgestaltung bestehender Mechanismen der Informationskooperation als auch *de lege ferenda* bei der Schaffung neuer Informationsverfahren. Die berührten Rechtspositionen sind hierbei jeweils abzuwägen und möglichst im Sinne einer praktischen Konkordanz miteinander in Einklang zu bringen. Auf der Seite der Mitgliedstaaten und auch der ggf. betroffenen Privatrechtssubjekte ist v.a. der *Verhältnismäßigkeitsgrundsatz* zu beachten. Im Rahmen dieses Gebotes kann ggf. die Kosteneffizienz von Informationsverfahren berücksichtigt werden, jedoch nur bei einer offensichtlichen Unverhältnismäßigkeit zwischen den Kosten und dem zu erwartenden Nutzen. Der hierfür zu erbringende Nachweis ist schwierig zu führen, da beide Positionen nur schwer finanziell quantifizierbar sind. Im Zweifel kann die Gemeinschaft durch eine entsprechende finanzielle Förderung der Datenerhebungs- und -verarbeitungstechniken dem Einwand der unverhältnismäßigen Kostenbelastung entgehen. Finden sich zudem im Gemeinschaftsrecht einheitliche Vorgaben für die Sachverhaltsermittlung, kann von diesen nicht wegen des damit verbundenen Aufwandes abgewichen werden. Ein festes Stufenverhältnis im Sinne einer zwingenden Vorgabe für die Wahl des Informationsverfahrens kann zwischen den verschiedenen Informationspflichten nicht konstatiert werden. Selbst einer Inspektion vor Ort hat nicht grundsätzlich ein Auskunftsersuchen voraus zu gehen. Bei einer entsprechenden Verdachtslage, Verdunkelungsgefahr und hoher Wertigkeit des Gemeinschaftszieles kommen auch unangekündigte Inspektionen in Betracht. In Ermangelung solcher besonderen Umstände ist jedoch die Vorrangigkeit von weniger eingreifenden Auskunfts-, Unterrichtungs- und Berichtspflichten ein häufiges Ergebnis der gebotenen Einzelfallabwägung. In jedem Fall müssen Inspektionen i.d.R. auf einem Anfangsverdacht, d.h. auf konkreten Anhaltspunkten, beruhen. Eng verbunden mit dem Verhältnismäßigkeitsprinzip ist das ebenfalls zu beachtende Subsidiaritätsprinzip.

Informationspflichten sollten zudem hinreichend bestimmt sein, eine Vorgabe, bei der vieles noch im Argen liegt. Bereits erwähnt wurde das insofern grundlegende Prinzip der begrenzten Einzelermächtigung und die institutionelle Autonomie der Mitgliedstaaten. Auf Seiten der Kommission können die Begründungspflicht, die Pflicht zur Amtsermittlung und ihre Initiativfunktion in die Wagschale geworfen werden. *Rechtliches Gehör* als Gelegenheit zur Stellungnahme zu entscheidungserheblichen Informationen ist bei beschwerenden Maßnahmen sowohl den Mitgliedstaaten als auch ggf. betroffenen Privatrechtssubjekten zu gewähren. Es ist nicht nur ein Mittel des Rechtsschutzes, sondern bringt selbst Informationsrechte und -pflichten mit sich und dient damit mittelbar der Erweiterung der Informationsbasis der Kommission. Der Schutz geschäfts- und personenbezogener Daten erfolgt überwiegend über das Konzept der *Vertraulichkeit*. Dieses gibt i.d.R. kein Informationsverweigerungsrecht, sondern impliziert die Bausteine des Amtsgeheimnisses, ein innerbehördliches Verbreitungsverbot und eine Zweckbindung für die Verwendung der einmal erlangten Informationen. Selbst außerhalb solcher schutzbedürftiger Daten existiert allerdings kein allgemeines, rechtsverbindliches *Transparenzgebot* im Sinne einer regelmäßigen Pflicht zur Offenlegung von Informationen durch die Verwaltungsträger. Ein solches allgemeines Gebot kann schon für das interadministrative Verhältnis weder aus Art. 10 EGV noch aus einer potentiellen Amtshilfepflicht entnommen werden. Selbst die verbindlichen und unverbindlichen Rechtsakte, die das Gebot der Transparenz erwähnen, zeichnen sich durch weit gefaßte Geheimhaltungsvorschriften aus. Das Schlagwort der Transparenz ist zumindest derzeit noch ein politisches Postulat zu mehr Offenheit und ein deskriptiver Sammelbegriff für die diesbezüglichen Bemühungen der Gemeinschaft. Im funktionalen Sinne impliziert Transparenz durch die Herstellung gegenseitigen Vertrauens, die Möglichkeit einer *peer* Kontrolle der Mitgliedstaaten und die Einbindung von Privatpersonen einen wirksameren Vollzug des Gemeinschaftsrechts und eine Reduktion der diesbezüglichen Transaktionskosten.

Neben dem gemeinschaftsrechtlichen Rahmen der Verwaltungskooperation ist zudem der *völkerrechtliche Regelungszusammenhang* zu beachten. Die gemeinschaftsrechtliche Verwaltungskooperation steht in einem rechtlichen und funktionalen Zusammenhang mit den diesbezüglichen Regeln und Gremien des Völkerrechts. Letzteres kann lükkenfüllend oder auch als politischer Anstoß und Gestaltungsinspiration dienen. Das Gemeinschaftsrecht ist in das Völkerrecht als Rahmen eingebettet. Es ist unter Beachtung des Völkerrechts auszuüben und in dessen Lichte auszulegen, so der Gerichtshof in den Urteilen *Racke* und *Safety Hi-Tech*. Völkerrecht kann insbesondere im horizontalen Verhältnis, d.h. zwischen den Mitgliedstaaten, als Lückenfüller dienen. Bestehende Systeme der Zusammenarbeit auf völkerrechtlicher Ebene sind bei der Schaffung neuer gemeinschaftsrechtlicher Kooperationsmechanismen zu berücksichtigen, und zwar insbesondere dann, wenn letztere in die globalen Verfahren und Foren eingebunden werden sollen. Internationale Gremien stellen ein Forum für den Informationsaustausch dar und wirken an der Entstehung von sogenannten *epistemic communities* – d.h. einer Wissens- und Überzeugungsgemeinschaft in Zeiten der Unsicherheit über gegenwärtige und zukünftige Umstände – mit.

Völkerrechtliche Informationsverfahren und Institutionen für den Informationsaustausch sind zahlreich und meist älter als das diesbezügliche Gemeinschaftsrecht. Zwischenstaatliche Zusammenarbeit wird hier vornehmlich als Informationsaustausch verstanden. Als nachbarrechtliches Gewohnheitsrecht sind eine Warnungspflicht bei Unfällen, eine präventive Unterrichtungspflicht bei potentiell grenzüberschreitenden Auswirkungen und – noch streitig – eine Konsultationspflicht bei *shared natural resources* entstanden. Zahllose Informationspflichten finden sich in den umweltvölkerrechtlichen Verträgen. Meist ergibt sich die konkrete Pflichtensituation erst aus einer Zusammenschau von Völker- und Europarecht im jeweiligen Einzelfall. In vielen Fällen haben sich beide Regelungsebenen gegenseitig inspiriert. Das Gemeinschaftsrecht ist dabei nicht immer das Fortschrittlichere. Nicht selten dient es ausdrücklich der Umsetzung völkerrechtlicher Abkommen, und zwar selbst dann, wenn die Gemeinschaft nicht Vertragspartei ist. Dies gilt insbesondere dann, wenn die Gemeinschaft an völkerrechtlichen Informationsverfahren teilnehmen möchte. Die Gemeinschaft fungiert dann als Relaisstelle zwischen internationalen Gremien und den Mitgliedstaaten. Die Beispiele sind zahlreich und betreffen häufig den Außenhandel der EG – die *Ozonschichtverordnung*, die *CITES-Verordnung*, die *Chemikalienausfuhrverordnung* und die *Abfallverbringungsverordnung* basieren mit ihren umfangreichen Informationsverfahren alle auf einem völkerrechtlichen Hintergrund und dienen quasi unter Ausschaltung der Mitgliedstaaten z.T. der unmittelbaren Umsetzung und dem Vollzug entsprechender völkerrechtlicher Pflichten. Ähnliches gilt für viele Informationssysteme. Die *Treibhausgasbe-*

obachtungsentscheidung ist nach der Anpassung an das *Protokoll von Kyoto* ein Musterbeispiel für das Zusammenwirken der völkerrechtlichen, gemeinschaftsrechtlichen und nationalen Regelungsebene. Zum Teil nimmt die Gemeinschaft in den internationalen Gremien sogar die Stimmrechte der Mitgliedstaaten wahr. Durch die Integration völkerrechtlicher Verpflichtungen in das Gemeinschaftsrecht kann deren Beachtung durch das gemeinschaftsrechtliche System der Rechtsdurchsetzung erhöht werden. Völkerrechtliche Verträge der Gemeinschaft gehen dem Sekundärrecht vor, dienen als Maßstab für die Rechtmäßigkeit der Handlungen der Gemeinschaft und unterliegen der Dogmatik der unmittelbaren Anwendbarkeit. Auch die Datenerhebung mittels Satelliten (*remote sensing*), welche in zunehmenden Maße durch die EG im Rahmen der Umweltmedienkontrolle, des Fischereiressourcenschutzes und der Kontrolle flächenbezogener Beihilfen eingesetzt wird, berührt sowohl das Völkerrecht als auch das Gemeinschaftsrecht.

Den *politischen Rahmen* der Informationskooperation bilden die Bemühungen um einen effektiven und gleichzeitig effizienten Vollzug des Gemeinschaftsrechts, welcher gerade im Umweltrecht zu wünschen übrig läßt. In Ermangelung eines eigenen Behördenunterbaus schafft sich die Gemeinschaft durch vielfältige Verfahren der Informationskooperation subtile Steuerungsmittel und ersetzt so die ihr nicht zustehenden Rechts- und Fachaufsichtsbefugnisse. Selbst innerhalb von Weisungsstrukturen gleicht die Implementation von rechtlichen Vorgaben z.T. einem fortlaufenden Verhandlungs- und Kommunikationsprozeß zwischen den beteiligten Verwaltungsträgern, bei dem von den untersten Behörden deren Informationsvorsprung über die Lage vor Ort in die Wagschale geworfen wird. Die Herstellung eines gemeinsamen binneneuropäischen Verwaltungsraumes setzt notwendigerweise die Einbeziehung von Informationen aus einer Mehrzahl von Mitgliedstaaten voraus. Nicht nur die Gemeinschaft, auch die Mitgliedstaaten sind im Zuge transnational wirkender Verwaltungsakte auf Verfahren der Informationskooperation angewiesen. Der Grundsatz der Herkunftslandkontrolle erfordert zudem ein Klima gegenseitigen Vertrauens. Vertrauen wiederum setzt offene Kommunikationsbeziehungen voraus – Kommunikation ist sowohl Mindestinhalt jeder Kooperation und erhöht gleichzeitig die Bereitschaft hierzu. Entscheidend für das Funktionieren des Informationsaustauschs ist ein gemeinsamer Zeichenvorrat von Kommunikator und Rezipient. Ein solcher Zeichenvorrat wird durch vereinheitlichte Informationsrahmendaten geschaffen. Gemeinsame Regeln der Sachverhaltsermittlung und eine breite Informationsgrundlage mittels frei zugänglicher Datenbanken und personalisierter

Informationsnetze dienen einer vereinheitlichten Wahrnehmung der Wirklichkeit.

Im Zeichen der mangelhaften Vollzugssituation im europäischen Umweltrecht, insbesondere auch der diesbezüglichen Informationspflichten, ist es ratsam, vor der Festlegung von Informationsverfahren außerdem die Möglichkeiten ihrer jeweiligen *Sanktionierung* ins Auge zu fassen. Sich selbst implementierende Sanktionen wie die unmittelbare Anwendung des Gemeinschaftsrechts können nur dort ihre volle Wirkung entfalten, wenn Privatpersonen die Anwendung des Gemeinschaftsrechts einklagen können. Dies ist bei rein inneradministrativen Informationsverfahren mangels subjektiver Berechtigung i.d.R. nicht gegeben. Zwar können auch inneradministrative Informationsverfahren im Sinne einer objektiven Direktwirkung unmittelbar anwendbar sein, einklagbar ist deren Nichtbeachtung dagegen nur im Rahmen eines mehr oder weniger langwierigen europäischen Vertragsverletzungsverfahrens. Zudem beschränkt sich die unmittelbare Anwendbarkeit i.d.R. auf Auskunfts- und genau umgrenzte Unterrichtungspflichten, da meist nur sie im Sinne der Dogmatik zur unmittelbaren Anwendbarkeit hinreichend genau und unbedingt sind. Die Staatshaftung, welche von der Rechtsprechung des EuGH zu einem zweiten, indirekt wirkenden Sanktionsmechanismus ausgestaltet wurde, ist i.d.R. nicht einsetzbar, da bei der Verletzung von administrativen Informationsverfahren die Feststellung eines kausalen materiellen Schadens in den seltensten Fällen möglich sein wird.

Potentielles Sanktionsmittel für Unterrichtungspflichten über staatliche Maßnahmen ist deren Undurchführbarkeit oder Nichtigkeit bei fehlender Unterrichtung. Dies kann peremtorisch im Rahmen von gemeinschaftsrechtlichen Genehmigungsverfahren oder dilatorisch i.V.m. Stillhaltefristen festgelegt werden und hat hinreichend ausdrücklich zu geschehen. Hierzu ist mit den Urteilen *PCP*, *Enichem Base*, *Prodifarma* und der in Folge des *CIA Security* Urteils ergangenen Rechtsprechung zur Stillhaltefrist der *Normeninformationsrichtlinie* mittlerweile eine umfangreiche Rechtsprechung vorhanden. Bei der Nichtmitteilung von nationalen Umsetzungsmaßnahmen hat der Gerichtshof jedoch eine Umkehr der Beweislast zu Lasten des informationspflichtigen Mitgliedstaates im Hinblick auf den Erlaß dieser Maßnahmen abgelehnt. Verurteilt wird der betroffene Mitgliedstaat daher nicht wegen Nichtumsetzung, sondern wegen Nichtmitteilung der nationalen Maßnahmen. Aus dem Antidumpingrecht und dem Beihilfenverfahren sind die Entscheidung nach Aktenlage, die Ausdehnung der Bearbeitungszeit und die Vereinfachung der Begründungsanforderungen als Sanktion einer fehlenden Informationszuarbeit bekannt. Sie sind Ausdruck des Verbotes widersprüchlichen Verhaltens. Ähnlich argumentierte auch das Bundesverwaltungsgericht im Rahmen des A 20-Beschlußes zur fehlenden Identifikation von nationalen Schutzgebieten nach der *FFH-Richtlinie*. Besonders wirksam sind finanziell spürbare Sanktionen wie die seit langem im Agrarrecht eingesetzten Leistungsausschlüsse, Zuschläge und der Kautionsverfall. Sie können *de lege ferenda* v.a. im Rahmen der umweltbezogenen Leistungsverwaltung und ihren Auskunfts-, Unterrichtungs- und Kontrollpflichten eingesetzt werden. Eine Strafgewalt im Sinne eines gemeinschaftseigenen Kriminalstrafrechts kommt der EG dagegen nicht zu. Ebensowenig darf sie polizeiliche Zwangsbefugnisse einsetzen. Lediglich vereinzelt ist die Befugnis zur Festsetzung von Zwangsgeldern vorgesehen, wobei sich die Androhung von Zwangsgeldern gegenüber den Mitgliedstaaten nach Art. 228 Abs. 2 EGV gerade im Umweltbereich als sehr wirksam erwiesen hat.

Schoch und *Schmidt-Aßmann* haben das Verwaltungsverfahren treffend als Vorgang der Informationsgewinnung und -verarbeitung charakterisiert, dem zur Bewältigung komplexer Interessenkonstellationen eine Ausgleichs- und Strukturierungsfunktion zukommt. Es geschieht auf der Grundlage einer selektiven Wahrnehmung der Wirklichkeit und verbraucht die Ressourcen Zeit, Personal und Sachmittel. Informationsverfahren sind durchaus kostenintensiv. Nach den Erkenntnissen der Institutionenökonomie stellen Informationskosten einen Hauptbestandteil der Transaktionskosten – der Kosten des In-Kontakt-Tretens und des Betreibens eines Wirtschaftssystems – dar. Transaktionskosten sollen sich schätzungsweise auf 50-70 % des Bruttosozialproduktes belaufen. Informationsverfahren sind allerdings die Grundlage jeder Verwaltungskooperation und jeder Verwaltungsentscheidung. Im zwischenstaatlichen Verhältnis erleichtert Transparenz die Koordination unabhängiger Akteure und stärkt deren Bindungsbereitschaft. Transparenz ist besonders wichtig bei der Verwaltung von *shared resources* – gemeinsam genutzter, aber niemandem ausschließlich gehörender Umweltressourcen –, weil sich hier die Handelnden jeweils stark am Verhalten der anderen ausrichten. Kommunikation erhöht die Bereitschaft zur Kooperation, so daß durch Verfahren des Informationsaustauschs eine sich selbst verstärkende Dynamik ausgelöst wird. Sich selbst verstärkend kann allerdings auch der Ruf nach mehr Informationen sein: je mehr Informationen vorhanden sind, desto mehr Fragen stellen sich und desto größer wird der Eindruck, nicht über ausreichend Informationen zu verfügen. Informationen verlieren dann ihre Funktion als Entscheidungsgrundlage. Nicht selten wird die Informationssammlung erst eingeleitet, nachdem eine Entscheidung im Kern bereits getroffen ist oder dient der „Ablenkung" von politisch (noch) nicht durchsetzbaren inhaltlichen Maßnahmen – Informationen werden dann als Signal und Symbol für den politischen Handlungswillen und die Legitimität der Entscheidungen quasi mißbraucht.

Bei umweltschutzrechtlich relevanten Sachverhalten überlagern sich häufig zwei Zuständigkeits- und Verantwortungssphären. Bei grenzüberschreitenden Schadstoffemissionen in der Luft trifft die Verantwortungssphäre des Emissionsstaates mit der des Immissionsstaates zusammen. Ebenso verhält es sich bei grenzüberschreitenden Wasserläufen oder Grundwasserleitern. Daraus ergibt sich die Notwendigkeit, die entsprechenden Zuständigkeitsbereiche und Freiheitsräume gegeneinander abzugrenzen oder u.U. auch miteinander zu verbinden. Die Grenzziehung ist eine klassische Aufgabe des traditionellen Völkerrechts. Formen der Zusammenarbeit und der gemeinsamen Verantwortungswahrnehmung werden zunehmend sowohl im Völkerrecht, v.a. aber im Gemeinschaftsrecht erarbeitet. Die Europäische Gemeinschaft ist hier als Rechtsgemeinschaft in besonderem Maße berufen und befugt, die Mitgliedstaaten durch die Gestaltung der zwischenstaatlichen Kooperation in den gegenseitigen Kontakt zu bringen, statt diese als Gegenspieler voneinander abzugrenzen. Gegenseitige Informationspflichten können den Anfang einer solchen Zusammenarbeit darstellen. Darüber hinaus sind sie in jedem Stadium der Zusammenarbeit notwendiges Begleitinstrument für die Wahrnehmung einer gemeinsamen, aufgrund der grenzüberschreitenden Sachverhalte faktisch schwer voneinander trennbaren Verantwortung. In einem Urteil zur Fischereipolitik hatte sich Spanien gegen eine sekundärrechtlich eingeführte horizontale Auskunftspflicht zwischen zwei Mitgliedstaaten gewandt. Hierzu stellte der Gerichtshof fest, daß durch die in der betroffenen Verordnung festgelegten Informations- und Kontrollpflichten der Mitgliedstaaten, welche eine horizontale Auskunftspflicht, die Pflicht zur Koordination der Überwachungstätigkeit sowie zum regelmäßigen Erfahrungsaustausch zwischen den zuständigen Stellen und der Kommission beinhalteten, eine gemeinsame Verantwortung der Mitgliedstaaten für die Kontrollen geschaffen worden sei, gegen deren Einrichtung keine rechtlichen Einwände durchgriffen.[5] Der Rat ist befugt, zum Zwecke

---

[5] Urteil des EuGH vom 27.3.1990, Rs. C-9/89 (*Spanien/Rat*) „Kontrollmaßnahmen", Slg. 1990, S. I-1383(1408 ff., Rn. 9 ff.). Nach der auf dem Prüfstand stehenden Auskunftspflicht sollte der Hafenstaat dem Mitgliedstaat, bei dem ein Schiff registriert war, auf dessen Ersuchen hin innerhalb von vier Tagen

der Kontrolle des Gemeinschaftsrechts eine Zusammenarbeit der Mitgliedstaaten durch sich überlagernde Kontrollpflichten und gegenseitige Informationspflichten einzuführen. Ihm steht hier ein weiter Gestaltungsspielraum zu.

Auskunft über die erfolgten Anlandungen erteilen. Zudem war der Hafenstaat zur Kontrolle von Fanglizenzen des Registrierungsstaates verpflichtet.

Summary[1]

This book is analyzing cooperation procedures between administrations, focusing on information exchange procedures within the European Union, using the provisions of European environmental law as a sample.

There is no special law of administrative cooperation in the sense of an independent legal order. The law of interstate administrative cooperation is part of the existing legal order of the European Community and public international law. There is an array of existing rules within those legal orders which can be applied to the legal evaluation of administrative cooperation in general and information exchange procedures in special.

1. The sovereignty of information and the legal basis for information duties

The sovereignty of states, the basic rule of public international law, also sets the legal framework for the collection and the exchange of information. Based on the concept of territorial sovereignty, states are vested with a sovereign right with regard to the collection of information, the so called "sovereignty of information". Like the domestic right of a landlord, the principle of territorial sovereignty prohibits the unauthorized collection of information in the territory of one state for public purposes of either another state or a different organ of sovereign power like an International Organization. The Member States of the European Community did not give up their territorial sovereignty when they joined the Community. The EC is not vested with the right of territorial sovereignty, which remains vested in the Member States, nor is the EC vested with a so called competence-competence, which is the power to decide on the extent of its own legislative, administrative and judicial powers.

The European Community has been vested with enumerative powers and not with a general power law-making and acting power that is typical for states. In accordance with the principle of conferred powers, the European institutions may only act within the framework of the powers conferred to them. Therefore, the Community needs a specially

---

[1] Summary by the author.

conferred power as legal basis, provided for in the treaties on the foundation of the European Community, to be empowered to prescribe duties and procedures for the collection and the exchange of information. The Member States are not subject to implicit all-encompassing and directly applicable information duties, neither on the basis of the duty of loyalty, i.e. the principle of *bona fide* laid down in Article 10 of the EC Treaty, nor on the basis of Article 284 EC Treaty. Exisiting even less is an unwritten, immediately applicable and all encompassing legal duty for the administrations of the Member States to mutually assist each other in all types of questions – in some Member States the so called administrative aid - that would imply the duty to collect and exchange information whenever the European Community or another member state requests so. Those duties have to be discerned from the legal provisions of the European Community with regard to the specific information requested, with most information duties having to be laid down in the secondary law of the EC, i.e. in directives, regulations and decisions.

There are various provisions in the EC Treaty that can serve as a legal basis for the enactment of duties on information collection and exchange, as, for instance, Article 284, Article 285 and Article 175 of the EC Treaty. Because of the unequal provisions on the enactment procedure, such as the majorities required, and the unequal requirements for an allowed deviation from those provisions by the Member States, the legal basis needs to be carefully chosen in each single case. Information procedures that are closely tied to the regulation of the material subject, e.g. the water or air pollution regime, have to be based on the legal basis that governs the respective community policy, such as Article 175 EC Treaty for the protection of the environment or Article 95 EC Treaty with regard to the free movement of goods, in order to prevent the circumvention of the procedural prerequisites laid down in the specific legal basis. This is predominantly the case for notification and permission procedures, identification, and planning duties that are closely intertwined with the respective substantive provisions.

Article 284 EC Treaty, on the other hand, is a general provision – a *lex generalis* – that may be taken as legal basis for information duties whenever the information duty does not pursue one of the specially regulated community policies of the EC Treaty. In particular, it can serve as a legal basis for information duties equally covering more than one community policy. Most of those information duties that cover an array of subjects and purposes at the same time are statistics, being now covered by Article 285 EC Treaty as *lex specialis* that has been inserted by the *Treaty of Amsterdam*. Article 284 EC Treaty, however, does not serve as a legal basis to enact substantive law, i.e. provisions that go directly or indirectly beyond information duties and procedures. This would mean a circumvention of the more stringent prerequisites for law-making as set forth for the specific community policy in the respective part of the EC Treaty.

2. Duty of loyalty (Article 10 EC Treaty)

The duty of loyalty that is set forth in Article 10 of the EC Treaty not only implies standards on the quality of the information to be delivered but also some specific information duties that have been recognized by the European Court of Justice in its judgments. In order to discern specific information duties that are immediately applicable, Article 10 EC Treaty needs to be complemented by a more concrete provision of community law, giving a guideline on the conditions and the extent of the information duty. Under certain circumstances these more specific guidelines can be taken from a provision on the political aims and tasks of the Community and the system of the Community law.

Completeness, clearness and trueness of the information provided are the *quality standards* that follow from the duty of loyalty, as well as that the information can be checked as to its source and the collection method. The European Court of Justice implicitly assumes those standards when reviewing whether Member States have fulfilled their obligations without giving any further legal reasoning. In addition, information obligations have to be fulfilled in a period of time that is adequate with regard to the respective problem. In case the European Commission is involved in the implementation of the information duty, it may set adequate time limits for the compliance of the Member States. The Commission may, however, not create information duties themselves solely on the basis of Article 10 EC Treaty. The duty of loyalty neither transforms non-binding acts of the organs of the Community into binding duties nor does it constitute a legal basis for the enactment of secondary law.

Specific information duties in particular, as laid down in the case law of the European Court of Justice are a duty to provide information upon request in the course of a proceeding for breach of contract by the member state (Article 226 and 227 EC Treaty), a vertical - i.e. in between the member state and the European Community - consultation duty in case national measures have repercussions on the functioning of the European Community, a one-sided consultation duty whenever a member state has difficulties with the implementation of community law and an information duty of the European Commission vis-à-vis the

Member States when they need information in the course of the implementation of community law.

In addition, the more concrete Article 284 EC Treaty can be used to solidify the duties resulting from Article 10 EC Treaty. Information obligations that are directly based on Article 10 and 284 EC Treaty are restricted to duties of the Member States, excluding duties of private individuals as they require a clear and more specific legal basis. Moreover, the information duty of Member States resulting immediately from those provisions is restricted to provide information upon a specific request of the European Commission, excluding, *inter alia*, notification duties and comprehensive reporting duties as Article 10 and 284 EC Treaty lack any indication on the subject that should be notified or reported about. Similarly, information obligations that are closely intertwined with material law, as is the case for identification and planning duties, inspection rights, consultation duties and even comprehensive reporting duties, need a more specific regulation in secondary law than is provided by Article 10 and 284 EC Treaty. Even notification duties need a more specific regulation as the trigger of such a duty has to be set forth clearly, i.e. the person or authority who has to fulfill such a duty needs to know which fact ignites the duty to notify another member state or the European Community upon it.

Given that the Member States enjoy a so called *institutional autonomy*, a request by the European Community to provide information is to be directed to the authorities that are in charge of representing the country vis-à-vis foreign countries and international institutions, i.e. the European Union. In most cases this is the respective representation of the Member States with the European Union or a specially appointed contact authority for requests in specific areas. Many directives and regulations oblige the Member States to appoint such contact authorities. The European Community may not directly address any authority within the state that may hold the information needed but which has not been appointed as contact for out-of-country requests, e.g. a down level water authority.

In addition, duties resulting from Article 10 EC Treaty are not strict duties. The duty of loyalty, in first instance, means that a member state or even the Commission has to endeavor and take care in fulfilling the request, giving some leeway to the special circumstances of the case.

3. The principles of *ex officio* investigation of the facts and administrative assistance

Information duties result even less from other equally broad legal concepts as the duty of loyalty, such as the principle of *ex officio* investigation of the facts or the principle of mutual administrative assistance, should those principles exist in European law at all. The principle of *ex officio* investigation of the facts that exists in some Member States does not imply information duties of the person that is subject to the investigation but rather describes the duty of the administration to base its decisions on thoroughly and unbiased investigated facts, taking into account all pros and cons. Respective information duties of the object of the investigation need to be drawn from more specific legal provisions. The principle of *ex officio* investigation of the facts is also known in European law but equally does not confer unwritten powers of investigation to the European Community vis-à-vis its Member States or even individuals.

It is already dubious whether European Law contains the principle of administrative assistance or aid, i.e. the duty to assist upon request other parts of an administration with its own powers and means. Characteristically, this principle does not apply where a power to advise the other part of the administration exists, that is within a bureaucratic hierarchy, or where the assistance is rendered in order to fulfill its own legal duties and not merely in the interest of the other part. Moreover, it does not apply where the assistance is provided within a long-lasting, structural administrative cooperation. Administrative assistance is provided on a case-by-case basis upon a specific request. The *Zwartveld* decision of the ECJ relates to such a case-based cooperation obliging the European Commission to provide a member state with specific documents needed for the implementation of European law. The decision, that has been taken by some authors as confirmation of a European duty of administrative assistance, does not sustain such an overall principle. The court does not even mention this principle. Rather it derives the information duty from the principle of loyalty (Article 10 EC Treaty). It is doubtful whether there is a need for a principle of administrative assistance beside the duty of loyalty. The duty of loyalty even goes beyond the principle of administrative aid, at least with regard to the vertical relationship in between the Member States and the European Community.

Even with regard to the horizontal relationship, i.e. between the Member States themselves, information cooperation is shaped more by other provisions of community law. The ECJ has derived horizontal information duties from Article 28 and 30 EC Treaty, i.e. the rules on the *free movement of goods*, ensuring that this freedom is not disproportionately restricted by the Member States. For instance, administrations have to cooperate and exchange existing documents instead of forbidding the import of goods for missing documents as long as this information exchange is not unreasonably burdensome. The administrations of the European Member States have to mutually exchange and recognize documents and administrative controls as equivalent as long as there is no indication that the standards differ substantially. Thus, the administration of the importing country may not demand from the importer to repeat costly controls that have already been carried out in the country of origin or to provide documents that could be more easily attained through the administration itself. After a series of respective judgments, i.e. *De Peijper*, *Denkavit*, *Biologische Producten*, *Brandsma* and *Harpegnies*, this can now be deemed to be established case law. Documents on the goods to be imported may only be rejected in case of material faults, not for minor problems with regard to the form. Systematic controls of the goods may only be carried through in case of suspicious facts. In addition, the Member States have to notify each other whenever they want to change a longstanding administrative practice regarding the importation of goods.

4. The specific information duties – a systematic inventory

The previous paragraphs used specific terms for information duties such as reporting duties, notification duties, identification and planning duties or the obligation to provide information upon request. Legal terms laying down details on the trigger of the duty, the time line, the extent and the medium to be used are crucial for legal certainty, thus promoting the implementation of Community law. Clearly specified legal terms are judiciable, making both law-making and judicial control easier and hinting at possible information duties to be used when drafting a legal act. *De lege ferenda* the Community could prescribe certain types of information duties as a model for its own law-making by way of a decision such as it has done with the Council decision 1999/468/EC on the types of committees to be used in European law-making. A decision that binds only the organs of the EC internally would leave enough leeway to test new procedures and vary them according to the necessities of the case in question. The present analysis shall constitute a first step towards a systematization of the currently still very confusing and constantly proliferating array of information procedures.

Administrative information procedures can be divided up into the main categories of *communication procedures*, i.e. where information is passed on to another person and *duties to collect information*, i.e. information procurement obligations. The structure of communication procedures can be *horizontal*, between the Member States of the European Union, or *vertical*, between a Member State and an organ of the European Community. Communication duties consist, first, of the duty to provide information upon a specific request, a reactive information procedure that covers the inquiry on single events. Second, the proactive notification duties belong to this category. They are triggered through a certain event upon which the obliged administration or person has to pass on the respective information to another person or authority. Third, more comprehensive reporting duties, which cover a longer time span, belong to the communication procedures as a report has to be passed on to another person in the end. Fourth, consultation duties imply a bilateral or multilateral exchange of information to be used for problem solving. Last but not least, the obligation to passively endure an inspection of another authority on its territory also belongs to the procedures of passing on information, this time by allowing someone else to collect them.

The *duty to provide information upon request* on a single event is the least intrusive and least burdensome form of an information duty. This duty can be implicitly derived from the duty of loyalty as laid down in Article 10 EC Treaty in conjunction with such provisions as Article 169 EC Treaty or Article 284 EC Treaty. As this duty requires an inquiry with regard to the information stating the exact subject and setting the time line, there is no legal uncertainty as to the trigger and the extent of the information duty, as would be the case with a not clearly specified notification duty.

The trigger of a *notification duty* often lays within the sphere of responsibility and (potential) knowledge of the obliged person. Sometimes, content and form of the information to be provided in a notification are precisely regulated and legal consequences are set forth that result from not fulfilling such a duty. This often is the case in international treaties involving the transfer of dangerous goods or the occurrence of an accident with repercussions on other states. Subsequently, the respective provisions of the European Community that shall transpose those treaty provisions into European law also contain those formal procedures. There are administrative notification obligations that are triggered by a prior notification of third parties – mostly the population of the respective state – and therefore shall be called accessory notification duties. They can be accessory in terms of time and/or extent, i.e. the other state or authority has to be notified at the same time or shortly after the population has been informed and the content of the communication has to encompass at least the information that has been forwarded to the third party, i.e. the population. The main versions of notification duties are warnings in emergency cases, the notification of statutory provisions of the Member States that either shall transform European law into national law or that might be considered to be an obstacle to the freedom of the movement of goods and services, as well as notification duties in the framework of registration and permission procedures that govern potentially dangerous activities.

Reporting duties imply a systematic observation covering a longer time period. They are very important for the control of the implementation of European law, but also imply the danger of a euphemistic description of the situation whenever administrations have to present their own activities. In addition, the costs can easily outgrow the benefits of a report.

Inter-administrative *consultation obligations* have their origin in public international law and often govern neighboring relationships. They exist where there is a lack of binding sovereign power to decide the problem in question for the parties involved and therefore are often horizontal in structure. In the framework of the European Union, the European Commission is often granted a right to join a horizontal consultation procedure, thus enlarging it to a triangle structure. Often, the Commission's task is to ensure that the material standards of European law are met by the consulting parties when discussing the solution of the problem in question. The parties of a consultation procedure have much discretion with regard to the form, the extent and the timeframe of the information exchange implied in consultation procedures. The parties, however, have to insure that they do not unilaterally produce given facts or *faits accomplis* before the end of the consultation procedure. This would make the consultation process useless because the information exchanged and the solutions considered within this process could not be taken into account anymore. The parties of a consultation procedure have to seriously take into account the information provided by the other party.

Horizontal consultation obligations seem to be decreasing in the framework of the European Community in favor of either unspecific information systems and networks, or a more centralized, detailed regulation of the specific topic and the respective dispute resolution procedures. In case there are gaps, neighboring States can often resort to the duties and procedures provided by public international law. Consultation obligations are a steady part of international treaties and are often regulated in a more concrete fashion as in the respective European law. Some of the European directives even refer to the "bilateral relationships", i.e. international law, when it comes to the consultation procedure.

Increasingly set forth in Community law are *inspections* on the spot. They do not exist very often in the key areas of European environmental law but are proliferating in European fisheries law, in the control of state aid, in anti-fraud provisions and in European agricultural law. Inspection rights strongly interfere with territorial sovereignty and therefore have to meet high standards with regard to their appropriateness and proportionality. They can only be carried out in cases where there is a factual basis for suspicion of some wrongdoing, and not just randomly. Inspections of the territory can, to a certain extent, be substituted by satellite remote sensing, i.e. the observation of the soil and vegetation with satellites from outer space. Pictures taken by satellite can be very precise. They can also provide a factual basis for carrying out further controls such as in depth inspections on the spot.

The main type of the second category of information procedures, i.e. information procurement or collection duties, is the *environmental monitoring duty*. This duty encompasses the obligation to continuously observe and measure the environmental medium and its components such as air, water and soil, in order to gather data on the situation of the environment. To ensure the comparability and the objectiveness of the data gained, environmental monitoring duties are often accompanied with the regulation of so called *informational framework data* specifying the methods of measuring, analyzing and reporting on the data gained. Informational framework data counter the problem of an information overload. Such an overload appears when there is a lot of information on a topic but the relevance, validity and the concrete message with regard to the problem in question is not clear, exceeding the capacity of the recipient to process this information.

Information collection is also done by obliging companies to deliver information in the course of a *registration or permission procedure*. Those obligations are part of the process of privatizing tasks that have formerly been fulfilled by the administration. Registration and permission procedures in particular are part of the environmental law concerning products and production facilities that are potentially dangerous for the environment. The respective preventive information procedures enable the national administration and the Commission to have basic information at hand in case of a concrete danger, in particular, in case of an emergency. In the framework of a permission procedure, the obliged individual is highly motivated to fulfill its information obligations as it would not be granted the permission it seeks without rendering in all the information required. This mechanism counteracts the tendency to hide information, known as "hidden information" and "prisoner's dilemma" from the economic game theory.

A third category of information procurement duties are the supervision or *control duties* of the Member States. Those obligations relate to potential sources of contamination, i.e. the pollutants released by a production facility, in contrast to the environmental monitoring obligations that relate to the potential object of contamination, that is the environmental medium such as soil, water or air. Control obligations have a trust-building function. Within the European internal market, product controls are primarily carried out by the country of origin. In a way, the country of origin proceeds by proxy also for the other Member States that have to be able to rely upon the quality of those controls. The country of origin therefore bears a particular responsibility vis-à-vis the other Member States and the European Community for the investigation of the facts when it comes to the inspection and control of goods that will circulate freely within the European Community. Some of the European directives and regulations therefore request that the national control structures are made transparent to the other Member States and the European Community itself. They also lay down legal standards for the quality of the controls, such as frequency, methods and even the required personnel and technical means of the authority that is in charge of the controls. Some of the control standards can also be derived from Article 10 EC Treaty. According to the duty of loyalty, the Member States have to regulate the frequency and the modalities of the controls, the supervision of the authority in charge of controls as well as the necessity of drafting a report after the controls have been carried out.

Under certain circumstances – mostly when the Community could administer the respective European law by itself, such as in the areas of third country commerce or of fraud protection with regard to the Community funds – the European Commission is allowed to order that specific examinations be carried out by the authorities of the Member States. With regard to product controls, the Member States may even be allowed to request to the Member State in charge that a certain product be examined. However, the European Commission does not have the power of a supervisory authority with regard to the authorities of the Member States. It does not have a general, unwritten power to order a state authority to do what the Commission deems useful. In case the Commission shall be conferred this power with regard to a specific question, the power must be explicitly and clearly stated in the respective legal act. In addition, as the Member States principally enjoy institutional autonomy and have the right, as well as, the duty to implement and administer the provisions of Community law, they have to be left with enough leeway in regard to the establishment of their own administrative structures and procedures, even when implementing Community law.

Identification and planning duties as well as nominating duties also belong to the category of information procurement duties. *Identification duties* – predominantly the identification of environmentally sensible spots - and *planning duties* imply assessments and evaluations to be rendered by the Member States, thereby having a certain discretionary power. These duties afford a comprehensive and correct investigation of the facts and are judiciable mainly with regard to the correct restatement of the facts. Participation rights help to gather information from all parties concerned and compensate for the very broad discretionary power of the authorities. European law sometimes provides for a comparative evaluation of plans that have been set up by Member States. Member states frequently do not fulfill their planning obligations to the satisfaction of the Commission. Often plans and programs are not concrete enough and are rendered in too late. The lack of concreteness, however, is partly due to the instructions given by the respective European legal provisions. It is in particular this lack of concreteness and the broad discretionary power of the planning authority that is characteristic for identification and planning obligations. The European Court of Justice has given some guidelines with his recently rendered series of judgments on Article 7 of the *Water Protection Directive*. As a rule, plans and the more concrete programs have to contain a schedule, as well as, concrete, quantified measures that are part of a coordinated context.

With the help of *nominating obligations* the Commission, the other Member States and individuals shall be informed of the authorities to contact with regard to specific questions and problems. Their objective is to help establish an administrative network and to foster the horizontal exchange of information. In case nominating obligations are a guised obligation to erect a particular authority they can infringe upon the institutional authority of the Member States.

5. Implementation of the information duties

The transposition of European information duties into national law has to be done by a formal legal provision that is binding beyond the administration in case the information duty has a direct or indirect effect on individuals. This legal norm has to be at least as concrete as the underlying provision of Community law. In case the European provisions contain concrete standards for the investigation of the facts, the Member States cannot refer to a general principle in national administrative law requiring that all facts be investigated *ex officio* by the authority in charge, even if this principle is combined with yet more concrete, but only internal administrative orders that have no binding effect outside the administration. With regard to mere inner-administrative duties, however, an inner-administrative order should suffice, as it is binding upon the authorities in question. The rulings of the ECJ are not entirely clear in that respect. Often, the court just stresses the fact that rights and duties of individuals have to be foreseeable and actionable. But only the administrations are affected with regard to mere inner-administrative information duties, so there is no need for a formal legal transposition.

A formal legal transposition is necessary to enable individuals to institute judicial proceedings in case the authorities infringe upon their rights or impose duties. Individuals have, however, no judicial standing with regard to mere inner- or inter-administrative information procedures that have no effect upon them. Community law does not confer upon the individuals the status of an *advocatus populus* overseeing the correct transposition and implementation with regard to inner-administrative information procedures nor does it require the Member States to do so. The adversely affected other Member States or the Commission, on the other hand, can institute proceedings before the European Court of Justice for breach of the EC Treaty and its secondary law in case those information duties are not transposed or implemented. There is no need for a formal provision of national law in order to institute proceedings with the ECJ. The other Member States and the Commission have, acting as an authority that sues the Member State himself, no standing before the national courts anyhow.

It is, however, not always easy to distinguish mere inner-administrative information duties from those that have an effect upon individuals. Respective guidelines can be taken from the judgments *CIA Security* and *Enichem Base*.

6. Passing on of information by the European Commission

In the framework of a concrete administrative procedure the Commission often passes on information it receives from the Member States in a starlike way, that is, simultaneously to all other Member States. This is in particular the case when the administrative order in question has a transnational effect, i.e. has to be accepted as binding by the authorities of the other Member States. Star-like procedures shall promote administrative transparency. The European Commission has, in this case, the function of a service entity for the Member States, caring for the correct dissemination of the respective information. The most comprehensive rules on the respective information procedure are contained in administrative dispute settlement procedures.

On the basis of Article 10 EC Treaty, the European Commission is obliged to share its knowledge with the Member States when they are dependant on this knowledge for the implementation of Community law. This *information assistance obligation* of the Commission has been stated by the ECJ in his *Zwartfeld* ruling.

In addition, the Commission often has to aggregate national *reports* and publish a respective European wide report. It mostly has to forward the common report to the Council and the European Parliament as a feedback mechanism with regard to the effectiveness and the state of implementation of the respective directives. Reports of the Commission partly are dependant on the reports of the Member States, which are often rendered in too late and are not concrete enough as to its content.

Statistics of the European Community are another important means of information, particularly for the purpose of precautionary information gathering. The European Community has reinforced environmental statistics in the past ten years. Automatic *information systems* and personal *networks* also enable precautionary information gathering. Information systems frequently contain basic information on the state of the environment, the pollutants, potential counter measures and technical data. They often are combined with environmental monitoring obligations. The Commission repeatedly is in charge of organizing the procedures and of laying down informational framework data, i.e. the guidelines on how to gather, analyze, restate and interpret the data collected. A comprehensive information system has been established with the EIONET and is administered by the European Environmental Agency.

Information systems can replace the more traditional information duties of notifying the other party or providing information upon request, particularly when the information systems are combined with electronic data processing. Information contained in those systems can increasingly be downloaded *online* by all the Member States, the Commission and sometimes even affected interest groups in business and society.

7. Informal information cooperation

A big part of the information exchange occurs informally. In particular, it takes place inside *committees* and during the course of other meetings, including outside experts, thus internalizing external expertise. In the form of personalized *networks*, committees help to coordinate numerous actors in situations of insufficient information, building up a generalized trust that, in turn, will reduce the necessity of controls and the related transaction costs. Networks counter the problems of lack of information and lack of motivation that occur, according to the findings of the organizational theory, particularly in hierarchical organizations. Networks can develop a quasi common administration through the easy and flexible exchange of information and the structures of mutual trust. Network structures, however, are not suited for constant routine tasks.

Informal bilateral talks and so called "package meetings" between the Member States and the Commission often precedes a formal procedure for breach of the EC Treaty. They support the investigation of the facts. There are also unspecific cooperation duties set forth in European secondary law. Those cooperation duties contain, as a minimum, the exchange of information and can be specified by the European Commission, laying down the procedures to be followed. Training and the exchange of the servants of the Member States also foster trust among the administrations of the Member States by generating some understanding of the circumstances and the background of other national authorities.

In addition, the European Union helps to finance the communication infrastructure under the topic "information society" and "Trans-European networks". The focus of the European Union has in particular been the establishment of *Trans-European telematic networks for the interchange of data between administrations* (IDA).

8. Mixed national-European administrative procedures

Mixed national-European administrative procedures are based on the above described "simple" information duties. They reinforce information cooperation to a stronger form of administrative cooperation, which is a participatory cooperation. The European Community, in particular the Commission, then takes over the function of a supervisory authority without having the general status of such an authority by regulating questions that would normally be regulated by a superior authority through binding orders and administrative directives. For instance, the Community compensates the lack of an administrative hierarchy with lower Community authorities in the Member States by instructing the Member States in detail on the collection, analysis and description of data in the form of so-called *informational framework data* that are set forth in directives, regulations and decisions.

Mixed inspections are based on national investigation procedures and powers in order to compensate for a lack of European investigation powers or, in case the Commission has or could be conferred the power to investigate, in order to ease the administrative burden of the Commission that is ill-equipped for such tasks.

Via *approval procedures* in the context of national administrative procedures the Community gets informed on the implementation of Community law and can participate in the – national - decision-making. Through the means of interpretation and implementation guidelines the Commission, in fact, does take over the function of a supervisory authority in the guise of so-called "information memos".

Administrative dispute settlement procedures are embedded into comprehensive information procedures which often consist of a series of notification duties and the star-like passing on of the information by the Commission to the other Member States. They often exist in connection with transnational administrative orders, i.e. orders that have a Transboundary effect.

All of the procedures described above are subtle ways to influence and steer the implementation of Community law in the Member States.

9. Standard situations and procedures

All the above mentioned information procedures appear in typical combinations with respect to specific situations. Certain procedures, or combinations of procedures, are suited for certain objectives or objects of information. The identification of standard procedures is useful not only for systematizing the information procedures but also to help interpret the extent of an information duty, as well as, to help select the best suited duty in the law-making process. The main standard situations and procedures, that can be discerned are as follows.

Implementation control systematically employs notification duties, forcing the Member States to notify the Commission on the measures taken with respect to the transposition of Community law into national law and reporting duties on its actual implementation by the respective authorities. The latter ones have been laid down in a specific directive that harmonizes all reporting duties on the implementation of European environmental law. In addition, the Member States sometimes are obliged to set up national implementation programs and – of course – to report on those programs to the Commission. Environmental monitoring obligations, controlling obligations of the Member States and inspection powers of the Commission complete the instruments used for implementation control.

The *precautionary collection of information* aims at providing a set of data that is ready to use in case it is needed by the Commission or the Member States. Besides statistics, research projects and experience reports, electronic data collection and information systems are the main means used to set up a data base ready to use. This information – as well as the information collected for implementation control - is also used as feed-back in order to evaluate the effectiveness of existing community law and to modify it if necessary, thus creating a so called "dynamic legal regime". With the establishment of the European Environmental Agency, the precautionary collection of information has been institutionalized.

The status of soil, air and water are controlled by the means of so called *environmental monitoring* duties. The environment shall be protected and rehabilitated in the framework of rehabilitation plans and programs, whereas *product or facility related environmental protection* predominantly employs notification obligations in the course of registration and permission procedures. Administrative dispute settlement procedures and notification procedures also typically appear in connection with product or facility related environmental protection. As soon as third countries or the export and import of products in and out of the European Community is affected, the Commission is often equipped with far reaching administrative powers, including inspection rights and the direct information exchange with companies.

In contrast to the vertical information procedures predominantly employed so far, *transboundary pollution* between two neighboring states is characterized by horizontal information procedures, in particular consultation procedures. Often they are intertwined with procedures laid down in international public law, mainly in multilateral environmental treaties that contain detailed provisions on the consultation and dispute settlement procedures.

In case the Community financially supports environmental protection measures, the European Commission is regularly conferred inspection rights and the Member States are obliged to conduct controls and report on the results back to the Commission.

In general, there is a tendency to employ more and more personalized or electronic *information networks*. They imply comprehensive but legally unspecific information procedures and partially replace formal information duties that were once laid down in older directives and regulations of the EC. Sometimes information exchange procedures are called "information system" in order to leave the details of the procedure unspecified. The organization of those procedures is then sometimes conveyed to the European Commission. It remains to be seen as to what extent unspecific systems are more useful for the exchange of information than concrete information obligations. During the discussion program on the management of the internal market some of the national authorities raised that there is a need for concrete procedural rules with regard to the exchange of information. The Commission also identifies such a need in the Report on the Internal Market of 1994. But even this unspecific information exchange does not happen outside of a legal order. Those procedures are governed by the legal guidelines that can be derived from the duty of loyalty (Article 10 of the EC Treaty), as well as by the general principles of European law, among others the principle of subsidiarity and proportionality, the protection of business secrets and personal data. As outlined above, Article 10 EC Treaty is the basis for specific information duties and quality standards. It also happens that specific information procedures, which are finally fixed into law, develop out of a formerly unspecific information exchange process.

10. The institutions

When considering the institutions of the European Community that have some role in the collection and dissemination of information one should think that the main role lays with the *European Environmental Agency* (EEA). The Agency, however, is only equipped with very narrow powers relating to the management of environmental information. She has been conferred neither law-making nor implementation powers fixing or relating to information duties of the Member States. In particular, the repeatedly requested inspection powers have so far not been conferred to the EEA. With the revision of the statute in 1999, the Agency can at least participate in the monitoring of the implementation, but only upon request of the respective Member State. The Agency has to rely on the information that is passed on to it by the Member States on the basis of specific legal provisions or voluntarily. The modalities can be laid down in administrative agreements. Therefore, the EEA is more a service institution for the European Union and the Member States than a real administrative authority. The EEA also serves as a contact point between the European Union and third countries or other international organizations and bodies. The main purpose of its activities is the precautionary collection of information. The EEA serves as a symbol for the environmental competence of the European Union and the legitimacy of its environmental law-making. According to *March* and *Feldman*, such an institutionalized symbol can develop its own dynamics and emerge into a strong player that can force its "parent organization" to adopt stricter rules by disseminating information. Whether this will happen with the EEA remains to be seen. As for now, the Agency at least constitutes a forum to establish a network between the authorities of the Member States and can help establish so called epistemic communities through the analysis and interpretation of the collected environmental data.

The main organ for the management of information within the European Union is still the *European Commission*. This is confirmed by newly enacted directives and regulations which assign the collection, management and law-making with regard to information procedures to the Commission, and not to the EEA. The Agency is barely mentioned therein. But even the Commission has no general law-making power with regard to the management of information. The Commission often tries to direct the application of Community law by the Member States through so called "communications". As only the European Court of Justice has the power to interpret the law of the European Community, those communications are unbinding and can be challenged before the Court who annuls them in case the Commission intended to enact a binding directive for lack of a legal basis. The Commission, however, can enact binding rules in case it has been conferred respective regulation and implementation powers by the directive or regulation in question. This is done increasingly explicit with regard to the details of the administrative information procedure. Those powers can also be conferred implicitly by assigning a general competence to the Commission as to the implementation of the directive, as well as by naming the Commission as the body in charge of the organization of the procedures resulting from the rules of the directive or regulation. In addition, the Commission can request information by the Member States on the basis of Article 10 EC Treaty in connection with Article 284 or Article 226 EC Treaty as outlined above. The Commission thereby has to act within the legal boundaries that are drawn by the respective directive or regulation, as well as, by the general principles of Community law. Inspection powers, as a rule, are to be interpreted restrictively and are accessory to the national procedural law.

Besides the Commission, the *committees* play a big role in administrative information cooperation. They form personalized networks and have been described by the ECJ as a collective consultation mechanism, allowing the Member States to voice their interests. The Commission tries to alleviate conflicts of interest in between the Member States interests and the collective interest of the Community, bearing the correct implementation of community law in mind and acting as a mediator or arbitrator. The expert knowledge of the national servants enhances the quality of Community law. The Commission, while trying to make the national servants sensitive to the needs of the Community, to a certain degree depends on their knowledge. The Commission, again, has no supervisory powers with regard to the members of those committees in the sense that it could order them to pass on certain information that is available in the Member States. The Commission can revert to the general duty of the Member States to pass on requested information on the basis of Article 10 and Article 284 EC Treaty, but has to do so vis-à-vis the Member State itself and the authorities that are in charge of external contacts, such as the permanent delegations of the Member States with the European Union. The national servant in the respective committee could, of course, also pass the information on to the competent authorities but is not himself obliged – sometimes not even empowered - to answer the Commission directly. The most decisive factor for a fruitful exchange of information within those committees is, however, not the question of an obligation to provide information but rather a trustful and open working climate.

11. The general legal framework

In case there is a lack of explicit and specific rules on the extent and procedure to be followed for the exchange of information, the European Community does not act in a lawless field. The so-called general principles of Community law also apply to administrative cooperation and specifically the exchange of information. In particular where the Community disposes of a wide discretionary power, those principles show off the legal boundaries to be respected by the Community. This does not only apply to the execution and implementation of powers that already have been conferred to the Commission but also to the law-making activity of the EC itself, i.e. information procedures *de lege ferenda*. In cases where the legal positions in play are colliding in a concrete situation, they have to be weighed and consoled with each other to the best extent possible.

In particular, the *principle of proportionality* has to be respected in favor of the Member States, as well as, in favor of eventually effected individuals. The aspect of cost efficiency can be allowed for but only to the extent as the costs are disproportionately high in relation to the benefits to be expected. This is not easy to prove for the Member States, on which the burden of proof falls, as both positions are not easily quantified in financial terms. In case of doubt, the European Community can divert the objection of unreasonable cost burdens by granting funds for the installation of data collection and dissemination equipment. Provided that the respective Community directive or regulation sets out uniform procedures and standards for the collection and analysis of data, the Member States are not allowed to deviate from those standards on the grounds of the costs involved.

The principle of proportionality, however, does not yield a fixed scale for the different information obligations in the sense that the least intrusive would have to be applied first before reverting to a more burdensome form. The appropriateness of the information duty and procedure that is applied is subject to a case by case consideration of all circumstances. Even inspections can be employed in first instance without having to issue a request for information before. In case there are reasons to believe that there are irregularities and the issue is sufficiently important for the Community it may even set forth and subsequently execute inspections without any warning up front at all. However, under regular circumstances, the case by case consideration of all circumstances often leads to the result that the less intrusive information requests, i.e. the notification and reporting duties, are the appropriate means to be applied in first instance. In any case, inspections depend on the existence of concrete facts that establish a well founded suspicion on irregularities. In addition to the principle of proportionality, the European Union has to observe the *principle of subsidiarity* that is explicitly laid down in the EC Treaty.

Information obligations, moreover, should be sufficiently *clear and concrete*, a principle that has not been observed by the European Community itself very tightly, given the enormous amount of unclear and unspecific provisions on the collection and exchange of information. In addition, as already mentioned, the Community may only act in cases where it has been conferred a special power and has to respect the institutional autonomy of the Member States.

Furthermore, the Member States, as well as the individuals, have a *right to be heard* before any obligation is imposed on them. The right to be heard is not only a means of legal protection in favor of the Member

States and the individuals but also a means of the Commission to collect information and clarify the facts. It does imply an exchange of information.

Business secrets and personalized data are protected under the concept of *confidentiality*. As a rule, there is no right to refuse forwarding such secrets and data. Instead, there is an obligation of the servants that have to work with the respective data to keep them secret, even within their own authority, and not to use them for purposes other than the one they have been requested for. There is, on the other hand, no general legal obligation to *transparency* in the sense that all data that is available within the Member States has to be passed on to the Commission or the other Member States, even if no specially protected secrets are affected. Such a general legal obligation can neither be drawn from Article 10 EC Treaty nor from a general duty of administrative assistance. Even the – mostly non-binding - acts of the Community that mention the principle of transparency contain broad secrecy clauses to protect business secrets, personal data or secrecy interest of the Member States. The "slogan" transparency is, at least as of now, a political objective with the aim to enhance openness and to describe all the measures the European Community has taken in this respect. Transparency does foster mutual trust and enables a wide participation of individuals and other Member States in the control of the implementation of Community law, thus enabling informal peer control and reducing transaction costs that are linked to controlling measures.

12. The international public law framework

European administrative cooperation stands in a broader international context which is governed by international public law and the respective international bodies. International environmental law can fill in gaps in Community law – in particular with regard to horizontal cooperation, i.e. cooperation among the Member States - or inspire and ignite changes in European Environmental Law. Predominantly with regard to horizontal cooperation and especially horizontal consultations, international treaties can be even more specific then European law.

Community law exists within the framework of public international law and has to be interpreted in accordance with it, as the ECJ noted in the judgments *Safety Hi-Tech* and *Racke*. Existing networks and systems of cooperation on the international level have to be born in mind when establishing cooperation mechanism on the European level, in particular, in case the European Union wants to participate in those international mechanisms and intertwine its own systems with them, thus avoiding frictions and to some extent the duplication of work. International bodies constitute a forum for the exchange of information and help establish so called *epistemic communities*, i.e. communities with a common knowledge and belief in times of uncertainties about the facts.

International information procedures and institutions are numerous and are often older then the ones established by European law. Interstate cooperation on the international level is predominantly conceived as information exchange procedures. International customary law yields, as of now, a warning obligation in case of an accident with transboundary effects, a preventive notification obligation on potentially harmful transboundary effects arising from facilities and – not yet undisputed but maintained by some – a consultation obligation with regard to shared natural resources.

Environmental treaties contain an endless number of information obligations and procedural rules that are constantly growing at a high speed. Often, the information obligations that the Member States and the European Community are subject to in a particular case can only be discerned when looking at both international and Community law. Both legal layers have often inspired each other. With regard to information exchange procedures, European law is not always the more progressive one. It serves quite often to transpose international treaties into Community law, even in cases where the Community itself is not party to the treaty. This is especially true in cases where the Community wants to participate in the international information exchange procedures. The Community then serves as a link between the Member States and the international bodies, bundling their efforts.

The examples are numerous and often concern trade relations with third countries. The Regulation on the ozone layer, the CITES-Regulation, the Regulation on the transfer of waste and the Regulation on the import and export of chemicals with their extensive information procedures are all based on respective international treaties and are directly implemented by the European Community, excluding to a large extent, the Member States and their administrations from the direct contact with the third country counterparts and the respective international bodies. The same is true for a number of information systems. After the Decision on the observation of greenhouse gases has been aligned to the Protocol of Kyoto, it is now a role model for the interplay of international, European and national law. In part, the European Community even stands proxy for the Member States with regard to their voting rights in the respective international bodies.

Through the integration of public international law into Community law those obligations can be effectively enforced by the mechanisms which are provided by the legal system of the European Community. International treaties that have been concluded by the European Community rank higher then European secondary law, i.e. directives and regulations. They thus have to be respected by secondary law and are subject to the direct effect doctrine as is all Community law.

Last but not least, *remote sensing*, the data collection by satellites, also touches on international law. Remote sensing is increasingly employed by the European Community in the fields of environmental monitoring, the protection of fisheries, resources and agriculture, thus replacing or preparing inspections on the spot.

13. The political and functional dimension of information procedures

The political impetus with regard to information procedures and cooperation comes from the effort to ensure a – more – effective and at the same time efficient implementation of Community law that has not been the best until now, particularly in the area of environmental law. As the Community lacks its own lower implementation authorities it tries to fill in this gap by creating numerous and detailed information cooperation procedures, thus creating subtle control mechanisms and replacing its missing formal powers to direct the authorities of the Member States as a supervisory authority would do. However, the implementation of legal norms appears to be a continuing communication and negotiation process even within a formal bureaucratic hierarchy, with the lower authority pondering its better knowledge in regard to the situation on the spot.

The creation of a common, single market necessarily depends on the existence of information from all of the participating states. Not only the European Community but also the Member States depend on information provided by other Member States in particular when it comes to administrative procedures and acts with a Transboundary effect. The existence of mutual trust is a prerequisite for the application of the principle of control at the country of origin, replacing renewed controls in all of the Member States where the product is sold. Trust, in turn, is fostered by open communication structures – communication is the minimum ingredient of cooperation and at the same time enhances the willingness to cooperate. Communication itself depends on the usage of a mutually understood language, i.e. the terms and notions used by the communicator and the recipient must have the same meaning to them. Such a mutual understanding is created by fixing informational framework data, i.e. the ways to measure, analyze and describe environmental data. They foster, together with freely accessible data bases and personalized networks, a common perception of the reality.

An administrative procedure has been described by *Schmidt-Assmann* and *Schoch* as a procedure of information collection and analysis that serves to balance and structure the interests involved. Information procedures are the basis of administrative cooperation. They can be very costly in regards to the resources time, personal means, as well as, financial means. According to the findings of the institutional economy, information costs constitute the main part of transaction costs, that is, the costs involved in economic transactions. Transaction costs make up for 50 to 70 % of the gross national income.

Transparency enhances the willingness to cooperate and enables the coordination of independent actors, such as states. Transparency is particularly important with regard to the management of shared natural resources, i.e. resources that are used by more than one party but do not belong to neither of them exclusively, as parties then orient their actions predominantly on the actions of the other side. The demand for more information, however, can also reinforce itself: the more information that is available, the more questions arise and the more the parties get the impression that there is a lack of important information. Information then loses its function as decision making basis but rather hinders the parties to come to a substantive decision at all. The collection of information starts sometimes only after the decision has in principle already been taken or serves to distract from the fact that no decision as to the substance of the problem shall be taken (yet). Then, in a way, information is misused as a signal and symbol for the political will to act or, in the first case, to prove the legitimacy of the decision taken.

14. Sanctions

In the light of the lacking implementation of European environmental law, in particular with respect to information obligations, the European law-maker should always consider the possibilities to impose sanctions for the non-implementation of the different types of duties and procedures.

Self-implementing sanctions like the direct applicability of community law can only be employed where individuals are effected and could sue the Member States in case they are disrespecting their obligations. This is not possible with regard to merely inner-administrative information procedures that have no effect on individuals. With regard to such provisions Member States can only be sued before the ECJ by the Commission or another Member State. Directly applicable are, as a rule, merely the duties to provide information upon request and specific notification duties as only they are sufficiently clear and unconditional as demanded for by the doctrine of the direct effect of Community law.

State liability, the second by the ECJ widely used means to penalize the disrespect of Community law, is hardly applicable with regard to information procedures as rarely will there be a quantifiable material damage caused by violating information obligations.

A potential means to punish the non-notification of norms and measures taken or planned by the Member States is to declare them inapplicable as long as they have not been notified. The inapplicability can either be peremptory or, in the form of stand-still obligations, dilatory. In any case, this effect has to be laid down clearly in the respective legal provisions. With the judgments *PCB*, *Enichem Base*, *Prodifarma* and *CIA Security* there is now sufficient legal certainty with regard to stand-still clauses and its legal implications. For instance, the ECJ has rejected reversing the burden of proof at the expense of the Member States with regard to national norms and measures that have not been notified in the sense that the non-notification does not allow the Commission to assume that they have not taken the measures at all. Therefore, the respective Member State is not sentenced for having failed to implement the substantive community law, rather they are sentenced for non-notification of the measures taken.

The anti-dumping law and the law on state subsidies make use of such punitive measures as allowing the administration to decide merely on the basis of the facts known by it without any further investigation in case the party concerned does not provide further information. In addition, time-limits for an administrative decision may be extended and the standard for the reasoning that is to be laid down in the decision by the authorities may be lowered. Those sanctions are part of the prohibition of *venire contra factum proprium*. The Highest Administrative Court in Germany, the *Bundesverwaltungsgericht*, did argue similarly in the case of the highway A 20 which was planned by the authorities to cross a potential nature reservation area that possibly would fall under the special protection of the *Flora-Fauna-Habitat Directive*, but up to then had not yet been implemented in Germany.

Punitive financial measures are particularly effective, such as the exclusion from refunds and the forfeiture of a security, as known in European agriculture law. Those measures could in particular be used with regard to information procedures that are intertwined with the funding of environmental measures. The Community has, however, neither the power to set out its own criminal sanctions nor to set up its own police force with the respective powers to employ measures of constraint. The European Community has, only in singular cases, been granted the power to impose coercive measures, such as the penalty payment provided for in Article 228 para.2 EC Treaty. The threat of such a penalty payment has proved particularly effective in order to force the Member States to implement European environmental law.

With regard to environmental pollution two or even more spheres of competence and responsibility often get intertwined. This is the concept of the so called shared natural resources. With regard to transboundary air pollution, e.g., the sphere of responsibility of the State that emits the pollutants and of the State where the pollutants have their harmful effects fall together. The same is valid for transboundary water resources. Thus, there is a necessity to demarcate the respective areas of responsibility, competence and freedom to act or even to combine those areas of responsibility. This demarcation is traditionally done by public international law. Community law and public international law, are developing more and more ways for cooperation and the sharing of responsibilities. The European Community is particularly well equipped to develop those forms of cooperation where the spheres of responsibility get closely intertwined. Information procedures are a key area, i.e. the basis of this cooperation.

In a ruling concerning the fisheries regulations of the European Community the ECJ has sanctioned the imposition of horizontal information and controlling duties such as a horizontal duty to provide information upon request, a duty to coordinate the monitoring and controlling activities among the effected Member States as well as the duty to regularly exchange information on the experiences made, stating that the Member States have thus been imposed a common responsibility for the implementation and control of the respective provisions.[2] According to the judgment, the Council may impose a cooperation structure between the Member States in the form of closely intertwined controlling duties and mutual information obligations with regard to the implementation of Community law. There is a wide discretionary power of the European Community with regard to the law-making in this area.

---

[2] ECJ, judgement of 27 March 1990, C-9/89 (Spain/Council), p. I-1383(1408 ff.) regarding the cooperation in between the port authority and the member state in which the vessel is registered.

Literaturverzeichnis

Adam, Heike/Winter, Gerd: Commission guidance addressed to member state agencies, in: *Winter* (Hrsg.), a.a.O., 629-644

Adede, Andronico O.: International Environmental Law Digest, Instruments for International Responses to Problems of Environment and Development 1972-1992, 1993

Albin, Silke: Die Vollzugskontrolle des europäischen Umweltrechts, 1999

American Bar Association – Harvard Law Review Editors (Hrsg.): Trends in International Environmental Law, 1992

Arnold, Rainer: Vereinheitlichung des Verwaltungsverfahrensrechts in der EG – unter besonderer Berücksichtigung der Regeln über die Sachverhaltsermittlung und die Verteidigungsrechte der Betroffenen, EuR 1995, 7-33

Assmann, Heinz-Dieter: Die Transformationsprobleme des Privatrechts und die ökonomische Analyse des Rechts, in: *Assmann/Kirchner/Schanze* (Hrsg.), Ökonomische Analyse des Rechts, 1993, S.17-61

Badura, Peter: Die Organisations- und Personalhoheit des Mitgliedstaates in der Europäischen Union, in: *Due/Lutter/Schwarze* (Hrsg.), Festschrift für Ulrich Everling, 1995, S.33-47

Baestlein, Angelika/Konukiewitz, Manfred: Implementation der Raumordnungspolitik: Die Schwierigkeiten der Koordination, in: *Mayntz* (Hrsg.), Implementation politischer Programme, 1980, 36-58

Baram, Michael S.: Risk Communication Law and Implementation Issues in the United States and the European Community, Boston University International Law Journal, 1988, 21-42

Baram, Michael S./Partan, Daniel G.: Risk Information Symposium – Introduction: Multinational Corporations and their new Responsibilities to Disclose and Communicate Risk Information, Boston University International Law Journal, 1988, 1-4

Bartosch, Andreas: Von der Freistellung zur Legalausnahme: Der Vorschlag der EG-Kommission für eine „neue Verordnung Nr. 17", EuZW 2001, 101-107

Bartosch, Andreas: Neue Transparenzpflichten – eine kritische Analyse des Kommissionsentwurfs einer neuen Transparenzrichtlinie, EuZW 2000, 333-337

Bauer, Hartmut: Die Bundestreue, 1994

Bechtold, Rainer: Die Stellung der Kommission und der Unternehmen im EWG-Kartellverfahren, EuR 1992, 41-54

Beckedorf, Ingo: Das Untersuchungsrecht des Europäischen Parlaments, 1995

Becker, Bernd: Öffentliche Verwaltung, Lehrbuch für Wissenschaft und Praxis, 1989

Becker, Joachim: Der transnationale Verwaltungsakt – Übergreifendes Rechtsinstitut oder Anstoß zur Entwicklung mitgliedstaatlicher Verwaltungskooperationsgesetze?, DVBl. 2001, 855-866

Becker, Ulrich: Der Gestaltungsspielraum der EG-Mitgliedstaaten im Spannungsfeld zwischen Umweltschutz und freiem Warenverkehr, 1991

Behrens, Peter: Probleme der zentralen und dezentralen Anwendung der Wettbewerbsregeln der Gemeinschaft, in: *Due/Lutter/Schwarze* (Hrsg.), Festschrift für Ulrich Everling, 1995, 83-101

Bender, Bernd/Sparwasser, Reinhard/Engel, Rüdiger: Umweltrecht – Grundzüge des öffentlichen Umweltschutzrechts, 3. Aufl. 1995

Benesch, Rudolf: Die Kompetenzen der EG-Kommission aus Art. 90 Abs. 3 EWG-V, 1994

Benkö, Marietta/Gruber, Gerhard: The UN Committee on the Peaceful Uses of Outer Space: Adoption of Principles on Remote Sensing of the Earth from Outer Space and Other Recent Developments, ZLW 1987, 17-46

Berger, Ulrike/Bernhard-Mehlich, Isolde : Die verhaltenswissenschaftliche Entscheidungstheorie, in: *Kieser* (Hrsg.), Organisationstheorien, 3. Aufl. 1999, 133-168

Bergmeier, Rolf: Data Warehouse – auch für die Verwaltung?, VOP 1995, 398-402

Bernhardt, Rudolf (Hrsg.): Encyclopedia of Public International Law (EPIL), in mehreren Bänden; 1. Ausgabe mit Einzeltiteln der Bände, 2. Ausgabe alphabetisch sortiert, Max-Planck-Institut für ausländisches öffentliches Recht und Völkerrecht [Zitierhinweis: Literaturverweise ohne Angabe der Ausgabe verweisen auf die 1. Ausg.]

Bernhardt, Rudolf: Zur Auslegung des europäischen Gemeinschaftsrechts, in: *Grewe/ Rupp/Schneider* (Hrsg.), Europäische Gerichtsbarkeit und nationale Verfassungsgerichtsbarkeit, Festschrift zum 70. Geburtstag von Hans Kutscher, 1981, 17-24

Beutler, Bengt/ Bieber, Roland/Pipkorn, Jörn/Streil, Jochen: Die Europäische Union: Rechtsordnung und Politik, 4. Aufl. 1993

Beyerlin, Ulrich: Umweltvölkerrecht, 2000

Beyerlin, Ulrich/Marauhn, Thilo: Rechtsetzung und Rechtsdurchsetzung im Umweltvölkerrecht nach der Rio-Konferenz 1992, Umweltbundesamt, Berichte 3/97, 1997

Beyerlin, Ulrich: State Community Interests and Institution-Building in International Environmental Law, ZaöRV 1996, 602-627

Beyerlin Ulrich: New Developments in the Protection of the Marine Environment: Potential Effects of the Rio Process, ZaöRV 1995, 544-579

Beyerlin, Ulrich/Bartsch, Torsten: The Year in Review, Transboundary Environmental Cooperation, Prior Information/Consultation/Environmental Impact Assessment, YIEL 1992, 185-191; YIEL 1993, 105-111

Beyerlin, Ulrich: Grenzüberschreitender Umweltschutz und allgemeines Völkerrecht, in: *Hailbronner/Ress/Stein* (Hrsg.), Staat und Völkerrechtsordnung, Festschrift für Karl Doehring, 1989, 37-61

Beyerlin, Ulrich: Dezentrale grenzüberschreitende Zusammenarbeit als transnationales Rechtsphänomen, ArchVR 1989, 286-327

Beyerlin, Ulrich: Rechtsprobleme der lokalen grenzüberschreitenden Zusammenarbeit, 1988

Beyerlin, Ulrich: Umsetzung von EG-Richtlinien durch Verwaltungsvorschriften?, EuR 1987, 126-148

Beyerlin, Ulrich: Pactum de contrahendo, pactum de negotiando, in: *Bernhardt* (Hrsg.), EPIL, a.a.O., Bd.7: History of international law, Foundations and principles of international law, Sources of international law, Law of treaties, 1984, 371-376

Beyerlin, Ulrich: Umweltschutz und lokale grenzüberschreitende Zusammenarbeit, in: *Bothe/Prieur/Ress* (Hrsg.), a.a.O., 293-310

Beyerlin, Ulrich: Pactum de contrahendo und pactum de negotiando im Völkerrecht, ZaöRV 1976, 407-433

Bieber, Roland: Die Verwaltungsorganisation der Europäischen Gemeinschaft, in: *Schweitzer* (Hrsg.), Europäisches Verwaltungsrecht, 1991, 85-114

Bierling, Ernst Rudolf: Juristische Prinzipienlehre, Bd. 1 1894

Bittlinger, Horst: Das Gebot der Rücksichtnahme, in: *Böckstiegel* (Hrsg.), a.a.O., 119-134

Birnie, Patricia/Boyle, Alan: International Law and the Environment, 1992

Blanke, Hermann-Josef: Normativität und Justiziabilität des gemeinschaftsrechtlichen Subsidiaritätsprinzips, ZG 1995, 193-288

Blanquet, Marc: L'Article 5 du Traité C.E.E., Recherche sur les obligations de fidélité des États Membres de la Communauté, 1993

Bleckmann, Albert/Pieper, Stefan U.: Rechtsquellen, in: *Dauses* (Hrsg.), a.a.O., Kap. B.I.

Bleckmann, Albert: Allgemeine Staats- und Völkerrechtslehre. Vom Kompetenz- zum Kooperationsvölkerrecht, 1995

Bleckmann, Albert: Der Verwaltungsvertrag als Handlungsmittel der Europäischen Gemeinschaften, DVBl. 1981, 889-898

Bleckmann, Albert: Die Rechtsprechung des Europäischen Gerichtshofes zur Gemeinschaftstreue, RIW/AWD 1981, 653-655

Bleckmann, Albert: Die öffentlich-rechtlichen Verträge der EWG, NJW 1978, 464-467

Bleckmann, Albert: Nationales und europäisches Souveränitätsverständnis. Strukturalistisches Modelldenken im Europäischen

Gemeinschaftsrecht und im Völkerrecht, in: *Ress* (Hrsg.), Souveränitätsverständnis in den Europäischen Gemeinschaften, 1978, 33-70

Bleckmann, Albert: Art. 5 EWG-Vertrag und die Gemeinschaftstreue, DVBl. 1976, 483-487

Böckstiegel, Karl-Heinz (Hrsg.): Handbuch des Weltraumrechts, 1991

Böhm, Reinhard: Kompetenzauslegung und Kompetenzlücken im Gemeinschaftsrecht, 1985

Böhne, Markus: Art. 7 EG-Artenschutzverordnung – Abweichungen von der Dokumentenpflicht. Eine Orientierungshilfe für Praktiker, NuR 2001, 257-265

Böse, Martin: Strafen und Sanktionen im Europäischen Gemeinschaftsrecht, 1996

v. Bogdandy, Armin: Information und Kommunikation in der Europäischen Union: föderale Strukturen in supranationalem Umfeld, in: *Schmidt-Aßmann/Hoffmann-Riem* (Hrsg.), Verwaltungsrecht in der Informationsgesellschaft, 2000, 133-193

v. Bogdandy, Armin/Arndt, Felix: Die Zusammenarbeit der Finanzverwaltungen in der Europäischen Union, EWS 2000, 1-6

v. Bogdandy, Armin: Rechtsfortbildung mit Artikel 5 EG-Vertrag, Zur Zulässigkeit gemeinschaftsrechtlicher Innovationen nach EG-Vertrag und Grundgesetz, in: *Randelzhofer/Scholz/Wilke* (Hrsg.), Gedächtnisschrift für Eberhard Grabitz, 1995, 17-28

Bohne, Eberhard: Die integrierte Genehmigung als Grundlage der Vereinheitlichung und Vereinfachung des Zulassungsrechts und seiner Verknüpfung mit dem Umweltaudit, in: *Rengeling* (Hrsg.), Integrierter und betrieblicher Umweltschutz, 1996, 105-161

Bohnet, Iris/Frey, Bruno S.: Ist Reden Silber und Schweigen Gold? Eine ökonomische Analyse, ZWS 1995, 169-209

Booß, Dierk: Umweltschutz und Fischerei, in: *Rengeling* (Hrsg.), EUDUR, a.a.O., Bd. 2 1998, 1275-1294

v. Borries, Reimer: Kompetenzverteilung und Kompetenzausübung, in: *Rengeling* (Hrsg.), EUDUR, a.a.O., Bd. 1 1998, 781-833

v. Borries, Reimer: Verwaltungskompetenzen der Europäischen Gemeinschaft, in: *Due/ Lutter/Schwarze* (Hrsg.), Festschrift für Ulrich Everling, 1995, 127-147

Bothe, Michael/Kilian, Michael: Rechtsfragen grenzüberschreitender Datenflüsse, 1992

Bothe, Michael: Verification of Facts, in: *Bernhardt* (Hrsg.), EPIL, a.a.O., Bd. 9: International relations and legal cooperation in general diplomacy and consular relations, 1986, 383-388

Bothe, Michael/Prieur, Michel/Ress, Georg (Hrsg.): Rechtsfragen grenzüberschreitender Umweltbelastungen, 1984

Bothe, Michael: „Soft Law" in den Europäischen Gemeinschaften ?, in: *v. Münch* (Hrsg.), Staatsrecht, Völkerrecht, Europarecht, Festschrift für Hans-Jürgen Schlochauer zum 75. Geburtstag, 1981, 761-775

Bourne, C.B.: Procedure in the Development of International Drainage Basins: The Duty to Consult and to Negotiate, Canadian Yearbook of International Law, 1972, 212-234

Breier, Siegfried: Kompetenzen, in: *Rengeling* (Hrsg.), EUDUR, a.a.O., Bd. 1 1998, 365-393

Breier, Siegfried: Die Organisationsgewalt der Gemeinschaft am Beispiel der Errichtung der Europäischen Umweltagentur, NuR 1995, 516-520

Breier, Siegfried: Ausgewählte Probleme des gemeinschaftlichen Umweltrechts, RIW 1994, 584-590

Breier, Siegfried: Die völkerrechtlichen Vertragsschlußkompetenzen der Europäischen Gemeinschaft und ihrer Mitgliedstaaten im Bereich des Umweltschutzes, EuR 1993, 340-354

Breier, Siegfried: Umweltschutz in der Europäischen Gemeinschaft – Eine Bestandsaufnahme nach Maastricht, NuR 1993, 457-467

Breitenmoser, Stefan: Die Europäische Union zwischen Völkerrecht und Staatsrecht, ZaöRV 1995, 951-992

Brenner, Michael: Besondere Einrichtungen, in: *Rengeling* (Hrsg.), EUDUR, a.a.O., Bd. 1 1998, 602-619

Breuer, Rüdiger: Der Entwurf einer EG-Wasserrahmenrichtlinie, NVwZ 1998, 1001-1010

Brühl, Raimund: Die Sachverhaltsermittlung im Verwaltungsverfahren und ihre Bedeutung für den Entscheidungsprozeß, JA 1992, 193-200

Bruha, Thomas/Münch, Wolfgang: Stärkung der Durchführungsbefugnisse der Kommission, NJW 1987, 542-545

Bruha, Thomas: Internationale Regelungen zum Schutz vor technisch-industriellen Umweltnotfällen, ZaöRV 1984, 1-63

Bücker, Andreas/Schlacke, Sabine: Die Entstehung einer „politischen Verwaltung" durch EG-Ausschüsse – Rechtstatsachen und Rechtsentwicklungen, in: *Joerges/Falke* (Hrsg.), a.a.O., 161-256

Bueckling, Adrian: Die Freiheiten des Weltraumrechts und ihre Schranken, in: *Böckstiegel* (Hrsg.), a.a.O., 55-101

Bünten, Wilfried: Staatsgewalt und Gemeinschaftshoheit bei der innerstaatlichen Durchführung des Rechts der Europäischen Gemeinschaften durch die Mitgliedstaaten, 1977

Bullinger, Nationales Verwaltungsverfahren im Vorfeld europäischer Rechtsangleichung – Die Ermittlung des Sachverhalts, EuR Beiheft 1 1995, 35-48

Burhenne, Wolfgang E. (Hrsg.): International Environmental Soft Law, Collection of Relevant Instruments, Loseblattsammlung, Stand 1994

Burkart, Roland: Kommunikationswissenschaft, 1983

Buitendijk, G.J./van Schendelen, M.P.C.M.: Brussels Advisory Committees: A Channel for Influence?, ELR 1995, 37-56

Calliess, Christian: Die Charta der Grundrechte der Europäischen Union – Fragen der Konzeption, Kompetenz und Verbindlichkeit, EuZW 2001, 261-268

Calliess, Christian: Subsidiaritäts- und Solidaritätsprinzip in der Europäischen Union, Vorgaben für die Anwendung von Art.3b EGV am Beispiel der gemeinschaftsrechtlichen Wettbewerbs- und Umweltpolitik, 1996

Calliess, Christian: Der Schlüsselbegriff der „ausschließlichen Zuständigkeit" im Subsidiaritätsprinzips des Art. 3b II EGV, EuZW 1995, 693-700

Calliess, Christian/Wegener, Bernhard (Hrsg.): Europäisches Umweltrecht als Chance: die Umweltpolitik der EG und die Einflußmöglichkeiten der Umweltverbände, 1992

Carl, Dieter/Klos, Joachim: Aktuelle Probleme der europäischen Rechts- und Amtshilfe in Steuersachen, EuZW 1990, S.214-217

Caspar, Johannes: Die EU-Wasserrahmenrichtlinie: Neue Herausforderungen an einen europäischen Gewässerschutz, DÖV 2001, S.529-538

Cassese, Sabino: Die Beziehungen zwischen den internationalen Organisationen und den nationalen Verwaltungen, in: *Achour/Cassese* (Hrsg.), Aspekte der internationalen Verwaltung, 1985, S.37-75

Charpentier, Jean: Contrôle de l'exécution des obligation des Etats, Recueil des Cours, Académie de droit international La Hague, 1984

Chayes, Abram/Chayes, Antonia Handler: The New Sovereignty, Compliance with International Regulatory Agreements, 1995

Ciborra, Claudio U.: Reframing the Role of Computers in Organizations – The Transaction Costs Approach, Office Technology and People, 1987, 17-38

Classen, Claus D.: Strukturunterschiede zwischen deutschem und europäischem Verwaltungsrecht, NJW 1995, 2457-2464

Classen, Claus D.: Fernerkundung und Völkerrecht, 1987

Coase, Ronald H.: The Problem of Social Cost, Journal of Law & Economics 3, 1960, 1-53 (Übersetzung in *Assmann/Kirchner/Schanze* [Hrsg.], Ökonomische Analyse des Rechts, 1978, 129-181)

Coase, Ronald H.: The Economic Nature of the Firm, Economica 4, 1937, 386-405

Constantinesco, Vlad: L'article 5 CEE, de la bonne foi à la loyauté, in: *Capotorti/Ehlermann/Frowein/Jacobs/Joliet/Koopmans/Kovar* (Hrsg.), Du Droit international au droit de l'intégration, Liber Amicorum Pierre Pescatore, 1987, 97-114

Constantinesco, Léontin-Jean: Das Recht der Europäischen Gemeinschaften, Bd. 1: Das institutionelle Recht, 1977

Creifelds, Carl/Kaufmann, Hans (Hrsg.): Rechtswörterbuch, 14. Aufl. 1997

Curtin, Deirdre/Mortelmans, Kamiel: Application and Enforcement of Community Law by the Member States: Actors in Search of a Third Generation Script, in: *Curtin/Heukels* (Hrsg.), Institutional Dynamics of European Integration, Essays in the Honour of Henry G. Schermers,1995, 423-465

Dahm, Georg/Delbrück, Jost/Wolfrum, Rüdiger: Völkerrecht, Bd. I/1, 2. Aufl. 1989

Dannecker, Gerhard/Streinz, Rudolf: Umweltpolitik und Umweltrecht: Strafrecht, in: *Rengeling* (Hrsg.), EUDUR, a.a.O., Bd. 1 1998, 114-177

v. Danwitz, Thomas: Systemgedanken eines Rechts der Verwaltungskooperation, in: *Schmidt-Aßmann/Hoffmann-Riem* (Hrsg.), Strukturen des Europäischen Verwaltungsrechts, 1999, 171-190

v. Danwitz, Thomas: Verwaltungsrechtliches System und Europäische Integration, 1996

v. Danwitz, Thomas: Die Eigenverantwortung der Mitgliedstaaten für die Durchführung von Gemeinschaftsrecht, DVBl. 1988, 421-432

Dauber, Gerlinde: Kooperatives Verwaltungshandeln, in: *Becker-Schwarze/Köck/Kupka/v. Schwanenflügel* (Hrsg.), Wandel der Handlungsformen im öffentlichen Recht, 1991, 67-98

Dauses, Manfred A. (Hrsg.): Handbuch des EU-Wirtschaftsrechts, Loseblattsammlung, Stand: 8. Ergänzungslieferung, November 1999

Dauses, Manfred A.: Quelques réflexions sur la signification et la portée de l'article 5 du traité CEE, in: *Bieber/Ress* (Hrsg.), Die Dynamik des Europäischen Gemeinschaftsrechts, 1987, 229-239

Dauses, Manfred A.: Rechtliche Probleme der Abgrenzung der Vertragsabschlußbefugnis der EG und der Mitgliedstaaten und die Auswirkung der verschiedenen Abgrenzungsmodelle, in:

Ress (Hrsg.), Souveränitätsverständnis in den Europäischen Gemeinschaften, 1978, 171-202

Deckert, Martina: Effizienz als Kriterium der Rechtsanwendung, Rechtstheorie 1995, 117-133

Delwing, Peter M.: Umsetzungsprobleme des EG-Wasserrechts, 1995

Demmke, Christoph (Hrsg.): Europäische Umweltpolitik und nationale Verwaltungen – Rolle und Aufgaben nationaler Verwaltungen im Entscheidungsprozeß, 1998

Demmke, Christoph: Nationale Verwaltung und europäische Umweltpolitik – die Umsetzung und der Vollzug von EG-Umweltrecht, in: *ders.* (Hrsg.), a.a.O., 85-127

Demmke, Christoph/Haritz, Miriam: Die Europäisierung des öffentlichen Dienstes in den Mitgliedstaaten und die Rolle der einzelstaatlichen Bediensteten im Entscheidungsprozeß, in: *Demmke* (Hrsg.), a.a.O., 9-56

Demmke, Christoph/Haibach, Georg: Die Rolle der Komitologieausschüsse bei der Durchführung des Gemeinschaftsrechts und in der Rechtsprechung des EuGH, in: *Demmke* (Hrsg.), a.a.O., 57-83

Demmke, Christoph: Die Implementation von EG-Umweltpolitik in den Mitgliedstaaten: Umsetzung und Vollzug der Trinkwasserrichtlinie, 1994

Demmke, Christoph: Die EG-Informationsrichtlinie und die Vollzugsdefizite in der EG-Umweltpolitik, in: *Hegele/Röger* (Hrsg.), a.a.O., 33-61

Derschka, Peter/Stöber, Adolf: Organisation & Information, 1978

DiFabio, Udo: Verwaltungsentscheidung durch externen Sachverstand, VerwArch 1990, 193-227

Dixit, Avinash K./Nalebuff, Barry: Spieltheorie für Einsteiger, 1997

Doehring, Karl: Die nationale Identität der Mitgliedstaaten der Europäischen Union, in: *Due/Lutter/Schwarze* (Hrsg.), Festschrift für Ulrich Everling, 1995, 263-271

Doehring, Karl: Gewohnheitsrecht aus Verträgen, ZaöRV 1976, 77-95

Dominick, Mary F.: Consultation, in: *Bernhardt* (Hrsg.), EPIL, a.a.O., Bd. 9: International relations and legal cooperation in general diplomacy and consular relations, 1986, 45-49

Dominick, Mary F.: Notification, in: *Bernhardt* (Hrsg.), EPIL, a.a.O., Bd. 9: International relations and legal cooperation in general diplomacy and consular relations, 1986, 288-289

Dose, Nicolai/Voigt, Rüdiger: Kooperatives Recht: Norm und Praxis, in: *dies.* (Hrsg.), Kooperatives Recht, 1995, 11-39

Due, Ole: Der Grundsatz der Gemeinschaftstreue in der europäischen Gemeinschaft nach der neueren Rechtsprechung des Gerichtshofes, Zentrum für europäisches Wirtschaftsrecht, Vorträge und Berichte Nr. 9, 1992

Due, Ole: Verfahrensrechte der Unternehmen in Wettbewerbsverfahren vor der EG-Kommission, EuR 1988, 33-45

Dürkop, Jürgen/Kracht, Harald/Wasielewski, Andreas: Die künftige EG-Richtlinie über die integrierte Vermeidung und Verminderung der Umweltverschmutzung (IVU-Richtlinie), UPR 1995, 425-434

Düwel, Peter: Das Amtsgeheimnis, 1965

Dupuy, René-Jean: Soft Law and the International Law of the Environment, Michigan Journal of International Law 12, 1991, 420-435

Dupuy, René-Jean: Limites matérielles des pollutions tolérées, in: *Bothe/Prieur/Ress* (Hrsg.), a.a.O., 27-41

Durth, Rainer: Der Rhein – Ein langer Weg zum grenzüberschreitenden Umweltschutz, Aus Politik und Zeitgeschichte, 1996, B 7, 38-47

Dutheil de la Rochère, Jacqueline: Le principe de légalité, L'actualité juridique – Droit administratif, 1996 spécial, 161-169

Ebers, Mark/Gotsch, Wilfried: Institutionenökonomische Theorien der Organisation, in: *Kieser* (Hrsg.), Organisationstheorien, 3. Aufl. 1999, 199-251

Ehlermann, Claus Dieter: Ist die Verordnung Nr.17 noch zeitgemäß?, WuW 1993, 997-1001

Ehlers, Peters: Der Schutz der Ostsee – Ein Beitrag zur regionalen Zusammenarbeit, EuR 2001, 661-666

Engelsberger, Christian: Der Vollzug europarechtlicher Vorschriften auf dem Gebiet des Umweltschutzes – Rechtliche Vorgaben und Verwaltungspraxis anhand einer empirischen Umfrage bei Behörden und Umweltschutzverbänden in Deutschland, 1998

Epiney, Astrid/Freiermuth Abt, Marianne/Mosters, Robert: Der Vertrag von Nizza, DVBl. 2001, 941-952

Epiney, Astrid: Grundlagen und Überblick, in: *Rengeling* (Hrsg.), EUDUR, a.a.O., Bd. 1 1998, 927-942

Epiney, Astrid: Umweltrecht in der Europäischen Union, 1997

Erbguth, Wilfried/Schink, Alexander: Gesetz über die Umweltverträglichkeitsprüfung, Kommentar, 2. Aufl. 1996

Erbguth, Wilfried/Stollmann, Frank: Zum Entwurf eines Umweltinformationsgesetzes, UPR 1994, 81-88

Ercmann, S.: Das Europäische Rahmenübereinkommen über die grenzüberschreitende Zusammenarbeit zwischen Gebietskörperschaften, in: *Bothe/Prieur/Ress* (Hrsg.), a.a.O., 249-259

Eriskat, Hans/v.Pander, Joachim: Die neuen Euratom-Strahlenschutz-Richtlinien und ihre Anwendung in den Mitgliedstaaten der Europäischen Gemeinschaften, DVBl. 1984, 69-73

Everling, Ulrich: Durchführung und Umsetzung des EG-Rechts im Bereich des Umweltschutzes unter Berücksichtigung der Rechtsprechung des EuGH, NVwZ 1993, 209-216

Everling, Ulrich: Überlegungen zur Struktur der Europäischen Union und zum Europa-Artikel des Grundgesetzes, DVBl. 1993, 936-947

Everling, Ulrich: Umsetzung von Umweltrichtlinien durch normkonkretisierende Verwaltungsanweisungen, RIW 1992, 379-385

Everling, Ulrich: Probleme atypischer Rechts- und Handlungsformen bei der Auslegung des europäischen Gemeinschaftsrechts, in: *Bieber/Ress* (Hrsg.), Die Dynamik des Europäischen Gemeinschaftsrechts, 1987, 417-433

Everling, Ulrich: Sind die Mitgliedstaaten der Europäischen Gemeinschaft noch Herren der Verträge – Zum Verhältnis von Europäischem Gemeinschaftsrecht und Völkerrecht, in: *Bernhardt/Geck/Jaenicke/Steinberger* (Hrsg.), Völkerrecht als Rechtsordnung – Internationale Gerichtsbarkeit – Menschenrechte, Festschrift für Hermann Mosler, 1983, 173-191

Everling, Ulrich: Zur rechtlichen Wirkung von Beschlüssen, Entschließungen, Erklärungen und Vereinbarungen des Rates oder der Mitgliedstaaten der Europäischen Gemeinschaft, in: *Lüke/Ress/Will* (Hrsg.), Rechtsvergleichung, Europarecht und Staatenintegration, Gedächtnisschrift für Léontin-Jean Constantinesco, 1983, 133-156

Everling, Ulrich: Zur Erhebung von Statistiken durch Organe der Europäischen Wirtschaftsgemeinschaft, BB 1961, 420-424

Everson, Michelle: Independent agencies, in: *Winter* (Hrsg.), a.a.O., 601-627

Falke, Josef: Komitologie – Entwicklung, Rechtsgrundlagen und erste empirische Annäherung, in: *Joerges/Falke* (Hrsg.), a.a.O., 43-159

Falke, Josef/Winter, Gerd: Management and regulatory committees in executive rule-making, in: *Winter* (Hrsg.), a.a.O., 541-582

Farber, Daniel A./Frickey, Philip P.: Law and Public Choice: A Critical Introduction, 1991

Fastenrath, Ulrich: Die veränderte Stellung der Verwaltung und ihr Verhältnis zum Bürger unter dem Einfluß des europäischen Gemeinschaftsrechts, DV 1998, 277-306

Feldman, Martha S./March, James G.: Information and Organizations as Signal and Symbol, in: *March* (Hrsg.), Decisions and Organizations, 1988, 409-428

Fischer, Hans Georg: Europarecht in der öffentlichen Verwaltung, 1994

Fischer, Horst: Friedenssicherung und friedliche Streitbeilegung, in: *Ipsen* (Hrsg.), Völkerrecht, 4. Aufl. 1999, 928-1037

Fischer, Walter: Informationstechnik und Organisation in öffentlichen Verwaltungen und öffentlichen Unternehmen, 1991

Föhr, Silvia: Ökonomische Analyse der internen Organisation, 1991

Friedrich, Dorothee: EU-Seminar „Chemische Unfälle“, Notfallvorsorge 1995, 25-27

Fröhler, Ludwig/Zehetner, Franz: Rechtsschutzprobleme bei grenzüberschreitenden Umweltbeeinträchtigungen, Bd. 1 1979

Fromont, Michel: Le principe de sécurité juridique, L'actualité juridique – Droit administratif, 1996 spécial, 178-184

Fronia, Joachim: Transparenz und Vermeidung von Handelshemmnissen bei Produktspezifikationen im Binnenmarkt – das Kontrollverfahren für technische Vorschriften gemäß der geänderten Richtlinie 83/189/EWG, EuZW 1996, 101-109

Frowein, Jochen A./Simma, Bruno: Das Problem des grenzüberschreitenden Informationsflusses und des „domaine réservé", 1979

Fuchs-Heinritz, Werner/Lautmann, Rüdiger/Rammstedt, Ottheim/Wienold, Hans (Hrsg.): Lexikon zur Soziologie, 3. Aufl. 1994/1995

Fugmann, Friedrich/Teato, Dietmut: Finanzordnung und Haushalt der EG, in: *Dauses* (Hrsg.), a.a.O., Kap. A.III.

Führ, Martin: Zusammenfassung der Diskussion mit Dr. Heinrich von Lersner, in: *Calliess/Wegener* (Hrsg.), a.a.O., 90-93

Garlichs, Dietrich: Politikformulierung und Implementation im föderativen Staat, in: *Mayntz* (Hrsg.), Implementation politischer Programme, 1980, 20-35

Gassner, Ulrich/Pisani, Christian: Umweltinformationsanspruch und Geheimnisschutz – Zukunftsperspektiven, NuR 2001, 506-512

Gassner, Ulrich: Rechtsgrundlagen und Verfahrensgrundsätze des Europäischen Verwaltungsverfahrensrechts, DVBl. 1995, 16-24

Gauweiler, Marijke: Die rechtliche Qualifikation interorganschaftlicher Absprachen im Europarecht, 1988

Gehring, Thomas: Dynamic International Regimes, Institutions for International Governance, 1994

Geiger, Rudolf: Vertragsschlußkompetenzen der Europäischen Gemeinschaft und auswärtige Gewalt der Mitgliedstaaten, JZ 1995, 973-982

Geiger, Rudolf: Legal Assistance between States in Administrative Matters, in: *Bernhardt* (Hrsg.), EPIL, a.a.O., Bd. 9: International relations and legal co-operation in general diplomacy and consular relations, 1986, 235-241

Gellermann, Martin: Beeinflussung des bundesdeutschen Rechts durch Richtlinien der EG: dargestellt am Beispiel des europäischen Umweltrechts, 1994

van Gerven, Walter/Zuleeg, Manfred (Hrsg.): Sanktionen als Mittel zur Durchsetzung des Gemeinschaftsrechts, 1996

Gillmeister, Ferdinand: Ermittlungsrechte im deutschen und europäischen Kartellordnungswidrigkeitenverfahren, 1985

Girschner, Walter: Theorie sozialer Organisationen, 1990

Glaesner, Hans-Joachim: Gemeinschaftspolitik im Bereich von Wissenschaft und Technologie, in: *Schwarze/Bieber* (Hrsg.), Das europäische Wirtschaftsrecht vor den Herausforderungen der Zukunft, 1985, 55-83

Glashoff, Hinrich: Freier Warenverkehr, in: *Lenz* (Hrsg.), EG-Handbuch Recht im Binnenmarkt, 2. Aufl. 1994, 137-238

Gleckmann, Harris: Proposed Requirements for Transnational Corporations to Disclose Information on Product and Process Hazards, Risk Information Symposium, Boston University International Law Journal 1989, 89-123

Gornig, Gilbert/Trüe, Christiane: Die Rechtsprechung des EuGH zum europäischen allgemeinen Verwaltungsrecht – Teil 1, JZ 1993, 884-893 und Teil 2, JZ 1993, 934-942

Gorove, Stephen: Developments in Space Law, 1991

Grabenwarter, Christoph: Die Charta der Grundrechte für die Europäische Union, DVBl. 2001, 1-13

Grabitz, Eberhard/Hilf, Meinhard (Hrsg.): Das Recht der Europäischen Union: Vertrag über die Europäische Union, Vertrag zur Gründung der Europäischen Gemeinschaft – Kommentar zur Europäischen Union, Loseblattsammlung mit mehreren Bänden, Stand: 15. Ergänzungslieferung, 2000 [Zitierhinweis: Neukommentierungen haben die neue Numerierung des Amsterdamer Vertrages erhalten; die alte Fassung wurde zitiert, wenn noch keine Neukommentierung erschienen ist]

Grabitz, Eberhard: Administrative, Judicial and Legislative Activities on Foreign Territory, in: *Bernhardt* (Hrsg.), EPIL, a.a.O., 2. Ausg., Bd. 1 1992, 20-22

Grabitz, Eberhard: Über die Verfassung des Binnenmarktes, in: *Baur/Hopt/Mailänder* (Hrsg.), Festschrift für Ernst Steindorff zum 70. Geburtstag am 13. März, 1990, 1229-1245

Grabitz, Eberhard: Europäisches Verwaltungsrecht – Gemeinschaftsrechtliche Grundsätze des Verwaltungsverfahrens, NJW 1989, 1776-1783

v. d. Groeben, Hans /Thiesing, Jochen/Ehlermann, Claus-Dieter (Hrsg.): Kommentar zum EU-/EG-Vertrag (GTE), 5. Aufl.: Bd. 1 (EUV, Art. 1-84 EGV) 1997, Bd. 2/I (Art. 85-87 EGV) 1999, Bd. 2/II (Art. 88-102 EGV) 1999, Bd. 3 (Art. 102a-136a EGV) 1999, Bd. 4 (Art. 137-209a EGV) 1997, Bd. 5 (Art. 210-248 EGV) 1997 [Zitierhinweis: Die Numerierung der Artikel erfolgt auch in der 5. Aufl. noch durchgängig nach der alten Fassung des EGV; sie wurde in den Fußnoten daher nicht eigens als „a.F." kenntlich gemacht]

Grom, Ingrid: Regional grenzüberschreitende Zusammenarbeit als Beitrag zur Förderung der europäischen Integration, 1995

Groß, Thomas: Die administrative Föderalisierung der EG, Rechtsprobleme des grenzüberschreitenden Prüfungsrechtes der Bankaufsichtsbehörden, JZ 1994, 596-605

Groß, Thomas: Die Autonomie der Wissenschaft im europäischen Rechtsvergleich, 1992

Grunwald, Jürgen: Neuere Entwicklungen des Euratom-Rechts, EuZW 1990, 209-213

Grunwald, Jürgen: Tschernobyl und das Gemeinschaftsrecht, EuR 1986, 315-339

Grunwald, Jürgen: Die nicht-völkerrechtlichen Verträge der Europäischen Gemeinschaften, EuR 1984, 227-267

Grupp, Klaus: Mitwirkungspflichten im Verwaltungsverfahren, VerwArch 1989, 44-73

Gündling, Lothar: Völkerrechtliche und europarechtliche Aspekte der Luftreinhaltung, UPR 1985, 403-411

Gundel, Jörg: Rechtsschutz gegen Kommissions-Mitteilungen zur Auslegung des Gemeinschaftsrechts, zugleich Besprechung von EuGH 20.3.1997, Rs. C-57/95 – Frankreich/Kommission, EuR 1998, 88-102

Haas, Peter M./Keohane, Robert O./Levy, Marc A.: Institutions for the Earth: Sources of Effective International Environmental Protection, 1993

Häberle, Peter: Der kooperative Verfassungsstaat in Recht und Gesellschaft, in: *Kaulbach/ Krawietz* (Hrsg.), Festschrift für Helmut Schelsky zum 65. Geburtstag, 1978, 141-177

Hahn, Hugo J.: Internationale Kontrolle, ArchVR, 1958/59, 88-112

Hailbronner, Kay: Der nationale Alleingang im Gemeinschaftsrecht – am Beispiel des Abgasstandards für Pkw, EuGRZ 1989, 101-122

Hailbronner, Kay: Der nationale Alleingang im EG-Binnenmarkt, 1989

Halmes, Gregor: Transformationsprozesse in den Europäischen Kernregionen?, DÖV 1995, 933-941

Hampson, Fen Osler/Hart, Michael: Multilateral negotiations: Lessons from Arms Control, Trade and the Environment, 1995

Handl, Günther: Grenzüberschreitendes nukleares Risiko und völkerrechtlicher Schutzanspruch, 1992

Handl, Günther/Simma, Bruno: Grenzüberschreitende Auswirkungen von Kernkraftanlagen und Völkerrecht, ÖZöRV 1988, 1-8

Hanebuth, Klaus: Das Auskunftsrecht im europäischen Wirtschaftsrecht, 1967

Hansen, Poul/Moitinho de Almeida, José/Catala, Pierre u.a.: Freedom of Data Flows and EEC Law, Proceedings of 2nd CELIM Conference, 1989

Hansmann, Klaus: Umwelt-Audit: Verhältnis der Eigenüberwachung zur behördlichen Kontrolle, in: *Rengeling* (Hrsg.), Integrierter und betrieblicher Umweltschutz, 1996, 207-218

Hansmann, Klaus: Schwierigkeiten bei der Umsetzung und Durchführung des europäischen Umweltrechts, NVwZ 1995, 320-325

Haratsch, Andreas: Verweisungstechnik und gemeinschaftsgerichtete EG-Richtlinien, EuR 2000, 42-61

Hatje, Armin: Die gemeinschaftsrechtliche Steuerung der Wirtschaftsverwaltung: Grundlagen, Erscheinungsformen, verfassungsrechtliche Grenzen am Beispiel der Bundesrepublik Deutschland, 1998

Hatje, Armin: Verwaltungskontrolle durch die Öffentlichkeit – eine dogmatische Zwischenbilanz zum Umweltinformationsanspruch, EuR 1998, 734-747

Haunschild, Helga/Opitz, Manfred: „Kartoffeln nach Berlin" Das regelmäßige Berichtswesen in der Landesverwaltung – Ein Erfahrungsbericht, NdsVBl. 1996, 104-109

Heberlein, Horst: Grenznachbarschaftliche Zusammenarbeit auf kommunaler Basis, DÖV 1996, 100-109

Heberlein, Horst: Subsidiarität und kommunale Selbstverwaltung, NVwZ 1995, 1052-1056

Hegele, Dorothea/Röger, Ralf (Hrsg.): Umweltschutz durch Umweltinformation, Chancen und Grenzen des neuen Informationsanspruchs, 1993

Heintschel v. Heinegg, Wolff: Internationales öffentliches Umweltrecht, in: *Ipsen* (Hrsg.), Völkerrecht, 4. Aufl. 1999, 854-927

Heintschel v. Heinegg, Wolff: Umweltvölkerrecht, in: *Rengeling* (Hrsg.), EUDUR, a.a.O., Bd. 1 1998, 693-764

Heintze, Hans-Joachim: Rechtsfragen der Datenpolitik bei weltraumgestützter Erdfernerkundung, ZLW 1992, 395-414

Hermanns, Ferdinand: Ermittlungsbefugnisse der Kartellbehörden nach deutschem und europäischem Recht, 2. Aufl. 1978

Herzog, Ingrid: Die Umweltverträglichkeitsprüfung im grenzüberschreitenden Bereich, 1988

Herzog, Horst: Doppelte Loyalität – Ein Problem für die zur Europäischen Gemeinschaft entsandten Beamten der Mitgliedstaaten, 1975

Hilf, Juliane: The Convention for the Protection of the Marine Environment of the North-East Atlantic – New Approaches to an Old Problem?, ZaöRV 1995, 580-603

Hilf, Meinhard: Die Richtlinie der EG – ohne Richtung, ohne Linie?, EuR 1993, 1-22

Hilf, Meinhard: Maßnahmen zur Erweiterung des Wirkungsbereichs der Verträge, in: *Bieber/Ress* (Hrsg.), Die Dynamik des Europäischen Gemeinschaftsrechts, 1987, 251-260

Hilf, Meinhard: Die Organisationsstruktur der Europäischen Gemeinschaften, 1982

Hilf, Meinhard: Möglichkeiten und Grenzen des Rückgriffes auf nationale verwaltungsrechtliche Regeln bei der Durchführung von Gemeinschaftsrecht, in: *Schwarze* (Hrsg.), Europäisches Verwaltungsrecht im Werden, 1982, 67-92

Himmelmann, Steffen: Gemeinschaftsrechtliche Vorgaben für die Umsetzung von EG-Recht – Zu den Auswirkungen der neuesten Rechtsprechung von EuGH und Bundesverwaltungsgericht auf die nationale Umsetzungspraxis, DÖV 1996, 145-151

Hix, Jan-Peter: Das Recht auf Akteneinsicht im europäischen Wirtschaftsverwaltungsrecht. Dargestellt am Beispiel des Kartell- und Antidumpingverfahrens der EWG, 1992

Hobe, Stephan: Die rechtlichen Rahmenbedingungen der wirtschaftlichen Nutzung des Weltraums, 1992

Hölscheidt, Sven: Die Legitimation der neuen Europäischen Kommission, ThürVBl. 1995, 241-247

Hoffmann-Riem, Wolfgang: Verwaltungsrecht in der Informationsgesellschaft – Einleitende Problemskizze, in: *Schmidt-Aßmann/Hoffmann-Riem* (Hrsg.), Verwaltungsrecht in der Informationsgesellschaft, 2000, 9-58

Hoffmann-Riem, Wolfgang: Strukturen des Europäischen Verwaltungsrechts – Perspektiven der Systembildung, in: *Schmidt-Aßmann/Hoffmann-Riem* (Hrsg.), Strukturen des Europäischen Verwaltungsrechts, 1999, 317-382

Hoffmann-Riem, Wolfgang: Verhandlungslösungen und Mittlereinsatz im Bereich der Verwaltung, Eine vergleichende Einführung, in: *Hoffmann-Riem/Schmidt-Aßmann* (Hrsg.), Konfliktbewältigung durch Verhandlungen, Bd. 1 1990, 13-41

Hoffmann-Riem, Wolfgang: Reform des allgemeinen Verwaltungsrechts als Aufgabe – Ansätze am Beispiel des Umweltschutzes, AöR 1990, 400-447

Hooper, Richard: Strengthening IAEA Safeguards in an Era of Nuclear Cooperation, Arms Control Today, 1995, 14-18

Horn, Norbert: Zur ökonomischen Rationalität des Privatrechts – Die privatrechtstheoretische Verwertbarkeit der „Economic Analysis of Law", AcP 1976, 307-333

Hoppe, Werner (Hrsg.): Gesetz über die Umweltverträglichkeitsprüfung, Kommentar, 1995

Hummer, Waldemar: Das „institutionelle Gleichgewicht" als Strukturdeterminante der Europäischen Gemeinschaften, in: *Miehsler/Mock/Simma/Tammelo* (Hrsg.), Ius Humanitatis, Festschrift zum 90.Geburtstag von Alfred Verdross, 1980, 459-485

Hunter, David/Sommer, Julia/Vaughan, Scott: Concepts and Principles of International Environmental Law: An Introduction, UNEP, 1994

Ionesco, Ghita: The application of Law and the Community Perspective, in: *Siedentopf/ Ziller* (Hrsg.), a.a.O., Bd. 1 1988, 203-264

Ipsen, Knut (Hrsg.): Völkerrecht, 4. Aufl. 1999

Ipsen, Hans P.: Europäisches Gemeinschaftsrecht, 1972

Ipsen, Hans P.: Als Bundesstaat in der Gemeinschaft, in: *Caemmerer/Schlochauer/ Steindorff* (Hrsg.), Probleme des Europäischen Rechts, Festschrift für Walter Hallstein zu seinem 65. Geburtstag, 1966, 248-265

Isensee, Josef: Integrationsziel Europastaat?, in: *Due/Lutter/Schwarze* (Hrsg.), Festschrift für Ulrich Everling, 1995, 567-592

Jachtenfuchs, Markus: Theoretical Perspectives on European Governance, European Law Journal, 1995, 115-133

Jans, Jan Hendrik: Grenzüberschreitendes Umweltrecht – im niederländisch/deutschen Grenzgebiet, 1990

Jarass, Hans D.: Grundfragen der innerstaatlichen Bedeutung des EG-Rechts – Die Vorgaben des Rechts der Europäischen Gemeinschaft für die nationale Rechtsanwendung und die nationale Rechtsetzung nach Maastricht, 1994

Jarass, Hans D.: Voraussetzungen der innerstaatlichen Wirkung von EG-Recht im Bereich des Umweltschutzes, in: *Jarass/Neumann* (Hrsg.), Umweltschutz und Europäische Gemeinschaften, 1994, 1-17

Jarass, Hans D.: Folgen der innerstaatlichen Wirkung von Richtlinien im Bereich des Umweltschutzes, in: *Jarass/Neumann* (Hrsg.), a.a.O., 18-34

Jellinek, Hansjörg: Die Europäischen Übereinkommen über Amts- und Rechtshilfe, NVwZ 1982, 535-539

Jenisch, Uwe K.: The Baltic Sea: The Legal Regime and Instruments for Cooperation, The International Journal of Marine and Coastal Law, 1996, 47-67

Jiménez-Beltrán, Domingo: The Process of Sustainable Development and the Role of the European Environment Agency, European Environmental Law Review 1995, 265-269

Joa, Heike-Dagmar: Steuerharmonisierung, in: *Röttinger/Weyringer* (Hrsg.), Handbuch der europäischen Integration, 2. Aufl. 1996, 1031-1053

Joerges, Christian/Falke, Josef (Hrsg.), Das Ausschußwesen der Europäischen Union, Praxis der Risikoregulierung im Binnenmarkt und ihre rechtliche Verfassung, 2000

Kadelbach, Stefan: Allgemeines Verwaltungsrecht unter europäischem Einfluß, 1999

Kahl, Wolfgang: Stellung und Funktion von Umweltagenturen – eine rechtsvergleichende Typologie, JbUTR 1996, 119-135

Kahl, Wolfgang: Der Vollzug des europäischen Umweltrechts, Bericht, DÖV 1995, 860-863

Kahl, Wolfgang: Umweltprinzip und Gemeinschaftsrecht – Eine Untersuchung zur Rechtsidee des bestmöglichen Umweltschutzes im EWG-Vertrag, 1992

Kapteyn, Paul J.G./Verloren van Themat, Pieter: Introduction to the Law of the European Communities, 3. Aufl. 1998

Kapteyn, P.J.G./Kooijmans, P.H./Lauwaars, R.H./Schermers, H.G. (Hrsg.): International Organization and Integration, Annotated Basic Documents and Descriptive Directory of International Organizations and Arrangements, 1987

Kay, David A./Jacobson, Harold K.: Environmental Protection, The International Dimension, 1983

Kieser, Alfred (Hrsg.): Organisationstheorien, 3. Aufl. 1999

Kieser, Alfred/Kubicek, Herbert: Organisation, 3. Aufl. 1992

Kilian, Michael: Umweltschutz durch Internationale Organisationen: die Antwort des Völkerrechts auf die Krise der Umwelt?, 1987

Kimminich, Otto/v. Lersner, Heinrich/Storm, Peter-Christian (Hrsg.): Handwörterbuch des Umweltrechts (HdUR), Bd. 1, 2. Aufl. 1994

Kimminich, Otto: Die internationale Kontrolle der europäischen Atomindustrie – Vorgeschichte und Funktion des Verifikationsabkommens vom 5. April 1973, ZaöRV 1973, 636-672

Kirgis, Frederic L., Jr.: Prior Consultation in International Law – A Study of State Practice, 1983

Kiss, Alexandre Charles/Shelton, Dinah: International Environmental Law, 1991 (einschließlich 1994 Supplement)

Kiss, Alexandre Charles (Hrsg.): Selected Multilateral Treaties in the Field of the Environment, UNEP 1983

Klein, Eberhard: Umweltschutz im völkerrechtlichen Nachbarrecht, 1976

Klein, Eckart/Kimms, Frank: Die Kompetenz der Europäischen Gemeinschaft zum Abschluß umweltschutzrelevanter Verträge, JbUTR 1996, 53-75

Kloepfer, Michael/Kohler, Christian: Kernkraftwerk und Staatsgrenze, 1981

Knack, Hans-Joachim (Hrsg.): Verwaltungsverfahrensgesetz, Kommentar, 6. Aufl. 1998

Knill, Christoph/Héritier, Adrienne: Neue Instrumente in der europäischen Umweltpolitik – Strategien für eine effektive Implementation, in: *Lübbe-Wolff* (Hrsg.), a.a.O., 209-233

Koch, Hans-Joachim: Das Kooperationsprinzip im Umweltrecht – ein Mißverständnis?, NuR 2001, 541-551

Koch, Hans-Joachim: Die IPPC-Richtlinie: Umsturz im deutschen Anlagengenehmigungsrecht?, JbUTR 1997, 31-53

Koch, Hans-Joachim: Luftreinhalterecht in der Europäischen Gemeinschaft, DVBl. 1992, 124-131

Koch, Hans-Joachim /Rüßmann, Helmut: Juristische Begründungslehre, 1982

Köck, Heribert: Die „implied powers" der Europäischen Gemeinschaften als Anwendungsfall der „implied powers" internationaler Organisationen überhaupt, in: *Böckstiegel/Folz/Mössner/Zemanek* (Hrsg.), Völkerrecht, Recht der Internationalen Organisationen, Weltwirtschaftsrecht, Festschrift für Ignaz Seidl-Hohenveldern, 1988, 279-299

Kössinger, Winfried: Die Durchführung des Europäischen Gemeinschaftsrechts im Bundesstaat, 1989

Kohonen, Tapani: Regional Environmental Policies in Europe: Baltic/Nordic Cooperation, in: *Höll* (Hrsg.), Environmental Cooperation in Europe, 1994, 209-222

Kopp, Ferdinand/Ramsauer, Ulrich: Verwaltungsverfahrensgesetz, Kommentar, 7. Aufl. 2000

Kracht, Harald/Wasielewski, Andreas: Integrierte Vermeidung und Verminderung der Umweltverschmutzung, in: *Rengeling* (Hrsg.), EUDUR, a.a.O., Bd. 1 1998, 1070-1131

Kramer, Rainer: Umweltinformationsgesetz, Öko-Audit-Verordnung und Umweltzeichenverordnung: Kommentar zum Umweltinformationsgesetz mit Text und Einführung zur Öko-Audit-Verordnung und Umweltzeichenverordnung, 1994

Krämer, Ludwig: Umweltpolitische Aktionsprogramme mit Leitlinien und Regelungsansätzen, in: *Rengeling* (Hrsg.), EUDUR, a.a.O., Bd. 1 1998, 397-410

Krämer, Ludwig: Direkte und indirekte Verhaltenssteuerung, in: *Rengeling* (Hrsg.), EUDUR, a.a.O., Bd. 1 1998, 411-429

Krämer, Ludwig: Defizite im Vollzug des EG-Umweltrechts und ihre Ursachen, in: *Lübbe-Wolff* (Hrsg.), a.a.O., 7-35

Krämer, Ludwig: Der Richtlinienvorschlag über die integrierte Vermeidung und Verminderung der Umweltverschmutzung, in: *Rengeling* (Hrsg.), Integrierter und betrieblicher Umweltschutz, 1996, 51-78

Krämer, Ludwig: Focus on European Environmental Law, 1992

Krämer, Ludwig: La mise en oeuvre du droit communautaire de l'environnement. Droit et politique communautaire de l'environnement, Cycle de conférences, Louvain-la-Neuve, 1992, Institut d'études européennes, Université catholique de Louvain

Krämer, Ludwig: Arbeit und Konzeption der EG-Kommission in der Umweltpolitik, in: *Calliess/Wegener* (Hrsg.), a.a.O., 33-50

Krämer, Ludwig: The Implementation of Environmental Laws by the European Economic Communities, GYIL, 1991, 9-54

Krämer, Ludwig: Zur unmittelbaren Wirkung von Umwelt-Richtlinien der EWG, WiVerw 1990, 138-161

Krämer, Ludwig: Du contrôle de l'application des directives communautaires en matière d'environnement, RMC 1988, 22-28

Kraußer, Hans-Peter: Das Prinzip begrenzter Ermächtigung im Gemeinschaftsrecht als Strukturprinzip des EWG-Vertrages, 1991

Krieger, Stephan: Überwachung und Kontrolle, in: *Rengeling* (Hrsg.), EUDUR, a.a.O., Bd. 2 1998, 1002-1014

v. Kries, Wulf: The UN Remote Sensing Principles of 1986 in the Light of Subsequent Developments, ZLW 1996, 166-179

Krück, Hans: Die auswärtige Gewalt der Mitgliedstaaten und die auswärtigen Befugnisse der Europäischen Gemeinschaften als Problem des Souveränitätsverständnisses, in: *Ress* (Hrsg.), Souveränitätsverständnis in den Europäischen Gemeinschaften, 1978, 155-167

Krück, Hans: Völkerrechtliche Verträge im Recht der Europäischen Gemeinschaften, 1977

Kübler, Friedrich: Effizienz als Rechtsprinzip, in: *Baur/Hopt/Mailänder* (Hrsg.), Festschrift für Ernst Steindorff zum 70. Geburtstag am 13. März, 1990, 687-704

Kuhl, Lothar/Spitzer, Harald: Die Verordnung (Euratom, EG) Nr. 2185/96 des Rates über die Kontrollbefugnisse der Kommission im Bereich der Betrugsbekämpfung, EuZW 1998, 37-44

Ladeur, Karl-Heinz: Die Europäische Umweltagentur und die Perspektiven eines europäischen Netzwerkes der Umweltverwaltungen, NuR 1997, 8-16

Ladeur, Karl-Heinz: Die Zukunft des Verwaltungsakts – Kann die Handlungsformenlehre aus dem Aufstieg des „informalen Verwaltungshandelns" lernen?, VerwArch 1995, 511-530

Ladeur, Karl-Heinz: Institutionelle Reformen der Europäischen Gemeinschaft, in: *Ladeur/Winter* (Hrsg.), Verfassungsprobleme der Europäischen Gemeinschaft, 1991, 16-36

Ladwig, Peter: EURATOM und der Unfallschutz bei Atomunfällen, 1995

Lang, Winfried: Verhinderung von Erfüllungsdefiziten im Völkerrecht, Beispiele aus Abrüstung und Umweltschutz, in: *Hengstschläger/Köck/Korink/Stern/Truyol y Serra* (Hrsg.), Für Staat und Recht, Festschrift für Herbert Schambeck, 1994, 817-835

Lang, Winfried: Die normative Qualität grenzüberschreitender Regionen – Zum Begriff der „soft institution", ArchVR 1989, 253-285

Lang, Winfried: Frühwarnung bei Nuklearunfällen, ÖZöRV 1988, 9-18

Langeheine, Bernd: Rechtsprobleme der Anwendung des Art. 100a Abs. 4 EGV, in: *Randelzhofer/Scholz/Wilke* (Hrsg.), Gedächtnisschrift für Eberhard Grabitz, 1995, 369-392

Larenz, Karl/Wolf, Manfred: Allgemeiner Teil des deutschen bürgerlichen Rechts, 8. Aufl. 1997

Lecheler, Helmut: Das Subsidiaritätsprinzip – Strukturprinzip einer Europäischen Union, 1993

Lecheler, Helmut: Verwaltungslehre, 1988

Lecheler, Helmut: Die allgemeinen Rechtsgrundsätze in der Rechtsprechung des Europäischen Gerichtshofes, 1967

Lenaerts, Koen: Nuclear Border Installations: A Case-Study, ELR 1988, 159-187

Lenaerts, Koen: The Principle of Subsidiarity and the Environment in the European Union: Keeping the Balance of Federalism, Fordham International Law Journal, 1994, 846-895

Lenk, Klaus: Außerrechtliche Grundlagen für das Verwaltungsrecht in der Informationsgesellschaft: Zur Bedeutung von Information und Kommunikation in der Verwaltung, in: *Schmidt-Aßmann/Hoffmann-Riem* (Hrsg.), Verwaltungsrecht in der Informationsgesellschaft, 2000, 59-100

Lenz, Carl Otto/Erhard, Rita: Das Gemeinschaftsrecht – System, Entstehung, Anwendung, in: *Lenz* (Hrsg.), EG-Handbuch Recht im Binnenmarkt, 2. Aufl. 1994, 51-135

v. Lersner, Heinrich: Zur Funktion einer wissenschaftlich technischen Umweltbehörde in Europa, in: *Calliess/Wegener* (Hrsg.), a.a.O., 81-89

v. Lersner, Heinrich: Umweltschutz im Spannungsfeld von nationalem Recht und europäischem Gemeinschaftsrecht, in: *Behrens/Koch* (Hrsg.), Umweltschutz in der Europäischen Gemeinschaft, 1991, 157-164

Lieberknecht, Otfried: Die Behandlung von Geschäftsgeheimnissen im deutschen und EG-Recht, WuW 1988, 833-848

Lienhard, Ulrich: Der mehrstufige gemeinschaftliche Verwaltungsakt am Beispiel der Freisetzungsrichtlinie, NuR 2002, 13-17

Lindemann, Hans-Heinrich/Delfs, Stephan: Vollzug des Europäischen Umweltrechts, ZUR 1993, 256-263

Loebenstein, Edwin: International Mutual Assistance in Administrative Matters, ÖZöRV Supplementum 2, 1972

Loeser, Roman: Das Berichtswesen der öffentlichen Verwaltung – Öffentliche Verwaltung im Rahmen unterschiedlicher Rechtsformen, 1991

Lohmann, Torsten: Die rechtliche Struktur der Sicherungsmaßnahmen der Internationalen Atomenergie-Organisation, 1993

Lübbe-Wolff, Gertrude (Hrsg.): Der Vollzug des europäischen Umweltrechts, 1996

Lück, Michael: Die Gemeinschaftstreue als allgemeines Rechtsprinzip im Recht der Europäischen Gemeinschaft – Ein Vergleich zur Bundestreue im Verfassungsrecht der Bundesrepublik Deutschland, 1992

Lukes, Rudolf/Hauck, Ernst: Geheimnisschutz bei der Kommission der Europäischen Gemeinschaften, RIW 1984, 665-670

MacCormick, Neil: Das Maastricht Urteil: Souveränität heute, JZ 1995, 797-803

Macrory, Richard: The Enforcement of Community Environmental Laws: Some Critical Issues, CMLR 1992, 347-369

Mähring, Matthias: Das Recht auf informationelle Selbstbestimmung im europäischen Gemeinschaftsrecht, EuR 1991, 369-375

Mähring, Matthias: Europäische Informationsgemeinschaft. Systematik, Dimension, Forcierung, EuZW 1991, 748-753

Malanczuk, Peter: Information and Communication, Freedom of, in: *Bernhardt* (Hrsg.), EPIL, a.a.O., 2. Ausg. Bd. 2 1995, 967-985

Malanczuk, Peter: Erdfernerkundung, in: *Böckstiegel* (Hrsg.), a.a.O., 425-456

v. Malchus, Victor: Partnerschaft an europäischen Grenzen, Integration durch grenzüberschreitende Zusammenarbeit, 1975

Mann, Fritz A.: Staatliche Aufklärungsansprüche und Völkerrecht, in: *Bernhardt/Geck/Jaenicke/Steinberger* (Hrsg.), Völkerrecht als Rechtsordnung – Internationale Gerichtsbarkeit – Menschenrechte, Festschrift für Hermann Mosler, 1983, 529-544

March, James G.: Ambiguity and Accounting: The Elusive Link between Information and Decision-Making, in: *ders.* (Hrsg.), Decisions and Organizations, 1988, 384-408

Mariën-Dusak, Ingrid: Wissenschaft, Forschung und Entwicklung, in: *Röttinger/ Weyringer* (Hrsg.), Handbuch der europäischen Integration, 2. Aufl. 1996, 1010-1030

Marks, Stephen P.: Education, Science, Culture and Information, in: *Schachter/Joyner* (Hrsg.), a.a.O., Bd. 2 1995, 577-630

Maunz, Theodor/Dürig, Günter/Herzog, Roman/Scholz, Rupert/Lerche, Peter/Papier, Hans-Jürgen/Randelzhofer, Albrecht/Schmidt-Aßmann, Eberhard: Grundgesetz, Kommentar, Bd. 3 (Art. 38-91), 7. Aufl. 1994

Maurer, Hartmut: Allgemeines Verwaltungsrecht, 12. Aufl. 1999

Mayntz, Renate: Soziologie der öffentlichen Verwaltung, 3. Aufl. 1985

Mayntz, Renate (Hrsg.): Implementation politischer Programme, 1980

Mayntz, Renate: Die Entwicklung des analytischen Paradigmas der Implementationsforschung, in: *dies.* (Hrsg.), a.a.O., 1-19

Mayntz, Renate: Die Implementation politischer Programme: Theoretische Überlegungen zu einem neuen Forschungsgebiet, in: *dies.* (Hrsg.), a.a.O., 236-250

McGill, Brian: Developments in Nuclear Safety and Waste Disposal, Georgetown International Environmental Law Review, 1995, 889-900

Meessen, Karl M.: Zur Theorie allgemeiner Rechtsgrundsätze des internationalen Rechts: Der Nachweis allgemeiner Rechtsgrundsätze des Europäischen Gemeinschaftsrechts, JIR 1974, 283-306

Meier, Gert: Die „Mitteilung" der Kommission: Ein Instrument der Normsetzung der Gemeinschaft?, in: *Baur/Hopt/Mailänder* (Hrsg.), Festschrift für Ernst Steindorff zum 70. Geburtstag am 13. März 1990, 1303-1312

Meier, Gert: Europäische Amtshilfe – Ein Stützpfeiler des Europäischen Binnenmarktes, EuR 1989, 237-248

Meier, Gert: Institutionelle Aspekte der Beseitigung von Handelshemmnissen im Gemeinsamen Markt, EuR 1982, 154-163

Meng, Werner: Extraterritoriale Jurisdiktion im öffentlichen Wirtschaftsrecht, 1994

Meng, Werner: Die Neuregelung der EG-Verwaltungsausschüsse – Streit um die „Comitologie", ZaöRV 1988, 208-228

Mensching, Christian: Der neue Komitologie-Beschluß des Rates, EuZW 2000, 268-271

Mentzinis, Pablo: Die Durchführbarkeit des europäischen Umweltrechts – Gemeischaftsrechtliche Ursachen des Vollzugsdefizits im Anlagenzulassungsrecht, 2000

Meyer, Peter: Die Grundsätze der Auslegung im Europäischen Gemeinschaftsrecht, Jura 1994, 455-458

Meyer, P.: Die „Commission tripartite“, in: *Bothe/Prieur/Ress* (Hrsg.), a.a.O., 263-265

Middeke, Andreas: Nationale Alleingänge, in: *Rengeling* (Hrsg.), EUDUR, a.a.O., Bd. 1 1998, 954-1006

Mörs, Sven: Datenschutz beim Einsatz von Satelliten, Computer und Recht 1996, 42-47

Monar, Joerg/Neuwahl, Nanette/Noack, Paul (Hrsg.): Sachwörterbuch zur Europäischen Union, 1993

Montag, Frank: Der Widerstand Großbritanniens gegen die Schaffung einer Europäischen Fischereiordnung, EuR 1982, 63-75

Morrow, James D.: Modelling the forms of international cooperation: distribution versus information, IO 1994, 387-423

v. Münch, Ingo/Kunig, Philip (Hrsg.): Grundgesetz-Kommentar, 3. Aufl., Bd. 2 (Art.21-69) 1995, Bd. 3 (Art. 70-146) 1996

Mutke, Gisela: Informationsverfahren auf dem Gebiet des Lebensmittelrechts, RIW 1988, 829-830

Neßler, Volker: Der transnationale Verwaltungsakt – Zur Dogmatik eines neuen Rechtsinstituts, NVwZ 1995, 863-866

Neßler, Volker: Europäisches Richtlinienrecht wandelt deutsches Verwaltungsrecht: ein Beitrag zur Europäisierung des deutschen Rechts, 1994

Nettesheim, Martin: Das Umweltrecht der Europäischen Gemeinschaften, Jura 1994, 337-343

Nettesheim, Martin: Horizontale Kompetenzkonflikte in der EG, EuR 1993, 243-260

Nicolaysen, Gert: Europarecht, Bd. 2, Das Wirtschaftsrecht im Binnenmarkt, 1996

Nicolaysen, Gert: Europarecht, Bd. 1 1991

Nicoll, William: Qu'est-ce que la Comitologie?, RMC 1987, 185-187

Nicklas, Cornelia: Implementationsprobleme des EG-Umweltrechts – Unter besonderer Berücksichtigung der Luftreinhalterichtlinien, 1997

Nisipeanu, Peter: Die Amtshilfe – Dargestellt an §§ 111-115 AO, 1989

Nockelmann, Wolfgang: Das Durchsuchungsrecht der EG-Kommission im Kartellverfahren, 1995

Nonnenmacher, Carol: Das EG-Fischereiregime als supranationale Ressourcenordnung, EuR 1989, 30-53

Nordmann, Eberhard: Die Beschaffung von Beweismitteln aus dem Ausland durch staatliche Stellen, 1979

North, Douglass C.: Institutionen, institutioneller Wandel und Wirtschaftsleistung, 1998 (Nachdruck, deutsche Erstausgabe 1992)

Okresek, Wolf: Hoheitsakte auf fremdem Staatsgebiet, ÖZöRV 1985, 325-344

Oppermann, Thomas: Europarecht: Ein Studienbuch, 2. vollständig überarbeitete Aufl. 1999

Oppermann, Thomas: Intervention, in: *Bernhardt* (Hrsg.), EPIL, a.a.O., Bd. 3: Use of force, war and neutrality, peace treaties, 1982, 233-236

Oppermann, Thomas/Kilian, Michael: Gleichstellung ausländischer Grenznachbarn in deutschen Verwaltungsverfahren? – Zur Rechtslage in der Bundesrepublik Deutschland unter Berücksichtigung ihrer völker- und europarechtlichen Einbindungen und rechtsvergleichender Aspekte, Umweltbundesamt, Berichte 8/81, 1981

Otway, Harry: Risk Communication and Policy in the European Communities: Background, Status and Trends, Boston University International Law Journal, 1988, 5-19

Pache, Eckhard: EG-rechtliche Möglichkeiten und Grenzen einer Harmonisierung nationaler Vollzugssysteme, in: *Lübbe-Wolff* (Hrsg.), a.a.O., 177-207

Pache, Eckhard: Der Schutz der finanziellen Interessen der Europäischen Gemeinschaften, 1994

Pache, Eckhard: Zur Sanktionskompetenz der Europäischen Wirtschaftsgemeinschaft – Das EuGH-Urteil vom 27.10.1992 in der Rs. C-240/90, EuR 1993, S.173-182

Pätzold, Ralf: Deutsch-Französisch-Schweizerische Zusammenarbeit im regionalen Umweltbereich, UPR 1983, 256-260

Pagenkopf, Martin: Zum Einfluß des Gemeinschaftsrechts auf nationales Wirtschaftsverwaltungsrecht – Versuch einer praktischen Einführung, NVwZ 1993, 216-225

Pagh, Peter: The „Direct Effect Doctrine" in EC Environmental Law, Nordic Journal of International Law, 1995, 23-57

Partan, Daniel G.: The „Duty to Inform" in International Environmental Law, Risk Information Symposium, Boston University International Law Journal, 1988, 43-88

Partsch, Christoph: Die neue Transparenzverordnung (EG) Nr. 1049/2001, NJW 2001, 3154-3158

Pechstein, Matthias: Nichtigkeit beihilfengewährender Verträge nach Art. 93 III 3 EGV, EuZW 1998, 495-498

Pechstein, Matthias: EG-Umweltrechtskompetenzen und nationale Alleingänge beim Umweltschutz, Jura 1996, 176-181

Pelzer, Norbert: Das Umweltrecht der Europäischen Atomgemeinschaft, in: *Rengeling* (Hrsg.), EUDUR, a.a.O., Bd. 2 1998, 359-419

Pernice, Ingolf: Kriterien der normativen Umsetzung von Umweltrichtlinien der EG im Lichte der Rechtsprechung des EuGH, EuR 1994, 321-341

Pernice, Ingolf: Gestaltung und Vollzug des Umweltrechts im europäischen Binnenmarkt – Europäische Impulse und Zwänge für das deutsche Umweltrecht, NVwZ 1990, 414-426

Pernice, Ingolf: Kompetenzordnung und Handlungsbefugnisse der Europäischen Gemeinschaft auf dem Gebiet des Umwelt- und Technikrechts, DV 1989, 1-54

Pescatore, Pierre: Die Rechtsprechung des Europäischen Gerichtshofs zur innergemeinschaftlichen Wirkung völkerrechtlicher Abkommen, in: *Bernhardt/Geck/Jaenicke/Steinberger* (Hrsg.), Völkerrecht als Rechtsordnung – Internationale Gerichtsbarkeit – Menschenrechte, Festschrift für Hermann Mosler, 1983, 661-689

Peters, Heinz-Joachim: Die Sachverhaltsermittlung im Verwaltungsverfahren, JuS 1991, 54-59

Petersmann, Ernst U.: Auswärtige Gewalt, Völkerrechtspraxis und Völkerrechtsbindungen der Europäischen Wirtschaftsgemeinschaft, ZaöRV 1975, 213-281

Pfeil, Werner: Der Aspekt der Mehrsprachigkeit in der Union und sein Einfluß auf die Rechtsfortbildung des Europäischen Gemeinschaftsrechts, ZfRV 1996, 11-20

Picot, Arnold/Dietl, Helmut: Transaktionskostentheorie, WiSt 1990, 178-183

Pieper, Stefan U.: Subsidiarität – Ein Beitrag zur Begrenzung der Gemeinschaftskompetenzen, 1994

Pietzcker, Jost: Verwaltungsverfahren zwischen Verwaltungseffizienz und Rechtsschutzauftrag, VVDStRL 41, 1983, 193-227

Pipkorn, Jörn: Das Subsidiaritätsprinzip im Vertrag über die Europäische Union – rechtliche Bedeutung und gerichtliche Überprüfbarkeit, EuZW 1992, 697-700

Poppenhäger, Holger: Die Übermittlung und Veröffentlichung statistischer Daten im Lichte des Rechts auf informationelle Selbstbestimmung, 1995

Porteu de la Morandière, H.: Les pouvoirs d'information de la Communauté, RMC 1971, Teil I: S. 300-305, Teil II: S. 339-351, Teil III: S. 391-401, Teil IV: S. 435-453

Posner, Richard A.: Economic Analysis of Law, 5. Aufl. 1999

Priebe, Reinhard: Die Aufgaben des Rechts in einer sich ausdifferenzierenden EG-Administration, in: *Schmidt-Aßmann/Hoffmann-Riem* (Hrsg.), Strukturen des Europäischen Verwaltungsrechts, 1999, 71-98

Priebe, Reinhard/Mögele, Rudolf: Agrarrecht, in: *Dauses* (Hrsg.), a.a.O., Kap. G

Priebe, Reinhard: Entscheidungsbefugnisse vertragsfremder Einrichtungen im Europäischen Gemeinschaftsrecht, 1979

Prieß, Hans-Joachim/Spitzer, Harald: Die Betrugsbekämpfung in der Europäischen Gemeinschaft, EuZW 1994, 297-304

Prieß, Hans-Joachim: Die Verpflichtung der Europäischen Gemeinschaft zur Amts- und Rechtshilfe – Zum EuGH-Beschluß vom 13.7.1990, EuR 1991, 342-355

Probst, Gilbert/Raub, Steffen/Romhardt, Kai: Wissen managen – Wie Unternehmen ihre wertvollste Ressource optimal nutzen, 1997

Pühs, Wolfgang: Der Vollzug von Gemeinschaftsrecht – Formen und Grenzen eines effektiven Gemeinschaftsrechtsvollzugs und Überlegungen zu seiner Effektuierung, 1997

Raab, Udo H.: Öffentliche Transaktionskosten und Effizienz des staatlichen Einnahmesystems, 1995

Raiser, Thomas: Das lebende Recht – Rechtssoziologie in Deutschland, 1995

Randelzhofer, Albrecht: Umweltschutz im Völkerrecht – Grundstrukturen und Prinzipien, Jura 1992, 1-8

Randelzhofer, Albrecht/Harndt, Raimund: Grenzüberschreitende Zusammenarbeit bei der Umweltverträglichkeitsprüfung – Ein Beitrag zur Auslegung von Art. 7 der EWG-Richtlinie über die Umweltverträglichkeitsprüfung mit einer Darstellung des französischen, belgischen, niederländischen und dänischen Umweltverfahrensrechtes, Umweltbundesamt, Berichte 2/89, 1989

Randelzhofer, Albrecht/Simma, Bruno: Das Kernkraftwerk an der Grenze. Eine „ultrahazardous activity" im Schnittpunkt von internationalem Recht und Umweltschutz, in: *Blumenwitz/Randelzhofer* (Hrsg.), Festschrift für Friedrich Berber zum 75. Geburtstag, 1973, 389-432

Rauschning, Dietrich: Allgemeine Völkerrechtsregeln zum Schutz gegen grenzüberschreitende Umweltbeeinträchtigungen, in: *v.Münch* (Hrsg.), Staatsrecht – Völkerrecht – Europarecht, Festschrift für Hans-Jürgen Schlochauer, 1981, 557-576

Rebentisch, Manfred: Überwachung, Kontrolle, Berichtspflichten, in: *Rengeling* (Hrsg.), EUDUR, a.a.O., Bd. 2 1998, 222-232

Reinhardt, Michael: Wasserrechtliche Richtlinientransformation zwischen Gewässerschutzrichtlinie und Wasserrahmenrichtlinie, DVBl. 2001, 145-154

Reinhold, Gerd (Hrsg.): Soziologie-Lexikon, 2. Aufl. 1992

Rehbinder, Manfred: Rechtsoziologie, 4. Aufl. 2000

Rengeling, Hans-Werner (Hrsg.): Handbuch zum europäischen und deutschen Umweltrecht – Eine systematische Darstellung des europäischen Umweltrechts mit seinen Auswirkungen auf das deutsche Recht und mit rechtspolitischen Perspektiven (EUDUR), Bd. 1 und 2, 1998

Rengeling, Hans-Werner: Durchführung des Europäischen Gemeinschaftsrechts – Überblick, in: *ders.* (Hrsg.), EUDUR, a.a.O., Bd. 1 1998, 865-879

Rengeling, Hans-Werner: Die Ausführung von Gemeinschaftsrecht, insbesondere Umsetzung von Richtlinien, in: *ders.* (Hrsg.), EUDUR, a.a.O., Bd. 1 1998, 880-907

Rengeling, Hans-Werner: Der Verwaltungsvollzug (Anwendung) von Gemeinschaftsrecht, in: *ders.* (Hrsg.), EUDUR, a.a.O., Bd. 1 1998, 908-924

Rengeling, Hans-Werner: Gedanken zur „Europäisierung" des Rechts, in: *ders.* (Hrsg.), Europäisierung des Rechts, 1996, 1-20

Rengeling, Hans-Werner/Gellermann, Martin: Gestaltung des europäischen Umweltrechts und seine Implementation im deutschen Rechtsraum, JbUTR 1996, 1-30

Rengeling, Hans-Werner: Europäische Normgebung und ihre Umsetzung in nationales Recht, DVBl. 1995, 943-954

Rengeling, Hans-Werner: Deutsches und europäisches Verwaltungsrecht – wechselseitige Einwirkungen, VVDStRL 53, 1994, 202-239

Rengeling, Hans-Werner: Quellen des Verwaltungsrechts, in: *Schweitzer* (Hrsg.), Europäisches Verwaltungsrecht, 1991, 29-53

Rengeling, Hans-Werner: Das Kooperationsprinzip im Umweltrecht, 1988

Rengeling, Hans-Werner: Rechtsgrundsätze beim Verwaltungsvollzug des Europäischen Gemeinschaftsrechts, 1977

Rengeling, Hans-Werner: Nationaler Verwaltungsvollzug von Gemeinschaftsrecht: Die Gemeinschaftskompetenzen, EuR 1974, 216-237

Ress, Georg: Die Transparenz der finanziellen Beziehungen zwischen den Mitgliedstaaten der Europäischen Gemeinschaften und den öffentlichen Unternehmen, in: *Lüke/ Ress/Will* (Hrsg.), Rechtsvergleichung, Europarecht und Staatenintegration, Gedächtnisschrift für Léontin-Jean Constantinesco, 1983, 599-617

Ress, Georg: Souveränitätsverständnis in den Europäischen Gemeinschaften als Rechtsproblem, in *ders.* (Hrsg.), Souveränitätsverständnis in den Europäischen Gemeinschaften, 1978, 11-18

Rest, Alfred: Neue Mechanismen der Zusammenarbeit und Sanktionierung im internationalen Umweltrecht – Gangbare Wege zur Verbesserung der Umwelt?, NuR 1994, 271-277

Riché-Magnier, Marielle/Metthey, Jack: Société de l'information: „New Deal" libéral ou nouveau modèle de société?, RMC 1995, 417-422

Richter, Rudolf: Institutionen ökonomisch analysiert: Zur jüngeren Entwicklung auf dem Gebiet der Wirtschaftstheorie, 1994

Riegel, Reinhard: Europäische Gemeinschaften und Datenschutz, ZRP 1990, 132-135

van Rijn, Thomas: The Investigative and Supervisory Powers of the Commission, in: *Curtin/Heukels* (Hrsg.), Institutional Dynamics of European Integration, Essays in the Honour of Henry G. Schermers, 1995, 409-421

Rittberger, Volker: Internationale Organisationen, Politik und Geschichte, 1994

Röger, Ralf: Umweltinformationsgesetz, Kommentar, 1995

Röger, Ralf: Europarechtliche Vorgaben der Umweltinformationsrichtlinie, in: *Hegele/ Röger* (Hrsg.), a.a.O., 1-31

Röhl, Hans-Christian: Die Beteiligung der Bundesrepublik Deutschland an der Rechtssetzung im Ministerrat der Europäischen Union, EuR 1994, 409-444

Röhl, Klaus F.: Allgemeine Rechtslehre, 1994

Röhl, Klaus F.: Rechtsoziologie, 1987

Rogalla, Dieter: Dienstrecht der Europäischen Gemeinschaften, 2. Aufl. 1992

Rogalla, Dieter/Schulz, Christian: Umweltgefährdende Anlagen in Grenznähe aus völkerrechtlicher Sicht, NuR 1987, 193-199

Rose-Ackermann, Susan: Law and Economics: Paradigma, Politics or Philosophy, in: *Mercuro* (Hrsg.), Law and Economics, 1988, 233-258

Rosenstock, Manfred: Die Kontrolle und Harmonisierung nationaler Beihilfen durch die Kommission der Europäischen Gemeinschaften, 1995

Roßnagel, Alexander: Möglichkeiten für Transparenz und Öffentlichkeit im Verwaltungshandeln – unter besonderer Berücksichtigung des Internet als Instrument der Staatskommunikation, in: *Schmidt-Aßmann/Hoffmann-Riem* (Hrsg.), Verwaltungsrecht in der Informationsgesellschaft, 2000, 257-332

Rowley, Christopher: Public Choice and the Economic Analysis of Law, in: *Mercuro* (Hrsg.), Law and Economics, 1988, 123-174

Runge, Berndt: Der Informationsaustausch als zwischenstaatliche Rechts- und Amtshilfe in Steuersachen, RIW/AWD 1979, 73-88

Sach, Karsten: Kontrolle der Durchführung und der Beachtung von Gemeinschaftsrecht – eingeschlossen praktische Fragen der Durchführung – und Sanktionen gegenüber Mitgliedstaaten, in: *Rengeling* (Hrsg.), EUDUR, a.a.O., Bd. 1 1998, 1477-1525

Sachariew, Kamen: Promoting Compliance with International Environmental Legal Standards: Reflections on Monitoring and Reporting Mechanisms, YIEL 1991, 31-52

Sachs, Michael: Grundgesetz, Kommentar, 2. Aufl. 1999

Salmon, Jean J.A.: International Watercourses, Pollution, in: *Bernhardt* (Hrsg.), EPIL, a.a.O., Bd. 11: Law of the sea, air and space, 1989, 220-224

Sands, Philippe: Principles of International Environmental Law, 1995

Sands, Philippe/Tarasofsky, Richard G./Weiss, Mary (Hrsg.): Documents in International Environmental Law, Bd. II A, 1994

Sands, Philippe: Chernobyl: Law and Communication, Transboundary Nuclear Air Pollution – The Legal Materials, 1988

Schachter, Oscar/Joyner, Christopher (Hrsg.): United Nations Legal Order, Bd. 1 und 2, 1995

Schäfer, Barbara: Die EG und die Rahmenkonvention über Klimaänderungen, NuR 1995, 504-512

Schäfer, Hans-Bernd/Ott, Claus: Lehrbuch der ökonomischen Analyse des Zivilrechts, 2. Aufl. 1995

Schäfer, Günther: Die institutionelle Weiterentwicklung der Europäischen Gemeinschaft: Überlegungen zu neuen Strukturen der EG-Institutionen, DÖV 1991, 261-271

Scharpf, Fritz W.: Positive und negative Koordination in Verhandlungssystemen, in: *Kenis/Schneider* (Hrsg.), Organisation und Netzwerk, Institutionelle Steuerung in Wirtschaft und Politik, 1996, 497-535

Scheffler, Hans-Hermann: Die Pflicht zur Begründung von Maßnahmen nach den europäischen Gemeinschaftsverträgen, 1974

Scherer, Joachim/Heselhaus, Sebastian: Umweltrecht, in: *Dauses* (Hrsg.), a.a.O., Kap. O

Scherer, Joachim: Das Rechnungsabschlußverfahren – Ein Instrument zur Durchsetzung europäischen Verwaltungsrechts, EuR 1986, 52-74

Schermers, Henry G./Pearson, Patrick J.: Some Comments on Article 5 of the EEC Treaty, in: *Baur/Hopt/Mailänder* (Hrsg.), Festschrift für Ernst Steindorff zum 70. Geburtstag am 13. März 1990, 1359-1378

Schermers, Henry G./Blokker, Niels M.: International Institutional Law, Unity within diversity, 3. Aufl. 1995

Scherzberg, Arno: Die öffentliche Verwaltung als informationelle Organisation, in: *Schmidt-Aßmann/Hoffmann-Riem* (Hrsg.), Verwaltungsrecht in der Informationsgesellschaft, 2000, 195-224

Scherzberg, Arno: Der freie Zugang zu Informationen über die Umwelt – Rechtsfragen der Richtlinie 90/313/EWG, UPR 1992, 48-56

Scheuer, H.: Grenzüberschreitende Beteiligung im Verwaltungsverfahren, in: *Bothe/ Prieur/Ress* (Hrsg.), a.a.O., 115-119

Scheuing, Dieter H.: Instrumente der Durchführung des Europäischen Umweltrechts, NVwZ 1999, 475-485

Scheuing, Dieter H.: Die Einheitliche Europäische Akte als Grundlage umweltrechtlicher Aktivitäten der Europäischen Gemeinschaft, in: *Behrens/Koch* (Hrsg.), Umweltschutz in der Europäischen Gemeinschaft, 1991, 46-74

Schink, Alexander: Amtsermittlung und Gefahrerforschung – Polizeiliche Eingriffsbefugnisse bei Verdachtslagen, DVBl. 1989, 1182-1188

Schlink, Bernhard: Die Amtshilfe. Ein Beitrag zu einer Lehre von der Gewaltenteilung in der Verwaltung, 1982

Schmidt-Aßmann, Eberhard/Hoffmann-Riem (Hrsg.): Verwaltungsrecht in der Informationsgesellschaft, 2000

Schmidt-Aßmann, Eberhard: Strukturen des Europäischen Verwaltungsrechts: Einleitende Problemskizze, in: *Schmidt-Aßmann/Hoffmann-Riem* (Hrsg.), Strukturen des Europäischen Verwaltungsrechts, 1999, 9-43

Schmidt-Aßmann, Eberhard: Europäisches Verwaltungsverfahrensrecht, in: *Müller-Graff* (Hrsg.), Perspektiven des Rechts in der Europäischen Union, 1998, 131-162

Schmidt-Aßmann, Eberhard/Ladenburger, Clemens: Umweltverfahrensrecht, in: *Rengeling* (Hrsg.), EUDUR, a.a.O., Bd. 1 1998, 500-551

Schmidt-Aßmann, Eberhard: Verwaltungsorganisationsrecht als Steuerungsressource – Einleitende Problemskizze, in: *Schmidt-Aßmann/Hoffmann-Riem* (Hrsg.), Verwaltungsorganisationsrecht als Steuerungsressource, 1997, 9-63

Schmidt-Aßmann, Eberhard/Röhl, Hans-Christian: Verfahren und Sanktionen im Wirtschaftsverwaltungsrecht, in: *Schwarze/Müller-Graf* (Hrsg.), 17. FIDE-Kongreß, EuR Beiheft 1, 1997, 87-111

Schmidt-Aßmann, Eberhard: Verwaltungskooperation und Verwaltungskooperationsrecht in der Europäischen Gemeinschaft, EuR 1996, 270-301

Schmidt-Aßmann, Eberhard: Les influences réciproques entre les droits administratifs nationaux et le droit administratif européen, L'actualité juridique – Droit administratif, 1996, 146-157

Schmidt-Aßmann, Eberhard: Organisationsfragen der europäischen Forschungspolitik, in: *Due/Lutter/Schwarze* (Hrsg.), Festschrift für Ulrich Everling, 1995, 1281-1295

Schmidt-Aßmann, Eberhard: Zur Funktion des allgemeinen Verwaltungsrechts, DV 1994, 137-156

Schmidt-Aßmann, Eberhard: Deutsches und Europäisches Verwaltungsrecht – Wechselseitige Einwirkungen, DVBl. 1993, 924-936

Schmidt-Aßmann, Eberhard: Zur Europäisierung des allgemeinen Verwaltungsrechts, in: *Badura/Scholz* (Hrsg.), Wege und Verfahren des Verfassungslebens, Festschrift für Peter Lerche zum 65. Geburtstag, 1993, 513-527

Schmidt-Aßmann, Eberhard: Die Lehre von den Rechtsformen des Verwaltungshandelns – Ihre Bedeutung im System des Verwaltungsrechts und für das verwaltungsrechtliche Denken der Gegenwart, DVBl. 1989, 533-541

Schmidt-Aßmann, Eberhard: Der Verfahrensgedanke in der Dogmatik des öffentlichen Rechts, in: *Lerche/Glaesner/Schmidt-Aßmann* (Hrsg.), Verfahren als staats- und verwaltungsrechtliche Kategorie, 1984, 3-34

Schmidt-Aßmann, Eberhard: Verwaltungsverantwortung und Verwaltungsgerichtsbarkeit, VVDStRL 34, 1976, 221-268

Schmitt v. Sydow, Helmut: La place des communications dans la politique de la commission: les objectifs poursuivis, in: *Schwarze/Govaere/Hélin/van den Bossche* (Hrsg.), The 1992 Challenge at National Level, Reports and Conference Proceedings 1989, 667-676

Schmitt v. Sydow, Helmut: Die Kommission, 1980

Schmitt v. Sydow, Helmut: Die Zusammenarbeit nationaler und europäischer Beamter in den Ausschüssen der Kommission, EuR 1974, 63-75

Schneider, Jens-Peter: Kooperative Verwaltungsverfahren – Problemebenen der Kooperation in multilateralen Interessenstrukturen, aufgezeigt am Beispiel von Nachvollziehender Amtsermittlung, Vorhaben- und Erschließungsplan sowie Konfliktmittlung, VerwArch 1996, 38-67

Schneider, Jens-Peter: Nachvollziehende Amtsermittlung bei der Umweltverträglichkeitsprüfung, 1991

Schoch, Friedrich: Öffentlich-rechtliche Rahmenbedingungen einer Informationsordnung, VVDStRL 57, 1998, 158-215

Schoch, Friedrich: Die Europäisierung des Allgemeinen Verwaltungsrechts, JZ 1995, 109-123

Schoch, Friedrich: Der Verfahrensgedanke im allgemeinen Verwaltungsrecht, DV 1992, 21-53

Scholz, Rupert/Pitschas, Rainer: Informationelle Selbstbestimmung und staatliche Informationsverantwortung, 1984

Schrader, Christian: Das Kooperationsprinzip – ein Rechtsprinzip?, DÖV 1990, 326-333

Schrenk, Gundolf: Die grenzüberschreitende kommunale Zusammenarbeit nach dem Karlsruher Übereinkommen, DV 1998, 560-575

Schriefers, Marcus: Die Ermittlungsbefugnisse der EG-Kommission im Kartellverfahren, WuW 1993, 98-106

Schroer, Thomas: Die Kompetenzverteilung zwischen der Europäischen Wirtschaftsgemeinschaft und ihren Mitgliedstaaten auf dem Gebiet des Umweltschutzes, 1992

Schulte, Martin: Materielle Regelungen: Umweltnormung, in: *Rengeling* (Hrsg.), EUDUR, Bd. 1 1998, 449-499

Schulz, Paul-Martin: Neues Übereinkommen zum Schutz des Rheins – Regelungen für eine internationale Flußgebietseinheit im Sinne der Wasserrahmenrichtlinie, ZfW 1999, 318-327

Schulz, Winfried: Kommunikationsprozeß, in: *Noelle-Neumann/ Schulz/Wilke* (Hrsg.), Publizistik, Massenkommunikation, 1994, 140-170

v. Schwanenflügel, Matthias: Die Richtlinie über den freien Zugang zu Umweltinformationen als Chance für den Umweltschutz, DÖV 1993, 95-102 *v. Schwanenflügel, Matthias*: Das Öffentlichkeitsprinzip des EG-Umweltrechts, DVBl. 1991, 93-101

Schwarze, Jürgen: Convergences et divergences des droits administratifs de l'Union Européenne, L'Actualité juridique – Droit administratif, 1996 spécial, 140-145

Schwarze, Jürgen: Kompetenzverteilung in der Europäischen Union und föderales Gleichgewicht, DVBl. 1995, 1265-1269

Schwarze, Jürgen: Möglichkeiten und Grenzen interinstitutioneller Vereinbarungen nach Maastricht, in: *Ress/Schwarze/Stein* (Hrsg.), Die Organe der Europäischen Union im Spannungsfeld zwischen Gemeinschaft und Zusammenarbeit, EuR Beiheft 2, 1995, 49-67

Schwarze, Jürgen: Le principe de subsidiarité dans la perspective du droit constitutionnel allemand, RMC 1993, 615-619

Schwarze, Jürgen/Becker, Ulrich/Pollack, Christiana: Die Implementation von Gemeinschaftsrecht: Untersuchungen zur Gesetzgebungs- und Verwaltungspolitik der Europäischen Gemeinschaft und ihrer Mitgliedstaaten, 1993

Schwarze, Jürgen: European Administrative Law, 1992

Schwarze, Jürgen: Europäisches Verwaltungsrecht, Bd. 1 und 2, 1988

Schwarze, Jürgen: Grenzen für die Ermittlungstätigkeit der Kommission als Wettbewerbsbehörde der EG, in: *Schwarze* (Hrsg.), Der Gemeinsame Markt, Bestand und Zukunft in wirtschaftsrechtlicher Perspektive, 1987, 159-180

Schwarze, Jürgen: Das allgemeine Völkerrecht in den innergemeinschaftlichen Rechtsbeziehungen, EuR 1983, 1-39

Schwarze, Jürgen: Ungeschriebene Geschäftsführungsbefugnisse für die Kommission bei Untätigkeit des Rates ? – Zum Fischerei-Urteil des EuGH vom 5. Mai 1981, EuR 1982, 133-153

Schweitzer, Michael: Die Verwaltung der Europäischen Gemeinschaften, DV 1984, 137-168

Sedemund, Jochim: Allgemeine Prinzipien des Verwaltungsverfahrensrechts, dargestellt am Beispiel des Verwaltungsverfahrens der EG in Kartellsachen, in: *Schwarze* (Hrsg.), Europäisches Verwaltungsrecht im Werden, 1982, 45-62

Seeler, Hans-Joachim: Die Europäische Einigung und das Gleichgewicht der Mächte, 2. Aufl. 1995

Segond, Erika: Ermittlungsbefugnisse der EG-Kommission im Vollzug des Umweltrechts, in: *Ladeur/Winter* (Hrsg.), Verfassungsprobleme der Europäischen Gemeinschaft, Beiträge zu einem Kolloquium am 17.11.1990 im ZERP, 1991, 93-107

Seidl, Martin: Das Verwaltungsverfahren in Beihilfesachen, EuR 1985, 22-42

Seidl-Hohenveldern, Ignaz/Stein, Torsten: Völkerrecht, 10. Aufl. 2000

Seidl-Hohenveldern, Ignaz: Das Recht der Internationalen Organisationen einschließlich der Supranationalen Gemeinschaften, 6. Aufl. 1996

Sieber, Ulrich: Das strafrechtliche Sanktionssystem zum Schutz europäischer Gemeinschaftsinteressen, in: *van Gerven/Zuleeg* (Hrsg.), Sanktionen als Mittel zur Durchsetzung des Gemeinschaftsrechts, 1996, 71-80

Siedentopf, Heinrich/Hausschild, Christoph: Europäische Integration und die öffentlichen Verwaltungen der Mitgliedstaaten, DÖV 1990, 445-455

Siedentopf, Heinrich/Ziller, Jacques (Hrsg.): Making European Policies Work – The implementation of community legislation in the member states/L'Europe des administrations ? – La mise en oeuvre de la législation communautaire dans les états membres, 3 Bände, 1988

Simitis, Spiros: Von der Amtshilfe zur Informationshilfe, NJW 1986, 2795-2805

Simitis, Spiros: Grenzüberschreitender Datenaustausch – Notwendige Vorbemerkung zu einer dringend erforderlichen Regelung, in: *Heldrich/Hendrich/Sonnenberger* (Hrsg.), Konflikt und Ordnung, Festschrift für Murad Ferid zum 70.Geburtstag, 1978, 355-375

Simon, Jürg W.: Amtshilfe. Allgemeine Verpflichtungen, Schranken und Grundsätze, 1995

Sinnaeve, Adinda: Der Kommissionsvorschlag zu einer Verfahrensordnung für die Beihilfenkontrolle, EuZW 1998, 268-273

Sjöstedt, Gunnar/Spector, Bertram: Conclusions, in: *Sjöstedt* (Hrsg.), International Environmental Negotiation, 1995, 291-301

Smets, Henri: The Right of Information on the Risks Created by Hazardous Installations at the National and International Level, in: *Francioni/Scovazzi* (Hrsg.), International Responsibility for Environmental Harm, 1992, 449-472

Smets, Henri: Verfahren der Konsultation und der Zusammenarbeit, Introduction, in: *Bothe/Prieur/Ress* (Hrsg.), a.a.O., 243-247

Smit, Hans/Herzog, Peter: The Law of the European Community, A Commentary on the EC Treaty, Bd. 5, 1995

Smith, Michael: The European Union and a Changing Europe: Establishing the Boundaries of Order, Journal of Common Market Studies, 1996, 5-27

Sola, Natividad F.: Incidence interne de la participation de la Communauté européenne aux accords multilatéraux de protection de l'environnement, RMC 1992, 793-806

Sommer, Julia: Environmental Law-Making by International Organisations, ZaöRV 1996, 628-667

Sommer, Julia: Les déchets, de l'autosuffisance et de la libre circulation des marchandises, RMC 1994, 246-257

Spannowsky, Willy: Wettbewerbsverzerrende Defizite des gemeinschaftsrechtlichen Sanktions- und Vollstreckungssystems, JZ 1994, 326-335

Spude, Mathias: Integrierte Zusammenarbeit – Die Europäische Weltraumorganisation ESA, in: *Böckstiegel* (Hrsg.), a.a.O., 667-753

Sprenger, Rolf-Ulrich/Wackerbauer, Johann/Adler, Ulrich/Paskuy, Elisabeth: Möglichkeiten und Grenzen einer umweltökonomischen Berichterstattung – dargestellt am Beispiel des geplanten EG-Berichtssystems SERIEE, 1992

Steiger, Heinhard: Entwicklungen des Rechts der natürlichen Lebenswelt, NuR 1995, 437-443

Steiling, Ronald: Das Seefischereirecht der Europäischen Gemeinschaften, 1989

Steinberg, Rudolf: Probleme der Europäisierung des deutschen Umweltrechts, AöR 1995, 549-594

Steinberg, Rudolf: Grenzüberschreitende Informationsansprüche im Bundesstaat, NJW 1987, 2345-2351

Steinberger, Helmut: Die Europäische Union im Lichte der Entscheidung des Bundesverfassungsgerichts vom 12. Oktober 1993, in: *Beyerlin/Bothe/Hofmann/Petersmann* (Hrsg.), Recht zwischen Umbruch und Bewahrung, Festschrift Rudolf Bernhardt, 1995, 1313-1335

Steinberger, Helmut: Der Verfassungsstaat als Glied einer europäischen Gemeinschaft, VVDStRL 50, 1990, 9-55

Steindorff, Ernst: Grenzen der EG-Kompetenzen, 1990

Steiner, Josephine: Enforcing EC Law, 1995

Steinhardt, Ralph G.: Outer Space, in: *Schachter/Joyner* (Hrsg.), a.a.O., Bd. 2 1995, 753-787

Steinmüller, Wilhelm: Juristische Informationswissenschaft, in: *Krawietz/Opalek/Peczenik/Schramm* (Hrsg.), Argumentation und Hermeneutik in der Jurisprudenz, 1979, 327-345

Stettner, Rupert: Verwaltungsvollzug, in: *Dauses* (Hrsg.), a.a.O., Kap. B.III.

Stewing, Clemens: Subsidiarität und Föderalismus in der Europäischen Union, 1992

Storm, Peter-Christoph: Bericht der Arbeitsgruppe „Begriffe 'Information', 'Konsultation', 'Verhandlung', 'Kooperation', 'Abstimmung'", in: *Bothe/Prieur/Ress* (Hrsg.), a.a.O., 279-287

Streinz, Rudolf: Der „effet utile" in der Rechtsprechung des Gerichtshofs der Europäischen Gemeinschaften, in: *Due/Lutter/Schwarze* (Hrsg.), Festschrift für Ulrich Everling, 1995, 1491-1510

Streinz, Rudolf: Der Einfluß des Europäischen Verwaltungsrechts auf das Verwaltungsrecht der Mitgliedstaaten, in: *Schweitzer* (Hrsg.), Europäisches Verwaltungsrecht, 1991, 241-292

Stroetmann, Clemens: Einführung, in: *Rengeling* (Hrsg.), Umweltschutz und andere Politiken der Europäischen Gemeinschaft, 1993, 1-13

Strupp, Karl/Schlochauer, Hans-Jürgen (Hrsg.): Wörterbuch des Völkerrechts, 2. Aufl., Bd. 1 1960/1961, Bd. 2 1961

Süß, Birgit/Adler, Wolfram: Neue Entwicklungen im Internationalen Wasserrecht, Zeitschrift für Wasserrecht, 1995, 197-208

Sveinsson, Tómas: Activities of the Nordic Council 1990-1992, GYIL 1993, 495-523

Szczekalla, Peter: Allgemeine Rechtsgrundsätze, in: *Rengeling* (Hrsg.), EUDUR, a.a.O., Bd. 1 1998, 274-314

Széll, Patrick: Negotiations on the Ozone Layer in: *Sjöstedt* (Hrsg.), International Environmental Negotiation, 1995, 31-47

Temple Lang, John: Community Constitutional Law: Article 5 EEC Treaty, CMLR 1990, 645-681

Teske, Horst: Die Sanktion von Vertragsverstößen im Gemeinschaftsrecht, EuR 1992, 265-286

Tetzel, Claus: Anwendbares Verwaltungsverfahrensrecht beim Vollzug von europäischem Gemeinschaftsrecht, RIW 1982, 336-338

Thiel, Jürgen Michael: Umweltrechtliche Kompetenzen in der E.U., 1995

Thomä, Karl E.: Le droit de la communication dans la Communauté Economique Européenne, RMC 1960, 345-356

Thun-Hohenstein, Christoph: Konsultationen: Versuch einer Klassifizierung, ÖZöRV 1984, 155-175

Tiedemann, Klaus: Europäisches Gemeinschaftsrecht und Strafrecht, NJW 1993, 23-31

Tietmann, Karl: Förderung der Umweltforschung in der Europäischen Union, in: *Rengeling* (Hrsg.), EUDUR, a.a.O., Bd. 1 1998, 29-36

Tilch, Horst (Hrsg.): Deutsches Rechts-Lexikon, 2. Aufl. 1992

Tomuschat, Christian: Normenpublizität und Normenklarheit in der Europäischen Gemeinschaft, in: *Grewe/Rupp/Schneider* (Hrsg.), Europäische Gerichtsbarkeit und nationale Verfassungsgerichtsbarkeit, Festschrift zum 70.Geburtstag von Hans Kutscher, 1981, 461-480

Triantafyllou, Dimitris: Vom Vertrags- zum Gesetzesvorbehalt: Beitrag zum positiven Rechtmäßigkeitsprinzip in der EG, 1996

Trittmann, Rolf: Extraterritoriale Beweisaufnahmen und Souveränitätsverletzungen im deutsch-amerikanischen Rechtsverkehr, ArchVR, 1989, 195-217

Tromans, Stephen: Environmental Reporting: A UK Perspective, European Environmen-tal Law Review, 1996, 243-247

Trute, Hans-Heinrich: Öffentlich-rechtliche Rahmenbedingungen einer Informationsordnung, VVDStRL 57, 1998, 216-273

Tchakaloff, Marie-France Christophe: Le principe d'égalité, L'actualité juridique – Droit administratif, 1996 spécial, 166-177

Türk, Klaus: Soziologie der Organisation, 1978

Turiaux, André: Das deutsche Umweltinformationsgesetz auf dem Prüfstand des EG-Rechts, EuZW 1998, 716-717

Turiaux, André: Umweltinformationsgesetz – UIG – Kommentar, 1995

Uebersohn, Gerhard: Effektive Umweltpolitik. Folgerungen aus der Implementations- und Evaluationsforschung, 1990

Uerpmann, Robert: Kooperatives Verwaltungshandeln im Gemeinschaftsrecht: Die Gemeinschaftsrahmen für staatliche Beihilfen, EuZW 1998, 331-335

Ullrich, Hanns: Forschungs- und Technologiepolitik, in: *Dauses* (Hrsg.), a.a.O., Kap. N

Ulrich, Stephan: Kontrollen des Europäischen Amtes für Betrugsbekämpfung (OLAF) bei Wirtschaftsbeteiligten – Befugnisse, Verfahrensrechte und Rechtsschutzmöglichkeiten bei Kontrollen vor Ort nach der VO (Euratom, EG) Nr. 2185/96, EWS 2000, 137-143

Vedder, Christoph: (Teil)Kodifikation des Verwaltungsverfahrensrechts der EG?, in: *Schwarze/Starck* (Hrsg.): Vereinheitlichung des Verwaltungsverfahrensrechts in der EG, EuR Beiheft 1, 1995, 75-98

Verdross, Alfred/Simma, Bruno: Universelles Völkerrecht, 3. Aufl. 1984

Vogel, Klaus: Administrative Law, International Aspects, in: *Bernhardt* (Hrsg.), EPIL, a.a.O., Bd. 9: International relations and legal cooperation in general diplomacy and consular relations, 1986, 2-7

Wägenbaur, Rolf: Schutzmaßnahmen auf dem Gebiet des Personal- und Dienstleistungsverkehrs, in: *Wissenschaftliche Gesellschaft für Europarecht* (Hrsg.), Schutzmaßnahmen im gemeinsamen Markt, KSE 28, 1977, 1-27

Wagner, Thomas: Der technisch-industrielle Umweltnotfall im Recht der Europäischen Gemeinschaften, 1992

Wagner, A.: Umweltschutz in der Saar-Lor-Lux-Zusammenarbeit, in: *Bothe/Prieur/Ress* (Hrsg.), a.a.O., 267-269

Wahl, Rainer: Verwaltungsverfahren zwischen Verwaltungseffizienz und Rechtsschutzauftrag, VVDStRL 41, 1983, 151-186

Walker, Ciaran F.: The principle of subsidiarity, Irish Journal of European Law, 1995, 30-47

Weber, Albrecht: Rechtsfragen der Durchführung des Gemeinschaftsrechts in der Bundesrepublik, 1988

Weber, Albrecht: Das Verwaltungsverfahren im Antidumpingrecht der EG, EuR 1985, 1-21

Weber, Albrecht: Das Verwaltungsverfahren, in: *Schweitzer* (Hrsg.), Europäisches Verwaltungsrecht, 1991, 55-83

Weber, Uwe: Der Grenzüberschreitende Datenfluß (GDF), 1993

Weidenfeld, Werner: Innere Herausforderungen für die Europäische Union, in: *Due/Lutter/ Schwarze* (Hrsg.), Festschrift für Ulrich Everling, 1641-1649

Wendt, Peter: Auskunftspflicht von Organen der Europäischen Gemeinschaften gegenüber nationalen Gerichten und „Marktbürgern", RIW/AWD 1970, 485-486

Werner, Julia: Das EU-Netzwerk für Umsetzung und Vollzug von Umweltrecht, in: *Lübbe-Wolff* (Hrsg.), a.a.O., 131-138

Wicke, Lutz: Umweltökonomie, in: *Rengeling* (Hrsg.), EUDUR, a.a.O., Bd. 1 1998, 54-70

Wicke, Lutz: Umweltökonomie, 4. Aufl. 1993

Wiegand, Bodo: Umweltschutz als Aufgabe der Europäischen Gemeinschaften – Zur Bedeutung des Umweltschutzes für die europäische Integration, in: *v. Danwitz/Heintzen/Jestaedt/ Korioth/Reinhardt* (Hrsg.), Auf dem Wege zu einer Europäischen Staatlichkeit, 1993, 149-170

Windhoff-Héritier, Adrienne: Politikimplementation, 1980

Winter, Gerd: Die Steuerung grenzüberschreitender Abfallströme, DVBl. 2000, 657-669

Winter, Gerd (Hrsg.): Sources and Categories of European Union Law, A Comparative and Reform Perspective, 1996

Winter, Gerd: Reforming the sources and categories of European Union Law: A summary, in: *Winter* (Hrsg.), a.a.O., 13-65

Winter, Gerd: Der Säbelschnäbler als Teil fürs Ganze – Bemerkungen zum Leybucht-Urteil des Europäischen Gerichtshofes vom 28.2.1991, NuR 1992, 21-23

Winter, Gerd: Direktwirkung von EG-Richtlinien, DVBl. 1991, 657-664

Winterfeld, Achim: Ermittlungsbefugnisse der EG-Kommission gegenüber Unternehmen am Beispiel des Kartellrechts, RIW 1992, 524-528

Wirbel, Klaus: Der Ausnahmezustand im Gemeinschaftsrecht, Zu Inhalt und Grenzen des Art. 224 EG-Vertrag, 1994

Witzmann, Bernd: Völkerrechtliche Aspekte der Bemühungen um eine neue Weltinformationsordnung, 1984

Wohlfarth, Ernst: Mitbericht von Generaldirektor Ernst Wohlfarth, Brüssel, in: *Würdinger/Wohlfarth*, Das Auskunftsrecht gegenüber Unternehmen und Unternehmenszusammenschlüssen innerhalb internationaler Gemeinschaften, 1964, 27-48

Wohlfarth, Ernst: The Right of the Commission to Ask Information. Doing Business in the Common Market, 1963

Wolfgang, Hans-Michael/Ulrich, Stephan: Schutz der finanziellen Interessen der Europäischen Gemeinschaften – Bekämpfung von Unregelmäßigkeiten und Betrug im Agrarrecht und anderen finanzrelevanten Bereichen, EuR 1998, 617-647

Wolfrum, Rüdiger: International Law of Cooperation, in: *Bernhardt* (Hrsg.), EPIL, a.a.O., 2. Ausg., Bd. 2 1995, 1242-1247

Wuermeling, Joachim: Kooperatives Gemeinschaftsrecht – Die Rechtsakte der Gesamtheit der EG-Mitgliedstaaten insbesondere die Gemeinschaftskonventionen nach Art. 220 EWGV, 1988

Würdinger, Hans: Bericht des Professor Dr. Hans Würdinger, Hamburg, in: *Würdinger/ Wohlfarth* (Hrsg.), Das Auskunftsrecht gegenüber Unternehmen und Unternehmenszusammenschlüssen innerhalb internationaler Gemeinschaften, 1964, 7-25

Würdinger, Hans: Zum Auskunftsrecht der Organe der EGKS und der EWG gegenüber privaten Unternehmen, WuW 1964, 579-588

Wyatt, Derrick/Dashwood, Alan: European Community Law, 3. Aufl. 1993

Zartmann, William L.: Lessons for Analysis and Practice, in: *Sjöstedt* (Hrsg.), International Environmental Negotiation, 1995, 265-274

Zehetner, Franz: Zur völkerrechtlichen Problematik grenzüberschreitender technisch-industrieller Umweltkatastrophen, UPR 1986, 201-205

Zehetner, Franz: Verfahrenspflichten bei Zulassung umweltbelastender Anlagen, in: *Bothe/Prieur/Ress* (Hrsg.), a.a.O., 43-56

Zuleeg, Manfred: Die Verfassung der Europäischen Gemeinschaft in der Rechtsprechung des Europäischen Gerichtshofes, BB 1994, 581-587

Zuleeg, Manfred: Deutsches und europäisches Verwaltungsrecht – wechselseitige Einwirkungen, VVDStRL 53, 1994, 155-199

Zuleeg, Manfred: Die Europäische Gemeinschaft als Rechtsgemeinschaft, NJW 1994, 545-549

Zuleeg, Manfred: Die Verfassung der Europäischen Gemeinschaft in der Rechtsprechung des Europäischen Gerichtshofs, BB 1994, 581-587

Zuleeg, Manfred: Der Beitrag des Strafrechts zur europäischen Integration, JZ 1992, 761-769

Zuleeg, Manfred: Vorbehaltene Kompetenzen der Mitgliedstaaten der Europäischen Gemeinschaft auf dem Gebiet des Umweltschutzes, NVwZ 1987, 280-286

Zuleeg, Manfred: Die Kompetenzen der Europäischen Gemeinschaften gegenüber den Mitgliedstaaten, JöR 1971, 1-64

Zuleeg, Manfred: Das Recht der Europäischen Gemeinschaften im innerstaatlichen Bereich, KSE 1969

Sachregister

Max-Planck-Institut für ausländisches öffentliches Recht und Völkerrecht

Beiträge zum ausländischen öffentlichen Recht und Völkerrecht

Hrsg.: A. von Bogdandy, R. Wolfrum

Bde. 27–59 erschienen im Carl Heymanns Verlag KG Köln, Berlin (Bestellung an: Max-Planck-Institut für Völkerrecht, Im Neuenheimer Feld 535, 69120 Heidelberg); ab Band 60 im Springer-Verlag Berlin, Heidelberg, New York, London, Paris, Tokyo, Hong Kong, Barcelona

---

160 Helen *Keller:* **Rezeption des Völkerrechts.** 2003. XXXV, 855 Seiten. Geb. € 129,95

157 Thomas *Giegerich:* **Europäische Verfassung und deutsche Verfassung im transnationalen Konstitutionalisierungsprozeß: Wechselseitige Rezeption, konstitutionelle Evolution und föderale Verflechtung.** 2003. LXV, 1534 Seiten. Geb. € 199,95

156 Julia *Sommer:* **Verwaltungskooperation am Beispiel administrativer Informationsverfahren im Europäischen Umweltrecht.** 2003. XXX, 891 Seiten. Geb. € 129,95

155 Frank *Schorkopf:* **Die Maßnahmen der XIV EU-Mitgliedstaaten gegen Österreich – Möglichkeiten und Grenzen einer „streitbaren Demokratie" auf europäischer Ebene.** 2002. XIII, 217 Seiten. Geb. € 64,95

154 Hanri *Mostert:* **The Constitutional Protection and Regulation of Property and its Influence on the Reform of Private Law and Landownership in South Africa and Germany.** 2002. XXV, 643 Seiten. Geb. € 99,95

153 Stefan *Ohlhoff:* **Methoden der Konfliktbewältigung bei grenzüberschreitenden Umweltproblemen im Wandel.** 2003. XXX, 651 Seiten. Geb. € 99,95

152 Hans-Joachim *Cremer*, Thomas *Giegerich*, Dagmar *Richter*, Andreas *Zimmermann* (Hrsg.): **Tradition und Weltoffenheit des Rechts. Festschrift für Helmut Steinberger.** 2002. XVI, 1483 Seiten. Geb. € 199,–

151 Nico *Krisch:* **Selbstverteidigung und kollektive Sicherheit.** 2001. VIII, 449 Seiten. Geb. 169,90 DM

150 Beate *Schulte zu Sodingen:* **Der völkerrechtliche Schutz der Wälder: nationale Souveränität, multilaterale Schutzkonzepte und unilaterale Regelungsansätze.** 2002. XXXI, 575 Seiten. Geb. € 99,95

149 Mahendra *Singh:* **German Administrative Law in Common Law Perspective.** 2001. XXXI, 377 Seiten. Geb. 169,90 DM

148 Utz *Remlinger:* **Die Einwirkung des Gemeinschaftsrechts auf die Rückabwicklung rechtswidriger Beihilfeverhältnisse.** 2001. XXVI, 393 Seiten. Geb. 169,90 DM

147 Dagmar Patricia *Stroh:* **Die nationale Zusammenarbeit mit den Internationalen Straftribunalen für das ehemalige Jugoslawien und für Ruanda.** 2002. XXVII, 395 Seiten. Geb. € 84,95

146 Rainer *Grote*, Thilo *Marauhn* (Hrsg.): **Religionsfreiheit zwischen individueller Selbstbestimmung, Minderheitenschutz und Staatskirchenrecht – Völker- und verfassungsrechtliche Perspektiven.** 2001. VIII, 632 Seiten. Geb. 199,90 DM

145 Silja *Vöneky:* **Die Fortgeltung des Umweltvölkerrechts in internationalen bewaffneten Konflikten.** 2001. XXVIII, 593 Seiten. Geb. 199,90 DM

144 Niels *Krüger:* **Anwendbarkeit von Umweltschutzverträgen in der Antarktis.** 2000. XXII, 360 Seiten. Geb. 159,– DM

143 Bettina *Kellersmann:* **Die gemeinsame, aber differenzierte Verantwortlichkeit von Industriestaaten und Entwicklungsländern für den Schutz der globalen Umwelt.** 2000. XXII, 380 Seiten. Geb. 159,– DM

142 Beate *Rudolf:* **Die thematischen Berichterstatter und Arbeitsgruppen der UN-Menschenrechtskommission.** 2000. XXVI, 663 Seiten. Geb. 229,– DM

141 Andreas *Zimmermann:* **Staatennachfolge in völkerrechtliche Verträge.** 2000. L, 960 Seiten. Geb. 298,– DM

140 Christoph *Benedict:* **Sekundärzwecke im Vergabeverfahren.** 2000. XXXII, 323 Seiten. Geb. 149,– DM

139 Clemens *Ladenburger:* **Verfahrensfehlerfolgen im französischen und im deutschen Verwaltungsrecht.** 1999. XXIV, 534 Seiten. Geb. 198,– DM

138 Britta *Specht:* **Die zwischenstaatliche Geltung des Grundsatzes *ne bis in idem*.** 1999. XXII, 237 Seiten. Geb. 119,– DM

137 Hans-Konrad *Ress:* **Das Handelsembargo.** 2000. XXVI, 532 Seiten. Geb. 186,– DM

136 Georg *Nolte:* **Eingreifen auf Einladung.** 1999. XXXIV, 699 Seiten. Geb. 218,– DM

135 Volkmar *Götz,* Peter *Selmer,* Rüdiger *Wolfrum* (Hrsg.): **Liber amicorum Günther Jaenicke – Zum 85. Geburtstag.** 1998. XXV, 1038 Seiten. Geb. 298,– DM

134 Peter *Rädler:* **Verfahrensmodelle zum Schutz vor Rassendiskriminierung.** 1999. XVII, 454 Seiten. Geb. 148,– DM

133 Volker *Röben:* **Die Einwirkung der Rechtsprechung des Europäischen Gerichtshofs auf das Mitgliedstaatliche Verfahren in öffentlich-rechtlichen Streitigkeiten.** 1998. XXX, 478 Seiten. Geb. 168,– DM

132 Frank *Hoffmeister:* **Menschenrechts- und Demokratieklauseln in den vertraglichen Außenbeziehungen der Europäischen Gemeinschaft.** 1998. XXII, 654 Seiten. Geb. 186,– DM

131 Stefan *Schuppert:* **Neue Steuerungsinstrumente im Umweltvölkerrecht am Beispiel des Montrealer Protokolls und des Klimaschutzrahmenübereinkommens.** 1998. XXII, 297 Seiten, Geb. 128,– DM

130 Jochen Abr. *Frowein,* Thilo *Marauhn* (Hrsg.): **Grundfragen der Verfassungsgerichtsbarkeit in Mittel- und Osteuropa.** 1998. IX, 583 Seiten. Geb. 178,– DM

129 David *Weissbrodt,* Rüdiger *Wolfrum* (Eds.): **The Right to a Fair Trial.** 1997. X, 779 Seiten. Geb. 198,– DM

128 Stefan *Lehr:* **Einstweiliger Rechtsschutz und Europäische Union.** 1997. XXXVI, 693 Seiten (12 Seiten English Summary). Geb. 198,– DM

127 Grace *Nacimiento:* **Die Amerikanische Deklaration der Rechte und Pflichten des Menschen.** 1997. XII, 208 Seiten (14 Seiten English Summary). Geb. 98,– DM

126 Ralf *Alleweldt:* **Schutz vor Abschiebung bei drohender Folter oder unmenschlicher oder erniedrigender Behandlung oder Strafe.** 1996. XXI, 228 Seiten (7 Seiten English Summary). Geb. 98,– DM

125 Rüdiger *Wolfrum* (Ed.): **Enforcing Environmental Standards: Economic Mechanisms as Viable Means?** 1996. VIII, 640 Seiten. Geb. 198,– DM

124 Christian *Walter:* **Vereinte Nationen und Regionalorganisationen.** 1996. XX, 407 Seiten (5 Seiten English Summary). Geb. 128,– DM

123 Gunnar *Schuster:* **Die Internationale Anwendung des Börsenrechts.** 1996. XXV, 729 Seiten (3 Seiten English Summary). Geb. 220,– DM

122 Michael J. *Hahn:* **Die einseitige Aussetzung von GATT-Verpflichtungen als Repressalie.** 1996. XVIII, 439 Seiten (4 Seiten English Summary). Geb. 148,– DM

121 Jochen Abr. *Frowein*/Rüdiger *Wolfrum*/Gunnar *Schuster* (Hrsg.): **Völkerrechtliche Fragen der Strafbarkeit von Spionen aus der ehemaligen DDR.** 1995. XVI, 193 Seiten. Geb. 98,– DM

120 **Recht zwischen Umbruch und Bewahrung. Festschrift für Rudolf Bernhardt.** 1995. XVI, 1397 Seiten. Geb. 398,– DM

GPSR Compliance
The European Union's (EU) General Product Safety Regulation (GPSR) is a set of rules that requires consumer products to be safe and our obligations to ensure this.

If you have any concerns about our products, you can contact us on

ProductSafety@springernature.com

In case Publisher is established outside the EU, the EU authorized representative is:

Springer Nature Customer Service Center GmbH
Europaplatz 3
69115 Heidelberg, Germany

www.ingramcontent.com/pod-product-compliance
Lightning Source LLC
LaVergne TN
LVHW012024041026
849558LV00003B/145
9783540003687